Nordinsel

Hintergründe und Infos

① Auckland und Region

② Die Region Northland

③ Die Coromandel-Halbinsel

④ Die Region Waikato

Die Regionen Taranaki
⑤ und Whanganui

⑥ Die Bay of Plenty

Das zentrale
⑦ Vulkanplateau

⑧ Die Ostküste

Wellington und
⑨ der Süden der Nordinsel

Cricket	99	Rafting, Wildwasser-Kajaken	103
Fallschirmspringen	99	Reiten	103
Golf	99	Rugby	103
Höhlenerkundung, Cave Rafting und Tubing	100	Segeln	104
		Strände	104
Jetboot-Touren	100	Surfen und Windsurfen	105
Kajak und Kanu	100	Tauchen	105
Meeressäuger beobachten (Whale Watching & Dolphin Watching), Schwimmen mit Delfinen	101	Wandern und Trekking	105
		Wildwasser-Sledging und Surfing	108
		Wintersport	108
Paragleiten und Drachenfliegen	101		
Radfahren, Mountainbiken	102		

Reisepraktisches von A bis Z   109

Ärztliche Versorgung, Apotheken und Krankenhäuser	109	Mehrwertsteuer	115
		Nachtleben, Clubs und Discos	115
Arbeiten	109	Notruf	115
Auswandern und Einwanderungsrecht	110	Öffnungszeiten	115
		Rauchen	116
Feiertage	110	Schwule und Lesben	116
Geld, Banken und Kreditkarten	110	Stromanschlüsse und Steckdosen	116
Gesundheitsrisiken	111		
Herr-der-Ringe-Touren → Lord of the Rings	111	Telefonieren, Mailen und Internetsurfen	117
Information	111	Trinkgeld	118
Konzert- und Theatertickets	113	Toiletten	118
Lärm	113	Versicherungen	118
Landkarten und Straßenkarten, GPS	113	Zeit	119
		Zeitungen	119
Lord of the Rings – Touren zu den Originalschauplätzen	114		

Die Nordinsel   120

Auckland und Region   122

Auckland City	124	… in Ponsonby und an der St Mary's Bay	153
… am Hafen und in der City	142		
… in Parnell und der Auckland Domain	146	… im Süden: Manukau City und der Flughafen	154
… am Tamaki Drive und an der Mission Bay	151	North Shore: Devonport und Takapuna	155
… am Mount Eden, One Tree Hill, Manukau Harbour	152	Devonport	156

Die Strände nördlich von Devonport	159
Die Region Auckland	160
Die Hibiscus Coast und die Matakana Coast	161
Westlich von Auckland	165
Das Henderson- und das Kumeu-Weinbaugebiet	165
Die Waitakere Ranges und die Strände der Westküste	167
Südlich von Auckland	170
Sehenswertes/Touren	170
Der Hauraki Gulf	171
Rangitoto Island	172
Waiheke Island	175
Great Barrier Island (Aotea)	178
Tiritiri Matangi Island	181

Die Region Northland _____ 183

Whangarei	185
Südlich von Whangarei: die Bream Bay, Waipu und Mangawhai Heads	191
Nördlich von Whangarei: die Tutukaka-Coast mit Tutukaka und den Poor Knights Islands	192
Die Bay of Islands	195
Paihia und Waitangi	200
Russell	206
Kawakawa	209
Kerikeri	210
Von Kerikeri zum Cape Reinga	212
Der Whangaroa Harbour	213
Doubtless Bay	214
Kaitaia und Ahipara	216
Die Aupouri-Halbinsel	217
Der Westen: der Hokianga Harbour und die Kauri Coast	220
Der Hokianga Harbour	220
Die Kauriwälder und die Kauri Coast	223
Dargaville und Matakohe	227

Die Coromandel-Halbinsel _____ 230

Thames, der Coromandel Forest Park und die Hauraki Plains	235
Thames	236
Der Coromandel Forest Park	239
Die Hauraki Plains und die Karangahake Gorge	240
Die Ostküste zwischen Waihi Beach und Tairua	242
Waihi und Waihi Beach	243
Whangamata	246
Tairua und Pauanui	248
Die Mercury Bay und Whitianga	249
Vom Hot Water Beach bis Cooks Beach	249
Whitianga	253
Coromandel Town und der Norden	255
Coromandel Town	255
Der Norden der Coromandel-Halbinsel	258

Die Region Waikato _____ 259

Hamilton	260
Raglan (Whaingaroa)	269
Kawhia	272
Das King Country	273
Otorohanga	274
Te Kuiti	275
Das Tal von Waitomo	277
Von Te Kuiti nach Taranaki	285

Die Regionen Taranaki und Whanganui   287

New Plymouth	288	Hawera	306
Der Egmont National Park	299	Patea	307
Von New Plymouth über den Surf Highway (SH 45) nach Hawera	304	Der Forgotten World Highway von Stratford nach Taumarunui	307
Von New Plymouth über Stratford und Hawera nach Patea	305	Whanganui	309
		Der Whanganui National Park	314
Stratford	305		

Die Bay of Plenty   320

Katikati	321	Te Puke	330
Tauranga	322	Whakatane und Ohope	333
Das Tuhua Marine Reserve	327	White Island	339
Mount Maunganui	328		

Das zentrale Vulkanplateau   341

Rotorua	344	National Park Village	385
Die Geothermalregion um Rotorua	361	Whakapapa Village	386
		Ohakune	387
Taupo	368	Waioru und die Desert Road	388
Der Tongariro National Park	377	Rangitikei und Taihape	389
Turangi	383		

Die Ostküste vom East Cape zur Hawke's Bay   390

Die Region East Cape	392	Die Hawke's Bay	417
Opotiki	394	Die Weinregion Hawke's Bay	418
Zwischen Opotiki und Te Araroa	396	Napier	424
Zwischen Te Araroa und Gisborne	400	Von Napier weiter nach Süden	435
		Hastings	436
Gisborne und die Poverty Bay	403	Die Ruahine Ranges und der Ruahine Forest Park	441
Zwischen Gisborne und Napier	413		
Der Te Urewera National Park und die Urewera Range	415		

Wellington und der Süden der Nordinsel   443

Wellington	443	Paraparaumu	484
Die Region Wairarapa	473	Otaki	486
Die Kapiti Coast und die Region Manawatu	481	Levin	487
		Foxton	487
Porirua	481	Palmerston North	488
Kapiti Island	483		

Die Südinsel

Die Regionen Marlborough und Nelson

Die Marlborough Sounds	498	Der Abel Tasman National Park	534
Picton	499	Die Golden Bay	538
Der Queen Charlotte Sound	504	Der Takaka Hill	539
Havelock und der Pelorus Sound	508	Takaka	540
Die westlichen Marlborough Sounds	511	Der Mittelteil des Kahurangi National Parks	544
Nelson	513	Collingwood	545
Die Tasman Bay	522	Der Nelson Lakes National Park	549
Zwischen Nelson und Motueka	523	Murchison	553
Äpfel und Wein an der Tasman Bay	525	Die Weinregion Marlborough	554
Motueka	527	Blenheim	554
Der Ostteil des Kahurangi National Parks	530	Der Molesworth Farm Park	558
Kaiteriteri und Marahau	533	Kaikoura	560
		Whale Watching – ein Kaikoura-Muss!	564

Christchurch und die Region Canterbury

Christchurch	572	Methven und der Lake Coleridge	611
Lyttelton	591	Der Mount Somers und das Tal des Rangitata	614
Die Banks-Halbinsel	594	Von Christchurch nach Timaru	615
Der Tourist Drive von Christchurch bis Akaroa	595	Geraldine	616
Akaroa	596	Fairlie	616
Von Christchurch zum Lewis Pass	600	Timaru	616
Das Waipara-Weinland	600	Der Aoraki (Mount Cook) und das Mackenzie Country	618
Hanmer Springs	601	Lake Tekapo	620
Weiter zum Lewis Pass	603	Der Lake Pukaki und Mount Cook Village	621
Der Arthur's Pass National Park	605	Der Mount Cook National Park	623
Durch die Canterbury Plains in die Südalpentäler	610	Das Waitaki-Tal	628

Dunedin und die Region Otago

Dunedin	633	Der Otago Central Rail Trail	667
Die Otago Peninsula	650	Alexandra	672
Oamaru	658	Clyde	675
Die Moeraki Boulders und der Kaitiki Point	663	Cromwell	676
Central Otago	665	Das untere Clutha-Tal	681

Der Lake District: Wanaka und Queenstown ___ 682

Wanaka	683	Queenstown	694
Der Mount Aspiring National Park	690	Arrowtown	712
Über den Lake Hawea zum Haast Pass und zur West Coast	691	Das Gibbston Valley und die Kawarau Gorge	717
		Glenorchy und Umgebung	719

Die Region Southland und der Fiordland National Park ___ 725

Die Catlins	726	Der Fiordland National Park	752
Invercargill	735	Te Anau und der Lake Te Anau	754
Bluff	741	Der Lake Manapouri und der Doubtful Sound	761
Stewart Island (Rakiura)	742	Manapouri	763
Von Invercargill nach Te Anau	747	Auf dem Doubtful Sound	765
Riverton	747	Der Milford Sound	767
Tuatapere und der Lake Hauroko	748		
Gore	750		

Die Region Westland ___ 776

Karamea	781	Pukekura und der Lake Ianthe	806
Westport	785	Harihari	806
Charleston by the Nile	789	Whataroa	807
Der Paparoa National Park	790	Okarito	807
Punakaiki und die Pancake Rocks	790	Die Gletscherregion	808
Greymouth	793	Franz Josef Glacier (Ort und Gletscher)	809
Hokitika	801	Fox Glacier (Ort und Gletscher)	811
Zwischen Hokitika und Franz Josef Glacier	805	Von Fox Glacier nach Haast	814
Ross	805	Haast	816

Glossar ___ 818

Literatur zur Vor- und Nachbereitung der Reise ___ 821

Sach- und Personenregister ___ 825

Ortsregister ___ 828

Fotonachweis

Dietrich Höllhuber außer S. 4, 31, 56, 86, 102, 106, 113, 124, 160, 265, 356, 425, 475, 627, 631, 632, 636, 645, 647, 648, 654, 697, 712, 714, 715, 719, 721, 724, 726, 730, 731, 734, 742, 744, 745, 746, 751, 752, 755, 760, 768, 769 (Angelika Höllhuber), S. 40 (Gilbert van Reenen)

Kartenverzeichnis

Neuseeland _____ Umschlag vorne

Nordinsel _____ 123

Auckland Übersicht _____ Umschlag hinten
Auckland City und Ponsonby	134/135	Devonport	157
Parnell	147	Region Auckland	162

Northland _____ 184
Whangarei	187	Bay of Islands	196/197

Die Coromandel-Halbinsel _____ 231
Waikato	261	Hamilton	263

Taranaki und Whanganui _____ 289
New Plymouth	292/293	Wanganui	311

Bay of Plenty _____ 321
Tauranga	325	Whakatane	335
Mount Maunganui	331		

Das zentrale Vulkanplateau _____ 343
Rotorua	349	Rotorua Umgebung	363
Rotorua Zentrum	351	Taupo	371

Die Ostküste _____ 391
Gisborne	406/407	Hawke's Bay Wine Trail	423
Gisborne Wine Trail	411	Napier	428/429

Die Region Wellington _____ 445
Wellington Innenstadt	452/453	Palmerston North	489
Wellington Umgebung	470/471		

Südinsel _____ 494/495

Marlborough und Nelson _____ 497
Die Marlborough Sounds	498	Abel Tasman Coastal Track	537
Picton	501	Kaikoura Peninsula Walkway	566
Nelson	517		

Christchurch und Canterbury _____ 570/571
Christchurch Übersicht	580/581	Christchurch Innenstadt	583

Otago _____ 634/635
Dunedin Innenstadt	641	Queenstown Übersicht	698/699
Dunedin und Otago-Halbinsel	651	Queenstown Zentrum	701
Oamaru	661	Glenorchy Tracks	723
Wanaka	685		

Southland und Stewart Island			727
Invercargill	739	Der Kepler Track	761
Te Anau	759	Der Milford Track	773

Die Region Westland – Norden/Süden	777 und 779
Greymouth	796/797

Was haben Sie entdeckt?

Haben Sie einen neuen Mountainbike-Trail entdeckt, ein besonders gemütliches Bed & Breakfast, ein trendiges Bistro-Café? Wenn Sie uns eine Empfehlung mitteilen möchten, Ihnen Veränderungen oder Ungenauigkeiten aufgefallen sind, die sich trotz aller intensiven und gründlichen Recherchen nicht immer vermeiden lassen, dann lassen Sie uns das bitte wissen. Ihr Tipp kommt den nächsten Auflagen zugute.

Schreiben Sie an: Dietrich Höllhuber, Stichwort „Neuseeland"
c/o Michael Müller Verlag GmbH | Gerberei 19, D – 91054 Erlangen
dietrich.hoellhuber@michael-mueller-verlag.de

Herzlichen Dank allen Leserinnen und Lesern, die mit Tipps und Beiträgen bei der Aktualisierung dieser Auflage geholfen haben: Astrid u. Fred Siegert, Sarah Fritsch (mit besonderem Dank!), Rainer Kehl, Kana Behrens, Susanne Düßel, Heinz Kornmayer (Chalet BPs, Dunedin), Markus Gebele, Annemarie Harzl, Susan Lüer, Wolfgang Bruns-Fiebelkorn, Beate Huber, Christiane u. Christian Schäfer, Dorothea Fiebel, Birgit Hantzsch, Martin Herzog, Doris u. Manfred Meier, Holger u. Martine Scharlach, Renate Allmer, Stefan Hamann, Ludmilla Siegler, Max u. Alise Utz.

 Mit dem grünen Blatt haben unsere Autoren Betriebe hervorgehoben, die sich bemühen, regionalen und nachhaltig erzeugten Produkten den Vorzug zu geben.

Wohin auf Neuseelands Nordinsel?

(1+2) Auckland → S. 122 und die Region Northland → S. 183

Der subtropische Norden bietet eine Fülle von Erlebnissen vom weltstädtischen Auckland über das Wassersportparadies Bay of Islands bis zu Kauriwäldern und Neuseelands längstem Strand: Ninety Mile Beach. Aucklands Lage am Hauraki Gulf mit seinen Inseln – einige Natur- und Vogelschutzgebiete, andere beliebte Wochenendziele – lockt zu Ausflügen ins Hinterland zwischen Fels- und Sandküsten, Weinbergen und zahlreichen erloschenen Vulkanen. Tauchen? Tutukaka-Islands!

(3) Die Coromandel-Halbinsel → S. 230

Die Halbinsel mit ihrem warmen Klima bietet in jedem der Küstenorte Vergnügen auf dem Wasser und unvergessliche Bilder wie die Cathedral Cove oder die heißen Strandquellen am Hot Water Beach. Bergwanderer fühlen sich in die zentrale Bergkette gezogen, wo in den Pinnacles schroffe Gipfel und Kauriwälder locken. Gold wurde und wird hier wieder gefördert, hübsche alte Orte wie Thames und Coromandel Town zeugen von Goldgräberzeiten.

(4+5) Die Regionen Waikato, → S. 259 Taranaki und Whanganui → S. 287

Neuseelands „Glühwürmchen" hängen in der Waitomo Cave an der Höhlendecke und verwandeln sie zum unterirdischen Firmament. Weiter südlich in Taranaki dreht sich alles um den Mount Egmont, einen Vulkan vom Fujijama-Typ, und am Whanganui River ums Kajaken im Nationalpark sowie um Speedboat-Touren. Surfer haben vor allem Raglan im Sinn, wenn sie an diese Regionen denken, aber auch die Küste südlich von New Plymouth.

6 Die Bay of Plenty → S. 320

Captain Cook nannte die Küste „Bucht des Überflusses" – wie Recht er hatte! Neuseelands Kiwifrüchte kommen von hier, aber auch Avocados, Zitrusfrüchte und der kommende Exportschlager: die mit der Guave verwandte Feijoa. Die Strände sind sandig und sanft geneigt, bei Mount Maunganui bietet ein künstliches Riff Surfmöglichkeiten. Vor der Küste schwimmen Vulkaninseln, eine von ihnen, White Island, ist ein tätiger Vulkan. Man kann dort landen und bis in den Krater hineingehen. Awsome!

7 Das zentrale Vulkanplateau → S. 341

Riesencalderen, noch vor kurzem tätige Vulkane, Sinterterrassen, Geysire, „Mud pools", Thermalheizung und heißes Wasser aus geothermischen Quellen in den Haushalten von Rotorua – das ist die eine Seite des Vulkanplateaus im Zentrum der Nordinsel, hier leben viele Maori. Die andere ist der Tongariro-Nationalpark südlich des riesigen Lake Taupo, wo drei Vulkane ein Gebirge bilden. Man kann es umwandern, aber auch – etwa auf dem berühmten „Tongariro Crossing" – besteigen und an einem Tag (!) überschreiten. Die Landschaft hat dabei oft Mondcharakter und man passiert den „Emerald Lake" und andere Kraterseen.

8 Die Ostküste → S. 390

Wer die Ureinwohner des Landes kennenlernen will, kommt um das von Maori besiedelte East Cape kaum herum. Polynesische Tradition ist hier noch sehr lebendig. Dagegen werden an der Poverty Bay um Gisborne und an der Hawke's Bay um den Art-déco-Ort Napier andere Traditionen gepflegt: Von hier stammen einige von Neuseelands besten Weinen. Pflichtausflug in die Hawke's Bay: Cape Kidnappers mit zwei riesigen Kolonien des Basstölpels, an die man auf wenige Meter nahe herankommt.

9 Wellington und der Süden der Nordinsel → S. 443

Die Hauptstadt des Landes mag windig sein und kühl, aber vor allem ist sie trendy. Das liest man aus den tollen Neubauten an der Meeresfront heraus, allen voran dem Neuseelandmuseum Te Papa, und man spürt es an den Brennpunkten der Stadt wie etwa der Cuba Street. Wer an Gondwana interessiert ist, an Geologie und Evolution, kommt um das neue Zealandia-Museum und den Tierpark Karori kaum herum.

Wohin auf Neuseelands Südinsel?

① Die Regionen Marlborough und Nelson
→ S. 496

Gesegnet mit drei Nationalparks und mehreren weiteren Schutzgebieten ist diese Region ein Dorado für Naturfreaks, Wanderer und Freizeitsportler vom Hochseekajaker über den Mountainbiker bis zum Höhlenerkunder. Zum Ausgleich bietet der Hauptort Nelson städtische Atmosphäre, und die weltberühmten Marlborough-Weine muss man einfach im Weingut probiert haben. Der Abel-Tasman-Küstenweg und der Heaphy Track gehören zu den beliebtesten Weitwanderwegen des Landes, in Kaikoura ist Whalewatching angesagt.

② Christchurch und die Region Canterbury → S. 568

Die zweitgrößte Stadt des Landes mit ihrer „englischen" Atmosphäre und neugotischen Fassade hat zwar Erdbebenschäden einstecken müssen und muss die Innenstadt großenteils neu errichten, aber einschüchtern ließ sie sich nicht. Im Gegenteil: Im Zentrum geht's rund! In der Region Canterbury sind die beiden Nationalparks Arthur's Pass und Mount Cook großartige hochalpine Ziele, vor allem der Mount Cook selbst, der höchste Gipfel Neuseelands.

③ Die Region Otago (inkl. Lake District) → S. 632

Otago wurde auf Gold gebaut, in Dunedin kann man die prächtigen Gebäude bewundern, die mit den Gewinnen finanziert wurden. Im trockenen Binnenland locken nicht nur ein beliebter Radfernwanderweg, der Otago Central Rail Trail, und eine blühende Weinindustrie, sondern vor allem die beiden Action-Hochburgen Wanaka und Queenstown, Geburtsort des Bungeejumping. Was hier an „Adrenalin-Thrills" nicht angeboten wird, das existiert einfach nicht. Wer's ruhiger will, nimmt einen der Great Walks ab Glenorchy.

④ Die Region Southland → S. 725

Die tiefen Fjorde gaben dem Fiordland-Nationalpark den Namen, so einsam sind manche Fjorde, dass dort ein totgesagter Vogel ein halbes Jahrhundert unbeobachtet überleben konnte, der flugunfähige Takahe. Vom Touristenzentrum Te Anau bricht man zum berühmten Milford Track auf oder fährt in den Milford Sound, vom Hauptort der Region, Invercargill, wird die südlichste, kühlste und feuchteste Insel Neuseelands mit dem Rakiura-Nationalpark erreicht: Stewart Island.

⑤ Die Region Westland → S. 776

Kurz und steil sind die westlichen Abhänge der neuseeländischen Alpen, Gletscher stoßen bis in die Tieflandzone vor, in den Flüssen findet man Greenstone, den „Pounamu", einen von Maori für Schmuck und Waffen geschätzten Nephrit. Westland ist dünn besiedelt, große Gebiete sind National- oder Naturpark. Umso lebendiger sind die Siedlungen wie Greymouth, Hokitika oder Franz Josef Glacier. Überall locken die Berge: Karst im Oparara Basin ganz im Norden, Eisriesen wie der Mount Cook und der Mount Tasman im Süden.

Neuseeland: Die Vorschau

Landschaft

Wenn ein Land kräftig damit wirbt, dass es so grün sei, dann darf man schon einiges an Natur erwarten. Neuseeland löst jedes Grün-Versprechen ein und es ist nicht nur das Grün der Schaf- und Rinderweiden und jenes der Nutzwälder und Sternkieferforste, das damit angesprochen wird, sondern immer noch ein Grün, das die Natur ohne Eingriff des Menschen geschaffen hat. Nationalparks und große „Forest Parks" schützen einen erheblichen Anteil der Fläche der beiden großen Inseln vor dem Zugriff des großen Geldes. Die Fülle der Eindrücke, die man in diesem Land sammeln kann, wird durch die enormen Kontraste verstärkt. Im Norden reicht Neuseeland in die Subtropen, im Süden in die Subantarktis, in der Bay of Islands badet man in fast tropischen Gewässern, während man zur gleichen Zeit an der Südküste der Südinsel nur mit Pullover und Anorak ausgeht. Im Süden meint man sich in den Alpen (und sie heißen auch „Southern Alps"), auf der Nordinsel trifft man hingegen Vulkane, die jeden Moment losspucken können, Geysire gehen ihrem Job fleißig nach und in Mudpools sprudelt kochender Schlamm. Dass in Neuseeland Urgewalten am Werke sind, hat zuletzt unübersehbar das Erdbeben von Christchurch gezeigt, das im Februar 2011 punktgenau das Zentrum dieser Stadt zerstörte, während der Rest des Landes verschont wurde (Angst vor Erdbeben? Meiden Sie die amerikanische Westküste, Japan, Indonesien, Süditalien, Lissabon, Java, die Gardaseeregion und Friaul – auch am Oberrhein wackelt es immer wieder).

Flugunfähige Vögel

Das Kontinent-Eckchen, das sich heute Neuseeland nennt, war seit der Kreide-

„Er stiehlt, was er kann."

zeit nicht mehr mit den großen Kontinenten verbunden – und verpasste dadurch die Entwicklung der Säugetiere, der Raubtiere unter ihnen, aber auch der Reptilien. Also auch der Giftschlangen. Nicht einmal mit giftigen Spinnen kann Neuseeland auftrumpfen. Die Vögel hatten schon zu Spät-Saurierzeiten das Fliegen gelernt, jetzt verlernten sie es wieder: Wo's keine Raubtiere gibt, geht man als Vogel zu Fuß. Der Robin, ein spatzengroßer schwarzer Vogel, hüpft Ihnen vor den Schuhen rum? Er sucht die Insekten, die Sie vielleicht aufgedeckt haben. Ein Hühnern ähnlicher Vogel nähert sich Ihnen und versucht, das mitgebrachte belegte Brot zu ergattern? Das ist ein Weka. Nur auf streng vor Katzen, Ratten, Mardern & Co. – alle vom Menschen eingeführt – und anderen Feinden geschützten Inseln vor der Küste haben andere flugunfähige Vögel überlebt, man brachte sie aus allen Teilen des Landes dorthin, auf dem Festland sind sie ausgestorben. Klar, es gibt auch flugfähige Vögel, der Papagei Kea ist einer, auch er stiehlt, was er kann und liebt die Gummifassungen von Autofenstern!

„Adrenaline thrills"

Nach Queenstown, Wanaka oder Rotorua fährt man nicht, um dort geruhsam die Sights abzuklappern oder einem schweißtreibenden Sport nachzugehen (das kann man natürlich auch), sondern um einen Katalog von „Adrenaline thrills" abzuarbeiten. Von der Brücke runterspringen und einen Millimeter über der Wasseroberfläche durch ein Seil abgefangen werden: Bungy Jumping (wurde hier erfunden). In einem Hochgeschwindigkeits-Motorboot mit flachem Boden (wurde hier erfunden) durch eine Schlucht rasen: Jetboating. Im Tandem am Rücken eines ausgebildeten

Neuseeland: Die Vorschau

Paragleiter-Experten mit dem Paragleiter ins Tal segeln: Paragliding. Dauert alles nur kurz und kostet viel, aber ist halt nervkitzelig. Jedes Jahr kommen neue „Thrills" dazu: in einer mit Wasser gefüllten Glaskugel den Hang runter rollen, Para-Wasserski, Höhlen-„Abseiling", über einen bewaldeten Steilhang mit dem „Flying Fox" düsen. Mal gespannt, was nächstes Jahr ansteht.

Trekking, Kajaken, Mountainbiken

Für die klassischen Freizeit-Sportarten Wandern und Bergsteigen, Kajaken und Mountainbiken ist Neuseeland ein wahres Paradies. Es müssen ja nicht die „Great Walks" sein, stark frequentierte mehrtägige Bergtouren wie der „Milford Track", der am Milford Sound endet, einem vom millionenfach fotografierten Mitre Peak (Bischofsmütze) überragten Fjord. Tagestouren auf Vulkangipfel, Urwaldtrekking an der Westküste der Südinsel, ungezählte gebahnte und beschilderte „Trails" und „Tracks" im ganzen Lande tun's auch. Kajaken wird ebenfalls groß geschrieben, nicht nur an der Subtropenküste des Abel Tasman Nationalparks kann man problemlos ein Boot ausleihen. Von der Nordspitze der Nordinsel zum äußersten Südende der Südinsel ist ein „National Cycle Trail" in Arbeit und bis der fertig ist, kann man sich in jeder Region des Landes auf ungezählten Single Trails austoben.

Maoritanga

Die Neuseeländer sind nicht ein Volk, sondern – mindestens – zwei: die *Maori*, die polynesischen Ureinwohner, und die *Pakeha*, die weißen Neuankömmlinge, Captain James Cooks Nachfolger, ein drittes bilden die zuletzt eingewanderten Ostasiaten. Vor

„In einer Glaskugel den Hang runter rollen."

900 Jahren kamen die Maori von Tahiti aus auf Neuseeland an, den flugunfähigen Moa-Laufvögeln machten sie als Jagdbeute bald den Garaus, die weiße Vormundschaft bereitete ihrer Kultur im 19. Jahrhundert nach einem blutigen Krieg fast ein vorzeitiges Ende. Heute blüht sie wieder, diese Maoritanga, es wird wieder tätowiert und in Holz geschnitzt und wenn die von Polynesiern dominierte Rugby-Mannschaft ein Spiel beginnt, wird von Maori und Pakeha gemeinsam der Haka aufgeführt, ein Kriegstanz. Maoritanga? Maori-Regionen (East Cape der Nordinsel!) oder kulturelle Spektakel besuchen.

Herr der Ringe

Neuseeland verkauft sich gut als Touristenziel, nicht zuletzt dank Peter Jacksons Monumentalepos fürs Kino, denn der „Herr der Ringe" (dem nun „Der Hobbit" folgt) hat uns digital perfektionierte Bilder von Neuseeland nach Hause gebracht, die so überwältigend sind, dass man gleich die Koffer packen möchte, um zu sehen, wo sie wirklich wohnen, kämpfen, zaubern, die Zwerge, Elben, Hobbits, Orks und schlichten Menschen. Südlich von Auckland ist die Heimat der Hobbits zu besichtigen, „The Shire" (Hobbingen) wurde bei Matamata gedreht. Im Tongariro Nationalpark bot sich der Vulkan Mount Ruapehu förmlich als Schicksalsberg an. Die schwarzen Reiter des ersten Teiles machen einen alten Kiefernwald bei Wanaka zum gespenstischen Ambiente. Für die Nebelberge stehen die Karstfelsen des Kahurangi Nationalparks. Edoras? Am Clyde River in Canterbury. Lothlorien? Glenorchy … Sie haben „Das Piano" gesehen und die Strandszenen bewundert? Sie wurden bei Piha nordwestlich von Auckland gedreht (das Klavier steht aber nicht mehr am Strand).

Der „Kiwi" und sein Postkasten lassen sich nicht gleichschalten

Hintergründe & Infos

Geologie	→ S. 24	Kultur und Kino	→ S. 66
Klima und Reisezeit	→ S. 28	Anreise	→ S. 68
Pflanzen und Tiere	→ S. 30	Unterwegs in Neuseeland	→ S. 72
Geschichte	→ S. 42	Übernachten	→ S. 83
„Maoritanga" – die Maorikultur	→ S. 53	Essen & Trinken	→ S. 91
		Sport & Freizeit	→ S. 98
Wirtschaft und Umwelt	→ S. 64	Reisepraktisches von A bis Z	→ S. 109

Vulkane formten Neuseelands Nordinsel: Mount Egmont

Geologie

Neuseeland sitzt direkt auf dem Feuerkranz, der sich rund um den Pazifik erstreckt. Nicht nur das: Dieser „Ring of Fire" geht mitten durch die Doppelinsel, vom südwestlichen South Island bis zum Nordosten von North Island. Die scheinbar kompakte Doppelinsel ruht in Wirklichkeit auf zwei in verschiedener Richtung treibenden kontinentalen Platten.

Das Land auf zwei Platten: Längs durch Neuseeland zieht sich die Grenze zwischen der Indo-australischen Platte im Westen und der Pazifischen Platte im Osten. Auf der Südinsel ist diese Grenze durch die Alpine Falte gekennzeichnet, die Neuseelands Southern Alps der Länge nach durchzieht, im Norden durch die Vulkanzone von Taupo und Rotorua, die über die Bay of Plenty und den tätigen Inselvulkan White Island in den Pazifik zieht, wo sie bei den Kermadecs mit ihren 25 überwiegend submarinen Vulkanen endet. Während die Pazifische (ozeanische) Platte nach Südwesten driftet, schiebt sie sich unter die massivere Indo-australische (kontinentale) Platte, die ihrerseits nach Nordosten driftet. West- und Ostteil der Southern Alps werden so in Millionen Jahren komplett aneinander vorbeigezogen – Geologen verweisen auf zusammenpassende Formationen, die heute schon durchschnittlich 450 km auseinander liegen. Diese Bewegung geht nicht ohne Reibung vor sich, Ecken und Enden verhaken sich und lösen sich plötzlich und gewaltsam wieder – wer drei, vier Wochen in Neuseeland ist, wird höchstwahrscheinlich ein Erdbeben erleben. Das letzte schwere Erdbeben verwüstete am 22. Februar 2011 Christchurch und seine Umgebung – übrigens in einem Gebiet, in dem Wissenschaftler trotz eines früheren, sogar noch stärkeren Erdbebens im Jahr 2010 nicht mit einer derart schweren Katastrophe gerechnet hatten. Das Untertauchen

Inselträume? Erfüllbar in Neuseeland: Bay of Islands

der ozeanischen Platte unter die kontinentale Platte, das zum Aufschmelzen der Ersteren führt, hat einen sehr aktiven Vulkanismus zur Folge, der sich auf der Nordinsel zwischen Tongariro und White Island in der „Taupo Volcanic Zone" manifestiert und aktive sowie Hunderte erloschener Vulkane, geothermische Zonen mit heißen Quellen, Geysiren und Schlammvulkanen bewirkt. Auf der Nordinsel dominieren vulkanische Gesteine und Vulkane, darunter tätige wie White Island, Mount Ngauruhoe im Tongariro Nationalpark, noch kürzlich tätige wie Taranaki/Mount Egmont, der Inselvulkan Rangitoto im Hauraki Gulf vor Aucklands Nase, Mount Tarawera bei Rotorua. Im Süden ist der Vulkanismus weniger auffällig, obwohl z. B. die Banks Halbinsel bei Christchurch eine riesige Caldera ist, die sich aus mehreren Vulkankratern gebildet hat, und geothermische Erscheinungen wie heiße Quellen durchaus nicht selten sind, die hohe Bebenwahrscheinlichkeit hat sich ja 2010/2011 gerade erst erwiesen.

Die große Trennung: Neuseelands große Inseln North und South Island sind Teile von Gondwanaland, jenem Urkontinent, der vor etwa 80 Mio. Jahren auseinanderbrach, die ältesten Gesteine sind ca. 300 Mio. Jahre alt. Was heute über die Meeresoberfläche ragt ist nur ein Teil der beiden großen Bruchstücke von Gondwanaland, unter der Meeresoberfläche sind sie fast zehnmal so groß. Die heute gültige Theorie der Plattentektonik (die auf Alfred Wegeners Idee der Kontinentalverschiebung zurückgeht, die er erstmals 1915 veröffentlichte – zur allgemeinen Heiterkeit seiner Fachkollegen) nimmt an, dass Neuseeland noch als ein großer Block ohne jeden Kontakt zu anderen Schollen von Gondwanaland driftete, bis vor 25 Mio. Jahren die Urinsel entlang der „Alpine Fault" zerbrach und nunmehr zwei Bruchstücke unabhängig voneinander über den heißen Untergrund des Erdballs drifteten. Vor

5 Mio. Jahren gab es eine Kollision der beiden (andere Theorien sprechen von 20 Mio. Jahren), und das heutige Neuseeland entstand, an der Alpine Fault erhoben sich die Neuseeländischen Alpen. Bis heute wuchsen sie geschätzte 18 km hoch, die Abtragung stutzte sie jedoch immer auf 3.000–4.000 m zurück. Heute ist Aorangi/Mount Cook 3.754 m hoch, und die Neuseeländischen Alpen werden jährlich um ca. 6 mm angehoben.

Eiszeiten und Fjorde: Die stärkste Überformung, die Neuseeland in jüngster geologischer Zeit erlebt hat, war die Phase der Eiszeiten, die fast 5 Mio. Jahre andauerte und erst vor etwa 14.000 Jahren endete. Im Pleistozän (wie dieser Abschnitt der Erdgeschichte genannt wird) waren fast die ganze Südinsel und ein Teil der Nordinsel vom Eis überzogen, das an der Westküste der Südinsel Schelfeis bildete wie heute noch in Buchten der Antarktis und der nördlichen Polarzone. Einzelne Talgletscher schürften tiefe, U-förmige Täler aus und beim Rückzug in der späten und der Nacheiszeit füllten sich die Vorländer mit Schotter, der aus den Gebirgen ausgefräst und vom Gletscher am Boden abgelagert worden war (Grundmoränenmaterial). Die heutigen Ebenen der Westküste der Südinsel sind alle nichts anderes als Gletscherüberbleibsel, die meist halbrunden Erhebungen in diesen Ebenen sind Endmoränen der Gletscher im Rückzugsstadium. An der Ostseite der Neuseeländischen Alpen hatten die Gletscher nie die See erreicht, ihre Endmoränen blieben auf halbem Weg zurück und stauen heute die großen Seen auf – von Lake Tekapo und Lake Pukaki bis zu Lake Wakatipu und Lake Te Anau.

Während weltweit und auch in Neuseeland die Gletscher rapide zurückgehen, machen Fox- und Franz-Josef-Gletscher an der Westküste eine Ausnahme, seit ca. 2006 wachsen sie wieder, 30 bis 80 cm täglich (!). Eine Erklärung sind uns Klimatologen und Glaziologen bislang schuldig geblieben.

Mordor lässt grüßen! Neuseeland ist an vulkanische Eruptionen und schwere Erdbeben gewöhnt und vorbereitet, Evakuierungspläne und spezielle Bauweisen sollen im schlimmsten Fall Leben retten. 1886 brach Mount Tarawera aus, 1914 hatte White Island einen schweren Ausbruch, 1953 floss der Kratersee des Mount Ruapehu über und die Schlammlawine riss tief darunter einen zufällig passierenden Zug in den Abgrund (151 Tote!), 1975 machte Mount Ngauruhoe mit Ausbrüchen Schlagzeilen, 1996 wieder Mount Ruapehu (was den Flugverkehr im weit entfernten Auckland lahmlegte). 2008 brach der submarine Vulkan Monowai Seamount in der Kermadec-Gruppe nördlich der Nordinsel aus.

Erdbeben sind irgendwo auf Neuseeland fast täglich zu spüren, manche, wie jenes von Napier 1932, sind schwere Katastrophen, andere lassen gerade mal die Deckenlampe schwingen. In schweren Fällen, wie beim Erdbeben von Whakatane 1987, ruft die Regierung den Notstand aus, damals wurden die 400.000 Bewohner der Bay of Plenty aufgefordert, ihre Häuser zu verlassen – das Beben mit Stärke 5,6 auf der Richter-Skala dauerte fast eine ganze Stunde lang. Stärkste Erdbeben hatten Stärke 8 (Buller 1929), das Erdbeben vom 20. Dezember 2007, das in Gisborne einige Häuser zerstörte und ein Todesopfer forderte, erreichte die Stärke 6,8.

Die beiden Erdbeben von Christchurch am 4. September 2010 und am 22. Februar 2011 hatten die Stärke 7,1 resp. 6,4, und während das erste, stärkere Beben zwar bedeutende Gebäudeschäden, aber kein direktes Todesopfer forderte, zerstörte das „Nachbeben" fünf Monate später den Stadtkern und die östlichen Viertel von Christchurch sowie den Ort Lyttelton (Nachbeben bis Stärke 5,9 erschütterten noch im Dezember 2011 die Region). Die Innenstadt zwischen den „Four Avenues" muss-

White Island vor Whakatane ist ein aktiver Inselvulkan

te komplett gesperrt werden. 180 Todesopfer sind zu beklagen. Dabei- und das war für Geologen interessant – liegt Christchurch nicht an der Haupt-Erdbebenlinie der „Alpine Fault", sodass man mit einem schweren Erdbeben nicht rechnete und viele ältere Häuser trotz allgemein strafferer Baubestimmungen ohne jeden Schutz von der Zerstörung getroffen wurden.

Den höchsten je gemessenen Wert (9,5) erreichte ein Erdbeben im Meer vor der chilenischen Küste. Es löste einen Tsunami aus, der Evakuierungen an der neuseeländischen Ostküste und auf den Chatham Islands notwendig machte – Neuseelands größtes Evakuierungsunternehmen vor dem Erdbeben von Christchurch 2011.

Auf den Tsunami vom 26. Dezember 2004 war Neuseeland nicht wirklich vorbereitet. Trotz einer Geschichte von Tsunamis – seit den 1820ern wurden 11 Tsunamis an Neuseelands Küsten beobachtet, u. a. erst 2001 infolge eines Erdbebens in Peru – gab es kein effizientes Katastrophenwarnsystem oder gar Evakuierungspläne. Und dies trotz eindringlicher Appelle, die noch vor dem Tsunami veröffentlicht wurden und ein Warn- und Evakuierungssystem forderten: Die „Sunday Star Times" veröffentlichte am 15. Dezember 2004 einen Artikel mit dem Titel „On crest of a row: Tsunami threat ‚too great to ignore'", der die Verwüstungen bei einem Tsunami im Raum Kaikoura darstellte. Neuseeland hatte Glück, die Tsunami-Welle von Aceh traf nur noch als Reihe sanfter Wellenkämme an der Ostküste ein. Am Warn- und Evakuierungssystem wird gearbeitet, aber die Installation kostspieliger untermeerischer Sensoren, die als Frühwarnmelder dienen, wird – so lautete es noch im März 2011 – als „zu teuer" abgelehnt. Offensichtlich sind mögliche Tsunami-Katastrophen nicht „too great to ignore". Warnschilder an einigen Pazifikküsten, dass man sich bei einem Tsunami in eine bestimmte Richtung vom Strand entfernen müsse, helfen aber nicht –wenn man ihn schon vom Strand aus bemerkt, ist es zu spät.

Klima und Reisezeit

Neuseeland liegt wie West- und Mitteleuropa in der Westwindzone und hat ebenso wie diese ein gemäßigtes Klima, der Norden reicht bis in die subtropische, der Süden in die subantarktische Klimazone. Die Witterung wechselt schnell, aber Extreme wie starke Kälte oder längere Trockenheitsperioden sind selten – Neuseeland ist ein klimatisch angenehmes Reiseland.

Klima: Obwohl sich Neuseeland in nord-südlicher Richtung über fast 1.700 km erstreckt, sind doch alle Regionen klimatisch recht ähnlich. Im äquatornahen (subtropischen) Norden werden im Sommer (Mitte Dezember bis Mitte März) mittlere **Lufttemperaturen** von ca. 20 °C erreicht, in Dunedin im polnahen (subantarktischen) Süden der Südinsel immerhin noch mehr als 15 °C! Die Höchsttemperaturen wurden ebenfalls im Süden gemessen, der absolute Höchstwert von 42,4 °C wurde 1973 in Marlborough erreicht, knapp gefolgt von 41,3 °C im sonnig-trockenen Timaru im Februar 2011. Die Temperaturen des kältesten Monats (meist Juli) liegen zwischen durchschnittlich 6,5 °C in Dunedin und 11,2 °C in Whangarei (Northland). Das heißt auch, dass man im November in Northland schon im Meer baden kann, während man auf Stewart Island noch im Pullover spazieren geht. Das starke Relief ist ein weiterer wichtiger Faktor, erreichen doch Neuseelands Berge fast 4.000 m Höhe, was bei einer Temperaturabnahme von 0,5 °C je 100 m bedeutet, dass es auf dem Gipfel des Mount Cook generell 20 °C kälter ist als am Meer in Westland zu seinen Füßen.

Stärker wirkt sich die West- oder Ostlage aus, deren Einfluss noch dadurch erhöht wird, dass die Neuseeland der Länge nach durchziehende Gebirgskette einen Wolkenstau bildet. Während im Fiordland National Park im äußersten Südwesten der Südinsel jährlich bis zu 8.000 mm **Niederschläge** fallen, sind es im trockenen Osten bei Alexandra nicht einmal 500 mm. Damit sind die Niederschläge in Neuseeland der maßgebliche differenzierende Klimafaktor. Selbst mäßig hohe Bergzonen wie jene der Tasman Mountains westlich von Nelson wirken sich enorm auf das Klima aus: während die Küste westlich des Gebirges sehr stark beregnet wird, ist die Zone zwischen Motueka und Nelson und noch mehr jene um Blenheim, die durch ein weiteres Gebirge nach Westen geschützt ist, trocken und sonnig: hier werden mit 2.500 Stunden die höchsten Werte der **Sonnenscheindauer** Neuseelands gemessen (was dem Weinbau ausgezeichnet bekommt). Anderswo werden Werte um 2.000 Stunden Sonnenscheindauer erreicht, nur sehr benachteiligte Gebiete wie die höchsten Bergzonen kommen auf nur 1.600 Sonnenscheinstunden.

> *Global Warming* ist in Neuseeland in aller Munde – Klimaprojektionen für dieses Jahrhundert (bis 2090) gehen von insgesamt deutlich höheren Temperaturen und veränderten Niederschlagsverhältnissen aus. So wird damit gerechnet, dass der Südwesten der Südinsel bis zu 15 % mehr Niederschläge erhält und der Osten bis zu 15 % weniger – bei gleichzeitig höheren Temperaturen muss also in Teilen Otagos und Canterburys mit Steppenbildung gerechnet werden, wo heute noch Kulturland ist (mehr dazu im Themenheft des „New Zealand Geographic" Aug./Sept. 2008, einzusehen in den meisten Bibliotheken des Landes).

Westwindzone bedeutet, **Winde** aus westlicher Richtung bestimmen das Klima beider Inseln. Die stärksten Windgeschwindigkeiten werden in der Cook Strait zwi-

Reisezeit 29

schen den beiden Inseln gemessen, was besonders für Wellington zutrifft, starke Winde bestimmen aber auch die gesamten Southern Alps und können in den Gebirgen der Nordinsel das Wandern schwer machen. Der windärmste Monat ist erfahrungsgemäß der Februar, auf der Südinsel kann man vor allem im Osten auch im Winter, also im Juli und August, mit einigermaßen windstillen Tagen rechnen. Die Windgeschwindigkeiten erreichen höhere Spitzenwerte als in Mittel- und Westeuropa, und sie erreichen sie häufiger – das sollte vor allem Wassersportlern und Bergsteigern klar sein, bevor sie aufbrechen. Im Juli 2008 erreichten die Stürme über der Nordinsel Spitzenwerte über 200 km/h, zehntausende Haushalte waren durch Sturmschäden ohne Strom, es gab drei Tote. Im April und Mai 2011 wurden auf der Nordinsel Tornados beobachtet, die einigen Schaden anrichteten, ein nicht neues, aber seltenes Phänomen.

Reisezeit: Dass die Jahreszeiten in Neuseeland genau umgekehrt zu den europäischen verlaufen, ist eine gute Sache, so kann man im Winter in den Sommer und zum Skifahren in die Südalpen fliegen. Keine Jahreszeit eignet sich *nicht* zum Reisen nach Neuseeland, klimatisch haben alle ihre Vorteile wie Nachteile.

Der *Winter* dauert von Juni bis August und bringt für ganz Neuseeland hohe, im Norden die höchsten Niederschlagswerte, da die Nordhälfte der Nordinsel nur in dieser Jahreszeit komplett in der Westwindzone liegt. Besonders im Süden kann der Winter wie in Mitteleuropa mit längerer Schneelage verbunden sein, auf der Nordinsel ist dies zumindest in Küstengebieten selten. Insgesamt ist der Winter bei der Meeresnähe der meisten Regionen Neuseelands meist milder und schneeärmer als wir das aus Mitteleuropa kennen. Andererseits sind die Berge von sehr niedrigen Temperaturen und hoher Schneelage gekennzeichnet. Für den Skisport sind die eher trockenen Zonen im Lee der höchsten Gipfel der Südalpen mit ihrem lockeren Pulverschnee ideal. Ganz im Norden wirkt sich der Winter nie stärker aus als zu Hause ein kühler Frühling, in den Gärten blüht es besonders an der Ostküste das ganze Jahr über.

Das *Frühjahr* von September bis November oder Mitte Dezember ist vor allem im Westen der Südinsel regnerisch, im Norden können sich bereits längere Phasen mit subtropischem Hochdruckeinfluss abspielen. Jetzt sind bereits alle Freizeitaktivitäten möglich, in den Hochgebirgen herrscht jedoch noch Winter, die Skigebiete sind meist noch geöffnet. Ganz im Norden kann man schon im Meer baden, während man im Süden noch heizt. Kühle, kalte und regnerische Phasen sind häufig, aber auch wunderbar klare Tage, und die Vegetation ist auf ihrem Höhepunkt.

Der *Sommer* von Dezember bis Februar bringt subtropischen Hochdruckeinfluss über das ganze Land, wobei der Süden der Südinsel davon nur vorübergehend berührt wird. In dieser Phase drehen besonders auf der Nordinsel die Winde gen Norden und Osten und es kommt oft zu Schlechtwettereinbrüchen, die als Ausläufer tropischer Wirbelstürme gedeutet werden. Dennoch gilt der Februar generell als der niederschlagsärmste und witterungssicherste Monat. Der Sommer bringt Temperaturen, die im Norden mit jenen der Oberen Adria konkurrieren können, im Süden der Südinsel braucht man auch in dieser Jahreszeit einen leichten Pullover, wenn man ihn auch nicht immer anziehen wird. Im Norden bringen lange schöne Phasen besonders ab Mitte Januar die meisten Urlauber aus dem Lande und von Übersee an die Strände, im Süden sind nun auch die höchsten Zonen bis an die Gletschergrenze schneefrei. Genau dort können aber Witterungsumschwünge schnell winterliche Verhältnisse schaffen: wer im Sommer im Bergland unterwegs ist, muss immer mit Kälte, starken Winden, Regen, Nebel und Schnee bei niedrigen Temperaturen rechnen!

Im *Herbst*, im April und Mai, ist das Wetter auf der Südinsel oftmals über längere Phasen stabil, die Nordinsel hat jedoch gerade in dieser Jahreszeit die höchsten Niederschläge aufzuweisen. Der Herbst ist zum Wandern hervorragend geeignet, zumal der Run auf die Berge nun nicht mehr so stark ist. Andererseits muss man mit einem frühzeitigen Wintereinbruch rechnen. Im Norden reicht die Badesaison oft noch bis weit in den Herbst hinein.

Pflanzen und Tiere

Neuseeland war 80 Millionen Jahre lang ein großes Laboratorium der Natur: Fast ohne Außenkontakte konnten sich Tiere und Pflanzen optimal an ihre Umwelt anpassen und ungestört jede ökologische NischeErst der Mensch hat das Gleichgewicht gestört, sodass die letzten Reste der ursprünglichen Biosphäre streng geschützt werden müssen.

Seit sich Neuseeland vor 80 Mio. Jahren von Gondwanaland loslöste, haben sich seine Pflanzen und Tiere ohne wesentliche Kontakte mit der Außenwelt entwickelt. Pflanzenarten, die es auf Gondwanaland in unmittelbar benachbarten Gebieten gab, haben sich erhalten, wie die Südbuche (Nothofagus), die nicht nur in Neuseeland vorkommt, sondern auch an der Südspitze Südamerikas (und in Antarktika fossil gefunden wurde). Säugetiere gab es damals noch nicht, sodass Neuseeland bis zum Beginn der Besiedelung durch die Polynesier ohne Säugetiere war, sieht man von den beiden Fledermausarten ab, die den Weg übers Meer von Südostaustralien fanden. Umgekehrt haben sich in Neuseeland Tiere und Pflanzen erhalten, die vor 80 Mio. Jahren auf Gondwanaland lebten und anderswo längst der jüngeren Konkurrenz weichen mussten. So ist die Tuatara-Echse eines dieser Relikte, ebenso wie die Podocarpaceen, primitive Koniferen wie Totara, Rimu und Matai. Mehr als 80 % der voreuropäischen Blütenpflanzen Neuseelands kommen nur auf der Doppelinsel vor (sind endemisch), andere findet man in ähnlichen Arten v. a. in Neuguinea, Australien und Südamerika. Besonders interessant sind Sonderentwicklungen durch die Isolation Neuseelands: So wurde die Flugunfähigkeit für viele Vögel die Norm, denn es gab – bis auf einen heute ausgestorbenen Riesenadler – keine Feinde für sie, Raubtiere, fast alle von ihnen Säugetiere (oder Raubbeutler, wie in Australien) und Schlangen sowie große Echsen fehlten im Ökosystem. Die heute ausgestorbenen Moas konnten sich so zu riesigen Laufvögeln entwickeln. Papageien wie der Kakapo, Rallen wie der Takahe und Neuseelands Nationalvogel, der Kiwi (kiwibird), wurden ebenfalls Bodentiere, auch wenn der Kakapo noch zur Not von einem Baum zum anderen segeln kann. Wenn er aber auf einen Baum hinauf will, muss er klettern.

Die Pflanzenwelt

Neuseelands natürliche Vegetation besteht fast ausschließlich aus Wäldern. Nur im Hochgebirge oberhalb der Baumgrenze und im Regenschatten der Southern Alps gab es früher andere Ökosysteme, hochalpine Matten im einen, Tussockgras-Steppen im anderen Fall. Die Nord-Süd-Ausdehnung der Doppelinsel, die vom subtropischen bis zum subarktischen Klima reicht, hat extreme Waldtypen wie den tropischen Regenwald mit Kauribäumen und den subarktischen Südbuchenwald geschaffen. Ein Charakteristikum haben sie alle: Neuseelands Wälder sind, ob im Norden oder im Süden, an der Küste oder im Gebirge, immergrün. Während die Nordinsel fast vollständig abgeholzt wurden, haben sich im Süden einige Urwälder unberührt erhalten. Außer diesen **Primärwaldgebieten** wird in einigen regionalen Forest Parks versucht, einen artenreichen **Sekundärwald** zu fördern, der aber an die ausbalancierten Primärwälder erst in ein paar Hundert Jahren heranreichen wird.

Die „Gondwana-Gattungen": Neuseelands auffälligste und interessanteste Pflanzen sind die sog. Gondwana-Gattungen, Pflanzengattungen, die noch auf den Urkontinent Gondwanaland zurückgehen und die Neuseeland mit dessen anderen ehemaligen Teilen gemeinsam hat, v. a. mit dem äußersten Süden Südamerikas, Antarktika, Südafrika, Madagaskar und Australien. Darunter fallen die *Südbuchen* (Nothofagus), die auch in Queensland, Tasmanien und Südchile wachsen und in den höchsten Bergzonen Neuguineas sowie – in Krüppelform (nothofagus moorei) – auf den subantarktischen Inseln. In Neuseeland kommen vor allem drei Arten vor, *Black Beech* (N. solandri), *Mountain Beech* (N. cliffortioides) und *Red Beech* (N. fusca), die alle sehr kleine Blätter haben. Zu den Gondwana-Gattungen gehören auch die *Epacridacea*, die „Native Fuchsia", die auch in Australien, Südostasien und Südchile vorkommt.

Rimu, Totara, Matai – die Podocarpaceen: Die Podocarpaceen sind eine Gruppe der Nadelhölzer (Koniferen), die auf der Südhalbkugel weit verbreitet ist und bereits vor mehr als 130 Mio. Jahren existierte. Obwohl in Neuseeland die meisten ihrer Arten als Kiefer („Pine") bezeichnet werden, da ihre Wuchsform meist unserer Schwarzkiefer entspricht, ähneln ihre Nadeln und die Form der Benadelung der Äste eher unserer Weißtanne oder auch der Eibe. Auffällig sind die Früchte, kleine rote Fruchtkörper, die den Samen nicht umfassen, sondern auf der Spitze tragen – die Frucht nicht nur der strauchförmigen *Snow Totara,* die im Gebirge wächst, ist auch für Menschen

schmackhaft. Außer den im Folgenden aufgeführten gibt es noch ein Dutzend weiterer Podocarpaceen. Allen wurde seit dem Beginn der Abholzung durch die Europäer das gleiche Schicksal zuteil: Sie sind nur noch in Restgebieten verbreitet und auch dort in ihrem Bestand nicht unbedingt gesichert.

Rimu (Red pine) ist ein gut wiedererkennbarer Baum mit hellem Stamm und einem an Thujen erinnernden Aussehen, dessen Zweige mit den konzentrisch angeordneten Nadeln locker von den Ästen herunterhängen. Der bis zu 50 m hohe Baum kann bis zu 1.000 Jahre alt werden und liefert ein geschätztes Hartholz.

Totara und *Mountain Totara* werden bis zu 2.000 Jahre alt und 30 m hoch, ihr Holz wurde von den Maori für Kanus und Schnitzereien verwendet. Als Bauholz wurde Totara erbarmungslos aus Neuseelands Wäldern geschlagen, alte Bäume haben sich fast nur noch in den Nationalparks der Südinsel gehalten. Das Erscheinungsbild ähnelt dem einer locker gewachsenen Kiefer, die Nadeln sind breit und stehen radial an Zweigen, die von den meist krumm wachsenden Ästen in alle Richtungen abstehen.

Matai (Black pine), *Miro* (Brown pine) und *Kahikatea* (White Pine) sind weitere Podocarpaceen, der Letztere ist Neuseelands höchster Baum, einzelne Exemplare können 60 m erreichen. Die blaue Frucht zieht Bienen, Kaka und Wildtauben an und ist essbar.

Southern Rata, dieser rot blühende Baum überzieht um die Weihnachtszeit die Südinsel mit seiner Farbenpracht, im Gegensatz zu den anderen ist er eine Würgerpflanze, die zuerst als Schlingpflanze wächst und dann erst Wurzeln nach unten schickt. Es gibt auch eine – weniger auffallend blühende – *Northern Rata*, im Coromandel Forest Park ist sie z. B. recht verbreitet.

Die Kauriwälder des Nordens: Die (sub-)tropischen Regenwälder von Northland, der Coromandel-Halbinsel und anderen Teilen der Nordinsel (ab einer Linie, die südlich von Auckland zur Südspitze der Coromandel-Halbinsel verläuft) haben Restbestände des *Kauribaums* (Agatha Australis). Dieser gewaltige Baum, der in Bezug auf seine Masse zu den größten Bäumen der Welt gehört, kommt in verschiedenen Arten auch in Australien, Neuguinea, Südostasien und auf Fidschi vor. Von den Maori wurde er zwar für Kanus verwendet, aber auch als geheiligtes Wesen betrachtet, von den Europäern gnadenlos für Schiffmasten und als Bauholz geplündert. *Kauri* wird bis zu 2.000 Jahre alt, die in den letzten Jahrzehnten angelegten Jungwälder, die alte Bestände ersetzen sollen, werden also noch eine Weile benötigen, bis sie „erwachsen" sind (→ Kasten Kauri S. 224/225).

Zwischen den einzelnen Kauri-Riesen mit ihren stahlgrauen Stämmen ohne jeden Astansatz wachsen Baumfarne und die endemische *Nikaupalme*, die es von Akaroa im Osten und dem Fox River im Westen der Südinsel bis zum Nordkap gibt, Neuseelands einzige Palme. Einer der größten reinen Bestände ist der Nikaupalmenhain nahe dem Scotts Beach am Heaphy Track auf der Südinsel. Andere typische Pflanzen des Kauriwaldes sind endemische Fuchsien, mehrere Arten *Pittosporum* (die in Parks und Gärten im Frühjahr so betörend nach Orangenblüten duften), Beilschmiedia und mehrere Podocarpaceen. Auch der *Drachenbaum* (Dracophyllum) kommt hier vor, den man aber z. B. auch im Regenwald der Tablelands im Norden der Südinsel findet, wo er mit Flechten behangen ist, und mehrere Aufsitzerpflanzen (Epiphyten), darunter einige Orchideen. An den Küsten kommt jener Baum vor, den Kiwis als typischen Weihnachtsblüher kennen, wenn er die Coromandel mit seinem leuchtenden Rot überzieht, der *Pohutukawa*.

Die Pflanzenwelt 33

„Vegetable Sheep" am Mount Peel

Alpine Vegetation: Über der Baumgrenze tut sich in Neuseelands Gebirgen noch einiges, und wie in den europäischen Alpen folgt ein Strauchgürtel, in dem sogar eine *Zwergkiefer* (Pigmy pine) vorkommt. Die *Schneetotara* (Podocarpus nivalis) und ein paar andere Sträucher bilden oft ein unwegsames Dickicht. Etwas höher liegt die Zone der alpinen Rasen, die in Neuseeland durch *Snow Tussock* gekennzeichnet ist, hohe harte Grasbüschel, die eng verwandt sind mit jenem Tussock, der die Steppen Otagos und Canterbury dominiert. An Bachrändern und an exponierten Stellen blühen zahlreiche Blumen, die meisten wie auch in anderen Vegetationszonen Neuseelands, in Weiß. Auffällig sind die großen weißen Hahnenfußblüten der *Mount Cook Lily* (Ranunculus lyallii), die ihren Namen von einem ihrer größten Standorte hat – auf dem Weg von Mount Cook Village zum Hooker Lake kann man zwischen Oktober und Dezember Tausende Exemplare bewundern. Auch *Enziane* gibt es, wie den bis zu 50 cm hohen Gentiana montana, und immer wieder die üppigen und übergroßen Blüten der Celmisia semicordata, die wie ein alpines Riesen-Gänseblümchen aussieht und auch so genannt wird: *Mountain daisy.*

Die höchste Vegetationszone der neuseeländischen Gebirge besteht wie bei uns vorwiegend aus Polsterpflanzen, von denen das *South Island edelweiss* die bekannteste ist (tatsächlich sieht es einem alpinen Edelweiß ähnlich, wenn die beiden auch nicht miteinander verwandt sind). Mit keiner anderen Pflanze kann man *Vegetable sheep* vergleichen, eine wulstige, haarige graue Polsterpflanze, die Felsen an windigen Graten überzieht und aus der Entfernung so aussieht wie ein Schaf.

Die Tussockgras-Steppen der Südinsel: Die trockenen Hügel- und Bergländer der Südinsel haben als einzige größere Vegetationszone Neuseelands keinen natürlichen Wald (es gibt auch Theorien, dass sie erst durch planmäßiges Abbrennen durch Maori entstanden, die auf diese Weise Moas jagten). Hier dominierte ursprünglich *Tussockgras*, ein derbes, bis ca. 60 cm hohes büscheliges Gras. Da es von den eingeführten Haustieren nicht gerne gefressen wird, wurde es zurückgedrängt und hat sich nur in wenigen Zonen erhalten, etwa in der Umgebung von Cromwell und Alexandra. Es kommt häufig zusammen mit dem *Devil's Club* vor, einer Stachelpflanze, die hübsch gelb blüht und die so scharfe und lange Stachel hat, dass sie durch eine dicke Schuhsohle und durch einen Fahrradreifen stechen können. Tussockgrassteppen sind sehr artenarm und an Nordhängen fast wüstenhaft kahl, stellten sich aber für die europäischen Kaninchen, die im 19. Jh. in Neuseeland eingeführt wurden, als durchaus einladend heraus. Die immer wieder eingestreuten Heckenrosen sind ebenfalls ein unerwünschtes Mitbringsel der Europäer.

Mangrovenwälder: Es mag verwundern, dass die Küsten in Neuseelands Norden von Mangrovenwäldern begleitet werden, stellt man sich Neuseeland doch normalerweise als kühle Insel vor. Tatsächlich sind die Meerestemperaturen im Norden aber so hoch, dass diese tropischen Pflanzen gedeihen können – und wie! Es gibt nur eine einzige Mangrovenart *(Avicennia resinifera)*, die anscheinend andere Arten ausschließt, wie sie das macht, ist nicht bekannt. Ihr Vorkommen liegt etwa in jenem Bereich, wo das Binnenland von Kauriwäldern geprägt ist. Die größten Mangrovenbestände hat der Paringaringa-Hafen, aber auch fast alle anderen großen Buchten des Nordens der Nordinsel sind zumindest teilweise mit Mangroven gefüllt (mehr zu Mangroven → Kasten S. 203).

"Pests" – eingeschleppte Schadpflanzen und -tiere: Mehr als 2.000 Pflanzen hat der Mensch nach Neuseeland eingeführt, viele bewusst wie Kartoffel, Gartengemüse, Obstbäume, Zierpflanzen und europäische Grasarten, andere eher versehentlich, wie z. B. die Lupine, die heute die Vegetation in den großen Flusstälern der Südinsel zu ersticken droht. Stechginster macht riesige Flächen Weideland auf der Süd- wie auf der Nordinsel unbrauchbar und muss arbeitsaufwendig ausgerottet werden, aus Gärten ausgebrochene Brombeeren überwuchern natürliche Buschvegetation, der Fingerhut ist im Raum Dunedin eine echte Pest geworden und rund um die Goldgräbersiedlungen Otagos breiten sich ausgedehnte Thymianbestände aus, Erinnerung an die Küchenkräuter der Goldgräber aus Dalmatien, Italien und Südfrankreich. Nicht anders bei Tieren: Das süße "Possum" (Fuchskusu) ist zum schlimmen Feind geworden, der in jeder Nacht einen ganzen Wald auffrisst. Wiesel, Iltis, Marder, streunende Hunde und Hauskatzen haben die einheimische Vogelwelt, die ja häufig flugunfähig ist und am Boden brütet, dezimiert und viele Arten völlig ausgerottet. Eingeführtes Rotwild, Gämse, Thar, Wildziege, verwildertes Hausschwein und Kaninchen fressen den überlebenden einheimischen Tieren die Nahrung vom Maul weg. Zur Illustration zwei Beispiele:

Russel Lupin (Lupinus polyphyllus): Die prächtige Lupine, die im Binnenland von Canterbury die Straßen begleitet und in den Flussebenen farbige Teppiche in Lila, Blau, Gelb, Weiß, Orange und Rot ausbreitet, ist eines der sich am raschesten ausbreitenden Unkräuter Neuseelands. Die aus Übersee eingeführte Gartenpflanze entkam wie so viele andere und ist wohl nicht mehr aufzuhalten. Sie wuchert flächenhaft und drängt die natürliche Vegetation besonders der „braided rivers", das sind die sich auffächernden Flüsse der Südinsel, so zurück, dass diese zum Absterben gebracht wird und mit ihr die vom herkömmlichen Ökosystem abhängige Tierwelt. Eine der dadurch gefährdeten Spezies ist der Wrybill/ngutu parore, eine Regenpfeiferart. Am meisten gefährdet ist der Black Stilt/kaki, der Neuseeländische Stelzenläufer, einer der seltensten Stelzvögel der Welt, der auf dieses Ökosystem 100%ig angewiesen ist (→ S. 630). Das DOC kann wenig unternehmen, Flugblätter bitten, keine Samen für die Gärten zu kaufen und Lupinen nicht im Auto zu transportieren.

Varroa Beemite: Die Raupe eines aus Übersee eingeschleppten Schädlings hat ein besonderes Leibgericht, sie frisst mit Leidenschaft die Larven der Arbeitsbienen. Auf der Nordinsel ist sie so emsig tätig gewesen, dass es dort keine Wildbienen mehr gibt, die für die Bestäubung des

Klees sorgen. Und ohne Klee und Stickstoff im Boden wächst kein Gras. Neuseelands Wiesen und Weiden sind überall ab der Mitte des 19. Jh. künstlich angelegt und mit im Lande im großen Maßstab gezogenen Grassamen kultiviert worden. Die Südinsel ist in den letzten Jahren ebenfalls erreicht worden. Das Landwirtschaftsministerium hat die Bekämpfung – die bisher 60 Mio. NZ-$ kostete – eingestellt, Varroa ist in Neuseeland nicht mehr aufzuhalten. Da keine Bestäubung mehr erfolgt, wird damit gerechnet, dass die im Boden befindlichen Kleesamen etwa im Jahr 2015 aufgebraucht sind, und dann ist Schluss. Diese „Samenbank" wurde über Jahrzehnte im neuseeländischen Boden angesammelt, die Bauern werden teure Maßnahmen ergreifen müssen, um sie zu ersetzen (etwa Ausbringen aus dem Flugzeug oder jährliches Düngen mit Stickstoff) – auch ökonomisch ein glatter Wettbewerbsnachteil.

Die Tierwelt

Kiwi, Kea, Tuatara – die nur in Neuseeland lebenden Tiere nehmen in den meisten Büchern (auch in diesem) den ersten Platz ein, wenn Neuseelands Fauna beschrieben wird. Schließlich sind das nur auf Neuseelands Inseln vorkommende Reptil Tuatara, ein Relikt der Vorzeit, das schon vor 170 Mio. Jahren lebte, und ein flugunfähiger Vogel, der nachts seine Nahrung am Boden sucht, genauso wie ein äußerst neugieriger Bergpapagei allemal interessanter als Schaf und Reh. Das darf aber nicht darüber hinwegtäuschen, dass Neuseelands einheimische Fauna heute nur noch ein matter Abglanz dessen ist, was sie zu Beginn des 19. Jh. war. Wer in das Büchlein „Wild Animals of New Zealand" schaut, das im Land in jedem Buchladen erhältlich ist, wird dort v. a. Bilder von Rothirsch (auf dem Cover), Wapiti, Damhirsch, Sikahirsch, Thar, Gämse, Wildziege, verwildertem Hausschwein, Fuchskusu, Wallaby, Kaninchen und anderen Tieren finden, die alle erst seit Captain Cook eingeführt wurden. Sie bestimmen heute Neuseelands Fauna und natürlich die zahmen und fast noch mehr die verwilderten Hauskatzen, ganz abgesehen von Millionen Schafen und Kühen. Aber wen interessieren die außer ihre Besitzer?

Black Robins Rettung vor dem Aussterben

Neuseelands Biologen sind Spezialisten auf dem Gebiet der Rettung vom Aussterben bedrohter Vögel. Ihre besondere Leistung ist die Rettung des Black Robin, eines mit den anderen Robins verwandten, völlig schwarzen winzigen Vogels, der auf Stewart Island lebte. 1978 zählte man genau fünf Stück davon, die man umgehend auf eine katzenfreie Insel brachte. Glück war dabei: Ohne Old Yellow, das einzige zeugungsfähige Männchen und ohne die beiden legefähige Weibchen (Old Blue und ein anderes) wäre das Unternehmen niemals erfolgreich gewesen. Um das Eierlegen anzuregen wurden den beiden Weibchen die frisch gelegten Eier weggenommen und anderen Vögeln, z. B. Tomtits, untergeschoben – eine Sache, die um Klassen schwieriger ist, als sie klingt. 1986 zählte die Schar aus Old Yellow und den beiden Weibchen und deren Nachkommen bereits 36 Köpfe, heute sind es weit über 100. Pflege und Schutz der Vogelinsel kosten den neuseeländischen Staat ein Minimum von 20.000 $ jährlich – zu viel für ein paar Vögel?

Die flugunfähigen Vögel – von den Moas zu Kiwi & Co.: Die 11 Arten *Moas*, eine Ordnung flugunfähiger Laufvögel (Diornithiformis) der Flachbrustvögel (Ratites), die es nur in Neuseeland gab, sind alle ausgestorben. Der winzige Eurypterix curtus (sein Beiname sagt alles) und der riesige Dinornis giganteus (dito!) mussten ebenfalls ins Gras beißen. Schuld tragen die Vorfahren der Maori, die diese Vögel schonungslos jagten. Dinornis giganteus, den wir auch familiär Riesenmoa nennen dürfen, war übrigens der größte Vogel, der je auf der Erde lebte, er wog wohl so viel wie drei Hirsche. Genug Fleisch für eine Großfamilie zum sofortigen Essen und zum Einlagern (große Moafangplätze mit ungezählten Knochen und Hinweisen auf Räuchern haben sich an vielen Stellen erhalten und wurden ausgegraben, fast alle liegen in den Trockenzonen der Südinsel).

Doch nicht alle Flachbrustvögel sind ausgestorben, eine anderer Ordnung hat sich erhalten, die Apterygiformes, die wir unter dem Namen *Kiwi* kennen (die Neuseeländer nennen ihn *Kiwibird*, denn „Kiwi" sind sie selber und die bei uns so genannte Frucht heißt vor Ort „Kiwifruit"). Eigentlich handelt es sich um drei verschiedene Arten, Braunkiwi, Großer Fleckenkiwi und Kleiner Fleckenkiwi, beim Letzteren ist die Unterart auf der Nordinsel ausgestorben. Auch Kiwis sind flugunfähig, aber im Gegensatz zu den Moas nachtaktiv. Den hühnergroßen Kiwi in der Natur zu sehen, ist so gut wie ausgeschlossen, die Tiere sind enorm scheu, ihn zu hören ist eine andere Sache – an der Westküste von Stewart Island ist der Braunkiwi so häufig, dass ihn die meisten Camper mit Sicherheit zu hören bekommen. Trotz seiner heute wieder steigenden Zahl ist das Überleben des Kiwi nicht gesichert: 1987 durchstreifte ein wildernder Hund den Waitangi State Forest in der Bay of Islands. In sechs Wochen brachte er, bevor er erschossen wurde, 500 Kiwis um – die Hälfte der dortigen Population.

Vogelnamen Englisch – Maori – Deutsch (Lateinisch)

Der Buchstabe X steht für ein nicht vorhandenes oder nicht übliches Wort, die Auswahl beschränkt sich auf in diesem Buch vorkommende Vögel.

Bellbird – Korimako – Neuseeland-Glockenvogel

Blue Duck – Whio – Blauente

Brown Teal – Pateke – eine neuseeländische Ente

Gannet, Boobie – x – Tölpel

Australasian Gannet – x – Süd-Tölpel – Sula serrator (Morus serrator)

Kaka – Kaka – Kaka

Kakapo – Kakapo – Eulenpapagei

Kea – Kea – Kea

Kiwibird – Kiwi – Kiwi

Great Spotted Kiwi – Rea – Großer Fleckenkiwi

Little Spotted Kiwi – Kiwi-pukupuku – Kleiner Fleckenkiwi

North Island Brown Kiwi, South Island Brown Kiwi – Tokoeka – Nordinsel-Braunkiwi, Südinsel-Braunkiwi

Long-tailed Cuckoo – Koekoea – Langschwanzkuckuck (Wanderkoël)

Morepork – x – Eulenschwalm (Zwergschwalm, eine Zwergeule)

New Zealand Pigeon – Kereru – Neuseeland-Waldtaube

New Zealand Scaup – Papango – Neuseeland-Bergente

North Island Robin – Toutouwai – Nordinsel-Scheinzaunkönig

North Island Saddleback – Tieke – Nordinsel-Lappenstar

Pukeko – Pukeko – Pukeko (Sumpfralle)

Shearwater – x – Sturmtaucher

Sooty Shearwater – x – Dunkelsturmtaucher

Stitchbird – Hihi – x (nur auf Little Barrier Island vorkommender Vogel der Art Notiomystis)

Tomtit – Miromiro – x (ein endemischer Vogel der Gattung Petroica, wie der Robin ähnlich einem Zaunkönig)

Tui – Tui – Tui

Weka – Weka – Weka (Waldhuhn)

Yellowhead – Mohua – Gelbköpfchen (Maori-Grasmücke)

Auch Vögel anderer Ordnungen und Gattungen haben sich der raubtierlosen Welt Neuseelands angepasst und zogen es vor, energiesparend am Boden zu kleben und nicht zu fliegen. So hat ein Vetter der einigermaßen flugfähigen Ralle *Pukeko* (die man in Sumpfland häufig sieht) seine Flügel so stark reduziert, dass man sie wie beim Kiwi kaum noch erkennen kann: Der *Takahe* ist ein bis 55 cm großer, behäbiger Vogel, der früher auf beiden Inseln vorkam und um 1898 ausstarb – bis man ihn genau 50 Jahre später im Fiordland wieder entdeckte und heute mit allen Mitteln hochpäppelt, um ihn ja nicht wirklich aussterben zu lassen (→ Kasten Takahe, S. 753). Eine andere flugunfähige Ralle, *Weka*, hat sich auf die rasche Fortbewegung am Boden spezialisiert, sie braucht nicht zu fliegen, weil sie sich in Windeseile unter jedem Busch verstecken kann. Ihr Appetit und die Kessheit, mit der sie sich Brocken stielt, werden nur vom Kea übertroffen, der ebenfalls keine Scheu vor Menschen hat.

Neuseelands einheimische Papageien: Auch ein Papagei hat sich dazu entschieden, am Boden zu leben. Der *Kakapo* (Eulenpapagei), der seltenste der sieben Papageienarten Neuseelands, lebt fast ausschließlich am Boden, schläft tagsüber in Höhlen oft unter Baumstümpfen und hat ein Netz von festen Wanderwegen, auf denen er nachts ausgeht, um seine pflanzliche Nahrung zu suchen. Wenn's denn sein muss, kann er auf einen Baum klettern und zur Erde gleiten, mit dem Fliegen klappt es nicht mehr. Da auch früher schon Kakapos Einzelgänger waren, mussten sie sich etwas einfallen lassen,

um eine Partnerin zu finden, ihre Balzgesänge sind so laut, dass man sie im weiten Umkreis kaum überhören kann. Wie alle Bodentiere und -brüter haben ihn Wiesel, Frettchen, Hauskatze und andere Raubtiere nahezu ausgerottet. Ein groß angelegtes Programm für ihre Rettung hat seit 1974 die noch lebenden Kakapos (keine 100) auf raubtierfreie Inseln vor der Küste transferiert (derzeit nur noch Codfish Island), wo sie aber immer noch in der Gefahr sind, auszusterben, derzeit (2011) sind es nur 120 Individuen: Kakapos brüten nur alle zwei bis sechs Jahre, nicht jeder Partner wird akzeptiert, die Populationen auf derzeit drei Inseln sind zu klein und bereiten genetische Probleme – die Brutunwilligkeit wird bereits jetzt sehr deutlich. Ob die Fütterung mit speziellen Nährstoffpellets eine Verbesserung des Zustands bringen wird, muss sich erst zeigen (dazu und zum Rettungsprogramm mehr auf www.kakaporecovery.org.nz).

Während der Kakapo erst durch die aufwendigen Rettungsmaßnahmen der letzten Jahrzehnte bekannt wurde, kennt alle Welt den *Kea*. Dieser neugierige und gefräßige Flugkünstler ist ein Bergbewohner und hat einen Schnabel, der ausgezeichnet dazu in der Lage ist, den Gummi von Scheibenwischern auszureißen, Rucksackschnüre durchzubeißen und auszufädeln und überhaupt jeden Schaden anzurichten, der nur möglich ist. Vor Menschen hat er keine Scheu, aber wenn sie ihm nichts bieten, fliegt er auf und zeigt seine leuchtend orange gefärbten Flügelunterseiten. So neugierig ist er, dass er kilometerweit fliegt, nur um zu kontrollieren, was vorgeht, der Autor hat es mehrfach miterlebt, weil er selbst das Ziel war. Keas werden von Schafhaltern nicht gerne gesehen, da man ihnen nachsagt, dass sie mit ihren harten Schnäbeln nicht nur tote Tiere aufreißen, um an das Nierenfett zu kommen, sondern auch Schafe gezielt erlegen. Eine Fotoserie mit Infrarot-Nachtaufnahmen, die vor einigen Jahren in neuseeländischen Zeitungen abgedruckt wurde, schien dies zu beweisen, ist aber inzwischen wieder in Zweifel gezogen worden. Tatsächlich fressen Keas Aas, Früchte, Pflanzentriebe und Blüten, dass sie auch lebende Tiere fressen, ist bisher nicht beobachtet worden.

Auch der *Kaka* ist ein Nestorpapagei, und auch er kommt wie der Kea nur in Neuseeland vor. Sein Verbreitungsgebiet ist weitläufiger und umfasst beide Inseln, aber er ist nie häufig und recht scheu. Trotzdem ist auch er neugierig, der Autor wurde an der Westküste der Südinsel auf einer Strecke von einem Kaka begleitet, der unbedingt wissen wollte, was es mit dem einsamen Radler auf sich hatte. Weitere Papageienvögel sind vier Ziegensitticharten, von denen drei auf beiden Inseln leben, die vierte lebt nur auf den subantarktischen Inseln Neuseelands.

Tui, Robin, Tomtit, Bellbird, Fantail, Saddleback: Die Namen gehören einigen der bekanntesten Vögel Neuseelands. Einige sind häufig wie der *Bellbird* mit seinem Namen gebenden Glockenklang und der *Tui*, dessen dunkle Federn mit den hellen Backentaschen häufig auf den Blüten des neuseeländischen Flachses gesehen werden. Und auch *Robin*, den es als North Island, South Island und Stewart Island Robin gibt, wird man kaum übersehen, wenn man auf einer Wanderung ist, denn der Zwerg scheut den Menschen nicht und sucht dort, wo dessen Schuhe den Weg aufgewühlt haben, nach Nahrung. Dagegen ist der *Saddleback* ein seltener Vogel, man begegnet ihm eher in einem Schutzgebiet als in freier Natur, aber wenn man ihm dann doch begegnet, stellt man fest, dass er – und er ist meist zu zweit – eine laute und geschwätzige Art hat, den Tag zu verbringen, Man erkennt ihn an dem rostroten Schulterband, das sich wie ein Sattel über seinen sonst schwarzen Rücken zieht. *Kereru*, die Wildtaube, sieht man oft, der große Vogel hat eine weiße Brust und ist nicht nur grau wie die meisten Tauben, sondern hat rote und grüne Farbflecken. *Fantail*, der Fächerschwanz, macht seinem Namen alle Ehre: Wenn der kleine Vogel mit der gelben Brust und dem schwarzen Rücken seinen Schanz auffächert und die schwarz-weiße Musterung zeigt, muss man ihn bewundern. Sein Revier schützt er mit allen Mitteln, dem Autor flog einer schon so nahe vor's Gesicht, dass er den Luftzug des Flügelschlags spürte (und er ließ sich verscheuchen von der Stelle nahe dem Lake Okataina). Noch kleiner und nur so groß wie unser Zaunkönig (aber nicht mit ihm verwandt) ist *Tomtit*, den es in drei Unterarten gibt. Die schönste ist die auf der Südinsel vorkommende (Männchen mit zitronengelber Brust, schwarzem Kopf und Flügeldecken und weißen Streifen entlang der Flügelseiten).

Neuseeland-Pelzrobbe
alias Australischer Seebär alias New Zealand Fur Seal alias Arctocephalus forsteri

Das Männchen dieser in Australien und Neuseeland vorkommenden Pelzrobbe wird bis 1,60 m lang und bis 160 kg schwer, das Weibchen bis 1,20 m lang und 40 kg schwer. Die beiden genetisch identischen Populationen in Australien und Neuseeland sind, was ihre Brutgebiete betrifft, ohne Kontakt, ob sie sich auf See miteinander vermischen, ist nicht bekannt aber unwahrscheinlich.

Bis 1894 waren die Neuseeland-Pelzrobben so gut wie ausgestorben, ab diesem Jahr wurden sie geschützt. Trotzdem gibt es noch viele tote Pelzrobben durch Fischerei und Schifffahrt – sie ersticken an treibendem Plastik und verfangen sich in Netzen. Ihre natürlichen Hauptfeinde sind große Haie und Orcas. Die Neuseeland-Population beträgt heute 50.000–60.000 Exemplare und nimmt zu, auch die Population auf den subantarktischen Bounty Islands wächst.

Ein Junges wird im November oder Dezember geboren und bis Januar aufgezogen, in dieser Zeit sind die erwachsenen Tiere sehr aggressiv (Vorsicht!). Sieht man einzelne Tiere, so beobachtet man dabei meist eine Ruhephase zwischen Fangtouren. Die Pelzrobbe frisst nicht so sehr Fisch als Oktopus und Tintenfisch, Lanternfish und Barracuda aus Tiefen von meist unter 22 m, die Jagd erfolgt meist nachts. Pelzrobben sind territorial, das Territorium wird energisch verteidigt. Bereits eine Woche nach der Geburt kann sich das Weibchen wieder befruchten lassen. Weibchen und Junge bleiben in der Brutkolonie fast ein Jahr lang, dabei werden die Jungen regelmäßig gesäugt. Die Männchen ziehen am Ende der Brutphase nach Norden und ruhen sich dann in Strohwitwerkolonien an den Küsten aus. Im Wasser sind sie neugierig und spielerisch, *Swimming with seals* (der immer gebrauchte Ausdruck „seal" ist falsch – es müsste „fur seal" heißen, also Pelzrobbe und nicht Seehund) ist daher sehr populär und sicher auch für die Pelzrobben ein Spaß. Pelzrobben können bis unter 230 m tauchen (der beobachtete Rekord liegt bei 238 m und 11 Min.), sie wurden schon bis zu 100 km entfernt von ihrem Geburtsort beobachtet.

Die Neuseeland-Pelzrobbe kommt im Prinzip rund um Neuseeland vor (sowie an den neuseeländischen antarktischen Inseln und im Meer abseits der ostaustralischen Küste) und kann an allen Küstenabschnitten beobachtet werden. Am wahrscheinlichsten sieht man sie in Kolonien wie den unten genannten (AP bedeutet Aussichtsplattform):

Nordinsel: Sugarloaf Island (Taranaki), Red Rocks Coastal Walk (Wellington), Turakirae Head und Cape Palliser (beide südöstlich von Wellington).

Südinsel: Ohau Point (zw. Blenheim und Kaikoura) AP, Kaikoura AP, Otago Peninsula, Nugget Point (Catlins) AP, Knights Point (nördlich von Haast) AP, Gillespies Beach, Point Elizabeth (AP), Cape Foulwind AP, Tonga Island (AP Nationalpark).

Junge Pelzrobbe

Dickschnabelpinguine kehren zum Nest zurück

Pinguine in Neuseeland

Auf den drei großen Inseln Neuseelands (Nord- und Südinsel sowie Stewart Island) kommen von den insgesamt 18 Pinguinarten drei vor, der *Gelbaugenpinguin, der Zwergpinguin* und der *Dickschnabelpinguin,* deren Vorkommen sich auf die Küsten im Süden der Südinsel beschränkt. Weitere Arten wie der *Kronenpinguin* (Eudyptes sclateri) kommen nur auf den subarktischen Inseln Neuseelands vor, die Art *Snares Dickschnabelpinguin* gibt es allein auf der winzigen Insel Snares Island, die völlig isoliert im Südpazifik zwischen Stewart Island und der Antarktis liegt. Andere Arten wie der *Königspinguin* werden vereinzelt in großen Abständen beobachtet, brüten hier aber nicht. Am 1. Februar 2005 wurde in Punakaiki ein Königspinguin beobachtet, das dritte Mal überhaupt in Neuseeland. Der Grund für das Auftauchen des antarktischen Vogels so weit im Norden ist unbekannt, kann aber mit der globalen Erwärmung und dem daraus resultierenden Nahrungsschwund zusammenhängen.

Verhaltensregeln: Niemals Hunde in die Nähe von Pinguinen bringen. Möglichst so beobachten, dass man von den Pinguinen weder gehört noch gesehen werden kann – die Tiere sind sehr scheu, kommen dann vielleicht nicht aus dem Wasser, im schlimmsten Fall können die Jungen inzwischen verhungern. Immer auf den Wegen bleiben, Nester und Gelege sind oft kaum zu erkennen und werden leicht zertrampelt.

Echsen und Frösche: *Tuatara* nennt sich eine bis zu 60 cm lange Echse, die in Neuseeland vorkommt und mit ihrem dornigen Rückenkamm wie ein kleiner Drache aussieht. Die Brückenechse, wie sie auf Deutsch oft genannt wird, ist der einzige Überlebende einer vor 170 Mio. Jahren artenreichen Ordnung der Reptilien, der Rhynchocephalia, und sie hat sich, soweit man das beurteilen kann, seit damals nicht verändert. Tuatara werden erst mit etwa 20 Jahren geschlechtsreif und erreichen ein Alter von bis zu 300 Jahren – wenn sie nicht von Ratten und anderen Raubsäugern angegriffen und getötet werden. Tuatara legen ihre Eier in Gruben und Nisthöhlen von Sturmtauchern, mit denen sie keine Probleme haben. Die Eier brauchen ein komplettes Jahr, bis die Jungen schlüpfen. Früher gab es diese Echsen in vielen Regionen Neuseelands, heute sind sie auf ca. 30 Inseln beschränkt, die künstlich rattenfrei gehalten werden und wo man sie auch in der Natur zu sehen bekommen kann (z. B. auf Tiritiri Matangi). Die größte Population befindet sich auf Stephens Island in der Cook Strait und ist für die Öffentlichkeit off limits.

Von den Lurchen sollen drei einheimische Frösche erwähnt sein, die zur Gattung Leipopelma gehören (Hochstetter's frog, Archey's frog und Hamilton's frog), urtümliche Urfrösche, die kein Kaulquappenstadium durchmachen, sondern lebend gebären und von eingeführten Fröschen fast verdrängt wurden. Selten sieht man die Skinke (18 Arten) und Geckos (11 Arten). Der seltenste Skink nennt sich Chevron Skink und lebt nur auf Great und Little Barrier Island (auf Letzterer ist er möglicherweise bereits ausgestorben), er war bereits schon einmal 60 Jahre lang bis in die Mitte der 1970er für ausgestorben gehalten worden, wie viele Exemplare dieser bis zu 30 cm langen Echse noch leben, ist unbekannt.

Auckland-Seelöwe
alias New Zealand Sealion (Neuseeländischer Seelöwe) alias Hooker's Sealion alias Whakahao alias Phocarctos hookeri

Der Auckland-Seelöwe lebt auf den subantarktischen Inseln Neuseelands, v. a. auf Auckland Island (90 % der Gesamtpopulation) und Campbell Island. Die Männchen werden bis 3,30 m lang und 400 kg schwer, die Weibchen 2 m bei 160 kg. Diese Maße unterscheiden sie klar von den wesentlich kleineren Neuseeland-Pelzrobben, wozu ein weiteres Kriterium kommt: Während die Pelzrobben in Kolonien an vielen Stellen der Küste leben, sind die Auckland-Seelöwen immer Einzelgänger, die sich an den Sandstränden der Catlins oder der Otago-Halbinsel ausruhen, wo man ihnen nicht zu nahe kommen sollte. Die Tiere, die man dort im Sommer sieht, sind noch nicht erwachsene Bullen, sonst hätten sie Neuseeland längst verlassen, um ab Oktober auf einem Inselstrand ihr Revier zu verteidigen und auf die Weibchen zu warten, die ab November eintreffen. Der Auckland-Seelöwe ist in seinem Bestand bedroht, es gibt nur 3.000–4.000 Individuen.

Die Tiere der Küsten und der landnahen Meereszonen: Spricht man von Neuseelands Fauna, und dass es dort nur die beiden Fledermäuse als Säugetiere gibt, meint man immer nur den Landanteil. An den Küsten und im Wasser wimmelt es nämlich von Säugern: Pelzrobben und Seelöwen, Seeelefanten und Seeleoparden, Wale und Delfine finden reichlich Nahrung an und vor der Küste. Häufig sind auch Seevögel, vom Albatros, der auf der Otago-Halbinsel nistet, und Südtölpel, der dies am Cape Kidnappers tut, über mehrere Arten Pinguine, Sturmtaucher und zahlreiche andere Meeresvögel, die zum Teil an der Küste oder auf den vorgelagerten Inseln brüten. Der Mix aus warmen und kalten Wassern, der sich um Neuseelands Küsten bildet, liefert eine gute Nahrungsquelle, und am besten ist sie an der Spitze von Vorgebirgen, wo die Strömungen sich am stärksten vermischen.

Albatrosse → S. 654; Australtölpel → S. 440; Wale und Delfine an Neuseelands Küsten → S. 565; Neuseeland-Pelzrobbe s. o.; Auckland-Seelöwe s. o.; Pinguine in Neuseeland s. o.; Dickschnabelpinguin → S. 815; Gelbaugenpinguin → S. 657; Zwergpinguin → S. 662.

Schaut gar nicht so kriegerisch aus: Maorimänner tanzen einen Haka

Geschichte

Wie auch immer man Geschichte definiert, ist Neuseeland ein junges Land. Seit der Anwesenheit des Menschen sind gerade mal 800 bis 1.000 Jahre vergangen, seit den schriftlichen Aufzeichnungen der ersten Europäer nur ein Vierteljahrtausend. Was Neuseelands Geschichte so spannend macht, ist vor allem die letztere Phase, die durch Kampf, Assimilation und Ausgleich zwischen Maori und Weißen geprägt ist.

Vorgeschichte – von vor 1280 bis 1769: Niemand weiß, wann erstmals Menschen neuseeländischen Boden betraten. Sicher ist nur, dass bereits vor 1280 Polynesier auf der Doppelinsel lebten und dass sie in Kanus aus ausgehöhlten Baumstämmen aus dem Pazifik gekommen waren. Sie brachten aus ihrer alten Heimat, die heute überwiegend auf den Gesellschaftsinseln (Tahiti) oder den Marquesas, aber auf jeden Fall im östlichen Polynesien gesucht wird, die Pflanzen mit, von denen sie sich ernährten. Taro und Yams gediehen wegen des kühlen Klimas Neuseelands nicht, sehr wohl aber die Süßkartoffel *Kumara*. Mit an Bord waren *Kuri*, der polynesische Hund (der auch zur Aufbesserung des Speisezettels diente) und die polynesische Ratte *Kiore*. Maoritraditionen berichten von sieben Kanus, die um 1350 ankamen und die Vorfahren der heutigen Maori mitbrachten. Die früheste Radiokarbondatierung für die Anwesenheit des Menschen auf Aotearoa hat 1280 ergeben (an Skelettteilen von Kiore).

Die frühen Polynesier in Neuseeland (die sich erst seit dem 19. Jh. „Maori" nennen) fanden nicht nur eine im Vergleich mit Tahiti reiche Palette von Meeresfrüchten, Fischen und Meeressäugern vor, die das Leben an der Küste nahelegten, sondern

Europäische Entdecker 43

auch eine fast noch reichere Nahrungsquelle im Binnenland: Die heute ausgestorbenen, flugunfähigen Moa-Vögel wurden als leichte Beute in großer Zahl erlegt. Die Kultur der damaligen Phase, die mit dem Ende der Moa ebenfalls endete, wird als Moajägerkultur bezeichnet. Bereits um 1500 waren diese Vögel durch die Jagd ausgerottet, und die Maori hatten sich mit Kumara und einigen wenigen anderen essbaren Pflanzen sowie den Tieren des Meeres zu begnügen. Besonders die wesentlich größeren Kumara-Erträge der wärmeren Nordinsel führten zu einem Wanderungstrend Richtung Norden. Infolgedessen war zum Zeitpunkt der ersten europäischen Kontakte im 17. und 18. Jh. die Südinsel in großen Gebieten nahezu entvölkert.

Europäische Entdecker – Tasman, Cook & Co.: Im Jahr 1642 schickte die niederländische Ostindische Kompanie mit Sitz in Batavia (heute Jakarta) Abel Tasman, einen ihrer Kapitäne, auf Entdeckungsreise. Er sollte feststellen, ob es den immer wieder beschworenen Südkontinent gab, von dem man auf Grund von zufälligen Sichtungen (z. B. bereits 1606 durch Willem Janszoon) vermutete, dass er existierte und vielleicht bis zum Südpol reichte. Er entdeckte Tasmanien (aber nicht Australien) und ankerte 1642 in der Golden Bay. Bei einem Scharmützel zwischen Maori und holländischen Seeleuten wurden vier Matrosen getötet – Tasman setzte Segel und ankerte nicht einmal an der Spitze der Nordinsel (die er aber nach der Frau seines Dienstherrn Kap Maria van Diemen nannte), bevor er in Richtung Tonga steuern ließ, ohne auch nur ein einziges Mal den Fuß auf neuseeländischen Boden gesetzt zu haben. Immerhin: Seine Entdeckungen wurden auf einer Karte verzeichnet und Staten Land, später Nieuw Zeeland, wurde Teil der europäischen Geographie.

Im Jahr 1769 schickte die englische Regierung einen umgebauten Kohlenfrachter aus Whitby in Ostengland in die Südsee, um zu beobachten, wie die Venus die Sonne verdunkelte, wovon man sich Neues über diesen Himmelskörper versprach. Der Frachter wurde „Endeavour" (Bemühen, Unternehmen) getauft, und wurde von einem jungen Mann namens *James Cook* befehligt, der noch nicht einmal das Kapitänspatent besaß. Am 9. Oktober 1769 landete die „Endeavour" in der Nähe des heutigen Gisborne, Zwischenfälle mit der kriegerischen Bevölkerung, die den Briten entgegentrat, konnten nicht vermieden werden, und sowohl in Gisborne als auch am Cape Kidnappers floss Blut. Erst bei späteren Landungen entspannte sich das Verhältnis zwischen Maori und Europäern, und Cook konnte bei seinen Dienstherren in London nach der Rückkunft 1771 über gute Kontakte zu den Einheimischen berichten. Cook besuchte Neuseeland auch auf seiner zweiten (1772–1775) und dritten (1776–1779) Reise, wobei er große Teile der Küste exakt vermaß und detaillierte Berichte über Land und Leute mitbrachte, die von seinen Wissenschaftlern an Bord verfasst wurden, wie etwa von *Joseph Banks* oder *Georg Forster,* einem deutschen Botaniker.

Bereits 1769 waren gleichzeitig mit Cook französische Schiffe unter dem Kommando von Jean Francois Marie de Surville in der Region unterwegs gewesen, Cook und de Surville kamen einander vor der Küste von Northland auf wenige Seemeilen nahe ohne voneinander zu wissen. 1772 segelte Marion du Fresne die Nordinsel entlang, und die letzte große Entdeckungsreise entlang der Küsten wurde 1826 ebenfalls von einem Franzosen geleitet, Jules Sébastian César Dumont d'Urville. Frankreich schickte sich 1840 sogar an, Neuseeland unter seine Souveränität zu bringen, als französische (und deutsche) Siedler in Akaroa auf der Südinsel an Land gingen, Großbritannien kam ihm nur knapp zuvor.

Captain James Cook (1728–1779)

Der auf einem ostenglischen Bauernhof aufgewachsene James Cook kam mit 17 zu einem Kolonialwarenhändler in die Lehre, was ihn nicht befriedigt haben dürfte, da er schon mit 18 auf einem Kohlenschiff anheuerte. Mit 20 steuerte er bereits als zweiter Mann Handelsschiffe über die Nordsee und war dabei so erfolgreich, dass ihm 1755 ein eigenes Kommando angeboten wurde. Was er ablehnte, um stattdessen nochmals von vorne anzufangen und bei der Royal Navy als Vollmatrose anzuheuern. Seine nautischen und mathematischen Leistungen wurden nach der Vermessung der „Traverse" des Hudson-Stromes bei Quebec während des Siebenjährigen Krieges bekannt, hatten sie doch zur sicheren Passage der britischen Flotte durch dieses gefährliche Gewässer und zur Kapitulation der Franzosen geführt.

Direkte Folge dieser Pionierleistung war 1768 das Kommando der „Endeavour", eines umgebauten Kohlenfrachters, der für die Reise in den Südpazifik ausersehen war. Dort sollte der Durchgang der Venus durch die Sonne verfolgt werden, um die Entfernung zwischen der Sonne und der Erde zu bestimmen, geheime Papiere machten aber klar, dass es – wieder einmal – um die Erforschung der sog. Terra Australis Incognita ging – des sagenhaften Südkontinents. Mit an Bord waren die Gelehrten Joseph Banks und Carl Solander, beide Botaniker, Sydney Parkinson, ein Biologe, und Charles Green, Astronom. Am 26. August 1768 stach man in See, im April 1769 wurde auf Tahiti der Durchgang der Venus verfolgt und am 6. Oktober 1769 erreichte Cook die Nordinsel Neuseelands. Die „Endeavour" umrundete unter Cooks Kommando beide Inseln, und ihr Kapitän kartographierte sie, während seine Gelehrten die Landesnatur untersuchten. Der Traum vom Südkontinent war bald geplatzt – weitere Fahrten durch den Südpazifik zeigten weit und breit nur Wasser und ein paar Inseln.

1772 stach Cook wieder in See, dieses Mal mit zwei Schiffen, der „Resolution" und der „Adventure". An Bord waren zwei deutsche Wissenschaftler, Georg Forster und sein Vater Johann Reinhold Forster. Wieder ging es um den Südkontinent, Cook sollte möglichst weit südlich in Richtung Antarktis fahren, um endgültig dessen Nichtexistenz zu beweisen. Am 17. Januar 1773 wurde der südliche Polarkreis überquert, schweres Eistreiben erzwang einen Kurs nach Neuseeland, das Ende des Jahres nach einer Fahrt durch halb Polynesien wieder erreicht wurde. Die Schiffe waren am 30. Juli 1775 heil zurück in England, die meisten Besatzungsmitglieder lebten noch, da Cook als erster Kapitän der Geschichte Zitronen geladen hatte, um dem Skorbut zu begegnen, und bei Landung auf Inseln Kräuterauszüge brauen ließ, die ebenfalls diese Mangelkrankheit verhinderten.

Auf der dritten Reise nahm Cook wieder die bewährte „Resolution" und wandte sich diesmal nördlichen Zielen zu, er sollte die nordamerikanische Westküste erkunden. Wie immer führte er seine Aufgabe gewissenhaft aus (die Landung in der Nootkabucht am 30. März 1778 öffnete den Westen Nordamerikas für die Europäer), entdeckte so nebenbei Hawaii und wurde dort wie ein Gott verehrt. Zurück von der Beringsee wurde er auf Hawaii zuerst wieder gefeiert, aber dann bei einem Scharmützel am 14. Februar 1779 getötet. Sein Schiff war im Oktober 1780 wieder zurück in England.

Walfänger, Seehundefänger, Missionare

Walfänger, Seehundfänger, Missionare – von 1800 bis 1840: Cooks erste Reise öffnete Neuseeland für Forscher, aber auch für die wirtschaftlichen Interessen der Europäer – bereits 1792 ging die erste „Sealing Gang" (Seehund- oder Pelzrobbenschlägergruppe) im Dusky Sound der Südinsel an Land. Cooks und Vancouvers enthusiastische Berichte über den Reichtum an Meeressäugern hatten ihre Folgen gezeitigt. George Vancouver, der schon mit Cook dort gewesen war, hatte im Oktober 1791 drei Wochen lang mit zwei Schiffen im Dusky Sound kartiert, eines der beiden Schiffe, die „Chatham", erreichte im November die bis dahin unentdeckten Chatham Islands mit ihrer von den Maori verschiedenen Moriori-Bevölkerung.

Auch die britische Kolonie in Australien war bald an Neuseeland als Quelle billiger Pelzrobben für Pelze und Wale für den vielfältig genutzten Tran interessiert und immer mehr australische Pelzrobbenschlächter, seit ca. 1810 auch Walfänger, richteten an Neeseelands Küsten Basislager ein, wo sie die Pelze präparieren und den Tran kochen konnten. Die Pelzrobbenkolonien waren bald so weit dezimiert, dass sich die Jagd nicht mehr lohnte, für die Wale benötigte man ein weiteres Jahrhundert, um sie an den Rand der Ausrottung zu bringen. Die wichtigsten Standorte der Walfänger lagen auf der Nordinsel, wo sich Kororareka (Russell) zum Zentrum entwickelte, und ab ca. 1820 den Charakter einer festen Siedlung annahm – der ersten des Landes. In der Umgebung und vor allem im Norden der Nordinsel wurde zu diesem Zeitpunkt bereits mit einem anderen neuseeländischen Rohstoff so rücksichtslos verfahren, dass man ihn nahezu ausrottete: Die Bestände an alten Kauriwäldern waren bis zum Ende des Jahrhunderts zu 98 % erschöpft!

Die Weißen, von den Maori „Pakeha" genannt, ein Wort, das sich heute allgemein für Neuseeländer europäischer Herkunft durchgesetzt hat, brachten nicht nur Walfang und Robbenschlächterei, sondern auch ansteckende Krankheiten, gegen die die Maori keine Widerstandskräfte hatten, sodass Zehntausende von ihnen durch Masern und Keuchhusten umkamen. Die Weißen brachten außerdem Tabak, Alkohol, Prostitution, den bisher unbekannten Privatbesitz, Geschlechtskrankheiten, v. a. aber Feuerwaffen. In einer Gesellschaft, die noch auf materiellem Steinzeitniveau lebte, musste derjenige gewinnen, der sich als erster Feuerwaffen sicherte. Er hieß *Hongi Hika*, stammte aus der Bay of Islands und erwarb 1821 nach einem Besuch in England, wo er König George IV. vorgestellt worden war, als erster Stammesführer Gewehre, mit denen er alle diejenigen Stämme der Nordinsel dezimierte und unterjochte, die sich seinem Kommando nicht fügen wollten. Die Moriori, Bewohner der Chatham Islands, die in Jahrhunderten der Isolation eine eigene Kultur entwickelt hatten, wurden von waffentragenden Maori von der Nordinsel ab 1835 so dezimiert, dass man bis vor wenigen Jahren von ihrer Ausrottung sprach. Inzwischen hat man bei etwa 250–300 Menschen die direkte Abkommenschaft von Moriori festgestellt, reinblütige Moriori gibt es jedoch seit 1933 nicht mehr.

1814 kam erstmals ein Missionar nach Neuseeland, *Samuel Marsden* ließ sich, aus Australien kommend, in der Bay of Islands nieder. Andere Missionare und andere Religionsgemeinschaften folgten, Maori wurden zum Christentum bewogen, wenn auch vielleicht nicht bekehrt, zum Christentum übergetretene Maori mussten – selbstverständlich! – europäische Kleidung tragen, und dass die Frauen wie bisher ihre Brüste unbedeckt hielten, war natürlich undenkbar. Missionare brachten den Maori nicht nur Religion sondern auch das Gefühl, bisher minderwertig gewesen zu sein – erst durch die vollständige Europäisierung würden sie den Pakeha gleichwertig sein.

Geschichte

Der Vertrag von Waitangi – von 1840 bis heute: Neuseeland war im Gegensatz zu New South Wales in Australien keine Kolonie, es gab weder britische Verwaltung noch britisches Recht, auch wenn die für Australien gültigen Verordnungen in Neuseeland angewendet wurden. Rechtstitel wie Grundbesitz waren somit nicht durch gültiges Recht geschützt, geschweige denn durch die Autorität der britischen Krone (die in Neuseeland wie in England heute noch immer Verfassungsstatus hat, obwohl es keine formelle Verfassung gibt). In diesem juristischen Zwielicht wurde der Ruf der Pakeha nach dem Koloniestatus für Neuseeland immer lauter. Gleichzeitig wurde auch in London klar, dass man die Zügel nicht mehr lange schleifen lassen könnte, ohne die Rechte von Ureinwohnern und Neuankömmlingen zu klären und gegeneinander abzugrenzen. dazu kamen erste Siedlungsunternehmungen durch die speziell dafür gegründete New Zealand Company, die 1839 Port Nicholson (später Wellington) gründete, und die Gerüchte von französischen Plänen, Neuseeland zu annektieren.

Das Problem waren die Maori, die nach wie vor 98 % der Bevölkerung ausmachten, und mit denen man, ob man wollte der nicht, verhandeln musste (was bei den ungleich weniger organisierten australischen Ureinwohnern erst gar nicht in Erwägung gezogen worden war). Unter *Captain Hobson,* der von der Regierung in London als „Consul" nach Neuseeland geschickt wurde, sollten die Häuptlinge möglichst vieler Maoristämme dazu gebracht werden, sich der britischen Krone zu unterwerfen, die ihnen als Gegenleistung Garantien für ihren gegenwärtigen Besitz und Schutz bieten sollte. *James Busby,* der britische „Resident" seit 1833 (eine Art Gouverneur ohne staatliche Autorität), stellte gemeinsam mit Hobson einen Vertrag zusammen, der am 5. Februar 1840 den vor der Residenz Busbys in Waitangi (in der Bay of Islands) versammelten Maori-Häuptlingen präsentiert wurde. Nach 5-stündiger Debatte stimmten am nächsten Tag, dem 6. Februar, mehr als 40 Häuptlinge dem Vertrag zu und unterzeichneten, weitere Unterzeichnungen (meist stellvertretend oder mit Kreuz) erfolgten im ganzen Land, wohin später Kopien geschickt wurden. Neuseeland wurde von der britischen Krone annektiert und erhielt 1841 Koloniestatus.

Der Vertrag von Waitangi ist bis heute gültig und Basis einer zukünftigen Verfassung (die Neuseeland – wie Großbritannien – nicht besitzt), und er ist ein Zankapfel zwischen Maori und Pakeha geblieben, v. a. weil die englische und die Maori-Fassung in wesentlichen Punkten nicht übereinstimmen. So wurde die Garantie individueller Besitzrechte durch die Krone, wie sie die englische Fassung enthält, mit der Garantie bestehender Besitzrechte durch die Maori als *tangata whenua* übersetzt – also als traditioneller Kollektivbesitz, der in der englischen Rechtsauffassung überhaupt nicht existiert. Während Maori annahmen, dass nun ihre traditionelle Landnutzung geschützt war, interpretierten Pakeha den Text als Recht, Privatbesitz zu erwerben, ein dem Maori-Verständnis diametral entgegen gesetztes Konzept, das bis heute für Zwist zwischen den beiden Gruppen sorgt. Über Jahrzehnte und v. a. während der Maorikriege im 19. Jh. wurde der Vertrag von Waitangi nur noch als Makulatur gesehen. Erst mit dem Wiedererwachen des Selbstbewusstseins der Maori ab den 1970ern und nach massiven Protesten gegen die Benachteiligung der Ureinwohner durch die Gesetze des Landes, begann das Dokument von 1840 wieder Bedeutung zu gewinnen. Seit 1985 werden unter der Bezeichnung *Waitangi Tribunal* Wiedergutmachungs- und Landrückgabeansprüche der Maori behandelt – mit gemischten Erfolgen.

Neue Siedler 47

Neue Siedler – 1840 bis 1850: Vor 1840 gab es drei Orte in Neuseeland, in denen mehr als eine Handvoll Europäer lebten, Kororareka (heute Russell) in der Bay of Islands, Port Nicholson, wo die wenigen Einwanderer bereits auf gepackten Koffern saßen, um zum Standort des heutigen Wellington umzuziehen, und Auckland, das wie Kororareka als Lande- und Handelsplatz von Walfängern, Abenteurern aus den australischen Kolonien und Schiffskapitänen auf der Route zwischen Kap Hoorn, Sydney und Singapur entstanden war. 10 Jahre später hatte das Land mit Wellington, Auckland und den Neugründungen New Plymouth (1841), Nelson (1842), Dunedin (1848) und Christchurch (1850) ein halbes Dutzend europäisch bestimmter Städte und zwei Jahre später politische Autonomie.

Die erste Phase der organisierten europäischen Einwanderung und Stadtgründungen wurde durch die New Zealand Company bestimmt. Ihr Gründer *Edward Gibbon Wakefield* strebte mit seinen Siedlungen in Neuseeland eine Art neues und besseres England an, aber mit den scharfen Klassengegensätzen, wie sie das 19. Jh. bestimmten mit klaren Grenzen zwischen denen, die Land besitzen, und denen, die es bebauen. Zwischen 1839 und 1843 gründete die New Zealand Company vier englisch-anglikanische Siedlungen: Port Nicholson (Wellington), Nelson, New Plymouth und Whanganui (Wanganui). Das Land für die Siedler kam aus Regierungshand, billig von Maori erworben, die häufig nicht wussten, was sie taten, als sie den Kaufvertrag unterzeichneten, und deren interne Kämpfe man schamlos ausnutzte. Die Regierung verkaufte dann das billig erworbene Land für ein Vielfaches. Maori waren im Vertrag von Waitangi zwar den Pakeha gleichgestellt worden, aber das kümmerte weder Volk noch Regierung, in der Maori nicht vertreten waren. Dass Maori das bemerkten und aufmerksam verfolgten, war den Pakeha egal – die Maori waren ein sterbendes Volk, in zwei, drei Generationen würde es sie nicht mehr geben.

Die Einwanderer der Neuzeit

In Neuseeland dominieren unter den Nicht-Polynesiern (Maori und Südseeinsulaner stellen zusammen 21 % der Bevölkerung) zwar Menschen mit Herkunft aus England, Irland und Schottland, aber auch Deutsche, Holländer, Dalmatiner und Ostasiaten, v. a. Chinesen, halten starke Bevölkerungsanteile. Die ersten Deutschen kamen bereits 1840 an und siedelten gemeinsam mit Franzosen in Akaroa auf der Banks-Halbinsel. Man schätzt, dass heute 400.000–500.000 Neuseeländer deutsche Wurzeln haben (so Helen Clark in einem Interview mit dem „Spiegel" im Jahr 2005), also mehr als 10 % der Bevölkerung, was vor allem auf die Auswanderung nach dem Zweiten Weltkrieg zurückgeht. Im Raum Auckland und in Northland waren es Kroaten aus Dalmatien, die bereits im 19. Jh. die Kauriwälder rodeten und den neuseeländischen Weinbau auf kommerzielle Füße stellten. Chinesen kamen in einer ersten Welle während des Goldrauschs ab 1861, eine zweite Welle folgte nach der Liberalisierung der Einwanderungsgesetze ab 1980 (heute entscheiden Geld und Einsetzbarkeit, nicht mehr Rasse und Herkunft über das Recht, sich in Neuseeland niederzulassen). Koreaner, Vietnamesen und andere Südostasiaten folgten ab Mitte der 1990er. Schon über Jahrzehnte waren Menschen aus der pazifischen Region eingewandert, die heute 6,5 % der Bevölkerung stellen.

Auckland, das als Nachfolger von Russell zwischen 1840 und 1865 Neuseelands Hauptstadt war, hat starke irischkatholische Wurzeln, 1851 stellten die Iren einen Bevölkerungsanteil von 31,3 %. Das unterscheidet es sehr klar von den Gründungsstädten der damaligen Zeit, die allesamt von Protestanten bestimmt waren. Dunedin (gälisch für Edinburgh) war eine Gründung der Free Church of Scotland und zumindest in seiner Frühzeit ein sektiererisch-fundamentalistisches Pflaster mit hohem schottischem Bevölkerungsanteil. Invercargill in Southland, in den 1850ern gegründet, hat ähnliche Wurzeln. Christchurch wurde als letzte der heutigen großen Städte von der Canterbury Association gegründet, die anglikanische Engländer ins Land brachte, die sich der „High Church" verbunden fühlten.

Königsbewegung, Maorikriege und neue Maori-Religionen – von 1852 bis 1882:
Die Unzufriedenheit der Maori mit einer von Pakeha bestimmten Entwicklung, die sie immer klarer in den Hintergrund drängte, äußerte sich erstmals und sehr spektakulär in der Bay of Islands. Dort fällten Leute des Ngapuhi-Stammeshäuptlings *Hone Heke* wiederholt den Fahnenmast des englischen Vertreters in Russell. 1852 erhielt Neuseeland Selbstverwaltung und ein Wahlrecht, das auf privaten Grundbesitz aufgebaut war, nur wer Grundsteuer zahlte, durfte wählen und konnte gewählt werden – die Maori besaßen aber Land nur kollektiv und waren auf diese Weise von allen politischen Entscheidungen ausgeschlossen, Waitangi hin und gleiche Rechte für Maori und Pakeha her (erst ab 1867 sollten ihnen vier Abgeordnetensitze reserviert werden). Nicht nur das – die Kolonialregierung begann immer offener, die Politik der Landkäufe zu unterstützen. Verhandlungen mit einzelnen verkaufswilligen Maori benutzte sie, um an den Kollektivbesitz ganzer Stämme zu kommen. Der Landkauf von Waitara bei New Plymouth 1859/60, der gegen den Willen des dortigen Stammeshäuptlings *Wiremu Kingi* zu Stande kam, war einer der Hauptauslöser des kriegerischen Konflikts (New Zealand Wars), der Neuseelands Geschichte zwischen 1860 und 1872 (in Ausläufern bis in die 1881) bestimmen sollte. Der zweite Auslöser war die Königsbewegung (King Movement), die 1859 mit der Krönung von *Te Wherowhero* ihren Höhepunkt fand. Hinter diesem Maorikönig versammelten sich jene Kräfte der Maori, die gegen die Machtübernahme durch die Pakeha, gegen die Landkäufe und letztlich gegen den Untergang der Maorikultur (Maoritanga) ankämpfen wollten. Bewaffnete Maoriverbände hielten die rasch verstärkten Truppen der Pakeha lange Zeit durch einen Guerilakrieg im Schach, und einzelne Anführer wie *Te Kooti* erzielten zahlreiche Erfolge, bei denen sie Orte abfackelten, um sich rasch wieder zurückzuziehen (Te Kooti wurde gefangengenommen, auf den Chatham Islands interniert, konnte flüchten und sich auf der Nordinsel versteckt halten, bis er 1883 begnadigt wurde). Um 1872 waren jedoch fast alle *Pa*, die befestigten Maoridörfer, bezwungen worden, und 1881 fiel auch die letzte Festung der Königsbewegung, das King Country im Südwesten der Nordinsel. Mehr als eine Million Hektar Maoriland wurden enteignet und an weiße Siedler verkauft, Neuseeland sollte zu einem Land der Weißen werden.

In dieser Phase der gewalttätigen Auseinandersetzungen zwischen Maori und Pakeha entstanden zwei Religionen, die sich aus der geistigen Auseinandersetzung der Maori mit dem christlichen (europäischen) Gedankengut entwickelten. Die *Hauhau-Bewegung* verband seit 1863 traditionelle Maori-Vorstellungen mit christlichen Lehren von Erlösung und Auferstehung. Ihr Gründer Te Ua Haumene lehrte, dass Hauhau-Anhänger Pakeha besiegen, Kranke gesund und Maori-Tote wieder auferstehen würden. Seine Anhänger waren häufig Fanatiker, die ihren Glauben in Kämpfen mit den Pakeha zu bewähren suchten und abgeschnittene und konservierte Köpfe getöteter Pakeha zu anderen Kämpfern schickten, um diese zu neuen Taten anzustacheln. Wenige Jahre später verband die *Ringatu-Religion*, die von Te Kooti während seiner Verbannung auf die Chatham Islands gegründet wurde, ebenfalls Maori-Traditionen mit christlichen Vorstellungen und kam dabei ohne die fanatische Komponente der Hauhau-Bewegung aus.

Vom Goldrausch bis zur Weltwirtschaftskrise: 1861 wurde in Neuseeland erstmals Gold gefunden, und noch im selben Jahr begann der Zustrom von Goldgräbern, Abenteurern, Geschäftemachern und Neusiedlern, der die weiße Bevölkerung zwischen 1860 und 1881 von 60.000 auf 470.000 anschwellen ließ. Gleichzeitig sank die Zahl der Maori von 200.000–250.000 zur Zeit der europäischen Entdeckung auf ein historisches Tief von 46.000 (1896). Mit den Goldfunden entwickelte sich Dunedin zur wirtschaftlichen Metropole und größten Stadt des Landes, von wo aus die bisher durch Europäer vernachlässigte Südinsel systematisch erforscht und in der Folge besiedelt wurde – große Maorikonkurrenz gab es in diesem Bereich Neuseelands nicht. Wälder wurden abgeholzt, und zwischen den Baumstümpfen wurden Grassamen ausgestreut, um Weiden für das neu eingeführte Vieh zu schaffen, die rasch wachsende Bevölkerung musste schließlich gefüttert werden und Schafwolle sowie Wollprodukte wurden das erste Exportgut des Landes. 1882 verließ das erste Kühlschiff den Hafen von Dunedin, die Ära des Fleischexports, die bis heute anhält, begann. Was noch an Maoriland zu haben war, wurde jetzt von der Regierung oder Privaten gekauft. Die Regierung unter *Julius Vogel* unterstützte den immer stärker überhitzten und durch Banken angeschobenen wirtschaftlichen Boom durch billige Kredite und stürzte sich in einen massiven Schuldenberg.

Schotten, Engländer und Iren waren die ersten Einwanderer

1879 brach die Konjunktur ein und es kam zu einer mehr als 20 Jahre dauernden Depression. Das Gold war ausgebeutet, der Exportmarkt für Wolle und Fleisch durch die starke Konkurrenz aus Australien beeinträchtigt, der bahnbrechende erste Gefrierfleischtransport nach England im Jahr 1882 (→ Oamaru) konnte daran zunächst nichts ändern. 1890 kam eine Koalition aus Liberalen und Sozialisten an die Regierung und begann mit zahlreichen Reformen. Noch vor 1900 wurden eingeführt: gestaffelte Einkommensteuer, Frauenwahlrecht (1893 als erstem Staat der Welt), Altersrente, Arbeitszeitbegrenzungen in Fabriken. Es ging wieder bergauf, und 1907 durfte sich Neuseeland den Kolonialstatus abstreifen und selbstständiger Teil des Commonwealth werden. Die Verteidigung der alten Heimat im Ersten Weltkrieg forderte 17.000

Opfer an den europäischen Fronten, v. a. im Kampf gegen das Osmanische Reich an den Dardanellen (Gallipoli, wo noch heute Australier und Neuseeländer hinpilgern, um die Gedenkstätten ihrer Vorfahren zu besuchen). Die Nachkriegszeit brachte einen kurzen ökonomischen Boom und dann ab 1929 den Crash – Exportpreise fielen mangels Nachfrage ins Bodenlose, und Neuseeland sah sich plötzlich vor einem Schuldenberg, den die Regierung in besseren Zeiten angesammelt hatte. Die Arbeitslosenzahlen stiegen und die Altersrenten wurden als Sparmaßnahme so weit gekürzt, dass sie nicht mehr zum einfachen Leben reichten.

Von Savage bis Clark – Staat und Gesellschaft 1935 bis 2008: 1935 kam eine sozialistische Regierung der Labour Party ans Ruder, deren Premierminister *Michael Joseph Savage* sich das Ziel eines modernen Wohlfahrtsstaates verschrieb, wie er in späteren Jahrzehnten auch in Schweden und der Bundesrepublik Deutschland angestrebt werden sollte. Mit dem Slogan „Labour has a Plan" wurden Maßnahmen umschrieben, die von der Einführung der Vierzigstundenwoche (für ausgewählte Berufe) über die Abschaffung von Schulgeldern, den staatlichen Wohnungsbau und öffentlichen Bauvorhaben, um die Arbeitslosigkeit zu verringern, bis zu kostenloser Krankenversorgung (aber ohne Zahnarztkosten!) und garantierten Altersrenten reichten. Im ersten Wohlfahrtsstaat der Welt sollte für jeden gesorgt sein – auch und wieder einmal auf Kosten einer nicht eben prall gefüllten Staatskasse.

Als die Japaner 1941 Pearl Harbour angriffen, fand sich Neuseeland plötzlich mitten im Weltgeschehen – nach Jahrzehnten einer Randexistenz mussten seine Bewohner plötzlich umdenken, und nicht England wurde von den vielen Soldaten verteidigt, die nun in den Krieg zogen, sondern die eigene engere Heimat. Maori und Pakeha kämpften wieder Seite an Seite, auch in Europa, wo viele Neuseeländer in Afrika, Italien und später an der Westfront ihr Leben ließen.

Labour hatte sich 1949 ausgepowert und die bürgerliche Reform Party konnte gemeinsam mit den Liberals als National Party den Wahlsieg erringen. Der Aufschwung nach 1945 kam der stockkonservativen National Party zu Hilfe, die sich mit Unterbrechungen bis Mitte der 70er halten konnte. Die Vorstellung von den „Kiwis", wie sich die Neuseeländer nach ihrem Wappenvogel selbst nennen, als einer eher genügsamen, abends früh ins Bett gehenden, Gott und Regierung achtenden Rasse von Bauern und Handwerkern wurde damals kolportiert. Es half, dass Zehntausende Briten der kleinbürgerlichen und Arbeiterschicht nach Neuseeland ausgewandert waren, deren Ideale ebenfalls noch von den Tugenden der viktorianischen Zeit bestimmt waren. Andere Nationen konnte man nur dulden, wenn sie wenigstens hellhäutig und europäischer Herkunft waren. Deutsche, Holländer und Skandinavier entsprachen diesem Bild am besten und bekamen am ehesten eine Einreisebewilligung und einen Arbeitsplatz. Maori dagegen kämpften mit der Arbeitslosigkeit – noch 1988 stellten die damals 6 % der arbeitenden Bevölkerung mit Maori-Herkunft 15 % der Arbeitslosen. Ostasiaten dürfen nach Änderung der Immigrationsgesetze seit 1980 nach Neuseeland einwandern, an manchen Orten, wie in der Innenstadt von Auckland, bestimmen sie heute das Straßenbild.

Die kurze Phase der Labour Party unter *Walter Nash* sah zwischen 1957 und 1960 den Beginn von Großprojekten, wie sie auch in den „sozialistischen Staaten des Ostbocks" für Arbeitsplätze sorgen sollten, darunter die Aluminiumindustrie (ohne Aluminium, das erst eingeführt werden musste), für die erst Wasserkraftwerke geschaffen werden sollten. Der Plan, den Manapouri-See (Fiordland) für die Wasserkraftnutzung zu verändern, gab der Umweltschutzbewegung einen Kickstart, der landesweite Protest auch gegen das Abholzen der letzten Urwälder einte die Umweltbewussten im ganzen Lande.

Ein schwerer Schlag für Neuseeland war Großbritanniens Beitritt zur Europäischen Union. Bisher waren neuseeländische Butter, Schaffleisch und andere Produkte unter Vorzugsbedingungen dorthin exportiert worden, plötzlich stand Neuseeland 1972 ohne diesen Partner da. Prompt verlor die seit 1972 regierende Labour Party 1975 gegen den bulligen *Robert Muldoon,* der mit Versprechungen gewann, die er sofort nach seinem Sieg wieder vergaß. Der plötzlich verlorene Exportmarkt, enorme Auslandsschulden, die höchste Arbeitslosigkeit zwischen der Weltwirtschaftskrise und der Gegenwart, sinkender Lebensstandard, der zur Bildung von Jugendgangs arbeitsloser Maori führte und die resultierende allgemeine Unzufriedenheit führten zu Muldoons Abwahl 1984 und zum Sieg der Labour Party unter *David Lange.* Der energische Politiker orientierte sich mehr an Thatcher und traf eher rechts der Mitte angesiedelte Maßnahmen, die von der Einführung der Mehrwertsteuer über Dollarabwertung und Kürzung der staatlichen Unterstützung bis zur Privatisierung der Bank of New Zealand reichten. Die Landwirtschaft hat trotz – oder wegen – der Streichung der Subsidien ihren Output bis heute durch Rationalisierung und Mechanisierung verfünffacht. Weltweite Schlagzeilen machte sein Verbot neuseeländischer Gewässer für Schiffe mit Atombewaffnung, was v. a. gegen die USA gerichtet war und diese und die ebenfalls an Neuseelands Häfen interessierten Franzosen verärgerte. Maori wurde unter Lange im Waitangi Tribunal das Recht verbrieft, ungerecht übereigneten oder gar enteigneten Besitz zurückzufordern, was vielen Pakeha überhaupt nicht gefiel (und gefällt). Dass 1985 die „Rainbow Warrior" von Greenpeace im Hafen von Auckland von Beauftragten des französischen Geheimdienstes versenkt wurde, passt in dieses Bild.

Der Kurseinbruch von 1987 auf den internationalen Finanzmärkten brachte die Regierung zum Sturz, und ab 1990 waren wieder die Nationals unter *Jim Bolger* am Ruder, die nach einem leichten Wahlsieg leichtes Spiel erwarteten, aber dem Land keinen Aufschwung bescherten. Trotzdem stand die Antwort auf die immer wieder geführte Debatte, ob sich Neuseeland mit Australien zu einem Land zusammenschließen sollte, auch in wirtschaftlichen Problemzeiten für die überwiegende Zahl der Neuseeländer fest: Nur 10 % aller Befragten sprachen sich Ende 1991 bei einer seriösen Umfrage für die Fusion aus, 37 % hielten die Fortsetzung der kompletten Selbstständigkeit beider Staaten für sinnvoll, die Mehrzahl (47 %) sprach sich für eine der – damals schon historischen – EWG nachempfundenen Freihandelszone aus, die aber nie wirklich politisch diskutiert wurde. Bolger wurde 1996 durch *Jenny Shipley* abgelöst, Neuseelands erste Premierministerin. Doch bereits 1999 musste die Rechts-Mitte-Regierung einer Koalition aus Grünen und Labour Party unter *Helen Clark* weichen. Die Grünen schickten einen Rastafari ins Parlament, was bei vielen Bürgern aus Unverständnis stieß, aber viel dazu beitrug, Jugendstimmen zu gewinnen. Die geschickte Taktikerin verstand sich mit den traditionell linksgerichteten Maori-Splitterparteien, v. a. Ratana, die sie auch bei ihrem zweiten Wahlsieg im September 2005, der recht knapp ausfiel, wieder unterstützten. Die Tsunami-Katastrophe Weihnachten 2004 hatte Neuseeland zwar nicht betroffen, in der Folge eine Diskussion über mögliche Gefahren von Tsunamis für die Küstenstädte ausgelöst, die zu neu installierten Frühwarnsystemen und mehr Aufklärung führte. Der Tod der Königin der Maori Te Arikuini Dame Te Atairangikaahu, sie starb im August 2006 nach 40 Jahren Regierung, löste wie die Nachfolge durch ihren Sohn

Tuheitia Paki, zwar weltweite Schlagzeilen aus, hatte aber geringe innenpolitische Bedeutung – der Titel hat rein repräsentativen Charakter.

Der bereits in den 1980ern starke Fremdenverkehr auf der sich als Öko-Standort vermarktenden Doppelinsel wurde durch den Aufstieg von Queenstown als Action-Metropole der Südhalbkugel gefördert, aber noch mehr durch den Welterfolg der Filmtrilogie „Herr der Ringe", die der Wellingtonian *Peter Jackson* in ganz Neuseeland drehte, und die dem Land ein neues, ein magisches Middleearth-Image verlieh.

Seit 2008 – Regierungswechsel, Rezession und Erdbeben: Ob bei den Parlamentswahlen 2008 Helen Clark (und die Labour Party) abgewählt wurde, weil die Neuseeländer ganz einfach gelangweilt waren und mal was Neues sehen wollten (wie spitze Zungen nicht nur aus Australien behaupteten), wird sich kaum beweisen lassen. Dass sie mit John Key von der National Party einen ehemaligen Wallstreet-Investmentbroker zum neuen Regierungschef wählten, ist allerdings verwunderlich, denn die während der Ära Clark deutlich verbesserte Wirtschaftslage der Nation (BNP +20,6 % während ihrer neun Regierungsjahre) war ja gerade durch die Wallstreet beeinträchtigt worden. Nach einer kurzen Phase der Rezession kam es 2009/2010 jedoch zu einem deutlichen wirtschaftlichen Aufstieg, was zu einer Überbewertung des Neuseelanddollars führte – was wiederum negative Auswirkungen auf die Wirtschaft haben kann. In einem überraschenden Schwenk gegenüber der bisherigen Politik erklärte die Regierung im April 2011, die UN-Konvention über Rechte indigener Völker unterzeichnen zu wollen und setzte das auch u. a. in der Initiative zur Rücknahme des *Forshore and Seabed Act*s von 2004 um, die Maori-Stämmen erleichtern soll, ihre traditionellen Besitzansprüche auf Strand- und Meereszonen einzuklagen. Und erstmals wehten am Waitangi Day 2010 Maori-Fahne und Neuseelands Nationalfahne gemeinsam über staatlichen Institutionen.

Am 4. September 2010 traf Christchurch, das nicht in einer der Haupterdbebenzonen liegt, ein Beben der Stärke 7,1, das schwere Schäden anrichtete, zu einer provisorischen Sperre der Innenstadt führte, aber keine Menschenleben forderte. Man stellte sich auf Nachbeben und einen langen, teuren Wiederaufbau ein. Immerhin: die historischen Gebäude der Stadt hatten kaum gelitten. Am 22. Februar 2011 geschah das Unfassbare: ein Nachbeben der Stärke 6,4 mit Epizentrum unter den Port Hills zwischen Christchurch und Lyttelton zerstörte die Innenstadt von Christchurch, wo z. B. der Glockenturm der Kathedrale zusammenstürzte. Schlammströme traten aus und überschwemmten vor allem östliche Vororte, es gab mehrere hundert Tote zu beklagen, die Innenstadt wurde zur *red zone* erklärt und abgesperrt, die Menschen dort evakuiert. Das Beben war absolut punktuell, außer im zentralen und östlichen Christchurch, dem Vorort Sumner und Lyttelton wurde nirgendwo ein Schaden gemeldet, der Flughafen von Christchurch konnte nach kurzer Unterbrechung gleich wieder den Betrieb aufnehmen.

Die inzwischen verkleinerte *red zone* wird voraussichtlich jahrelang gesperrt bleiben, Wiederaufbaumittel in Höhe von 8,5 Milliarden NZD wurden von der Regierung im April 2011 zur Verfügung gestellt. Wie und bis wann das zentrale Christchurch wieder aufgebaut wird, ist zur Stunde der Drucklegung dieses Buches noch nicht bekannt. Aber: Normalität ist eingetreten, ablesbar (in einem Artikel des NZ Herald im Mai 2011) an scheinbar kleinen Änderungen: die Parkwächter haben in Christchurch wieder begonnen, Strafmandate auszuteilen. Na dann.

UNTERWEGS MIT DIETRICH HÖLLHUBER

Zum Nur-bei-Sonne-Wandern kann man die Sahara besuchen, Neuseeland bietet ein eher gemischtes Programm. Morgens dick Sonnencreme auftragen und mit Baden statt Küstenwanderung liebäugeln, nachmittags im strömenden Regen durch  Pfützen waten und sein Schicksal beklagen – das ist häufig Tageslos. Das Foto auf dieser Seite wurde an einem eher unentschiedenen Tag aufgenommen, auf dem Western Okataina Walkway. Oder beim Radfahren: Morgens starker Wind und schwarze Wolken, meine Wirtsleute im B & B bei Arrowtown wollen mich mit dem Auto nach Queenstown bringen, wo ich recherchieren will, was ich zu ihrem Erstaunen ablehne. In Queenstown strahlender Sonnenschein, nachmittags entdecke ich am Lake Haynes einen neuen Rad- und Fußweg – herrliche Blicke und super Fahrvergnügen!

Warum habe mich in Neuseeland verguckt? Es hätte doch auch Chile sein können oder Friaul oder Hokkaido. Warum Neuseeland? Als Studienreiseleiter (mein Arbeitgeber hatte das „Weltweit" im Namen) kommt man viel herum. Seit 1987 war ich oft in Neuseeland, mit Gruppen, dann immer öfter allein, meist auf dem Fahrrad unterwegs. Irgendwann ging mir das Land so unter die Haut, dass ich auswandern wollte. Hab ich nicht getan, dafür habe ich dieses Buch geschrieben. Sublimierung nennt man das.

Text und Recherche: Dietrich Höllhuber **Lektorat:** Carmen Wurm **Redaktion und Layout:** Susanne Beigott, Christiane Schütz, Mirko Graf **Karten:** Michaela Nitzsche, Gábor Sztrecska, Kim Vanselow, Judit Ladik **Fotos:** siehe Seite 11 **Covergestaltung:** Karl Serwotka **Covermotive:** oben: Auckland City © Malcolm Leman / Fotolia.com, unten: Der Maunga Taranaki im Mount Egmont National Park © Christopher / Fotolia.com

3. AKTUALISIERTE UND ÜBERARBEITETE AUFLAGE 2012

NEUSEELAND

DIETRICH HÖLLHUBER

Neuseeland: Die Vorschau 18

Hintergründe & Infos 22

Geologie 24

Klima und Reisezeit 28

Pflanzen und Tiere 30

Geschichte 42

„Maoritanga" – die Maorikultur 53

Wirtschaft und Umwelt 64

Kultur und Kino 66

Anreise 68

Einreiseformalitäten	68	Flugpreise und Fluggesellschaften	70
Botschaften und Konsulate	68	Ausreise	71
Zollbestimmungen und Einfuhrregelungen	70		

Unterwegs in Neuseeland 72

… mit dem Flugzeug	72	… mit dem Auto, Camper oder Motorrad	78
… mit dem Bus	73	… mit dem Fahrrad	81
… mit der Bahn	76		
… mit der Fähre	76		

Übernachten 83

… in Motels und Motor Inns	84	… in Holiday Parks (Motor Camps) und auf Zeltplätzen	87
… in Hotels und „Hotels"	85	… in Backpacker-Herbergen	88
… im Bed & Breakfast, Homestay, Farmstay und Guesthouse	86	… in Jugendherbergen (YHA)	90
		… in Backcountry-Huts	90

Essen & Trinken 91

Die Lokale	93	Trinken und Getränke	96
Die Zutaten	95		

Sport & Freizeit 98

Angeln und Fischen, Hochseefischen	98	Bergsteigen und Klettern	98
		Bungy-Springen (Bungy Jumping)	99

Eindrucksvolle Maorikunst der Gegenwart: der Eingang von Te Puia (Rotorua)

„Maoritanga" – die Maorikultur

Ende 2004 erschien in der Tageszeitung „The Press" ein Artikel unter der Schlagzeile „We must be Kiwis first". Der Autor David Round, Rechtswissenschaftler an der University of Canterbury, klagt darin diejenigen an, die der Multikulturalität seines Landes das Wort reden, die getrennte Wege für Maori, Pakeha, Asiaten und Ozeanier fordern, er zitiert den Zerfall Jugoslawiens als das Endergebnis dieser Politik. Hat er Recht?

Die Meinungen in Neuseeland sind dazu sehr geteilt. Während Maori ihr Heil in immer stärkerer Rückbesinnung auf eigene kulturelle Traditionen suchen, sehen Pakeha die Zukunft ihres Lands zumeist in einem alle Rassen und Kulturen einigenden gemeinsamen Weg, auf dem alle enger zusammenrücken müssen (wobei sie, das sagen die Maori, geringere Verluste zu befürchten haben, da Neuseelands Gesellschaft heute ganz überwiegend von Pakeha geprägt ist).

Die Frage, wie es für die Maori weitergehen sollte, ob sie sich anpassen oder ihre Eigenheiten betonen und sich eher abgrenzen sollten, hatte im 19. Jh. keine Relevanz. Damals ging es ums pure Überleben. Tatsächlich übernahmen Maori von den Pakeha problemlos zahlreiche Kulturelemente – was sie von anderen Ureinwohnern auf anderen Kontinenten (Australien!) stark unterschied und ihnen jene Achtung durch die Briten eintrug, die zum Vertrag von Waitangi führte – ohne mit ihrer eigenen kulturellen Identität in Konflikt zu kommen: Einfache Maori-Haushalte unterscheiden sich von sozial vergleichbaren Pakeha-Familien nur in Nuancen und in den seltensten Fällen in der Sprache, denn nur noch in wenigen Rückzugsgebieten wird von den Maori ihre alte Sprache verwendet.

„Maoritanga" – die Maorikultur

Im Mai 1996 regelte ein überarbeiteter Vertrag im Rahmen des Waitangi-Tribunals Landrückgabe und Entschädigungen an Maoristämme, das Entschädigungsgesetz wurde am 3. November von Königin Elisabeth II. unterzeichnet. Im Jahr 2004 wurde es durch das Gesetzespaket der Forshore and Seabed Legislation teilweise wieder außer Kraft gesetzt, denn Ansprüche der Maori auf Küsten- und Meeresbodenbesitz wurde damit abgeschmettert. Maori sahen sich dadurch und durch viele andere Benachteiligungen diskriminiert. 2010 nahm die konservative Regierung die Rücknahme wieder zurück und begann einen klaren Kurs auf Rückgabe an Maori-Stämme – Bedingung: Nachweis der ununterbrochenen Nutzung. Und zum Waitangitag 2010 wurden erstmals öffentliche Gebäude auch mit der Maorifahne beflaggt.

Mauis Fisch

Neuseeland verdankt Maui-Tikitiki-a-Taranga seine Existenz. Maui ist ein polynesischer Heros oder Halbgott, dessen Charakter an den germanischen Loki erinnert, er ist neugierig und zynisch, ein Ränkespieler und Erfinder. Durch den magischen Kieferknochen seiner Großmutter fühlt er sich kräftig genug, jeden Angreifer zu besiegen.

Eines Tages versteckte sich Maui auf dem Boot seines Bruders, als der zum Fischen hinausfuhr. Auf hoher See kroch er aus seinem Versteck heraus, was seinen Bruder, der seinen Charakter gut kannte, wenig freute. Der Bruder hatte das Boot schon mit Fischen gefüllt, Maui hatte noch keinen geangelt. Der Kieferknochen seiner Großmutter half diesmal nicht, kein Fisch biss an. Nie um eine Lösung verlegen, beschmierte Maui den Angelhaken mit seinem eigenen Blut und prompt biss ein Fisch an. Kein gewöhnlicher, sondern einer, der sich, nachdem Maui ihn mit magischem Gesang gezwungen hatte, still an der Oberfläche zu liegen, bis an den Horizont erstreckte. Er liegt immer noch dort und wird von Pakehas North Island genannt, Maori nennen ihn traditionell Te ika a Maui, Mauis Fisch.

Die Südinsel wurde später als Gegenstück zu Mauis Fisch Mauis Kanu genannt, Te waka a Maui, Stewart Island war dabei der Anker von Mauis Kanu, Te punga o te waka a Maui, diese beiden Begriffe werden jedoch kaum noch verwendet.

Der Begriff Maoritanga: „Maoritanga" umfasst alle Äußerungen der Maorikultur, auch wenn deren Identifikation als solche nicht immer ganz leicht ist, da 200 Jahre Zusammenleben mit Pakeha viele Verschleifungen, Anpassungen und Umdeutungen mit sich gebracht haben. Dennoch hat sich neben der dominierenden Zivilisation unserer Zeit, die Maori und Pakeha miteinander teilen, eine spezielle Weltsicht und die spirituelle wie materielle Tradition der Maori erhalten, die sie zumindest in einigen Punkten (wie Sprache, Großfamilienstruktur und mündlich überliefertem traditionellem Bildungsgut) klar von Pakeha unterscheidet. Den Maori sind die trennenden Phänomene bewusster als den Pakeha, die eher von Integration sprechen als von Sonderwegen, doch alle Zeichen deuten darauf hin, dass zumindest in der nahen Zukunft die Rückbesinnung auf eigene Traditionen und ein Maori-Sonderweg dominieren werden.

Herkunft und Sprache der Maori: Die Maori sind ein polynesisches Volk, dessen erste Kanus vor mindestens 700, möglicherweise bereits vor etwa 1.000 Jahren in

Neuseeland landeten. Woher die Vorfahren der Maori kamen, ist nicht mit Sicherheit bekannt, doch wird auf Grund vieler Gemeinsamkeiten Ostpolynesien (Tahiti, Marquesas) angenommen, was auch mit den mündlichen Überlieferungen übereinstimmt. Ebenso wenig ist bekannt, wann genau die Einwanderung erfolgte, und ob sie als einzelnes Ereignis oder in mehreren Phasen erfolgte. Die noch in vielen Büchern (auch neuseeländischen) vertretene Annahme zweier getrennter Einwanderungswellen, die zuerst um ca. 900 die „Moajäger" unter dem legendären Entdecker Kupe und dann um 1350 die sieben Kanus der „eigentlichen" Maori ins Land brachte, wird heute allgemein als gelehrte Fiktion des 19. Jh. angesehen – eine wissenschaftliche Legende ohne Fundament, wir wissen viel zu wenig darüber.

Die Sprache der Maori ist Polynesisch, das wiederum zur austronesischen Sprachfamilie gehört, die so unterschiedliche Sprachen wie Drawida (Südindien) und die Neuguineasprachen umfasst. Von allen Sprachen dieser Familie ist es die jüngste, denn Polynesisch hat sich erst während der polynesischen Besiedelung des Pazifiks, die (von Taiwan ausgehend) vor etwa 5.000 Jahren begann, von den anderen ozeanischen Sprachen (Melanesisch, Mikronesisch, Fidschi) abgespalten. Polynesier können sich trotz recht unterschiedlicher Dialekte miteinander unterhalten, ob sie nun aus Hawaii, Tahiti, Tonga oder Neuseeland stammen, was schon Captain Cook nutzte, der auf seiner zweiten Reise einen tahitianischen Dolmetscher mitnahm. Die Sprache der Maori wird heute als *te reo* bezeichnet.

Traditionelle spirituelle Kultur

Die Dominanten der Maori sind Abstammung, Alter und sozialer Status. Diese drei zusammen bestimmen die Stellung des einzelnen in der Gesellschaft. Die Beziehung zwischen den Individuen und den Gruppen gleichen Status einerseits und Dingen und Orten andererseits wird durch deren *Mana* bestimmt, die spirituelle Kraft, die den Dingen und Orten innewohnt. Mana ist ein Kontinuum, es reicht von *tapu*, was „spirituell bedeutend" meint, bis *noa*, was meist mit „gewöhnlich" übersetzt wird.

Gesellschaftliche, soziale und spirituelle Gliederung: Die vertikale Gliederung der traditionellen Stammesgesellschaft der Maori *(tangata whenua)* reicht von der Großfamilie *whanau* über den Unterstamm *hapu* zum Stamm *iwi*. Die Kleinfamilie, wie wir sie heute kennen, hat keine Bedeutung, auch haben die etwa 40 Iwi niemals zu einer gemeinsamen Organisation gefunden (sieht man von der Königsbewegung im 19. Jh. ab, die aber nur von einem Teil der Stämme getragen wurde). Die Großfamilie *whanau* ist die kleinste soziale und wirtschaftliche Einheit, einen privaten Besitz ihrer einzelnen Mitglieder gibt es traditionell nicht, sieht man von ererbten Schmuckstücken und Waffen ab (s. u.). Der Begriff *tangata whenua*, der „Menschen des Landes" bedeutet, umfasst alle Maori, ist aber ein Kunstbegriff, der im 19. Jh. geprägt wurde, auch wenn er heute von diesem Volk verwendet wird, um sich selbst zu bezeichnen. Die kleinste (auch territoriale) Einheit ist der Unterstamm *hapu*. Ein Territorium, also auch ein einzelnes Grundstück, gehört in diesem Sinne immer nur dem Kollektiv des *hapu*, niemals dem Individuum – dieser traditionelle Begriff von Besitz und dessen Missachtung im Vertrag von Waitangi sollten für die gravierendsten Missverständnisse und Auseinandersetzungen zwischen Maori und Pakeha sorgen.

Die traditionelle Stammesgesellschaft kannte drei soziale Schichten, in die man hineingeboren wurde, die Aristokraten *rangitira*, die gewöhnlichen *Maori* („maori" bedeutet ursprünglich „gewöhnliche Menschen") und die Sklaven. Die Letzteren konnten verkauft, vererbt, getötet und ihr abgehackter und getrockneter Kopf (im 19. Jh.!) gehandelt werden, aber Kinder, die Freie mit Sklavinnen zeugten, waren

„Maoritanga" – die Maorikultur

selbst Freie der sozialen Schicht ihres Vaters. Die Häuptlinge stammten fast ausnahmslos aus der Adelsschicht, ebenso die Priester *tohunga*, wobei diese Funktionen oft zusammenfielen. Diese soziale Einstufung wurde durch das Christentum verändert, das die Sklaverei verbot, die Adelsklasse jedoch hat sich erhalten und mischt heute noch vorrangig in Politik und Gesellschaft Neuseelands mit.

Mana, die spirituelle Kraft, wohnt Dingen und Orten inne und macht den entscheidenden Unterschied zwischen Personen und Sachen: Die Versklavung eines Maori nahm ihm das Mana und machte ihn zur Sache. Die Gegensätze *tapu* und *noa*, zwischen denen *mana* sich erstreckt (s. o.), sind aber niemals absolut, sondern immer nur als relativ aufzufassen: Der Mann ist tapu gegenüber der Frau, die verglichen mit ihm noa ist, aber ein gewöhnlicher Mann ist noa gegenüber dem Adeligen, der tapu ist. Alt und jung verhalten sich ebenfalls wie tapu und noa oder auch das Innere eines *Marae* zu seinem Äußeren. Ein heiliger Ort ist tapu gegenüber einem gewöhnlichen Ort, und verglichen mit dem Inneren eines heiligen Ortes ist sein Vorplatz noa.

Familie und Besitz: Die Kleinfamilie war nie ein prägendes Element der Maorikultur, was schon die vielen Pflege- und Adoptivkinder anzeigen, die in der heutigen Maorigesellschaft in einer Hausgemeinschaft mit Eltern und – häufig – Großeltern leben. Verwandtschaftsgrade werden nur nach Generationen bezeichnet, der Vater ist dem Onkel gleichgestellt, die Tante der Mutter. Traditionell hat man außer der Kleidung, Waffen und Schmuckstücken kein Privateigentum, Grund und Boden, Haus und Zaun gehören dem Hapu und letztlich dem Iwi, dessen Ahnen das Territorium, auf dem man lebt, kollektiv erworben haben. Grund und Boden kann also nicht veräußert werden, nur der ganze Stamm kann darüber verfügen. Besitzwechsel ist eigentlich nur durch einen Krieg möglich: Wenn ein anderer Stamm durch Tötung und Versklavung niedergezwungen wurde oder sein Land verlassen hat, kann der siegreiche Iwi dieses Land legitim als sein Eigentum ansehen und an seine Nachkommen vererben.

Ein kompliziertes Moko (Tatoo) am Heck eines Langbootes (Waitangi)

Traditionelles Recht: Der Rechtsanspruch wird vor allem als Anspruch auf Entschädigungen gesehen. Ein Geschenk oder eine Einladung muss sofort erwidert werden, ebenfalls eine Beleidigung oder Verletzung, die Erwiderung wird *utu* genannt, ob sie nun ein Dank, ein Geschenk, eine Sühne oder eine Bestrafung ist (für ein Geschenk hat sich der Ausdruck *koha* gehalten, der heute von allen Neuseeländern verwendet wird, z. B. für eine „freiwillige" Spende beim Museumsbesuch). Ist das nicht der Fall, wurde kein Utu geleistet, geht beiden Seiten Mana verloren. Besonders schlimm sind Verletzungen des *tapu* – auch unser Wort „Tabu" ist polynesischen Ursprungs. Sie müssen

Traditionelle spirituelle Kultur 57

möglichst sofort und möglichst hart vergolten werden (auch die ungewollte Berührung eines Tohunga war früher so ein Tapu-Bruch, der beispielsweise mit dem Tod gesühnt werden musste). War ein Anspruch auf Entschädigung nicht abgegolten worden, galt es als normal und notwendig, die Verwandten des Täters zu überfallen und auszuplündern. Dadurch verlor ihr Iwi kein Mana, denn die Regelverletzung war vergolten, und Gleiches galt für die Plünderer, die ja nur ihren Rechtsanspruch erfüllt hatten. Mana ist im Übrigen nicht statisch: Siege im Kampf, besondere Tapferkeit, das Erschlagen vieler Gegner (und damit die Einverleibung von deren Mana!) stärken das Mana einer Person, wer nichts tut, sich als feige erweist, verliert an Mana.

Das Protokoll im Marae (marae kawa): Der *marae* ist die Versammlungshalle einer Großfamilie oder eines Iwi, in der alle wichtigen sozialen Gemeinschaftshandlungen stattfinden. Diese sind vor allem *hui*, gesellschaftliche und (heute) politische Treffen der Gemeinschaft, was von Sportveranstaltungen bis zu Parteiversammlungen reichen kann, dazu *tangi* (Totenwachen) und *powhiri*, die hoch formalisierten Zeremonien für den Empfang von Gästen. Da ein Fremder an den ersteren kaum teilnehmen wird (obwohl z. B. Premierministerin Helen Clark, die gute Beziehungen zur Ratana-Kirche und -partei hat, auch schon mal bei internen Hui-Sitzungen eines Iwi erscheint), sei hier in verkürzter Form das Ritual der Begrüßung im Marae geschildert – kein Fremder darf auch heute noch ohne Einladung ein Versammlungshaus betreten!

Vor dem Eintreten: Will man einen Marae, der aus umfriedetem Vorplatz und Versammlungshaus besteht, betreten, muss man zunächst den Wächter oder einen Ältesten um Erlaubnis bitten. Im Marae ist (im Vergleich zu seiner Umgebung) alles *tapu*, auch die heute meist vorhandenen Toiletten und die Küche, man sollte sich das immer vor Augen halten und lieber fragen, als dass man ein Tapu verletzt. Alkohol und Rauchen sind verboten, im Versammlungshaus selbst dürfen keine Schuhe getragen werden (man legt sie im offenen Vorraum vor der immer durch einen Holzstamm markierten Schwelle ab – dies gilt auch für einen Marae im Museum). Essen und Trinken sind im Versammlungshaus selbst verboten, aber in den speziellen Bereichen des Marae (Speisesaal, Küche) erlaubt. Die Erlaubnis, den Marae zu betreten, muss durch eine Gegenleistung honoriert werden (sonst droht Mana-Verlust!), heutzutage gibt man dem Ältesten (oder dem Führer) als *koha* einen Geldbetrag (auf jeden Fall einen Schein) im verschlossenen Umschlag.

Powhiri – die Begrüßungszeremonie: Die Gäste *manuhiri* (auch Gruppen von Touristen, die für einen Maraebesuch bezahlt haben und mit einem Veranstalter unterwegs sind) erwarten die Gastgeber am Tor des Marae, bevor sie den Hof betreten. Ein Krieger mit Speer führt einen Scheinangriff *wero* auf die Gruppe aus (die sich aber nicht zu fürchten braucht). Der Sprecher *kaikaranga* ruft nun die Gruppe auf, aus der ein weibliches Mitglied antworten sollte, um die Bereitschaft auszudrücken, den Marae friedlich zu betreten (ein „Wir danken für die Einladung" genügt, eine Frau entschärft die Situation, aber ein Mann tut's auch, wenn keine Frau dabei ist).

Die Besucher setzen sich auf die für sie reservierten Plätze (Männer vorne, Frauen hinten). Die Gastgeber (nur Männer) halten nun Ansprachen *mihi*, rufen ihre Ahnen *tipuna* an und singen Lieder *waiata*. Bei kommerziellen Unternehmen folgt nun ein Haka (Kriegstanz) der Männer und ein Poi-Tanz (eine Art Gruppengymnastik mit an Schnüren geschwungenen weißen Bällen) der Frauen. Die Gäste revanchieren sich mit Ansprachen und Liedern (vorher absprechen, was gesungen wird – bitte liebe Studienreisegruppen: nicht jedes Mal „Das Wandern ist des Müllers Lust"). Anschließend wird ein (Geld-)Geschenk *koha* überreicht, frühere kostbare Geschenke *taonga* sind nicht mehr üblich.

Zum Schluss schüttelt man sich auf Pakeha-Art die Hände und reibt gleichzeitig auf Maori-Art die Nasen *hongi* (Kiwis ob Pakaha oder Maori verwenden dafür bereits das Verb „to hongi", das heißt also „somebody hongis", wenn er Nase an Nase reibt). Dafür stellen sich beide Gruppen in einer langen Reihe auf und reiben Nasen mit jedem Mitglied der anderen Gruppe, auch mit jenen kleinen Jungen und Mädchen, die in der Reihe stehen und damit von den Gastgebern als vollwertig angesehen werden. Nun kann, aber muss nicht, ein Fest *hakari* folgen, bei dem Essen *kai* serviert wird, vielleicht traditionelles Essen aus dem Erdofen *hangi*. Nach dem Essen verabschiedet man sich, hält auf beiden Seiten eine Dankesrede, wird zum Tor begleitet und geht seiner Wege.

Traditionelle materielle Kultur

Als die Polynesier Neuseeland besiedelten, mussten sie sich an das kühlere Klima anpassen und die wichtigsten ihrer Nutzpflanzen durch andere ersetzen. Nur die Kumara-Süßkartoffel gedieh, aber auf Kokospalme, Pandanus, Brotfruchtbaum, Yams, Taro, Bananenstrauch, Kawa und Ähnliches musste man verzichten. Als Ersatz für die ölhaltige Frucht der Kokospalme und deren für Kleidung verwendeten Bast der Nusshülle wurden fetthaltige Seevögel und Fische und die neuseeländische Flachspflanze genutzt, die Letztere ersetzte auch die Fasern des Papiermaulbeerbaumes. Die Fasern waren anders als die gewohnten, so mussten die Maori neue Knüpf- und Webtechniken entwickeln. Farnwurzeln, die man unter der Asche röstete und wie Kuchen aß, ersetzten Banane und Yams. Das härtere Holz der Bäume Neuseelands zwang dazu, härtere Werkzeuge herzustellen, die in der Folge die Bearbeitung von neuseeländischer Jade (Pounamu) und die großartige Holzschnitz-

> ### Phormium, der New Zealand Flax
>
> Der Neuseeländische Flachs hat mit unserem europäischen nur den Namen gemeinsam und gehört zur Familie der Agaven, mit denen er die Fasrigkeit seiner Blätter teilt. Er kommt in zwei Arten vor, die beide bald nach ihrer Ankunft auf Aotearoa von Maori als Ersatz für die Produkte ihres in der neuen Heimat nicht gedeihenden Papiermaulbeerbaumes verwendet wurden. Regenumhänge, Röcke für die Männer, Taschen, Teppiche, Gürtel, Sandalen, Netze und Angelschnüre, alles wurde aus den Fasern des Neuseeländischen Flachses geflochten, gewoben und geknüpft. Übriggeblieben sind heute nur die Taschen, v. a. Einkaufstaschen, die noch gerne von Maorifrauen getragen werden.
>
> Die langen lanzettförmigen Blätter der gerne an sumpfigen Stellen vorkommenden Pflanze wurden mit einer scharfkantigen Muschel so bearbeitet, dass nur die Fasern selbst übrigblieben. Die Fasern wurden dann mehrere Tage in Wasser gelegt, dann mit Steinen weich gehämmert, nochmals von allen anhängenden Blattresten befreit, dann getrocknet und schließlich zu zweisträhnigen Fäden verarbeitet. Dies geschah mit den Händen und durch Rollen der Fasern zwischen den Händen oder auf dem Oberschenkel. Das entstehende Garn wurde dann mit Fingerwebetechnik zu Stoffen verarbeitet oder durch weiteres Rollen mehrerer Garne zu Stricken und Seilen verdickt.
>
> Seit 1835 wurde Neuseeländischer Flachs auch kommerziell und mit modernen europäischen Methoden zu Zwirnen, Garnen und Seilen verarbeitet, 1873 gab es in Neuseeland 300 Flachsmühlen, die 6.000 t aufbereitete Fasern exportierten. Für die Maori war v. a. die Gewinnung des begehrten Rohstoffes ein Geschäft. Im Ersten Weltkrieg kletterte die Produktion noch einmal auf 32.000 t, aber bereits 1930 war die Produktion kaum noch nennenswert, andere Materialien hatten Phormium den Rang abgelaufen.

kunst der Maori ermöglichten. Das kühlere Klima verlangte andere Kleidung und andere Häuser, insbesondere im Hausbau haben die Maori Formen entwickelt, die anderswo in Polynesien völlig unbekannt sind. Von den Nutztieren, die mitgebracht wurden, Huhn, Hund und Schwein, blieb nur der Hund erhalten (er ist im 19. Jh. ausgestorben), das Huhn wurde durch den einheimischen Moa ersetzt („Moa" heißt nichts anderes als Huhn), das Schwein hielt sich aus unbekannten Gründen nicht und wurde erst durch James Cook wieder eingeführt.

Ernährung: Die Essgewohnheiten der Maori haben sich stark an jene der Pakeha angenähert, und Supermarktware ist in Haushalten beider Rassen die Norm. Wenig ist im Alltag geblieben, das Maori und Pakeha unterscheidet, die Kumara wird von beiden Gruppen gleich geschätzt (und oft der Kartoffel vorgezogen), Fisch und Meeresfrüchte werden von Pakeha wie Maori gerne selbst gefangen und zubereitet, getrockneter und geräucherter Muttonbird ist nur noch selten Maori-Mittagstisch, und man kann ihn auch als Pakeha im Supermarkt kaufen. Immer noch lebendig ist der Brauch, Essen im Erdofen *hangi* zuzubereiten. Dabei wird Fleisch zusammen mit Gemüse und Kumara und/oder Kartoffeln in einen Metallkorb gegeben, der in einer vorbereiteten Grube versenkt wird. In der Grube wurden vorher möglichst regelmäßig gewachsene Äste so abgebrannt, dass sie auch nach Erlöschen der Glut nicht zerfallen. Auf diese Unterlage wird der in feuchte Tücher gewickelte Korb mit dem Essen gelegt, der wiederum mit der vorher ausgegrabenen Erde so bedeckt wird, dass kein Dampf mehr entweichen kann. Das Essen benötigt drei Stunden zum Garen, ist nahezu fettfrei, schmeckt leicht geräuchert und ist gerade richtig mundwarm. Um die Vermischung der Aromen zu verhindern (wenn man etwa gleichzeitig Fisch und Meerestiere gart) kann man einzelne Päckchen in Alufolie hüllen und mitgaren lassen.

Kleidung und Moko (Tätowierung): Rindenbast, fingergewebte Stoffe aus Neuseeländischem Flachs und Vogelfedern für die Vogelfederumhänge, die aus den Federn der Waldtaube, des Tui und des Kaka (weiß, blau und rot) geflochten wurden, waren traditionell die Grundlage für die Bekleidung der Maori. Die Vogelfederumhänge hatten den höchsten materiellen und spirituellen Wert, als *tahonga* wurden sie von Generation zu Generation vererbt. Neben alten Fotografien sind v. a. die Bilder von Gottfried Lindauer und James Goldie wertvolle Dokumente dieser Kleidung, die bereits um 1900 nicht mehr existierte.

Körperschmuck war bei Männern in erster Linie *te moko*, die Tätowierung, die im Gesicht und auf den Gesäßbacken besonders dicht war – Frauen hatten generell nur ein kleines Moko um den Mund und am Kinn unter der Unterlippe. Diese Mokos waren Stammesmerkmal, aber auch Symbole für und Erinnerungen an persönliche Auszeichnungen, Ämterwürde und Rang. Die sehr typischen Spiralformen der Maori-Mokos, die jenen der Schnitzkunstwerke bis in Details entsprechen, wurden ein Jahrhundert lang nicht mehr tätowiert. Seit einer Generation und mit dem Wiederaufleben des Maoritanga, v. a. seit dem Waitangi Day 1990 wurden sie bei besonderen Gelegenheiten mit schwarzer Farbe imitiert (nur Mitglieder von verrufenen Jugendgangs ließen sich vorher Mokos tätowieren). Seit wenigen Jahren lassen sich immer mehr Maori aus allen sozialen Schichten wieder Mokos tätowieren, als Symbol für ihre Identifikation mit Maoritanga, ihr Maoritum.

Häuserbau und Siedlungen: Das kühle Klima Neuseelands zwang die Maori, Häuser *whare puni* zu bauen, Holz stand als Baumaterial in Massen zur Verfü-

„Maoritanga" – die Maorikultur

Versammlungshaus *whare nui* in Motueka bei einem Fest

gung. Ausgrabungen haben Häuser ans Licht gebracht, deren Konstruktion heutigen Maraes stark ähnelt: ein rechteckiger Grundriss, massive Eckpfosten und eine Reihe weiterer Stützpfosten an den Längsseiten, an den Schmalseiten nur je ein mittiger Dachträger, ein Satteldach aus dünnen Holzstreben, über das ein Strohdach gelegt wurde, das bis zum Boden reichte (heute werden Ziegeldächer bevorzugt). Das traditionelle Haus hatte eine oder mehrere Feuerstellen (es wurde ja von einer Großfamilie bewohnt), einen speziellen Rauchabzug gab es nicht, da die Decke ja durchlässig war.

Die heutigen Versammlungshäuser *whare nui* im Marae sind nur dadurch von anderen Häusern unterschieden, dass sie reich geschmückt sind. Die sichtbaren Pfosten und Balken sind mit Holzschnitzarbeiten verziert, die Wände innen mit *tukutuku* (Flechtarbeiten). Eines der schönsten und ältesten erhaltenen Versammlungshäuser befindet sich im Museum in Auckland: „Hotonui" wurde zwischen 1875 und 1878 errichtet und von Künstlern aus Whakatane geschnitzt, es stammt aus der Nähe von Thames (Coromandel). Hotonui wurde 1925 von den traditionellen Maoribesitzern dem Museum geschenkt, wo es seit 1929 steht. Jedes Versammlungshaus ist ein Symbol für die Ahnen eines Stammes, eine „Ahnengalerie", wie es Herbert Tischner (in seiner Einführung zum komplett erhaltenen Maori-Versammlungshaus „Rauru" im Hamburger Museum für Völkerkunde) ausdrückte. Die beiden Balken links und rechts vom First sind die ausgestreckten Arme, die Figur in der Mitte das Gesicht, der Dachfirst das Rückgrat, die Dachsparren die Rippen der kollektiven Ahnen, die Stützpfosten werden als die Häuptlinge der Ahnenboote des Stammes gesehen.

Maori lebten in Dörfern zusammen, die ab den Stammeskriegen des 18. und 19. Jh. fast immer befestigt waren, *pa*. Mit der Erweiterung des Waffenarsenals der Maori wurden sie immer stärker befestigt, doch als in den Maorikriegen sogar Kanonen zum Einsatz kamen, nützten selbst die besten Befestigungen nicht mehr. Fast alle

Dörfer hatten innerhalb des Wehrzauns auch Terrassen, auf denen Kumara, die wichtigste Nutzpflanze, angebaute wurde. In den verlassenen Pas, etwa auf den erloschenen Vulkanen Aucklands, sind die Terrassen fast die einzige Erinnerung an die früheren dichtbesiedelten Dörfer.

Kanus: *Te-Mata-o-Hotorua*, „das Gesicht des Hotorua", nennt sich das 32 m lange, von 70 Männern geruderte Kriegskanu im Museum von Whanganui. Es erinnert an einen Ahnen, der als Führer des Tainui-Kanus in die Legende einging und zeigt, dass wie die Versammlungshäuser auch die bedeutenden Kanus (v. a. Kriegskanus), als Person gesehen wurden. Das um 1810 entstandene Kanu ist aus einem Totara-Stamm ausgehöhlt und geschnitzt worden. Das 26 m lange Boot „Tapirisaxt" im Aucklander Museum konnte gar bis zu 100 Männer tragen, es wurde um 1836 für Häuptling Te Waaka Karakau von den Ngati Mata Whaiti geschnitzt und hat für jeden Ruderplatz ein eigenes Symbol.

Große Kanus wie diese (und das sehr eindrucksvolle in Hamilton!) waren und sind die Ausnahme, nach 1900 wurden sie nur noch zu symbolischen Zwecken geschnitzt, wie „Te Kotuiti Tuarua", der Waka der Ngati Paoa aus dem Hauraki-Golf, die ihr Boot für den Waitangi Day 1990 zur 150-Jahr-Feier des Vertrags von Waitangi bauten und schnitzten und damit als Begleitung des Bootes der englischen Königin die Bay of Islands befuhren.

Maori-Kunst

Zwei Materialien haben Maorikunst bestimmt, Holz und Nephrit (Jade, Pounamu). Nephrit wurde für Schmuck und Waffen verwendet, Holz für Hausbau und Kanus. Vor allem bei den Holzschnitzarbeiten lassen sich die spezifischen Maori-Charakteristika am deutlichsten erkennen. Grundmotiv ist die Spirale, die aber selten als reines Dekorelement eingesetzt wird, sondern als eine Art Kürzel für andere Elemente, für die Knie, Ellenbogen und Schulterblätter einer Figur, nur auf Waffen und bei Mokos sind diese Spiralen rein dekorativ. Ebenfalls typisch ist die Überbetonung des Kopfes im Vergleich zu den Gliedmaßen und die oft völlige Vernachlässigung des menschlichen Rumpfes.

Textilen für Kleidung und die Wandbehänge tukutuku wurden mit Naturfarben polychrom gestaltet, wie auch die Holzschnitzarbeiten in den Versammlungshäusern bunt gestaltet waren. Die aufwendige Restaurierung des Whare nui „Hotonui" in Auckland hat auch auf Grund alter Fotografien und v. a. wegen erhaltener Farbreste gezeigt, dass das Haus ursprünglich polychrom bemalt war. Noch im 19. Jh. wurde alles rot übermalt, und dieses Rot hat sich bis vor kurzem im ganzen Land als Standardfarbe für Maori-Holzarbeiten gehalten. Pakeha wie Maori glaubten, Rot sei immer die Farbe für die Holzdekors eines Whare nui gewesen. So kann man sich irren.

Schmuck und Waffen: Maori trugen wenig persönlichen Schmuck außer Mokos und aufwendiger Kleidung wie den Vogelfederumhängen, und was sie trugen, wurde durch ihren Rang bestimmt. Nur Adelige konnten sich den kostbaren grünen Nephrit aus den Flüssen der Südinsel leisten, und nie war ein Anhänger aus diesem Werkstoff persönlicher Besitz, er wurde immer nur von einer Person getragen und an die Erben weitergegeben. Hauptschmuckstücke aus Nephrit waren einer breiten

"Maoritanga" – die Maorikultur

Kunstvoller Eingang zu einem Schulbezirk in Eastland

Nadel ähnliche Ohranhänger und die mit einer Schnur um den Hals getragenen *Hei Tikis* (hei = hängen, tiki = menschenähnlich). Diese maximal 7–8 cm großen, flachen Figürchen stellen ein menschenähnliches Fabelwesen mit schiefem Gesicht und überproportional großem Kopf dar. Ihr Symbolcharakter ist unumstritten, ihre Bedeutung völlig unbekannt, auf jeden Fall wurden sie dem toten Großfamilienoberhaupt mit ins Grab gegeben und nach einer gewissen Zeit wieder ausgegraben und noch mehr verehrt als vorher – Hei Tikis waren Träger der Mana der Vorfahren. Nicht-Adelige mussten sich mit Schmuck aus Knochen oder Muschelschalen zufrieden geben. Nur sehr hochadelige Männer trugen einen Schmuck aus einer einzelnen Feder oder aus mehreren Federn eines heute ausgestorbenen Vogels, des *Huia*, wenige Exemplare sind noch in Museen zu bewundern.

Auch Waffen wurden aus Nephrit hergestellt, mit einer Nephritkeule konnte man im Prinzip nicht nur repräsentieren, sondern seine Feinde auch locker erschlagen. Die Keule *patu* war die Hauptwaffe der Maori, es gibt sie in vielen Formen, immer mit abgerundeten Kanten. Sind sie aus Pounamu, wurden sie *mere* genannt, aus Stein *onewa*, die kleineren aus Stein hießen *paraoa*. Die Mere wurde jedoch selten im Kampf eingesetzt, und war damit doch eher ein Symbol der Häuptlingswürde (so fehlt sie auf keinem der Häuptlingsportraits, die Gottfried Lindauer gemalt hat) und viel zu kostbar, um vielleicht auf einem Dickschädel zu zerspringen.

Der Haka

Der Tanz der Männer, meist als Kriegstanz gedeutet, aber eher aus gemeinsamen Lockerungsübungen entstanden, wurde durch Neuseelands Rugbyteam bekannt. Vor jedem Spiel der All Blacks führen sie einen Haka auf, alle, Maori wie Pakeha, schlagen sich auf die Schenkel, strecken die Zunge heraus, brüllen, rollen mit den Augen und sind überhaupt enorm männlich. Dass dieser Tanz die Gegner so erschüttert, dass sie sich in die Hosen machen und deswegen gegen die Kiwis verlieren, ist ein Gerücht, es dürfte doch eher auf deren sportliche Qualitäten zurückzuführen sein.

Neue und neueste Entwicklungen

Die Ratana – Kirche und Partei: Ab 1918 sammelte ein Visionär und Geistheiler namens *Tahupotiki Wiremu Ratana* Anhänger um sich, besonders ab 1920, nachdem ein krankes Kind nach tagelangen Gebeten genesen war. Sein Ruf verbreitete sich in Windeseile unter den Maori ganz Neuseelands, und Tausende kamen, um von ihm Heilung zu erreichen. Bereits im Dezember 1920 konnte er einen Tempel in Ratana Pa einweihen, woran 3.000 Gläubige aus allen Teilen des Landes teilnahmen. Ratanas Lehre unterscheidet sich nur gering von anderen christlichen Kirchen, ein Unterscheidungsmerkmal ist die Ablehnung moderner Medizin und der Einsatz spiritueller Maßnahmen (Gebete etc.) bei Krankheiten, wie dies auch andere fundamentalistische Sekten predigen. Bereits 1922 hatte Ratanas Lehre starke politische Züge, und ab 1931, als erstmals ein Ratana-Anhänger als einer der vier Maori-Abgeordneten ins Parlament gewählt wurde, entwickelte sich Ratana immer stärker zur politischen Partei. Die Ratana-Religion nimmt zwar von Jahr zu Jahr stärker an Bedeutung ab (heute sind etwa 1 % der Bevölkerung Neuseelands Ratana-Anhänger), ihr politischer Einfluss ist aber nach wie vor bedeutend. Die Ratana-Partei ist traditionell mit der derzeit regierenden Labour Party verbunden.

Kulturspagat: Maori leben in zwei Welten, der modernen Zivilisation, deren Bedingungen und Mentalität sie komplett verinnerlicht haben wie ihre Pakeha-Nachbarn auch, und in einer Tradition, die durch zwei Jahrhunderte voller Berichte, Niederschriften, Kommentare, wissenschaftlicher Analysen und Anpassungen so verändert wurde, dass niemand mehr weiß, was echt ist und was falsch. Auf der einen Seite sind die Skeptiker, die in Maori-Traditionen nur noch Folklore sehen à la Schuhplattler und Schunkelmusik für Touristen und das Samstagabendprogramm. Auf der anderen Seite sind die Traditionalisten, die jedes Zipfelchen der Überlieferung beim Wort nehmen und am liebsten wieder in Baströckchen herumlaufen wollen, die sich – zunehmend in letzter Zeit – statt der aufgemalten Mokos wieder welche tätowieren lassen und alles gutheißen, was sie von Pakeha unterscheidet. Die Skeptiker werden von Wissenschaftlern wie Allan Hanson (University of Kansas) unterstützt, der behauptet, dass Maoritanga zum Großteil im 19. und 20. Jh. erfunden wurde, um „den Einfluss der Maori in der gegenwärtigen Gesellschaft Neuseelands zu erhöhen" und dass das Image der Maorikultur „vorwiegend aus jenen Maoriqualitäten zusammengesetzt (sei), die man am attraktivsten mit den am wenigsten präsentablen Seiten der heutigen Pakeha-Kultur vergleichen (könne)". Tatsächlich ist es fraglich, wie lebendig eine Kultur ist, bei der Büroangestellte nach Feierabend ihren dunklen Anzug ablegen und in ein Steinzeitoutfit steigen, um den Kriegstanz Haka auszuführen. Auf der anderen Seite haben sich etwa am East Cape und im King Country (beide Nordinsel) Regionen erhalten, in denen die Menschen noch großteils nach den alten Regeln leben, auch wenn sie moderne Kleidung tragen, Pakeha-Fernsehen schauen (der Maorisender ist oft ein wenig dröge) und Fish & Chips vom Kiosk essen, wenn der Fang mal wieder schlecht war. Da sind jene, die einer jungen Frau, die sich ein traditionelles Moko auf Mund und Kinn tätowieren ließ, vorwerfen, sie sei selbst schuld, wenn ihr Job in einem Café gekündigt werde (beobachtet in Rangitikei im Februar 2005). Und da sind diejenigen, die zwar eine traditionelle Maorikultur als solche nicht diskutieren, aber von ihrer extremen Gefährdung durch Staat und Gesellschaft sprechen, wie Te-reo-Aktivist Huriangi Waikerepuru (während des Powhiri für den UN-Menschenrechtsexperten Prof. Rudolfo Stavenhagen im Marae von Parihaka im November 2005) ...

Naturschutz und Wirtschaft sind leider nicht so scharf getrennt

Wirtschaft und Umwelt

Auch wenn Neuseeland weltweit ein Image propagiert, das um Grün, unberührte Natur und Umwelt kreist, hat Neuseeland eher wenige Regionen, in denen dieses Image wirklich zu 100 % zutrifft. Nicht einmal in allen *Nationalparks* ist man vor Eingriffen sicher, Hubschrauber auf Sightseeingmission versetzen Wildtiere in Panik, die Müllentsorgung wird den Besuchern überlassen, was nicht überall funktioniert und nicht überprüft wird (außer von Keas an übervollen Abfallkörben beim Mount Cook Village), Wege auf den Great Walks werden mit schweren Baumaschinen begradigt und befestigt, was Lärm und Schmutz mit sich bringt und die versprochene Naturnähe verringert (aber so können diese Wege noch mehr Touristen benutzen als bisher …). In den *Regional Forest Parks,* die eine weitere Schutzzone bilden sollen, gelten noch weniger Auflagen, und man sieht sich dort immer wieder mit kahl geschlagenen Hängen und den sofort entstehenden Erosionsrinnen konfrontiert, von den hinterlassenen Baumstümpfen, die das Terrain auf Jahrzehnte unpassierbar machen, ganz zu schweigen.

Land- und Forstwirtschaft: Neuseeland kann nicht allein vom Tourismus leben und vom Naturtourismus schon gar nicht, das große Standbein ist immer noch die Land- und Forstwirtschaft. Eintönige Schafweiden mit europäischen und amerikanischen Gräsern und Blütenpflanzen überziehen große Teile beider Inseln, Forste mit europäischen und amerikanischen Bäumen – vor allem der Sternkiefer – nehmen den Großteil der verbleibenden Fläche ein. Die Schaf- und Rinderzucht stehen in der Landwirtschaft an erster Stelle. Lammfleisch wird heute fast bereits portioniert und gekühlt in die Läden und in den Export geschickt, was 2009 ca. 3,3 Milliarden US-Dollar brachte. Die größten Einnahmen bringen der Landwirtschaft jedoch Milchprodukte, wobei seit Mitte der 90er v. a. die Käseproduktion enorme Steigerungsraten aufweist. Die Schafwollproduktion hat stark abgenommen, Rohwolle macht nur noch einen kleinen Teil des landwirtschaftlichen Umsatzes aus (ca. 6 % der gesamten Exporte).

Vielleicht würde sich der Wert der Schafe wieder steigen, wenn es mehr Exemplare gäbe wie „Shrek", ein Merinoschaf in den Dunstan Mountains in Central Otago. Das Schaf war sechs Jahre erfolgreich allen Fängern aus dem Weg gegangen. Als man es dann im April 2004 doch einfing und schor, erhielt man von dem 38 cm langen Fell 27,5 kg Wolle – ein Weltrekord!

Schutzgebiete, Natur- und Umweltschutz

Wild, das man bis vor kurzem nur als sportliche Jagdbeute sah, hat mittlerweile einen Platz auf den Tellern gefunden, und es gibt eine ganze Reihe von Hirschfarmen, auf denen diese Tiere für den Markt gezüchtet werden. Meist handelt es sich nicht um Rot-, sondern um Damwild, neuerdings auch um Wapitit. *Elk* (Wapiti) gibt es seit 1906 im Southland und in Otago, die ersten Tiere waren ein Geschenk des amerikanischen Präsidenten Theodore Roosevelt. Die Tiere haben sich über Generationen mit dem ebenfalls eingeführten Rotwild vermischt, geplant ist ihre Vermarktung als *New Zealand Elk* v. a. nach Nordamerika.

In diesem Zusammenhang sei ein Produkt erwähnt, für das sich viele Neuseeländer genieren, das aber gute Kasse bringt: **Deer Velvet**. Es handelt sich um den Bast der Hirschgeweihe, der in Südostasien in getrockneter und geriebener Form als (komplett wirkungsloses) Potenzmittel verkauft wird. Man schneidet den Bast etwas oberhalb des Ansatzes ab (das Tier wird dafür betäubt) und trocknet und reibt ihn zu Pulver. In manchen Saisonen ist das Kilo Deer Velvet bis 100 $ wert, dann wieder nur 40–50 $, Tendenz abnehmend. Einer der Hauptabnehmer ist Korea.

Energiewirtschaft: Um Energie zu gewinnen, kann Neuseeland auf Gas- und Erdölreserven vor der Küste von Taranaki zurückgreifen, die aber nur einen kleinen Teil der benötigten Energie decken. Um Abhilfe zu schaffen, wurden seit den 1920ern große Wasserkraftprojekte verwirklicht. Dafür wurden auf der Südinsel mehrere der großen Seen künstlich erhöht, den Fluss Clutha entlang wurden mehrere große Dämme gebaut und Stauseen aufgefüllt, dabei wurde weder mit Land gegeizt, noch kümmerte man sich um die Zerstörung zahlreicher wichtiger Biotope. Die Kontroverse um den Lake Manapouri (→ S. 762) führte zur Stärkung und Einigung der Umweltschützer und der Partei der Grünen, ein späteres Projekt zu einer Kette von Wasserkraftwerken und Stauseen entlang dem Waitaki River wurde durch öffentlichen Widerstand abgeschmettert. Die Nutzung von Windenergie steckt erst in den Kinderschuhen, doch werden sich einige Küsten bald stark verändern, wenn die ersten Windräder auftauchen. Sonnenenergie wird eingesetzt (z. B. in Nationalparks zur Heizung, Wasserversorgung und für Toiletten), die Nutzung durch den durchschnittlichen Hausbauer liegt allerdings noch in weiter Ferne. Kohle wird in Kohlekraftwerken eingesetzt (z. B. bei Hamilton). Neuseelands Vorräte sind groß und könnten bei weiter steigendem Energiebedarf auch schon mal in geschützten Gebieten abgebaut werden (85 % der bekannten Reserven sind Lignite in Otago und Southland).

Schutzgebiete, Natur- und Umweltschutz: Seit der Gründung des Tongariro Nationalparks 1887, eines der ersten der Welt, hat sich Neuseeland eine ganze Reihe weiterer *National Parks* geschaffen: die Taranaki/Mount Egmont und Urewera sowie Whanganui National Parks ebenfalls auf der Nordinsel und auf der Südinsel Abel Tasman, Nelson Lakes, Arthur's Pass, Westland, Mount Cook, Mount Aspiring und Fiordland National Parks, zuletzt 1996 den Kahurangi und 2002 den Rakiura National Park auf Stewart Island. Die vier großen Nationalparks im Süden der Südinsel sind außerdem als Welt-Biosphärenreservate unter den Schutz der UNESCO gestellt. Ihre Verwaltung unterliegt dem *Department of Conservation (DOC)*, der obersten Umweltschutzbehörde, die den Zugtang kontrolliert, um Übernutzung zu vermeiden (etwa auf dem berühmten Great Walks, wie dem Milford Track), die Hütten instand hält, Wege pflegt und neu baut, Schädlinge wie Ratten, Iltisse, Frettchen, Gämsen in Schach hält, gefährdete Tiere hochpäppelt und aufwändigst vor dem Aussterben schützt. Ebenfalls vom DOC gemanagt sind die zahlreichen *Scenic Reserves*, meist kleinere Oasen von Primärwald, häufig in schöner Lage, manche mit besonders schützenswerten Pflanzen und Tieren.

Die Regionen sind für die *Regional Forest Parks* zuständig, die ebenfalls teilweise geschützt sind und meist gute Erholungsmöglichkeiten bieten, nur die Stadt Auckland hat städtische *Forest Parks,* die ähnlich gemanagt werden.

> An die 30 Inseln um die drei Hauptinseln Neuseelands herum wurden von Katzen, Ratten, Frettchen und anderen Schädlingen gesäubert und mit den letzten Vertretern vom Aussterben bedrohter Tierarten besiedelt. Einige von ihnen sind für die Öffentlichkeit zugänglich und man kann auf ihnen der Urechse Tuatara und den flugunfähigen Vögeln Neuseelands begegnen. Die drei wichtigsten zugänglichen Inseln sind Tiritiri Matangi (→ S. 181), Kapiti Island (→ S. 483) und Ulva Island (→ S. 745).

Kultur und Kino

Neuseelands Gesellschaft hat, wie sich das für eine parlamentarische Demokratie gehört, die diesen Namen verdient, eine bemerkenswerte Vielfalt der Stimmen. Stockkonservative, Anhänger der Mitte, Linke (links von Labour) und Grüne und jede Schattierung dazwischen, Katholiken und Methodisten, Religionslose und Fundamentalisten, Pakeha und Maori haben nicht dieselben Parteien und nicht dieselben Ansichten und nicht dieselben Ideale und Idole, das macht die Sache noch komplexer und Neuseelands Medien prall von News. Diskussionen werden öffentlich und mit fast südländischem Temperament geführt, genug Zeitungen und Fernsehstationen gibt es, um sich Gehör zu verschaffen. In wenigen Bereichen ist man sich einig. Vorrangig bei Rugby, dem Nationalsport, den Außenseiter als brutalen Machokampf empfinden, aber in Neuseeland ist man da abgehärtet. Es gibt noch ein paar andere Gemeinsamkeiten. Die „Sunday Star Times" hat im Dezember 2005 eine große Umfrage gemacht, in der einerseits Top-TV-Leute und andererseits Leute von der Straße ihre Meinung zu den „Top 100 History makers" abgeben durften. Die Listen waren recht unterschiedlich, aber drei Namen waren auf beiden vertreten und zwar ganz oben. Und diese drei Namen sagen etwas aus über Neuseeland und die Selbsteinschätzung der Neuseeländer. Die Nr. 1 war Lord *Ernest Rutherford,* der große Wissenschaftler, dem es gelang, das Atom zu spalten. Der zweite Name war der von *Kate Sheppard,* auf deren Einsatz vor allem zurückzuführen ist, dass Neuseeland als erster Staat der Erde den Frauen das Wahlrecht zugestand. Und der dritte im Bunde war (der 2008 verstorbene) *Sir Edmund Hillary,* Forscher, Bergsteiger und Erstbezwinger des Mount Everest. Dass Maori in der Liste der TV-Leute 23 von 100 Plätzen stellten – und damit einen ihren Bevölkerungsanteil stark übersteigenden Anteil erreichten –, ist ein Zeichen für die Integration der Maori in die neuseeländische Geschichte. Seltsam: *Katherine Mansfield,* Neuseelands bedeutendster Beitrag zur Weltliteratur, ist auf beiden Listen nicht vertreten, und *Dame Kiri Te Kanawa,* die mit ihrer Stimme und ihrem Auftreten die Besucher aller bedeutenden Opernhäuser der Welt verzaubert hat und auf Neuseeland und die Maori aufmerksam gemacht hat, ist nur im Mittelfeld vertreten, während *Peter Jackson,* der Filmer, an der Spitze mitkämpft.

Überhaupt scheint es vor allem der Film zu sein, der Neuseeland zunehmend ins internationale Bewusstsein gerückt hat. Noch vor einer Generation filmerisches Niemandsland, ist Neuseeland heute dank einer Reihe hervorragender Regisseure in die Top-Class aufgerückt (s. u.). Und dank Peter Jackson, der die Filmstudios seines Wohnorts für seine Projekte vorzieht und der das Embassy Theatre für Erstaufführungen nutzt (zuletzt „King Kong" direkt nach der Premiere in New York), hat sich Wellington zur Filmstadt gemausert.

Andrew Adamson: Bekannt wurde der Regisseur durch seinen Film „Narnia" (2005), in dem er C. S. Lewis Geschichte „The Lion, the Witch and the Wardrobe" auf die Leinwand übertrug, 2008 folgte ein zweiter Narnia-Film, der wie der erste überwiegend in Neuseeland gedreht wurde. Lewis war eng mit J. R. R. Tolkien befreundet, beide waren Mitglieder des informellen Klubs der „Inklings", die sich in einem Pub trafen und ihre Geschichten miteinander austauschten, der „Herr der Ringe" und die „Chronicles of Narnia" sind also gleichzeitig und unter gegenseitiger Beeinflussung entstanden.

Jane Campion: 1993 gewann die Regisseurin mit ihrem erotischen Spielfilm „Das Piano" als erste Frau die Goldene Palme in Cannes, Stoff und Drehbuch stammten von Campion selbst (berühmt wurde die Szene mit Holly Hunter und dem Piano am Strand – es handelt sich übrigens um den Karekare-Strand nordwestlich Auckland). In „Ein Engel an meiner Tafel" entschied sie sich für den Stoff einer anderen Neuseeländerin, der Schriftstellerin Janet Frame, die darin ihre Autobiographie schildert (mit Kerry Fox als Janet Frame). In „The Portrait of a Lady" nach einem Roman von Henry James und in „In the Cut" (2003), einem Thriller, der vom Kontrast zwischen der Intimität zwischen den handelnden Personen (u. a. Meg Ryan) und den Bildern der „verkommenen, düsteren Großstadt" lebt, war sie weniger erfolgreich. Dafür heimste „Bright Star" (2009) wieder weit und breit Lorbeeren ein: „Meisterwerk" (Die Zeit), „schön und wahr" (Tagesspiegel), „Subtilität" (Der Spiegel).

Niki Caro: „Whale Rider" (2002) ist das Meisterwerk der jungen Regisseurin, die es versteht mit geringem Aufwand Atmosphäre und Spannung zu erzeugen. Ihr Film schildert ein Maori-Mädchen, das sich gegen den Widerstand der traditionellen von Männern dominierten Kultur durchsetzt. Verkörpert durch ihren eigenen Großvater trifft sie auf den größten Widerstand, erfährt aber dann, als sie am Ende des Films auf einem Wal reitet (was hohe symbolische Bedeutung hat) auch ihre Anerkennung. Witi Ihimaeras Buch „Whale Rider", der erste Roman, den ein Maori je veröffentlicht hat, war die würdige Vorlage. Der Film wurde übrigens von der Filmstiftung Nordrhein-Westfalen gefördert. Niki Caros neuester Film „North Country" („Kaltes Land" mit Charlize Theron) hatte Ende 2005 seine neuseeländische Premiere, „Vintner's Luck" 2009.

Roger Donaldson: Sir Anthony Hopkins ist der Motorrad-Rekordler Burt Munro im Film „The World's Fastest Indian" (2005), auf Deutsch „Mit Herz und Hand" (2006). Der Film wurde komplett in Southland rund um Invercargill gedreht, die Strandszenen mit den Rekordversuchen Burt Munros wurden am Oreti Beach aufgenommen. Auch für diesen Film gibt es eine Fangemeinde, die sich unbedingt die Drehorte ansehen will, was Southlands Tourismus-Manager gar nicht so schlecht finden. Der Regisseur hatte schon in „Sleeping Dogs" (1977) und „Smash Palace" (1981) gezeigt, dass er Action gut inszenieren kann, „Smash Palace" handelte bereits von einem Rennfahrer. „Bank Job" (2008) wurde ein eher skeptisch aufgenommener Bankraub-Thriller.

Peter Jackson: Der Ringe-Regisseur drehte 1987 seinen ersten Film „Bad Taste", der ihm keine Lorbeeren brachte, „Heavenly Creatures" von 1994 wurde zwar von der Kritik gut, vom Publikum eher verhalten aufgenommen. Auf seinem ersten großen Film mit Spezialeffekten blieb er sitzen, „The Frighteners" war nur das Vorspiel, eine Art Übungsarbeit für „Die Gefährten", den 2001 abgeschlossenen abendfüllenden ersten Film der drei Teile des „Herrn der Ringe". Der große Kinoerfolg von LOTR, wie „Lord Of The Rings" im anglophonen Raum nur noch genannt wird, brachte genug Kasse (ca. 870 Mio. US-$ weltweit) für die beiden Fortsetzungen des Mammut-Projekts, an das außer Jackson selbst wohl niemand geglaubt hatte. Seine Version des „King Kong" von 2005 hat dagegen die Breitenwirkung des „Herrn der Ringe" nicht erreichen können. Sein Film „The Lovely Bones" („In meinem Himmel" nach dem gleichnamigen Bestseller) wurde wie der Herr der Ringe in Neuseeland gedreht (2007). Peter Jacksons neuestes Projekt wird gegenwärtig wieder in Neuseeland gedreht. „The Hobbit" soll zwei Filme umfassen, deren erster seine Premiere im November 2012 erleben wird – natürlich in Wellinton.

Speziell an der Ringe-Filmtrilogie interessierte Reisende finden Literatur und Adressen unter Reisepraktisches von A bis Z/ Lord of the Rings.

Einer der internationalen Carrier nach Neuseeland ist Air New Zealand

Anreise

Einreiseformalitäten

Für die Einreise benötigen Bürger der EU und der Schweiz einen gültigen Reisepass, der noch mindestens drei Monate über das Ende des Aufenthalts hinaus gültig ist. Besitzt der Staat, aus dem der Passinhaber stammt, in Neuseeland eine Botschaft oder ein Generalkonsulat, wo ein neuer Pass ausgestellt werden könnte, genügt im Prinzip eine Gültigkeitsdauer von einem Monat über das Ende des Aufenthalts hinaus. Diese Regel ist jedoch nur für die Einreise aus Drittländern relevant (etwa nach einem längeren Aufenthalt in den USA oder in Australien), da die Fluglinien in Europa kontrollieren und die Mitnahme verweigern, wenn der Pass vorzeitig abläuft.

Ein Visum wird für Deutsche, Österreicher und Schweizer nicht benötigt, falls der Aufenthalt in Neuseeland drei Monate nicht übersteigt. Bei Ankunft bekommt man eine Visitor's Permit in den Pass gedruckt, Voraussetzung ist, dass man ausreichende Barmittel (1.000 $ pro Monat, 400 $ wenn Quartierbuchungen nachgewiesen werden können – Kreditkarten werden anerkannt) sowie ein Rück- oder Weiterflugticket vorweisen kann (diese Regelung wird selten kontrolliert). Wer länger als drei Monate zu bleiben beabsichtigt, kann im Voraus bei einer der neuseeländischen Botschaften ein Visum über neun Monate beantragen, vor Ort kann dieser Typ Visum *nicht* ausgestellt werden. Das Besuchervisum erlaubt keine Arbeitsaufnahme.

Zum Thema Arbeiten in Neuseeland → Reisepraktisches von A bis Z/Arbeiten.

Botschaften und Konsulate

Neuseeländische Vertretungen in Europa In Deutschland: Botschaft, Atrium, Friedrichstr. 60, 10117 Berlin, ✆ 030/206210, ✉ 20621114, nzembber@infoem.org.

Generalkonsulat, Zürich-Haus, Domstr. 19, 20095 Hamburg, ✆ 040/4425550, ✉ 44255549, hamburg@nzte.govt.nz.

Anreise

In Österreich: Botschaft, Mattiellistr. 2–4, A 1010 Wien, ✆ 01/5053021, 📠 01/5053020, nzemb@aon.at.

In der Schweiz: Generalkonsulat, 2 Chemin des Fins, 1211 Genève 19, ✆ 022/9290350, 📠 9290377, mission.nz@bluewin.ch.

Europäische Vertretungen in Neuseeland Deutsche Botschaft, 90–92 Hobson St., Thorndon, **Wellington**, Mo–Fr 8–12 Uhr, ✆ 04/4736063, 📠 4736069, germanembassy-wellington@xtra.co.nz, www.wellington.diplo.de.

Honorarkonsulat Auckland, Erich Bachmann, Level 11, 41 Shortland St., Private Bag 92093, Auckland, ✆ 09/3758718, 📠 3655209.

Honorarkonsulat Christchurch, Theo Giesen, 10 Wairarapa Terrace, ✆ 03/3476720, 📠 3446278, info@giesen.co.net.

Österreichisches Generalkonsulat, Level 4, 75 Ghuznee St., **Wellington**, ✆ 04/3848402, austria@vodafone.co.nz; Honorarkonsulat Auckland, 22a William Pickering Drive, North Harbour, 0753 Auckland, ✆ 09/4760994, austrianconsulate_auckland@xtra.co.nz.

Botschaft der Schweiz, Maritime Tower, 10 Customhouse Quay, Level 12, **Wellington**, ✆ 04/4721593, 📠 4996302, wel.vertretung@eda.admin.ch.

Konsulat Auckland, Unit 3, Building 2, 100 Bush Rd., Rosedale, North Shore 0631, ✆/📠 09/3660403, auckland@honorarvertretung.ch.

Zahlen, Daten und Fakten zu Neuseeland

Name: New Zealand, nicht offiziell ist die Maori-Bezeichnung Aotearoa.

Lage: Nordspitze ca. 34 ° südl. Breite (34 ° nördl. Breite: Beirut), Südspitze ca. 47 ° südl. Breite (47 ° nördl. Breite: Graz, Bern), Ost-Westerstreckung zwischen 166 ° und 179 ° östlicher Länge (Angaben ohne subantarktische Inseln).

Fläche: 270.534 km² (Italien 301.336 km², Deutschland 375.325 km²).

Einwohner: ca. 4,3 Mio. (Bundesland Sachsen 4,17 Mio., Schweiz 7,3 Mio.).

Hauptstadt: Wellington (386.000 Einwohner; Großraum).

Größte Stadt: Auckland (1,3 Mio. Einwohner; Großraum).

Staats- und Regierungsform: parlamentarische Monarchie, Parlament mit einer Abgeordnetenkammer (House of Representatives) mit 120 Mitgliedern, Staatsoberhaupt ist Königin Elizabeth II., vertreten durch einen Generalgouverneur, seit 2011 Jerry Mateparae, ein Maori und davor Oberkommandierender der Streitkräfte.

Verfassung: Es gibt keine geschriebene Verfassung, der Vertrag von Waitangi (1840) gilt als juristische Grundlage der Beziehungen zwischen den Bevölkerungsgruppen. Seit 2004 arbeitet eine Kommission an den Grundlagen einer Verfassung unter Einbeziehung des Vertrags von Waitangi (Neues dazu auf http://news/tangatawhenua.com).

Nationalfeiertag: Waitangi Day am 6. Februar, der Jahrestag der Unterzeichnung des Vertrages zwischen Maori und Pakeha 1840.

Staatsoberhaupt: Königin Elisabeth II., vertreten durch den Generalgouverneur.

Premierminister: John Key (seit November 2008), National Party.

Bevölkerungsgruppen: 70 % europäischer Abstammung („Pakeha"), 14,7 % Maori, 6,6 % asiatischer und 6,5 % pazifischer Abstammung.

Amtssprachen: Englisch, Maori (das von 12 % der Maori-Bevölkerung gesprochen wird, ca. 50.000 Menschen).

Religionszugehörigkeit: 16,9 % Anglikaner, 13,5 % Katholiken, 12,4 % Presbyterianer, 3,4 % Methodisten, 1,8 % Maori-Kirchen (Ratana, Ringatu), andere christl. Kirchen 12,4 %, andere Religionen 3,1 %, religionslos 29,6 %, keine Aussage 6,9 %.

Bruttosozialprodukt (2008): 27.830 US-$ pro Einwohner (Deutschland 42.410, Dänemark 58.800 US-$).

Währung: Neuseelanddollar (NZ-$; im Buch nur als $ gekennzeichnet), Kurs im Dezember 2011: 1 $ = 0,59 €, 1 € = 1,68 $.

Zollbestimmungen und Einfuhrregelungen

Neuseelands Zollbeamte interessieren sich weniger für die Flasche Malt Whisky, die Sie (neben der einen erlaubten) ins Land schmuggeln wollen, als für den Zustand Ihrer Schuhsohlen. Die *NZ Passenger Arrival Card* ist genau auszufüllen, besser gibt man alle Stücke der Wander- und Radausrüstung an. Alle Ausrüstungsgegenstände sollten möglichst neu, zumindest aber peinlich sauber sein (die Sohlen der Bergschuhe werden kontrolliert!). Damit will man verhindern, dass Pflanzensamen, Bakterien und Mikroben eingeführt werden, die – wieder einmal – Neuseelands empfindliches Ökosystem aus dem Gleichgewicht bringen könnten (wie erst vor wenigen Jahren der Bienenschädling Varroa → S. 34). Ein benutztes Mountainbike ist ebenfalls suspekt; wenn es aussieht, als ob es verwendet worden sei, wird es evtl. chemisch gereinigt, im widrigsten Fall eingezogen (der Autor hat dreimal sein deutlich gebrauchtes, allerdings sorgfältig gereinigtes Mountainbike samt Zubehör und ebenfalls gebrauchte Bergausrüstung mit schweren Bergschuhen ins Land gebracht, es wurde immer sehr sorgfältig kontrolliert, aber problemlos durchgelassen). Alle tierischen und pflanzlichen Nahrungsmittel und unverarbeiteten tierischen Produkte (Rohwolle! Muschelschalen, die Erdnüsse aus dem Flugzeug, Bananen ...) sind verboten, spätestens im Gang vor der ersten Kontrolle wirft man sie in die bereitstehenden Abfallbehälter. Die Strafen reichen von 200 $ Minimum bis zu 100.000 $ bzw. 5 Jahre Gefängnis.

Mehr Infos durch die Grenzbehörden zu Bürostunden unter ✆ 0800/428786 und feedback@customers.govt.nz sowie auf www.quarantine.govt.nz.

Flugpreise und Fluggesellschaften

Reisende nach Neuseeland sind praktisch ausschließlich auf Linienflüge angewiesen, die ja nach Jahreszeit, Zeitpunkt der Buchung und Fluggesellschaft höchst unterschiedlich teuer sein können. Während des neuseeländischen Sommers, also von Dezember bis Februar, sind die Preise am höchsten und die Flüge am ehesten lange im Voraus ausgebucht, zumal, wenn sie mit unseren Weihnachtsferien zusammenfallen. Das Gleiche gilt für die europäische Sommersaison, also unsere Hauptreisezeit, wenn manche Fluglinien Zuschläge von bis zu 50 % über dem niedrigsten Preis fordern.

Die meisten Fluglinien fliegen den größten Internationalen Flughafen an, der sich in der Metropole Auckland befindet, Christchurch auf der Südinsel wird wesentlich seltener angeflogen. Die Flugzeiten sind über die USA und über Ostasien/Australien etwa gleich lang (ab ca. 23 Stunden reine Flugzeit).

Die Preise für Hin- und Rückflug in der billigsten Klasse ab Mitteleuropa (z. B. Frankfurt am Main) beginnen derzeit bei unter 1.000 $ in der Nebensaison (April bis Juni), in der Hauptsaison (Dezember bis April) bei ca. 1500 $. Wegen der starken Schwankungen auf diesem Sektor und der absehbaren Preiserhöhungen empfiehlt es sich, einen Internetpreisvergleich oder eine Zeitschrift wie „Reise & Preise" heranzuziehen. Flugtickets im Internet bieten u. a. www.swoodoo.com, www.airline-direct.de, www.expedia.de, www.flugticket.de, www.skyways.de, www.travel-overland.de, www.ebookers.de, www.mcflight.de, einen Billigfliegervergleich bietet www.billig-flieger-vergleich.de/billigflieger/airlines.

Die Idee, einen billigen Flug nach Australien zu buchen und dann nach Neuseeland rüberzuhopsen, ist keine gute, der Flug kann bis zu 600 € kosten – es sei denn, man

Regionalflüge sind relativ preiswert (über der Tasman Bay)

hat einen Billigflug nach Melbourne oder Sydney ergattert und nimmt die Nebensaison (Juli/August, November bis Mitte Dezember), dann bietet die Quantas-Tochter Jetstar den Flug schon mal für 99 Australdollar an (so 2011, Gepäck extra)! Billigfluganbieter zwischen den beiden Ländern ist auch *Pacific Blue*, vielleicht lässt sich hier ja ein Schnäppchen mit einem anderen Virgin-Flug verbinden.

Pacific Blue, www.flypacificblue.com; wichtigste Flughäfen sind Sydney und Brisbane. Jetstar, www.jetstar.com.

Wegen seiner Stopover-Möglichkeiten im pazifischen Raum ist *Air New Zealand* interessant: Die Fluglinie bietet eine wöchentliche Verbindung zwischen Nadi (Fidschi) und Wellington sowie zwischen Rarotonga (Cook Islands) und Christchurch. Weitere Verbindungen von und über Fidschi, Tahiti, Cook Islands, Samoa, Tonga und Rarotonga nach Auckland, Hamilton und Palmerston North (je Stopover mindestens 110 €). Ein weiterer Vorteil für Air-New-Zealand-Flieger: beim Weiterflug im Lande muss man in Auckland nicht den Flughafen wechseln und man kann beim Rückflug bereits auf dem Zubringerflug das Gepäck einchecken. Miles-and-More-Meilensammler aufpassen: bei den billigen Tickets gibt AirNZ keine Meilen (so wenig wie Singapore Airlines)!

Air New Zealand, (D) ✆ 0800/1817778, (A) ✆ 0800/295838, (CH) ✆ 0800/557778, www.airnewzealand.com.

Ausreise

Die bisherige *Departure Tax* gibt es in dieser Form nicht mehr, sie ist nun in den Nebenkosten zum Ticket enthalten. Exportbeschränkungen bestehen für alle geschützten Pflanzen und Tiere, Kunstwerke und Antiquitäten.

Auch ein Transportmittel (Cape Kidnappers, Hawke's Bay)!

Unterwegs in Neuseeland

… mit dem Flugzeug

Neuseeland ist größer, als es auf unseren Atlanten wirkt. Vom Cape Reinga im Norden der Nordinsel über Wellington zur Südwestspitze der Südinsel sind es in der Vogelfluglinie 1.600 km, und auf Straßen muss man mit mehr als 2.000 km rechnen. Da fliegt gerne, wer sich's leisten kann.

Air New Zealand und seine unter dem Label *Air New Zealand Link* zusammengefassten kleineren Partner fliegen jeden wichtigen Ort in Neuseeland an, während die Qantas-Billigfliegertochter *Jetstar*, die früher nur zwischen Neuseeland und Australien unterwegs war, Auckland, Wellington, Christchurch und Queenstown anfliegt. Nur regional tätig sind Fluggesellschaften wie *Sun Air* (Nordinsel ab Tauranga), *Sounds Air* (Wellington und Marlborough), *Fly my Sky* (früher *Mountain Air*, Raum Auckland und nördliche Nordinsel) oder *Stewart Island Flights* (Invercargill).

Air New Zealand, Hubs in Auckland und Christchurch, fliegt mit eigenen Maschinen Rotorua (ab Christchurch), Dunedin und Queenstown an, mit Partner Air New Zealand Link insgesamt 25 Destinationen in ganz Neuseeland. ✆ 0800/737000, www.airnewzealand.com.

Jetstar, ✆ 03/3470091, 0800/800995, www.jetstar.com.

Sunair, ✆ 07/5757799, 0800/786247, www.sunair.co.nz.

Sounds Air fliegt mit kleinen Maschinen zwischen Picton Koromiko Airport und Wellington, ✆ 03/5203080, 0800/505005, www.soundsair.com.

Stewart Island Flights fliegt 3-mal tägl. zwischen Invercargill und Oban. ✆ 03/2189129, www.stewartislandflights.co.nz.

Verbindungen mit **Fly my Sky** zwischen Auckland Airport, Coromandel und Whangarei. Fly my Sky, ✆ 09/2567026, 0800/222123, www.flymysky.co.nz.

Wohin mit dem Übergepäck?

Das Flugzeug transportiert Übergepäck zu Goldwaagenpreisen. Billiger kommt da die Post, die allerdings nur Pakete bis 20 kg befördert. Sinnvoll bei mehr als 20 kg Übergepäck ist der Service von Seven Seas (www.sevenseasworldwide.com). Die benötigten Kartons sind kostenlos und werden zugestellt, und wenn sie voll sind, wieder abgeholt. So kostet ein Bücherkarton (max. 30 kg) Door to Door nach Deutschland oder Österreich ca. 307 $. Der Transport erfolgt per Flugzeug in etwa 2 Wochen (mit Schiff drei Monate, kaum billiger). Auch Gepäckaufbewahrung möglich.

… mit dem Bus

Busfahren ist in Neuseeland ein relativ preiswertes Vergnügen, und besonders während der Sommersaison (November bis März/April) ist das Busnetz relativ dicht, man erreicht fast jeden Punkt auf den Inseln. Allerdings nicht gerade häufig – selbst der überregional wichtige State Highway 6 (SH 6) wird nur von einem einzigen Buspaar täglich befahren.

Bus und Shuttle sind im Prinzip austauschbare Bezeichnungen, Busfirmen haben meist große Busse, Shuttlefirmen eher Kleinbusse, aber *Atomic*, der größte der Shuttle-Anbieter, setzt auf seinen gut frequentierten Strecken durchaus normale Busse ein. Alle Fahrten müssen gebucht werden, entweder telefonisch oder über eines der hilfreichen Visitor Centres (ohne Aufpreis), auch Backpackerherbergen und viele Motels bieten diesen Service an. Wo sich ein Busbahnhof mit Büro befindet (nur in großen Orten), kann man auch in letzter Minute buchen, auf Nebenstrecken und bei kleinen Unternehmern kann man auch schon mal so einsteigen und bezahlen. Fahrräder müssen immer angemeldet werden, da der Platz begrenzt ist. Atomic und die meisten Shuttles garantieren den Radplatz, *InterCity/Newmans*, der Marktführer bei Bussen, behält sich offiziell vor, das Fahrrad abzuweisen und mit einem späteren Bus nachkommen zu lassen – nein danke (das Rad des Autors wurde übrigens in jedem einzelnen Fall von allen Bus- und Shuttleunternehmen mitgenommen).

Bus- und Shuttleunternehmen auf beiden Inseln

InterCity/Newmans Coach Lines (InterCity Group), größtes Unternehmen, Sitz in Auckland, Verbindungen in alle Teile Neuseelands, Newmans macht auch und vor allem Besichtigungsfahrten. Auf der Südinsel etwas schwächer, keine Fahrten über den Arthur's Pass und den Lewis Pass! Zentrale Gratis-Rufnummer ✆ 0800/339966, Auckland ✆ 09/6231503, Wellington ✆ 04/3850520, Christchurch ✆ 03/3651113, Dunedin ✆ 03/4717143, www.intercitycoach.co.nz, www.newmanscoach.co.nz.

Naked Bus, der Internetunternehmer hat wenige eigene Busse, aber Abkommen mit verschiedenen Busunternehmen (z. B. Southern Link/K Bus), das Netz ist recht dicht geworden. Nur Internetbuchung: www.nakedbus.com, Tickets ab 1 $ – wenn man sie denn bekommt; die Konkurrenz kann deutlich billiger sein!

Supershuttle, diese Airportshuttles erreicht man landesweit unter ✆ 0800/748885, www.supershuttle.co.nz.

Unterwegs in Neuseeland

Bus- und Shuttleunternehmen auf der Nordinsel

Northliner Express, vor allem Northland ab Auckland, eine InterCity-Tochter. ✆ 09/5835780, www.northliner.co.nz.

Dalroy Express, Auckland – New Plymouth – Hawera (1-mal tägl.). ✆ 06/7590197, 0508/465622, www.dalroytours.co.nz.

Go Kiwi Shuttles, Auckland und Coromandel. ✆ 0800/446549, 07/8660336, www.go-kiwi.co.nz.

Waitomo Wanderer, Rotorua – Waitomo (1-mal tägl. mit fast 6 Std. Aufenthalt in Waitomo). ✆ 03/4779083, 0508/926337, www.waitomotours.co.nz.

Bus- und Shuttleunternehmen auf der Südinsel

Atomic Travel, dichtes Shuttlelininennetz inklusive Milford Sound, die Nummer eins auf der Südinsel. ✆ 03/3490697, www.atomictravel.co.nz.

ConneXions, Liniennetz zwischen Wanaka, Dunedin und Queenstown. ✆ 0800/244844, 03/4439122, www.time2.co.nz/connexions.

Southern Link, verbindet Orte in Marlborough und Nelson miteinander sowie mit der Golden Bay und dem Heaphy Track, ebenso Christchurch über den Lewis Pass mit Tasman Bay und Golden Bay sowie mit Wanaka und Queenstown. ✆ 0508/458835, www.southernlinkcoaches.co.nz.

Abel Tasman Coachlines, verbindet Nelson mit Tasman Bay und Golden Bay in Kooperation mit kleineren Unternehmern. ✆ 03/5480285, www.abeltasmantravel.co.nz.

Golden Bay Coachlines, Busdienst Takaka und Heaphy Track ab Nelson. ✆ 03/5258352, www.gbcoachlines.co.nz.

The Cook Connection, Verbindungen zwischen Lake Tekapo, Mount Cook und Twizel. ✆ 0800/266526, ✆ 03/4353116, www.cookconnect.co.nz.

Buspässe

InterCity Flexipass: Der Flexipass des Busunternehmens mit dem größten Netz des Landes bietet bis zu 40 % Ersparnis gegenüber dem Normalpreis. Man kauft nicht Strecken, sondern Stunden, z. B. 15 Std. zu 115 $, 30 Std. zu 226 $ oder 45 Std. zu 299 $. Die Buchung erfolgt über eine spezielle Internetadresse oder eine 800-Nummer, (derzeit ✆ 0800/222146) und ist also landesweit kostenlos, jedoch nicht in den Büros. Die Stunden werden abgebucht. Dann heißt es nur noch, die schnellsten Busverbindungen rauszusuchen und zu buchen ... Weitere Pässe des Unternehmens → www.flexipass.co.nz.

InterCity/Newmans Travelpass: Bei den Travelpasses kauft man ein Streckennetz, mehrere Varianten sind möglich. Der normale Travelpass ist ein Jahr gültig, der „Aotearoa Adventurer" etwa umfasst das gesamte Streckennetz und kostet 1249 $ (Backpacker 1124 $). Der „Southern Trail" zwischen Christchurch, Greymouth und Wanaka/Queenstown kostet 166 $/149 $. ✆ 0800/339966, www.travelpass.co.nz.

Gepäck-/Fahrradtransport

InterCity/Newmans: Rad wird mitgenommen, die Pedale sollten abgenommen, die Kette abgedeckt werden, 15 $; Beförderung allerdings nur bei freiem Platz, sonst mit nächstem Bus. 2 Gepäckstücke können aufgegeben werden, eines im Bus mittransportiert werden.

Atomic und andere Shuttles: 2–5 Fahrräder werden je nach Bustyp und Strecke mitgenommen, vorher reservieren. 10–15 $ pro Strecke, wer den Bus wechselt, muss nochmals zahlen – die $ sind eine Entschädigung für den Fahrer (manche verzichten darauf).

Backpackerbusse

Mehrere neuseeländische Touristikunternehmen richten sich speziell an Backpacker, was nicht heißt, dass sie unbedingt preiswerter sind als andere Busunternehmen. Ihr Vorteil ist, dass man sie wie einen der üblichen Tourbusse für längere Strecken nutzen kann, dass aber Zeit für Besichtigungen und Aktivitäten eingeplant ist, dass man abends an einer Backpacker-Herberge abgesetzt wird und sich nicht um das Quartier kümmern muss und dass man mit vielen Gleichgesinnten in Kontakt kommt – wenn auch kaum mit der Bevölkerung der Region, die man durchreist. Dies wird nicht von allen Nutzern der Backpackerbusse, die im Schnitt 20–23 Jahre alt sind, als Nachteil empfunden, Gleiches gilt für den Gruppenzwang, der Unentschlossene zu teuren Aktivitäten verleitet („Du wirst doch mitkommen auf die Jetboot-Tour?") oder die typische Party-Atmosphäre, die jede Nacht zur Partynacht werden lässt und garantiert, dass man am nächsten Vormittag im Bus schläft anstatt sich der Landschaft zu widmen, für die man eigentlich gekommen war.

Backpackerbusunternehmen

Die Unternehmen geben auf BBH- und YHA-Pässe üblicherweise 15 % Rabatt!

Magic Bus: Das Unternehmen Magic Travellers Network betreibt einen Busdienst, den man mit der entsprechenden Karte nach Lust und Laune verwenden kann. Ein Achterkurs führt durch die Nordinsel, ein Rundkurs durch die Südinsel ohne Invercargill und Te Anau (dafür extra 199 $ mit Catlins Coaster). Es gibt diverse Pässe, z. B. „Northern Discovery" (6 Tage) zu 485 $ und „Southern Discovery" (9 Tage) für 615 $, Ebenso gibt es mehrere Pässe für das gesamte Land, wie „Spirit of New Zealand" (ab 23 Tage), er kostet 1.499 $. Magic Bus, 09/3585600, www.magicbus.co.nz.

Kiwi Experience: Der Marktführer mit seinen grün-grünen Bussen erreicht auch die meisten Ziele auf beiden Inseln. Südinsel und Nordinsel werden mit einem 10 bzw. 8 Tage gültigen Pass abgedeckt, andere Arrangements reichen bis zum „Full Monty" für alle Strecken und mindestens 31 Tage. 09/3669830, 04/3842211, www.kiwiexperience.com.

Flying Kiwi: Mehr als die anderen gestaltet Flying Kiwi sein Angebot nach guter alter Tourgruppenart, das heißt, man muss sich wirklich um nichts kümmern, alle Besichtigungen (aber nicht die Aktivitäten) sind inbegriffen, nachts wird gezeltet (Zelt kann mitgebracht oder geliehen werden), gekocht wird gemeinsam, Gemeinschaftsgefühl wird groß geschrieben. Touren für 8 Tage beginnen bei ca. 1.240 $, eine 27-Tage-Tour, der „Ultimate Explorer" schlägt mit mehr als 3.740 $ zu Buche. Flying Kiwi, 0800/693296, 03/5470171, www.flyingkiwi.com.

Stray Bus, das jüngste Unternehmen, bietet 3 Tage ab 375 $, 5 Tage ab 599 $. www.straytravel.com.

Bequemes Transportmittel: der Bus (Haast-Highway)

... mit der Bahn

Vom einstmals stolzen Netz der neuseeländischen Eisenbahnen sind ein paar mickrige Reste übriggeblieben. Für den Personenverkehr, sieht man von kleinen Bimmelbahnen wie jener von Dunedin nach Middlemarch ab (Taieri Gorge Railway), sind es gerade noch drei: Von Auckland fährt der *Overlander* quer durch die Nordinsel nach Wellington, von Picton fährt der *TranzCoastal* nach Christchurch und von Christchurch der *TranzAlpine* nach Greymouth. Nachtzüge gibt es nicht mehr. Die Züge sind reine Touristenzüge geworden, einen Geschäftsmann mit Aktenköfferchen, Handy und Laptop würde man auf den Neuseeländischen Staatsbahnen so wenig finden wie eine erste Klasse. Die mäßig komfortablen Züge bummeln einmal pro Tag auf ihrer Trasse durch die Landschaft, wo sich die Gegenzüge begegnen, gibt es Austausch des Personals und allgemeines Beinevertreten, dann geht es wieder schön gemütlich weiter. Absoluter Schlager im TranzAlpine zwischen Christchurch und Greymouth über die Southern Alps ist das Angebot von warmen Scones mit Marmelade und Schlagsahne und dazu Tee, ein „Devonshire Cream Tea" wie bei Muttern.

Auckland und Wellington haben ein regionales Bahnnetz, das ausschließlich auf die Bedürfnisse der dortigen Bevölkerung zugeschnitten ist und von den Regionen, nicht von den Staatsbahnen betrieben wird (→ Auckland und Wellington).

Information & Fahrkarten

Neuseeländische Staatsbahnen Tranz Scenic, ✆ 04/4950775, 0800/872467 (tägl. 7–19 Uhr), www.tranzscenic.co.nz (Fahrplan, Online-Buchungen).

Reservierungen telefonisch, über Internet und in den Bahnhöfen, ein paar Tage vorher und in der Nebensaison mit Backpacker-Rabatten in besonders schlichten Waggons. Übliche, jederzeit gewährte **Ermäßigungen** sind „Senior Saver" -30 % (über 60 Jahre), für Kinder (2–14 Jahre) - 40 %, Studenten -20 % und Backpacker sowie Inhaber von YHA-Ausweisen -20 %.

Eine gute Idee für Bahn-Freaks ist der **Scenic Rail Pass**, der 1 Woche (418 $) gilt und freie Fahrt auf allen Linien und zu allen Zeiten erlaubt, dazu eine Fahrt mit der Interislander-Fähre zwischen den beiden großen Inseln. Für diesen Pass ist eine Buchung des Platzes im Voraus, wie sonst immer verlangt, nicht nötig. Ein **Preisbeispiel**: für den Overlander Flexi-Fare werden ab 129 $ verlangt, Kaikoura – Wellington inkl. Fähre 95 $.

... mit der Fähre

Die Fährstrecke zwischen den beiden großen Inseln verläuft zwischen Wellington und Picton, wobei fast die Hälfte durch die windgeschützten Marlborough Sounds führt. Ein neues, südliches Terminal in Marlborough ist im Gespräch, es würde die Überfahrt um ca. 0:30 Std. verkürzen, gedacht ist an Clifford Bay nahe Seddon. Den heutigen Fährhafen Picton würde dieses Vorhaben sicher zu einer Geisterstadt machen.

Zwei Unternehmen teilen sich den Personen- und Fahrzeugtransport über die Cook Strait zwischen Wellington und Picton, Interislander und Bluebridge. *Interislander* hat derzeit drei Fährschiffe auf der Linie, „Arahura", „Kaitaki" und „Ara-

Fähren zwischen Wellington und Picton verkehren häufig

tera", Bluebridge nur eines, die ältere, aber 2003 komplett überholte „Santa Regina". Die Fährverbindung der Cook Strait Freight Company (zu der Bluebridge gehört) startet ab dem citynächsten Anleger in Wellington gegenüber dem Bahnhof, während man für Interislander 5 km weiter nach Norden fahren muss. Vom Bahnhof Wellington fährt ein spezieller Shuttlebus zum Interislander-Anleger. Insgesamt bringen die beiden Anbieter zwischen sieben und zehn Fahrten pro Tag in beide Richtungen zusammen, die Fahrt dauert je nach Schiff zwischen knapp unter 3 und 3:30 Std.

Information & Fährtarife

Interislander, 04/4983246, 4982074, 0800/802802, www.interislander.co.nz

Bluebridge, 04/4737289, 0800/844844, www.bluebridge.co.nz

Die **Personentarife** liegen bei ca. 50 $ (Bluebridge) bis 60 $, in der Hochsaison 65 $ bei Interislander, hin/zurück 100–110 $. **Pkw** werden nach Länge (Bluebridge), Höhe (Interislander) und ob mit oder ohne Anhänger in Preiskategorien eingeteilt. So kostet bei Bluebridge ein Pkw/Zugfahrzeug/Mobilehome bis 5,5 m Länge ab ca. 165 $, bei Interislander bis 220 $. Fahrradtransport kostet bei beiden 15 $.

Außer dieser überregional bedeutsamen Fährverbindung gibt es weitere Fähren, die aber nur regionale oder lokale Bedeutung haben. Eine Schiffsverbindung zwischen neuseeländischen Häfen wie die kroatische Linie entlang der dalmatinischen Küste, die Hurtigruten oder die Inside Passage in Alaska gibt es bedauerlicherweise nicht (bis irgendjemand draufkommt, dass das z. B. zwischen der Bay of Plenty, Coromandel, dem Hauraki Gulf und der Bay of Islands eine touristisch toll verwertbare Idee wäre).

Schafe haben in Neuseeland immer das Right of Way

… mit dem Auto, Camper oder Motorrad

Für Neuseeland benötigt man mittlerweile eine englische Übersetzung des gültigen nationalen Führerscheins oder einen **internationalen Führerschein**, der im Heimatland beantragt wird. Internationale Führerscheine werden nach persönlichem Erscheinen in Bürgerämtern (Schweiz: Straßenverkehrsämter) ausgestellt und kosten derzeit 16,50 € (Schweiz 25 CHF). Der gültige nationale Führerschein und ein Passfoto müssen vorgelegt werden, der Pass ist dann drei Jahre lang gültig.

Der **Straßenzustand** ist überwiegend gut, aber die Straßen sind generell sehr schmal und in den Bergen kurvenreich und steil, mit Anhänger sind sie in Berggebieten schwer zu befahren. Einige wenige Straßen sind für Leihwagenfahrer gesperrt, dies steht entweder im Vertrag oder am Beginn der jeweiligen Straße – Ninety Mile Beach (North Land) und Skippers Road (Otago) gehören dazu, ebenso alle Strände (in Neuseeland gelten Meeresstrände als öffentliche Straßen und dürfen grundsätzlich jederzeit befahren werden). Zu den Problemen für den Fahrer gehören Schafherden, die die Straße abriegeln, riesige Holztransporter, die in Bergkurven auftauchen und keineswegs gewillt sind, auszuweichen, die zahlreichen einspurigen Brücken (immer mit Vorrangregelung), Traktoren, die in der Mitte der Straße zuckeln, alkoholisierte Mitbenutzer der Straße, Jugendliche, die samstags und sonntags nachts Wettrennen veranstalten („Boyracer" auf Kiwispeak) und nach starken Regenfällen überschwemmte Straßenstücke, die im Schritttempo zu durchfahren sind.

Verkehrsvorschriften: In Neuseeland herrscht Linksverkehr, und wie international üblich gilt rechts vor links. Es herrscht Gurtpflicht für alle Insassen eines Autos, die Höchstgeschwindigkeit außerhalb geschlossener Ortschaften ist 100 km/h, in Orten 50 km/h. Da die Schilder außerhalb der Ortschaften nicht wie bei uns einfach

... mit dem Auto, Camper oder Motorrad

die Aufhebung einer Geschwindigkeitsbeschränkung anzeigen, sondern 100 km/h ankündigen, wird das von der Mehrheit der Neuseeländer als Aufforderung ausgelegt, mindestens diese Geschwindigkeit zu erreichen. Die Promillegrenze im Straßenverkehr liegt bei 0,5, Überschreitungen werden streng bestraft, besonders an den Wochenenden gibt es viele Kontrollen.

Sonderformen sind: Linksabbieger gewähren entgegenkommenden Rechtsabbiegern Vorfahrt, die aus dem Fenster gestreckte Hand signalisiert den Haltewunsch. Vor den vielen einspurigen Brücken sind gelbe Schilder aufgestellt, die einen schwarzen und einen roten Pfeil zeigen, Rot gewährt Vorfahrt! Der neuseeländische Automobilklub AA (New Zealand Automobile Association; s. u.) gibt einen „Road Guide" heraus, in dem sämtliche Regeln stehen.

Information: Die Seite www.ltsa.govt.nz ist die Regierungsseite zu Straßenverkehrsregeln und Radverkehrssicherheit.

Automobilklubs/Pannendienst: Die Mitgliedschaft in den meisten mitteleuropäischen Vereinen wird u. U. anerkannt, sodass gewisse Leistungen wie Pannenhilfe, Kartenmaterial und Broschüren zu Nächtigungsmöglichkeiten gratis sind. Der Pannendienst des AA hat die Nummer ✆ 0800/500222 (24-Std.-Dienst), die Versicherung ist über ✆ 0800/500221 zu erreichen.

Tanken: Benzinpreise bewegen sich (März 2011) um die 2,10 $ für Super, 1,40 $ für Diesel, in ländlichen Regionen sind die Preise oft höher und die Tankstellen weit voneinander entfernt bzw. am Sonntag sogar geschlossen. Tagespreise nach Regionen auf www.pricewatch.nz.

Autos oder Wohnmobile mieten

Die großen internationalen Verleihfirmen wie Avis, Budget, Hertz sind in Neuseeland in allen größeren und auch kleineren Orten vertreten, die im Tourismusgeschäft sind. Ihr Vorteil ist, dass sie von Deutschland aus gebucht werden können und dass bei Streitigkeiten deutsches Recht gilt, ihr Nachteil, dass sie etwas teurer sind als die neuseeländische Konkurrenz.

Die **Pkw-Preise** bewegen sich zwischen ca. 40 $ und 80 $ für einen zweitürigen Kleinwagen und 50–90 $ für einen Mittelklasse-Viertürer – Preise unter diesem Niveau, wie sie von kleineren lokalen Unternehmern angeboten werden, sollte man mit Vorsicht genießen und das Kleingedruckte sorgfältig lesen. In den großen Städten sind die lokalen Anbieter besonders preisgünstig, in Auckland bieten mehrere lokale Vermieter ihre Kleinwagen ab 19 $/Tag an, ein Sternchen verweist auf den Zusatz (conditions apply), wo dann eine lange Liste von Ausschlussgründen steht. Dennoch kann man einen guten Kleinwagen ab 30 $/Tag, einen Mittelklassewagen für 40 $ bekommen, die gleichen Wagen kosten in der Hauptsaison 40 $ bzw. 50 $. Bei Wochenpreisen sind ca. 10 % Preisnachlass üblich. Bei Einwegmieten ist meist eine zusätzliche Gebühr zu zahlen, die ab 120 $ beträgt.

Wohnmobile (Campervans) kosten in der Hochsaison ca. 120–150 $ pro Tag, komfortable, größere bis 350 $, in der Nebensaison im Schnitt 80–110 $, wobei auch bei anerkannt guten Firmen die Preise in der tiefsten Nebensaison bis auf 70 $ fallen. Hier sind es weniger die kleinen Firmen, die besonders günstige Angebote machen, sondern die Marktführer, wobei besonders KEA für seine Angebote bekannt ist. Die genannten Werte beziehen sich auf eine mindestens einwöchige Miete, in der Hochsaison auf drei Wochen.

Mietwagenfirmen

Apex, ☎ 0800/939597, www.apexrentals.co.nz.

Avis, ☎ 09/5262847, 0800/655111, www.avis.co.nz.

A2B Rentals, ☎ 0800/850100, in Auckland ☎ 09/3770824, www.a2b-car-rental.co.nz.

Backpackers Campervan & Car Rentals, ein neuerer, großer Anbieter auf diesem Sektor. ☎ 0800/422267, www.backpackercampervans.com.

Britz, in Neuseeland sowie in Australien, kostenlose Transfers vom/zum Flughafen. ☎ 0800/831900, www.britz.com.

Budget, ☎ 0800/283438, 09/5297784, www.budget.co.nz.

Europcar, ☎ 03/93306160, 0800/800115, www.europcar.co.nz.

Ezy, regionaler Anbieter in Auckland, Christchurch, Queenstown. ☎ 0800/399736, 09/3744360, www.ezy.co.nz.

Hertz, ☎ 03/3586787, www.hertz.co.nz.

Jucy Rentals, Billiganbieter mit viel Reklameaufwand. ☎ 09/3744360, 0800/399736, www.jucy.co.nz.

KEA Campers, hat alle Campervans, Motorhomes und Allradfahrzeuge (keine normalen Pkw), größte Auswahl, neuseeländisches Unternehmen. ☎ 09/4417833, 0800/520052, www.keacampers.com.

Maui Motorhomes, neuseeländisches Unternehmen, 24-Std.-Service mit kostenloser Help-Line. ☎ 0800/651080, 09/2553983, www.maui.co.nz.

Thrifty, ☎ 09/3099111, www.thrifty.co.nz.

United Vehicle Rentals, Wagen/Campervans werden in Auckland oder Christchurch abgeholt, Radträger gratis, Gratis-Transport von/zum Flughafen. ☎ 09/7259919, www.campervan.co.nz.

> Das Mindestalter für die Anmietung eines Wagens in Neuseeland beträgt 25 Jahre, ein internationaler Führerschein oder nationaler Führerschein mit englischer Übersetzung muss vorgelegt werden (s. o.).

Gute Frage: Angeschnallt? Falls nicht: 150 $!

Motorräder mieten

Motorradfahrer haben auf den langen neuseeländischen Strecken mit geringem Verkehr ein gutes Terrain für ihren Sport. Die nicht asphaltierten Nebenstraßen, etwa die in die Berge führenden High-Country-Straßen der Südinsel, stellen jedoch gehobene Ansprüche an Fahrerkönnen und Motorrad. Für eine 600-er Maschine muss mit ca. ab 90 $ pro Tag gerechnet werden (für längere Perioden bis 30 % Nachlass), eine Harley kostet (bei zehn Wochen Miete) ab 260 $ pro Tag.

Anbieter für Leihmotorräder und Motorradtouren

NZ Motorcycle Rentals & Tours, ℅ 09/3537081, www.nzbike.com.

Bike Adventure New Zealand, ℅ 0800/498600, www.banz.co.nz/deubanz.htm (Seite in Deutsch).

Harley Tours, 131 Beach Rd., Auckland, ℅ 0800/222977, www.harleytoursnewzealand.co.nz.

Gebrauchtfahrzeuge kaufen

Gebrauchtwagen bekommt man ab ca. 500 $, besser geht man jedoch von ca. 2.00–2.500 $ als Mindestpreis aus, wenn man ein Gefährt haben will, das nicht an der nächsten Ecke zusammenbricht oder 20 l Sprit auf 100 km nuckelt. Die privaten Anbieter auf den Anschlagtafeln der Backpacker-Herbergen und spezielle Backpacker-Gebrauchtwagenhändler bieten die billigsten Autos an, und wenn man das gebrauchte Ding vor der Abreise wieder verkaufen und nicht verschrotten lassen will, wählt man ebenfalls diesen Weg. Sicherer sind Autohäuser und normale Gebrauchtwagenhändler, insbesondere diejenigen, die einen Rückkaufservice (zu 50 %) anbieten. Diese Gebrauchtwagen sind ab ca. 4.000 $ zu bekommen.

Vor dem Kauf muss man vom örtlichen Automobilklub AA (Telefonnummer/Adresse in den Yellow Pages oder im Visitor Centre zu erfragen) eine Inspektion durchführen lassen, die es ab 165 $ gibt, die aber ihr Geld sofort Wert ist, wenn man dadurch entweder den Preis drücken kann oder die Sicherheit hat, ein gutes Auto zu erwerben.

Formalitäten: Der Verkäufer sorgt für die Zulassung, das Formular muss von Verkäufer und Käufer unterschrieben werden, die Wartezeit auf die neuen Papiere kann bis zu 2 Wochen betragen (Postzustellung).

Versicherungen: sind nicht Pflicht und gerade deshalb unbedingt abzuschließen. Der AA nennt die Adressen/Telefonnummern, auch hier hilft u. U. das Telefonbuch weiter.

... mit dem Fahrrad

Neuseeland mit dem Fahrrad zu entdecken ist nicht ganz so idyllisch, wie man es sich vorstellt. Neuseeland war ein Paradies für Radfahrer vor der Deregulation von 1984, als der Fall hoher Einfuhrzölle das Land über Nacht zu einem Autofahrerland machte. Vorher konnte man über lange Strecken völlig einsam in die Pedale treten, allenfalls von den schon damals aggressiv fahrenden Holztransportern aufgescheucht und an den äußersten linken Straßenrand getrieben. Heute hat man mit einem starken Verkehr und v. a. mit viel zu schnell fahrenden Pkw zu tun – Neuseeländer sind auch auf kurvenreichen Bergstrecken, wo immer sie das schaffen, mit 100 km/h unterwegs. Auf Radfahrer wird keine Rücksicht genommen, sie werden durch viel zu knappen Abstand bedrängt, was bei Bergstrecken zum Sturz führen kann, den wenigsten Autofahrern kommt die Idee, in einer Kurve einen Radfahrer nicht zu schneiden.

Während die Südinsel meist lange, flache Strecken hat, besonders im Osten, und nur wenige Steilstrecken über die Pässe wirklich eine Schinderei sind, hat die Nordinsel ein stark gewelltes Relief und gibt selten mal die Chance, auf einer längeren ebenen Strecke auszuruhen. Das Auf und Ab summiert sich schnell zu einer erheblichen Tagesleistung, wobei die Coromandel-Halbinsel und das Vulkanplateau des Zentrums diesbezüglich am anstrengendsten zu fahren sind. Busse nehmen jedoch auf allen Strecken (wenn Platz ist) auch das Fahrrad mit, je Strecke zahlt man 10 oder 15 $ extra, so kann man besonders anstrengenden Streckenabschnitten ohne Schweißausbrüche entkommen.

Ausrüstung: Es herrscht Helmpflicht, es wird empfohlen, reflektierende Kleidung und/oder reflektierende Streifen an Kleidung und Rad zu tragen. Ein Trekkingbike ist die beste Wahl für den, der eine Neuseelandreise mit dem Rad plant (der Autor war dreimal mit einem von zu Hause mitgebrachten Trekkingbike unterwegs, zweimal mit einem in Neuseeland komplett mit Ausrüstung gemieteten Trekkingbike, für spezielle Touren lieh er sich Mountainbikes aus). Man kann Rad und Ausrüstung im Flugzeug transportieren lassen (unterschiedliche Bestimmungen – unbedingt vorher schriftlich bestätigen lassen!) oder im Lande mieten, was ab ca. 350 $/Monat möglich ist. Reine Mountainbikes oder gar Fullys sind für Reisen nicht geeignet (→ Sport).

Radreiseveranstalter & Literatur

Radreiseveranstalter: Wer sich eine selbst organisierte Radreise nicht zutraut und/oder Wert auf Gesellschaft legt, kann an organisierten Radtouren teilnehmen. **Pedaltours** (℡ 09/5851338, www.pedaltours.co.nz) und **Cycle Touring Company** (℡ 09/4360033, www.cycletours.co.nz) bieten geführte Touren samt Übernachtung und Leihrad für ca. 2.600 $ die Woche. Deutsche Anbieter wie **Karawane** (℡ 07141/284850, www.karawane.de) bieten z. B. 19 Tage zwischen Auckland und Christchurch im DZ mit Leihrad, Begleitbus und Unterbringung in guten Quartieren, aber ohne Verpflegung ab ca. 2.200 €.

Rad-Literatur: Die beiden Bände von Nigel Rushton „Pedaller's Paradise", North Island und South Island (letzte Ausgabe 2007 – jetzt auch in Deutsch!), sind eine unschätzbare Hilfe bei der Planung von Langstreckenfahrten mit dem Rad. Bestellung auf www.paradise-press.co.nz/address.html.

Nur mit dem Fahrrad kommt man wirklich (fast) überall hin

Einladendes Hostel auf dem Weg zum East Cape

Übernachten

Neuseeländer übernachten vorwiegend in Motels und während der Feriensaison in Holiday Parks (einige noch Motor Camps genannt). Hotels wie in Europa sind eher die Ausnahme und werden in erster Linie von Pauschaltouristen und Geschäftsleuten frequentiert. Ein dichtes Netz von Backpacker-Herbergen für vor allem junge Reisende mit geringen Komforterwartungen, die für die Übernachtung wenig ausgeben wollen oder können, findet sich in den großen Orten und an allen touristisch interessanten Stellen. Eher auf Reisende mit dickerer Geldbörse zielen die Bed & Breakfasts, Homestays und Farmstays, bei denen in der Regel (aber nicht immer) im Gegensatz zu allen andern Quartieren das Frühstück im Preis inbegriffen ist.

Ein generelles Klassifizierungssystem für die Beherbergungsbetriebe gibt es nicht, obwohl gute Hotels gerne von vier und fünf Sternen sprechen. Qualmark-Kategorien (www.qualmark.co.nz) sind Sterne, die eine halbstaatliche Agentur vergibt, man muss sich jedoch dafür bewerben und für die Bewertung zahlen, was ein Großteil gerade der kleineren Betriebe ablehnt. Qualmark bewertet auch andere touristische Einrichtungen mit einem bis fünf Sternen (* akzeptabel, ** gut, *** sehr gut, **** ausgezeichnet, ***** überragend).

Die Preisgestaltung ist generell offen und richtet sich nach Angebot und Nachfrage. Was im Katalog steht, auf der Internetseite erscheint oder in der Werbung behauptet wird, muss noch lange nicht zutreffen, wenn man bucht. Manche Hotelketten geben ihre Preise erst gar nicht mehr an, es bucht eh jeder *last minute* im Internet. In der Hauptsaison, in den Schulferien und an langen Wochenenden (Labour Day, Weihnachten, Waitangi Day, Anzac Day, Remembrance Day in den einzelnen Regionen) wird oft maßlos preislich überzogen. Die Preisangaben im Buch beruhen auf den publizierten oder direkt genannten Preisen der einzelnen Beherbergungsbetriebe, im Einzelfall können sie erheblich davon abweichen!

Im Buch verwendete Begriffe, Abkürzungen und Konventionen

... im Hotel, Resort oder Bed & Breakfast

Preisangaben gelten immer pro Zimmer bei Belegung durch 2 Personen;

B & B heißt Bed and Breakfast, also immer Zimmer mit Frühstück;

DZ steht für Doppelzimmer, EZ für Einzelzimmer;

FR bedeutet normalerweise full breakfast bzw. cooked breakfast auf britische Art. Wo nicht, wird „continental" oder „cont." erwähnt, ein schlichteres Frühstück ohne warme Speisen (wie z. B. eggs and bacon). Das vor Ort oft erwähnte „special breakfast" bedeutet nur, dass das Frühstück von der Norm abweicht, so servieren deutsche und holländische Gastgeber im B & B gerne Wurst- und Käseaufschnitt, was sonst in Neuseeland völlig unbekannt ist.

... im Motel

Preisangaben immer pro Unit bei Belegung durch 2 Personen (zusätzliche Personen zahlen 15–20 $ extra). Unit ist ein Zimmer oder Apartment im Motel oder Holiday Park. Verwirrenderweise werden Units innerhalb eines Holiday Parks oft als „Motel" bezeichnet, unabhängig davon, ob sie in einem Gebäude vom Motel-Typ untergebracht sind, oder in einzeln stehenden Bungalows.

... im Holiday Park oder Motor Camp

Stellplatz inkl. 2 Pers. ist der Minimalpreis für einen Zeltplatz für 2 Personen, zusätzliche Personen zahlen extra;

Cabin und Kitchen Cabin sind Bezeichnungen für einfache feste Unterkünfte auf Campingplätzen, der Preis gilt dabei für 2 Personen;

Motels (im Zusammenhang mit einem Holiday Park) und Tourist Flats sind Apartments und Ferienwohnungen in einem Holiday Park, wie bei Motels gilt der Preis pro Übernachtung von 2 Personen.

... im Backpacker-Hostel oder in einer Backpackerunterkunft eines Motels oder Holiday Parks

Preisangaben gelten hier immer pro Person;

SG steht für „Single", also Einzelzimmer, DB für „Double" oder „Twin", ein Zimmer für zwei Personen mit großem Bett oder zwei Einzelbetten (oder Lagern) im Backpacker-Hostel;

DO ist der Platz in einem Mehrbettzimmer (kleinere werden als „Share", größere Schlafräume als „Dorm" bezeichnet).

Allgemeine Begriffe

Spa ist ein Becken oder eine Wanne mit warmem oder heißem Wasser, oft mit Sprudelanlage (Whirlpool), es ist an Bäder angeschlossen oder liegt auch außerhalb des Gebäudes, in den Thermalregionen ist es meist mit natürlichem Mineralwasser gefüllt – ein oder mehrere Spas sind in Neuseeland eine Prestigeangelegenheit für Beherbergungsbetriebe und treiben den Preis gerne rauf.

... in Motels und Motor Inns

Die beliebtesten Quartiere der Neuseeländer sind die Motels, die man in allen Städten entlang der Haupteinfallsstraßen findet. In der Regel ist das Motel ein ein- oder zweistöckiger langgestreckter oder L-förmiger Bau, in dessen straßennahen Units es problematisch laut werden kann – doppelte Verglasung oder gar Lärmschutzfenster sind in Neuseeland fast unbekannt. Die Motels sind meist sehr schlichte Betonbauten oder vor allem auf dem Lande Holzbauten, die minimalen

Komfort bieten. D. h. es gibt mindestens ein breites Bett für zwei Personen, Bettzeug, Handtücher, ein Bad (meist Dusche/WC und Waschgelegenheit, manchmal – mit Aufschlag – ein „Spa", also eine Badewanne mit Massageventilen), Fernseher (leider meist wenige Programme, davon 2/3 Sport), nicht immer eine Küchenzeile mit Geschirr, Töpfen und Pfannen (aus dem billigsten Material), fast immer eine Mikrowelle und einen elektrischen Wasserkocher mit Tee- und Kaffeesäckchen und frische Milch im Kühlschrank. Bar und Restaurant sind in Motels üblicherweise nicht vorhanden, viele bieten jedoch ein Frühstück an (im Preis nicht enthalten), das dann aufs Zimmer gebracht wird.

Motels haben nicht Zimmer, sondern *Units* (Einheiten), die aus 1–3 Räumen bestehen und von 1–4 oder mehr Personen genutzt werden können. Die Preisangaben der Motels beziehen sich immer auf die Nutzung durch 2 Personen, weitere Personen werden zusätzlich zur Kasse gebeten. Die Angabe „Unit 70–80 $" gibt den Preis bei Belegung durch 2 Personen pro Nacht an, jede weitere Person zahlt zwischen 15 $ und 20 $ (Kinder ca. 6–10 $). Eine Einzelperson zahlt immer den vollen Unit-Preis, in diesem Fall also 70–80 $! Das Frühstück ist nicht inbegriffen.

Es gibt verschiedene Units: das *Studio* ist die kleinste Moteleinheit, ein Wohn- und Schlafraum, manchmal mit Küchenzeile, immer mit Tee- und Kaffeezubereiter. Ein *1-brm unit (One Bedroom Unit)* ist eine Moteleinheit mit getrenntem Aufenthaltsraum und Schlafzimmer, fast immer mit eigener kleiner Küche, es gibt auch Units mit drei und mehr Zimmern.

Preise für Studios beginnen bei ca. 70 $ und erreichen in großen Städten in sehr guten Motels 180 $, One Bedroom Units sind um 90–150 $ zu haben. Die Preisspannen im Buch beziehen sich auf den Mindestpreis der Studios und den Höchstpreis der One Bedroom Units, größere Units wurden nicht berücksichtigt.

Internetzugang ist heute bei der Mehrheit der Motels möglich, meist über WLAN (WiFi genannt), ob gratis oder gegen Bezahlung scheint der Zufall zu entscheiden (bei der Auswahl der Motels hat der Autor dieses Buches u. a. berücksichtigt, ob WLAN gratis zu bekommen ist).

Information Verzeichnisse der Motels und Holiday Parks veröffentlichen jährlich: **AA Guides Ltd.**, 215 Wairau Rd., Glenfield, Auckland, PO Box 101001, North Shore Mail Centre, Auckland 1330, ✆ 09/9668720, www.aatravel.co.nz; **AA NZ Travel Guides**, ✆ 09/4412060, www.aaguides.co.nz.

… in Hotels und „Hotels"

Internationale wie nationale Ketten bieten die üblichen Hotels in großen neuseeländischen Städten, die vor allem von Geschäftsleuten und Pauschalreisenden in Gruppen frequentiert werden. Für ein Durchschnittszimmer mit der international üblichen Ausstattung zahlt man ca. 120–350 $ je nach Lage des Hotels und Jahreszeit. An den Wochenenden lassen sich oft Preisnachlässe aushandeln, und nur für diese Gruppe von Beherbergungsbetrieben kann man *last minute* etwas besonders Preisgünstiges bekommen. WLAN und/oder Modem-Zugang zum Internet sind praktisch überall vorhanden und können sehr teuer sein (unbedingt vorher erkundigen!) oder auch gratis.

Ebenfalls als „Hotel" bezeichnen sich die traditionellen, oft noch aus dem 19. Jh. stammenden Absteigen in kleinen Orten, die meist schon bessere Tage gesehen haben und fast immer aus zwei Stockwerken bestehen. Das untere ist der meist lärmigen

Bar und einem Restaurant gewidmet, darüber sind die schlichten Zimmer untergebracht, Dusche und oft auch die Waschgelegenheit liegen auf dem Gang. Die Preise fürs Doppelzimmer beginnen bei 50 $, das ist bei einem historischen Haus o. k., bei den abgewohnten Zimmern mancher Absteigen allerdings eine Zumutung.

Last-Minute-Hotels, z. B. auf www.ratestogo.com mit guter Auswahl v. a. für Auckland und www.booking.com, bei Ratestogo zahlt man einen Teil oder den ganzen Betrag über Kreditkarte an, bei Booking wird die Kreditkarte nur als Sicherheit benutzt, man zahlt erst im Hotel. Eine neuseeländische Seite ist besonders interessant: www.travelbug.co.nz, aber auch die australische Seite www.wotif.com leistet hervorragende Dienste.

Kettenhotels, z. B. Accor (mit Sofitel, Mercure, Novotel, Ibis), www.accorhotels.com; Millenium (mit Copthorne, Kingsgate), ✆ 0800/808228, www.milleniumhotels.com; Rydges, ✆ 03/9409824, www.rydges.com; Scenic Circle, ✆ 0800/696963, www.scenic-circle.co.nz.

… im Bed & Breakfast, Homestay, Farmstay und Guesthouse

Bed & Breakfast, meist zu B & B abgekürzt, gilt als gehobene Unterbringungsart und wird entsprechend hochpreisig angeboten. Einfache Zimmer mit Frühstück wie sie im alpinen und generell im europäischen Raum üblich waren und regional immer noch sind, gibt es kaum. Von Jahr zu Jahr werden mehr und mehr *Luxury-Unterkünfte* angeboten, wobei sich der Luxus oft auf die Zahl der Kissen bezieht, die auf den Betten aufgetürmt sind. B & B kann ein Zimmer in einem einfachen Einfamilienhaus sein, wo man sich das Bad mit der Familie teilt, ein Zimmer mit eignem Fernseher in einem Cottage mit eigenem Bad auf dem Gang oder ein großes Zimmer mit eigenem Gartenanteil in einer modernen Villa oder in einem historischen Gebäude, mit Stereoanlage, gefliestem Bad und eigenem Spa.

Hier wartet B&B-Gemütlichkeit „Bavaria", Auckland)

Homestay bedeutet, dass die Familie im Haus wohnt (das gilt als verlässlicher, als wenn sie das nicht tut), *Farmstay* ist B & B auf einem Bauernhof (aber meist im modernen Wohnhaus), ein *Guesthouse* kann so ziemlich alles sein, wo man ein Zimmer mit Frühstück bekommt. Die Begriffe sind austauschbar und nirgendwo definiert, der einzig wirklich vergleichbare Faktor ist der Preis.

Das Frühstück kann, aber muss nicht mit den Gastgebern gemeinsam eingenommen werden, oft ist es das traditionelle Frühstück mit Cornflakes, Eiern und Speck und dazu bereits gebutterter Toast mit Marmelade und

Kaffee oder Tee. Immer mehr Gastgeber bemühen sich jedoch, der derzeitigen Gourmetwelle in Neuseeland zu entsprechen und servieren ein leichteres und besser verdauliches Frühstück mit Früchten, Jogurt, manchmal auch selbstgebackenes Brot und eigene Marmeladen.

Die Preise beginnen bei ca. 60 $ für das Doppelzimmer (das Einbettzimmer oder die Belegung mit einer Person kostet meist ca. 75–80%) und steigert sich in feinen „Boutique Luxury B & B's" bis auf ca. 300 $. Ganz exklusive Gastgeber, die Vollpension anbieten, kennen überhaupt keine Grenzen und steuern schon mal die 1.000 $-Grenze an (im Buch wurde auf diese Auswahl verzichtet).

Die beiden wichtigsten **Führer** für B & B sind das „New Zealand Bed & Breakfast Book" (wegen seiner Farbe meist „Black Book" genannt) und „Charming Bed & Breakfast New Zealand", beide 20 $ und im Buchhandel, bei vielen Visitor Centres und unter www.bnb.co.nz bzw. www.bnbnz.com erhältlich.

… in Holiday Parks (Motor Camps) und auf Zeltplätzen

Während der Ferien ist halb Neuseeland in einem Holiday Park zu finden. Auf diesen Plätzen findet man nicht nur Stellplätze mit und ohne Strom sowie Zeltplätze, sondern mehrere andere Übernachtungsmöglichkeiten. Ganz üblich ist die *Cabin*, eine einzeln oder in Reihen stehende Hütte (fast immer sind sie schlichteste Holzkonstruktionen), die je nach Preis mit Bettgestellen und Matratzen oder mit zusätzlich Tisch und Stühlen sowie als *Kitchen Cabin* mit einer Küchenzeile ausgestattet ist. Ein Bad ist normalerweise nicht vorhanden, man teilt sich den Waschbereich mit den anderen Campbewohnern. Daneben gibt es *Tourist Flats, Self Contained Units* und *Self Contained Flats* sowie Motels oder Motel-Units, die eines gemeinsam haben: Sie haben Bad und Küche, sind also „self contained", meist mit s/c abgekürzt. Im Prinzip sind diese Begriffe austauschbar, die Motel-Unit ähnelt mehr dem Motelstandard, die Self Contained Flats sind schlichter ausgestattet, aber im Prinzip kann jeder Platz seine Ferienwohnungen nennen, wie er will. Besonders größere Holiday Parks haben auch Backpacker-Blocks, die in Ausstattung und Preis den üblichen Backpacker-Herbergen entsprechen (s. u.). Ensuite-Wohnungen und -Cabins haben das Bad dabei. Cabins sind normalerweise für 4 Personen ausgerichtet, Flats und Units können oft bis zu 8 Personen beherbergen.

Die *Holiday Parks* an den Küsten sind durch die rasch ansteigenden Grundstückspreise gefährdet – allein von Mitte 2003 bis Ende 2004 haben neun große Plätze an der Küste aus diesem Grund geschlossen. Im Binnenland jedoch ist so ein Platz immer noch wesentlich einträglicher als fast jede andere Art der Landnutzung, wie der Betreiber des „Top 10 Parks" in Taupo – 2,5 km vom See entfernt – bestätigt (dort beheizter Pool!). Traditioneller Kiwi-Urlaub soll billig und kindgerecht sein, an der Küste ist das kaum noch zu machen.

Einfache *Standard Cabins* gibt es für 40–55 $, *Kitchen Cabins* für 50–75 $, *Tourist Flats* und *Motels* für 80–140 $ (immer bei Belegung durch 1–2 Personen, ab der dritten Person Aufschlag). Stellplätze sind für 2 Personen ab ca. 19 $, im Durchschnitt für 22–28 $ zu haben. Nicht alle Holiday Parks sind gleichwertig, die führende Kette ist „Top 10" mit verlässlichem Niveau, bester Ausstattung und besten Lagen (www.top10.co.nz oder ✆ 0800/867836).

Jasons Travel Media gibt jährlich einen **Führer** „Holiday Parks and Campgrounds" heraus, der in den meisten Holiday Parks aufliegt und kostenlos zu haben ist; ✆ 09/9128400, www.jasons.com.

Auch ein Nachtquartier (Kahurangi National Park)?

Eine besondere Sache sind die *DOC-Zeltplätze*, „Conservation Campsites", die vom Department of Conservation verwaltet werden. Sie liegen in Landschaftsschutzgebieten, Naturschutzgebieten und Nationalparks und sind für jedermann zugänglich, aber auf minimalstem Niveau ausgestattet: Fließendes Wasser ist nicht überall vorhanden, auch Toiletten sind nicht auf allen Plätzen zu finden – aber den meisten. Besonders üppig ausgestattete DOC-Zeltplätze bieten Grillplatz, Picknicktisch und Müllbeseitigung, und sind mit dem Fahrzeug zu erreichen, sie kosten bis ca. 10 $ pro Person. Die einfachsten, die man nur zu Fuß erreichen kann und die fast ohne Ausstattung sind, kann man sogar gratis benützen. Meist befindet sich eine Box am Platz, in die man seinen Obolus einwirft, in einigen Fällen kommt einmal am Tag ein Ranger vorbei.

Das kostenloses Heft „Conservation Campsites" listet alle Plätze auf und ist bei allen DOC-Dienststellen erhältlich. Die Bezahlung erfolgt über vorher gekaufte Tickets, man bekommt sie ebenfalls beim DOC.

... in Backpacker-Herbergen

Nicht nur Jugendliche und junge Leute, sondern auch und besonders in großen Städten ältere Ehepaare mit Koffern und Einzelreisende mit nicht allzu viel Geld in der Börse frequentieren die in Neuseeland überall anzutreffenden Backpacker-Hostels. Viele von ihnen liegen sehr zentral und meist in der Nähe von Bars und Restaurants, sind gut ausgestattet, wurden oft speziell als Backpacker-Herbergen errichtet. Die Schlafsäle und Zimmer sind schlicht, normalerweise werden Stockbetten mit Matratzen geboten, in vielen Fällen gibt es nicht einmal einen Haken, wo man etwas aufhängen kann, geschweige denn einen Schrank oder Tisch. Eine komplett ausgestattete Gemeinschaftsküche, ein Essbereich und ein großer Aufent-

... in Backpacker-Herbergen 89

haltsraum (Lounge) mit bequemen Sitzmöbeln, TV, Stereoanlage, oftmals ein Spielezimmer (evtl. mit Billard) sind die Regel. Waschmaschinen und Trockner, eine kleine Terrasse oder ein Gartenstück hinter dem Haus, PC mit Internetzugang (2-$-Münzen oder Karten nötig) sind gleichermaßen fast Normalausstattung. Da man in den Zimmern und Schlafräumen nichts einschließen kann, wird normalerweise von der Rezeption ein Schließfach zur Verfügung gestellt. Größere Hostels haben einen gut funktionierenden Buchungsservice, bei dem man alle möglichen Aktivitäten zum Normalpreis gebucht bekommt. Die Anbieter holen von den Herbergen auch ab, ebenso wie die größeren Herbergen nach rechtzeitiger Anmeldung bei der Ankunft vom Busbahnhof abholen.

Urlaub auf Neuseeländisch

„Bach" nennen sich die Hütten, Häuschen, Buden, die neuseeländische Familien am Meeres- oder Seeufer besitzen und wo sie ihre Ferien verbringen. Das Wort kommt wahrscheinlich von *bachelor* (Junggeselle) und bezieht sich auf den lockeren, dem Junggesellendasein verwandten Lebensstil in diesen Ferienhäuschen. Der herkömmliche „kiwi bach" ist aus irgendeinem gerade verfügbaren Material errichtet. Holz, Wellblech, Teerpappe, Eisen oder Plastik, auch ein alter Straßenbahnwaggon oder ausgedienter Caravan kann zweckdienlich sein. Er steht meist auf öffentlichem Grund und ist meist nicht offiziell zugelassen, sondern nur geduldet. Sein Anstrich? Bunt oder gar nicht. Die Einrichtung? Plastik. Und die Zufahrt? Haarsträubend – man sehe sich die Zufahrten zu den Baches entlang der Einfahrt zum Hafen Picton an! Kochen auf dem Herd? Auf welchem Herd? Meist wurde draußen gekocht, Fisch wurde über offenem Feuer gegrillt, ebenfalls über offenem Feuer wurde in Eisenpfannen mit Deckel Kuchen und Brot gebacken! Strom? Heißes Wasser? TV? Moderne Bungalows, die heutigen Nachfahren traditioneller Baches, verfügen darüber, früher hätte man solchen Luxus rigoros abgelehnt. Kiwis sind schließlich eine eigene, abgehärtete Rasse (oder welches andere Volk würde im tiefsten Winter in den Bergen in kurzen Hosen Schafe einfangen? Eben!).

Die Zeit der klassischen Baches geht ihrem Ende entgegen, einige sind bereits zu historischen Bauten erklärt worden. Die Neuseeländer sind jetzt in den Ferien mit dem Caravan oder im Mietauto in Australien unterwegs, statt der primitiven Hütte am Meer haben sich die Betuchteren Bungalows angeschafft.

Einen recht gut ausgestatteten und betretbaren „Bach" zeigt übrigens das Maritime Museum in Auckland.

Buchung eines „bach" landesweit auf www.bookabach.co.nz, www.bachcare.co.nz oder www.nzbaches.co.nz.

Nicht überall kann bei dem schnellen Wechsel der vielen Gäste absolute Sauberkeit eingehalten werden. In einer großen Herberge in Queenstown mussten wegen der Durchseuchung mit Wanzen sämtliche Holzbetten entsorgt und durch Metallrahmen ersetzt werden – das Hostel hat bis zu 600 Gäste pro Woche.

Einen Platz im Schlafsaal bekommt man ab etwa 20 $, in einem Viererzimmer (Share) liegt er mindestens bei 23 $. Im Doppelzimmer sind ab 28 $ fällig, Einzelzimmer gibt es im besten Fall ab 40 $. Immer mehr Herbergen bieten Bettzeug an – die mitgebrachten Schlafsäcke sind ja oft sauberkeitsmäßig nicht das Gelbe vom Ei.

Die Preise im Buch sind angegeben für Einbettzimmer (Single=SG), Zweibettzimmer (Double oder Twin=DB) und für größere Zimmer und Schafräume mit Betten oder Lagern (Bunks) im „Dorm" oder „Share" (DO). Preise sind bei Backpacker-Unterkünften immer pro Person angegeben und ohne Berücksichtigung eventueller Rabatte!

Der überwiegende Teil der Herbergen ist im BBH-Dachverband organisiert. Die Gruppe gibt einen eigenen Ausweis und einen „BBH Accommodation Guide" mit Kurzbeschreibungen aller Hostels heraus. Der Ausweis, die *BBH Club Card*, kostet 45 $ und wird von jedem Mitgliedshostel ausgegeben, kann aber auch im Voraus über das Internet bestellt werden und wird zugeschickt. Die Übernachtung in einem BBH Hostel ist nicht an die Mitgliedschaft gebunden, die aber Preisnachlässe bis 20 % (3–5 $) bringt und in Bussen und bei den Neuseeländischen Staatsbahnen ebenfalls bis zu 20 % Rabatt.
BBH (Budget Backpacker Hostels New Zealand), ✆ 07/3771568, www.backpack.co.nz.

BASE ist eine kleinere Organisation, die ihr Angebot ständig erweitert (und großen Werbewirbel macht). Die meisten BASE-Herbergen haben ein „Sanctuary", ein Frauenstockwerk. Ein weiterer Anbieter ist NOMADS.
www.basebackpackers.com; www.nomadsworld.com.

… in Jugendherbergen (YHA)

Neuseeländische Jugendherbergen nähern sich immer mehr den Backpacker-Herbergen an, Ausgangssperren und Mithilfe bei der Reinigung sind eine Sache der Vergangenheit. Ein Internationaler Jugendherbergsausweis ist sinnvoll, da er Preisnachlässe bietet, aber bei 50 % aller Herbergen nicht notwendig, da jeder in jeder Altersgruppe aufgenommen wird (in der Herberge im Mount Cook Village waren, als der Autor vor ein paar Jahren dort übernachtete, 80 % der Plätze durch eine koreanische Seniorengruppe belegt). Die anderen 50 % kann man auch mit einer vor Ort erwerbbaren *Down Under Card* benutzen, deren Preis (40 $) man begleicht, indem man bei den ersten 10 Aufenthalten in einer Jugendherberge jeweils 3 $ zusätzlich zum reduzierten Tarif bezahlt. Preise pro Person, Abkürzungen → Backpacker-Herbergen.
YHA New Zealand (Neuseeländische Jugendherbergsvereinigung), www.yha.co.nz, ✆ 0800/278299, Reservierungen über book@yha.co.nz.

… in Backcountry-Huts

DOC (Department of Conservation), die staatliche Organisation für Umweltschutz, ist auch für die Hütten in Nationalparks und im Backcountry zuständig, in denen Wanderer, Bergsteiger, Jäger, Angler und andere Nutzer übernachten können. Diese Hütten sind einfach, Bewirtschaftung gibt es nicht, man muss alles mitbringen, also Schlafsack, Kochutensilien, Gaskocher. Für die fünf Hüttenkategorien gibt es verschiedene Regeln und Tickets bzw. Hüttenpässe – mehr dazu → Sport & Freizeit/Wandern und Trekking.

Typisches Bistrofood, hier in Cromwell

Essen & Trinken

Traditionelle Küche: Bis vor wenigen Jahren war die Küche in Neuseeland von der englischen, schottischen und irischen Küche in ihrer schlichtesten Form geprägt – es waren ja die ärmsten Bevölkerungsschichten, die einwanderten, die oft froh waren, überhaupt etwas zu essen auf den Tisch zu bekommen, als sich um kulinarische Belange zu kümmern. Gekochtes Lamm, überkochte ungesalzene Kartoffeln und dazu zwei Sorten Gemüse – aus der Dose oder aus der Tiefkühltruhe, auf jeden Fall ungewürzt und unverändert – das galt als gute Hausmannskost. Fisch wurde in dicker Panade gewälzt und in Öl gebacken – Fish & Chips sind heute wie früher ein Grundbaustein der Ernährung, meist vom Stand oder aus dem Laden, aber auch zu Hause zubereitet. Auch die Maori, die eine ganz andere Küche pflegten, aus rohen oder gedämpften oder bei niedrigen Temperaturen zubereiteten Lebensmitteln, haben sich dieser britischen Küche wohl oder übel angeschlossen. Auf dem Lande, bei Homestays und in einfachen Haushalten der älteren Generation wird man diese Küche heute immer noch vorgesetzt bekommen, dazu wird Tee getrunken, nicht etwa Wein (der war lange fast unbekannt) oder Bier (das Männer im Pub tranken, aber nicht zum Essen).

Wandel in der Küche: Das hat sich alles in den Jahren nach 1990, verstärkt seit 1995 gewandelt. Neue Einwanderergruppen aus Süd- und Ostasien brachten ihre Essgewohnheiten und Zubereitungsarten mit, indische und chinesische Speisen waren plötzlich präsent und im Rahmen der allgemeinen Hinwendung Neuseelands zum Pazifik auch absolut „in". Daneben entdeckten Neuseeländer französische und vor allem italienische Gerichte, libanesisch-arabische und indische, und die Kochrezepte von stark publizierten Kochkünstlern wie Jamie Oliver. Über Nacht gab es jede Menge in Neuseeland produzierte Käsesorten, vom Ziegencamembert zum mit Manukahonig gewürzten Chester, Mittelmeeringredienzien wie getrocknete Tomaten und sogar Büffelmozzarella waren zu bekommen, genauso wie ostasiatische Zutaten wie Zitronengras oder Kokosmilch. Neuseeland entdeckte das Olivenöl und produziert mittlerweile eine schöne Palette hochwertigster Öle. Die winzigen *Dairys* (ursprünglich Milchläden, später Lebensmittelläden) mit ihrem Standardangebot für die anglo-neuseeländische Hausfrau wurden in Windeseile von den heutigen Supermärkten mit ihren internationalen und lokalen Spezialitäten abgelöst.

Fusion und Pacific Fusion oder Kraut und Rüben: Fusion heißt das Zauberwort und Pacific Fusion das Zauberwort der Zauberworte. Fusion ist eine Art magischer Stab, mit dem man ein Gericht berührt – und es ist vollkommen. Wichtig: Was drinnen ist, darf traditionell nichts miteinander zu tun haben. Huhn ist gut, Zitronengras ist gut, Tagliatelle sind gut und japanische Algen sind gut, und auch Olivenöl und Sojasoße sind fein. Also sind Tagliatelle mit Zitronengras und Sojasoße fein, wenn man sie auf mit Olivenöl beträufeltem Püree aus japanischen Algen serviert. Unter dem Label „Fusion" wird verstanden, dass alles geht. Jedes Gewürz passt zu jedem Gericht. Die Ergebnisse sind oft grausig. Gerichte, die traditionell mit Olivenöl bereitet werden, kann man auch mit Sesamöl bereiten, statt Tomaten-Sugo kann man Ketchup nehmen, statt Bandnudeln nimmt man chinesische Nudeln, Früchte gehören zu salzigen Gerichten und Pilze ins Dessert – „Fusion" wird oft mit Ersatz verwechselt, „Pacific Fusion" bedeutet leider allzu oft Kraut und Rüben. Hier macht sich bemerkbar, dass Neuseeländer keine kulinarische Vergleichsbasis haben, dass alles für sie neu ist, und weil es neu und anders ist, ist es zunächst einmal in Ordnung, besonders wenn es dekorativ serviert wird.

Coffee Culture und Café Society: Koffein ist seit den 90ern in Neuseeland allgegenwärtig. Kaum zu glauben, dass um 1990 Espressomaschinen außerhalb der großen Städte noch unbekannt waren und kaum zu glauben, dass inzwischen jeder deutsche Espresso-Fan vor Scham rot anlaufen muss, wenn er sein Land mit Neuseeland vergleicht (knallrot, scharlachrot). Oder, wie es Karl du Fresne für die Tageszeitung „Dominion Post" aus Wellington auf den Punkt brachte: „Es heißt, in New York City sei man nie weiter als fünf Meter von einer Ratte entfernt. In Wellington ist es eine Espressomaschine." Zwischen Cafés und Restaurants bestehen kaum noch Unterschiede, die besseren Cafés haben eine Küche, die Restaurantniveau hat, die einfacheren Restaurants servieren guten Kaffee und bieten tagsüber durchaus Kaffeehausambiente. Auch die Coffee-to-go-Kultur aus den USA ist übernommen worden samt Starbucks und amerikanisierten italienischen Bezeichnungen wie Latte Macchiato für ein Getränk, das es so in Italien nicht gibt. Der Kaffee ist zum Statussymbol geworden, bei Kaffee Bescheid zu wissen, bestimmte Marken aus bestimmten Gründen zu favorisieren, noch „unbekannte" Cafés zu entdecken – das gleicht sehr dem Boom der Weinkennerschaft in Deutschland ab 1975. Ganz stolz ist man im Lande darauf, dass die inzwischen auch von England übernommene Kaffeespezialität „Flat White" aus Neuseeland stammt (Flat White? Capuccino mit gerührtem Schaum, der wird dadurch weniger und fester). Da aber viele Neuseeländer keine Ahnung haben, wozu man Kaffee trinkt (wenn überhaupt), beobachtet man immer wieder die Unsitte, Cappuccino mit unmäßig viel Schaum zu servieren und ihn zu Savouries (gesalzenen Speisen) zu trinken – ein Fischgericht und dazu ein Cappuccino, keine Seltenheit in neuseeländischen Lokalen. Kulinarisch ist Neuseeland noch ein Entwicklungsland, aber die Entwicklung verläuft rasant und in ein paar Jahren ...

Drinnen? Draußen? Egal, Hauptsache mittendrin im Trubel (Wellington)

Die Lokale

Pubs: Der Begriff Pub, früher die „Public Bar" eines Gasthauses, hat heute den ganzen Betrieb übernommen: Pub ist ein einfacher Typ von Gaststätte, bei der das Trinken (von Bier) im Vordergrund steht, wo aber auch schlichte und deftige Speisen serviert werden. Vieles ist Fingerfood, so die Fish & Chips, die Potato Wedges (ausgebackene Kartoffelspalten) mit viel Mayo, die überall populären Nachos. Dazu gibt es Klassiker wie Banger & Mash, also gebratene Würstchen mit Kartoffelpampe, oder Irish Stew, in den irischen Pubs (Irish Bar oder Irish Pub) meist mit Guinness zubereitet. In heißem Öl gebackene Garnelen sind eine ebenfalls nicht gerade schlank machende Delikatesse, und in der Whitebait-Saison servieren auch die Pubs Whitebait-Patties, also Hamburger aus den Minifischen oder in Öl herausgebackenen Whitebait (noch etwas fetter).

Cafés: Cafés oder Bistro-Cafés, wie sie von ihrem Angebot her eigentlich heißen sollten, sind die eigentlichen Träger der kulinarischen Revolution des Landes: Längst weg vom Alte-Damen-Afternoon-Image, sind sie von jungen und jung gebliebenen Gästen bevölkert, die Atmosphäre ist leger bis flippig, der Kaffee stammt aus einer guten Rösterei und ist – ob Espresso, Capuccino oder Short White – ausgezeichnet. Gleiches gilt für die kleinen Gerichte und gefüllten Panini, eigentlich das ganze Angebot an „cabinet food" (im Glaskasten, kalt oder warm), dabei ist die Pizza immer überladen, und das auf einer Schiefetafel angeschriebene Menü wurde stets auf Fusion überprüft, bevor es den Blicken der Kundschaft präsentiert wird. Besonders aktuelle Cafés legen Zeitungen und Zeitschriften auf, bieten ihren Gästen auch Sofas und sonstige weiche Bestuhlung und befleißigen sich eines aus den USA übernommenen hyper-freundlichen Stils. Wer auf sich hält, bietet auch Bier und vor allem Wein an, denn Wein gehört zum hippen Image des neuen Neuseelands. Lokale, die abends geöffnet haben, verwandeln sich dann häufig in Restaurants, legen Tischdecken auf und das Personal trägt weiße oder – sehr beliebt – bodenlange schwarze Schürzen. Die Karte wird umfangreicher und vor allem teurer (verglichen mit dem Mittagspreis plus 35–50 % für dasselbe Gericht), was tagsüber als Kuchen und süße Schnitten in den Vitrinen lag, wird nun mit Fruchtpüree und irgendeiner Creme oder einem Klacks Eis zum Dessert gekürt.

Sperrstunden und Öffnungszeiten

In Neuseeland herrschte ein halbes Jahrhundert lang (bis 1967) eine rigide Prohibition: Pubs schlossen um 18 Uhr, nachher gab es keinen Alkohol mehr, es sei denn, man saß im Restaurant und bestellte zum Essen Bier oder Wein. Diese Zeiten sind vorbei, heute kann jeder trinken, wann er will, und feste Sperrstunden sind eine Sache der Vergangenheit. Cafés und Restaurants, Pubs und Bars öffnen, so lange sie wollen, und feste Schließzeiten sind nicht mehr die Regel. Immer wieder findet man Angaben wie „9 am till late", was heißt: „von 9 Uhr vormittags bis spät in die Nacht", aber wie spät, bis 11, bis Mitternacht, bis 3 Uhr früh, das wird uns nicht gesagt, das hängt davon ab, ob es Gäste gibt oder nicht.

Die Preise sind niedriger als in Mitteleuropa, für 8–15 $ gibt es eine Vorspeise, für 12–35 $ den Hauptgang mit Beilagen, 8–15 $ kostet ein üppiges Dessert, für 35–85 $ bekommt man am Abend also ein komplettes 3-gängiges Menü. Für den *light lunch* am Mittag (z. B. ein Tellergericht plus Salat) zahlt man 8–20 $.

Restaurants: Reine Restaurants werden immer seltener und sind entweder an ein Hotel oder Motel angeschlossen oder gehören zum gehobenen Preissegment in den großen Städten. Hier zu generalisieren, wäre unsinnvoll, denn unter diesem Begriff werden nach altem Öl muffelnde Nebenräume eines Pubs genauso verstanden wie „White's", das Paraderestaurant eines der besten Hotels Neuseelands in Auckland. Wie in den Cafés sind die Preise in den Restaurants zur Lunchzeit wesentlich niedriger als am Abend zum Dinner.

Restaurants und Cafés können, aber müssen nicht licenced sein, das heißt, sie dürfen **Alkoholika ausschenken** oder bieten **BYO** (auch „B. Y. O.", „Bring Your Own"). Im letzteren Fall bringt man seinen eigenen Wein mit und der Kellner öffnet ihn und bringt Gläser etc., eine kleine Gebühr wird fällig. BYO wird jedoch immer seltener und gilt nicht länger als absolut gängig.

Fastfood, Takeaways und Foodcourts: Burger, Pizza-Joints, Fish&Chips-Läden und Kioske sowie Inder und Chinesen mit Takeaways sind fast genau so häufig wie Cafés und Restaurants und machen ebenfalls ein gutes Geschäft. In Bäckereien und in einfachen Pubs gibt es Warmhaltetheken, in denen Traditionelles und Deftiges zu haben ist, der klassische Meat Pie oder ein Steak & Onion Pie oder gar ein Steak 'n' Kidney Pie englischer Provenienz. Da sie oft lange warmgehalten werden, entsprechen sie nicht unbedingt jedem Geschmack, das scheint aber die sicher versierten Käufer, die sich besonders zu Mittag an diesen Theken drängen, nicht zu stören.

Trinkgeld wird wie im Pub, Café oder Bistro weder erwartet noch normalerweise angenommen, es sei denn, man lässt es auf amerikanische Art am Tisch liegen und geht, bevor es einem nachgetragen wird.

Die Zutaten

Neuseeland produziert ausgezeichnetes Lamm-, Hühner- und Wildfleisch; Hirsch oder Wildschwein aus Farmzüchtung kommt als *Cervena* auf den Tisch. Das Gemüse dazu ist fast immer aus hiesiger Produktion, nur wenige Südfrüchte wie Bananen werden eingeführt, die meisten wie Avocados oder Orangen gedeihen prächtig im eigenen Land. Neuseeland ist für seine Äpfel und seine Kiwifrüchte auch bei uns berühmt, vor Ort bekommt man vorzügliche Kirschen, Pfirsiche, Aprikosen, Weintrauben, Passionsfrüchte und anderes Obst. Das Gemüse zum Fleisch oder Fisch besteht aus altbekannten Feld- und Gartenfrüchten wie Kartoffeln, Karotten, Knollen- und Stangensellerie, verschiedenen Rübensorten, die bei uns z. T. nicht bekannt sind, der Maori-Süßkartoffel *Kumara* in verschiedenen Abarten, daneben Spargel, Kürbis, Erbsen, Bohnen – alles in hervorragender Qualität.

Gerichte und kulinarische Spezialitäten

Bangers and Mash: gegrillte fette Schweinswürstchen mit Kartoffelpüree.

Blue Cod: ein dem Kabeljau ähnlicher Fisch des Südpazifik.

Capsicum: Gemüsepaprika.

Crayfish: eine Art Languste, kann auch Hummer bedeuten.

Devonshire (Cream) Tea: Nachmittagstee mit noch warmen Scones, Schlagsahne und Marmelade.

Feijoa: etwas scharf schmeckende tropische Frucht, wird seit ein paar Jahren zunehmend angebaut.

Green Lipped Mussels: Miesmuscheln mit grünem Schalenrand, stammen v. a. aus der Gegend von Havelock (Marlborough Sounds).

Hapuku: Zackenbarsch *(Groper)* einer der besten Speisefische.

Hogget: Gericht vom einjährigen Schaf, deftiger als Lamm und nicht so kräftig wie Hammel.

Kiwifruit: Was wir als Kiwi bezeichnen, ist in Neuseeland die Kiwifruit.

Kumara: Süßkartoffel, traditionelles Hauptnahrungsmittel der Maori und heute von ihnen und von Pakeha neben der Kartoffel als Beilage verwendet.

Muttonbird: Sturmtaucher, wird wie vor Jahrhunderten eingelegt, vor allem von Maori gegessen, schmeckt wie ranziger Hammel.

Panini (Pannini, Panninis): getoastete weiße längliche Brötchen, verschieden gefüllt.

Paua: Haltemuskel der Abalone, wird meist zu Patties (Hamburgern) verarbeitet.

Pavlova: Neuseelands Nationaldessert – eine Baisertorte, mit Sahne gefüllt und meist mit Kiwifrüchten garniert.

Pipi: eine längliche Muschel.

Scallops: Kammmuscheln, dazu gehören Jakobsmuscheln und die ähnlichen Pilgermuscheln und weitere Muscheln mit ähnlicher äußerer Form, sie werden gegrillt und überbacken, seltener roh gegessen.

Vegemite: Brotaufstrich, der wie Maggi schmeckt, von vielen Kiwis geliebt, von Newcomern oft als grausig empfunden.

Whitebait: durchsichtiger Jungfisch, der in großen Schwärmen im Sommer in die Flussmündungen im Westen der Südinsel zieht, wird gern zu Patties oder Fritters verarbeitet.

Der Fisch, der rund um Neuseelands Küsten gefangen wird, hat oft denselben Namen wie in Europa, aber Cod ist kein Kabeljau, sondern ein ähnlich schmeckender Fisch aus dem Südpazifik. Nur Salmon ist Lachs, also importierter und in neuseeländischen Fischfarmen gezüchteter Fisch der Art Salmo salar, also Nordseelachs. Auch die Forellen wurden importiert und entsprechen den unseren, man sieht sie aber nicht auf den Speisekarten, da sie nach einem alten Ge-

Kiwi-Delikatessen: Käsevielfalt und green shells aus Havelock

setz nicht verkauft oder gekauft werden dürfen – aber sehr wohl selbst gefangen, gebraten und verspeist!

Meeresfrüchte sind bester Qualität und werden überall sehr frisch angeboten, eine Art Languste (Crayfish oder Rock Lobster), verschiedene Muscheln, Austern und Jakobsmuscheln werden gerne gegessen und in Restaurants zu Preisen angeboten, die uns wirklich niedrig erscheinen. Ein beliebtes Wochenendvergnügen für Pakeha wie Maori ist das Sammeln von Muscheln am Strand und dann das kurze Garen über offenem Feuer – wer dazu eine Flasche kühlen Sauvignon Blanc reserviert hat, wird sich lange daran erinnern.

Käse und andere Milchprodukte sind von hoher Qualität, und besonders wenn man Käse kleinerer innovativer Unternehmen nimmt und kostet, mit europäischen zu vergleichen (das war bis vor wenigen Jahren nicht so, als nur drei oder vier Allerweltsschnittkäse auf dem Markt waren). Der Nachtisch (Neuseeländer britischer Herkunft würden ihn vor dem Käse zu sich nehmen) ist für unseren Geschmack oft ein wenig süß und umfasst keineswegs nur die Baiser-Sahne-Torte Pavlova, sondern auch Süßes von der englischen boysenberry tart zum deutsch-holländischen Apfelkuchen mit Streusel.

Ein Drama ist leider immer noch das Brot, das auf englische Art luftig-elastisch gebacken wird und getoastet werden muss, bevor es einigermaßen essbar ist. Wenige „french bakers" bieten angeblich französisches Brot an, aber fast alle imitieren nur die äußere Form der Baguette und was man kauft, ist das ewig gleiche Schwabbelzeug. Schwarzbrot und Vollkornbrot sind in großen Supermärkten, in Bioläden und bei den wenigen deutschen Bäckern zu haben, die es backen.

Vegetarisch und vegan: Das eine oder andere Gericht für Vegetarier findet sich fast auf jeder Speisekarte, besonders Inder und Restaurants mit arabischer Küche (Middle Eastern Food) haben viele fleischlose Gerichte auf der Speisekarte. Leichter fällt die Selbstversorgung mit Supermarkt und dem Herd im Hostel oder Motel.

Trinken und Getränke

Erst unter Premierministerin Helen Clark wurden alle Gesetze, die seit 1907 die Alkoholausschank behinderten, fallengelassen und man kann und darf im Prinzip überall ein Bier oder ein Glas Wein trinken, auch nach Mitternacht und auch in der Öffentlichkeit. Es gibt Theorien, die den übertriebenen Bierkonsum der neuseeländischen Männer darauf zurückführen, dass bis 1967 die Kneipen (Pubs) bereits um

Trinken und Getränke 97

18 Uhr schlossen und folglich zwischen Arbeitsschluss um 17 Uhr und Pubschließung um 18 Uhr der Bedarf für den ganzen Abend gedeckt werden musste.

Weine sind ausgezeichnet in Neuseeland, aber leider nicht billig, am wenigsten im Lokal, wo man für eine winzige Menge Wein in einem Riesenglas oft 10 $ und mehr hinblättern muss. Bier der großen Produzenten ist (nach Meinung des Autors) kaum trinkbar, man probiert lieber die etwas kleineren und v. a. die Haus- und Pubbrauereien, die es in fast allen Orten gibt. Tee ist bei der jüngeren Generation kommentarlos weggefallen und durch Kaffee in allen Varianten ersetzt worden (→ „Coffee Culture und Café Society").

Wer nur etwas trinken will, kann das zwar in jedem Lokal tun (auch das war früher nicht erlaubt, Alkohol gab es außer in den Pubs nur zu einem Essen), aber immer noch sind neben den Terrassen und Gastgärten der Cafés und Bistro-Cafés die Pubs und natürlich die Bars die besten Standorte dafür. Warum die Terrassen und Gärten so beliebt sind, auch in den kühleren Jahreszeiten, hat einen zusätzlichen Grund: **Nur draußen darf geraucht werden!**

Wein aus Neuseeland

Neuseeländischer Wein, vor ein paar Jahren noch nicht auf der Landkarte der Weinkenner, hat eine steile Karriere gemacht. Auf Böden, die noch vor kurzer Zeit nur als Weideland genutzt wurde, wachsen heute Pinot Noir und Sauvignon Blanc. In weltbester Qualität, wie Auszeichnungen seit Mitte der 80er rund um den Globus beweisen. Der Wein-Papst Hugh Johnson widmet Neuseeland im „Kleinen Johnson" Jahr um Jahr mehr Raum. Unter seinen Empfehlungen sind Pinot Noirs und Sauvignon Blancs aus Marlborough von der Südinsel und Rieslinge sowie Pinot Noirs von der Nordinsel (Hawke's Bay und Wairarapa).

Weinberg und „Winery" in der Nähe von Blenheim

Am Ohope Beach bei Whakatane

Sport & Freizeit

Angeln und Fischen, Hochseefischen

Rainbow Trout (Regenbogenforelle) und *Brown Trout* (Bachforelle) sind die wichtigsten Fische, die Angler aus Neuseelands Seen und Flüssen ziehen. Eine Angelgenehmigung *(Fishing Permit)* erhält man in Sportgeschäften, es ist für eine bestimmte Region und für einen Tag oder einen längeren Zeitraum gültig. Auch die kleinsten Orte, in deren Nähe in Seen und an Flüssen geangelt wird, haben Sportgeschäfte, in denen man die Angelausrüstung kaufen und meist auch mieten kann.

Informationen zum Angeln geben die DOC-Büros (www.doc.govt.nz) und die lokalen Visitor Centres. Im Internet gibt es Infos unter www.fishing.net.nz und www.fishnhunt.co.nz.

Für das Angeln und Fischen an Küsten und auf Meeren benötigt man keine spezielle Genehmigung, die Ausrüstung kann in allen Hafenorten mit Sportfischerhäfen gekauft oder geliehen werden.

Infos zum Angeln und Hochseefischen gibt die Regierungsseite www.fish.govt.nz, Hinweise auf geführte Hochseefischereifahrten gibt z. B. www.nzpfga.com. Die kostenlose Broschüre „A guide to New Zealand's marine recreational fishing rules" liegt in allen Stadtverwaltungen auf und listet alle Regeln, Normen und wichtigen Gesetze auf.

Bergsteigen und Klettern

Die Neuseeländischen Alpen sind ein phantastisches Revier für Bergsteiger und Kletterer, aber nur für diejenigen, die entweder mit einer voll ausgerüsteten Expedition kommen oder viel tragen können: Die Hütten sind wie überall in Neuseeland spartanisch, und Verpflegung samt Kocher muss man selbst mitnehmen. Das addiert sich mit Eisausrüstung gut und gern auf 25–35 kg. Die Gipfel in den Nationalparks Westland, Mount Cook, Fiordland und Mount Aspiring sind zwischen 2.000 und 3.754 m hoch, ihrer Lage und ihrem Klima sowie dem Vereisungsgrad und den Gefahren nach sind sie eher mit den 4.000ern der Westalpen zu vergleichen – ohne die guten Wege und komfortablen Hütten dieser Region.

Der **New Zealand Alpine Club (NZAC)**, der einen Großteil der Hütten und Wege in den Nationalparks betreut, gibt gerne Information und Hilfestellung; ✆ 03/3777595, www.alpineclub.org.nz.

Bungy-Springen (Bungy Jumping)

1986 sah der Neuseeländer A. J. Hackett ein Video von einer Gruppe der Oxford University, die gefährliche Sportarten betrieb und die nur von einem elastischen Band gehalten von der Golden Gate Brücke in San Francisco sprangen. Deren Vorbild waren Initiationsriten auf Vanuatu (Neuen Hebriden), bei denen junge Männer an elastischen Seilen von Holztürmen kopfüber herunterspringen und einige Zentimeter vor dem Erdboden zum Halten kommen. Ohne Verletzungen, ohne Sehnenrisse! Gemeinsam mit dem Kiwi-Skichampion Henry van Asch und einem Dritten entwickelte Hackett die Technik für eine moderne Version dieses Sprunges, des Bungy Jumps. Ein erster Versuchssprung fand 1987 in Frankreich statt (1989 erhielt der Sprung von der Pont de Ponsonnas nahe Grenoble als erster in Europa die behördliche Genehmigung), im selben Jahr sprang Hackett mediengerecht vom Eiffelturm und 1988 begann er in Neuseeland mit dem mittlerweile weltbekannten Bungy-Springen als Publikumssport, zunächst in Ohakune, aber bald in Queenstown. A. J. Hackett Bungy betreibt heute Absprungbasen in Neuseeland (Queenstown, Ohakune), Australien (Cairns) und Frankreich (Narang, Normandie). Kürzlich sprang Hackett wieder mal selbst – zum 20. Jubiläum des Jumps von der Kawarau-Brücke im November 2008!

Queenstown ist die Hochburg des Bungy Jumping, die Kawarau-Bridge dessen Ikone; → den ausführlichen Text zum Bungy Jumping bei Queenstown/Sport & Freizeit.

Cricket

Cricket ist ein britischer Sport, alle Commonwealth-Staaten haben ihn übernommen. Black Caps (in Anlehnung an die „All Blacks" im Rugby?) heißt die Top Cricketmannschaft Neuseelands, ihr Dress (muss sein wie beim Rugby!) ist schwarz, das gilt auch für die Beinschienen. Cricket unter Profis ist ein ziemlich harter Sport, die Bälle fliegen mit bis zu 140 km/h durch die Luft. Außer NZ sind die führenden Mannschaften Australien, Sri Lanka, Südafrika, Pakistan und Bangladesch.

Fallschirmspringen

Diese Sportart ist so populär geworden, dass sie fast das Bungy Jumping vom Thron geholt hat. Wer allerdings vom freien Fall in voller Freiheit träumt, der sollte wissen, dass er am Sprunglehrer hängt wie das Baby an Mutters Brust: Sprünge sind immer im Tandem und alle Entscheidungen trifft der Sprunglehrer. Dennoch ein Erlebnis!

Golf

Neuseeland hat mehr Golfplätze pro Einwohner als jedes andere Land der Welt. Selbst „One-Horse-Towns" haben einen Golfplatz. Die wenigsten sind exklusiv und heißen Gäste gerne willkommen. Die Greenfee beginnt bei ca. 25 $, im Mittel zahlt man 50 $.

Höhlenerkundung, Cave Rafting und Tubing

Das Tal von Waitomo in Waikato und der Kahurangi-Nationalpark auf der Südinsel sind Karstgebiete mit unzähligen Höhlen, von denen die wenigsten erforscht und nur eine Handvoll öffentlich zugänglich sind. Besonders im Tal von Waitomo ist es möglich, auch Höhlen zu besichtigen, die nicht für das Publikum erschlossen sind und die man nur in voller Höhlenkluft besuchen kann samt Abseilen und Raften oder Schwimmen auf unterirdischen Gewässern. Das Tubing, bei dem man mit Hilfe eines aufgeblasenen Schlauches auf dem Höhlenfluss driftet, ist eine besonders amüsante Art, ein Höhlensystem kennenzulernen (→ Waitomo/Waikato, (→S. 280).

Jetboot-Touren

1957 wurde auf Neuseeland das Jetboat erfunden (im Folgenden meist Jetboot oder Schnellboot genannt) als sinnvolles Verkehrsmittel für die typischen Gegebenheiten der Südinsel: Die langen Täler, die in die Südalpen führen, werden in ganzer Breite von stark mäandrierenden und sich in einem Zopfmuster in Nebenarme auflösenden Flüssen ausgefüllt. Diese verändern immer wieder ihren Lauf und haben normalerweise einen sehr niedrigen Wasserstand. Straßen zu bauen, wäre nur an den steilen Talrändern möglich gewesen und teuer, also fuhr man mit Jeeps und früher mit Ochsenkarren hundertmal durch Furten, um zu einer weit oben im Tal gelegenen High Country Station zu gelangen. Die nur 100 mm Wassertiefe benötigenden und bestens manövrierbaren Schnellboote lösten das Problem – mit ihnen kam man im Flusstal überall hin.

Kawarau Jet war 1960 der erste kommerzielle Anbieter dieser Aktivität, die beiden Brüder Alan und Harold Mellop befuhren in diesem Jahr zum ersten Mal die Kawarau Falls mit einem dieser Jets. Die Boote werden von Mackraft Boats in Bluff (Southland) gebaut. 1 Std. kostet 85 $, man fährt direkt vom Lake Wakatipu in den Kawarau und dann den Shotover River hinauf (höchste Sicherheitsstandards). Die maximale Geschwindigkeit liegt bei 85 km/h bei einer Wassertiefe von oft nicht mehr als 10 cm. Heute gibt es diese Boote auch auf anderen schwer zu befahrenden Flüssen, auf dem Dart River bei Glenorchy, dem Haast River und auf dem Buller auf der Südinsel, auf der Nordinsel etwa auf dem Whanganui, Rangitikei und Waikato River.

Kajak und Kanu

Kajaks und Kanus (wie die Zweisitzer von Neuseeländern genannt werden) werden auf Flüssen und Seen eingesetzt, aber auch entlang der Meeresküsten, in welchem Fall sie als Meereskajak (*sea kayak*) bekannt sind. Im Binnenland führen der Whanganui-Fluss und Lake Taupo auf der Nordinsel, auf der Südinsel ist besonders die Okarito Lagoon im Westland bekannt für diese Freizeitaktivität. Mit dem Meereskajak hat die Küste des Abel Tasman National Parks wohl den höchsten Stellenwert, dicht gefolgt von der Bay of Islands und dem Hauraki Gulf sowie den Marlborough Sounds. Etwas mehr Erfahrung erfordern die Touren im Süden der Südinsel, die im Nationalpark Fiordland etwa auf dem Lake Manapouri oder im Milford Sound stattfinden.
Infos auf www.rivers.org.nz und www.kayaking-kiwi.co.nz.

Delfine sieht man recht häufig (Bay of Islands)

Meeressäuger beobachten (Whale Watching & Dolphin Watching), Schwimmen mit Delfinen

Die kalten Gewässer um die Südinsel mit ihrem großen Nahrungsreichtum ziehen viele Meeressäuger an. An den Stränden wälzen sich Pelzrobben, genauer Neuseeländische Seebären *(Arctocephalus forsteri)*, und Neuseeländische Seelöwen *(Phocarctos hookeri)*, im Wasser sind Delfine und mehrere Walarten auf der Jagd. Die besten Chancen, diese Tiere zu sehen, hat man vor der Halbinsel von Kaikoura im Nordosten, wo eine Tiefenrinne des Meeres besonders viel Nahrung hervorbringt. Selbst von der Küstenstraße aus sieht man dort große Pelzrobbenkolonien, und auf einer Wanderung um die Halbinsel stößt man mit großer Wahrscheinlichkeit auf Seelöwen. Delfine sieht man häufig vor der Bay of Plenty zwischen Whakatane und White Island, im Hauraki Gulf und in der Bucht von Akaroa und im Doubtful Sound auf der Südinsel. An vielen Küstenplätzen kann man mit Delfinen schwimmen, es handelt sich um eine regelrechte touristische Wachstumsindustrie. Seelöwen sieht man mit der größten Wahrscheinlichkeit auf der Otago-Halbinsel bei Dunedin.

Paragleiten und Drachenfliegen

Man wird kaum zum Paragleiten oder Drachenfliegen extra nach Neuseeland kommen, aber bei dem großen Angebot bietet es sich förmlich an, sich einmal – im Tandem mit einem Fluglehrer – in die Lüfte zu schwingen. Die Unternehmen in Wanaka, Queenstown und Hastings, die Hanggleiten oder Drachenfliegen anbieten, wissen genau, was sie ihren Kunden, die fast immer Neulinge sind, zumuten dürfen, die Sicherheit ist sehr hoch. Wer das Gefühl hat, nicht ausreichend informiert zu sein und zu schnell zum Absprung gedrängt zu werden, sollte auf bessere Instruktionen oder einen anderen Fluglehrer drängen. Die Unternehmen werden dem ganz schnell Folge leisten.

Radfahren, Mountainbiken

Neuseeländer fahren wenig mit dem Fahrrad, sieht man von einigen Städten wie Palmerston North und mit Einschränkungen Christchurch ab. Aber zum Mountainbike haben sie ein inniges Verhältnis. Viele Orte haben in ihrem engeren Umfeld ganze Parks für Mountainbiker eingerichtet, so etwa in Dunedin, den Port Hills in Christchurch, der Umgebung des Makara Peak bei Wellington, nördlich Napier, in der Umgebung von Gisborne, andere Gemeinden haben einzelne Trails für Montainbiker angelegt wie Taupo oder Auckland. Diese *Mountain Bike Parks* sind nicht gerade für Anfänger gedacht, gute Fahrer mit Fully sind eher von ihnen begeistert.

Längere Strecken auf dem Mountainbike bieten vor allem die vielen nicht asphaltierten Straßen der Südinsel, wo etwa im Raum Twizel und am gesamten Südfuß der Südalpen in Canterbury die verschiedensten Straßen ideale Trails sind (Hinweise unter den Orten im Reiseteil) und in den nächsten Jahren der mehr als 300 km lange „Alps2Ocean" fertig gestellt sein wird. DOC gibt nicht nur Merkblätter für Wanderer, sondern auch für Mountainbiker heraus, suchen oder fragen Sie danach in den jeweiligen Büros.

Zwei Beispiele sind die DOC-Broschüre „Mountain biking in Canterbury conservation land", die 24 Touren beschreibt, und die DOC-Broschüre „Mountain Bike rides in the Twizel Te Manahuna Area" mit 19 Touren.

Ein paar Worte zur Sicherheit der Radfahrer im Straßenverkehr (→ „Unterwegs in Neuseeland mit dem Fahrrad"). So lautete eine Schlagzeile vom 1. Februar 2005 in der Dominion Post: „Wellington drivers are a threatening bunch, says cyclist", gefolgt von „High accident rate sparks safety push". Zwar kann der Autor diese Zeilen und den Inhalt der beiden Artikel, der vor den rüden Sitten der Autofahrer in Wellington warnt, nicht ganz teilen. Rüde Autofahrer gibt es überall, und Wellington ist da nicht besonders schlimm. Doch ist Neuseeland in der Tat kein gutes Pflaster für Radfahrer, Autofahrer nehmen keineswegs die Rücksicht, die man aus Mitteleuropa gewöhnt ist. Besonders unangenehm ist, dass nicht ausgewichen wird, ein Abstand von 20 cm gilt vielen Autofahrern auch bei 100 km/h als voll ausreichend.

Kiwi-Großstadtspaß in Wellington

Nicht mehr Zukunftsmusik aber noch Stückwerk ist der *NZ Cycle Trail,* der in seinem Endstadium vom Cape Reinga nach Bluff führen soll. Von den fertig gestellten Teilstücken sei vor allem die Hawke's Bay erwähnt (→ S. 435).

Literatur und Web-Seiten zum Radfahren und Mountainbiken: J. S. und P. Kennett, R. Morgan: „Classic New Zealand Mountain Bike Rides", Wellington (Eigenverlag)

7. Aufl. 2008. Die beiden Bände des „Pedaler's Paradise" von Nigel Rushton (in Buchhandlungen und Radläden, Paradise Press, Christchurch, mehrere Auflagen) sind eine Art Bibel für Rad-Trecker in Neuseeland.

Der private Radreiseveranstalter Pacific Cycle Tours (Besitzer sind Deutsche) publiziert die Website www.bike-nz.com; daneben informieren www.mountainbike.co.nz, www.cyclengnz.org.nz, www.natureshighway.co.nz, www.bikenz.org.nz; speziell der rechtlichen Lage der Radfahrer widmet sich Cycle Advocates Network mit www.can.org.nz.

Der New Zealand Cycle Trail wird laufend beschrieben auf www.tourism.govt.nz/Our-Work/New-Zealand-Cycle-Trail-Project/.

Rafting, Wildwasser-Kajaken

Rafting und Wildwasser-Kajaken sind eng verwandte Aktivitäten. Beim Rafting ist man meist zu mehreren auf einem Schlauchboot und wird von einem oder mehreren erfahrenen Bootsführern durch Wildwasserstellen geschleust. Beim Wildwasser-Kajaken ist man allein oder zu zweit im Kajak. Dabei muss man sich schon auf seine Erfahrung in diesem Sport verlassen können, wer als Anfänger nach Neuseeland kommt, sollte ihn nicht ohne Schulung wagen. Wildwasser-Kajaken kann auf wesentlich anspruchsvolleren Flüssen ausgeführt werden als Raften, das oft auf recht gemütlichen Flussstrecken erfolgt. Beliebte und besonders spannende Wildwasserstrecken sind auf der Südinsel nahe Queenstown Shotover und Kawarau, im Westen Buller, Karamea und fast alle anderen Flüsse bis zum Waioho River. Auf der Nordinsel sind es die Flüsse rund um das Tongariro-Massiv (wie die Landschaft Rangitikei, in deren Süden man die wichtigsten Rafting-Flüsse findet), dazu der Whanganui für gemütliche Rafting-Touren ohne große Hindernisse.

Die **internationalen Bewertungen für Wildwasser**, die von WW I (leicht, kaum oder keine Schwierigkeiten) bis WW VI (nicht befahrbar) reichen, gelten natürlich auch in Neuseeland.

Reiten

Reiten ist in Neuseeland eine ganz normale Tätigkeit, denn heute noch werden auf den großen Farmen (neben den Allrad-Buggys) Pferde eingesetzt, wenn große Entfernungen über Stock und Stein überwunden werden müssen. Unter den Freizeitaktivitäten sind bei zahlreichen Orten dieses Buches auch Reitmöglichkeiten genannt.

ILPH, die International League for the Protection of Horses, www.horsetalk.co.nz gibt ein kostenloses Faltblatt mit zahlreichen Adressen von Reitställen in ganz Neuseeland heraus, erhältlich in vielen Visitor Centres.

Rugby

Wer einmal ein Rugbyspiel gesehen hat, wird es nie mehr mit Fußball („Soccer") verwechseln, es herrschen gänzlich andere Verhältnisse auf dem Spielfeld, vor allem martialischere. Die beiden Mannschaften (à 15 Spieler von meist untersetzter Statur mit enorm kräftigen Oberschenkeln) versuchen dabei u. a., den ovalen Ball hinter die gegnerische Grundlinie zu bringen – das bringt die meisten Punkte. Wer es genauer wissen möchte, findet beispielsweise unter www.regeln.drvreferees.de das gesamte Reglement. Die Website des neuseeländischen Rugbyverbandes ist www.rugbyleague.co.nz.

Neuseeländer sind überwiegend stolz auf ihr Nationalteam, die *All Blacks,* und obwohl es Kritik daran gibt (vor allem von Maori-Seite), sind sie der Meinung, dass der *Haka* vor dem Spiel dazu gehört. Zum Haka, dem Maori-Kriegstanz, stellen

Rugby ist der Kiwi-Sport (Bus in Auckland)

sich die schwarz gekleideten bulligen Spieler in einer Reihe auf und jagen ihren Gegnern durch Aufstampfen, Schenkelklatschen, Brüllen, Zungeherausstrecken und Kopfverrenken einen gehörigen Schrecken ein. Wie populär der Sport ist, kann man u. a. daran erkennen, dass es in den großen Städten Auckland, Wellington, Christchurch, Hamilton, Dunedin und Queenstown All-Blacks-Läden für die Fans gibt, auch „Champions of the World" genannt (www.champions.co.nz).

Die alle vier Jahre stattfindende **Rugby-Weltmeisterschaft** (Rugby Union World Championship) wurde 2011 wieder in Neuseeland ausgetragen, die All Blacks wurden gegen den Angstgegner Frankreich Weltmeister (allgemeiner Jubel im Lande)! Der nächste Weltmeisterschaftstermin ist 2015, Austragungsland ist in England. Mehr auf der Seite des Worldcups: www.rugbyworldcup.com).

Segeln

Segeln ist in Neuseeland ein beliebter und weit verbreiteter Freizeitsport. An Sonntagen kann man in Auckland, der „City of Sails", auch mitten im Winter die Segelboote in Richtung Hauraki Gulf ausfahren sehen, richtig eng wird es aber von Dezember bis März. Besonders im Hauraki Gulf, in der Bay of Islands und in den Marlborough Sounds ist die Segelbootdichte enorm. Das Chartern eines Segelbootes ist meistens an das Anheuern eines Skippers gebunden und sehr teuer, jedoch kann man zu akzeptablen Preisen etwa in Auckland oder in der Bay of Islands Tagesfahrten und mehrtägige Törns buchen, bei denen man auch bei den verschiedenen Tätigkeiten mithelfen darf, die auf einem Segelboot anfallen (Adressen → Auckland und Bay of Islands).

Strände

Strände sind nach neuseeländischem Recht Straßen und unterliegen den allgemeinen Verkehrsregeln, Geschwindigkeitsbeschränkungen, Helmpflicht und gültiger Führerschein gelten also genauso wie auf Asphaltstraßen. (Im Sommer gibt immer wieder tödliche Verkehrsunfälle an den Stränden, wie kürzlich ein 14-jähriges Mädchen, das mit dem Motorrad gegen einen ans Ufer geschwemmten Baum fuhr.)

Im Prinzip sollte man an neuseeländischen Küsten nur dort baden, wo offizielle und überwachte Strände sind. Starker Bodensog, Querströmungen, kaltes Bodenwasser, das Krämpfe verursachen kann, *Rip Tides* (oder *Freak Tides* – unerwartet hohe Wellen) sind die Hauptgefahrenquellen.

Surfen und Windsurfen

Surfen (Brandungsreiten/Wellenreiten) ist ein in Neuseeland sehr verbreiteter Sport, zumindest die Jüngeren haben alle ein Brett zu Hause und sind am Sonntag oft am Meer, um in die Brandung zu waten und sich dann ihrem Board anzuvertrauen. Besonders die vom Westwind stärker betroffene Westküste hat viele wahre Surferparadiese, von denen heute wohl Raglan in Waikato an der Spitze steht. Die seit einigen Jahren wachsende Mode, einen zusätzlichen Drachen zu verwenden, ist an jenen Stränden aus der Taufe gehoben worden, wo es weniger Wind gibt, den man dann einfach mit einem Drachen einfängt: Solche *Kiteboarder* sieht man bei Mount Maunganui und an der Bay of Plenty wild mit Board und knallbunten Drachen kämpfen. Achtung: Der Sport gilt als gefährlich, ohne Schulung sollte man ihn nicht wagen.

Windsurfen ist verglichen mit Surfen ein wenig ausgeübter Sport, die meisten Badeorte haben jedoch auch Windsurfgerät zum Verleih. Immerhin leben in Neuseeland einige der weltbesten Windsurfer: Luke Wigglesworth schaffte im Oktober 2005 während des Jachtrennens HSBC Coastal Classic die Strecke zwischen Auckland und Russell in 9:59 Std. und setzte damit einen Rekord, die schnellste Jacht benötigte 8:29 Std. Die Strecke ist 220 km lang, als Windsurfer musste Wigglesworth im Kampf mit Wind und Wellen 286 km zurücklegen (er wurde übrigens nicht gewertet, da Windsurfer für dieses Rennen gar nicht vorgesehen sind …).

Surf-Literatur: Peter Morse und Paul Brunskill: „New Zealand Surfing Guide" (Greenroom Surf Media Ltd.), 550 S., in NZ ca. 40 $. Umfassender Führer zum Surfen an Neuseelands Küsten, detaillierte Karten der Surfspots, und wie man sie erreicht. Wind- und Tidensituation, Breaks und Swells etc. sind graphisch übersichtlich und einleuchtend dargestellt. Phantastische Fotos – ein Muss für alle Surf-Fanatiker.

Tauchen

Neuseeland besitzt einige Tauchreviere von Weltklasse, die sich besonders in den subtropischen Gewässern um Northland, aber auch in den Fjorden des Südens befinden, vor allem im Milford Sound mit seinen schwarzen Korallen. Im Norden sind die beliebtesten und besten Tauchgebiete die Inseln in und vor der Bay of Islands, Goat Island Marine Reserve, die Tutukaka-Küste und die Poor Knights Islands sowie das Hauraki Gulf Marine Reserve. Auf der Südinsel sind neben den Fjorden in Southland die Karstquellen der Pupu Springs in der Golden Bay ein beliebtes Ziel von Tauchern, die Letzteren werden jedoch wohl vom DOC auf Dauer für Taucher gesperrt werden müssen, um Störungen und Verunreinigungen zu verhindern.

Literatur und Web-Seiten: Die kostenlose Broschüre „New Zealand Dive Trail" erhält man in den Visitor Centres oder auf www.nzdivetrail.com; www.divenewzealand.com mit eigener Zeitung „Dive New Zealand Magazine"; www.divenz.com. Sehr informativ ist der Tauchführer „Top Dive Sites of New Zealand" von G. und D. Torckler (Raupo Penguin 2008, 40 $).

Wandern und Trekking

Viele Besucher kommen nach Neuseeland, weil sie von Bewegung in unverfälschter Natur träumen und Wanderungen in Neuseelands Naturschutzgebieten, Nationalparken und Forest Parks bieten genau das, was sie sich erhofften. (Neuseeländer sprechen übrigens von *Tramping, Trekking* oder *Bushwalking*, der ebenfalls verwendete Ausdruck *Hiking* kommt aus dem Amerikanischen.)

Der Autor auf dem Routeburn-Track (Spätwinter)

Ein *Tramp* ist eine meist mehrtägige Wanderung auf Wegen (Paths), Pfaden (Walking Tracks, Tramping Tracks) oder Steigen und Steigspuren, die in vielen Bereichen nur durch in großen Abständen angebrachte Pflöcke oder Stangen gekennzeichnet sind (Routes).

Die Wege und Steige sind oft in einem sehr viel schlechteren Zustand, als wir es aus Europa gewöhnt sind, bei Routes können auch versierte Bergwanderer Probleme bekommen, da oft gar keine Hinweise zu sehen sind, wo und wie man etwa einen Bach überquert. Während bei Paths und Tracks häufig, bei vielbegangenen Tracks meistens Brücken und Stege existieren, sind Routes grundsätzlich ohne solche Hilfen. Es kann einem also jederzeit passieren, dass man durch Schlechtwetter und einen stark angeschwollenen Bach einen Zusatztag auf dem Weg verbringen muss – Zusatznahrung im Biwaksack sollte man immer dabeihaben.

Die Hütten, wenn vorhanden, sind spartanisch ausgerüstet, bis auf ein Lager mit Schaumstoffmatratze und einen Küchentisch, manchmal mit Fließwasser, selten mit einem Gaskocher, ist nichts vorhanden. Toiletten sind oft vom einfachsten Plumpsklotyp und liegen außerhalb, in anderen Hütten wurden Solarzellenklos installiert. Man muss also alles mitschleppen, übrigens auch ein Mittel zur Desinfizierung von Wasser, denn die Gefahr der Verseuchung durch den Parasiten *Giardia* (→ Kasten S. 108) ist immer gegeben, auch in Hütten. Da wird z. B. Regenwasser aufgefangen, das auf das Hüttendach prasselte, auf dem nachts geräuschvoll die infizierten Fuchskusus herumturnen.

Die Great Walks (Weitwanderwege): Derzeit neun Weitwanderwege gelten als Great Walks, für die Sonderbedingungen herrschen. Es sind der *Tongariro Northern Circuit* (→ S. 389), der *Lake Waikaremoana Walk* (→ S. 416), der *Whanganui Journey* (→ S. 319), der *Abel Tasman Coastal Track* (→ S. 536), der *Heaphy Track* (→ S. 547), der *Routeburn Track* (→ S. 721) sowie *Rakiura Track, Milford Track* und *Kepler Track* (Rakiura Track → S. 746, Milford Track → S. 771, Kepler Track → S. 760). Für diese Tracks muss man sich während der Saison (Okt. bis April) voranmelden und Plätze in den Hütten oder auf Campingplätze buchen, bei den beliebtesten wie dem Milford Sound, ist es sinnvoll, das gleich am Beginn der Buchungssaison (1. Juli) zu erledigen, da pro Tag nur eine begrenzte Zahl von Wanderern auf den Track geschickt wird (beim Milford Track gerade mal 40).

Wandern und Trekking 107

Der beliebteste Track war in der Saison 2010/2011 der Abel Tasman Coast Track mit 29.408 Besuchern (ohne Tagesausflügler).

Literatur und Web-Seiten, Buchung: Das DOC-Faltblatt „New Zealand Great Walks" und www.doc.govt.nz geben weitere Informationen, dort auch Buchung. Details finden Sie auch in den Beschreibungen dieser Tracks im Reiseteil.

Die meisten der großen Tracks durch Neuseeland sind in der DOC-Broschüre „Major Tracks through New Zealand" zusammengefasst, sie umfasst 65 Tracks mit Angaben zur Erreichbarkeit, Adressen und Telefonnummern.

> **Te Aotearoa The Long Path:** so nennt sich der Weg, er seit Ende 2011 Neuseeland auf 2.920 km Länge von Cape Reinga nach Bluff durchquert. Einzelne Teilstücke sind gut markiert und verlaufen auf gebahnten Wegen, so die Strecke Arrowtown – Queenstown. Andere haben den Charakter einer „Route" und sind Bergsteigern vorbehalten, so die Querung von Wanaka nach Arrowtown. Sehr angenehm ist, dass man sich auf der Website den gesamten Weg ansehen und die einzelnen Tourenabschnitte im Maßstab 1:50.000 ausdrucken kann: www.teararoa.org.nz.

Hütten und Zeltplätze sind in fünf Kategorien eingeteilt (5 ist kostenlos, für 4, 3, 2 und 1 muss gezahlt werden). Die meisten Hütten werden von DOC verwaltet, der einen *Back Country Hut Pass* herausgibt, mit dem seine sämtlichen Hütten unabhängig von der Kategorie ein Jahr lang zum Spottpreis von 90 $ genutzt werden können. Dieser Pass und die Hüttentickets, die sich nur dann lohnen, wenn man wenige Touren plant, bekommt man bei den DOC-Büros und bei den Visitor Centres in den Wandergebieten. Nicht von DOC, sondern von Bergsteigerklubs wie dem NZAC (New Zealand Alpine Club) verwaltete Hütten kosten ca. 25–30 $ (so z. B. die Aspiring Hut im gleichnamigen Nationalpark).

Heli-Hiking, das Einfliegen in Wandergebiete, wird leider viel von Jägern genutzt, die bis zu einer einsamen Hütte fliegen, ihren gesamten Proviant einfliegen lassen (Alkoholika …) und dann die Hütte belegen, die Nacht über wird gefeiert. Abhilfe? Nicht in Sicht.

Kategorien/Ausstattung: Hütten der Kategorie 5 sind oft nur Holzhütten ohne Einrichtung (an den meisten Wanderwegen mittlerweile eher selten), ihre Nutzung ist kostenlos. Die Hütten der Kat. 4 (standard hut) haben meist Platz für 12 Personen und Stockbetten ohne Matratzen und draußen ein Plumpsklo. Sie kosten 5,10 $ pro Person und Nacht. Hütten der Kat. 3 (serviced hut, 15,30 $) haben meist 20–24 Lager (Stockbetten mit Matratzen), einen Kamin, der auch als Kochgelegenheit fungiert, und oft eine Gasflamme, manchmal außen, aber auch innen fließendes Wasser. Neuere Hütten dieses Stils haben mit Solarenergie betriebene Bio-Toiletten. Hütten der Kat. 2 (serviced alpine hut, 20–36 $) sind nur dadurch unterschieden, dass sie sich in hochalpinen Gebieten befinden und oft schwer erreichbar sind. Hütten der Kat. 1 (great walk hut, 15–52 $) trifft man fast nur auf den Great Walks, sie haben nicht nur den einen Schafsaal, sondern einzelne Zimmer, eine Küche mit Gaskocher und fließendem Wasser, Heizung, Trockenraum und manchmal Strom. Den Rucksackpackern ins Stammbuch geschrieben: Keine einzige Hütte hat Teller, Töpfe, Pfannen oder Besteck, Gläser, Tassen oder auch nur einen Kochlöffel, es gibt weder Zündhölzer noch Feueranzünder, das Wasser ist nicht unbedingt trinkbar!

Campingplätze der Kat. 5 und 4 sind frei, Kat. 3 kostet 5 $, Kat. 1 kostet 5–21 $ (in Kat. 2 gibt es keine Campingplätze).

Gefahren: Die *Sandflys*, die Kriebelmücken, denen man ständig ausgesetzt ist, sind lästig genug, aber Autan mögen sie nicht. Schlangen, Skorpione und wilde Tiere mit großem Rachen gibt es nicht, Neuseeland ist ein sehr sicheres Land. Probleme macht das Wetter, das sehr rasch umschlagen kann. Der Autor erinnert sich an eine abgebrochene Tour auf dem Kepler Track, als im Februar 2005 in wenigen Stunden so viel Schnee fiel, dass die Wanderer nur noch aus den Hütten ausgeflogen werden konnten. Das zweite große Risiko sind angeschwollene Flüsse nach starkem Regen, deren Querung immer wieder gewagt wird, was zu tödlichen Unfällen führen kann. Insbesondere allein oder nur zu zweit sollte man es nie wagen, einen angeschwollenen Fluss zu queren, die Gefahr, abgeschwemmt zu werden und dann zu ertrinken, ist zu groß. Andere Gefahren wie steile Schneefelder, Steinschlagzonen oder Rutschhänge müssen hier als nicht spezifisch neuseeländisch kaum erwähnt werden.

Die **DOC-Hotline** ✆ 0800/362468 ist zuständig für die Meldung von Sicherheitsrisiken, die in der Natur beobachtet wurden, etwa abgegangene Lawinen, zerstörte Wegstücke oder Brücken, Windbruch, der kein Durchkommen zulässt etc. Allgemeine Infos beim Department of Conservation, Auckland, www.doc.govt.nz.

> ### Giardia
> Der Parasit Giardia kommt in vielen neuseeländischen Gewässern vor. Trinkt man durch ihn verunreinigtes Wasser, sind Bauchkrämpfe, Blähungen und Durchfälle die Folge. Vorsicht, selbst das klarste Wasser kann Giardia enthalten! Um die Infektion zu vermeiden, sollte man unterwegs das Wasser, auch jenes in DOC-Hütten, 3 Min. lang abkochen oder mit einem speziellen Mittel, das in Apotheken und Campingläden erhältlich ist, reinigen (Puritabs, die es in NZ zu kaufen gibt, wirken nach ca. 10 Min.).

Wildwasser-Sledging und Surfing

Auf der 6 km langen Strecke des Kawarau River, die sich Roaring Meg nennt und Weißwasser bis WW III aufweist, sind die Sledger und Riversurfer unter sich. Der Unterschied zwischen den Schlitten (Sledges) und den Brettern (Boards) beim Weißwassersurfen ist die Form des Plastik- oder Hartschaumobjekts, an dem man sich festhält: Das Erstere ähnelt ein wenig einem Schlitten, das Zweite einem Surfboard. Auf einen Sledge (Schlitten) legt man sich mit dem Oberkörper, um dann Flussstrecken mit mittlerem Gefälle hinunterzugleiten. Schwaches Gefälle gibt zu geringe Geschwindigkeit, starkes Gefälle (ab Grade IV) ist zu gefährlich. Voraussetzung ist immer, gut schwimmen zu können.

Wintersport

Wenn zu Hause die Strände locken, zieht es derzeit Skifahrer und Snowboarder noch nicht in Massen nach Neuseeland, aber was noch nicht ist, kann noch werden. Die Wintersportsaison dauert von Juni bis Oktober. Die größten Skigebiete liegen im Süden im Raum der Canterbury Foothills westlich von Christchurch und v. a. um Wanaka und Queenstown. Im Norden sind die Skigebiete um den Tongariro und den Egmont-Nationalpark von regionaler Bedeutung. Mit großen europäischen Skizentren kann sich nur der Raum Wanaka/Queenstown messen (→ S. 708).

Websites: www.3.nzski.com gibt detaillierte Informationen zu allen wichtigen Skigebieten Neuseelands und zum Wintersport in Neuseeland allgemein.

Die gierigen Wekas lassen sich aber wirklich viel Zeit, wenn sie eine Straße queren

Reisepraktisches von A bis Z

Ärztliche Versorgung, Apotheken und Krankenhäuser

Neuseeland besitzt eine ausreichende ärztliche Versorgung, auch kleinere Orte haben Ambulanzen, und in allen Regionen gibt es gute staatliche Krankenhäuser. Bei Erkrankungen wendet man sich üblicherweise an die Aufnahmestellen der Krankenhäuser, wenn es nur um ein Rezept geht, kann man sich auch direkt an einen niedergelassenen Arzt wenden. Die Kosten müssen selbst getragen werden, Kosten, die in Neuseeland durch Unfälle entstanden sind, auch Krankenhauskosten und Operationen, werden hingegen nach neuseeländischem Recht kostenlos behandelt. Apotheken *(Pharmacies)* sind häufig nur kleine Schalter in Drogerie-Parfümerien *(Chemists)*, bei denen man sein Rezept einreicht, das Angebot ist jedoch mit jenem in Mitteleuropa vergleichbar und in vielen Fällen preiswerter.

Arbeiten

Ausländer dürfen in Neuseeland keine bezahlte Arbeit aufnehmen, aber sehr wohl gegen Kost und Logis arbeiten, also etwa bei der Obsternte in der Hawke's Bay mithelfen. Wer eine zeitlich beschränkte Arbeit aufnehmen will und diese im Vorfeld geregelt hat, etwa einen Saisonjob in der Touristikindustrie, kann unter den Auflagen des *WHS („Working Holiday Scheme")* ein Visum für ein Jahr beantragen. Dieses Visum ist nur für Personen zwischen 18 und 30 Jahren gültig. Man muss das Visum vor der Abreise bei der Botschaft beantragen, ausreichende Geldmittel nachweisen und zahlt unabhängig davon, wie beschieden wird, 120 $.

Websites: Die Bestimmungen sind unter www.newzealandnow.govt.nz/work/working-holidays.218.html aufgeführt. Angebote zur Erntehilfe finden sich bei NZ Seasonal Work, www.seasonalwork.co.nz; international bedeutender ist WWOOF (Willing Workers on Organic Farms), die Zeitarbeit auf Biofarmen vermittelt, ✆ 03/5449890, www.wwoof.co.nz.

Auswandern und Einwanderungsrecht

Für dieses heikle und komplizierte Thema ist der beste Ratgeber das Buch von Peter Hahn, „Für immer Neuseeland – Erfolgreich auswandern"; Mana-Verlag (www.mana-verlag.de), 29,80 €. Das NZ-Department of Labour gibt auf seiner Webseite einige der Auflagen an: www.newzealandnow.govt.nz/residence-policy-237.html.

Feiertage

Allgemeine Feiertage

1. Januar: **New Year's Day**, Neujahr.

2. Januar: Der Tag nach Neujahr ist ebenfalls öffentlicher Feiertag.

6. Februar: **Waitangi Day**, das Wochenende vor oder nach dem Waitangi Day wird gerne für den letzten großen Sommerausflug genutzt, unbedingt rechtzeitig das Quartier buchen!

Good Friday, Karfreitag, sowie **Easter Monday**, Ostermontag.

25. April: **Anzac Day** (nach: Australian and New Zealand Army Corps – Truppen beider Staaten kämpften im 1. Weltkrieg gemeinsam an der Seite der Entente. Zur Erinnerung an die schweren Verluste von Gallipoli (Dardanellen) im Jahr 1915 wurde 1919 der ANZAC Day als nationaler Trauertag eingeführt.

1. Montag im Juni: **Queen's Birthday** (nicht ihr wirklicher Geburtstag).

4. Montag im Oktober: **Labour Day**, das Labour Weekend ist das erste sommerliche verlängerte Weekend und für Kurzreisen besonders beliebt. Die Quartiere rund um die großen Städte sind dann trotz überzogener Preise generell ausgebucht (der Autor hatte auf Waiheke Island für ein eher durchschnittliches Zimmer mit rudimentärem Frühstück zum Selberzubereiten satte 140 $ statt der üblichen 58 $ zu bezahlen).

25. Dezember: **Christmas Day**, 1. Weihnachtsfeiertag, an diesem Tag ist fast alles zu, auch die meisten touristischen Einrichtungen. Der 24. ist ein normaler Arbeitstag.

26. Dezember: **Boxing Day**, 2. Weihnachtsfeiertag.

Regionale Feiertage

Regionale Feiertage sind in Southland 17. Januar, Wellington 22. Januar, Auckland und Northland 29. Januar, Nelson 1. Februar, Otago 23. März, Taranaki 31. März, South Canterbury (Timaru) 25. Sept., Hawke's Bay und Marlborough 1. November, Westland 1. Dezember, Canterbury 16. Dezember.

Geld, Banken und Kreditkarten

Zahlungsmittel ist der Neuseeländische Dollar NZ-$, im Buch in der Regel nur als $ bezeichnet. Der Wechselkurs betrug im Dezember 2011: 1 $ = 0,59 €, 1 € = 1,68 $.

Fast jede Bank hat einen Geldautomaten *(ATM* oder *money machine* genannt), der auch die mitgebrachte Bankkarte (mit Pin-Code) akzeptiert, wenn sie (was normalerweise der Fall ist) das Maestro-Zeichen trägt. Nicht jede Bank wechselt Fremdwährung! Einige Banken verrechnen beim Wechseln von Fremdwährung in Neuseeländische Dollar keine Kommission, aber sehr wohl beim Rücktausch, bei dem man dann doppelt zur Kasse gebeten wird! Kommissionsfrei sind derzeit u. a. ANZ (Australia New Zealand Bank) und Thomas Cook, das kann sich schnell ändern! Am besten wechselt man Bargeld in einem Postamt, eine Kommission wird nicht verrechnet, der Kurs ist der Tageskurs. *Eftpos* (Electronic Funds Transfer at Point of Sale) nennt sich das Bank-Kartensystem in Neuseeland.

Kreditkarten werden fast überall akzeptiert, auch in kleinen Cafés für kleinere Beträge, nur bei privaten Bed & Breakfasts erwarten viele Besitzer Bargeld. Visa-Mastercard ist am weitesten verbreitet, American Express wird von einer wachsenden Anzahl von Einrichtungen nicht angenommen.

Gesundheitsrisiken

Neben der Infektion durch Giardia und Bergunfälle (beide → Sport und Freizeit/ Wandern und Trekking) ist Neuseelands größte Gesundheitsgefahr das Ozonloch und die hohe UV-Strahlung. Im Hochsommer werden wie das ganze Jahr über die Höchstwerte genannt, wie lange ungeschützte Haut der Sonne ausgesetzt werden darf, die niedrigsten Werte liegen bei unter zehn Minuten. Hautkrebs ist weit verbreitet, wer sichergehen will, meidet zwischen 11 und 15 Uhr die Sonne komplett, hält Kopf und Gesicht unter einem breitkrempigen Hut im Schatten und schmiert oder sprayt sich rechtzeitig mit einem Mittel ein, das einen extrem **hohen UV-Schutz** gewährt. Man cremt alle der Sonne ausgesetzten Partien mehrfach ein, überschreitet aber auf keinen Fall die angegebene Höchstzeit für die Sonnenbestrahlung – dann nochmals nachzucremen, bringt nichts mehr!

Herr-der-Ringe-Touren → Lord of the Rings

Information

Die offizielle Seite der neuseeländischen Fremdenverkehrswerbung ist www.newzealand.de bzw. www.newzealand.com, identisch mit www.purenz.com.

Die offiziellen neuseeländischen Infostellen, die **Visitor Centres**, die alle das typische Zeichen „*i-Site*" tragen, sind über das ganze Land verteilt und könnten kaum hilfreicher sein. Offizielle Publikationen und kostenlose Prospekte gibt es in kaum zu überblickender Fülle, Stadtpläne werden verteilt und Ausflugsvorschläge gemacht, die man auch gleich vor Ort buchen kann, die nächste Busverbindung wird herausgesucht und gebucht, der nächste Flug gesichert und bezahlt, Unterkünfte werden reserviert und ganz generell wird alles gemacht, dass der Besucher des Landes das Gefühl hat, auf Händen getragen zu werden. Manche Visitor Centres zeigen Filme oder Videos ihrer Gegend oder haben eine Art Museumsraum angeschlossen.

Website/im Buch aufgeführte Informationsstellen: Die Liste der offiziellen i-Site Visitor Centres findet sich auf **www.i-site. org** bzw. auch auf www.newzealand.com. In diesem Buch sind sämtliche offiziellen und zahlreiche weitere inoffizielle, regionale oder halböffentliche Informationsstellen bei den jeweiligen Orten genannt.

Daneben gibt es Infostellen, die für bestimmte Veranstalter werben, so in Queenstown, wo sie auffälliger sind als das offizielle Visitor Centre, man mache sich klar, dass in diesen Infostellen nicht jede Information ganz neutral sein kann und will.

Eine weitere Informationsquelle stellen die ebenfalls unabhängigen Infostellen der Natur- und Umweltschutzbehörde **DOC (Department of Conservation)** dar, die in allen Belangen, die mit Natur, Umwelt, Wandern, Radfahren und Sport in der Natur zusammenhängen, Auskunft geben. Daneben verkaufen sie Hüttentickets, Landkarten und Faltblätter mit hilfreichen Informationen. Die Internet-Seite des Department of Conservation, www.doc.govt.nz, ist in allen diesen Belangen ebenfalls sehr hilfreich.

Spartipps

Neuseeland ist kein Billigreiseziel, besonders Alleinreisende werden kräftig zur Kasse gebeten, Einzelzimmer gibt es nur in wenigen B & Bs, man zahlt immer für ein Doppelzimmer. Hier sind einige Tipps, wie man den Inhalt der Geldbörse weniger flott verringert (ausführliche Infos siehe oben im jeweiligen Kapitel):

BBH- und YHA-Pass beantragen – der größte Anbieter von Traveller-Unterkünften ist BBH, ein breites Angebot an preiswerten Unterkünften hat auch YHA, der neuseeländische Jugendherbergsverband. Wer nicht allzu viel Komfort benötigt, beantragt den BBH-Pass und erwirbt die Mitgliedschaft im YHA, beide Pässe bringen Ermäßigungen bei den Nächtigungen in eigenen und einigen anderen Betrieben. Top 10, der qualitätsmäßig beste Anbieter von „Holiday Parks", also Campingplätzen mit einem zusätzlichen Angebot an festen Unterkünften, bietet etwa Preisermäßigungen von 10 % an, die Bahn Tranzscenic gewährt auf ihre Tickets sogar 15 % Preisnachlass.

AA-Mitgliedschaft beantragen – ADAC-, SAC- und ÖAMTC-Mitglieder können in jedem Büro des AA (Automobile Association) eine kostenlose, auf den Aufenthalt begrenzte Mitgliedschaft beantragen, die alle Vorteile der Zugehörigkeit zum Automobilklub mit sich bringt, z. B. Pannenhilfe und Ermäßigungen in vielen Beherbergungsbetrieben, vor allem in Motels.

In i-Sites buchen – viele örtliche Fremdenverkehrsinformationen bieten bei Buchungen von Freizeitaktivitäten erhebliche Rabatte an. Mit den „Combos", also Kombinationen von Aktivitäten, fährt man sogar noch preiswerter (optimal: Rotorua und Queenstown).

Zimmer zu dritt oder viert buchen – wenn es sich machen lässt, sollte man die großen Motelzimmer mit ihren zwei Doppelbetten zu dritt oder viert buchen. Der Preis ist immer „single/double", man zahlt allein oder zu zweit gleich viel. Die dritte und vierte Person zahlt nur einen kleinen, zusätzlichen Betrag.

Zimmer möglichst im Voraus und im Internet buchen – das gilt natürlich mittlerweile weltweit, in Neuseeland trifft es vor allem auf die Appartements in den großen Städten, die Hotels und die wichtigen Touristenorte zu, vor allem auf Queenstown und Rotorua.

Den Bus im Internet buchen – auf vielen Strecken fährt man billiger, wenn man übers Internet und z. B. Naked Bus bucht – man fährt dann oft im selben Bus wie die Vollzahler (Naked Bus hat wenige eigene Busse, sondern verkauft vor allem Restplätze). Der Erfolg des Unternehmens war so groß, dass es ihm InterCity gleich getan hat und nun ebenfalls 1 $-Tickets anbietet.

Einen Buspass erwerben – der größte Anbieter von Busreisen Intercity/Newmans bietet z. B. mit seinem Flexipass die Möglichkeit, Busfahrstunden verbilligt zu erwerben und sie dann abzufahren, die Ermäßigung gegenüber Einzeltickets beträgt bis zu 25 %.

Landkarten und Straßenkarten, GPS 113

i-Site: Zauberwort für Infos, Tipps, Buchungen und freundlichen Smalltalk

Konzert- und Theatertickets

Für alle wichtigen Veranstaltungen in ganz Neuseeland erhält man Karten unter www.ticketek.co.nz.

Lärm

Das Lärmniveau ist in Neuseelands Städten normalerweise nicht höher als in Mitteleuropa. In den Nächten von Freitag auf Samstag und von Samstag auf Sonntag sind jedoch bestimmte Stadtviertel, in denen „boyracers", Jugendliche, mit ihren Autos aus der gesamten Umgebung zusammenströmen, oft bis morgens um 5 Uhr früh Lärmzonen, in denen die dort wohnende Bevölkerung kaum schlafen kann. Exzessiver Alkoholkonsum und ein Macho-Gehabe, das Härte und Männlichkeit durch hohe Geschwindigkeiten und große Lärmerzeugung beweist, sind leider sowohl bei Pakeha als auch Maori verbreitet. Die Polizei scheint hilflos zu sein, Berichte in den Zeitungen nennen immer wieder Zonen, in denen die Bürger sich ständig beschweren, aber nichts getan wird.

Landkarten und Straßenkarten, GPS

Neuseeland hat ausgezeichnete staatliche Landkarten in mehreren Maßstäben, am besten einzusetzen, etwa bei Wanderungen, ist die im Jahr 2009 neu erschienene, komplett überarbeitete „Topo50"-Karte im Maßstab 1:50.000 mit neuem Koordinatensystem. Die Karten sind in den Visitor Centres, bei den DOC-Büros und in Buchhandlungen zu bekommen, Spezialgeschäfte sind unter den jeweiligen Orten aufgeführt. Einen Überblick gibt www.linz.govt.nz. Eine (leider unvollständige und nicht korrekte) Liste der Händler gibt www.newtopo.co.nz.

Der neue Koordinatensatz ist NZGD2000, was von einer Reihe von handelsüblichen GPS-Geräten akzeptiert wird. Ist dies nicht der Fall, kann Topo50 trotzdem eingesetzt werden, indem man das Gerät auf WHS84 (World Geodetic System 1984) einstellt. Um Topo50-Netzkoordinaten zu erhalten, muss das Gerät auf NZTM2000 eingestellt sein. Ist das beim eingesetzten GPS-Gerät nicht der Fall, sollte die Möglichkeit gegeben sein, die Projektion über eine „user-defined"-Projektion einzustellen (siehe Handbuch/Internetunterstützung des Gerätes). Mehr dazu auf www.linz.govt.nz/topography/topo-maps/topo50/gps/index.asp.

Bei Straßenkarten ist der handliche „New Zealand Touring Atlas" von Hema Maps (www.hemamaps.com) im A4-Format mit Spiraleinband (25 $) wohl die beste Wahl, der Regionalteil hat alle Karten im Maßstab 1:350.000, die Stadtpläne aller wichtigen Orte sind im Maßstab 1:100.000. Einziger Nachteil: Dieser Atlas hat keine Höhenangaben!

Lord of the Rings – Touren zu den Originalschauplätzen

Man könnte jetzt eine detaillierte Auflistung aller Drehorte geben, die Peter Jackson in seiner Trilogie verwendet hat und müsste hinzufügen, dass kaum eine Einstellung nicht digital verändert wurde (was natürlich auch für die Darsteller gilt). Wer sich wirklich für dieses Thema interessiert, sollte sich das unten aufgeführte Buch von Ian Brodie kaufen, das bis ins letzte Detail die Schauplätze des Films und mit den wirklichen Landschaften verbindet. Alternativ nimmt man an einer der zahllosen LOTR-Touren teil, die jeder Fremdenverkehrsort anbietet. Aber auch in diesem Neuseelandführer wurden Schauplätze erwähnt, besonders dann, wenn sie noch unmittelbar erkennbar sind wie Hobbingen (bei Matamata) oder die Vulkanlandschaft von Mordor im Tongariro-Nationalpark, vom Zwergenreich und Dimrill Dale ganz zu schweigen, das im Karstgebiet um den Mount Owen im Kahurangi-Nationalpark ohne digitale Veränderungen aufgenommen wurde.

LOTR-Spezialadressen

Film-Literatur: „Lord of the Rings Location Guidebook", Autor Ian Brodie aus Wanaka hat ein kleines Vermögen mit diesem Buch verdient. Der Nachfolgeband „Lord of the Rings Travel Diary" erschien im Luxusformat, wieder mit großartigen Aufnahmen aus allen 3 Filmen, mit Platz für Fotos, Tagebucheintragungen, getrocknete Blumen (jawohl) …

Touranbieter (Auswahl):

Heliworks Queenstown, Lord of the Rings Helicopter Tours. Spezielle LOTR-Flüge ab 435 $. 03/44144011, www.heliworks.co.nz.

Glenorchy Air fliegt den Trilogytrail, Lord-of-the-Rings-Flüge mit kleinen Maschinen ab Queenstown Airport, besucht (u. a.) Lothlorien, Isengard, Cormallen Fields, Rohan, New Hithoel, Minas Tirith. Dauer 2:30 Std. 370 $. Glenorchy Air, 91 McBride Street, Queenstown, 03/4422207, www.trilogytrail.com.

Nomad Safaris bietet mit 2 je 4-stündigen Trips ab Glenorchy (je 153 $) die wichtigsten Szenerien auf einer Fahrt mit Allradfahrzeug. 03/4426699, 0800/688222, www.nomadsafaris.co.nz.

Info & Track fährt 2-mal tägl. von Queenstown nach Glenorchy für seine LOTR-Tour „Paradise Safari" (135 $, Allradfahrzeuge, 4:30 Std.). 03/4429708, 0800/462248, www.infotrack.co.nz.

Red Carpet Tours, „from Auckland to Hobbiton", der Herr-der-Ringe-Location „Hobbingen" in Matamata, außerdem 5- bis 12-tägige „Middle Earth Tours". ℅ 09/4106561, www.redcarpet-tours.com.

Hasslefree mit Lord of the Rings Edoras Tours, Tagestour ins Rangitata-Tal mit Mt. Sunday (Edoras) ab Christchurch, 225 $. ℅ 03/3855775, www.hasslefree.co.nz.

Dart Stables Glenorchy bietet The Ride of the Rings, das ist der Herr der Ringe aus dem Sattel (Isengard, Lothlorien), 169 $ ab Queenstown. ℅ 0800/4743464, www.dartstables.com.

Das Fachgeschäft: Lord of the Rings NZ.com – all things Lord of the Rings, LOTR-Laden, 19 Shotover St., Queenstown, www.lordoftheringsnz.com.

Mehrwertsteuer

Die Mehrwertsteuer („Goods & Services Tax", meist zu *GST* abgekürzt) beträgt 15 % (Stand: 2011). In den Preisangaben ist üblicherweise die Mehrwertsteuer enthalten, es gibt jedoch eine Handvoll von Hotels und Restaurants der „feineren" Kategorie, die sie getrennt ausweisen – besonders bei Hochpreis-Einrichtungen lohnt es sich also, das Kleingedruckte zu lesen oder nach dem Endpreis zu fragen.

i-Site: Zauberwort für Infos, Tipps, Buchungen und freundlichen Smalltalk

Nachtleben, Clubs und Discos

Es gibt jede Menge Bars und Cafés mit Öffnungszeiten bis 5 Uhr früh, Pubs, in denen am Freitag und Samstag live Musik gemacht wird, große Clubs (obligatorische Mitgliedschaft für einen Abend für 5–20 $), in denen getanzt werden kann, aber es gibt in Neuseeland kaum Diskotheken.

Notruf

Die Notrufnummer (Emergency) für Polizei, Krankenwagen und Feuerwehr ist ℅ 111.

Öffnungszeiten

Banken: Mo–Fr 9–16.30 Uhr.

Postämter: Mo–Fr 9–17 Uhr. In großen Städten haben ein oder zwei meist länger und auch am Samstagvormittag geöffnet (Poste restante dann auch Sa 9–12 Uhr).

Läden: Mo–Fr 9–17.30 Uhr, Sa 9–12.30 oder 17 Uhr, Do oder Fr oft bis 21 Uhr. „Dairys" haben meist bis 24 Uhr offen, Supermärkte mindestens tägl. 9–19 Uhr, große Supermärkte in größeren Orten oft 6–24 Uhr oder gar 24 Std. Gesetzlich vorgeschriebene Ladenschlusszeiten gibt es nicht.

Museen, Galerien, öffentliche Einrichtungen jeden Typs haben am 25. Dezember geschlossen, oft auch am Karfreitag.

Strände bieten nicht nur Badevergnügen …

Rauchen

Rauchen ist in geschlossenen öffentlichen Räumen, also auch in allen Gaststätten, grundsätzlich verboten. Das Rauchverbot wird strikt eingehalten und kontrolliert.

Schwule und Lesben

Neuseelands schwul-lesbische Zentren sind Auckland und Wellington, in geringerem Maße Christchurch und Dunedin. Eine schwul-lesbische Organisation hilft bei Reisen im Lande: *NZ Gay & Lesbian Tourism Association*, ☏ 09/9179184, 0800/123429. *Travel Gay New Zealand*, www.gaytravel.net.nz, stellt das Land aus der Sicht von Lesben und Schwulen dar. „Express", eine Broschüre für Schwule und Lesben, erscheint 14-tägig: www.expresstoday.co.nz, www.gayexpress.co.nz. *GAY Stay NZ* bietet Unterkunft – nicht nur – für Schwule, Lesben und Transvestiten in vielen neuseeländischen Orten: www.gaystay.co.nz. Die Unterkünfte sind vor allem B & Bs, Guesthouses, Farmen und Stadtwohnungen, alle werden von schwul-lesbischen Besitzern oder Pächtern geführt.

Stromanschlüsse und Steckdosen

Die Stromspannung ist 230/240 Volt. Die Stecker sehen zwar aus wie die üblichen britischen, die im Prinzip im gesamten Commonwealth funktionieren sollen, sind aber andere. Man besorgt sich in der Heimat bei einem Traveller-Spezialausstatter einen Zwischenstecker für Neuseeland, denn vor Ort sind solche meist nicht erhältlich!

Telefonieren, Mailen und Internetsurfen

Telefonieren im Festnetz: Wer in Neuseeland telefonieren will, egal ob im Land oder ins Ausland, sollte sich unbedingt eine Prepaid-Card besorgen (Talk 2 U, Kiwi Talk, Yabba, u. a. in Lebensmittel- und Zeitungsläden), er fährt damit um Klassen billiger als mit einem normalen Gespräch (nicht die Telefonkarten der neuseeländischen Telecom nehmen, sie sind mehrfach teurer!). Die Preise der Gespräche mit Prepaid-Karten nach Deutschland und Österreich bewegen sich offiziell um die 1,9–5,9 Cent pro Minute, dass die auf den Beilagezetteln angegebenen Minutensummen beim Telefonieren erreicht werden, hat der Autor allerdings noch nicht erlebt, die Minutenpreise sind de facto deutlich höher. Die Karte wird nicht eingeschoben, sondern man wählt eine auf der Karte angegebene Nummer und gibt dann nach akustischer Aufforderung den ebenfalls vermerkten Code ein. Erst dann wählt man die Nummer des gewünschten Teilnehmers. Bei der Auswahl der Prepaid-Karten aufs Kleingedruckte schauen: Von Telefonzellen aus werden von einigen Karten nochmals 0,10 bis 0,20 $/Min. Aufschlag berechnet!

Leider hat die staatliche Telecom, der die Telefonzellen im Lande gehören, einen Straftarif gegen Billigtelefonierer verhängt: Pro Minute werden 0,30 $ Gebühr verrechnet. Dem weicht man aus, indem man vom Motelzimmer aus telefoniert (Achtung, viele Hotels und Motels verrechnen wiederum für jeden Anruf, auch einen Prepaid- und 0800-Anruf, einen Nutzungsaufschlag von ebenfalls bis zu 10 Cent pro Minute, dazu kommt ein einmaliger „connecting fee" von im Durchschnitt 90 Cent!) – in Holiday Parks und Backpackerunterkünften ist das leider nicht möglich. Diesen Preisfallen entgeht man vom privaten Telefon im B & B und im Internetcafé, wenn man über ww.skype.com telefoniert (Anmeldung notwendig)!

Internationale Vorwahl, von Neuseeland nach Deutschland ✆ 0049, nach Österreich ✆ 0043, in die Schweiz ✆ 0041. Aus dem Ausland nach Neuseeland ✆ 0064, dann die Ortsvorwahl ohne die 0.

Die **neuseeländische Ortsvorwahl** muss innerhalb eines Ortes nicht mitgewählt werden.

Telefonauskunft in Neuseeland: Teilnehmerverzeichnis Inland ✆ 018, Ausland ✆ 0172.

Kostenlose Telefonnummer: Oft gibt es neben den normalen Telefonnummern eine kostenlose Servicenummer, die nur für Buchungen/Käufe und damit verbundene Fragen und Informationen reserviert ist. Sie lautet normalerweise **0800**, es gibt aber auch einige Betriebe mit der Vorwahl 0508. Beide gelten ausschließlich innerhalb Neuseelands, können also für Reservierungen aus dem Ausland nicht genutzt werden.

Telefonieren mit dem Handy: Nicht jede europäische Telefongesellschaft (und nicht jeder Vertrag) erlaubt International Roaming in Neuseeland, man sollte sich deshalb vorher erkundigen, ob das Handy funktionieren wird oder nicht. Die Preise sind trotz des Deregulationsedikts aus Brüssel noch recht happig, die Minute für einen Anruf innerhalb Neuseelands oder aus Mitteleuropa kann leicht 3 € kosten, umgekehrt sogar bis 5 €. Besser ist es, wenn man bei einem längeren Aufenthalt in Neuseeland ein Handy mit Prepaid-Card erwirbt (am besten gleich nach der Ankunft bei den Ständen der Telefongesellschaften), was die Kosten für Gespräche innerhalb Neuseelands wie auch für Auslandsgespräche gewaltig senkt: www.prepaidcards.co.nz.

Mobilnetzbetreiber in Neuseeland: Telecom (www.telecom.co.nz) und Vodafone (www.vodafone.co.nz).

E-Mail und Internetzugang: Neuseelands Betriebe sind fast ausnahmslos per E-Mail zu erreichen, was in jedem Fall billiger ist als Telefon oder Fax. Nach Einrichtung einer E-Mail-Adresse auf der Seite eines Providers kann man einen Webmail-Zugang beantragen (z. B. Yahoo, Hotmail, T-Online), von dem man dann über jeden PC/Laptop mit Internetzugang seine Mails abrufen kann. Zugang zum Internet ist in Neuseeland keine große Sache, Backpacker-Hostels, viele Motels und Holiday Parks bieten einen Zugang (oft kostenlos), selbst in kleinen Orten gibt es Internet-Cafés, und wenn diese aus einem PC im Hinterzimmer zwischen Telefon und Klo bestehen. Mit 4–6 $/Std. muss man mindestens rechnen, Ausdrucke von abgerufenen Mails kosten extra, in ganz wenigen Internetcafés, die vor allem für jüngere Kunden da sind, die ihre Spiele auf den PCs betreiben, ist Abrufen und Ausdrucken nicht möglich (sie wurden hier nicht aufgenommen). WLAN (WiFi genannt) ist auf dem Vormarsch, aber noch nicht überall vorhanden, die Preise sind stark gesenkt worden, manche Anbieter geben WLAN gratis frei, manche für einen bestimmten Zeitraum pro Tag, z. B. für eine Stunde (Liste von Cafés mit gratis WLAN-Zugang – nicht unbedingt korrekt – auf www.wificafespots.com; die Seite www.letsbook hotel.com stellt u. a. Angebote zusammen, die gratis WLAN anbieten).

Online-Sicherheit: Der Datenklau lauert überall, vielleicht auch in Neuseeland oder auf dem Transferflughafen. Wer im Internetcafé Passwörter oder vertrauliche Daten eingibt (z. B. Skype-Passwort), sollte sicher sein, dass die Tastatureingaben nicht über einen internen Keylogger aufgezeichnet werden. Um das zu verhindern, verwendet man nicht das Keyboard, sondern die Bildschirmtastatur von Windows. Dazu klickt man den Windows-Startbutton an und gibt dann auf der schmalen Eingabeleiste „osk" ein, gefolgt vom Passwort – die Bildschirmtastatur erscheint.

Trinkgeld

Trinkgeld ist in Neuseeland nicht üblich. Nur in großen Städten und Gebieten mit Fremdenverkehr erwarten Kellner, Taxifahrer und Gepäckträger der wenigen Hotels, die diesen Service bieten, ein Trinkgeld von bis zu ca. 10 %.

Toiletten

Öffentliche, kostenlose Toiletten gibt es selbst im kleinsten neuseeländischen Ort. Man findet sie meistens an gut sichtbarer Stelle im Zentrum des Ortes und erkennt sie an den großen blau-weißen Schildern mit der Aufschrift „Toilets" oder einem Symbol für Männer/Frauen. Für die Toilettenbenutzung zu zahlen, ist in Neuseeland undenkbar. Dafür sind Toiletten in Lokalen oft bescheiden, häufig nicht nach Geschlechtern getrennt und auch schon mal gar nicht vorhanden, besonders in einfachen Cafés und wenn die öffentliche Toilette um die Ecke liegt.

Versicherungen

Eine Reiseversicherung und eine private Krankenversicherung sollten im Rahmen eines befristeten Auslands-Reiseversicherungspakts, das auch einen Rücktransport enthält, abgeschlossen werden – der Krankenflug von Wellington nach Frankfurt kommt teuer, wenn man nicht abgesichert ist. Versicherungspakete, wie sie etwa

Art Deco in Napier, hier an der Fassade eines (eingestellten) Zeitungsverlags

von der Europäischen Reiserversicherung angeboten werden, decken die Kosten von Gepäckverlust, Haftpflicht (aber nicht beim eigenen Pkw), Unfall und Rückholkosten ab. In Neuseeland herrscht keine Versicherungspflicht für Autofahrer, man tut demnach gut daran, nach Ankunft in Neuseeland, falls man einen Wagen/Camper mietet oder erwirbt, eine befristete Haftpflicht- und Unfallversicherung abzuschließen (z. B. beim AA in Neuseeland → Anreise).

Zeit

In Neuseeland ist die Uhr der MEZ um 11 Stunden voraus (14 Uhr in Neuseeland ist 3 Uhr früh in Deutschland). Dieser Unterschied erhöht sich während der neuseeländischen Sommerzeit (Sept. bis April) auf 12 Stunden und verringert sich während der mitteleuropäischen Sommerzeit auf 10 Stunden.

Sommerzeit: 2011/2012 25.9.–1.4., 2012/2013 30.9.–7.4., 2013/2014 29.9.–6.4., 2014/2015 28.9.–5.4.

Zeitungen

Neuseeland hat eine vielfältige Presselandschaft, aus der einige wenige Tageszeitungen mit internationalem Format herausragen. Der in Auckland erscheinende *„New Zealand Herald"* ist am weitesten verbreitet und wird vor allem von der gebildeten Mittelschicht gelesen. Die vor allem sonntags viel gekaufte *„Star Times"* hat ein etwas populäreres Niveau. Wellingtons *„Dominion Post"* ist ein durchaus hauptstädtisches Blatt, dessen politischer Teil sicher der ausführlichste und informierteste der neuseeländischen Presse ist. Christchurchs *„The Press"* ist die größte Zeitung der Südinsel mit einem ganz Neuseeland umfassenden Informationsanspruch.

Maori-Kultort und subtropische Idylle: Waitangi

Die Nordinsel

Die Nordinsel	→ S. 122	Die Bay of Plenty	→ S. 320
Auckland und Region	→ S. 122	Das zentrale Vulkanplateau	→ S. 341
Die Region Northland	→ S. 183	Die Ostküste vom East Cape zur Hawke's Bay	→ S. 390
Die Coromandel-Halbinsel	→ S. 230		
Die Region Waikato	→ S. 259	Wellington und der Süden der Nordinsel	→ S. 443
Die Regionen Taranaki und Whanganui	→ S. 287		

Die Nordinsel

Vulkane, tätig wie auf White Island , oder erloschen, wie jene, auf denen Auckland, Neuseelands größte Stadt, erbaut wurde, prägen das Gesicht der Nordinsel auf derauch die Hauptstadt des Landes liegt, Wellington. Das Klima ist subtropisch warm, mediterran mild im Osten und Süden, wenn auch der Wind häufiger bläst, als man es sich wünscht.

Von den Kauriwäldern von Northland und den von rot blühenden Pohutukawabäumen gesäumten Stränden der Coromandel-Halbinsel bis zu den Geysiren um Rotorua, der gigantischen Vulkancaldera, in der Lake Taupo und die gleichnamige Stadt liegen, über das von Maori geprägte East Cape und die Art-Deco-Stadt Napier zieht sich ein Bogen atemberaubender Landschaften und Sehenswürdigkeiten. Wer den Westen der Insel besucht, erlebt in Raglan eine Surfhochburg, in Waitomo die einmaligen Glühwürmchengrotten, in Taranaki den gewaltigen Vulkan Mount Taranaki oder wird vielleicht mit dem Kajak den Whanganui-Strom hinunter paddeln. Beide Routen verbinden Auckland und Wellington, beide sind sensationell – wer die Nordinsel besucht, sollte einen Rundkurs wählen – oder bald wieder kommen.

Auckland und Region

Auckland ist Neuseelands größte Stadt, sein bedeutendster Handels- und Bankenplatz, eine kosmopolitische Metropole mit dem riesigen Hafen Waitemata Harbour, der auf den inselreichen Hauraki-Golf hinausschaut – „City of Sails" ist der geläufigste Beiname Aucklands.

Rangitoto, der erloschene Inselvulkan, der den Blick auf den Golf beherrscht, ist nicht der einzige, Auckland sitzt auf mindestens 48 (hoffentlich) erloschenen Vulkanen. Von Rangitoto Island oder von Devonport hat man den besten Blick auf die sich weit ins Land ausbreitende Stadt, vor allem aber auf die eindrucksvolle Skyline. Oder man fährt, geht, radelt auf den Mount Eden im Süden der City, auch er ein erloschener Vulkan, und blickt von dort auf Stadt, Hafen und die Nadelspitze des 328 m hohen Skytowers, die seit Mitte der 1990er Jahre alles überragt.

Zur Region gehört die wundervolle marine Spielwiese des Hauraki-Golfs mit ihren bewohnten und unbewohnten Inseln, geschützten Vogelparadiesen, Forsten und Weinbergen und ungezählten stillen Buchten. Bis auf das nahe Waiheke ist nur am Wochenende und im Hochsommer was los, aber dann massieren sich die erholungsuchenden Aucklander Familien an wenigen Stellen und der Rest des Golfs bleibt in seliger Ruhe. Oder man fährt in Richtung Norden, wo sich die Stadt entlang der Küste weit, weit hinaufzieht und besucht eines der vielen Strandbäder oder wandert in Parks und an geschützten Küstenstrichen. Oder man verbringt den Tag im Henderson Valley, wo Neuseelands Weinbau von dalmatinischen Einwanderern gestartet wurde, besucht die wilde Westküste mit ihrer aufregenden Brandung und die Waitakere Ranges, in denen noch Reste des früher unerschöpflich scheinenden Kauriwaldes überlebt haben. Nach Süden streckt sich die Stadt entlang an Schienenstrang und Autobahn ebenfalls sehr weit, hier ist vor allem die Ostküste mit ihren Küstenvögeln, die den Strand des seichten Firth of Thames aufsuchen, ein beliebtes Ziel.

Wer Auckland besucht – und die meisten ausländischen Besucher tun das, denn auf dem Internationalen Flughafen Auckland kommen die meisten an – neigt dazu, bei der Fülle dessen, was Auckland bietet, die Region zu übersehen und gleich zu weiteren lockenden Zielen zu reisen, nach Northland, zur Coromandel-Halbinsel oder nach Rotorua. Aber dabei werden Ziele übersehen, die ein paar Tage längeren Aufenthalt Wert wären (die meisten kann man ab Auckland in Tagestouren abklappern, mit öffentlichen Verkehrsmitteln allerdings nur einen Teil). Wie etwa die Bootsfahrt und Wanderung auf den Rangitoto-Vulkan, eine Weinprobe in einem der Weingüter auf der Insel Waiheke, die Wanderung auf dem dünnbesiedelten Great Barrier Island, der Besuch der Vogelschutzinsel Tiritiri Matangi, eine Radtour durch das Henderson Valley und Kumeu mit seinen Weinbergen, Surfen an der Küste bei Piha oder Muriwai, ein Spaziergang durch das Kauriwäldchen in den Waitakere Ranges auf dem „Auckland City Trail" oder dem „Hillary Trail" und Vogelbeobachtung an der Küste des Firth of Thames bei Miranda.

Auckland City

Auckland ist Neuseelands größte und kosmopolitischste Stadt. Die einzige Millionenstadt des Landes, zu einem Drittel von Maori und Pazifik-Insulanern bewohnt, mit großer ostasiatischer Minderheit, laut, ständig expandierend, selbstbewusst, aber nicht Hauptstadt. Erst die Austragungen des America's Cup (2000, 2003 katapultierten die Stadt ins globale Bewusstsein.

Downtown Auckland

Die Lage der Stadt ist günstig, der Isthmus des Waitemata Harbour ist bei Auckland nur 9 km breit, das ist die engste Stelle an der Inselfuge. Wer auch immer zwischen Norden und Süden der Nordinsel unterwegs ist, muss bei Auckland über die schmale Tamaki-Landenge zwischen dem Waitemata Harbour im Norden, der sich nach Osten zum Pazifik öffnet und auf den die City schaut, und dem Manukau Harbour im Süden, der sich zur Tasmansee öffnet, und an dem der Flughafen liegt.

Die Gegend mit ihrem subtropischen Klima, fruchtbaren Vulkanböden und reichlich Fisch und Meersfrüchten aus zwei Ozeanen war immer dicht besiedelt. Mehrere große Maori-Pas befanden sich im Bereich der Stadt, das größte rund um den erloschenen Vulkan Maungakiekie (One Tree Hill), dessen Terrassen für Häuser und Kumara-Anbau heute noch gut zu erkennen sind. Die ortsansässige Bevölkerung (Tamaki) wurde im frühen

19. Jh. durch kriegerische und bereits mit Feuerwaffen kämpfende Stämme aus dem Norden fast ausgerottet, wie überall fielen viele Maori den Pocken und bis dahin unbekannten Kinderkrankheiten von Masern bis Keuchhusten zum Opfer.

1840 erschienen erste Pakehas unter Captain Hobson in der bis dahin nur von ein paar Bootskapitänen als Hafen genutzten Bucht, die zukünftige Siedlung wurde am 18. September 1840 nach dem 1. Lord der Admiralität Auckland benannt. Der Ort entwickelte sich anfänglich recht schnell, Russell weit im Norden, das bisher der größte Ort der Pakeha gewesen war, wurde bald überflügelt, Auckland lag einfach günstiger. Zwei Jahre nach der Unterzeichnung des Vertrages von Waitangi (1840) wurde die Hauptstadt von Russell nach Auckland verlegt. Die Maorikriege der 1860er Jahre und die vergleichsweise nahen Kämpfe lösten für Auckland eine Krise aus, die mit dem Aufstieg Dunedins als Goldrauschkapitale und der Verlegung der Hauptstadt nach Wellington 1865 noch verschärft wurde. Doch mit dem Beginn des Goldrausches auf der Coromandel-Halbinsel zeitgleich mit der auf Auckland konzentrierten Kauri-Industrie und der Trans-Neuseeland-Bahnlinie, die in der Stadt endete, begann ein Aufstieg, mit dem keine andere Stadt des Landes mithalten konnte. Auf Einwanderer hatte die Stadt immer einen enormen Sog ausgeübt, ganz besonders auf pazifische, sodass Auckland heute auch die größte Stadt Polynesiens ist – nirgendwo leben mehr Polynesier aus so vielen Inselstaaten und Neuseeland so eng beisammen.

Informationen

Für alle Auckland **i-Site Travel Centres** gilt ✆ 09/3676009, reservations@aucklandnz.com, www.aucklandnz.com. Es gibt vier Infostellen in Auckland selbst (mit Devonport und Flughafen) sowie einige weitere in der Region (siehe unter Aucklands Umland):

> ### Rabatt-Tipp!
> In der jährlich erscheinenden, kostenlosen Besucherbroschüre „Auckland A–Z" sind eine Reihe von Discount-Coupons eingeheftet, die Preisnachlässe und 10 bis 50 % Rabatt bringen, z. B. 10 % auf den Skytower-Eintritt, 10 % auf das Fährticket nach Waiheke, 2 $ Nachlass für den Eintritt ins Voyager Maritime Museum. Ebenfalls Discount-Coupons enthält die Broschüre „itag Auckland/Northland/Bay of Islands", die zweimal im Jahr erscheint, ähnlich Jason's Auckland „What's on", ein monatlich erscheinendes Veranstaltungsheft.

Auckland i-Site Travel Centre im Untergeschoss, Skycity, Ecke Victoria/Federal Street, tägl. 8–20 Uhr.

Viaduct Basin i-Site Visitor Centre an der Princes Wharf (gegenüber dem Voyager Maritime Museum), 137 Quay Street, tägl. 8.30–18 Uhr.

Airport Information Centre in der Ankunftshalle, International Terminal, Auckland Airport, tägl. 5 Uhr bis Mitternacht.

Eine weitere *Airport Information* gibt es im Air New Zealand Domestic Terminal, Auckland Airport, tägl. 7–17 Uhr.

Devonport i-Site Visitor Centre in Devonport, 3 Victoria Rd., tägl. 8–17 Uhr, Sa/So/Fei ab 8.30 Uhr. ✆ 09/4460677.

Department of Conservation (DOC) Information im i-Site Viaduct Basin (→ oben) Mo–Sa 9–17 Uhr. ✆ 09/3796476.

Department of Conservation/The Conservation Centre, Bdg. 2, Carlaw Park Comm., 12–16 Nicholls Lane, Parnell, ✆ 09/3070279.

Zu den Regional Parks (Auckland hat 22 Regional Parks, die *nicht* vom DOC verwaltet werden): Central Office, Ecke Pitt/Hopetown St., ✆ 09/3662000, www.arc.govt.co.nz.

Aucklands heißes Pflaster

Auckland wurde auf feuergeprüftem Boden gebaut: Unter den Füßen der Aucklander liegen die Ruinen von mindestens 48 Vulkanen und Eruptionskratern. Lake Pupuke/Pupukemoana (in Takapuna im Norden der Stadt) ist mit ca. 140.000 Jahren der älteste Eruptionskrater, Rangitoto, die Insel im Hauraki Gulf, deren typisches Vulkanprofil den Ausblick von Auckland City aus beherrscht, ist der Rest eines Vulkans, der vor nur 650 Jahren aktiv war – Maori haben seinen Ausbruch miterlebt und ihn in ihren Schöpfungsmythos eingeschlossen. Mount Eden/Maungawhau, die Auckland Domain/Pukekawa, One Tree Hill/Maungakiekie (der aus drei separaten Kratern zusammengesetzt ist), Mount Albert/Owairaka, North Head/Maungauika und Mount Victoria/Takarunga in Devonport sind allesamt Reste vor nicht allzu langer Zeit tätiger Vulkane. Nur etwa 3 km liegen im Schnitt zwischen den einzelnen Vulkanen, viele von ihnen waren gleichzeitig tätig – Aucklands Vergangenheit ist wahrhaft feurig.

Und heute? Hat sich die vulkanische Tätigkeit aufgrund der Kontinentalverschiebung von Auckland wegbewegt, ist die Zone tot? Weit gefehlt: Geologen sind der Überzeugung, dass Auckland auf einem 100 km unter der Stadt liegenden Hot Spot liegt, der nichts zu tun hat mit der Überschiebung der pazifischen durch die austral-asiatische Platte und deren vulkanischen Begleiterscheinungen wie in Rotorua und im Tongariro. Keine guten Aussichten, zumal die heftigste aller Eruptionen im Bereich von Groß-Auckland auch die jüngste war – vom Rangitoto-Ausbruch stammen 58 % des Gesamtvolumens aller jemals erfolgten Eruptionen der Region.

Wann und wo wird es den nächsten Vulkanausbruch geben? Seismographen zeichnen jede Erderschütterung im Raum Auckland auf, Vulkanologen an der Universität Auckland analysieren fortlaufend die Messergebnisse. Etwa zwei Wochen vorher könne man einen Ausbruch vorhersagen, heißt es, genug, um die Stadt zu evakuieren. Ein unvorstellbares Szenario? Keineswegs.

Geologische Führungen Auckland Volcanic Experience, Tagestouren und mehrtägige Exkursionen, die mit Aucklands vulkanischem Untergrund (und anderen Regionen Neuseelands) vertraut machen. Infos, Termine, Preise bei Geo Tours, PO Box 11-600, Ellerslie, Auckland, ✆ 09/3626829, www.geotours.co.nz.

Anreise/Verbindungen mit dem Flugzeug

Internationaler Flughafen Der Auckland International Airport liegt 20 km südlich der City. Er hat seit 1960 eine Start- und Landebahn, die sich weit in den Manukau Harbour hinaus zieht, bei manchen Anflügen meint man, im Wasser zu landen. Seit 1965 ist er ein voll betriebsfähiger Internationaler Flughafen, in den letzten Jahren wurde er großzügig renoviert, der Ankunftsbereich wurde 2008, der neue Abflugsbereich erst jüngst (2011) fertiggestellt.

Inlandsflüge Wer auf dem Internationalen Flughafen ankommt und im Lande weiterfliegt, muss sein Gepäck vom Band holen und neu einchecken (bei Flügen mit New Zealand Air erfolgt das direkt am Internationalen Flughafen, man muss nur die Koffer zum anderen Band transportieren). Internationaler und nationaler Flughafen sind zwei getrennte Gebäude, die gut durch einen Fußgänger- und Fahrradweg und mit dem kostenlosen Interterminal-Bus verbunden sind (alle 20 Min., jeweils von vor der Ankunftshalle).

Flug-Information Ankünfte/Abflüge ✆ 09/3065560. Derzeit fliegen ca. 20 Fluglinien

Auckland an (LH und Austrian nur im Codeshare). Air New Zealand ℡ 09/2563584, national ℡ 09/3573000. Emirates Air ℡ 09/2568301. Korean Air ℡ 09/2568322. Quantas Airways ℡ 09/2566318. Singapore Airlines ℡ 09/2566630. Thai Airways ℡ 09/2568518. Jetstar (national) ℡ 0800/800995.

Vom Flughafen in die Stadt Airbus, alle 15 Min. während des Tages, abends alle 30 Min., feste Route, Pick-ups und Drop-offs bei allen größeren Hotels und bei den Backpacker-Unterkünften, außerdem Halt in der Quay Street. Einfach 16 $, hin/zurück 23 $, ca. 15 % Ermäßigung für Inhaber von Backpacker-Ausweisen. ℡ 0800/203080, www.airbus.co.nz.

Lange Reihe von **Shuttles**, (23 $, 2 Pers. 33 $) zu jedem Hotel, Gepäck inklusive (beim Autor z. B. 3–4 Stück plus Fahrrad in Fahrradtasche).

Ein **Taxi** in die Innenstadt kostet ca. 60–80 $.

Departure Tax Bei der Abreise aus Neuseeland ist die frühere Departure Tax nicht mehr fällig (sie wird jetzt von den Fluglinien verlangt und ist als „Passenger Service Charge" deklariert im Ticketpreis enthalten).

Hubschrauberflüge HeliLink fliegt vom Heliport in der city-nahen Mechanics Bay aus in die Region, 1 Soloent St., ℡ 0800/435454, www.helilink.co.nz. Airport-Transfers bietet die ansonsten auf Sightseeing-Flüge spezialisierte Firma **Heli-Flight**, ℡ 0800/768677, www.heliflight.co.nz.

Nah- und Stadtverkehr

Das zwischen zwei Meeren eingezwängte zentrale Auckland ist kein Verkehrsparadies, weder für den privaten noch für den öffentlichen Verkehr. Im Süden muss die Engstelle zwischen Manukau Harbour und einem schmalen Arm des Waitemata Harbour mit mehreren separaten Brücken für Straßen, Autobahn und Bahnen überwunden werden. Im Norden geht es nur auf der Harbour Bridge über den Waitemata Harbour und die schafft den enormen Verkehr bald nicht mehr. Ein Tunnel oder eine zweite Brücke muss her, ersterer kostet grob geschätzt 5,3, letztere 4 Milliarden NZ$. Die Milliarden werden aber dringend für den Wiederaufbau des 2011 zerstörten zentralen Christchurch gebraucht. Den Stau im Zentrum links und rechts von Queen Street würde beides nicht ändern, das CBD mit seiner enormen Konzentration von Arbeitsplätzen ist und bleibt ein Engpass für den Verkehr. Wer mit dem Leihwagen unterwegs ist, wird vielleicht einen Tiefgaragenplatz finden (CBD-Rand ab ca. 15 $/Tag), ins eigentliche Zentrum nimmt man – wie die Aucklander – den Bus.

Information zum Public Transport für die gesamte Region unter ℡ 09/3666400, 0800/103080 (nur in Auckland), www.maxx.co.nz. Für fünf Teilgebiete gibt es jeweils kostenlose Übersichtspläne und Fahrpläne, erhältlich im Britomart-Transportzentrum, evtl. auch in i-Sites (nicht immer vorrätig). Das Tagesticket **Auckland Pass** für Busse (inkl. Link Bus), Bahnen und Fähren (nur Devonport/North Shore) kostet 14,50 $, man kauft es im Britomart oder beim Busfahrer.

Bahn Alle Bahnlinien der Region gehen vom **Britomart-Bahnhof** in der City aus (Hafenende Queen Street), der Bahnhof wurde 2003 eröffnet. Das Netz der Bahnhöfe in der Region ist noch in Renovierung oder gar im Ausbau begriffen, ein Tunnel zwischen Britomart und Mount Eden (im Süden der Stadt) ist in Planung.

Stadtbus Der öffentliche Verkehr Aucklands ist vornehmlich auf Busse angewiesen. Hauptknoten der City und der gesamten Region ist Britomart, wo die Busse auf den Straßen ringsum ihre Abfahrtsstellen haben – wer oft Stadtbusse benutzen will, kann sich im i-Site oder im Britomart einen Plan der Abfahrtsstellen besorgen! Weitere Knoten sind vor allem Manukau und Manurewa (nicht im Süden).

Kostenloser **Inner City Circuit (Rundkurs)**: Der Bus Circuit verbindet auf einem Rundkurs die wichtigsten Sehenswürdigkeiten der City zwischen dem Britomart (Ferry Building) im Norden, der Auckland University im Süden, der Sky City im Westen und Albert Park mit Uni-Bibliothek im Osten. Busse alle 10 Min., die roten Busse verkehren ab Britomart im Uhrzeigersinn.

Link Bus: Buslinie (signalgrün gefärbt), die ab Britomart einen weiteren Kreis beschreibt und Parnell, Auckland Domain (mit Auckland Museum), Ponsonby und Victoria Park miteinander verbindet. Alle 10–15 Min., 1,80 $, www.linkbus.co.nz.

128 Auckland und Region

Auckland Explorer Bus: Der Doppeldecker erlaubt für 35 $ einen ganzen Tag (2 Tage 55 $) hop on/hop off zu den wichtigsten 14 Sehenswürdigkeiten samt Kommentar. Tägl. ab 9 Uhr (Winter 10 Uhr) alle 30 Min. ab Ferry Building. Kostenlose Abholung vom Quartier oder vom Flughafen. ✆ 0800/439756, www.explorerbus.co.nz.

Fähren Zwar gibt es keine innerstädtischen Fähren, aber Devonport und die anderen Orte des North Shore sind ebenfalls Teil von Groß-Auckland und werden ab dem Hafen (Landestellen hinter dem Ferry Building) durch Fähren erreicht. Fähre Auckland Pier 1 – North Shore, Devonport Pier 1a, täglich bis zu 37-mal, hin/zurück 11 $, außerdem Fähren Auckland Pier 1 – Bayswater und Birkenhead – Northcote Point (wochentags bis 25-mal, gleiche Preise). Diese Fährschiffe und diejenigen nach Rangitoto und Waiheke gehören zur Fa. Fulers Ferries, ✆ 09/3679111, www.fullers.co.nz. Die vom Pier 4 ausgehenden Fähren nach Coromandel Town, Tiritiri Matangi, Motuihe Island Cruise und Harbour Cruise gehören zu 360 Discovery, ✆ 09/3078005, 0800 /30033472, www.360discovery.co.nz. Beide Unternehmen sind seit 2010 im Besitz des schottischen Transport-Tycoons Brian Souter.

Taxi Co-Op ✆ 09/3003000, Green Cabs ✆ 0508/447336 und andere.

Radtransport Auf Fähren gratis, in der Bahn (nicht in Expresszügen) in der Region 1 $.

Diverse Adressen

Geldwechsel: ASB-Bank Centre, 135 Albert St. (24 Std. geöffnet), am günstigsten (wie überall) in den Postämtern (→ unten).

Deutsches Konsulat: AXA Bdg., Level 11, 41 Shortland St., ✆ 09/3759718.

Krankenhaus: mehrere Kliniken, zentrumsnahe das Auckland City Hospital, Park Rd., Grafton, 09/3797440, die zugehörige **Apotheke** ist rund um die Uhr geöffnet.

Post: Auckland City Post Shop, 23 Customs St., Mo–Fr 8.30–17.30 Uhr, Sa 10–16 Uhr. Postlagernde Sendungen (zentral für gesamte Region Auckland) erhält man allerdings im Postamt Wellesley St. West (im Durchgang), Mo–Fr 7.30–17.30 Uhr.

Stadtbibliothek: Auckland Central Library (Zentralbücherei), 44–46 Lorne St., Mo–Fr 9.30–20 Uhr, Sa/So 10–16 Uhr.

Feste & Veranstaltungen

Auskünfte über Veranstaltungen unter www.aucklandcity.govt.nz/whatson/events/. Weitere Auskünfte siehe bei den jeweiligen Events. **Tickets** für Veranstaltungen im Raum Auckland gibt es bei Ticketek, ✆ 09/3075000 oder im Foyer des Sky-Tower-Gebäudes sowie auf www.ticketek.co.nz.

Air New Zealand Fashion Week, im Viaduct Harbour Marine Village (ehemals Standquartier von NZ's America's Cup Crew), Mitte Okt., 2010 zum 10. Mal, das Mode-Event Neuseelands schlechthin, Fashion-Stars wie Trelis Cooper oder Zambesi sind genauso präsent wie Newcomer, dem Publikum werden in „Best of …" einige der Labels präsentiert (2009 trug Pamela Anderson auf dem Laufsteg ein deftig ausgeschnittenes Kleid von Richie Rich); www.nzfashionweek.com.

Ellerslie Flower Show, im Nov., findet im südlichen Vorort nahe dem Botanischen Garten statt (nicht mehr im Namen gebenden Ellerslie).

Auckland Festival, Ende Febr. bis Mitte/Ende März, eine Fülle diverser Veranstaltungen von Oper über Theater, Konzerte (von Klassik bis NZ-Pop), Ausstellungen, Shows und Kabarett-Abenden zu Dichterlesungen und ganz mottofreien Mammut-Partys; www.aucklandfestival.co.nz.

Große **Sportveranstaltungen** sind u. a. Auckland Harbour Crossing im Nov., Auckland Anniversary Day Regatta im Waitemata-Hafen im Jan., Rallye New Zealand im April.

Siehe auch Kasten „Summer-Events in Auckland – gratis!"

Kino & Kultur

Village Sky City Cinema in der Queen Street im Sky City Metro Building, Ende 2005 eröffnetes exklusives „Gold-Class-Kino" mit 2 Sälen zu nur 30 bzw. 40 Sitzplätzen. Nicht die klassischen Kinostühle, sondern dem globalen Trend folgend breite,

Auckland City 129

tiefe und elektronisch verstellbare Polsterfauteuils mit Abstelltischchen für Drinks und Snacks wie Gemüsestangen mit Dips, Canapés, Wraps oder Desserts, die man sich an der Bar holt oder an den Platz bringen lässt. 291–297 Queen St., Kartenreservierung unter ✆ 09/3692411 und www.goldclass.co.nz.

Village Sky City betreibt 6 weitere Multiplexkinos in Groß-Auckland, darunter das große Skycity Theatre, Level 3 im Skycity Complex, Ecke Hobson/Wellesley St., ✆ 0800/7592489.

Mehr als 40 **Galerien**, vor allem in der City rund um die Auckland Art Gallery und in Parnell links und rechts der Parnell Road, einige Galerien findet man auch in Devonport. Die meisten Galerien zeigen neuseeländische zeitgenössische Kunst, Maorikunst, pazifische Kunst und Kunsthandwerk sowie künstlerische Photographie.

→ Auckland und Region
→ Karten S. 162 und hinterer Umschlag

Summer-Events in Auckland – gratis!

Diwali: indisches Lichterfest, Ende Okt., indischer Tanz, Straßenfest in der Innenstadt um die Town Hall und auf der Queen Street, www.asianz.org.nz.

Festival of Roses: Blumenschau und Popmusik in den Parnell Rose Gardens an einem Sonntagnachmittag Ende Nov.

Auckland Farmers Santa Parade: großer Weihnachtsumzug durch die Innenstadt mit Santa Claus und jeder Menge Kitsch, seit 1934, meist letzter Sonntag im Nov., www.santaparade.co.nz.

Christmas in the Park: bereits traditionelles Weihnachtskonzert in der Auckland Domain mit Picknick und Schwof an einem Samstagabend Anfang/Mitte Dez. Aber: von Coca Cola gekauft und in Gefahr zur Werbeveranstaltung zu geraten.

In der Vorweihnachtszeit an mehreren Orten: **Carols by Candlelight** – Weihnachtslieder und Kerzen unter freiem Himmel, trotz für Neuseeland später Stunde – bis gegen 22 Uhr – keineswegs im Dunklen.

First Night: Silvesterparty im Aotea Centre und auf dem Aotea (Civic) Square, ✆ 09/3075060, www.the-edge.co.nz.

Im Sommer: **Auckland City Music** in Parks, Sonntagskonzerte von klassisch über Jazz bis Pop in verschiedenen Parks der Stadt, vor allem aber in der *Band rotunda* der Auckland Domain, einige Konzerte mit „Dancing in the Streets".

Chinesisches Laternenfestival: im Albert Park und der Innenstadt an einem Wochenende Ende Februar am Ende des Chinesischen Neujahrsfestes, www.asianz.org.nz.

Pasifika Festival: renommiertes Festival der pazifischen Völker an einem Wochenende Mitte März, Musik, Tanz, Shows, Umzüge und mehr, www.celebratepasifika.com.

Polyfest: 3 Tage im März, größtes Tanzfest Polynesiens, seit 1975. Das Fest wird von Aucklands höheren Schulen veranstaltet, www.ashpolyfest.co.nz.

Einkaufen

Für Selbstversorger Food Town, Tangihua Street (400 m östlich von Britomart an der Quay Street). Riesige Malls (Einkaufszentren): **Sylvia Park Mall** am Southern Motorway nahe der gleichnamigen Train Station in Mount Wellington und **Westfield Mall** in Albany.

Otara Market, Newbury Lane, Parkplatz Otara Shopping Centre, Sa 6–21 Uhr: polynesischer Markt (in erster Linie Obst und Gemüse), bevölkert von übergewichtigen Damen und Herren von allen Inselgruppen des Südpazifiks.

Fischmarkt, Ecke Daldy- und Madden Streets, Westhaven, www.aucklandfishmarket.co.nz. Frischer Fisch und Meeresfrüchte, aber auch zubereitet, z. B. als fish & chips und feiner (→ Essen & Trinken).

Eine herausragende Auswahl neuseeländischer Weine und kompetente Beratung bietet **N. Z. Winemakers Centre**, Ecke Victoria/Elliot St. (nahe Queen St.), ✆ 09/3795858, www.nzwinemakerscentre.com.

Early Bird Bakery, Deutsches Brot und Gebäck bei **Bäckerei Diehl**, 5/65 Hillside Rd. (in Greenfield, nördlich Auckland zwischen Birkenhead und Northcote). Italienisches

Auckland und Region

Brot bei **Pandoro**, 427 Parnell Rd. (Parnell) und 75 Queen St. (CBD).

Kaufhaus Smith & Caughey's Department Store, 253–261 Queen St., das einzige große Kaufhaus, das aus der großen Zeit dieses Geschäftstyp übrig geblieben ist. Das Privatunternehmen gibt es seit 1882 an dieser Stelle, 1927–1929 wurde das heutige Art-Deco-Gebäude errichtet. Das Publikum ist kultiviert und fortgeschrittenen Alters, das Café des Hauses ist eine Institution.

Kunsthandwerk Aotea Square Market, freitags und samstags 10–18 Uhr, Kunsthandwerk teilweise pazifischer Herkunft, Kleidung und Trödel, auch Essen und Trinken.

Mode & Souvenirs DFS Galleria, 3-stöckiges, teures Boutiquen-Einkaufszentrum mit internationalen Luxusketten (Burberry, Tiffany, Polo Ralph Lauren …), im 2. Stock auch neuseeländisches Angebot, im ehemaligen Zollamt an der Ecke Costums/Albert St., tägl. 11–22 Uhr, www.dfsgalleria.com.

Victoria Park Market, Einkaufszentrum in einem Bau von 1905, 210 Victoria St., ca. 85 Geschäfte, Boutiquen, Souvenirläden, Cafés, überwiegend auf Touristen ausgerichtet, tägl. 9–18 Uhr, www.victoria-park-market.co.nz.

Landkarten Alle National- und Regional-Forest-Park-Karten und offizielle neuseeländische Karten „NZTopomaps" (Letztere bis zum Maßstab 1:50.000, komplette Neuausgabe „New Topo" 2009, → S. 113) gibt es z. B. bei Bivouac/Outdoor, 210 Queen St., ✆ 09/3661966.

Bücher Unity Books, 19 High St.; daneben mehrere (Ketten-)Buchhandlungen in der City.

Sport & Freizeit

Adrenalin-Thrills AJ Hacket Harbourbridge Bungy & Bridge Climb, 40-m-Bungy-Sprung von der Harbour Bridge tägl. 9/8.30–15.30/18 Uhr (Winter/Sommer), 150 $ pro Sprung, Zuschauer zahlen 20 $. Harbourbridge Experience, das nicht so wahnsinnig spannende Erklimmen der Brücke auf speziellen (gut gesicherten) Metallgängen und -brücken kostet 120 $ und ist damit sicher viel zu teuer für das, was es bietet. Wer beides kombiniert, wird mit 230 $ zur Kasse gebeten. ✆ 09/3612000, www.bungy.co.nz.

Sky Jump vom Sky Tower (→ Sehenswertes/Sky Tower) aus 192 m Höhe, 16 Sekunden freier Fall – kein Bungy Jump, also weder kopfüber noch Baumeln am elastischen Seil, sondern Sprung (225 $) mit Rückenbefestigung am festen Seil. Der Skywalk, bei dem man gut gesichert auf einer Metallplattform oben ums Gebäude herumspaziert, kostet 145 $; ✆ 0800/759586.

Baden/Strände Die Top-Strände Aucklands sind alle mindestens 25–40 Autominuten von der City entfernt, mit öffentlichen Verkehrsmitteln sind sie praktisch nicht zu erreichen. Einzige Ausnahme: die Strände entlang dem Tamaki Drive, insbesondere der lange Sandstrand an der Mission Bay. Wenn da nur nicht die vielen, vielen anderen wären, die ebenfalls den langen Weg nach Takapuna oder Awhitu scheuen …

Rugby Der Nationalsport Neuseelands hat im Eden Park Rugby Stadium seinen größten Fan-Tempel. Für die Rugby-Weltmeisterschaft/World Cup 2011, die in Neuseeland ausgetragen wurde, hat man ihn von 48.000 auf 60.000 Zuschauerplätze vergrößert.

Golf Der **Takapuna Golf Club** (18 Löcher), 27 Northcote Rd., Takapuna, ✆ 09/4435002, www.takapunagolf.com, bietet die citynächste Möglichkeit, als Gast zu golfen. Der nächste große (18 Löcher) öffentlich zugängliche Golfplatz wird vom **Golfklub Warkworth** betrieben: Golf Rd., Warkworth, ✆ 09/4258248, www.warkworth.nzgolf.net. Über weitere Golfplätze und stadtnahe Driving Ranges informiert man sich bei den i-Sites.

Radfahren Aucklands **Radwegenetz** ist Stückwerk und wird auf vielen Strecken mit Bussen geteilt (grüne Bodenfarbe), was das Radfahren nicht ganz angenehm macht. Reine Radwege ohne gleichzeitige Pkw-, Bus- oder Fußgängernutzung gibt es fast nur in Devonport, wenige im eigentlichen Auckland. Auf Busspuren sind Radfahrer normalerweise zugelassen.

Die **Auckland Harbour Bridge**, einzige Brücke nach Norden, ist für Radfahrer tabu, da tröstet es nicht, dass die Fähre nach Devonport Fahrräder kostenlos mitnimmt (auch die anderen Hafenfähren Aucklands sind für Fahrräder gratis!), schließlich muss man ja für den Personentransport bezahlen.

Eine **Übersichtskarte der Radwege** der

Stadt findet sich im Gratis-Prospekt „Beyond your backyard" (eigentlich für Aucklander gedacht), der auch die Jogging- und Spaziergangs-/Wanderrouten zeigt, dazu auch www.aucklandcity.govt.nz/akactive. Die Verwaltung der Region Auckland bietet telefonische Auskunft und Internethilfe für Radfahrer an: ✆ 09/3666400, www.rideline.co.nz. Die S-Bahnzüge nehmen Fahrräder mit (1 $), spezielle Radabteile gibt es nicht, zu Stoßzeiten herrschen rechtliche wie platzmäßige Beschränkungen.

Mountainbike-Parks: Bike Parks gibt es in den Vororten Riverhead, Whitford und Woodhill, Infos unter ✆ 09/4799194 und www.bikepark.co.nz.

Zubehör & Reparaturen: *R&R Sports*, Ecke K' Road/Gundry Street, flinke und kompetente Radwerkstatt in großem Sport- und Freizeitladen; ✆ 09/3096444, www.rrsport.co.nz. *Adventure Cycles*, 2 Commerce St., täglich geöffneter Fahrrad-Spezialladen mit Shimano-Service und Radverleih, ✆ 093095566, 0800/335566, www.adventure-auckland.co.nz.

Dies sind die Top-Strände Aucklands (bis zu 30 Min. Autofahrt ab City):

Karekare Beach südlich von Piha in den Waitakere Ranges, die Strandszenen von Jane Campions „The Piano" spielen hier, starke Strömungen – nur für gute Schwimmer!

Muriwai Beach, ebenfalls in den Waitakere Ranges, der Sand- und Kiesstrand erstreckt sich über fast 50 km nach Norden, der Busch im Hintergrund ist geschützt (Regional Forest), im Sommer findet sich hier eine große Kolonie von austral-asiatischen Basstölpeln (Gannets). Nicht so sehr ein Badestrand als ein Stück Küste, das man sich zu Fuß, auf dem Pferderücken oder, wenn's denn sein muss, mit dem 4WD erschließt (deswegen die Sonntage besser meiden – 4WD-Verfolgungsjagden am Strand).

Takapuna Beach ist der citynächste schöne weiße Sandstrand (abgesehen von der Mission Bay), zwar noch voll im städtischen Gebiet von Takapuna, aber gute Badebedingungen – es kann sehr voll werden.

Clarks Beach auf der Awhitu-Halbinsel südwestlich von Auckland, ruhiges Meer, aber flacher Meeresboden und bei Ebbe hat man weit zu gehen, um ins Wasser zu kommen.

Onetangi Beach und andere Sandbuchten an der Nordseite von Waiheke Island, ruhige Sandbuchten mit begrenzenden Felsen, idyllisch, auch für Kinder geeignet.

Long Bay nördlich von Albany an der Ostküste, ruhiges, flaches Meer, grüne Uferzonen, Familienbadestrand par excellence, an Wochenenden belagert.

Whangaparoa-Halbinsel, östlich von Orewa im Norden der Region Auckland, mehrere Sand- und Kiesstrände, öffentlicher Strandzugang mit überwachten Badebereichen, Grün in Strandnähe, Golf, Bootshäfen und jede Menge touristischer Einrichtungen.

Segeln → Sehenswertes/Hafen. 2 Std. segeln auf einem Boot der America's Cup Klasse (Boote NZL40 und NZL41) werden ab Viaduct Harbour für 70 $ angeboten, 3 Std. „Matchracing" für 195 $, Anbieter ist **SAIL NZ (Explore NZ)**, PO Box 106267, Auckland, ✆ 0800/397567, www.explorenz.co.nz.

Skifahren/Snowboarden Snow Planet, 91 Small Rd., Silverdale, ganzjährige Ski- und Snowboardhalle „Snow Dome" mit 3 Schleppliften und getrenntem Anfängerbereich, am SH 1, ca. 30 Autominuten nördlich von Auckland. Tägl. 9 Uhr bis Mitternacht. ✆ 09/4270044, www.snowplanet.co.nz. Im Sommer 1 Std. ab ca. 35 $; Skier, Snowboards und Skischuhe können ausgeliehen werden.

Surfen Besonders an den Stränden im Westen gibt es Spitzenbedingungen. Ein Veranstalter ab Auckland ist Surf Tours, ca. 100 $ pro Tag inkl. Ausrüstung, nur Bustrip 50 $, ✆ 0800/787386, www.newzealandsurftours.com.

Tennis Größter Tennispark Aucklands ist das **ASB Tennis Centre**, 1 Tennis Lane, Parnell, ✆ 09/3733623, www.aucklandtennis.co.nz.

Weintouren → Kumeu und Matakana.

Aucklands Skyline von der Hafenfähre aus (halbrechts der Skytower)

Whale Watching Sail NZ (Explore NZ) bietet auch Wal- und Delfin-Touren an, Delfine werden bei 90 %, Wale bei 75 % der Touren gesichtet. 155 $, Adresse s. o, Segeln.

Lord-of-the-Rings-Touren Red Carpet Tours, „from Auckland to Hobbiton", der Herr-der-Ringe-Location „Hobbingen" in Matamata, außerdem 5- bis 12-tägige „Middle Earth Tours", ✆ 09/4106561, www.redcarpet-tours.com.

Übernachten in Hotels/Motels/Apartments (→ Karte S. 134/135)

Aucklands Übernachtungsangebot ist groß und teuer, die an sich günstigen Motels sind weit draußen, die Backpacker-Quartiere sind weiter drinnen die einzige Unterkunftsart, die einigermaßen zu bezahlen ist. In der City gibt es fast nur teure internationale Hotels (die aber keineswegs immer ausgebucht sind – Last-Minute-Buchung ist gerade wegen des enormen Angebots normalerweise erfolgreich, auch in der Hochsaison oder bei internationalen Veranstaltungen). Übers Wochenende gibt es gerade in den größeren Hotels Preisabschläge. In den letzten Jahren wurden mehrere große Apartmenthäuser eröffnet, wer dort absteigt, hat den Vorteil, dass er komplett „S/C" ist, also „self contained", das heißt mit Küche, die sogar einen Backofen enthält, Waschmaschine und Trockner. Der führende Anbieter ist (derzeit) Quest, der auch an anderen Orten Neuseelands, in Australien und Fidschi investiert. Die Preise sind auf Angebot und Nachfrage eingestellt, am besten reserviert man im Internet bei einem Last-Minute-Provider (www.booking.com, www.ratestogo.com, u. a.). Auf Neuseeland spezialisiert ist www.travelbug.co.nz, die Angebote liegen z. T. deutlich unter jenen der Mitbewerber.

Hinweis: Die Quartiere in den Stadtteilen Parnell und Devonport sind jeweils dort aufgeführt!

Heritage Auckland 35, das von außen eher an ein Kaufhaus erinnernde Hotel an der geschäftigen Hobson Street bietet weltstädtischen, wenn auch anonymen Hotelkomfort in Zimmern und Suiten mit (zumeist) Küchenzeile und – bei den besseren Typen – Waschmaschine/Trockner sowie CD/DVD-Player. Unabdingbar für Businesspeople: Sauna, Spa, Hallenbad, 2 Fitnessräume. WLAN gratis nur in der Lobby. DZ

Auckland City

ab ca. 175 $ („Normalpreis" 775 $). 35 Hobson St., ✆ 09/3798553, 0800/368888, www.heritagehotels.co.nz.

Citylife Auckland 26, gehobenes Mittelklassehotel der Heritage-Gruppe, der übliche längliche Betonquader in bester City-Lage. Angebot vom (großen) Zimmer bis zur Suite mit 2 Schlafzimmern, im Haus Fitnessraum, Hallenbad und ein Zest-Restaurant, also bekömmliche, auf Naturprodukten basierende Küche. Gratis-WLAN in der Lobby. DZ last minute ab ca. 159 $, regulär bis 599 $. 171 Queen St., ✆ 09/3799222, 0800/368888, www.heritagehotels.co.nz.

Amora 55, das frühere Duxton hat den Namen gewechselt und heißt jetzt Amora. Wie in neuseeländischen Motels hat man eine kleine Küchenzeile zur Verfügung (auch in den Standardzimmern mit Kochplatte und Mikrowelle) und zusätzlich den Komfort eines Hotels samt Balkon mit toller City-Aussicht (auf der Nordseite über dem grünen Idyll des Myers Parks). Die besseren Zimmer und Apartments mit Spa und gediegenem Mobiliar in Mahagoni und Leder. Geheizter Pool. DZ ab ca. 129 $, regulär bis 600 $. 100 Greys Ave, ✆ 09/3751800, 0800/655555, www.amorahotels.com.

Pullman 29, vom Hyatt Regency zum (Accor)-Pullman – aber wenig hat sich geändert: gehoben, aber keineswegs luxuriös ausgestattete Zimmer und Suiten mit Blick auf Hafen oder City in einem der großen Business-Hotels der Stadt. Hallenbad, Fitnessraum, Jacuzzi, Sauna und 6 Spa-Bäder sind in dieser Kategorie fast schon selbstverständlich. Luxuriös: sind nur die Apartments im neueren, von außen schlichter wirkenden Anbau (2002). DZ als Special (Bedingungen!) ab 95 $, in der Nebensaison normaler Internettarif um 230 $, regulär 999 $. Ecke Princes St./Waterloo Quadrant, ✆ 09/3531000, www.pullmanhotels.com.

City Central 36, ganz zentrales Budget-Hotel (kein Backpacker!) mit kleinen, aber ausreichend ausgestatteten Zimmern (Du/WC) mit Breitband-Internetzugang. Kein TV, hier zahlt man für die Lage! DZ 67–99 $, mit Aircondition ab ca. 120 $. Ecke Wellesley/Albert St., ✆ 09/3073388, 0800/3236000, www.citycentralhotel.co.nz.

Abaco on Jervois 19, sehr gute Apartments in guter Lage westlich der City in (gerade noch) Ponsonby. Hervorragend ausgestattet inklusive Spas, Internetzugang, Bäder mit Mischbatterien und Massagedüsen, Sat-TV (na klar) und ein zweites TV-Set im Schlafzimmer. DZ 120–145 $, Delux-Apts. 175–300 $. 57 Jervois Rd., ✆ 09/3606850, 0800/220066, www.abaco.co.nz.

Copthorne Auckland City 32, die Millennium-Kette, zu der die Copthorne-Hotels gehören, ist in Auckland am Rand des CBD in der Anzac Avenue („Auckland City") und in der Quay Street („Auckland Harbour City") mit einem Hotel vertreten, beide sind gehobene Mittelklasse ohne die vielen, für die meisten Urlaubsgäste überflüssigen Einrichtungen eines Luxushotels (oder brauchen Sie einen Friseur im Haus?). Minibar und Internetanschluss in den Zimmern mit Balkon, Hafenblick (auch das „Auckland City" hat ihn) verlangen (kostet nicht mehr als die City-Seite). DZ last minute ab ca. 129 $, regulär bis ca. 325 $. 150 Anzac Ave, ✆ 09/3798509, Reservierung: 09/3094420, www.millenniumhotels.co.nz.

Hilton 6, 160 Zimmer und 6 Suiten hat Aucklands strahlend weiß getünchtes Hilton auf der Prince's Wharf, seine Ausstattung ist aufwendig – was man hier Boutiquehotel nennt. Alle Zimmer mit Balkon, bei dieser Lage sieht man von allen Seiten zumindest teilweise auf den Hafen. Alle Gadgets der Kette und der Kategorie, superbe Bars und Restaurants (→ Essen & Trinken). DZ ab ca. 250 $, regulär bis 710 $. 147 Quay St., ✆ 09/9782000, www.hilton.com.

Scenic Hotel Auckland 49, dekorativ aufgefrischtes, denkmalgeschütztes Mittelklassehotel im Zwickel Queen Street und Wakefield Street gegenüber dem Aotea Square. Mehrere ganz unterschiedliche Zimmerkategorien (inkl. Penthouse-Suiten über zwei Stockwerke), alle Zimmer mit Internetanschluss, die besseren mit Aircondition und Minibar, Fitnessraum im Haus. DZ 99–480 $. 380 Queen St., ✆ 09/3741741, 0800/696963, www.scenichotelgroup.com.

Langham Hotel 61, das frühere Sheraton hat durch Besitzerwechsel und gründliche innere Renovierung noch gewonnen und sein Aussehen so richtig aufpoliert, u. a. durch eine neue, glänzende Lobby. Die Standardzimmer („Superior Rooms") sind allerdings nicht größer (28 qm) als bei der Konkurrenz mit weniger Sternen, dank neuer Möbel, attraktiver Farbgebung, guter Teppiche und Lampen jedoch recht wohnlich. Freizeit- und Sporteinrichtungen. Superior Room ab ca. 230 $ (offiziell 365 $), in der höchsten Kategorie („Royal Suite") sind ca. 1.000 $ zu berap-

Auckland und Region → Karten S. 162 und hinterer Umschlag

pen. 83 Symonds St., ☏ 09/3795132, www.langhamhotels.com/langham/auckland.

Sky City Grand Hotel 38, 5 Sterne und alles vom Feinsten. 316 Zimmer und Suiten, großer Fitnessbereich, Hallenbad und Spa, zum Restaurant dine by Peter Gordon → Essen & Trinken; DZ mit allen Schikanen inkl. so wichtigen Einrichtungselementen wie Playstation-Games (für die aber extra bezahlt werden muss). Das Sky City Hotel im selben Haus unter dem Sky Tower hat nur vier Sterne, ist ebenfalls nicht schlecht und bietet Zimmer ab 99 $ an. Standardzimmer 159–359 $. 90 Federal St. (Skytower), ☏ 09/3636000, 0800/7592489, www.skycityhotels.co.nz.

Novotel Ellerslie 3 → Karte hinterer Umschlag, gutes Haus (4 Sterne) im Süden der City nahe der Ellerslie-Pferderennbahn. 147 Zimmer in eher enger, aber solider Ausführung ohne Ausstattungsüberraschungen; Fitnessraum, Bar und Restaurant. DZ ca. 135–500 $. 72–112 Greenlane Rd., Ellerslie, ☏ 09/5299090, www.novotel.com.

Quest Auckland 51, Apartmenthotel der auf diesen Hoteltyp spezialisierten Quest-Kette, also in allen (oft recht kleinen) Zimmern komplette Küche, Waschmaschine, Trockner etc., Restaurant und Bar im Haus. Zentralste Lage an der Queen Street beim Aotea Centre. DZ (Apt.) 140–300 $ inkl. einfaches cont. Frühstück. 363 Queen St., ☏ 09/3002200, 0800/783785, www.questauckland.co.nz.

Am Flughafen Kiwi International Airport Hotel 5 → Karte hinterer Umschlag, kein Hoel für einen längeren Aufenthalt, aber in bequemer Flughafennähe, gratis Transfer vom/zum Airport, Zimmer mit allem, was man braucht, Breitband-Internet und Bar-Restaurant. Besonders angenehm für diejenigen, die morgens in Auckland eintreffen und abends fliegen: es gibt auch spezielle Tarife für die Tagesnutzung! DZ 79–130 $, Dayroom 60 $. 150 MvKenzie Rd., Mangere, ☏ 09/2560046, 0800/801919, www.kiwiairporthotel.com.

Bed & Breakfast

Wie fast immer in Neuseeland gelten die Bed & Breakfasts als „upmarket" und sind nicht gerade billig, mit unseren „Zimmern mit Frühstück" kann man sie nicht vergleichen. Boutique-Unterkunft ist im Kommen, d. h. feines Ambiente und noch

Übernachten

- 6 Hilton
- 19 Abaco on Jervois
- 20 ACB
- 21 Queen Street Backpackers
- 26 Citylife
- 28 Surf n' Snow Backpackers
- 29 Pullman
- 31 Rainbow Hotel
- 32 Copthorne Auckland City
- 35 Heritage
- 36 City Central
- 37 Ponsonby Arthotel
- 38 Sky City Grand Hotel
- 43 Uenuku Lodge Backpackers
- 46 Ponsonby Backpackers
- 49 Scenic Hotel Auckland
- 51 Quest Auckland
- 53 City Lodge
- 55 Amora
- 57 YMCA
- 59 Auckland International YHA
- 60 Auckland City YHA
- 61 Langham Hotel
- 63 BK Hostel
- 64 Verandah's Backpackers
- 66 Grafton Hall of Residence

Nachtleben

- 9 minus 5°
- 11 The Greenroom
- 13 Soul
- 15 O'Hagan's
- 18 Danny Doolans
- 23 Honey
- 42 Civic Tavern
- 47 The Whiskey
- 52 Chapel Bar & Bistro

Essen & Trinken

- 6 White Bellini
- 7 Pontoon
- 8 Sails
- 10 Auckland Fish Market
- 12 Waterfront
- 13 Soul
- 14 Harbourside
- 16 Mecca Café
- 17 Kermadec
- 22 The Grove
- 24 Occidental Beer Cafe
- 25 Vulcan Café
- 27 Café Melba
- 30 Gusto Italiano
- 33 Bambina
- 34 The Bite Café
- 38 dine by Peter Gordon
- 39 Observatory
- 40 Orbit
- 41 GPK
- 44 Prego
- 45 Foodhall im Force Entertainment Complex
- 48 Sponge
- 50 Troy
- 54 Early Bird Bakery
- 56 SPQR
- 58 Ponsonby Fresh Fish & Chips Co.
- 62 Ponsonby Village International Food Court
- 65 Navas Café
- 67 Café Articus

200 m

Auckland City und Ponsonby

Auckland und Region

höherer Preis. Wer ein B & B sucht, sollte vielleicht nach **Devonport** (→ S. 156) ausweichen, wo es eine ganze Reihe gibt und das von Auckland gerade mal 20 Fährminuten entfernt liegt.

The Great Ponsonby Arthotel 37, gediegenes, sehr komfortables B&B in einer hübschen Gründerzeitvilla, das vor allem auf Geschäftsleute zielt und die Preise für Zimmer und Penthouse nicht gerade niedrig hält. Fürs Geld bekommt man sehr gut ausgestattete Zimmer (Leder, Glas, Internetzugang, gute Bettwäsche, Badezimmer), ein Frühstück nach Wunsch, eine dekorativ-gemütliche Gäste-Lounge und die Ruhe einer Sackgasse. DZ/Suite/Penthouse (full breakfast) 180–425 $. 30 Ponsonby Terrace, ℡ 09/3765989, 0800/766792, www.greatpons.co.nz.

In Mount Eden (südlich der City)
≫ Mein Tipp: **Bavaria** 2 → Karte hinterer Umschlag, B&B-Hotel/Guest House 2 km südlich vom Zentrum in Mount Eden in wirklich ruhiger Lage. Wir sprechen Deutsch (und bieten sehr persönlichen Service)! Alle 11 Zimmer mit Du/WC, Frühstücksbüfett, Terrasse und subtropischer Garten, hübsches spätviktorianisches Haus mit den damals typischen industriell hergestellten durchbrochenen Verandadekors (wie Spitzen), innen dezent und durchaus individuell möbliert. Stadtbusse 25x und 26x halten ganz nahe an der Dominion Rd. Shuttle vom Flughafen! DZ/FR (Büffet) ca. 155–169 $. 83 Valley Rd., Mount Eden, ℡ 09/6389641, www.bavariabandbhotel.co.nz. ≪

In Remuera (südöstlich der City)
Green Oasis B&B 1 → Karte hinterer Umschlag, Gartenbungalow mit 2 Zimmern in ruhiger Umgebung, Küche, Waschmaschine/Trockner – komplett eingerichtet, und das Frühstück wird von den Gastgebern im Haus gestellt. DZ/FR 120 $. 25A Portland Rd., Remuera, ℡ 09/5201921, www.greenoasis.co.nz.

Backpackers/Hostels/YHA/Holiday Parks (→ Karte S. 134/135)

Als Haupteinfallsort für ausländische Besucher hat Auckland natürlich eine ganze Reihe von Backpacker-Unterkünften. Wer auf Partys aus ist, wird wohl in den zentralen bleiben, außerhalb der City hat man's vom Umfeld und von den Mitbewohnern her meist etwas ruhiger. Die Preise entsprechen denen in anderen Teilen des Landes (im Schlafsaal ab ca. 22 $, im Mittel 25 $).

> Zur Erinnerung: Für Backpacker-Unterkünfte, Hostels und Jugendherbergen sowie für Backpacker-Unterkünfte in Holiday Parks sind die Preise immer **pro Person** angegeben, auch im Zimmer!

Grafton Hall of Residence 66, Studentenheim, das von Mitte Nov. bis Mitte Febr. zur Budgetabsteige wird. Komplett eingerichtete Einzel- und Doppelzimmer, Bad/WC auf dem Gang, Gästewaschküche kostenlos, Computerraum, Mikrowelle. Billiger und in der Kategorie angenehmer kann man in Auckland nicht wohnen. DZ/FR 45 $ pro Person oder im EZ/FR à 50 $, mit Studentenausweis ca. 5,50 $ billiger. 40 Seafield View Rd., Grafton, ℡ 09/3733994, www.graftonhall.co.nz.

Uenuku Lodge Backpackers 43, die recht anständige mittelgroße Lodge (52 Betten) mit ihrer großen Küche und netter Veranda zur Gartenseite glänzt vor allem mit der Super-Lage an der Ponsonby Road. SG 45 $, DB 27–30 $, DO 22 $. 217 Ponsonby Rd., ℡ 09/3788990, www.uenukulodge.co.nz.

Ponsonby Backpackers 46, hölzerne Gründerzeitvilla mit Atmosphäre nächst der Ponsonby Road in großem Garten (Campingmöglichkeit). Gepflegt und oft ziemlich voll und abends bzw. am Wochenende direkt an der Partymeile. SG 40 $, DB ab 28 $, DO 23 $. 2 Franklin Rd., ℡ 09/3601311, 0800/476676, www.ponsonby-backpackers.co.nz.

Queen Street Backpackers 21, älteres Innenstadtgebäude (Hotel des frühen 20. Jh.), das vor allem wegen seiner Lage Besucher anzieht, aber mit angenehmem Aufenthaltsraum, Billiardraum, 2 Küchen, Dorms mit nur 4–6 Betten (einige mit Waschbecken) und Frauenschlafsälen den Aufenthalt recht angenehm macht. SG 53 $, DB ab 34 $, DO ab 26 $, günstige Wochentarife; Rabatte für Studenten, YHA-, BBH-, base-

Auckland City 137

Mitglieder. 4 Fort St., ✆ 09/3733471, www.qsb.co.nz.

ACB = base Auckland Central Backpackers 20, zentraler Backpacker-Palast mit Aircondition, bezogenen Betten, einige Zimmer sogar mit Bad, 2 TV-Räumen, geschäftiger Bar und Kontaktmöglichkeiten zu jeder Tages- und v. a. Nachtstunde. Sehr laut, an Schlafen nicht zu denken – populär! Ausstattung ist nicht mehr als Durchschnitt. DO ab 26,50 $ (fensterloser Raum!), DB ab 34,50/37,50 $ (ohne/mit Fenster). Auch Frauenschlafsaal (ab 32 $). 229 Queen St. (Ecke Darby St.), ✆ 09/3584877, 0800/227369, www.stayatbase.com.

Surf n' Snow Backpackers 28, hyperzentrale, erst 2004 eröffnete Lodge in altem Gebäude mit hohen Räumen und Original-Holzfußböden mit allen üblichen Einrichtungen, bezogenen Betten, kleinem Laden und Frauenschlafsaal. SG 55–90 $, DB 40–50 $, DO 22–29 $. 102 Albert St. (Ecke Victoria St.), ✆ 09/3638889, www.surfandsnow.co.nz.

BK Hostel 63, das Hostel an der Karangahape Road ist günstig gelegen, mittig zwischen Queen Street und Ponsonby Road, das bedeutet relativ kurze Fußwege zu den Sights und Kneipen. Außerdem ist der Laden ziemlich neu, zwar spartanisch eingerichtet, aber sehr sauber und mit vor allem Singles (21) und Doubles (52) außergewöhnlich pärchen- und alleinreisendenfreudig. Aber … es ist laut, denn abends und nachts geht es in der K-Road und ihren Nebengassen auch während der Woche erst richtig rund. Empfehlenswert für Singles und für Party-Freaks (schließt sich ja nicht aus)! SG 38–43 $, DB 23–27 $, DO 25 $. 3 Mercury Lane (Ecke Karangahape Rd.), ✆ 09/3070052, www.bkhostel.co.nz.

Verandahs Backpackers Lodge 64, zwei viktorianische Vorstadtvillen im Viertel Ponsonby wurden sorgfältig restauriert und zum Backpackerquartier mit Stil und – das deutet der Name an – mit Ausblick von den Balkonen auf den Western Park und die City umgebaut. Solide Einrichtung, gute Betten. SG 52 $, DB 33–43 $, DO 24–28 $. 6 Hopetoun St., ✆ 09/3604180, www.verandahs.co.nz.

Auckland City YHA 60, die große Jugendherberge bietet nicht mehr ganz taufrische, aber für einen kurzen Aufenthalt ausreichende Ausstattung, mehr Zimmer als Schlafsäle, wenige Gemeinschaftsduschen, keine Kühlschränke. Räume nur für Männer bzw. Frauen. Die Zimmer sind preislich überhöht. DO ab ca. 24 $ (mit YHA-Ausweis ab 21 $), DB ab 35 $ (YHA 33 $), Zimmer gibt es ab 85 $ (YHA 82 $). Ecke City Rd./Liverpool St., ✆ 09/3092802, 0800/278299, www.yha.co.nz.

Auckland International YHA 59, das größere – und etwas bessere – International YHA ist hervorragend gelegen, nicht zu laut, recht komfortabel ausgestattet, samt Restaurant. Es gibt neben gemeinsamen Dorms auch Räume nur für Männer/Frauen. 23–82 $ p. P. 5 Turner St., ✆ 09/3028200, 0800/278299, www.yha.co.nz.

YMCA 57, großer Kasten der „Young Men's Christian Association" am oberen Ende der Greys Ave. mit kleinen, sauberen Zimmern, die im Gegensatz zu den üblichen Backpacker-Quartieren sogar Tisch, Stuhl und Kühlschrank aufweisen, mit Fernsehraum und (schwach bestückter) Küche. Männer und Frauen werden aufgenommen. SG ca. 52 $, DB 38 $, DO 25 $. Ecke Pitt St./Greys Ave, ✆ 09/3032068, www.ymcaauckland.org.nz.

City Lodge 58, der YMCA betreibt nicht nur die schlichte Backpacker-Herberge, sondern auch eine Art preisgünstiges Hotel, die City Lodge, für Touristen mit nicht allzu großem Geldbeutel gedacht. Zentral gelegen, noch neuwertig, sauber und mit Zimmern, die alle mindestens Bad, TV, Kühlschrank, Wasserkocher, Kaffee- und Teezubereiter besitzen. Einfacher, aber solider Hotelstandard, dazu gibt es wie in Backpackerhostels eine Gemeinschaftsküche. SG 72 $, DB ab 46 $, auch größere Zimmer. 150 Vincent St., ✆ 09/3796183, 0800/766686, www.citylodge.co.nz.

In Manukau (südöstlich der City in Richtung Flughafen) Manukau Top 10 Holiday Park 4 → Karte hinterer Umschlag, wer in Auckland im Caravan, Camper oder Zelt oder in einer der billigen Cabins des Landes nächtigen will, muss schon weiter raus, etwa (so ziemlich die nächste Möglichkeit) nach Manukau im Südosten der Stadt. Der dortige Top 10 Holiday Park ist wie alle dieser Kette hervorragend ausgestattet, bietet viel Grün und viel Platz, ist mit Direktbus an die Innenstadt angeschlossen (Busse 454, 455, 457) und auch vom Flughafen aus leicht zu erreichen. Zelt ab ca. 16 $ p. P. (nur 15 Plätze ohne Strom, mit Strom ab ca. 24 $), Cabin ab 55 $, Motelunit ab 125 $. 902 Great South Rd., Manukau, ✆ 09/2668016, 0800/4226737, www.manukautop10.co.nz.

Essen & Trinken

(→ Karte S. 134/135)

Aucklands Restaurant- und Café-Szene ist kaum zu überblicken, was gestern noch *in* war ist heute komplett out. Das nette Café von gestern existiert heute nicht mehr, dafür gibt es ein anderes, neues, das man unbedingt besucht haben sollte. Und wenn das Restaurant heute noch existiert, dann hat es doch nicht mehr die Crew oder den Chef von gestern.

> Zu den unten näher charakterisierten Restaurants/Cafés noch ein paar weitere Tipps: Eines der schicksten und auch besten Restaurants der Stadt – gerade für 3 Mio NZ$ generalüberholt – befindet sich auf der Prince's Wharf (wo auch das Hilton mit seinem unten genannten „White" glänzt): **Euro**, Shed 22, ✆ 09/3099866, leider nicht billig. „Polished" und eher formell ist **The French Café**, 210 Symonds St., ✆ 09/3771911. Beliebt und immer wieder hoch gelobt (dessen Service allerdings unter der neuen Leitung bemängelt und von Neuseelands Food-Journalist Nr. 1, Michael Guy, zunächst als unbeständig eingestuft wurde um dann von ihm in „Eating Out" 2011 wieder sehr gelobt zu werden) ist **Vinnie's**, 166 Jervois Rd., Herne Bay, ✆ 09/3765597. Zu Aucklands Klassikern gehört ebenfalls das **O'Connell Street Bistro**, 3 O'Connell St., ✆ 09/3771884. Fein und teuer und wohl nicht ganz zuverlässig in Bezug auf die Qualität ist das im Ambiente etwas altmodisch auf Rot und Gold setzende **Cibo**, 91 St Georges Bay Rd., Parnell, ✆ 09/3039660. Viel Vorschusslorbeeren erhielt **Clooney** in Freemans Bay, 33 Sales St., ✆ 09/3581702, zuerst gab es (im „Herald") einen Totalverriss gefolgt von Guys Beurteilung als „consistent", nämlich *beständig* „one of N.Z.'s best restaurants".

dine by Peter Gordon (Sky City Grand Hotel) 39, das elegante Restaurant des 2005 eröffneten Hotels im Sky Tower ist nach dem ab und an hierher jet-settenden Fusion-Papst Peter Gordon benannt. Die Küche mixt vor allem japanische Elemente in den Nouvelle-Cuisine-Fond, gibt aber auch dem Gast aus dem amerikanischen Mittelwesten Raum (Angus-Steak, Schweinebauch). Für seine Qualität preiswert: Hauptgänge ab ca. 35 $, kompl. Menü ab ca. 75 $. ✆ 09/3637030.

Das **Hilton** 6, 147 Quay St., Shed 21, Prince's Warf, hat diverse Bars und Restaurants, wie die **Lounge-Bar Bellini** 6 in der Lobby, die auch Lunch serviert und abends eine imposante Cocktailliste offeriert; oder **White** 6, mit *upmarket*-Küche und wunderbarem Ausblick von der Terrasse auf Aucklands Waterfront. Wieso „White"? Alles in diesem Restaurant ist in Weiß (und Chrom) gehalten. Sein Chef war zunächst Geoff Scott, der dann Vinnie's in Herne Bay übernahm, jetzt ist es Bernard Bernabe, der eine innovative Pacific-Rim-Cuisine serviert – die Kritiker sprechen von nahtlosem Übergang auf höchstem Niveau. Hauptgang ab ca. 40 $. Beide ✆ 09/9782000. White tägl. 12–15 und 18.30–22.30 Uhr.

Soul 13, Viaduct Harbour. Draußen auf einer der beiden überdeckten Terrassen vor Tapas oder einem Fischgericht zu sitzen und am Chardonnay zu nippen, bringt nicht nur den Aucklandern Genuss. Besonders attraktiv bei Sonnenuntergang, nur dass man dann kaum einen Tisch findet und der Lärm von der Bar auf der anderen Seite des Lokals am Überborden ist. ✆ 09/3567249. Tägl. ab 11 Uhr.

Sails 8, The Anchorage, Westhaven Drive, Westhaven Marine; hervorragendes Seafood-Restaurant im Yachthafen. Meeresfrüchte, Fisch- und Lammgerichte, eher französische (Neue) Küche als die übliche Fusion-Mode, ansprechende Präsentation im eleganten und ruhigen Ambiente. Es gibt auch Fish & Chips – die Stammklientele verlangt's – aber welche! ✆ 09/3789890, www.sailsrestaurant.co.nz. Mittags und abends, Sa/So mittags zu.

Auckland Fish Market 10, Ecke Daldy und Madden Streets, Westhaven. Fisch und Meeresfrüchte an Fischständen, andere – vor allem sonst nicht überall zu bekommende – Nahrungsmittel, Café, Seafood-Brasserie „Market Kitchen", Takeaway (Fish & Chips!), Wein, chinesisches und kore-

Auckland City 139

Passage an der zentralen Queen Street

anisches Fischrestaurant … In einem der Lokale wird gar zuvor gekaufter Fisch nach Wunsch zubereitet (Live Fish)! Don't miss it! ✆ 09/3791490.

SPQR 56, 150 Ponsonby Rd.; eines der Restaurants mit der längsten Tradition an der Straße: laut, lärmig, stockdunkel, italienisch (oder was Neuseeländer unter diesem Etikett so erwarten – die beliebten Steaks sind ganz sicher nicht italienisch). Vorwiegend junges Publikum mit gutem Einkommen, am Wochenende Partyatmosphäre. 3 Gänge ab ca. 50 $, mit gutem Fisch gerne mehr. Abends meist umlagert, besser reservieren: ✆ 09/3601710.

Pontoon 7, Pier 21, 11 Westhaven Drive. Hervorragende Fischgerichte (aber auch Pizza), eine kaum zu übertreffende Weinkarte, pingelig sauberes Ambiente (Waschräume!) und ein zuvorkommender und hilfreicher Service sprechen für dieses 2005 nach Brand wiedereröffnete Restaurant mit Open-Air-Terrasse (plus 2 Bars und privaten Speiseräumen) auf dem Wasser. 3 Gänge kaum unter 65 $. ✆ 09/3735776.

The Bite Café 34, im Kaufhaus Smith & Caughey's, 253–261 Queen St. Traditioneller *afternoon tea* mit hauchdünnen Sandwiches und *cakes* im Miniaturformat auf hochbeinigen Tabletts – englischer als englisch. ✆ 09/9160785.

Ponsonby Fresh Fish & Chip Co. 59, 127 Ponsonby Rd.; Klassiker für wirklich frischen Fisch, frittiert in oft gewechseltem Öl, und ebensolche Fritten (anderswo gibt's schon mal aufgetaute und lässig in altem Fett frittierte Tiefkühlware). Wer's nicht bis zu seiner Bleibe schafft (wie der Autor), der schaufelt das köstliche Duo aus dem Wickelpapier noch an einem der mickrigen Tischchen vor der Tür in sich hinein. Der Laden nennt sich ganz bescheiden „Auckland's Best". Di–Sa 11–21.30, So/Mo 16.30–21.30 Uhr.

Café Melba 27, 33 Vulcan Lane; Bistro-Food inmitten des Bürokerns von Auckland in der kurios un-großstädtischen Vulcan Lane. Tagsüber – also immer – knallvoll, gute Cakes und Muffins, sehr guter Kaffee. Breakfast 9–12 Uhr, gut, aber fett, anschließend Lunch (Hauptgericht 17–20 $).

Foodhall im Force Entertainment Complex 45, 291–297 Queen St.; das untere Stockwerk des Kino- und Theaterkomplexes an der Ecke Queen St./Aotea Square bietet eine am Ort kaum übertreffbare Auswahl an – vor allem asiatischem – Fast Food (ab 10 Uhr).

Occidental Beer Cafe 24, 6–8 Vulcan Lane; der Belgier im kurzen Vulcan-Gässchen mit den netten Kneipen bietet belgisch-neuseeländisch-internationalen Küchenmix, belgische Biere auch vom Fass, gute Desserts und freundliche Kaffeehausatmosphäre.

Auckland und Region

Frühstück ab 7 Uhr mit belgischen Waffeln (9 $)! Hauptgang ca. 18–30 $. ✆ 09/3006266.

Vulcan Café 25, Vulcan Lane; Kaffee und Kuchen (apple crumble!) vorzüglich, die Tische draußen umlagert, das Essen soso (Sandwich, Canelloni, Chicken Cacciatore). So zu.

Mecca Café 16, 85–87 Custom St., Viaduct Basin; aus der engen Vulcan Lane ist das „Mecca" an den Yachthafen gezogen und bietet nun eine Klasse-Ausblick (Terrasse!) und ein erweitertes Bistromenü. Der Kaffee aus der Rösterei des Besitzers Mitin Yildiz ist auch hier hervorragend, der Service ebenso flott.

Troy Restaurant & Bar 50, 161 Ponsonby Rd.; neuseeländisch-türkisch-italienischer Mix im „Troja", einem Bistro im 1. Stock mit Pfiff (Hühner-Mussaka – lecker) und so freundlicher wie kompetenter Bedienung. Die Bezeichnungen für die einzelnen Gerichte sind ebenfalls ein Mix, mit „Bisteca Alla Beef" als Höhepunkt. Hauptgericht ca. 25 $. ✆ 09/3605203.

Prego 44, 226 Ponsonby Rd.; ein neuer Versuch mit italienischer Küche und ebensolchem Ambiente (architektonisch durch den geschwungenen Eingang unterstützt, der einen kleinen, intimen Vorgarten schafft). Pizza, Pasta, mehr braucht's nicht für die mediterrane Atmosphäre, unterstützt durch italienische Weine. Tägl. Lunch und Dinner. ✆ 09/3763095.

Waterfront 12, das Café-Restaurant beim Maritime Museum besitzt wie der gesamte Eingangsbereich dieses Museums den Charme des Schäbigen. Aber was ihm an Eleganz und Küchenstandard fehlt (darauf legen Neuseeländer traditionell wenig Wert, schließlich haben sie den Urlaub in sog. „Bach" mit minimalen zivilisatorischen Bedingungen zum Kult erhoben), ersetzt es durch Standortvorteil – die gedeckte Terrasse öffnet sich beim Maritime Museum (zu dem es gehört) zum Hafen – und mit einer stark auf Meeresfrüchten und Fisch basierenden Fusion-Küche im Bistrostil. Auch bloß ein Glas Wein darf's sein – wenn denn Platz ist.

Observatory 39, Sky Tower, Skycity, Ecke Victoria St./Hobson St.; Buffet-Restaurant (Selbstbedienung, abends zwei Sitzungen und Zweistundentakt) im Aussichtsdeck des Sky Tower. Alle Tische haben Ausblick und das Essen (Vorspeisen, 5 warme Hauptgänge inkl. Lachs und Lamm, diverse, sehr delikate Desserts und Käse) ist o. k. und bezahlbar: mittags ca. 41 $, abends ca. 61,50 $, der Eintritt fürs Aussichtsdeck ist für Restaurantbesucher kostenlos. ✆ 09/3636000. Im Winterhalbjahr mittags nur Fr–So.

Orbit 40, Sky Tower, Skycity, Ecke Victoria/ Hobson St.; Dreh-Restaurant auf höchstem Niveau, gutbürgerliche Küche nach Neuseelandart (Meeresfrüchteplatte, Rindsfilet mit kurzgarten Gemüsen …), viele Gäste, gemischte Gefühle. In einer Stunde hat man ein 360°-Panorama gesehen – Essen nicht vergessen! Sa/So ab 10 Uhr sehr beliebter Brunch. Komplettes Menü ab ca. 70 $. ✆ 09/3636000.

Harbourside Seafood Bar & Grill 14, Ferry Building, 99 Quay St. Krawatte dabei? Das Harbourside im alten Fährgebäude ist eines der wenigen Restaurants der Stadt, wo man mit Krawatte nicht auffällt. Eher unterkühltes Ambiente, aber schöner Blick vom Speisesaal im ersten Stock auf den Fährhafen und vor allem ausgezeichnete Fisch- und Meeresfrüchteküche, keine Desserts. Hauptgang ab 35 $. ✆ 09/3070556.

Café Articus 67, 229 Symonds St. (Nähe Khyber Pass Rd.). Den Kaffee des Hauses – Schlager ist der Latte – trinkt man im hinteren Sofa- und Plüschselteil, beliebt als Frühstückscafé (ab 7 Uhr) ist der vordere, kühle Teil mit seiner Fabrikerfrischungsraumatmosphäre. So und ab 16 Uhr zu. ✆ 09/3023136.

》》 Mein Tipp: **Kermadec** 17, 204 Quay St. (Eingang Ecke Customs/Hobson St. bzw. vom Viaduct Harbour); das Lokal im Stockwerk über dem Danny Doolans mit Blick auf den Diamond Harbour und die wogende Menge ist eine eher formelle Brasserie mit gehobenem Bistro-Food und ausgezeichneten Fisch- und Meeresfrüchtegerichten (ein Schwertfischsteak war das beste, das der Autor je gegessen hat), im Hinterzimmer (Restaurant) geht's noch feiner her. Hauptgericht ab 35 $. ✆ 09/309/0413. Tägl. ab 11 Uhr. **《《**

Gusto Italiano 30, 263 Ponsonby Rd.; ein Italiener ohne übertriebene Zugeständnisse an den Lokalgeschmack, das findet man selten. Aucklands Feinschmecker wissen's zu schätzen. Klassische Antipasti wie Carpaccio di Tonno, Pasta von Kürbisgnocchi bis Ravioli mit Butter und Salbei, Fleisch, Fisch in bester Qualität, Tiramisu im Haus gemacht. Gute Pizza. Drei Gänge ab ca. 65 $, mit Antipasto nicht unter 80 $. Es gibt auch feste Menüs, darunter ein vegetarisches. Service leider nicht immer top. ✆ 09/3611556. Tägl. ab 17.30 Uhr.

GPK 41, Ponsonby Rd.; sehr beliebt, gute Atmosphäre, freie Tische am Wochenende kaum zu ergattern, „italienische" Küche. Zuletzt: Die angeblich toskanische Pizza (24 $) hat zu viel drauf, der Teig ist nicht gar, statt Rohschinken wurde Bauchspeck genommen. Das bestellte Ale ist keines, sondern ein Lager (Mac's Gold, ein Export). Traurig. Aber an allen anderen Tischen angeregtes Geschnatter und gute Stimmung. Muss an mir liegen, dass ich nicht so begeistert bin. Diesmal: Gähnende Leere, obwohl anderswo alles knallvoll ist, Preise wie zuletzt (Pizza ca. 25 $, Hauptgericht ca. 35 $), ist das Lokal nicht mehr „in"? Beim nächsten Mal wird's wieder kaum Platz geben.

Navas Café 65, 14 Ponsonby Rd.; ein malayisches Café-Restaurant der besseren Art, klein und gemütlich, besser reservieren. Delikates Satong Sambal (Tintenfisch in Kräutersoße), würzig Odang Sambal (Crevetten in Chili-Ingwer-Soße), das Glanzgericht ist Beef Redang, ein scharf gewürztes Gericht mit Rindfleisch. Unbedingt probieren: Lamm Mutabak. Hauptgang unter 20 $. Bier passt gut zu diesen Gerichten, es gibt auch Wein (oder BYO). ✆ 09/3784478.

Sponge 48, 198 Ponsonby Rd.; gute, originelle Gerichte auf die Schnelle bietet dieses locker gestylte, atmosphärische Bistro. Umwerfend gut: die mit gegrillter Paprika und Aubergine gefüllten Prosciutto-Röllchen mit Safran-Aioli, ebenso die „Kuchen" (tatsächlich kleine Aufläufe) mit frischem Lachs und Limetten, beide Köstlichkeiten unter 20 $. ✆ 09/3600098. Di–Sa ab 17 Uhr.

Ponsonby Village International Food Court 62, Ponsonby Rd.; China und Thai, Indian und Burger gibt's zu sehr zivilen Preisen im 1. Stock mit seinen asiatisch-pazifischen Schnellimbissen.

Bambina 33, 268 Ponsonby Rd.; Café mit für Auckland langer Tradition, kühlem Stil, großem Tisch und Einzeltischen, Zeitungen und Zeitschriften, einem immer verlässlichen Küchenstandard und ebenso verlässlichem freundlichem Lächeln der Kellnerinnen. Das übliche Bistro-Angebot von Frühstück über „türkische" Sandwiches, Bruschetta (unter 10 $) und Cupcakes bis zum Schokoladenkuchen. ✆ 09/3604000.

The Grove 22, Saint Patrick's Square, Wyndham St. Ganz große kulinarische Klasse im Restaurant, das in Ambiente und Stil komplett sicher und bei Küchenleistung und Service zu Dreisterneleistung aufgelaufen ist. Ebenso ästhetische wie wohlschmeckende Kreationen – eine gewisse Vorliebe für scharf-süße, leicht asiatisch inspirierte Gerichte (karamellisierter Thunfisch mit Curry-Aubergine) ist nicht zu übersehen. Komplettes Menü ab ca. 80 $, Probiermenü 120 $, große Weinauswahl. Unbedingt reservieren: ✆ 09/3684129. Lunch Mo–Fr, Dinner Mo–Sa.

Early Bird Bakery 54, 131 Ponsonby Rd. Tägl. ab 4.30 Uhr früh gibt's hier Brot in großer Auswahl.

Nachtleben (→ Karte S. 134/135)

minus 5° Auckland 9, Prince's Wharf, Quay St.; Eisbar (neben **Lenin Bar**, 5) auf der teuren Prince's Wharf. Die ganze Bar eine Eisskulptur von Wänden und Sitzen bis hin zu den Trinkschalen, aus denen man – klar – Wodka-Cooler trinkt. Cool. Der Aufenthalt ist zeitlich begrenzt, in diese Bar geht man nicht, man macht eine Tour (alle halben Stunden). Buchen erwünscht und für abends notwendig. Eintritt mit Drink schlappe 32 $ (!). ✆ 09/3776702, mehr auf www.minus5.co.nz.

O'Hagan's 15, 101–103 Customs St. West. Recht geräuschvoller „irischer" Pub (also innen dunkel, maschinell gedrechseltes Holz und Schwarzbier) am Viaduct Harbour, etwas vom Hafenbecken zurückversetzt, mit großer Terrasse, das Essen – Bistro food – frischer und leichter, aber kaum weniger als sonst in Lokalen dieses Typs, sehr gut Fish (Tarakihi) & Fries und der deftige Beef & Guinness Pie (beide ca. 19 $). ✆ 09/3632106.

Civic Tavern 42, Ecke Queen St./Wellesley St. Brit-Pub-Versuch mit dem üblichen englischen Pub Food (viele *pies*) und Bier in Strömen in 3 Bars auf 3 Stockwerken. Auch und vor allem abends nicht zu knapp gefüllt – manchmal unangenehm laut.

Danny Doolans 18, 204 Quay St. Restaurant und abends vor allem Kneipe, wo der Tenor ganz eindeutig auf hohem Alkoholpegel liegt. Es gibt deftige Kost von Fish & Chips bis T-Bone-Steak, am Wochenende locken preiswert „Roast & Pint" (Braten und eine Halbe Bier zu 20 $). ✆ 09/3666491.

Das Restaurant **Soul** 🔢 am Viaduct Harbour verwandelt sich spät abends zu einer der meistfrequentierten Bars der Metropole.

The Whiskey 🔢, Ponsonby Rd.; im schmalen Haus mit seiner dekorativen korinthischen Fassade versteckt sich eine Trinkstube gehobener Qualität mit, zumindest was die Einrichtung anbelangt, kühlem Understatement. Am Wochenende dringt man kaum zur Bar vor.

Chapel Bar & Bistro 🔢, 147 Ponsonby Rd.; laute Bar mit schwachem Gastro-Angebot, bei Jungen und sich jung Stylenden angesagt, oftmals Kunden in Dreierreihen am Tresen und vor allem draußen, wo das Rauchen erlaubt ist. ✆ 09/3604528.

Bellini Lounge Bar im Hilton 🔢 → Essen & Trinken.

The Green Room 🔢, Shed 22, Princes Wharf; winzige, schicke Bar, mit Samt ausgeschlagen, der Tresen dunkel gebeizte Eiche, am langen Tisch mit seinen unbequemen hohen Stühlen hockt, wer in Auckland Rang und Namen hat oder beides unbedingt bekommen will. ✆ 09/3620776.

Honey 🔢, 5 O'Connell St.; schicke und populäre Lounge-Bar, in der die Drinks nicht von der Stange sind – probieren Sie einen Gin mit Manukahonig. ✆ 09/3695639.

Sehenswertes und Touren

... am Hafen und in der City

Ferry Building: Das ehemalige Hafenamt wurde 1912 im „Imperial Baroque Style" aus hellem Sandstein und dunklem Coromandel-Granit errichtet. Hier befanden sich die Büros und Abfertigungshallen für die Fähren, die vor Errichtung der Harbour Bridge die einzige Verbindung mit dem Norden bildeten. Heute findet man hier nach der Umgestaltung (1957–1963) immer noch die Büros (mit Information) und Abfahrtsstellen der Fähren nach Devonport und in den Hauraki-Golf, eine Wechselstube und die unvermeidlichen Cafés.

Hafenrundfahrten 360 Discovery Harbour Cruise, 1:30 Std., ca. 32 $ hop on – hop off Tagesticket (mehrere Anlegestellen), vorherige Buchung sinnvoll, aber nicht zwingend. 3 Termine pro Tag (10, 12, 14.30 Uhr), ✆ 0800/360472, www.360discovery.co.nz.

Fullers Harbour Cruise, 1:30 Std., ca. 36 $. 2 Termine pro Tag (10.30, 12.30 Uhr), Unterbrechung in Rangitoto möglich. ✆ 09/3679111, www.fullers.co.nz.

Viaduct Voyager, Schnellboot, das ab Viaduct Harbour Hafenrundfahrten durchführt: „Volcanic Voyager" (tägl. 10.30 Uhr, 1:30 Std., 79 $) und „Value Voyager" (tägl. 12.30 Uhr, 45 Min., 39 $). ✆ 09/4786190, 0800/936306, www.quayplayer.co.nz.

> **Tipp**: Die billigste Möglichkeit, im Hafen in See zu stechen, ist die Fähre nach Devonport! Hin/zurück knappe 45 Min., Kostenpunkt 11 $.

Voyager New Zealand National Maritime Museum: Hinter der recht schäbigen Fassade des Museums würde man kaum ein hochinteressantes Haus von internationalem Rang vermuten. In 18 Räumen und Sälen auf zwei Stockwerken eines Hafengebäudes, das den gesamten Pier neben der Princes Wharf einnimmt, wird Neuseelands Beziehung zum umgebenden Meer in all ihren historischen Facetten vorgestellt: von Infos über Wale und Walfang über die Herkunft der Maori bis zu den typischen Kiwi-Wochenendhütten am Strand (sog. „Bach"), von den Kabinen der Einwandererschiffe (der Boden der nachgebauten Kabine bewegt sich mit dem Stampfen des Schiffes!) über spektakuläre Schiffbrüche bis zum America's Cup, von Fischerei über Fähren bis zu Schiffswerften und vom Strandleben bis zu Schnellbooten auf Flachwasser. Besonders eindrucksvoll sind die Original-Boote im Museumskomplex, darunter das Walfangboot „Tainui", das 1890er-Küstenfrachtboot

... am Hafen und in der City

„Rewa", im Wasser vor dem Museum die „SS Puke", Neuseelands ältestes erhaltenes Dampfboot. Informativ der einführende Breitwand(trick)film „Te Waka" über die Entdeckung Neuseelands durch die Polynesier.

Das Museum besitzt daneben seetüchtige Boote und veranstaltet mit der „Ted Ashby", einem traditionellen Segelschiff, kurze Kreuzfahrten in den Hauraki-Golf, die sich besonders für Landratten sehr lohnen, da man einen guten Einblick in die Technik des Hochseesegelns bekommt.

Öffnungszeiten/Historische Schiffe Voyager New Zealand National Maritime Museum, Viaduct Harbour, Hobson Wharf, tägl. 9–17 Uhr, Eintritt 16 $. Heritage Cruises mit der „Ted Ashby" Sa, So, Di, Do 12 Uhr, Sa/So auch 14 Uhr, Preisaufschlag 10 $. ✆ 09/3730800, www.maritimemuseum.org.

Britomart: Auf dem Queen Elizabeth II Square zwischen Quay Street und Customs Street steht der Großteil der Stadt- und Regionalbusse, die Standplätze schwappen bis in die Nebenstraßen. Einen Plan gibt es im „Britomart Transport Interchange" auf der Ostseite, kurz Britomart genannt. Da Aucklands Bahnhof früher recht ungünstig am Fuß des Ponsony-Hügels lag und riesige Gleisflächen teures Bauland belegten, entschloss man sich, eine unterirdische Weiterführung bis Britomart, dem Gebäude des früheren Hauptpostamtes (von 1910), zu bauen und dort Bus- und Bahnterminal zusammenzulegen. Nationale, regionale und lokale Züge starten jetzt alle unterirdisch, der Weg zwischen Bahn und Bus ist sehr kurz geworden.

Queen Street und Seitenstraßen: Die städtische Hauptachse Aucklands zieht sich vom Hafen beim Britomart den Hang nach Süden hinauf, wo sie in die große West-Ost-Achse der Karangahape Road mündet. Queen Street (nach Queen Victoria, die regierte, als die Straße angelegt wurde) wird von vielen bedeutenden und z. T. noch einigen alten Bauten flankiert, die allerdings im Erdgeschoss ein meist zeitgenössisches Kleid tragen und dem schnellen Geschäft gewidmet sind – die Queen Street ist besonders im unteren und mittleren Teil (bis Aotea Square) Hauptbummel- und Einkaufsmeile von Touristen und vielen Einheimischen.

Obere Queen Street nahe Aotea Square

Vulcan Lane, ein schmales Gässchen zur Linken (östlich) hat eine dichte Ansammlung von Cafés und Kneipen, die werktags zur Büromittagspause ihre dichteste Belegung aufweisen, und zwei interessante Gebäude, das *Norfolk House* von 1912 mit seiner geschwungenen Fassade und das reizende Art-Deco-Haus auf Nr. 4, *Gifford's Building*.

Smith & Cauphey's Kaufhaus (253–261 Queen St.): Das Art-Deco-Kaufhaus von 1927–29 hat einige der Originalelemente behalten, insbesondere die Fassadengestaltung wurde bei den Renovierungen nicht angetastet. Nostalgisch: Das Kaufhaus ist das einzige von mehr als einem Dutzend in der Innenstadt, das sich bis heute gehalten hat.

Civic Center & Force Complex/Civic Entertainment Centre (269–285 und 287–295 Queen Street – viele Hausnummern, ein einziger Bau): Civic Theatre und Civic House sind beide von 1929, also aus der Höhenphase der Art-Deco-Architektur. Das *Civic Theatre* sollte man sich unbedingt von innen anschauen, einen pompöseren und aufwendig-hässlicheren Saal wird man kaum finden. Der Architekt hat maurische, indische, spanisch-barocke und Renaissance-Elemente in einen eigenen Schwulststil gepackt, besonders ausgeprägt im Foyer mit seinem üppigen Deckendekor. Anschauen kann man sich die Pracht bei einer der Theater-, Konzert- oder Kinoveranstaltungen, die hier stattfinden. Das *Civic Hotel* links nebenan (Ecke Wellesley St.) ist nochmals älter, es wurde bereits in den 70er Jahren des 19. Jh. errichtet. Der Force Complex hinter den beiden Gebäuden wurde 1997 eröffnet, er umfasst das Village Force Kino und weitere Säle.

Aotea Square und Aotea Centre: Durch einen geschnitzten Maori-Eingangsbogen aus Holz betritt man den Aotea Square. Der Platz, der am Wochenende als Kunst-, Kunsthandwerks- sowie Trödelmarktplatz dient (Marktrecht seit 1855!) war ursprünglich ein Sumpf. Die unfertig wirkende Gliederung des Platzes ist auf ein nicht voll ausgeführtes Konzept zurückzuführen. Auf dem Platz steht die Statue von Lord Auckland, nach dem die Stadt 1840 benannt wurde. Die Statue stand übrigens bis 1969 in Kalkutta, wo Lord Auckland 1835–1842 als Generalgouverneur für Indien wirkte, und wurde dann der Stadt Auckland geschenkt. Aotea Centre, das Gebäude rechts, wurde 1989 fertiggestellt, es dient als Aucklands Theater-, Opern- und Ballettbühne und Konferenzzentrum.

301–303 Town Hall: Das Rathaus entstand 1909–1912 auf dem spitzen Grundstück zwischen Queen Street und Greys Ave. (heute Aotea Square) in freier Auslegung des neoklassizistischen Stils mit einem überhohen Turm, der wohl an toskanische Rathäuser erinnern soll. Das Gebäude besitzt einen großen Konzertsaal mit Prunkorgel.

> **The Edge** nennt sich das Unternehmen, das die Veranstaltungen in den Einrichtungen rund um den Aotea Square organisiert – danach wird auch manchmal der gesamte Komplex benannt!

Myers Park: Der Park im Tal westlich der Upper Queen Street ist eine städtische Ruheoase. Wenn man von der Queen Street hinunterspaziert, passiert man zuerst eine alte Villa (heute Kindergarten), dabei hat man gute Blicke auf den Skytower. Unten grenzt der Park an das Rathaus und den Aotea Square.

Albert Park (Rangipuke): Das Maori-Dorf Rangipuke mit dem befestigten Pa Te Horoiu machte den Anfang an dieser Stelle, 1845 musste es den Albert Barracks Platz machen, einer Militärkaserne – die Briten bereiteten sich auf mögliche Auf-

... am Hafen und in der City 145

stände der Maori vor (und Maori arbeiteten mit am Schanzenbau ...). In viktorianischer Zeit wurde die Kaserne abgebrochen und es entstand ein Park, der ebenfalls den Namen des damals bereits verstorbenen, aber immer noch geliebten Prinzgemahls der Königin erhielt: Albert Park. Er ist der citynächste Park und besonders mittags von Angestellten besucht, die hier ihr mitgebrachtes Essen zu sich nehmen. Am Rand des Parks steht auch die nachfolgende Kunstausstellung.

Auckland Art Gallery (Toi o Tamaki): Die städtische Kunstgalerie ist auf zwei Gebäude aufgeteilt, die *Main Gallery* mit Malerei der Neuzeit, Schwerpunkt neuseeländische Künstler, und die *New Gallery* mit zeitgenössischer Kunst aus Neuseeland mit besonderer Betonung des Maori-Kunstschaffens. Einen besonderen Höhepunkt der Main Gallery, einer bedeutenden Kunstgalerie mit Werken u. a. von Corot bis Liechtenstein, stellt die Sammlung von Maori-Porträts des Malers Gottfried Lindauer dar (→ Kasten). Ebenfalls sehenswert, die Gemälde mit Maori-Honoratioren von Charles Goldie.

Öffnungszeiten Auckland Art Gallery: Main Gallery, Ecke Kitchener & Wellesley Sts.; New Gallery, Ecke Wellesley & Lorne Sts. Tägl. 10–17 Uhr, die Main Gallery ist 2011 noch im Umbau (der historische Bau wird aufgefrischt), der Besuch der New Gallery ist währenddessen gratis, Eintritt bisher 7 $. ℡ 09/3010101, www.aucklandartgallery.com.

> **Die Lindauer-Sammlung in der Auckland Art Gallery**
> Der böhmische Maler Gottfried Lindauer (1839–1926) kam 1873 nach Neuseeland, zu einem Zeitpunkt, als in Folge der Kriegshandlungen die Maorikultur als gefährdet und die Rasse als dem Untergang geweiht angesehen wurde. Der reiche Aucklander Geschäftsmann Henry Partridge, der zumindest auf Bildern das kulturelle Erbe der Maori festhalten wollte, beauftragte Lindauer mit einer Serie von Porträts der damals wichtigen Maori-Honoratioren, vor allem von Häuptlingen und deren Familien, darunter einige adelige Frauen. 1915 bot Partridge, der den Krieg in Europa selbst erlebt hatte, seine Sammlung von 70 Maori-Porträts aus der Hand Lindauers der Stadt Auckland an, wenn diese 10.000 Pfund für den Belgien-Hilfsfond zeichnete. Das Geld kam in wenigen Tagen zusammen, die Gemälde gingen in den Besitz der Stadt über. Leider ist immer nur eine Auswahl der Bilder zu sehen. Eine weitere Sammlung von Lindauer-Bildern befindet sich in der Regionalmuseum Whanganui, auch die städtische Art Gallery in Dunedin besitzt Lindauer-Gemälde.

Sky City und Sky Tower: Der 1997 eröffnete 328 m hohe Sky Tower ist das höchste Gebäude der südlichen Hemisphäre. Ein Stahlbetonschacht von 12 m Durchmesser bildet den Kern, er wird an der Basis durch acht speziell verstärkte Stahlbetonfüße gestützt, die vor allem bei hohen Windgeschwindigkeiten für die Stabilität des Bauwerks sorgen (bei 200 km/h – eine selbst für das windige Neuseeland extreme Windgeschwindigkeit – würde der Publikumsbereich im Observatory auf 194 m Höhe nur maximal 1 m horizontal schwingen). Das Hauptbeobachtungsdeck *Main Observatory Level* für Besucher befindet sich auf 186 m Höhe, faszinierend, dass der Boden aus Glas besteht (38 mm dick) und man direkt unter den Füßen die Stadt hat. Auf 190 m befindet sich *Orbit*, ein À-la-carte-Restaurant, auf 194 m *Observatory*, ein Selbstbedienungsrestaurant, auf 220 m die oberste öffentlich zugängliche Beobachtungsplattform, das *Sky Deck* (zu den Restaurants → Essen & Trinken).

Zwischen beiden Ebenen befindet sich die Plattform des *Skyjump* (auf 192 m), beim Fall von dort oben erreicht man in 16 Sekunden ca. 75 km/h. Noch höher liegt eine kleine Plattform auf 270 m (derzeit nicht zugänglich). An klaren Tagen erfasst die Sicht von dort einen Kreis von ca. 165 km Durchmesser. Der höchste auf Treppen zugängliche Punkt (1267 Stufen) wurde übrigens 2009 in 4:53 Min. erreicht (Thomas Dold, vierter im Empire State Building Run Up).

Sky Tower tägl. 8.30–22.30 Uhr, Fr/Sa bis 23.30 Uhr. ✆ 09/3636000, 0800/7592489, www.skycity.co.nz.

K' Road (Karangahape Road): Die Queen Street mündet südlich nach recht steilem Anstieg in die Karangahape Road, die von jedermann K' Road genannt wird. K' Road hat immer noch einige wenige gutbürgerliche Fassaden der späten Gründerzeit, aber die meisten Hausfronten sind zumindest im Erdgeschoss hinter reißerischen Reklametafeln und riesigen Neonaufschriften verschwunden, die für Läden mit Secondhand-Kleidung, Schallplatten, Ethno-Schmuck, Bistros mit indischer, pazifischer, Tonga-, Vietnam- oder malaysischer Küche, Massagesalons, Sexshops, Cafés und eher etwas anrüchige Cafés Werbung machen. Die internationalen Fastfood-Ketten samt jenen, die Kaffee anbieten, sind ebenfalls vertreten, und das Publikum ist in jeder Hinsicht gemischt. Früher mal war die K' Road eine Straße der Polynesier, das ist sie heute allenfalls noch weit im Westen, wo sich Wohnviertel wieder der Straße nähern. Die K' Road hat aber auch ausgezeichnete Läden, wie einen super Radladen plus Sportgeschäft, Bäckereien und Geldwechselstuben, Schnellwäschereien mit Internetcafé, klassische „Dairys", wo es alles gibt, und das bis spätabends, heute von Indern oder Chinesen geführt, Telefonläden, wo man angeblich billig telefoniert, und Reisebüros mit Destinationen im Pazifik und in Südostasien. Die Straße ist amüsant und anregend, wer nachts oder frühmorgens hier unterwegs ist, wird dabei die gleiche Vorsicht walten lassen wie in einem vergleichbaren Viertel zu Hause.

... in Parnell und der Auckland Domain

Parnell (www.parnell.net.nz) ist Aucklands ältester Vorort. Der seit dem späten 19. Jh. besiedelte Hügel (erste Häuser gab es aber schon in den 40ern), der vom zentralen Auckland durch ein verkehrserfülltes Tal getrennt ist, war von 1910 bis in die 30er Jahre eine gute bis sehr gute Adresse. Zahlreiche Stadthäuser und Vorstadtvillen aus edwardianischer Zeit und aus der Zwischenkriegszeit haben sich erhalten, da der Ortsteil in den 50ern, als Auckland sprunghaft zu wachsen begann, weniger beliebt war. In den 60ern begann dann eine Wiedergeburt des Stadtteiles, der die gesamte Parnell Road, die sich vom Hangfuß bis hinauf zum Broadway zieht, zu einem Boutiquen- und Restaurantviertel umformte. Die aus Kauriholz gebaute, ehemalige Kathedrale *Old St. Mary's Church*, eröffnet 1888, an der höchsten Stelle von Parnell, heute neben der anglikanischen *Kathedrale Holy Trinity* (ein die Gotik zitierender, dekorativer moderner Ziegel- und Glasbau, der ab 1957 entstand, bemerkenswert vor allem die farbigen Glasfenster der Front), stand nicht immer dort: 1982 wurde sie in einem Stück und ohne Glasbruch über die Straße hinweg auf ihren neuen Standort versetzt! Ihr 15 m hoher neugotischer Innenraum lässt sie größer und höher erscheinen, als sie tatsächlich ist. Der benachbarte *Selwyn Court* ist die Residenz des anglikanischen Bischofs von Auckland, ihr Stil ist typisch englische Neugotik wie auch jener der *St. Stephen's Chapel* von 1857, die anlässlich der Unabhängigkeit der neuseeländischen anglikanischen Kirche von der englischen errichtet wurde.

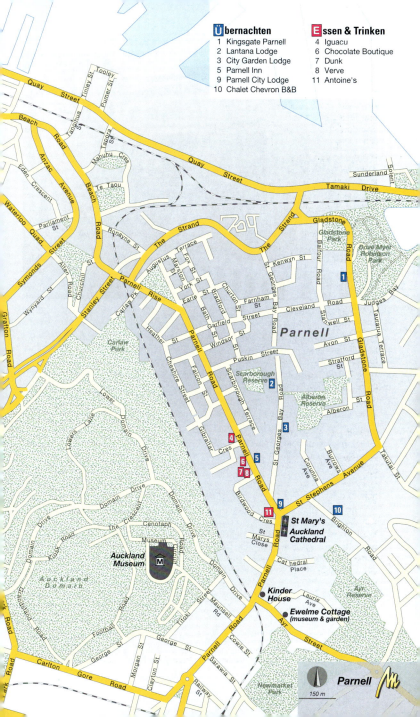

In Parnell lässt sich gut essen gehen

Unweit liegen zwei weitere sehenswerte Gebäude: Das *Ewelme Cottage* (14 Ayr St.) wurde 1863 für einen Geistlichen aus heimischen Hölzern gebaut, vor allem Kauri, Zubauten von 1883 haben das Häuschen kaum verändert, und selbst die ursprünglichen Möbel blieben teilweise erhalten. Die große Eiche im hübschen viktorianischen Garten des Cottage wurde 1866 gepflanzt, der Ziehbrunnen ist ein Original. *Kinder House* (1 Ayr St.) ist ein Steinbau von 1857, er wurde ebenfalls für einen Geistlichen errichtet, die Produkte seiner Hobbys Landschaftsmalerei und -photographie lassen sich in den Ausstellungsräumen des Erdgeschosses bewundern.

Öffnungszeiten Kathedrale/Old St. Mary's Church tägl. 10–16 Uhr, **Ewelme Cottage** tägl. 10.30–12/13–16.30 Uhr, **Kinder House** Do–So 11–15 Uhr.

Übernachten (→ Karte S. 147) Kingsgate Parnell **1**, freundliches und einigermaßen individuelles Kettenhotel in hübscher Lage an den Parnell Rose Gardens. Zimmer haben Minibar, im Haus Pool und gute Brasserie mit Gartenblick. DZ ab 84 $, im Hochsommer und an nationalen Feiertagen deutlich teurer. 100 Gladstone Rd., Parnell, ☏ 09/3773619, 0800/404010, www.millenniumhotels.com.

Parnell Inn 5, kleineres Motel mit intimem Charakter, 16 im Jahr 2010 gründlich renovierte und komfortabel eingerichtete Zimmer, einige mit Küchenzeile, im Haus Café-Restaurant. Sehr angenehme und hilfsbereite Pächter (Lob mehrerer Leser). Unit (2 Pers.) ab 99 $. 320 Parnell Rd., Parnell, ☏ 09/3580642, 0800/472763, www.parnellinn.co.nz.

Parnell City Lodge 9, eines der wenigen Motels in Innenstadtnähe und noch dazu in Parnell, da vermutet man hohe Preise und wird angenehm überrascht. Unit (2 Pers.) mit Küchenzeile/Internetanschluss 95–190 $. 2 St Stephens Ave., Parnell, ☏ 09/3771463, www.parnellcitylodge.co.nz.

Chalet Chevron B&B Hotel 10, in Parnell-Nebenstraße. Alle Zimmer anständig möbliert und mit Bad in einem Komplex typischer älterer Vorstadtwohnhäuser, wie sie sich in Parnell zahlreich erhalten haben. DZ/FR 210–250 $. 14 Brighton Rd., Parnell, ☏ 09/3090290, www.chaletchevron.co.nz.

Lantana Lodge 2, angenehmes, kleineres Hostel im trendigen Parnell in älterem Vorstadthaus. Nur 25 Plätze, gratis WLAN, TV-Zimmer, Leihräder und -wagen. SG 49 $, DB ca. 33–35 $, DO 24–26 $. 60 St Georges Bay Rd., Parnell, ☏ 09/3734546, www.lantanalodge.co.nz.

... in Parnell und der Auckland Domain

City Garden Lodge 🟦**3**, freundliches privates Hostel in älterem Vorstadthaus mit großem Garten, Zimmer, die diesen Namen verdienen (nicht nur getünchte Wohnquader), und Dorms – kein TV! SG 50 $, DB 28–32 $, DO 26–28 $. 25 St Georges Bay Rd., Parnell, ☏ 09/3020880, www.citygardenlodge.co.nz.

Essen & Trinken (→ Karte S. 147) **Chocolate Boutique** 🟦**6**, 323/1 Parnell Rd. Ein Tischchen drinnen, eines draußen, das ist das Sitzangebot für Chocaholics, die hier die Confiserie aus eigener Herstellung an Ort und Stelle zu einem Espresso oder einer heißen Schokolade testen wollen. Ist vielleicht auch gut, dass man eh keinen Sitzplatz bekommt, man würde sonst vielleicht zu viel schnabulieren. ☏ 09/3778550, www.chocolateboutique.co.nz.

Antoine's 🟦**11**, 333 Parnell Rd.; feines Restaurant, gepflegt, hervorragender Service, Krawatten gerne gesehen. Beste lokale Produkte (Lamm, Fisch und Meeresfrüchte) werden – manchmal etwas gewöhnungsbedürftig – auf Kiwi-Art zubereitet, aber mit Einflüssen, die von der Haute Cuisine bis nach Ostasien reichen. Hauptgericht ab ca. 40 $. ☏ 09/3798756.

Dunk Espresso Bar 🟦**7**, 297 Parnell Rd.; schicke Menschen im modisch post-postmodernen Glas-Stahl-Design. Der Espresso ist super.

Iguacu Restaurant and Bar 🟦**4**, 287 Parnell Rd. Was fast schon selbstverständlich und im schicken Stadtteil Parnell sowieso angesagtest ist, wird hier gekonnt zelebriert: Fusion-Küche, vor Ort Great Pacific Rim Cuisine genannt. Unter diesem Titel darf alles am Herd geschehen, Kokoscreme sich mit Zitronengras mischen und marokkanisches Lamm (!) mit neuseeländischem Plattfisch. Schmeckt alles wunderbar und wird freundlich zu hohem Lärmpegel serviert – sonntags Live-Jazz. Riesenkarte, komplettes Menü ab ca. 50 $. Mo–Fr ab 12 Uhr, Sa/So ab 11 Uhr jeweils bis spät. ☏ 09/3584804, www.iguacu.co.nz.

Verve 🟦**8**, 311 Parnell Rd.; schon die gedeckte Terrasse des vor 1914 errichteten Holzhauses besticht, wer hier einen Platz ergattert, bleibt trotz benachbarter Straße lange sitzen. Bistrofood von Quiche über Salads und Wraps bis zu Pasta und Fish & Chips, alles schmackhaft und freundlich serviert. Gut: Die Lunch Specials kann man auch als kleine Portion zu 10 $ bekommen. ☏ 09/3792860.

Auckland Domain: Das Land, auf dem heute dieser große Park liegt, wurde 1840 der Regierung vom Stamm Ngati Whatua geschenkt. Oder zumindest wird das behauptet. Der damalige Gouverneur bestimmte jedenfalls, dass das große bewaldete Hügelgebiet als Park erhalten bleiben sollte, und es wurde so zu Aucklands erster städtischer Grünzone. In der Domain gibt es Rasenflächen und lichte Waldabschnitte, Sportplätze und den idyllischen *Winter Garden,* der aus einem eingetieften Gartenbereich zwischen zwei Glashäusern besteht, und an der Hügelspitze befindet sich gleich das Auckland Museum (s. u.).

Die *Grafton Bridge,* Fortsetzung der K' Road nach Osten zur Grafton Road (und nach Parnell), überquert das tiefe Tal zwischen Auckland City und Parnell sowie Auckland Domain. 1910 aus Beton errichtet, war sie damals die Betonbrücke mit der weltweit größten Spannweite.

Auckland Museum (Tamaki Paenga Hira): Das frühere Auckland War Memorial Museum thront in Aussichtslage im oberen Bereich der Auckland Domain über der Stadt. Der imposante neoklassizistische Bau mit seiner gigantomanischen Säulenordnung birgt in drei Stockwerken eine kaum überblickbare Fülle interessanter Ausstellungsstücke, die von einem überwältigenden Saal der Maori-Kunst und -Kultur bis zu kindgerechten Discovery Centres reichen. Der heutige Haupteingang liegt an der früheren Rückseite (dort ist der Parkplatz), das dortige halbrunde und mehrere Stockwerke hohe Auckland Atrium besticht mit seiner lichten, modernen Architektur. Weitere Arbeiten im Haus und große Umstrukturierungen sind noch für weitere Jahre geplant (so gibt es derzeit zwei Museums-Shops, ein sicher nur vorläufiger Zustand). Eine Highlights-Führung macht mit den wichtigsten Ausstellungsstücken des Museums bekannt.

Erdgeschoss: Der über die gesamte Breite des Museums reichende Saal *He Taonga Maori* (Maori-Schätze) gruppiert Maori-Kunst und Handwerkserzeugnisse um das 25 m lange *Waka* (Kriegsboot) „Te Toki a Tapiri" von 1836, das aus Wairoa stammt (Hawke's Bay). Eines der ältesten je gefundenen Objekte ist der Teil eines geschnitzten Torbogens, *Kaitaia Carving,* der aus dem 12. oder 13. Jh. stammt und noch stark polynesische Züge trägt; er wurde bei Kaitaia im Northland gefunden. Im *Whare Whakairo* (Versammlungshalle) *Hotonui* aus Thames (um 1878), das für Maori heute wie damals zeremonielle Bedeutung hat (Schuhe ausziehen!) sind vorzügliche *Tukutuku* (Flechttafeln) an den Wänden zu bewundern. Ebenso eindrucksvoll die *Poupou,* die geschnitzten senkrechten Holzlatten und Dachträger, die von den Ngati Awa aus Whakatane für die befreundeten Ngati Maru und deren neues Versammlungshaus in Thames geschnitzt wurden. Im Bereich vor der Halle wird oft gezeigt wie die Tukutukus entstehen (zum Mitmachen).

Rechts und links vom (ursprünglichen) Eingang befinden sich kleinere Säle mit *Pacific Lifeways* und *Pacific Masterpieces,* die Lebensform und Kunst der Völker des Pazifiks (nicht nur Polynesiens) illustrieren.

Erster Stock: Hier wird die Naturgeschichte Neuseelands dargestellt, seine seltene und gefährdete Flora und Fauna, das Leben in den Ozeanen, und ein kleiner Bereich beschäftigt sich mit Maori-Sichtweisen von Natur. Eher konzeptlos wirken die kleinen Räume mit Sammlungen dekorativer Kunst und Kunsthandwerk, die von Privatleuten gestiftet wurden und nicht auseinander gerissen werden dürfen. Höhepunkt auf diesem Stockwerk sind Moa-Fossilien und Rekonstruktionen sowie eine verständliche Sequenz von Darstellungen, die Neuseelands geologisches Werden im Licht der Plattentektonik beleuchten.

Zweiter Stock: Auf diesem Stockwerk erkennt man, warum der frühere Name des Museums „War Memorial Museum" lautete, er ist nämlich komplett Neuseelands Militärgeschichte gewidmet.

Auckland Museum – das geschwungene Dach gehört zum neuen Anbau

Öffnungszeiten/Essen & Trinken/Anfahrt
tägl. 10–17 Uhr. Eintritt mit „Spende" (mind. 10 $), Manaia-Ticket 25 $, große Highlights-Führung tägl. 10.30 Uhr für 15 $. Infos ℡ 09/3067067, www.aucklandmuseum.com. Tägl. um 10.30 und 14 Uhr finden **Manaia-Aufführungen** statt, die Maori-Tanz, Lieder und Traditionen zeigen. Der Besuch lohnt sich, die professionellen Maori-Künstler agieren „natürlicher" als die Laien, die in manchen der Shows in den großen Hotels von Auckland und (vor allem) Rotorua zu sehen sind. Im neuen Eingangsbereich „Auckland Atrium" ist das helle **Atrium Cafe** untergebracht. Das Museum wird halbstündlich vom städtischen Explorer-Bus angesteuert (keine Anbindung ans öffentliche Verkehrsnetz!).

... am Tamaki Drive und an der Mission Bay

Die Südküste des Hauraki-Golfs östlich der Innenstadt von Auckland mit ihren wunderbaren Ausblicke auf Devonport mit seinen beiden Vulkanen und auf den großen Inselvulkan Rangitoto, gehört zu den beliebtesten Feierabendrouten der Metropole, gleich ob mit Pkw, Rad oder laufend, joggend, walkend, spazierengehend, inlineskatend („rollerblading") oder mit dem eigenen Boot.

Weg Vom i-Site Viaduct Harbour bis Mission Bay ca. 7,5 km, das sind 2 Std. zu Fuß bzw. 20–30 Min. mit dem Rad. Infos auf www.missionbay.co.nz und bei allen i-Sites.

Ach ja, wenn Sie mit dem Rad unterwegs sind, meiden Sie in St Heliers das La Vista Café, Radfahrer sind dort nicht willkommen (denn sie sind „stinky"; stimmt ja meist.).

Tamaki Drive: Man nimmt ab der Innenstadt zuerst die Quay Street, dann Straße 7, ab dem Ostende des Stadthafens durchgehend Fuß- und Radweg bis St Heliers am Meer entlang, mehrere schöne Buchten. Toller Blick zurück auf Auckland von der ersten Bucht (Okahu Bay), dann Blicke hinüber auf die beiden Vulkane, die die Skyline des North Shore prägen: Mount Victoria und North Head.

Kelly Tarlton's Underwater World & Antarctic Encounter: Auf dem Weg zur Mission Bay passiert man das ständig expandierende private Unternehmen, das auf die Initiative des Namenspatrons und Wracktauchers Kelly Tarlton zurückgeht, eine Reihe ungenutzter großer Becken am Meeresufer zu überdecken und als Riesenaquarien einzurichten. Die Aquarienwelt wuchs, zuletzt kam ein antarktischer Bereich mit Pinguinen (u. a. Königspinguine) dazu, und ganz neu sind ein Becken mit Stachelrochen und eines mit Meeresschildkröten. Größte Publikumsattraktion von damals bis heute sind die Haie in ihrem Riesenbecken, denen man sich ganz plötzlich Aug in Aug gegenüber steht. *Awsome!* Wer will, kann sogar ins Haibecken tauchen oder den Stachelrochen einen Besuch abstatten.

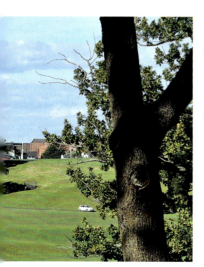

Öffnungszeiten Tägl. 9–18 Uhr, letzter Einlass 17 Uhr, Eintritt 30 $, Haibeckentauchgang ca. 100 $, Stachelrochen ca. 70 $. Kelly Tarlton's Gratis-Shuttle tägl. 9–16 Uhr zur vollen Stunde ab Discover NZ Travel Centre, 180 Quay St., ab Skycity Foyer ca. 10 Min. später. ℡ 09/5280603, 0800/805050, www.kellytarltons.co.nz.

Mission Bay: Nach der Landzunge erreicht man die Mission Bay mit wunderschönem Strand und Parkgelände, der Horizont wird vom Rangitoto dominiert. Zahlreiche Restaurants und Cafés flankieren die Uferstraße, abends und an Wochenenden sind sie von Gästen aus Groß-Auckland überfüllt. Im Ort Mission Bay stehen die schicksten und teuersten Villen der Stadt, die Preise schaffen Exklusivität und die Grundstücke sind größer als sonst in Neuseeland. Außer den Ausblicken auf das Meer und die Inseln des Hauraki-Golfs gibt es wenig zu sehen. Den schönsten Ausblick hat man vom *Savage Memorial* – Michael Joseph Savage, gestorben 1940, war Neuseelands erster Labour-Premierminister. Das ursprüngliche *Mission House* geht in der Flut schicker Villen und einladender und oft überteuerter Bistros und Restaurants völlig unter. Der Strand selbst ist auf lange Strecken feiner, wirklich „goldener" Sandstrand. An den Rändern der drei Buchten ist er von Felsen durchsetzt, was ihn besonders reizvoll erscheinen lässt, Schwimmen ist möglich, es gibt keine wirklich gefährlichen Strömungen.

… am Mount Eden, One Tree Hill, Manukau Harbour

Mount Eden (Maungawhau): Oben auf dem Mount Eden, den man zu Fuß über den Coast-to-Coast-Walkway oder auf einer Autostraße erreicht, wird einem ganz klar, dass man sich auf der Kante eines Vulkans befindet. Ein Krater ist ganz deutlich zu erkennen, und durch das von Schafen abgefressene Gras im Krater schimmert das Rot vulkanischer Asche. Der Ausblick von hier oben ist wohl der beste Aucklands, er übertrifft ganz eindeutig jenen vom Sky Tower, hat man doch die gesamte Stadt mit ihrer einprägsamen Silhouette samt Sky Tower mit Hafen und jenseitigem Ufer unter sich liegen.

Besonders die südlichen Hänge des Mount Eden sind stark terrassiert (Schutzgebiet), es sind ehemalige Siedlungsterrassen eines großen Maori-Dorfes und Ackerterrassen für Kumara. Nach Maungakiekie (One Tree Hill) stand hier die zweitgrößte Maori-Siedlung auf der Fläche des heutigen Auckland.

Tamaki Hikoi – Maori-Guides zeigen Aucklands Maori-Wurzeln

Mit einem traditionellen Willkommen begrüßt der Führer, auf diesem 6-km-Spaziergang immer ein Maori, seine Gäste. Dann geht es (nicht auf jeder Tour) von der Spitze des Maungawhau zu Fuß über den Centennial Walkway zum Marae der University of Auckland und ins Stadtzentrum, wo die Tour nach insgesamt bis zu 4 Std. am Britomart endet. Erzählungen über die Maori-Tradition, ihre Geschichten, Sagen und Märchen erschließen die gemeinsame Vergangenheit von Maori und Pakeha im Raum von Auckland. Eine bessere Einführung in diese multikulturelle und zu einem Drittel polynesische Stadt dürfte es kaum geben. Zusammen mit dem Besuch der Maori-Artefakte und der Kulturschau Manaia im Auckland Museum bekommt man auch ohne alle Vorkenntnisse einen fundierten Einblick in polynesischer Kultur. Sehr empfehlenswert!

Information/Buchung Die Tour Tamaki Hikoi durch die Maori-Geschichte Aucklands startet am i-Site Viaduct Harbour, wo man auch bucht (oder auf www.aucklandnz.com), sie kostet ca. 95 $ (inkl. Morning-/Afternoontea). Es gibt auch eine 1-Stundentour um den Mount Eden, „Hikoi Rua", zu 40 $.

Cornwall Park und One Tree Hill Domain (Maungakiekie): zwei aneinandergrenzende Parks, die zusammen den größten Grünbereich der Innenstadt von Auckland bilden. Maungakiekie („One Tree Hill") war wohl das komplexeste und sicher größte Festungswerk (sog. *Pa*) Polynesiens. Über mehrere Hektar hinweg haben dort bis zu 5.000 Bewohner ein System von Gräben, Schanzen, Essensgruben und Feldterrassen angelegt, das Seinesgleichen nicht hat. Auf der Spitze stand ein einzelner, heiliger Totara-Baum (Te Totara i Ahua, um 1860 gefällt), dessen Nachfolger, eine Montereykiefer, im Jahr 2000 aus Sicherheitsgründen gefällt werden musste. Der lange umstrittene Ersatz für den namengebenden Baum soll nun in der Saison 2011/12 durch eine Pflanzung von Jungbäuumen erfolgen (ein zwischenzeitlich gepflanzter Baum wurde wieder von Amts wegen entfernt).

→ Auckland und Region Karten S. 162 und hinterer Umschlag

Der Park wurde in den 40er Jahren des 19. Jh. vom Landbesitzer Sir John Logan Campbell, der unter dem Obelisken an der Spitze des Vulkans begraben liegt, der Stadt Auckland vermacht. Ein dichtes System von Wanderwegen und Straßen erschließt ihn. Beim Parkplatz am Bergfuß gibt es eine kleine Information über diesen Park (und andere in Auckland) und ein empfehlenswertes, historisches Café-Restaurant (s. u.).

Information Cornwall Park Information Centre, Huia Lodge (ein historisches Kaurihaus), Cornwall Park (Greenlane Rd. West, Epsom), tägl. 10–16 Uhr, ℡ 09/6308485, www.cornwallpark.co.nz.

Essen & Trinken ≫ Mein Tipp: Cornwall Park Garden Restaurant, was seit 100 Jahren beliebt ist, muss doch gut sein? Stimmt. Das Restaurant-Café am Fuß des One Tree Hill im idyllischen Cornwall Park ist so eine Institution, die man erfinden müsste, wenn es sie nicht schon gäbe. Ganze Schwadronen von Aucklandern gehen nachmittags hin zum *High Tea*, der auf englische Art serviert wird mit einem 3-teiligen viktorianischen Ständer für die Cremetörtchen und Mini-Sandwiches (delikate Kumara-Curry-Füllung in einem, Räucherlachs und Eiercreme in einem anderen). Mit Marmelade, Sahne und Tee und bei mindestens 2 Pers. zahlt man ca. 22,50 $ p. P. ≪

Onehunga und der Manukau Harbour: Wo der schmale Isthmus von Auckland wenig südlich des Maungakiekie auf den Manukau Harbour stößt, entstand ab ca. 1840 der Brückenort Onehunga. Ursprünglich gab es hier eine Fähre, deren Anlegestelle sich als Port of Onehunga teilweise erhalten hat, dann wurde eine Brücke über den schmalen Meeresarm zwischen dem eigentlichen Manukau Harbour und der seichten Mangere-Lagune errichtet (sie ist heute eine Fußgänger- und Radfahrerbrücke). Als letztes wurde die Autobahnbrücke des Southwestern Motorway gebaut, auf der man auch normalerweise den Flughafen erreicht. Das gründerzeitliche Onehunga um die Kreuzung Onehunga Mall und Church Street hat sich einige hübsche viktorianische Gebäude bewahrt, so die katholische *Church of the Assumption* von 1889 und die hübschen Vorstadtvillen der Grotto Street.

Einen gratis Ortsplan von Onehunga und Infos gibt es in der Onehunga Library, 83 Church St., ℡ 09/6343459, www.onehunga.net.nz. Das Library Café wird gelobt.

… in Ponsonby und an der St Mary's Bay

Ponsonby und Ponsonby Road (www.ponsonbyroad.org.nz): Der gute Kilometer zwischen der Jervois Road, dem Zentrum des alten Vororts Ponsonby, und der Kreuzung mit der Richmond Street (und Picton Road) ist eine echte Fressmeile. Cafés, Restaurants, Bars und landesüblich alle Abstufungen, die es für den öffentlichen Konsum von Speisen und Getränken gibt, reihen sich hier aneinander. Abends und am Wochenende findet man trotz des schier unerschöpflichen Angebots kaum einen Platz und das auch und besonders im Sommer, wenn die Terrassen bis auf die Straße überquellen (an deren Verkehrsberuhigung anscheinend noch niemand gedacht hat). Vom preiswerten Fish & Chips bis zum teuren Vorzeigerestaurant findet sich jede Art von Lokal. Vor dem Western Park im Süden der Straße wird das Angebot schmal, nur noch an der K'Road halten ein paar eher zwielichtige Lokale dem Image der Ponsonby Road die Stange. Am Nordende hingegen setzt sich das Angebot an Bars, Cafés und Restaurants auf der Jervois Road fort, wo sich auch Boutiquen und andere Läden daruntermischen. Ein paar hübsche ältere (spätviktorianische und zwischenkriegszeitliche) Vorortvillen liegen an der Straße, sie sind längst zu Bed & Breakfasts, Backpackers oder Immobilienbüros geworden, nur die neo-georgianischen Kirchen sind ihrem ursprünglichen Zweck treu geblieben, wenn sie sich auch heute im Lifestyle-Abseits befinden.

MOTAT Museum of Transport and Technology: Technikfreaks werden Auckland kaum verlassen wollen, ohne dieses Museum besucht zu haben. Technische Wunderwerke der Vergangenheit von viktorianischen Dampfloks über Trams und Flugzeuge der Zwischenkriegszeit zu Straßenkreuzern aus den 50ern.
Tägl. 10–17 Uhr (letzter Einlass 16.30 Uhr). Ticket 14 $. Im „Victorian Village", Great North Rd., Western Springs, ℡ 09/8155800, 0800/668286, www.motat.org.nz.

Auckland Zoo: Der städtische Zoo ist in erster Linie für Neuseeländer gedacht, und die wollen Elefanten und Löwen sehen, und nicht für uns Ausländer, die hinter gefährdeten und aussterbenden Tieren her sind und jeden Takahe einer Herde Rhinozerosse vorziehen. Für das Kiwi-Nachthaus und die Tuatara lohnt sich dennoch der Besuch, wenn man nicht vorhat, diese anderswo noch einmal zu sehen (z. B. die Kiwivögel in Rotorua und Tuataras in Invercargill oder gar beide in Freiheit auf einer der Inseln vor der Küste wie Kapiti Island oder Tiritiri Matangi).
Tägl. 9.30–17.30 Uhr. Eintritt 20 $. Motions Rd., Western Springs, www.aucklandzoo.co.nz.

… im Süden: Manukau City und der Flughafen

Manukau: Shopping-Centre und wichtigster Verkehrsknoten in Richtung Süden mit 20 Buslinien, Aucklands Internationalem Flughafen und Aucklands Botanischem Garten – die Stadt südlich von Auckland (und mit ihr als Groß-Auckland zusammengefasst) hat einiges zu bieten und wird doch kaum als eigenständiger Ort wahrgenommen, zu stark ist sie mit dem eigentlichen Auckland verwachsen. Hauptziel für Touristen ist der Botanische Garten, den man mit Pkw (Motorway 1) wie Bus leicht erreicht.

Auckland Regional Botanic Gardens: Weit im Süden in Manukau liegt der ausgedehnte Botanische Garten der Stadt. Erst ist noch jung (1973 begonnen), und viele Pflanzungen werden noch Jahrzehnte brauchen, bis sie das darstellen, was man für sie geplant hat (z. B. das 1992 angepflanzte *Kauri Grove*, dessen Bäume noch ein paar hundert Jahre benötigen, bevor man sie als ausgewachsen bezeichnen kann …) aber schon jetzt lohnt sich der Besuch allemal. Insgesamt gibt es 25 verschiedene Bereiche im Botanischen Garten, bei einem einzigen Besuch kann man sie kaum ausreichend würdigen.

Öffnungszeiten Tägl. von 8 Uhr bis Einbruch der Dunkelheit. Eintritt frei. Bibliothek Mo, Mi und Sa 11–15 Uhr. Hill Rd., Manurewa, ℡ 09/2671457, www.aucklandbotanicgardens.co.nz. Anfahrt mit Bus 471 ab Custom St. bis South Mall, dann 15 Min. zu Fuß auf der Hill Rd.; mit dem Auto auf dem Southern Motorway, Ausfahrt Manurewa/Hill Road.

Wanderungen und Radtouren

Coast to Coast Walkway: Vom Waitemata Harbour mit Startpunkt an der i-Site am Viaduct Harbour zum Manukau Harbour südlich der Stadt führt dieser 16 km lange Wanderweg, der zwei Meere verbindet: Waitemata Harbour, Aucklands Stadthafen, öffnet sich nach Osten zum Pazifik, Manukau Harbour öffnet sich nach Westen zur Tasmansee. Die Route ist intelligent angelegt, sodass sie möglichst viele Parks, „Domains" und Grünflächen berührt, kann aber Asphalt streckenweise nicht vermeiden. Die Beschilderung war wohl mal gut, heute ist sie nur noch als dürftig zu bezeichnen.

Radtour/Spaziergang Tamaki Drive, Mission Bay, St. Heliers: → S. 151

Radtour nach Henderson: Ein nahezu durchgehender Fuß- und Radweg führt neben dem SH 16 vom oberen Ende der Queen Street (schon jenseits der K' Road) bis in den westlichen Vorort Henderson, von wo aus man auf radgerechten Straßen die Waitakere Ranges erreicht (s. u.). Für die Rückfahrt nimmt man am besten den Vorortzug zwischen Henderson (oder Sunnyvale) und Britomart!

Achtung, Fahrradverbot auf der Auckland Harbour Bridge: Auf der Auckland Harbour Bridge sind Fahrräder nicht zugelassen, man nimmt stattdessen die Bahn nach Henderson oder Ranui oder die Fähre nach Devonport, wenn man das Gebiet nördlich Auckland erkunden will! Ein separater Fahrradstreifen ist im Gespräch.

Übersichtsplan: Im Gratis-Prospekt „Beyond your backyard" (i-Sites) sind auch Fahrradweg- und Wanderwegpläne zu finden.

↓ Auckland und Region
Karten S. 162 und hinterer Umschlag

North Shore: Devonport und Takapuna

Die Harbour Bridge mit ihren „Nippon clip-on", wie man die in den 80ern von einer japanischen Firma angehängten vier zusätzlichen Spuren nennt, führt über eine Meerenge des Waitemata Harbour nach Norden und verbindet zusammen mit den Fähren nach Devonport, Takapuna und Birkenhead das zentrale Auckland mit jener langen Halbinsel, deren Hauptteil im Norden als Northland (→ S. 183) bezeichnet wird, deren südlicher Teil jedoch entweder zu Auckland gehört oder sich innerhalb der Region Auckland als selbständige Stadt verwaltet. Von den Aucklandern wird dieser Bereich nur North Shore genannt, Nordküste, von der City aus gesehen stimmt das ja auch. Die Orte Devonport, Takapuna, Birkenhead, Northcote, Glenfield und Albany sind fast reine Trabanten- und Schlafstädte, dazu kommt besonders in Devonport und an der gesamten Ostküste von Auckland ausgehender Tagestourismus, der besonders an Wochenenden und Feiertagen Sintflutausmaße annimmt.

Verbindungen

Verbindungen Fähren ab Auckland Pier 1 nach Devonport Pier 1a, Stanley Bay (westlich der Ortsmitte von Devonport), Bayswater (zwischen Devonport und Takapuna) sowie Birkenhead, alle: ✆ 09/3679111, www.fullers.co.nz.

Stadtbusse nach Takapuna ab Devonport/Fähranleger (804, 813) oder direkt ab Britomart mit Bus 858. Nach Browns Bay mit Northern Express ab Britomart, tagsüber an Wochentagen alle 10 Min., umsteigen an der Constellation Station in den Bus 880. Nach Long Bay ab Britomart mit Bus 858 oder 879. Nach Albany mit Northern Express ab Britomart.

Mit **Pkw/Motorrad** über Harbour Bridge und SH 1; mit dem **Rad** (Brückenverbot!) nimmt man am besten die Fähre nach Devonport und bleibt dann so küstennah wie möglich.

Devonport

Devonport ist ein beliebtes Ziel von Tagesausflüglern, an manchen Wochenenden kommen die in kurzen Abständen verkehrenden Fähren kaum nach, die Massen von erholungsuchenden Familien aus Auckland auszuspucken. Da man als Aucklander immer wieder das Panorama von Mount Victoria und North Head vor sich hat, den beiden Vulkanen Devonports, liegt der Besuch des Ortes jenseits des schmalen Meeresarmes nahe, zumal die Fähre sehr häufig fährt und nur knappe 12–15 Min. unterwegs ist. Seit den 1840ern gibt es hier militärische Einrichtungen, North Head war stark befestigt, und der Marinehafen ist nach wie vor ein wichtiger Standort (das Trockendock der Schiffswerft, früher ebenfalls militärisch, ist inzwischen in Privatbesitz). Devonport war wegen der starken (Kriegs-)Marinepräsenz ehemals Wohnort vieler mit der See verbundener Familien, vor allem von Kapitänen, deren Einkommen es in vielen Fällen erlaubte, eine für neuseeländische Verhältnisse aufwendige Villa errichten zu lassen – schöne Beispiele finden sich in mehreren Straßen, die Rainbow Villa (→ Übernachten) ist eines von ihnen. Durch den Bau der Harbour Bridge wurde Devonport aber inzwischen zu einem Vorort Aucklands wie viele andere, von der Immobilienwelle überrollt und Schlafstadt …

Information/Verbindungen

Information Devonport i-Site Visitor Centre, 3 Victoria Rd., tägl. 8–17 Uhr, Sa/So/Fei ab 8.30 Uhr, ✆ 09/4468480, www.tourism northshore.co.nz, www.devonport.co.nz (kommerzielle Seite).

Verbindungen Devonport-Fähre (Fa. Fullers) von Auckland/Hafen, Pier 1, tägl. fast jede halbe Stunde, 11 $ hin/zurück, ✆ 09/3679111. Eine weitere Fähre bringt zur Stanley Bay im Westteil des Ortes, sie verkehrt jedoch nur Mo–Fr 7–18 Uhr (nicht an Feiertagen).

Feste & Veranstaltungen/Sport & Freizeit/Einkaufen

Weinfestival Devonport Food and Wine Festival, 2 Tage im Febr., mit Weinverkostungen, weinbezogenen Veranstaltungen, Essen und Trinken und viel Musik. Tickets 30 $, www.devonportwinefestival.co.nz.

Baden/Strände Torpedo Bay, der Auckland gegenüberliegende Strand zwischen Fähranleger und North Head ist zwar stark frequentiert, aber nicht unbedingt empfehlenswert. Ruhige See findet man am relativ flachen **Cheltenham Beach** nördlich des Ortes.

Buchantiquariate Victoria Road ist nicht nur eine Restaurantmeile, sondern bietet auch mehrere Buchantiquariate. Wer mit der Fähre ankommt, findet die ersten schon auf dem gedeckten Landungssteg – zuletzt waren es allein dort drei.

Übernachten

Esplanade Hotel 8, das schicke Seebad Devonport brauchte ein schickes Vorbild aus der alten Heimat, da nahm man sich selbstverständlich das damals mondäne „Esplanade" in Brighton an Englands Südküste zum Vorbild. Das Original frequentierte der Vergnügungen keineswegs abgeneigte englische König Edward (1901–1910), nach dem im britischen Raum die gesamte Periode vor dem Ersten Weltkrieg benannt ist: „Edwardian". Ganz so mondän ging es in Devonport nie zu und viel ist auch nicht von damals (1903) erhalten geblieben dank nicht lange zurückliegender gründlicher Renovierung. Tolle Lage genau gegenüber dem Fähranleger, das kann sich natürlich im Geräuschpegel auswirken. Gute, verschieden möblierte und geschnittene Zimmer, Restaurant und Bar im Haus. DZ/FR ab 190 $, Penthouse bis 750 $. 1 Victoria Rd., ✆ 09/4451291, www.esplanadehotel.co.nz.

Peace & Plenty Inn 6, die hübsche viktorianische Vorstadtvilla in ruhiger Lage bietet komfortable Zimmer mit Du/WC sowie ein üppiges Frühstück. DZ/FR 195–385 $. 6 Flagstaff Terrace, ☎ 09/4452925, www.peaceandplenty.co.nz.

Rainbow Villa B&B 3, dekorative viktorianische (1885) Vorstadtvilla mit reizvoller Zierfassade und schönem Garten. Innen mit alten Kaminen, stilvoll eingerichtet mit altem und altmodischem Mobiliar. 3 DZ mit Bad/WC und Sat-TV, morgens gibt's volles Frühstück. DZ/FR 130–180 $. 17 Rattray St., ☎ 09/4453597, www.rainbowvilla.co.nz.

Karin's Garden Villa B&B 1, Karin Lösch, deutscher Herkunft und weltgewandt, vermittelt das Gefühl, Gast der Familie zu sein. Wer für sich sein will, hat andererseits die Ruhe, die er braucht. Komfortabel, ruhig gelegen (nicht alle Zimmer mit eigenem Bad), am ruhigsten im separaten Cottage mit Küche. DZ/FR 155–185 $, Cottage 195 $. 14 Sinclair St., ☎ 09/4458689, www.karinsvilla.com.

Essen & Trinken

Die sich vom Fähranleger (mit Shops und Buchantiquariaten!) zur Domain und Mount Victoria hinaufziehende **Victoria Road** ist die Bummelmeile des Ortes. Cafés, Restaurants, im Sommer alle mit bis auf die Straße quellenden Terrassen, Antiquitäten- und Buchläden reihen sich aneinander. Die Qualität der Küche dieser Bistros ist nicht unbedingt überzeugend, das bessere Essen, den besseren Espresso und den weniger gelangweilten Service bekommt man in den Nebenstraßen.

Devonport Chocolates 7, 17 Wynyard Rd.; Schoko-Trüffel und „Slices"-Paradies. Was Slices sind? Hypersüße, mehrlagige, aber niedrige Kuchen, die in schmale Rechtecke geschnitten werden. Ohne sie wäre Neuseeland nicht, was es ist (Filiale Ponsonby Road 177B!). ☎ 09/4456001.

Ice It 2, 29 Church St. Helles Mobiliar, Zeichnungen an den Wänden, am Tresen delikate süße Kleinigkeiten wie die unübertrefflichen Mini-Carrotcakes und ein hervorragender Kaffee (von Chiasso). Von außen so hässlich, dass es weh tut. ☎ 09/4463333.

Clarry's Cafe 4, 18 Clarence St.; so einfaches wie ordentliches Selbstbedienungscafé in einer Nebenstraße der Victoria Road gegenüber dem Supermarkt (New World). Viele Gerichte unter 12 $ (Quiche mit Salat, Burger, Banger & Mash), kein Alkohol. Tägl. 7–16 Uhr.

The Stone Oven 5, 5 Clarence St.; große Bäckerei mit angeschlossenem Café-Restaurant. Steinofenbrot, einige Sorten biologisch, ist die Spezialität der Bäckerei, daneben gibt es ausgezeichnete süße Stückchen und kleine Snacks wie Quiche und Sandwiches. ✆ 09/4453185.

Sehenswertes in und um Devonport

Victoria Road und Mount Victoria/Takarunga: Vom Fähranleger (der in naher Zukunft wohl durch einen Neubau ersetzt werden wird) führt die Victoria Road hinauf zum Park um den Mount Victoria, einem erloschenen Vulkan wie North Head (im Osten des Ortes, aber im Norden von Auckland!). Der Spaziergang führt zuerst durch die von Cafés, Bistros, Restaurants und touristischen Läden gesäumte Victoria Road, einige stilvolle alte Gebäude (ehemalige Bank auf Nr. 14 mit neo-klassizistischer Fassade, heute ein Pub) verdienen mehr als einen kurzen Blick. Vom Straßenende aus besteigt man (über die Kerr Street oder auf Wegen bzw. über eine Stiege) den Vulkan Mount Victoria und hat einen herrlichen Rundumblick, sieht die meisten Inseln des Hauraki Gulf, ganz im Vordergrund Rangitoto und natürlich das jenseits des Meeresarmes liegende Auckland mit dem Wahrzeichen Sky City Tower. Wie viele andere Vulkanruinen war auch dieser Standort eines Maori-Pa, das Grab eines bedeutenden Häuptlings, Eru Patuone, findet man am Fuß des Hangs.

Der **Park** um den Mount Victoria wird im Sommer um 20.30 Uhr, im Winter um 18 Uhr geschlossen, für Autos wird Di–Sa um 18.30 Uhr geschlossen.

North Head/Mangauika: Die Aussicht vom North Head kann mit jener vom Mount Victoria durchaus mithalten. Der alte Vulkan sah hintereinander ganz unterschiedliche Befestigungen, war bis ins 19. Jh. ein befestigtes Maoridorf, ab den 1880ern dann befestigter Stützpunkt der britischen Kolonialmacht (Fort Cautley). Deren Tunnel, Laufgänge und Kanonenstellungen, eine mit „disappearing gun" (wie auch auf dem Mount Victoria), stellen ein besonders für Kinder interessantes Gelände dar. Auslöser für die britische Anlage war die Stationierung russischer Kriegsschiffe im zu dieser Zeit eben eröffneten eisfreien Pazifikhafens Wladiwostok, was die Briten als Gefahr empfanden.

Park um North Head 6–22 Uhr, für Autos bis 20 Uhr.

Naval Museum: Neuseelands Kriegsmarine hat sich, meinen die Neuseeländer, ihr eigenes Museum verdient. Wer sich dafür interessiert, findet eine Menge Infos in diesem Museum nahe dem Marinehafen Stanley Bay, wo auch eine der beiden Fähren von Auckland her anlandet.

Tägl. 10–16.30 Uhr, Eintritt frei. 15 Spring St., ✆ 09/4455186.

Die Strände nördlich von Devonport

Nördlich von Devonport erstreckt sich die Westküste des Hauraki-Golfs in einer Serie langgezogener sandiger Buchten bis hinauf nach Long Bay. Bis auf einen kurzen Küstenstreifen bei Campbells Bay ist der gesamte Strand von Bebauung flankiert, unter die sich aber auch die grünen Bereiche von Golfplätzen mischen. In **Takapuna** ist der städtisch verbaute Takapuna Beach ein beliebtes Bade- und Bummelziel, der kreisrunde Lake Pupuke, ein Eruptionskrater, wird auch von Windsurfern aufgesucht. Milford Beach, Campbells Bay, Murrays Bay, Browns Bay und Waiake Beach schließen sich nach Norden an. Für Surfanfänger sind die meist wenig bewegten Wasser dieses Küstenstriches ideal geeignet, unangenehm wird es nur, wenn man die Gezeiten vergessen hat und auf den hier sehr flachen Stränden bei Ebbe irgendwo weit draußen vor der Küste zu stranden kommt.

Eine Ausnahme bildet der Norden des Strandabschnitts, die **Long Bay**, wo ein feiner Sandstrand plötzlich in ein leicht erhöhtes Hochufer übergeht, das abrupt zum Strand abfällt. Durch den **Long Bay Regional Park** konnte hier der unmittelbare Küstenbereich in seinem (einigermaßen) natürlichen Zustand erhalten bleiben, kleine und kleinste Buchten mit Steilufer im Rücken lassen sich von einem auf dem Hochufer verlaufenden Küstenweg auf kurzen, steilen Trampelpfaden erreichen.

Information/Übernachten/Essen&Trinken Takapuna i-Site Visitor Centre, 49 Hurstmere Rd., Takapuna, ℅ 09/4868670, tägl. 8.30–17 Uhr, Sa/So/Fei nur 10–15 Uhr. Zum Regionalpark: „Parksline" ℅ 09/3662000.

Takapuna Beach Holiday Park, guter Platz nahe dem Strand. Stellplatz inkl. 2 Pers. ab 40 $, Miet-Caravan ab 68 $, Units ca. 120 $. 22 The Promenade, Takapuna, ℅ 09/4897909, www.takapunabeach.kiwiholidayparks.com.

Takapuna Beach Cafe, 22 The Promenade, Takapuna; beliebtes und gelobtes Bistro-Café mit großer Terrasse und Blick auf Rangitoto. ℅ 09/4840002, tägl. 7–16 Uhr.

Mount Victoria und North Head sind die beiden Vulkankuppen von Devonport

Baden im Meer oder heißen Quellen: Waiwera ist ein beliebtes Thermalbad

Die Region Auckland

Die Region Auckland ist bis zu einer Entfernung von etwa einer Autostunde stark verbaut. Das macht diese Region nicht unbedingt zu einem bevorzugten Ausflugsziel für ausländische Besucher, zumal an den Wochenenden die reizvolleren Ecken stark von Familien aus Auckland frequentiert sind.

Dennoch lohnt sich der Besuch einiger besonders schöner Ziele: Die Hibiskusküste und die Matakana-Küste am Hauraki-Golf nördlich der Stadt haben einige sehr schöne, wenn auch oft überlaufene Strände, die weit in den Golf hineinragende Whangaparoa-Halbinsel und weiter nördlich Cape Rodney mit dem küstennahen Inselchen Goat Island sind die Glanzpunkte dieser Küstenzone. Im Westen ist das bewaldete Hügelland der Waitakere Ranges mit seiner eindrucksvollen Steilküste und tollen Surfstränden den Besuch wert, genauso wie der nördlich anschließende lange Muriwai Beach. Um dorthin zu kommen, passiert man das Henderson- und Kumeu-Weingebiet, eine der ältesten Weinlandschaften Neuseelands. Der Süden ist weniger attraktiv, am ehesten wird man die Strände der South-Kaipara-Halbinsel und das weniger besiedelte Küstenland der Seabird Coast an der großen Bucht des Firth of Thames besuchen wollen.

Doch halt: Auckland verwaltet auch die Inseln des Hauraki-Golfs, Rangitoto, Waiheke, Ponui, Great und Little Barrier Island, Kawau, Tiritiri Matangi und die Hen and Chicken Islands! Tolle Ziele – fast alle naturnah, einige Naturschutzgebiete – für Auckländer wie Touristen.

Die Hibiscus Coast und die Matakana Coast

Nördlich von Long Bay und dem tief eingeschnittenen Okura-Flussmündungstrichter löst sich die Küste des Hauraki-Golfs in lang gezogenen Halbinseln und tiefen Flussmündungen auf (Letztere werden als *Estuary* oder *Harbour* bezeichnet). Der Südteil dieser Landschaft ist die Hibiskus-Küste, ein sich rasch zur Schlafstadt verwandelndes Siedlungsband mit Zentren in Orewa, auf der Whangaparaoa-Halbinsel, in Waiwera und Puhoi.

Die Matakana-Küste (auch „Kowhai Coast" genannt, vor allem in Werbebroschüren) schließt sich nördlich an die Hibiskusküste an. Bei Takatu Point, der östlichsten Landspitze der Tawharanui-Halbinsel, und in der Halbinsel von Cape Rodney sticht sie weit in den Hauraki-Golf hinein. Landschaftlich besonders reizvoll ist Letztere, zumal sich nördlich von ihr unter Einschluss des kleinen Inselchens Goat Island die Meeresschutzzone Cape Rodney – Okarari Point erstreckt, ein beliebtes Ziel von Tauchern, Schnorchlern, Kajakern und Wasserratten jeder Prägung. Der Hauptort der Matakana Coast ist Warkworth am innersten Ende des langen Flussmündungstrichters des Mahurangi Harbour, von den anderen „Orten" kann sich nur Leigh rühmen, mehr als eine Ansammlung von ein paar Häusern links und rechts der Straße zu sein. Die städtische Flut Aucklands hat noch nicht bis hierher gefunden, die Maut-Schnellstraße, die Orewa und Waiwera umgeht (2 $ für PKW) lässt auch die Verkehrsflut vorbeibranden .

Information Hibiscus Coast Information Centre, 214A Hibiscus Coast Highway, Orewa, ✆ 09/4260076, www.orewa-beach.co.nz.

Warkworth i-Site Information Centre, Rodney District Council Building, 1 Baxter St., Warkworth, ✆ 09/4259081, www.warkworth.

nz.com, www.matakanacoast.com (kommerzielle Seite).

Verbindungen Aucklander **Stadtbusse** (895) ab Britomart bis Silverdale, dort umsteigen in Bus nach Orewa, nach Waiwera direkt.

Orewa und die Whangaparoa-Halbinsel: Nicht zufällig wurde in Orewa die Infostelle der Hibiskusküste eingerichtet, denn dessen mehr als 3 km langer Strand ist der eindrucksvollste des gesamten Küstenstriches. Dass sich hinter dem Strand direkt die Stadt aufbaut, stört keinen der unzähligen Wochenendbadegäste, ganz im Gegenteil, sind doch auf diese Weise das Quartier und ein Café oder Restaurant mit dem Badestress und in ein paar Minuten zu erreichen. Die 12 km lange Whangaparoa-Halbinsel ist fast völlig verbaut, jedoch trägt die äußerste Landspitze einen hübschen Naturpark, den *Shakespear Regional Park,* dessen Vegetation sich nach schweren menschlichen Eingriffen allmählich wieder erholt. In der Gulf Harbour Marina auf halbem Weg starten (oder zwischenlanden) die Boote zur Vogelinsel Tiritiri Matangi (→ Hauraki Gulf), die Marina erreicht man auch ab Auckland.

Waiwera und Haus Wenderholm: Das täglich geöffnete Thermalbad Waiwera, dessen heiße Quellen direkt neben und sogar auf dem Strand in der schmalen Bucht liegen, ist populär bei Aucklandern, liegt der Ort doch nur etwa 40 Autominuten nördlich der Stadt. Die kleine Halbinsel jenseits der Flussmündung mit ihrer spitzen, bei Flut umbrandeten Felseninsel, trägt den *Wenderholm Regional Park.* Das Land hier wurde in den 40er Jahren des 19. Jh. von Robert Graham gekauft, der mit den Pflanzungen begann, die heute die Schönheiten dieses Parks ausmachen. Die Zufahrt wird von knorrigen Platanen aus der ersten Pflanzungsphase flankiert. Nahe dem Haus „Wenderholm", das er unter den Klippen direkt am Strand als Wohnsitz errichten ließ, stammen ein riesiger Feigenbaum und eine Eiche noch aus seiner Zeit.

Besonders eindrucksvoll sind die zahlreichen Pohutukawa-Bäume, die er pflanzen ließ und die um die Weihnachtszeit in leuchtendem Rot blühen. An der Nordseite wiederum stellen die gelben Blütendolden des Kowhai-Baumes ein Frühjahrswunder dar (Sept./Okt.). Ein Possumzaun, der die Halbinsel hermetisch abriegelt, hat die Bäume vor dem sonst üblichen kompletten Abgefressenwerden durch die Fuchskusus gerettet. Viele endemische Vögel haben sich wieder eingefunden: vor allem Tui und Kereru (neuseeländische Wildtaube), auch der äußerst seltene North Island Robin (Toutouwai), daneben gibt es eine kleine Gruppe (australischer) Kookaburras, sie wurden im 19. Jh. hier freigelassen und fanden den Ort nach ihrem Geschmack.

Puhoi: 1863 kamen die ersten Siedler aus dem deutsch-böhmischen Egerland nach Puhoi, 1866 und 1873 folgten weitere Gruppen von Auswanderern, unter ihnen der Maler Gottfried Lindauer (→ S. 145). Das böhmische Dorf auf neuseeländischem Boden entstand nach harter Rodungsarbeit in einer fremden Umgebung – weder die Maori noch die Pakeha der Region konnten mit den böhmischen Ländlern und der deutschen Sprache dieser bäuerlichen Sieder etwas anfangen. Kauriholz war die

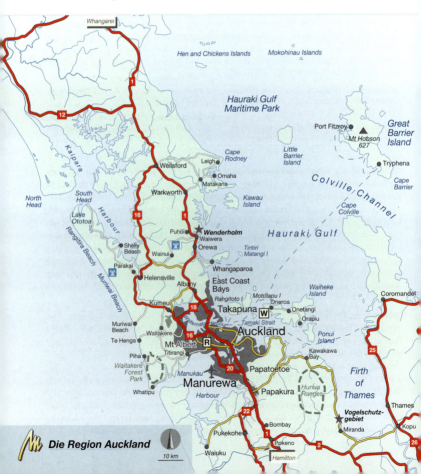

Die Region Auckland

Haupteinnahmequelle, die knochenbrechende Arbeit der Holzfäller der damaligen Zeit, die mit Handsägen hantierten und Ochsenkarren führten, ist z. B. auf www.pu hoihistoricalsociety.org.nz/Hardwork.htm mit Bildern kommentiert. Von den ersten Jahrzehnten des Dorfes hat sich nichts erhalten, erst knapp vor 1900 konnte man sich Überflüssiges wie ein Gasthaus leisten: Das *Puhoi Hotel* stammt aus jener Zeit und zeigt in Bar und Speisesaal eine eindrucksvolle Sammlung von Bildern und Fotos, u. a. zum Kaurifällen und zum Transport per Ochsenkarren. Im Museum der Puhoi Historical Society lässt sich ebenfalls – etwa vor einem Modell des Dorfes vor 120 Jahren – über das alte Puhoi meditieren.

Geschichtsinformation Eine deutschsprachige Zusammenfassung der Ortsgeschichte findet sich in www.egerlandmuseum.de/seiten/thema_mon_archiv/puhoi_05_03.htm, das Egerland-Museum in Deutschland hat die engsten Kontakte zu Puhoi: Egerland-Museum Marktredwitz, Fikentscherstr. 24, 95615 Marktredwitz, ✆ 09231/3907. Die Ortsseite ist www.puhoi.nz.com.

Öffnungszeiten Puhoi Museum, Weihnachten bis Ostern tägl. 13–16 Uhr, Rest des Jahres nur Sa/So/Schulferien 13–16 Uhr; Eintritt 1 $ („Donation").

Warkworth und die Mahurangi-Halbinsel: Dass Warkworth der größte Ort des Küstenabschnitts ist, sieht man ihm nicht an, nicht einmal in der Sommerhochsaison, wenn ihn vor allem Aucklander Bootsbesitzer als Verpflegungsstation benutzen. Im Zentrum um Queen Street und Neville Street sind auffällig viele Kunsthandwerksläden (vor allem Töpferwaren und Holz), „Antiques" und Kunstboutiquen zu finden, was eher auf die Wochenendausflügler und Sommergäste aus Auckland zurückzuführen ist, die an Regentagen von Shop zu Shop marschieren. Ein Blick ins *Warkworth & District Museum* (3 km südlich, Hinweisschilder) mit Infos zur Geschichte des Ortes, der sich mit Sägewerken für Kauriholz entwickelte, die hier am Beginn des schiffbaren Abschnitts des Mahurangi Rivers angesiedelt waren. Schließlich noch ein Spaziergang durch das Kauriwäldchen außerhalb *(Parry Kauri Park)*, das war's dann.

Kawau Island: Als einzige der größeren Inseln des Hauraki-Golfes erreicht man sie nicht ab Auckland, sondern von **Sandspit** aus, einem kleinen Hafenort östlich von Warkworth am Nordende der Mahurangi-Halbinsel. „Baches" und Zweitwohnungen dominieren die Insel mit ihren vielen sandigen Buchten und sicheren Ankerplätzen, die vor allem bei Wochenendseglern und Jachtbesitzern beliebt sind. Wer ohne Boot ist, kann sich nur im Bereich der wenigen Landestellen bewegen, denn ein Großteil der Insel wird heute nicht mehr genutzt und verwildert zu undurchdringlichem Strauchwerk.

Die wichtigste Anlegestelle, wo auch die regulären Boote anlegen, ist die *Mansion House Bay* mit Herrenhaus. Von dort kann man auf einem Pfad zur kleinen Lady's Bay spazieren und weiter zum Bon Accord Harbour mit den Resten des Kupferbergbaus (hin/zurück ca. 1:30 Std.).

Öffnungszeiten Mansion House, tägl. 9.30–15.30 Uhr, Eintritt 5 $.

Verbindungen/Ausflugsboote Royal Mail Run, durchgeführt von Reubens (ehem. Kauwau Kat) Cruises, ab Sandspit, tägl. 10.30 Uhr, hin/zurück ca. 68 $, mit BBQ-Lunch an Bord 90 $. ✆ 09/4258006, 0800/ 111616, www.reubens.co.nz. Das Boot führt tatsächlich einen Mail Run durch, also landet überall an und bringt Zeitungen, Briefe und Waren bzw. nimmt sie auf, in der Mansion House Bay hat man 2 Std. Zeit. Ein **Wassertaxi** kann unter derselben Adresse bestellt werden.

Matakana und die Tawharanui-Halbinsel: Matakana? Das ist der Name für einen Landstrich, der zugehörige Ort besteht aus einer Straßensiedlung, die überwiegend vom Durchgangsverkehr lebt. Interessant ist vor allem der Weinbau der Umgebung und, treu dem neuseeländischen Muster, die sich entwickelnde Gastronomie in den Weingütern.

Die Tawharanui-Halbinsel ist im westlichen Teil in mehrere Landspitzen und Buchten aufgespalten, die auf Straßen erreichbar sind und wie so oft von Ferienhäuschen flankiert werden. Im Ostteil hingegen hat der Regionalpark Tawharanui die gesamte Landspitze eingenommen und bildet ein wunderbares Erholungsgebiet. Besonders empfehlenswert ist der dortige *Ecology Trail* (ab Anchor Bay, dort Parkplatz, Toiletten, Wasser), ein ca. 2 Std. in Anspruch nehmender, mit gelben Pflöcken markierter Weg, der sowohl Wald als auch Feuchtzonen, aber vor allem unberührten weißen Dünensandstrand passiert. Wie Wenderholm wird auch dieser Park durch einen Zaun vor Schädlingen geschützt und erholt sich langsam von den Attacken durch Fuchskusu, Wiesel & Co.

Wein Liste der Weingüter, einige mit Bistro/Café, auf www.matakanawine.com. **Weintouren** bietet Warkworth Taxi Charters, ✆ 09/4250000, www.lindaswinetours.co.nz.

Leigh, Cape Rodney und Goat Island: Leigh, 13 km weiter nördlich, ist ein freundlicher kleiner Hafenort, den vor allem eines auszeichnet: die Nähe zum Cape Rodney – Okakari Point Marine Reserve, dem ersten Meeresschutzgebiet Neuseelands (1975) und heute Teil des Hauraki Gulf Marine Parks. Das Schutzgebiet umfasst eine 800 m breite Zone parallel zur Nordküste der Cape-Rodney-Halbinsel, vor der sich 300 m entfernt auch die kleine Insel Goat Island/Motu Hawere (9 ha) befindet, wodurch die Schutzzone nochmals 800 m weiter ins Meer vorgeschoben wird. Das wirkt und ist tatsächlich sehr klein, aber die Vielfalt des Lebens unter der Wasseroberfläche macht das Schutzgebiet dennoch zu einem wahren marinen Paradies. Der Grund für die Vielfalt ist u. a. die ständige Durchmischung des küstennahen Wassers mit sauberem Ozeanwasser durch eine starke Nordströmung. Angeln und Fischen ist streng verboten und kann sehr teuer werden (bis 250.000 $ und/oder 6 Monate hinter Gittern!). Goat Island darf nur auf dem vegetationslosen Strandstreifen betreten werden, das Innere des Inselchens ist für Besucher tabu. Ein Glasbodenboot startet das ganze Jahr über vom Strand gegenüber Goat Island und macht eine 45-Minuten-Tour rund um die Insel, auf der man eine Menge Meerestiere beobachten kann. Keine Touren bei starkem Wellengang, es lohnt sich, vorher anzurufen (✆ 09/4226334, es meldet sich Christina oder Ivan, www.glassbottomboat.co.nz).

Information www.leighbythesea.co.nz; alles zum Marine Reserve beim **DOC**, Warkworth Area Office, 28 Baxter St., Warkworth, ✆ 09/4257812, oder beim DOC in Auckland (→ Auckland).

Verbindungen Weder Leigh noch Goat Island können mit öffentlichen Verkehrsmitteln erreicht werden, die nächste Anlegestelle für Boote in die Marine Reserve befindet sich in Leigh.

Leigh ist für Aucklands Segler einen Tagestrip nahe

Westlich von Auckland

Während sich Auckland nach Süden und Norden als dichtes Siedlungsband über eine volle Autostunde hinzieht, endet die Stadt im Westen bereits nach ca. 20 Minuten Fahrt am dicht bewaldeten Hügelland der Waitakere Ranges, einem Regional Forest Park. Die Osthänge der Ranges sind Weinland, im Henderson Valley und in der Gegend von Kumeu haben vor allem Kroaten (aus dem Kvarner und Dalmatien) eine neue Heimat gefunden und den Weinbau eingeführt. Jenseits der Ranges, deren Wanderwegenetz am Wochenende einen Ansturm von Aucklandern zu bewältigen hat, fällt das Hügelland steil ins Meer, nur wenige kleine, durch starke Brandung geprägte Buchten, gliedern diese Küste, die wenigen Siedlungen bestehen vorwiegend aus Ferienhäusern. Weiter nördlich weicht das Hügelland etwas ins Landesinnere zurück, und ab Muriwai zieht sich ein fast 50 km langer Strand nach Nordwesten weiter zur Spitze der South-Kaipara-Halbinsel. (Die North-Kaipara-Halbinsel jenseits des riesigen, stark verzweigten Kaipara Harbour gehört bereits zu Northland). Über Helensville erreicht man auf dem SH 16 Wellsford, den SH 1 und Northland.

→ Auckland und Region Karten S. 162 und hinterer Umschlag

Verbindungen/Anfahrt Der Westen Aucklands ist mit der **Vorortbahn** ab Britomart über Glen Eden, Henderson und Waitakere mit dem Weingebiet Henderson/Kumeu verbunden. Da die Linie auch Fahrräder transportiert, bietet sie sich als Möglichkeit an, rasch ins Grüne zu kommen. Alternativ, und wenn man weiter bis Henderson fahren möchte, nimmt man einen der **Busse** zwischen Britomart und Kumeu über Henderson (3 Linien).

Mit dem Wagen nimmt man den SH 16 in Richtung Kumeu und Helensville mit Abzweigern zur Küste: ab Mount Albert nach Tirirangi und Whatipu an der äußersten Südspitze der Waitakere Ranges, auf der Piha Road von Glen Eden oder Henderson nach Piha an der Westküste, von Ranui (oder über einen Abzweig von der Piha Road) nach Te Henga im Norden der Waitakere Ranges sowie von der Straße zwischen Kumeu und Helensville nach Muriwai Beach am äußersten Südende des gleichnamigen Strandabschnittes. Diese Straßen haben mit Ausnahme von Piha keinen öffentlichen Busverkehr.

Organisierte Ausflüge Piha erreicht man per **Lokal-Shuttle** ab Auckland: Piha Surf Shuttle, ✆ 09/627/2644, 0800/952526, www.surfshuttle.co.nz (Auckland City ab 8.30/9 Uhr, zurück ab Piha Beach 16 Uhr, Dez. bis Febr. 2-mal tägl., hin/zurück 50 $, am Tag vorher buchen!) oder mit einem organisierten Ausflug (der meist den Besuch des Henderson/Kumeu-Weingebietes einbezieht), z. B. durch **Bush and Beach**, Halbtag 135 $, ganzer Tag 220 $, PO Box 12–1007, Henderson, Waikatere City, ✆ 09/8374130, www.bushandbeach.co.nz.

Ebenso **Claud „9" Tours**, 123 Woodglen Rd., Auckland, ✆ 09/8370011, www.claud9tours.com. Claudia Duffy aus Nürnberg und Peter aus Samoa bieten Touren mit Wein, Kultur und Wandern (Extrawünsche möglich, da kleine Gruppen), am Schluss Weinprobe, außerdem gibt es eine „Bay of Islands & Kauriforest Tour".

Das Henderson- und das Kumeu-Weinbaugebiet

Die Landschaft von Henderson und Kumeu Valley ist durch die im Westen liegenden Waitakere Ranges windgeschützt, im Osten kann milde Meeresluft aus dem Hauraki-Golf eindringen. Flacher und sanft gewellter Untergrund über ganz unterschiedlichen Gesteinen liefert Böden jeder Art und dem Weinbau eine ganze Palette idealer Standorte. Zwar fiel der Startschuss für Neuseelands Weinbau bereits 1819, als Reverend Marsden in der Bay of Islands (Northland) Weinstöcke setzte, um seinen Messwein zu erzeugen, aber auf kommerzielles Niveau brachten den Weinbau erst die Neueinwanderer der 1880er bis 1930er, Kroaten aus Süddalmatien, deren Nachkommen heute noch den neuseeländischen Weinbau bestimmen. Die bekann-

Weinland Henderson Valley – fast wie zu Hause

ten Weingüter der Babich (Josip Babić, damals noch mit der serbokroatischen Schreibweise seines Namens, kam 1919 nach Henderson), Nobilo, Selaks, Delegat, Kumeu River Wines und weniger bekannte wie Sapich oder auch Villa Maria in Mangere sind Gründungen kroatisch-dalmatinischer Einwandererfamilien.

Verglichen mit Matakana profitieren die Weine hier von einem milderen, weniger sommerheißen Klima und geben bei Weiß- wie bei Rotweinen gute bis beste Kreszenzen. So liest sich denn die Liste preisgekrönter lokaler Weine wie ein Überblick heute beliebter Rebsorten: Sauvignon Blanc, Riesling, Chardonnay, Gewürztraminer, Viognier (die neue Mode-Rebsorte, die jeder Weinbauer, der was auf sich hält, in den letzten Jahren pflanzte und mittlerweile erntet), Merlot, Cabernet Sauvignon, Cabernet Franc, Malbec, Pinot Noir, Syrah, Pinotage ... fast immer hochprozentig (13 % sind die Regel), normalerweise trocken, vor Überraschungen ist man jedoch bei Weinen deutscher Herkunft nicht gefeit (Riesling und Gewürztraminer werden in manchen Fällen mit deutlicher Restsüße „off dry" ausgebaut, es gibt in sehr guten Jahren auch Eisweine). Die noch vor einer Generation bestimmende Müller-Thurgau-Rebe (der Wein wurde fast immer lieblich ausgebaut, fürs „easy drinking") ist praktisch verschwunden.

Information Kumeu & District Visitor Centre, Main Rd., Kumeu, ✆ 09/4129886. Die Broschüre „Art Out West" gibt Auskunft über Künstler der Waikatere-Region. Infos/Überblick auch in der Packing Shed Gallery, Henderson, Parrs Cross Rd. 99, ✆ 09/83561557, tägl. 10–16 Uhr. Die Broschüre „Wineries of Auckland" (kostenlos in den i-Sites) informiert über die Weingüter der gesamten Region, desgleichen www.kumeuwinecountry.co.nz.

Wein/Essen & Trinken/Feste Babich Wines, Babich Rd., Henderson, 1916 gegründeter Betrieb der Babich-Familie aus Süddalmatien, der immer wieder an oberster Stelle an den Geschicken des neuseeländischen Weinbaus mitmischte, Weinberge u. a. auch in Marlborough, hervorragender Chardonnay. Keller/Weinproben Mo–Fr 9–17 Uhr, Sa ab 10 Uhr. ✆ 09/8337859, www.babichwines.co.nz. Babich veranstaltet zu Ostern ein an kroatische Traditionen anknüpfendes **Berba-Festival** mit kroatischen Tänzen und

Musik sowie dalmatinischen Spezialitäten, für die Kinder gibt es bunte Eier.

Organisierte Weintouren Von den Anbietern von Tagestouren mit Weinproben und Kellerbesichtigungen seien hier als besonders empfehlenswert genannt: Auckland Wine Tasting Tours, halber Tag ca. 110 $, ganzer ab 230 $, ✆ 09/6301540, www.winetrailtours.co.nz.

Fine Wine Tours, 33 Truro Rd., Sandringham, Auckland. West Auckland Wine Tour, ca. 180 $ (halber Tag), weitere Angebote. ✆ 09/5295007, 0800/023111, www.insidertouring.co.nz.

Die Waitakere Ranges und die Strände der Westküste

An die 500 m Höhe erreichen die bewaldeten Hügel der Waitakere Ranges, die sich zwischen das westliche Auckland und die Tasmansee schieben. Im Waitakere Ranges Regional Park bestimmen alte Andesitvulkane Oberflächenformen, Gesteine und Vegetation. Nur wenige Reste der früheren dichten Wälder haben sich erhalten, denn die Ranges wurden bis in die Mitte des 20. Jh. fast komplett abgeholzt. Sekundärwälder, teils gepflanzt, teils natürlich entstanden, überziehen weite Gebiete. 27.000 ha wurden als Heritage Park unter Schutz gestellt, eine Ökoinitiative (www.forestandbird.org.nk/ark) hat bereits Tui, Kaka, Bellbird und andere gefährdete Vogelarten wieder angesiedelt. 200 km Wanderwege gibt es in diesem Waldgebiet, trotz der Nähe zu Auckland kann man stundenlang ganz einsam wandern – ziemlich auf und ab im Übrigen, das Gelände ist sehr wellig, ebene Flächen sind die Ausnahme! Einige Bäche haben sich zum Meer hin steil in enge Schluchten eingeschnitten, sie stellen die nächsten Canyoning-Reviere für die Aucklander dar. An der Küste wechseln Steilküsten und Buchten ab, einige der Buchten besitzen eine starke Brandung, was Karekare und Piha zu Zentren der Surf-Szene macht. Nördlich von Muriwai lockt der lange Muriwai-Strand mit seiner Basstölpelkolonie.

Information Arataki Visitor Centre, Waitakere, Scenic Drive (5 km westlich von Titirangi), Waitakere Ranges, tägl. 9–17 Uhr (von Mai bis Aug. werktags nur 10–16 Uhr), ✆ 09/8170077, aratakicentre@arc.govt.nz, www.arc.govt.nz; gute Karten und Infos. Hier beginnt ein interessanter Nature Trail, der etwa 1 Std. in Anspruch nimmt.

🚶 Der Hillary Trail

Länge/Dauer: 70 km/4–5 Tage

Zu Ehren des 2008 verstorbenen Mount-Everest-Bezwingers Sir Edmund Hillary (→ S. 168) stellte die Stadt Auckland einen mehrtägigen Wanderweg zusammen, der ein Gebiet erschließt, das Hillary mit seiner Familie immer wieder besucht hat – ein Bach an der Whites Beach war ihr Ausgangspunkt. Der etwa 4 bis 5 Tage in Anspruch nehmende Wanderweg basiert auf bereits bestehenden Wegen, die nun durchgehend markiert sind, eröffnet wurde der Trail im Januar 2010 durch den Premierminister John Key. Geschlafen wird auf einfachen Campingplätzen oder, wie in Piha, in der dortigen Hotellerie. Ausgangspunkt und Infozentrale ist das Arataki Visitor Centre, wo man auch die Nächte auf Campingplätzen bucht.

Trailverlauf Arataki – Whatipu – Karekare – Piha – Te Henga – Muriwai, alternativ Te Henga – Swanson.

Cascade Park: 1926 kaufte die Gemeinde Auckland mit Unterstützung des Staates ein Stück Kauriwald in den Waitakere Ranges und stellte es unter Schutz. Der für diese Baumart noch relativ junge Wald ist von Auckland aus der am leichtesten erreichbare. Von Swanson im Henderson Valley führt die Straße zur Westküste nach Te Henga, die Falls Road geht südlich ab, nachdem man die Wasserscheide überquert hat (nächste Straße links nach der Scenic Drive Road). Vom Parkplatz am Straßenende führt der *Auckland City Walk* ca. 1,5 km als Rundweg durch den Wald (zum Kauribaum → Kasten auf S. 224).

Whatipu: In Whatipu, an der Südspitze der von den Waitakere Ranges gebildeten Halbinsel zwischen der offenen Tasmansee und dem Manukau Harbour ist der Strand besonders breit, hinter weiten Dünen liegt ein geschütztes Feuchtgebiet mit Cabbage Trees und einer reichen Vogelwelt. *Cutter Rock,* ein geschützter Vogelfelsen, sticht senkrecht aus dem Ende einer Landzunge hervor. Für die Erkundung des Gebietes das Fernglas nicht vergessen!

> ### Sir Edmund Hillary (1919–2008)
> Der berühmte neuseeländische Bergsteiger stammte aus Auckland, wo seine Familie heute noch lebt, die Küste westlich von Auckland hat ihn ein Leben lang begleitet. Berühmt wurde er durch die Erstbesteigung des Mount Everest (29. Mai 1953), des höchsten Berges der Erde, gemeinsam mit Tenzing Norgay. Die erste Besteigung des Mount Cook über den Südgrat (1948) geht ebenfalls auf sein Konto. Für sein Land war er längere Zeit Botschafter in einigen südasiatischen Staaten. Seine bescheidene Art ließ ihn in Neuseeland zum populären Idol werden, bei seinem Tod tief betrauert von der gesamten Bevölkerung. Sein Porträt geht durch viele Hände: es ziert die neuseeländische Fünfdollarnote.

Karekare und Piha: Die zwei Buchten nördlich von Whatipu erreicht man auf einer Passstraße ab Henderson bzw. Auckland, zwischen den beiden Buchten verläuft Steilküste, es gibt keine Möglichkeit, zum Strand zu kommen. Die prachtvolle schmale *Karekare-Bucht* mit ihrem sanft zum Meer abfallenden Strand, dessen Brandung bei Flut ungeahnte Gewalt erreichen kann, wird von senkrechten Felsenkliffs flankiert. Die Szene kommt Ihnen bekannt vor? Jane Campion drehte hier die Eingangsszenen für ihren Welterfolg „The Piano" (1993). Ein Stück entlang der Straße ins Binnenland zweigt rechts ein Wanderweg ab, er führt zu den reizvollen *Karekare Falls* mit einem Wasserbecken, in dem man schwimmen kann.

Piha ist ein weiterer Surf-Hotspot, der am Wochenende gänzlich überfüllt und sehr laut ist – in Neuseeland wird gerne lautstark gefeiert, und wer hier das Weekend verbringt, mag es laustark. Die Bucht mit dem isolierten, 101 m hohen *Lion Rock* mitten im goldfarbenen Strand (er ist bis 2/3 seiner Höhe zu erklettern, ca. 30 Min. – achten Sie auf die Gezeiten, bei Flut ist der Felsen eine Insel!) ist von oben schön, bei näherer Besichtigung wegen der vielen Baches und größeren Ferienhäuser wenig ansprechend.

Mercer Bay Loop: besonders reizvoller langer Spaziergang ab dem Parkplatz am Ende der Te Ahuaho und (im Anschluss) Cag Race Road. Nach rechts geht es auf einem Weg/Pfad durch Buschland, den besten Blick auf Piha hat man von einem illegalen Pfad nach rechts unweit des Wegbeginns, von der nahen Bank aus sieht man nicht mehr auf Piha. Toller Ausblick auch vom Te Ahua Point (ehemals Maori-Pa) über die Mercer Bay.

Te Henga (Bethell's Beach): Noch einmal ca. 7 km weiter nördlich liegt der Bethell's Beach, ein auch für Anfänger geeigneter Surf-Spot mit einer weniger lärmigen Szene. Wenige Baches, keine Läden, ein Motorcamp – wenn man nicht im Hochsommer an Wochenenden kommt, eine Idylle.

Das Waitakere Ranges und die Strände der Westküste

Muriwai und die Beaches: Das Örtchen liegt am Nordende der Waitakere Ranges, nördlich schließt sich der fast 50 km lange Strand bis zur Mündung des Kaipara Harbour an, der im Südteil *Muriwai Beach*, im nördlichen *Shell Beach* oder *Rangitira Beach* genannt wird. Südlich liegt im Strandbereich des *Otakamiro Point* (sowie auf der kleinen vorgelagerten Insel Motutara Island) eine *Australtölpel-Kolonie* (Gannets), die eine große Ausnahme darstellt: Sie ist eine der wenigen auf dem Festland, da Tölpel sonst überall Inseln vorziehen (eine weiter Festlandskolonie liegt am Cap Kidnappers in der Hawke's Bay). Muriwai Beach und Shell Beach kann man zwar mit Allradfahrzeugen erkunden, wesentlich interessanter ist jedoch ein Ausritt in Begleitung informierter Guides (→ Sport & Freizeit).

Übernachten Waitakere Estate (Park Lodge), östliche Waitakere Ranges, ausgedehnte Lodge mit 17 heimelig eingerichteten Studios mitten im Wald auf einer Anhöhe, jeder Luxus, inkl. Hubschrauberlandeplatz. DZ ca. 295 €, Suiten deutlich teurer. 573 Scenic Drive, Waiatarua, ☏ 09/8149622, www.waitakereestate.co.nz.

Whatipu Lodge, ganz schlichte Lodge mit viel Platz in einem Verwaltungsgebäude der in den 1870er-Jahren aufgelassenen Kaurisägemühle, auch Zeltplätze, einige Unterkunft vor Ort! Nächtigung ab 35 $/Pers., Bettzeug muss mitgebracht werden. Whatipu, ☏ 09/8118860, www.whatipulodge.co.nz.

Piha Domain Motor Camp, einfach, aber an Wochenenden überfüllt und dann zwei Nächte Mindestaufenthalt. Jeweils für 2 Pers.: Caravan 50 $, Hütte 60 $, Stellplatz 26 $. 21 Seaview Road, Piha Beach, ☏ 09/8128815, www.pihabeach.co.nz/piha-camp.htm.

Bethells Beach Cottages, 3 sehr individuell eingerichtete Cottages (3–7 Pers.) oberhalb vom Strand, toller Blick! Hell, gut ausgestattet (Küche!). Besitzerin Trude Bethell Paice stammt aus einer alten Siedlerfamilie. Cottage 200–350 €, Frühstück 45 $. Swanson (Te Henga), ☏ 09/8109581, www.bethellsbeach.com.

Sport & Freizeit Reiten: Muriwai Riding Centre, 290 Oaia Rd., ☏ 09/4118480.

Über der Piha-Bucht (hier wurden Szenen für „Das Piano" gedreht)

Canyoning: AWOL Canyoning Adventures, PO Box 56207, Dominion Rd., Auckland, ℡ 09/8340501, ℡ 0800/462965, www.awoladventures.co.nz. Halber Tag ab Auckland 140 $, Tag 170 $, z. B. „abseil" (ein Lehnwort im Englischen) im Wasserfall des Piha Canyon, dem höchsten Neuseelands. Canyonz, PO Box 68057, Newton, Auckland, ℡ 0800/422696, www.canyonz.co.nz, Halbtagestouren ab ca. 175 $.

Surfen: Muriwai Surf School, Muriwai, ℡ 021 478734, www.muriwaisurfschool.co.nz.

Südlich von Auckland

Südlich von Manukau und dem Internationalen Flughafen endet die dichte Besiedlung keineswegs, im anschließenden Franklin Country mit dem Hauptort Pukekohe tobt sich vielmehr das Vorortwesen so richtig aus. Da Neuseeland zwischen Einfamilienhäusern so geringe Abstände zulässt, dass man sich in manchen Fällen von Fenster zu Fenster die Hände reichen kann, dominieren die Häuser über die Grünflächen, hat Beton die Gärten zurückgedrängt. Bis auf den östlichen Küstensaum entlang dem Firth of Thames, wegen seiner vielen Seevögel Seabird Coast genannt, und den sich dahinter erhebenden Hunua Ranges, ist kaum etwas sehenswert. Selbst die Westküste hat nur begrenzte Reize, zumal sie mit einer Ausnahme nur mit Allradfahrzeugen erreichbar ist.

Information/Verbindungen Franklin Country i-Site Visitor Centre, Bombay, Motorway Service Area (Tankstelle Bombay), Southern Motorway. Hier halten auch alle **Busse** in Richtung Süden (Rotorua, Hamilton, Wellington usw.). ℡ 09/2360670, franklin.info@franklincountry.com, tägl. 9–17 Uhr.

Pukekohe i-Site Visitor Centre, The Centre, Massey Ave., Pukekohe, ℡/℻ 09/2384081, pukekohe.info@franklincountry.com. Infos für beide auch unter www.franklincountry.com.

Sehenswertes/Touren

Seabird Coast: Die breiten Wattzonen auf beiden Seiten des Firth of Thames sind enorm wichtige Überwinterungsgebiete für Zugvögel aus der Antarktis und Stationen für jene Zugvögel, die zwischen Arktis und Antarktis pendeln, wie einige Strandläufer, Brachvögel und Steinwälzer. Besonders im Winter (Mai bis August) sind oft hohe Konzentrationen von Zugvögeln zu beobachten, das *Miranda Shorebird Centre* gibt Auskunft darüber, um welche Arten es sich handelt.

30 heiße Quellen treten bei *Miranda* in den **Miranda Hot Springs** an die Erdoberfläche, ihre Temperatur liegt bei um die 36 °C. Der Quellbereich, der früher nur als Hauraki Hot Springs bekannt war, wurde in den 40ern gefasst, das große Bad wurde 1959/60 gebaut, später kamen ein Saunabecken, ein 40-Grad-Heißwasserbecken, privat zu mietende Spas und Kinderbereiche hinzu.

Information Miranda Shorebird Centre, East Coast Rd., Pokeno (7 km südlich Kaiaua), informiert über die Vogelwelt und die gerade anwesenden Zugvögel, tägl. 9–17 Uhr, ℡ 09/2322781, www.miranda-shorebird.org.nz. Eine Artenliste erhält man beim Miranda Naturalists Trust, PO Box 38180, Auckland-West.

Übernachten Miranda Holiday Park, jede mögliche Unterkunft im Shorebird Centre vom Motelzimmer über Zeltstellplätze und Cabins zum Backpacker-Quartier, das alles neben den heißen Mineralquellen. Keine Verpflegung vor Ort! Bunk (Lager) ab ca. 22 $, Motel-Unit bis 195 $. 595 Front Miranda Rd., Waitakaruru, Thames, ℡ 07/8673205, www.mirandaholidaypark.co.nz.

Sport & Freizeit Miranda Hot Springs, tägl. 9–21 Uhr, ℡ 07/8673055.

Für Aucklander ein Katzensprung: Inselvielfalt im Hauraki Gulf (Tiritiri Matangi)

Der Hauraki Gulf

Aucklands Ausblick auf den Hauraki-Golf wird vom typischen Profil des Rangitoto-Vulkans beherrscht, aber neben ihm schwimmt im Meer noch ein weiteres halbes Hundert Inseln. Die meisten sind unbewohnt und werden vom staatlichen DOC verwaltet, einige sind privat wie Pakatoa und sechs sind besiedelt wie Waiheke und Great Barrier Island.

Alle Inseln des Golfs sind vulkanisch, alle haben ein stark bewegtes Relief, noch Reste der natürlichen Vegetation, ungezählte Buchten mit Sand- oder Kiesstrand. Die meisten dürfen betreten werden, auch wenn man, wie bei Tiritiri Matangi nicht über Nacht bleiben darf. Hauraki heißt im lokalen Maori-Dialekt „Winde aus dem Norden", das sagt etwas über das Klima aus, das ansonsten subtropisch ist mit milden Wintern und heißen Sommern. Die Inseln schützen Auckland vor dem Seewind und dem direkten Anprall des pazifischen Ozeans, dass sie auch wunderbare Ausflugs- und Ferienziele direkt vor der Tür der Millionenstadt darstellen, ist in diesem Rahmen nur ein Nebeneffekt.

Ein Ausflug nach Rangitoto und zur Nachbarinsel Motutapu ist an jedem Tag des Jahres möglich, Fähren gehen von den hässlichen Schuppen hinter dem Hafengebäude ab. Auch Waiheke, die nächste große und im Westteil recht dicht besiedelte Insel und Vorort Aucklands, ist häufig mit der Fähre zu erreichen, im Regelfall ist es ein schneller Katamaran („Kat"). An schönen Wochenenden und Feiertagen sind die Fähren gestopft voll mit Aucklandern, die Quartiere sind voll, die Cafés in den Weingärten der Insel quellen über und an den Stränden drängt man sich. Great Barrier, größer, weiter entfernt von Auckland und nicht so oft (aber doch täglich) erreichbar, bietet mehr Grün, viele Wanderwege, stille Sandbuchten und freundliche Privatquartiere. Tiritiri Matangi ist eine kleine Insel, die vom DOC als Vogelschutzgebiet geführt wird, man kann sie täglich besuchen, aber darf nicht übernachten. Little Barrier ist ein Naturvollschutzgebiet, hat keine Fährverbindung und ist entsprechend einsam.

> **Kawau Island** wird mit Fähren von Sandspit (bei Warkworth) aus erschlossen und ist dort beschrieben (→ Nördlich von Auckland).

Information *Department of Conservation (DOC) Information)* im i-Site Viaduct Basin, Auckland, Mo–Sa 9–17 Uhr. ✆ 09/3796476.

Verbindungen Die **Fähren/Katamarane**, beschrieben bei den einzelnen Inseln, werden betrieben von 360 Discovery, **Fullers** und **SeaLink** (→ dazu bei den jeweiligen Inseln).

Segeltörns Im Hafen von Auckland liegt das Tallship (Zweimaster) „Soren Larsen", mit dem Kreuzfahrten im Hauraki Gulf und in der Bay of Islands, aber auch südpazifische Segeltörns durchgeführt werden. Die „Soren Larsen" ist ein 300-Tonner unter britischer Flagge, 145 Fuß lang, 25-Fuß-Masten und 12 Segel. Das Angebot umfasst eine Fahrt durch den Hauraki Gulf, 6 Std. 135 $, Islands sowie andere – bis mehrwöchige – Fahrten. ✆ 09/8178799, www.sorenlarsen.co.nz.

Rangitoto Island

Nur 10 km von Aucklands City entfernt liegt Rangitoto, der Vulkan, der noch vor 600 Jahren Feuer gespien hat und dessen Auswürfe und Laven eine größeres Volumen haben als das aller anderen Vulkane der Region Auckland zusammen. Die Insel entstand damals mit einer gewaltigen Eruption, die wohl von den Maori auf dem südlichen Festland beobachtet wurde – dass die Bewohner der mit Rangitoto heute verbundenen, älteren Schwesterinsel Motutapu überlebten, ist sehr unwahrscheinlich. Oder doch? Im Auckland Museum ist seit 2005 ein Steinblock zu sehen, auf dem man die Fußspuren eines Erwachsenen, eines Kindes und eines Hundes erkennt. Er stammt von Motutapu und entstand, als diese drei über die noch heiße vulkanische Asche liefen, die dann rasch abkühlte und die Abdrucke konservierte. Viele weitere Fußspuren wurden auf Motutapu entdeckt, Reste von Opfern der Vulkankatastrophe jedoch nicht.

> ### „Baches" auf Rangitoto
> Das Faltblatt „Historic Baches Rangitoto Island" (kostenlos erhältlich in den i-Centres) informiert über die historischen Beach Baches der Insel. Während anderswo die schlichten, oft aus Fundstücken und Abfällen (alte Badewanne, angeschwemmter Baumstamm, ausgemustertes Sofa) zusammengesetzten Baches verschwunden und durch moderne Holiday Homes ersetzt worden sind, haben sie auf Rangitoto überdauert, da seit 1937 auf der Insel jeder Bau und Umbau verboten ist. Derzeit existieren noch 34 der ehemals 120 Baches, deren Pacht 2023 ausläuft, dann müssen sie abgerissen werden.

Rangitotos Vegetation wird heute wieder durch den Pohutukawa-Baum bestimmt, der ein oder zwei Jahrhunderte nach der Entstehung der Insel als erster Baum zwischen von Flechten bezogenen Lavafelsen überleben konnte. Wie überall in Neu-

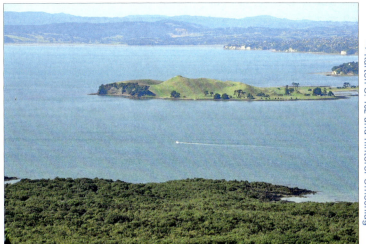

Blick von Rangitoto zur Coromandel Halbinsel

seeland brachte die Einführung des Fuchskusus gegen Ende des 19. Jh. die Vernichtung dieser Wälder mit sich, da die possierlichen „Possums" nicht nur ein paar Spitzen oder Blüten fressen, sondern jeden einzelnen Trieb und den Baum so zum Absterben bringen. Ab 1989 wurde mit der Ausrottung dieser Schädlinge begonnen, sie war nach 10 Jahren erfolgreich, und der Effekt ist heute schon deutlich zu sehen: Um die Weihnachtszeit stehen wieder große Gebiete der Insel im leuchtenden Rot der Pohutukawa-Blüten.

1854 erwarb die britische Krone die Insel von den Einheimischen für 15 Pfund, was damals als recht teuer für ein eigentlich nicht nutzbares Eiland angesehen wurde. Ab dem späten 19. Jh. entstanden Baches an der Küste, die heute noch in Privatbesitz sind, Übernachtungsmöglichkeiten (außer dem Campingplatz auf der Nachbarinsel Motutapu) oder gar Einkaufsmöglichkeiten gab und gibt es nicht. Im Zweiten Weltkrieg war die Insel off limits, von den Gebäuden im Hafen Islington Bay aus wurde das Minenfeld vor dem Hafen von Auckland verwaltet, auf der Vulkanspitze entstand eine Radarstation. Reste sind noch am Hafen und auf dem Kraterrand zu sehen, ansonsten ist Rangitoto heute ausschließlich Ausflugsziel und Naturreservat.

Information Am Hafen befindet sich ein offener Holzbau mit **Infotafeln**, bereits vor Fahrtantritt hat man sich das Faltblatt „Rangitoto" bei DOC besorgt.

Verbindungen/Inseltouren Schiffsausflug nach Rangitoto im Hauraki Gulf Maritimpark durch Fullers ab Hafen Auckland, die Fähren laufen auch Devonport an. Vom Bootsanleger auf der Insel braucht man zu Fuß 1 Std. zum Gipfel. Fullers Rangitoto Island Ferry, ✆ 09/36791111, www.fullers.co.nz, Fährverbindung über Devonport ab Auckland tägl. (hin 9.15/10.30/12.15, zurück 9.45/12.45/15.30, Sa/So/Fei zusätzlich hin 7.30 Uhr und zurück 15.45 statt 15.30 sowie 17 Uhr, ab Devonport 10 Min. später bzw. bei Rückfahrt früher), Dauer 40 Min., ca. 26 $. Mit 4WD Tour (Volcanic Explorer Tour mit „road train", einem vom Traktor gezogenen Wagenzug), 2 Std., ca. 58 $ (inkl. Fähre), dafür Buchung nötig unter ✆ 09/3679111, www.fullers.co.nz.

Übernachten DOC Campingplatz, an der Home Bay, Motutapu, spartanisch,

Plankenweg unter dem Rangitoto-Vulkan

1:15 Std. ab Islington Bay, 152 Zeltplätze. 5,10 $ pro Person. DOC Auckland, Karangahake Rd./6 Liverpool St., ✆ 09/3796476, www.doc.govt.nz/parks-and-recreation/places-to-stay/conservation-campsites-by-region/auckland/hauraki-gulf-islands-area/home-bay-motutapu-island/.

Sehenswertes/Touren

Wanderung auf den Vulkangipfel: 260 m hoch ist der Gipfel des Vulkans Rangitoto, der gut ausgeschilderte Weg beginnt an der Anlegestelle der Fährboote und dauert hin und zurück ca. 2 Std. Weitere Wanderwege ermöglichen auch längere Wanderungen. Wer nicht wandern will oder kann, bucht die „Volcanic Explorer Tour" (→ Verbindungen/Ausflüge), die allerdings nicht ganz auf die Spitze führt, die letzten (leichten) 800 m geht man zu Fuß auf Holzsteg.

Motutapu: Rangitotos durch einen (natürlichen) Damm verbundene Nachbarinsel ist flacher und weniger auffällig vulkanischen Ursprungs. Wanderwege führen entlang der Nordküste zum Nordkap *Billygoat Point* und quer über die Insel zur Ostküste an der *Homebay* (mit Zeltplatz). Die Insel wird vorwiegend als Weidegebiet genutzt, an einigen Stellen, vor allem in den Tälern, wurden jedoch vom DOC neuseeländische Bäume gepflanzt. Deutsche kamen hierher wohl erstmals als Kriegsgefangene: Der von den Briten (und Neuseeländern) bewunderte *Felix Graf Luckner*, der „Seeteufel", war nach seiner Gefangennahme im Südpazifik 1917 eine Zeit lang auf Motutapu interniert, bevor er nach Lyttelton Harbour (bei Christchurch) verlegt wurde.

Pakatoa Island: Die bis zu 60 m hohe 24-ha-Insel in 45 km Entfernung von Auckland ist in Privatbesitz. Die Insel mit ihrer kleinen Feriensiedlung (eine Seltenheit im Hauraki Gulf, dessen kleine Inseln fast alle der Krone – also dem Staat – gehören und unbesiedelt sind) war letzthin auf dem Immobilienmarkt im Angebot. Sie wollten doch immer schon auf die Insel?

Waiheke Island

An Wochentagen leert sich Waiheke jeden Morgen, denn die etwa 8.000 Einwohner arbeiten vor allem in Auckland, abends sind die Fähren dann wieder in Richtung Waiheke voll. An Wochenenden und Feiertagen ist es ganz umgekehrt, dann sollte man die morgendlichen Fähren in Richtung Insel meiden, da sie meist zum Bersten gefüllt sind. Die Zimmerpreise kennen an verlängerten Wochenenden keine Obergrenze. Es lohnt sich aber, diese Insel zu besuchen, nicht nur, weil sie so nahe ist (nur 40 Min. Fahrt): eine buchtenreiche Küste, einige schöne Reste des ursprünglichen Waldes mit abwechslungsreichen Wanderwegen, bekannte und weniger bekannte Weingüter mit attraktiven Restaurants und Cafés, eine abwechslungsreiche Kunst(handwerks)szene und neuerdings Austragungsort für komplett durchorganisierte Hochzeiten (es gibt mehrere auf diesen Tourismuszweig spezialisierte Unternehmer!).

Information/Verbindungen

Information Waiheke Island i-Centre, Artworks, PO Box 96, 2 Korora Rd., Oneroa, Waiheke Island, ✆ 09/3721234, info@waihekenz.co.nz, kleines Büro an der Inselhauptstraße im Fährort Oneroa (ca. 2 km von der Fähre in der Matiatia-Bucht).

Die lokalen „Gulf News" führt die **Veranstaltungstermine** und die wichtigsten (und natürlich die für die Berichterstattung zahlenden) Kunsthandwerksboutiquen auf.

Fähre Ganzjährig schnelle **Personenfähre Fullers** (0:40 Std.) ab Auckland/Hafen nach Matiatia Bay, 1 km westlich von Oneroa, im Sommer bis zu 20-mal (Mo–Fr, So bis zu 14-mal). Hin/zurück (am gleichen Tag) 37 $, für Familien 80 $, Fahrräder gratis. Infos ✆ 09/3679111, www.fullers.co.nz.

Stündlich **SeaLink Auto- und Personenfähre** ab Halfmoon Bay, einem östlichen Vorort von Auckland, Fr–So auch ab Auckland selbst, zum Kennedy Point, einem Anleger 4 km südlich von Oneroa, hin/zurück ca. 32 $, Familie (2 Erw., 3 Kinder) 86 $, Infos ✆ 09/3005900, 0800/732546, www.sealink.co.nz; Infos zu Fähren und Bussen ✆ 09/3666400.

Inselverkehr/Mietfahrzeuge Fullers-Busse verbinden den Fähranleger Matiatia Bay (Personenfähre), wo sie zu Fährzeiten starten und enden. Der Fullers Waiheke Island Hopper hat drei Routen, hop on/hop off für 1 Tag kostet 22 $, inkl. Fähre 49 $. Infos unter ✆ 09/3679111.

Taxi: ✆ 09/3728038, 0800/300372.

Autoverleih bei Waiheke Auto Rentals, Matiatia Wharf Building, ✆ 09/3728998, www.waihekerentals.co.nz.

Radverleih (MTBs) an der Fähre (Matiatia-Bucht) bei Waiheke Bike Hire, ✆ 09/3727937.

Inselrundfahrten/Weintouren Bei Fullers (→ Fähren) kann auch eine Weintour auf Waiheke gebucht werden, auf der man in den 4,5 Std., die man auf der Insel ist, 3 Weingüter besichtigt (mit Kurzproben) und dann 1 Std. in Oneroa Freizeit hat: ab Auckland 13 Uhr, Kosten ca. 115 $.

Auf Waiheke selbst ist **Ananda Tours** der Hauptanbieter von Wein- und anderen Inseltouren, ab ca. 110 $, ✆ 09/3727530, www.ananda.co.nz. Ein kostenloses Faltblatt „Waiheke Island of Wine" mit Plan und Adressen gibt es bei der Info, mehr auf www.waihekewine.co.nz.

Einkaufen/Feste & Veranstaltungen/Sport & Freizeit

Wochenmarkt/Kunsthandwerk Ostend Market, Sa 8.30–12.30 Uhr, Kunsthandwerks-, Trödel- und Grünmarkt (auch Naturprodukte) in der Ostend Hall des gleichnamigen Ortes zwischen Oneroa und Onetangi. Mehr auf www.ostendmarket.co.nz.

Boutiquen und Kunsthandwerks- sowie Kunstgalerien gibt es vor allem in Oneroa,

Auckland und Region

wo sich auch 2 (nicht sehr gut sortierte und nicht billige) **Supermärkte** befinden, Kunstausstellung auch in der **Artworks Gallery** in Oneroa, tägl. 10–16 Uhr, Eintritt frei.

Feste 1-mal jährlich (Febr.) 1-tägiges **Waiheke Island Wine Festival** (die Insel ist bekannt für Wein und vor allem Olivenöl!), www.waihekewinefestival.co.nz. Zu Ostern findet ein 4-tägiges **Waiheke Island Jazz Festival** statt.

Sport & Freizeit Kajak: Hauptanbieter ist Ross Adventures, Matiatia Bay, ℡ 09/3725 550, www.kayakwaiheke.co.nz, Nachmittagstrips ab ca. 85 $, ganzer Tag ab 135 $, auch Kajakverleih.

Segeln: Segeltörns auf Katamaran und Fährservice auf die Coromandel-Halbinsel bietet Flying Carpet, 104 Wharf Rd., Ostend, ℡ 09/3725621, www.flyingcarpet.co.nz.

Übernachten/Essen & Trinken

Pohutukawa Retreat, idyllisch in den Weinhügeln oberhalb von Onoroa gelegenes Familienhaus, auf dessen ausgedehntem Grundstück die alte Vegetation der Insel samt dem namengebenden, knallrot blühenden Pohutukawa-Baum durch Tausende Neupflanzungen allmählich wieder entsteht. Ökobewusst errichtete, schlichte, aber komfortabel ausgestattete Chalets (bis 4 Pers.) mit Küche und Bad/WC. Chalet f. 2 Pers. 195–295 $ (ab 2 Nächten). 40 Tiri Rd., Onoroa, ℡ 09/3728219, www.pohutukawaretreat.com.

Crescent Valley Eco Lodge, mitten im Busch steht diese komfortable Lodge mit hübsch dekorierten Zimmern. Terrasse unter Weinlaub, reichhaltiges Frühstück, Gratisabholung von der Fähre. B&B für 2 Pers. ab ca. 150 $. 50 Crescent Rd. East, Palm Beach, Waiheke, ℡ 09/3724321, www.waihekeecolodge.co.nz.

Matiatia Olive Estate, Olivenöl-Gut mit Lodge, 4 Zimmer, die einzeln gebucht werden können. Im Restaurant So mittags Degustations-Lunch (5–6 Gänge mit passendem Wein von der Insel). DZ 150–400 $ (Minimum 2 Nächte). 10 Alan Murray Lane, Matiatia Harbour, ℡ 09/3724272, 021/954792 (mobil), www.matiatiaoliveestate.co.nz.

Cable Bay Winery/Restaurant, 12 Nick Johnstone Drive, Oneroa; das Weingut mit seinen hervorragenden Weinen ist vielleicht noch bekannter für sein – 2008 komplett neu errichtetes – Spitzenrestaurant. Bioprodukte aus dem eigenen Küchengarten (Tomaten!) und von der Insel (was bis zu frischen Feigen reicht) sind die Basis exquisit zubereiteter Gerichte im Kiwi-Bistro-Style, also pacific-rim-crossover (dazu auch einige kritische Stimmen in der Presse). Vorspeise und Hauptgang ab ca. 60 $. In Rest. und Weinbar tägl. Lunch, Dinner nur Do–So ab 18 Uhr, Weinproben tägl. 11–17 Uhr. ℡ 09/3725889, www.cablebay.co.nz.

Te Whau Vineyard, 218 Te Whau Drive, Oneroa; eines der besten Weingüter der Insel. Das zugehörige Restaurant Vineyard Café bietet gehobene Fusion-Küche (mit im Haus über Manuka-Holz geräuchertem Lachs), mit halber Flasche Wein ab ca. 80 $. Wechselnde Öffnungszeiten. ℡ 09/3727191, www.tewhau.co.nz.

Rangihoua Estate, 1 Gordons Rd. (Abzweig Onetangi Rd. nach Süden bzw. Rocky Bay). Das Gut produziert von seinen nahezu 1.000 Ölbäumen hochwertiges Extravergine-Olivenöl, das getestet und natürlich gekauft werden kann, jeden Fr und Sa 11–15 Uhr, im Jan. und Febr. Mo–Sa 11–16 Uhr. ℡ 09/3726214, www.rangihoua.co.nz. ∎

Mudbrick Vineyard, Church Bay Rd., Oneroa; Weingut mit rustikalem, aber exquisitem Restaurant in schöner Lage mit tollem Ausblick, auf der bewaldeten Halbinsel südlich von Oneroa zwischen Church Bay und Huruhi Bay. Sehr guter Chardonnay, auch Rotweine (Bordeaux-Rebsorten). Keller und Weinproben tägl. ohne Pause, Restaurant tägl. mittags und abends geöffnet, Hauptgang ab ca. 40 $. ℡ 09/3729050, www.mudbrick.co.nz.

Stonyridge Vineyard, 80 Onetangi Rd., Onetangi; renommiertes Weingut zwischen Ostend und Onetangi. Spezialität ist ein Rotwein aus Bordeaux-Rebsorten, der Stonyridge Larose, einige der angebotenen Weine kommen aus Rebgärten in der Hawkes Bay. Gutes Café (tägl. 11.30–17 Uhr) im Weingut, das in einem Tal zwischen Weinreben und Ölbäumen liegt, Weinproben 5 $ und mehr. ℡ 09/3728822, www.stonyridge.com.

Waiheke, Bucht am Fähranleger

Sehenswertes/Touren

Oneroa: Der größte Ort der Insel liegt ca. 1 km vom Fährhafen Matiatia Bay entfernt, die nördlicher *Oneroa Bay* ist ein schöner, sehr beliebter Strand, intimer ist die östlich anschließende *Little Oneroa Bay,* während der südliche *Blackpool Beach,* weil sehr flach, weniger anziehend ist. Oneroa bietet jede Menge Kunst und Kunsthandwerk, zahlreiche Cafés und Restaurants, reichlich Bed & Breakfast zu auch während der schlappen Saison recht anspruchsvollen Preisen und einige besuchenswerte Weingüter in der Umgebung, darunter Mudbrick (s. o.).

Church-Bay-Halbinsel: Südlich und westlich von Oneroa zeigen zwei Naturschutzgebiete wie die Insel einmal begrünt war: Auf der Church-Bay-Halbinsel, heute von Weiden und dem einen oder anderen Weinberg überzogen, hat sich im *Te Uri Karaka Te Waero Reserve* schöner natürlicher Sekundärwald erhalten, man wandert unter Baumfarnen am Bach entlang. In der Matiatia-Bucht liegt das 17-Hektar-Naturschutzgebiet *Atawhai Whenua („Kindness of the Land"),* das seit 1993 existiert und das aus einer Schenkung hervorging – Podocarpaceen und Laubbäume, Kahikatea sowie zwei seltene Farne, dazu Vögel wie Silvereye, Grey Warbler, Tui, Fantail, Kereru (Wildtaube) und Pukeko. **Onetangi und der Osten der Insel**: Ostend, Onetangi und eine Reihe von Weingütern liegen weiter östlich. Ostend ist als Gewerbezone weniger interessant, Onetangi jedoch mit seinem schönen, allerdings nicht ganz ungefährlichen Strand, bietet Sommererholung für Familien wie für Surfer am Wasser. Einen Besuch lohnt der *Whakanewha Regional Park,* den man auf einer Stichstraße von Onetangi oder Oneroa aus erreicht (Faltblatt mit Plan gratis in den Infos). Im Rücken der flachen *Whakanewha Bay* (oder *Rocky Bay)* wurde ein Rest subtropischen Küstenwaldes unter Schutz gestellt. Ein 5 km langer, ca. 2 Std. dauernder Rundweg führt durch das Schutzgebiet. Ganz im Osten kann man *Stony Batter* besichtigen (1,3 km zu Fuß ab Sperre zu erreichen), einen Befestigungskomplex aus dem Zweiten Weltkrieg.

Great Barrier Island (Aotea)

Great Barrier Island (in Maori: Aotea) ist wilder und naturnaher als Waiheke Island, weniger besiedelt und zivilisiert und damit eher Ziel von Aktivurlaubern, die das Innere zu Fuß erkunden oder an einen der einsamen Strände paddeln wollen als von Weekendern, denen es darum geht, die Nacht durchzufeiern. Es gibt auf der 285 m² großen Insel, der größten des Golfs, keine öffentliche Stromversorgung, kein Wasserleitungsnetz, einen regelmäßigen Bus nur auf einer einzigen Strecke – mit Auckland verglichen, ist das eine andere Welt. Die Fähren legen in Tryphena an, wo sich auch der Großteil der Übernachtungsmöglichkeiten befindet, andere Siedlungen wie Whangaparapara, Port Fitzroy und Claris kann man kaum als Dörfchen bezeichnen.

Information/Verbindungen

Information Visitor Information Centre, Hector-Sanderson Rd. (beim Flugfeld), Claris, ℡ 09/4290033, www.greatbarrierisland.co.nz, alle Infos zu Wanderungen und Radtouren.

Fähre Die Fähre von Sealink legt an der Wynyard Wharf, Ecke Jellicoe/Brigham St. ab, bis Tryphena 90 km, ca. 4 Std. Damit es einem nicht langweilig wird hat die Fähre „Eco Islander" (38-m-Katamaran, Passagiere und Pkw) 2 Kinos an Bord. Ganzjährig 6 Fahrten pro Woche, hin/zurück 127 $, Pkw 370 $, ℡ 09/3005900, 0800/732546, www.sealink.co.nz.

Personen-Fährbetrieb auch durch Fullers am Labour Weekend (2. Hälfte Okt.), dann wieder von Weihnachten bis Anfang Febr. (nicht unbedingt tägl.!) und zu Ostern, die Abfahrtszeiten sind ganz auf Urlauber aus Auckland zugeschnitten (also dort Fr Abfahrt um 18 Uhr), ℡ 09/3679111, www.fullers.co.nz.

Flugzeug Alternativ und verlässlicher und vor allem ganzjährig in Funktion sind die Flugverbindungen mit Great Barrier Island Air und Mountain Air ab Auckland Airport (tägl.) und Whangarei (3-mal pro Woche), der Flughafen der Insel liegt an der Ostküste bei Claris. **Great Barrier Airlines**, ℡ 09/2759120, 0800/900600, www.greatbarrierairlines.co.nz.

Ein weiterer Anbieter ist Fly My Sky Air, www.flymysky.co.nz. Sealink bietet die Kombination Flug/Fähre zu 183 $ an.

Inselverkehr/Mietfahrzeuge Auf der Insel **Busnetz** mit Great Barrier Travel, ℡ 09/4290055, 0800/426832, www.greatbarriertravel.co.nz. Die Strecke Tryphena – Fitzroy wird befahren, andere Strecken werden mit Minibus-Shuttles bedient, die im Ticket inbegriffen sind, aber bestellt werden müssen (auch für Fahrten ab Fährhafen oder Flughafen!).

Mietwagen (teuer!) gibt es z. B. bei GBI Rent a Car nahe dem Flughafen, ℡ 09/4290062, dort auch Shuttles (Taxi), ähnlich Great Barrier Travel. **Fahrräder** vermieten Great Barrier Lodge sowie Great Barrier Hire Centre in Claris, ℡ 09/4290417.

Einkaufen/Feste & Veranstaltungen

Einkaufen/Souvenirs Great Barrier produziert hervorragenden Pohutukawa-Honig und Makadamia-Nüsse.

Feste & Veranstaltungen Im Jan. findet in den Räumen des Port Fitzroy Boating Club das **Mussel Festival** statt, das vor allem von der ansässigen Bevölkerung besucht wird, die sich mit Musik und Spielen für Kinder und Erwachsene amüsiert. Dazu gibt es Muscheln in allen Zubereitungsarten (wie dem etwas gewöhnungsbedürftigen Eintopf aus Muscheln und Lammfleisch), vor allem die besonders schmackhaften grünen Muscheln werden angeboten, auch Languste (kommt vor allem aus dieser Ecke der Insel), festtypisch ist ein Muschel-Frühstücksspeck-Spieß vom Grill.

Great Barrier Island (Aotea)

Übernachten

Neben den 5 praktisch wilden **Campingplätzen des DOC** (Akapoua Bay, Awana Beach, Harataonga, Medlands Beach und Whangapoua, Auskunft und Reservierung unter ℘ 09/4290044) gibt es auf Great Barrier reichlich Quartiere, aber sie konzentrieren sich stark auf den Fährhafen Tryphena und seine Umgebung rund um die Shoal Bay, also die Ortschaften Shoal Bay, Stonewall Village und Puriri Bay. Buchungen im Sommer unbedingt im Voraus, entweder über die Information oder (für eine Auswahl) über Island Accommodation, ℘ 09/4290995 (Robyn), www.island accommodation.co.nz.

In Tryphena: **Sunset Waterfront Lodge**, vorne die Bucht mit klarem Wasser, im Rücken Busch und Wald. Die Studios sind komplett ausgestattet (samt Küche), im Haus Café, Bottle Store, kleiner Laden – eigener Generator. Für 2 Pers.: Studio ab ca. 80 $. Mulberry Grove Rd., Tryphena, ℘ 09/4290051, www.sunsetlodge.co.nz.

»› Mein Tipp: **Tip & Bob's Waterfront Lodge**, gut geführte B&B-Lodge in Superlage mit Garten hinunter zum Meer und wunderbarem Meeresblick, Restaurant im Haus. Die Zimmer individuell eingerichtet, alle mit – jedoch unterschiedlich gutem – Meeresblick. DZ/FR 195–250 $. 38 Puriri Rd., Tryphena, ℘ 09/4290550, www.waterfront lodge.co.nz. «‹

Pohutukawa Lodge, kleine, freundliche Lodge in der Stonewall-Bucht. Den Kern bildet ein altes Kauriholzhaus (von 1910) mit Terrasse und Garten, angeschlossen Irish Pub. Hübsche Zimmer. DZ/FR 130–180 $. Pa Beach, RD 1, Tryphena, ℘ 09/4290211, www.currachirishpub.com.

Pigeons Lodge, Frühstück auf der Terrasse mit Meerblick, umgeben von altem Wald, in dem einheimische Vögel wie Tui und Kereru singen – das bietet dieses sehr persönlich geführte B&B. Zimmer (mit Du/WC) oder Apartments. DZ/FR 145–175 $. 179 Shoal Bay Rd., Tryphena, ℘ 09/4290437, www.pigeonslodge.co.nz.

Medlands Beach Backpackers, mehr als schlichte Backpacker-Unterkunft auf einer Farm nahe dem Medlands-Strand, Dorms und Doubles, keine Lokale oder Läden in der Nähe! MTBs und Schnorchelausrüstung für Gäste gratis. DO ab 30 $, DB ab 35 $, „Villas" ab 120 $ (bis 4 Pers.). 9 Mason Rd., Medlands Beach (6 km nördlich von Tryphena), ℘ 09/4290320, www.medlandsbeach.com.

Stray Possum Lodge, Backpacker-Quartier zwischen Fähranleger und Tryphena mit Sinn für sportliche Aktivitäten: MTBs, Schnorchelausrüstung, Tauchanzüge, Surfbretter u. a. sind für Gäste gratis, diverse Ausflüge werden arrangiert. Im Haus Bistro mit Frühstück und Pizzaofen, Bar. Es gibt auch einzeln stehende Chalets für Weltabgewandte und Verliebte. Einfache Dorms und Mehrbettzimmer (ab 25 $), Zeltplätze im ausgedehnten Garten (mit 2 Pers. 30 $), Chalets ab ca. 145 $. Shoal Bay, ℘ 09/4290109, www.straypossum.co.nz.

In Whangaparapara Harbour: **Great Barrier Lodge**, Angebot vom Cottage über Studios (beide mit Du/WC und Küche) bis zu Backpacker-Unterkünften, im Haus Laden, Bar und Restaurant – was anderes gibt es hier am Whangaparapara Hafen sowieso nicht. MTBs und Kajaks für Gäste – gratis! Backpacker-Dorm 40–50 $, Studio/Cottage (2 Pers.) ab 175 $. Whangaparapara Harbour, ℘ 09/4290488, www.greatbarrierlodge.com.

In Port Fitzroy: **Kaiaraara Hut**, vom DOC in Port Fitzroy verwaltete Backcountry-Hütte. Mit Jahrespass oder DOC-Hut-ticket zu benützen, wie üblich (24) Matratzenlager, Küche ohne Kochutensilien, keine Reservierung möglich. Kat. 2 à 15,10 $, beim Büro des DOC im Ort zu kaufen: Mo–Fr 8–16.30 Uhr. Port Fitzroy, ℘ 09/4290044.

Essen & Trinken

Die meisten Gastgeber auf Great Barrier bieten ihren Gästen zumindest Frühstück, manche auch Abendessen, denn Restaurants, ja sogar schlichte Cafes sind Mangelware. Was man in den wenigen Lokalen angeboten bekommt, ist weder besonders gut noch besonders preiswert.

Claris Texas, Claris. Spielt der Name auf „Paris-Texas", den Film von Wim Wenders an? Niemand hier weiß es. Bistro-Food tägl. von 8 bis 17 Uhr, auf der Terrasse oder drinnen, gute Qualität ohne Überraschungen. ✆ 09/4290811.

The Currach, Pa Beach, Tryphena. Muss ja sein, ein Irish Pub, dieses ist sogar original, denn ein Teil des angesammelten Krimskrams stammt noch aus der alten Heimat der Besitzer. Im Sommer oft irische Musik live *(Sing-along* am Donnerstag), dazu gibt's 2 irische Biere vom Fass und das übliche irisch-englische Menü (Hauptgang wie Fish & Chips ab ca. 12 $). Es gibt auch Frühstück (nicht für die Gäste der Pohutukawa Lodge, zu der der Pub gehört).

Restaurant in Tip & Bob's → Übernachten.

Sehenswertes/Touren

Die Inselorte: *Tryphena* ist gut, um dort mit der Fähre anzukommen und abzulegen und sich im Quartier einzufinden, ansonsten bietet es nichts Interessantes. Der nächste schöne Strand ist *Medlands Beach* an der anderen (nördlichen) Inselseite, den Strömungen und dem Wind ausgesetzt, deshalb surferfreundlich und entsprechend von Surfern (und deren Anhängern) frequentiert. Die Kirche in der grünen Wiese ist die einzige der Insel, sie wurde 1987 mit dem Schiff hierher gebracht und stand vorher in Awanui bei Kaitaia.

Die Inselstraße führt weiter nach *Claris,* das vom nahen Flugfeld seine Existenzberechtigung erhält und neuerdings im Post Office einen Brieftaubenservice anbietet. Claris war 1897 der erste Ort, der Taubenpost einsetzte, nachdem die Nachricht von der Strandung der „SS Wairarapa" wenige Jahre vorher vier Tage benötigt hatte, um nach Auckland vorzudringen. Beste Leistung war ein Brief, der um 8 Uhr als „Pigeongram" aufgegeben und dessen Antwort aus Auckland um 11.15 Uhr des selben Tages empfangen wurde (das kann man selbst mit dem Flugzeug nicht unterbieten). Die Briefe, die man dort (für diesen speziellen Service) aufgibt, werden von Tauben nach Auckland geflogen, wo sie mit normaler Post weitertransportiert werden. Für den ursprünglichen Brieftauben-Postdienst gab es extra Briefmarken, die heute selten bis extrem selten sind und entsprechende Preise erzielen – bis 10.000 $ und mehr.

Über *Crossroads* („Kreuzung"), ein Straßenkreuz, erreicht man *Whangaparapara Harbour* im Westen, *Okupu* und die Blind Bay im Südwesten und *Stony Beach*, die *Harataonga Bay, Okiwi,* Kawa, *Whgangapoua Beach* und *Port Fitzroy* im Norden. Auf dem letzteren Straßenast passiert man den vom DOC verwalteten Great Barrier Forest mit seinem dichten Netz von Wanderwegen (dazu unten).

Von Whangapoua Beach erreicht man zu Fuß (Schilder) in ca. 0:30 Std. die Gräber der beim Untergang der „SS Wairarapa" am 29. Oktober 1894 ertrunkenen Schiffbrüchigen. Acht Minuten nach Mitternacht lief der Dampfer der Union Steam Ship Company auf ein 200 m hohes Kliff auf (östlich Miners Head an der Nordküste), die Befestigungen der Rettungsboote waren angerostet, die Mannschaft hatte ein halbes Jahr lang keinen Bootsappell durchgeführt. 121 Menschen verloren ihr Leben, viele Opfer waren wegen der Haibisse kaum zu identifizieren.

Port Fitzroy hat durch seine Ausrichtung (Südwesten) und die vorgelagerte Insel Kaikoura Island einen besonders gut wind- und wellengeschützten Hafen, was den Ort zu einem beliebten Ziel von Bootsbesitzern macht.

Unterwegs im Great Barrier Forest

Ein Drittel der Insel wird vom Wald des Great Barrier Forest eingenommen, neben den meist felsigen Stränden und der Brandung an den Küsten die dominierende Attraktion. Die stark bewegte Oberfläche der Insel kulminiert im 621 m hohen Hirakimata (Mount Hobson). Von den ehemaligen Kauriwäldern ist nichts übriggeblieben, sieht man von den Kauridämmen ab, die man auf einem nicht ganz leichten Wanderweg vom Ort Fitzroy aus erreichen kann (1,5 km auf der Straße in Richtung Okiwi, dann zuerst *Coopers Castle Route 4* bis zur Mündung in den *Kaiaraara Track Nr. 9* und weiter talaufwärts).

Länge/Dauer: 10 km/ca. 4 Std.

Eine besonders empfehlenswerte **Wanderung** ist der Küstenweg **Harataonga/Okiwi Coastal Track 21**, ein fast 10 km langer, etwa 4 Std. in Anspruch nehmender Wanderweg, der leider, wie meist auf der Insel, weder am Beginn noch am Ende per Bus oder Shuttle zu erreichen ist (vielleicht helfen Ihnen Freunde mit Auto, Lodgebesitzer, Backpacker-Verwalter, Shuttleservice von Aotea ...). Der Weg, der einem alten Maultierpfad folgt, beginnt an der Straße zwischen Okiwi und Harataonga Beach, wo die Straße das Flachland im Küstenbereich verlässt. Man wird auf ca. 100 m Höhe über dem Meer geführt, immer parallel zur Küstenlinie, jedes Tälchen und jeden Rücken ausgehend, mit immer neuen Ausblicken. Er endet am Campingplatz am Harataonga Beach (Wasser, Dusche/WC), von wo man sich abholen lässt.

Länge: 16 km. Höhenunterschied: ↑↓ 200 m

Eine **Mountainbiketour** bietet sich auf der Piste zwischen Whangaparapara und Port Fitzroy an (am Beginn und am Ende jeweils Straßenstücke), sie nennt sich **Forest Road 20**. Die leicht zu fahrende Forststraße bietet Abstecher nach links und rechts an, zu Resten von Bergbauzonen wie zu Kauridämmen.

Wanderkarten Die DOC-Track-Information mit Kartenskizze (2 $) ist leider nur ausreichend zur Orientierung, wenn man den Weg noch nicht verloren hat ... Besser gleich was Detaillierteres kaufen: die neue NZTopo50-AY34 „Claris" für ca. 6 $ oder (im selben Maßstab) Great Barrier Island Holidaymaker zu 15 $.

Little Barrier Island: Die Insel ist seit 1885 Vollschutzgebiet und darf nicht betreten werden. Ausnahmen können beim DOC beantragt werden. Mehrere stark gefährdete endemische Vögel wie der Kakapo bewohnen den dichten Wald der Insel.

Tiritiri Matangi Island

3 km lang und nur 1 km breit ist die niedrige Vogelschutzinsel Tiritiri Matangi. „Vom Wind geblasen" bedeutet ihr Name. Beim Besuch wird klar, warum das passt. Der Name kann allerdings auch bedeuten (was wahrscheinlicher ist), dass die Insel immer wieder anders aussieht, je nach Wetter und Standort und manchmal bei niedrigem Nebel über dem Meeresspiegel zu schweben scheint. Maori kamen hierher, um zu jagen und zu fischen, Dörfer gab es im Westen (Tiritiri Matangi Pa) und Süden (Papakura Pa), das Letztere wurde von den Ngati Paoa (Paoa-Stamm) errichtet, beide waren nach Überfällen feindlicher Stämme in den 1820ern verödet, und ab 1841 gab es hier nur noch einen Leuchtturm.

Seit der Mitte des 19. Jh. war die vorher mit Ausnahme des Leuchtturmwärters nur gelegentlich von Pakeha besuchte Insel als Farmland genutzt worden, kam aber dann in Staatshand und wird heute vom DOC verwaltet. 1984 begann ein Wiederaufforstungsprogramm, bei dem in 20 Jahren auf 60 % der 220 ha großen Insel ca. 300.000 einheimische Bäume gepflanzt wurden, der Rest der Insel, vor allem die Feuchtgebiete, wurde zu Grasland, um Vögel wie den Takahe, die offene Flächen benötigen, ansiedeln zu können. Es entstand ein bemerkenswert artenreiches Vogelreservat mit Takahe, Sattelstar (North Island Saddleback), Kokako, Tomtit, Fernbird, Karakiri, Stitchbird, Whitehead, Brown Teal, Nordinsel-Rotkehlchen (North Island Robin), Ziegensittich, Aucklandente und vielen anderen. Ebenfalls angesiedet – und das sehr erfolgreich – wurde die endemische Brückenechse Tuatara. Ein dichtes Wegenetz kann im Rahmen einer Führung oder frei erkundet werden, es führt mit Ausnahme der Südspitze zu allen Ecken und Enden der Insel.

Information Visitor Centre, Tiritiri Matangi Island, 09/4794490. **Rauchen** ist auf der Insel mit Ausnahme zweier Raucherenklaven verboten.

Verbindungen/Führungen Fähre 360 Discovery läuft die Insel ab Auckland am Mi, So und Fei. an, zwischen Weihnachten und Ende Jan. tägl., 9–17 Uhr, 66 $, ab Gulf Harbour 10–16 Uhr, ca. 49 $, www.360discovery.co.nz. **Führung** auf der Insel 5 $ durch Freiwillige (1:15 Std.).

Essen & Trinken/Übernachten Es gibt zwar einen Shop, der hat aber nur das Überlebensnotwendige (Tee und Kaffee, Kartoffelchips) und Souvenirs. Man bringt sich seinen Picknicklunch und Getränke mit, der Abfall muss wieder von der Insel mitgenommen werden, es gibt keine Abfallkörbe. Übernachten ist nur in einem spartanisch mit nackten Lagern (aber Küche und Klo) ausgestatteten Quartier und im Camp beim Leuchtturm erlaubt, Buchung besonders für Wochenenden lange im Voraus notwendig: 09/4760010 (Park-Ranger), die Nacht kostet unter 20 $.

Tour um die Insel
Dauer: 4–5 Std.

Vom Landeplatz Tiritiri Wharf im Süden des Hobbes Beach im Inselwesten nimmt man am besten den nach Süden führenden Wattle Track (nicht die Straße!) zum 1984 automatisierten Leuchtturm (knapp davor DOC-Infostelle, Toiletten) mit erwartungsgemäß gutem Fernblick (1 Std. hin/zurück). Von dort umwandert man die Insel gegen den Uhrzeigersinn, erreicht zweimal die Küste und dann die Nordspitze mit den Resten des *Papakura Pa*. Zurück an und über der Westküste, kann man zuletzt noch den auf einer kleinen Halbinsel über dem Hobbs Beach liegenden Rest des *Tiritiri Matangi Pa* besuchen (ca. 4–5 Std.). Besonders schön und interessant ist der dabei passierte *Kawerau Track*, auf dem sich Futterstellen mit Zuckerlösung befinden, die von den extrem seltenen Stitchbirds/Hui aufgesucht werden. Bisher gab es diese akut vom Aussterben bedrohten Vögel nur auf Little Barrier Island, hier auf Tiritiri Matangi hofft man, eine größere Population zu erzielen, die künstlich ernährt werden muss, solange die Insel noch nicht genug Nahrung aus (großenteils wieder aufzuforstenden) endemischen Bäumen und Sträuchern bietet. Im Bereich der Infostelle werden Sie außerdem vielleicht den dort ansässigen Takahe begegnen, jenen ein halbes Jahrhundert als ausgestorben erachteten Vögeln. Sie sind alles andere als scheu!

„Hole in the Rock" in der Bay of Islands, ein Must in Northland

Die Region Northland

Northland ist Neuseelands (sub-)tropischer Norden. Lange Sandstrände, Inseln und Halbinseln im warmen Meer der Bay of Islands, Wälder mit uralten Kauri-Baumriesen aber auch welliges Weideland charakterisieren den schmalen Landstreifen nördlich Auckland.

1992 veröffentlicht das Journal „New Zealand Geographic" einen langen Artikel über Frauen in Northland. Von Schnellbootfahrten, Segeltouren, Dünenrodeln, Allrad-Strandausflügen, angesagten Backpacker-Unterkünften, Luxus-Lodges ist darin nicht die Rede. Die Porträts stellen Frauen dar, die ihren Mann stehen müssen, ob sie wollen oder nicht, weil das Leben – und hier sei's gleich zu Anfang gesagt – immer noch hart ist in Northland. Bäuerinnen mit schwieligen Händen, Farmhelferinnen, denen die Sehnen rissen, weil sie zu schwer heben mussten, 13-jährige Schafhirtinnen, deren Väter zur Armee eingezogen wurden, Frauen, die vorzeitig die Schule verlassen mussten, weil sie im Haus und auf der Farm gebraucht wurden und werden zum Melken und Schlachten und Obsternten …

Keine Werbung für Northland? Im Gegenteil. Northland ist bei allem Tourismus und trotz einiger mittlerweile internationalisierter Zentren wie der Bay of Islands mit Paihia ursprüngliches Neuseeland geblieben, und das heißt abwechslungsreich. Da gibt es bäuerliche Gebiete, in denen die Schaf- und Rinderfarmen weit auseinander liegen und wenige Zentren die Versorgung leisten (auch das kleinste noch mit Telefonzelle und öffentlichem, kostenlosem WC), Hafenorte, in denen noch Fischer arbeiten, und große Wälder, die von Holzfällern „geerntet" (wie man in Neuseeland sagt) und wieder aufgeforstet werden – leider im Regelfall mit der landfremden Sternkiefer oder gar mit Eukalyptus. Zu Northland gehören auch Maori und Pakeha, die nebeneinander und miteinander arbeiten, man trifft sich zu sozia-

len Anlässen und selbst in kleinen Orten in den unverzichtbaren Public Bars, bei der Arbeit, auf den Viehweiden. Als Tourist muss man die Augen aufmachen, will man dieses echte Northland sehen und begreifen, muss sich abseits der Sehenswürdigkeiten, Strandattraktionen und Touristenghettos wagen (auch wenn sie als Holiday Park getarnt sind) und ins Blaue oder Grüne fahren, radeln, wandern, steuern. Wer nach Hause kommt und von Northland nur Strände, Lodges, Jetboote und die gerade aktuellen Cafés gesehen hat, hat nichts von Northland gesehen, denn Northland liegt neben den Touristenrouten, ganz nahe, aber für so viele Besucher unerreichbar.

Northland hat für Neuseelands Menschen eine besondere Rolle gespielt, ob Maori oder Pakeha. Die Ersten, die Neuseeland besiedelten, kamen aus dem zentralen Polynesien und landeten mit ihren Langbooten in Northland, die Landestellen der einzelnen Boote sind den Maori heute noch bedeutende Stätten. Die Europäer konzentrierten sich ebenfalls zunächst auf Northland, die Bay of Islands mit Russell und Waitangi war die erste Siedlungszone der Weißen. In Kerikeri entstand das erste Haus (1821) und das erste Steinhaus (1833), in Waitangi wurde 1840 der Vertrag zwischen Maori und Pakeha unterzeichnet, der heute noch Neuseelands Verfassungshintergrund und

Basis des Zusammenlebens von Weißen und Maori darstellt. In der Oihi Bucht der Bay of Islands steht ein Steinkreuz an der Stelle, wo Samuel Marsden am Weihnachtstag 1814 den ersten Gottesdienst auf neuseeländischem Boden feierte. Nicht nur für Neuseeländer beider Rassen sind diese Stellen bedeutungsvoll, alle Besucher des Landes erinnern sie daran, dass es bereits vor gut 150 Jahren möglich war, Einheimische und Kolonialvolk als gleichberechtigt zu sehen, und nicht erst, wie in vielen afrikanischen und asiatischen Staaten vor knapp zwei Generationen. Waitangi markiert einen der ersten Verträge, wenn nicht überhaupt den ersten Vertrag, der zwischen einer Kolonialnation und einem Steinzeitvolk geschlossen wurde und der Gleichberechtigung nicht nur theoretisch forderte, sondern sie auch praktisch festlegte – das macht Waitangi und generell Northland zu einem bedeutungsvollen Ziel für uns alle.

Zur gesamten Region Northland durch die **i-Site** in Paihia, PO Box 365, Paihia, Bay of Islands, ✆ 09/4027683, www.northlandnz.com.

Whangarei

Mit seinen Parks, dem hübschen Hafengebiet „Town Basin" mit seinen Lokalen und mit den vielen tollen Zielen der Umgebung ist Whangarei der richtige Standort für ein paar Tage. Nahe liegt die Tutukaka Coast mit ihren großartigen Tauchmöglichkeiten aber auch Waipu mit seiner Tropfsteinhöhle und sogar die Westküste.

Northlands größter Ort ist eine freundlich-geschäftige Kleinstadt, deren Leben sich um ein paar Straßen mit Läden und Cafés dreht, die aber abends in einen Stupor fällt, der für Nachtschwärmer schwer zu ertragen ist. Aber das geht auch anderen Kleinstädten so, um neun werden die Gehsteige hochgeklappt, und bis auf die 12- bis 22-Jährigen hockt man vor der Glotze, bevor man so gegen zehn ins Bett geht (ein paar Ausnahmen gibt es, lokalen Unternehmern sei Dank). Und doch, die Stadt ohne touristische Atmosphäre hat etwas Freundliches und Sympathisches.

In der Nähe von Whangarei liegen am Ausgang des Whangarei Harbour die Marsden Point Oil Refinery, eine große Raffinerie, und das umstrittene Kohlekraftwerk Marsden B., das nun doch nicht ans Netz geht (oder neue Regierung und neuer Wind?). Insbesondere umstritten ist der Quecksilberausstoß der hier zu verheizenden einheimischen Kohle und auch die Effizienz, die von den Grünen angezweifelt wird, die lieber Windkraftwerke sähen – im windigen Neuseeland sicher eine gute Option.

Information/Verbindungen

Information Whangarei Visitors Bureau, Tarewa Park, 92 Otaika Rd., Whangarei, gut sortiertes Büro mit angeschlossenem Café (→ Essen & Trinken), im Hochsommer 8.30–18.30 Uhr, sonst Mo–Fr 8.30–17 Uhr, Sa/So 9.30–16.30 Uhr, ✆ 09/4381079, www.whangareinz.com.

DOC Area Office, 149-151 Bank St., ✆ 09/4703300, northland@doc.govt.nz.

Verbindungen Whangarei wird von allen **Bussen** (InterCity, Northliner, Naked Bus) zwischen Auckland und der Bay of Islands angelaufen, besitzt aber dennoch keinen Busbahnhof, sondern ein Minibüro an der Bushaltestelle in der Bank Street. Die Bahn dient nur noch für den Güterverkehr.

Mit dem **Flugzeug** kommt man am Onerahi Airport, 5 km östlich, an. ✆ 09/4360047, www.whangareiairport.co.nz, Flugauskunft ✆ 09/4360535. Saltair fliegt 2-mal (So 1-mal) tägl. von Kerikeri über Whangarei nach Auckland-Northshore City (mit Shuttle ins Zentrum gratis), www.saltair.co.nz. 2 Shuttlebuslinien verbinden Stadt und Flughafen: Kiwi Calton Cabs (✆ 09/4384444) und A 1 Shuttle (✆ 0800/4833377).

Taxi: ✆ 0800/455555, 09/4382299.

Einkaufen/Sport & Freizeit

Für Selbstversorger Supermärkte im Zentrum (Ecke James/Cameron St.), am Südende der Innenstadt an der Gabelung Port Road/Okara Drive (Okara Shopping Centre) und an der Ecke Mill Rd./Manse St. in Richtung Norden (New World).

Wein Longview Estate Vineyard, 5 km südlich von Whangarei an dem SH 1, sehr gelobte Weißweine kommen aus diesem Weingut eines Winzers dalmatinischer Herkunft, aber auch der Syrah ist es wert, verkostet zu werden. Weinproben und Kellerzeiten tägl. 9–18 Uhr. ✆ 09/4387227, www.longviewwines.co.nz.

Baden/Tauchen Entlang der Tutukaka Coast (s. u.).

Radfahren Hedgehog Bikes, 209 Vine St., ✆ 09/4382521. Mit Radwerkstatt.

Geführte Touren Lernen über die **Vergangenheit:** Wendy und Urban Näpflin vom Whangarei Views B&B bieten sehr persönlich geführte Touren durch Natur und Maorikultur in Whangarei und seiner Umgebung an. Wendy führt zu Kauribäumen, über Wanderwege und zu einem lange schon verlassenen Maori-Pa, in dem noch die Vertiefungen von etwa hundert Kumara-Vorratsgruben zu erkennen sind. Ab 2 P. je ca. 40 $. Eine „Whangarei Food & Wine Tour" mit 2 Nächtigungen im hauseigenen B&B samt Tastings und Frühstück kann arrangiert werden. Whangarei Views B&B, ✆ 09/4376238, www.whangareitours.co.nz. ■

Übernachten

»» Mein Tipp: A Whangarei View 4. Tipp: Der „View" auf Whangarei und das Becken, in dem der Ort liegt, ist fantastisch, der an den Garten grenzende (private!) Wald wird von Tui und Bellbird bewohnt, das neue Haus ist komfortabel ausgestattet und die Gastgeber, Urban (Schweizer) und Wendy (Engländerin) sind so hilfsbereit wie informiert über Whangarei und seine Region (und auch als Touroperator tätig). Separates B&B-Stockwerk mit eigenem Eingang, ein s/c Apartment ist ebenfalls zu haben. Internetzugang und Telefonate innerhalb Neuseelands gratis, DVD-Player. Das Haus liegt etwas außerhalb und ist über steile Zufahrt zu erreichen, Gratistransport vom/zum Ort, alternativ Taxi (8 $). DZ/FR ab 120 $, Apartment (bis 4 Pers.) 169–229 $. 5 Kensington Heights Rise (Abzweig bei 75 Russell Rd.), ✆ 09/4376238, www.whangareiviews.co.nz. «««

Kingsgate Hotel Whangarei, citynahes Hotel an der Straße nach Whangarei Heads gegenüber dem Hafen. Zimmer und Suiten, einige neue und aufwendig ausgestattete „superior rooms", Hallenbad und Sauna, Restaurant und Bar. DZ ab ca. 115 $. 9 Riverside Drive, ✆ 09/4380284, 0800/404010, www.millenniumhotels.co.nz/aa.

Fountain Lodge Motel 16, das Best-Western-Motel liegt an der Einfahrt von Auckland her, die Ortsmitte ist nur ca. 700 m entfernt. Alle Units im Erdgeschoss, gute Ausstattung (Fön, Bügeleisen/-brett, Internetanschluss, gratis WLAN), Pool, BBQ und kleiner Spielplatz gehören dazu. Unit (2 Pers.) 90–145 $. 17 Tarewa Rd., ✆ 09/4383532, 0800/999944, www.fountainlodgemotel.co.nz.

Marina Court Motel 6, kleines Motel an der nördlichen Seite des Town Basin an der Flughafenstraße. Die Zimmer mit kompletter Küche. Unit (2 Pers.) ca. 90–110 $. 56–58 Riverside Drive, ✆ 09/4308822, www.marinacourt.co.nz.

Motel Six 5, eines von mehreren Motels an der nördlichen Ausfallstraße. 2 Stockwerke mit gepflegten Zimmern mit Sat-TV, die besseren mit Küchenzeile (und großem Bad). Nach hinten zu einer Schule, also tagsüber laut, aber abends ruhig (nur am Wochenende hört man etwas von der Kneipe an der Bank St.). Exzellentes Preis-Leistungs-Verhältnis. Unit (2 Pers.) ca. 90–115 $. 153 Bank St., ✆ 09/4389219, 0800/668356, www.motelsix-whangarei.co.nz.

Whangarei Manaakitanga YHA 7, freundliche Jugendherberge auf recht steilem Hügel in Aussichtslage mit den üblichen Unterkünften. Gratis-Shuttle von der Bushaltestelle. DB 27–42 $, DO 21–25 $. 52 Punga Grove Ave, ✆ 09/4388954, www.yha.co.nz.

Bunkdown Lodge Backpackers 18, gut und sehr persönlich geführtes Hostel in

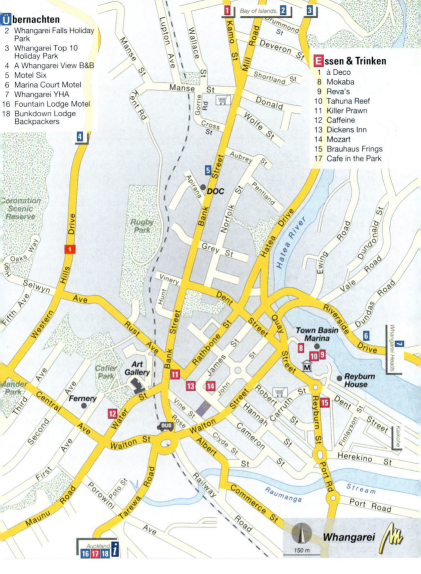

viktorianischer Vorstadt-Kaurivilla (2 km zur City) nahe der Infostelle. Heiße Getränke frei, MTBs zum Verleih (günstig), Klavier, DVDs. Wichtig: Katze und Hund sind mehrsprachig! DO 23–24 $, DB 26–27 $. 23 Otaika Rd., ✆ 09/4388886, www.bunkdownlodge.co.nz.

Whangarei Top 10 Holiday Park 3, relativ kleiner, gut geführter und ruhiger Platz. Stellplätze ab 36 $ (2 Pers.), Cabins und Motels ca. 55–155 $. 24 Mair St., ✆ 09/4376856, 0800/455488, www.whangareitop10.co.nz.

Am Manganese Point Blue Heron Holiday Park, am Beginn der schmalen Manganese-Point-Halbinsel am Eingang der Parua Bay liegt dieser Holiday Park mit Stellplätzen im Grünen. Gratis WLAN! Stellplatz ca. 30–40 $, Cabin 50–70 $, Motel-Units 90–130 $. Scott Rd., RD

4, Whangarei, ✆ 09/4362293, www.blue heron.co.nz.

In Tikipunga und Whangarei Falls Whangarei Falls Holiday Park & Park Backpackers **2**, privates Hostel und Holiday Park nahe den Fällen (5 Min.). Pool, BBQ, Internet/TV-Raum und gute Buchauswahl, sauber. Geschäfte und Bushaltestelle in der Nähe. Cabin 40–60 $, Bunk (Lager) ab ca. 25 $, (Zelt-)Stellplatz 16 $. 12 Ngunguru Rd., ✆ 09/4370609, 0800/227222, www.whangarei falls.co.nz.

Essen & Trinken (→ Karte S. 187)

Tahuna Reef Restaurant & Bar 🔟, Quayside, Town Basin. Restaurant und Bar auf 2 Stockwerken in hübschem Oktogon-Bau am Town Basin, auch die zentrale Bar ist ein Oktogon. Aussicht auf den Hafen vom Balkon im 1. Stock mit seinen maschinengeschnittenen viktorianischen Holzdekors (die schmücken auch alle anderen restaurierten Häuser des Quays). Das frühere „Gybe" bietet durchschnittliche Bistroküche zwischen Austern und Nachos, Fish & Chips (gut) kosten 26 $. ✆ 09/4300406.

Dickens Inn 🔞, Cameron St./Quality Street Mall. Pseudo-Tudor-Pseudo-Pub mit dem kompletten Angebot, das derzeit in Neuseeland als non plus ultra gilt: Steak (vom Grill ab 30 $) und Pizza, Fisch und Knoblauchbrot mit Dips, Lamm und Pasta, gute Wraps, diverse Salate mit wenig Grün und viel Fleisch und natürlich „huge gourmet open sandwiches", denn mehr ist schmackhafter. Dabei recht sympathisch und gemütlich eingerichtet. ✆ 09/4300405, 0800/346336.

Reva's on the Waterfront 9, Quayside, Town Basin. Pizza, Pasta und Salate direkt am alten Hafen in einem historischen Haus, Pizzatradition seit den 80ern, das gibt es sonst in NZ selten. Auch Fisch und Meeresfrüchte, natürlich ganz frisch. Am Wochenende reservieren: ✆ 09/4388969, www.revas.co.nz.

à Deco 1, 70 Kamo Rd. Sehr gutes Restaurant mit feiner Küche (Krawatte schadet nicht, aber Jeans sind auch o. k.) in sehenswerter Art-Deco-Villa von 1939 (aber mit Elementen der Neuen Sachlichkeit) am nördlichen Ortsrand, eines der Top-Restaurants des Landes (in Cuisine 2008 eines der 100 besten Neuseelands). Und das bei gemäßigten Preisen: Hauptgang 25–35 $. ✆ 09/4594957, www.a-deco.co.nz. Lunch Mi–Fr, Dinner Di–So.

Mozart 14, 60 Cameron St. Café-Restaurant unter Schweizer Führung, was man aus dem recht durchschnittlichen Angebot nicht herauslesen kann (sieht man von einer Schweizer Wurstsuppe und dem panierten Schnitzel ab): Chicken Madras, Jumbo Pork Chop und Pasta alla Carbonara. Viele lokale Lunchgäste, mittags besonders günstige Angebote. ✆ 09/4381116, So/Mo Ruhetag.

Brauhaus Frings/Blair's Kitchen 15, Ecke 104 Lower Dent/Reyburn St. im Industrie- und Gewerbeviertel. Mini-Brauhaus mit Biobier (unbedingt probieren!), und das Essen Bistro-Food mit dem einen oder anderen deutschen Touch (wie den Würsten), nicht unbedingt „gemütlich", v. a. nicht im schuppenähnlichen Raum vorne links (soll an Festhalle bei Bierfest erinnern?). ✆/✆ 09/4384664, www.frings.co.nz. So/Fei Ruhetag.

Mokaba Coffee House 8, im super gelegenen und hübsch spätviktorianisch – in 2 Häuschen mit typischem Machinenschnitzwerk – behausten Bistro im Town Basin gibt es alles, von Eggs Benedict (All Day Breakfast) über Bagels bis zu Nachos, eigene Bäckerei, es gibt auch Wein und Bier, große Terrasse zum Hafen. ✆ 09/4387555.

Killer Prawn 11, großes Restaurant mit eher robuster Aufgekrempelte-Hemdsärmel-Atmosphäre und ebensolchem Abriss-Look, aber bemerkenswerter Küche. V. a. empfehlenswert wegen der vorzüglichen Gerichte mit Fisch und Meeresfrüchten (vgl. Name!), wie dem marokkanischen Tunfisch auf Couscous. Vorspeise und Hauptgang ab ca. 45 $. ✆ 09/4303333, www.killerprawn.co.nz.

Café in the Park 17, helles Café im Gebäude der Information. Glastüren zum angrenzenden Park mit Terrasse, große Kuchenauswahl, aber auch Quiche und Frühstücksangebot, guter Kaffee.

Caffeine 12, 4 Water St. Kein Geheimtipp, aber ein paar Schritte ab vom Schuss (die Masse bleibt jenseits der Bank St.) und nicht so überlaufen, wie es der Qualität des Kaffees und der Atmosphäre dieses Mini-Kaffeehauses entspräche. Kunst an den Wänden und Zeitschriftenauswahl, ausgezeichnete Bistroküche. Frühstück ab 7 Uhr, schließt leider schon um 15 Uhr (14 Uhr am Wochenende). ✆ 09/4386925.

Das Town Basin in Whangarei

Sehenswertes/Touren

Town Basin: Am alten Hafenanleger hat sich einiges getan. Die hübschen viktorianischen Häuser wurden aufgemöbelt, Boutiquen, Cafés und Restaurants zogen ein, Kunsthandwerk steht zum Verkauf und der übliche Touristentrödel vom breitkrempigen Sonnenhut (der im Koffer dann seinen Geist aufgibt) bis zu den putzigen Plüsch-Kiwivögelchen, die eine Zeit lang auf der Glotze stehen, bis sie eingestaubt sind und entsorgt werden. In einem neuen Bau am Südende des Town Basin ist eine spezielle Information für das Town Basin untergebracht; das private Uhrenmuseum *Clapham's Clocks* im selben Bau ist einen Besuch wert. Nebenan steht ein hoher Uhrturm und direkt am Wasser das historische *Reyburn House* von ca. 1870 mit wechselnden Ausstellungen.

Öffnungszeiten Quayside Information Centre/Clapham's Clocks, tägl. 9–17 Uhr. Museum 8 $. ✆ 09/4383993, www.claphams clocks.co.nz.

Reyburn House, Di–Fr 10–16 Uhr, Sa/So erst ab 13 Uhr. Eintritt frei. www.reyburn house.co.nz.

Kunstmuseum und Fernery: Das *Whangarei Art Museum* besitzt einige gute Beispiele vor allem zeitgenössischer neuseeländischer Kunst. Der Besuch des Museums lohnt sich auch wegen des denkmalgeschützten Gebäudes selbst, das als gutes Beispiel der neuseeländischen Arts-and-Crafts-Bewegung angesehen werden kann. Diese aus Großbritannien stammende Bewegung des späten 19. Jh., die stark von William Morris bestimmt wurde, verzichtete auf die Auswüchse des gründerzeitlichen Architekturstils und versuchte, durch einfache und klare Formen neue Wege zu beschreiten. Ihre Bedeutung für die Wiener Secession und den Jugendstil ist nicht zu unterschätzen. Durch Rose Garden, Cafler Park und über eine Fußgängerbrücke erreicht man die *Margie Madden Fernery*, die in einem Glashaus vor allem neuseeländische endemische Farne beherbergt – für Naturliebhaber ein Muss.

Kunstmuseum, tägl. (außer Mo) 9–17 Uhr. Eintritt mit Koha (Spende). Fernery, tägl. 10–16 Uhr. Eintritt frei. ✆ 09/4304200, www.wdc.govt.nz.

Filigrane viktorianische Bauten im Town Basin

Kiwi North Museum and Heritage Park: Natürlich hat Whangarei auch ein (Northland-)Heimatmuseum, untergebracht in einem traditionellen Homestead. Bilder, Objekte, Pflanzen, Maori-Artfakte stellen die Ausstattung dar. Das bedeutendste Objekt der Maori-Kunst ist eine aus dem 16. Jh. stammende hölzerne Grabkiste mit Schnitzereien, *waka tupapuka* genannt. Im angeschlossenen *Kiwi-Nachthaus* kann man auch tagsüber Kiwi-Vögel beobachten.
 Haus „Glorat" 6 km SW an SH 14, Museum und Kiwi-Nachthaus tägl. 10–16 Uhr. Eintritt jeweils 5 $. ✆ 09/4389630.

A. H. Reed Memorial Kauri Park und Whangarei Falls: Der immer noch umwerfend eindrucksvolle Rest eines Kauriwaldes ist im Reed Kauri Park unter Schutz gestellt. Einige riesige uralte Kauribäume sind zu sehen, aber auch Kaurijungwald. Ein Teil des Wegenetzes ist hoch über dem Boden in der Wipfelzone angelegt, dieser *Canopy Boardwalk* ist besonders eindrucksvoll. Über einen Abstecher vom *Elizabeth Track* erreicht man die ebenfalls sehr eindrucksvollen, 26 m hohen Wasserfälle des Hatea-Flusses, die *Whangarei Falls* (0:30 Std. einfacher Rundweg), unter denen sich ein schönes Wasserbecken zum Schwimmen befindet.
 Der Kauri Park (Eintritt frei) liegt im Norden der Stadt und kann mit dem nach Kamo fahrenden Stadtbus erreicht werden.

In Richtung Whangarei Heads: Eindrucksvoll erheben sich die vulkanischen Whangarei Heads am Ausgang des Whangarei Harbour, wahre Wächter zwischen Festland und Ozean, die auch dem schmalen Siedlungsband an ihrem Fuß ihren Namen gegeben haben.

Auf dem Küstensträßchen von Whangarei in Richtung der Heads erschließt sich Bucht um Bucht: Nach dem Vorort **Sherwood Rise** und der Halbinsel **Onerahi** folgt die *Waikaraka Bay*, dann die fast geschlossene, große und von Mangroven gesäumte Parua Bay, schließlich McLeod Bay, Taurikura Bay, Urquharts Bay. Die südlichste Bucht, Smugglers Bay, ist nicht mehr auf der Straße zu erreichen, die zur Außenküste führt und oberhalb des langen Ocean Beach mit weißem Sandstrand und schwerem Surf endet.

Vom Sattel zwischen McLeod Bay und Taurikura Bay führt ein gut markierter Wanderweg auf einen der höchsten Gipfel der Whangarei Heads, den Manaia (420 m, hin/zurück ca. 2:30 Std., 340 m Höhendifferenz, sehr rutschig nach Regen). Um dessen steile Gipfelzone, eine massive vulkanische Schlotfüllung, gekrönt von einer bizarren Felsengruppe, ranken sich Maori-Legenden. Für diesen äußersten Zipfel der Halbinsel mit seiner Steilküste ist ein DOC-Schutzgebiet mit „Possum"-Zaun geplant.

Südlich von Whangarei: die Bream Bay, Waipu und Mangawhai Heads

Südlich der Mündung des großen Whangarei Harbour (und der Ölraffinerie Marsden) zieht sich ein fast ungegliederter Strandstreifen bis zu der Halbinsel Mangawhai Heads. Die große Meeresbucht ist als Bream Bay bekannt, an Orten gibt es nur das etwas landeinwärts liegende Waipu und knapp südlich der Landspitze *Bream Tail*, von der sich die lang gestreckte Küste bis Cape Rodney fortsetzt (→ Region Auckland), den Badeort Mangawhai Heads.

Waipu: Der an sich uninteressante Ort hat eine für Neuseeland ungewöhnliche Geschichte, wurde er doch von Nordamerika aus besiedelt. Die Zuwanderer waren Schotten, die durch die Räumungen (sog. „clearances") der Grundbesitzer im frühen 19. Jh. aus ihrer Heimat vertrieben wurden und unter Führung eines calvinistischen Geistlichen namens Norman McLeod zunächst nach Neuschottland (Kanada) gingen. Dort überstanden sie kaum die folgenden strengen Winter, sodass sie sich zu einem neuerlichen Ortswechsel entschlossen, der 940 von den ursprünglichen tausend nach Waipu führte. Wenig erinnert an diese Vergangenheit, sieht man vom *Museum* ab und den typisch schottischen Hochlandspielen zu Neujahr mit Baumstammwerfen, Dudelsackmusik und traditionellen Tänzen.

Waipu hat keinen eigenen Strand, der nächste Meereszugang mit Strand und Übernachtungsmöglichkeit ist der Flecken *Waipu Cove*, 7 km südöstlich, dessen Wellen an der Bream Bay Schwimmer wie Surfer anlocken.

Öffnungszeiten Waipu Museum House of Memories, 36 The Centre, Waipu. Infos, Fotos und Objekte zur Geschichte der Ansiedlung durch schottische Emigranten. Tägl. 9.30–16.30 Uhr, Eintritt 8 $. ✆ 09/4320746, www.waipumuseum.com.

Übernachten/Essen & Trinken Camp Waipu Cove, kleiner Platz direkt hinter dem Breambay-Strand, gelobt. Neue Cabins mit Küche für 100–200 $, Stellplatz mit Strom (2 Pers.) 30–36 $. 897 Cove Rd., RD 2, Waipu Cove, ✆ 09/4320410, www.campwaipucove.com.

Waipu Cove Resort, schöne Units, Restaurant, Pool, 100 m zum Strand. Unit (2 Pers.) 90–280 $. 891 Cove Rd., PO Box 35, Waipu, ✆ 09/4320348, www.waipucoveresort.co.nz.

Waipu Pizza Barn, 2 Cove Rd., Waipu. Einheimische wie Gäste (so in ihrer Empfehlung Sarah Fritsch) schätzen diesen „Schuppen" mit nostalgischen bis surf-typischen Fotos und anständiger Pizza. ✆ 09/4321011.

Hen and Chickens Islands: Die Gruppe kleiner Inseln und Riffe vor der Küste ist ein *Nature Reserve*, das wie die anderen im Hauraki Gulf vom DOC verwaltet wird. Gutes Tauchrevier!

Mangawhai Heads: Die älteren Gebäude dieses unauffälligen Badeortes in einer geschützten Bucht (eigentlich ein Ästuar, also eine im Meer versunkene Flussmündung) sind typisch neuseeländische Baches. Leider werden sie immer mehr von genormten Bauten verdrängt, die Cafés, Läden oder feine Lodges beherbergen. Alles

Parua Bay mit Blick zu den Whangarei Heads

konzentriert sich hier auf den Strand, und außerhalb der Sommersaison dürften die Bewohner keine zweistellige Zahl erreichen. Baden, Schwimmen, Vogelbeobachtung im Wattbereich sind die Aktivitäten hier.

Übernachten/Essen & Trinken Milestone Cottages, 5 Cottages mit Du/WC und Küche, Videos, Kajaks gratis, grüne Umgebung. Besitzerwechsel in Aussicht. Cottage (2 Pers.) 170–210 $. 27 Moir Point Rd., Mangawhai Heads, ℡ 09/4314018, www.milestonecottages.co.nz.

Mangawhai Lodge, freundliches B&B nahe Strand und Hafen, neben dem Golfplatz, mit fünf angenehmen Zimmern. DZ/FR 175–250 $. 4 Heather St., Mangawhai Heads, ℡ 09/4315311, www.seaviewlodge.co.n.

Coastal Cow Backpackers, bezogene Betten, Angelzeug und Räder gratis, familiäre Atmosphäre, das Meer ist in Fußentfernung. SG 50 $, DO 20 $, DB 25 $. 299 Molesworth Drive, Mangawhai Heads, ℡ 09/4315444, www.mangawhaibackpackers.com.

Sail Rock, 12 Wood St.; das beste Café am Platz hat nicht nur ausgezeichneten Kaffee und gute Weine, sondern auch gutes Essen, vornehmlich Meeresgetier (mit „Salz- und-Pfeffer-Tintenfisch" als Hausgericht, ca. 27 $). ℡ 09/4314051.

Nördlich von Whangarei: die Tutukaka-Coast mit Tutukaka und den Poor Knights Islands

Der kurze Küstenabschnitt zwischen dem tief eingeschnittenen Trichter des Ngunguru-Flusses und dem nicht ganz so weit ins Land reichenden Whananaki Harbour wird nach dem einzigen nennenswerten Ort Tutukaka Coast genannt. Von hier aus starten diejenigen, die im 25 km weit draußen im Pazifik liegenden *Poor Knights Islands Marine Reserve* rund um die Poor Knights Inseln schnorcheln, tauchen und segeln wollen. Insbesondere Taucher kommen in diesem sehr populären Meeresschutzgebiet auf ihre Kosten, zwei versenkte Schiffe stellen einen besonderen Tauchanreiz dar. Doch auch die Küste selbst ist den Besuch wert, zwischen Tutukaka und Oakura schiebt sie einige felsige Kaps in den Pazifik, mehrere

Nördlich von Whangarei 193

sandige Buchten laden zum Baden und Surfen ein, und kleine Schutzgebiete erlauben hübsche Wanderungen in sehr ursprünglicher Natur.

Die Küste wird von Whangarei aus verwaltet, dort auch **i-Site** (s. o.).

Wassersport & Freizeit

Tutukaka ist Hafen für viele Jachtbesitzer und Segler, aber vor allem treffen sich dort passionierte Taucher aus aller Welt. Die Schönheiten der Unterwasserwelt muss man sich aber nicht unbedingt auf einem Tauchgang erschließen, auch Schnorchler kommen in der Nähe einer der größeren Inseln (im weniger bewegten Wasser) durchaus zu ihrem Recht. Wer allerdings weder das eine noch das andere will oder kann, sollte auf einen Besuch der **Poor Knights Islands** verzichten, die Bootsfahrt allein lohnt sich kaum. Tauchfahrten während der Hauptsaison finden täglich statt, bei mehr als einem halben Dutzend Anbietern kann man auch außerhalb der Hochsaison fast täglich ein Boot finden, das zum Tauchen rausfährt.

Tauchen/Schnorcheln Dive! Tutukaka, The Poor Knights Dive Centre, Marina Road, Tutukaka, RD3, Whangarei. Tagestour zu den Schiffwracks mit 2 Tauchgängen (beide Wracks) und Ausrüstungsleihgebühr inkl. Lunch ca. 225 $, 130 $ für den „perfect day" (nur Schiffstour). ✆ 09/4343867, 0800/288882, www.diving.co.nz. Der Spezialveranstalter für Taucher, Transfers ab Whangarei werden angeboten, und die Boote stechen – wie auch jene der Konkurrenz – ab Tutukaka in See. Das Unternehmen wurde mehrfach für Sicherheit sowie Qualität ausgezeichnet.

Pacific Hideway Charters, Berth J1, Tutukaka Marina (bzw. 13 Moody Ave., Whangarei), flotter 16,5-m-Katamaran „Poor Knights Express" für Tauchtouren. Tagestrip mit 2 Tauchgängen mit eigener Ausrüstung 190 $, Schnocheln (mit Ausrüstung) 95 $, bei allen Trips Gratis-Nutzung von Kajaks. ✆ 09/437 3632, www.devenz.co.nz.

Bluzone Aquaventure, bietet 1 Tag Tauchfahrt inkl. Ausrüstung für 250 $, das schnelle Boot ist speziell für Tauchtouren gebaut worden. ✆ 021/424166, www.bluezone.com.

Bootsausflüge Dive! Tutukaka (→ Tauchen) bietet auch eine Bootstagestour (5 Std. „The Perfect Day") an, die v. a. die Naturbrücken und Höhlen der Inseln, deren Meeresvögel und ein Stück der Festlandsküste zeigt und die Gelegenheitt zum Schwimmen, Schnorcheln und Kajaken bietet (inkl. Ausrüstung 150 $). www.aperfectday.co.nz.

Kajaken Kajaktouren bietet Pacific Coast Kayaks an, halbtags ab 75 $. Tongatu Rd., Ngunguru, ✆ 09/4344262, www.nzseakayaking.co.nz.

Übernachten/Essen & Trinken

Pacific Rendezvous Motel, phantastisch auf einer Landzunge gelegenes Motel mit 2 Privatstränden. Tennis, Pool, kleiner Laden und sehr gute Zimmer (Küche, Sat-TV). Unit (2 Pers.) 135–255 $. 73 Motel Rd., Tutukaka, RD 3, Whangarei, ✆ 09/4343847, 0800/999800, www.pacificrendezvous.co.nz.

The Sands Motel, fast direkt am hellen Sandstrand der Whangaumu-Bucht, 5 km von Tutukaka. Alle Units mit gut ausgestatteter Küche, Kajak-Verleih für Gäste. Unit (2 Pers.) 130–180 $ (Winter 110 $). Whangaumu Bay, RD 3, Whangarei, ✆ 09/4343747, www.sandsmotel.co.nz.

Tutukaka Holiday Park, neuer Holidaypark bei Tutukaka. Ausreichende Toiletten, saubere Küche. Stellplätze (17 $ p. P.), Cabins (60–140 $ für 2 Pers.) und Backpacker-Unterkunft (DO 25 $). RD 3, Whangarei, ✆ 09/4343938, www.tutukaka-holidaypark.co.nz.

Essen & Trinken Marina Pizzeria, Tutukaka Marina. Café, Pizzeria und Restaurant in einem, und das direkt am Wasser, guter Kaffee, sehr gelobte Küche, besonders schön speist man auf der Terrasse. ✆ 09/4343166.

Sehenswertes/Touren

An der Tutukaka-Küste: Der Ort *Tutukaka* ist ein geschäftiger Touristenort, der sich ganz und gar den Tauchern verschrieben hat, die rund um die Poor Knights Islands ihre Reviere finden. Bis vor wenigen Jahren eine winzige Ansiedlung am Meer, wenn auch schon lange Standort für Fischer und Ziel von Küstenseglern, die einen sicheren Hafen suchten, ist der Ort heute mit jeder Art von Übernachtungs- und Verpflegungsmöglichkeiten bestückt. Ein hübscher Spaziergang führt an die Spitze der Halbinsel *Tutukaka Head* (s. u.). Er beginnt an der Matapouri Road 400 m nach dem Tutukaka Hotel, führt an die Landspitze und über einen schotterigen Isthmus auf ein (bei Flut) Inselchen mit Leuchtfeuer und super Ausblicken auf die Küste nach Süden wie Norden. Nicht zu lange bleiben, sonst kommt die Flut, und der Isthmus steht unter Wasser!

Dunkles Gestein, oft ganz weiße, doch meist goldgelbe oder leicht rötliche Sandbuchten und üppig grüne Vegetation wie im *Otito Scenic Reserve* auf einer kleinen Landzunge 5 km nördlich von Tutukaka, bilden das Farbspektrum dieses Küstenabschnittes.

Eine große, sandige Bucht (der Sand ist hier leicht rötlich bis weiß) bildet die passend benannte *Sandy Bay,* ihr Nordteil ist nur durch einen 4,5 km langen Wanderweg erschlossen, der strandnah als Piste/Fuhrweg nach Whananaki South führt, mit dem Wagen ist man für dieselbe Strecke 20 km unterwegs. Der Weg ist übrigens auch sehr gut mit dem Mountainbike zu machen (und man fährt anschließend auf dem eigenen Drahtesel zum Quartier oder Auto zurück). Besser nicht direkt nach starken Regenfällen probieren, am wenigsten mit dem Rad, die Spur kann sehr tiefgründig sein.

Wanderungen Tutukaka Head Walkway, 2 km, hin/zurück 1 Std.
Whananaki Coastal Walkway, 4,5 km, ca. 3 Std., rare Beschilderung durch rotes „W" (er ist Teil des New Zealand Walkway). Keine Busse am Ziel, Abholung vereinbaren!

Das Poor Knights Islands Marine Reserve: Die Inselgruppe der Poor Knights besteht aus zwei großen (Tahiti Reach, Aorangi Island) und einer Fülle von kleinen und kleinsten Inseln und Riffen, sie ist mitsamt dem umgebenden Meer komplett geschützt, die Inseln dürfen nicht betreten werden. Als steile vulkanische Felseninseln fallen sie abrupt ins Meer, und zwar bis zu 100 m unter der Wasseroberfläche. In diesen untermeerischen Kliffs öffnen sich Höhlen und natürliche Bögen, tiefe Spalten und Überhänge, die von einer reichen Meeresfauna und -flora bewohnt werden. Das relativ warme subtropische Wasser wird reichlich bewegt und ist meist sehr klar, nur in den Monaten September bis Dezember kann es zu Trübungen kommen. Der Artenreichtum hier ist sprichwörtlich, die Größe mancher Exemplare außergewöhnlich, so kann ein Kingfish bis zu 40 kg wiegen. An den untermeerischen Felswänden sind dichte Teppiche von Anemonen, Schwämmen, Korallen und anderen Tieren mit festem Standort, die wiederum Myriaden von Weichtieren, Fischen und Krusten- wie Schalentieren Schutz bieten. Zwei Wracks bilden heute künstliche Riffe als besondere Attraktion für Taucher. Die HMNZS (**H**er **M**ajesty's **N**ew **Z**ealand **S**hip) „Tui" und die Fregatte „Waikato" sind zwei ausgediente Schiffe der neuseeländischen Marine, die in taucherfreundlicher Position versenkt wurden. Speziell für Taucher geschnittene Öffnungen erlauben das Tauchen im Inneren der versenkten Schiffe.

In der Bay of Islands

Die Bay of Islands

Der nicht diskutierbare Höhepunkt einer Northland-Reise ist die Bay of Islands, die subtropische Bucht der Wald-, Sand- und Felsinseln, der überraschenden Durchblicke, der Delfine, die das Boot begleiten. Wenn im Oktober Southland noch halb im Winterschlaf liegt, wird in der Bay of Islands schon der Badedress getestet.

Die Bay of Islands bietet eine kaum überschaubare Auswahl an Aktivitäten, die sich vor allem am und auf dem Wasser abspielen. Kreuzfahrten mit und ohne Übernachtung auf dem Schiff oder Boot, Schnellbootfahrten, bei denen die Geschwindigkeit und das gefühlte Risiko den Kick geben, Schwimmen mit Delfinen und natürlich Baden in einer der unzähligen idyllischen Buchten, das sind in der Bay of Islands die vorrangigen Aktivitäten. Wer kann, sollte die Hauptsaison meiden, wenn zu den internationalen Travellern noch die neuseeländischen Urlauber kommen und die ohnehin ganzjährig vollen Strandorte schier zu bersten drohen.

Neuseelands moderne Geschichte hat mit dem *Vertrag von Waitangi* begonnen, der 1840 abgeschlossen und in Waitangi in der Bay of Islands unterzeichnet wurde, damals Sitz eines der Bevollmächtigten der britischen Krone, James Busby. Sensationell bei diesem Vertrag war, dass er zwischen einer europäischen Macht und einem lockeren Stammesverband der Urbevölkerung abgeschlossen wurde, so etwas war keineswegs üblich im Umgang mit (de facto) Steinzeitmenschen. Meist eigneten sich die europäischen Kolonialmächte sich das Land an und damit fertig, Verträge wurden nur mit Vertretern von Hochkulturen geschlossen wie etwa in Indien.

Paihia ist unangefochten das Zentrum der Bay of Islands, hier befinden sich die meisten Quartiere, fast alle Touren und sonstigen Aktivitäten gehen von Paihia aus, es gibt eine recht laute Szene. Ruhiger ist das südlich anschließende Opua, ein reiner

Wohnort mit schönen Blicken auf das Waikare Inlet, wie sich der südliche Teil der Bay of Islands südlich der Halbinsel, auf der Russell liegt, nennt. Noch weiter südlich und bereits im Binnenland liegt an einer wichtigen Straßengabelung Kawakawa, das heute vor allem wegen seiner Hundertwasser-Mementos bekannt ist. Der älteste Ort der Bay ist Russell, ehemals bedeutender Hafen auf der Pazifikroute, heute ein eher beschaulicher Wohnort, in dem aber die Cafészene floriert und dank der hier einen Zwischenstopp einlegenden Bootstouren fast alle Aktivitäten so einfach zu arrangieren sind wie in Paihia. Eine flotte Personenfähre sorgt für raschen Transfer zwischen den beiden Orten. Nördlich von Paihia liegt Waitangi, der Ort des Vertragsabschlusses. An der Straße ins Binnenland bietet Haruru Falls Ausweichquartiere für Paihia und vor allem attraktiv am Fluss gelegene Campingplätze. Im Norden der Bay liegt ganz am Ende des Kerikeri Inlet der Ort Kerikeri mit zwei der ältesten Häuser Neuseelands, der größte Ort der Region Bay of Islands setzt neben dem Tourismus auch aufs Shopping.

Information Bay of Islands i-Site Visitor Centre The Wharf, Marsden Rd., Paihia, ✆ 09/4027345, visitorinfo@fndc.govt.nz. Kiosk am Anleger der Ausflugsboote in Paihia, tägl. 8–17 Uhr. **DOC Bay of Islands Area Office**, 34 Landing Rd., Kerikeri, ✆ 09/4075300, bayofislandsbooking@doc.govt.nz.

Sport & Freizeit in der Bay of Islands

Abgesehen von der lebhaften Szene in Paihia spielt sich der Urlaub in der Bay of Islands auf dem Wasser ab. Kreuzfahrten, Schnellbootfahrten, Segeltörns, Tauchen und Schnorcheln, Kajaken, Schwimmen mit Delfinen – für diese Aktivitäten kommt man in die subtropische Bay mit ihrem auch in den Übergangsjahreszeiten warmem Wasser.

Von den Inseln ist **Urupukapuka** für Besucher am interessantesten, da das Transportunternehmen Fullers dort mit seinen meisten Kreuzfahrten anlandet und genügend Zeit zum essen und/oder eine Wanderung auf den Aussichtspunkt gibt (hin/zurück 25 Min.), von dem man einen schönen Blick auf den Südostteil der Bay hat. Die Insel war früher dicht besiedelt, sechs befestigte Pas und Dutzende anderer Zeugnisse von Besiedlung wurden identifiziert und ausgegraben. Ein DOC-Faltblatt informiert und macht einen Rundwegvorschlag: *Urupukapuka Island Archaeological Walk*. Auch eine Übernachtung ist möglich, die Quartiere der Zane Grey Lodge sind allerdings spartanisch (✆ 09/4037009, www.zanegrey.

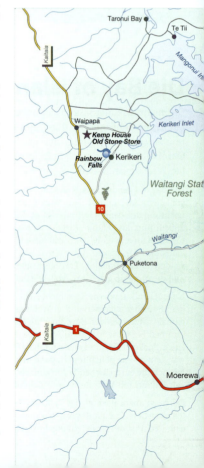

co.nz) und der Transport muss mit der Lodge selbst geregelt werden, nicht etwa mit Fullers. Der Gründer der Lodge und des abgebrannten früheren Resorts war der Westernschriftsteller Zane Grey.

Auf mehreren Inseln befinden sich Privathäuser, die meisten sind nur im Sommer bewohnt, einige sind noch ganz traditionelle Baches, andere sind teure Klitschen meist ausländischer Geldbarone. Landen kann man u. a. auf **Robertson (Motuarohia) Island**, das vom DOC verwaltet wird. Vor der westlichen der beiden halbrunden, idyllischen, wenn auch überlaufenen Buchten hat Captain Cook geankert. **Moturua**, eine benachbarte Insel, ist ein Scenic Reserve mit einem ausgedehnten Wanderwegenetz. Das winzige **Piercy Island** ist besser als **Hole in the Rock** bekannt, eine riesige Höhle erlaubt die Durchfahrt mit dem Boot. Der Leuchtturm jenseits der schmalen Meeresstraße markiert die Nordspitze der **Cape-Brett-Halbinsel**, dorthin führt ein schöner und beliebter Wanderweg, der **Cape Brett Walkway** (→ S. 199).

Anbieter in Sachen Sport & Freizeit

Sport und Freizeit auf dem und im Wasser sind Basis der Wirtschaft der Bay of Islands, die Schar der Anbieter ist kaum zu überblicken, zumal sich die Namen durch Übernahmen oft ändern bzw. die Firmen ihre Angebote mit unterschiedlichen Namen fungieren lassen. Im großen Kiosk am Anleger in Paihia und in den Läden auf der anderen Straßenseite sind sie alle scheinbar ganz friedlich versammelt …

Bootsausflüge/Schwimmen mit Delfinen
Great Sights Bay of Islands Cruises and Tours, Maritime Building on the Waterfront, Paihia, ✆ 09/4027421, 0800/653339, www.dolphincruises.co.nz; der wohl größte Anbieter von Kreuzfahrten und Touren hat sein Büro direkt am Fährableger in Paihia, wo auch sämtliche Tourenboote ablegen (Büro auch in Auckland, 11 Customs St. West, ✆ 09/3580259). Mehrere Kreuzfahrten durch die Bay, die meisten führen bis Hole in the Rock. Meistens ist ein Aufenthalt auf Urupukapuka Island inbegriffen, wo man Gelegenheit hat, ein mitgebrachtes oder bei Great Sights geordertes Picknick *(nicht im Zane Grey Restaurant!)* zu essen (Picknick im Regelfall nicht im Ticketpreis inbegriffen, Lunchpaket ca. 16 $). Der ca. 6-stündige „Cream Trip" (102 $) schließt sowohl Hole in the Rock als auch Urupukapuka Island ein, wer will, kann mit Delfinen schwimmen. Great Sights bietet aber auch einen eigenen Dolphin Cruise an (89 $). Eine besonders schnelle Variante ist der Trip mit dem Schnell-Katamaran „Excitor", der nur 1:30 Std. dauert (89 $) und Hole in the Rock einschließt. Excitor firmiert unter Awesome NZ, ✆ 0800/653339, www.awesomenz.com.

The Rock, eine 24-Stunden-Kreuzfahrt mit Backpacker-Übernachtung an Bord bietet „The Rock", ein behäbiges, aber gut manövrierfähiges Boot. Kabinen auf dem Oberdeck mit großen Fenstern, darunter Speisesaal, Bar, Aufenthaltsraum. Kajaks für Tag- und Nachtfahrten, Insellandungen mit Spaziergängen, Schwimmen, Schnorcheln … bis Mitternacht sowieso Highlife, danach wird's nicht unbedingt ruhiger. 6er-Kabinen, 2er- und Bettdecken gegen Aufpreis. Kreuzfahrt in der 6er-Kabine inkl. 2 Mahlzeiten ca. 200 $, in der 2er-Kabine 436 $, Tauchanzug 5 $ extra. ✆ 09/4027796, 0800/762527, www.rocktheboat.co.nz.

Mack Attack, auch dieser offene Katamaran ist enorm schnell, und bevor man sich versieht, ist man vom Besuch von Hole in the Rock schon wieder zurück (1:30 Std., 85 $). ✆ 09/4028180, 0800/622528, www.mackattack.co.nz.

SAIL NZ, Ecke Marsden/Williams Rd. gegenüber Fähranleger in Paihia, ✆ 09/3595987, 0800/397567, info@sailnz.co.nz, www.explorenz.co.nz. Bietet eine vierstündige Schnellbootfahrt „Discover the Bay – Hole in the Rock Tour" an, 89 $. Der gleiche Anbieter führt Delfintouren durch, der Trip allein kostet 89 $, wer schwimmen will, zahlt 30 $ extra; ✆ 0800/365744.

Segeln Wird von mehreren Jachtbesitzern angeboten: SAIL NZ (→ oben) bietet eine Segeltour mit der Jacht „Lion New Zealand" an, man fährt raus bis Hole in the Rock, hat einen kurzen Aufenthalt auf einer Insel, kann kajaken, schwimmen, schnorcheln, es gibt BBQ-Lunch. 7 Std. 110 $.

Schwimmen vom Boot aus: Macht Spaß und kostet nicht extra

„Phantom", große Segeljacht, privates Unternehmen der Amerikaner Rick und Robin Blomfield, die Erfahrung auf allen Meeren haben, klassischer Ozeansegler (C&C Yachts 1992), 15 m lang, Mast 4,70 m, Rennboot, max. 10 Gäste an Bord, Tagestrip ab Russell Wharf um 10 Uhr, inkl. Lunch 100 $. ✆ 0800/224421, www.yachtphantom.com.

R. Tucker Thompson ist ein klassischer Motorsegler, der Tagestouren in die Bay macht (140 $), die Gästezahl an Bord ist auf 20 beschränkt. ✆ 09/4028430, 0800/882537, das Unternehmen gehört zu Great Sights.

Carino Sailing & Dolfin Adventures setzt seine Segeljacht für eine 6-stündige Tour durch die Bay ein, die auch Schwimmen mit Delfinen umfasst, 116 $ inkl. Lunch und Schnorchelausrüstung. ✆ 09/4028040, www.sailingdolfins.co.nz.

Weitere Segeltörns bietet u. a. **Ecocruz**, PO Box 91, Paihia. 22-m-Yacht, 2 Segel, Kajaks, Schnorchel- und Angelausrüstung an Bord, der Skipper-Besitzer heißt Jochen („Call me John"). 3 Tage (Di oder Fr) 595 $ all incl., ✆ 0800/432627, www.ecocruz.co.nz.

Kajaktouren **Coastal Kayakers**, PO Box 325 Paihia, Kiosk an der Brücke nach Waitangi, bietet mehrere unterschiedlich lange Trips, halber Tag bis Haruru Falls 75 $, 1 Tag ab ca. 95 $, auch Kajakverleih (50 $/Tag) und Segeltörns sowie Charter. ✆ 09/4028105, www.coastalkayakers.co.nz.

Maori-Langboot Eine Fahrt mit „Te Haenga Maori" kann bei Waka Tai-amai Tours gebucht werden, die Tour durch den Paihia näheren Teil der Bay ist eher geruhsam. Die Arbeit leisten Mitglieder der örtlichen Ngapuhi Maori, die auch über die spirituelle Welt ihres Stammes Auskunft geben. 135 $, ✆ 09/4059990, www.taiamaitours.co.nz.

Tauchen Paihia Dive, Tauchfahrten u. a. zum Wrack der Rainbow Warrior, mit 1 Tauchgang inkl. Ausrüstung 215 $. ✆ 09/4027551, www.divenz.com.

Fischen/Hochseeangeln Bei **Blue Sea Charters**, PO Box 141 Paihia, ist man dazu an der richtigen Adresse. ✆ 09/4028117, 0800/402707, www.blueseafishing.com.

Flüge Salt Air fliegt ab Kerikeri oder Haruru Falls über die Bay of Islands bis Hole in the Rock. Ein 30-Min.-Heli-Flug kostet ca. 270 $. ✆ 09/4028338, 0800/47258247, www.saltair.co.nz. Büro auch in Paihia, Amphibian Ramp, Waterfront (Kiosk am Parkplatz beim Hafengebäude).

Golf In einem Land, in dem sogar Dörfer von 100 Einwohner einen Golfplatz haben, braucht man nur die schönsten zu erwähnen: der **Kauri Cliffs Golf Course** bei Paihia mit seinen spektakulären Ausblicken auf das Meer und die Inseln der Bay of Islands gehört dazu.

🚶 Der Cape-Brett-Halbinsel-Track

Charakteristik: Ein großartiger, aber auch anstrengender Track durchquert die gesamte Cape-Brett-Halbinsel bis zum Leuchtturm und der DOC-Hütte an ihrem Nordende. **Länge/Dauer**: ca. 16,3 km/6–8 Std. (einfach). **Höhenunterschied**: ↑↓ 1100 m

Bevor man auf einem der Schnellbootausflüge in der Bay of Islands Piercy Island und „Hole in the Rock" erreicht, fährt man ein gutes Stück an der langgestreckten Cape-Brett-Halbinsel vorbei. Ganz an der Nordspitze der Halbinsel steht einsam ein 1906 errichteter *Leuchtturm,* den man zu Fuß erreichen kann. Der Weg dorthin über die Halbinsel, mal über den Rücken, dann am West- oder Osthang, ist eine beliebte Wanderung, die man zur Not, wenn man sich am Ziel abholen lässt, an einem Tag schafft, die aber viel schöner ist, ja eigentlich erst zur Erfahrung wird, wenn man in der Hütte unterhalb des Leuchtturms nächtigt. Dort gab es früher drei Häuschen für die Wächter. 1978 wurde auf automatisches Licht umgestellt, eines der nunmehr funktionslosen Häuschen ließ man stehen und 1984 übernahm der DOC die Verwaltung. Die Hütte sieht außen wie früher aus, innen ist sie eine echte neuseeländische Back Country Hut für 23 Personen, es gibt Matratzen und Gasbrenner. Das Wasser aus dem Tank ist o. k. (sonst gibt es kein Wasser auf dem Track), aber nicht immer vorhanden, man erkundige sich vorher! Für den Track über die Cape-Brett-Halbinsel ist eine Anmeldung nötig (s. u.), im Gegensatz zum sonstigen Usus bei Back Country Huts in Neuseeland!

Die Halbinsel war früher von dichtem Pohutukawa-Wald bestanden, der aber, wie die meisten, durch die Fuchskusus und Wildziegen praktisch komplett vernichtet wurde. Der Elektrozaun, der die Halbinsel vom Mainland trennt, hat seit seiner Errichtung 1995 eine bescheidene Wiederbewaldung der Halbinsel in Gang gesetzt. Da es aber nicht gelungen ist, die Fuchskusus komplett von der Halbinsel fernzuhalten (man kann den Zaun ja umschwimmen ...), ist die Zukunft der Vegetation nach wie vor nicht gesichert.

Übernachten DOC-Hütte, Back Country Hut Passes gelten nicht. Der Wassertank war im Sommer/Herbst 2011 leer, Wasser musste mitgebracht werden! Es werden 30 $ „Track fee" und 12,20 $ für die Übernachtung in der Hütte gefordert. The Strand, PO Box 149 Russell, alternativ direkt bei Cape Brett Walkways Ltd, ✆ 09/4038823, www.capebrettwalks.co.nz.

„Independent Walker" und geführte Wanderung Wer als unabhängiger Wanderer Transport benötigt, weil er nur eine Wegstrecke und nicht hin und zurück gehen will, zahlt 80 $ inkl. Transport und Track fee ab Rawhiti, 110 $ ab Russell, die Weggebühr allein beträgt 30 $. Wer eine „Guided Tour" bucht, die z. B. nur die Wegstrecke von Deep Water Cove bis Cape Brett (2:30 Std. Gehzeit maximal) und einen Picknick-Lunch umfasst und von 9 bis 15 Uhr dauert, zahlt unglaubliche 325 $!

Parken/Übernachten/Anfahrt Autos kann man bei Della Hartwell in Kaimarama Bay lassen (im Shop/Petrol Station; kleine Gebühr). Della (✆ 09/4037248) nimmt auch Backpacker auf, ebenso Julie, 253 Rawhiti Rd. **Abholung/Transport** kann arrangiert werden mit Water Taxi Eco Tours ✆ 09/4038823; Terry Newcombe ✆ 09/4037123; Landtaxi FERNZ Exotours ✆ 09/4037887. Die in diesem Absatz genannten Nummern und Adressen besser vorher beim DOC (→ Übernachten) verifizieren!

Paihia und Waitangi

In *Paihia* ballt sich die Szene der Bay of Islands, hier gibt es jede Menge Unterkünfte, im Zentrum sowie an den Rändern ein Dutzend Backpacker-Hostels, aber vor allem jede Menge Motels, B&Bs und Apartments, und jedes Jahr kommen neue dazu. Die Szene konzentriert sich an der Uferstraße in der Nähe des Maritime Building, ein schlichter Zweckbau für die Anbieter von Bootstouren und anderen Aktivitäten mit einem Café und einem in die Bucht hinaus gebauten Restaurant sowie einem getrennten Bau für die i-Site mit ihrer Fülle touristischer Information. Auch die Selwyn Road parallel zum Ufer ist noch Szenezentrum, dort sind Geschäfte, Banken, Cafés und Restaurants. Der Ort ist zwar aus neuseeländischer Sicht uralt, bereits 1823 erhielt er den heutigen Namen, hatte aber neben Russell auf der anderen Seite des Meeresarms keine Chance. Erst der Tourismus brachte den Aufschwung, heute hat Paihia Russell, das mit dem Auto nur umständlich (Autofähre oder ewig langer Umweg) zu erreichen ist, weit hinter sich gelassen.

Opua, der südlich an Paihia anschließende Ort, wo sich die Autofähre zur Halbinsel von Russell befindet, ist ein fast reiner Wohnort, eine Art Zweigort von Paihia. Dagegen ist *Waitangi* ein Ort, der in ganz Neuseeland bekannt ist: Hier ließ sich James Busby, der Unterhändler König Williams IV. und erster „British Resident" ein Haus errichten, in dem dann der berühmte Vertrag abgeschlossen wurde.

Information/Verbindungen/Verpflegung

Information Bay of Islands i-Site Visitor Centre, The Wharf, Marsden Road, ✆ 09/4027345, www.fndc.govt.nz.

Verbindungen/Ausflüge Mit dem Bus: Northliner Express wie InterCity steuern von Auckland aus Paihia an, die Busse hal-

… ten am Maritime Building im Zentrum, wo sich auch die i-Site befindet. Northliner lässt sowohl seine Ostküsten- als auch seine Westküstenlinie über Paihia laufen (nicht jeder Bus fährt nach Kaitaia weiter).

Ausflüge: Sämtliche Touren und weitere Verbindungen können entweder im Gebäude des i-Site-Büros oder nebenan im Maritime Building gebucht werden, wo sich die meisten Touragenturen befinden (der Rest auf der anderen Straßenseite).

Mit der Fähre: Am anschließenden Bootsanleger findet man auch die Personenfähre nach Russell, die Autofähre hat man, von Süden kommend, bereits in Opua passiert.

Verpflegung Paihia hat keinen Supermarkt (den Laden in der Williams Road kann man kaum als solchen bezeichnen). Der nächste Supermarkt findet sich an der Straße nach Kerikeri knapp nach der Abzweigung nach Waitangi.

Übernachten

Das Angebot wird von Jahr zu Jahr besser, aber nicht unbedingt in der Billigkategorie. Sehr im Kommen sind schicke neue Apartments und Ferienhäuser, die besonders im Sommer ein Vermögen kosten.

In Paihia selbst **Paihia Beach Resort & Spa**, in Europa würde man den 4-stöckigen Bau mit vorgelagertem geheiztem Salzwasserpool und Terrasse ein Hotel nennen, hier nennt er sich Resort. Hohe Qualität der Einrichtung mit bequemen Sitzmöbeln (z. T. Vollholz), gut eingerichtete Küchen, alle (2008 renovierten) Zimmer mit Balkon oder Terrasse zum Meer (das vom Hotel durch die Küstenstraße getrennt ist). Wellness-Zentrum mit Sauna, Dampfbad, Spas und diversen Behandlungen. DZ ab ca. 333 $, im Sommer bis 977 $. 116 Marsden Rd., ✆ 09/4020111, 0800/870111, www.paihiabeach.co.nz.

Abel Tasman Lodge, nur die nicht ganz unbelebte Straße trennt das Motel (15 „Apartments", 10 Motel-Units, alle komplett ausgestattet inkl. Video) von der Küste, nur ein Teil der Zimmer hat Meerblick. In Fußentfernung zur Ortsmitte. Betonierter Hof – genug Platz für einen Garten wäre da. Unit 100–295 $. Marsden/Bayview Rd., PO Box 51, ✆ 09/4027521, www.abeltasmanlodge.co.nz.

Bay Sands Motel, robuster Motelblock an der Uferstraße, 10 Fuß-Min. vom Ort, 8 Studios, einfach, aber TV, Zeitung kostenlos. Unit 85–165 $. 136 Marsden Rd., ✆ 09/4027707, 0800/229726, www.baysands.co.nz.

Bay of Islands Gateway Motel, anständiges Motel, sauber und zentral, die übliche Minimalausstattung, aber farblich ansprechend, alle Units mit Küchenzeile. Unit 90–180 $. Ecke 2 Puketona Rd./Marsden Rd., ✆ 09/40 28660, 0800/116800, www.gatewaymotel.co.nz.

»» Mein Tipp: Bay Outrigger Motel, noch im flachen Teil der Williams Road und einen Katzensprung von der Küste und dem Bootsanleger entfernt liegt dieses Motel zentral, aber dennoch sehr ruhig, vor allem die Units im Hof hinter dem Vorbau. Einrichtung gut, Küchenzeile in Ordnung und besonders freundliches Personal. DZ 99–220 $. 45 Williams Rd., ✆ 09/4028569, 0800/7627737, www.outriggermotel.co.nz. **«**

Anchorage Motel, Motel in hervorragender Lage (nur durch Straße vom Meer getrennt, seitlich Buschland und Wanderweg an der Küste nach Opua) mit großzügig bemessenen Units (große Bäder, z. T. mit Wanne) in gutem Zustand, Pool und Spa, leider so gesichtslos wie fast alle anderen und der übliche zubetonierte Hof. Unit 95–200 $. 2 Marsden Rd., ✆ 09/4027447, 0800/505100, www.anchoragemotel.co.nz.

Chalet Romantica, so richtig romantisch soll der Aufenthalt werden: Panoramablick auf die Bay of Islands, grüner Rasen, Garten mit den Rufen einheimischer Vögel, ein hübsch dekoriertes Zimmer, Frühstück mit hausgebackenem Brot, ein Abkühlsprung in den Pool ... und dann ein Drink und Essengehen, die Restaurants sind nur einen Spaziergang weit entfernt. Das Haus der Amslers macht's möglich. Infos zu allem, was interessiert, gibt es auf Deutsch mit österreichischem oder schweizerischem Akzent. DZ/FR 135–275 $ (nicht alle Zimmer haben Meerblick). 6 Bedggood Close, ✆ 09/4028270, www.chaletromantica.co.nz.

Peppertree Lodge, beliebtes und wirklich gutes Hostel mit gehobener Ausstattung, geräumige Schlafsäle (8 Pers.), 4er-Zimmer mit eigenem Bad, MTBs, Kajaks und Tennisplatznutzung gratis, 3 PCs. DB

Kanus am Strand von Waitangi

33/40 $, DO 22–25 $. 15 Kings Rd., ℅ 09/4026122, www.peppertree.co.nz.

Pipi Patch Lodge, sehr populäres Hostel der base-Kette, einen Katzensprung vom Strand entfernt. Mit eigenem Pool, großer Terrasse mit Barbecue und Bar-Café. Eigener Frauenschlafsaal. Schlafräume (DO ab 23 $), DB (30 $) sowie Zimmer mit Du/WC (43 $ p. P.) für diejenigen, die ab und zu ein wenig Privatsphäre brauchen. 18 Kings Rd., ℅ 09/4027111, 0800/227369, www.stayatbase.com.

Saltwater Lodge, kühle, sauber-funktionale Atmosphäre, große Zimmer/Schlafräume mit eigenem Bad, 11 Einbettzimmer! Gratis Fahrräder, Kajaks und Videos, Fitnessraum. SG 25–32 $, DB 25 $, DO 25 $. 14 Kings Rd., ℅ 09/4027075, 0800/002266, www.saltwaterlodge.co.nz.

Centabay Lodge, akzeptables Hostel in Strandnähe mitten im Ort. Dorms, Doppelzimmer und Studios mit Bad/Küchenzeile, Kajaknutzung gratis, Radverleih, Spa frei. DB 30–40 $, DO 22–25 $, Studio (2 Pers.) 100 $. 27 Selwyn Rd., ℅ 09/4027466, www.centabay.co.nz.

Paihia YHA, die örtliche Jugendherberge liegt unweit (200 m) vom Strand und der I-Site, die Zimmer sind mit oder ohne Bad, es gibt mehr DZ als sonst üblich. Bett ab 22 $, im Doppel ab 31 $, Zimmer mit Bad (2 Pers.) 60–95 $. Kings/MacMurray Rds, ℅ 09/4027487, www.yha.co.nz.

The Rock, Kreuzfahrt für eine Nacht für Backpacker → Sport & Freizeit in der Bay of Islands/Anbieter.

In Opua Strawberry Fields B&B, Hafenblick vom Haus in Hanglage, eine Glastür führt zur Terrasse, eingerahmt von dichtem Grün, Zimmer mit Du/WC. DZ/FR 120–200 $. 26 Seaview Rd., ℅ 09/4025128, www.strawberryfields.net.nz.

The Boathouse Luxury Apartments, diese beiden Apartments bis 4 Pers. verdienen wirklich mal den Zusatz „luxury": relativ neu (2003), groß (141 qm), auf Stelzen direkt über dem Wasser, mit großen Balkonen und Terrasse, hochwertigem Mobiliar (Ledersofas!) und großer, gut ausgestatteter Küche. Apartment ab 385 $, im Sommer ab 550 $; ab 1 Woche deutlich billiger (330/465 $). Beechy St., Opua, ℅ 09/4026800, 0800/683722, www.theboathouseopua.com.

Seascape Homestay, jedes Zimmer des sympathischen B&Bs hat seine eigene Terrasse mit Ausblick. Ein großer Garten trägt zusätzlich zum Wohlfühlen bei. Persönliche Atmosphäre. Eine Ferienwohnung mit Du/WC und Küche (man kann aber auch B&B buchen), ein Zimmer mit B&B. DZ/FR 140–160 $ für Zimmer oder Ferienwohnung (ohne Frühstück). 17 English Bay Rd., Opua, ℅ 09/4027650, frankandvanessa@leadley.co.nz.

In Waitangi und Haruru Falls Appledore Lodge, B&B oder ein Cottage für Selbstversorger bietet die Lodge am Fluss,

Mangroven in Neuseeland

Den hübschen Büschen unten am Meer, deren Blätter bei einem bestimmten Licht an Ölbäume erinnern, sollte man sich lieber nicht nähern, denn sie wachsen im Schlamm und Brackwasser der Marschen an flachen Küsten und in den geschützten Flussmündungen. Wo die Flut bei sehr sanftem Gefälle weit in ein Flusstal eindringt, kann auch die Mangrove eindringen, sodass man in Northland mancherorts die Mangrove bis weit ins Binnenland findet. Mangroven benötigen ganzjährig milde Wassertemperaturen. Wo sie sich wohlfühlen wie in den Tropen, bilden sie dichte Gezeitenwälder, in Neuseeland sind sie nur im äußersten Norden zu finden. In der Bay of Islands findet man sie in geschützten Buchten, starken Wellengang mögen sie nicht. Die neuseeländische Mangrove ist eine besondere Art, sie wurde von den Botanikern unter Captain Cook Avicennia resinifera genannt, „Harzbildende Mangrove", weil man annahm, dass die Harzmassen zwischen den Wurzeln von ihr stammten. Das war ein Irrtum, denn es handelte sich um Klumpen von Kauriharz, das sich dort verfangen hatte, was noch heute gelegentlich zu beobachten ist.

mit gehobener Ausstattung und üppigem Frühstück. Von Waitangi flussaufwärts bis nach den Fällen (Nähe Bay of Islands Holiday Park). DB/FR 175–275 $. 624 Puketona Rd., Paihia, ✆ 09/4028007, www.appledorelodge.co.nz.

Bay of Islands Holiday Park, idyllischer Platz im Grünen am Waitangi-Fluss auf mehr als 4 ha, alle üblichen Angebote vom Zelt- und Stellplatz über Cabins bis zum Motel und zur Lodge. Sehr gute Ausstattung, auch Kajaks, Kinderspielplatz, Feuerstelle am Fluss. Stellplatz mit Stromanschluss für 2 Pers. ab ca. 32 $, Cabin (2 Pers.) ab ca. 65 $, Tourist Flat 115–155 $. 678 Puketona Rd., Paihia, ✆ 09/4027646, www.bayofislandsholidaypark.co.nz.

Waitangi Holiday Park, sehr familienfreundlicher, wenn auch einfach eingerichteter Platz am Wasser und im Grünen gegenüber dem Waitangi-Bootsanleger, 120 Plätze. Stellplatz für 2 P. 25–36 $, Cabin 60–85 $. 21 Tahuna Rd., Paihia, ✆ 09/4027866, www.waitangiholidaypark.co.nz.

Essen & Trinken

In Paihia selbst 35° South, The Wharf; das über das Wasser gebaute Restaurant bei der Paihia-Wharf hat im Inneren ein Aquarium und außen eine umlaufende Veranda, drinnen wie draußen gibt es Frühstück, Lunch und Dinner mit einem Angebot von Scones und Bagels bis zu NZ-Meeresfrüchten. ✆ 09/4026281.

Lips Reef & Beef, Selwyn Rd.; einfache, aber ehrliche Bistroküche mit Steaks und Seafood. Empfehlenswert der Seafood Platter mit (u. a.) Miesmuscheln, Jakobsmuscheln und Scampi (75 $ für 2 Pers.), Brot geht extra. Schlichtes Mobiliar im Kaffeehausstil zwischen weißen Wänden. ✆ 09/4027185.

Pizzeria la Scaletta und Restaurant La Scala, Selwyn Rd. Der Autor ist ja kein Freund von Fancy-Pizzen (dazu hat er zu lange in Italien gelebt), aber die Pizza Taj Mahal mit Tanduri-Huhn, Cashewnüssen, Paprikastreifen, Mango-Chutney und saurer Sahne hat ihn als Esskunstwerk doch beeindruckt. Da die Pizzaböden hier ausgesprochen (korrekt) dünn und die Pizzen groß sind, war das ziemlich verstiegene Produkt neuseeländisch-unbekümmerter Fusion gerade noch als Pizza erkennbar und ansonsten ein interessantes kulinarisches Erlebnis. Eine weitere Kreation wartet auch nach einem dritten Besuch noch aufs Kennenlernen: BBQ-Prawns mit BBQ-Soße und Brie (kann das gutgehen?). Pizza/Pasta klein/groß ca. 10–20 $. Pizza mittags, im Sommer auch ab 17 Uhr, 1. Stock mit

Terrasse, Pizzeria und Restaurant ✆ 09/4027039.

Only Seafood, 40 Marsden Rd. Ab 17 Uhr wird in der dekorativen Villa an der Uferstraße nur Meeresgetier serviert (und wer bis 19 Uhr kommt, hat für drei Gänge nur 40 $ zu bezahlen). Bitte erst gar nicht nach Fleisch oder Pasta fragen, it's only Seafood! ✆ 09/4027444.

Ruffino's, Willimas Rd. (über Supermarkt); Pizza & Pasta lautet hier die Devise und ist wirklich aufs engste gefasst: 12 Arten Pizza, 8 Arten Pasta, da kann sich der Koch konzentrieren und das Ergebnis ist durchaus anständig. Pizza („medium" – das wäre in Mitteleuropa die normale Größe) 21–27 $, Pasta 17–18 $. Das Ambiente ist kantinengerecht. ✆ 09/4027964. Tägl. ab 17.30 Uhr.

Hansen's Café, Maritime Building; das Café im Hafengebäude hat eine große Auswahl an fertigen süßen und pikanten Snacks und Speisen zu günstigen Preisen. Man ist schnell dran und wieder draußen. Ab 6.30 Uhr gibt es Frühstück (ganztägig, komplett ca. 12 $), abends fungiert der Laden als indisches Restaurant. ✆ 09/4028526.

In Waitangi und Haruru Falls Waikokopu Café, Waitangi Grounds. Das Café mit guter Bistro-Küche liegt in den Waitangi Grund, eigener Zugang vom Parkplatz. Rundum Wald, idyllischer könnte es nicht sein. Möblierung wie üblich eher spartanisch, das Personal manchmal überfordert, aber das Essen ist ganz hervorragend (super Fish & Chips). Gute Desserts und Kuchen, 1a-Kaffee, Frühstück ab 7.30 Uhr, es gibt auch ein paar gute Weine. ✆ 09/4026275.

Sugar Boat, die am Damm neben der Brücke zwischen Paihia und Waitangi vertäute „Tui" von 1917 hat eine Bar auf dem Oberdeck und unter Deck ein Restaurant mit mediterran beeinflusster Bistroküche. Beide Lokale sind äußerst beliebt. Das Schiff war übrigens wirklich ein Sugar Boat, der Leichter der Chelsea Sugar Refinery war mit Zuckerladung zwischen Birkenhead in England, wo die Fabrik stand, und Auckland unterwegs. ✆ 09/4027018.

Sehenswertes/Touren

Der Wanderweg zwischen Paihia und Opua: Der 5 km lange Wanderweg zwischen Paihia und Opua beginnt am südlichen Ortsrand von Paihia und folgt immer der Küste, dabei führt er streckenweise direkt über felsigen Strand (nur bei Ebbe!) und dann wieder auf erhöhtem Bohlenweg durch schönen Mangrovenwald. Man ist ca. 2 Std. je Richtung unterwegs.

Waitangi Treaty Grounds: Der breite Waitangi-Fluss trennt Paihia vom benachbarten Waitangi. Die Treaty Grounds in Waitangi sind Pilgerziel gleichermaßen für Pakeha und Maori, denn hier wurde der berühmte Vertrag von Waitangi abgeschlossen, der durch die Unterschriften von William Hobson als Vertreter von Königin Victoria und an die 50 Maori-Häuptlingen die freiwillige Unterstellung der neuseeländischen Ureinwohner unter den Schutz der britischen Krone besiegelte. Das Terrain der Treaty Grounds („Vertragsgelände") kam 1932 als Geschenk an das Volk von Neuseeland und wurde für die 100-Jahr-Feier in Stand gesetzt.

Das ausgedehnte Gelände ist ein regelrechter **Landschaftspark** mit kleinen Wasserläufen und einigen hübschen Wegen durch sich allmählich regenerierenden Wald mit einheimischen und exotischen Bäumen. Schon für den Park lohnt es sich, sich etwas Zeit zu nehmen, zumal man an einigen Stellen an die Küste kommt und schöne Ausblicke hat. Man betritt das Gelände nach einem schmalen Zugang durch das moderne **Waitangi Visitor Centre** (mit einfachem Café) mit freundlichem, zum Thema gut geschultem Personal (interessanterweise sind die Erklärungen im gesamten Gelände überwiegend nur in Englisch gehalten und nicht in Maori ...). Ein 20 Min. dauerndes Video führt in die Vertragsgeschichte ein, man sollte es sich unbedingt ansehen. Durch den Park führen Wege zum **Treaty House (Vertragshaus)**, das 1833/34 errichtet wurde, einem schlichten Bau, typisch für die frühe

Kolonialzeit. Anbauten haben das Haus seither erweitert, Restaurierungsarbeiten haben jedoch die Originalwände frei gelegt, die man nun an zwei Stellen erkennen kann, sodass man ein Gefühl für die beengten Räumlichkeiten im Haus der Gründungszeit bekommt, das auch im ursprünglichen Stil möbliert wurde. Die späteren Anbauten enthalten den Museumsteil mit Bildern, Lithographien, einigen Originalobjekten und viel erklärendem Text. Auf der großen Wiese vor dem Haus und über dem Strand, auf der die Zelte für die Vertragsunterzeichnung aufgeschlagen waren, wehen zwei Fahnen, die eine ist die moderne von Neuseeland, die andere ist jene, die 1835 bei der Unabhängigkeitserklärung Aotearoas von den Maori gewählt wurde. Die linke (nördliche) Seite des Rasens wird vom **Te Whare Runanga** flankiert, dem zwischen 1934 und 1940 errichteten **Versammlungshaus** der Maori, an dessen Bau und Ausschmückung sich alle Hauptstämme der Doppelinsel beteiligten. In einer tiefer gelegenen Wiese am Hobson's Beach steht unter dem Dach der offenen Kanuhalle (whare) das **Kriegsboot** (waka) „Ngatoki Matawhaorua". Es ist das größte existierende Maori-Kriegsboot (35 m Länge) und wurde nach dem Boot benannt, das von Neuseelands Entdecker Kupe gesteuert wurde. Das Boot wird normalerweise jährlich zum Waitangi-Tag (6. Februar) zu Wasser gelassen und dann von 80 Mann gerudert.

Öffnungszeiten Sept.–März tägl. 9–19 Uhr, sonst 9–17 Uhr. Eintritt Grounds 25 $.

Veranstaltungen Im Visitor Centre werden verschiedene geführte Besichtigungen angeboten sowie eine Cultural Performance mit Gesang und Tanz einer Maori-Gruppe (5-mal tägl., 18 $).

Essen & Trinken Einer der Ausgänge der Grounds (nahe dem „waka") führt zum ausgezeichneten Waikokopu Café (keine Rückkehr in die Waitangi Treaty Grounds möglich! Normaler Zugang vom Parkplatz).

Haruru Falls

Haruru Falls und Magrove Walk: 5 km stromaufwärts stürzt der Waitangi River über eine eher bescheidene Basaltstufe, was einigen Krach verursacht und den Namen „Haruru" nahegelegt hat: „Großer Lärm". Der Fluss fließt oberhalb wie unterhalb der Fälle recht langsam und dekorativ zwischen Uferwald und lockt mit mehreren Badestelle. Man erreicht die Fälle von der Straße in Richtung Kerikeri, aber auch auf einem Wanderweg, der bei der Überquerung des Hutia Creek auf einem attraktiven Holzsteg durch die Mangrovenbestände unterhalb der Fälle geführt wird. Auf dem **Haruru Falls – Treaty Grounds Track** (auch „Waitangi National Trust Mangrove Walk" genannt), der an der Straße beim Parkplatz in Waitangi beginnt, ist man einfach für die ca. 5 km etwa 1,5 Std. unterwegs, Coastal Kayakers bietet eine geführte Kajaktour von Waitangi zu den Haruru Falls an (→ Sport & Freizeit in der Bay of Islands).

Russell

Eine Personenfähre verbindet Paihia flott mit dem jenseits der Bucht gelegenen Russell (die Autofähre ab Opua ist umständlicher), das älter ist und den Charakter einer allmählich gewachsenen Siedlung hat, während Paihia ein wenig zufällig und zusammengewürfelt wirkt. Russell, der älteste Ort Neuseelands (abgesehen von den Maoridörfern, aus denen sich moderne Orte entwickelten), in seinen Anfängen Koro(ra)reka genannt, ist ein sicherer Hafen, der bereits bald nach dem Besuch der Europäer unter James Cook zu einem beliebten und für die damaligen Zeiten stark frequentierten Landeplatz auf der Südseeroute wurde, neben Häfen wie Honolulu und Papeete. In den Jahrzehnten vor dem Vertrag von Waitangi war Russell ein gefährliches Pflaster, es gab kein Recht und keine Obrigkeit, Kneipen hatten rund um die Uhr geöffnet und Fusel floss in Strömen, Matrosen, weiße Neusiedler wie Maori werden als ständig betrunken geschildert, Bände waren an der Tagesordnung – das heute renommierte Duke of Marlborough Hotel brannte dreimal ab und wurde drei mal wieder aufgebaut. Der Ort wurde 1844 in Russell umbenannt und verlor allmählich seine zwielichtigen Seiten, ganz im Gegenteil, in der zweiten Hälfte des 19. Jh. wurde er ausgesprochen lammfromm mit Villen ausgedienter Kapitäne und ab 18 Uhr hochgeklappten Gehsteigen. Heute liegt Russell zwar nicht direkt im Mainstream des Tourismus, aber vor allem tagsüber speit die Personenfähre einen nicht enden wollenden Strom von Neugierigen aus, die einmal den Strand rauf und dann wieder runter wallen, bevor sie sich auf die Terrassen der dortigen Lokale zurückziehen oder unter den Pohutukawa-Bäumen ihren Picknick-Lunch verzehren – viel mehr ist auch nicht zu tun.

Information/Verbindungen/Auflüge

Information Russell Information & Booking Centre, The Wharf, Russell (auf dem Bootsanleger), ℡ 0800/633255. Der Ort hat eine kommerzielle Internetadresse, www.russellnz.co.nz, die auch viele touristisch interessante Infos beinhaltet.

Verbindungen Personenfähre (vier verschiedene Firmen, man zahlt an Bord, Rückkehr mit beliebiger Fähre) Paihia – Russell 5,50 $ (hin/zurück 10 $, Rad gratis) alternativ Autofähre über Okiato nach Opua.

Bootsausflüge Am Strand beim Bootsanleger sind alle Büros versammelt, die Touren anbieten. Die in Paihia startenden Touren/Bootsfahrten legen normalerweise in Russell einen Zwischenstopp ein, um Gäste aufzunehmen bzw. abzusetzen.

Übernachten

Im Ort Russell The Duke of Marlborough Hotel, in einem der ältesten Hotels Neuseelands zu wohnen (auch wenn das Gebäude selbst nicht einmal 80 Jahre alt ist), ist schon an sich eine feine Sache, dieses hat außerdem eine phantastische Lage direkt am Strand. Der Ausblick von den recht unterschiedlich ausfallenden Zimmern (kürzlich renoviert) ist besonders bei Sonnenuntergang attraktiv. Nicht billig. DZ/FR (cont.) ca. 125–360 $. The Strand, ℡ 09/4037829, www.theduke.co.nz.

Hananui Lodge, das Motel im „Kolonialstil" neben dem Museum strahlt ein wenig Südseeatmosphäre aus und ist absolute waterfront: Die Units zum Meer haben nur ein fast verkehrsloses Einbahnsträßchen und ein paar prachtvolle Pohutukawa-Bäume zwischen sich und dem Strand. Die Räume sind hell getönt, die Holzverkleidungen weiß gestrichen, die Möbel sind aus Holz, Rattan und Glas, sorgfältig ausgebaute Bäder (Fliesen, nicht wie meist Plastikauslegware). Im Obergeschoss sind die Räume

Russell

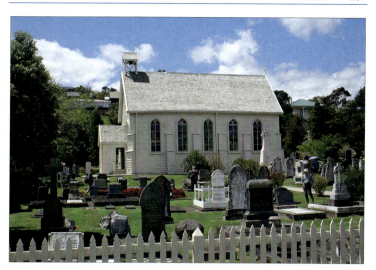

Die alte Kirche in Russell

besonders hoch und luftig. Alle Zimmer mit Kochnische oder Küchenzeile, alles gepflegt und sauber. 3 Kategorien von Zimmern, die besten mit Meerblick, DZ/FR (cont.) 115–320 $. The Strand, PO Box 16, Russell, 09/4037875, www.hananui.co.nz.

Ounuwhao Harding House, Kaurivilla von 1894, die zu einem komfortablen Guest House (B&B) umfunktioniert wurde, sehr individuelle und sehr geschmackvolle Raumausstattung, einige gute alte Möbel, auf den Betten Quilts der Hausherrin, das Frühstück nimmt man in der stilvollen alten Küche am Kauritisch ein. Sehr stimmungsvoll, generell sehr gelobt. DZ/FR 200–350 $, es gibt auch ein Cottage aus den 30ern (komplett eingerichtet, aber ohne FR) 280–350 $. Matauwhi Bay, 09/4037310, www.bedandbreakfastbayofislands.co.nz.

》》 Mein Tipp: **La Veduta**, Homestay auf höchstem Niveau, was Ausstattung, Komfort, Lage (Aussicht auf Russell, das Meer und gegenüber Paihia) und Atmosphäre betrifft. Dino und Danielle Fossi haben ihr Haus den Gästen geöffnet, das Erdgeschoss mit Aufenthalts- und Frühstücksraum, Fernsehraum und großer gedeckter Terrasse ist ganz zu ihrer Verfügung, im Oberstock ist jedes Zimmer individuell, hochwertig und bis ins letzte Detail stimmig ausgestattet. Da passt alles zusammen, von der Ausstattung der Bäder über die bequemen Sitzmöbel bis hin zum Frühstücksgeschirr, dem üppigen Frühstück (als warmer Gang z. B. Omelett mit Räucherlachs …) und den Morgenmänteln in den Einbauschränken. Einziger Nachteil: Man muss irgendwann abreisen. DZ/FR und Afternoon Tea 180–240 $ (5 Räume unterschiedlicher Größe und Ausstattung). 11 Gould St., 09/4038299, www.laveduta.co.nz. 《《

End of the Road Backpackers, sehr intimes kleines Hostel (2 Zimmer, nur 4 Schlafplätze!) in einem Häuschen in hübscher Lage über dem Ort. Bad, Küche, Essplatz und Aufenthaltsraum sowie 2 kleine Zimmer. DB ca. 30 $. 24 Brind Rd., 09/4038827.

Russell Top 10 Holiday Park, ausgezeichneter Holiday Park am Ortsrand mit Grün im Rücken und sorgfältig aufgefrischten Einrichtungen. Stellplatz ab ca. 30 $, Cabin 58–110 $, Tourist Flat 95–230 $. Long Beach Rd., 09/4037826, 0800/148671, www.russelltop10.co.nz.

Zwischen Russell und Okiato Orongo Bay Homestead, Boutique-Hotel in historischem Haus in parkähnlichem Garten, um 1860 als Sitz des ersten amerikanischen Konsuls in Neuseeland errichtet. Die Einrichtung in den Gemeinschaftsräumen ist einer Lodge des späten 19. Jh. nachempfunden, samt großem Kamin und Konzertflügel, wogegen die Gästezimmer mit allen zeitgenössischen Gadgets prunken wie Stereoanlage, CD/DVD, Sat-TV, alle mit Bad, einige traditionell, einige modern-funktionell eingerichtet. Biobetrieb, was zum Frühstück auf den Tisch kommt, stammt vorwiegend aus eigenem Anbau. Dinner muss bestellt werden: vorzügliche Küche und ebensolche Weine. Nie mehr als 10 Gäste – keine Hektik, nur Ruhe, exklusiv und folglich nicht billig. DZ/FR 450–650 $. Aucks Rd., RD 1, Russell, ✆ 09/4034527, 0800/ 242627, www.thehomestead.co.nz.

Essen & Trinken/Wein

The Duke of Marlborough Hotel, The Strand; das Hotel rühmt sich der ältesten neuseeländischen Genehmigung, an Fremde Alkohol auszuschenken, die „Liquor Licence" wurde bereits 1840 ausgestellt – das sollte man sich vor Augen halten, wenn man beim Sonnenuntergang von der Terrasse mit einem Glas vom Feinsten zelebriert (Vorschlag: Wein aus dem örtlichen Weingut Omata Estate, s. u.). Später kann man sich dann in die schlicht-kahle historische Tavern zurückziehen, wo es je später, desto lebhafter wird. Das Essen im Restaurant ist guter neuseeländischer Standard (Hauptgericht ca. 20–35 $). ✆ 09/4037829.

Gannets, Ecke Chapel/York St.; als kulinarisch eher extravagant bekanntes Lokal, aber die vielen schnellen Gerichte aus der Pfanne signalisieren nicht unbedingt eine gehobene Küche, eher Mut bei der Zusammenstellung. Fisch/Fleisch-Hauptgerichte ab ca. 25 $, tägl. (außer So/Mo) ab 16 Uhr, ✆ 09/4037990, www.gannets.co.nz.

Bounty Bistro, York St. 15 a; „Family Dining" = Snacks bis Steaks, zum Lunch wie zum Dinner alles mit Fritten und Salat (Fisch ca. 25 $, Steaks ab ca. 26 $), der Rosengarten vorne idyllisch. ✆ 09/4038870.

Waterfront Café, The Strand; freundliches Café im Innenhof hinter dem Strand, kleine Speisen (Lunch-Hauptgerichte 15–20 $) und guter Kaffee, im Winter Mo zu. ✆ 09/4037589.

Omata Estate, Aucks Rd.; eine der wenigen Top-Gastro-Adressen in Northland: Das Restaurant des Luxus-Estates zwischen Russell und Paihia mit seinen 5 ha Weinland bietet beste Küchenleistung in rustikalem Ambiente. Mittags eher Bistro-Food (Pasta, Meeresfrüchteplatten, Sandwiches), abends Crossover mediterran-pazifisch, dazu die hervorragenden Weine des Estates, bei schönem Wetter draußen. Von den Weinen des Gutes haben Syrah, Chardonnay und Merlot den meisten Anklang gefunden. ✆ 09/4038007, www.omata.co.nz.

Sehenswertes

Christ Church: Die älteste erhaltene Kirche Neuseelands, 1847 errichtet, steht etwas abseits vom Strand im alten Friedhof an der Robertson Road. Die Einschusslöcher in diesem Holzbau sollen, wie es heißt, von Zusammenstößen zwischen verfeindeten Siedlergruppen kommen, andere Versionen berichten von Kämpfen zwischen den Kriegern der Hone Heke und britischen Truppen.

Pompallier: Das 1841/42 errichtete Haus am Südende der Uferpromenade „The Strand" ist eines der ältesten Neuseelands und auf jeden Fall das älteste, das für Katholiken erbaut wurde – es wurde ursprünglich als Druckerei und Färberei für eine französische katholische Missionsstation in Kororareka errichtet. Das Erdgeschoss ist aus Stampflehm, das Obergeschoss wurde in Fachwerktechnik ausgeführt. 1863 verkauft, wurde Pompallier zunächst als Gerberei und dann für zwei Generationen als Wohnhaus genutzt, es gehört heute dem Staat und wird als Museum geführt, in dem man eine Menge zu den Themen Gerben, Färben, Buchdruck und Buchbinderei vor allem im 19. Jh. erfährt.

Tägl. 10–17 (Winter 16) Uhr, im Sommer stündlich Führungen (im Winter 5-mal pro Tag). Eintritt mit Führung 7,50 $. ✆ 09/4038588.

Russell Museum: Das kleine örtliche Museum (2 York St.) zeigt museumsdidaktisch gut aufbereitete Objekte, Bilder und Fotografien zur Geschichte des Ortes,

vor allem aus der Walfängerzeit, darunter ein kurzes Video. Wer sich für die maritime Geschichte Neuseelands und der Bay of Islands interessiert, sollte den Folder „Maritime Heritage Trail" (1 $) mit vielen Angaben zu den Küstenorten der Bay erwerben.
Tägl. 10–16 (Jan. 17) Uhr. Eintritt 7,50 $.

Flagstaff Hill: Hier geschah es, dass Hone Heke viermal hintereinander das Symbol britischer Präsenz in Aotearoa fällte, den Fahnenmast mit dem Union Jack. Der heutige Fahnenmast wurde 1857 errichtet, und nicht immer weht der Union Jack dort oben: An 12 Tagen wird die Fahne der Confederation of Tribes gehisst, die von 1835 bis zum Vertrag von Waitangi 1840 die Fahne der Maori-Stammesföderation war. Man erreicht Flagstaff Hill auf einem recht steilen Fußweg, der am Nordende des Strand beginnt (er führt noch ein Stück weiter zum **Tapeka Point Historic Reserve** mit Resten eines Pa und wunderbaren Ausblicken auf die Bay of Islands).

Kawakawa

Der Ort an einer Straßengabelung im Süden der Bay of Islands entstand ab den 70er Jahren des 19. Jh. als Versorgungsort für den Kohlebergbau. Hier wurde die erste Eisenbahn der Nordinsel errichtet, ebenfalls für Kohletransport, und noch heute läuft die Eisenbahnlinie durch die Hauptstraße der Stadt! 2005 gab es den Beschluss eines lokalen Vintage Railway Trust, die Dampfloklinie zwischen Kawakawa und Opua bei Paihia wieder zu aktivieren. Derzeit (2011) läuft Freitag bis Sonntag und während der Sommerschulferien 4-mal täglich eine Bahngarnitur nach Taumarere, die Verbindung bis Opua wird voraussichtlich bis Ende 2011 rechtlich geklärt und ab 2012 unter Dach und Fach sein (infos auf www.bayofislandsvintagerailway.org.nz).
Die meisten Besucher bleiben nicht lang und kommen vor allem, weil hier der aus Österreich stammende Friedensreich Hundertwasser bis zu seinem Tod lebte und das berühmten Toilettenhaus in der Hauptstraße errichtete.
Trainspotter Cafe, 39 Gillies St. (gegenüber den Hundertwasser-Toiletten). Tägl. und ganztägig Frühstück, Kuchen, Quiche und Sandwiches mit den passenden Getränken, v. a. sehr guter Kaffee.

Sehenswertes

Hundertwasser Toilets: Wie auch andere Bauten des im Jahr 2000 verstorbenen Wahl-Neuseeländers Friedensreich Hundertwasser ist auch sein Toilettengebäude für Kawakawa zum populären Touristenziel geworden. Hundertwasser lebte seit den 70ern in Neuseeland, dessen Bürger er 1986 wurde, Kawakawa wurde sein Wohnort. Die Toiletten in der Hauptstraße – jeder neuseeländische Ort hat Toiletten in der Hauptstraße – waren sein letztes großes Werk. Das bunte, an Spielzeugbauten erinnernde Gebäude mit dem Baum und den farbigen Flächen in der Trennwand wurde im Jahr 2000 mit dem neuseeländischen Preis für Stadt- und Landschaftsdesign ausgezeichnet. Der Künstler spendete das Preisgeld für den Bogen am Ortseingang, der nach seinem Tod in Hundertwassers typischem buntem Stil und mit typisch begrüntem Vordach errichtet wurde.

Kawiti Glowworm Caves: 5 km südlich von Kawakawa liegen diese besuchenswerten Tropfsteinhöhlen mit Glühwürmchen. Am Ende einer Seitenstraße (1 km) beginnt ein Buschwanderweg zur Höhle (ca. 350 m, 10 Min. hin/zurück). Die schönen Tropfsteine der 200 m langen und bis 20 m hohen Höhle, die bereits in 17. Jh. von den Maori entdeckt wurde, darf man nur mit Führung besuchen (15 $).

Kerikeri

Kerikeri ist neben Russell die älteste permanente Siedlung der Europäer auf neuseeländischem Boden. Nachgerade berühmt ist sein Mission House von 1822, es ist das älteste europäische Haus des Landes. Die 1878 errichtete St.-James-Kirche ist Nachfolgerin der 1824 eingeweihten ersten Kapelle Neuseelands. In unmittelbarer Nähe liegt Kororipo Pa, eine noch vor 1775 errichtete befestigte Siedlung. Hongi Hika, der berühmte kriegerische Ngapuhi-Chief lebte hier eine Zeit lang. Auch Neuseelands ältestes Steinhaus befindet sich in Kerikeri, das Stone Store von 1836.

Der moderne Ort, der sich auf einem Plateau südlich des scharf eingeschnittenen Kerikeri-Flusstales ausdehnt, ist ein typischer 08/15-Einkaufs- und -Verwaltungsort, der allerdings eine Fülle von Übernachtungs- und Verpflegungsmöglichkeiten besitzt und am Wochenende von zahllosen neuseeländischen Tagesbesuchern aufgesucht wird, die eine Menge Zeit in den zahlreichen Kunsthandwerksläden entlang der Kerikeri Road verbringen – fast alle haben heute ein angeschlossenes „Café", damit hält man die Leute länger im Shop. In der Umgebung sind die Obstkulturen auffällig, vor allem Orangen und subtropische Früchte werden angebaut, in den letzten Jahren ist Wein auf dem Vormarsch.

Information/Verbindungen

Information www.kerikeri.co.nz. Ansonsten keine Information, in der **Stadtbibliothek Procter Library** (Mo–Fr 8–17 Uhr, Sa 9–14 Uhr) rechts neben dem Gebäude mit Uhrturm im Ortszentrum (Ecke Kerikeri/Cobham Rd.) liegen jedoch Ortsprospekte aus.

DOC-Büro, mit Information, 34 Landing Rd. (Straße nach Norden schon jenseits des Kerikeri River). Mo–Fr 8–16.30 Uhr. ✆ 09/4078474.

Verbindungen Kerikeri hat einen ca. 5 km südlich gelegenen **Flughafen**, der täglich durch Saltair von Auckland (über Whangarei) angeflogen wird, die Stadt erreicht man per Flughafentaxi (Shuttlepreis 10 $ nach Kerikeri, 15 $ nach Paihia).

Bus: regelmäßige Verbindungen nach Auckland durch Northliner Express und InterCity, nach Kaitaia nur 1-mal tägl., Bushalt in der Cobham Rd. bei der Stadtbibliothek an der Hauptstraße Kerikeri Road.

Einkaufen/Wein

Selbstversorger Supermarkt New World, 99 Kerikeri Rd., tägl. 8–21 Uhr.

Sonntag morgens **Farmer's Market** in der Hobson St., Garten- und Feldprodukte in allen Formen der Verarbeitung, auch Bio-Ware, Wein, Käse, Honig und frisches Brot von den Bauern der Region. ■

Süßes Makana Boutique Chocolate Factory, Kerikeri Rd., Schokotrüffel, Schokolade, ein paar kleine Kostproben gibt es gratis, tägl. 9–17.30 Uhr. ✆ 09/4076800, www.makana.co.nz.

Souvenirs/Kunsthandwerk Der Folder „Kerikeri Arts & Crafts Trail" stellt die (Kunst-)Handwerksbetriebe des Ortes vor: **Keriblue Ceramics**, 560 Kerikeri Rd. (knapp nach dem Abzweig von der S 10), lokale Töpferei, die hübsch mit neuseeländischen Motiven dekorierte Steingutware anbietet (tägl. 9.30–17 Uhr). Im Store auch **Get Fudged**, Bonbonproduktion an Ort und Stelle.

Ancient Kauri Kingdom, 334 Kerikeri Rd., Filiale des Awanui-Haupthauses. Der Laden im historischen **Stone Store** bietet Waren, wie man sie vielleicht in der Pionierzeit dort erworben hat, zudem Kiwiana gehobener Qualität und gutes Eis.

Wein Cottle Hill Winery, State Highway 10, Cottle Hill, Weingut, seit 1996 in Familienbesitz, an der Straße nach Süden. Tägl. geöffnet für Weinproben, Café-Bistro und Verkauf ab Keller im Sommer tägl. 10–17.30 Uhr. ✆ 09/4075203, cottle-hill@xtra.co.nz.

Ake Ake Vineyard, 165 Waimate North Rd. (zweigt von SH 10 nördlich Kerikeri links ab).

Syrah und Port (!) sind die Spezialitäten dieses Weinguts. Führung mit Weinprobe kurz/lang ca. 5/10 $, Restaurant Mi–So Lunch, Dinner Do–So (Mai–Nov. nur Fr/Sa), im Juli geschl. ✆ 09/4078230, www.akeake vineyard.co.nz.

Übernachten

Albilene Motel, von der Straße zieht sich eine Reihe ebenerdiger Units den Hang zum Wald hinunter, der Straßenlärm verliert sich, ein Pool lädt zum Baden ein. Die Zimmer ausreichend und recht groß, aber nicht unbedingt auf modernem Stand, man merkt, dass hier schon Generationen von Gästen genächtigt haben. „Studio" mit Küche (2 Pers.) ca.100–220 $. 136 Kerikeri Rd., ✆ 09/4079203, www.kerikeri-nz.co.nz.

Kauri Park Motel, mal ein Motel nicht direkt an der Straße, dessen Bäume im parkähnlichen Garten vor den Verkehrsgeräuschen schützen. Noch junger Bau, einfache, aber ausreichende Möbel in den 9 Erdgeschoss-Units mit Du/WC, Spa und Küchenzeile, einige mit privater Terrasse. Saubere, ehrliche Motel-Mittelklasse. Unit 105–200 $. 512 Kerikeri Rd., ✆ 09/4077629, 0800/407762, www.kauripark.co.nz.

Kerikeri Court Motel, gepflegtes neueres Motel. Im Hof Café Santeez (und neben McDonald's), 15 Units mit Küche und Bad/WC, Wohn- und Schlafraum getrennt, sauber und modern. Unit 110–175 $ („Studio"). 93 Kerikeri Rd., ✆ 09/4078867, 0800/537435, www.kerikericourtmotel.co.nz.

Kerikeri Top 10 Holiday Park & Aranga Backpackers, Golfplatz und Fluss sind Nachbarn. Kajaks und Ruderboote gibt es für Gäste gratis wie auch das BBQ am Freitagabend. Gut ausgestattet (typisch für Top-10-Anlagen), z. B. Internetzugang rund um die Uhr. Cabin 55–95 $, Stellplatz und 2 Pers. ab 28 $, auch Backpacker-Quartier (Dorm 26 $). Kerikeri Rd., ✆ 09/4079326, 0800/272642, www.kerikeritop10.co.nz.

Wagon Train R.V. Park, keine schlechte Idee – wie die Wagenburgen der Pionierzeit Nordamerikas ist dieser Caravan- und Motorhome-Park im Kreis um einen Gemeinschaftsbereich herumgebaut, das schafft Atmosphäre (an der S 10 ca. 1 km südlich dem Abzweig nach Kerikeri). Stellplatz und 2 Pers. ab 35 $, Cabin 78–87 $. 1265 SH 10, ✆ 09/4077889, www.rvparknz.com.

Hone Heke Backpackers Lodge, kleines Hostel, 15 Min. zum Zentrum, Internet (24 Std.), Computerspiele. Bisher recht freundlich, zuletzt Mängel bei Betreuung und Sauberkeit. SG 54/64 $, DB 28–40 $, DB 24–30 $. 65 Hone Heke Rd., ✆ 09/4078170, www.honeheke.co.nz.

Essen & Trinken

Merke: Die meisten Arts & Crafts Shops und Workshops haben ein Café oder bieten ihren Besuchern einen Espresso an, auch wenn die nichts kaufen.

Cilantro, 8 Village (Cobblestone) Mall; zentraler Anlaufpunkt für Dinnergäste (die Auswahl in Kerikeri ist nicht groß), von Fisch bis Steak und Lammtajine (!) ist einiges im Angebot, gut zubereitet und preiswert (Hauptgericht um ca. 30 $). ✆ 09/4074062. Di–Sa ab 18 Uhr.

S'wich Café, 60 Kerikeri Rd.; Sandwiches (wie der Name sagt), gutes Bistro-food, vor allem aber Illy-Kaffee – die Besitzer haben lange in Triest gelebt, um die Ecke von Illy. ✆ 09/4043941.

Sehenswertes

Die Sehenswürdigkeiten von Kerikeri konzentrieren sich im Kerikeri Basin am Nordende des modernen Ortes. Im steil eingeschnittenen Tal des Kerikeri-Flusses entstand ab 1821 unter Samuel Marsden die erste ständige europäische Mission, die **Kerikeri Mission Station**, die bis 1848 geführt wurde. Für die Standortwahl war die Lage neben **Kororipo Pa**, dem Hauptdorf der örtlichen Maori, ausschlaggebend, denn deren Stammeshäuptling Hongi Hika war den Missionaren wohlgesinnt. Außerdem verengt sich hier das Tal des Flusses, und ein guter und sicherer Binnenhafen lag vor der Tür. Die steinerne Brücke, die an dieser Stelle fast eineinhalb Jahrhunderte über die Flussmündung führte, wurde wegen Einsturzgefahr für Autofahrer gesperrt (und eine Umfahrung gebaut), Fußgänger dürfen sie aber weiterhin benutzen.

Kerikeri Mission House (Kemp House) und Stone Store: 1821/22 wurde das Mission House als Wohnhaus für Reverend John Butler, den Leiter der Mission, errichtet. Das Haus ist ein schlichter Holzbau mit umlaufender ebenerdiger Veranda und steht in einem großen Garten, der seit 1820 existiert. Der nach einer späteren Besitzerfamilie Kemp House genannte Bau ist das älteste erhaltene europäische Gebäude in Neuseeland. Stone Store, das aus nur roh behauenem Naturstein errichtete Haus direkt in der Straßenkurve, ist dagegen das älteste Steingebäude Neuseelands, es wurde zwischen 1832 und 1836 errichtet. Seine ursprüngliche Bestimmung als Getreidespeicher und Vorratshaus der Mission hat es nie erfüllt, es wurde bald zum Munitionslager und später zum Laden umgebaut. Das in den letzten Jahren komplett restaurierte Gebäude wird heute wieder als Laden geführt, allerdings mit einem seinem Museumscharakter angepassten Angebot, auch das Mission House ist ein Museum.

Beide tägl. 10–17 Uhr, im Winter bis 16 Uhr. Mission kann nur mit Füjhrung besucht werden. Ticket 7 $.

Rewa's Village: Auf der anderen Seite der Brücke (nur für Fußgänger! Autofahrer müssen zurück in den Ort und einen Umweg fahren) im Kerikeri Basin stand ehemals ein Haus, das sich der Maorihäuptling Hongi Hika in den 20er Jahren des 19. Jh. nach europäischem Muster errichten ließ, dahinter erhob sich das traditionelle Dorf *Kororipo Pa*. Von der Brücke geht ein Weg hinauf zu Rewa's Village, einem nachgebauten Maoridorf des frühen 19. Jh., wie es vielleicht in der Zeit der Häuptlinge Hongi Hika und Rewa existierte. Der Lage an der Küste nach ist es ein Fischerdorf, die Bauten sind aus lokalen Materialien, meist einfache, mit Reet gedeckte Bauten, nur das Vorratshaus auf seinem Pfosten ist gänzlich aus Holz. Daneben ein kleiner botanischer Garten mit lokalen Pflanzen, vor allem jene Arten, die in den Sammlungen der Botaniker Sir Joseph Banks und Daniel Solander vertreten waren, die James Cook auf seinem Besuch von 1769 begleiteten.

Öffnungszeiten Sommer tägl. 9–17 Uhr, Winter Mo–Fr 10–16, Sa/So 11–15 Uhr. Eintritt 5 $. ✆ 09/4076454, Stone Store Basin.

Wandern/Bootsfahrten Mehrere kurze **Wanderwege**, dichteres Netz im Stone Store Basin, z. B. 1 Std. vom Parkplatz zu den Rainbow Falls (27 m).

Te Waimate Mission House: Ein weiteres, sehr gut erhaltenes Missionshaus steht im Binnenland in Te Waimate, es stammt aus dem Jahr 1832. Obwohl bald als Bauernhaus genutzt, ist es heute mit Mobiliar aus der Missionszeit ausgestattet. Die unmittelbare Umgebung war ehemals ein Dorf, ein archäologischer Spaziergang führt zu den wichtigsten Resten.

Von Kerikeri zum Cape Reinga

Der stark gegliederte Küstenbereich zwischen Kerikeri und der Doubtless Bay kann nur an wenigen Stellen auf Straßen erreicht werden und ist entsprechend wenig erschlossen. Nur im Bereich des weit ins Binnenland greifenden Whangaroa Harbour und an der – von Captain Cook so genannten – Doubtless Bay hat sich der Tourismus in Form (noch) bescheidener Strandorte eingenistet. Auch die nach Norden anschließende große Halbinsel Karikari und der gesamte Strand rund um den fast kreisrunden Rangaunu Harbour mit seinen ca. 12 km Durchmesser sind unerschlossen. Erst Kaitaia, der Hauptort des Northland-Nordens und in geringerem

Maße Awanui und Ahipara sind touristische Stützpunkte mit einer Auswahl an Übernachtungsmöglichkeiten und Cafés. Die nördlich anschließende schmale Halbinsel Aupouri, die bis zur Nordspitze der Nordinsel mit dem Cape Reinga (im Nordwesten) und dem North Cape (im Nordosten) reicht, ist vor allem Ziel von Tagesausflüglern, die auf dem Ninety Mile Beach bis zum Cape Reinga brettern, hat aber auch ein paar Unterkünfte, für Leute, denen Einsamkeit nichts anhaben kann.

Der Whangaroa Harbour

Über **Kaeo**, den einzigen größeren Ort zwischen Kerikeri und Awanui, erreicht man die windstille, fast komplett vom Festland umgebene Whangaroa-Bucht, wie so oft in Neuseeland wegen ihrer Hafenqualitäten als Harbour bezeichnet. Vulkanische Schlotfüllungen bilden steile, bewaldete Gipfel in Pyramidenform, die größten und eindrucksvollsten sind St. Peter und St. Paul. Die eindrucksvolle Naturkulisse des buchtenreichen Meeresbusens hat sich noch nicht herumgesprochen, und die beiden kleinen Orte im Westen und Osten, **Totara North** und **Whangaroa**, sind noch kaum vom Tourismus berührt – beide liegen auch abseits des öffentlichen Verkehrs.

Information/Sport & Freizeit

Information Infobüros sind vor Ort leider Fehlanzeige, aber neben www.northlandnz.com gibt es noch die lokale kommerzielle Seite www.whangaroa.co.nz.

Wassersport Kajak und Segeln: Die sicher eindrucksvollsten Aktivitäten auf dem Wasser sind ein Tag im Kajak oder auf einer Segeljacht, wer das Geld und die Zeit hat, kann sich auch für ein Hausboot entschließen (s. u.). Kajaks werden von Northland Sea Kayaking ab ca. 95 $ pro Tag (halber Tag 75 $) angeboten (℡ 09/4050381, www.northlandseakayaking.co.nz).

Tauchen und Schnorcheln: Ein beliebtes Ziel ist das Wrack der „Rainbow Warrior" vor den Cavalli Islands, wo geschnorchelt und getaucht werden kann. Tauchtrips organisiert auch der Whangaroa Harbour Holiday Park, zur „Rainbow Warrior" kostet es ab ca. 90 $ (halber Tag, Tauchausrüstung extra). Tauchtrips zu den Cavalli Islands und zum Wrack der „Rainbow Warrior" kann man auch von Matauri Bay unternehmen: Matauri Kat Charters im Matauri Bay Holiday Park, 2 Tauchgänge ab ca. 150 $, ℡ 09/4050525.

Übernachten

In Whangaroa Waimanu Lodge, noch relativ neue Lodge in Aussichtslage über der Bucht, gut ausgestattete Zimmer im Ikea-Look (Kochnische komplett, aber ohne Backofen, CD/DVD, im Haus kleine Mediathek für die Gäste), außen Terrasse, Pool und Spa. Dinner und BBQ auf Bestellung. DZ/FR (cont.) 135–250 $. 76A Old Hospital Rd., Whangaroa Harbour, PO Box 275, Kaeo, Northland, ℡ 09/4051340, www.waimanulodge.co.nz.

Whangaroa Harbour Holiday Park, 3 km südlich von Whangaroa. Kleiner Platz im Tal mit eigenem Laden und Schnellimbiss, schattig. Stellplätze u. 2 Pers. ab 35 $, gut ausgestattete Cabins 60–92 $, Backpacker-Unterkunft ab 24 $. Whangaroa Rd., RD 1 Kaeo, ℡ 09/4050306, http://whangaroa.tripod.com.

In Kaeo Kahoe Farm Hostel, gut geführtes Hostel auf einer Farm an der Straße nach Kaitaia, ca. 2 km von der Abzweigung nach Totara North, freundlich und einladend. SG 50 $, DB 30–40 $ und Dorm (6 Pers) 25 $. RD 2 Kaeo, ℡ 09/4051804, www.kahoefarms.co.nz.

In Matauri Bay Matauri Bay Holiday Park, größerer Platz am Strand mit fast 200 Stellplätzen z. T. mit Strom, mit Laden (Alkohollizenz). In der Hochsaison nur ab 1 Woche Aufenthalt buchbar! Für 2 Pers. ab ca. 28 $, Miet-Caravans ab 55 $. Matauri Bay Rd., Matauri, ℡ 09/4050525, www.matauribay.co.nz/camp.html.

Matauri Bay: Der erste Landgang Samuel Marsdens in Neuseeland fand 1814 in der Matauri Bay statt, einer sandigen Bucht zwischen der Bay of Islands und dem Whangaroa Harbour. Ein paar Häuser, ein Café, ein Resort mit Bistro und der Matauri Bay Holiday Park, das ist das Ausmaß der Siedlung heute. Die hölzerne Kapelle Samuel Marsden, die Memorial Church, erinnert an Marsdens Landgang, das eindrucksvolle *Mataatua II Waka* hingegen an das Boot der hiesigen Ngati Kura, mit dem ihre Vorfahren hier anlandeten und das, wies es heißt, draußen in der Bucht auf dem Meeresboden liegt. Wie auch ein anderes Boot – das Wrack der „Rainbow Warrior", für die ebenfalls am Strand ein Denkmal errichtet wurde, auf dem die aus dem Meer gehobene Schiffsschraube steht.

Die Cavalli Islands/„Rainbow Warrior": Vor der Küste der Matauri Bay liegt diese Inselgruppe mit einer großen Insel, *Motukawanui Island*, und mehreren kleineren Inseln und Klippen. Die unbewohnten Inseln sind ein Scenic Reserve und vor allem als herausragendes Tauchrevier bekannt. Im Norden der Inselgruppe wurde im Dezember 1987 das Wrack der „Rainbow Warrior„ dem Flaggschiff von Greenpeace ein zweites Mal versenkt, nachdem ein Attentat des französischen Geheimdienstes das Schiff im Hafen von Auckland nach zwei Bombenexplosionen in der Nacht vom 10. auf den 11. Juli 1985 zum Sinken gebracht hatte, wobei der Fotograf Fernando Pereira ertrank. Die unmittelbare Verantwortung Präsident Mitterands für diesen Anschlag wurde niemals offiziell zugegeben, sein Verteidigungsminister und der Chef des Geheimdienstes mussten jedoch nach dem internationalen Skandal den Hut nehmen.

Doubtless Bay

„Doubtless a Bay", schrieb Captain Cook, als er 1769 nördlich vorbeisegelte, „zweifellos eine Bucht" also, kein Meeresarm zwischen zwei Inseln. Dass in dieser Bucht gerade ein französisches Schiff ankerte, die „St. Jean Baptiste" unter Captain Francois Marie de Surville, entging ihm, und auch die Franzosen sahen Cooks Schiff nicht. Die Franzosen kamen übrigens mit den Maori gut zurecht, reges Feilschen führte zum Tausch von blauem und weißem Tuch sowie leeren Flaschen gegen Fisch und Frischwasser.

An der Doubtless Bay

Doubtless Bay 215

Maori bestimmen heute noch die Bucht. 21 Marae gibt es in den Dörfern der Umgebung. Doch Mangonui, Coopers Beach, Cable Bay, Taipa, die Orte an der Südküste der Doubtless Bay, die auch *Mangonui Harbour* genannt wird, da sie als schmaler Meeresarm nach Osten ausläuft, sind heute mehr von Pakeha bestimmt und vom allmählich wachsenden Tourismus. Vor allem Ferienhäuser werden an vielen Stellen und immer in Sichtweite des Meeres in die Höhe gezogen, die Küstenlandschaft verändert sich rasend schnell. Nordöstlich der Bay liegt eine kaum erschlossene Halbinsel, die nur an einer Stelle von touristischem Interesse ist, am *Hihi Beach*. Auf der westlich anschließenden, ebenfalls noch kaum erschlossenen Karikari-Halbinsel liegt Neuseelands nördlichstes Weingut, *Karikari Estate*, und Teil des Carrington Golf-Resorts, das mit dem Baubeginn im Jahr 2000 die Weichen für einen hochpreisigen Tourismus gestellt hat.

Als einzige echte Sehenswürdigkeit der Bucht könnte man *Butler Point* bezeichnen: Das nach 1840 erbaute Haus des Kapitäns William Butler mit seinen vielen Erinnerungen an die Walfängerzeit von Mangonui ist nach wie vor in Privatbesitz, kann aber nach telefonischer Voranmeldung besichtigt werden.

Butler Point Whaling Museum, Hihi Rd., Mangonui, geöffnet nach Voranmeldung unter ℡ 09/4060006. Außenbesichtigung und Park 5 $, mit Haus und Museum 7,50 $.

Information/Verbindungen/Sport & Freizeit

Information i-Site Information Centre in Mangonui, Waterfront Drive, ℡ 09/4062046, www.doubtlessbay.co.nz.

Internet in der Internet Lounge bei Mangonui Computers, Waterfront Drive, im Sommer tägl., ℡ 09/4061716.

Verbindungen Northland Shuttles (Taxi-Service), ℡ 09/4087266.

Wassersport Kajakverleih z. B. durch Karikari Kayaking, Tokerau Beach, ℡ 09/40 87575, www.karikari-kayaking.co.nz. Mehrere **Fischerboote** können zum Hochseeangeln gemietet werden, z. B. bei Water Cowboys, ℡ 09/4067787, 0274/907607, www.watercowboys.co.nz.

Übernachten/Essen & Trinken

In Mangonui Fish Shop, Fischrestaurant auf Stelzen über dem Wasser, gilt als Muss für Besucher der Doubtless Bay („world famous"). ℡ 09/4060478 (an Sommerwochenenden reservieren!).

In Hihi Beach Hihi Beach Motorcamp, Strandcampingplatz mit allen Einrichtungen – es gibt ja schließlich nichts im Umkreis von 12 km. Schlichte Cabins mit Blick aufs Meer am Hang über der Wiese, die als Campingplatz dient, einfache, aber ausreichende Gemeinschaftseinrichtungen, eigene Fisch-Räucherkammer. Stellplatz und 2 Pers. ab 28 $, Cabin ab ca. 40 $, mit Küchenzeile ab ca. 50 $, Motelunit 85–130 $. ℡ 09/4060307, www.hihicamp.co.nz.

In Taipa Seabreeze Bakery, Bäckerei mit Fastfood direkt an der Durchgangsstraße. Zwischen 12.15 und 12.45 Uhr kommt die halbe Umgebung, um heiße Cornish Pasties zu kaufen.

Taipa Bay Resort, am Strand in idyllischer Lage an der Flussmündung, der Ort (mit Einkaufsmöglichkeiten) in Fußentfernung. Alle Units mit besonders breiten Qualitätsbetten und Küchenzeile, im Haus Pool, Spa, Tennis, Café-Restaurant Beachfront Cafe (tägl. geöffnet). Units in mehreren Größen, 115–195 $ für 2 Pers.-Zimmer. 22 Taipa Point Rd., ℡ 09/4060656, www.taipabay.co.nz.

Auf der Karikari-Halbinsel Carrington Resort und Karikari Estate Winery, exklusives neues Golf-Resort mit „Villas" und besonders luxuriöser Lodge sowie privatem Strandabschnitt. Übernachtungspakete mit Golfplatzbenutzung, Weinprobe und Massage. Von Heritage Hotels übernommen und stark – für Businesspeople – beworben. DZ ab 299 $ (absolute Nebensaison, Last Minute). Matai Bay Rd., Karikari Peninsula, ℡ 09/4087222, 0800/368888, www.heritagehotels.co.nz/carrington-resort.

Kaitaia und Ahipara

Weder Kaitaia selbst noch die überwiegend flache, landwirtschaftlich genutzte Umgebung sind besonders attraktiv. Der größte Ort nördlich von Kerikeri ist aber ein ausgezeichneter Stützpunkt für den „hohen Norden" Neuseelands, ganz egal, ob man mit dem eigenen Wagen oder mit dem Bus unterwegs ist. Genügend Unterkünfte erlauben auch in der Hochsaison noch etwas Auswahl, Tourbusse starten hier zum Cape Reinga, und Linienbusse fahren zur Bay of Islands und weiter nach Auckland.

Maori-Ureinwohner und dalmatinische (kroatische) Einwanderer, die sich etwa ab 1880 in der Nähe der bereits seit 1832 existierenden Missionsstation ihre Blockhäuser bauten, sind die Vorfahren der heutigen Bewohner Kaitaias und der beiden kleinen Nachbarorte Awanui und Ahipara, das Letztere an einem schönen Strandabschnitt südwestlich von Kaitaia. Die ursprüngliche Erwerbsquelle der Region war Kaurigummi, der an mehreren Stellen gefunden wurde. Als die Lagerstätten erschöpft und die Kauribestände der gesamten Region gerodet waren, setzte sich die Milchwirtschaft durch, deren permanente Krise seit den 60er Jahren für eine ständige Abwanderung der Jugend und hohe Arbeitslosigkeit sorgt.

Von Kaitaia aus besucht man Ahipara und dessen Strände, wenn man sich dort nicht gleich ein Quartier nimmt. Vor allem aber ist der Ort Ausgangspunkt für Fahrten über den Ninety Mile Beach zum Cape Reinga und nach Süden in die Kauriwälder der Westküste. Besuchenswert in Kaitaia selbst ist das *Far North Regional Museum* an der South Road, vor allem wegen der gut aufbereiteten Informationen über das Kauriharz und über die ausgestorbenen flugunfähigen Moas, die das Museum bietet. Eindrucksvoll ist die Sammlung der Maori-Kunst mit der Nachbildung eines aus der Zeit der Moa-Jäger stammenden Schnitzwerks (ca. 13. Jh.) und eine Erinnerung an den ersten Kontakt der Ureinwohner mit Europäern: Bei der überstürzten Abreise der „St. Jean Baptiste" aus der Doubtless Bay im Jahr 1769 ließ der französische Entdecker Jean François Marie de Surville einen der Schiffsanker zurück, er ist hier ausgestellt.

Far North Regional Museum, Mo–Fr 10–16 Uhr, im Sommer evtl. länger. ✆ 09/4081403.

Information/Sport & Freizeit

Information Far North i-Site Visitor Centre, Centennial Park, 6 South Road, (Straßengabelung an südlicher Ortsausfahrt), Kaitaia, ✆ 09/4080879 Die kommerzielle Adresse für die Region ist www.kaitaia.net.nz.

Sport & Freizeit Ausflüge zum Cape Reinga starten ab Kaitaia oder Ahipara, Angebot und Preise sind bei den Anbietern ziemlich identisch, die Tagestour kostet ab ca. 50 $, ab der Bay of Islands (z. B. bei Great Sights) ca. 110 $: Harrison's Cape Runner, ✆ 09/4081033, 0800/227373, www.ahipara.co.nz/caperunner; Sand Safaris, 221 Commerce St., ✆ 09/4081778, 0800/869090, www.sandsafaris.co.nz; White Sand Adventures, ✆ 09/8635039.

Ahipara Adventure Centre, 15 Takahe Rd., Surfboards, Boogie Boards, MTBs, Quads, Kajaks und was man sonst noch für „adventures" braucht, gibt es zu kaufen und zu leihen. ✆ 09/4092055, www.ahiparaadventure.co.nz

Übernachten/Essen & Trinken

Übernachten The Northerner Motor Inn, hell eingerichtetes Motel in Holz, Glas und Ziegelmauerwerk an der Nordeinfahrt. Units mit Hotelcharakter (keine Küchenzeile, Aircondition in Komfortzimmern), Spa und Sauna im Haus. Unit 90–150 $. Ecke

North Rd./Kohuhu St., ☎ 09/4082800, 0800/334422, www.northerner.co.nz.

Capri Motel, privates und sehr persönlich geführtes Motel. Units mit Küchenzeile und Sat-TV. Unit (2 Pers.) 87–110 $. 5 North Rd., ☎ 09/4080224, 0800/422774, caprimotel@xtra.co.nz.

Mainstreet Lodge, gut ausgestattete, große (100 Betten) und trotzdem nicht unpersönliche Backpacker-Unterkunft an Kaitaias Hauptstraße. Alle Raumgrößen, auch mit Du/WC, im Haus Internet, TV/Video, Cafés und Einkauf um die Ecke gegenüber. DB 29–36 $, DO 22–28 $, auch Studio ab 65 $. 235 Commerce St., ☎ 09/4081275, www.mainstreetlodge.co.nz.

Essen & Trinken/Wein Beachcomber, 222 Commerce St.; alteingesessenes und neu eingerichtetes und aufgefrischtes Restaurant mit breitem Lunch- und Dinnerangebot aus der Pfanne, Hauptgerichte ca. 20–30 $, empfehlenswert v. a. „Fish of the Day", Rock Oysters, Muscheln und Tintenfisch, alles wirklich frisch, auch Takeaway. Klasse Salattheke. So zu, ☎ 09/4082010.

Okahu Estate Vineyard & Winery, junges, aber bereits mehrfach ausgezeichnetes Weingut unweit von Kaitaia an der Straße nach Ahipara (3 km). Beste Rotweine (sortenreiner Shiraz) und trotz seiner subtropischen Lage exquisite Weißweine (Chardonnay). Ecke Okahu/Pukepoto Rd., PO Box 388, Kaitaia, ☎ 09/4082066, 0800/806806, www.okahuestate.co.nz. Keller/Verkaufsraum Dez. bis Febr. tägl. 10–17 Uhr, sonst nur Mo–Fr 12–16 Uhr sowie an Feiertagen, im Winter zu.

In Ahipara Ahipara Holiday Park & Backpackers/YHA, großer Platz neben dem örtlichen Golfplatz in Fußentfernung vom Ninety Mile Beach mit 110 teils schattigen Stellplätzen, Backpacker-Lodge und Cabins. Stellplatz und 2 P. ab ca. 30 $, Bett in der Lodge ab ca. 27 $ (YHA 25 $), Cabin 55–150 $. 168-170 Takahe St., Ninety Mile Beach, Ahipara, ☎ 09/4094864, 0800/888988, www.ahiparaholidaypark.co.nz.

Ahipara Bay Motel, Motel in Panoramaposition über dem Strand in Ahipara. 16 Units in 5 Kategorien in gutem bis sehr gutem Zustand, einige mit Spa. Unit 110–195 $. ☎ 09/4094888, 0800/906453, www.ahipara.net.nz.

Coast to Coast Bakery and Takeaways, in Ahipara an der Hauptstraße.

Bayview Café & Bar, tägl. geöffnetes Café-Bistro über dem Strand, manchmal weht ja kein Wind auf der Terrasse (gehört zum Ahipara Bay Motel). Schnitzel, Steaks, Seafood als Hauptgericht (25–35 $). ☎ 09/4094770.

Gumdiggers Cafe, das Bistro-Café des Ahipara Adventure Centre ist *der* Surfertreff weit und breit.

Die Aupouri-Halbinsel

Ninety Mile Beach und der Leuchtturm von Cape Reinga sind die Glanzlichter der Aupouri-Halbinsel, der nördlichsten Neuseelands. Doch weder ist der Beach 90 Meilen lang (es sind unter 35 km) noch ist Cape Reinga der nördlichste Punkt Neuseelands (das ist vielmehr das nur zu Fuß erreichbare North Cape), aber wen kümmert's? Der Strand, auf dem sich alles vom Pkw über Motorräder bis zu Tourbussen tummelt, ist immer noch ewig lang, und am Leuchtturm hat man die Südsee vor sich. Der Ausflug ist ein Standard für Reisen auf der Nordinsel geworden, und er lohnt sich auf jeden Fall.

Nördlich von Kaitaia gibt es keinen öffentlichen Nahverkehr mehr, zu den Anbietern von geführten Touren → Kaitaia/Sport & Freizeit.

Übernachten/Essen & Trinken

In Waipapakauri Ninety Mile Beach Holiday Park, der im Sommer von Kiwi-Familien bis zum Bersten gefüllte Platz am Südende des Ninety Mile Beach liegt nahe dem Strand, es gibt Cabins, ein Restaurant und die üblichen Einrichtungen. Zeltplatz (2 Pers.) ab 32 $, Cabin ab 80 $, Motel-Unit 95 $. 6 Matai St., Awanui, ☎ 09/4067298, www.ninetymilebeach.co.nz.

In Pukenui Pukenui Holiday Park, recht ruhiger Platz in Küstennähe. 80 Stellplätze, nur eine Handvoll (9) Cabins und Flats, gute Gemeinschaftseinrichtungen, ein Laden liegt nur 5 Min. entfernt an der Straße. Stellplatz und 2 Pers. ab 50 $, Cabin (2 Pers.) ab 65 $. Lamb Rd., Pukenui RD4 Kaitaia, ✆ 09/4098803, www.northland-camping.co.nz.

Pukenui Pacific Bar & Café, Café und einfaches Restaurant, auch Takeaways, Blick auf den Hafen, ✆ 09/4098816.

In Houhora Heads Houhora Tavern, Saleyard Rd.; der über 100 Jahre alte Bau war ehemals Post Office von Houkora und ist heute „New Zealand's most northern Pub". Geboten werden Bistro-Essen und Snacks, Espresso und Tee, im neuen Trakt Bottlestore und Takeaways. Sehr schlichte Nächtigungsmöglichkeiten. ✆ 09/4098805, www.houhoratavern.co.nz.

Pukenui Lodge Motel, Motel und „Youth Hostel", das Erstere mit komplett ausgestatteten Units samt Videogerät und Videos, das Letztere mit Räumen vom Doppel bis zum Dorm im ehemaligen (historischen) Post Office. Bettzeug kann ausgeliehen werden. Unit 99–135 $, DO ab 25 $. SH 1, Ecke Pukenui Wharf Rd., Houhora, ✆ 09/4098837, www.pukenuilodge.co.nz.

Wagener Holiday Park (Houhora Heads Motor Camp), ausgedehnter Platz an der Engstelle am Eingang zum Houhora Harbour. Idyllisch gelegen, sehr gut ausgestattet. Einen „Backpackers' Heaven" bietet das Hostel des Holiday Parks mit eigener Küche. Am Strand gibt es Leihkajaks, Beachbikes und alle Wassersportarten. Bar und Café in der großen Anlage, die sogar eine Auto- und Boot-Waschanlage umfasst. Stellplatz (2 Pers.) ab 26 $, schlicht eingerichtete Caravans (2 Pers.) ab 30 $, Liege im Backpacker-Dorm ab 22 $. 220 Houhora Heads Rd., Kaitaia, ✆ 09/4098564, www.northlandholiday.co.nz.

Ninety Mile Beach: Die Touren zum Cape Reinga nehmen immer den Ninety Mile Beach ins Programm auf, ob vormittags oder nachmittags hängt von den Gezeiten ab. Man beginnt (falls die Flut am Nachmittag kommt) an der südlichsten Zufahrt bei Waipapakauri Beach und fährt dann immer auf dem Hochwasserstreifen weiter (oder, wie viele Pkw-Fahrer, schon mal durch den äußersten Wasserstreifen, was aber immer gefährlich bleibt, da man Unregelmäßigkeiten des Untergrundes nicht erkennt). Die wenigen Zuflüsse sind sehr flach und besitzen eine Furt. Am Strand kann man nach Muscheln graben, Tuatua und die kleinere Pipi werden vor allem von Einheimischen gestochen, die früher begehrte und in solchen Massen vorkommende Toheroa-Muschel, dass man sie bis 1961 in großem Stil in Dosen abfüllte, ist nahezu ausgestorben.

> Der Ninety Mile Beach ist **für Mietwagen gesperrt!** Wer sie dennoch mit seinem Mietwagen befährt und in einen Unfall verwickelt wird, hat die Folgen komplett selbst zu tragen, zumal in Neuseeland nicht wie bei uns eine Kfz-Haftpflicht für Pkw besteht. Besser die Tour buchen, nicht selbst fahren!!!

Ninety Mile Beach

Im letzten Teil passiert man den einzigen Rest der früher weiter nach Westen reichenden Strandlinie, den Felsen *Te Wakatehaua Island*, den man von der kleinen Landspitze The Bluff am besten sieht – samt natürlichem Durchbruch. Ninety Mile Beach endet an den Dünenhügeln des *Te Paki Recreational Reserve*, das fast den gesamten Nordbereich der Halbinsel umfasst. Ein stärker wasserführender Zufluss markiert das Ende, der Te Paki Stream. Man fährt am oder im Wasser talaufwärts und kommt unter hohe gelbe Sanddünen, von deren

Die Aupouri-Halbinsel

Kämmen traditionell auf Sandbrettern heruntergerodelt wird („Sand tobogganing"). Auf einem Sträßchen (ab Parkplatz) kommt man zur nicht asphaltierten 1 F, die hinaufführt zum Cape Reinga mit seinem Leuchtturm.

Cape Reinga/Te Rerenga Wairua und das Te Paki Recreation Reserve: Obwohl nicht wirklich Neuseelands Nordkap ist Cape Reinga berühmt für seine Lage an der Nordspitze der Doppelinsel und dank seiner guten Erreichbarkeit auf der Staatsstraße 1 F ein beliebtes Ausflugsziel. Parken und zum Leuchtturm hinunterspazieren (auf Sträßchen oder links über Rasenstücke) ist die Devise. Wer mehr machen will, kann einen der Wanderwege im Te Paki Recreation Reserve nehmen: Vor allem erwähnenswert ist der Verbindungsweg zum östlich gelegenen Hooper Point, der mittleren der drei Nordspitzen der Halbinsel, mit DOC-Zeltplätzen in Taputupotu, das man auch auf der Straße erreicht, und die Spirits Bay. Der zweite Teil am Südrand der Spirits Bay führt am Te Horo Beach entlang, der nur an seinem äußersten Ostende am Hooper Point durch eine Autostraße erreichbar und entsprechend einsam ist.

Nicht nur Cape Reinga, sondern die gesamte Nordspitze der Nordinsel vom Cape Maria van Diemen im Westen bis zum North Cape im Nordosten ist für die Maori der Nordinsel geheiligter Boden. Die Überlieferung sieht die Seelen der Verstorbenen nach Norden wandern, wo sie beim heiligen Pohutukawa-Baum über Te Rerenga Wairua (Cape Reinga) in die Unterwelt (reinga) steigen, indem sie an einer Wurzel entlangrutschen, um dann ins Meer zu fallen. Nochmals verlassen sie das Meer, um die höchste Spitze von Three Kings Islands zu besteigen und einen letzten Blick auf Aotearoa zurückzuwerfen, bevor sie endgültig in das Land ihrer Vorfahren weiter wandern, nach Hawaiiki A Nui.

Übernachten/Information Zeltplätze **Taputupotu und Spirits Bay**, Auskunft über Wege und Zeltplätze bei den DOC-Infostellen und in der i-Site Kaitaia oder per Tel. ratsam, Voranmeldung jedoch nicht nötig.

Das DOC-Faltblatt „Cape Reinga and Te Paki Walks" ist bei der Planung von Wanderungen unentbehrlich. Ca. 7–10 $ p. P. und Nacht. ✆ 09/4086014.

Parengarenga Harbour/Te Kao: Auf der nicht durch Straßen erschlossenen Ostseite des stark aufgefächerten Parengarenga Harbour liegt eine Nehrung, deren Nordseite schon von weitem weiß leuchtet, sie besteht aus Muschelsanddünen und ist lokal als *White Sands* bekannt. Vom Ende der Zufahrtsstraße von Waitiki Landing an der 1 F (am Beginn/Ende des Asphalts) fährt ein Boot über den Hafen hinüber zu den White Sands, man hat dort 10 Min. Zeit, um sich ein wenig die Füße zu vertreten, der gesamte Ausflug dauert 20 Min. (und kostet ca. 10 $, die meisten Tourbusse fahren hin, der Ausflug ist ein Extra). Wer Anfang März kommt, findet eine fast schwarze Dünenlandschaft vor, denn auf den White Sands versammeln sich Hunderttausende Uferschnepfen (alias Godwit alias Limosa limosa) vor ihrem langen Flug in die Antarktis.

Houhora Harbour: Der lang gestreckte Houhora Harbour hat nur eine schmale Öffnung, *Houhora Heads*. Die Farm hier geht auf polnische Siedler zurück, die zugehörige *Subritzky Homestead* kann besichtigt werden. Das ebenfalls an dieser schmalsten Stelle liegende Wagener's Museum mit Erinnerungen an die Frühzeit europäischer Siedler und Ausgrabungen vom Mount Carmel auf der anderen Seite der Meerenge wurde stückweise im Internet versteigert und ist jetzt komplett geschlossen. An der Straße nach Norden haben sich zwei kleine Ortschaften entwickelt, in denen sich die meisten der wenigen Übernachtungs- und Verpflegungsmöglichkeiten der Halbinsel befinden, *Pukenui* und *Houhora*.

Subritzky Homestead, Führungen im Sommer tägl. 11.30, 13.30 und 15.30 Uhr, ca. 10 $, ✆ 09/4098850.

Der Westen: der Hokianga Harbour und die Kauri Coast

Bei weitem nicht so populär wie die Ostküste, verdient jedoch auch die Westküste von Northland den Besuch. Wenn man die sich langsam die Ostküste hinaufarbeitet und dann Cape Reinga besucht, ist der Rückweg nach Auckland über die Westküste sowieso die sinnvollste Variante. Im Prinzip ist die Westküste ein langer, fast völlig geradlinig verlaufender Strandstreifen mit breitem Sandstrand, dahinter meist von niedrigem Busch überwachsene Dünen und Farmland mit Resten eines früher alles überziehenden Kauriwaldes. Doch an einigen Stellen hat das Meer die selbst aufgeschüttete Barriere später wieder durchbrochen und tiefe Häfen geschaffen, den riesigen Kaipara Harbour im Süden und den Hokianga Harbour im Norden.

Auf unserem Weg nach Süden haben wir zuerst den Hokianga Harbour zu queren, eine Fähre übernimmt das für die Fahrzeuge auf der Straße von Kaitaia nach Süden. Die Orte hier sind winzig, nur Opononi und Omapere am Ausgang des Hokianga Harbour haben mehr als eine Handvoll Gebäude. Ab Omapere bliebt der SH 12, dem man bis zu seiner Einmündung in den SH 1 folgt (zwischen Wellsford und Whangarei), im Binnenland, zum Strand der Kauri Coast, wie sie sich nennt, führen nur Stichstraßen oder Allradpisten, die Straße nach Baylys Beach ab Dargaville mal ausgenommen. Das hügelige, sehr einsame Gebiet, das man nun durchquert, war bis ins 20. Jh. ein riesiger Kauriwald, von dem sich Reste im Waipoua Forest und Trounson Kauri Park erhalten haben, einige der Baumriesen wie Tane Mahuta und die Four Sisters stehen in unmittelbarer Nähe der Straße. Über Dargaville und Matakohe mit seinem ausgezeichneten Kaurimuseum kehrt man zum SH 1 und in dichter besiedelte Gebiete zurück.

Der Hokianga Harbour

An die 45 km zieht sich der stark verästelte und an seinen Ufern von Mangrovenwald bestandene Hokianga Harbour ins Binnenland hinein, ein ertrunkenes Flussgebiet und eine sehr effektive Kommunikationsbarriere – keine Brücke und nur eine einzige Fähre führt über den Meeresarm. Die wenigen Siedlungen in den tiefen Buchten sind auf sich selbst gestellt, man hat ein Boot oder muss riesige Wege bis zum nächsten Laden fahren – der dann Obst und Gemüse von der letzten Woche anbietet. Nach der Phase im späten 19. Jh., in der die Kauriwälder niedergelegt und die Kauriharzvorkommen ausgebeutet wurden, hat ein wirtschaftlicher Niedergang eingesetzt, der bis heute nicht aufgehört hat. Die wenigen touristischen Siedlungen, Kohukohu auf der Nordseite, Rawene, Opononi und Omapere auf der Südseite, können über die trostlose Situation nicht hinwegtäuschen.

Wassersport auf dem Hokianga Harbour und vor der Küste, Dünenwanderungen und *Sand Tobogganing*, also Dünenrodeln, Ausflüge in die unmittelbar südlich anschließenden bis heute verbliebenen Kauriwälder, das sind die Attraktionen hier, ein Schweizer Ehepaar hat die mit keiner anderen Landschaft Neuseelands vergleichbaren Wairere Boulders zugänglich gemacht. Dass es nicht viel zu tun gibt, gehört aber gerade zum Reiz dieser Hinterwäldlerlandschaft. Zumindest für Groß- und Weltstädter, kommen sie nun aus Auckland oder Berlin.

Sand tobogganing – ein großer Spaß im Norden von Northland

Information/Verbindungen/Sport & Freizeit

Information Hokianga i-SITE Visitor Centre, State Highway 12, Opononi, tägl. 8.30–17 Uhr, ☎ 09/4058869, hokianga@i-site.org, www.hokianga.co.nz. Eine kommerzielle Seite ist www.hokianga.net.nz.

Verbindungen Fähre: Hokianga Vehicle Ferry, ab Rawene von 7.30 bis 19.30 Uhr zu jeder halben Stunde, ab Narrows jeweils zur vollen Stunde, 15 Min. Fahrzeit; ☎ 09/4052602.

Wassertaxi: Hokianga Express Water Taxi in Opononi führt den Taxidienst auf dem Hokianga Harbour aus, ☎ 09/4058872.

Busse gibt es, aber nur von und nach Paihia (☎ 09/4383206, www.northliner.co.nz).

Kajaks Die ruhige Meeresfläche des Hokianga Harbour lädt zum Kajaken ein. Verleih z. B. in Rawene, Hokianga Blue, ☎ 09/4057675 (abends), auch geführte Hafentrips. In Opononi: Hokianga Kayak Adventures, ☎ 09/4055844.

Wandern/Trekking Im Waima Forest östlich Opononi/Omapere und direkt ab Omapere auf dem ersten Abschnitt des Hokianga Tracks (4 Std., am Strand entlang, dann auf Nebenstraße zurück zum SH 12) und zahlreiche Wander- und Trekkingmöglichkeiten an der Kauri Coast (s. u.).

Dünenrodeln Mit dem Wassertaxi gelangt man von Opononi oder Omapere auf die andere Seite des Hokianga Harbour, wo hohe Sanddünen zum Dünenrodeln einladen. Hokianga Express Water Taxi (→ Verbindungen) bietet für 25 $ Transfer über die Bucht.

Hafenrundfahrt Crossings Hokianga in Opononi bietet einen Harbour Cruise (65 $) an, der von Opononi bis Rawene führt und hinaus zur Hafeneinfahrt mit Blick auf die dortigen Riesendünen. ☎ 09/4058207, 0800/687836.

Geführte Touren Ab Paihia bietet Kings Crossings Hokianga eine interessante Tagestour an, die eine Bootsfahrt auf dem Hokianga Harbour und den Besuch des Waipoua Forest mit den berühmten Kauririesen kombiniert. 125 $ (ohne Hafenrundfahrt 89 $), ☎ 0800/653339, www.awesomenz.com. Mit Fullers kostet die Achtstundentour ab Paihia ca. 120 $.

Übernachten/Essen & Trinken

In Kohukoku Harbour Views Guest House, sympathische Gastgeber, ein sorgsam restauriertes altes Kaurihaus, beide Zimmer (eins mit Bad) mit eigener Veranda, gutes Frühstück – man könnte länger bleiben. DZ/FR ab 95 $. 23 B Rakautapu Rd., Kohukohu, ℅ 09/4055815.

In Rawene Rawene Motor Camp, Platz über der Halbinsel von Rawene. Alle üblichen Einrichtungen plus Kajak- und Radverleih. Stellplatz inkl. 2 Pers. ab 28 $, Cabin mit Küche/Motel bis 100 $, Backpacker (Lager in Bunkhouse) 36 $ p. P. 1 Marmon St., West, Rawene, ℅ 09/4057720, www.rawene holidaypark.co.nz.

In Horeke B&B Riverhead Guest House B&B, im Nordosten der Bucht, per Boot oder über Stichstraße vom SH 1. Gepflegtes 2-stöckiges Haus mit großer Veranda, bunt zusammengewürfelter Ausstattung, kleiner Bibliothek und freundlichen Gastgebern (Ray und Lauraine Hatton), Abendessen auf Bestellung. DZ/FR (cont.) 95–110 $. Horeke, ℅ 09/4019610, www.bed-and-breakfast.co.nz/riverhead.html.

In Opononi Opononi Resort Hotel, gute Mittelklasse im Motel der Best-Western-Kette. Alle Units (einzeln stehend) mit Meerblick und Küche, es gibt auch Backpacker-Unterkünfte. Im Haus Webster's Café & Restaurant. Unit 90–130 $, DO ab 25 $. 19 SH 12 Opononi, RD 3 Kaikohe, ℅ 09/4058858, 0800/116565, www.oponoihotel.com.

Okopako Lodge/Farm Hostel, einsam gelegenes kleines Hostel auf einer Biofarm 7 km von Opononi (5 km auf SH 12 in Richtung Norden, dann Zeichen folgen), die Bioprodukte können gekauft werden, auch Mahlzeiten. DB 29–30 $, DO 27 $. 140 Mountain Rd., Whirinaki, Opononi, ℅ 09/4058815, okopako@paradise.net.nz.

Opononi Beach Holiday Park, geräumiger Platz am Hafen. Schlichte Cabins. Stellplatz inkl. 2 Pers. ab 26 $, Cabin ca. 65 $. SH 12 Opononi, ℅ 09/4058791, www.opononi holidaypark.co.nz.

In Omapere Copthorne Hotel & Resort Hokianga, Hotelkomplex direkt am Strand und nach der Harbour-Mündung. Alle Units mit Küche und Bad und Meerblick, der Pool ist solar beheizt, Restaurant und Bar im Haus. Preis auf Anfrage, in der Nebensaison im Internet schon mal ab 99 $. SH 12 Omapere, ℅ 09/4058737, 0508/342522, www.copthornehokianga.co.nz.

McKenzie's, direkt am Wasser gibt es bei Leonie und Doug ein DZ mit Frühstück mit eigenem Eingang oder ein Cottage mit 2 Schlafzimmern, Bad und Küche. Das Cottage im Garten ist für zwei Personen gedacht und hat alles, was man zur Selbstversorgung benötigt. DZ/FR (cont.) 110 $, Cottage (2 Pers.) 90–100 $. 4 Pioneer Walk, Omapere 452, ℅ 09/4058068, www.mckenziesaccommodation.co.nz.

Globetrekkers Lodge, Hostel etwas oberhalb von Omapere, auch Zeltplätze, leider keine Gäste-Waschmaschine. DB 29–30 $, DO 27 $, vier SG 48 $, zelten kostet 10 $. 281 SH 12, Omapere, ℅ 09/4058183, www.globe trekkerslodge.com.

Kohukohu und Rawene: *Kohukohu,* der Fährort auf der Nordseite mag zu Kaurizeiten wichtig gewesen sein, heute ist er nur noch ein unauffälliges Dorf mit ein paar Möglichkeiten zum Übernachten, Essen und Trinken – schon was Besonderes auf diesem Küstenabschnitt. Einige hübsche alte Häuser aus der Kaurizeit haben sich erhalten, so die Town Hall von 1901 (Ecke Kohukohu/Beach Road) und eine Reihe von Gebäuden in der Yarborough und Church Street (die St. Mary's Church ist von 1891). *Rawene* ist etwas größer und hat ebenfalls einige hübsche ältere Holzhäuser vorzuweisen. Ein *Mangrove Walkway* (20 Min.) ist eine der wenigen Möglichkeiten von Northland und ganz Neuseeland, diesen interessanten Vegetationskomplex aus der Nähe kennenzulernen. Im *Clendon House* von 1868 sind einige Räume originalgetreu ausgestattet worden. Das Haus gehörte James Reddy Clendon, einem Händler und Schiffseigner, der 1840 dem Vertragsabschluss von Waitangi beiwohnte.

Clendon House im Sommer (Nov. bis April) Sa/So 12–16 Uhr, Winter nur So. Eintritt 7 $.

Opononi und Omapere: Der langgestreckte Doppelort ist der touristischste auf der ganzen Strecke zwischen Ahipara und Dargaville, und das hängt mit der Lage zusammen, die die Meeresbucht und den nahen Strand, die Dünen auf der anderen Seite der Hafeneinfahrt und die nahen Kauriwälder vereint. In Neuseeland wurde Opononi berühmt, als hier 1955 ein Delfin regelmäßig ans Ufer kam, um mit Kindern zu spielen, „Opi" wurde sogar ein Denkmal gesetzt (beim Opononi Resort Hotel). Ansonsten ist man hier, um sich sportlich zu betätigen, wozu auch das Dünenrodeln auf der anderen Seite der Bucht gehört (→ Sport und Freizeit). Nur 40 Min. nimmt der Weg durch den *Wald Te Wai-O-Te Marama* in Anspruch, in dem einige alte Kauribäume stehen (7 km südlich Omapere am SH 12 ab Waiotemarama). Beim Beginn des Wanderweges liegt *Labyrinth Woodworks*, eine gute Holzwerkstatt, die u. a. Objekte aus (altem) Kauriholz anbietet.

Die Koutu Boulders: Zu beiden Seiten des Hokianga Harbour liegen am Strand einige monumentale Billardkugeln herum, ihr Durchmesser beträgt bis zu drei Meter. Längst nicht so bekannt wie ihre Südinselkollegen, die Moeraki Boulders (→ S. 663), ist ihre Entstehung noch nicht erforscht. Man erreicht einige sehr ansehnliche Exemplare, wenn man von Opononi in Richtung Kaikohe fährt und nach 6 km auf die Koutu Loop Road abbiegt. Man folgt ihr bis zur Waione Road, die man nur 100 m bis zu einem Parkplatz fährt, von dem aus ein kurzer Strandspaziergang zu den Boulders führt.

Die Wairere Boulders: Von Horeke aus, das man auf einer Abzweigung von der Straße zwischen Paihia und Omapere erreicht (oder zu Schiff auf dem Hokianga Harbour), gelangt man zu einer erst jüngst erschlossenen (privaten und durch geschützten) Sehenswürdigkeit: den Wairere Boulders. Ein in unzählige Stücke zerbrochener Basaltstrom wurde dort über zehntausende von Jahren durch die Säuren eines untergegangenen Kauriwaldes regelrecht gerieffelt. Die Karsterscheinungen ähnelnden Rieffelungen wurden durch saure Lösungen aus dem Gestein geätzt, der darüber vermodernde Wald ist längst abgetragen worden. Das heute teilweise von Vegetation überwucherte Gebiet wurde durch einen aufwändigen Weg erschlossen.
Felix und Rita Schaad haben die Wege angelegt und halten sie in Stand, ℡ 09/4019935, www.waireboulders.co.nz. Eintritt 10 $, Boulder Loop 1 Std., Platform Track mit Ausblick eine weitere Stunde.

Die Kauriwälder und die Kauri Coast

In den beiden zusammen nur 100 km² umfassenden Schutzgebieten *Waipoua Forest* und *Trounson Kauri Park* stehen heute etwa drei Viertel aller Kauribäume Neuseelands. Vom Kauriwald, der noch vor 150 Jahren ganz Northland und einen Teil der North Island weiter südlich überzog, sind 1–3 % übriggeblieben, keiner weiß es genau. Und dieser Bestand ist extrem zerstückelt, nur an der Westküste von Northland an der „Kauri Coast" handelt es sich noch um einen ausgedehnten Wald. Der SH 12 passiert südlich des Hokianga Harbour beide Schutzgebiete und erlaubt es ohne Aufwand, einige der ältesten und größten Baumriesen aufzusuchen, die wir kennen. Abseits dieser Forste beherrscht Weidewirtschaft die Landschaft, Hügel um Hügel zieht vorbei, wenn man nach Süden fährt, Kühe zwischen umgestürzten und verwitternden Wurzelstöcken, gelegentlich ein Farmhaus. Zur Küste gelangt man praktisch nur mit Allradfahrzeugen und auf Nebenstraßen, südlich des etwas ins Meer vorgeschobenen Maunganui Bluff (Vorgebirges) verläuft sie in gerader Linie bis zum North Head, wo sie am Kaipara Harbour endet – mit fast 110 km der längste ununterbrochene Strand Neuseelands.

Kauri

Agathis australis, die nur in Neuseeland vorkommende Art der Gattung Agathis aus der Familie der Araukariengewächse, ist ein hoher, immergrüner und sehr langlebiger Baum. Heute noch lebende Exemplare wie Tane Mahuta in Northland, werden auf ein Alter von bis zu 2.000 Jahren geschätzt (Tane Mahuta ist 1.200 Jahre alt, er lebte bereits zu Zeiten Karls des Großen). Die nächste Verwandtschaft, vier weitere Arten, lebt zwischen Malaysia, Neukaledonien und Queensland in Australien, aber nur von der neuseeländischen „Kaurifichte" ist bekannt, dass sich ihr Harz in großen Klumpen als Kauriharz konzentriert, „kauri gum", früher Kaurikopal genannt. Die Gattung Agathis ist etwa 190 Mio. Jahre alt und hat sich seit dem frühen Jura kaum weiterentwickelt, Kauriwälder sind damit mit die ältesten, die wir kennen.

Maori verwendeten für ihre Kriegskanus die geraden und astlosen Stämme alter Kauribäume, die ältesten Exemplare wurden als die Beine Tanes gesehen, des Gottes der Wälder zu Zeiten der Schöpfung, nur Tohunga (Priester) durften sich diesen heiligen Bäumen nähern. Klumpen von Kauriharz, das sich unter dem hohen Wall abblätternder Rinde verbirgt, der jeden Baum umgibt oder fossil in Sümpfen vorkommt, die frühere Kauriwälder zudeckten, wurden von den Maori etwa als Brennstoff für Fackeln verwendet.

Schon Captain Cook entdeckte die Qualitäten des Kauribaums, als er im Dusky Sound Spieren aus dem Holz dieses Baumes fertigen ließ. Und gerade die Stämme der ältesten Bäume wurden in der Folge von Bootsbauern und zunehmend von der britischen Marine als Masten gesucht: Kauribäume, die über 500 Jahre alt sind, haben bis zu 20 m hohe Stämme ohne Astansätze, mit Krone erreichen sie 40 m, ihr Holz ist elastisch und gleichzeitig sehr kompakt. Kauriholz wurde in steigendem Maße auch für den Hausbau verwendet. Holzhäuser waren auf der Nordinsel, die bei Ankunft der Europäer noch zu 95 % von Wald überzogen war, wesentlich billiger als Stein- oder Ziegelbauten (das hat sich bis heute nicht geändert!). Kauri wurde aber auch in Übersee gesucht, und in den 50ern des 20. Jh. war Kauriholz der große Exportschlager. In straßenfernen Gebieten wurden Kauridämme gebaut, durch deren Öffnung die Stämme – hoffentlich – bis in die Nähe des nächsten Maultierzugweges geschwemmt wurden. Wo Wasserfälle dazwischenlagen, musste man Schmalspurbahnen und Aufzüge bauen, um den Transport zu erleichtern. Kauriharz wurde in der gleichen Phase ein weiterer Exportschlager, die chemische Industrie nahm die gelben Klumpen zu hohen Preisen ab, und neue Einwanderer, in Northland häufig Kroaten aus Dalmatien, begannen ihr neues Leben mit „Gum-Digging". Das Kauriharz wurde vor der Entwicklung von Kunstharz für Holzlacke, Bodenbeläge und Klebstoffe verwendet und gilt heute nach wie vor als unübertroffener Lack für Musikinstrumente.

Vom Beginn der flächenmäßigen Abholzung bis zum Ende der Kauriproduktion vergingen gerade mal 100 Jahre. In dem Jahrhundert zwischen den 1820ern und den 1920ern wurde aus Waldland Farmland, Kauri verschwand bis auf ein paar Flecken in weniger zugänglichen Gebieten von Northland und Coromandel und den Waitakere Ranges bei Auckland. Der Druck auf

Breit genug für eine Treppe ist dieser Kauristamm (bei Kaitaia)

die Regierung, bereits geschützte Forste freizugeben, nahm zu. Erste Schutzzonen (Cascade Park in den Waitakere Ranges bei Auckland 1926) waren die große Ausnahme. Erst nach dem 2. Weltkrieg wurde echter Biotopschutz praktiziert, so wurde der Waipua Forest unter Schutz gestellt. Nur ca. 7.500 ha Kauriwald (Jungwald und Pflanzungen nicht gerechnet) haben bis heute überlebt, die Art ist nicht mehr akut gefährdet. Ob sie weitere 190 Millionen Jahre überleben wird?

Erst vor wenigen Jahren wurde in Neuseeland ein Parasit eingeschleppt, der eine für Kauribäume potenziell tödliche Krankheit auslöst, Kauri Dieback. Für Laien ist diese Krankheit am leichtesten an der Vergilbung der Blätter zu erkennen, die auch bei ganz jungen Bäumen zu beobachten ist. Kauri Dieback wird auch durch den Menschen übertragen, vor allem dort, wo verschmutzte Schuhsohlen mit Wurzeln des Kauribaumes in Kontakt kommen. Reinigen Sie Ihr Schuhwerk besonders sorgfältig, bevor Sie in Gebieten mit Kauribäumen wandern und versuchen Sie, nicht auf Wurzeln zu treten. Nähere Informationen gibt es bei den DOCs in Northland und auf der Coromandel-Halbinsel (wo sich Kauri Dieback derzeit stark ausbreitet) und auf www.kauridieback.co.nz.

Wo sieht man Kauribäume?

Auckland City Walk und Hillary Trail, Cascade Park, Waitakere Ranges → Auckland, → S. 167.

Tane Mahuta und 2 weitere der größten Kauris Neuseelands stehen im Waipoua Kauri Forest und Trounson Kauri Park Northland, s. u.

Pinnacles und weitere Standorte im Kauaeranga Valley, Thames → Coromandel-Halbinsel, → S. 239.

Whaitawheta Valley → Coromandel-Halbinsel, → S. 241.

Te Raiti Kauri Grove, Tairua Forest → Coromandel-Halbinsel, → S. 247.

Information

DOC Waipoua Forest Visitor Centre, Okt. bis Apr. Mo–Fr 8.30–17 Uhr, Sa/So 9–17 Uhr, Rest des Jahres nachmittags 30 Min. kürzer, ✆ 09/4393011, waipouavc@doc.govt.nz.

DOC gibt ein informatives Faltblatt heraus, das beide Parks berücksichtigt: „Waipoua & Trounson Kauri Forests".

Übernachten/Essen & Trinken

Waipoua Forest Waipoua Lodge, 6 km südlich vom Visitor Centre. Nur 4 Apartments in repräsentativem Kaurifarmhaus, sehr komfortabel, so exklusiv wie teuer. DZ/FR ab 500 $. SH 12, Waipoua, ✆ 09/4390422, www.waipoualodge.co.nz.

Camp am Visitor Centre, Campen ist neben dem DOC Visitor Centre erlaubt, dort auch 3 Cabins, die lange im Voraus gebucht werden sollten (→ Information).

Trounson Kauri Park Kauri Coast Top 10 Holiday Park, von Wald umstandener Park mit kleinem Laden. Der Park führt allabendlich eine Wanderung durch, bei der man die Kiwis, die hier noch vorkommen, hören kann! Stellplatz inkl. 2 Pers. ab 38 $, Units 75–130 $. Trounson Park Rd., Kaihu, Dargaville, ✆ 09/4390621, 0800/807200, www.kauricoasttop10.co.nz.

DOC Campingplatz, Naturplatz mit Toiletten. Trounson Park.

Kai Iwi Lake Kai Iwi Lakes Campground, Stellplatz inkl. 2 Pers. ab 15 $. ✆ 09/4398360.

Waipoua Forest Park und seine Kauri-Riesen: Bereits 1876 erwarb die Krone den Waipoua Forst, die endgültige Entscheidung, dieses letzte große Kauriwaldstück zu schützen, wurde jedoch erst 1952 getroffen. Fast direkt an der Straße steht der „Gott der Wälder", *Tane Mahuta*. Dieser wohl gewaltigste aller Bäume Neuseelands hat einen Stammumfang von 13,77 m, die Äste beginnen erst 17,68 m über dem Boden, er ist 51,5 m hoch und hat ein Volumen von 244,5 m^3 (auch die drei nach Kubikmetern folgenden Kauririesen Neuseelands stehen hier im Forst). 1 km weiter südlich an der Straße führt ein Weg zu den *Four Sisters* (5 Min.), einer Gruppe eng zusammenstehender Kauribäume. Ein Stück weiter (hin/zurück 0:30 Std.) auf dem Weg steht man unter dem „Vater des Waldes" *Matua Ngahere,* dem nach Volumen zweitgrößten Kauribaum Neuseelands (208,1 m^3, Stammumfang 16,41 m, Gesamthöhe 29,9 m, Stammhöhe bis zu den Ästen 10,21 m), dessen Krone wie bei den meisten anderen Bäumen dieses subtropischen Waldtyps von Epiphyten (Aufsitzerpflanzen) überzogen ist. Von den Four Sisters führt der *Yakas Track* nach Süden (hin/zurück 3 Std.) zum *Yakas Kauri*, dem vierten der Rangfolge. Im Park kommen noch Kiwis vor (korrekt: Kiwibirds), die man z. B. auf einer Nachtwanderung des Kauri Coast Top 10 Holiday Parks zu hören bekommt.

Achtung: Der Yakas Track ist ein echter Track, d. h. Bachquerungen sind normalerweise unproblematisch, können aber nach starkem Regen unpassierbar sein!

Auf dem Hokianga Kai Iwi Coastal Track: Dieser Track ist ein 50 km langer Küstenweg, der Omapere mit den *Kai-Iwi-Seen* verbindet, die Gehzeit beträgt mindestens 15 Std., es gibt bis auf Aranga Beach keine offiziellen Campingmöglichkeiten, Essen und Getränke für die gesamte Tour (3 Tage!) müssen mitgetragen werden. Auskünfte gibt das Kauri Coast Visitor Centre in Dargaville.

Trounson Kauri Park: Auf einer Nebenstraße erreicht man den kleineren Park, wo es auf einem 40-Min.-Rundweg ebenfalls eine Four-Sisters-Formation von Kauribäumen zu sehen gibt.

Maunganui Bluff, Kai Iwi Lakes und Ripiro Beach: Südlich des 460 m hohen Maunganui Bluff, eines ins Meer hineinragenden Vorgebirges, wird der sandige Küstenstreifen für Allradfahrzeuge befahrbar, und was in Neuseeland befahrbar ist, wird auch befahren. Zwischen *Aranga Beach,* das man auf einer Stichstraße erreicht, und *Baylys Beach* westlich von Dargaville, einer populären Strandsiedlung, sind folglich immer wieder Fahrzeuge unterwegs, allerdings keine Touristenbusse wie auf der Ninety Mile Beach, dazu ist dieser Küstenabschnitt wegen seiner vielen Bachquerungen und der sich ständig verändernden Tidenbecken viel zu gefährlich. Die *Kai Iwi Lakes* sind klare Süßwasserseen zwischen alten, von Kiefern und Busch bestandenen Dünen, als Wassersport- und Erholungszonen sind sie vor allem bei Familien sehr populär.

Dargaville und Matakohe

Dargaville startete als Exporthafen für Kauristämme, die zuerst auf dem breiten Wairoa-Fluss, der hier noch Ebbe und Flut abbekommt, und dann über den Kaipara Harbour verschifft wurden. Als diese Phase vorbei war, übernahm Dargaville die Vorreiterrolle in Sachen Milch- und Fleischwirtschaft, wobei man aber nach dem Ende der Milchwirtschaft auf kleineren Farmen nicht so recht weiß, wie es weitergehen soll – Tourismus ist der eine Weg, Spezialkulturen wie Kumara (Süßkartoffeln) der andere. Selbst um Kauri dreht sich hier wieder eine Menge, nachdem der Ort sich als Zentrum der *Kauri Coast* zu profilieren beginnt und im nahen *Matakohe* mit dem Kaurimuseum eines der interessantesten Museen Neuseelands steht. *Baylys Beach* wollen wir nicht vergessen, der Strand-Vorort von Dargaville ist als Northland-Badeort klar auf der Überholspur.

Information/Verbindungen/Sport & Freizeit

Information Kauri Coast Visitor Centre, 67–69 Normanby St., Dargaville, ✆ 09/498360, www.kauricoast.co.nz. **DOC Area Office Kauri Coast**, 150 Colville Rd., ✆ 09/4393450, kauricoastareaoffice@doc.govt.nz.

Verbindungen Bus: Neben den schwachen Busverbindungen nach Norden (→ Hokianga Harbour/Verbindungen) hat Dargaville Anschluss zur Busstrecke zwischen Auckland und Whangarei: Westcoaster fährt (für InterCity Newmans) Mo–Fr von Dargaville nach Whangarei und zurück, Tickets im Visitor Centre. Eine neue Linie führt 1-mal tägl. (außer Mi) von Auckland über Wankworth nach Dargaville und zurück. Infos in der I-Site und auf www. maincoachline.co.nz.

Ausflüge Geführte **Allradtouren** über den Ripiro Beach ab Baylys Beach, 4x4 Sandcruiser Tours kombiniert sie mit einer Hafenrundfahrt (80 $), ✆ 09/4398360. Pete's Safari Tours führt am Strand entlang zu den Kai Iwi Lakes und besucht auch die Kauriwälder (ca. 70 $), ✆ 09/4390515, info@pete safari.co.nz.

Übernachten/Essen & Trinken

In Dargaville Motel Hobson's Choice, neue und neu eingerichtete Units, alle im Erdgeschoss, kleiner Pool in üppigem Garten, alle Units mit kompletter Küche (die großen sogar mit Backofen). Unit 135–250 $. 212 Victoria St., Dargaville, ✆ 09/4398551, 0800/158786, www.hobsonschoicemotel.co.nz.

McLean's B&B, hübsches großes Haus von 1934 mit Gästelounge und 3 Zimmern (2 mit Bad, 1 mit eigenem Bad am Gang). Es gibt Kühlschrank, TV und Kaffee/Tee in der Lounge. Leserkommentar nach Besuch „sehr nett!!". DB/FR (cont.) ab ca. 95 $. 136 Hokianga Rd., B&B direkt im Ort Dargaville, ✆ 09/4395915, mcleans@igrin.co.nz.

Dargaville Campervan Park & Cabins, Platz im Ort mit Bahnwaggon-Cabins (mit Dusche/WC) und „Studios" (Bad und Küche). Ausgemusterte, als Cabin eingerichtete Bahnwaggons (mit Bad) 65–80 $, Stellplatz inkl. 2 Pers. ab 25 $. 18 Gladstone St., ✆ 09/4398479, www.dargavilleaccommodation.co.nz.

Dargaville Holiday Park, ausgedehnter Holiday Park in großem Grün mit großer Küche und gedecktem BBQ-Bereich. Transport vom/zum Bus gratis. Stellplatz inkl. 2 Pers. ab 28 $, Motel 50–85 $, auch Backpacker (im DO ab 25 $). 10 Onslow Rd., ✆ 09/4398296, 0800/114441, www.kauriparks.co.nz.

blah, blah, blah, 101 Victoria St., Dargaville. Ja, auch in der Provinz gibt es hippe Cafés, dieses ist eine Institution in Dargaville, die sich den Zeiten angepasst und mittlerweile auch den Garten nebenan anktiert hat und dort die Drinks serviert. Auch das Essen passt, gutes Bistro-Café-Niveau von „Gourmet Pizzas" über Sandwiches bis zu süßen Schnitten, abends auch substantieller (ca. 15–25 $). ✆ 09/4395777.

In Baylys Beach Baylys Beach Holiday Park, gut geführter Platz in Fußentfernung vom Strand, Radverleih. Nebenan Restaurant und Bar. Stellplatz inkl. 2 Pers. ab 30 $, Cabin ab 50 $, Unit bis 110 $. 22 Seaview Rd., Baylys Beach, Dargaville, ✆ 09/4396349, 0800/229597, www.baylysbeach.co.nz.

The Funky Fish Café & Bar, 34 Seaview Rd., Baylys Beach. Der Name hilft sicher mit, die Popularität zu steigern, aber das Essen (Hauptgang ab ca. 25 $) tut das Seine dazu. Beliebt und immer frisch zubereitet, der schlichteste aller großen Genüsse: Fish & Chips (16 $). ✆ 09/4398883.

In Matakohe Preisgünstige und gut sortierte **Gumdiggers Tea Rooms** im Kauri Museum, ✆ 09/4317075, tägl. 8–17 Uhr.

Sehenswertes/Tour

Dargaville Museum: Etwas westlich der Stadt liegt der *Harding Park* mit dem Dargaville Museum, die beiden Schiffsmasten im Park stammen von der „Rainbow Warrior" (→ Doubtless Bay). Zahlreiche Funde, die in den Dünen der Westküste gemacht wurden, sie deuten an, wie viele Schiffskatastrophen hier stattgefunden haben. Besonderes Ganzstück: das Ngati Whatua Waka, ein 1809 in die Dünen des Kaipara Harbour vergrabenes, noch gänzlich mit Steinwerkzeugen bearbeitetes Kriegskanu (sog. waka). Die großen und sehr großen Stücke von Kaurigummi sind nur noch Erinnerungen an eine frühere Einkommensquelle der Bevölkerung.
Tägl. 9–16 Uhr. Eintritt 5 $. ✆ 09/4397555.

Baylys Beach: Wo 14 km westlich von Dargaville eine Straße an den *Ripiro-Strand* führt, hat sich der Badeort Baylys Beach entwickelt. Der Strand zu beiden Seiten kann befahren werden, was aber (wie oben schon erwähnt) gefährlich ist. Die geführte Tour im Allradfahrzeug ist eigentlich die einzige Option, wenn man nicht nur spazierengehen will. Schwimmen ist ebenfalls gefährlich, Springfluten treten immer wieder auf, Überwachung des Strandes selbst im unmittelbaren Bereich von Baylys starker Sog und fehlende Beach kommen hinzu.

Kaurimuseum in Matakohe: Dieses ausgezeichnete Museum widmet sich dem Kauribaum und der Kauriholzindustrie in Northland. Auffälligstes Ausstellungsobjekt ist ein 22 m langes Brett, der Schnitt durch einen gewaltigen Kauristamm. Die mit lebensgroßen Puppen im zeitgenössischen Kostüm bevölkerten Szenen zeigen das Leben im Holzfällerlager, die „Gumfields", wo man, oft im Sumpf, nach Kaurigummi grub, aber auch den Lebensstil der reichen Kauriholzhändler. Die größeren technologischen Einrichtungen wie Kauridämme und Transportschlitten sind im Modell dargestellt. Im Gebäudekomplex (links gegenüber dem Eingang) das aus Kauriholz gebaute Post Office von 1909 und genau gegenüber die Pioneer Church von 1867.
The Kauri Museum, 5 Church Rd., Matakohe. Tägl. 9–17 Uhr. Eintritt 17 $. ✆ 09/4314717, www.kaurimuseum.com.

„Lohnenswertes Ziel in der Region Northland: Cape Reinga"

Die Coromandel-Halbinsel

Gibt es die ideale Ferienlandschaft? Mit Felsküsten und ewig langen Sandstränden, mit dichten Wäldern, mit einer vielfältigen subtropischen Vegetation, mit Inseln draußen im Meer, vor denen man tauchen kann, auf den Stränden heiße Quellen, alte Bergwerke zum Erkunden – und ein paar hübsche Orte als Draufgabe. Ja, gibt es: die Coromandel-Halbinsel.

Die vulkanischen Gesteine und die gerüttelte und geschüttelte geologische Vergangenheit haben das ihre getan, um die Oberfläche dieser 200 km langen, zwischen 50 und 12 km breiten Halbinsel spannend zu gestalten. Harte vulkanische Schlotfüllungen haben sich als steile Felszähne in der Landschaft gehalten, z. B. im Gebiet der Pinnacles, und Rhyolite (weiche, klastische Sedimente, wie sie bei Vulkanausbrüchen oft große Gebiete überziehen) wurden vom Meer ausgehöhlt – so entstanden riesige Naturbögen am Strand wie in der Cathedral Cove. Die mit dem Vulkanismus verbundene thermale Tätigkeit ist zwar nur noch an wenigen Stellen zu sehen, dafür aber besonders spektakulär wie am Hot Water Beach, wo nur bei Ebbe die Stellen zu erreichen sind, an denen aus dem Sand heißes Wasser austritt.

Gold ist eines der vielen Metalle, die im quarzitreichen Gestein der Coromandel-Halbinsel vorkommen, sowohl als Flussgold wie als Primärgold. Die Gebirge – bis 759 m hoch in den südlichen Pinnacles, bis 892 m im Norden am Gipfel des Mount Moehau – waren früher von dichten Kauriwäldern überzogen; an vielen Stellen sind heute – allerdings nur noch kleine – Reste erhalten. Gold und das Kauriholz waren die Auslöser für den enormen Zuzug in den 1850er und 1860er Jahren – das erste Gold war 1852 nahe der Ortschaft Coromandel Town gefunden worden. Ein einziges Goldbergwerk ist bis heute in Betrieb – in Waihi.

Während die Kauribäume der Bergwälder von der unersättlichen Holzindustrie nie dergelegt wurden, hat ein unwillkommener tierischer Gast die wunderschönen Pohutukawa-Wälder an den Küsten fast komplett zerstört: Die Fuchskusus (*„possum"*) haben nur wenige Küstenstriche unbehelligt gelassen, und das weihnachtlich intensiv leuchtende Rot dieser Wälder ist nur noch an einigen Abschnitten der Westküste in alter Schönheit zu bewundern.

Die Küstenorte sind auf ganzjährigen Tourismus eingestellt: Auckland mit seinen Wochenendgästen ist nicht weit, und die kommen auch im neuseeländischen Winter, denn das Meer rund um die Coromandel-Halbinsel ist mild – an Schnee ist in dieser subtropischen Zone nicht zu denken. Ob Thames oder Whangamata, Tairua-Pauanui, Whitianga, die Orte um die Mercury Bay und östlich bis Hahei, natürlich Coromandel Town, weniger Waihi: Sie alle sind auf Gäste eingestellt und bieten gute Unterkunft – in der Hauptsaison allerdings zu überdurchschnittlichen Preisen. Trotzdem kann es, besonders zwischen Weihnachten und Ende Januar, zu Engpässen kommen; dann ist besonders im unteren und obersten Preissegment Reservierung angesagt.

Infos über die Halbinsel (und viel Werbung) bietet www.thecoromandel.com.

Coromandel-Flugverbindungen

Vom Whitianga Airfield tägl. 1-mal **Direktflüge** nach/von Auckland mit Sunair; einfach ca. 140 $ (last minute evtl. billiger). 07/5757999, www.sunair.co.nz. Der Flughafen von Whitianga (Mercury Bay Airfield, www.mbac.co.nz) wird auch für Charter und saisonale Flüge – vor allem von/nach Auckland – genutzt.

Coromandel-Busverbindungen

InterCity (Buchung 09/9136100) und **Turley Murphy** verbinden Thames mit Coromandel Town und über die Ostküste mit Whitianga; von dort geht es direkt nach Thames.

Eine weitere Linie von **InterCity** und **Whangamata Tours** verbindet Auckland mit Thames, Waihi und Whangamata.

Turley Murphy Buses unterhält eine Linie zwischen Coromandel, Thames (Buswechsel) und Hamilton, meist mit Möglichkeit in Morrinsville zum Umsteigen in die Rotorua-Busse. Das ist nicht sehr befriedigend: Die Ostküste wird nicht komplett befahren, und die Frequenzen sind so niedrig, dass man eigentlich auf ein eigenes Auto angewiesen ist oder auf das Fahrrad (wegen des ständigen Auf und Ab recht anstrengend – wir sprechen aus Erfahrung). 07/8686265, www.murphybuses.com.

Go Kiwi Shuttles (Büro in Whitianga) ist zuständig für die lokalen Dienste und zusätzliche Verbindungen ab Thames und der Ostküste nach Auckland, saisonal auch Coromandel Town – Whitianga – Tauranga/Rotorua. 07/8660336, Buchung unter 0800/446549, www.go-kiwi.co.nz.

Alle **Busauskünfte** erhält man in den Büros von InterCity/Newmans und in den i-Sites (sehr gut: Thames).

Die private **Tairua Bus Company** verbindet Tairua mit Thames und Whitianga, 07/8647770, www.tairuabus.co.nz.

A-B Shuttles, Minibustransport auf der gesamten Halbinsel, 07/8677544, porterhomestead@xtra.co.nz.

Es gibt auch eine direkte Verbindung von der Coromandel-Halbinsel zum Auckland Airport: Whitianga ab 7.30 Uhr, Airport an 11 Uhr, Auckland City an 11.45 Uhr.

Coromandel-Fährverbindungen

360 Discovery bietet eine Personen- (und Fahrrad-)Fährverbindung zwischen Auckland und Coromandel Town (die Fähre landet am Hannaford's Wharf, 10 km südlich der Stadt). Di, Do, Sa, So ab Auckland Pier 4 um 9 Uhr, Fr ab 18 Uhr; Hannaford's Wharf Di, Do, Sa, So ab 16.30, Fr ab 20 Uhr. One way 54,50 $, hin/zurück gleicher Tag 69 $, open return 88 $; mit Bustransport zum Ort und Führung inkl. Besuch Driving Creek und Gold Stamper Battery 118 (gleicher Tag)/132 $. 360 Discovery, www.360discovery.co.nz.

Sport & Freizeit auf der Halbinsel – Coromandel-Highlights

Die schönsten Strände: *Waihi Beach*, der 8 km lange Strand zwischen Waihi Beach und Bowentown an der Karikari Entrance ist nicht komplett verbaut und breit genug für wahre Menschenhorden, dazu besonders sicher und deshalb familienfreundlich.

Whangamata Ocean Beach, „nur" ein städtischer Strand, aber traumweiß und mit tollem Surf.

Hot Water Beach: Bei Ebbe kann man im feinen Sand buddeln, um an die Warmwasserquellen zu kommen und sich darin zu suhlen. Jede Flut deckt die improvisierten Badewannen wieder zu.

Gold Country Coromandel-Halbinsel

1852 fand Charles Ring Flussgold im Kapanga Creek nahe dem heutigen Coromandel Town – und Goldgräber überschwemmten die Region, die zu dieser Zeit noch überwiegend den Ureinwohnern gehörte. Zahlreiche Verträge besiegelten in den folgenden Jahren den Landverkauf, die neuen Besitzer gruben bald an allen Ecken und Enden der Halbinsel. Sie suchten nicht nur die sog. *Goldseifen* in den Flüssen und alten Flussterrassen (wo sich das schwerere Flussgold im leichteren Sand in Mulden ablagerte), sondern auch das Primärgold in den Bergen. Irgendwo mussten die kostbaren Körnchen ja herkommen. Und tatsächlich fand man im Bereich der heutigen *Broken Mine* zwischen Thames und Whitianga eine besonders ergiebige Primärgoldzone. Beim Karangahake Goldrush kamen gleich am ersten Tag 600 Goldgräber in die Gegend und sicherten sich Schürfrechte.

Die Umgebung von Thames brachte nach einer Schätzung von 1985 mit ca. 813 Mio. Dollar die höchste Ausbeute aus dem Goldbergbau, gefolgt von Karangahake (571 Mio. Dollar) und Coromandel Town (152 Mio. Dollar) – wobei der Großteil des Goldes schon vor 1913 gewonnen wurde. Nur ein Goldbergwerk ist heute noch in Betrieb: die zwischen 1882 und 1952 tätige Martha Hill Mine in Waihi, die 1988 als *Martha Mine* wiedereröffnet wurde (→ Waihi).

Ansonsten ist Gras über die Sache mit dem Gold gewachsen, u. a. mit folgenden Ausnahmen:

Thames Mineralogical Museum: Gesteine vom frühen Goldbergbau, die als besondere Stücke erhalten wurden.

Thames Historical Museum: Erinnerungen an die Goldgräberzeit in Fotos und Objekten.

Goldmine Experience Thames: sehr anschauliche und informative Tour durch ein unterirdisches Erzbrechwerk mit „lebendiger" Staffage.

Coromandel School of Mines Museum: geologisches Museum mit Erinnerungen an die Goldgräberzeit.

Waihi Mining Museum: Objekte und Erinnerungen an die frühe Goldgräberzeit und v. a. die Martha Hill Mine.

Martha Hill Mine, Waihi: Der riesige Goldabbau bei Waihi kann zu gewissen Zeiten im Rahmen einer Führung besichtigt werden.

Historic Walkway in der Karangahape Gorge: Wanderweg auf der Trasse der früheren Bergwerksbahn mit Ruinen von Maschinen.

Goldfields Vintage Highway in der Karangahake Gorge, Waikino (Waihi): Ein Abschnitt der alten Schmalspurlinie zu den Goldbergwerken der Karangahake Gorge wird von einer historischen Garnitur mit Dampflok befahren.

Broken-Hills-Goldbergwerkzone: Wanderwege im früheren Goldbergbaugebiet Broken Hills mit Resten von Maschinen (Batteries – Erzbrechwerke).

Kiwi Dundee Adventures Whangamata: Das Team um „Kiwi Dundee" Doug Johansen führt zu sonst kaum bekannten Goldabbauzonen und gibt Infos, die aus jahrzehntelanger Erfahrung und Vertrautheit mit der Materie Goldabbau schöpfen.

Cathedral Cove: eine der schönsten Buchten Neuseelands, im Hintergrund Felswand und mit Wald bestandener Steilhang. Eine Treppe führt hinunter zum Sandstrand, der natürliche Felsenbogen, der zu einem zweiten, größeren Strand führt, ist leider wegen Einsturzgefahr gesperrt. Schwimmen nahezu ungefährlich.

Radfahren und Mountainbiken: Zahlreiche Trails und Tracks im Coromandel Forest Park sind für Mountainbiketouren geeignet. Der *Coromandel Walkway* an der

Nordspitze der Halbinsel hat eine Mountainbike-Variante! Radler kommen auf den weniger befahrenen Straßen nördlich von Coromandel sowieso auf ihre Kosten.

Tauchen, Schnorcheln und mit Delfinen schwimmen: Rund um die Halbinsel gibt es wunderbare Tauchreviere. Delfinen kann man überall begegnen, v. a. an der Ostküste, die vom subtropischen *East-Auckland-Strom* ständig warmes Meereswasser erhält. Als besonderer Tipp gelten jedoch die Inseln vor Tairua an der Ostküste und vor allem der Bereich um das südlich liegende *Slipper Island* mit dem Wrack der „Manaia" in nur 6 m Tiefe.

Canyoning: Die vulkanische Landschaft der Coromandel-Halbinsel weist viele starke Gefälle auf, die von den Bächen und Flüssen durch wilde Schluchten mit Wasserfällen überwunden werden.

Wandern, Trekking, Bergsteigen: Die Fülle der Wanderwege im mittleren Bereich des Coromandel Forest Parks erlaubt zahlreiche Touren in die bis zu 835 m hohe Kette der Coromandel Range (Kaitarakihi, südlich der Pinnacles). Zu Recht besonders beliebt ist der Weg zu den Felsspitzen der Pinnacles mit großer Berghütte. Mehrere gut markierte Wanderwege verbinden die Karangahape-Schlucht mit den Tälern, die von Süden her einmünden.

Der Coromandel Walkway an der Spitze der Halbinsel ist ebenfalls ein wunderschöner Wanderweg. Mehr Infos → S. 258.

Bootstouren: Die stark gegliederte Ostküste ist für Bootstouren der wesentlich interessantere Küstenabschnitt – Höhepunkt ist die Mercury Bay samt Umgebung.

Anbieter in Sachen Sport & Freizeit

Viele Anbieter von Freizeitaktivitäten offerieren ihr Angebot mit direkter Buchungsmöglichkeit auf www.coromandelfun.co.nz an!

Tauchen In **Tairua** gibt es viele Spezialanbieter, die zum Slipper Island und zur äußeren Riffzone fahren, z. B. *Tairua Dive & Fishinn* (kein Druckfehler), ✆ 0800/348382, tairuadive@gmail.com. *Dive Tairua*, 7 The Esplanade, Tairua, ✆ 07/8648054, www.divetairua.co.nz. *Dive HQ Whitianga* bietet Tauchschule und Tauchtrips ab **Whitianga** zu verschiedenen Tauchplätzen, ✆ 07/8671580, www.divethecoromandel.co.nz.

In **Hahei**: *Dive Hahei*, Hahei Beach Rd., ✆ 07/8663955, www.hahei.co.nz.

Canyoning *Canyonz* ist einer der Veranstalter von Touren – z. B. durch den Sleeping God Canyon (300 m Höhe) bei **Thames** im Kauaeranga-Tal (Abseilhöhen bis 70 m). Tour von/bis Auckland ab 290 $. PO Box 6366 Wellesley St., Auckland, ✆ 027/2729921, 0800/422696, www.canyonz.co.nz.

Meereskajaken **Hahei** ist klarer Favorit: *Cathedral Cove Seakayaking*, mehrfach ausgezeichnetes Unternehmen, halber Tag (geführt) 95 $, 88 Hahei Beach Rd., ✆ 07/8663877, 0800/529258, www.seakayaktours. co.nz. *Cathedral Cove Dive & Snorkel*, Tauchfahrten und Schnorcheln. 1 Tauchgang ab ca. 100 $. ✆ 07/8663955, www.hahei. co.nz/diving. *Tairua Dive & Fishinn* (→ oben) verleiht Kajaks ab 20/25 (Einer/Zweier) $/Std.

Surfen *Hot Water Beach Surf School*, Schule und Shop am **Hot Water Beach**, ✆ 07/8663370, www.hotwaterbeachsruf.com.

Bootstouren *Hahei Explorer Scenic Adventure* bietet Bootstouren ab Hahei zum Hahei Marine Reserve, zur Cathedral Cove u. a., 1 Std. ab 65 $: Hahei, ✆ 07/8663910, www.haheiexplorer.co.nz.

Einen besonders guten Ruf genießt *Cave Cruzer*, der ab Whitianga operiert, 2,5-Std.-Tour 75 $, ✆ 07/8660611, 0800/427893, www.cavecruzer.co.nz.

Mountainbiken *Eyez Open*, 22 Bliss St. in **Thames**; Mountainbike-Verleih und geführte Touren; bei geführten Touren im Kauaeranga Valley z. T. auf privaten Wegen. 1 Tag Coromandel 50 $; Drop off/Pick off im Kauaeranga Valley 25 $; Leihrad 1 Tag 30 $, 3 Tage 75 $. ✆ 07/8689018, www.eyezopen.co.nz.

Die Pinnacles – vulkanische Stoßkuppen über Resten eines Kauriwaldes

Thames, der Coromandel Forest Park und die Hauraki Plains

Im Südosten des Firth of Thames liegt Thames, das aus einer Goldgräbersiedlung hervorgegangen ist und heute der wichtigste Verwaltungs- und Einkaufsort der Region ist. Das in Thames mündende Kauaeranga-Tal ist der Hauptzufahrtsweg in die Coromandel-Kette – vom Parkplatz am Ende der Straße erreicht man die Pinnacles, einen Höhenzug mit vielen vulkanischen Spitzen, die aus dem dichten Waldgrün herausstechen. Ebenfalls von Thames aus führt die Straße hinüber zur Ostküste nach Whangamata sowie nach Pauanui und Tairua. Dabei passiert man ganz nahe die teilweise restaurierten Goldabbaugebiete von Broken Hills, deren Besuch neben den Pinnacles zu den Höhepunkten der Halbinsel gehört.

Durch den Anstieg des Goldpreises in den letzten Jahren sind viele alte Goldlagerstätten wieder attraktiv geworden. Die Zentralbehörde in Wellington hat Rechte zu Probeschürfungen vergeben, die zur Eröffnung weiterer Abbauzonen führen könnten. Doch die Rechte liegen mitten in geschützten Gebieten, was den Widerstand weckt: Bürger der Coromandel-Halbinsel haben sich zusammengeschlossen, um die Entwicklung zu beobachten und wenn nötig zu stoppen (Anschrift: Peninsula Watchdog, PO Box 174, Coromandel Town). Ein erstes Verbot weiterer Versuchsbohrungen und -sprengungen in einem Gebiet im Norden zeigte 1997, dass die Proteste Erfolg haben können.

Thames

Die Geschichte von Thames ist auf Gold gebettet. Als 1852 in einem Bachbett Gold entdeckt wurde, entstand nach der Beseitigung des peinlichen Hindernisses (der Grund musste den Maori erst abgekauft werden) ab 1863 einer der üblichen Goldgräberorte. Im Gegensatz zu vielen anderen, die heute Geisterstädte sind, blieb Thames am Leben: Der zwischen das flache Meeresufer des Firth of Thames und die Coromandel-Kette eingezwängte Ort (1867 rund 18.000 Einwohner, heute 7.000) liegt günstig an einem wichtigen Straßenkreuz und entwickelte sich zum Zentrum der Region.

Von früherer Goldgräbertätigkeit künden das Museum, die School of Mines (Bergbauschule) mit Mineralogischem Museum und natürlich die schönen Bauten, die die vom Gold reich gewordenen Minenbesitzer vor dem 1. Weltkrieg errichten ließen. Die Goldgräber waren jedoch nicht die ersten Weißen in Thames. Captain James Cook war es, der schon 1769 hier an Land ging und den Fluss (einen Ort gab ja noch nicht) Thames taufte. Doch der Name *Thames* galt nicht für alle Stadtteile: Der nördliche Teil um die Pollen Street wurde 1868 als *Grahamstown* gegründet (gegr. von Robert Graham), das zunächst von *Shortland*, dem südlich anschließenden Teil der Stadt, unabhängig war. Fast alle bedeutenden historischen Bauten des Ortes befinden sich im ehemaligen Grahamstown. Shortland wurde erst wichtig, als Grahamstown nach einer Überschwemmung 1917 und nach dem Ende des Goldbergbaus 1918 seine alte Bedeutung verlor.

Information/Verbindungen/Sport & Freizeit

Information Thames Information Centre, 206 Pollen St., Thames. Mo–Fr 9–17 Uhr, Sa 9–13 Uhr, So/Fei 9–16 Uhr. Infobüro sowie Bus- und Verkehrsinformation mit Ticketverkauf. ✆ 07/8687284, www.thamesinfo.co.nz.

Internet Im Information Centre (s. o.) und im Goldfields Shopping Centre, 100 Mary St.

Bus InterCity-Busse fahren von und nach Auckland. Busse nach Coromandel, Whitianga, Waihi und (mit Vertragspartnern) zur Bay of Plenty.

Taxi Thames Taxis, ✆ 07/8683100.

Übernachten

Tuscany on Thames Motel, 2 km nördlich von Thames. Schickes neueres Motel der gehobenen Klasse, das besonders auf seine verspiegelten und gefliesten Bäder und die Spas stolz ist. Unit 140–195 $. SH 25, ✆ 07/8685099, www.tuscanyonthames.co.nz.

Brookby Motel, etwas oberhalb des Orts am Hang. Der namengebende Brook plätschert unter den Fenstern, die Straße oberhalb ist weit genug entfernt, um nicht aufzufallen – ein idyllischer Platz, gut eingerichtet mit eigenen kleinen Balkons und Treppe zum Rasen am Bach. Die Zimmer haben Küche, Sky-Digital-TV und DVD. Unit 90–140 $, am billigsten die beiden „Studios" (sehr klein und ohne Bachausgang/Terrasse). 102 Redwood Lane, ✆ 07/8686663, www.brookbymotel.co.nz.

》》》 Mein Tipp: **Rolleston Motel**, obwohl in Fußentfernung vom Zentrum und einen Steinwurf von der Hauptstraße entfernt, ist dieses angenehme Motel sehr ruhig gelegen. Großzügig bemessene Units, eine Küche, an deren Einrichtung nicht gespart wurde (es ist wirklich alles vorhanden, was man für das viergängige Menü benötigt). 105 Rolleston St., ✆ 07/8688091, 0800/776644, www.rollestonmotel.co.nz. 《《

Typisches „hotel" der Gründerzeit, hier in Thames

Cotswold Cottage Country House, 3 km südlich von Thames. B&B in eindrucksvoller Villa der 1920er-Jahre. Ausgesprochen komfortable, jüngst renovierte Zimmer mit Zutritt zur Veranda, im Garten idyllisches Gartenhäuschen. Sehr freundliche neue Besitzer. Gratis WLAN. DZ/FR 130–200 $. 46 Maramarahi Rd., ✆ 07/8686306, www.cotswoldcottage.co.nz.

Gateway Backpackers, gleich neben dem Busbahnhof mit i-Site, öffnet sich aber zur anderen, ruhigen Seite. Sehr gelöste, freundliche Atmosphäre, die Räume mit etwas Ausstattung (nicht nur Betten, wie sonst üblich), Stadträder gratis. Neue Besitzer – neue Besen kehren gut? (Bei der Anfrage des Autors bezüglich einer Änderung des Timings für einen Shuttle wurde dieser sehr kühl abgefertigt). DB ab 28 $, DO 21–23 $. 209 Mackay St., ✆ 07/8686339, www.gatewaybackpackers.co.nz.

Sunkist Backpackers, das Hostel und die ganze Straße in der Atmosphäre der 1860er-Jahre. Gratis MTBs, Internet, gemütliche, voll möblierte Lounge/TV- und Videoraum. Zimmer und Schlafsäle. Täglicher Pinnacles-Shuttledienst. DO 22–26 $, DB30 $. 506 Brown St. (Nordende meeresnächste Straße im Zentrum, parallel zur Queen St., der Hauptstraße), ✆ 07/8688808, 0800/786547, www.sunkistbackpackers.com.

In Tararu 3 km nördlich Dickson Holiday Park, von Grün umgebener, strandnaher Platz an einem Bach. Alle Unterkunftstypen, auch Backpacker-Unterkünfte, Swimmingpool (solar geheizt). Motel-Unit 130 $, Cabin 75 $, Stellplatz inkl. 2 Pers. 36 $, Backpackerschlafplatz (Bunkroom) 25 $. Victoria St., Tararu (Thames), ✆ 07/8687308, www.dicksonpark.co.nz.

Im Kauaeranga Valley Für alle hiesigen DOC-Campingplätze gilt: Wasser und Toiletten, sonst keine Einrichtungen. Infos und Buchung beim DOC (→ Information).

Essen & Trinken

Sola Café, 720 b Pollen St.; sehr gutes vegetarisches Restaurant. Lunch, Freitagabend auch Dinner. Pastagerichte ab 15 $, gut der Risotto mit Kumara und Blauschimmelkäse, hervorragend die Polenta mit Tomaten, Spinat und Ziegenkäse. Freundliches Ambiente und ebensolcher Service. ✆ 07/8688781, tägl. 8.30–16 Uhr.

Rocco, 109 Sealey Ave.; Bistro-Restaurant in historischer Villa mit hübscher Gartenterrasse und dekorativem Saal mit altem Kamin. Gehobene Küchenleistung der „New Zealand Fusion" mit etwas südamerikanischem Pfiff. Tapas, frisch gebackenes Brot,

Hauptgang 25–30 $. ℡ 07/8688641, Mi–So, nur abends.

Di Luca's, 640 Pollen St.; italienisches Restaurant (BYO) mit Takeaway. Pasta ca. 15 $, Pizza und gute Fleischgerichte. Obwohl der Besitzer Italiener ist, ist die Pizza, wie so oft mit heterogenen und seltsamen Ingredienzien überladen („Janine's Special" mit 10 Auflagen, darunter Spargel und Ananas). ℡ 07/8687976.

Chequers Deli Café, 710 Pollen St. Die ganze Latte (Pies, „Gourmet Rolls", Paninis, Muffins, Slices, Cakes) – alles anständig. ℡ 07/8683292.

Goldfields Café, in der Goldfields Mall (100 Mary St. bzw. Queen/Ecke Brown St.). Einfach, sauber, gute Auswahl; tägl. ab 7 Uhr (Frühstück!) bis 17.30 Uhr, Fr bis 18 Uhr, Sa bis 16.30 Uhr, So bis 15 Uhr. In derselben Mall gibt es auch eine **Goldfields Bakery**.

Brian Boru Hotel 1886 mit **Brew Café & Bar**, 334 Pollen St.; Frühstück (ab 9 Uhr), Lunch und Dinner auf traditionelle Art in gelegentlich etwas geräuschstarkem Ambiente (besonders Freitagabend bei Live-Musik). ℡ 07/8686523, So zu.

In Matatoki (10 km südlich, Richtung Paeroa) Matatoki Farm Cheese, Main Rd., Matatoki. Zuschauen beim Käsemachen und nettes Café. Zu kosten gibt es Camembert, Brie, Feta, Gouda, Schafskäse und Blauschimmelkäse, Mozzarella, Haloumi u. a. ℡ 07/8681284, www.matatokicheese.co.nz. Mo–Fr 9–16.30, Sa/So 8–16.30 Uhr.

Sehenswertes

Thames School of Mines und Mineralogisches Museum: Die Bergbauschule wurde 1885/1886 errichtet und ist eine von mindestens 30 damals existierenden Schulen, in denen die künftigen Bergleute ausgebildet wurden – doch war sie die größte und bedeutendste von allen. 1954 wurde die Schule geschlossen, das Museum in seinem eigenen Bau (ca. 1900) blieb. Das ursprünglich nur für die Bergbauschüler und Bergleute gedachte Museum weckte das öffentliche Interesse an Geologie und Mineralogie. Die Exponate wie auch die Präsentation gehen häufig auf die Frühzeit des Museums zurück, was diesem einen doppelten Reiz verleiht.

Mi–So 11–15 Uhr, im Sommer auch länger. Ecke Cochrane/Brown St. (hier Eingang). Infos ℡ 07/8686227.

Thames Goldmine Tours: Geführte Touren durch das Thames der Goldgräberzeit, mit Besuch des Goldbergwerks und eines funktionierenden Erzbrecherwerkes – das Angebot wechselt und wird laufend erweitert. Das Unternehmen ist ein gemeinnütziger Verein (Hauraki Prospectors Association/HPA), der v. a. mit Ehrenamtlichen arbeitet und sich das Ziel gesetzt hat, möglichst viele Relikte der Goldgräberzeit aufzuspüren, zu erhalten und der Öffentlichkeit zugänglich zu machen.

HPA, an der Tararu Rd. (= SH 25), am Nordende von Thames. Sommer tägl. 10–16 Uhr, sonst Fr–So 10–13 Uhr. Eintritt (Führung) 15 $. ℡ 07/8688514, www.goldmine-experience.co.nz.

Thames Historical Museum: Das Heimatmuseum von Grahamstown und Thames dokumentiert die Goldgräbergeschichte, die Kauriholzgewinnung, die Geschichte der Maori und zeigt mehr oder weniger spannende Objekte aus der bewegten Vergangenheit der Stadt.

Tägl. (außer Fei) 13–16 Uhr. Eintritt 5 $. Ecke Pollen/Cochrane St., ℡ 07/8688509.

Spaziergang auf dem Uferweg: Vom „Bahnhof Grahamstown" (Brown St.) mit Gelände einer Miniatureisenbahn (900 m Länge, Fahrt 1 $, an den meisten So 11–15 Uhr) geht man auf einem guten Fuß- und Radweg nach Süden bis zum Kauaeranga River. Rechts liegt das flache Ufer des Firth of Thames mit vielen Strandvögeln und einigen unter Naturschutz stehenden Zonen sowie einem in die Schlickzone hinaus gebauten Beobachtungspavillon (einfache Strecke ca. 25 Min.). Infos unter ℡ 07/8686803.

Butterfly & Orchid Garden: Der zum Dickson Holiday Park in Taruru gehörende Orchideengarten zeigt tropische Orchideen im Freien und in Glashäusern sowie tropische und subtropische Schmetterlinge.

Tägl. im Sommer 10–16 Uhr, im Winter 10–15 Uhr (geschlossen Mitte Juli bis Ende Aug.). 3 km nach Norden auf dem SH 25. ✆ 07/8688080, www.butterfly.co.nz.

Der Coromandel Forest Park

Der fast 72.000 ha große Coromandel Forest Park nimmt einen Großteil der Coromandel-Halbinsel ein. „Forest Park" – das klingt nach Wäldern, Wanderwegen, nach Natur- und Landschaftsschutz, aber so ist das nicht in Neuseeland: Nur kleine Teile des Parks sind vom Abholzen ausgenommen, Wanderwege oder überhaupt Bereiche, in denen man wandern kann, sind eher beschränkt, die Weglänge erreicht zusammengenommen kaum 50 km. Großflächiger Urwald, sog. Primärwald, ist nicht vorhanden, aber es gibt recht ausgedehnte und bereits hoch und dicht gewachsene aufgeforstete Wälder, sog. Sekundärwälder. Auch in den landschaftlich spektakulärsten Bereichen, wie in den Pinnacles mit ihrem relativ dichten Wegenetz und einer Schutzhütte, sind die Wälder Sekundärwälder – die Kauribestände wurden in früheren Generationen rigoros abgeholzt, wie eindrucksvolle Reste von Kauridämmen und alten Transportwegen zeigen. Zum Kauriholz und der Abholzung der Kauribestände → „Kauri", S. 224.

Information/Karten DOC Kauaeranga Visitor Centre, ✆ 07/8679080, kauaerangavc @doc.govt.nz, das Hauptquartier der Ranger für den gesamten Park. Übersichtsblatt (für Wanderungen nicht ausreichend, Zeiten sind zu lang angegeben!), besser „fährt" man mit der Landkarte NZMS (1:150.000) 274/1 „Coromandel State Forest Park".

Übernachten DOC-Campingplätze, gibt es an mehreren Stellen des Parks, mit Wasser und Toiletten. Tickets am besten im Voraus im DOC Centre erwerben. Sie kosten normalerweise ca. 9,20 $/Nacht. ✆ 07/8679080.

Das Kauaeranga Valley: Zahlreiche Wanderwege führen von der Straße durch dieses tief in die Coromandel-Kette reichende Tal 12 km östlich von Thames mit üppiger Sekundärvegetation und kleinen Restbeständen des ursprünglichen (Kauri-)Waldes. Der Naturlehrpfad *Kahikatea Walk* beginnt am Visitor Centre und führt zur Nachbildung eines Kauridamms (in 1/3 der Originalgröße). Die 20 Min. Fußweg sollte man auf jeden Fall investieren, ein Faltblatt zum Weg ist im Visitor Centre erhältlich.

Alter Kauridamm unterhalb der Pinnacles

🚶 Cookson's Kauri und Waionu Kauri Track

Länge/Dauer: 6,6 km/3 Std. (hin und zurück), **Höhenunterschied**: ↑↓ 250 m.

Auf einem hervorragend ausgebauten, allerdings im steilen Teil wegen der vielen Stufen etwas anstrengenden Weg erreicht man einen der größten und eindrucksvollsten Kaurigiganten Neuseelands, den Cookson's Kauri. Nur wenig weiter, aber auf einem nicht ganz leichten und vor allem tiefgründigen Track zu erreichen, sind zwei weitere Kauribäume und der große Wainora Kauri. Der Wegbeginn ist am oberen Ende des Wainora Campingplatzes, 7 km nach dem DOC Visitor Centre.

Karten Das Heftchen „Kauaeranga Valley Recreation" (beim i-Site oder DOC zu erwerben, 2 $) gibt eine ungefähre Wegeskizze und Kurzbeschreibung. Besser, man hat die Topo50-Karte Hikuai dabei (NZTopo50-BB35).

🚶 Der Pinnacles Track

Länge/Dauer: 15,9 km/7–9 Std.

Am Ende der Straße durch das Kauaeranga-Tal führen vom Parkplatz Wege in das Gebiet der Pinnacles. Diese Gruppe von Rhyolit-Spitzen um das bis zu 718 m hohe Vulkanmassiv ist ein sehr beliebtes Wanderziel, zumal die *Pinnacles Hut*, eine große, moderne Schutzhütte, es erlaubt, die sonst recht lange Tour auf zwei Tage zu verteilen (an Wochenenden kann es also sehr voll werden!).

Ganz nahe der Hütte steht ein besonders gut erhaltener Kauridamm, der *Kauri Creek Dam*, den man sich auf jeden Fall ansehen sollte. Für den Aufstieg verwendet man am besten den sehr beliebten Weg durch das Tal des *Webb Creek,* der größtenteils auf einem alten Maultierpfad verläuft. Der Abstieg zieht sich durch das *Billygoat Basin,* das zum Teil einer Bahntrasse folgt, auf der einst das Kauriholz abtransportiert wurde. Im unteren Teil des Basins wurde das Holz über einen Schrägaufzug transportiert, der Weg ist in diesem Bereich ziemlich steil. Ein längerer Weg führt über den *Zeltplatz am Moss Creek* zur Pinnacles Hut – auf dieser Route ist man vom Parkplatz bis zur Hütte 5 bis 6 Std. unterwegs.

Für die Wanderungen zu den Pinnacles ist mindestens das DOC-Faltblatt „Kauaeranga Kauri Trail" nötig; besser aber, man hat die relevante Landkarte (Maßstab 1:50.000) dabei.

Broken-Hills-Bergbauzone: Diese frühere Goldbergbauzone, in der auch Kauri geschlagen wurde, ist landschaftlich besonders reizvoll, zumal die Bäche hier tief und fischreich sind – das Schwimmen und Angeln gehört neben Wandern und Bergsteigen zu den besten Möglichkeiten, das Gebiet zu genießen. Man erreicht das Gebiet auf einem Abstecher von der Verbindungsstraße Thames – Ostküste (SH 25A).

Das DOC-Faltblatt „Broken Hills Recreation Area" (2 $) und die NZTopo50-BB35 „Hikuai" sind nützlich für den Besuch.

Die Karangahake Gorge → S. 241.

Die Hauraki Plains und die Karangahake Gorge

Das fast brettebene Tal des Waihou-Flusses südlich des Firth of Thames, genannt Hauraki Plains, wird landwirtschaftlich genutzt und ist touristisch kaum von Interesse. Die größeren Orte *Paeroa*, *Te Aroha* und *Morrinsville* sind nicht viel mehr als Einkaufszentren für die Bauern der Umgebung. Von Paeroa erreicht man den Südteil des Coromandel Forest Park und die Karangahake Gorge, durch die der

Die Hauraki Plains und die Karangahake Gorge 241

SH 2 nach Waihi und zur Bay of Plenty (und der Ostküste) verläuft, ein reizvolles Wanderrevier. Te Aroha ist Ausgangspunkt für Unternehmungen im Westteil des Kaimai-Mamaku Conservation Park und Neuseelands einziger Kurort, der sich aus der Zeit vor dem 1. Weltkrieg erhalten hat.

Die Karangahake Gorge: 1875 wurde in der 8 km östlich von Paeroa beginnenden Karangahake-Schlucht Gold gefunden – ein Goldrausch, der zur Gründung von Paeroa als Versorgungsort führte, war die Folge. Auf der Trasse der 1979 stillgelegten Bahn durch die Schlucht, die heute einen 7 km langen Wanderweg trägt, den *Karangahake Gorge Historic Walkway* (ausreichende Beschreibung im DOC-Faltblatt „Karangahake Gorge Historic Walkway", nur kurz auf www.thecoromandel.com/walks_karangahake.html), lässt sich das Gebiet des Goldabbaus samt der verschwundenen Ortschaft *Karangahake* gut zu Fuß erkunden. Der Weg startet am Schluchtbeginn, wo man über eine Hängebrücke zum Südrand der Schlucht gelangt. Von hier führt ein Rundweg zu verschiedenen Überresten des Goldabbaus und des heute verschwundenen Ortes, dabei passiert man ein Café (an der Hauptstraße). Vom Rundweg gelangt man wieder auf die Nordseite (und passiert das Ohinemuri-Weingut, ebenfalls mit Café), wo man direkt in den 1 km langen ehemaligen Eisenbahntunnel geführt wird und wieder auf die Südseite gelangt. Der Weg endet am *Bahnhof Waikino*, von dem man mit der historischen Goldfields Railway täglich nach Waihi fährt.

→ Die Coromandel-Halbinsel Karte S. 231

Goldfields Vintage Railway Die historischen Waggons mit Diesellok fahren Fr–Mo 3-mal tägl. (Sommerferien häufiger) nach Waihi (13 km Strecke, hin/zurück 15 $); Wrigley St., Waihi; ✆ 07/8638251, www.waihirail.co.nz.

Übernachten Karangahake River Lodge, landschaftlich reizvoll am Fluss gelegener, noch wenig abgeschabter Platz mit Lodge, 2 Cabins und nur 10 Stellplätzen (nicht groß genug für oversize-Caravans!). 30–100 $/Nacht. 45 River Rd., Karangahake, Paeroa, ✆ 07/8628481, www.river-road.co.nz.

Essen & Trinken/Wein Talisman Café, am Beginn der Schlucht, tägl. geöffnet, ✆ 07/8638640.

Ohinemuri Estate Winery & Café-Restaurant, Moresby St., Karangahake; vor allem Weißweine (Gewürztraminer, Riesling, Sauvignon Blanc), Restaurant Mi–So 10–17 Uhr, im Hochsommer tägl., Hauptgang ca. 20–32 $. ✆ 07/8628874, www.ohinemuri.co.nz.

Waikino Station Café, im Bahnhof Waikino.

Das Waitawheta Valley: Von der Karangahake Gorge führt auf halbem Weg nach Waikino/Waihi eine Straße in Richtung Süden, die in Waitawheta endet; von dort führt die kurze Franklin Road noch ein Stück weiter in den Kaimai-Mamaku Forest Park hinein. Vom Parkplatz am Straßenende startet der *Waitawheta Valley Tramway Track* in die Berge. Der Track verläuft auf der Trasse einer Holztransportbahn dieses früher an Kauri reichen Waldgebiets. Auf der Route gibt es zwei Hütten, *Dalys Clearing Hut* (20 Lager) und *Waitawheta Hut* (26 Lager), in denen übernachtet werden kann, sowie einen *Campingplatz* am früheren Standort der Waitawheta Hut. Farnwald und Kauri mit Podocarp-Wald entwickeln sich als artenreicher Sekundärwald. Eine besonders schöner alter Kauribaum kann auf einem kurzen Rundweg bewundert werden, der gut beschildert vom Tramway Track abzweigt; eine Wegverlängerung führt über den höchsten Punkt des Berglands bis nach Te Aroha (ca. 5 Std. Gehzeit ab der Waitawheta Hut).

Wegzeiten, Kartenskizze und weitere Infos in der DOC-Broschüre „Guide to the Waitawheta Valley" (2 $); erhältlich in den DOC-Informationen und Visitor Centres der Bay of Plenty (→ Kapitel Bay of Plenty).

Weiter über Matamata und Tirau nach Rotorua (→ S. 367).

Die Ostküste zwischen Waihi Beach und Tairua

Große Teile der Ostküste der Coromandel-Halbinsel zwischen Waihi Beach im Süden und dem Tairua Harbour in der Mitte sind steile, unzugängliche Felsküste. Nur an wenigen Buchten kommt man problemlos ans Meer. Dort haben sich auch die Orte entwickelt: Waihi Beach, Whangamata, Opoutere sowie Tairua und Pauanui zu beiden Seiten des Tairua Harbour.

Nur Waihi macht die Ausnahme, es liegt im Binnenland. Gold – natürlich – war der Auslöser für diese Ortsgründung, und Gold bestimmt die Stadt bis heute: Das einzige funktionierende Goldbergwerk der Halbinsel (und der Nordinsel), die Martha Mine, liegt hier.

Ein Besuch der Martha Mine, ein Bummel am Strand in Waihi Beach (und vielleicht im Strandbereich von Athenree und Bowentown weiter südlich); ein Ausflug nach

Die Martha Hill Mine

1878 wurde auf dem Martha Hill Gold gefunden: fast vertikale Quarzitadern mit Goldeinschlüssen im ca. 13 Mio. Jahre alten, vulkanischen Andesitgestein. 1879 wurde der erste Claim abgesteckt, und der Ort Waihi entstand in Windeseile: Das private Unternehmen des Martha Hill-Goldabbaus wurde 1890 von der Waihi Gold Mining Ltd. aufgekauft, die die Goldabbauzone bis heute besitzt. 1952 wurde der Abbau eingestellt, doch 1976 begannen neuerliche Untersuchungen, die 1988 zur Wiedereröffnung führten, allerdings in ganz anderer Form als früher: Die Schächte und Stollen wurden aufgegeben, und wo einst stark Gold führende Quarzadern abgebaut werden konnten, begnügt man sich heute mit einer Produktion von einem Gramm Gold pro Tonne Gestein – moderne Technik macht's möglich.

Die Martha Hill Mine ist ein Tagebau, der in seiner endgültigen Form etwa 24 ha umfassen wird, die tiefste Stufe soll 200 m betragen. Die tiefe Grube wird sich nach Ende der Abbautätigkeit mit einem See füllen. Das seitlich neben der Martha Mine angehäufte Abraummaterial wird bereits jetzt begrünt und soll später (bis spätestens 2020?) zusammen mit dem See einen Erholungsbereich bilden. Wer die Leipziger Seenlandschaft kennt, die aus dem Kohletagebau hervorgegangen ist, kann sich sogar vorstellen, dass das klappt. Mit dem steigenden Goldpreis hat die Abbaufirma (Newmont) ihren bisherigen Zeitplan geändert (letzte Änderung bekanntgegeben April 2011) und wird wohl den oberirdischen Abbau bis 2013 (oder länger?) fortführen. Eine unterirdische Alternative, der Stollenabbau Favona, ist seit 2009 in Betrieb.

Mehr zur Mine erfährt man im **„Waihi's Gold Story mine interpretation centre"**, das der Betreiber Newmont Waihi Gold im Untergeschoss des i-Site eingerichtet hat. Tägl. geöffnet, gleiche Zeiten wie Visitor Centre, Seddon St. Newmont Waihi Gold Ltd., Moresby Ave., PO Box 190 Waihi. ✆ 07/8638192, www.marthamine.co.nz. Wegen der Waihi Gold Mine Tours (tägl. 25 $) wende man sich direkt an das Visitor Centre in Waihi.

Whangamata mit dem in die Berge führenden Wentworth Valley mit Wasserfällen und schönen Wanderwegen; ein Trip ins idyllische Opoutere samt Tauchausflug zum Slipper Island; ein Abstecher ins noble Pauanui mit Übernachten (wer sich's leisten kann); und schließlich Tairua und der Felsen von Paku mit den Alderman Islands und ihren Tauchgründen draußen im Meer: Das sollten die Höhepunkte eines Besuchsprogramms für diesen Ostküstenabschnitt sein. Und auch die Goldbergwerkszone Broken Hills mit ihren Wanderwegen (→ oben, bei Thames) lässt sich von hier aus gut erreichen.

Waihi und Waihi Beach

Waihi und seine Goldmine am Martha Hill sind unzertrennlich – der große Tagebau liegt so nahe an der Stadt, dass man die Sprengungen (bis zu 12 Std. täglich sind erlaubt) überall im Ort hört. Vor dem 1. Weltkrieg war die Goldmine die größte der Welt, bis zur Schließung 1952 blieb sie die größte Neuseelands, und nach der Wiedereröffnung ist sie die Letzte des Landes. Nicht immer waren die Beziehungen zwischen Stadt und Goldgräbern friedlich: 1911/12 gab es einen Streik der Minenarbeiter, der durch den Einsatz von Militär unterdrückt wurde – die politisch organisierten Bergwerksarbeiter wurden ausgewiesen. Erst 1936 wurde in Neuseeland die „Federation of Labour", eine erste moderne Gewerkschaft gegründet.

Auch wenn die heutige Abbauzone nicht besonders interessant ist (Führungen an Wochentagen), allerdings wegen ihrer Größe durchaus eindrucksvoll, sind doch die Reste des früheren Goldbergbaus, z. B. die Anlagen bei Waikino, den Besuch wert. *Waikino*, im Westen von Waihi am Fuß der Coromandel-Kette gelegen, wo 1897 das große Erzstampfwerk gebaut wurde (die dortige Victoria Battery war die größte Australasiens) lohnt einen halben oder ganzen Besuchstag – man kann mit der Museumsbahn hinfahren und wird dort mit einer elektrischen Lore durch die Victoria Battery gefahren.

Waihi Beach hat einen langen, breiten Strand, der sich nach Südosten 8 km bis Bowentown an der Karikari Entrance hinzieht. Im Ort ist der Strand verbaut, doch je weiter man nach Süden kommt, desto mehr freie Strandabschnitte gibt es noch – der Strand hier ist der breiteste und längste der gesamten Halbinsel!

Information/Verbindungen

Information/Aussicht auf die Martha Mine Waihi Information Centre, Upper Seddon St., Waihi. Im Sommer tägl. 9–17 Uhr, im Winter bis 16.30 Uhr. ✆ 07/8636715, www.waihi.org.nz. Am oberen Ende der Moresby Avenue hat man von der Aussichtsterrasse einen guten Blick auf die Martha Mine!

Verbindungen Waihi hat direkte Busverbindungen mit Whangamata und Auckland (InterCity). Busstop beim Second Cup Café an der Seddon Ave. (Ortsmitte nahe Miners Square).

Übernachten/Essen & Trinken

Goldmine Motel, 10 Min. zu Fuß vom Zentrum. 10 anständige Units mit Air Condition (!) – zwar nahe der Ortsumfahrung, trotzdem in ruhiger Umgebung; mit Spa. Unit 105 $. 6 Victoria St., ✆ 07/8637111, goldminemotel@clear.net.nz.

Waihi Beach

Ashtree House B&B, Neubau-Bungalow in großem Garten, ländlich und ruhig gelegen. 2 DZ mit Bad, Gästelounge, Dinner möglich. DZ/FR 100 $. 20 Rifle Range Rd., ✆ 07/8636448, ashtree@clear.net.nz.

Waihi Motor Camp, . Holzhäuschen als Cabins und Tourist Flats 50–95 $, auch Backpacker-Unterkunft (DO 22–25 $), Zelt u. 2 Pers. 30 $. 6 Waitete Rd., ✆ 07/8637654, www.waihimotorcamp.co.nz.

In Waihi Beach **Beachaven Motel & Holiday Park,** Holiday Park am Nordende des Orts, 5 Min. vom Strand, zuletzt wurden größere Erd- und Bauarbeiten ausgeführt. Cabins 60–105 $, Motelunterkunft (3 Typen ab 110 $), Stellplatz mit 2 Pers. ab 38 $. 21 Leo St., ✆ 07/8635505, www.beachaven.co.nz.

Waihi Beach Top 10 Holiday Park, großer Platz (2,2 ha) an der Nordeinfahrt. Ausreichende und gute Gemeinschaftseinrichtungen: 2 Küchen, 7 Sanitärblocks. Ein typisches Kiwi-Familycamp, im Sommer knallvoll. 165 Stellplätze, Zeltplatz inkl. 2 Pers. 21–29 $; 29 Cabins mit/ohne Küche 75–215 $, Motel-Unit 130–205 $. 15 Beach Rd., Waihi Beach, ✆ 07/8635504, 0800/924448, www.waihibeach.com.

In Bowentown und Athenree (Ortsteile von Katikati → Kapitel Bay of Plenty)
The Candy's B&B, moderner Bungalow in großem Garten, rundherum Obstgärten und junger Ölbaumhain; liebevoll ausgestattete Zimmer, vom großen Doppel mit Bad/WC und eigener Terrasse Blick auf Bowentown Heads und Mayor Island. Die Candys – Gloria und Neil (und ihre Haustiere!) – kümmern sich sehr persönlich um ihre Gäste. DZ/FR (cont.) 130–135 $. Athenree Rd., RD 1, Katikati, ✆ 07/8631159, neil.candy@vodafone.co.nz.

Athenree Hot Springs & Holiday Park, grüner Platz am Ende der Athenree-Halbinsel mit eigenen Thermalwasserpools (tägl. 10–19.30 Uhr) und schattigen Stellplätzen; die Motel-Units und Chalets sind im Sommer bald ausgebucht. An der Bucht gegenüber (Tauranga Harbour) BBQ und Picknickbereich. Stellplätze (inkl. 2 Pers. 38 $), Units und Chalets (mit Bad, Küche und 2 Schlafzimmern 105–160 $). Athenree Rd., Athenree, PO Box 33, Waihi Beach, ✆ 07/8635600, www.athenreehotsprings.co.nz.

Chambers Winebar & Restaurant, 22 Haszard St.; freundliches Lokal mit gut besuchter Weinbar in historischem Gebäude, hier wurden zu Goldrauschzeiten Geschäfte abgeschlossen, heute trifft sich hier immer noch der besser verdienende Teil der Bevölkerung. ✆ 07/5494464.

Waihi und Waihi Beach

Seddon Street: Es lohnt sich, durch die Seddon Street, die verkehrsberuhigte Hauptstraße von Waihi zu bummeln. Mehrere alte Häuser aus der frühen Zeit des Ortes haben sich erhalten, so ein Bankgebäude (heute Waihi Library), das Bath House von 1882 (heute Farmhouse Café), eine schöne Villa (Nr. 65, heute Miner's Café) sowie das Art-Deco-Kino in der Querstraße Rosemont Road. Ganz am Nordende und noch vor der Martha Mine steht die Nachbildung eines Förderturmes – doch bis hierher schaffen es die wenigsten, die die Seddon Street entlang bummeln.

Gold Mining Museum: Das Museum informiert über Bergbau und besonders Goldbergbau, wobei detaillierte Modelle und Dioramen, die sich mit dem Streik der Bergleute befassen, den größten Eindruck machen.
Tägl. 10–16 Uhr, Sa/So erst ab 13.30 Uhr. Eintritt 5 $. 6 Victoria Street.

Martha Hill Mine → Kasten S. 242.

Waikino und die Victoria Battery: Die Goldfields Railway, ein historische Zuggarnitur mit Diesellok, fährt von Waihi (Wrigley Street, Westausfahrt) nach Waikino am Ostende der Karangahape-Schlucht (→ Thames). Die Victoria Battery (1897–1954 in Betrieb, Eintritt frei und von der Bahnstation aus jederzeit möglich) wird durch einen 1,2 km langen Schienenweg erschlossen, der mit einer modernen Mini-Lore („Mining Tramway") befahren wird – die Gäste sitzen in den offenen Tendern. Im Bereich der Battery werden im Transformatorenhaus durchaus sehenswerte Objekte und Fotografien aus der Goldabbauzeit gezeigt.

Historische Eisenbahn Goldfields Vintage Railway → S. 241.
Essen & Trinken Waikino Station Café, neben den Gleisen, Tische auch auf dem wie eine altmodische Veranda überdachten Bahnsteig, www.karangahapegorge.co.nz.

Von Waihi Beach nach Bowentown: 8 km feinsandiger, goldfarbener Strand (9 km sagen die Prospekte) – davon lebt der Ort Waihi Beach. Von allen Stränden der Coromandel-Halbinsel hat Waihi Beach den breitesten, längsten und sichersten, und der Surf ist hier sehr zahm – ideal also für Familien, was besonders in den Sommerferien zu kompletter Überfüllung führt.

Weiter südlich wird es ruhiger, bei *Island View* stehen die Häuser der dortigen Siedlung allerdings wieder direkt am Strand. Die Straße gabelt sich dort, rechts geht es nach *Tauranga* weiter und zur kleinen *Halbinsel Athenree*, die schon zur Gemeinde Katikati gehört (→ S. 321 Bay of Plenty).

An der Nordeinfahrt von *Athenree*, einem Flecken mit Thermalquellen und einem Holiday Park, erinnern zwei irische Auswandererschiffe an die Ankunft der ersten weißen Siedler der Gegend. Die Landzunge mit ihrem wunderbaren, unverbauten Strand, die man auf der linken Straße erreicht, endet in Bowentown am Fuß des *Bowentown Heads*, eines alten Vulkans mit abgeflachtem Profil. Der Vulkan und die ganze Landspitze sind durch Wanderwege erschlossen, das Meer ringsum eignet sich zum Schwimmen wie zum Kajaken, v. a. in der südlichen und vor dem Surf geschützten Anzac Bay. Weit draußen im Meer ist *Mayor Island* zu sehen (→ S. 327), Ziel der Taucher und Naturfreaks.
Bowentown Kayak Tours, Pio Rd., Bowentown, 07/8634660. Veranstaltet geführte **Kajaktouren** (sowohl tagsüber als auch nachts).

Whangamata

Die Port Road, die Hauptstraße von Whangamata, sieht mit ihrem Mix aus Cafés und Läden großer Ketten wie tausend andere in Neuseeland aus – dass sie parallel zum Strand verläuft, sieht man gar nicht. Aber wer durch eine Nebenstraße den weit geschwungenen weißen Sandstrand erreicht hat, weiß, warum Whangamata zu den beliebtesten Bade- und Surferzielen der Nordinsel zählt, zumal der Ausblick auf die grüne Südspitze der Halbinsel gegenüber und die kleinen Inselchen *Hauturu*, *Maukaha* und *Whenuakura* unvergesslich ist.

Wer des Badens oder anderer Wasseraktivitäten wie einer Tauchfahrt zum Slipper Island müde ist, findet in der dicht bewaldeten Umgebung, vor allem im Wentworth Valley im nahen Coromandel Forest Park, beste Erholungsmöglichkeiten.

Information/Verbindungen/Sport & Freizeit

Information Visitor Centre, 616 Port Rd. Mo–Sa 9–17 Uhr, So 10–16 Uhr, im Sommer bis 17 Uhr. ✆ 07/8658340, info-www.whangamatainfo.co.nz.

Verbindungen Busstop neben dem Visitor Centre, Direktlinien nach Thames, Coromandel und Auckland.

Sport & Freizeit Alle Wassersportarten, v. a. Surfen, aber auch Radfahren, Mountainbiken und Wandern im Coromandel Forest Park.

Mountainbiken: Für die Forststraßen im Coromandel Forest Park ist Registrierung nötig. Es gibt einen Radwegplan: Whangamata Cycle & Outdoor Equipment/Kiwicycle, 652 Port Rd.

Surfen: Ausrüstung (auch Ausleihe) und Surf-Unterricht im Whangamata Surf Shop, 634 Port Rd. ✆ 07/8658252.

Natur- und Abenteuertouren: Kiwi Dundee Adventures (Doug Johansen und Jan Poole), ebenfalls in Whangamata beheimatet, ist der wohl erfahrenste Spezialveranstalter im Gebiet der Coromandel-Halbinsel. PO Box 198 Whangamata. ✆ 07/8658809, www.kiwidundee.co.nz (→ Kapitelanfang Sport & Freizeit/Anbieter, S. 233). ■

Übernachten/Essen & Trinken

Breakers Motel, modernes, attraktiv gestaltetes Motel im Ort neben dem Jachthafen. Die Units blicken mit Terrasse oder Balkon auf den Swimmingpool. Komplett ausgestattete Küchen, gefliese Bäder, Sat-TV, einige Units mit Spa. 135–265 $. 324 Hetherington Rd., ✆ 07/8658464, 0800/8658464, www.breakersmotel.co.nz.

Kotuku B&B, DZ/FR 100–140 $. 422 Otahgu Rd., ✆ 07/8656128, www.kotukuhomestay.co.nz.

Southpacific Accommodation, strandnahes Motel guten Standards (wieso es sich „Luxury" nennt, ist nicht zu ergründen) und Backpacker ohne großen Charme, aber mit anständigen Zimmern und Lodge-Quartier. Bett in der Lodge 28–39 $, die Motelunits ab ca. 108 $. Ecke Port Rd./Mayfair Rd., ✆ 07/8659580, www.thesouthpacific.co.nz.

Whangamata Motor Camp, einfacher Platz unweit des Strandes, viele Familien, Fußentfernung zum Zentrum. Alle notwendigen Einrichtungen, während der Sommerferien auch kleiner Laden. Cabin 50–70 $, Stellplatz u. 2 Pers. 15–40 $. 104 Barbara Ave, ✆ 07/8659128, adbrien@xtra.co.nz.

Schlechte Karten, was die Gastronomie betrifft … Am ehesten kann man noch **Corvette Café & Bar** empfehlen, 501 Port Rd. (Hauptgericht im Schnitt 25 $); ebenso **Oceana's**, 328 Ocean Rd., anderswo allenfalls mäßiger bis Katastrophenservice.

Ausflüge

Strand in Whangamata

Wentworth Valley: Ein hübscher, schattiger Wanderweg führt durch das Wentworth Valley im Coromandel Forest Park zu den Wentworth Falls. Start ist am Parkplatz mit Campingmöglichkeit des DOC (9 $); man fährt den SH 25 nach Süden, nach 2 km rechts, Parkplatz nach 4 km am Straßenende. Von dort geht man ca. 5 km (hin/zurück ca. 2 Std.) bis zu den Wasserfällen, wobei man immer wieder Gelegenheit zum Baden im Wentworth River hat. Von den Fällen führen Wege weiter in die Berge bis zum Sattel zwischen *Mount Hikurangi* und *Mount Ngapuketurua* (beide 693 m). Die beiden bewaldeten und ausblicklosen Gipfel sind nur querfeldein zu erklimmen (keine Wege).

Tairua Forest: Zwischen Whangamata und Opoutere führt die Straße zunächst kurvenreich am Whangamata Harbour entlang, um dann in den Tairua Forest hinaufzuklettern. Der von der Rayonier New Zealand-Gesellschaft (im Auftrag von Matariki Forests) verwaltete Waldbereich bietet eine Reihe ausgewiesener Wanderwege und Mountainbikerouten; für Mountainbiketrips muss man sich anmelden (→ oben). Eine Übersichtstafel findet man an der Hauptstraße, wenn man den Tairua Forest erreicht, sowie am Beginn der links abzweigenden Taungatara Road. Auf dieser Straße zweigt ein hübscher Wanderweg ab zu den *Te Raiti Falls* (hin/zurück 1:15 Std.); ein weiterer führt zum Standort des aufgegebenen Goldbergwerks *Luck at Last* (hin/zurück 1:30 Std.) und zur *Te Raiti Kauri Grove* (15-Min.-Rundweg ab Parkplatz), einem Wäldchen mit jungen Kauribäumen. Alle Wege sind beschildert und markiert.

Opoutere: 17 km nördlich von Whangamata liegt Opoutere. Am 5 km langen, aus weißem Dünensand aufgebauten Opoutere Beach mit seinem weitum bekannten Surf hört man schon mal, so heißt es zumindest, den seltenen Maori-Regenpfeifer. Der Mangrovengürtel an der schmalen Bucht besteht zum Teil aus den ebenfalls seltenen Avicennia-Mangroven. Ein Ort ist eigentlich nicht vorhanden, wenige *Baches*, die Jugendherberge und ein phantastisch gelegener Campingplatz – das ist alles, was es gibt.

Der in seinem Bestand gefährdete Maori-Regenpfeifer (New Zealand Dotterel) ist ein scheuer Vogel, dessen Nistgründe v. a. am Ausgang des Wharekawa Harbour zum Beach liegen, weshalb man das dortige Feuchtgebiet und die begrenzende Sandspitze nicht betreten sollte (und eben diese Sandspitze wird von vielen Gästen als idealer Sonnenbadeplatz gesehen). Leider brütet der Vogel genau in der hochsommerlichen Phase, wenn die meisten Menschen in Opoutere sind – der Konflikt ist trotz Patrouillen des DOC vorprogrammiert.

Übernachten Opoutere YHA, altmodische, kleine Jugendherberge, auch Zeltplätze. Kajaks gratis. (Der Landroverfahrer, der mich hinbrachte, fuhr ganz langsam, um mir noch mitzuteilen, dass die Jugendherberge „the best around" sei, das will was heißen), auch Familyrooms und eine Cabin sind zu mieten. DO 20–23 $, DB/Cabin (p.P.) 35–37 $. 389 Opoutere Rd., ✆ 07/8659072, 0800/278299, www.yha.org.nz.

Tairua und Pauanui

Um die 10 km zieht sich der schmale Tairua Harbour tief ins Landesinnere. Obwohl die beiden Orte an seiner Mündung in den Pazifik – Tairua links (westlich) und Pauanui rechts (östlich) – nur 1 km Luftlinie von einander entfernt sind, fährt man 25 km zwischen den beiden; für Fußgänger und Radler schafft es die Personenfähre in fünf Minuten. Die beiden Orte sind recht unterschiedlich:

Tairua, am SH 25, der Durchgangsstraße gelegen, empfängt v. a. am Wochenende viel Durchgangspublikum und hat sich darauf eingestellt. Allerdings hat Tairua nicht genügend Quartiere, um an geschäftigen Wochenenden und in der hochsommerlichen Ferienzeit alle Interessenten unterzubringen – reservieren! Der Ort ist durch die Brücke zweigeteilt, die ein weites Mündungsgebiet überbrückt; jenseits davon ist der eigentliche Ort, der gegen den Ozean vom 179 m hohen, steil aufragenden Vulkan-Vorgebirge Paku geschützt wird.

Pauanui dagegen ist fein, hochpreisig und exklusiv: Eines der luxuriösesten Resorts der Doppelinsel befindet sich hier im Wald versteckt, das Puka Park Resort. Richtung Osten liegt der großartige Strand, dessen Brecher beliebtes Surferziel sind.

Von beiden Orten aus kann man eine Menge tun: Der Strand ist nicht weit, Surfen fast schon Volkssport (alle Jungen haben hier ein Surfbrett oder zumindest ein Bodyboard), die *Alderman Islands* und die zugehörigen Tauchgründe sind nahe. Und am Ende des Tairua Harbour beginnt die Straße über Hikuai und Puketui ins Goldabbaugebiet der *Broken-Hills* mit seinen Wanderwegen.

Information/Verbindungen

Information Tourist Office, 223 Main Rd., Tairua, Mo–Fr 9–17, Sa/So 10–16 Uhr, ✆ 07/8647575, www.tairua.info.

Verbindungen Ab Tairua Busse (InterCity) von Thames und Auckland, Busstop bei der Touristinfo.

Die **Go-Kiwi-Shuttles** zwischen Coromandel und Whangamata halten ebenfalls, bringen aber auch zum Quartier und holen von dort ab.

Zwischen den beiden Orten **Personenfähre**, im Sommer meist stündlich, sonst 2-mal tägl.; Fahrzeit 5 Min., hin/zurück 4 $.

Übernachten/Essen & Trinken

Paku Lodge Motel, Motel direkt am flachen Strand unter dem Taku-Berg in Tairua. Nur 10 Units, alle mit Meerblick, Kajaks können gemietet werden. Unit für 2 Pers. 99–190 $. The Esplanade, Tairua, ✆ 07/8648557, www.pakulodge.co.nz.

Beach Villa Backpackers, ausgezeichnetes Hostel am Südende der Brücke in Strandnähe. Gute Zimmer (mit Bettwäsche), Dorms, Kajaks gratis, Fahrräder können gemietet werden, ab 2 Nächten Gratistransport zur Mercury Bay. DB 28–35 $, DO 28–31 $. 200 Main Rd., Tairua, ✆ 07/8648345, tairuabackpackers@xtra.co.nz.

Out of the Blue Café & Deli, Shop 3, Main Rd., Tairua, im „Pacific Harbour Village", gleich nach der Brücke links in der Nebenstraße. Tische draußen und drinnen, Frühstück, anständiges Bistro-Essen *(value für money)*. ✆ 07/8648987.

In Pauanui **Puka Park Resort**, ein Unternehmen der Grand-Mercure-Accor-Hotelgruppe. Bescheiden sieht das zunächst aus, was man von der Zufahrtsstraße sieht, denn das Resort ist fast komplett im Busch versteckt. 48 nicht nur dem Namen nach luxuriöse Chalets. Abends und morgens hört man Bellbird und Tui. Vorzügliches Restaurant, deutsche Leitung. DZ/FR im günstigsten Fall ab ca. 109 $ (Internetbuchung, Nebensaison). Mount Ave., Pauanui Beach, ✆ 07/8648088, 0800/444422, www.pukapark.co.nz.

Hot Water Beach

Die Mercury Bay und Whitianga

Die Gegend um die Mercury Bay ist von den landschaftlichen Schönheiten her selbst auf der Coromandel-Halbinsel kaum zu übertreffen. Hot Water Beach und Hahei mit der Cathedral Cove und den vorgelagerten Inseln wie Motueka Island, der schmale Eingang zur Whitianga Bay mit Ferry Landing links und Whitianga rechts – das sind Bilder, die man kaum vergessen wird. Und Erlebnisse: nach Thermalwasser buddeln, wenn am Hot Water Beach gerade Ebbe ist; der Wanderweg und die Stufen hinunter zur Cathedral Cove mit dem gewaltigen Naturbogen, der sich unten ganz plötzlich öffnet; Tauchen und Schnorcheln im Cathedral Cove Marine Reserve; eine Bootsfahrt in der Mercury Bay, bei der man vielleicht Wale und Delfine sichtet; Golfen, Mountainbiken – und danach im Restaurant in Whitianga Muscheln und anderes Meeresgetier essen ...

Vom Hot Water Beach bis Cooks Beach

Der Küstenstreifen zwischen dem Hot Water Beach, den man auf einer Zufahrtsstraße ab Whenuakite vom SH 25 aus erreicht, und Ferry Landing ist nicht durch eine durchgehende Straße erschlossen. Man muss weit ins Binnenland, weil steil ins Meer fallende Vorgebirge und große bäuerliche Betriebe dazwischen liegen, die keine Straße über ihr Land zulassen, und weil die weit ins Land ragende Mündungszone des Purangi River einen langen Umweg nötig macht. Aber der Weg lohnt sich. Auch wenn man sich, besonders wenn man von Hahei die Lees Road nach Norden gefahren ist und fast schon vor Cooks Beach steht, nichts mehr wünscht als eine Brücke, die den nur 150 m breiten Isthmus überbrückt. Stattdessen heißt es wieder 12 km Umweg fahren, um nach Cooks Beach zu kommen. Oder gar nach Whitianga, das vom Ende der Lee Road nur 4 km Luftlinie entfernt ist – auf der Straße sind es 39 km! Was für ein Segen, dass es die Pendelfähre zwischen Whitianga und Ferry Landing gibt – für Fußgänger und Radfahrer!

Verbindungen Shuttlebusse von Go Kiwi, Cathedral Cove Shuttle (Cooks Beach Minibus Shuttle) und anderen lokalen Anbietern verbinden Hot Water Beach mit Hahei (Cathedral Cove) und Ferry Landing, von wo eine ständig verkehrende **Personenfähre** in 5 Min. nach Whitianga übersetzt (im Sommer 7–22.30 Uhr und evtl. später, im Winter nur bis 18.30 oder 20.30 Uhr; 2 $, Fahrrad 0,50 $). Go Kiwi → Verbindungen Kapitelanfang S. 232; Cathedral Cove Shuttle, 1 Cathedral Court, Hahei, ✆ 027/4432329 oder 027/4225899.

Sport & Freizeit Auf dem Wasser sein ist hier alles: Bootstouren, Delfin- und Walbeobachtung, Kajaktrips, Tauchen und Schnorcheln sind nicht nur „angesagt", sondern unausweichlich. Anbieter → Kapitelanfang S. 234.

Der Hot Water Beach: Ein Sandstrand, auf dem bei Ebbe warmes Wasser austritt, ist zwar nicht einmalig (Kamtschatka hat das auch), doch so selten, dass man diesen Strand nicht versäumen sollte. Aber vorher nach den Gezeiten fragen (die Infobüros wissen Bescheid, auch in den lokalen Zeitungen sind die Gezeiten, „Tides", abgedruckt), sonst ist man enttäuscht, denn bei Flut ist das ein Strand wie jeder andere. Vom Parkplatz geht man auf den Sandstrand mit begleitenden Dünen und sucht nach dem warmen Wasser, meist haben andere schon eine Stelle gefunden. Nun heißt es buddeln und das Loch vergrößern, bis man drinnen sitzen oder gar – größter Genuss – liegen kann. Wer keinen Spaten hat, borgt sich einen im Café (gegen Gebühr! Café am Straßenende, dort auch ein paar neue Häuser mit Übernachtungsmöglichkeit) – bald sieht der Strand aus wie eine Kette besiedelter Bombentrichter. Bis die Flut zurückkommt, die Badenden vertreibt und alles wieder begradigt und zudeckt.

Vorsicht beim Schwimmen, die teilweise verdeckten Klippen sind sehr gefährlich! Bei höherem Wellengang ist der Strand nicht ungefährlich, Vorsicht vor allem mit Kindern!

Übernachten/Essen & Trinken Hot Water Beach B&B, 2 moderne Zimmer mit Bad, Terrasse mit eigenem Eingang und Spa in neuem B&B in Strandnähe. DZ/FR ab 180 $. 48 Pye Place, Hot Water Beach, ✆ 07/8663991, 0800/146889, www.hotwaterbedandbreakfast.co.nz.

Hot Waves Cafe, 8 Pye Place, Cabinet food – sehr gute *pasties* – aber auch warmes Essen samt vegetarischem Angebot und ausgezeichneter Kaffee. ✆ 07/8663887.

Hahei, der Hahei Beach und die Cathedral Cove: In Hahei sind die meisten Unternehmen beheimatet, die rund um die Cathedral Cove, die Marine Reserve und Mercury Bay Ausflüge anbieten. Der kleine Ort am Strand ist bald gar nicht mehr so klein, wächst unaufhaltsam und kann an Wochenenden kaum die vielen Tagesgäste verkraften, die alle zumindest eines wollen: die Cathedral Cove besuchen.

Der Weg zur *Cathedral Cove,* die nur zu Fuß oder mit dem Boot erreichbar ist, beginnt am Ende der Zufahrtsstraße (steil ab Hahei) an einem großen Parkplatz mit Aussichtsplattform. Die „Cathedral" selbst ist von hier nicht zu sehen, aber man erhält einen Einblick in die Küstenformen und hat tolle Blicke auf die Inseln des Cathedral Cove Marine Reserve, v. a. auf Mahurangi Island.

Zunächst geht es vom Parkplatz am Ende der Grange Road hinunter in die *Gemstone Bay* und dann wieder hinauf zum Plateau oberhalb der Küstenfelsen. Ein steiler Treppenweg führt hinunter zum Strand – im oberen Teil begleitet von Puriri-

Vom Hot Water Beach bis Cooks Beach 251

Felsentor in der Cathedral Cove

Bäumen, im unteren Teil von Corkwood-Bäumen. Der weiße Sandstrand ist von hellen Felsen aus Rhyolit umstanden, links öffnet sich das gewaltige Tor der Cathedral. Jenseits davon erscheint, eingerahmt vom Profil der Cathedral, ein Felsen, der mitten aus dem Sandstrand aufragt – Rest der früher weiter ins Meer reichenden Küste.

Wer nicht mit dem PKW oder Rad zum Parkplatz hinauf fährt, kann den schönen Wanderweg nehmen, der vom Strand in Hahei dorthin führt, er passiert noch unten einen riesigen Pohutukawa-Baum und bietet dann großartige Aussicht auf die Bucht und ihre vorgelagerten Inseln. Der Wegbeginn ist am Ende der Hahei Beach Road, zunächst verläuft er über den Sandstrand, Schilder zeigen, wo er ins Land abbiegt.

Zu Fuß hin/zurück ab Parkplatz Ende Grange Road ca. 1:15 Std., ab Ort (Parkplatz Ende Hahei Beach Road) hin/zurück zusätzlich 1 Std. Nur mit Sportschuhen!

Das Felsentor in der Cathedral Cove ist seit den schweren Stürmen im Sommer 2010/11 einsturzgefährdet und darf nicht mehr durchquert werden!

Übernachten/Essen & Trinken The **Church**, Restaurant am südlichen Ortsausgang in früherer neugotischer Kirche – Speisesaal im Kirchenschiff mit offenem Dachstuhl, der die Konstruktion der Holzkirche erkennen lässt. Sehr stimmungsvoll, hoher Küchenstandard, Hauptgerichte ab ca. 25 $. ✆ 07/8663797. Im großen Garten Chalets unterschiedlicher, aber immer hochwertiger Ausstattung, alle mit Bad – das Ganze eine wahre Idylle. 2 Pers. 110–210 $. 87 Beach Rd., Hahei, RD 1, Whitianga, ✆ 07/8663533, www.thechurchhahei.co.nz.

Hahei Holiday Resort & Cathedral Cove Backpackers, ausgedehnter Komplex am Strand von Hahei. Cottages, Cabins mit und ohne Küche, Stellplätze und Backpacker-Unterkunft: Um die gemütliche Küche mit Essraum konzentriert sich diese leider inzwischen recht abgewohnte Lodge, es

Cooks Beach: Denkmal für Captain James Cook

gibt auch Zimmer mit Du/WC. Stellplatz und 2 Pers. ab 32 $, Cabins ab 64 $, Cottages ca. 114 $, in der Backpacker-Lodge DO 26 $. Harsant Ave., Hahei Beach, RD 1, Whitianga, ✆ 07/8663889, www.haheiholidays.co.nz.

Fernbird, Mini-Backpacker mit nur Einzel- und Doppelzimmern in Superlage am Hahei Beach, intim und gemütlich. SG 44 $, DB 22 $. 24 Harsant Ave., Hahei, ✆ 07/8663080, philanne.costello@gmail.

Grange Road Café, 7 Grange Rd., Hahei. Auf der großen, von einer Plane beschatteten Terrasse mit seitlichem Grün sitzt es sich in diesem Pub besonders gut. Serviert werden Coromandel-Muscheln in der Schale, Burger mit Cajun-Huhn, Pfannkuchen mit Früchten und Jogurt, aber auch Pizza und anständige Hauptgerichte mit Fleisch und Fisch ab ca. 25 $. Mo Ruhetag; öfter mal Livemusik.

Luna Café, Grange Rd., Hahei; schlichtes Café mit Terrasse etwas abseits am Anfang der Grange Road, süße Stückchen (gute Caramel Slice) und Cabinet Food (sehr gut die vegetarische Quiche). Plus: sehr angenehme, flinke Bedienung.

Cooks Beach, Shakespeare Cliff, Maramaratotara Bay Track und Ferry Landing: Die sanfte Teilbucht der Mercury Bay, in der Captain Cook 1769 ankerte, nennt sich heute Cooks Bay; der dazu gehörige Ort, fast nur aus *Baches* und Ferienhäusern bestehend, ist Cooks Beach. Über Ferry Landing und die Personenfähre erreicht man Whitianga. Aber vielleicht sollte man den Umweg über Wanderwege machen? Das geht so: Den Strand der Cooks Beach entlang bis zum Südende, dort beginnt (Steg) ein Wanderweg auf das Vorgebirge Shakespeare Cliff mit super Ausblick und Denkmal für James Cook. Auf der anderen Seite hinunter zur Straße und in Richtung Ferry Landing, bis ein Schild (links) den Maramaratotara Bay Track ankündigt. Der steile Track ist inzwischen wohl komplett „upgraded" (zuletzt wurde daran gearbeitet) und nicht mehr so naturnah wie ehedem, aber die wunderbare Waldvegetation, die Ausblicke und zuletzt die Uferzone an der Back Bay kann auch der feinste Ausbau diesem Weg nicht nehmen.

Ferry Landing = Fähranleger, einen sprechenderen Namen könnte man sich kaum ausdenken. Die Fähre pendelt zwischen der Landspitze und Whitianga hin und her, die Fahrt dauert nur ein paar Minuten. Einen Ort Ferry Landing werden Sie nicht entdecken.

Gesamtstrecke Cooks Bay – Ferry Landing etwa 2–2:30 Std., Kartenskizze in der Info Whitianga.

Whitianga

Der hübsch am schmalen Meeresarm zwischen Mercury Bay und Whitianga Harbour liegende Ort ist der ideale Stützpunkt für den Nordosten der Coromandel-Halbinsel: Es gibt viele Unterkünfte, jede Menge Cafés, Restaurants, Einkaufsmöglichkeiten und gute Verkehrsverbindungen samt Flughafen mit Direktflügen nach Auckland. Zudem hat man am Ort die Auswahl zwischen zwei Stadtstränden und vielen Aktivitäten, die meisten auf dem Wasser der Mercury Bay bis zu den 25 km entfernten Mercury Islands.

Information/Verbindungen/Sport & Freizeit

Information Visitor Centre, 66 Albert St. Tägl. 9–17 Uhr, im Winter an Wochenenden bis 16 Uhr. ✆ 07/8665555, www.whitianga.co.nz.

Verbindungen Vom Whitianga Airfield tägl. 1-mal **Direktflüge** nach/von Auckland mit Sunair; einfach ca. 140 $ (last minute evtl. billiger). ✆ 07/5757999, www.sunair.co.nz.

Busse von InterCity halten u. a. beim Visitor Centre.

Fußgängerfähre nach Ferry Landing, von dort **Shuttles** nach Hahei und Hot Water Beach; im Sommer 7–22.30 Uhr, im Winter nur bis 18.30 oder 20.30 Uhr. Ticket 2 $, Fahrrad 0,50 $.

Sport & Freizeit Anbieter → oben und am Kapitelanfang, S. 232! **Glasbodenboot**, Whitianga Wharf, tägl. 2–4 Zweistundentrips in die Mercury Bay, 85 $. ✆ 07/8671962, www.glassbottomboatwhitianga.co.nz

Übernachten

Mercury Bay Beachfront Resort, 1 km entfernt am Ende der Bay nördlich des Ortes. Sehr komfortables Motel/Resort am Strand mit allen Schikanen für die 8 Luxus-Units. Unit (2 Pers.) 150–375 $. 111–113 Buffalo Beach Rd., ✆ 07/8665637, www.beachfrontresort.co.nz.

Albert Number Six, tadelloses neueres Motel mit guter Ausstattung der 16 nicht sehr großen, aber makellosen Units mit großem TV-Set; das im Preis enthaltene Frühstück (continental) holt man sich an der Rezeption. Unit (2 Pers.) 95–140 $. 6 Albert St., ✆ 07/8660036, www.albertnumber6.co.nz.

The Cat's Pyjamas, freundliche und vielfach gelobte Backpacker-Unterkunft nahe der Anlegestelle der Fähre. DB 22–32 $, DO 22 $, für 12 $ kann man auch sein Zelt aufschlagen. 12 Albert St., ✆ 07/8664663, www.cats-pyjamas.co.nz.

》》 Mein Tipp: On the Beach Backpacker Lodge, Herberge in Vorortshaus an der Straße nach Norden. Der graue Strand mit vielen Muscheln und Meeresvögeln liegt gleich jenseits der Straße. Sauber, funktionell, entspannte Atmosphäre. Zimmer mit Bad ab 90 $, DB 30–45 $, DO 30–33 $. 46 Buffalo Beach Rd., ✆ 07/8665380, 0800/257526, www.onthebeachbackpackers.co.nz. 《《

Harbourside Holiday Park, kleiner Platz mit Ferienwohnungen und Cabins, kleinem Pool und Kinderspielplatz, 5 Gehminuten vom Ort. Beliebt und entsprechend teuer. Flat/Cabin 55–185 $, Stellplatz u. 2 Pers. 36–60 $. 135 Albert St., ✆ 07/8665746, www.harboursidewhitianga.co.nz.

In Kuaotunu The Kaeppeli's, das Schweizer Frühstück der schweizerisch-neuseeländischen Familie Käppeli hat seinen besonderen Reiz, wenn man von den Bacon-and-Eggs-Portionen anderer B&Bs genug hat. Dazu kommt die ruhige Lage des Hauses auf einem 5,5-ha-Grundstück, der Blick aufs Meer, die Abendessen des Hausherrn Robert (eidgenössische Kochtradition) und die ausgesprochen freundliche Atmosphäre. DZ/FR 130–190 $. Grays Ave., Kuaotunu, RD 2 Whitianga, ✆ 07/8662445, www.kaeppelis.co.nz.

Essen & Trinken

Salt, 1 Blacksmiths Lane; Restaurant mit großer Terrasse zum schmalen Meeresarm, der Whitianga von Ferry Landing trennt, im gleichnamigen historischen Hotel Whitianga (der Pub zur Straße ist ebenfalls hoteleigen). Gute Küche mit lokalem Fisch und Jakobsmuscheln, Hauptgang 35 $. ✆ 07/8665818, tägl. ab 11 Uhr.

Wild Hogs, 9 The Esplanade; rustikal-gemütliches Restaurant in bester Lage nahe Hafen und Jachthafen. Große Sonnenterrasse, innen mehrere Kamine. Grillgerichte, Holzofenpizza, typisches Pubfood, Pastagerichte, frische Muscheln, Fisch. Hauptgang ab ca. 20 $. ✆ 07/8664828.

Velocity, 69 Albert St.; sehr beliebtes und schon mal als „bestes Café der Region" ausgezeichnetes Café, vor allem wohl wegen seiner Kiwi-Traditionen und der erstklassigen Cocktailliste. Frühstück ab 8.30 Uhr, nach 16.30 Uhr und So zu. ✆ 07/8665858.

Tuatua Tapas Bar, 33 Albert St. (gegenüber Monk St.), im 1. Stock. Der Stil der Tapas (5–14 $) ist weniger spanisch als Pacific-Fusion („panfried scallops and Vietnam dressing") ist der Stil der Tapas; auch Fleischgerichte (Angus-Steak ca. 30 $) und Meeresgetier. Probierenswert! ✆ 07/8660952.

Eggsentric, 1047 Purangi Rd. (Flaxmill Bay). Café-Restaurant mit gehobenem Angebot, Vorspeisen (12–15 $) wie „Salat aus Wildkräutern und Lichee mit Baby-Tintenfisch und Wasabi-Chili-Marmelade", Hauptgänge (30-35 $) v. a. mit Seafood, Wild und Schweinefleisch, z. B. „Karibisches Schweinefilet mit Nipponreis, Vierjahreszeiten-Bohnenmus, Salsa und Gemüsen" – wenn das nicht schon beim Lesen anregt? Abends gibt es gern Live-Musik, v. a. Gitarre, am Freitag mit kleiner Band. ✆ 07/8660307, www.eggsentriccafe.co.nz.

Dino's Pizza-Pasta Café, Shop 3/1 Blacksmith Lane. Der Name sagt fast alles: Pizza, Pasta, es gibt z. B. auch Kürbis- und-Ricotta-Ravioli, die – auch Italienern! – super schmecken und alles unter 25 $. Tägl. (meist) 11–23 Uhr.

Whitianga und seine Strände: So angenehm Whitianga als Aufenthaltsort für seine Gäste ist, so wenig hat der Ort selbst an Interessantem zu bieten. Das *Mercury Bay Museum* neben dem Bootsanleger ist jedoch mehr als einen Blick wert: Es gibt nicht nur Einblicke in die Maori- und Siedlergeschichte, sondern informiert auch ziemlich umfassend über Captain Cooks Aufenthalt in der Bay.

Nördlich anschließend an den Buffalo Beach findet sich Whitiangas Stadtstrand mit begleitender Promenade, der Strand ist übersät von Muschel- und Austernschalen unterschiedlichster Art.

Kuaotunu: Das aus Tankstelle, Café, Shop und Kneipe bestehende „Dorf" an der Flussmündung 16 km nördlich von Whitianga (an der Straße nach Coromandel) hat einen herrlichen Strand, von dem man auf den Nordteil der Coromandel-Halbinsel hinüberschaut, während man vielleicht an einem der Tische auf der großen Picknickwiese Essen und Getränke auspackt. Die Atmosphäre hier erinnert an längst vergangene Zeiten, als der Tourismus in Neuseeland noch in den Kinderschuhen steckte...

Blick von Osten auf die Bucht von Coromandel

Coromandel Town und der Norden

Coromandel Town hat eine glanzvolle Goldgräberepoche hinter sich. So wichtig war der Ort, dass er gleich der ganzen Halbinsel seinen wohlklingenden Namen gab. Heute geht es in Coromandel eher gemütlich zu. Wer weiter nach Norden, an die Spitze der Halbinsel fährt, kann dort entweder zu Fuß oder mit dem Rad den abwechslungsreichen Coromandel Walkway und einsame Strände mit riesigen alten Pohutukawabäumen erkunden.

Coromandel Town

Hier meint man, die Zeit sei stehen geblieben, seit in Coromandel Town das Gold zu Ende ging und die Goldgräber anderswohin wanderten. Es sind nicht nur der vielen alten Gebäude und die irgendwie altmodischen Vorgärtchen mit den bunten Blumenrabatten, es ist v. a. wohl das gemütlich-ruhige und unaufgeregte Klima, das hier im Ort herrscht. Man hat Zeit, man plauscht mit dem Nachbarn über den Gartenzaun, im Geschäft gibt man den Touristen den Vorrang, denn die haben's eilig, die haben keine Zeit zu verschenken. Und der Besitzer des B & B macht gar den Vorschlag, der Gast möge doch den Fisch kaufen, und er, der Gastgeber, werde ihn dann zubereiten und mit Beilagen und einem Glas Wein als gemeinsames Abendessen servieren. So geschehen, genossen und unvergesslich geblieben dem Autor.

Information/Verbindungen

Information Visitor Centre & DOC Coromandel Field Centre, 355 Kapanga Rd., Coromandel. Mo–Fr 8.30–17 Uhr, Sa/So 10–15 Uhr. Das Faltblatt des Historic Places Trust „Coromandel Town" informiert gratis über die vielen viktorianischen und edwardianischen Häuser. 07/8668598, www.coromandeltown.co.nz.

Verbindungen Direkte **Bus**verbindungen mit Thames, Auckland und Whitianga. Bushalt gegenüber dem Visitor Centre.

Fähre von/nach Auckland → Kapitelanfang S. 232.

Übernachten

Coromandel Court Motel, direkt hinter der Touristinfo. 9 anständige, ebenerdige Units unterschiedlicher Größe mit Sky-TV, Spa im Haus. Unit 110–225 $. 365 Kapanga Rd., ✆ 07/8668402, 0800/267626, www.coromandelcourtmotel.co.nz.

The Green House B&B, an der Straße nach Thames, vom Ort nach Abzweigung des SH 25 50 m weiter links. Angenehmes B&B in modernem, 2-stöckigem Haus. Frühstück bei schönem Wetter im Garten, Lounge mit TV, WLAN und Kühlschrank. DZ/FR 145–165 $. 505 Tiki Rd., ✆ 07/8667303, 0800/473364, www.greenhousebandb.co.nz.

Coromandel Town Backpackers, Backpacker-Lodge in Zentrumsnähe, Pool, Internet, Telefonate lokal frei. Der Backpacker liegt in einer Ferienanlage, fürs Duschen muss extra bezahlt werden. Zimmer (DB 25–43 $) und die üblichen Lager (25 $). 732 Rings Rd., ✆ 07/8668930, www.coromandelholidaypark.co.nz.

Tui Lodge, etwas außerhalb des Ortes (15 Min. zu Fuß), am SH 25 in Richtung Whitianga, von der Straße etwas zurückgesetzt. Backpacker-Lodge mit alten Bäumen ringsum und Obstgarten, im Hintergrund die nahe Coromandel-Kette. Übliche Ausstattung, auch Zeltmöglichkeit im Garten, Waschmaschine und Fahrräder gratis. DB 27–37 $, DO 25 $. 60 Whangapoua Rd., ✆ 07/8668237, www.coromandeltuilodge.co.nz.

Coromandel Motel & Holiday Park, am Nordende des Ortes. Die Homestead (1910) des Direktors des ehemaligen Goldbergwerks ist ein dekorativer Bau mit weiß getünchten Gusseisen-Säulchen und Verzierungen; er gehört zum Platz mit Flats, Cabins (klein) und 2 Küchenblöcken für knapp 70 Stellplätze. Motel/Tourist-Flat 85–170 $, Cabin 45–80 $, Stellplatz und 2 Pers. 24–50 $. 636 Rings Rd., ✆ 07/8668830, www.coromandelholidaypark.co.nz.

Essen & Trinken

Peppertree, 31 Kapanga Rd.; der riesige Pfefferbaum vor dem Restaurant hat ihm den Namen gegeben, darunter sitzt man hübsch schattig. Gediegenes Bistro-Essen tagsüber, abends wird's feiner und teurer. Kein Ruhetag. ✆ 07/8668211.

Coromandel Hotel, „The Top Pub", 611 Kapanga Rd.; die Bar des altmodischen Hotels ist meist gut besucht, die lokale Klientel nicht unbedingt sauber gekleidet und schon mal etwas angetrunken, wenn sie wieder in den Pickup steigt. Keine Idylle, aber typisch für viele seiner Art. Warum das Lokal aber, wie die Eigenwerbung behauptet, im Jahr 2003 als „bestes Pub Neuseelands" ausgezeichnet wurde, blieb uns verborgen. ✆ 07/8668760.

Umo, 22 Wharf Rd. Neueres Café-Bistro ganz im Trend der Zeit mit langer Theke und moderner Kunst an den Wänden. Der Kaffee wie auch der Wein sind gut, und wenn die Gäste den Kaffee zum Käse und den Wein dann als Dessert zu sich nehmen, sind sie selber schuld. Fein: der Umo-Platter, eine gemischte kalte Platte, die u. a. Räucherfisch und Pastete kombiniert. ✆ 07/8668618, tägl. ab 8.30 Uhr bis spät.

Sehenswertes/Touren

Coromandel Museum: Heimatmuseum mit Blick auf die Goldgräbervergangenheit; das Gebäude von 1898 war die örtliche School of Mines (Bergbauschule).
Tägl. 10–13 Uhr, Sa/So bis 16 Uhr, im Winter nur Sa/So 13.30–16 Uhr.

Coromandel Goldfields Centre & Stamper Battery: Die funktionstüchtige Erzstampfanlage (Battery) von 1899 bildet den Kern des Goldfields Centre 1,5 km nördlich des Ortes. Die kurze Vorführung des Stampfwerks und eines Wasserrades sind die Höhepunkte der geführten Tour, die man mit einem kurzen Buschwanderweg beschließen kann, von dessen höchstem Punkt man einen schönen Blick auf das Meer hat.
Tägl. 10–16 Uhr, Führungen zu jeder halben Stunde (Dauer 1 Std.). Eintritt 10 $.

Coromandel Town 257

Typisch Coromandel: dekorative Gründerzeitvilla

Driving Creek Railway: 3,5 km nördlich der Stadt (410 Driving Creek Rd.) beginnt eine kleine Schmalspurbahn, die ein Stück weit – 5 km – in den Forst der hier als sanftwelliges Hügelland ansteigenden Coromandel-Kette hineinführt. Das private Unternehmen eines Töpferbetriebs (dort startet die Bahn!) setzt spezielle, sehr schmale Waggons und niedrige Dieselloks ein, die Wagen sind seitlich offen, es gibt keine Sichtbeschränkungen. Tonfiguren und Keramiken schmücken die Bahnstrecke an einigen Stellen und zieren einen Figurengarten.
Tägl. 10.15 und 14 Uhr, im Sommer öfter. Hin/zurück 25 $. ✆ 07/8668703, www.drivingcreekrailway.co.nz.

309 Road und Castle Rock: Von Coromandel nach Whitianga führt neben dem gut ausgebauten SH 25 auch die 309 Road, eine kurvenreiche, oft steile und nur stellenweise befestigte 22 km lange Straße. Auf ihr kommt man dem Castle Rock am nächsten, der allerdings auch vom SH 25 aus zu sehen ist. *Castle Rock* ist der 521 m hohe Rest eines Vulkans und im oberen Teil sehr steil, weil dort die senkrechte Schlotfüllung freigelegt ist. Dennoch führt ein relativ leichter Weg hinauf, den man von der Gabelung links nach den „Waiau Waterworks" nach 2 km erreicht. Zunächst geht es ein Erdsträßchen aufwärts, dann auf einem schlechteren Weg und schließlich auf Wegspuren weiter – der letzte Teil ist steil, man muss sich an Felskanten und Baumwurzeln festhalten (gesamte Gehzeit ca. 1:30 Std. hin/zurück). Der Blick von oben ist atemberaubend!
Die **Waiau Waterworks** sind eine Art Wasserplanschpark, in dem verschiedene Skulpturen aus oft ungewöhnlichen Materialen dazu gebracht werden können, Wasser zu verspritzen (tägl. 9–17 Uhr, im Sommer bis Sonnenuntergang, Eintritt 18 $). www.thewaterworks.co.nz.

Von Coromandel Town nach Thames: Die Küste südlich von Coromandel ist im nördlichen Teil kaum besiedelt, im südlichen, wenn auch die Straße der Küste folgt, liegen v. a. von Maori bewohnte Dörfer in den Buchten. *Waiomu*, der größte Ort, besaß ein florierendes Goldbergwerk, das bis 1950 in Betrieb war (Infos ✆ 07/8667191).

Der Norden der Coromandel-Halbinsel

Die ohnehin schon stark zertalte, bergige und wilde Coromandel-Halbinsel wird nördlich von Coromandel Town noch um eine Klasse wilder. Die Berge steigen im nördlichsten Teil der Halbinsel in der kaum zugänglichen *Moehau-Kette* bis 892 m an (Mount Moehau: Wanderung durch subalpine Vegetation; hin/zurück auf nicht ganz leichtem Weg ab der Uferstraße knapp vor der Brücke über den Hope Stream mindestens 8 Std. Gehzeit; um den Gipfel leben die archaischen Leiopelma-Frösche).

Das Nordende der Halbinsel ist nicht einmal komplett durch Straßen (geschweige denn asphaltierte) erschlossen, denn ein 3 Std. langer Teil – der Coromandel Walkway – bleibt Wanderern und Mountainbikern (eigener, höher über der Küste geführter Track) vorbehalten. Die meisten Milchfarmen wurden hier aufgegeben, das Land renaturiert sich. Im Gegensatz zur Küste weiter südlich haben hier um die vielen Strandabschnitten die zwischen Ende November und Weihnachten rot blühenden Pohutukawa-Bäume überlebt – die Tourismusindustrie hat den Nordteil der Halbinsel deshalb „Pohutukawa Cape" getauft. Unterkünfte gibt es nur an wenigen Orten: an den beiden Endstellen des Walkway einfache DOC-Campingplätze und am Nordende des Wegs das nördlichste und sicher einsamste Backpacker-Hostel der Halbinsel – das Fletcher Bay Backpackers. Auch mit Verpflegung sieht es mau aus, am besten versorgt man sich schon in Coromandel Town, spätestens aber (teurer) in Colville oder (wer von Osten kommt) in Whitianga.

Der Coromandel Walkway

Dauer: 3 Std. einfach

Um zum Coromandel Walkway zu kommen, fährt man von Coromandel Town der Westküste entlang nach *Colville* (Einkaufsmöglichkeit, Unterkünfte), wo der Asphalt endet. Weiter geht es bis fast an die Nordspitze nach *Port Jackson*; dort ist Camping möglich, aber sonst nichts. Die Straße endet an der *Fletcher Bay* mit DOC-Campingplatz und, ganz in der Nähe, der Backpacker-Unterkunft. Hier beginnt der etwa dreistündige Wander- (oder Rad-)weg entlang der Küste zur *Stony Bay* mit einem weiteren DOC-Campingplatz – ein einfach zu gehender und zu fahrender Weg mit einigen großartigen Ausblicken. (Ein etwas schwierigerer Weg führt weiter landeinwärts und über höheres Terrain ebenfalls zur Stony Bay.) In der Stony Bay beginnt eine schlechte Straße, die über *Port Charles* nach Süden und zurück nach Coromandel Town oder Whitianga führt.

Verbindungen Ein **Shuttlebus** der Strongman Coachlines fährt tägl. von Coromandel Town zur Fletcher Bay und holt in der Stony Bay ab (95 $, ab 2 Pers.), insgesamt ist man 8 Std. unterwegs. ✆ 07/8668175, 0800/668175, www.coromandeldiscovery.co.nz.

Übernachten Colville Bay Lodge, Motel und Camping an der einsamen Colville-Bucht. Motelunit 85–120 $, Stellplatz u. 2 Pers. ab 18 $. Wharf Rd., Colville, ✆ 07/8666814, www.colvillebaymotel.co.nz.

DOC-Camping, jeweils 7 $. In der Fletcher Bay sowie in der Stony Bay.

Fletcher Bay Backpackers, kleiner, neuwertig ausgestatteter Backpacker nahe dem Strand der Fletcher Bay. DB ca. 22 $. Fletcher Bay, Coromandel Town, ✆ 07/8666712, js.lourie@xtra.co.nz.

Eingang zum Maorigarten in Hamilton

Die Region Waikato

Kaum eine Region Neuseelands hat weniger Tourismus-Appeal als Waikato. Bis auf die Surfer-Hochburg Raglan und die Glühwürmchen-Grotten im Waitomo-Tal ist Waikato ein wenig besuchtes Bauernland mit Schaf- und Rinderzucht. Hamilton, das Zentrum der Region, ist Neuseelands viertgrößte Stadt (und die größte im Binnenland).

Die Küste des Waikato ist über lange Strecken schlecht oder gar nicht zu erreichen, nur an wenigen Stellen führen Straßen zu kleinen Hafenorten. Raglan ist der bedeutendste und angesagteste von ihnen, der Surf an seinen leicht erreichbaren Stränden ist international berühmt. Noch berühmter aber ist das Tal von Waitomo, eine Karstlandschaft mit Höhlen und unterirdischen Flüssen wie im istrischen Karst, mit exotisch erscheinender subtropischer Vegetation und vor allem den weltberühmten „Glühwürmchen". Dass diese Glowworms mit unseren europäischen nicht verwandt sind, macht sie noch interessanter.

Waitomo liegt bereits im King Country, einer Region, die für die Maori-Geschichte Neuseelands von großer Bedeutung war. In den 1860er Jahren ging von hier (sowie vom nördlichen Waikato und von Taranaki) der Hauptwiderstand gegen die weißen Landnehmer aus: Über zwei Jahrzehnte war das gesamte Gebiet für Pakehas „off limits". Hierher zogen sich die Maori-Kämpfer zurück, hier aus starteten sie ihre Aktionen, und hier lebte der von der Regierung mit einer Belohnung von 1.000 £ gesuchte Te Kooti von 1872 unangetastet bis zu seinem Tode 1891. Zwar wurde King Country nach dem Ende der Maori-Kriege 1872 für Weiße „geöffnet", doch zumindest in den ländlichen Zonen blieb es Maori-Land.

Hamilton

Die geschäftige Großstadt, mit 135.000 Einwohnern die größte Binnenstadt Neuseelands, liegt in reizvoller Lage am Waikato River, mit Parks, Gärten und einem sehenswerten und erholsamem Stadtpark samt Botanischem Garten – den Hamilton Gardens mit ihren Themengärten, vor allem aber dem Maori-Küchengarten.

Als Standort für die Erkundung des Waikato und des südlich anschließenden King Country eignet sich Hamilton hervorragend, zumal die Stadt vom Backpacker-Quartier bis zum schicken Hotel mit zahlreichen Übernachtungsmöglichkeiten gesegnet ist. In der Umgebung sind das Städtchen Cambridge, der Surferort Raglan und eventuell die Nikau-Höhle einen Besuch wert, wenn man nicht gleich Waitomo und seinem Höhlensystem den Vorzug gibt.

Für die Entwicklung Hamiltons, das auf eine alte Siedlung des hier ansässigen Tainui-Stammes zurückgeht, war vor allem der Bau der trans-neuseeländischen Eisenbahn ausschlaggebend: Sie ersetzte ab 1878 den Waikato-Fluss als bisher einzige Verkehrsverbindung ins Landesinnere. Bis heute ist Hamilton immer noch eine der Hauptstationen der Bahnlinie zwischen Auckland und Wellington; doch bei nur einer Zugverbindung pro Richtung und pro Tag hat die Bahn das Heft längst an Flugzeug, Pkw und Bus abgegeben.

Information/Verbindungen/Sport & Freizeit

Information Hamilton i-Site, 5 Garden Place, Mo–Fr 9–17, Sa/So/Fei 9.30–15.30 Uhr. ℡ 07/9585960, 0800/242645866, www.visithamilton.co.nz. Internet im Internet & Gaming Centre, 430 Victoria St., sowie im Internet-Café, Ecke Victoria/Bryce St., tägl. 9–1 Uhr und in mehreren anderen Cafés vor allem aber gratis W-LAN am Garden Place (Platz vor i-Site).

Verbindungen Flughafen 15 km südlich. Ein „Supershuttle" (Kleinbusse) bringt einen bis zum Quartier in der Stadt (21 $), ℡ 09/5225100. Auch zum Flughafen Auckland gibt es eine Shuttle-Verbindung (75 $/retour 140 $): Minibus Express, ℡ 0800/646428, www.minibus.co.nz.

Bahnhof in der Fraser St.; bei nur einer täglichen Verbindung in jede Richtung nur noch von marginaler Bedeutung. ℡ 07/8468353.

Bus: InterCity, Dalroy Express, Minibus Express, Newmans und Naked Bus fahren alle ab Hamilton Transport Centre, Ecke Bryce/Anglesea St.; moderner Beton-Glasbau, ℡ 07/8396650; Gratis Rundbus um die Innenstadt, „CBD Shuttle" Busse in die Stadtteile und nach Raglan, Huntly, Morrinsville und Paeroa, ℡ 0800/428754, www.busit.co.nz.

Taxi: Hamilton Taxis, ℡ 07/8478699, 0800/477477.

Einkaufen/Sport & Freizeit/Events

Einkaufen Großer **Supermarkt** Ecke Brice/Tristram St. (nahe Busbahnhof).

Jeden So 10–15 Uhr **Art Market** am Platz vor der Stadtbibliothek.

Browsers Bookshop, 221 Victoria Rd., eine außergewöhnlich gut sortierte antiquarische Buchhandlung (auch Erstausgaben).

Kino Skycity, Multiplex-Kino in der Centreplace Mall.

Flussfahrten Mit dem **Waipa Delta** Paddleboat: Memorial Park Jetty, Memorial Drive, Flussfahrt auf dem Waikato River ca. 2 Std. ca. 40 $, ℡ 07/8568922, 0800/472335, www.waipadelta.co.nz.

Kajaken City Bridges River Tour nennt sich die mitten in der Stadt beginnende 2-stündige Tour auf dem Waikato River (60 $), **Canoe & Kajak**, 730 Duke St., ℡ 07/8475565,

www.canoeandkajak.co.nz. **Wise Way Adventures**, Grantham St., bietet 1 Std. geführte Kajaktour zu 30 $ an, ✆ 021/988335, www.wisewayadventures.com.

Radfahren Radwegenetz zu beiden Seiten des Waikato-Flusses, nicht vollständig ausgebaut. Vom Rose Garden des Botanischen Gartens führt ein eigener Rad- und Gehweg auf der rechten Seite des Waikato bis zu den Memorial Gardens. Überquert man gleich nach den Gardens den Fluss, erreicht man den Fuß- und Gehweg auf der linken Seite – ab der Innenstadt leider ne-

Die Region Waikato

ben einer Straße; der Weg endet an der Pukete Road im Norden von Hamilton.

Events www.whatsonhamilton.co.nz informiert über alle Veranstaltungen in der Stadt und viele im Waikato.

Ende März oder Anfang April (2011: 31.03.–03.04.) findet „Balloons over Waikato" statt, ein internationales Treffen von Heißluftballons. Am letzten Abend formieren sich die beleuchteten Ballons zum „Nightglow".

Übernachten

Es gibt jede Menge Motels in der Stadt, trotzdem ist es während der Woche nicht immer einfach, etwas Geeignetes zu finden, da viele Zimmer von Geschäftsleuten gebucht sind. Anders am Wochenende, da gibt es Sondertarife!

>>> Mein Tipp: Lake Point Motel 23, besonders nach hinten sehr ruhiges, modernes Motel nahe Lake Rotoroa in einer Nebenstraße; große Units, von Nr. 7, 8, 15 und 16 Blick über die Stadt; große Units mit Küchenzeile (kein Herd!), Fön, geräumigem Bad, die Wände ungewöhnlich gut isoliert. Während der Woche meist voll, da viele Geschäftsreisende: vorbestellen! Gratis Internetzugang. Unit 100–165 $. 42 Thackeray St., ℡ 07/8395553, 0800/525376 (kostenlos), www.lakepointmotel.co.nz. ≪

Novotel Tainui 9, einladendes, neues Stadthotel der Accor-Gruppe, in Citylage nahe der Restaurantmeile an der Victoria St. An der Rückseite plätschert der Waikato-Fluss. 177 gute, wenn auch nicht luxuriöse Zimmer; Fitnessraum, Sauna und Spa, Massage und Beautysalon. DZ ab ca. 170 $ (last minute und an Wochenenden). 7 Alma St., ℡ 07/8381366, 0800/444422 (Zentrale für Neuseeland), www.novotel.co.nz.

Ibis Tainui Hamilton 7, das zweite Hotel der Accor-Gruppe liegt nur einen Katzensprung vom Novotel entfernt, gehört aber in eine ganz andere Welt: Ibis bedeutet Budget, sparsame Einrichtung und akzeptable Preise in 126 klimatisierten Zimmern mit Internetzugang, kleinem Kühlschrank, Fön. Ab ca. 110 $ (Internetbuchung, Wochenende – last minute schon mal 70 $). 18 Alma St., ℡ 07/8599200, 0800/444422, www.ibishotels.co.nz.

Le Grand Hotel 13, Hamiltons Traditionshotel an der Restaurantmeile (ehemals Le Grand, dann Rydges und nun wieder Le Grand), zeitgenössisch elegant eingerichtet, großzügig bemessene Zimmer. Standard DZ ab ca. 119 $, Suite bis 299 $. 237 Victoria St., ℡ 07/8391994, 0800/5347263, www.legrandhotel.co.nz.

Quest on Ward 10, „serviced apartments" sind die Spezialität von Quest: eher kleine Apartments in Großstädten mit allem, was man braucht, inklusive komplett eingerichteter Küche, Waschmaschine und Trockner und außerdem wird gereinigt und das Bett gemacht. Wichtig: zentral, denn meist wohnen hier Businesspeople. So auch in Hamilton (seit 2008)! Studio (ausreichend für zwei) ca. 185 $, mit zusätzlichem Schlafzimmer (One-Bedroom-Apartment) ca. 245 $. 42–47 Ward St., ℡ 07/8391676, 0800/896979, www.questonward.co.nz.

Comfort Inn Southern Cross Hamilton 1, solide Mittelklassequalität ohne Überraschungen, etwas überaltet. Die besseren Units mit Video, Mikrowelle und Spa; im Haus Restaurant (sehr brav und konventionell) und Bar, Zimmer können mit Mahlzeiten („Dinner, Bed & Breakfast") gebucht werden. DZ (Unit) ab ca. 120 $ (Internetbuchung). 222 Ulster St., ℡ 07/8383299, www.comfortinn.com/hotel-hamilton-new_zealand-nz140.

Beetham Park Motel 3, das Motel ist eines der besseren der zahlreichen Motels am Nordende von Hamilton (wo die Gäste aus Auckland ankommen). Es gibt nur 15 Units gehobener Qualität, alle Erdgeschoss mit Klimaanlage, Küche, SkyTV (40 Kanäle) und gratis Internetzugang. Unit (2 Pers.) 105–280 $. 297 Ulster St., ℡ 07/8389323, 0800/233003, www.beethamparkmotel.co.nz.

943 On The River B&B 2, sehr freundliches B&B an der River Road (Straße auf der rechten Flussseite) im Ortsteil Greenwood am nördlichen Stadtrand. Am Ende einer privaten Stichstraße, ruhig, familiäre Atmosphäre; Zimmer mit TV und Du/WC sowie ein Studio mit Küche und Du/WC. Mit Frühstück (engl., fürs Studio wird cont. bereitgestellt). DZ/FR 100–135 $. 943 River Rd., ℡ 07/8555806, billkay@xtra.co.nz.

J's Backpackers 5, Rosen vor dem Vorstadthaus im Garten – das stimmt ein auf eine effizient geführte Backpacker-Unterkunft,

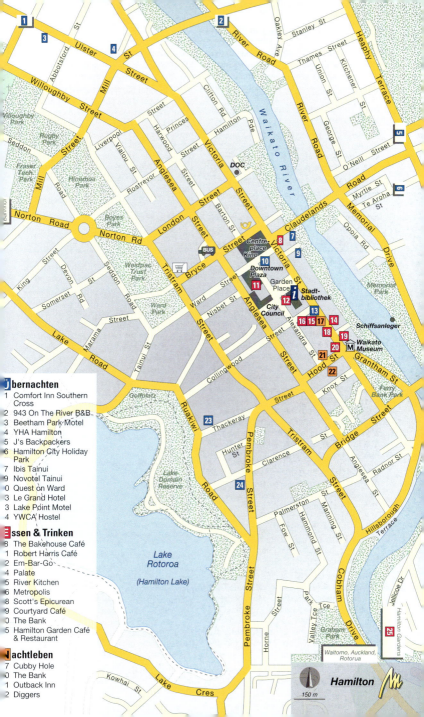

die wie ein großer Privathaushalt wirkt. Lounge mit Blick auf den Garten, Bettwäsche in den sauberen Zimmern, gratis Fahrräder, nach hinten Veranda, BBQ. DB 27–30 $, DO 25 $. 8 Grey St. (gegenüber Eingang 1 Botanischer Garten), ✆ 07/8565934, www.jsbackpackers.co.nz.

Hamilton City Holiday Park 6, 1,5 km östlich der Stadt; kleiner, schattiger Platz. Cabins und Flats 45–160 $, Zeltplatz und 2 Pers. ab 32 $. 14 Ruakira Rd., ✆ 07/8558255, www.hamiltoncityholidaypark.co.nz.

YHA Hamilton 4, die städtische Jugendherberge liegt gerade noch in Fußentfernung vom Zentrum in der belebten Ulster Street. Alle Raumtypen, nur 32 Betten. DO 29 $ (mit YHA 26$), DB 48 $ (YHA 45 $). 140 Ulster St., ✆ 07/9571818, www.yha.org.nz.

YWCA Hostel 24, das Haus liegt am Südrand der Innenstadt, aber noch in Fußentfernung von allen interessanten Zielen. Trotz des Namens (Young Women's Christian Association) Hostel für Frauen und Männer, jedes Stockwerk mit Küche, jedoch ohne Geschirr oder Besteck; dazu Waschküche, TV-Raum. Wer nur kurz nächtigt, zahlt 25 $ pro Nacht inkl. Bettbezüge, Wochentarif 110 $. Ecke Clarence/Pembroke St., PO Box 1011, ✆ 07/8382219, www.ywcahamilton.org.nz.

Essen & Trinken/Nachtleben (→ Karte S. 263)

»» Mein Tipp: Palate 14, 170 Victoria St.; Hamiltons jüngster kulinarischer Shootingstar gibt sich vom Ambiente (und vor allem der Fassade) eher schlicht, dafür ist das Essen spitze. Menüvorschläge aus je drei Vor-, Haupt und Nachspeisen mit passenden Weinen – tolle Idee, super in der Praxis. Ein Ras-el-Hanout Bread-and-Butter-Pudding, also die Verwendung einer marokkanischen Gewürzmischung für einen englischen Küchenklassiker, steht symptomatisch für das Küchenprogramm. Oder dieser Schlager: „cumin roasted lamb rump with sticky lamb rib, crispy shepherd's pie and pea puree" – da läuft einem doch das Wasser im Munde zusammen. Starter ab 15 $, Hauptgang ab ca. 32 $. Di–Sa ab 18 Uhr, ✆ 07/8342921, www.palaterestaurant.co.nz. ««

Em-Bar-Go 12, 12 Garden Place; Embargo residiert in einem früheren Bürohaus des New Zealand Herald, deshalb schmücken Zeitschriften-Erinnerungen die Wände. Moderne Einrichtung, gute Lage am belebten, verkehrsfreien Platz mit vielen Büros und der städtischen Verwaltung in der Umgebung, Frühstück ab 9 Uhr. Lunchgerichte 9–19 $, Dinnergericht ca. 35 $. ✆ 07/8341353.

Robert Harris Café 11, Worley Place (Downtown Plaza, ein weiteres Robert Harris Café in der Centreplace Mall); wie überall in Neuseeland ein verlässliches, gutes Café mit ausgezeichneten kalten und warmen Speisen, Kuchen und Desserts (Muffins!); tägl. 7–19.30 Uhr (Fr bis 20.30 Uhr, So bis 16 Uhr). ✆ 07/8396933.

The Bakehouse Café 8, 432 Victoria St.; großes, spartanisch eingerichtetes „Bäckerei-Café" mit Kuchen und süßen Schnitten, auch mit warmen und kalten Snacks samt gefüllten Panini, Burgers und Pies. 24 Std. geöffnet (nachts eher zwielichtiges Publikum), auch am Sonntag – nur Brot gibt es keines! ✆ 07/432430.

Metropolis 16, 211 Victoria St.; der Name ist kein Zufall, Kupfer und Metall wollen an den Fritz-Lang-Film erinnern, und das gelingt durchaus. Durchwegs schicke und betuchte Klientel, die zwischen einfacheren Gerichten der asiatisch orientierten Fusion-Küche und normalem Bistro-Food wählen (Green Thai, Chicken Curry, als Hauptgang abends ca. 25 $) und bis Mitternacht bleiben kann. ✆ 07/8342081, www.metropoliscaffe.co.nz.

The Bank 20, angesagtes Lokal an der Ecke Hood/Victoria St. in aufwendig dekoriertem, spätgründerzeitlichem früheren Bankgebäude; Snacks und Bistroküche (Lunch ab 9 $, abends ab 21 $), an den Wochenenden ab 22 Uhr Tanz. ✆ 07/8394740.

Scott's Epicurean 18, 181 Victoria St.; ein langer Schlauch von einem Café, hinten kleiner Innenhof mit Farnbäumen, das eigentliche Café mit Resten des Originaldekors von vor 1914 (Decke!); nach vorne Terrasse zur Straße, moderne Kunst an den Wänden, meist voll, v. a. an Abenden mit Live-Musik. Der Kaffee ist nach Anbieterwechsel leider nur so-so, das Bistro-Essen dafür überdurchschnittlich gut und preiswert (Nudelgerichte unter 10 $, z. B. hervorragend „spaghetti aglio olio" 9 $). ✆ 07/8396680.

River Kitchen 15, 237 Victoria St.; das Lokal mit seiner offenen Küche und wirklich guten Backwaren mag 2010 das beste Café im Waikato gewesen sein; dass man aber eine halbe Stunde vor Schließzeit (16 Uhr) durch auf die Tische gestellte Stühle und lustvolles Sprayen mit Reinigungsflüssigkeit zum vorzeitigen Abzug gezwungen wird, passt überhaupt nicht dazu.

Hamilton Garden Café & Restaurant 25, Cobham Drive (SH 1); Kiosk mit Terrasse im Botanischen Garten am großen Teich; Salate, Panini, gute Kuchen, kein Alkohol, an Wochenenden sind Bestellungen am Tresen und Service mit Warten verbunden. Café 9.30–17 oder 18 Uhr, Restaurant 12–15 Uhr. ✆ 07/8566581.

Courtyard Café 19, 1 Grantham St. (im Waikato Museum); hübsch im Innenhof angesiedeltes Museumscafé mit vor allem süßen und salzigen Imbissen aus der Vitrine, das frühere Restaurant im Haus wurde leider geschlossen. ✆ 07/8397209.

Cubby Hole 17, 195 Victoria St.; Bar & Club, Drinks und Snacks (Kalte Platte, Pizza 26–28 $), Lounge und Billardzimmer. So–Mi ab 17 Uhr, Do–Sa 19–3 Uhr.

Diggers 22, 17b Hood St.; kleine, beliebte Bar in altem Stadthaus, bekannt für Livemusik am Wochenende. ✆ 07/8342228, www.diggersbar.co.nz.

Outback Inn 21, Ecke Victoria St. und Wood St.; ein schmaler Durchgang führt zu einer der lautesten Kneipen der Stadt. Probieren Sie nicht unbedingt Fr oder Sa abends, dann geht's rau zu, wie im Outback eben, bevor der Sheriff einschreitet. Mi ab 20, Do–Sa ab 22 bis 3 Uhr.

Sehenswertes

Waikato Museum of Art and History/Te Whare Taonga o Waikato: Das moderne, architektonisch interessante Regionalmuseum über dem Waikato River ist vor allem wegen seiner Sammlungen zur Geschichte, Kultur und Kunst der Maori interessant, wobei die meisten Ausstellungsgegenstände aus dem Waikato und dem südlich anschließenden King Country stammen.

Im 3. Stock (mit Lobby) informiert der Ausstellungsbereich *Ngaa Purapura O Tainui* (Die Samen der Tainui) über die Nachkommen *Tainuis*. Er war als Stammeshäuptling Steuermann eines der ersten Boote, die Neuseeland erreichten. Sein Boot, das Tainui-Kanu, liegt bei Kawhia an der Küste auf einem Hügel begraben (s. u.). Wenige, aber ausgesucht schöne Objekte sind in Glasvitrinen ausgestellt (Texte in Englisch und Maori). Von der Rampe zum tieferen Stockwerk kann man vom Zwischenstockwerk das geschnitzte Kanuhaus (whare waka), eine moderne Arbeit (um 1970), und das Kriegskanu „Te Winika Waka" bewundern. Die riesige Glasfront lässt Licht herein und ermöglicht den Blick auf den Waikato-Fluss. Das Kriegskanu wurde aus einem 1836 gefällten, damals wohl 1.700 bis 1.900 Jahre alten Totara-Baumstamm geschnitzt; 1973 stifteten es die früheren Besitzer der Bevölkerung von Hamilton.

Tägl. 10–16.30 Uhr. Eintritt frei (donation/koha, also Spende erwartet). ✆ 07/8386606, www.waikatomuseum.co.nz.

Im Waikato-Museum: Bug des Te Winika Waka

Memorial Park und Waipa-Schaufelraddampfer: Der kleine Park auf der anderen Seite des Waikatoflusses ist Startpunkt der Flussfahrten mit dem historischen Schaufelraddampfer „Waipa Delta".
Tägl., ca. 2 Std. 39 $, abends ca. 3 Std., mit Büffet und Livemusik 99 $ und andere Angebote. ✆ 07/8547813, 0800/472335, www.waipadelta.co.nz.

Lake Rotoroa: Um den Lake Rotoroa (früher Hamilton Lake) führt ein für Rollstuhlfahrer ausgebauter Fußweg, die Umrundung dauert ca. 0:45 Std. Oberhalb im Wald ein weiterer Fußweg (nur auf der Nord- und Ostseite).

Hamilton Gardens (Hamilton Botanical Garden): Die Stadt leistet sich einen großen Botanischen Garten, dessen Besuch schon mal einen halben Tag wert ist – und wer das Café oder das Restaurant im Gelände besucht, kann dort locker einen ganzen Tag verbringen. Der schön angelegte Park liegt direkt am Waikato-Fluss und ist in zwei große Sektionen aufgeteilt. Im Westteil (Gate 2) befindet sich der eigentliche Botanische Garten mit den einzelnen Gärten, Café-Restaurant, Information und einer großen Picknickwiese (Governor's Lawn) gleich beim Eingang. Der Ostteil (Gate 1) ist ein Landschaftsgarten, der von Spaziergängern, Joggern und – in einem abgegrenzten Gebiet – von Hunde-Gassi-Führern besucht wird.

Besonders sehenswert ist der Rosengarten *Roger's Rose Garden*, daneben *Rhododendron Lawn* und der *Hammond Camellia Garden*. In einem Bereich mit eigenem Zugang (vom Platz vor Information und Restaurant) sind die *Theme Gardens* untergebracht, phantasievolle Kreationen von sechs Gärten: der Garten eines chinesischen Gelehrten, der zum Ausruhen und Meditieren einlädt, englischer Blumengarten, japanischer Garten, „amerikanisch-modernistischer" Garten, italienischer Renaissance-Garten und der indische Char-Bagh-Garten.

🍃 **Feldbau der Maori, ein Mustergarten**: Erst 2008 fertig gestellt und eine außergewöhnliche Attraktion der Stadt und der gesamten Region ist der *Maori-Garten „Te Parapara"*, die prächtigen Schnitzarbeiten des Eingangstores und der Palisadenzaun umgeben einen großen Maori-Küchengarten mit drei *pataka* (Vorratshäuser). Maori-Künstler haben die Schnitzarbeiten dieser Häuser und die des Zaunes, des Tores und der mythischen Figuren, die – als geschnitzte Holzpflöcke – die Felder bewachen, in Zusammenarbeit mit den lokalen Maori-*iwi* entworfen und ausgeführt.
Garten ständig geöffnet, im Sommer bis 20, im Winter bis 17 Uhr. Eintritt frei, Führung (fakultativ) 10 $. Information tägl. 9–17 Uhr. Cobham Drive, ✆ 07/8386782, www.hamiltongardens.co.nz. ■

Touren

Das grüne, wellige Waikato hat im Binnenland wenige Sehenswürdigkeiten. Nur wo Kalkgestein an die Oberfläche tritt, wie in der *Nikau Cave* nordwestlich der Stadt, oder geothermische Energie sich in Form heißer Quellen zeigt, unterbrechen interessante Phänomene die ansonsten eher einförmige Landschaft.

Und wer gründerzeitliche Städtchen mit leicht angestaubtem Flair zu schätzen weiß, wird sich in *Cambridge* wohl fühlen, während das ebenfalls in den New Zealand Wars Mitte des 19. Jh. als Garnisonsstadt entstandene *Te Awamutu* heute eher wegen seines schönen Rosengartens den Besuch lohnt – besonders, wenn man ohnehin auf dem Weg nach Süden ist.

Huntly: Das auffällige Kohlekraftwerk mit seinen beiden 150 m hohen Schloten ist Neuseelands größtes, man sieht es von Autobahn, Staatsstraße und der Bahn aus.

Florenz? Hamilton Gardens!

Das *Waikato Coalfields Museum* im nahen Ort Huntly informiert über die Geschichte dieser bedeutendsten Kohlebergbauzone des Landes, in der das „schwarze Gold" bis heute gefördert wird.
 Museum: tägl. 10–16 Uhr. Eintritt 3 $. ✆ 07/8288128.

Rangiriri: 18 km nördlich von Huntly liegt am Waikato das Dorf Rangiriri, der SH 1 führt auf neuer Trasse etwas abseits der Siedlung vorbei. Dem Anschein nach gibt es keinen Grund, in den Flecken reinzufahren? Jedoch entpuppt sich das Café Rangiriri Tearooms an der Bushaltestelle (InterCity/Newmans) bei näherem Hinsehen als ein interessanter Vielzweckbau: im Café selbst sind zahlreiche Bilder, Zeitungsausschnitte, alte Pläne etc. aufgehängt und man erfährt, dass am Ort des Dorfes im Jahr 1863 die Schlacht von Rangiriri stattgefunden hat, eine der wichtigen Entscheidungsschlachten der Maori Wars in den 60er-Jahren des 19. Jh. Geht man nach hinten, findet man sich in einem Raum wieder, der als Museum und Vortragssaal hergerichtet ist und weitere Dokumente zeigt, die mit dieser Schlacht in Verbindung stehen: am 20. November 1863 griffen britische Truppen mit schwerer Artillerie und fünf Kanonenbooten die schwer befestigte Rückzugsstellung der Waikato-Maori und ihres Alliierten Rewi Maniapoto an. Die 1.500 Angreifer konnten den Verteidigungsgürtel der Maori nicht durchbrechen und mussten sich in der folgenden Nacht in rasch gegrabenen Laufgängen verschanzen. Der strömende Regen hatte jedoch den Verteidigern das Pulver ruiniert, was die meisten anwesenden Häuptlinge veranlasste, mit ihren Leuten Rangiriri zu verlassen, nicht ohne zu versprechen, mit Verstärkung zurückzukehren. Am Morgen hissten die zurückgebliebenen Maori die weiße Flagge.

Auf dem Friedhof gegenüber, dem *Maori War & Early Settlers' Cemetery,* wo sich auch ein Denkmal befindet, sind die Toten dieser Schlacht (mit Ausnahme der Offiziere) begraben.

Die Region Waikato

Ngaruawahia: Nachdem man südlich von Huntly die landschaftlich reizvolle Engstelle des Waikato-Flusses passiert hat, die hier die Hakaromata Range von der Taupiri Range trennt (beide mit hübschen Wanderwegen), erreicht man den Ort Ngaruawahia. Die äußerlich wenig eindrucksvolle Siedlung ist Sitz des Maorikönigs. Bis August 2006 regierte die „Maori-Queen" Te Arikuini Dame Te Atairangikaahu (das „Dame" war ein von der britischen Krone verliehener Adelstitel), die Nachfolge trat ihr ältester Sohn Tuheitia Paki an. Der Amtssitz des Maorikönigs ist *Turongo House*, das kulturelle Zentrum des Orts und des Tainui-Stammes ist der *Turangawaewae Marae* – beide sind üblicherweise nicht zu besichtigen. Zwei wichtige historische Ereignisse haben sich in Ngaruawahia zugetragen: Potatau I., der erste Maorikönig, erkor den Ort 1858 zu seinem Königssitz und machte Ngaruawahia damit zum Zentrum des „King Movement", das später Auslöser der New Zealand Wars wurde. 1995 wurde hier das historische „Raupatu Land Settlement" unterzeichnet, das dem Tainui-Stamm für die in den 1860er Jahren erlittenen Schäden und Enteignungen Entschädigung zusicherte. Nur an einem Tag des Jahres ist der Marae zu sehen: an einem Samstag im März (der dem 17. März nächststehende Samstag), wenn der *Regatta Day* stattfindet und sich die Kriegskanus der Tainui (ihr größtes steht normalerweise im Museum in Hamilton) ein Rennen auf den beiden Flüssen im Ort liefern.

Waingaro Hot Springs: Zwischen Ngaruwahia und dem Raglan Harbour liegt ein kleines Thermalgebiet, das schon bessere Zeiten gesehen hat – was aber die Besucher aus dem Waikato und aus Auckland nicht davon abhält, sich in dem ausgedehnten Thermalkomplex mit seinen diversen Becken, großer Wasserrutsche und speziellen Kinderspiel- und -planschbereichen zu tummeln. Es gibt diverse Nächtigungsmöglichkeiten (siehe Internetseite).
Tägl. 9–22 Uhr. Eintritt 11 $. ✆ 07/8254761, www.waingarohotsprings.co.nz.

Nikau Cave: Diese Höhle, nahe der Westküste auf einer privaten Farm im Waikaretu Valley gelegen, ist wegen ihrer Glühwürmchen und vor allem wegen ihrer großen Sinterformationen sehenswert. Ein Höhlenfluss durchzieht die Hohlräume des Höhlensystems. Am Eingang muss man sich durch eine Engstelle winden und eine Leiter erklimmen (nichts für Klaustrophobe!); weil es generell recht feucht ist, sind gute Schuhe vonnöten. Wer sich nicht zutraut, sich durch die Engstelle zu zwängen, kann sich einen Einblick in die Schönheiten der Nikau Cave auch verschaffen, wenn er die Höhle vom Ausgang aus betritt.

Höhlentour/Übernachten Die Tour (1:30 Std., ab 2 Pers.) kostet ca. 35 $, es gibt auch Tages- und Halbtagestouren ab Auckland. Alle Touren werden von geprüften Führern begleitet und müssen per Email oder telefonisch im Voraus gebucht werden. Die Farmbesitzer bieten Übernachtungsmöglichkeiten z. B. im „White House" an: schlichte Hütte, 2 Pers./FR ab 110 $, noch schlichter ein Raum im Café, 50–60 $ für zwei. Nikau Cave, RD 5, Tuakau 2695, ✆ 09/2333199, info@nikaucave.co.nz, www.nikaucave.co.nz.

Te Awamutu: Brav und friedlich wirkt das Landstädtchen Te Awamutu, dessen Gründung auf einen Krieg zurückgeht. 1863 wurde hier eine Garnison der britischen Armee einquartiert, die in den Maori Wars kämpfte. Heute kann man sich an den ausgedehnten *Rose Gardens* erfreuen (gleich am Nordeingang des Orts, gegenüber dem Häuschen der Touristinformation). Dort erhält man auch die Schlüssel für die *St John's Church* in der Arawata Street (die Hauptstraße, gleich rechts), die 1854 für die Garnison gebaut wurde und heute Erinnerungsstücke an die New Zealand Wars zeigt (Aufschriften in Englisch und Maori). Auf dem *Friedhof* nördlich der kleinen Kirche sind u. a. die Gefallenen der Kämpfe von Orakaiu bestattet. Im

Te Awamutu Museum sind vor allem Maori-Kunstgegenstände von Interesse, darunter Uenuku, eine aus dunklem Holz geschnitzte Maori-Gottheit.

Te Awamutu i-Site, 1 Gorst Ave., Te Awamutu. Infos, Karten, Bücher und wie üblich Fahrkarten und Zimmervermittlung; unbedingt besorgen: (gratis) Faltblatt „Heritage Trail Te Awamutu" mit vielen Infos und alten Fotos des Ortes. ✆ 07/8713259, www.teawamutuinfo.co.nz.

Cambridge: Auch das sympathische Cambridge hat eine militärische Vergangenheit. Für Besucher des Landstädtchens ist sie jedoch kaum mehr sichtbar, sieht man von den Hinweisen im kleinen *Cambridge Museum* ab (Di–Sa 10–16 Uhr, im früheren Gerichtsgebäude mit der üppigen Fassade). Ein Spaziergang durch den Ort führt vorbei an viktorianischen Häusern, dem neoklassizistischen *Rathaus* von 1909 und der hübschen *St. Andrew's Anglican Church* mit hohem Turm und farbigen Glasfenstern. Der Rundgang schließt mit der Umrundung des *Lake Te Ko Utu*, eines oberirdisch abflusslosen, leicht in das umliegende Gelände eingesenkten Sees mit umgebendem Park.

Visitor Centre, Ecke Queen/Victoria St., tägl. 9–17 Uhr, Sa/So 10–16 Uhr. ✆ 07/8233456, www.cambridgeinfo.co.nz.

Raglan (Whaingaroa)

Surfen ist die alles andere übertrumpfende Leidenschaft, die die Besucher in den kleinen Ort im Südwesten des ausgedehnten, buchtenreichen Raglan (oder Whaingaroa) Harbour lockt. In den kleinen Buchten südwestlich von Raglan versammelt sich die globale Surfer-Elite und eine vielfache Anzahl von Zuschauern und „Adabeis"; in Raglan selbst ist man nur morgens, abends und zunehmend nachts zu finden – die Bow Street rauf und runter finden sich 95 % der Lokale. Das soll aber keinen von einem Besuch abhalten, der einen hübschen Badeort mit allen Einrichtungen sucht, aber vom Surfen weder Ahnung noch dafür Interesse hat – Raglan kommt jedem freundlich entgegen.

Information/Verbindungen

Information Raglan Information Centre, 8 Wainui Rd., tägl. 9–15 Uhr, Sa/So 10–16 Uhr, im Sommer evtl. länger. ✆ 07/8250556, www.raglan.org.nz und (besser) www.raglan.net.nz.

Verbindungen Raglan ist mit Hamilton durch einen **Stadtbus** verbunden (✆ 0800/42875463). Abfahrt in Hamilton von der Victoria Rd. neben dem Transport Centre (also nicht vom Busbahnhof!); einfache Fahrt ca. 5,50 $.

Wassertaxi zu den Surfbuchten im Sommer. ✆ 07/8250300.

Raglan Taxi ✆ 07/8250506.

> **Achtung Autofahrer**: Diebstahlgefahr auf unbewachten Parkplätzen – besonders in den Surfbuchten und bei den Bridal Veil Falls!

Sport & Freizeit

Surfen Verleih von Surfausrüstung/Surfunterricht: Raglan Surfing School, 5 Whaanga Rd., Whale Bay; Anfängerlektion ca. 90 $, Privatstunde ca. 130 $; Brett ca. 35 $ (halbtags), Boogiebrett 10 $, Wetsuit 5 $/Std.; „Surf Package" 2 Tage inkl. 1 Übernachtung (Backpacker) 145 $. ✆ 07/8257873, www.raglansurfingschool.co.nz.

Kajaken Im relativ ruhigen Raglan Harbour ist das auch für Anfänger eine gute Idee. Kajaks leiht man sich bei *Raglan Backpackers* (→ Übernachten). Oder man

Die Region Waikato

Auf dem Weg zum Surf in Raglan

bucht bei **Kayakparadise** einen Halbtagestrip ab Hamilton zu 70 $, ganzer Tag 130 $. ✆ 07/8495013, www.kayakparadise.co.nz.

Hafenrundfahrt Raglan Harbour Cruise, eine einstündige Fahrt durch den großen, buchtenreichen Raglan Harbour ist den niedrigen Preis allemal wert. Die Tour startet am Bootsanleger am Beginn der Bow St. (bei der Info). Preis 10–15 $; auch Lunch-, BBQ- und Dinnerfahrten zu höheren Preisen. ✆ 07/8258153.

Übernachten

Raglan Sunset Motel, zwischen der Straße nach Hamilton und der zu den Stränden führenden Wainui Road; modernes Motel etwas abseits des Zentrums, die 22 Units sind um einen autofreien Innenhof mit Sitzgarnituren gruppiert, die Terrassen/Balkone (Erdgeschoss/1. Stock) haben Tisch und Stuhl – eine Einladung, den Abend draußen zu verbringen. Gratis WLAN! Unit 135–250 $. 7 Bankart St., ✆ 07/8258050, www.raglansunsetmotel.co.nz.

Harbour View Hotel, altgedientes Hotel von 1904, das wiederum auf ein Wohnhaus von 1866 zurückgeht, mit 9 recht freundlichen, aber bis spätabends nicht ganz ruhigen Zimmern, besonders die, die über der Veranda liegen. DZ 80–100 $. 14 Bow St., ✆ 07/8258010, harbourviewhotel@xtra.co.nz.

Raglan Backpackers, straff geführte neuere Herberge am Strand, kleiner begrünter Innenhof, Schlafräume und Küchen spartanisch, aber o. k. Kajakverleih. DO 23–26 $, DB 32–37 $. 6 Neera St., ✆ 07/8250515, www.raglanbackpackers.co.nz.

Karioi Backpacker Lodge, eine Surfschule braucht ein Backpacker-Hostel, also baut sie sich eines. Dieses liegt in grüner Umgebung in der Whale Bay, und Surfen ist natürlich groß geschrieben; aber auch alle anderen Adrenalin-Thrills wie Paragliden, Höhlenbesuche (Abseilen!) und Jetboating kann man hier betreiben bzw. buchen. Oder einfach auf der sonnigen Terrasse den Tag genießen. SG 69 $, DB ab 35 $, DO 27–31 $. 5 Whaanga Rd., ✆ 07/8257873, www.kariolodge.co.nz.

Raglan Kopua Holiday Park, großer Platz auf der Halbinsel gegenüber Raglan am Kopua-Strand, Fußgängersteg zum Ort. Alle Unterkunftstypen von 32 $ (Stellplatz und 2 Pers.) bis 130 $ („Tourist Flat") und Backpacker-„Dorm" ab 23 $ p. P. Marine Parade, ✆ 07/8258283, 0800/472452, www.raglanholidaypark.co.nz.

Essen & Trinken

Vinnie's, 7 Wainui Rd.; das älteste Bistro-Cafe am Platz quillt aus seinem eher schäbigen Cottage auf den Rasen nebenan über; dass es praktisch immer voll ist, liegt an seinem Nimbus und der kiwi-typischen Karte: „Gourmet Burgers", Sommersalate, „Paninis", Nachos, Thai-Tintenfischringe, Hoki-Fisch mit Chips und Salat, „Gourmet Pizzas" (ab ca. 18 $, z. B. mit Satay-Soße und Banane und …). Oft lange Wartezeiten, Küchenleistung stark schwankend. ✆ 07/8257273.

Harbour View Restaurant & Cafe, 14 Bow St.; das Restaurant des gleichnamigen Hotels hat eine Veranda zur Straße, von der man während des Essens, bei einem Cappuccino oder Wein verfolgen kann, was in der Bow Street so vor sich geht – das ist auch der eigentliche Grund, hier zu sitzen.

Orca, 2 Wallis St.; gediegenes Restaurant und Bar im Holz- und Glasbau am Beginn des Fußwegs zu Te-Kopua-Steg und Strand; Frühstück bis ca. 15 $, Hauptgericht 17–30 $, mit Überraschungen muss man hier nicht rechnen. Mo–Do Frühstück und Lunch, Fr–So bis spät abends. ✆ 07/8258022.

The Shack (ehem. Tongue and Groove), Ecke Bow St./Wainui Rd.; das belebte Bistro-Café hat mit Sofas und Sonnenterrasse und einer gut bestückten Theke samt Weinliste ein super Kapital, das es durch das gelangweilte Personal und das gerade mal durchschnittliche Essen wieder verschenkt.

Sehenswertes/Touren

Ort und Hafen: An der Bow Street, Raglans Hauptstraße, reihen sich ein paar historische Gebäude, z. B. das Harbour View Hotel (1866). Die Straße endet an einer Grünanlage am Wasser und einer Anlegestelle, an der die Boote zur Raglans Harbour Cruise starten. Von dort führt ein Fußweg und Fußgängersteg über den schmalen Meeresarm zur *Te-Kopua-Halbinsel* – dort findet sich Raglans Holiday Park, ein kleines Fluggelände und vor allem der sicherste Badestrand des Orts.

Die Surf-Buchten: Südwestlich von Raglan, das am schmalen Ausgang des Raglan (Whaingaroa) Harbour liegt, reihen sich mehrere Surfbuchten aneinander. Sie alle haben „linksbündigen", im linken Teil der Bucht brechenden Surf, der in der Manu Bay wohl am ausgeprägtesten ist, wo auch immer wieder nationale und internationale Meisterschaften ausgetragen werden.

Von Raglan aus erreicht man auf der Straße zunächst eine Zufahrt nach *Rangipu* an der schmalsten Stelle der Meeresbucht; es folgen der *Ngarunui Beach* und schließlich die beiden schmalen Haupt-Surfbuchten *Manu Bay* und *Whale Bay*. Zwar massenhaft Zuschauer, aber nur wenige Cracks, die über die sich in kurzen Abständen bildenden Surfwellen reiten; nebenan große Parkplätze und – wie überall an Orten mit vielen Autos, deren Besitzer abgelenkt sind – ein gerüttelt Maß an Kleinkriminellen. Also Autos gut absperren, keine Wertsachen im Wagen liegen lassen!

🥾 Mount Karioi und die Bridal Veil Falls

Dauer: Wairake Track 3 Std. einfach

Wairake Track/Te Toto Track 5–6 Std. einfach

Bridal Veil Falls: 10 Min.

Die Silhouette der bewaldeten Karioi-Bergkette begrenzt Raglans Horizont gegen Süden. Der *Mount Karioi* ist mit 755 m zwar nicht sehr hoch, aber da seine Hänge direkt über dem Meeresspiegel beginnen, wirkt er mächtiger als er ist. Der *Wairake Track*, ein nicht ganz einfacher Track, führt in ca. 3 Std. zum Gipfel – zurück braucht man kaum weniger Zeit. Wer sich vom Parkplatz am Ende der Te Hutewai

Raglan Road abholen lässt, kann eine komplette Überquerung machen, die vom Gipfel dem *Te Toto Track* folgt und insgesamt ca. 5–6 Std. in Anspruch nimmt. Da die bewaldete Kette immer wieder von felsigen Stellen unterbrochen ist, ist auf dem Weg mit gesicherten Stellen und Leitern zu rechnen, die darüber hinweg helfen.

Ein besonders attraktives Ziel in der Karioi-Kette sind die *Bridal Veil Falls*, ein 55 m hoher Wasserfall, der von der Straße nach Kawhia auf einem 10-minütigen Fußweg zu erreichen ist. Eine in Raglan startende Round-the-Mountain-Bustour schließt die Fälle mit ein.

Infos zur Wanderung Das 2010 erschienene neue Faltblatt Mount Karioi des DOC ist in der Info Raglan zu erhalten. Als Karte ist die neue NZTopo50BD31 „Mount Karioi" ein sinnvoller Erwerb.

Organisierte Ausflüge/Track-Transfer Round-the-Mountain-Bustour rund um die Karioi-Kette ca. 3:30 Std., 80 $, durch Raglan Scenic Tours, 53 Cliff St. Derselbe Veranstalter ermöglicht mit seinem Dropoff-Pickup-Service auch eine komplette Tour über den Mount Karioi; Wegzeit 5–6 Std., Dropoff-Pickup 60 $. ℡ 07/8250507, www.raglanscenictours.co.nz.

Kawhia

Ähnlich wie das 55 km weiter nördliche Raglan liegt Kawhia in der Nähe der Engstelle einer ausgedehnten, stark aufgefächerten Meeresbucht, des *Kawhia Harbour*. Dieses Nadelöhr schützt Kawhia vor den gewaltigen Wellen der Tasmanischen See – ein sicherer Hafen mit grünem Hinterland. Dennoch haben beide Orte wenig gemeinsam: So international und hipp Raglan ist, so provinziell ist Kawhia. Doch wenn in den Sommerferien die Touristen aus Auckland kommen und sich etwas außerhalb in Ocean Beach niederlassen oder 4 km weiter, in Te Puia Springs an der Westküste, ist es mit der Beschaulichkeit zumindest für sechs Wochen vorbei. Was tun in Kawhia? Nichts tun, baden, surfen, Hafenrundfahrt oder sich mit der Kultur der Maori beschäftigten: Hier, in Kawhia, konzentriert sich die Tradition der *Tainui*, eines großen Maori-Stammes der Nordinsel, und hier ist das Boot begraben, das die ersten dieses Stammes vor mehr als 650 Jahren nach Aotearoa gebracht hat.

Information/Verbindungen/Sport & Freizeit/Feste

Information Infos im Museum (→ Sehenswertes), ℡ 07/8710161, kawhia@paradise.net.nz.

Verbindungen Kawhia hat keine Busverbindungen.

Hinweis für Autofahrer: Die Straße zwischen Raglan und Kawhia ist teilweise nicht befestigt und sehr kurvenreich, nach Regen möglichst nicht befahren!

Sport & Freizeit Bootsausflug: Den großen Kawhia Harbour kann man mit der bis zu 66 Passagiere fassenden „Lady Kawhia" erkunden (Rundfahrt ab 50 $); die „History & Hangi Cruise" mit Infos zur Maori-Geschichte und einem an Bord servierten Hangi-Lunch ist für 65 $ ihren Preis wert! Mehr Infos bei **King Country Tourism**, 29 Jervois St., Kawhia, www.cruise-waikato.co.nz.

Feste Kawhia Festival, am 1. Samstag im Februar wird traditionelle Maori-Küche gefeiert, am Hafen geht's dann hoch her.

Sehenswertes

Kawhia Regional Museum Gallery: Bilder aus der Ortsgeschichte, Fossilien und ein Walfängerboot von ca. 1880 aus Kauriholz – das sind die Objekte des winzigen

Museums, das, wie so viele in Neuseeland, von Freiwilligen geleitet wird, die auch noch die Touristinfo managen.

Okt. bis März Mi–So 10.30–16.30 Uhr, sonst Sa/So 12–16 Uhr). Eintritt: Spende. ✆ 07/8710161.

Maketu Pa und das Waka der Tainui: Am südwestlichen Rand von Kawhia steht der *Maketu Marae*, ein detailversessen geschnitztes und in den klassischen Maori-Farben (v. a. Tiefrot) bemaltes Versammlungshaus. Die verkleinerte Nachbildung eines Maori-Kanus *(Waka)* ziert den Giebel des Eingangstors. Das zugehörige ehemals befestigte Dorf war eines von mehreren Dörfern am Ufer des fischreichen und vor allem an Austern und Muscheln reichen Kawhia Harbour. Die Dörfer wurden ab 1821 von den Tainui-Maori des Te Rauparaha gegründet, nachdem sie aus ihrer alten Heimat fliehen mussten. Das Kanu, mit dem sie kamen, banden sie an einem Pohutukawa-Baum fest, der heute noch zu sehen ist. Das erste Maori-Kanu vom Tainui-Stamm war an derselben Stelle bereits um 1350 gelandet: Es war das legendenumwobene Waka der Tainui, das für die meisten Maoris der Nordinsel einen zentralen Platz in der Überlieferung einnimmt. Dieses Kanu, heißt es, wurde auf einem Hügel oberhalb des Marae vergraben, Bug und Heck sind durch Steine markiert.

Mehr zur Maori-Geschichte und -Kultur unter dem Stichwort Maoritanga → S. 53; Infos zur lokalen Geschichte unter www.kawhia.maori.co.nz.

Die Te Puia Hot Springs: Nicht nur die Coromandel-Halbinsel hat ihre warmen Quellen im Strandbereich. Auch Te Puia, 4 km westlich von Kawhia und auf schlechter Straße zu erreichen, bietet bei Flut im überschwemmten Strandbereich Warmwasseraustritte. Kein Wunder, dass der Strand in der Hochsaison bei Ebbe aussieht wie eine Bombentrichterlandschaft. Die gesamte Dünen- und Strandzone ab dem Parkplatz ist Geothermalgebiet: Man sieht es an den gelben Schwefelausblühungen, und man riecht es am austretenden Dampf; wer barfuß geht, läuft Gefahr, sich an den heißen Stellen des schwarzen Sanduntergrunds die Sohlen zu verbrennen – lieber Sandalen tragen! Baden ist hier nicht zu empfehlen, der Strand ist bekannt für seine „Freak-Wellen", die plötzlich erscheinen und wohl, wie Tsunamis, auf untermeerische Beben zurückgehen.

Timing 2 Stunden vor und nach der Flut ist der Strand nicht begehbar, wann das ist, weiß die Auskunft in Kawhia!

Das King Country

Das Tal von Waitomo mit seinen Karsthöhlen – den berühmten Glühwürmchen-Grotten – ist das einzige überregional bedeutende Touristenziel des King Country. Die Orte im Binnenland wie Otorohanga oder Te Kuiti haben zwar die eine und andere Sehenswürdigkeit, aber mit Waitomo können sie nicht mithalten. Ebenso wenig die Küste bei Mokau, an der die Straße nach Taranaki und New Plymouth entlangführt: Sie ist zwar schön und abwechslungsreich, wird aber von anderen Küsten Neuseelands klar in den Schatten gestellt. Was also ist königlich am King Country?

Das grüne Innere der Nordinsel zwischen Hamilton im Norden und dem Whanganui-Fluss, allgemein King Country genannt, ist keine geographisch oder administrativ klar umrissene Einheit – es ist ein Gebiet mit ähnlicher wirtschaftlicher und kultureller Struktur und vor allem ähnlicher Geschichte. Während der New Zealand Wars zwischen 1864 und 1881 fanden die Maori im „King Country" Zuflucht,

An der Tongaporutu-Mündung

nachdem sie zuvor in der Endphase des sog. *King Movement* gegen die britischen Truppen gekämpft und bei Orakau eine empfindliche Niederlage erlitten hatten (→ Geschichte S. 48 sowie Kasten S. 298).

Die Landschaft der Region ist hügelig bis bergig und stark von Bächen und Flüssen zerschnitten. Straßen oder gar Bahnlinien gab es im 19. Jh. nicht – die heute das Gebiet tangierende Eisenbahn wurde erst nach dem Ende der New Zealand Wars gebaut. Die hierher geflüchteten Maori schotteten das King-Country über eineinhalb Jahrzehnte komplett von seinem Umland ab. Nach dem Ende der Isolierung und dem Friedensschluss 1881 wurde das Gebiet innerhalb kürzester Zeit ein Opfer der Holzindustrie – nur wenige Reste des früheren Waldes haben sich erhalten.

Otorohanga

Ein typischer kleiner, zentraler Ort im Binnenland Neuseelands mit einer typischen Kleinstadthauptstraße – der Maniapoto Street: Dairy und Takeaway für Chicken, Thaifood, Pizza, Fish & Chips; eine „Bakery" mit ein paar Tischen und heißen Snacks, die stundenlang warm gehalten werden und entsprechend zäh sind; dazu eine echte Bakery, in der es tatsächlich Brot gibt; Bank und Post, Sportladen, ein Papierladen mit Kinderspielzeug, ein Laden für landwirtschaftliche Geräte, Autohändler, Versicherung … Hinzu kommen besonders in ländlichen Kleinstädten angesiedelte Geschäfte, die Outdoor-Kleidung, Waffen und Munition und natürlich die „Wellies" feilbieten, die hohen Wellington Boots, mit denen die Farmer zu jeder Jahreszeit in jedem Gelände unterwegs sind.

Information/Verbindungen

Information Visitor Centre, 21 Maniapoto St.; tägl. 9–17.30 Uhr, Sa/So 10–16 Uhr. ✆ 07/8738951, 0800/122665, www.otorohanga.co.nz.

Verbindungen Bahnhof der Linie Auckland – Wellington praktisch im Stadtzentrum. Die Bahnlinie verläuft parallel zur Hauptstraße Maniapoto St.

Busse von InterCity-Newmans und Dalroys von/nach Hamilton, Auckland und New Plymouth.

Taxi (z. B. nach Waitomo) ✆ 07/8738279, 0800/80827 9.

Übernachten/Essen & Trinken

Waitomo Colonial Motel, gute Units mit Küche in modernem Motel am äußersten nördlichen Ortseingang am SH 3. Unit 95–135 $. 59 Main North Rd., ✆ 07/8738289, 0800/828289, www.waitomomotels.co.nz.

Otorohanga Holiday Park, alle Unterkunftstypen vom Zeltplatz zur „Ensuite-Unit". Zeltplatz und 2 Pers. ab 30 $, Motel-Units 110 $. 12 Huiputea Drive, ✆ 07/8737253, www.kiwiholidaypark.co.nz.

Kiwi Town Holiday Park, kleinerer Platz in toller Lage neben dem Kiwi-Vogelhaus der Stadt, freundliche und hilfsbereite Besitzer (eine Empfehlung von Leser Züger). Stellplatz u. 2 Pers. ab ca. 24 $, Studio ca. 100 $. 7 Fomain Drive, ✆ 07/8737279, www.kiwiholidaypark.co.nz/pgs_7.

Origin Coffee, 7 Wahanui Crescent; der Kaffee aus Malawi wird an Ort und Stelle gebrannt – das kleine Lokal befindet sich im attraktiv renovierten Bahnhof des Ortes. Nur Mo–Fr bis 16 Uhr.

The Thirsty Weta, 57 Maniapoto St.; beliebtes, einfaches Bistro, das alles für alle bereithält und zwar vom (Allday-) Breakfast bis zum Dinner. ✆ 07/8136699.

Sehenswertes

Otorohanga Courthouse Museum: Das historische Gerichtsgebäude von Otorohanga besitzt eine ansehnliche Sammlung von Maori-Kunstobjekten – besonders erwähnenswert ist einer der wenigen erhaltenen Umhänge aus Hundehaar. (Die Hunde der Maori, eine eigene, aus dem zentralen Polynesien mitgebrachte Rasse, sind längst ausgestorben.)
So 14–16 Uhr sowie nach Anmeldung unter ✆ 07/8738849 bzw. seveo@paradise.net.nz. Eintritt: Spende.

Otorohanga Kiwi House & Native Bird Park: Wohl eines der besten Kiwi-Nachthäuser (wenn nicht das beste des Landes) liegt schon am Ortsende. Die nachtaktiven Kiwis – drei Arten – sind hier trotz der schwachen, an Mondschein erinnernden Beleuchtung gut in ihren Terrarien zu erkennen. Das Nachthaus zeigt nicht nur mindestens zwei der fünf Arten des Kiwi-Vogels, sondern auch den Neuseelandfalken, weitere einheimische Vögel wie Kaka und Kea, Tuatara sowie zehn endemische Gecko-Arten des Landes. Die sehr informativen Führungen werden von Mitgliedern des gemeinnützigen Vereins geleitet, der den Vogelpark verwaltet. Abends findet außerhalb der Öffnungszeiten eine sehr informative Kiwi Watch Tour statt.
Tägl. 9–16.30 Uhr (Juni–Aug. nur bis 16 Uhr). Eintritt ab 20 $. Kiwi Watch Tour nur nach Anmeldung, 30 $. An der Hauptstraße in Richtung Hamilton, dann die Kakamutu Rd. links und den Alex Telfer Drive rechts. ✆ 07/8737391, www.kiwihouse.org.nz.

Te Kuiti

Ein ländliches Einkaufszentrum in einem besonders von der Schafzucht geprägten, leicht welligen Bauernland. Te Kuiti liegt an der Stelle, wo sich SH 3 nach New Plymouth und SH 30 nach Rotorua gabeln; die Abzweigung des SH 4 nach Palmerston North und Wellington ist wenig südlich, und auch die Züge auf der Linie Auckland – Wellington halten hier. Eine ideale Lage also für einen Aufenthalt in Waikato und im nördlichen Taranaki: Der Ort liegt zentral, und auch Tongariro und Lake Taupo sind in Tagesentfernung. Sehenswürdigkeiten gibt es zwar keine, aber im Frühherbst (Ende März/Anfang April) wird der Ort zum Zentrum des nationalen Interesses: Dann steigen die *New Zealand Shearing and Wool Handling Championships,* und die in ihrer Wolle fast verschwindenden Schafe werden unter dem Beifall des Publikums in solcher Windeseile geschoren, dass sie gar nicht erst zum Blöken kommen.

Taumarunui und der Forgotten World Highway → Taranaki und Wanganui, S. 307.

Information/Verbindungen

Information Visitor Centre, Rora St. (Durchgangsstraße); tägl. 9–17 Uhr, im Winter Sa/So bis 16 Uhr. ✆ 07/8788077, tkinfo@xtra.co.nz.

DOC Information, 78 Taupiri St., PO Box 38, Te Kuiti. ✆ 07/8781050 (zuständig auch für Waitomo!).

Verbindungen Busse von InterCity/Newmans (Auckland – Wellington) halten am südlichen Ortsrand bei Tiffany's Restaurant. Dalroy's (Hamilton – New Plymouth) und Perry's (nach Waitomo, ✆ 07/8767570) halten beim Visitor Centre, wo es jeweils auch die Tickets gibt.

Bahnstation beim Visitor Centre.

Übernachten/Essen & Trinken

Motel Te Kuiti, Motels in Ortsmitte sind wegen der hohen Grundstückspreise für diese Art von Quadratmeter fressender Einrichtung selten. Aber Te Kuiti ist so klein, dass das Motel wirklich zentral liegen kann. 12 eher kleine Studios, 8 normal große Units mit Extra-Schlafzimmer, die Units auch mit Küche. Unit 100–110 $. Ecke Carroll/King St., ✆ 07/8783448, moteltekuiti@xtra.co.nz.

Casara Mesa Backpackers, 3 km außerhalb des Orts; das zwanglos-gemütliche Hostel liegt im Farmland, vom/zum Bus und Bahnhof wird man gratis gebracht. DB 28–30 $, DO ca. 25 $. Mangarino Rd., RD 6, Te Kuiti, ✆ 07/8786697, casara@xtra.co.nz.

Te Kuiti Camping Ground, unweit des Zentrums. Stellplätze (mit 2 Pers. ab 20 $), Caravans (ab 40 $) und Backpacker-Unterkunft mit DO 28 $ und DB 33 $ (mit Bad). 1 Hineranga St., ✆ 07/8788966, www.tewaka.com.

Bosco Café, 57 Te Kumi Rd., ca. 1,5 km nördlich des Orts; Café mit Stil, große Terrasse, der Speisesaal kann ebenfalls fast gänzlich geöffnet werden. Für einen Spezial-Muffin gewann das von Neuseelands Holzindustrie gemanagte Lokal vor ein paar Jahren einen nationalen Preis (Himbeere, Orange, weiße Schokolade u. a. waren die Ingredienzien); daneben gibt es auch andere süße und salzige Snacks und Pastagerichte. ✆ 07/8783633.

Tiffany's Restaurant, 241 Rora St.; die Lage des großen Lokals am Bushalt bedeutet gute Auswahl: warme Gerichte, meist recht frische Ware, mäßige Preise, aber keine sonderlich ansprechende Atmosphäre.

Te Kuiti wirbt mit „Schurhauptstadt der Welt"

Das Tal von Waitomo ist auch Wandergebiet

Das Tal von Waitomo

Im Tal von Waitomo eine der ältesten Sehenswürdigkeiten Neuseelands: die Waitomo Glühwürmchenhöhle. In der alten Karstlandschaft mit wasserlosen Tälern, Höhlen mit Höhlenflüssen, Schlucklöchern und Dolinen haben sich einigegroße Populationen von neuseeländischen Glühwürmchen gebildet – ein spektakulärer, zauberhafter Anblick.

Doch Ziel der Besucher ist schon lange nicht mehr ausschließlich die „Waitomo Glowworm Caves" genannte Höhle (der Name ist auf Englisch Copyright-geschützt): Zahlreiche weitere Höhlen wurden inzwischen entdeckt und viele erschlossen – auch sie teilweise mit Höhlenflüssen, viele mit senkrechten Schächten und schmalen Durchlässen, mit Stalaktiten und Stalagmiten und Gangsystemen, die zur Höhlenerforschung auffordern, und viele ebenfalls mit Glühwürmchen. Eine regelrechte Höhlenerkundungsindustrie, an der mehrere Unternehmen beteiligt sind, hat sich entwickelt, die dazu gehörige Infrastruktur wächst von Jahr zu Jahr (→ Adrenalin-Thrills; → Sport & Freizeit).

Den Maori war die Existenz der Höhlen von Waitomo bekannt, doch waren sie *tapu,* also im Normalfall nicht zu betreten. Das hinderte den Häuptling *Tane Tinorau* 1887 aber nicht daran, mit dem englischen Landvermesser *Fred Mace* die Höhle zu erkunden, in die der kurze Waitomo Stream an einer Talenge eintritt, um kurz darauf wieder an einer Talverbreiterung auszutreten (Waitomo bedeutet „in ein Loch eintretendes Wasser"). Mit ihrem primitiven Floß erforschten sie den unterirdischen Flusslauf durch das heute als *Waitomo Glowworm Caves* bekannte Höhlensystem. Erste Touristen kamen 1888, ab 1906 übernahm die Regierung die Höhlen. Erst 1989 wurden sie ihren ursprünglichen Besitzern, den ortsansässigen Maori, wieder zurückgegeben, die seither an der Verwaltung und an den Einnahmen beteiligt sind.

Neben dieser Höhle und ihrem weit verzweigten System gibt es weitere Höhlen in Maori-Besitz, z. B. die *Aranui Caves* oder die nach 18 Jahren Schließung 2005 wieder eröffnete *Ruakuri Cave*. In anderen Fällen sind Privatleute die Grundbesitzer, die den Höhlenbesuch selbst oder mit Agenturen organisieren, wie bei den Höhlen *Mangawhitikau Cave* und *Cave of Spirits*, die von der Agentur Spellbound besucht werden. Nur eine einzige Höhle ist ohne Führung zu besichtigen: die fast 30 km westlich des Orts Waitomo Caves gelegene *Piripiri Cave*.

In der *Ruakuri Scenic Reserve* durchbricht ein vom Fluss durchflossenes Höhlensystem eine Kalkfelsbarriere, der Wanderweg *Ruakuri Natural Tunnel Walk* führt nahe heran und quert Teile eines höheren, heute trockenen Höhlenstockwerks. Der Spaziergang ist in nur 45 Minuten zu schaffen, aber so eindrucksvoll, dass man mindestens die doppelte Zeit einplanen sollte.

> **Fotografieren**: Während in den Waitomo Glowworm Caves und der Aranui Caves das Fotografieren streng verboten ist, darf man in den Ruakuri Caves an ausgewählten Standorten Aufnahmen machen; in der Mangawhitikau Cave und der Cave of Spirits ist Fotografieren generell erlaubt.

Information/Verbindungen

Information Waitomo Caves Discovery Centre (i-Site) & Museum of Caves, PO Box 12, Waitomo Caves. Ganzjährig tägl. 8.45–17/17.30 Uhr, Weihnachten bis Ende Februar 8.15–19 Uhr; ✆ 07/8787640, 0800/474839, www.waitomodiscovery.org (für die Region). Kombiniert Touristinformation mit kleinem Museum (5 $), www.waitomo-museum.co.nz) bzw. dazu die üblichen Serviceleistungen (alle Touren sind buchbar) sowie Auskünfte über viele nicht organisierte Höhlenaktivitäten und Wanderungen. Oft lange Warteschlangen.

Die zuständige **DOC-Information** residiert in Te Kuiti (→ Te Kuiti).

Verbindungen Wer mit **Bus** oder **Bahn** anreist, muss in den meisten Fällen ab Otorohanga in den **Waitomo Shuttle** nach Waitomo umsteigen (5-mal tägl. in beide Richtungen, auf die Ankunftszeiten der Busse und Bahnen in Otorohanga eingestellt). Unbedingt reservieren! Einfache Fahrt 11 $. ✆ 07/8738214, 0800/808279. Die Fahrt Hamilton – Otorohanga war zuletzt billiger mit InterCity als mit Naked Bus (der mit 1 $-Tickets wirbt). Waitomo Wanderer aus Rotorua (1-mal tägl.) nimmt einfach 35 $, hin/zurück 58 $, ✆ 0508/926337, www.waitomowanderer.co.nz. Ab Auckland und Rotorua bietet Intercity/Newmans Tagesausflüge nach Waitomo inkl. Höhlenbesuch an, 109 $, ähnlich Great Sights. Für diesen Preis kann man den Bus auch von Rotorua über Waitomo nach Auckland benutzen und umgekehrt.

Übernachten

In und nahe der Ortsmitte Waitomo Caves Hotel, das erste und einzige Hotel am Platz liegt oberhalb der Ortsmitte und des Höhleneingangs, den man nur über die Straße erreicht. Älterer „viktorianischer" Trakt von 1908, linker Hand Art-Deco-Flügel wie in Napier im spanischen Kolonialstil (1928) mit Veranda. Zimmer sowie das ganze Haus o. k., wenn auch nicht mehr taufrisch; im Haus Restaurant, besonders hübsch der „turret room" im viktorianischen Türmchen; viele Busgruppen. Zimmer in 3 Kat. (alle DB) ab 99 $. School Access Rd., Waitomo Caves, RD 7, ✆ 07/8788204, www.waitomocaveshotel.co.nz.

Das Tal von Waitomo

Waitomo Caves Guest Lodge, modernes Haus über der Straße in Ortsmitte; 8 große, eher schlichte Zimmer, schöner Garten. DZ/FR 100–130 $. Waitomo Caves Rd., PO Box 16, Waitomo Caves, ℡ 07/8787641, 0800/465762, www.waitomocavesguestlodge.co.nz.

Abseil Inn, ein piekfeines, farbsicher gestaltetes B&B am östlichen Ortseingang, obwohl nicht ganz billig, sein Geld mehr als wert. DZ/FR 135–170 $. 709 Waitomo Caves Rd., ℡ 07/8787815, www.abseilinn.co.nz.

Hamilton Tomo Group Lodge, an der Straße zur Küste, ca. 1,5 km westlich der Ortsmitte; gehört dem Höhlenforscherclub, der Besucher willkommen heißt; schlichte Dorms, Küchenbenutzung, angenehme Atmosphäre. DO ab ca. 12 $ (!). ℡ 07/8787442.

YHA Waitomo Juno Hall, 1 km östlich der Ortsmitte; Hostel als Farmhaus verkleidet, aber von Anfang an als Backpacker-Unterkunft gedacht, mit Pool und Tennisplatz sowie Gratis-Fahrrädern, freundlicher Lounge und Gratis-Transport von/zum Bus oder zur Bahn. Mit YHA-Ausweis Rabatte. DB 30–35 $, DO 24/32 $, Zeltplatz und 2 Pers. 30 $.

Waitomo Caves Rd., ℡ 07/8787649, www.junowaitomo.co.nz.

Waitomo Top 10 Holiday Park, beste Lage einen Steinwurf vom Info-Centre, im Grünen am Bach unter der Straße; sehr gut ausgestattet. Stellplatz und 2 Pers. ab 40 $, komplette Ferienwohnung im Cottage bis 130 $. 12 Waitomo Caves Rd., ℡ 07/8787639, 0508/498666, www.waitomopark.co.nz.

Nähe Abzweigung vom SH 3 7 – 8 km zum Ort Glowworm Motel, die Glühwürmchen sind noch 8 km entfernt, aber was macht's? Schlichtes Motel, aber komplett eingerichtete Units und Pool im Garten, auch Cottages für zwei. Unit/Cottage 90–125 $. SH 3, Abzweigung Waitomo Caves Rd., ℡ 07/8738882, www.glowwormmotel.co.nz.

Rap Raft N Rock Backpackers, kleines, recht isoliert liegendes Hostel von Blackwater Rafting Adventure in Farmumgebung; beste Beratung und Buchung aller Aktivitäten in Waitomo. DB 30 $, DO ca. 25 $. 95 Waitomo Caves Rd., SH 37, ℡ 07/8739149, 0800/228372, www.caveraft.com.

Essen & Trinken

Restaurant und Bar im **Waitomo Caves Hotel**; beste Adresse am Ort mit den besten Ess- und Trinkmöglichkeiten. Die Karte gemäßigt, gute Weinliste mit einer Reihe sehr guter offener Weine, das Glas ca. 10 $ Anschließend trifft man sich in der gemütlichen Bar. Tel. und Website → Übernachten.

Morepork, Pizzeria & Café in der Jugendherberge, freundlich, groß, geöffnet vom Frühstück bis zum Abendessen – das aber aus „Pizza" (oder was man hier darunter versteht) oder Pasta besteht, will man nicht die üblichen warmen und kalten Snacks konsumieren.

Huhu Café, 10 Waitomo Caves Rd.; das populärste Café des Ortes lebt wohl von seiner aussichtsreichen Terrasse, aber auch vom guten Bistrofood samt Tapas. Hauptgericht mittags ab 13 $, abends ab 27 $. Tägl. 12 Uhr bis spät. ℡ 07/8786674.

The Long Black Café, am östlichen Ortseingang; Frühstück, Lunch und Kaffee von 8 bis ca. 16 Uhr, große Terrasse.

Der örtliche Laden **Waitomo Grocery & Cafe** hat ein kleines Café angeschlossen, Terrasse über der Straße mit schönem Ausblick, Sandwiches und Fritten samt süßen Stückchen, guter Kaffee.

Sport & Freizeit

Höhlenführungen Das bekannteste Höhlensystem sind die Waitomo Glowworm Caves. Aber auch Ruakuri, Aranui und die von **Spellbound** (→ Kasten S. 284) besuchten Höhlen des Mangawhitikau Stream sind sehr sehenswert und allesamt familienfreundlich. Dazu gehören Strecken durch trockene Höhlensysteme ebenso wie Fahrten auf unterirdischen Flüssen, bei denen man die Glühwürmchen am ehesten sieht.

Caving Höhlenerkundung nach Art der professionellen Speläologen – mit Abseilstellen, Sprungstellen in unterirdische Gewässer, Klettern durch steile Höhlenstrecken, in der Extremform Teilnahme an recht schwierigen Erkundungen. **Absolute Adventure** (→ Adrenalin-Thrills) bietet auch Nicht-Speläologen die wohl anspruchsvollsten Caving-Touren in der Lucky Strike Cave und anderen Höhlen.

Cave-Tubing (Blackwater Rafting) Auf einem Lkw-Radschlauch *(tube)* gleitet man auf unterirdischen Wasserläufen durch Karsthöhlen – es sind zwar die gleichen Dinge, die auch „normale" Höhlenbesucher zu sehen bekommen, aber aus ganz anderer Perspektive! Möglich ist Cave-Tubing z. B. in der Ruakuri-Höhle (die man auch auf ganz normale Art besichtigen kann) mit **The Legendary Blackwater Rafting Co.**, während **CaveWorld** die sonst nicht zugängliche Te-Anaroa-Höhle auf diese Weise besucht; Adressen → Adrenalin-Thrills.

Wandern Empfehlenswert sind v. a. der **Waitomo Walkway** durch das Tal des Waitomo Steam sowie – ein Muss für die Region – der **Ruakuri Natural Tunnel Walk**, auf dem man kurze Höhlenstrecken passiert.

Maori-Kultur An einem Maori-Kulturprogramm teilnehmen, wie es von **Waitomo Tiki Tours** angeboten wird (✆ 0800/867868; → Marokopa).

Adrenalin-Thrills/Anbieter

The Legendary Black Water Rafting Co.: Cave-Tubing und Höhlenerkundung in der *Ruakuri Cave*, je nach Wunsch gemäßigt oder mit Kick: Die *Black-Labyrinth-Tour* beginnt mit einem Höhlenspaziergang, bevor man durch hohe und niedrige Höhlengänge gleitet und in Ruhe Glühwürmchen und Tropfsteinformationen betrachten kann. Die klassische Tour dauert 3 Std. (davon 1 Std. in der Höhle). Kosten 115 $.

Die Halbtagestour *Black-Abyss-Tour* mit Cave-Tubing (davon 2–3 Std. unter der Erdoberfläche) ist anspruchsvoller als die erste Tour. Der Kick liegt hier am Start (wenn man sich abseilt und dann ins kalte Wasser zu springen hat) sowie am Ende, wenn man aus der Höhle klettert und sich durch einen „Schluf" (körperbreiter Spalt) zu zwängen hat. 5 Std., 220 $. 585 Waitomo Caves Rd. ✆ 07/8786219, 0800/228464, www.waitomo.com, www.blackwaterrafting.co.nz.

CaveWorld: Auch dieses Unternehmen wirbt mit Black-Water-Rafting, was ganz beabsichtigt zu Verwechslungen führt. Das Cave-Tubing findet auf der *Black Magic Tour* auf eher gemütliche Art in der *Te-Anaroa-Höhle* statt, die Glühwürmchen sind sehenswert. Dauer 2:30–3 Std., davon ca. 1:30 Std. im Untergrund, Preis 124 $.

Weitere Angebote des Unternehmens sind *Green Glow Eco Adventures*, eine eher anspruchsvolle Höhlenerkundung (180 $). *The Canyon*, ein Abseil-Abenteuer in einen ca. 50 m tiefen Schacht, natürlich bei Nacht (175 $). Neu (2010) ist die *Footwhistle Glowworm Cave*, die man mit Führung besichtigt (45 $). Büro neben dem i-Site. ✆ 07/8786577, 0800/228396, www.caveworld.co.nz.

Waitomo Wilderness Tours bietet *Rap, Raft 'n' Rock:* Höhlenerkundung in der Mangawhitikau Cave mit einer 27 m Abseilstelle und Gang mit anschließendem Cave-Tubing durch einen hohen Höhlenbereich mit Glühwürmchen; zum Abschluss folgt eine kurze Kletterei. Dazu bietet das Unternehmen seinen Gästen auch gleich das passende (Backpacker-)Quartier (ab 20 $). 5-stündige Tour ca. 150 $. 95 Waitomo Caves Rd. (1 km östlich der Ortsmitte). ✆ 0800/228372, www.caveraft.com.

Waitomo Adventures: Cave-Tubing *(Tumu Tumu Toobing*, 4 Std., 160 $), Höhlenerkundung mit vielen Kicks wie Abseil- und Engstellen *(Haggas Honking Holes* – 4 Std. 235 $) sowie weitere auf erhöhten Adrenalinspiegel zielende Touren gehören zum großen Angebot dieses Unternehmens (z. B. *Lost-World-Abseil* – auch im Tandem – 4 Std., 300 $). PO Box 29, Waitomo Caves Village, ✆ 07/8787788, 0800/924866, www.waitomo.co.nz.

Sehenswertes/Touren

Waitomo Caves, Dorf und Discovery Centre: „Dorf" ist etwas zu hoch gegriffen, aber wie soll man diese Ansammlung von Häusern und Cottages, die ausschließlich dem Tourismus in den Höhlen von Waitomo dienen, sonst nennen? Das Waitomo

Das Tal von Waitomo

Caves Hotel oben auf dem Hügel machte den Anfang, es liegt oberhalb des Eingangs der ursprünglichen Glühwürmchengrotte. Doch um zum Eingang der Höhle zu kommen, muss man an der Jugendherberge vorbei hinunter ins Dorf und auf der Straße um die nächste Kurve. Das eigentliche Dorf also: Touristinfo mit kleinem Museum, das sich neuerdings Discovery Centre nennt, Shop mit angeschlossenem Café. Unterhalb der Straße am Waitomo Stream (der Bach, der wenige hundert Meter weiter in die Grotte hineinfließt) breiten sich Holiday Park und Parkplätze aus, Agentur-Büros, die vor allem „Caving" anbieten – dazu „Abseiling" und „Blackwater", denn das zieht.

Das *Waitomo Caves Discovery Centre,* das man durch die Touristinformation betritt, informiert über die Geologie und Karsthydrologie der Region, die Faktoren, die zur Höhlenbildung führten, sowie über die Tierwelt in den Höhlen, zu der nicht nur die Glühwürmchen, sondern auch Raritäten wie der Höhlen-Weta gehört. Interessant gemacht, auch die Kinder amüsieren sich, und die Multimedia-Schau (ca. 20 Min.) ist voll und ganz dem lieben Tierchen *Arachnocampa luminosa* und seinem Lebenszyklus gewidmet.

Tägl. 8–17.30 (im Sommer bis 20 Uhr), Eintritt 5 $, www.waitomo-museum.co.nz.

Waitomo Glowworm Caves – die „Original"-Glühwürmchengrotte: Der Klassiker beginnt mit einem Gang durch das trockene Höhlensystem. Phänomene wie die (bestens beleuchteten) Stalaktiten und Stalagmiten werden erläutert, die Geschichte der Entdeckung der Höhle wird erzählt. Dann das eigentliche Highlight: die (kurze) Bootsfahrt auf dem fast stillstehenden Wasser eines unterirdischen Sees, über dem sich der größte unterirdische Sternenhimmel aufspannt, den Neuseeland – und die Welt – zu bieten hat. Wer ihn einmal sah, wird vielleicht immer wieder davon träumen und das Erlebnis wiederholen wollen – der Autor war mehr als ein Dutzend mal in dieser Höhle ...

Das Eingangsgebäude ist ein schicker, heller, moderner (2010 fertiggestellter) und bereits mit Architekturpreisen ausgezeichneter Bau, der nach dem Brand des alten Holzbaus notwendig wurde. Da hat man gleich ein Café-Restaurant mit großer Terrasse und einen Riesen-Shop mitgebaut, Touristen lassen dort gern ihr Geld.

Öffnungszeiten Tägl. 9–17 Uhr, (Nov. bis Ostern bis 17.30 Uhr). Die **Führung** dauert ca. 40 Min.; Beginn jeweils zur vollen und halben Stunde. Eintritt 46 $. ✆ 07/8788227, 0800/456922, www.waitomo.com.

Tipp! Die Zeit von ca. 10.30 bis 14.30 Uhr meiden, wenn die bis zu 40 Personen starken Busgruppen aus Auckland und Rotorua in kurzen Abständen ankommen.

Im Blitzlicht glühen die Klebefäden der „Glowworms" auf

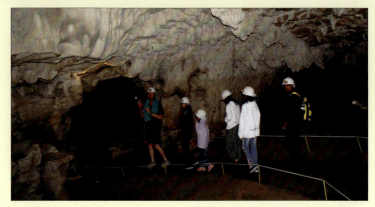

In der Mangawhitikau-Höhle

„Glühwürmchen"

Neuseelands „Glowworms" *(Arachnocampa luminosa)* sind kaum mit den europäischen Glühwürmchen zu verwechseln, mit denen sie ungefähr so verwandt sind wie die Seidenraupe mit dem Hirschkäfer: Beide sind Insekten, wenn auch in sehr unterschiedlichen Entwicklungsstufen. Neuseelands Glühwürmchen sind die 30 bis 40 mm langen und bis zu 2,5 mm dicken Larven der Stechmücke *Arachnocampa luminosa*. Die Larven hängen ihre klebrigen Fäden an Höhlendecken aus, in dunklen Felsüberhängen, aber auch unter Bäumen, Büschen und in Parks, wo sie mit leuchtendem Hinterleib darauf warten, dass ihnen Insekten als Fraß auf den sprichwörtlichen Leim gehen. Die Larven bauen eine bis zu 80 mm lange Hülle aus Seidenfäden und Schleim, in der sie sich aufhalten, wenn sie nicht gerade lange Fäden an die Decke kleben, an denen feinste Schleimtröpfchen hängen. In der Dunkelheit steuern fliegende Insekten das Licht der Glühwürmchen an, bleiben flugs an den Fäden hängen und werden von den hungrigen Larven verspeist.

Die bekanntesten Glühwürmchen-Populationen finden sich dort, wo sie an manchen Stellen dicht an dicht an der Höhlendecke kleben und ein Lichtspektakel bilden, das an den Sternenhimmel erinnert. Zu den wohl spektakulärsten zählt neben den weltberühmten „Waitomo Glowworm Caves" und den Höhlen des Waitomo-Gebiets auf der Nordinsel die *Te Ana Au Cave* in Te Anau auf der Südinsel. Die Te-Ana-Au-Höhle und die Höhlen von Waitomo sind deshalb so eindrucksvoll, weil sie von Wasser durchflossen werden: Das Wasser reißt große Mengen von fliegenden Insekten in die Dunkelheit mit, in der dann der mörderische Sternenhimmel der Larven wartet.

Die Größe der neuseeländischen Glühwürmchen-Populationen ist nicht stabil. Die Populationen sind nicht nur abhängig von lebendiger Nahrungszufuhr, sie sind immer wieder durch Hochwasser gefährdet, das den Deckenbereich der Höhle erreicht. Ein einziges Hochwasser kann so mit einem Schlag eine ganze Glühwürmchengeneration auslöschen. Doch in den großen Grotten, die man als Besucher zu sehen bekommt, sind die Höhlendecken zu hoch für diese Katastrophe – ungetrübt ist hier das Wunder des Sternenhimmels, den der Besucher im sanft auf dem Höhlensee schaukelnden Boot über sich leuchten sieht.

Aranui Caves: 3 km westlich der Waitomo Glowworm Caves; die nur 250 m tiefe Höhle ist vor allem wegen ihrer Tropfsteinformationen in den Farben Weiß, Rosa und Hellbraun sehr sehenswert.
Führungen um 10, 11, 14 und 15 Uhr. Eintritt 46 $, inkl. Waitomo Glowworm Caves (Two Cave Combo) 72 $. Infos → Waitomo Glowworm Caves.

Ruakuri Caves: Äußerst eindrucksvoll ist der Beginn dieses Höhlenerlebnisses. Eine Spiralstiege führt die 180 m vom Eingang „Drum Entrance" hinunter zum eigentlichen Höhlensystem. 18 Jahre war die Höhle geschlossen, bis sie 2005 wieder eröffnet wurde, ausgestattet mit dem neuen Zugang, der den ursprünglichen, den Maori heiligen Eingang *waahi tapu* ersetzt. Ein Tunnel mit Hightech-Lüftungssystem verhindert den Zustrom von Außenluft. Das erhält die ursprüngliche Luftfeuchtigkeit in der Höhle, die wegen ihrer Tropfsteinformationen und der über den unterirdischen Wasserläufen hängenden Glühwürmchen berühmt ist. Der Besuch ist etwas anspruchsvoller als der der klassischen Grotte; streckenweise geht man an Handläufen entlang über kaum oder nicht sichtbare Schlote und Abstürze. Wer eine der Tube-Rafting-Touren mitmacht, kommt den Schönheiten der Ruakuri Caves ein Stück näher. Zwei Höhepunkte der geführten Tour: *Rockfall Chamber* und *Holden's Cavern* – Tropfsteingrotten in Kathedralengröße, die letztere benannt nach James Holden, dem früheren Besitzer, der die Höhle ab 1904 Besuchern öffnete. Hier findet sich auch der einzige „Sintervorhang" von Waitomo, der als besondere Kostbarkeit durch eine durchsichtige Folie geschützt ist.
Führungen tägl. 9, 10, 11.30, 12.30, 13.30, 14.30 und 15.30 Uhr, Dauer 2 Std. Eintritt 67 $. Die Führungen starten am Büro der Legendary Black Water Rafting Co., 585 Waitomo Caves Rd.

Mangawhitikau Cave und **Te Ana o Te Atua (Cave of Spirits):** Zwei Höhlen in ländlicher Umgebung, die eine noch vom Mangawhitikau Stream durchflossen, die andere vor langer Zeit ausgewaschen und dann vom Höhlenfluss verlassen. Draußen eindrucksvolle Karstlandschaft, drinnen Höhlengänge mit Tropfstein-Formationen und unterirdischen Flüssen, die man mit dem Boot befährt – und über sich die Glühwürmchen fast in Griffweite. Abwechslungsreich und auch für Familien geeignet, intimer als die bekannteren Höhlen. Bericht (→ S. 284)!

Öffnungszeiten Besichtigungstouren tägl. nach Bedarf, die Touren beginnen am „Spellbound-Tower", einem kaum zu übersehenden, abgeschnittenen Obelisk nahe Waitomo i-Site; mit Minibus 30 Min. zum Eingang der 1. Höhle, dann Abholung und Rückfahrt vom Eingang der 2. Höhle, Dauer 3–3:30 Std. Ticket 67,50 $. ✆ 07/8787621, 0800/773552, www.waitomospellbound.co.nz.

🚶 Wanderwege um Waitomo

Länge: Waitomo Walkway 10 km (einfach)
Ruakuri Natural Tunnel Walk 2 km (hin/zurück)

Von der Ortsmitte von Waitomo Caves, beginnend gegenüber dem i-Site/Museum, führt der 10 km lange Wanderweg *Waitomo Walkway* bis zum Parkplatz an der Ruakuri Cave, wo der kürzere *Ruakuri Natural Tunnel Walk* beginnt. Die beiden Wanderwege führen durch das Tal des Waitomo Stream, dessen teilweise bewaldete Ränder vereinzelt von Kalkfelsen durchbrochen sind; ihre Oberfläche wurde stark durch sog. Karren, oft ca. 50 cm tiefe Rinnen, gerillt, die durch kalkhaltiges Wasser ausgewaschen werden – man sieht, wie leicht der Kalkstein durch Wasser löslich ist.

Der *Ruakuri Natural Tunnel Walk* (Minimum 45 Min.) ist noch ein paar Grade eindrucksvoller: Er erschließt ein großenteils zusammengestürztes Höhlensystem, wobei man den Bach quert und Einblick in eine große, vom Bach durchflossene Höhle hat, während man andere in einem höheren, trocken gefallenen Stockwerk auch betritt. Wegen der beiden Höhlenebenen wird man in Form einer Acht durch das mit natürlichem Wald bestandene Gelände geführt. Der Spaziergang ist wegen seiner zahlreichen Stufen etwas anstrengend, aber für jeden Besucher des Tales, der sich zu Hause einen längeren Spaziergang mit etwas auf und ab zumutet, ein Muss. An den überhängenden Felsen gibt es Kolonien von Glühwürmchen, die natürlich nur bei einem abendlichen oder nächtlichen Besuch zu sehen sind.

Weiter westlich in Richtung Küste und Marokopa gibt es weitere, allerdings recht kurze Wanderziele: Für den Rundweg zur *Mangapohue-Naturbrücke* braucht gerade mal 20 Min., zu den *Marokopa-Wasserfällen* 30 Min.
Die DOC-Faltblätter „Waitomo Walkway" und „West to Marokopa" sind beim DOC und im i-Site von Waitomo erhältlich.

Mit „Spellbound" im Untergrund
Wer bei Spellbound die gleichnamige Höhlentour gebucht hat, kann gleich zwei Höhlen besuchen: die auf Privatgrund liegenden Höhlen *Mangawhitikau Cave* (auch Spellbound Glowworm Cave genannt) und *Te Ana o te Atua* (Cave of Spirits). Zuerst fährt man mit dem Kleinbus vom Visitor Centre weiter ins Waitomotal hinein, biegt auf einen holprigen Karrenweg ab und wird schließlich zu Fuß auf einen kleinen Steig geschickt. Durch von Kalkfelsgruppen unterbrochene Wiesen geht man hinunter in ein Tal, die Landschaft erinnert an Schwäbische Alb und Frankenalb. Unten verschwindet ein Bach im Höhleneingang. Ein Steg erlaubt auch dem Besucher einzudringen – Kopf einziehen trotz Helm, heißt die Devise, bis man wieder in einer größeren Höhlenkammer steht. Etwas tiefer kommt man wieder ans Wasser, wo schon das Boot wartet: Die Gruppe gleitet durch das Dunkel, das Rauschen eines Höhlenwasserfalls ist zu hören (zwar ist er nur einen halben Meter hoch, rauscht aber wie ein großer) – darunter und daneben die Leuchtpunkte der Glühwürmchen. Der Führer beleuchtet die Larven in ihren Behausungen an der Höhlendecke und die klebrigen Fäden, die sie ins Dunkel hängen lassen.
Die *Te Ana o te Atua* (Cave of Spirits), die zweite Höhle, die man nach 10 Min. Fußmarsch durch das Trockental erreicht, könnte man kilometerlang erkunden. Doch die Besucher werden bereits nach zehn Minuten zurückgepfiffen – es sei denn, sie nehmen an einem Black Water Rafting teil. In einer Nische liegt ein Moa-Skelett, es ist das einzige dieses ausgestorbenen Riesenvogel, das am Fundort belassen und konserviert wurde. Stalaktiten und Stalagmiten begleiten den Höhlengang. Draußen braucht man eine Weile, bis man sich wieder an das Tageslicht gewöhnt hat – und erkennt, dass die Bäume vor dem Höhleneingang über und über mit Baumorchideen behängt sind.

Piripiri Caves: Das einzige Höhlensystem, das man ohne Führung entdecken darf, liegt ca. 30 km westlich des Ortes, Stiefel mit gutem Profil und Taschenlampe notwendig! Im hinteren Teil der Höhle findet sich eine Bank mit versteinerten Riesenaustern.

Marokopa: Der winzige Westküsten-Ort an der Mündung des Marokopa River ist vor allem während der Kahawai-Saison von Januar bis Mai das Ziel von Hobbyfischern. Die Siedlung war vor mehr als 100 Jahren wesentlich größer als heute; damals war sie das Hauptquartier der Holzindustrie im King Country, das damals gerade erst wieder den Pakeha zugänglich war.

An der Mündung des Mokau Rivers

Von Te Kuiti nach Taranaki

Zwischen Te Kuiti und der Küste verläuft der SH 3 durch einsames Hügelland, unterbrochen nur durch den Flecken *Piopio* (mit kleinem Museum und Ortsladen, der sich „Village Superette" nennt). Das Tal des Awakino River, das nach einem kaum erkennbaren Pass (und der Provinzgrenze zwischen Waikato und Taranaki) erreicht ist, führt in vielen Windungen, zuletzt als breites Tal mit breitem, aber flachem Fluss, hinunter zum Meer bei Awakino. Anlegestege für die Fischer (Whitebait-Saison ist von Winter bis Ende November), ein Hotel, ein Holiday Park, Junction-Tankstelle und dann bis Mokau herrliche Blicke aufs Meer.

Mokau liegt an der trichterförmigen Mündung des wesentlich kürzeren Mokau Rivers, doch ist die Mündung enger und spektakulärer, und der Fluss ist zumindest im unteren Bereich schiffbar. Das dortige *Tainui Museum* dokumentiert die Herkunft und jüngere Geschichte der Maori von Mokau, das wie die meisten Orte des King Country überwiegend Maori-Bevölkerung hat. 2 km nördlich und am SH 3 liegt im Friedhof am *Maniaroa Marae* der Anker des *Tainui waka*, eines der Boote aus der Zeit der großen Besiedlungswelle von 1350. Nach einer weniger spektakulären Straßenstrecke über dem Meer, die nur selten Einblicke in den Küstenverlauf erlaubt, erreicht man im Mündungsbereich des Tongapurutu-Flusses eine weitere landschaftliche Perle auf dem Weg nach Taranaki. Von hier führt die Straße ins Binnenland und schraubt sich ab Ahititi in die Berge hinauf, am *Mount Messenger* (keine Aussicht) erreicht man den höchsten Punkt und fährt dann weniger steil weiter nach Süden in die Region Taranaki. Wem die Bilder, die er hier sieht, bekannt vorkommen, braucht sich nicht wundern: Hier wurden Szenen zu Jane Campions Film „The Piano" gedreht.

Übernachten/Essen & Trinken/Bootstouren

In Awakino Awakino Hotel & Sparky's Restaurant, 12 Zimmer, die in der Whitebait-Saison meist belegt sind, kein TV, nicht alle mit Bad; das Restaurant (6–18 Uhr) bietet natürlich Whitebait-Meals (z. B. Whitebait-Hamburger) und „Old Style Country Meals". DZ 80–90 $. SH 3, Awakino, 06/7529815, www.awakinohotel.co.nz.

In Mokau Mokau Motel, steile Zufahrt von der Hauptstraße, vom kleinen Motel aus wunderbarer Blick über den Mündungstrichter des Mokau River; wer nochmals 100 m höher steigt, genießt das ganze Panorama. 4 ältere Units mit Küche sowie 3 neue „luxury apartments". Unit 105–135 $. Main Rd., 06/7529725, www.mokaumotels.co.nz.

Whitebait Inn and Camp, Campingmöglichkeit neben dem Gasthaus; das sehr schlichte Lokal bietet täglich in der Fischsaison bis ca. 19 Uhr Whitebait, dazu ganztägig Frühstück und passende deftige warme Speisen von Bangers & Mash bis Steak & Fries, BYO. Main Rd., 06/7529713.

River Run Café, Main Rd.; weniger ein Café, mehr ein v. a. auf (super!) Fish & Chips spezialisierter Takeaway (Leserzuschrift: und super Muffins!). Tägl. 7–19 Uhr.

Bootstouren auf dem Mokau-River Touren auf dem Fluss, die Skipper zeigen die Löffler, Reiher, Kormorane und Eisvögel, die in den Kahikatea-Bäumen am Ufer sitzen. Dauer etwa 3 Std. Scenic Heritage Cruises: Original Cream Boat, 3 Std., ca. 50 $; tägl. ab Pier um 11 Uhr mit „MV Cygnet". Infos bei Neil & Dawn Coleman, Rani St., Mokau, 06/7529775, 0800/6652874, www.mokaurivercruises.co.nz.

Tongaporutu-Mündung und die Three Sisters: Erst 18 km südlich von Mokau durchbricht wieder ein Fluss die gerade Küstenlinie. Der Mündungsbereich des Tongaporutu ist durch einen Felsenrest in der Mitte zweigeteilt, bei Flut wird der Felsen zur Insel im weit in den Mündungstrichter eindringenden Meer. Eine Brandungshöhle durchbricht den Felsen – für die Maori, die die Küste entlang wanderten und bei Ebbe zu Fuß über die Flussmündung setzen konnten, war die Höhle ein willkommener Schutz und Übernachtungsplatz.

Richtig gelesen: Brauerei zwischen Waikato und Taranaki

Nach der Brücke über den Fluss signalisiert ein Schild die Zufahrtsstraße zum *White Cliffs Walkway* und zu den *Three Sisters*. Die letzteren sind drei steile, mit Buschwerk bedeckte Felszähne, die unvermittelt aus dem Strandbereich ragen. Der White Cliffs Walkway ist ein ca. 7 km langer Wanderweg, der von der Küste ins bergige Binnenland und wieder zurück führt; an seinem Südende erreicht man den kleinen Ferienort *Pukearuhe*.

Tongaporutu White Cliffs Station, die Station nahe den Three Sisters bietet Unterkunft und ein eigenes Gestüt mit Pferdetrecks. „Bach" ab 120 $ für 2 P., Studio 110 $. Tongaporutu, 06/7525868, www.tongaporutu-whitecliffs.co.nz.

Weiter nach New Plymouth → Waitara, S. 297.

Der Vulkan Mount Egmont beherrscht die Region Taranaki

Die Regionen Taranaki und Whanganui

2.518 m hoch ist der Gipfel des Maunga Taranaki. Weithin sichtbar erhebt sich der Vulkankegel, geschützt durch den Mount-Egmont-Nationalpark. Weiter östlich bietet der Whanganui-Nationalpark ein Paradies für Kanuten und Wanderer. New Plymouth und Whanganui sind die regionalen Zentren – beide gute Standorte für Unternehmungen.

Die Maori machen in Taranaki und Whanganui besonders auf dem Land einen hohen Prozentsatz der Bevölkerung aus, viele Dörfer sind ausschließlich von Maori bewohnt. Ihre Dörfer liegen vor allem in den weniger zugänglichen, hügelig-bergigen Zonen, während sich auf dem besten, sanftwelligen oder flachen Land die Farmen der Pakeha ausbreiten.

Ortsnamenstreit beigelegt?

Jahrzehntelang wurde der Hauptort der Region Wanganui (ohne H) geschrieben, Fluss und Nationalpark jedoch Whanganui (mit H). Warum? Keiner wusste es. Nun hat man sich (2011) dafür entschieden, alle mit H zu schreiben, Ort, Fluss, Nationalpark, Region. Den Ort ohne H zu schreiben, bleibt aber weiterhin erlaubt. Wahrhaft salomonisch.

Gründe dafür waren zum einen die Taranaki-Kriege (New Zealand Wars), in denen sich die Maori-Bevölkerung zum Schutz in die Berge zurückzog. Und zum anderen die Landkäufe und Enteignungen des 19. Jh., die durch die Entscheidungen des Waitangi-Tribunals (Landrückgabe, Entschädigungszahlungen) zwar gemildert, aber nicht rückgängig gemacht wurden. Der Hauptauslöser der New Zealand Wars, der Landkauf von Waitara, fand ebenso in Taranaki statt wie einer der tragischsten Vorfälle in der Geschichte der Auseinandersetzungen zwischen Maori und Pakeha: die Erstürmung des friedlichen Dorfes Parihaka durch weiße neuseeländische Truppen.

Erdöl und Erdgas in Taranaki

Bereits 1865 begann man in Taranaki mit der Suche nach Erdöl, die Maori wussten schon lange von den Vorkommen. Das neuseeländische Erdöl liegt in und zwischen den Schichten der Mokau-Formation (mittleres Miozän, entstanden vor ca. 23 Mio. Jahren) – einer der letzten Formationen, die sich in den bis zu 7 km tiefen, seit 80 Mio. Jahren einsenkenden Taranaki-Graben ablagerten. Durch Brüche und Verschiebungen liegen die Erdöl führenden Schichten unterschiedlich tief. An wenigen Stellen treten sie (wie bei Mokau) an die Erdoberfläche, anderswo sind sie in bis zu 4 km Tiefe abgesunken (wie im Bereich um den Mount Taranaki). Die auf dem Festland und seit 1967 auch in der Tasmansee durchgeführten Bohrungen erschlossen reiche Erdöl- und Erdgasfelder: auf dem Festland in Kapuni südlich des Mount Taranaki sowie, etwa 30 km vor der Küste, mehrere kleinere Erdgasfelder und das große Maui-Erdgasfeld südwestlich der Taranaki-Halbinsel.

Die erst 2006 entdeckten untermeerischen Erdölfelder „Tui" und „Maari" wurden seit 2007 (Tui) bzw. 2009 (Maari) erschlossen und sind produktiv, vor allem Maari, 80 km vor der Küste, dem man eine 10 bis 15 Jahre dauernde Produktionsphase voraussagt (mehr als 50 Mio. Barrels). Maari wird zu 69 % von OMV getragen, bei Tui hat die australische Gruppe AWE den höchsten Anteil (42,5 %). Die gesamte Ölförderung wird vor der Küste abgewickelt: Über den Bohrlöchern wurden auf dem ca. 80 bis 120 m tiefen Meeresboden untermeerische Anlagen installiert, von denen das Erdöl über Pipelines zu den darüber ankernden Tankern gepumpt wird. Ein Blick auf die im Internet veröffentlichten amtlichen Statistiken zeigt den bedeutenden Einfluss der beiden neu erschlossenen Erdölfelder auf die neuseeländische Produktion: www.crownminerals.govt.nz.

New Plymouth

New Plymouth ist der größte Ort in Taranaki – ein Hafenort an der Nordseite der Halbinsel, die vom Vulkan Maunga Taranaki beherrscht wird. Um den Vulkan von der Küste aus besser sehen zu können, muss man sich in den höheren Teil der Stadt begeben, wo diejenigen leben, die vom Erdöl- und Erdgas-Boom profitieren.

Geschichtlich ist New Plymouth eine Gründung der New Plymouth Company von 1841 – wie der Name andeutet, kamen die Siedler vor allem aus dem Südwesten Englands, wo sich der damals sehr bedeutende Hafen Plymouth befand. Die Neuankömmlinge hatten lange Zeit keine Freude an ihrem neuen Land, denn ein Dutzend Jahre später begannen vor der Haustür, in Waitara, die New Zealand Wars.

Nach Kriegsende konnte sich New Plymouth zwar als Hafen halten, aufblühen konnte es nicht – im Vergleich zur Ostküste war das Landstädtchen immer weniger bedeutend. Doch New Plymouth hatte das Glück, dass in der Region Erdöl und Erdgas gefunden wurden. Das brachte und bringt Geld herein. Schicke neue Bauten wie Puke Ariki, ein moderner Museumskomplex mit Archiv und Bibliothek, die Kunstsammlung Govett-Brewster Art Gallery, ein Kunstwerk wie „Wind Wand" an der Uferpromenade – all das kann sich nur eine Kommune leisten, die Geld im Säckel hat.

Information/Verbindungen

Information Visitor Centre im Museums- und Bibliotheksbau „Puke Ariki", 1 Ariki St. Mo/Di, Do/Fr 9–18, Sa/So 9–17, Mi 9–21 Uhr. ✆ 06/7596060, www.newplymouthnz.com.

DOC → Mount-Egmont-Nationalpark.

Internet gratis im Bibliothekstrakt von Puke Ariki.

Verbindungen Flughafen 12 km östlich der Stadt, Flüge von/nach (u. a.) Auckland und Wellington mit Air New Zealand und Sun Air; Flughafenbus von Withers Coachline auf Anfrage (✆ 06/7511777) oder Taxi; Busstation Ariki St., beim Puke Ariki;

Busse von InterCity/Newmans, Dalroy (www.whitestarbus.co.nz) und Naked Bus, regional Tranzit Coachlines Taranaki, ✆ 06/7575783, npl@tranzit.co.nz.

Taxi: New Plymouth Taxis, ✆ 06/7573000.

Sport & Freizeit

Radfahren/Mountainbiken Cycle Inn, 133 Devon St. East; Radladen und Verleih, Citybike 10 $/halber Tag, Mountainbike 30 $/Tag, der Besitzer Robert Coe bemüht sich sehr um seine Kunden. ℅ 06/7587418.

Rundflüge Der Flug rund um den Mount Egmont kostet mit Heliview ab 3 Pers. 280 $. ℅ 06/7530123, 0508/435484.

Surfen Vertigo Surf School, im Oakura Beach Holiday Park, → S. 304.

Baden/Schwimmen/Kajaken New Plymouth Aquatic Centre, Tisch Ave. (am Coastal Walkway); großes Freibad und modernes Hallenbad im Park, dazu Fitnessräume. ℅ 06/7596060. Kajakverleih bei Happy Chaddy's Charters → Ausflüge.

Bergsteigen, Wandern → Mount Egmont.

Feste & Veranstaltungen

WOMAD Festival (World of Music Arts and Dance), 3 Tage in der 2. Märzhälfte mit Aufführungsorten im Bucklands Park, im TSB Bowl und anderswo; Infos www.womad.org. Musik und Tanz wirklich jeder Ausrichtung: Pop, Hip-Hop, Afro-Pop, Reggae, Maori-Rap, Folklore aus verschiedenen Ländern, Klassik. Kids Zone (Unterhaltung für Kinder) und „Global Village" (Verkaufsstände der teilnehmenden Gruppen samt kulinarischem Angebot) zwischen den Aufführungen. Tickets bei www.ticketek.co.nz.

Taranaki Rhododendron & Gardens Festival, auch Private öffnen ihre Gärten zu diesem Frühlingsfest (Ende Okt. bis ca. 10. Nov.) mit vielen Events, auch in Puke Ariki und im Pukeiti Park. ℅ 0800/746363, www.rhodo.co.nz.

Festival of Lights, nächtliche Festbeleuchtung im zentrumsnahen Pukekura-Park bis 22.30 Uhr; häufig abendliche Live-Musik und hübsch beleuchtete Ruderboote schaffen während der Sommerschulferien (Mitte Dez. bis Ende Jan.) eine stimmungsvolle Atmosphäre, die viele Stadtbewohner und Gäste in den Park zieht. www.festivaloflights.co.nz.

Übernachten (→ Karte S. 292/293)

Quality Hotel Plymouth International 5, wegen seines überhöhten Treppenhauses auffallender Hotelbau am äußersten östlichen Rand der Innenstadt; gute Ausstattung, die „Superior Executive"-Zimmer wirklich ruhig (doppelt verglast) und gut ausgestattet mit großem TV, DVD-Player, Internet, Kühlschrank und Minibar, Bügeleisen-/brett und Fön. Großer geheizter Pool, Fitnessraum, Restaurant (→ Essen & Trinken) und Bar. DZ offiziell 143–409 $. Ecke Courtenay/Leach St., ℅ 06/7599128, 0800/800597, www.plymouth.co.nz.

Devon Hotel 4, eines der guten Hotels von New Plymouth mit großenteils neu eingerichteten Zimmern; (u. a.) mit Video und Minibar, dekorativem Hallenbad, Spas (beide im Zimmerpreis inbegriffen) und – ebenfalls gratis – Internetzugang; beliebtes und gutes Restaurant Marbles Buffet (→ Essen & Trinken). Suite mit separater Lounge 300 $, „Superior Room" 230 $, „Businessroom" 190 $, jeweils für 2 Pers. 390 Devon St. East, ℅ 06/7599099, 0800/843338, www.devonhotel.co.nz.

Auto Lodge 3, das Haus gegenüber dem Devon Hotel ist ebenfalls ein guter Standort, was auf den mehrstöckigen Hoteltrakt wie auch auf die Units im Moteltrakt (alle mit Küchenzeile) zutrifft. Das Auto Lodge Motor Inn hat anständige Zimmer in Hotelqualität, die besten mit Spa. DZ/Unit 89–300 $. Devon St. East, ℅ 06/7599918, 0800/800896, www.autolodge.co.nz.

Nice Hotel 18, kleines, exklusives Hotel mit 7 individuell eingerichteten, sehr komfortablen Zimmern, das Bistro im Haus auf demselben Qualitätsniveau (→ Essen & Trinken). DZ ab ca. 230 $. 71 Brougham St., ℅ 06/7586423, www.nicehotel.co.nz.

Lockwood Manor Motel 6, kein „Manor", aber ein angenehmes kleines Motel mit

New Plymouth

Gründerzeitliches New Plymouth (Westende Devon St.)

doppelt verglasten Fenstern („verkehrsgünstige Lage" am östlichen Stadtrand), Sat-TV, Internetzugang und Mikrowelle in allen Units, deren Holzwände an Skandinavien denken lassen. Unit ca. 120–220 $. Ecke Hobson St./Northgat, ℅ 06/7580582, 0508/7 58758, www.lockwoodmanormotel.co.nz.

Brougham Heights Motel 19, das dem Zentrum wohl nächste Motel der Stadt liegt im oberen Teil der Brougham St. und damit einen Katzensprung von allen Zentrumseinrichtungen entfernt – eine gewisse Lärmbeeinträchtigung lässt sich bei dieser Lage nicht vermeiden. Gute Units mit Air Condition und Küchenzeile, fast alle mit Spa. Unit 140–200 $. 54 Brougham St., ℅ 06/7579954, 0800/107008, www.broughamheights.co.nz.

93 By the Sea 1, B&B in modernem Bungalow nahe dem Strand am Rand der Stadt, große und komfortable Zimmer, eines davon mit Bad. Gratis-Fahrradverleih. DZ/FR 160–200 $. 93 Buller St., ℅ 06/7586555, www.93bythesea.co.nz.

Airlie House B&B 20, das noch vor 1900 erbaute (Vor-)Stadthaus mit 3 Gästezimmern (2 mit Du/WC, eines auch mit Küchenzeile), alle mit WLAN, bietet gehobenen Komfort. Das eigentlich etwas enge Haus ist intelligent möbliert und dekoriert, Bademäntel und Fön stehen zur Verfügung, englisches Frühstück, bequeme Gäste-Lounge. DZ/FR 165 $. 161 Powderham St., ℅ 06/7578866, www.airliehouse.co.nz.

Vineyard B&B 22, auf dem Mount Moturoa über dem Hafen von New Plymouth hat man eine vorzügliche Aussicht, was der Blick aus den Fenstern dieses B&B im Oberstock eines Vorstadthauses bestätigt. Freundliche, weit gereiste Gastgeber, ausgezeichnetes Frühstück (cooked oder cont.). Zimmer luftig und hell, Sat-TV, Bad und kleine Küche, eigener Balkon, Abholung vom Bus/Flugplatz kann arrangiert werden. DZ/FR 110 $. 12 Scott St. (Devon St. West bis Ngamotu St., von dort Abzweig links, im Stadtteil Motuora), ℅ 06/7512992, shirley12vineyard@xtra.co.nz.

The Grange 24, in ruhiger Hanglage neben dem großen Pukekura Park oberhalb von New Plymouth ist dieses B&B ein idealer Ort zum Ausspannen. Zentralheizung, Terrasse vor dem Zimmer, beide Zimmer mit Bad und opulentes Frühstück. Bellbird und Tui hört man beim Aufwachen. DZ/FR 120–140 $. 44B Victoria Rd., ℅ 06/7598004, grangeband@xtra.co.nz.

Seaspray House 11, das relativ kleine Backpacker Hostel ist in einem zentrumsnahen Wohnhaus mit kleinem Garten im Rücken – gerade groß genug für die Wäscheleinen – untergebracht, sehr angenehm, ruhig. Zimmer, kein großer Schlafraum (aber Share).

SG 45–47 $, DB 34–37 $, DO 27–28 $. 13 Weymouth St., ✆ 06/7598934, www.seasprayhouse.co.nz.

Shoestrings Backpackers 17, gutes Backpacker-Hostel mit Sauna, gratis Bikeverleih, WLAN, nur 10 Fußmin. vom Zentrum; in hübschem, altem Vorstadthaus, dessen gutbürgerliche Lounge mit offenem Kamin an bessere Zeiten erinnert. DB 33–35 $, DO 25–28 $. 48 Lemon St., ✆ 06/7580404, www.shoestring.co.nz.

Egmont Eco Leasure Park mit YHA Egmont Eco Lodge 23, diese Herberge mit Backpacker-Hostel und Holiday Park liegt schon etwas außerhalb, ist aber auf einem Fußweg entlang dem Huatoki Stream vom oberen Ende der Brougham Street in 20 Min. leicht zu erreichen. Sehr ruhige Lage, Campingmöglichkeit, im Sommer viele Schulgruppen. SG 65 $, DB 25 $, DO ab 28 $, Zeltplatz ab 36 $, Zimmer ab 65 $ (mit YHA 62 $). 12 Clawton St., ✆ 06/7535720, www.egmont.co.nz.

Belt Road Seaside Holiday Park 21, der Campingplatz auf der Hochterrasse über dem Hafengelände ist nur 1,5 km vom Stadtzentrum entfernt; über den vorbeiführenden Coastal Walkway ist man zu Fuß in 30 Min., mit dem Rad in ein paar Minuten im Zentrum. Die alten Pohutukawa-Bäume geben nur bedingt Schatten und kaum Windschutz, möglichst einen küstenabgewandten Stellplatz nehmen.

Übernachten
1 93 By the Sea B&B
2 Auto Lodge
3 Devon Hotel
4 Quality Hotel Plymouth International
6 Lockwood Manor Motel
11 Seaspray House
17 Shoestring BP
18 Nice Hotel
19 Brougham Heights Motel
20 Airlie House B&B
21 Belt Road Seaside HP
22 Vineyard B&B
23 Egmont Eco Leasure Park & YHA
24 The Grange B&B

Nachtleben
14 Peggy Gordon's Celtic Bar

Alle Unterkunftstypen (Stellplatz und 2 Pers. ab 36 $, Cabin 60–95 $, Motel bis 125 $), auch Backpacker-Cabins (ab ca. 25 $). 2 Belt Rd., ✆ 06/7580228, 0800/804204, www.beltroad.co.nz.

Essen & Trinken/Nachtleben

New Plymouth, vor einem Dutzend Jahren noch kulinarische Wüste, ist heute gastronomisch vielfältig, abwechslungsreich und auf dem Stand der neuseeländischen Bistro-Café-Kultur. Lokale wie Bach on Breakwater am Hafen, das Daily News Café in der Stadtbibliothek, das Arborio im Puke Ariki oder legere Tagescafés haben die Gastronomie der Stadt verwandelt und das Angebot mindestens verdoppelt. Besonders für die Jüngeren sind viele neue Lokale entstanden, während die guten Traditionsgaststätten trotzdem gehalten haben – vom gutbürgerlichen Marbles Buffet im Devon Hotel bis zum Marinovich, einem reinen Restaurant ohne Schnickschnack.

Robert Harris Café 7, Shop 50, Centre City; verlässlich gute Qualität und große Auswahl kennzeichnen alle Robert Harris Cafés; dieses kürzlich komplett renovierte Bistro-Café macht da keine Ausnahme.

Marbles Buffet 4, 390 Devon St.; das Restaurant des Devon Hotels ist schon seit langem für sein mit 35 $ (inkl. Tee/Kaffee) sehr preiswertes Abendbuffet bekannt (für unter 18 und über 60-Jährige wird's noch billiger: 25 $); 17.30–21.30 Uhr, an Wochenenden gibt es dazu Live-Unterhaltung. ✆ 06/7599099, 0800/843338.

Orangery 2, Ecke Courtenay/Leach St., dort Hs.-Nr. 1; à la carte und nur abends isst man im feinen Ambiente des Restaurants des *Plymouth International Hotel*. Das Angebot ist nicht ganz auf der Höhe des

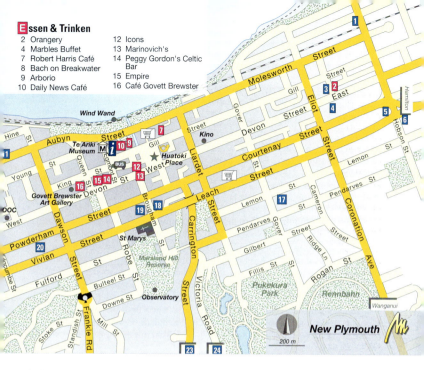

Essen & Trinken

- 2 Orangery
- 4 Marbles Buffet
- 7 Robert Harris Café
- 8 Bach on Breakwater
- 9 Arborio
- 10 Daily News Café
- 12 Icons
- 13 Marinovich's
- 14 Peggy Gordon's Celtic Bar
- 15 Empire
- 16 Café Govett Brewster

Ambientes: Steaks und Braten (ab ca. 30 $), am Tisch flambierte Speisen (Chateaubriand für 2 zu 85 $), Süßes à la Crêpes Suzette (32 $ für 2). ℡ 0800/800597.

Daily News Café 10, Ecke Puke Ariki St. und Aubyn St.; Tagescafé im Bibliothekstrakt des Puke Ariki; ungezwungene Atmosphäre, viele Zeitungen und Zeitschriften (auch europäische, wenn auch nur aus England); dazu werden Toasts, Pasta, Salate, Panini und natürlich Kuchen und süße Schnitten gereicht. Tägl. 9.30–15.30 Uhr.

Arborio 9, im Puke Ariki im Museumstrakt auf dem Stockwerk des Visitor Centre; das zum Meer aussichtsreiche Bistro-Café mit manchmal lauter Musikbeschallung wird seiner Küche wegen (NZ-Bistro) gelobt. 9 Uhr bis spät. Service ohne Makel. ℡ 06/7596060.

Empire 15, 117 Devon St. West; Kaffeehaus & Bistro, nichts besonderes in Neuseeland, aber hier in besonders gemütlichem Rahmen. Cabinet food, aber auch ein paar warme Gerichte, obligat als „salad" bezeichnet. Tägl. ca. 9.30 Uhr bis spät. ℡ 06/7575404.

Marinovich's 13, 19 Brougham St.; alteingesessenes (seit 1927) unprätentiöses Fisch- und Meeresfrüchte-Restaurant vom Typ Bahnhofs-Wartesaal, aber peinlich sauber und das Essen gut (es sei schon besser gewesen, heißt es lokal); Fisch ca. 35 $, köstlich die Whitebait fritters (Jungfisch-Hamburger), auch Wildgerichte. Tägl. ab 9, Sa/So ab 17 Uhr. ℡ 06/7584749.

Café Govett Brewster 16, Govett-Brewster Art-Gallery, Ecke Queen/King St.; das ehemalige ESP und jetzige „contemporary café" hat v. a. gute und nicht alltägliche Lunchgerichte (ab ca. 12 $), dazu ausgezeichnete Kuchen und süße Schnitten. Mo–Fr 8–17, Sa/So 9–18 Uhr. ℡ 06/7592038.

Icons 12, 3–8 Brougham St.; „Sports Bar & Café" – das verheißt nichts Gutes und eher rüde Sitten, doch geht es hier ganz zivilisiert zu; das ganztägig servierte Frühstück (10 $, eines von mehreren Gerichten zu diesem Preis) ist üppig, der Innenhof eine freundliche Oase für gemäßigte Trinker, die das Lokal gern und meist bis lang nach Mitternacht frequentieren.

Peggy Gordon's Celtic Bar 14, Ecke Egmont/Devon St.; mittags sind imgar nicht so irischen Bistro Burger, Bangers & Mash (ca. 18,50 $) und Fish & Chips angesagt (ca. 18/24 $), dazu gibt's englisches und irisches Bier. Die Lage an der geschäftigsten Ecke der Stadt hat sicher zur Popularität des Celtic beigetragen; in der *Basement Bar* zumindest am Sa, häufig auch an anderen Tagen Themenabende und „Partys". ✆ 06/7588561.

Am Hafen Port Taranaki ❯❯❯ **Mein Tipp:** Bach on Breakwater 8, Oceanview Parade, Moturoa (am Ende der Uferpromenade); einem neuseeländischen „bach" nachempfundene Holzkonstruktion direkt am Hafen bietet nicht nur die typische Hafenatmosphäre, sondern auch und vor allem ausgezeichnete kalte und warme Gerichte. Fisch erster Qualität, attraktiv angerichtet (Hauptgang 25–35 $), gute, aber nicht umwerfende Desserts. Intelligente Weinauswahl per Glas erhältlich. 9.30 Uhr bis spät. ✆ 06/7696967, www.bachonbreakwater.co.nz. ❮❮❮

Sehenswertes

Puke Ariki und Umgebung: Museum, Stadtbibliothek, Stadtarchiv, Touristinformation, Restaurant, Café – das alles ist Puke Ariki, ein 2003 eröffneter, bemerkenswerter Gebäudekomplex in avantgardistischer Architektur. Mit den beiden Bauteilen, die im obersten Stockwerk durch eine Fußgängerbrücke verbunden sind (im Bibliothekstrakt „South Wing" vier Stockwerke, im Museumstrakt „North Wing" drei) haben sich die Stadt New Plymouth und die Provinz Taranaki einen unbedingt besuchenswerten Bau geleistet. Museum und Halle, Café und Bibliothek gehen ineinander über, das Platzangebot ist großzügig, und durch die Glaswände blickt man aufs Meer hinaus, wo das Geld für den Prachtbau herkommt: Weit draußen vor der Küste liegen die Gas- und Ölfelder Taranakis, mit denen das Puke Ariki finanziert wurde.

Das **Museum** ist in Level 1 und 2 (erster und zweiter Stock) des North Wing untergebracht; den Rundgang beginnt man am besten von der Küste her kommend im ersten Stock (mit Visitor Centre und Restaurant Arborio). Die Multimedia-Schau *Taranaki Experience* führt kurz in die Region ein. Dahinter, in der Sektion *Taranaki Life*, dokumentieren Objekte, Bilder und Erläuterungen die Geschichte und Kultur der Region. Einen Stock höher befindet man sich in der Sammlung zur Maori-Geschichte und Kultur *Te Takapou Whariki o Taranaki* mit Objekten und Fotografien, Geschichten, Mythen und historischen Darstellungen von der Ankunft der Maori um 1350 bis heute. Auf demselben Stockwerk werden in *Taranaki Naturally* die wichtigsten Fakten zur Naturgeschichte der Region präsentiert.

Auf dem Platz vor Puke Ariki

Fast an das Puke Ariki angelehnt ist ein aus Naturstein errichtetes Häuschen, das **Richmond Cottage**. 1854 für den damaligen Abgeordneten für Taranaki errichtet, wurde es 1962 an den heutigen Standort versetzt.

Modernes New Plymouth und Maorikunst

Neu und noch nicht so ganz im Bewusstsein der Bewohner (geschweige denn der Touristen) angekommen, ist der **Huatoki Place**. Am unteren Ende des Huatoki-Bachlaufes hat man ihn zwischen Devon Street West und Gill Street freigelegt bzw. frühere hässliche Verbauung entfernt. Statt dessen wartet nun ein farbig gestalteter städtischer Platz mit Palmen am Wasserlauf auf die Besucher, ein Café hat gerade aufgemacht, eine kleine Erweiterung ist geplant – aber noch ist niemand da, der das alles würdigt.

Puke Ariki Tägl. 9–18, Mi bis 21 Uhr, an Feiertagen Museum und i-Site 9–18 Uhr. Eintritt frei. ✆ 06/7596060, www.pukeariki.com.

Govett-Brewster Art Gallery: Die städtische Kunstgalerie ist vor allem Ausstellungsort für die zeitgenössische Kunst und zugleich Sitz der Len Lye Foundation. Vom Oeuvre dieses neuseeländischen Künstlers, dessen „Wind Wand" (s. u.) wohl sein bekanntestes Werk ist, zeigt die Galerie immer nur einen Bruchteil. Im Haus guter Buchladen und Café-Restaurant (→ Essen & Trinken).
Tägl. 10–17 Uhr. Eintritt frei. www.govettbrewster.com.

Wind Wand: Die 45 m hohe, knallrote Leuchte aus Fiberglas schwankt im Küstenwind und regt die Passanten dazu an, darüber zu sinnieren, ob es sich dabei um einen zu hoch angebrachten Leuchtkörper handelt – oder vielleicht „nur" ein Werk der Kunst. Das 1962 konzipierte, aber erst 2000 aufgestellte kinetische Kunstwerk *Wind Wand* ist das Werk des neuseeländischen Künstlers Len Lye (1901–1980); anfangs stieß es nicht auf den ungeteilten Beifall der Bürgerschaft, mittlerweile ist es zum markanten Logo der Stadt geworden.

Coastal Walkway: Man passiert „Wind Wand", wenn man auf dem Coastal Walkway wandert oder (in den meisten Bereichen erlaubt) radelt. Der Walkway beginnt im Osten der Stadt am *Lake Rotomanu* im Mündungsbereich des Waiwhahakaiho River und führt über 7 km an der Küste entlang bis zum die Stadt nach Westen begrenzenden *Taranaki Harbour*. Parks, Strände und schmale Fußwege unter den

Blick vom Coastal Walkway auf Hafen und Sugarloaf-Inseln

Siedlungen wechseln sich ab; besonders der Mittelteil um „Wind Wand" und Puke Ariki ist meist stark frequentiert.

St. Mary's Church: St Mary's rühmt sich, die älteste aus Stein errichtete Kirche Neuseelands zu sein, aber nur ein kurzes Mauerstück hat sich aus der Zeit der Erbauung um 1845 erhalten – vier Jahre nach Ankunft der ersten englischen Siedler der Plymouth Company in Taranaki. Das Kircheninnere ist mit seiner dunklen Dachkonstruktion aus Holz sehr eindrucksvoll. Die an die Tradition angelehnten Schnitzarbeiten am Mahnmal an die Maori-Kriege sind ein Werk des neuseeländischen Künstlers John Bevan Ford von 1972. Der Friedhof ist der älteste der Stadt, viele der ersten Siedler sind hier begraben, darunter auch Reverend William Bolland, der erste Priester der Siedlung, der bereits 1846 starb (sein Grab befindet sich in der Nähe der beiden Zypressen).

Huatoki Walkway und Pukekura Park mit Fernery: Ein idyllischer Wanderweg führt vom *Sir Victor Davies Park* hinter der St. Mary's-Kirche am Huatoki Bach entlang zum *Tupari Reserve*, einem kleinen Schutzgebiet mit endemischen Gehölzen (5 km). Auf dem Weg kann man einen Abstecher in den östlich liegenden *Pukekura Park* machen, einen eher formellen Stadtpark mit vielen Azaleen, Kamelien und Rhododendren, mit Teichen, auf denen man rudern kann, mit Stadion und einem beliebten Lichterfest in den Sommerferien, dem *Festival of Lights* (→ Feste & Veranstaltungen). Die **Fernery**, das Farnhaus, ist eine Gruppe von miteinander durch Gänge verbundenen Glashäusern, die in feucht-subtropischer bis tropischer Atmosphäre eine Fülle von Farnen, Orchideen, Bromeliaceen und anderen Pflanzen zeigen – leider ohne Namensschilder oder Erläuterungen (die Fernery findet man oberhalb des Cafés am Parksee).

Der Pukekura Park ist tägl. geöffnet, die Gewächshäuser und das Farnhaus tägl. 8.30–16 Uhr. Im Park-Café am See Leihmöglichkeit für Ruderboote. Eintritt frei. Einen Folder mit Plan des Pukekura Parks gibt es kostenlos in der i-Site.

Hurworth Cottage: Das 8 km südlich des Stadtzentrums stehende Cottage von 1856 ist der letzte Rest der während der Taranaki-Kriege 1860 aufgegebenen Sied-

lung Hurworth. Der ursprüngliche Besitzer, Harry Atkinson, wurde später vier Mal Neuseelands Premierminister. In seiner Regierungszeit wurden wichtige Reformen verabschiedet, darunter auch das Frauenwahlrecht – Neuseeland war damit der erste Staat der Welt, in dem Frauen wählen durften (1893).
Mo–Fr 11–15 Uhr. Eintritt 5 $. 906 Carrington Rd., ✆ 06/7533593.

Ausflüge

Sugarloaf Marine Reserve: Westlich des (für Besucher ohne Einlassschein gesperrten) Port Taranaki erhebt sich der steile *Paritutu Rock*, ein fast 60 m hoher Felsklotz, der auf einem durch ein Drahtseil gesicherten Steig vom umgebenden Paritutu Centennial Park aus zu erklimmen ist (Hinweisschilder am Centennial Drive, der von der Straße zum Port Taranaki abzweigt, Steig ab Parkplatz hin/zurück etwa 30 Min.). Vom Felsen oder einem der Parkplätze an der Fortsetzung des Centennial Drive sieht man sehr schön auf die vorgelagerten, nicht zugänglichen Inseln und Klippen – das sog. Sugarloaf Marine Reserve. Seinen Namen „Zuckerhut" erhielt das Schutzgebiet von der charakteristischen Felsen-Form, die Reste von harten Schlotfüllungen längst erloschener Vulkane; der Name geht auf den Besuch von Captain Cook im Jahr 1770 zurück.

An der *Back Beach* am Südende des Centennial-Parks kann man bis hinunter an die Küste fahren, was viele Surfer und Sonnenbadende nutzen. Das Schwimmen ist hier riskant und nicht zu empfehlen – bei Flut schlägt das Meer bis an die senkrecht abstürzenden Küstenfelsen. Das Meer ist hier sehr artenreich, was Neuseelands nördlichster Pelzrobbenkolonie gerade recht ist. Im Spätwinter ziehen die Buckelwale knapp vor den Inseln vorbei, im Frühjahr und Frühsommer von Delfinschulen gefolgt.
Zumindest ein Unternehmen bietet normalerweise einen Bootstrip zum Marine Reserve an: Happy Chaddy's Charters, Büro am Hafen (Oceanview Parade), 1 Std. Cruise mit einem original Lifeboat 35 $, Kajakverleih und Radverleih. ✆ 06/7589133.

Pukeiti Park: Bereits im Egmont-Nationalpark, ca. 20 km südlich von New Plymouth, liegt ein außergewöhnlich schöner Park, im dem unterschiedlichste Azaleen und Rhododendren in großer Anzahl gedeihen. Die aus den pazifischen Regenwäldern der Nordhalbkugel stammende Pflanzenfamilie fühlt sich an den regenreichen Hängen des Maunga Taranaki sichtlich wohl. Im Frühjahr (Oktober und November) wird im Park das Rhododendron-Festival gefeiert.

Öffnungszeiten Park tägl. 10–15 Uhr, Sept. bis März 9–17 Uhr. Eintritt je nach Saison 12–16 $. Pukeiti, 2290 Carrington Rd., www.pukeiti.org.nz.

Hin/zurück Den Transport arrangiert z. B. Care Tours, ✆ 06/7589676; hin/zurück 55 $. PO Box 3167, National Park.

Essen & Trinken Bistro-Café im Park bis 16 oder 17 Uhr.

Waitara: An der Mündung des Waitara nordöstlich von New Plymouth liegt der gleichnamige Ort. Waitara war einst ein eigenständiges landwirtschaftliches Zentrum, heute ist es fast ein Vorort von New Plymouth und wird von der Erdgaswirtschaft dominiert: Das Erdgas aus den Feldern Maui und Kapuni wird in Waitara und Motunui zu Methanol verarbeitet. Der Ort entstand an einer Reihe von Furten und unterhielt bald eine Fährverbindung über den breitesten Arm des Flusses. Der Fährbetrieb wurde ursprünglich von den Siedlern selbst organisiert, ab 1867 aber von der Provinzregierung übernommen. 1871 folgte eine Holzbrücke, 1913 die erste Brückenkonstruktion aus Stahl- und Beton.

Ein umstrittener Landkauf und die New Zealand Wars

Die Kriege, die die Maori und Pakeha zwischen 1850 und 1872 führten, begannen 1854 in Taranaki, Jahre später weitete sich der Konflikt auf die gesamte Nordinsel aus. Grund dafür war ein Landkauf im Raum Waitara nahe New Plymouth. Die Kolonialregierung unter Gouverneur Gore Brown hatte sich Mitte der 1850er Jahre entschlossen, Landkäufe auch gegen die Interessen der Maori durchzudrücken, doch versuchte man die Form zu wahren. Als im März 1859 bei New Plymouth ein Treffen von Maori-Ältesten stattfand, reiste der Gouverneur persönlich an. Dort informierte er die Anwesenden über die Entscheidung des Executive Council der Kolonialregierung, alle jene Maori als Rebellen zu behandeln, die auf weißem Land Krieg führten. Zugleich forderte er die versammelten Maori auf, dem Druck der Siedler nachzugeben und ihnen das Land zu verkaufen.

Daraufhin stand einer der Häuptlinge auf und verkaufte an Ort und Stelle das Land an der Waitara-Mündung. Wiremu Kingi, der oberste Stammeshäuptling von Waitara, bezeichnete den Verkauf als nicht rechtmäßig und verließ aus Protest mit seinen Leuten die Versammlung. Der Gouverneur seinerseits ließ verkünden, dass Kingi nur dann Einspruchsrechte gegen den Verkauf habe, wenn er konkrete Besitztitel auf das Land nachweisen könne (was in der Maori-Tradition nicht möglich ist). Der Gouverneur stellte sich damit gegen geltendes Maori-Recht, das festlegt, dass der Stamm durch seinen Häuptling spricht und ein individueller Besitz – wenn überhaupt – vom Stamm gestattet werden muss. Wären die Maori, die Land verkaufen wollten, in der Mehrheit gewesen (was aber nicht der Fall war), wäre der Aufstand vielleicht zu vermeiden gewesen.

Wiremu Kingis Rechte wurden als nicht existent zurückgewiesen. Im Januar 1860 kamen Landvermesser und begannen mit dem Abstecken des Landes, das noch nicht einmal ganz an den „Verkäufer" bezahlt war. Kingi ließ nachts ein paar alte Frauen kommen und die Grenzpflöcke herausreißen. Der Gouverneur rief das Kriegsrecht aus. Truppen eroberten das Pa des Wiremu Kingi – um festzustellen, dass es bereits verlassen war. Der gewaltsame Konflikt mit Kingi sollte zwölf Jahre dauern.

Die 1968 eingestellte Bahn-Nebenlinie von Waitara nach Lepperton (5 km) wurde 2001 wieder eröffnet. Befahren wird sie von historischen Zügen, eine Diesellok zieht die offenen Wagen.

Verbindungen Die **Bahn** fährt am 1. und 3. So im Monat um 11, 13 und 15 Uhr; Start ist der West Quay in Waitara (beim New World Supermarkt); hin/zurück 10 $, Familien 25 $. ✆ 06/7548612.

Essen & Trinken Mike's Organic (White Cliffs) Brewing Company, Schuppen mit Kleinbrauerei neben der Straße in der Einöde, zwischen Urenui und Uruti; ein Idealist ist hier am Werk, seine Produkte sind biologische „Real Ales", Bioprodukte und keine Industriebiere. „Indian Pale Ale" und „Organic Lager" haben leichten Hefe-Bodensatz, das Bier gibt's im Viererpack mit Tragegriff auch im Supermarkt. Eher ungewöhnlich: Strawberry Blonde und Whiskey Porter. Seit 2009 wird vor Ort ein „Oktoberfest" gefeiert. ✆ 06/7523676, 0508/464537, www.organicbeer.co.nz. ■

Von New Plymouth über Waitara und North Taranaki nach Hamilton: Fortsetzung → S. 285 Waikato.

Auf dem Pouakai Circuit, der Mount Egmont wie üblich in Wolken

Der Egmont National Park

Eine solch ebenmäßige Schönheit wie die des 2.518 m hohen Maunga Taranaki (Mount Egmont) zieht jeden in ihren Bann. Besonders Bergsteiger lässt der Anblick nicht mehr los, sie müssen einfach rauf … Dass die Maori vor der Ankunft der Pakeha jemals auf dem Gipfel waren, ist unwahrscheinlich, obwohl die Legende das so will.

Verbürgt ist aber die erste Besteigung der Neuzeit: 1839 standen der Deutsche Ernst Dieffenbacher und der Brite James Heberley auf dem Gipfel, die Maori, die als Führer engagiert worden waren und barfuß gingen, machten den Gipfelsturm über Eis und Schnee nicht mit. An die bei Erstbesteigungen übliche Namengebung war allerdings nicht mehr zu denken. Captain Cook hatte den Vulkan schon nach dem First Lord of the Admirality benannt, der Cooks Expedition entscheidend gefördert hatte. Offiziell heißt der Berg heute nicht mehr Mount Egmont, sondern (Maunga) Taranaki, denn er ist wieder in den Besitz der Maori übergegangen. Dennoch wird zumindest für den Nationalpark weiterhin der Name Egmont verwendet. Der Nationalpark wurde bereits 1900 gegründet, dreizehn Jahre nach dem ersten neuseeländischen Nationalpark Tongariro. Der Egmont-Nationalpark ist bis auf eine Ausbuchtung im Nordwesten, die den Nebenvulkan Pouakai einbezieht, kreisrund, ein Ausleger umfasst die nordwestlich in Richtung der Küste reichende Kaitake Range, die aus den Resten eines älteren, schon stark abgetragenen Vulkanmassivs besteht.

Seine letzte größere Eruption hatte der Maunga Taranaki 1655. Man vermutet, dass er etwa alle 500 Jahre ausbricht – seit 200 Jahren wurde keine Aktivität mehr beobachtet. Vor dieser ruhigeren Phase hatte der Vulkan eine etwa 9.000 Jahre während stürmische Phase, in der etwa alle 90 Jahre eine größere Eruption verzeichnet wurde. Heute misst der Berg, dessen Höhe Dieffenbacher 1839 noch mit 2.694 m angegeben hatte, trotz starker Abtragung noch 2.518 m. Das Institute of Natural Resources der Massey University beobachtet den Vulkan.

Die Vegetation des Nationalparks reicht von Regenwald mit gemäßigtem Klima am Rand der Schutzzone mit Rimu- und Kamahi-Bäumen bis zum Bergwald ab etwa 760 m mit Kamahi-Bäumen und Bergtotara. Die Baumgrenze liegt um 1.100 m, darüber dominiert alpines Gebüsch. Tussockgras bestimmt die Höhen zwischen 1.400 und 1.600 m, weiter oben überleben nur noch alpine Matten bis ca. 1.675 m. Alles was höher liegt, liegt in der nivalen Zone (mehrmonatige Schneebedeckung) und im Permafrostgebiet, wo der Boden fast ganzjährig gefroren ist. Die höchsten Bereiche sind in Gletschereis gehüllt.

Der Vulkanberg hat sein eigenes Klima: Als hohe, isolierte Berggestalt in der Westwindzone erhält er von der Westküste fast regelmäßig feuchte Luft. Häufig und oft tagelang ist er deshalb von Wolken verhüllt, was das Bergsteigen doppelt schwierig macht: In den oberen Zonen hat man nicht nur mit der Kälte, sondern auch mit der Feuchtigkeit zu kämpfen, der Wind kann sich schnell zum Sturm, der Regen zu Sturzregen oder zu Schneetreiben auswachsen – mit übervollen, reißenden Wasserläufen. Und auch im Sommer sind plötzliche Kälteeinfälle mit Eiskrusten, die sich in kürzester Zeit bilden, keine Seltenheit. Fazit: Die Gipfelbesteigung wagen nur gut ausgerüstete Bergsteiger im Frühjahr und Spätherbst und natürlich im Winter mit Eisausrüstung und nur an guten Tagen – der Maunga Taranaki ist kein Berg zum eben mal Erklimmen.

Mehr als 320 km Wanderwege und markierte Routen durchziehen den Egmont-Nationalpark, doch die meisten sind mit unseren alpinen Wegen und Steigen nicht zu vergleichen: Sie sind wesentlich anstrengender zu gehen, und gefährliche Stellen sind im Regelfall ohne Absperrungen. Manche Wege sind sogar so ausgeschwemmt und in die Umgebung eingegraben, dass man sie in den europäischen Alpen längst gesperrt hätte. Die Hütten sind, wie überall in Neuseeland, spartanisch ausgestattet, Geschirr wird nicht bereitgestellt (aber ein Gasherd) – man muss also neben Verpflegung auch Kochutensilien mitnehmen. Was dem Naturerlebnis aber keinen Abbruch tut, im Gegenteil. Und wem das zu viel Naturnähe ist, der kann ja in Mitteleuropa wandern ...

Information/Verbindungen/Sport & Freizeit

Information Das **North Egmont Visitor Centre (DOC)**, verkauft Landkarten und Info-Broschüren und gibt allgemeine Auskünfte sowie detaillierte Auskunft z. B. über den Wegzustand; mit einer kleinen Ausstellung wird über den Nationalpark informiert (tägl. 8–16.30 Uhr, gratis).

North Egmont Visitor Centre, Egmont Rd., RD 6, Inglewood. 66, ✆ 06/7560990.

Dawson Falls Visitor Centre, Manaia Rd., Kaponga, Inglewood. Mobil-Tel. 027/4430248.

Die DOC-Büros sind auch unter egmontvc@doc.govt.nz und www.doc.govt.nz zu erreichen; Kontakte sind auch brieflich über das Department of Conservation, Private Bag 3016, Whanganui möglich.

Verbindungen/Berg-Transfer z. B. mit Taranaki Tours, ✆ 06/7579888, www.taranakitours.com, die Fahrzeit von New Plymouth bis zum Parkplatz beim DOC Visitor Centre North Egmont beträgt ca. 1 Std.; hin/zurück 1 P. ab 55 $, 2 P. je 45 $; ab New Plymouth ab 7.30 Uhr (oder nach Bedarf) und North Egmont ab 16.15 Uhr. Ähnlich Mountain Shuttle, Cruise NZ Tours, ✆ 0800/688687.

Geführte Touren Top Guides (Debbie und Ross Eden), die auch eine kleine Berghütte besitzen, in der man privat untergebracht werden kann; ✆ 0800/448433, 021/838513, www.topguides.co.nz; Tagessatz für 1 Pers. ca. 250 $, 2 Pers. je ca. 150 $.

Der Egmont National Park 301

Mount Taranaki Guided Tours, alle Wege inklusive Gipfelsturm und Klettertechnik-Einführung. ℡ 06/7513542, www.macalpineguides.com.

Wintersport Seit 1929, als der Stratford Mountain Club erstmals Skier auf den Berg brachte, ist der Maunga Taranaki für den Skilauf erschlossen. Das „Club Field" des Klubs (von Stratford auf Stichstraße zu erreichen) ist Mitte Juni bis (meist) Mitte Okt. geöffnet. Es gibt zwei Schlepplifte und einen der altmodischen „T-Bars" (Schlepplifte), die Gesamthöhendifferenz beträgt 420 m. Schneetelefon ℡ 06/7591119. Ein Chalet, 2004 neu gebaut, erlaubt Nächtigungen.

Übernachten/Essen & Trinken

Im Egmont Village (an der Abzweigung der Straße nach North Egmont vom SH 3):

The Missing Leg, Backpacker-Unterkunft und einfacher Zeltplatz am Abzweig zum North Egmont Visitor Centre. DO 25 $, DB 25–28 $, Zeltplatz ab 14 $. 1082 Junction St. Egmont Village, New Plymouth, ℡ 06/7522570, www.missinglegbackpackers.co.nz.

In North Egmont The Camphouse, historische Lodge beim North Egmont Visitor Centre; älteste Lodge in einem neuseeländischen Nationalpark, 1999 komplett saniert; schlichte Berghütte mit Schlafräumen (nur Matratzen) zu je 8 Pers. und Zimmern (2 Pers.), Küche (ohne Geschirr und Töpfe), Duschen mit Warmwasser. Buchung über das Visitor Centre bzw. auf der Website. Lager ab 30 $/Pers., auch B&B möglich, ab 45 $/P., im Zimmer (2 Pers.) 5 $ p. P. mehr. North Egmont, ℡ 06/7560990, www.mttaranaki.co.nz.

Café im Gebäude des North Egmont Visitor Centre; im Sommer tägl. 10–16.30 Uhr, im Winter nur Do–So.

In East Egmont Anderson's Alpine Lodge, private, sehr komfortable „Berghütte" unter Schweizer Leitung (Berta Anderson), wo man im B&B direkt am Rand des Nationalparks wohnt und die Ambiente einer Farm genießt, die v. a. Streicheltiere für ihre Gäste zu züchten scheint. Eigener Hubschrauber für Rundflüge, zum Restaurant im Mountain House des Nationalparks sind nur 5 Straßenkilometer. DZ/FR 160–190 $. 922 Pembroke Rd., RD 21, Stratford, ℡ 06/7656620, www.andersonsalpinelodge.co.nz.

In Dawson Falls Dawson Falls Romantic Hotel, Berghütte im „Schweizer Stil" mit Himmelbetten und Lüftlmalerei (kitschig-kitschy). Gutes Restaurant, Café, Bar, Sauna und Pool. DZ/FR ab 200 $. Dawson Falls, ℡ 06/7655457, www.dawson-falls.co.nz.
Konini Lodge, einfache, von Wald umgebene Berghütte für 38 Pers. (8er- und 3er-Räume nur mit Matratzen); mit Küche (ohne Geschirr und Töpfe), Duschen mit Warmwasser; am besten für Gruppen geeignet. Buchung bei Dawson Falls Visitor Centre. Lager 20,40 $, Hut-Tickets und Backcountry-Hutpass sind nicht gültig. Am Ende der Manaia Rd. (ab Kaponga südöstlich Mount Taranaki), ℡ kein Telefon, www.doc.govt.nz.

🥾 Round the Mountain Circuit

Charakter: hochalpine Wanderung!

Dauer: 4–5 Tage.

Zwei miteinander verbundene, im Süden und Westen (wo mittlerweile zwei lange Teilstücke wegen Erdrutschen und Steinschlaggefahr permanent gesperrt wurden) identische Routen umkreisen Mount Taranaki in Höhen zwischen 700 m und 1400 m. Für beide Routen sind profunde Bergsteigerkenntnisse, nicht nur alpine Bergwandererfahrung nötig, und für beide ist auch im Hochsommer hochalpine Ausrüstung samt Eispickel mitzuführen! Unbedingte Voraussetzung ist rechtzeitige Information über den Zustand der Wege und die Mitnahme einer offiziellen Topomap. Infos gibt es telefonisch beim North Egmont Visitor Centre oder im anderen DOC-Büro am Berg, dort gibt es auch die Landkarten. Sechs DOC-Hütten gibt es auf dem Weg, Camping ist überall erlaubt.

Pouakai Circuit

Dauer: 2–3 Tage

Der Rundweg über einen Nebenvulkan an der Nordflanke des Taranaki kann sowohl an der Holly Hut (38 Lager) als auch an der Pouakai Hut (16 Lager) unterbrochen werden – nur neben diesen beiden Hütten darf gezeltet werden. Man befindet sich bei dieser Tour nur am Anfang des Wegs bis zur Holly Hut auf dem Taranaki-Vulkan selbst, dann erst wieder im letzten Teilstück; auf dem Großteil der Wanderung läuft man auf dem *Pouakai*, einem Sekundärvulkan. Das heißt, dass man im Gegensatz zu den meisten anderen Wegen, die an seiner steilen Flanke verlaufen, eine Traum-Aussicht auf den Mount Taranaki hat (→ Titelfoto dieses Buchs). Höhepunkt ist die Durchquerung eines riesigen Moores, das sich in der Senke zwischen Mount Taranaki und Pouakai gebildet hat – der Blick von der Höhe über der Pouakai-Hütte auf den Taranaki und die Küste bei New Plymouth ist unvergesslich.

Im Anstieg zur Holly Hut ist eine etwas riskante Stelle durch einen von Steinschlag gefährdeten Rutschhang zu passieren. Der Abstieg war zum Zeitpunkt der Begehung 2005 wegen Auswaschungen des Steiges sehr anstrengend, die Arbeiten am Weg waren jedoch für den Sommer 2005/2006 geplant und Material lag bereits im Gelände – im Frühjahr 2008 (Okt.) war der Weg jedoch noch immer nicht saniert, 2011 sollen die Arbeiten abgeschlossen sein – die Tour ist dadurch kaum weniger anstrengend geworden.

Buchtipp Sue Hodson u. a.: Pouakai Circuit, Egmont National Park, New Plymouth (Venture Taranaki) 2005 (10 $), gut gemachter Naturführer, an dem u. a. Top Guides mitgewirkt haben.

Gipfelbesteigung des Mount Egmont

Dauer: Nordroute 7–9 Std. (unter günstigen Bedingungen)
Südroute 7–10 Std. (unter günstigen Bedingungen)

Höhenunterschied: Nordroute ↑↓ 1.550 m
Südroute ↑↓ 1.600 m

Für die Besteigung des Mount Taranaki kommen theoretisch zwei Routen in Frage: die Nord- und die Südroute. Doch die *Südroute* ab Dawson Falls hat den Charakter einer ernsten Tour in Fels und Eis und ist von den Gefahren her ein Abenteuer für versierte Alpinisten.

Die *Nordroute* (das offizielle Blatt des DOC nennt 8–10 Std., nach unserer Erfahrung sind 8 Std. bei gutem Wetter ein Durchschnittwert) ist für geübte Alpinisten kein Problem, alpine Anfänger sollten sich ohne Bergführer jedoch nicht an die Besteigung wagen.

Man geht von North Egmont sehr steil auf einem befestigten Allradtrack bis zu einer (privaten und versperrten) Berghütte (Tahurangi Lodge) und dann auf getrepptem Steig bis zur Schulter oberhalb der Waldgrenze. Der Anstieg auf den nochmals steileren Gipfel erfolgt über vulkanisches, im obersten Abschnitt oft schneebedecktes Geröll und steil treppenförmig geformten Fels, der Kraterbereich ist ganzjährig unter Eis. Auch bei schönstem Wetter kein Zuckerschlecken – dabei ist die Wahrscheinlichkeit, dass das Wetter bis zum Schluss anhält, im Regelfall gering. Wind in Orkanstärke kann jederzeit auftreten, und wer keine hochalpine Schutzkleidung dabei hat, ist der Gefahr einer Unterkühlung ausgesetzt.

Der Egmont National Park

Kurze Wanderungen von den Straßenenden aus: *North Egmont* bietet mit dem kurzen *Ngatoro-Rundweg* (45 Min.), dem etwas längeren *Veronica-Rundweg* (200 m Höhenunterschied, 2 Std.) und drei weiteren kurzen Rundwegen eine Auswahl, die auch für nicht alpin ausgerüstete Wanderer begehbar ist und im Falle des Veronica Loop Track sogar wunderbare Ausblicke erlaubt. Alle Wege bleiben in der Waldregion mit dichter, für einen Regenwald typischer Vegetation. Der Rundweg zur Maketawa Hut (3–4 Std.) ist anstrengend und nur für alpin ausgerüstete Wanderer zu empfehlen.

East Egmont bietet vom Parkplatz des Mountain House den kurzen *Kamahi-Rundweg* (0:30 Std.). Der sehr schöne *Enchanted Track* (2–3 Std., 200 m Anstieg) endet leider am Parkplatz-Plateau (die Straße 2 km weiter, am Straßenende, hier auch Manganui Skigebiet, www.snow.co.nz/manganui) und man muss denselben Weg zurücklaufen oder auf der Straße gehen. Ebenfalls am Parkplatz Mountain House beginnt der Weg zur den *Curtis Falls* (hin/zurück 2–3 Std.), zwei Wasserfällen, die über einen abwechslungsreichen Track mit Stegen und Leitern erreicht werden.

Dawson Falls bietet neben dem kurzen Trip zu den Namen gebenden Dawson Falls (0:30 Std.) einen guten Wanderweg auf dem *Kapuni-Rundweg* (1 Std.); alle anderen hier beginnenden Verbindungen haben eher Steigcharakter und sind recht anstrengend zu gehen – so etwa die Besteigung des *Fanthams Peak* (→ unten).
DOC verkauft das Heftchen „Short Walks in Egmont National Park" (2,50 $), das gute Dienste leistet. Die Topomap (ebenfalls in den DOC-Büros erhältlich) kann auch bei einer Kurzwanderung nicht schaden.

Fanthams Peak: Fanthams Peak (1966 m) ist ein junger Nebenvulkan des Maunga Taranaki, von Osten als eigenständige, dunkle Spitze zu erkennen. Vom Visitor Centre Dawson Falls benötigt man 6 Std. (hin/retour, 1060 m Höhenunterschied) auf einer nur mit Stangen gekennzeichneten Route, die im Tussockbereich teilweise über Bohlenwege führt, im oberen Teil hochalpin ist. Die Syme Hut auf dem Gipfel ermöglicht es, die Tour auf zwei Tage auszudehnen.

Auf dem Pouakai Circuit

Von New Plymouth über den Surf Highway (SH 45) nach Hawera

Die Strände entlang des Surf Highway, der sich über mehr als 100 km an der Westküste entlangschlängelt, sind meist unbewohnt, werden manchmal auf abenteuerlichen Zufahrtssträßchen erreicht – und gehören zu den besten Surfstränden Neuseelands. Trotzdem sind sie nicht überlaufen, was sich aber, wie das Beispiel von Raglan in Waikato zeigt, schnell ändern kann. Die wenigen Orte sind mit Ausnahme von Oakura, das noch im Bannkreis von New Plymouth liegt, schläfrige Dörfer ohne Tourismus – oder mit einem erst im Anfangsstadium befindlichen. Erst Hawera (s. u.), das man auch über den gut ausgebauten, weit verkehrsreicheren SH 3 erreicht, ist wieder so etwas wie eine Stadt.

Verbindungen/Sport & Freizeit

Verbindungen/Guided Tour Der öffentliche Verkehr beschränkt sich auf Schulbusse.

Geführte Tour Taranaki Tours bietet ab New Plymouth eine „Around Mt. Taranaki Tour" an, die einen Tag dauert und 155 $ kostet (Min. 2 Pers.). ℡ 06/7579888, 0800/886877.

Sport & Freizeit Surfen und Windsurfen! Surf-Infos („Surf Reports") unter ℡ 0900/99777 („Wave Track"), http://surf.co.nz/taranaki.

Übernachten

In Oakura Oakura Beach Holiday Park, schöner Platz am Meer mit Café (im Sommer). Cabin 65–120 $, Stellplatz und 2 Pers. ab 32 $. 2 Jans Terrace, ℡ 06/7527861, www.oakurabeach.com.

Oakura Beach Motel, Motel nahe dem Strandzugang und nicht an der Hauptstraße; für Pkw-Fahrer eine gute Alternative zum Standort New Plymouth; nur 7 Units mit Küchenzeile, Garten beim Haus. Unit 100–130 $. 53 Wairau Rd., ℡ 06/7527680, www.oakurabeachmotel.co.nz.

Ahu Ahu Beach Villas, Ferienhäuser an der herrlichen Küste bei Oakura; beim Bau wurden ausgediente Teile alter Gebäude, eines Bootsschuppens, eines abgerissenen Krankenhauses verwendet, die Dächer sind aus alten südfranzösischen Dachziegeln. Voll eingerichtet, direkt am Strand, für den Luxus preiswert. Unit bis 4 Pers. ca. 210–250 $. 321 Ahu Ahu Rd., ℡ 06/7527870, www.ahu.co.nz.

In Opunake Opunake Motel & Backpackers Lodge, schlichtes Motel mit 4 Units, einem großen und einem kleinen Cottage sowie einer Backpacker-Unterkunft, die bezogene Betten bietet. Unit 100 $, Cottage 120 $, Backpacker (DO) ab 30 $. 36 Heaphy Rd., ℡ 06/7618330, www.opunakemotel.co.nz.

Opunake Beach Holiday Park, sehr guter Platz am Meer in sandiger Bucht, in der man sicher schwimmen kann. Fernsehraum, guter Sanitär- und Küchenblock. (Motel-)Unit 95 $, Cabin 65 $, Stellplatz und 2 Pers 34 $. Beach Rd., ℡ 06/7617525, 0800/758009, www.opunakebeachnz.co.nz.

Oakura: Der erste große Strand westlich von New Plymouth ist natürlich komplett verbaut, zum schwarz-grauen Sandstrand führt dann aber doch ein öffentlicher Zugang. Viele Windsurfer (Surfschule → New Plymouth) finden sich an Wochenenden ein, der Strand ist dann in beiden Richtungen voll mit Autos, auch solchen, die nicht Allradantrieb haben und im mittleren Strandbereich gerne hängenbleiben.

Klippen vor der Küste südlich New Plymouth

Pungarehu: Der Leuchtturm am *Cape Egmont*, 5 km westlich des Orts, markiert den westlichsten Punkt der Nordinsel – eine vom Wind gepeitschte, einsame Erhebung, von der man auf die Tasmansee und, dreht man sich um, auf den Mount Taranaki blickt. Der Leuchtturm, der früher in der Nähe von Wellington stand, wurde 1877 hierher transferiert und ist heute – wie alle anderen – vollautomatisiert.

Opunake: Im Sommer ist der Strand hier voll mit Kiwis, die Familienurlaub machen, im Winter traut sich fast niemand in den windigen Flecken – bis auf ein paar unentwegte Surfer, die's auch in dieser Jahreszeit nicht lassen können. Und da wir uns noch in den Subtropen befinden, ist es hier auch im August gar nicht mal so kalt.

Von New Plymouth über Stratford und Hawera nach Patea

Der SH 3 quert auf dem Weg nach Whanganui die etwas eintönige Bauernlandschaft zwischen Mount Egmont im Westen und den Matemateaonga-Bergen im Osten. Dabei wird Egmont Village passiert, Ausgangspunkt für Unternehmungen an der Nordflanke des Vulkans, und Inglewood, wo die Straße von Waitara in den SH 3 mündet. Einen Besuch lohnt Stratford, von wo aus der Egmont-Nationalpark ebenfalls zu erreichen ist – und vor allem der einsame Lost World Highway in Richtung Taumarunui und Whanganui-Nationalpark. In Hawera befindet man sich wieder in Meeresnähe, aber erst in Patea, schon weit in Richtung Whanganui, erreicht man wieder das Meer.

Stratford

Über das kleine ländliche Inglewood erreicht man Stratford. Der freundliche Marktort ist Ausgangspunkt für den Besuch des Ostteils des Mount Taranaki, die Straße nach East Egmont und zum Manganui-Skigebiet beginnt hier. Ebenfalls in

Stratford beginnt der Forgotten World Highway (→ S. 307), der durch eine der am dünnsten besiedelten Landschaften Neuseelands ins Innere und nach Taumarunui im King's Country führt. Der nach Shakespeares Stratford benannte Ort besitzt Neuseelands einziges öffentliches Glockenspiel (am pseudo-elisabethanischen Uhrturm), auf das man sehr stolz ist – um 10, 13, 15 und 19 Uhr erscheinen Romeo und Julia, Shakespeares berühmte Protagonisten, nähern sich einander im Glockenspiel– und werden wieder getrennt. Einige Straßen Stratfords wurden übrigens nach Shakespeare-Heroen und Heroinen benannt – hier unser kleines Quiz: In welchen Shakespeare-Dramen spielen Romeo, Miranda, Orlando, Juliet, Prospero, Cordelia, Hamlet und Celia wichtige Rollen? Alles richtig? Respekt!

Information/Verbindungen

Information Visitor Centre, Prospero Place; Mo–Fr 9.30–17 Uhr, Sa/So/Fei 10–15 Uhr. ✆ 06/7656708, www.stratfordnz.co.nz.

Verbindungen Die Busse von InterCity und Dalroy's befahren die Linie New Plymouth–Whanganui; Bushalt gegenüber dem Visitor Centre.

Übernachten

Stratford Lodge B&B, gutes Quartier. 100 $. ✆ 06/7658324, www.stratfordlodge.co.nz.

Taranaki Accommodation Lodge, noch zentrale Backpacker-Unterkunft; vorwiegend SG; die üblichen Einrichtungen plus Zentralheizung, zur richtigen Seite Bergblick; gratis Transfer vom/zum Bus. SG 25–30 $, DB 20–23 $ und DO 18 $. 7 Romeo St., ✆ 06/7655444, www.mttaranakilodge.co.nz.

Stratford Top Town Holiday Park, nahe Zentrum und Nationalpark am Rand eines Rhododendron-Wäldchens, Radverleih. Cabins und Motels 40–98 $, Stellplatz und 2 Pers. ab 28 $, auch Backpacker-Unterkunft (DO ab 20 $). 10 Page St., ✆ 06/7656440, 0508/478728, www.stratfordtoptownholidaypark.co.nz.

Te Popo Gardens, 15 km nordöstlich von Stratford an der Nebenstraße nach Te Popo und Kupe. B&B in wunderschönem, unter Naturschutz stehendem Park, 4 Zimmer mit eigenem Eingang vom Park, Bad, Kamin, TV und Stereo; das wirklich spezielle Frühstück wird im Wintergarten serviert, Abendessen auf Bestellung. Einen Umweg wert! DZ/FR 130–170 $. Te Popo, 636 Stanley Rd., RD 24, Stratford, ✆ 06/7628775, www.tepopo.co.nz.

Hawera

Sanft gewelltes, gelegentlich durch einen Bach unterbrochenes Farmland mit weidenden Kühen umgibt Hawera, eine direkt und indirekt von der Milchwirtschaft lebende Kleinstadt mit ein paar hübschen Häusern aus der Zeit vor 1918 (in der High Street und Princes Street) und einem markanten Wahrzeichen: der nicht mehr genutzte, 54 m hohe Wasserturm mit prächtigem Ausblick. Nach der Renovierung (2004) sieht er wieder recht proper aus. Die riesige Molkerei südlich des Ortes dominiert zusammen mit den Milchbauern die Wirtschaft und das Angebot.
Water Tower, tägl. 10–14 Uhr, Schlüssel bei der Info. Eintritt 2 $.

Auch die sonstigen Sehenswürdigkeiten in Hawera und Umgebung sind dem Disneyland nahe: Der private *Elvis Presley Memorial Records Room* zeigt alle möglich Mementos zum Sänger (5.000 Schallplatten), und auch die (ansonsten sehr interessante) Ausstellung zur Geschichte der Region im *Tawhiti Museum and Bush Railway* schrammt mit ihren lebensgroßen realistischen Modellen und Dioramen hart an der Grenze zum Kitsch vorbei.

Öffnungszeiten Elvis Presley Room, 51 Argyle St.; Besuch nur nach Anmeldung. ℡ 06/2787624. Eintritt: Spende.

Tawhiti Museum and Bush Railway, 401 Ohangai Rd., 10 km östlich von Hawera; Sept. bis Mai Fr–Mo 10–16 Uhr, Juni bis Aug. nur So 10–16 Uhr. Eintritt Museum 10 $. Neu ist der Ausstellungsbereich *Traders & Whalers*, der sich mit der frühen Kolonialzeit 1820–1840 befasst, Besucher werden in Booten durchgeschleust, 10 $. Bush Railway 1 km Länge; jeweils am 1. So im Monat und an staatlichen Feiertagen, in den Schulferien jeden So. Ticket 5 $. www.tawhitimuseum.co.nz.

Information i-Site South Taranaki, 55 High St.; Mo–Fr 8.30–17.15, Sa/So/Fei 10–15 Uhr. ℡ 06/2788599, www.southtaranaki.com.

Verbindungen InterCity und Dalroy's Busse, alle auf der Linie New Plymouth–Whanganui, halten beim Visitor Centre.

Patea

Das kleine Zentrum eines weiten bäuerlichen Umlands wurde nach den Kriegen der 1880er Jahre gegründet. Die anglikanische *Kirche St. George's* wurde 1885 im viktorianisch-neugotischen Stil gebaut, der hübsche Turm hat ein offenes Glockengeschoss.

Hawera: Wasserturm als Wahrzeichen

Am Westende der Hauptstraße erinnert ein überdimensioniertes Modell des Aotea-Kanus an die ersten Bewohner der Region, die Nachkommen von *Turi*, der das legendäre Kanu an den Strand der Tasmansee steuerte.

Die örtlichen Strände gegen die offene Tasmansee haben guten Surf.

Der Forgotten World Highway von Stratford nach Taumarunui

155 km zieht sich der überwiegend asphaltierte State Highway 43 von Stratford nach Taumarunui. Einsames Weideland, Wald und eine Handvoll unscheinbarer Siedlungen prägen das Hügelland, das man auf diesem „Forgotten World Highway", wie ihn die Werbung nennt, durchquert. Der Highway ist Neuseelands erster „Heritage Trail", um die 20 blau-gelbe Tafeln berichten von verschwundenen Maori-Dörfern, von Schaufelraddampfern (der Highway führt 20 km am Whanganui-Fluss entlang) und von den früheren Siedlern. Auch am Ende des Highway in Taumarunui ist man nicht unbedingt wieder zurück im pulsierenden Leben des 21. Jh.: Der an der Eisenbahnlinie Auckland–Wellington gelegene Ort, einst ein Zentrum der Holzindustrie, leidet unter Bevölkerungsschwund – die Bahn führt in Neuseeland nur noch ein geduldetes Dasein, und die Holzindustrie ist in andere Gebiete abgewandert.

Information/Verbindungen

Information In Taumarunui: Taumarunui Information Centre, Railway Station, 116 Hakiaha St., Taumarunui, ✆ 07/8957494.

Raetihi: Raetihi Information Centre, 38 Seddon St., Raetihi, ✆ 06/3854805.

New Plymouth und Stratford → dort.

Touren Forgotten World Discoveries bietet eine Bus-Tagestour ab New Plymouth oder Stratford bis Whangamomona, sie kostet samt Tea und Lunch sowie abendlichem Bier und Essen in der Biobrauerei White Cliffs (→ S. 298) 190 $. In New Plymouth ✆ 06/7575783, in Stratford ✆ 06/7655843.

> **Tanken/Essen & Trinken auf dem Forgotten World Highway**
> Auf den 155 km zwischen Stratford und Taumarunui gibt es keine Tankstelle! Essen und Getränke gibt es nur in Whangamomona (Hotel), in Ohura (bescheidene „Tearooms", 10 km Umweg) und im Kaeto Café auf dem Tahora Saddle. Kostenlose Broschüren über den Highway in den Visitor Centres in Taranaki (New Plymouth, Stratford und Raetihi) und Kings Country (Taumarunui).

Übernachten

In Whangamomona Whangamomona Hotel, schön altmodisches Landhotel mit Veranda im 1. Stock; mit Bar und Restaurant (tägl. ab 11 Uhr), das mit Kamin und einem Piano aus viktorianischer Zeit prunkt. Anständige Zimmer. Den lokalen Whangamomona-Reisepass gibt es samt Stempel für 3 $. Bed & Breakfast 65 $ p. P. Ohura Rd., ✆ 06/7625823, www.whangamomonahotel.co.nz.

Whangamomona Domain Camping Ground, 1 km westlich; mit Stellplätzen und superpreiswerten (schlichten) Cabins. Ab 14 $. Adresse wie Hotel, ✆ 06/7625823.

In Taumarunui Taumarunui Holiday Park, kleiner Holiday Park mitten im Grünen 4 km südlich Taumarunui am SH 4. Cabins mit/ohne Bad. Cabin (2 Pers.) 45–75 $, Zeltplatz u. 2 Pers. 30 $. SH 4, Taumarunui, ✆ 07/8959345, 0800/473281, www.taumarunuiholidaypark.co.nz.

Taumarunui (King Country): Der Ort am Ende des Forgotten World Highway entstand als Lager für die Arbeiter an der Bahnlinie zwischen Wellington und Auckland, die hier ab 1908 gebaut wurde. Die Gegend am oberen Whanganui River war schon vorher besiedelt, doch da der Fluss die traditionelle Grenze zwischen den Einflussgebieten zweier Stämme bildete, hatte sich dort selbst kein Pa gebildet.

Raurimu Spiral → S. 384.

Whangamomona: Die damals 30, heute 40 Einwohner des Fleckens waren bis 1989 Bürger der Provinz Taranaki; sie fühlten sich ihr verbunden, wurden dann aber dem Waikato (und Hamilton) zugeschlagen. Das führte am 28. Oktober desselben Jahres zur Unabhängigkeitserklärung und Ausrufung der *Republik Whangamomona* – in einem Land, das nach wie vor die englische Königin als Staatsoberhaupt anerkennt. Eigene Pässe wurden ausgegeben, die im Hotel auch für Durchreisende erhältlich sind. Doch dass die neuseeländische Regierung seitdem auf direkte und indirekte Steuern verzichtet, dürfte ein Gerücht sein.

Mitte Januar (z. B. wieder am 15. Januar 2013) hat man Gelegenheit, den Unabhängigkeitsfeiern beizuwohnen. Die Feiern fanden früher alle zwei Jahre statt, aber sind jetzt so populär geworden und locken massenhaft Touristen in die streitbare Republik, dass sie nun jährlich stattfinden (zuletzt im Januar 2011; 2003 wurde ein Pudel namens Tai zum Präsidenten gewählt).

Whanganui

Der freundlichen Kleinstadt unweit der Mündung des Whanganui River in die Tasmansee sieht man ihre frühere Bedeutung nicht an. Erst auf den zweiten Blick ist hinter den gutbürgerlichen Fassaden der 1880er bis 1920er Jahre der geschäftige Handelsort zu erkennen, der Whanganui einmal war.

Vor 1880 existierte weder eine durchgehende Straße noch eine Bahnlinie durch die Nordinsel, Waren und Personen wurden zwischen Auckland, New Plymouth und Wellington via Schiff transportiert, Whanganui war der große Umschlagplatz in das Landesinnere. Der Whanganui River, an dessen westlicher Seite der alte Ort liegt, war die Hauptverkehrsader ins Innere, Dampfschiffe verließen den Hafen in regelmäßigen Abständen und fuhren flussaufwärts bis Taumarunui. Der Hafen ist heute praktisch verwaist, die Rolle als Umschlagort ist ausgespielt, und wer heute auf dem Fluss unterwegs ist, macht Urlaub und benutzt im Zweifelsfall lieber ein Kanu.

Whanganui ist der beste Standort für den Besuch des Whanganui-Nationalparks – da kann auch Stratford, das für die Wanderwege günstiger liegt, nicht mithalten: Als Stadt ist Whanganui um Klassen interessanter und der klar abwechslungsreichere Aufenthaltsort. Das überschaubare *alte Zentrum* mit seinen repräsentativen Bauten aus der Gründerzeit, mit gepflegten Parks und Gärten strahlt gediegene Kleinstadtatmosphäre aus.

Die *Sarjeant Kunstgalerie* und das *Whanganui Museum*, die beiden Hauptsehenswürdigkeiten der Stadt, haben nicht nur regionale, sondern nationale Bedeutung. Die aufblühende Café-Society hat Whanganui zu einem Ort gemacht, in dem man – zumindest im Zentrum – an jeder Straßenecke ein gutes Lokal findet. Und wen die Sehnsucht nach der großen Weite Backcountry-Neuseelands packt, der nimmt ganz einfach die Whanganui River Road in Richtung Nationalpark.

Information/Verbindungen

Information Visitor Centre, 31 Taupo Quay; tägl. 8.30–17, Sa/So 9–15 Uhr; große Auswahl an Broschüren und, trotz des großen Andrangs, effizienter Buchungsschalter. ✆ 06/3490508, 0800/926426, www.wanganui.com.

DOC Whanganui Area Office, 74 Ingestre St.; Private Bag 3016, ✆ 06/3492100, whanganui area@doc.govt.nz.

Verbindungen Whanganui Airport liegt 5 km südlich der Stadt und wird von Auckland aus angeflogen. Transfer mit Taxi ca. 20 $. www.wanganuiairport.co.nz.

Busse von InterCity und Newmans halten am Whanganui Travel Centre, 156 Ridgway St., ✆ 06/3454433.

Taxi River City Cabs, ✆ 06/3453833.

Verbindungen/Sport & Freizeit

Baden & Strände Whanganuis Stadtstrände **South Beach** und **Castlecliff Beach** sind keine Badestrände: Ihre langen, flachen Küstenabschnitte werden von gefährlichen Brechern erreicht, und die Unterströmung zieht Wagemutigen den Boden unter den Füßen weg. Der nächste gute Badestrand ist die geschwungene und dadurch vor Brechern etwas geschützte **Mowhanau Beach** 15 km nördlich der Stadt.

Spaziergänge Der Kowhai-Park jenseits des Whanganui River hat einen 3,5 km langen, nicht asphaltierten Spazierweg entlang des Flusses, den **Kowhai Park Walkway**.

Übernachten

Magnolia Motor Lodge 10, sehr gepflegte Anlage mit 16 Erdgeschoss-Units, die meisten recht ruhig; gute Bäder, einige mit Spa, alle gehobenen Motel-Details wie Fön, Internetanschluss, Sitzmöbel, Mikrowelle (kein Herd). Unit ab 105 $. 240 St. Hill St., ℅ 06/3480020, 0800/166835, www.nzmotels.co.nz/bksmagnolia.

Quality Inn Collegiate 7, gehobener Komfort und Service in Hotel/Motel, das oft vom Mid-Management belegt ist (3 Konferenzsäle); recht großzügige Zimmer mit allen Schikanen wie Spa und Fitnessecke. Restaurant Oaks im Haus. DZ 130–155 $. 122 Liverpool St., ℅ 06/3458309, 0800/803524, www.choicehotels.co.nz/nz062.

Riverview Motel 3, an der Uferstraße auf der stadtabgewandten Seite; neueres Motel mit 15 Units mit Küche, 5 davon neu mit Spa und Bad mit separatem WC. Unit 98–150 $. 14 Somme Parade, ℅ 06/3452888, 0800/102001, www.wanganuimotels.co.nz.

Acacia Park Motel 5, keines der üblichen Motels, sondern sehr ruhig: Im ausgedehnten Park, der das Motel umgibt, stehen Cottages mit komplett ausgestatteten Units, auch Units mit Spa. Unit 105–130 $. 140 Anzac Parade, ℅ 06/3439093, 0800/800225, www.acacia-park-motel.co.nz.

Arlesford House B&B 9, 7 km nördlich der Stadt; repräsentatives neo-klassizistisches Haus der 1930er mit auf Hochglanz gebrachtem Interieur, auch mit älterem, großbürgerlichem Mobiliar wie vor 1914; die großen Zimmer komfortabel ausgestattet; es gibt Bademäntel und Fön, Pool im Garten, auch ein separates Cottage kann gemietet werden. DZ/FR (cont.) ab 165 $, Cottage ab 130 $ (2 Pers. mit FR). 202 SH 3, ℅ 06/3477751, www.arlesfordhouse.co.nz.

Kembali B&B 8, in locker verbauter Siedlung am nordwestlichen Stadtrand; nettes Einfamilienhaus, das obere Stockwerk mit 2 Zimmern, Bad, Zentralheizung und Lounge (mit TV) ist den Gästen vorbehalten. DZ/FR 110–125 $. 26 Taranaki St., ℅ 06/3471727, wespalmer@xtra.co.nz.

The Grand Hotel 12, historisches Stadthotel der besseren (aber nicht besten) Qualität; 58 Zimmer mit Bad für jedes Budget (außer Backpacker), große Gemeinschaftsräume inkl. Restaurant, im Erdgeschoss „Breakers Café-Bar" und „Irish Pub" (→ Essen & Trinken). DZ/FR 80–99 $, „Suite" 130–160 $. Ecke St. Hill/Guyton St., ℅ 06/3450955, www.thegrandhotel.co.nz.

Anndion Lodge 6, an der östlichen Uferstraße des Whanganui; vom Schlafsaal bis zum großen, hübsch eingerichteten Zimmer mit Bad bietet Anndion jede Übernachtungsmöglichkeit. Alle Backpacker-Einrichtungen wie Küche (sehr schön), Spa, kleine DVD-, CD- und Video-Sammlung im TV-Raum, Internet und den obligaten BBQ-Bereich. Vom Balkon Blick auf den Fluss. Schlafsaal 35 $/Pers., DZ mit Bad 180 $. 143–145 Anzac Parade, ℅ 06/3433593, 0800/343956, www.anndionlodge.co.nz.

Tamara Lodge Backpackers 4, an der Uferstraße knapp nördlich des Zentrums (zu Fuß 10 Min.); einladend familiäres Hostel in einem älteren Vorstadthaus; nach hinten Garten mit Hängematten, geheizte Zimmer und Schlafraum, Aufenthaltsraum mit Klavier und Billard, Internet und Stadträder gratis. DO/DB ab 27 $, auch 3 SG zu 78 $. 24 Somme Parade, ℅ 06/3476300, www.tamaralodge.co.nz.

Braemar House B&B, Backpackers & YHA 1, in Fußentfernung vom Zentrum; anständige Backpacker-Herberge und Zimmer mit Frühstück; alle Lager bezogen, gratis Transfer zum/vom Bus. DO 26/29 $, Zimmer (2 Pers.) ab 65 $, für YHA-Mitglieder je 3 $ billiger. 2 Plymouth St., ℅ 06/3482301, www.braemarhouse.co.nz.

Whanganui River Top 10 Holiday Park 2, hervorragender Platz am Stadtrand mit allem, was Top 10 bietet, inkl. geheiztem Pool und Kajakverleih, 1/2 Tag 50 $ p. P. Stellplatz und 2 Pers. ab 36 $, Cabin/Tourist Flat/Motel-Unit bis 155 $. 460 Somme Parade, ℅ 06/3438402, 0800/272664, www.wrivertop10.co.nz.

Essen & Trinken/Nachtleben

Indigo 14, 1 Maria Place, am „Majestic Square", schräg gegenüber dem Museum; das schicke Café-Restaurant ist eindeutig angesagt – die Küche hat Fusion auf die

Übernachten

1. Braemar House B&B, Backpackers & YHA
2. Whanganui Top 10 Holiday Park
3. Riverview Motel
4. Tamara Lodge BP
5. Acacia Park Motel
6. Anndion Lodge
7. Quality Inn Collegiate
8. Kembali B&B
9. Arlesford B&B
10. Magnolia Motor Lodge
12. Grand Hotel

Essen & Trinken

11. The Red Eye
14. Indigo
15. Whanganui RSA
16. Rutland Arms Inn
17. Jolt Coffee House
18. Oggie's
19. Vega

Nachtleben

11. The Red Eye
13. Rosie O'Grady's Irish Pub
16. Rutland Arms Inn

Fahnen geschrieben und bietet nicht nur guten Kaffee und die üblichen Kuchen, sondern z. B. auch leckere Muscheln in Kokosmilchsud sowie den passenden Wein (Hauptgang ab 15 $). Tägl. ab 8 Uhr bis spät. 06/3487459, www.indigocafe.co.nz.

Vega 19, Ecke Victoria Ave./4a Taupo Quay, in einem früheren Lagerhaus am Kai; außen wie innen auf Hochglanz gewienertes, attraktiv gestaltetes Lokal mit verlässlich guter Küche, viel Fisch und Meeresfrüchte, gute Desserts wie z. B. Fruchtparfaits. Tägl. ab 9 Uhr, Dinner gibt es Di–Sa, am So „Thai Night". 06/3490078.

Oggies 18, 53 Wilson St.; warum das Café eines großen Ladens mit seinem überdeckten Hinterhof so beliebt und bekannt ist (letzthin musste vergrößert werden …), wird nicht ganz klar. Saal und als Garten gestalteter Hinterhof mit vielen Topfpflanzen gehen ineinander über – architektonisch ist das Oggies keine Augenweide. Kaffee 1a, kalte und warme Snacks und kleine Gerichte salzig und süß, sehr gute frische Fruchtsäfte; tägl. 8–16 Uhr, Sa/So 8–15 Uhr. 06/3488460.

Rutland Arms Inn 16, 48–52 Ridway, Ecke Victoria Ave.; Pub, Restaurant und Café in großem viktorianischen Eckhaus; Service auch im Innenhof, einer ruhigen Oase (bis auf Sommerwochenenden), populär trotz wenig einfallsreicher Küche. Gerichte wie „Devilled Kidney on Toast" (scharf gewürzte gegrillte Niere auf Toast) ab ca. 13 $, Hauptgerichte à la carte ab 30 $. Restaurant tägl. ab 17 Uhr.

Jolt Coffee House 17, 19 Victoria St.; zeitgenössisches Bistro-Ambiente hinter Art-Deco-Fassade; Kaffeehausstil mit Zeitungen und Zeitschriften, sehr guter Kaffee; neuen Ideen nicht abgeneigte Speisekarte. Nur Mo–Sa 7.30–17.30 Uhr. 06/3458840.

Wanganui RSA 🔟, 170 Hill St.; nicht nur in Whanganui bietet der Speisesaal des RSA (Returned Services Association – Verein der ehemaligen Soldaten) billige, wenn auch wenig fashionable, aber nahrhafte Kost. Dienstags kostet der Lunch 5 $, zum Dinner gibt es während der Woche Menüs zu 5 $. Lunch ab 10.30 Uhr, Dinner Mi–Sa ab 17.30 Uhr. ✆ 06/3454140.

The Red Eye 🔟, 96 Guyton St. Rote Augen hat zum Beispiel, wer im Red Eye bei Live-Musik wieder mal ein Wochenende bis morgens durchgemacht hat (So–Mi nur bis 16 Uhr). Café-Bistro-Snacks, Pizza, Tanduri und chinesische Gerichte erfrischen die Lebensgeister. ✆ 06/3455646.

Rosie O'Grady's Irish Pub 🔟, Ketten-Irish-Pub im Erdgeschoss des Grand Hotel sowie Tagescafé Breakers; am Wochenende sehr laut und voll.

Sehenswertes

Neo-klassizistische Gebäude in der Innenstadt: Um die Kreuzung zwischen Victoria Avenue und Ridgway Street schlägt das Herz der Stadt – der *Watt-Brunnen* in der Mitte ist ihr wahrer Mittelpunkt. In den beiden Straßen sind einige sehr schöne neo-palladianische (neo-klassizistische) Fassaden erhalten, die etwas vom früheren Glanz der Stadt spiegeln, die mit dem Niedergang der Dampfschifffahrt auf dem Whanganui-Fluss und dem des Eisenbahnverkehrs seit den 1960er Jahren unaufhaltsam an Bedeutung verlor. Wer sich die Drews Avenue ansieht (eine Parallelstraße der Victoria Avenue), entdeckt die von wirtschaftlicher Blüte zeugenden Lagerhäuser und Firmensitze, die heute mit wenigen Ausnahmen anderen Zwecken dienen. 55 dieser historischen Gebäude sind seit Ende 2008 unter Denkmalschutz gestellt – im letzten Moment vor dem Zugriff der Abrissbirne.

Sarjeant Gallery: Hoch über der Stadt steht auf dem allseits sichtbaren Punkt im Queens Park ein neo-klassizistischer Tempel aus feinstem, weißem Oamaru-Stein: die städtische Kunstgalerie. Der schöne Bau mit seiner zentralen Kuppel wurde 1919 eingeweiht, auf einen Kunsttempel dieser Art könnte auch ein weitaus größerer Ort stolz sein. Die ständige Ausstellung zeigt vor allem zeitgenössische Kunst, darunter viele Fotos und Installationen, daneben sind immer wieder aktuelle Ausstellungen zu sehen.
Tägl. 10.30–16.30 Uhr, Eintritt: Spende.

Whanganui Regional Museum: Das 1892 gegründete, in den 1950er Jahren erneuerte und von außen wenig ansprechende Regionalmuseum auf dem Platz unterhalb des Queens Park ist nicht nur einen Besuch, sondern sogar einen Umweg über Whanganui wert – und wenn es nur wegen der von *Gottfried Lindauer* geschaffenen Portraits von Maori-Adeligen wäre (mehr zu Gottfried Lindauer (→ Auckland, Kasten S. 145).

Im *Maori Court* im Erdgeschoss, der als Versammlungshaus mit geschnitztem Dachfirst gestaltet ist (aus dem 57 km flussaufwärts gelegenen Marae *Wai Herehere* in Korniti,), dominiert der riesige, 32 m hohe Waka *Te Mata o Hoturoa*, dessen Bug eine äußerst feine Schnitzarbeit schmückt; auch die 30–35 cm hohen Seitenfriese sind bemerkenswert fein und plastisch geschnitzt. Viele Arbeitsgeräte der Maori sind zu sehen, Fischreusen (Aal war ein Hauptfang im Whanganui River), spezielle Keulen zum Töten der Aale, die Reusen und Fallen sind auch als Modelle zu bewundern (an der gegenüber liegenden Wand).

In der *Lindauer Gallery* hängt eine schöne Sammlung des für seine Maoriportraits berühmten Malers.
Tägl. 10–16.30 Uhr, So erst ab 13 Uhr. Eintritt 10 $ (für Nicht-Neuseeländer). www.wanganui-museum.org.nz.

Whanganuis Glanzzeit war vor 1914 (Victoria Ave.)

Whanganui River Boat Centre, Waimarie-Schaufelraddampfer und Museum: An der alten Anlegestelle der Dampfschiffe bei den Moutua Gardens ankert bis heute eine der alten Garde: die *„Waimarie"*. Das um 1900 gebaute Schiff ist Neuseelands letzter Schaufelraddampfer, eine zweistündige Fahrt mit der „Waimarie" auf dem Whanganui-River gehört zum Besuchsprogramm der Stadt.

Die „Waimarie" war 1949 außer Dienst gestellt worden und später gesunken. 1993 wurde sie gehoben und im *Whanganui River Boat Centre and Museum*, vor dem sie heute ankert, restauriert. Zu ihrer zweiten Jungfernfahrt startete sie pünktlich zum Beginn des 21. Jh., am 1. Januar 2000. Im Centre, einem Lagerhaus von 1881, ist die Restaurierung des Schiffs dokumentiert, das Museum informiert über den Fluss und das frühere Leben auf ihm.

Öffnungszeiten Museum/Centre Mo–Sa 9–16, So/Fei 10–16 Uhr. Eintritt: Spende. 1a Taupo Quay, 06/3471863, www.riverboat.co.nz.

Whanganui River Boat Centre: Die „Waimarie" fährt Ende Okt. bis 1. Mai tägl. 13.30 Uhr (sonst meist am Wochenende und an Feiertagen um 13 Uhr, außer Aug.). Ticket 34 $ (kürzere Tour 29 $).

Durie Hill: Auf der linken Flussseite führt unter einer geschnitzten Maori-Pforte ein 213 m langer Tunnel zum Fuß des Durie-Hill-Aufzugs. Dieses extravagante Transportsystem führt nicht zu einem Stadtteil, sondern zu einem Aussichtspunkt mit dem 34 m hohen Memorial Tower. Von Ferne wirkt dieser wie ein Schornstein im Grün über der Stadt. Der Abstieg verläuft bequem über Stiegen direkt zur City Bridge.
 Aufzug tägl. 7.30–18 Uhr, Sa 9–17 Uhr, So/Fei 10–17 Uhr. Ticket 1 $. Tower 8 Uhr bis Sonnenuntergang, gratis.

St Paul's Memorial Church: Die kleine weiß getünchte Holzkirche, die man unter sich sieht, wenn man auf dem SH 3 in Richtung Süden die Cobham Bridge über den

Whanganui gequert hat, schmückt sich mit einer aufwendigen Innenausstattung. St Paul's ist die Pfarrkirche des Maori-Vororts Putiki und wurde wie das Innere eines Marae mit geschnitzten und geflochtenen Seitenteilen und Deckenbalken verziert, sehr schön auch die bunten Glasfenster.

Die Kirche ist meist offen – falls geschlossen: Schlüssel im Nebenhaus. Eintritt: Spende.

Der Whanganui National Park

Uralter Primärwald und natürlich nachgewachsener Sekundärwald charakterisieren die Berg- und Hügellandschaft des Whanganui-Nationalparks. Der klare, aber dunkle Whanganui-Fluss durchquert ihn in ganzer Länge und wird, einer der großen Trümpfe des Parks, nicht von einer Straße begleitet. Der Whanganui entspringt nördlich des Tongariro-Nationalparks und fließt dann in einer großen Schleife nach Süden. Tief und meist scharf hat er sich ins Land gegraben, doch in seinen Schluchten und selbst am Fuß seiner Steilufer fließt er im Unterlauf langsam, ja träge dahin. Nur im Oberlauf (und größenteils noch außerhalb des Parks) ist der Whanganui mit seiner Arbeit durch die weichen Sandsteine und Tuffe von Waikato und Taranaki noch nicht fertig und überwindet sie in Stromschnellen und sogar einigen Wasserfällen.

Nirgendwo anders auf der Nordinsel hat sich ein ähnlich großes geschlossenes Waldgebiet erhalten: eine reiche Pflanzenwelt aus Podocarpaceen-Bäumen mit Northern Rata, Tawa, Rimu, Kamahi, Kowai, auf den Höhenzügen Südbuche (Brown Beech) und die einzigartige Tierwelt aus endemischen Karearea-Falken, seltenen Kaka-Papageien, Kakariki-Wellensittich, Miromiro (Tomtit), Tui und Toutouwai (Nordinsel-Rotkehlchen) – all das sind lebendige Erinnerungen an die Zeit vor der europäischen Kolonisation.

Am Whanganui River

Der Whanganui-Fluss ist Neuseelands längster schiffbarer Fluss, der bis ins 20. Jh. bis hinauf nach Taumarunui befahren wurde. Die Maori-Boote schafften die Fahrt auf dem Großteil der 329 Flusskilometer. Die Hochufer des Whanganui waren dicht besiedelt, denn der Fluss war reich an Fischen, vor allem an Aalen, die in großen Reusen gefangen wurden. Die Europäer kamen anfangs in der Kleidung der Missionare, das Bild der Maori-Dörfer wandelte sich, und die Maori begannen, sich um die Kirchen zu scharen statt um die Marae – ein Prozess, der sich mit dem wachsenden Selbstbewusstsein der Maori inzwischen wieder umgekehrt hat. Interessant sind einige Namen, die ganz und gar nach Maori klingen, doch aus völlig anderen Quellen stammen: Weil es in der Maorisprache die Konsonanten J, L und S nicht gibt, führten die Ersatzkonsonanten für Ortsnamen, die die Missionare eingeführt hatten, zu kaum noch zu entziffernden Veränderungen. So wurde etwa aus Jerusalem *Hiruharama*, oder *London* mutierte zu *Ranana*. Das Gebiet ist heute viel dünner besiedelt als vor Beginn der Kolonisation; die großen Waldgebiete des Nationalparks, ehemals Jagd- und Fischgründe der Maori-Anwohner, sind heute völlig verwaist.

Das ist ein Postkasten!

Ab dem frühen 20. Jh. wurde der Fluss von Schaufelraddampfern befahren, die sich in der Trockenzeit an breiten Flussstellen schwer taten. Damals kam man mit der Bahn von Auckland oder Wellington nach Taumarunui, wo man in den Dampfer umstieg und den Fluss hinunter nach Whanganui reiste oder umgekehrt. Eine damals schon bei Touristen beliebte Route, vor allem bei denen, die in einem Chateau an den Hängen des Tongariro-Massivs standesgemäß abzusteigen planten. Im mittleren Flussabschnitt begann man damals mit Landerschließung: Ausgediente Soldaten versuchten ihr Glück im Mangapurua Valley und rodeten Farmland, sogar mit dem Bau einer Straße und Brücke wurde begonnen. Als das Siedlungsprojekt in den 1940er Jahren zusammenbrach (die Touristen und Schaufelraddampfer waren seit den 20er Jahren ausgeblieben) und neue Straßen den Fluss komplett umgingen, war die geplante Straße noch nicht fertig, die Brücke durch Hochwasser unterschwemmt und isoliert. Als „Bridge to Nowhere" ist sie heute ein beliebtes Besichtigungsziel – ein Memento für zerstörte Hoffnungen. Paddeln oder Jetbootfahrten auf dem Fluss gehören zum Standardangebot für Parkbesucher – da der Fluss selber nicht zum Park gehört, sondern wie eine öffentliche Straße verwaltet wird (genauso wie Neuseelands Meeresstrände), sind Jetboote erlaubt!

Information/Verbindungen

Information Infos über den **Nationalpark** geben die Büros des DOC in Whanganui und Taumarunui Auskunft (→ dort). Über die **Wanderwege** informiert die DOC-Broschüre über den Nationalpark („In and Around Whanganui National Park", 2,50 $, recht detailliert). Die **Flussstrecke** wird im Faltblatt „Whanganui Journey" beschrieben – und der großartige **Matemateaonga Track** in einem gleichnamigen Faltblatt. www.whanganuiriver.co.nz bietet eine gute Einführung zu Fluss und Freizeitangebot.

Die Regionen Taranaki und Whanganui

Trekking-Touren-Transfers Unternehmen, die geführte Touren anbieten, und die Adressen der Bootsunternehmen für den Rücktransport auf dem Fluss sind im DOC-Faltblatt „Matemateaonga Track" bzw. „Mangapurua Track" aufgeführt; zu den Jetboot-Unternehmen → Sport & Freizeit!

Information/Sport & Freizeit

Jetboot-Touren Whanganui Scenic Experience Jet, gegenüber Anndion Lodge, Anzac Parade, bietet Jetboot-Touren ab Whanganui, ℡ 06/3425549, 0800/945335, www.whanganuiscenicjet.co.nz. *Ab Pungarehu* kann die Bridge to Nowhere erreicht werden (7:30 Std., 175 $); kürzere Trips führen zur Kawana Flour Mill oder zum Hipango Park. Wenn möglich, fungiert das Jetboot auch als Wassertaxi.

Whanganui River Adventures (Pipiriki Tours) in Whanganui (kein Büro); Jetbootfahrten ab Pipiriki zur Bridge of Nowhere (4–5 Std., 120 $); Pickup von den Enden der Wanderwege, Jetboot- und Taxiservice. ℡ 06/3424712, 0800/862743, www.whanganuiriveradventures.co.nz.

Wades Landing Outdoors, Oio Rd., Whakahoro, RD 2 Owhango; die Boote dieses Veranstalters starten *ab Whakahoro* am Nordende des Parks. Unternehmen mit größerem Programm, das auch komplette Touren im und um den Nationalpark organisiert. Auch Bootsverleih. ℡ 07/8955995, 0800/226631, www.whanganui.co.nz.

Rural Mail Tour (→ unten) in Whanganui ist etwas billiger und bietet z. B. die Abholung vom Matemateaonga Track für 55 $. ℡ 06/3477534.

Weitere Anbieter: **River Spirit Jetboat Tours**, Touren ab Pipiriki, ähnliche Preise (Bridge to Nowhere 6 Std. 150 $, 4 Std. 125 $). ℡ 06/3425572, 0800/5388687, www.spiritoftheriverjet.co.nz.

Bridge to Nowhere Jet Boat Tours mit Trips zwischen Whanganui und Pipiriki sowie Transfer zu den Startpunkten der beiden Trekkingtouren; auch Kanuverleih (s. u.). Schnellboottour Pipiriki bis Bridge to Nowhere 120 $. ℡ 025/480308, 0800/480308, www.bridgetonowherelodge.co.nz.

Whanganui River Jet Boat Tours, Pipiriki bis Bridge to Nowhere 95 $, ℡ 06/3425572, www.whanganuijet.co.nz.

Kanus/Kajaks Die Flussstrecke auf dem Whanganui River für Kanuten und Kajakfahrer beginnt in Cherry Grove bei Taumarunui und führt üblicherweise über 145 Flusskilometer bis Pipiriki, kann aber auch bis Whanganui verlängert werden. Organisierte und v. a. geführte Touren enden jedoch generell in Pipiriki. Es gibt mehrere Veranstalter:

Canoe Safaris, 9 Miro St., Ohakune; effizienter Veranstalter in Ohakune (→ Das zentrale Vulkanplateau, S. 387) mit 25 Jahren Erfahrung. Kajak- und Kanuverleih sowie geführte Touren: Kajak und Guide f. 2 Pers. mit Transport 400 $, oder Guide für Gruppe 120 $ pro Tag. ℡ 06/3859237, 0800/272335, www.canoesafaris.co.nz.

Bridge to Nowhere Canoe Hire, geführte Kanufahrten ab Pipiriki, 2 Tage ab 125 $; auch Kanuverleih. ℡ 06/3854128, 0800/480308, www.bridgetonowheretours.co.nz.

Blazing Paddles, Standort am SH 4 südlich von Taumarunui; Kanuverleih 1 Tag inkl. Transfer 80 $/Pers., Whanganui River Journey 250 $ inkl. DOC-Pass; man hat die Wahl unter mehreren Start- und Abholplätzen. ℡ 07/8955261, 0800/252946, www.blazingpaddles.co.nz.

Etwas ganz Besonderes hat **Awa Tours**, 17a Ballance Rd., Ohakune, im Angebot: Die 3-tägige Tour im Kanu (ca. 670 $), die auch kurze Wanderungen und Übernachtung im Marae einschließt, wird von Maori geführt – und macht mehr mit dem Leben der Ureinwohner Neuseelands vertraut als jeder Museumsbesuch! ℡ 06/3854811, www.wakatours.com. ■

Trekking und Wandern 2 mehrtägige Trekkingtouren (beide um die 40 km, die man in 3–4 Tagen bewältigt) führen durch den Nationalpark: der **Kaiwhakauka and Mangapurua Track** sowie der **Matemateaonga Track**. Beide haben die einfachen Hütten des DOC oder einen DOC-Campingplatz als Stützpunkte; und beide enden sie am Whanganui-Fluss, wo man eine Jetboot-Abholung organisiert haben muss, sonst sitzt man dort länger am Wasser.

Touren auf der Whanganui River Road Bustouren, die von Whanganui nach Pipiriki auf der Whanganui River Road führen und die Sehenswürdigkeiten besuchen – sie sind mit Jetbootfahrten ab Pipiriki kombinierbar.

Rural Mail Tour ist das originale Unternehmen Whanganui Tours, das auch heute noch die Post bis Pipiriki bringt. Die Fahrten starten Mo–Fr um 7.30 Uhr und kosten 63 $. Auch Jetboot von Pipiriki nach Bridge to Nowhere (120 $). ✆ 06/3477534, www.whanganuitours.co.nz.

Übernachten

DOC Facility User Pass: DOC gibt einen DOC Facility User Pass heraus (46 $ bei vorherigem Kauf, bei den Rangern im Park 61,30 $), der bis zu 6 Übernachtungen auf DOC-Campingplätzen und/oder Hütten des Great Walk Whanganui Journey erlaubt. Für alle anderen gelten die normalen Back Country Hut Tickets bzw. Jahrespässe. Der Pass muss von allen Parknutzern, die dort nächtigen wollen, erworben werden; der Pass ist in den Touren, die man bei den lokalen Veranstaltern bucht, im Regelfall nicht enthalten.

Bridge to Nowhere Lodge, am Fluss und nur von dort aus erreichbar; schlichte Lodge, Lager und einfache DZ, Gemeinschaftsküche, Gemeinschaftsbäder und – ein Labsal für alle, die gern wenig Gepäck mitführen – es gibt warme Mahlzeiten! Die Lodge vermittelt auch Übernachtungen im Tieke Marae auf der anderen Flussseite, wo man aber auch ohne Anmeldung einen Platz findet (kleine Spende wird erwartet). Nur Lager oder Bett ab ca. 45 $, Halbpension ab 125 $, Zeltplatz 7 $. ✆ 06/3487122, 0800/480308, www.bridgetonowhere.co.nz.

Jerusalem Convent, sehr schlichte Unterkunft im Schlafsaal des Klosters; keine Bettwäsche. 10 $. Hiruharama (Jerusalem), ✆ 06/3428190, www.hoc.org.nz.

Kauika Campingplatz, einfacher Platz am Fluss mit Sanitärblock und Küche. Zeltplatz ab 5 $, Stellplatz und 2 Pers. ab 20 $. Ranana (London), ✆ 06/3428114.

Flying Fox, auf der straßenfernen Seite des Flusses; 2 Cottages in umweltbewusstem Haushalt, der Transport dorthin erfolgt mit Miniseilbahn („Flying Fox"); Warmwasser aus Sonnenenergie, Heizung mit Holzofen, Essen kann arrangiert werden. Rundum Obstgarten und sich allmählich wieder regenerierender Wald. Cottage (für 3–4 Pers. oder 5–6 Pers.) für 2 Pers. 200 $, ein „Zigeunerwagen" (recht gemütlich) 100 $, auch Camping für 20 $/Pers. f. erste Nacht, ab zweiter 10 $. PO Box 333, Whanganui, ✆ 06/3428160, www.theflyingfox.co.nz.

Die Whanganui River Road: Auf den 77 km zwischen Whanganui und Pipiriki folgt eine Straße dem Fluss, die nur bis vor Koriniti (45 km) asphaltiert ist. Die schmale, kurvenreiche Straße kann man natürlich mit dem Mietwagen befahren – interessanter aber ist eine geführte Tour (s. o.), die vor allem in die Maori-Dörfer führt, die den Fluss begleiten. In *Atene (Athen)* beginnt der hier zwischen Privatland in kleine Stücke zerteilte Nationalpark; ab Pipiriki (das nicht im Nationalpark liegt!) gibt es nur noch die Wasserstraße (die Autostraße führt nicht unbedingt besser oder breiter nach Osten in Richtung Raetihi und Ohakune; → Das zentrale Vulkanplateau, → S. 341.

In **Koriniti** *(Korinth)* stehen die Kirche und drei Versammlungshäuser auf dem Marae dieses ersten reinen Maori-Dorfes im Whanganui-Tal. Das linke der drei Häuser, Poutama, wurde ab 1888 errichtet. Ursprünglich stand es nicht hier, sondern auf der anderen Flussseite, wurde aber mitsamt dem Dorf auf die Straßenseite des Flusses transportiert (fast alle Dörfer der Maori liegen heute auf dieser Seite). Das rechte Haus, Te Wai Herehere, wurde zwischen 1845 und 1922 errichtet, das Gebäude dazwischen, ein kleines Museum, nach 1975. Der heutige Versammlungsraum, Pamoana, steht gegenüber; es ist ein moderner Flachbau mit großer Halle und Gemeinschaftseinrichtungen wie Küche und Toiletten. Die Gebäude schmücken interessante, ganz unterschiedlich alte Schnitzereien und im Inneren Flechtarbeiten; am wenigsten interessant ist das „Museum", das eher einer Rumpelkammer gleicht.

Versammlungshäuser im Marae von Koriniti

Ranana *(London)* hat noch seine alte Missionskirche, die heute als Pfarrkirche dient. 1 km oberhalb liegt *Moutoa Island,* wo 1864 einer der letzten Kämpfe des Hauhau-Aufstands ausgetragen wurde – dabei besiegten lokale Maori, die auf Seiten der Pakeha kämpften, die Aufständischen.

Hiruharama *(Jerusalem)* ist eine 1880 gegründete katholische Missionsstation mit kleinem Kloster und Kirche – der Konvent zählt nur noch drei Nonnen. Im Garten reifen Zitronen und Orangen, der Tui flötet sein Lied, zwei Arbeiter sprechen über Fußball, während sie an der Außenwand der Kirche gemächlich Farbe auftragen. Sehenswert in der Kirche ist der von Maori gestaltete und geschnitzte Altar.

Pipiriki ist heute nicht viel mehr als die Ablegestation der Schnellboote auf dem Whanganui-Strom; eine Siedlung existiert nicht mehr, es sei denn, man will die Handvoll Häuser als solche bezeichnen. Vom früheren feinen Hotel, in dem die Passagiere der Raddampfer einst logierten, sind nur die Stufen oberhalb der Straße erhalten. Interessant ist das *Museum im Colonial House,* einem ab 1975 restaurierten Farmhaus im „Colonial Style" mit Veranda. Alte Möbel versuchen, die Atmosphäre der Zeit vor 1918 wieder zu erwecken, die alten Fotos helfen dabei.
  Colonial House nur im Sommerhalbjahr von Okt. bis Ostermontag tägl. 12–16 Uhr. Eintritt 1 $.

Der Kaiwhakauka Track und der Mangapurua Track

Länge/Dauer: ca. 40 km/3–4 Tage, reine Gehzeit ca. 14 Std.

Startpunkt ist in Whakahoro am Nordende des Nationalparks. Flussaufwärts geht es durch das Kaiwhakauka-Tal zur Wasserscheide mit dem Mangapurua-Tal, dem man dann bis Mangapurua Landing (dort legen die Schnellboote an) abwärts folgt. Von hier aus sind es noch 30 km flussaufwärts bis Pipiriki. DOC-Hütten gibt es gleich am Beginn (Whakahoro Hut, 12 Lager) ansonsten muss man zelten (einfache Zeltplätze mit Wasser und Toiletten). Anreise und Abholung erfolgen normalerweise mit dem Schnellboot, das vorher organisiert werden muss.

🚶 Der Matemateaonga Track

Länge/Dauer: 42 km/3–4 Tage, **Höhenunterschied**: ca. 700 m

Vom Kohi Saddle, den man auf einer Nebenstraße (Upper Mangaehu Rd.) ab Stratford erreicht, sind es 3–4 Trekkingtage bis zur Landestelle der Schnellboote am Whanganui-Fluss bei der Bridge to Nowhere Lodge.

Der Weg folgt einer 1911 angelegten Trasse, die ursprünglich zur Straße erweitert werden sollte, dann aber nach dem 1. Weltkrieg aufgegeben wurde. Genächtigt werden kann in drei schlichten DOC-Hütten. Die erste, Omaru Hut (nur acht Lager), erreicht man bereits nach 1:30 Std., nach der Anfahrt (48 km ab Stratford) sinnvollerweise die erste Übernachtung. Am zweiten Tag geht man 5 Std. weiter bis zur Pouri Hut (zwölf Lager), am dritten 8 Std. zur Puketotara Hut (acht Lager) oder eine weitere Stunde zur Bridge to Nowhere Lodge am Fluss, wo sich auch die Anlegestelle der Schnellboote befindet. Während der „Track" als normaler Wanderweg einzustufen ist, sind alle Zugänge und Querwege nicht leicht zu gehende, unmarkierte und vielfach auch nicht gebahnte Wegspuren („Routes").

🚶 „Whanganui River Journey" Great Walk

Länge/Dauer: 230 schiffbare Kilometer/4–5 Tage

Der Whanganui River zwischen Taumarunui und Pipiriki fungiert im Bereich des Nationalparks als „Great Walk", als einzige Fluss-„Wanderung" unter den „Großen Wanderungen" Neuseelands. Von Taumarunui nach Pipiriki kann man den Nationalpark auf dem Whanganui mit Kanu oder Kajak durchqueren – und wer möchte, kann im Prinzip bis an die Flussmündung nach Whanganui weiter paddeln. Der Fluss fließt langsam, meist WW I, selten erreicht er an Stromschnellen WW II. Anfänger können sich also beruhigt ihrem Kanu anvertrauen und den Fluss hinuntergleiten. Übernachtet wird auf DOC-Zeltplätzen (pro Nacht 10,20 $), eventuell im Tieke-Marae an der Stelle eines alten Maori Pa (und außerhalb des Nationalparks, der zwischen Taumarunui und Mangapapa und zwischen Bridge to Nowhere und Atene nur Teile des Flusslaufs abdeckt) oder auf Farmen. Zu kaufen gibt es nichts, man muss sich für die gesamte Zeit der Tour selbst versorgen.

Sehenswert sind die Landschaft, der Fluss mit Wasserfällen an den Nebenflüssen und Bachmündungen sowie die Bridge To Nowhere, die sich zu Fuß auf einem 45-minütigen Abstecher von der Anlegestelle Mangapurua Landing erreichen lässt.

Ahnenfigur als Dachträger

Mount Maunganui, der wohl populärste Badeort der Bay of Plenty

Die Bay of Plenty

Die über 70 km lange Strandlinie ist nur an wenigen Stellen durch Flussmündungen unterbrochen. Die Küste sprenkeln erloschene Vulkane: Mount Maunganui, Motuhora Island vor Whakatane. Das weit draußen im Ozean liegende White Island aber lebt – es ist Neuseelands einziger aktiver Inselvulkan.

Das milde, noch subtropische, aber den Nord- und Nordostwinden ausgesetzte Klima eignet sich bestens für Obstplantagen. Neuseelands Kiwi-Industrie begann in der Gegend von Te Puke, heute werden hier zahlreiche Süd- und tropische Früchte angebaut. Schon vor der Ankunft der Europäer war die lange Küstenlinie relativ dicht besiedelt, hier landeten Schiffe der ersten polynesischen Einwanderer. In vielen Orten bilden die Maori bis heute die Mehrheit der Bevölkerung: kaum vertreten zwar in den neuen Badeorten wie Mount Maunganui oder im geschäftigen Tauranga, stärker schon in Whakatane im Osten, und wer noch weiter nach Osten fährt, wird am East Cape reine Maori-Dörfer vorfinden (→ Die Ostküste S. 290).

Die Bay of Plenty trägt ihren Namen schon seit Captain Cooks Zeiten – zu Recht. Die „Bucht des Überflusses" ist eine Landschaft voller Höhepunkte, die vor allem das Meer einbeziehen: Surf- und Badestrände, Schwimmen mit Delfinen, Meereskajak und Hochseefischen, die Vulkaninsel White Island ... Dabei ist auch das Binnenland alles, nur nicht langweilig: Wilde Flüsse wie der Kaituna River und die gewaltigen Wälder im Urewera-Nationalpark locken die Abenteuerlustigen. (Das Hinterland einschließlich der Region Rotorua beschreibe wir mit den anderen Teilen des vulkanischen Hochplateaus im Inneren der Nordinsel im → Das zentrale Vulkanplateau (→ S. 341)).

Tourism Bay of Plenty (i-Site Tauranga), 95 Willow. St., Tauranga, ✆ 07/5776234, www.bayofplentynz.com.

Katikati

Der Ort am Uretara River hat den Naturpark Kaimai Mamaku Forest im Rücken und vor sich die flache, an vielen Uferstellen versumpfte Meeresbucht des Rautanga Harbour. Zum offenen Meer hin wird die Bucht durch die lange Matakana-Insel abgeschlossen und ist so vor Stürmen geschützt. Obst und Gemüse gedeihen gut auf den fruchtbaren vulkanischen Böden. Doch trotz des Schutzes durch die vorgelagerte Insel sind, wie überall an der Bay of Plenty, hohe Windschutzanlagen nötig, die die Landschaft auf ihre Art prägen.

Bis in die 1980er Jahre hatte Katikati vor allem von der Kiwi-Produktion gelebt, dann litt es ebenso wie Te Puke (s. u.) unter dem Preisverfall auf dem Weltmarkt: Immer mehr Länder stiegen in den Kiwi-Anbau ein, in Europa allen voran Italien. Fortan wandte sich Katikati, ein ansonsten kaum bemerkenswerter Ort, dem Tourismus zu und förderte die „Murals", Wandmalereien, die heute den Ort schmücken. (Athenree und Bowentown, Ortsteile von Katikati → Waihi/Waihi Beach „Die Coromandel-Halbinsel" S. 243).

Information/Verbindungen

Information Visitor Centre, 36 Main Rd.; tägl. 9–16 Uhr. 07/5491658, www.katikati.co.nz.

Verbindungen Busse (InterCity/Newmans) halten an der Main Rd. vor dem Village Fair Café.

Übernachten/Essen & Trinken

In Katikati gibt es immer mehr B&Bs und Apartments, eine vollständige Liste hat das Visitor Centre vorrätig.

Kaimai View Motel, Stadtmotel an der Hauptstraße, 14 große Units (2 Räume) mit Bad und Küche, Pool und Gästewaschküche. Unit (2 Pers.) 115–175 $. 78 Main Rd., 07/5490398, www.kaimaiview.co.nz.

Colannade Backpackers, am SH 2 ca. 10 km südlich von Katikati; kleine ländliche Unterkunft in der Obstgartenlandschaft zwischen Katikati und Tauranga; kleine Zimmer für 2–3 Pers. mit bezogenen Betten und Handtüchern, gemeinsame Küche, auf Wunsch Wäschedienst. DO/DB ab 30 $, wer eine Woche oder länger bleibt, zahlt weniger. 122 Work Rd., Katikati, 07/5520902, www.colannade.co.nz.

Katikati Naturist Park, FKK ist in Neuseeland selten, hier ist einer der wenigen Plätze, wo man sich nackt zeigen darf bzw. muss; ausgesprochen effizientes Management, ruhig, an einem kühlen Flussufer mit Schwimmbad, Sauna und Spas. Motels 100 $, Chalets 84 $, Cabins 65 $, Stellplatz 32 $, jeweils für 2 Pers. 149 Wharawhara Rd., D 2 Katikati (1 km auf SH 2 in Richtung Tauranga, dann rechts 1,5 km), 07/5492158, 0800/4567567, www.katikati-naturist-park.co.nz.

Museum Carvery Cafe, 3 Wharawhara Rd.; „pioneer kitchen" mit genüsslich zelebriertem Devonshire Cream Tea in Heimatmuseum-Ambiente. Hauptgerichte 15–20 $, Riesenfrühstück 15 $. Tägl. 8–16.30 Uhr, Do–Sa auch abends.

Sehenswertes

Murals und Museum: Ein Spaziergang durch den Ort macht mit den mehr als 40 Wandmalereien bekannt, die es in Katikati mittlerweile gibt – das Visitor Centre gibt Auskunft, wo man die besten findet. Am Südrand des Orts liegt das *Katikati Heritage Museum*, ein köstliches, echtes Heimatmuseum mit Tand und Trödel, alten Möbeln, Kostümen und vergilbten Fotos, untergebracht in einem großen Schuppen – zusammen mit dem Café. Und wenn eins ins andere übergeht, dann ist das so gewollt. Tägl. 8.30–16.30 Uhr, 3 Wharawhara Rd. Eintritt 7,50 $.

Tauranga

Die Innenstadt von Tauranga liegt an der Spitze einer Halbinsel des aus vielen Buchten und Landzungen zusammengesetzten Tauranga Harbour. Alles, was für Touristen interessant ist, drängt sich hier auf wenige Straßenzüge zusammen: die Strandpromenade The Strand, die parallele Willow Street, die Grey Street und ein paar Querstraßen. Diese Enge und Kompaktheit gibt Tauranga ein städtisches Gepräge, das viele neuseeländische Orte dieser Größe nicht besitzen – meist dehnen sich nicht nur die Außenbezirke, sondern auch das Zentrum über ein großes Areal aus. Alles ist bequem zu Fuß zu erreichen, und wer den Nachbarort *Mount Maunganui* besuchen will, setzt sich in den tagsüber alle 30 Min. verkehrenden Bus oder nimmt im Sommer die Personenfähre und ist flugs drüben – der erloschene Vulkan Mount Maunganui am Ende des Nachbarortes ist von überall aus zu sehen.

Tauranga 323

Blick von Tauranga zum Mount Maunganui

Diese städtische Atmosphäre ist schon für sich allein ein Phänomen, das man auf sich wirken lassen sollte. Zumal in den 1930ern in den Straßen der Stadt noch die Rinder weideten ... Dazu kommen als Ausflugsziele die Bay mit ihren Wassersportmöglichkeiten, vor allem die beiden Inseln Tuhua/Mayor Island und Matakana Island und natürlich Mount Maunganui – es sei denn, man zieht es vor, gleich dort zu logieren.

Information/Verbindungen

Information Tauranga i-Site Visitor Centre, 95 Willow St., neben der Stadtbücherei; Mo–Fr 8.30–17.30 Uhr, Sa/So 9–17 Uhr. ✆ 07/5788103, www.tauranga.govt.nz. Es gibt auch DOC-Broschüren (das **DOC-Büro** liegt 6 km weiter im Süden: 253 Chadwick St., Greerton. ✆ 07/5787677).

Internet Cybersurf Internet Cafe, Grey St., www.cybersurf.co.nz.

Verbindungen Flughafen 3 km vom Zentrum; Direktflüge (Newzealand Air) von/nach Auckland und Wellington, Taxi in die Stadt ca. 20 $, Airport Bus alle 30/60 Min. je nach Tageszeit.

Busse (InterCity, Newmans, Go Kiwi/Metrowide) nach Auckland, Thames, Hamilton und Rotorua; Busstopp bei der Touristinformation (Stadtbibliothek).

Bay-Hopper-Bus, innerörtliche Ziele und halbstündliche Verbindung mit Tauranga bis ca. 19 Uhr. „Day Saver" 6,30 $/Tag, Ticket beim Fahrer, fährt Wharf St. ab (neben i-Site). www.baybus.co.nz.

Taxi: Tauranga & Mount Taxis, ✆ 07/5786086, www.taurangataxis.co.nz; Tauranga Shuttles (Apollo Connect Shuttles), ✆ 07/2180791.

Sport & Freizeit

Schwimmen mit Delfinen Tauranga Dolphin Co., „Dolphin Blue", Sulphur Point Marina, Keith Allan Drive, ✆ 07/5764303, www.dolphinblue.co.nz.

Butler's Swim with Dolphins, ✆ 07/578082, 0508/288537, www.swimwithdolphins.co.nz.

Dolphin Seafaris, Berth D5 Tauranga Bridge

Marina; großes Boot, 95 % Delphine auf Touren; falls keine gesichtet werden, gibt es das Geld zurück. ℡ 07/5770105, 0800/3268747, www.dolphin.com.

Rundflüge Tauranga Aeroclub, White Island Scenic Flights, ℡ 07/5753210, 0800/3598222; **Tauranga Scenic Flights**, ℡ 0800/247347, www.airdiscovery.co.nz.

Übernachten

Puriri Park Boutique Hotel 2, modernes, cool gestyltes kleineres Hotel mit gehobenem Komfort; Außenpool, Terrasse, Spas und Konferenzräume; 21 Suiten überwiegend mit Balkon und Terrasse; Küche, Minibar, Workstation, Sat-TV, Fön und Fast-Internet; helle Zimmer mit hellem Vollholzmobiliar und Aircondition. DZ 130–250 $. 32 Cameron Rd., ℡ 07/5771480, 0800/478474, www.puriri.co.nz.

Macy's Motor Inn 13, gediegenes Motel mit 19 Units mit Küche und Spas, großen TVs, gratis W-Lan. Pool in der Anlage. Unit (2 Pers.) 105–125 $. Ecke 11th Ave./Edgecombe Rd., ℡ 07/5779764, 0800/0062297, www.macys.co.nz.

The Tauranga on the Waterfront 11, von den 26 Units schaut man auf's Meer – allein das macht schon einen Reiz dieses attraktiven Motels/Hotels aus, das so zentrumsnah liegt, dass man alles zu Fuß erreichen kann. Stilvolle Einrichtung mit gefliesten Bädern, luftig, komfortabel, Lage und Komfort haben ihren Preis. Unit 155–325 $. 1 Second Ave, ℡ 07/5787079, 0800/109007, www.thetauranga.co.nz.

Harbour View Motel 12, nicht alle Units dieses Motels haben Harbourview, da muss man schon eines im 1. Stock nehmen (und nicht die billigeren Studios). Alle mit Küchenzeile, nicht alle mit Mikrowelle, Betten o. k. Kajaks für Gäste gratis. Unit 110–125 $ (2 Pers.). 7 Fifth Avenue East, ℡ 07/5788621, www.harbourviewmotel.co.nz.

Bell Lodge 16, 3 km vom Zentrum; modernes, gut ausgestattetes Backpacker-Hostel plus Motel und Zeltplatz, große Zimmer und geräumige Schlafsäle, gratis Abholung vom Bus, gratis E-Mail, Billard und Shuttles nach Mount Maunganui. SG 69 $, DB 34 $, DO 25–34 $, Motelunit 72–95 $. 39 Bell St., ℡ 07/5786344, www.bell-lodge.co.nz.

Harbourside City Backpackers 8, Blick auf die Bucht, gut ausgestattete und große Küche, Bar. Zusammen mit der Coyote Bar und De Bier Haus nebenan („Eisbein – Twice Roasted Pork Knuckle" 21 $) kann einem der Betrieb spätabends schon auf die Nerven gehen; große Herberge mit ebenso vielen Plätzen in Doppel- wie in größeren Zimmern bzw. Schlafsälen. Bett ab 25 $, DB ab 33 $, SG 33–72 $ (mit Bad). 105 The Strand (im 1. Stock), ℡ 07/5794066, www.backpacktauranga.co.nz.

Tauranga Central Backpackers 4, mehr als 50 Betten/Lager in einem als Backpacker-Unterkunft errichteten (hellhörigen) Gebäude im Zentrum. Der Besitzer kümmert sich selbst um den sauberen Laden, das spürt man, weil alles flutscht. Große Küche, gratis Stadträder, Internetcafé. SG 58–65 $, DO 22–24 $, DB 29–33 $. 62–64 Willow St., ℡ 07/5716222, 0800/116126, www.tgabackpack.co.nz.

Just the Ducks Nuts 1, kleinere Backpacker-Unterkunft (20 Lager), die wegen Ausblick, Sauberkeit und Atmosphäre ihrem Namen durchaus gerecht wird (der Name bedeutet „genau richtig", hat aber auch eine anrüchige Assoziation – das Slang-Wort „nuts" bedeutet im Deutschen „Hoden"). Kleine Bibliothek. Zur Innenstadt geht man über die Chapel-Street-Brücke durch den Vorort Otumoetai (ca. 20 Min., aber gratis Abholung vom Bus). Im 4er-Zimmer/DO 22–24 $, DB 26–32 $. 6 Vale St., ℡ 07/5761366, www.justtheducksnuts.co.nz.

Tauranga YHA 10, in Zentrumsnähe; gut ausgestattete Jugendherberge mit großem Garten, Volleyball und Minigolf gratis. Zeltplatz 12 $, Lager ab 28 $, Zimmer (2 Pers.) 56–100 $, mit YHA-Ausweis Ermäßigung. 171 Elizabeth St., ℡ 07/5785064, yhataur@yha.org.nz.

Silver Birch Family Holiday Park 15, der stadtnächste und in der Tat sehr familienfreundliche Platz liegt am Hafen und bietet Thermalpools. Im Sommer 2011 fanden mehrere Baumaßnahmen statt, die auch eine Backpackerunterkunft betreffen. Cabins 85 $, Motel-Units ab 110 $, Stellplatz und 2 Pers. ab 30 $. 101 Turret Rd., ℡ 07/5784603, www.silverbirch.co.nz.

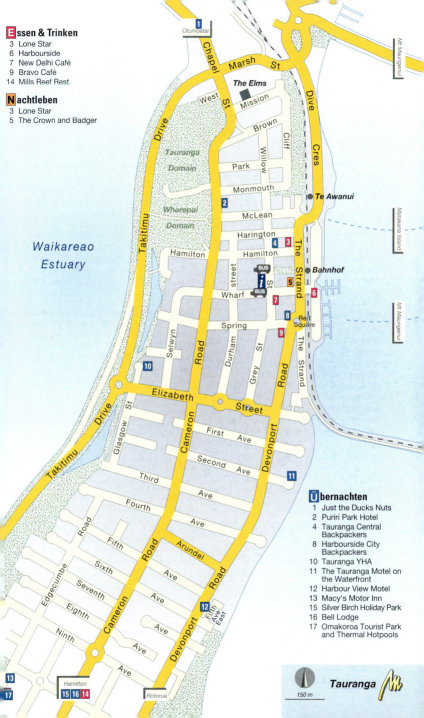

In Omokoroa Omokoroa Tourist Park and Thermal Hotpools 🔟, ausgedehnter Platz zwischen Tauranga und Katikati in Meeresnähe; 3 große Außenbecken mit warmem Thermalwasser (34, 36 und 38 °C – sogenannte „Soda Pools"), dazu großer Küchentrakt, Billard, TV-Raum, Buchecke, Laden. Flats, Cabins, Motel-Units 65–140 $, Backpacker-Unterkünfte in einer Lodge ab 28 $, Stellplatz 2 Pers. ab 40 $. 165 Omokoroa Rd., Tauranga, ✆ 07/5480857, www.omokoroa.com.

Essen & Trinken/Nachtleben (→ Karte S. 325)

Die Hafenstraße The Strand – die Restaurantmeile – ist auch abends und nachts belebt, wenn die Bistro-Cafés zu Bar-Cafés mutieren.

Harbourside 6, Old Yacht Club, Strand Extension; der frühere Jachtklub hat den Vorzug, direkt am Wasser zu liegen, die Tische draußen sind folglich sehr begehrt und sollten reserviert werden. Gehobene Küchenleistung, vor allem Meeresgetier in jeder Form. Klassischer Scampirisotto (22 $)! Hauptgang um die 35 $. Tägl. ab 11 Uhr bis spät. ✆ 07/5710520.

Bravo Café 9, Red Square; Restaurant mit Kaffeehauseinrichtung, ohne die hier übliche Selbstbedienungstheke mit kalten und warmen Speisen, aber dem üblichen Bistroangebot von Pizza aus dem Holzofen (auch mittags) bis zu gegrilltem Lachsfilet und „mediterranean style" Gemüse- und Fleischgerichten (abends ab 30 $) – Top sind die Tische draußen in der Fußgängerzone. ✆ 07/5784700.

New Delhi Café 7, 20 Wharf St.; der übliche Inder mit den üblichen Gerichten und Takeaway-Service; freundlich und effizient; zu zweit zahlt man für eine gemischte Vorspeisenplatte, Huhn und Lamm mit Reis und Naan-Brot ab ca. 50 $; viele vegetarische Optionen. ✆ 07/5785533.

The Crown and Badger 5, Ecke Wharf St./The Strand; „britischer" Pub mit großer Bar, Darts und anständigem Pub-Food von Frühstück über Lunch-Tellergerichte bis zu Desserts, u. a. dem sehr guten, hausgemachten „Charlies Cheesecake". Alle paar Tage „Badger Burger" zu 10 $.

Lone Star 3, 51 The Strand; laute Kneipe mit recht gutem Pub-Essen, in und vor der sich am Wochenende bis 5 Uhr früh die halbe Bay of Plenty („under 25") trifft. ✆ 07/5714111.

In Bethlehem Mills Reef Restaurant 14, 143 Moffat Rd.; das Restaurant dieses Weinguts in Stadtnähe ist auf Lunchgäste spezialisiert (Dinner nur auf Vorbestellung); das heißt, man muss nicht formell speisen, sondern kann auch nur auf eine Kleinigkeit und ein Glas Wein vorbeikommen. Restaurantküche mit Schwerpunkt auf Frische – von Meeresfrüchten über Lamm bis zu Kürbis und Erdbeeren zum Nachtisch. Der Wein dazu kommt direkt vom Mills Reef Weingut (Malbec, Cabernet Sauvignon, Merlot, Syrah sind die Favoriten). An Sommerwochenenden unbedingt reservieren. Die Weinprobe im Gut ist übrigens gratis. Tägl. 9–17 Uhr. ✆ 07/5768800, Weingut ✆ 07/5768844, www.millsreef.co.nz.

Sehenswertes

„Te Awanui": Das große Maori-Langboot dominiert von Norden die Zufahrt zur Innenstadt – zu besonderen Anlässen wird das unter einem Schutzdach stehende Boot zu Wasser gelassen und befährt mit Maori-Bemannung den Tauranga Harbour. Das Boot wurde 1973 vom Holzschnitzer Tuti Tukaokao aus einem riesigen Totara-Baumstamm geschnitzt.

Elms Mission House: Die englische Church Mission Society gründete 1838 eine Missionsstation in Tauranga, für die 1847 ein Haus gebaut wurde – das heutige Elms Mission House. Das schlichte, spätklassizistische Haus („late Georgian", weil noch unter dem englischen König Georg IV. begonnen) ist vor allem wegen seiner Bibliothek bekannt. Noch heute bewahren die Bücherschränke der ältesten Bibliothek Neuseelands die rund 1.000 Bände des ursprünglichen Bestands. Auch der

Speisesaal und der Empfangs- bzw. Wohnraum (Drawing Room) sind noch original möbliert, das Holz für das Haus und die Möbel ist überwiegend Kauriholz von der Coromandel-Halbinsel. Der schöne Garten mit seinen großen alten Bäumen ist auch außerhalb der Öffnungszeiten des Hauses zugänglich.

Mi, Sa, So, Fei 14–16 Uhr. Eintritt 5 $. ✆ 07/5779772, www.theelms.org.nz.

Das Tuhua Marine Reserve

35 km vom Eingang zum Meeresarm Tauranga Harbour liegt vor der Küste Tuhua, auch Mayor Island genannt – eine im Pazifischen Ozean isolierte vulkanische Insel, die samt dem sie umgebenden Meeresgebiet unter Naturschutz steht. Wie White Island (s. u.) ist Tuhua ein Vulkan, doch im Gegensatz zur weiter östlich gelegenen Insel wird Mayor Island als „schlafend" bezeichnet und nicht erloschen – die vulkanische Tätigkeit kann also jederzeit aufleben. Die unbewohnte Insel ist Privatland (sie gehört einer wohltätigen Gesellschaft), ist von Buschland bedeckt und bietet besonders im strandnahen Bereich eine ganze Reihe von Wanderwegen. Besonders im Spätsommer ist die Gefahr groß, von Wespen gestochen zu werden – wer allergisch ist, sollte die Insel meiden, wenn er kein Antiallergikum dabei hat (wer ruhig bleibt und nicht mit den Armen fuchtelt, um die Wespen zu vertreiben, wird nicht gestochen – so zumindest unsere Erfahrung).

Besondere Attraktion ist aber nicht die Insel selbst, sondern der Meeresbereich rundum, der im Norden komplett geschützt ist (kein Fischen), im Süden teilgeschützt (Fischen ist mit Einschränkungen erlaubt). Die abwechslungsreiche Küste, die an mehreren Stellen harte Magmaströme aus Obsidian durchschneidet, ist von einem fischreichen Meer umgeben, in dem sich nicht nur das Tauchen, sondern auch das Schnorcheln lohnt: Viele der hier vorkommenden Arten sind normalerweise auf den tropisch-subtropischen Bereich beschränkt und erreichen hier ihre südlichste Verbreitungsgrenze.

Felsenküste und vulkanische Inseln an der Bay of Plenty

Sport & Freizeit Boote nach Mayor Island starten meist in Tauranga; die Überfahrt dauert 2–3 Std. (einfach), zusätzlich zum Buchungspreis des Bootes wird ein Landegeld von 5 $ erhoben. **Schnorchelausrüstung** kann auf den Booten geliehen werden.

Tauchtouren bietet z. B. das Tauranga Underwater Centre, Unit 1, 50 Cross Rd., Sulphur Point, Tauranga, ✆ 07/5715286, www.diveunderwater.com.

Die Touristinfos in Tauranga und Mt. Maunganui geben weitere Auskunft; informativ ist das Faltblatt „Tuhua (Mayor Island) Marine Reserve" des DOC.

Übernachten Campingplatz **Opo Bay**, die einzige Möglichkeit auf Tuhua. Buchung zwingend. Zelt 7 $, DO ca. 20 $.
✆ 07/5795655.

Mount Maunganui

Der Mount Maunganui ist ein 232 m hoher toter Vulkan, der sich am Ende eines 20 km langen Landstreifens zwischen Pazifik und Tauranga Harbour erhebt. Zu seinen Füßen liegt das Ortszentrum von Mount Maunganui. Seine Vororte ziehen sich mittlerweile ein Dutzend Kilometer weit nach Osten an der Küste entlang – bis hin nach Papamoa, das sich zu einem schicken Badeort entwickelt.

Mount Maunganui ist ein Lifestyle-Ort – das manifestiert sich besonders an Wochenenden an den zahllosen tiefer gelegten Pseudo-Sportwagen, die mit überhöhter Geschwindigkeit die Strandpromenade auf und ab brausen, in Immobilienpreisen, die Normalsterblichen nur noch ein Krächzen entlocken – und im morgendlichen Glassplittermeer in der Stadt und außerhalb (mehr zerschlagene Bierflaschen gab es nur in Hokitika beim Wildfood-Festival, als während des Festivals noch Flaschen verkauft werden durften). Über Silvester und Neujahr ist in Mount Maunganui Party schlechthin, und wer das nicht schätzt, sollte anderswo buchen. Vor allem die Anwohner an der Marine Parade, die sich immer wieder an die Presse wenden, weil ihnen der Schlaf geraubt wird, hatten bisher keine Chance, sich gegen die Bande der Partyfreaks durchzusetzen.

Information/Verbindungen

Information Visitor Centre, Salisbury Ave./Ecke Maunganui Rd. am alten Hafen; tägl. 9–17 Uhr, Sa/So 8–16 Uhr, in der Nebensaison mittags evtl. geschlossen. ☏ 07/5755099.

Verbindungen Busse (InterCity, Newmans, Go Kiwi, Naked Bus) nach Auckland, Thames, Hamilton und Rotorua. Bushalt bei der Touristinformation.

Bay-Hopper-Bus, Stadtverkehr und halbstündliche Verbindung mit Tauranga bis ca. 18 Uhr. 6,30 $/Tag, Ticket beim Fahrer.

Taxi: Tauranga & Mount Taxis, ☏ 07/5786086.

Information/Sport & Freizeit

Surfer freuen sich seit 2006 über eine besondere Attraktion: Das künstliche Riff **Mount Reef** (www.mountreef.co.nz) 250 m vor dem Main Beach in maximal 4,5 m tiefem Wasser (Ebbe: 0,4 m) wurde so gestaltet, dass es einen kräftigen Surf erzeugt. Dafür wurden im Meeresboden 24 riesige, mit 6.000 m^3 Sand gefüllte Polyester-Säcke verankert. Das V-förmige Riff hat einen 70 m und einen 30 m langen Arm und erzeugt eine bis zu 50 m weit surfbare Welle. Der 2008 endgültig vollendete Bau des Riffs kostete deutlich über 1 Mio. $; das dahinterstehende Konsortium rechnet damit, dass die Zusatzattraktion den Umsatz durch Touristen so steigern wird, dass sich die Investition in kurzer Zeit rechnet. Mal sehen.

Surfschule mit Verleih: Hibiscus Surf School; 2 Std. Unterricht in der Gruppe 80 $; privat 120 $ – Brett und Neoprenanzug für die Unterrichtseinheit und eine Stunde danach gratis. ☏ 07/5753792, www.surfschool.co.nz.

Übernachten (→ Karte S. 331)

Oceanside Resort and Twin Towers 2, gilt derzeit als schickster Standort der Stadt – näher am Mount geht es nicht. 2 auffällige Türme, Tiefgarage, geheizte Pools, in den Towers Apartments mit DVD-Player, 2 Bädern, Küche, Balkon, Waschmaschine/

Am Strand von Mount Maunganui

Trockner; die Units im Haupthaus in 3 Kategorien jedoch nur Durchschnitt, wenn auch gut ausgestattet. Unter Standard: Internet nur in Resort- und Konferenzäumen! www.twintowers.co.nz. Apartment/Suite 150–700 $. 1 Maunganui Rd., ☎ 07/5755371, 0800/466868, www.oceanside.co.nz.

Outrigger Apartments 6, postmodern gestalteter Glasfassadenbau an der Beachfront. 4 Zimmerkategorien, alle mit Sat-TV und Küchenzeile samt Mikrowelle, auch die (meist ja einfacheren) Studios. Unit (Apt.) 125–500 $. 48/49 Marine Parade, ☎ 07/5754445, 0800/889966, www.outriggervivaldiapartments.co.nz.

Belle Mer 11, Apartments der gehobenen Kategorie an der Marine Parade sind nicht billig. Alle mit komplett ausgestatteter Küche, Spa, großem TV-Gerät mit Video und Stereoanlage, Waschmaschine und Trockner. Ganzjährig geheizter Außenpool, Tiefgarage und Wachdienst. 190–350 $. 53 Marine Parade, ☎ 07/5750011, 0800/100235, www.bellemer.co.nz.

Beachside B&B 13, direkt an der Küstenstraße liegt dieses freundliche B&B mit seinen 3 Gästezimmern und aussichtsreicher Gästelounge in einem netten Neubauhaus. Sehr gutes Cooked Breakfast und ein freundliches Paar, Lorraine und Jim, das es serviert. DZ/FR 105–140 $. 21B Oceanbeach Rd., Mt Maunganui, ☎ 07/5740960, www.beachsidebnb.co.nz.

Mount Backpackers 7, ganz zentrale Backpacker-Unterkunft, eng, aber jüngst renoviert und freundliches Personal. Nicht ganz leise. Rad- und Boardverleih. DO 24–27 $, DB 33 $. 87 Maunganui Rd., ☎ 07/5750860, www.mountbackpackers.co.nz.

Pacific Coast Lodge & Backpackers 12, bunter und glasbetonter Backpacker-Lodge-Kasten am Rand der Innenstadt; alle Einrichtungen hochmodern, dazu gratis Räder, DVDs und Transport vom/zum Bus. Bett ab 23 $, DB 33 $. 432 Maunganui Rd., ☎ 07/5749601, 0800/666622, www.pacificcoastlodge.co.nz.

Mount Maunganui Beachside Holiday Park 1, dass das Motor Camp in allerbester Lage am Fuß des Mount heute noch existiert, ist ein Wunder, wenn man sieht, welch teuren Immobilien auf der anderen Straßenseite aus dem Boden schießen. Stellplatz und 2 Pers. ab ca. 40 $. 1 Adams Ave, ☎ 07/5754471, 0800/6823224, www.mountbeachside.co.nz.

Cosy Corner Motor Camp 14, in der Parallelstraße zur Marine Parade; alle Stellplätze komplett mit Stromanschluss ausgestattet. Im Gelände Pool und Aufenthalts-/Spielraum. Zeltplatz und 2 Pers. ab ca. 36 $; auch Cabins (mit Küche) sowie Motel-Units bis 155 $. 40 Ocean Beach Rd., ☎ 07/5755899, www.cosycorner.co.nz.

Golden Grove Holiday Park 16, familienfreundlicher Platz in nicht zu großer Entfernung zum Zentrum, zu den Geschäften und zum Strand (200 m); alle Einrichtungen in gutem bis sehr gutem Zustand, alle Übernachtungsmöglichkeiten vom Stellplatz und einer Lodge für Backpacker bis zum Motel-Unit mit 3 Schlafzimmern. Stellplatz und 2 Pers. ab 34 $, Cabin mit Bad ab 70 $. 73 Girven Rd., ☎ 07/5755821, www.goldengrove.co.nz.

In Papamoa Papamoa Beach Top 10 Holiday Resort 15, Lifestyle-Platz von Top 10 direkt am Strand. Dazu 13 schicke „Villas" direkt am Wasser. Großer Kinderspielplatz mit Trampolin, Spa und reichlich Duschen, für die man zahlen muss (1 $ reicht 25 Min.); großer Grünbereich, zur Straße repräsentatives Empfangsgebäude. Cabins 75–95 $, Motel-Units 125–180 $, Stellplatz und 2 Pers. ab ca. 39 $. 535 Papamoa Beach Rd., PO Box 3003, ✆ 07/5720816, 0800/232243, www.papamoabeach.co.nz.

Essen & Trinken

Die ausgedehnte Szene konzentriert sich in der zentralen Pacific Avenue, wo ein Café oder Bistro (aber da gibt es kaum Unterschiede) ans andere grenzt – dort geht es allerdings oft nur darum, dort zu sein und gesehen zu werden, weniger um das, was auf den Teller kommt.

La Barca da Francesco 10, 136 Maunganui Rd.; hübsch gedeckt, gekonnt serviert, gut zubereitet – also sehr empfehlenswert: Antipasti bis ca. 20 $ (z. B. Cape-Jakobsmuscheln sautiert in Weißwein), Primi (Nudel- und Reisgerichte) ab ca. 20 $ (z. B. Fettuccine mit Lachs, Spinat, Salbei), Secondi bis 35 $, leckere Dolci (Dolci di frutta – heiße Saisonfrüchte mit Zimtstreusel und Vanilleeis). In letzter Zeit einige Kritik an Qualität und Service. ✆ 07/5756842.

Vivo 5, 14 Pacific Ave.; die kleine italienische Trattoria, die seit einiger Zeit von Gabriele und Lina geführt wird, konzentriert sich auf's Essen. Die Pasta (ab 16 $) ist hausgemacht, der Fisch könnte nicht frischer sein, und das Tiramisu ist umwerfend. Hauptgang ab ca. 30 $. Ab 18 Uhr, besser reservieren. ✆ 07/5758245.

Hasan Baba 8, 16 Pacific Ave.; wie in Tauranga ein verlässliches Bistro-Café-Angebot mit ein paar vegetarischen Gerichten unter dem mediterran-vorderasiatischen Angebot (Hauptgerichte 20–30 $), großes glutenfreies Angebot (Hauptgericht ab 24 $), sehr gute Desserts. ✆ 07/5748200.

Volantis 9, 105 Maunganui Rd.; Café und Bistro in bester Lage, vor allem schnelle Gerichte und Snacks (Burger ca. 15 $), viel Laufkundschaft, abends aufwändigere Hauptgerichte um die 25–30 $. ✆ 07/5757617.

Bombay Brasserie 4, 77 Maunganui Rd./Ecke Pacific Ave.; Bistrofood auf indische Art, gute Tanduri-Gerichte, auch Takeaways; nur Abendessen (tägl. ab 17.30 Uhr), nur BYO, alle Hauptgerichte 20 $. ✆ 07/5752539, Takeaways ✆ 07/5753093.

Sidetrack Cafe 3, Marine Parade, Café und eher kleines Lokal in 1a-Lage unter den Twin Towers; der Kaffee überdurchschnittlich gut, die warmen und kalten Speisen desgleichen. Viele Tische draußen, was noch lange nicht heißt, dass es freie Plätze gibt. ✆ 07/5752145.

Te Puke

„Kiwifrucht-Hauptstadt der Welt" nennt sich der sonst wenig bemerkenswerte Straßenort. Damit auch jeder die Eigenwerbung mitbekommt, der Te Puke passiert, hat das Unternehmen *Kiwifruit Country* eine gigantische Kiwi-Scheibe direkt neben die Straße östlich des Orts platziert. Obwohl die neuseeländische Kiwi-Produktion seit den 1980er Jahren Marktanteile verlor, hat sie immer noch große wirtschaftliche Bedeutung. An den vielen Obstständen entlang der Straße werden heute jedoch neben Kiwis auch alle Arten von Süd- und tropischen Früchten feilgeboten.

Te Puke Information Centre, 130 Jellicoe St.; PO Box 88. Mo–Fr 8–17, Sa 9–12 Uhr. ✆ 07/5739172, www.tepuke.co.nz.

Sehenswertes

Capitol Cinema: ein in den 1920er Jahren im Art-Deco-Stil errichtetes Kino an der Hauptstraße. Seine schöne Fassade und Teile der Einrichtung haben bis heute überlebt. Heute beherbergt das Kino moderne Säle, darunter einen mit der drittgrößten Leinwand Neuseelands. ✆ 07/5733055, www.tepukecinema.co.nz.

Kiwi 360: Das alteingesessene Obstbauunternehmen bietet geführte Touren durch die riesigen Obstplantagen an, die mit einem „Straßenzug" (ein als Lok verkleideter Traktor mit Waggons auf Gummirädern) durchgeführt werden. Wer wirklich alles über die Produktion der Kiwis erfahren will, sollte sich das nicht entgehen lassen. Und auch wen das nicht so interessiert, der wird die Fahrt genießen: Die unterschiedlichsten Obstbäume und -sträucher von Orangen und Zitronen über Kiwi und Granatapfel bis zu Avocado und Ölbaum werden vorstellt. Anschließend gibt es Gelegenheit zum Kauf von Kiwifrüchten, Kiwi-Wein (nicht schlecht), Kiwi-Konfekt, Kiwi-Andenken und im großen Family-Restaurant zum Konsum aller möglichen Gerichte, v. a. Kuchen und Desserts, nicht nur mit Kiwi-Früchten.

Tägl. 9–17 (letzte Tour 16) Uhr, Winter 10–15 Uhr. Tour mit Führung ca. 20 $. ☏ 07/5736340, www.kiwi360.com.

Die Kiwifrucht

1904 brachte ein neuseeländischer Gärtner ein paar schwarze Samen von einem Chinabesuch mit, die in seinem Garten auf der Nordinsel bald fleißig trieben und mit Boden und Klima sichtlich zufrieden waren. Die unscheinbare, etwas an eine große Stachelbeere erinnernde Frucht wird seit den 1930er Jahren in der Bay of Plenty in der Umgebung von Te Puke angebaut; doch ein kommerzieller Erfolg war die „chinesische Stachelbeere" lange Zeit nicht.

1952 bekam ein englischer Importeur seine Ladung Zitronen nicht voll (die Zitronenernte war praktisch ausgefallen). Deshalb nahm er versuchsweise ein paar Kisten der bisher in Europa unbekannten Frucht mit, die ja, zumindest im unreifen Zustand, so säuerlich wie eine Zitrone ist. Wegen eines Streiks war das Schiff wochenlang unterwegs, bis es in England anlandete. Da waren die Zitronen längst verfault – und die Kiwis gerade reif.

Kiwifruit

Da hatte irgendjemand die Idee, die Frucht, die (drückt man die Augen fest zu) entfernt an den Kiwi, Neuseelands Nationalvogel, erinnert, *Kiwifrucht* zu nennen (auf Englisch „Kiwifruit" und „Kiwibird", denn „Kiwi" ist der Neuseeländer selber!). Der Name setzte sich bald durch, spätestens dann, als nach 1962 der US-Markt und in den späten 1970ern der Rest der Welt dazu kam. Dass auf dem globalisierten Kiwi-Markt inzwischen starke Konkurrenz herrscht und die Kiwi in Italien und Frankreich, in den USA, Israel und Japan angebaut wird, hat zwar nicht der Frucht, aber den neuseeländischen Produzenten geschadet. Nach einem enormen Höhenflug – 1980 noch 6 Mio. Steigen, 1985 23 Mio. Steigen – war um 1990 mit 72 Mio. Steigen die Höchstmarke überschritten: Bereits 15 % der Ernte konnten nicht mehr verkauft werden, die Produktion ist seitdem zurückgegangen. 2003 wurden 60,5 Mio. Steigen produziert (242.000 Tonnen), seither steigt die Produktion wieder (9,88 % seit 2000), allein der Exportwert betrug 2009 1,1 Milliarden NZ$.

Die Kiwifrucht wird wie der Wein in Südtirol in Pergelbauweise (Holzgestelle, bei denen die Früchte nach innen hängen) gezogen und unreif geerntet. Geerntet wird zwischen April und Juni. Die Früchte werden dann auf Null Grad abgekühlt und erst bei Bestellung in Kisten verpackt. Dabei sollte das Verpackungsdatum und das Verzehrdatum um die für die Reifung nötige Zeit (bis zu neun Monate) auseinander liegen. Tatsächlich aber kommen bei uns die Früchte immer wieder unreif in den Handel – vermutlich jedoch keine neuseeländischen. Zwillingsfrüchte und Schäden wie bei italienischen Kiwis gebe es bei neuseeländischer Ware nicht, lässt die Kiwifruchtbehörde verlauten, die ein strenges Auge auf die Qualität der „echten" Kiwis aus Kiwiland hat.

Ruderwettbewerb auf dem Whakatane River

Whakatane und Ohope

Den östlichen Abschluss der Bay of Plenty bilden Whakatane, mit ca. 15.000 Einwohnern der größte Ort der Region, und der durch ein Vorgebirge davon getrennte Badeort Ohope. Whakatane liegt am Mündungstrichter des Whakatane-Flusses knapp vor der Bay, Ebbe und Flut erreichen den Ort noch.

Die Ngati Awa, der Maori-Stamm der Region, sehen sich als Nachkommen von Häuptling Tiwakawaka, der mit der ersten Welle polynesischer Siedler vor 1.100 Jahren an der Flussmündung anlandete, die er Kahahoroa nannte. Whakatanes Vorgänger, das große befestigte Dorf Kapu-te-Rangi, lag auf dem Vorgebirge über der Stadt, man sieht von dort auf den heutigen Ort hinunter. Erst Jahrhunderte später, um 1840, kamen einige europäische Siedler, zuvor hatten schon Walfänger und Händler das Interesse der Pakeha an dem Landstrich bekundet.

1865 wurde in Opotiki (→ Die Ostküste S. 394) der Missionar Carl Volkner ermordet. Die Maori hatten auch in Whakatane starke Bindungen zu den aufständischen Hauhau, und als ein Regierungsbeamter erschien, um „Ordnung zu schaffen" und die Mörder zu finden, stürmten fanatische Anhänger der Sekte sein Schiff und erschlugen ihn und die Mannschaft. Wie überall in Neuseeland hatte diese Aktion den Erfolg, dass Regierungstruppen nun noch häufiger und brutaler einschritten – weitum, an der gesamten Bay of Plenty, wurde das Land der Maori konfisziert und weißen Siedlern übergeben. Dies wiederum führte 1869 zu einem Angriff der Maori um Te Kooti, bei dem die neue Siedlung Whakatane zum Großteil zerstört wurde.

Wie auch anderswo in Neuseeland war der Widerstand der Maori ab 1872 gebrochen. Ein neues Whakatane entstand, ein wenig bedeutender Ort, von dessen ersten Bauten nichts erhalten blieb. Seit den 1990er Jahren beginnt Whakatane jedoch aus seinem gemütlichen Halbschlaf aufzuwachen, denn der Tourismus klopfte an die Tür: vor allem White Island, die tätige Vulkaninsel draußen im Meer, besucht man am besten mit dem Boot ab Whakatane.

Die Bay of Plenty

Information/Verbindungen

Information Whakatane i-Site, Ecke Quay St./Kakahoroa Drive, direkt am Whakatane River; Mo–Fr 8–17 Uhr, Sa/So/Fei 10–16 Uhr, außerhalb der Hauptsaison kürzere Zeiten; effiziente Information in einem modernen, großen, hellen Gebäude am zentralsten Platz der Stadt. ℡ 07/3062030, 0800/942528, www.whakatane.com.

Verbindungen Flughafen 10 km westlich, direkte Verbindung mit Auckland mehrmals tägl.

Busse: Verbindung mit Auckland (über Rotorua) und zur Ostküste nur 1-mal tägl.

Regionale Verbindungen mit Tauranga und Mount Maunganui, Opotiki und Kawerau, an Sonntagen nur wenige Verbindungen.

Der **Bayhopper** – die Buslinie zwischen dem Visitor Centre in Whakatane und Ohiwa Harbour am äußersten Ostende der Ohope-Halbinsel – fährt auch über James and Stewart Street zur Hinemoa Street (um die Backpacker aus Karibu Backpackers und Motelgäste der Pacific Coast Motor Lodge zu bedienen). ℡ 0800/422928. Die regionale Buslinie **Baybus** verbindet mit Tauranga, www.baybus.co.nz. Bushalt an der Touristinfo.

Taxi und Airport-Shuttle: ℡ 07/3080222, 0800/007005.

Sport & Freizeit

Baden & Strände Empfehlenswert ist der **Ohope Beach**, und zwar so nahe an den westlichen Felsen wie möglich. Am besten geht man noch ein Stück vom Ende der Straße nach Westen in die erste Bucht (Fußweg), dort ist man auch an Sommersonntagen nicht in der Masse.

Hochseefischen Vor Ort sehr beliebt; aktuelle Listen und Prospekte der zahlreichen Anbieter in der Touristinfo.

Tauchen & Schnorcheln Mehrere Veranstalter; verlässlich ist Dive White Island, 186 The Strand. ℡ 0800/348394, www.divewhite.co.nz.

Bootstouren und Flüge nach White Island → White Island.

Wandern & Trekking Direkt vom Quartier in Whakatane oder Ohope Beach aus kann man eine große Rundtour durch 4 **Schutzgebiete** nahe der Küste machen. Etwas weiter entfernt sind die Wanderungen im **Urewera-National-Park** südlich von Whakatane s. u.

Jetboot Touren u. a. auf dem Whakatane River und flussaufwärts auf dem Rangitikai River mit Stromschnellen und Weißwasser, angeboten u. a. von Kiwi Jetboat Tours, 1:30 Std. ca. 95 $, ℡ 027/2243464, 0800/800538, www.kiwijetboattours.com.

Schwimmen mit Delfinen und Whale watching Kein Stress für Meeressäuger: Vor der Küste kann man verschiedene Delfinarten, Orca (Killerwal), Pilot Whale (Grindwal) und Mink Whale (Zwergwal) beobachten. Die Touren von Whakatane aus sind aufgrund der lokalen Gegebenheiten meist von Erfolg gekrönt. Tägl. 10 Uhr, 80 $. Veranstalter ist z. B. White Island Tours, ℡ 0800/733529, www.dolphinandwhale.co.nz. ■

Seekajak Trips mit dem Kajak sind im großen **Ohiwa Harbour** der Renner – die Bucht ist ziemlich windgeschützt und sehr buchtenreich. K G Kayaks in Ohope bietet geführte Trips (ab ca. 30 $) und verleiht Boote (Einer/Tag 85 $, Zweier 115 $). ℡ 07/3154005, www.kgkayaks.co.nz.

Übernachten

White Island Rendezvous **4**, 24 Units im Motelstil, modern, hell, große Glasfronten, schöne Holzfußböden. Touragentur ℡ 0800/733529. Studios 140–160 $, größere und besser ausgestattete Units bis 200 $. 15 Strand East, ℡ 07/3089588, 0800/733529, www.whiteisland.co.nz.

Tuscany Villas **8**, in absolut zentraler Lage; gediegen eingerichtetes Motel im mediterranen Look (oder was man in Neuseeland dafür hält) mit pompösem Äußerem und komfortablem Innenleben samt Videoplayer, Internet, Spas. Unit 140–260 $. 57 The Strand, ℡ 07/3082244, 0800/801040, www.tuscanyvillas.co.nz.

Übernachten

- 3 Whakatane Holiday Park
- 4 White Island Rendezvous
- 8 Tuscany Villas
- 9 Commercial Hotel
- 11 Windsor Backpackers
- 12 Motuhora Rise B&B
- 13 Travellers Rest Homestay
- 14 Karibu Backpackers
- 15 Ocean Spray Homestay
- 16 Ohope Beach Top 10 Holiday Park
- 17 Surf and Sand Holiday Park
- 18 Surfs Reach Motel

Essen & Trinken

- 1 The Wharf Shed
- 2 Wally's On The Wharf
- 5 PeeJay's Coffeehouse
- 6 Roquette
- 7 The Bean
- 10 Global Thai

Travellers Rest Homestay 13, sehr schönes B&B in Haus mit großem Garten am Whakatane-Fluss; dass das Gärtnern eines der Familien-Hobbys ist, sieht man sofort. 2 DZ mit gemeinsamem Bad. DZ/FR (cont.) 80 $. 28 Henderson St., ☏ 07/3071015, travrest@wave.co.nz.

Motuhora Rise B&B 12, Abzweig Waiewe St. vom Strand ab George St. auf dem Rücken oberhalb von Whakatane; in ihrem an eine Burg erinnernden Haus in eindrucksvoller Holz- und Natursteinarchitektur haben die Spellmeyers ein vorbildlich ausgestattetes und geführtes B&B eingerichtet (2 Zimmer). Kühlschrank, Kaffee- und Teezubereitung, Video und TV, im Gästeraum Kamin, Stereoanlage, Espressomaschine. Auf Bestellung auch Abendessen möglich. DB/FR (cont.) 220 $. PO Box 553, Motuhora Rise, ☏ 07/3070224, www.motuhorarise.com.

Commercial Hotel 9, traditionelle Backpacker-Herberge. Schlichte „Budget Rooms" über dem Saloon/Pub ab 27 $/Person. 35 The Strand, ☏ 07/3087399 (Commercial Hotel), dellmann@xtra.co.nz.

Karibu Backpackers 14, noch in Gehentfernung vom Zentrum (25 Min.); kleine Backpacker-Unterkunft in Privathaus; angenehm: der Garten mit BBQ, Campingmöglichkeit, gratis Radverleih und Abholung vom Bus. DB 30 $, DO 23 $. 13 Landing Rd., ☏ 07/3078276, www.karibubackpackers.co.nz.

Windsor Backpackers 11, die Windsors dürften hier wohl nicht absteigen, aber was nicht Royal ist, darf sich in dieser überdurchschnittlich guten, neu eingerichteten Herberge durchaus wohl fühlen. Zentral gelegen, Singles, Doubles und Dorms, Küche mit allem Drum und Dran (und nicht zu klein), allerdings klamm, wenn's draußen kalt ist (soll ja auch in Neuseeland vorkommen). DO ab 22 $, DB 31–44 $. 10 Merritt St., ✆ 07/3088040, whaka_bpack@xtra.co.nz.

Whakatane Holiday Park 🟦, am Ende der Straße; Platz am Fluss nahe der Stadt, große Stellplätze. Cabins (60–85 $), Stellplatz und 2 Pers. ab 30 $. McGarvey Rd., ✆ 07/3088694, www.whakataneholidaypark.co.nz.

In Ohope Beach Surfs Reach Motel 🟦, weiter ans Ende des Ohope-Strands wagt sich kein Motel, dementsprechend stark ist die Nachfrage, an Wochenenden lange im Voraus buchen! Alle Units ebenerdig, gut ausgestattet, Sat-TV, Küche mit Kühlschrank und Mikrowelle. Unit 100–180 $. 52 West End, Ohope, ✆ 07/3124159, www.surfsreachmotels.co.nz.

Ocean Spray Homestay 🟦, am Ohope Beach; bequem und freundlich eingerichtetes Apartment/drei Gästezimmer im Erdgeschoss des Hauses der Familie Galbraith, auch ein Cottage (s/c) ist zu haben; alle mit Kochnische, Du/WC, Außendusche für nach dem Baden; bei Ankunft gibt's selbst gebackene Kekse, Frühstückstablett wird angeliefert. DB/FR ab ca. 170 $. 283a Pohutukawa Ave., Ohope, ✆ 07/3124112, www.oceanspray.co.nz.

Ohope Beach Top 10 Holiday Park 🟦, typisch gut ausgestatteter und phantastisch gelegener Top-10-Platz: am Strand Kinderspielplatz, Pool mit Rutsche, Tennis, Minigolf, kleiner Laden. Im Sommer ohne langfristige Voranmeldung keine Chance, da haben neuseeländische Familien aus Auckland und Wellington längst das letzte Zeltplätzchen reserviert. Cabins und Motels 75–310 $ (2 Pers.), Zelt ab 40 $. 367 Harbour Rd., Ohope Beach, ✆ 07/3124460, 0800/264673, www.ohopebeach.co.nz.

Surf and Sand Holiday Park 🟦, große und recht großzügig geschnittene Apartments mit Balkon oder Terrasse mit Meerblick. Campingmöglichkeit auf dem Terrain. „Beachfront Apartments" 175–310 $, sowie Zeltplätze am Strand 40–60 $ (2 Pers.). Harbour Rd., Ohope Beach, ✆ 07/3124460, www.surfandsand.co.nz.

Essen & Trinken (→ Karte S. 335)

PeeJay's Coffeehouse 🟦, 15 Strand East; Bistroangebot wie Quiche, Pies, Sandwiches, Wraps (den immer beliebter werdenden gerollten Fladen oder dünnen Weißbrotscheiben mit verschiedenen Füllungen), Kuchen, guter Kaffee. Tägl. 6.30–17 Uhr.

Roquette 🟦, 23–29 Quay St.; örtlich angesagtes Café-Restaurant in einem Neubau an der Strandpromenade, große Karte von Burger bis Seafood-Risotto und Feines wie „honey and thyme marinated duckbreast with charred kumara brie and beetroot chutney" (33 $). Dinner à la carte bis ca. 35 $. Mo–Sa ab 10 Uhr. ✆ 07/3070722.

Global Thai Restaurant & Bar 🟦, Ecke Commerce St./The Strand, über dem Postamt; lässige Atmosphäre mit Parkblick. Lunch Special (3 Gänge) 20 $, 11.30–14 Uhr, z. B. Hauptgang Fisch des Tages mit Salat oder Auswahl aus mehreren Curries. Abends 18 Uhr bis spät, 2 Gänge ab ca. 40 $, So zu. ✆ 07/3089000.

Wally's On The Wharf 🟦, 2 The Strand; die üblichen Fish & Chips, aber zur Abwechslung (von der neuseeländischen Gesundheitsbehörde immer wieder empfohlen) in herzfreundlichem Canola-Öl frittiert; dazu gibt's einen Salat, außerdem lässt sich hier eine ganze Palette weiterer Meeresprodukte vortrefflich und preiswert gustieren. Tägl. 10–21 Uhr. ✆ 07/3071100.

The Wharf Shed 🟦, 212 The Strand; mit der Terrasse zum Bootsanleger (und der tollen bemalten Fassade, ganz zu schweigen vom maritim dekorierten Inneren) muss sich dieses Restaurant um Gäste keine Sorgen machen, zumal das vornehmlich Meersfrüchte enthaltene Menü sehr ordentlich ist, wenn auch kaum für Experimente zu haben. Vorspeisen wie Jakobsmuscheln oder Rock Salmon 15–28 $ (delikat: *salmon tartar*), Fisch und Fleischgerichte 28–55 $, zum Lunch etwa gleiche Preise, aber kleinere Auswahl. ✆ 07/3085698, 0800/863463.

The Bean 🟦, 54 Strand East; Kaffeerösterei (4 Sorten) und altmodisch eingerichtetes Kaffeehaus, Zeitungen und Zeitschriften liegen auf, kleine Auswahl v. a. an kalten Snacks wie Bagels. Tägl. bis 16 Uhr, ✆ 07/30 70494.

In Ohope Ohiwa Oyster Farm, Wainui Rd. (1 km südlich von Ohope an der Straße), Ohiwa Harbour, Ohope; frische Austern aus eigener Zucht, geräucherter

Fish & Chips: der Klassiker (Whakatane)

Fisch, Tellergerichte mit Meeresfrüchten, v. a. aber Fish & Chips und (Fisch-)Burger. Das Ambiente – ein offener Stand – mag zu wünschen übrig lassen, das Essen nicht. Tägl. geöffnet. ✆ 07/3124565.

Sehenswertes/Touren

Stadt und Museum: Whakatanes historisches Zentrum ist eingezwängt zwischen dem hier schon breiten Whakatane-Fluss, dessen Mündung ins Meer nicht mehr weit ist, und einem Steilufer der zum Kohi Point nach Norden verlaufenden Landzunge. Der *Pohaturoa*, ein massiver, äußerst steiler, den Maori heiliger Felsen, ist der letzte Rest der früheren Küstenlinie. Ein kleiner Wasserfall, *Wairere Falls*, überwindet die Steilstufe im Rücken des Orts – man erreicht ihn über die an der Uferpromenade beginnende Wairaka Road. Im *Whakatane District Museum* finden sich jede Menge Erinnerungen an die Geschichte der Maori- und Pakeha sowie einige sehenswerte geologische Ausstellungsstücke.

Whakatane District Museum, Boon St., tägl. 10–16.30 Uhr, Sa/So 11–15 Uhr. Eintritt frei (Spende). www.whakatanemuseum.org.nz.

Whale Island: Die Insel, die draußen vor der Küste schwimmt, ist Whale Island – das berühmtere White Island ist zu weit entfernt, um es bei normalen Lichtverhältnissen zu sehen. Wie viele andere Inseln vor der Küste wurde es vom DOC von Schadtieren befreit (v. a. Wildziegen und Ratten), sodass die dort lebenden gefährdeten endemischen Tiere, vor allem Vögel, eine Überlebenschance haben – der Wald der Insel regeneriert sich dabei ebenfalls rasch. Auf der Insel leben neben dem extrem gefährdeten Saddleback und anderen Küstenbewohnern (samt Little Blue Penguin) drei Arten von endemischen Eidechsen sowie die archaische Brückenechse Tuatara.

Whale Island kann etwa 6- bis 10-mal im Jahr (Dez. bis Feb. je 4-mal an den meisten So) und nur im Rahmen einer **geführten Tour** besucht werden; Information und Buchung bei White Island Tours. Die Ngati Awa (der örtliche Maori-Stamm) organisieren in Zusammenarbeit mit der Küstenwache (Whakatane Coastguard) ab 10 Pers. zusätzliche Besuchstermine: ✆ 0272/779911, oke group@xtra.co.nz. Ganztagestour ca. 75 $. ■

Von Whakatane nach Ohope Beach – eine Rundwanderung

Länge/Dauer: ca. 18,5 km/ca. 5–6 Std. **Höhenunterschied:** ↑↓ 650 m. **Charakter:** insgesamt leicht zu gehende Wanderung, durchwegs auf gebahnten Wegen; wegen einer Passage in der Otarawairere-Bucht unbedingt über den Gezeitenplan informieren und die Flutzeiten kontrollieren (im i-Site)!

„Nga Tapuwae o Toi" (Tois Fußabdrücke) nennt sich die Rundwanderung durch vier Naturschutzgebiete zwischen Whakatane und Ohope Beach. Nach der Überlieferung des hiesigen Ngati-Awa-Iwi-Stammes war Toi ein Nachkomme der ersten Siedler, die zwölf Generationen vor ihm von Hawaiiki nach Neuseeland kamen und mit dem Mataatua-Kanu beim heutigen Whakatane anlandeten.

Toi begründete hier einen Stamm, den Te Tini a Toi, der bald große Teile der Nordinsel beherrschte und seinen wichtigsten befestigten Ort im Kapu-te-Rangi Pa oberhalb von Whakatane hatte. Die heute in und um Whakatane lebenden Maori des Ngati Awa Iwi bezeichnen sich als Nachkommen von Tois jüngstem Sohn Awanuirangi. Das Pa (oder was an Bodenformationen davon übrig geblieben ist) ist auf einem kurzen Abstecher vom Rundweg aus zu erreichen.

Landkarte nicht nötig; Übersicht im Heft „Walks Around Whakatane", erhältlich beim Visitor Centre/DOC.

Ohope und Ohope Beach: Ein langer, schmaler Land- und Strandstreifen zieht sich östlich der Halbinsel Kohi Point von *Ohope Beach* über *Ohope* bis zur Siedlung *Ohiwa Harbour* am gleichnamigen Meersarm. Wegen der hier leicht und üppig zu erntenden Meeresfrüchte war die Halbinsel von den Maori dicht besiedelt, heute hat sie eher den Charakter einer Zweithaussiedlung der neuseeländischen Mittelschicht – die ganz Wohlbetuchten wohnen ganz am äußersten Westende unter den Klippen. In den zahlreichen Motels und B & Bs ist an Wochenenden nur schwer ein Platz zu finden, an Feiertagen und in den Ferien ist das nahezu unmöglich – von den Preisen ganz zu schweigen.

Te Urewera National Parkp → Die Ostküste S. 415.

In der Otarawairere Bay

White Island

White Island ist das ultimative Vulkaninsel-Erlebnis – echtes Urweltfeeling. Im Unterbewusstsein rechnet man damit, dass jeden Moment gigantische Raubsaurier wie in einer Jurassic-Park-Folge aus dem Dickicht brechen und Dinos sich in den gelblich-warmen Wassern wälzen, die aus dem Vulkanschlund emporquellen.

Bis zu 200.000 Jahre alt ist der submarine Vulkan, der einzige noch aktive Inselvulkan Neuseelands, dessen oberste Spitze 321 m aus dem Wasser des Pazifiks ragt. Eine *Caldera* (ein großer vulkanischer Einbruchstrichter) umgibt mehrere ältere und jüngere Krater. Der tiefste nachgewiesene Vulkankrater auf White Island wurde durch Schlamm und Asche wieder zugedeckt, seine Basis liegt 70 m unter dem Meeresspiegel. Wie eine groß angelegte Untersuchung der NZAPLUME (Expedition von Forschungsteams neuseeländischer und amerikanischer Experten) 1999 ergab, ist White Island der südlichste einer 350 km langen Reihe von dreizehn tätigen untermeerischen Vulkanen, die sich in gerader Linie vom vulkanischen Zentrum der Nordinsel um Taupo und Rotorua nach Nordnordosten ziehen.

> ### Mit Pee Jay nach White Island
>
> Ab Whakatane fahren die Pee-Jay-Boote von White Island Tours (nach den Initialen von Peter und Jenny Tait) zur Vulkaninsel White Island. Auf der Insel ist ausreichend Zeit, um mit den Guides bis zum Kraterrand aufzusteigen und die Vorgänge im Krater zu beobachten. Die Fahrt hängt natürlich vom Wetter ab, erst am Vortag wird zwischen 19 und 20 Uhr entschieden, ob die Überfahrt gewagt wird – manchmal muss sogar noch unmittelbar vor dem Start abgesagt werden. (Wer nicht in Whakatane wohnt und morgens anreist, sollte also vorher lieber anrufen.)
>
> Auf der Insel hat man 2 Stunden Aufenthalt. Helm und Gasmaske (eine Hilfe für sensible Naturen gegen die heißen Schwefeldämpfe im Krater, normalerweise aber nicht notwendig) werden vom Bootspersonal ausgegeben, die geführte Tour (mit zwei Guides) erreicht den Kratersee im Zentrum des großen Kraters. Es folgt eine Fahrt bis zur Nordspitze, um die dortige Basstölpel-Kolonie zu besuchen (nur bei wirklich windarmem Wetter). Auf der Rückfahrt vorzüglicher Lunch an Bord mit heißem Gericht und frischem Obst!
>
> Die 5–6 Std. dauernde Tour kostet 185 $, Boote sind die 60 Fuß lange „Pee Jay IV" und die moderne, speziell für diesen Job gebaute, 73 Fuß lange „Pee Jay V". Im Sommer täglich 2–3 Termine, im Winter zumindest 1-mal um 9.15 Uhr.

James Cook, dessen Crew die Insel am 31. Oktober 1769 aus der Ferne sah, nannte sie wohl wegen des sie umgebenden (vulkanischen) Dunstes „White Island" – erst 1826 wurde sie als Vulkan erkannt. 1914 zerstörte ein in der Nacht abgehender *Lahar* (→ Kasten S. 378) das Camp von dreizehn Bergleuten, die im Schwefelabbau beschäftigt waren – alle kamen bei der Katastrophe um, nur die Katze überlebte. Reste der zerstörten Einrichtungen sind heute noch zu sehen und werden bei einem Inselbesuch besichtigt.

Auch die Gegenwart des Vulkans ist spannend, vor allem wenn man aus sicherer Entfernung verfolgt, wie es wieder mal spuckt und brodelt: Seit 1976 kommt es immer wieder zu Eruptionen, die phasenweise erfolgen und dann wieder lange Pausen einlegen. Der Pohutukawa-Wald, der vorher den Großteil der Insel bedeckt hatte, wurde von einem ersten Ausbruch 1976 zerstört. Nur kleine Waldreste blieben im Osten und Norden auf Terrassen unmittelbar über der Felsenküste erhalten, die offensichtlich von den heißen vulkanischen Gasen verschont worden war. 1999 entstand bei einer Eruption ein neuer Krater, der PeeJay-Krater (benannt nach den beiden Agenturleitern aus Whakatane, die bis heute die beliebte und bestens organisierte Bootstour zur Vulkaninsel anbieten). Der Krater ist inzwischen mit vulkanischer Asche gänzlich aufgefüllt und nicht mehr zu erkennen. Die bislang letzte Eruption am 27. Juli 2000 war so gewaltig, dass sie einen neuen Krater von 150 m Durchmesser schuf.

White Island, Kratersee

Im Oktober 2003 begann sich die Oberfläche des Kratersees zu heben, nachdem die starken Regenfälle des Winters die übliche Niederschlagsmenge deutlich überschritten hatten. Ein Jahr später, im Oktober 2004, sank der Wasserspiegel plötzlich um 2 m, dann wurden im Jahr 2007 mit 74 °C die höchsten Temperaturen beobachtet, die je gemessen wurden. In der Folge begann die Kraterseeoberfläche abzusinken, sodass der See bis Oktober 2008 fast austrocknete, um dann während weniger Tage auf 15 m Tiefe anzusteigen. Die Temperatur ist seither mit im Schnitt 57 °C ziemlich konstant. Vergleichbare Phänomene waren, seit Menschen den Vulkan studieren, noch nie beobachtet worden, die Gründe für die Veränderung des Pegels sind nicht bekannt.

Touranbieter Hubschrauberflug ab Whakatane nach White Island inkl. Landung und 1-stündiger Wanderung für 550 $/Pers. ab 2 Pers.; die Firma ist seit 1988 aktiv; **White Island Volcano Adventure**, ✆ 07/3084188, 0800/804354, www.vulcanheli.co.nz.

White Island Tours, Pee Jay, 15 The Strand East, PO Box 529, Whakatane. ✆ 07/3089588, Motel ✆ 0800/242299; sowie **Touragentur** ✆ 0800/733529; beide www.whiteisland.co.nz.

Verbindungen White Island Bus Shuttle ab Rotorua und Tauranga, man erreicht die Tour, die in Whakatane um 9.15 Uhr beginnt, inkl. Tourticket 245 $.

Lektüre-Empfehlung Peter and Jenny Tait: „White Island, New Zealand's Most Active Volcano"; Auckland, Random House 2001, ca. 20 $.

Weiter entlang der Ostküste in Richtung East Cape und Poverty Bay: → S. 392.

Schlechtwetter über dem Tongariro

Das zentrale Vulkanplateau

Rotorua, Taupo, Tongariro – im zentralen Vulkanplateau der Nordinsel ballen sich die Naturschauspiele. Geysire und heiße Quellen, Schlammvulkane, aktive Gebirgsvulkane, dichte Wälder und klare Seen locken mit tausend und einem Abenteuer: vom Mountainbiken und Raften über Bergsteigen und Kajaken bis zum Fallschirmspringen im Tandem.

Kaum eine Ecke der Nordinsel verdankt ihre Existenz nicht dem Vulkanismus und der verschiebt sich mit den ständig sich verändernden Grenzen zwischen australischer und pazifischer Platte. Das derzeitige Zentrum des Vulkanismus liegt in einer Zone, die als „Taupo Volcanic Zone" bekannt ist. Diese Zone reicht vom Inselvulkan White Island in der Bay of Plenty (und mit submarinen Vulkanen Hunderte Kilometer weiter nach Nordosten in den Südpazifik) über die Geothermalregionen von Rotorua und Taupo bis zum vulkanischen Hochgebirge des Tongariro (der Mount Taranaki hat mit dieser Zone nichts zu tun).

Das eigentliche Vulkanplateau ist eine mindestens rund 400 m hohe Hochfläche, die von alten Kratern und ganzen Calderen, wie jenen des Lake Rotorua und des Lake Taupo durchlöchert und von den unterschiedlichsten Vulkanen überragt wird: von aktiven wie dem Mount Tongariro oder Mount Ruapehu – und von erloschenen oder ruhenden (wer weiß es genau?) wie Mount Tarawera oder Mount Ngauruhoe. In diese Zone sind zahlreiche Geothermalgebiete eingelagert, die sich im Raum zwischen Rotorua und Taupo konzentrieren, aber nicht darauf beschränkt sind. Für den Besucher schälen sich drei Gebiete mit besonders sehenswerten Naturschauspielen heraus, in denen die meisten und interessantesten Aktivitäten laufen und in denen auch unabhängig von den Sehenswürdigkeiten etwas los ist:

Die Taupo Volcanic Zone

Die „Vulkanische Zone von Taupo" markiert jene Linie, an der sich parallel zum Hikurangi-Tiefseegraben östlich der Nordinsel das Magma nach oben bewegt. In diesem untermeerischen Tiefseegraben schiebt sich die pazifische Platte mit einer Geschwindigkeit von 50 bis 60 mm pro Jahr unter die indo-australische Platte. Wie an vielen Stellen des „Pazifischen Feuerkreises" liegt der Vulkanismus an der Erdoberfläche also in einiger Entfernung vom Hikurangi-Graben. Dieser Vulkanismus ist mit dem Aufsteigen der Magma verbunden: Er entsteht dort, wo die ozeanische Platte, die sich unter die kontinentale Platte schiebt, eine Tiefe und Temperatur erreicht, bei der sie zu schmelzen beginnt. Der dabei entstehende Überdruck (geschmolzenes Gestein hat ein größeres Volumen als kaltes) wird durch Vulkanismus ausgeglichen, indem die überschüssige Magma durch den Vulkanschlot hochgepresst und ausgeschieden wird (zur Geologie Neuseelands → S. 24).

Die vulkanische Zone von Taupo erstreckt sich auf 240 km Länge von Ohakune ganz im Süden bis White Island, ist aber nur 20 bis 40 km breit. Nach Norden setzt sich die Zone geradlinig über Hunderte von Kilometern bis zur Kermadec-Inselgruppe (Vulkan auf Curtis Island) fort. Dutzende submariner Vulkane sind bereits bekannt, wie viele es noch zu entdecken gibt, weiß niemand.

Die vulkanische Aktivität Neuseelands konzentriert sich auf fünf große Zonen: auf das aktive Vulkangebirge Tongariro sowie auf vier Calderen – komplexe Eruptions- und Einsturzkrater von bis zu 25 km Durchmesser. Diese sind (von Süd nach Nord): die Taupo-Caldera, in der ein Großteil des Lake Taupo liegt; die Maroa Caldera, in der z. B. das Geothermalgebiet Orakei Korako liegt; die Rotorua Caldera mit dem zentralen Lake Rotorua (sie ist auch für Laien am besten zu erkennen); und die Okataina Caldera, in der z. B. Lake Tarawera und Hells Gate liegen.

Vor mindestens 300.000 Jahren – erdgeschichtlich also vor kurzer Zeit – begann der Vulkanismus mit Eruptionen in der Okataina Caldera. Vor 260.000 Jahren wurden die sog. Matahina Ignimbrite ausgeworfen. (Ignimbrit ist ein hartes Gestein, das sich aus abgekühlten, mit Gasen durchsetzten Asche- und Gesteinspartikeln, v. a. aber durch glühend heiße Gaswolken bildet, die wie Lawinen die Hänge zu Tal rasen.) Weitere aktive Phasen folgten, bis die Caldera vor rund 140.000 Jahren durch den Zusammenbruch eines vulkanischen Gebiets über einem in der Mitte liegenden Lavakern entstand.

Um die gleiche Zeit kam es zur größten Eruption, die Neuseeland je erlebt hat, dem Auswurf der Mamaku Ignimbrite aus der Rotorua-Caldera, die etwa 400 km² rund um Rotorua bedeckten. Dies war der Zeitpunkt, als die Caldera durch den endgültigen Einbruch des bereits stark zerrütteten vulkanischen Rings um das Magmazentrum entstand. Die Caldera misst 15 km im Durchmesser und war natürlich früher wesentlich tiefer als heute, da nach dem Ausbruch 140.000 Jahre lang Sedimente abgelagert wurden und den Boden allmählich auffüllten.

Dass der Vulkanismus in der Zone von Taupo keineswegs erloschen ist, zeigen die Geysire, Heißwasserquellen, Schlammlöcher, Fumarolen (Rauchlöcher) und Solfataren (Schwefellöcher) in den zahlreichen geothermischen Zonen der Region. Die letzte größere vulkanische Aktivität fand gerade erst in der geologischen Gegenwart statt – der Ausbruch des Mount Tarawera im Jahr 1886.

Rotorua ist der beste Standort für die vulkanischen Zonen des Ortes selbst sowie für Whakarewarewa, den Bereich von Lake Tarawera, Waimangu und Wai-O-Tapu. Ob Geysire oder Sinterterrassen, heiße Quellen oder Schlammlöcher, Seen oder der erloschene Vulkan Mount Tarawera – Rotorua bietet sie alle und liegt selbst mitten in einer riesigen Caldera, die vom Rotorua-See teilweise ausgefüllt ist. Rotorua ist auch ein ausgezeichneter Standort, um sich mit Maori-Folklore vertraut zu machen.

Taupo bietet mit dem riesigen Lake Taupo, dem ganz jungen Geothermalgebiet Craters of the Moon, den Huka-Wasserfällen, aber auch mit seiner Tradition des Tandem-Fallschirmspringens ebenfalls große Anreize zu einem Besuch. Selbst der südlich des Lake Taupo anschließende Tongariro-Nationalpark lässt sich zumindest im Nordteil von Taupo aus erkunden.

Den *Tongariro-Nationalpark*, ein in den höchsten Gipfeln vergletschertes tätiges Vulkangebirge, erkundet man jedoch besser und weniger zeitraubend von den Orten knapp außerhalb, wie Turangi oder National Park Village – oder auch von Whakapapa Village direkt am Westhang des Mount Ruapehu. Das große Highlight der Region ist die bestens organisierte Überschreitung des nördlichen Gebirgszugs an einem Tag („Tongariro Crossing"), aber auch andere Wege im Nationalpark und Wanderungen von wenigen Stunden bis zu mehreren Tagen bieten sich an.

Rotorua

Mit Neuseelands Geysiren und heißen Quellen, Sinterterrassen und Schlammlöchern ist vor allem ein Name verbunden: Rotorua. Die Stadt im Zentrum der Vulkanregion der Nordinsel liegt am Rand eines der größten und interessantesten geothermischen Felder Neuseelands. Zudem hat Rotorua die wohl älteste touristische Tradition des Landes.

Mit Rotoruas geothermischer Zone in Whakarewarewa, neuerdings Te Puia genannt, kann sich kaum eine andere messen, ausgenommen vielleicht der Yellowstone-Nationalpark in den USA oder Island. Dabei ist Rotorua nur eine Art Ersatz für die beim Ausbruch des Tarawera-Vulkans 1886 unwiederbringlich zerstörten Sinterterrassen der „Pink and White Terraces", die die Besucher einstmals hierher zogen.

Stadt und See bieten ein wahres Füllhorn an Freizeitaktivitäten. Mitten im Ort und am Seeufer brodelt's und zischt's, weiße Krusten umgeben heiße Quellen, gelbe Farbflecken aus Schwefel überziehen Strandpassagen, in Schlammtümpeln blubbert und wallt es wie aus kleinen Vulkanen. In den heißen, heilenden Wassern, die an allen möglichen Orten aufsteigen, kann man baden; fast jedes Motel oder Backpacker-Hostel hat einen „Hot Pool" oder „Spa" – meist eine runde Wanne mit natürlichem Heißwasser. Und selbst das Heizen der Häuser besorgt hier das heiße Nass aus dem Bauch der Erde.

Bei Whakarewarewa, einem Maori-Dorf am Stadtrand, liegt die Te-Puia-Geothermalzone. Sie ist die vielleicht interessanteste, auf jeden Fall aber die meistbesuchte des Landes mit einem regelmäßig tätigen und mehreren anderen weniger verlässlichen Geysiren. Maori-Tanz- und Kulturgruppen treten auf, die Maori lassen sich dabei zusehen, wie sie in den heißen Quellen kochen, und erzählen derweil die Geschichte von Hinemoa und Tutanekai (→ Kasten S. 358).

Rotorua 345

Frei zugänglich! Schwefeldampf und kochendes Wasser mitten in Rotorua

Die Maori der Region Rotorua führen ihre Ursprünge auf das Te-Arawa-Kanu zurück, und sie sind stolz darauf. Dieses Kanu kam mit der zweiten Einwanderungswelle um 1350, und mit ihm landete jener *Tohunga Ngatoroirangi*, der den Tongariro bestieg und dessen Stamm sich dann in der Gegend der Bay of Plenty und in Rotorua niederließ (Kasten „Ngauruhoe und der Maori-Mythos"→ S. 379 sowie Tongariro-Nationalpark s. u.)

Information/Verbindungen/Internet

Information Rotorua i-Site, 1167 Fenton St.; tägl. 8–18 Uhr, Ostern bis Okt. nur bis 17.30 Uhr. ✆ 07/3485179, 0800/768678, www.rotoruanz.co.nz.

Tipp: Das i-Site-Besucherzentrum bietet in 2 großen benachbarten Büros diverse „Hot Deals" an – Kombinationen von Events, dazu gibt es auch eine Broschüre. Wer mehrere ins Geld gehende Aktivitäten plant, sollte sich über Spar-Kombitickets informieren. Generell gilt: fast jede Freizeitaktivität ist billiger, wenn man sie über das i-Site-Büro bucht! Beispiel: das Ticket für Te Puia war im Sommer 2010/11 für 38 $ (Normalpreis 43 $) zu haben.

DOC Info & Bookings befindet sich im selben Gebäude.

Verbindungen Flugzeug: nationale Verbindungen durch Air New Zealand mit Auckland und weiteren Flughäfen, mindestens 2-mal wöchentl. internationale Flüge (Sydney); Flughafen ✆ 07/345880.

Busse (national): Direktverbindung von InterCity/Newmans nach Hamilton und Auckland; Direktbusse gibt es auch an die Bay of Plenty, nach Gisborne, Napier und Hastings. Die Route nach Hamilton und Auckland wird auch von Guthries bedient, nach Wellington muss in Taupo umgestiegen werden. Alle Busse halten/starten vor dem Visitor Centre.

Busse (Stadtverkehr und Flughafen): Cityride bedient den lokalen Verkehr auf mehreren Linien; so erreicht man von der Haupthaltestelle (Pukuatua Street zwischen Tutanekai und Fenton St.) mit der Linie 2 den Vorort Whakarewarewa und Te Puia, zum Flughafen fährt Linie 10, Rainbow Springs, Skyline Gondola und Agrodome erreicht man mit Bus 1; einfache Fahrt 2,30 $, 24-Stundenticket 7,40 $, kein Verkehr an So/Fei! ✆ 0800/422928, www.baybus.co.nz.

346 Das zentrale Vulkanplateau

Shuttles/Kleinbusse zu den Sehenswürdigkeiten: *Geyser Link* fährt nach Waiotapu (40 $ return) und Hellsgate (25 $ return). ✆ 0800/004321, www.geyserlink.co.nz, www.travelheadfirst.co.nz.

Tim's Thermal Shuttle, ein Maori-Unternehmen, fährt nach Waiotapu und Buried Village (je 50 $ hin/zurück inkl. Eintritt). ✆ 0274/945508.

Mt. Tarawera NZ ist der einzige Veranstalter für Touren auf den Mount Tarawera (Halbtagestrip auf den Berg ca. 133 $, ganzer Tag 250 $). PO Box 6003, Rotorua, ✆ 07/3493714, www.mt-tarawera.co.nz.

Taxi: Rotorua Taxis ✆ 07/3481111, 0800/500000; Fast Taxis ✆ 07/3482444; Grumpy's Limo ✆ 0800/222141, grumpy@grumpyslimo.co.nz (muss gebucht werden, Transfer im zentralen Bereich 5 $, Tagesticket zu den Sehenswürdigkeiten 25 $).

Internet Jeder Backpacker hat PCs mit Internetzugang, die i-Site hat ein Dutzend, aber ohne USB-2-Port oder Drucker, ebenfalls die Stadtbibliothek. Gut ist Art Café beim i-Site, wo auch CDs gebrannt werden können. Mehrere Hotels und Motels bieten gratis WLAN an.

Einkaufen/Feste & Veranstaltungen

Selbstversorger Supermärkte an der Fenton Street, stadtauswärts nach der Kreuzung mit der Amohau Street.

Mountainbike-Wettbewerbe MTB **Championships** finden häufig in Rotorua statt, zuletzt 2010 die World Single Speed MTB-Meisterschaften (Infos zu internationalen Wettbewerben auf www.uci.ch).

N-Duro, Mountainbike-Rennen im Umkreis von Rotorua im Sommer, einige in den Redwoods. www.n-duro.co.nz

Übernachten (→ Karten S. 349 und 351)

Rotorua hat für jeden Geldbeutel ein Quartier. Die Backpacker-Herbergen liegen fast alle in der Innenstadt, ebenfalls die besseren Hotels; Letztere bevorzugen Lagen am See oder am großen Kurpark und sind v. a. in der Hauptsaison (Dez. bis Febr.) stark von ausländischen Reisegruppen belegt: Japaner, Südkoreaner, Taiwanesen, Deutsche, Italiener. Auf den Einfallstraßen nach Roturua reihen sich die Motels aneinander, in den Außenvierteln findet man B&Bs v. a. der gehobenen Preisklasse. In fast allen Beherbergungsbetrieben gibt es einen oder mehrere Whirlpools (Spas), in denen warmes Thermalwasser sprudelt – fast immer ist deren Benutzung gratis.

Hotels und Motels Rotorua Lakeside Novotel **14**, das Hotel der Accor-Kette liegt, wie das benachbarte Ibis (gleiche Gruppe), direkt am See in Steinwurfentfernung von den Cafés der Arawa Street und der City. Das Novotel ist recht komfortabel, aber unpersönlich und häufig von Gruppen belegt. Im 2006 komplett renovierten Hotel zahlt man für die zusätzlichen Einrichtungen wie Fitnesszentrum, Spa, aber auch für Einrichtungskicks wie Naturfederbetten. Das Matariki Cultural Centre zwischen dem Novotel und dem Ibis bietet abends Maori-Show und Hangi für den Schnelldurchgang-Besucher. DZ mit Frühstücksbüffet ab ca. 130 $ (Hauptsaison ohne Frühstück bis 240 $). Lake End, Tutanekai St. bzw. Rangiuru St., ✆ 07/3463888, www.novotel.com.

Rotorua Ibis Hotel 13, Rangiuru St; wie das benachbarte Novotel liegt das Ibis direkt am See, aber in Fußentfernung von Downtown. Individuell einstellbar Air Condition, Internetzugang, Kühlschrank, Safe und Sat-TV im Zimmer, sehr konventionelle Einrichtung, von außen unansehnlich. Das Haus ist eher für die kleine Börse und hat keine Einrichtungen wie Restaurant oder Pool, die Zimmer sind sehr klein. Spezielle Angebote beginnen für DZ in der Nebensaison laut Eigenwerbung bei 69 $, offiziell zahlt man in der Hauptsaison bis 200 $. Rangiuru St., ✆ 07/3453999, www.ibishotels.com.

Sudima Hotel Lake Rotorua 38, großer Hotelkasten gleich neben dem Polynesian Spa, die großen Tourbusse sind nie fern, Privatreisende in einem der 250 Zimmer eher die Ausnahme. In der Nebensaison Rabatte möglich (Internetbuchung?). Die Zimmer mit 2 „Kings" und ansonsten wenig Platz, ein Trakt mit, der andere ohne kleinen Balkon.

"Standrad Room" – DZ ab ca. 165 $ (im Internet ab 89 $). 1000 Eruera St., ℅ 07/3481174, 0800/783462, www.sudimarotorua.co.nz.

Silver Oaks Resort Heritage **8**, ein Qualitäts-Motelbett für gut gefüllte Geldbörsen bietet dieser ausgedehnte, grüne Ferienkomplex (das „Heritage" gehört nicht zur gleichnamigen Kette!); großer, geheizter Pool für alle, Tennis, Minigolf und Kinderspielplatz, das eigentliche Resortgebäude ist Pseudo-Fachwerk auf 2 Stockwerken. Unit 95–275 $. 349 Fenton St., ℅ 07/3477686, 0800/999393, www.silveroaks.co.nz.

Brylin Motel **7**, radlerfreundliches Motel – der Besitzer ist selbst Mountainbiker; geräumige Studios mit Kochnische, auch Units mit 2 Schlafzimmern und Küche, alle Units haben Spa, Sat-TV, Fön. Studio (2 Pers.) 95–130 $, größere Units bis 260 $. 315 Fenton St., ℅ 07/3480878, 0800/361636, www.brylinmotel.com.

Regal Palms 5 Star City Resort **11**, der Sieger des New Zealand Tourism Awards 2004 und 2005 zeigt bis ins Detail gehobene Qualität und bleibt doch preislich auf Motelniveau. Studios und Suites in Standard- und Superior-Ausführung, die größten mit Platz für 5 Pers. Alle Zimmer/Units mit großen (King) und festen Betten, Küchenblock oder Küche, Bad/WC, Spa; in den höheren Kategorien mit Waschmaschine, Trockner, Geschirrspüler, Tiefkühltruhe. Funktionell-anonyme Interieurs. Großer Außenpool, Tennis, Minigolf im Eingangsbereich, Fitnessraum, Sauna, Kinderspielplatz. Units 165–375 $ je nach Kategorie, Saison und Belegung (größere Units 3–5 Pers. ohne Aufschlag). 350 Fenton St., ℅ 07/3503232, 0800/743000, www.regalpalms.co.nz.

Sport of Kings Motel **6**, 16 Units mit Standardausstattung (wie Sat-TV, die meisten mit Küchenzeile), 8 mit eigenem Spa, dazu 2 Spas für die anderen Gäste, Pool; das moderne Hotel ist auch nach Besitzerwechsel radfahrerfreundlich, hat eigenen Radschuppen, kleinere Reparaturen können in der Werkstatt ausgeführt werden. Unit 105–185 $, spezielle Tarife für Mountainbiker. 6 Peace St., ℅ 07/3482135, 0800/508246, www.sportofkingsmotel.co.nz.

≫≫ Mein Tipp: Havana Motor Lodge **16**, angenehmes Hotel im Zentrum wenige Minuten vom i-Site. Zimmer o. k., mit guten Kochmöglichkeiten. Pool im Hof sowie zwei Thermalwasserbäder. Gratis WLAN. Unit 95–175 $. 1078 Whakane St., ℅ 07/3488134, 0800/333799, www.havanamotorlodge.co.nz. ≪≪

Wylie Court Motor Lodge **10**, eines der traditionsreichsten Unternehmen der Stadt, das Haupthaus in einem attraktiven Naturstein- und Holzbau mit offenen Kaminen und altem Mobiliar. Pool im schönen Garten, Spas auch für Privatnutzung, Zimmer mit Minibar und Fön. Unit 145–190 $. 345 Fenton St., ℅ 07/3477879, 0800/100879, www.wyliecourt.co.nz.

Bed & Breakfast The Redwoods **5**, das Haus nahe den Redwoods bietet die ruhige Lage am Ortsrand ist doch nur 4 km vom Zentrum entfernt (Bushaltestelle wenige Minuten entfernt). Zwei große, gut eingerichtete Zimmer mit Gartenterrasse, großes Frühstück, Abendessen kann bestellt werden. Versierte und angenehme Gastgeber. DZ/FR 145–195 $. 3, Awatea Terrace, Lynmore, ℅ 07/3454499, www.theredwoods.co.nz.

Tresco Bed & Breakfast **4**, gemütliches B&B in zentral gelegenem Cottage, 6 Zimmer, 3 mit Bad; schlicht, aber sauber, gutes Frühstück. Thermalbad (40 °C). DZ/FR 120–250 $. 3 Toko St., ℅ 07/3489611, 0800/873726, www.trescorotorua.co.nz.

Innes Cottage **28**, am Südende von Rotorua; aufgefrischtes B&B, Zimmer mit Bad, Sat-TV, ruhige Lage, liebenswürdige und über Rotoruas Sehenswürdigkeiten bestens informierte Gastgeber. DZ/FR (cont.) 100–145 $. 18a Wylie St., ℅ 07/3491839, 0800/243030, www.innescottage.co.nz.

Backpackers, Hostels, Jugendherbergen und Campingplätze Rotorua Planet Backpackers **29**, innerstädtischer Backpacker im 1. Stock eines Eckhauses im Einkaufszentrum, gleich neben der Info-Zentrale und der Fernbushaltestelle (früher Downtown, dann Planet Nomad Backpackers). Die üblichen Einrichtungen, trotz ortsüblichem Brauch aber kein Spa. DB 27,50 $, DO ab 20 $. 1193 Fenton St., ℅ 07/3462831, 0800/666236, www.rotoruaplanetbackpackers.co.nz.

Base Rotorua Hot Rock **35**, beliebtes Hostel in günstiger Lage am Thermalpark und nahe Zentrum, groß genug für Busgruppen und entsprechend unruhig. Mit großer Küche, sauberen Waschräumen und jeder Menge Schließfächern. Thermalwasserbecken, Schwimmbecken und „Lava Bar" nebenan. DO 20–29 $, auch Frauenschlafsaal ca. 28/29 $, DB ab 26 $. 1286 Arawa St, ℡ 07/3488636, 0800/227369, www.basebackpackers.com/rotorua.htm.

Cactus Jack's Backpackers 9, wer ein Hostel mit Themenräumen sucht, ist hier richtig: Texmex-Stil bestimmt die Innenausstattung und das Äußere. Ansonsten der lokaltypische Spa-Pool mit Thermalwasser. DB ab 25 $, DO ab 24 $. 1210 Haupapa St., ℡ 07/3483121, 0800/122228, www.cactusjackbackpackers.co.nz.

Crash Palace 36, recht zentrales Hostel, dessen Popularität v. a. von seiner Lage zehrt. Zimmer thermal geheizt, Aufenthaltsraum mit TV und Billard. DB ca. 25 $, DO ab 21 $. 1271 Hinemaru St., ℡ 07/3488842, www.crashpalace.co.nz.

Kiwi Paka 19, 10 Gehminuten vom Zentrum; wer mit Backpacker-Hostels muffige Schlafsäle verbindet, wird überrascht sein: Das Kiwi Paka hat Lodge- und Chalet-Unterkünfte, die Letzteren mit Bad/WC; Zelt- und Caravan-Stellplätze im Grünen am Rand des Kuirau-Parks. Die Café-Bar wird gelobt. In der Lodge DO ab 28 $, DB ab 31 $, Chalet (2 Pers.) ab 85 $. 60 Tarewa Rd., ℡ 07/3470931, www.kiwipaka.co.nz.

»› Mein Tipp: YHA Rotorua 27, ausgezeichnetes (2008 „best hostel in Oceania"), erst vor wenigen Jahren eröffnetes Hostel, modern, aber ohne architektonische Reize. 186 Betten, große, gut ausgestattete Küche, die üblichen Einrichtungen eines Backpackers mit Betonung der Zimmer und ohne den sonst gefürchteten großen Schlafsaal. DO (bis 6 Pers.) ab 28 $, DB ab 73 $, mit YHA-Ausweis 3 $ Rabatt. 1278 Haupapa St., ℡ 07/3494088, www.yha.co.nz. **‹‹‹**

Cosy Cottage Holiday Park 3, Platz nahe dem See ca. 2 km nördlich des Zentrums; Grünflächen zum Zelten, die Cabins mit unterschiedlicher Küchenausstattung, gute Ferienwohnungen im Lodge; Pool, Spa-Bäder, freier Wasserlauf. Stellplatz und 2 Pers. ab 36 $, Cabins, Lodge und Flats ca. 50–99 $. 67 Whittaker Rd., ℡ 07/3483793, 0800/222424, www.cosycottage.co.nz.

Rotorua Thermal Holiday Park 12, südwestlich von Whakarewarewa; rustikale hölzerne Blockhütten (Log Cabins) mit Inneneinrichtung aus Holz mit/ohne Du/WC, Tourist Flats, geheizter Pool, schattige Camper- und Zeltplätze; daneben eine große Lodge mit B&B. Stellplatz und 2 Pers. ab 32 $, Blockhütte ab 65 $, Tourist Flat 98 $. 463 Old Taupo Rd., ℡ 07/3463140, www.rotoruathermal.co.nz.

Rotorua Top 10 Holiday Park 34, nahe Ortsmitte; großer zentraler Platz mit guten, zum Teil neuen (Cabins!) Einrichtungen, Schwimmbecken. Zeltplatz und 2 Pers. ab 38 $, Motel-Units bis 180 $ und alles dazwischen. 1495 Pukuatua St., ℡ 07/3481886, 0800/223267, www.rotoruatop10.co.nz.

Am Westufer des Sees Koura Lodge 1, einladende Lodge in ruhiger Lage direkt am Seeufer im Grünen, Schwimmen vor dem Frühstück, Entspannen im Spa am Seeufer unter freiem Himmel, Sauna und Massageraum; die Zimmer natürlich mit Bad/WC und hervorragend ausgestattet. Erholung pur, leider nicht gerade billig. Gesamte Lodge kann gemietet werden. DZ/FR (cont.) ab 345 $. Kawaha Point Rd., ℡ 07/3485868, www.kouralodge.co.nz.

Ariki Lodge 2, B&B in wunderschöner Lage über dem See, mit großem Garten und gehobener Ausstattung der drei Zimmer; gekachelte Bäder, bequeme Betten und Sitzmöbel, große Terrasse. DZ 160–280 $ je nach Größe und Typ des Zimmers. 2 Manuariki Ave., Ngongotaha (SH 5 nach Norden, nach Ngongotaha abbiegen, dort rechts in die Taui St. und wieder rechts in die Manuariki Ave.); PO Box 578, Rotorua, ℡ 07/3575532, www.arikilodge.co.nz.

Essen & Trinken (→ Karte S. 351)

Die kulinarische Szene ist mit einigen Ausnahmen (v. a. Bistro 1284) nicht umwerfend, dazu gibt es zuwenig kritisches Stammpublikum und zuviele Eintagsfliegen. Dennoch findet man auf dem verkehrsberuhigten „Café-Strip" der Tutanekai Street – auch „Eat Street" genannt – ein paar verlässliche Bistro-Cafés, die auch in einem weniger touristischen Ort überleben würden.

Fat Dog Cafe 22, 1161 Arawa St.; stets volles Straßencafé, der Espresso ist besser als das eher durchschnittliche Essen (Pizza mit dickem Belag und Zwiebelgeschmack), den Unterschied zwischen Lager und Ale kennt nicht jede Bedienung. Hauptgerichte ab ca. 12 $.

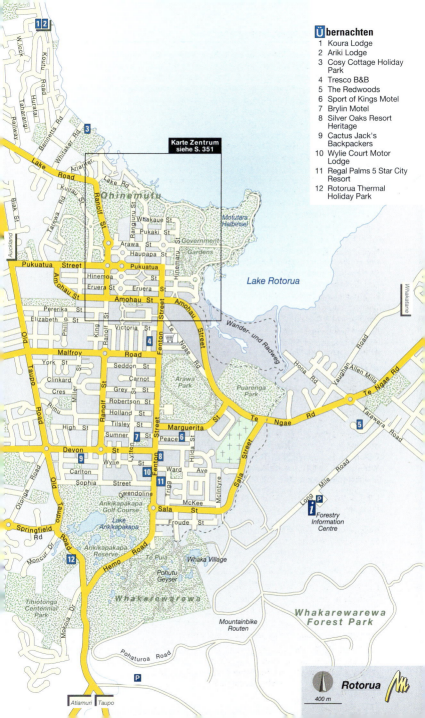

Pig & Whistle 25, Ecke Tutanekai/Haupapa St.; man kommt nicht wegen des Essens (pub-grub von Burger über Curry bis Pie), sondern wegen des Ambientes mit Biergarten, häufigen Live-Auftritten und DJ-Abenden mit Schwof („dezente Kleidung" Bedingung!). Siehe auch „Nachtleben".

Zippy Central Cafe 32, 1151 Pukuatua St.; locker, backpacker-weltoffen und radlerfreundlich die Atmosphäre, preiswert das Angebot vom Frühstück bis zum Dinner (Ersteres einfallsreicher als Letzteres, gut: Falafal, Pitta und Hummus 9 $); die Beschallung nicht zu laut, der Platz viel zu eng für alle, die reinwollen.

Back to Eden 33, 1155 Pukutua St.; Bioladen mit kleinem Café gleich neben Zippy, in dem zum Bio-Fairtrade-Kaffee der eine oder andere Imbiss gereicht wird oder ein ebenfalls biologisches Alldaybreakfast (ab ca. 15 $). Mo–Fr 9–17 Uhr, Sa 9–13.30 Uhr.

Crowther House 30, Haupapa St., hinter dem Feuerwehrhaus. Das Restaurant der RSA (Returned Services Association) ist ein Hort neuseeländischer Küchentradition: Mit *crossover*, *fusion* etc. hat man hier nichts am Hut. Dafür gibt es jede Art Schnitzel, Würstchen mit Zwiebeln, Schinkensteak mit Pommes, panierte Fischgerichte und, als Zugeständnis an moderne Zeiten, eine Gemüse- und Salatbar mit Selbstbedienung. Tagesgerichte unter 7 $, inklusive Beilagen und Tee oder Kaffee, einige Dinnergerichte auch unter 10 $! So/Mo geschlossen.

Robert Harris Cafe 31, 1205 Tutanekai St.; verlässliche Qualität bei großer Auswahl, das macht die Robert Harris Cafés so populär (nicht zu vergessen das gratis WLAN). Zwei weitere dieser Kette finden sich in der 1187 Hinemoa St. bzw. am Flughafen.

Relish 21, 1149 Tutanekai St.; Kaffeeangebot, Weinliste und Menü – zeitgenössische Bistro-Küche von Pizza bis Penne mit Entenragout – alle erste Güte, dazu ein in seiner kühlen Funktionalität (Metall und Hartplastik) derzeit sehr fashionables Ambiente mit Durchblick zu Küche und Pizzaofen; aufmerksame, burschikose Bedienung. Alldaybreakfast, sehr gut die Eggs Benedict mit Kumara und Spinat (16,50 $), auch leichte Gerichte. ✆ 07/3439195.

Triple 1 five 17, 1115 Tutanekai St.; voll zur Frühstückszeit (ab 5 $), mittags auf der Gartenterrasse an Rotoruas „Café-Strip" (Gerichte ab ca. 15 $), abends dito bei Hauptgerichten (30–37 $) wie Entenbrust mit Entenconfit, Kumara und Honigsenf oder Hirschsteak vom Natursteingrill. Ökobewusstes Lokal, Recycling von Glas und Plastik (in Neuseeland alles andere als selbstverständlich), Bio-Reiniger etc. ✆ 07/3471115.

Ephesus 20, 1107 Tutanekai St.; Bistro-Café, das abends (außer Mo) zum Restaurant mutiert: ein bisschen griechisch (gut der Mezze-/Antipasti-Teller), ein bisschen 08/15 die Pizzen, die „griechische" Pizza mit Feta („Gourmet" Pizza 16–17 $). Tägl. Lunch (ab ca. 10 $), Di–So auch Dinner (15–28 $). ✆ 07/3491753.

Levishams 15, 1099 Tutanekai St.; beste Lage, große Terrasse, gut bereitetes Essen zu mäßigen Preisen (Lunch-Special Filets vom Red Snapper mit Ratatouille und Petersilkartoffeln zu 21,50 $), Hauptgerichte 17–22 $. Tägl. ab 9 Uhr. ✆ 07/3481786.

Capers 35, 1181 Eruera St.; riesiges Café mit dem Charme einer Bahnhofswartehalle und nur wenigen schlichten Lunch-Gerichten (18–30 $), aber großer Bistrotheke mit ausgezeichnetem Angebot von Panini, Quiche und Muffins bis Schokoschinkle. Tägl. ab 7.30 Uhr (Frühstück bis 14.30 Uhr), So/Mo kein Dinner. ✆ 07/3488819, www.capers.co.nz.

Wohlmann's Café und Restaurant 26, Government Gardens (im Museum); tagsüber Café (auch Bath House Café genannt), Do–Sa Restaurant mit gehobener Bistro-Küche. Reizvoll rekonstruiertes Ambiente der Gründungszeit des Gebäudes; ausgezeichnet, dem Platzmangel zu Essenszeiten nach zu schließen. ✆ 07/3439410.

Bistro 1284 37, 1284 Eruera St.; kleines, feines Restaurant, mehrfach mit Preisen ausgezeichnet; Vorspeisen 15–20 $, Hauptgang 35–40 $ (cremig und schmackhaft: Spargel- und Wildpilzrisotto mit Mozzarella und Avocado-Öl), Desserts ca. 16 $ (belgische Schoko-Karotten-„torte" versuchen!). Nur Dinner, tägl. ab 18 Uhr. ✆ 07/3461284.

Freos 18, 1103 Tutanekai St.; eines der populärsten Cafés der Stadt am Café-Strip; Pasta & Burger (15–19 $) dominieren, die Lunchgerichte (ab 16 $) und Abendgerichte (bis 38 $) sind mediterran inspiriert, die Weinliste liest sich gut; ab 8.30 Uhr Frühstück (13–18 $). Macht das den Reiz dieses von Ambiente und Angebot durchschnittlichen Lokals aus? ✆ 07/3460976.

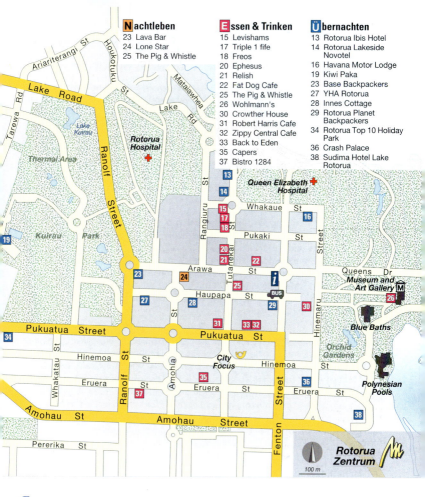

Nachtleben

Lone Star 24, Ecke Arawa/Amohia St.; tagsüber Café, abends und nachts v. a. von Ortsfremden frequentierte „Western-Bar" (auch Essen, große Steaks). ✆ 07/3494040. Zwei Türen weiter auf der Arawa Street das ganz ähnliche „Grumpy Mole" (also in etwa der „schlecht gelaunte Maulwurf").

Pig & Whistle 25, Ecke Haupapa/Tutanekai St.; Bar und Pub in der ehemaligen Polizeiwache und im Garten; tagsüber und abends während der Woche ist eher Bier das Getränk (nicht das übliche grausige Gesöff, sondern neben den Standards Spezialbier aus Kleinbrauereien. Eigene Minibrauerei, deren Ausstoß sich standortgemäß als Swine Lager, Snout Dark Ale (sehr gut!) und Verdict Bitter präsentiert.), dazu isst man Pig Tail Fries (Pommes in Schweineschwänzchenform) oder überbordende Teller mit Pub-Food – man erwarte keine Küchenwunder; an den Wochenenden zieht man sich schick an, bestellt Bar-Drinks oder tanzt zu DJ- bzw. Live-Musik. ✆ 07/3473025, www.pigandwhistle.co.nz.

Lava Bar 23, das Nachtlokal/die Bar im Base Rotorua Hot Rock (→ Übernachten) ist Treff – nicht nur – der Traveller.

Sport & Freizeit – die Highlights in Rotorua

Baden im Thermalwasser: Auch wenn für andere Aktivitäten mehr Reklame gemacht wird, bleibt das Baden in einem der Thermal-Spas das Freizeitvergnügen in Rotorua, das man nicht versäumen sollte. Und das wird einem leicht gemacht: Vom Backpacker-Hostel bis zum Hotel hat praktisch jede Herberge ein oder mehrere Spas im Haus. Manche werden direkt von den heißen Quellen gespeist, einige liegen in natürlicher Umgebung, die meisten sind aber kleine Zuber für zwei bis vier Personen, in die warmes Wasser aus der Leitung sprudelt. (Das heiße Thermalwasser wird in Rotorua natürlich auch für die Heizung verwendet.) Einige Hotels, Resorts und größere Motels haben regelrechte Kuranlagen, die große öffentliche Anlage ist das Polynesian Spa (→ Sehenswertes). ■

Rundflüge: Mehrere Veranstalter reißen sich um die Kunden für Flüge mit Klein- oder Wasserflugzeugen, auf denen man den Lake Rotorua, den Rand der Caldera, Mount Tarawera und die kleinen Seen aus der Vogelperspektive genießen kann. Auf den längeren Flügen werden das Vulkanplateau mit seinen Seen und den Tongariro-Vulkanen oder der Inselvulkan White Island angesteuert. Die Flüge sind nicht gerade billig, ca. 70 $ sind für einen 15-Minuten-Flug zu zahlen, ein Rundflug über Mount Tarawera beginnt ab ca. 150 $, ein Flug über das Vulkanplateau oder nach White Island ab 300 $.

Mountainbiken: Wie meist in Neuseeland hat Rotorua ein klar abgegrenztes Revier für Mountainbiker, während man auf den Forststraßen im Rest der Umgebung kaum einen Radler trifft. (Der früher beliebte Mount Tarawera ist mittlerweile für nicht organisierte Mountainbiker tabu.) Der Teil des Whakarewarewa Forest, der für Mountainbiker reserviert ist, gehört jedoch mit seinen speziellen Trails (davon viele Single Trails) auf über 30 km Länge zu den größten des Landes. Angelegt wurden sie von Neuseelands Mountainbiker-Legende Fred Christiansen. Das Netz liegt am Nordende des riesigen Waldgebietes, die Dichte der Trails wird ständig erweitert. Im Visitor Centre des Forest Parks (s. u.) bekommt man einen Übersichtsplan, der auch die MB-Trails umfasst; der Eingang zum Park ist in der Waipa Mills Road (Eintritt frei).

Kajak, Rafting und Sledging: Die für Kajak und Rafting (→ Einleitungsteil S. 100 und 103) geeigneten Flüsse liegen mindestens 20 km von Rotorua entfernt am Lake Rotoiti, wo der *Kaituna-Fluss* aus dem See ausfließt und in einer Reihe von Stromschnellen (bis WW IV) den Nordrand der Rotorua-Caldera durchbricht. Die Einstiegsstelle ist direkt an der Straße nach Te Kuiti.

Spannender ist der fast 80 km entfernte *Wairoa-Fluss* nahe Tauranga mit Stellen bis WW V. Der Wairoa führt als Teil einer Kraftwerkskette aber nur an 26 Tagen im Jahr (v. a. an Sonntagen im Sommerhalbjahr) so viel Wasser, dass er genutzt werden kann. Man muss also weit im Voraus planen, wird aber mit „Roller Coaster" und „Waterfall" echte Wildwasser-Erlebnisse nach Hause tragen.

Andere Flüsse für Rafting und/oder Sledging sind der *Rangitaiki-Fluss* (WW III und IV) sowie noch weiter entfernte (und noch teurere und zeitaufwendigere) Ziele.

Wandern und Trekking: Rotorua ist kein Wanderparadies, der *Whakarewarewa Forest* ist der einzige stadtnahe Bereich mit Rundwegen – überall sonst ist man auf eine Abholung am Endpunkt angewiesen. Der *Mount Tarawera* ist seit einiger Zeit für Wanderer gesperrt, Besuch nur noch im Allradfahrzeug und mit Führung (s. u.).

Highlights in Rotorua 353

Sinterterrasse des Pohutu-Geysirs (Te Puia)

Vorschläge und detaillierte Infos gibt der DOC-Führer „Walks in the Rotorua Lakes Area" (2,50 $).

Sommerrodelbahnen „Zorb", „Ogo" und „Shweeb": Von der Bergstation der Skyline Skyrides 5 km westlich von Rotorua kann man auf drei verschiedenen Rodelbahnen mit einer Gesamtlänge von 5 km den Hang hinuntersausen – absolut sicher, ungefährlich und Geschick ist auch nicht nötig (auch Tante Ilse kann's). Die „Schlitten" sind Plastikschüsseln auf Rädern mit Metall-Lenkrad.

Wer will, kann bei Zorb, 1 km näher an der Stadt, oder bei Ogo im Ortsteil Ngongotaha (seit 2011) in einer übermannsgroßen, durchsichtigen Plastikkugel (mit doppelter Wand) namens Zorb/Ogo ein Stück Wiesenhang hinunterrollen, dabei fleißig laufend wie der Hamster in der Tretmühle – ein ebenso kindisches wie beliebtes Vergnügen. Die Variante „Wet Zorb" mit Wasser in der Kugel hat ebenfalls was für sich. Zorb und Ogo sind zwar unabhängige Unternehmen, basieren jedoch auf derselben Idee. Neu ist Shweeb, der erste „Human Powered Monorail Racetrack". Eindeutig ein activity-overkill.

Maori-Veranstaltungen und Hangi: Die „Cultural Shows", die uns die Kultur der Maori näherbringen sollen, ähneln stark unseren mitteleuropäischen Brauchtumsveranstaltungen. Die Traditionen, die gezeigt werden, sind tot oder fast verschwunden, die Trachten trägt niemand mehr – und so, wie wir sie heute sehen, wurden sie nie getragen. Die Melodien und die Musikbegleitung sind ritualisiert, es fehlt ihnen die Spontaneität vergangener Zeiten, als man nicht kopierte, sondern erfand. Und trotzdem lohnen sich diese Shows – als Shows. Meist umfassen sie Powhiri (Willkommenszeremonie), Wero, Hangi und ein Konzert. Die *Hangi-Küche* ist an die Erwartungen ausländischer Gäste angepasst und Dutzendgerichte (z. B. pochierter Lachs, ein Fisch, den die Europäer eingeführt haben) werden als Tradition verkauft oder unter dem Etikett „Kiwi-Culture" eingeschmuggelt. Fazit: schon schön, aber kein Muss.

Anbieter in Sachen Sport & Freizeit

Rundflüge Volcanic Air bietet den 15-Min.-Rundflug „Crater Lakes" mit dem Wasserflugzeug für ca. 155 $, einen noch kürzeren Flug gar für 80 $ an. Mount Tarawera dauert 30 Min. (ca. 195 $). ☎ 07/3489984, 0800/800848, www.volcanicair.co.nz.

Heli-Pro (Rotorua Heli Tours) bietet einen Heli-Rundflug über Mount Tarawera mit Landung an (ab 133 $). Der lange Heli-Rundflug über die gesamte Vulkanregion der Nordinsel inkl. White Island dauert 3:15 Std. und ist für 895 $ zu haben. ☎ 07/3572512, www.helipro.co.nz.

Tandem-Fallschirmspringen (Skydiving) Mehrere Anbieter (s. o.). Flug ab 270 $. Anbieter ist z. B. die auch in Queenstown aktive Firma **NZone**, Skydive Hangar, Rotorua Airport. ☎ 07/3457520, 0800/376796, www.nzone.biz.

Mountainbike/Radfahren Spezialanbieter für geführte MB-Touren, Radverleiher und Radwerkstätten: **Planet Bike**, Waipa Mill Rd. (am MTB Carpark); verleiht Räder (ab 35 $ für 2 Std., 1 Tag 55 $) und bietet geführte Touren durch den Park (2 Std. ca. 75 $, halber Tag ca. 115 $). ☎ 07/3461717, www.planetbike.co.nz.

Bike Vegas, 1275 Fenton St., mit flotter und günstiger Reparaturservice, ☎ 07/3471151, www.bikevegas.co.nz.

Kajak/Rafting/Sledging Veranstalter sind z. B. **Kaituna Cascades**, Rafting auf dem Wairoa (ab 82 $), Rangitaiki (ab 118 $), Kaituna (170 $) und halber Tag Kajaktour auf dem Lake Rotoiti (ab ca. 95 $). ☎ 07/3454199, 0800/5248862, www.kaitunacascades.co.nz.

Raftabout & Sledgeabout, Rafting und Sledging auf allen Flüssen, ähnliche Preise. ☎ 07/3439500, 0800/723822, www.raftabout.co.nz, www.sledgeabout.co.nz.

Kaitiaki Adventures, versierter und verlässlicher Spezialveranstalter für den Kaitiaki-Fluss mit Raft- und Sledge-Touren. ☎ 0800/338736, www.raft-it.com.

River Rats, einer der erfahrensten Veranstalter mit Raftingprogramm, Höhlenerkundung und Kombi-Paketen wie Kaituna Rafting, Agrojet, Gondola, Luge (Sommerrodelbahn); Te Ngae, PO Box 7028. ☎ 07/3456543, 0800/333900, www.riverrats.co.nz.

Sommerrodelbahn/Zorb/Ogo Skyline Skyrides, Gondel und 2 „Luge" (Sommerrodelbahn) sowie die Aktivitäten Zorb, Shweeb und Sky Swing, ☎ 07/3470027, www.skylineskyrides.co.nz. Fahrten mit **Zorb** um die 50 $, je nach Typ und Zeitpunkt. Zum Komplex gehört auch die Glasfiber-Schwebebahn (für eine liegende Person) **Shweeb** (www.shweeb.com). Diverse Kombipakete, z. B. Gondola + 2-mal Luge und 1-mal mit dem **Sky Swing** 49 $ (wie viele andere Angebote zu diesem Preis nur in der i-Site Rotorua erhältlich). Zorb ist auch zu erreichen unter ☎ 07/3575100, www.zorb.com, Skyride und Zorb gemeinsam unter ☎ 0800/227474. Die Konkurrenz **Ogo** liegt etwas näher am Zentrum, wurde Ende 2010 eröffnet und wird derzeit erweitert. Das Kugelrollerlebnis kostet ca. 45 $. Ogo, 525 Ngongotaha Rd., ☎ 07/3437676. 0800/646768, www.ogo.vo.nz.

Maori-Veranstaltungen Te Pō nennt sich die abendliche Maori-Kulturshow in **Whakarewarewas Te Puia**. Tägl. 18.15 Uhr (Winter 17.15 Uhr), 106 $ mit Hangi. ☎ 07/3489047, 0800/494252, www.nzmaori.co.nz.

Im **Whakarewarewa Thermal Village** ist die Maori Cultural Show (11.15–14 Uhr) im Eintrittspreis inbegriffen. Hangi (12.30 Uhr) kostet nochmals 30 $.

Te Waoku a Tane/Realm of Tane heißt die Show des **Tamaki Maori Village** in einem Ersatz-Marae, 1220 Hinemaru St.; Tour und Vorstellung sind von allen Angeboten am deutlichsten pures Theater, aber gut gemacht. Tägl. 6-mal, Eintritt mit Hangi und Show 105 $. ☎ 07/3462823, www.maoriculture.co.nz.

In den großen Hotels (z. B. Park Heritage Novotel mit Pohutu Cultural Centre) gibt es eigene „Cultural Shows".

Sehenswertes

Government Gardens und Rotorua Walkway: Ein Park ist Rotoruas absolutes Zentrum – die zu Beginn des 20. Jh. angelegten Government Gardens. Die von heißen Quellen und Schlammlöchern durchsetzte, in den Lake Rotorua stechende Landspitze trägt Wiesen, Golfplatz, Cricketplatz, kleine Waldstücke, gepflegten Park und einen Naturstrand, der an der Ostseite der nicht zufällig so genannten *Sulphur Bay* mit einem guten Wanderweg erschlossen ist.

Der Weg beginnt beim *Polynesian Spa* (zwischen diesem und Blue Baths) und endet an der Spitze der Halbinsel beim Bootsanleger. Er ist Teil des längeren Rotorua Walkway, der im Süden bis an das Geothermalgebiet von Whakarewarewa führt, dabei immer wieder alte und auch aktive Heißwasserquellen, Schwefellöcher und Schlammlöcher passierend.

In der Sulphur Bay liegen zwei kleine Inseln, Timanga und Moturere; die Erstere war von mehreren Familien bewohnt, die in den 1860er Jahren wegen des steigenden Seespiegels die Insel verließen.

Auf halbem Weg zur Landspitze passiert man einen kleinen Geothermalbereich, durch den ein Bohlenweg hindurchführt. Blubbernde Schlammlöcher findet man direkt am Seeufer, im See liegen Sinterbänke und Terrassen ehemaliger Geysire, auf denen die drei Möwenarten des Sees ihre lautstarken Treffen veranstalten (Vorsicht im Januar/Februar, wenn sie ihre Brut verteidigen und schon mal als Hitchcocks Sturzkampfflieger agieren!). An dieser Stelle begann der Kurbetrieb Rotoruas und Neuseelands, als in den 1860er Jahren in „Camerons Laughing Gas Pool" die ersten Touristen badeten – gratis. Ab 1879 wurde im Rotorua Hotel in Ohinemutu das Thermalgas eingeleitet, und die Touristen konnten nun gegen Bares kuren: Die nicht ungefährliche „Kur" mit dem Gas, das sich aus Schwefeldampf und CO_2 zusammensetzt, wirkt ähnlich wie Lachgas.

Im kleineren südlichen Teil des Parks stehen drei Gebäude, mit denen sich Rotoruas weitere Geschichte als Kurort verbindet: das *Rotorua Museum* (ehemals Kurhaus – „Bath House"), die *Blue Baths* (ein weiteres historisches Badehaus) und das jüngste der drei, *Polynesian Spa,* in dem sich heute die Badeeinrichtungen befinden.

Typischer Bau im Zentrum von Rotorua

Rotorua Museum/Te Whare Taonga o Te Arawa: Im Stil englischer Neo-Tudor-Bauten in imposanter Breite um 1908 errichtet, dominiert das Museum den Park, besonders wenn man sich von der geschäftigen Arawa Street nähert. Das damalige Badevergnügen war eher begrenzt, man kam nicht zur Erholung, sondern zum Auskurieren schwerer Erkrankungen, nach Unfällen, bei Rheuma, Arthritis und anderen Leiden. Das Kurhaus war bis 1963 in Betrieb, zuletzt wegen Überalterung der Anlagen mehr schlecht als recht, dann wurde es durch das Polynesian Spa ersetzt.

Im Erdgeschoss (sehr gutes Café mit Blick auf die Government Gardens) liegen die Räume für Wechselausstellungen und vor allem die in der alten Badeanstalt eingerichtete Ausstellung *Taking the Cure*. Neben restaurierten hohen Baderäumen mit gefliesten Böden und Klingelzügen, mit denen man um Hilfe rufen konnte (diese Bäder waren Einzelbäder für Betuchte), gibt es ein tieferes Bad für mehrere Personen, in das man acht Stufen hinuntersteigt. Der „Honeymoon Pool" ist so einladend auch wieder nicht.

Ebenfalls im Erdgeschoss ist der Bereich, der dem *Vulkanismus und der Thermaltätigkeit Neuseelands* gewidmet ist und besonders die Ereignisse beim Ausbruch von Mount Tarawera/Te Maungatapu im Jahr 1886 dokumentiert. Der 15-Minuten-Film (alle 20 Min.) über die „Pink and White Terraces" und die Eruption von Mount Tarawera ist sehr eindrucksvoll, da er moderne Spielfilmtechnik mit rüttelnden und schüttelnden Sitzbänken verbindet – man meint, mitten im Erdbeben zu sein.

Dahinter die überregional bedeutende Ausstellung *Nga Taonga o Te Arawa* (Schätze des Te Arawa-Stammes); sie widmet sich der Kultur, Kunst und Geschichte der Maori-Bevölkerung Rotoruas aus dem Te-Arawa-Kanu. Wenige, aber aussagestarke

Neo-Tudor: das Rotorua Museum

Objekte sind zu sehen. Wohl am eindrucksvollsten ist das geschnitzte *Fenster des Nuku te Apiapi in Matata* von 1873 (der untere Teil wohl erst um 1900 vollendet). Es stellt den vor einer bösen Vogelfrau fliehenden Te-Arawa-Helden Hatupatu dar (später, sagt die Legende, wird er sie töten). Der laufende Held ist prachtvoll getroffen, die detailliert dargestellten Mokos auf Gesicht, Gesäß und Oberschenkeln sind kulturhistorisch bedeutsam. Die große Sammlung von *Maori-Fotoportraits* aus der Zeit vor 1914 ist aus gleichem Grund sehr wertvoll und auch für nur mäßig an Maori-Kultur interessierte Besucher mehr als einen Blick wert. Eine Aussichtsplattform im linken (nördlichen) Fassadenturm ist seit Beendigung der Rekonstruierungsarbeiten (2005–2011) für Besucher geöffnet.

Tägl. 9–17 Uhr, Nov. bis Mitte März bis 20 Uhr. Eintritt 15 $.

Blue Baths: Rechterhand wird das Museum vom Gebäude der 1933 eröffneten Blue Baths flankiert, die von Anfang an der Erholung und dem Vergnügen dienten. Bis 1982 funktionierte das, dann musste man mangels Kundschaft schließen. 1999 wurde wieder eröffnet, doch dann als Museum, mit zugeschüttetem Pool. Auch diese Phase ist schon wieder Geschichte: der große zentrale Pool mit konstanten 31 °C ist für Besucher geöffnet, ebenso zwei Hot Pools. Der Rest des Gebäudes wird anderweitig verwendet, u. a. für stark beworbene Dinnershows. Das Gebäude wurde im zeittypischen „Spanish-Mission-Style" (wie mehrere zeitgleiche Bauten in Napier und in Hastings) errichtet. Ein kleines Museum in den stillgelegten Bädern zeigt eine nostalgische Sammlung von Memorabilia zum Badewesen der Stadt, von denen die persönlichen Erinnerungen namentlich genannter und abgebildeter Personen vielleicht die interessantesten sind.

Bäder tägl. im Sommer ab 10, im Winter ab 12 Uhr bis spät. Eintritt 11 $. Über die Veranstaltungen informiert www.historic-venues.co.nz. Museum tägl. 10–17 Uhr. www.bluebaths.co.nz.

Polynesian Spa: Der für heute wichtigste Schritt in der Entwicklung des Badewesens von Rotorua ist das ausgedehnte Polynesian Spa mit großem Gebäude und zugehörigen Anlagen, das im südlichsten Teil der Government Gardens hart am Seeufer steht. Innen und vor allem außen gibt es jede Menge Pools in allen Größen mit Temperaturen von 36 bis 42° C und mit unterschiedlicher chemischer Zusammensetzung. Besonders luxuriös ist der *Lake Spa* am Seeufer mit Schwimmbecken; gebaut wurde er aus lokalem Gestein, die Umgebung ist mit lokaler Flora bepflanzt. Alle therapeutischen und kosmetischen Anwendungen.

Tägl. 8–23 Uhr. Eintritt ab 21,50 $, Lake Spa 43 $. ℡ 07/3481328, 0508/765977, www.polynesianspa.co.nz.

Lake Rotorua und Mokoia Island: Vom Bootsanleger in den Government Gardens starten die Boote auf den See und zur ca. 7 km weit draußen liegenden *Mokoia Island*. Die Insel, Rest eines alten Vulkankegels, ist Neuseelands einzige Vogelschutzinsel im Binnenland. Seltene und geschützte Vögel (wie die auf North Island beschränkten Varianten von endemischem Robin und Saddleback) sind vor allem an den Futterstationen zu beobachten.

Ausflugsboote Mehrere Unternehmen setzen nach Mokoia Island über, wo eine Landegebühr von 25 $ erhoben wird. Besonders eindrucksvoll ist **Mokoia Wai Ora Experiences**. Das Maori-Unternehmen bietet eine Tour zu 69 $ an. ℡ 07/3457456, 0800/665642, www.mokoiaisland.co.nz.

Eine Kreuzfahrt auf dem See bietet der (nachgebaute) Schaufelraddampfer **Lakeland Queen**. Fahrten 9.50, 12.30, 14.30, 19 Uhr. Frühstückstour 1 Std. inkl. cont. Frühstück 42 $, Lunchtour ebenfalls 1 Std. 50 $. Die letzte Tour (2 Std.) mit Abendessen an Bord 65 $. ℡ 07/3486634, 0800/862784, www.lakelandqueen.co.nz.

Hinemoa und Tutanekai

Mokoia Island ist der Ort, an dem sich Neuseelands bekannteste (und glücklich endende) Liebesgeschichte abgespielt haben soll: die Geschichte von Hinemoa und Tutanekai. Ob ihre Romanze historisch ist oder Fiktion oder wie viel davon historisch ist, wird immer wieder diskutiert.

Tutanekai, so erzählt die Legende, war ein Adeliger des Inselstamms, Hinemoa hingegen eine Adelige vom Westufer des Sees. Wegen des Rangunterschiedes der beiden untersagte Hinemoas Familie eine Heirat. Doch die Verliebten verabredeten, dass Tutanekai abends die Flöte spielen solle, damit seine Geliebte immer wisse, wo er sei. Schließlich hielt die liebende Hinemoa die Trennung nicht mehr aus, stürzte sich nächtens in den See und schwamm mit Hilfe von Kürbissen, die sie als Schwimmkörper nutzte, zur Insel.

Dort war Tutanekai inzwischen eingeschlafen und die Geliebte konnte, nackt wie sie war, weder in Tutanekais Haus noch in das Dorf. An einer warmen Quelle Schutz suchend, wurde sie vom Sklaven Tutanekais entdeckt, der Wasser holen wollte. Hinemoa sprach den Sklaven, der sie in der Dunkelheit nicht klar sehen konnte, mit verstellter tiefer Stimme an, zerschlug sein Wassergefäß, einen Wasserkürbis, und schickte ihn nach Hause. Der Sklave versuchte es ein zweites Mal, kam mit einem neuen Wasserkürbis zur Wasserstelle, und wieder zerschlug Hinemoa ihm das Gefäß. Das ging so eine Weile hin und her. Schließlich kam der wütende Tutanekai, um nach dem Rechten zu sehen – und fand seine geliebte Hinemoa.

Kuirau Park und Ohinemutu: Nordwestlich des Zentrums liegt der *Kuirau Park* mit einem kleineren Thermalgebiet mit heißen Quellen und Schlammlöchern. Zwar ist der Park im Vergleich zu Whakarewarewa nur ein bescheidener Thermalbereich, im Gegensatz zum Letzteren aber gratis.

Das Maori-Dorf *Ohinemutu*, der Vorgänger Rotoruas, liegt am See nördlich des Parks und noch im Bereich der geothermalen Zone, die sich hier weit in den See hinaus erstreckt. Die kleine anglikanische *St.-Faith's-Kirche* ist ein Holzbau von 1914, der einen älteren Bau ersetzte. Das Innere wurde von Maori-Künstern im Stil eines Versammlungshauses gestaltet und besitzt ein im ganzen Land berühmtes Buntglasfenster: Christus ist als Maori dargestellt, ein Umhang und Huia-Federn zeigt ihn als adeligen Tohunga. Das *Tamatekapua-Versammlungshaus* nahe der Kirche birgt im Inneren noch weitaus ältere Holzschnitzereien, die aus einem Vorgängerbau übernommen wurden (nicht zu besichtigen).

Das Whakarewarewa Thermal Reserve: Südlich von Rotorua erstreckt sich zwischen dem Lake Rotorua und dem Rand der Caldera, der durch den Waldrand des Whakarewarewa Forest Parks markiert wird, ein bedeutendes Geothermalgebiet: das Whakarewarewa Thermal Reserve, kurz Whaka. Es ist das bedeutendste der drei heißen Zonen im Raum Rotorua, die beiden anderen sind Ohinemutu und Kuirau Park (s. o.) sowie die Sulphur Bay mit den Government Gardens im Zentrum von Rotorua.

Geysire und heiße Quellen, Schlammlöcher, Schwefelquellen, Sinterterrassen und heiße Bäche finden sich in Whaka in einer selbst für Neuseeland ungewöhnlichen

Highlights in Rotorua

Dichte und Vielfalt, mit der sich weltweit nur wenige vergleichen können, z. B. Yellowstone in den USA.

Die Thermalzone gehört zu etwa zwei Dritteln dem Staat und nennt sich **Te Puia** (früher NZ Maori Arts and Crafts Institute), der Rest ist als **Whakarewarewa Thermal Village** bekannt und gehört den Maori-Bewohnern des Dorfes, das sich darauf befindet. Die beiden Bereiche sind voneinander völlig unabhängig, können zwar beide besichtigt werden, doch gibt es keinen Übergang oder gar ein gemeinsames Ticket. Te Puia ist nach Aucklands Sky City Casino die größte touristische Attraktion Neuseelands, für ausländische Gäste ist sie konkurrenzlos die Nummer eins. Mehr als eine halbe Million Besucher zieht Te Puia jährlich an, 90 % der Besucher sind Ausländer, dabei werden ca. 15 Mio. $ umgesetzt.

Te Puia liegt zu beiden Seiten eines streckenweise warmen, ja heißen Bachs und baut sich auf mehreren alten, teilweise ständig neu gebildeten Sinterterrassen auf. Größte Attraktion ist die von mehreren Geysiren gebildete Sinterplattform auf der dem Eingangsbereich gegenüber liegenden Seite des Bachs. Der berühmteste dieser Geysire ist *Pohutu,* der seinen Heißwasserstrahl bis zu 30 m hoch schießen lässt und fast ständig damit beschäftigt ist. Wenn der Druck nachlässt, setzt er für Minuten mit seiner Tätigkeit aus, gelegentlich bis zu einer halben Stunde, um dann wieder langsam, aber stetig dem Höhepunkt zuzustreben. Pohutu war früher zwar mehrmals am Tag, doch keineswegs ständig aktiv; im Jahr 2000 begann jedoch eine fast ein ganzes Jahr dauernde ununterbrochene Phase, die inzwischen den oben geschilderten Rhythmus angenommen hat.

Verlässlich ist auch der *Mahanga-Geysir,* der bis zu 10 m hoch speit, die Ausbrüche einer Reihe anderer Geysire sind weniger leicht vorauszusehen. Die beiden größten bekannten Geysire sind jedoch versiegt: Der *Wairoa-Geysir,* der bis zu 60 m hohe Fontänen ausspuckte, hat sich seit 1940 nicht mehr gerührt; und der *Waikite-Geysir* ist seit 1968 ohne Aktivität – das ist die längste ruhige Phase seiner Geschichte.

Geysirterrasse in Te Puia

Man sollte jedoch nicht nur zum Haupt-Geysirbereich eilen, sondern sich auch die anderen Bezirke des großen Thermalgebiets ansehen, die man auf leichten Spazierwegen erreicht. Schlammlöcher mit blubberndem, bräunlichem Schlamm, regelrechte Schlammvulkane, gelb umkrustete, stinkende Solfataren (Schwefellöcher), heiße Wasserläufe mit vielfarbigen Algen am Boden, trügerisch feste Sinterdecken über unterirdischen Hohlräumen – das Gebiet ist so interessant und fotogen wie gefährlich: Auf keinen Fall von den gebahnten Wegen abweichen und auch alle noch so einladenden Trampelpfade meiden!

Man betritt Te Puia durch einen eindrucksvollen Eingangsbereich, genannt Te Heketanga a Rangi (himmlische Herkunft). Zwölf monumentale zeitgenössische Schnitzwerke stellen jeweils einen himmlischen Beschützer der Te Arawa dar. Die Holzfiguren wurden von Künstlern des Stammes geschaffen. Rechts sieht man (und durchquert zum Schluss) den Marae eines Pa (des befestigten – nachgebauten – Maori-Dorfes Rotowhio) mit Versammlungshaus (Te Aranui a Rua), Nebenbauten und Kanu. Im Eingangsbereich befindet sich auch ein Kiwihaus, das Café sowie das 1963 zur Förderung des Maori-Kunsthandwerks gegründete *Arts and Crafts Institute* (das dem Gebiet früher den Namen gab), wo man Künstlern bei ihrer Arbeit zusehen kann. Eine Maori-Truppe ist täglich ab 18.15 Uhr mit *Te Po*, einem Maori-Kulturabend, zu sehen und zu hören.

Whakarewarewa Thermal Village: Man betritt es von der Tryon Street aus und stellt fest, dass es sich um ein echtes, lebendiges Maori-Dorf handelt. Zwar ist im eigenen Thermalbereich das eine oder andere Element auf die Touristen abgestimmt, aber wenn eine Frau ihre Mahlzeit im Korb in eine heiße Quelle senkt, um sie zu garen, tut sie das nicht für die Kameras der Japaner oder Deutschen, sondern für den Mittagstisch ihrer Familie.

Öffnungszeiten Te Puia tägl. 8–17 Uhr, Nov. bis März bis 18 Uhr. Eintritt 43 €, mit Te Po Cultural Show 106 $, mit Konzert 95 $. ℡ 07/3483418, 0800/494252, www.nzmaori.co.nz.

Whakarewarewa Thermal Village tägl. 8.30–17 Uhr. Eintritt 29 $, Cultural Show und Hangi (11.15 und 14 Uhr) 59 $. ℡ 07/3493463, www.whakarewarewa.com.

Whakarewarewa Forest Park: Südlich an Whaka schließt der Whakarewarewa Forest Park an, der sich am Hang der Caldera bis zum Kraterrand und darüber hinweg zieht. Der Park ist ein kommerzieller Forst („Tree Farm" mit 5.667 ha, gemanagt von Fletcher Challenge) mit vielen für das Publikum zugänglichen Wanderwegen. Besonders eindrucksvoll ist die am äußeren Rand stehende *Redwood Grove*, ein Wald aus riesigen kalifornischen Sumpfzypressen. Der große Mountainbike-Bereich hat nationale Bedeutung (MB-Weltmeisterschaften 2006).

Information/Öffnungszeiten Auskünfte in der i-Site Rotorua; am besten informiert ist jedoch das Info-Centre der Firma, **Fletcher Challenge Forest's Visitor Centre**, Longmile Road. Anfahrt über SH 30 (Flughafenstraße) und Tarawera Rd. Tägl. mindestens 8.30–16.30 Uhr, Sa/So 10–16 Uhr. Kostenloser Parkführer „The Redwoods" und kleine Mountainbike-Karte. ℡ 07/3462082, www.redwoods.co.nz.

Die Rainbow Springs und Skyline Skyrides: Der *Rainbow Springs Nature Park,* ca. 5 km westlich von Rotorua bei *Ngongotaha*, ist vor allem für seine Kiwi-Aufzuchtstation und das Kiwi-Nachthaus bekannt, begann aber ursprünglich als Forellenzucht. Ein sehr natürlich wirkendes Sekundärwaldgebiet ist von Teichen durchsetzt, in denen Tausende Regenbogenforellen und braune Forellen in allen Entwicklungsstadien zu sehen sind – die Fische bleiben trotz offener Verbindungen zum Lake Rotorua hier, weil sie gut gefüttert werden. Eindrucksvoll das Kiwi-Nachthaus und die Aufzuchtstation mit immer wieder brütenden Kiwis. Geführte Touren beginnen stündlich zur vollen Stunde.

Öffnungszeiten Rainbow Springs tägl. 8–17 Uhr. Eintritt 30 $. www.rainbowsprings.co.nz.
Aufzuchtstation Kiwi Encounter tägl. 10–17 Uhr. Eintritt 5 $ extra; nur mit Führung, am besten reservieren – auch für die Abend- und Nachttermine. ℡ 0800/724626, www.kiwiencounter.co.nz.

Der Agrodome, Skyline Skyrides, Zorb, Ogo: Auf der anderen Straßenseite zeigt die *Rainbow Farm Show* eine Kitschversion neuseeländischen Farmlebens samt Schafschur und Auktion, die vor allem für japanische Gruppen aus Großstädten interessant ist. Eine zweite Ersatz-Attraktion ist am Hang des Caldera-Randes installiert: die Gondelbahn Skyline Skyrides mit den Sommerschlittenbahnen „Luge". Als Sideline kann man ab dem Agrodome Tandem-Fallschirmsprünge machen und nebenan einen Hügel 200 m weit in einem *Zorb*, einer übermannshohen Plastikkugel, hinunterrollen. Bereits im Vorortsbereich hat man die ganz ähnliche (und aus derselben Idee schöpfende) Ogo-Rollbahn passiert.

Öffnungszeiten/Verbindungen Agrodome Shows tägl. um 9.30, 11, 14.30 Uhr. Agrodome, Western Rd., ℡ 07/3571050, 0800/339400, www.agrodome.co.nz. **Skyline Skyrides** tägl. 9–22/23 Uhr, 24 $ inkl. Tee/Kaffee an der Bergstation. Luge-Fahrt 9 $, 2 Luge-Fahrten 16 $, 5 Luge-Fahrten 30 $, Mountainbike-Downhill-Ticket zuletzt 35 $/Tag. Radverleih (nicht im Preis enthalten) an der Bergstation.
Zorb Rotorua, die Fahrt mit der Kugel kostet um die 50 $. ℡ 07/3575100, 0800/227474, www.zorb.com. Neu ist **Shweeb** (45 $), Monorail mit durchsichtigen Plastikkästen für liegende Menschen – anschauen und wundern, der Name kommt vom deutschen „schweben". **Ogo**, Kugelfahrt mit Wasserfüllung (H2Ogo) 45 $, 525 Ngongotaha Rd., Fairy Springs, ℡ 07/3437676, 0800/646768, www.ogo.co.nz. **Shuttlebus** ab Rotorua für Agrodome und Zorb/Shweeb mit Ticket kostenlos.

Die Geothermalregion um Rotorua

Die *Taupo Volcanic Zone* (→ Kasten S. 342) ist in ihrem Nordteil besonders aktiv, also im Bereich der Caldera von Rotorua und dort wieder in ihrem Südostteil zwischen der Stadt selbst und dem Geothermalgebiet Wai-O-Tapu. Die berühmteste Sehenswürdigkeit dieser Region, die seit den 1860er Jahren die Touristen in die Gegend lockte und Rotorua zum ältesten Fremdenverkehrsort der Südhalbkugel machte, existiert heute nicht mehr: Die *Pink and White Terraces*, die rosa und weißen Sinterterrassen am Lake Rotomahana, wurden beim Ausbruch des Vulkans Mount Tarawera 1886 zerstört (kleine Reste wurden bei Unterwasseraufnahmen im Lake Rotomahana 2010 gefunden). Die beiden gewaltigen, nach ihrer vorherrschenden Farbe benannten Sinterterrassen, um Klassen höher und stufenreicher als die im türkischen Pamukkale und im amerikanischen Yellowstone-Nationalpark, wurden nicht nur von den Besuchern bewundert und fotografiert – man badete auch in den mit warmem Wasser gefüllten Wannen hinter den Terrassenrändern (wie das in Pamukkale zum Schaden der Terrassen bis heute getan wird).

Doch die Nacht zum 11. Juni 1886 änderte alles. Der Mount Tarawera brach aus, ein bis dahin (und heute wieder) ziemlich unscheinbarer Berg im Hintergrund, den man für längst erloschen gehalten hatte. Augenzeugen berichteten über von Gewittern begleitete Vulkanausbrüche an mehreren Stellen, nächtlichen Ascheregen,

Schlammfluten und Erdbeben. Die beiden Sinterterrassen wurden dabei komplett zerstört und in kleinste Stücke zerlegt. Die Stelle, an der sie sich vordem befanden, wurde vom rasch ansteigenden Lake Rotomahana verschluckt – in wenigen Tagen hatte er seine Größe mehr als verzehnfacht! Fünf Maori-Dörfer wurden unter der Asche begraben, eines (das sog. Buried Village) wurde mittlerweile z. T. wieder ausgegraben und rekonstruiert.

Das bei den Eruptionen (denen bis 1973 weitere folgten) entstandene *Geothermalgebiet Waimangu* ist heute eines der attraktivsten Ziele in der Umgebung von Rotorua, dicht gefolgt von dem in *Wai-O-Tapu*. Doch gibt es zwischen dem Lake Rotoiti nördlich von Rotorua (Hells Gate) und Taupo noch mehr als ein Dutzend weiterer Thermalbereiche, die aber z. T. auf Privatland liegen und nicht zugänglich sind.

Kunterbunt – die Farben der heißen Quellen und Sinterterrassen

Die Geothermalzonen des zentralen Vulkanplateaus schmücken sich mit vielen Farben. Algen strahlen vor allem auf dem Grund von heißen Bächen und Teichen in grün-bläulichen Tönen; Pyrit färbt den Kalksinter grau und schwarz, Mangan purpurfarben, Eisen braun und rot, Antimonsulfit rotorange, Zinn rosa und rot – nur der reine Sinter ist weiß bis cremefarben. Sinter ist Kalziumkarbonat ($CaCO_3$) oder – in der *Taupo Volcanic Zone* fast immer – Kieselsinter aus Siliziumgestein. Kommt in Bächen Kalktuff vor, entsteht Sinter, wenn die Poren der abgestorbenen Pflanzen mit Kalk aufgefüllt werden.

Die gelben Krusten um die *Solfataren*, jene Erd- oder Felsspalten, aus denen die übel nach Schwefel stinkenden Dämpfe austreten, sind natürlich Schwefelkristalle. Die braunen Stellen um Fumarolen, Rauchlöcher, bestehen dagegen meist aus Algen, die das dort herrschende warm-feuchte Milieu schätzen.

Blue Lake (Tikitapu) und Green Lake (Rotokakahi): Die Straße zum Lake Tarawera beginnt am Rand des Whakarewarewa Forest Parks und führt zunächst zu zwei kleineren Seen. Zuerst erreicht man den *Blue Lake* mit schönem Strandbad. Sehr empfehlenswert ist die Umwanderung des Sees: Vom Badestrand am Nordende (jenseits der Straße Holiday Park) führt ein recht guter Trampelpfad an der Ostseite des Sees entlang zum Waldparkplatz im Süden; von dort führt ein stimmungsvoller Waldweg in Seenähe zum Nordende zurück.

Der auf der Weiterfahrt kurz vor dem Lake Tarawera auftauchende und einladende *Green Lake* ist in diesem Bereich Privatbesitz – man darf nicht mal ans Ufer, obwohl es einen Bootsanleger gibt. An seinem West- und Nordufer führt jedoch ein Wanderweg entlang, den man vom Parkplatz zwischen den beiden Seen erreicht.

Übernachten Blue Lake Top 10 Holiday Park, weit in den Busch und Wald um den Blue Lake hineingeschobener Holiday Park, nur durch die Straße vom See getrennt – an schönen Tagen und an Wochenenden allerdings auch durch eine Schlange parkender Autos. Der übliche hohe Top-10-Standard umfasst Motels, Cabins mit/ohne Küche, Hütten mit Du/WC und Küche sowie natürlich Stand- und Zeltplätze. Stellplatz und 2 Pers. ab 34 $, Cabin 54–120 $, Motel-Unit 997–210 $. 723 Tarawera Rd., Blue Lake, PO Box 292, Rotorua, ✆ 07/3628120, 0800/808292, www.bluelaketop10.co.nz.

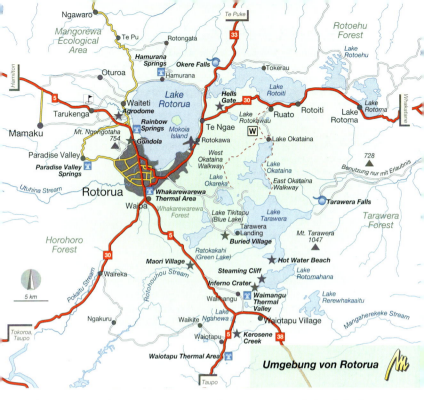

Lake Tarawera und Mount Tarawera: Der Lake Tarawera ist nach dem Lake Rotorua der größte See der Region. Über dem See erhebt sich, mit scheinbar flachem Profil, der Mount Tarawera (1.111 m). Der Berg besteht aus drei ineinander verschachtelten, großen Vulkankegeln mit sieben größeren und mehreren kleineren Kratern und weit ins Tal reichenden Lavaströmen. In seinem höchsten Bereich ist er durch eine tiefe, in Nordwest-Südostrichtung verlaufende Schlucht wie mit einem Messer in zwei Teile gespalten. Diese Schlucht existierte vor 1886 noch nicht; der Berg galt als erloschener Vulkan und bildete den stillen Hintergrund für Touristen, die auf Wakas und anderen Booten den See überquerten. Ihr Ziel waren die beiden ausgedehnten, hohen und in Hunderten einzelner Becken aufgefächerten Sinterterrassen der *Pink and White Terraces* am Lake Rotomahana, den man über eine Landenge vom Lake Tarawera zu Fuß erreichte. Alte Zeichnungen, Fotos und Aquarelle vermitteln das Bild einer schier überwältigenden Sinterterrassenlandschaft aus weißen, elfenbeinfarbenen und zartrosa angehauchten Wasserbecken, wie sie weltweit nie wieder vorkamen. Um diese Terrassen zu sehen, nahmen Touristen seit den 1860er Jahren große Strapazen auf sich; diese wollte man Prince Alfred, Duke of Edinburgh und Mitglied der Königsfamilie, bei seinem Besuch 1870 nicht zumuten, sodass für sein Reitpferd und die Equipe eine Schneise geschlagen werde musste. Die letzte Nacht verbrachte man üblicherweise im Dorf Te Wairoa nahe dem Lake Tarawera, heute als Buried Village bekannt.

Dass die Gegend nicht stabil, Erdbeben häufig und das Leben gefährlich war, dürfte auch vor 1886 bekannt gewesen sein. Der österreichische Geologe Ferdinand von

Hochstetter, der die Gegend zu dieser Zeit bereiste, berichtet, dass viele Maori wegen dieser Unsicherheit abwanderten. Am Morgen des 10. Juni 1886 begannen die Beben, gegen Abend nahmen sie zu, und in der Nacht brach der totgeglaubte Mount Tarawera aus. Man berechnet heute, dass er in der Nacht zum 11. Juni ca. 1,3 Kubikkilometer vulkanisches Material in Form von Asche und Lava ausspuckte (Mount St Helens in den USA schaffte im Mai 1980 3 km^3, Krakatau in Indonesien 1883 kam auf 8 km^3).

Das 8 km entfernte Dorf Te Wairoa wurde unter Asche begraben, die Dächer stürzten ein, 150 Menschen, schätzt man, wurden getötet. Die Pink and White Terraces wurden im Ausbruch unwiederbringlich zerstört. Analysen von zahllosen rosafarbenen und weißen Sinterbrocken zeigten, dass es sich um Teile der Terrassen handelte, die bei der Eruption in die Luft gesprengt worden waren. Wenn die Führer der Bootstouren dennoch von den Pink and White Terraces erzählen, die sich angeblich tief im See oder unter den vulkanischen Ascheschichten des Ufers befänden, ist das nicht mehr als ein frommer Wunsch.

Auf den Mount Tarawera: *Mt. Tarawera*, ein Maori-Unternehmen und der einzige Veranstalter für Touren auf den Berg, bietet Ganztagestrips bis zum Gipfel zu ca. 255 $: Mt. Tarawera NZ, PO Box 6003, Rotorua, ✆ 07/3493714, www.mt-tarawera.co.nz.

Die früher möglichen **Mountainbiketouren** auf den Tarawera (die sich immer noch in diversen Reiseführern finden) wurden von den einheimischen (Maori) Besitzern inzwischen untersagt. Stattdessen wird ein Helibike-Trip (650 $) angeboten (mit Helipro, ✆ 07/3572512): Flug hinauf, Führung in den Krater, runter mit dem Rad.

Bootstouren Seekreuzfahrten auf dem Lake Tarawera ab Tarawera Landing mit der „Reremoana III" der Lake Tarawera Launch Services; tägl. 4-mal am Nachmittag, im Winter nur um 13.30 Uhr. 3 Std. 42 $. ✆ 07/3628595.

Übernachten/Essen & Trinken Lake Tarawera Rheinland Lodge, Günter und Maria bieten am Tarawera-See zwei schöne Zimmer in ihrem Haus, das so ruhig wie aussichtsreich liegt. Frühstück mit eigenem Brot und selbst gemachter Marmelade, zum Dinner (auf Bestellung) Biogemüse aus dem eigenen Garten. Unterhaltung dazu auf Deutsch. DZ/FR 120–150 $. 484 Spencer Rd., Lake Tarawera, Rotorua RD 5, ✆ 07/3628838, tarawera@ihug.co.nz.

The Landing Café & Restaurant und **The Old Trout Bar**, Tarawera Rd., am Straßenende; Café und Restaurant am See in bescheidenem Holzhaus mit Veranda, mit tollen Ausblicken auf den See und Mount Tarawera im Hintergrund; das Essen gibt sich zeitgenössisch; was aber ein Salat aus Räucherlachs, Kapern, Oliven und grünen Bohnen mit Salade Nicoise, wie er auf der Karte bezeichnet wird, zu tun hat, bleibt ungeklärt. Die Bar ist abends trotz der einsamen Lage oft recht voll. Tägl. bis spät abends. Auch Wassertaxiservice. ✆ 07/3628502.

Buried Village: Etwa an der Stelle des 1886 zerstörten Vorgängerdorfes wurde ein rekonstruiertes Maori-Dorf errichtet, es liegt ca. 2 km vom Lake Tarawera entfernt an der Zufahrtsstraße.

Im Museum am Eingang wird man mit der Katastrophe von 1886 konfrontiert, dann spaziert man durch das Dorf mit zwei Wohnhäusern, die teilweise aus den seit 1930 ausgegrabenen Resten rekonstruiert wurden. Eines der beiden Häuser gehörte dem Tohunga Tohutu Ariki, der nach vier Tagen, die er unter dem eingestürzten Dach überlebt hatte, gerettet wurde. (Weil er die Katastrophe vorausgesagt hatte, wurde er dafür verantwortlich gemacht! Sein Portrait von Gottfried Lindauer von 1894 hängt in der Auckland City Art Gallery). Das einstige Rotomahana Hotel, eines der wenigen Gebäude aus Stein, hatte die Nacht des Ausbruchs zwar einigermaßen überstanden, war dann aber unter der Last aus vulkanischer Asche zusammengebrochen. 1986

Die Geothermalregion um Rotorua

Lake Rotomahana und der Mount Tarawera

wurden die beiden Häuser sowie weitere Gebäude, von denen meist nur noch die Grundmauern erhalten waren, wieder ausgegraben. Die beiden rekonstruierten Häuser sind mit Funden aus Arikis Haus und seiner Umgebung ausstaffiert.

Ein empfehlenswerter Abstecher führt zu den 30 m hohen *Wairere-Wasserfällen* des Te-Waroa-Baches. Man wandert auf einem manchmal etwas glitschigen Steig am Fall entlang hinunter ins Tal – und jenseits wieder hinauf zurück zum Hauptweg; von dort schöner Blick auf den Lake Tarawera.

Buried Village, Tarawera Rd., RD 5 Rotorua, tägl. 9–17 Uhr. Eintritt 31 $. 07/3628287, www.buriedvillage.co.nz.

Das Waimangu Thermal Valley und Lake Rotomahana: Vom SH 5 in Richtung Taupo führt ein kurzer Abstecher in das Waimangu Thermal Valley und zum Lake Rotomahana (der See ist nur auf dem Wanderweg und mit Eintritt zu erreichen). Das Tal besteht aus einer Reihe von geothermalen Phänomenen wie heißen Quellen und Teichen, Sinterterrassen, von Algen verfärbten heißen Wasserläufen, kleineren Solfataren (Erdspalten, aus denen Schwefeldämpfe austreten) und endet am Ufer des Lake Rotomahana. Hier kann man ein Boot besteigen, um z. B. die Steaming Cliffs zu sehen – eine steile Uferpartie mit Solfataren, Fumarolen und Spalten, aus denen Dampf und Heißwasser quellen.

Das Waimangu Thermal (Volcanic) Valley entstand 1886 während des Tarawera-Ausbruchs. Das Tal liegt genau in der Längsrichtung der Spalte, die sich während des Ausbruchs auftat; vorher hatte es in dieser Zone keine geothermalen Erscheinungen gegeben. Damit ist Waimangu das einzige geothermale Feld weltweit, das in historischer Zeit entstand. Die *Pink and White Terraces* am See wurden dabei zerstört; durch die Erdbewegungen und Lavaströme staute sich der bis dahin kleine Lake Rotomahana auf und überdeckte im Steigen die Gegend, in der einmal die Sinterterrassen gewesen waren. Heute hat der See die vierfache Größe seines Vorgängers. Die vulkanische Tätigkeit endete übrigens nicht mit der Tarawera-Eruption 1886. Weitere Eruptionen gab es z. B. 1917, als der *Frying Pan Lake* (s. u.) entstand, und zuletzt im Februar 1973, als sich im Frying Pan Lake ein Krater auftat – das ganze Schauspiel dauerte nur eine Viertelstunde.

🚶 Wanderung durch das Waimangu Thermal Valley

Vom Eingang zur Thermalzone (mit Café und Andenkenladen) geht man durch das wieder dicht mit Wald und Gebüsch bewachsene Tal. Die Orientierung ist unproblematisch, da alle Sehenswürdigkeiten klar beschrieben und Abstecher mit Schildern gekennzeichnet sind, außerdem erhält man zur Eintrittskarte einen guten Übersichtsplan.

Man erreicht zuerst *Southern Crater*, danach den grün-bläulichen, kühlen *Emerald Lake* und steht bald am Rand des *Echo Crater* mit dem *Frying Pan Lake* (auf der Karte hat der See die Form einer Pfanne). Der fast 5 ha große heiße See wird von zahllosen heißen Quellen (bis 67 °C) gespeist. Die Eruption, durch die er 1917 entstand, kündigte sich durch nichts an und forderte drei Menschenleben. Unweit liegt die Stelle, wo der 1886 entstandene *Waimangu Geysir* besonders von 1900 bis 1904 und in schwächerer Form bis 1940 tätig war – mit 400 m Höhe war seine kochende Wasserfahne die höchste, die je bekannt wurde. Vier Besucher starben 1903, weil sie ihr zu nahe kamen.

So bilden sich Sinterterrassen!

Der *Inferno Crater* hat einen stark schwankenden Wasserspiegel, das bis 84° C heiße Wasser ist blau und durchsichtig. *Warbrick Terrace* ist eine Sinterterrasse, die Waimangus erster Guide, Alf Warbrick, durch den Bau eines kleinen Dammes ins Leben rief – sie sollte an die verlorenen Terraces erinnern. Im hier flachen Bereich sind an natürlichen Widerständen einige wunderschön gefärbte Terrassen entstanden, am stärksten beeindruckt jedoch die Palette der Weiß- und Gelbtöne. Mit dem Boot kann man an die Steaming Cliffs herankommen; bis 1951 waren sie noch stark tätig, sogar Geysire gab es, heute befährt man den See eher wegen der ihn umgebenden Natur.

Tägl. 8.30–17 Uhr, Bootstouren (0:45 Std.) 6-mal tägl. Eintritt 34,50 $, Bootstrip 42,50 $. www.waimangu.com. Geyser Link bietet Shuttletransport, Eintritt und Bootsfahrt zu 115 $ an.

Das Wai-O-Tapu: „Wai-O-Tapu Thermal Wonderland", so nennt sich die neben Whakarewarewa und Waimangu spektakulärste Geothermalzone um Rotorua; sie liegt ca. 10 km südlich am Ende einer kurzen Nebenstraße. Auch dieses Gebiet hat einen Geysir, wenn auch einen, der nur (oder fast nur) so richtig sprudelt, wenn man ihn mit 2 kg Seife füttert. Der *Lady Knox Geysir* war ein natürlicher Geysir, der im frühen 20. Jh. seine Kraft verlor, woraufhin ein künstlicher Schacht um ihn gebaut und mit Seife experimentiert wurde. Jetzt wird er täglich um 10.15 Uhr eingeseift und spuckt seine 27.000 Liter kochendes Wasser in bis zu 10 m hohem Bogen aus. Die Seife verringert die Oberflächenspannung des Wassers, wodurch sich der natürlich aufgebaute Überdruck in einem Ausbruch entladen kann.

Die Geothermalregion um Rotorua 367

Meist besucht man zunächst den Geysir (Timing!), der sich etwa 1 km außerhalb des eigentlichen Thermalgebiets befindet, was gegen 10 Uhr zu einem großen Exodus bei den Kassen am Eingang führt. Nachher geht es wieder zum Eingang zurück und auf einem in Form einer Acht angelegten Rundweg durch das Terrain. Mehrere Krater mit Schwefelausblühungen, heißen Quellen und kleinen heißen Seen in allen Farben werden passiert. Höhepunkt ist der *Champagne Pool*, ein heißer See von 60 m Durchmesser, in dem das aufsteigende Kohlendioxid brodelt – sein Rand ist durch Mineralien (Schwefel und v. a. Antimon) rostrot eingefärbt. Die bescheidenen Sinterterrassen im Mittelteil sind natürlichen Ursprungs, nach der Zerstörung der am Lake Rotomahana sind sie heute die größten Neuseelands.

Fährt man auf der Einbahnstraße zum SH 5 zurück, passiert man die *Mud Pools*, braun-graue Schlammlöcher mit brodelndem Schlamm; das größte von ihnen, auf kurzem Abstecher zu erreichen, kann sich fast Schlammvulkan nennen.

Tägl. 8.30–17 Uhr, Eintritt 27,50 $ (Geyser-Link-Shuttle samt Eintritt 65 $). ✆ 07/3666333, www.geyserland.co.nz. Im Eingangsbereich befindet sich neben dem üblichen Shop das gut sortierte **Geyser Café**.

Das Hell's Gate und Lake Rotoiti: Die Hell's-Gate-Geothermalzone auf dem Weg nach Whakatane am SH 30 ist zwar klein, aber sehr aktiv, wobei die kleinen brodelnden Schlamm- und Heißwasserlöcher bei weitem vorwiegen. Hauptsehenswürdigkeiten von Hell's Gate sind das große Schlammloch *Devil's Cauldron* (Teufelskessel), ein regelrechter Schlammvulkan, sowie die ca. 38° C warmen *Kakahi-Wasserfälle*, in denen früher gebadet werden durfte. Heute badet man im modernisierten historischen Badehaus, dem *Hell's Gate Wai Ora Spa*.

Nach Hells Gate erreicht man den *Lake Rotoiti*, dann *Lake Rotoehu* und *Lake Rotoma*, alle sind im Uferbereich dünn besiedelt.

Von Ruato am Lake Rotoiti kann man auf den beiden Ästen des *Okataina Walkway* den geschützten *Lake Okataina* erreichen. Der östliche Ast setzt sich zum *Lake Tarawera* und zu den *Tarawera Falls* fort. In allen Fällen muss Abholung organisiert werden. An den Tarawera Falls ist Camping möglich.

Hells Gate Geothermalzone und Spa tägl. 8.30–20.30 Uhr. Eintritt 30 $, mit Schlammbad und Warmwasserbecken ab 85 $, inkl. Shuttle ab Rotorua. www.hellsgate.co.nz.

Weiterfahrt zum Lake Waikaremoana, zum Te Urewera Nationalpark, nach Wairoa und Napier: Zum Te Urewera Nationalpark gibt es einen Shuttle ab Rotorua (Shuttle Te Urewera National Park, Do und Sa, ✆ 07/3666055, 0800/873937, www.tushuttle.co.nz; →Die Ostküste S. 415).

Nordwestlich von Rotorua – Matamata: Ein großes Schild „Hobbiton Movie Set and Farm Tours" hängt vor der i-Site von *Matamata*, und japanische und chinesische Tourgruppen drängen rein wie die Wilden. Dabei gibt es in „Hobbiton" recht wenig zu sehen. Die Sperrholztüren in den runden Eingängen der Häuser des Hobbit-Dorfs sind so ziemlich alles, was vom Filmset übrig blieb, denn die Innenaufnahmen wurden nicht hier gemacht, sondern im Studio in Wellington. Der Teich jedoch und die riesige Sternkiefer (Pinus radiata) sind noch zu finden und beschwören „The Shire" herauf, die Heimat der Hobbits. Die Herr-der-Ringe-Aufnahmen wurden auf einer privaten Schaffarm gemacht, Zutritt ist nur im Rahmen einer Führung möglich.

Visitor Centre Matamata, 45 Broadway, ✆ 07/8887260, www.hobbitontours.com. Das Matamata Workman's Café gewann 2007 den Best Café Award für die Region und ist weiterhin (laut Michael Guy) „a real gem".

Lake Taupo – ein See mit Tongariroblick (Mitte)

Taupo

Taupo liegt am Ausfluss des Waikato ganz am Nordende des Lake Taupo, des größten Sees Neuseelands. Der Ort selbst hat bis auf seine hübsche Lage an See und Fluss wenig zu bieten. Doch liegt Taupo für viele Aktivitäten zentral und ist ein idealer Standort für die Erkundung des Tongariro-Nationalparks und der Region um Rotorua.

In Taupo wird man an der Seepromenade bummeln und das interessante Museum besuchen wollen; ein Bad im kühlen Seewasser ist im Sommer angenehm, auch im schnell fließenden Waikato-Fluss kann man an ruhigen Stellen baden, etwa an einer Stelle mit heißen Quellen.

Ein Wanderweg sowie ein separater Mountainbike-Trail führen zu den eindrucksvollen *Huka Falls;* die weiter stromabwärts gelegenen *Aratiatia Rapids* sind nur beim Ablassen von Wasser aus dem Kraftwerk ein Naturspektakel (der Waikato wird bis zu seiner Mündung in die Tasmansee für die Stromgewinnung genutzt). Beide sind ebenso auf der Straße in Richtung Rotorua zu erreichen, über die man auch zu den Geothermalzonen der *Craters of the Moon*, des *Wairakei Valley* und des *Orakei Korako* kommt.

Während der riesige See Kajaker und Forellenangler anzieht, ist der Himmel über Taupo das Dorado der Skydiver, wie man hier die (Tandem-)Fallschirmspringer nennt. Irgendetwas Besonderes muss Taupo haben, dass es in diesem Sport in Neuseeland heute so führend ist. Vielleicht ist es die riesige Fläche des Sees, die den Horizont bis zu den schneebedeckten Gipfeln des Tongariro-Massivs im Süden dominiert, vielleicht sind es die grünen Hügel im Norden und Osten der Stadt.

Taupo

Taupo lag vor den Kriegen der 1860er Jahre weit außerhalb europäisch-kolonialer Interessen. Erst die Verfolgung der Anhänger des *Te Kooti* brachte britische Truppen ins Land, die in Taupo (und weiter nördlich in Opepe) eine Garnison stationierten (und 1886 wieder auflösten). Die Soldaten und ihre Familien blieben, Siedler und vor allem Forstleute kamen – in Taupos Umgebung spielt die Forstwirtschaft bis heute eine tragende Rolle. Und seit den 1950ern kamen auch Kiwi-Familien aus Auckland und Wellington, um die Ferien am See zu verbringen. Von den schlichten *Baches* aus der damaligen Zeit blieb nichts erhalten, der Tourismusboom seit Mitte der 1980er hat dem Ort ein neues Gesicht gegeben: Was heute gebaut wird, sind bemüht-schicke Feriendomizile und jede Menge Motels.

Information/Verbindungen

Information Taupo Visitor Centre, Tongariro St., PO Box 865, Taupo. Tägl. 8.30–17 Uhr. 07/3760027, www.greatlaketaupo.com.

Busrundfahrt zu den Sehenswürdigkeiten des Ortes inkl. Huka Falls und Craters of the Moon mit Hot Bus. Ganze Strecke mit 1-mal Aussteigen 15 $, jedes weitere 5 $. Tägl. 10–18 Uhr, www.alpinehotbus.co.nz.

Busse Taupo ist durch InterCity/Newmans mit Rotorua, Tauranga, Auckland, Hamilton, Napier und Wellington verbunden. Bushalt an der Taupo Bus Station, 16 Gascoigne St., oder direkt am Visitor Centre. Lokales Busnetz Taupo Connections, www.busit.co.nz.

Flugzeug Am Flughafen, 4 km südlich an der Straße nach Taurangi, starten und landen neben den vielen Kleinflugzeugen, die „Skydiver" transportieren, die Air-New-Zealand-Maschinen nach Auckland und Wellington.

Taxi und Flughafentransfer Top Cabs, 07/38789250, und Taupo Taxis, 07/3785100.

Übernachten (→ Karte S. 371)

Millennium Hotel & Resort Manuels Taupo **21**, an der Promenade am See; für eine große Hotelkette ungewöhnlich individuell eingerichtete Zimmer mit tollem Seeblick (viele mit eigenem Spa) und die Lage direkt am Strand des Lake Taupo zeichnen dieses Resort aus. Auch bei den Restaurants (zwei) und den Badeeinrichtungen (geheizter Pool, Heißwasser-Grotte, Sauna) wurde nicht gespart. Vorteilhaft auch die eben noch zentrumsnahe Lage. Das Hotel der Millennium-Kette ist auch über deren Website zu erreichen (www.millenniumhotels.co.nz). Unit (offiziell) ab ca. 350 $. 243 Lake Terrace, 07/73785110, 0800/555511, www.manuels.co.nz.

Le Chalet Suisse Motel **15**, 10 Min. Fußweg zum Zentrum. Ausblicke auf den See; Küchen, große Betten, einige Units (teilrenoviert) mit Spa, im Garten ganzjährig geheizter Pool und kleiner Kinderspielplatz – durchaus eine Möglichkeit, ein paar Tage in Taupo zu verbringen. Unit 105–220 $. Northcroft St., PO Box 1381, Taupo, 07/3781556, 0800/7178378, www.lechaletsuisse.co.nz.

Gables Motor Lodge **20**, strandnahes Motel, Units mit Seeblick, einige mit Spa-Bad, komplett mit Küche und Internetanschluss. Unit 120–160 $. 130 Lake Terrace, 07/3788030, 0508/378888, www.gablesmotorlodge.co.nz.

Lakeland Homestay **7**, katzenfreundliches Haus in typisch neuseeländischer, zweistöckiger Bungalow-Bauweise am Rand des Zentrums, aber durchaus ruhig, mit 2 gemütlichen Zimmern. Abholung vom Bus kann arrangiert werden, wie die beiden Gastgeber gern auch bei der Planung der nächsten Tage helfen. DZ/FR (cont.) 130–140 $. 11 Williams St., 07/3781952, lakeland.bb@xtra.co.nz.

YHA Taupo **8**, günstig gelegene Jugendherberge und Backpacker-Lodge, sportbetont mit Pool und Fahrradraum, Abolung vom Busbahnhof kann arrangiert werden, Kiwi Traveller hält am Haus. Lager (Bett) im Dorm ab 29 €, Zimmer (2 Pers.) ab 72 €, 3–4 $ Rabatt für YHA-Ausweisinhaber. 56 Kaimanawa St., 07/3783311, www.yha.co.nz.

Das zentrale Vulkanplateau → Karte S. 343

Silver Fern Lodge – Flashpackers 6, Studios mit – fast – Motelkomfort (TV, Tee- und Kaffeebereiter, Kühlschrank!) und Dorms mit für Männer und Frauen getrennten Waschräumen (wow!); Internetcafé und Waschküche, große Lounge mit Sat-TV – das hat wirklich nicht jedes Hostel zu bieten. Studio (2 Pers.) ab 90 $, DO ab 25 $. Ecke Tumamutu/Kaimanawa St., ℡ 07/3774929, www.silverfernlodge.co.nz.

Tiki Lodge 10, neueres, komfortabel und sauber eingerichtetes Hostel am Ortsrand; die meisten Zimmer mit Bad, große Terrasse, Lounge, Spa. Es gibt auch Zimmer mit Kitchenette. DB 30 $, DO 26–28 $. 104 Tuwharetoa St., ℡ 07/3774545, www.tikilodge.co.nz.

Rainbow Lodge Backpackers Retreat 5, Hostel am oberen Rand des Zentrums, Platz fürs Sonnenbad auf der Veranda, Sauna, Aufenthaltsraum, sauber und sehr begehrt, Radverleih. SG 42 bzw. 52 $, DB 27–30 $, DO 21–24 $. 99 Titiraupenga St., ℡ 07/3785754, 0508/724629, www.rainbowlodge.co.nz.

All Seasons Holiday Park 4, guter, ruhiger und ortsnaher Platz mit großen Stellplätzen, vorbildlichen, gut ausgestatteten Cottages; die Kitchencabins haben TV und bezogenes Queen-Bett, alles peinlich sauber, der große Wasch- und Küchenbereich eingeschlossen, Lounge mit Billard. Stellplatz und 2 Pers. ab 38 $, Motel-Unit/Flat 90–135 $, Cabin 60–80 $, Zimmer in der einfachen Lodge ca. 50 $ (2 Pers.). 16 Rangatira St., ℡ 07/3784272, 0800/777272, www.taupoallseasons.co.nz.

Lake Taupo Top 10 Holiday Resort 3, nicht gerade ortsnah: 3 km nördlich gelegener Platz (vom Zentrum über Spa Road zu erreichen), aber aller Komfort der Plätze dieser Kette und eines nationalen Top-Holiday Parks (5 Sterne). Stellplatz und 2 Pers. ab 42 $, Cabin ab 75 $, Motel bis 385 $. 28 Centennial Drive, ℡ 07/3786860, 0800/332121, www.taupotop10.co.nz.

In der Acacia Bay Paeroa Lakeside Homestay 23, dieses ansehnliche, prachtvoll über der Acacia Bay liegende moderne Haus mit eigenem Strand und Bootsanleger ist ein echter Knüller. Vom Fenster und der Veranda blickt man auf See und Berge, im Garten zwitschern Vögel, und im komfortablen Zimmer (TV, Kaffee- und Teebereiter, alle drei mit eigenem Bad) lässt es sich durchaus länger aushalten. Der Hausherr ist auch für Bootstouren auf dem See und geführte Angeltrips zu haben. DZ/FR 250 $, Penthouse Suite/FR 350 $ (2 Pers.). 21 Te Kopua St., ℡ 07/3788449, www.taupohomestay.com.

Bei den Huka Falls Huka Falls Resort 1, an der Straße zu den Huka Falls; oft von Firmen belegtes Resort, das aber auch problemlos mit Touristen aus dem In- und Ausland fertig wird. Das Zimmerangebot ist groß und vielfältig. Grüne Umgebung mit Obst- und Weinbau (Wishart Huka Winery), gute Zimmer (meist mit Küchenzeile); es gibt Restaurant und Bar, Tennis, Pool und Spazierwege vor der Tür. Besser nicht mit Huka Lodge verwechseln (an derselben Straße, näher zu Taupo), dort zahlt man ab ca. 1.000 $ für die Nacht! Studio ab 115 $, Suite bis 285 $. 56 Huka Falls Rd., ℡ 07/3760260, 0800/485284, www.hukafallsresort.com.

Im Wairakei Thermal Valley Bayview Wairakei Resort 2, ein Resort im Wairakei Thermal Valley mit 187 Zimmern und Suiten, 2 Restaurants, 2 Bars, Golfplatz (9 Löcher), diversen Pools, Spa und Fitnessraum muss sich einfach "international" nennen (auch wenn es überwiegend von neuseeländischen Familien aufgesucht wird). DZ (deluxe room) 125–700 $, Hauswein oder 2 Glas Bier sowie Nutzung von Pool, Spa, Sauna, Squash, Tennis und Fitnesszentrum inbegriffen. SH 1 PO Box 2006, Taupo, ℡ 07/3748021, 0800/737678, www.wairakei.co.nz.

Essen & Trinken/Nachtleben

The Brantry 12, 45 Rifle Range Rd.; Appetit auf neuseeländisches Lamm und Beef? Dieses ein wenig bieder eingerichtete Restaurant stellt vorrangig Fleisch auf die Karte, die nicht zu stark von modischen Trends angekränkelt ist. Angenehm der offene Kamin und das eher legère Tempo, mit dem serviert wird; Essen macht schließlich als Slow-Food mehr Spaß als im Sturmschritt. ℡ 07/36780484, www.thebrantry.co.nz.

Jolly Good Fellows 17, 76–80 Lake Terrace; Pasta, Pizza, ganztägig Frühstück, pseudo-englisch-irische Atmosphäre und das übliche Anglo-Pub-Food samt Pies und Fish & Chips bis „mindestens" 1 Uhr früh.

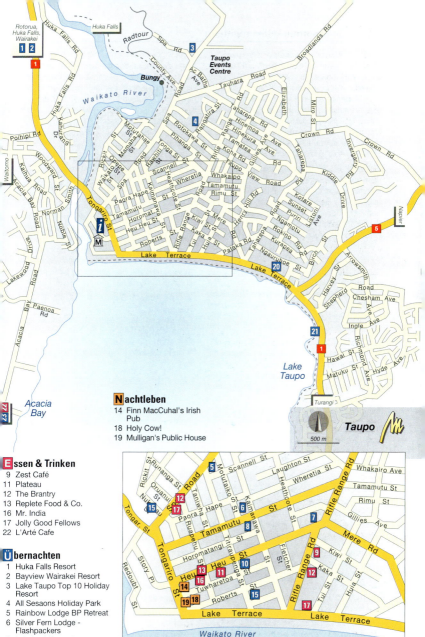

Nachtleben

- 14 Finn MacCuhal's Irish Pub
- 18 Holy Cow!
- 19 Mulligan's Public House

Essen & Trinken

- 9 Zest Café
- 11 Plateau
- 12 The Brantry
- 13 Replete Food & Co.
- 16 Mr. India
- 17 Jolly Good Fellows
- 22 L'Arté Cafe

Übernachten

- 1 Huka Falls Resort
- 2 Bayview Wairakei Resort
- 3 Lake Taupo Top 10 Holiday Resort
- 4 All Sesaons Holiday Park
- 5 Rainbow Lodge BP Retreat
- 6 Silver Fern Lodge - Flashpackers
- 7 Lakeland Homestay
- 8 YHA Taupo
- 10 Tiki Lodge
- 15 Le Chalet Suisse Motel
- 20 Gables Motor Lodge
- 21 Millenium Manuels
- 23 Paeroa Lakeside Homestay

Replete Food & Co. ◉, 45 Heu Heu St.; Bistro-Café mit Sammelsurium auf der Karte – von Quiche bis „Famous Thai Chicken Curry", gute Auswahl an Snacks, Kuchen und süßen Schnitten; vom Ambiente weniger erfreulich. Angeschlossen der „Kitchen Shop" mit Eingemachtem und Eingelegtem (zum Teil aus eigener Produktion) sowie Shop für Küchenutensilien wie Kaffeemaschinen. Tägl. bis 17 Uhr, Sa/So bis 15 Uhr.

Plateau ◉, 64 Tuwharetoa St.; klar und funktional eingerichtetes, sehr populäres Restaurant mit gehobener (Kiwi-)Bistro-Küche, einige Gerichte auf Bier-Basis und mit schicker Bar in Schwarz. Das Bier kommt von Monteith's und kleinen Brauern, die Musik in Restaurant und Bar soll wohl allen Gästen gefallen. ✆ 07/3772425, www.plateau taupo.co.nz.

Zest Café ◉, 65 Riflerange Rd.; winziges Lokal mit wirklich frischen, schmackhaften Gerichten (täglich wechselnder Nudeltopf) und dem besten Kaffee der Stadt; mittags belagert, abends leider zu, kein Alkohol. ✆ 07/3785397.

Mr. India ◉, 30 Tuwharetoa St.; indische Tanduri-Küche, große Karte mit den üblichen Angeboten. Vorspeisen ab ca. 8 $, Hauptgang mit Reis – auch vegetarisch – ab ca. 15 $. ✆ 07/3771969.

Finn MacCuhal's Irish Pub ◉, Ecke Tongariro/Tuwharetoa St.; großer Betrieb auf Terrasse und Galerie, Bier (natürlich Guinness) und das passende deftige Essen von Pasta bis Steak. Tägl. ab 9.30 Uhr, ✆ 07/3786165.

Mulligan's Public House ◉, 15 Tongariro St., an der Durchgangsstraße; noch ein Ire, noch ein „Pub", noch ein irisches Dunkel und ein gutes Angebot an deftigen Genüssen zu unterdurchschnittlichen Preisen – u. a. gute Curries –, meist recht voll.

Holy Cow! ◉, 11 Tongariro St.; bemühtes und gut aufgelegtes Personal im „Heiligen Strohsack!"; doch wie die das bei *dem* Andrang und *dem* Lärm (Verzeihung: Hintergrundmusik) schaffen, der je später der Abend desto ärger wird, bleibt ein Geheimnis. Vielleicht ranken sie sich ja am lokalen Stammpublikum hoch, das gegen Morgendämmerung die Backpacker zu überwiegen scheint. ✆ 07/3785533

In der Acacia Bay L' Arté Cafe ◉, 255 Mapara Rd., Acacia Bay; hübsch die Café-Galerie und der Garten mit Mosaikskulpturen im Gaudí-Stil z. B. in Form von Bänken, dazu guter Kaffee und Bistroangebot – sehr gelobt. ✆ 07/3782962, www.larte.co.nz.

Sport & Freizeit/Adrenalin-Thrills

Taupos populärster Adrenalin-Rush **Skydiving** ist unter 250 $ nicht zu haben. Dafür bekommt man einen Fallschirmabsprung im Tandem aus ca. 4.000 m Höhe (oder 12.000 ft – die Höhen werden in Neuseeland stets in Fuß angegeben). Ab 330 $ kostet ein Sprung aus 5.000 m Höhe (15.000 ft), bei dem der Fallschirm in 1.600 m Höhe (5.000 ft) geöffnet wird – das ergibt eine Höhe von 3.400 m im freien Fall, der etwa eine Minute dauert.

Die Preise sind bei einzelnen Anbietern evtl. auch höher; meist ist ein Video vom Sprung dabei, immer der Transfer, Wartezeiten müssen wegen des starken Andrangs einkalkuliert werden. Vorausbuchung ist in der Hauptsaison unbedingt nötig.

Skydiving-Anbieter Die beiden größten Veranstalter sind **Great Lake Skydive Centre Taupo**, Skydive-Tandemflug, ✆ 07/3784662, 0800/373335, www.freefly.co.nz, PO Box 1523, Taupo Airport; sowie **Taupo Tandem Skydiving**, ✆ 07/3770428, 0800/275934, www.tts.net.nz.

Rundflüge Mehrere kleine Unternehmen bieten Rundflüge über den See (ab ca. 80 $) und die Vulkanregion (1 Std. ab ca. 310 $). Z. B. **Taupo's Float Plane**, ✆ 07/3787500, www.tauposfloatplane.co.nz.

Mountain Air bietet einen 15-Minuten-Flug über den Tongariro-Nationalpark mit einer Britten Norman Islander, gestartet wird u. a. auch vom Chateau Airstrip (Tongariro); www.mountainair.co.nz.

Hubschrauberrundflüge Helistar Helicopters bietet Hubschrauberflüge, z. B. „Mountain Magic" (1:30 Std., 685 $), aber auch kürzere Flüge (10 Min. ab ca. 100 $). 415 Huka Falls Rd. (auf dem Dach des Gebäudes steht ein Hubschrauber), ✆ 07/3748405, 0800/435478, www.helistar.co.nz.

Taupo

Baden in Thermalwasser Vor Ort gibt es mehrere Bademöglichkeiten; das größte Angebot hat **Taupo Hot Springs** (www.taupohotsprings.com) etwas südlich der Stadt. Noch in der Stadt selbst liegt das **Taupo Events Centre** mit den A. C. Baths, wo man sowohl im Pool schwimmen als auch die Thermalbecken nutzen kann. Eintritt je nach Ort/Leistung 5–9 $.

》》 Mein Tipp: Keinen Eintritt kostet der Spa Thermal Park am Waikato-Fluss, den man über die Spa Avenue erreicht, wo es in Flussnähe einige Naturbecken mit warmem Thermalwasser gibt. 《《

Bungy-Jumping Über dem Waikato River liegt an der Engstelle Hell's Gate, 202 Spa Rd., die Absprungrampe Taupo Bungy. Die Rampe ist weit über den Fluss hinausgebaut, der Sprung in die Tiefe mit „watertouch" kostet 123 $. ✆ 0800/888408, www.taupobungy.com.

Bootstouren Motorboote und Segelboote bieten ab der Anlegestelle unterhalb des Museums Fahrten auf dem See an, die meisten schließen die Maori-Felsskulpturen in der Mine Bay ein (→ Sehenswertes). Anbieter ist etwa **Cruise Cat**, Fahrten um 10.30 und 12 Uhr, Dauer 1:30 Std., 42 $. ✆ 07/3780623, 0800/252628. Fahrten mit dem nachgebauten Dampfboot „Ernest Kemp" gibt es zu 40 $ für 2 Std. ✆ 07/3783444. Zu den Bootsfahrten auf dem Waikato River → Sehenswertes.

Kajaken/Rafting Kayaking Kiwis bietet eine geführte Halbtagestour mit Besuch der Maori-Felsskulpturen im See 98 $; man ist 3–4 Std. auf dem Wasser. Start um 8, 13.30 und 16.30 Uhr. ✆ 0800/529255, www.kayakingkiwi.com.

Wilderness Escapes bietet einen halben Tag Kajaken zu den Rock Carvings im See zu 90 $, Kajak kann gemietet werden. ✆ 07/3783413, www.wildernessescapes.co.nz.

Rafting auf den Flüssen → Rotorua und → Turangi.

Parasailing Big Sky bietet diese sehr populäre Sportart von seinem improvisierten Standort an der Lake Terrace an. 10/12-Minutenflüge in unterschiedlichen Höhen für 69/79 $. ✆ 0800/244759, www.bigskyparasail.co.nz.

Angeln/Fischen Viele Neuseeländer kommen nach Taupo, um Forellen zu angeln; im Angebot sind geführte Angeltrips sowie Boote und Angelzeug zum Verleih und Kauf. Buchungen und die Besorgung des Angelscheins übernimmt das Visitor Centre. Wer sich für Fische und v. a. Forellen interessiert, sie aber nicht angeln will, besucht das Tongariro National Trout Centre in Turangi (→ Tongariro-Nationalpark/Turangi).

Wandern/Trekking/Bergsteigen Informationen über den Taupo Walkway nach Huka Falls und am Waikato River entlang nach Aratiatia Rapids sowie über weitere, meist kurze Spaziergänge und Wanderungen bietet das kostenlose Faltblatt „Taupo Walkways" mit kleiner Karte. Detaillierter ist das DOC-Faltblatt „Taupo Walks", das auch Wanderungen in der Umgebung einschließt.

Sportklettern Freikletterwand im Taupo Events Centre, A. C. Baths Ave., tägl. 7–21 Uhr.

Mountainbike/Radfahren Das Gratis-Faltblatt des Visitor Centres „Cycling around Lake Taupo" stellt die (wenigen) Radwege im Ortsbereich von Taupo und die größeren Mountainbikestrecken im Umland auf zwei Plänen dar, dazu sparsame Beschreibungen.

Übersichtsplan (5 $) im i-Site Taupo über das ausgedehnte Netz von MB-Trails im Umkreis des DOC-Schutzgebietes **Craters of the Moon** (z. B. Kicks wie „Corkscrew" oder der sehr passend „Waiter's Wriggles" genannte Trail – man nimmt ihn wie ein Kellner, der sich mit vollem Tablett durch ein überfülltes Café schlängelt).

Die **Forststraßen** der großen Waldgebiete südöstlich von Taupo sind meist für Mountainbiker geeignet, bei Begegnungen mit Forstfahrzeugen sollte man aber bedenken, dass man der Schwächere ist.

Die Route **von Taupo nach Huka Falls** ist großenteils, abweichend vom Taupo Walkway, als spezielle Mountainbikeroute ausgebaut.

Radtouren: Geführte Biketouren z. B. zu „Craters of the Moon" oder „Rapid Sensations" (Halbtagestour) u. a. mit *Aratiatia Rapids* ab ca. 70 $. ✆ 0800/353435, www.rapids.co.nz.

Radverleih/Reparaturen: Avanti plus Centre, Ecke Horomatangi/Ruapehu St., ✆ 07/3787381. Life Cycles, 16 Oruanui St., ✆ 07/3786117. Mehr auf www.biketaupo.org.nz.

Maori-Veranstaltungen/Hangi Maori Cultural Experience im Wairakei Thermal Valley (→ unten).

Da müssen wir ja wohl nichts hinzufügen …

Sehenswertes/Umgebung

Lake Taupo Museum and Art Gallery: Taupos örtliches Museum besitzt die wohl größte Sammlung von Schnitzwerken des Maori-Künstlers *Tene Waitere*. Der Überlebende des Tarawera-Vulkanausbruchs von 1886 schuf u. a. den Großteil der Schnitzarbeiten im wiedererstandenen *Buried Village* bei Rotorua und ist wohl eine der bedeutendsten Persönlichkeiten, die das Wiedererstarken der traditionellen Maorikunst nach dem 1. Weltkrieg gefördert haben. Weitere Themen des Museums sind traditionelle Maori-Kultur, Vulkanismus und Tektonik der *Taupo Volcanic Zone* sowie die für die Region weiterhin bedeutende Holz- und Papierindustrie.
Tägl. 10–16.30 Uhr. Eintritt 5 $. ☎ 07/3784167.

Lake Taupo: Der größte See Neuseelands bedeckt eine Fläche von 616 km² (zum Vergleich: Hamburg hat 755 km²) und ist 185 m tief. Der See füllt den tiefsten Bereich der riesigen Caldera, die vor etwa 2.000 Jahren entstand (wohl 181 n. Chr., wie Eisproben aus Grönland und der Antarktis ergaben), als im Zentrum der Taupo Volcanic Zone die stark beanspruchte Erdkruste über dem darunter liegenden Magmaherd kreisförmig einbrach. Vulkanologen haben berechnet, dass die damals ausgeworfenen Massen etwa 110 Kubikkilometer (!) erreichten – Mount St Helens brachte es 1980 gerade mal auf 3 km³. Wie weit die Caldera zur Ruhe gekommen ist, weiß man nicht, sie wird vorsorglich ständig von Vulkanologen überwacht.

Die Maori-Felsskulpturen im See in der Mine Bay sind ein beliebtes Ziel für Bootsausflüge und Kajaker. Eine senkrechte, fast 10 m hohe und direkt in den See fallende Felswand wurde in den 1970er Jahren sehr eindrucksvoll als stilisiertes Gesicht eines Mannes mit *Moko* skulptiert; auf den Felsen zu beiden Seiten ist eine Frauendarstellung und das Bild einer Tuatara-Echse zu sehen (Bootstouren/Kajak → Sport & Freizeit).

Taupo 375

Die Huka Falls: Wie der breite Waikato-Fluss sich mit steigender Geschwindigkeit durch ein immer schmaler werdendes Bett zwängt, um dann über die nur zehn Meter hohe Felsbarriere hinunterzustürzen und unten zu wilder Gischt aufzuschäumen, ist ein atemberaubender Anblick. Zumal man die Huka Falls von der Brücke aus bequem genießen und nur ein paar Schritte vom Parkplatz herübergehen muss, es sei denn, man ist zu Fuß oder per Rad von Taupo gekommen, was auf einem Wanderweg und – komplett getrenntem – Radweg möglich ist.

Entlang der Straße zum Kraftwerk (nicht auf dem parallelen SH 1!) touristische Einrichtungen, wie das recht informative *Volcanic Activity Centre* mit Ausstellungen zum Vulkanismus allgemein, zu Neuseelands Vulkanen und v. a. zu Taupo und Tongariro. Auf einem Seismographen kann man die häufigen Erdstöße in dieser Region verfolgen.

Jetboat/Shuttle Auf dem Fluss mit dem Schnellboot zum Kraftwerk und den Huka Falls: Huka falls Jet ab der Kraftwerks-Landestelle, 30 Min. (Höchstgeschwindigkeit 80 km/h), 105 $. Shuttle ab Taupo für Schnellbootbucher zur Kraftwerk-Landestelle kostenlos. ✆ 07/3748572, 0800/48474557, www.hukafallsjet.co.nz. Ab Aratiatia Rapids flussaufwärts zu den Huka Falls verkehrt das Boot des „Huka Falls River Cruise", 35 $, ✆ 0800/278336.

Shuttle ab Taupo: **Shuttle2U**, 5 $ von/nach Taupo, ✆ 07/3767638.

Öffnungszeiten Volcanic Activity Centre, Mo–Fr 9–17, Sa/So 10–16 Uhr. Eintritt 10 $. ✆ 07/3748375, www.volcanoes.co.nz.

Das Wairakei Geothermal-Kraftwerk: Seit 1951 wurde im Wairakei Geothermalfeld an mehr als 100 bis zu 1.200 m tiefen Bohrungen gearbeitet, um den unter enormem Druck stehenden Wasserdampf einzufangen und in das 1963 eröffnete Kraftwerk zu leiten. Das Kraftwerk, das zweite seines Typs weltweit, hat eine Leistung von fast 200 Megawatt; das Informationszentrum wird jährlich von mehr als 100.000 Menschen besucht.

Visitor Centre des Wairakei Geothermal-Kraftwerks tägl. 9–16.30 Uhr, Eintritt frei.

Die Craters of the Moon: Als die Geysire im Wairakei Thermal Valley versiegten (s. u.), tat sich gleich nebenan eine neue, kleine Geothermalzone auf, die nach wie vor in starker und stetiger Entwicklung begriffen ist. Die vom DOC verwaltete Zone wurde „Craters of the Moon" (Mondkrater) genannt, weil das gut und irgendwie exotisch klingt, und nicht etwa, weil sie vegetationslos oder öde ist – ganz im Gegenteil. Das von einem Rundweg (1 Std.) erschlossene Gebiet liegt in einer leichten Senke und enthält jede Menge stiller und lauter Fumarolen, Spalten, aus denen Heißwasserdampf aufsteigt sowie kleine Löcher mit brodelndem Schlamm. Wegen der raschen Veränderung der Zone ist besonders in Craters of the Moon das Verlassen des Wegs (Holzsteg) potenziell lebensgefährlich!

Tägl. 9–18 Uhr. 6 $ Eintritt. www.cratersofthemoon.co.nz.

Das Wairakei Thermal Valley: Bis 1951 zählte das Geysirfeld von Wairakai 24 aktive Geysire, der namengebende Wairakei-Geysir sprühte sein Wasser bis zu 30 m hoch. Mit dem Beginn der Bohrungen für das Wairakai Geothermal-Kraftwerk versiegten in kurzer Zeit sämtliche Geysire, bis ab 1968 schließlich kein Heißwasser mehr an die Oberfläche trat; dafür nahm die Tätigkeit und Häufigkeit der Fumarolen zu. Was heute an geothermischen Erscheinungen zu sehen ist – heiße Quellen, sprühende Fontänen, ebenmäßig geformte Sinterterrassen – wurde zum Teil von Menschenhand geschaffen und ist künstlich bewässert. Das mag manchem seltsam erscheinen, hat doch das Land genug natürliche Thermalbereiche, zumal sich neben an Craters of the Moon von selbst und ohne teure Kunstbauten als Geothermalgebiet entwickelt. Erst abends, wenn Wairakei und seine Terraces für die *Maori Cultural Experience* als Hintergrund dienen, kommt der Ort wirklich zum Leben.

Tägl. 9–19 Uhr. Eintritt 18 $. Um 17 Uhr geführte Abendtour „Maori Cultural Experience" mit Hangi und Konzert, ca. 3 Std., 95 $. PO Box 156, Taupo, ☏ 07/3780913, www.wairakeiterraces.co.nz.

Aratiatia Rapids: 2 km unterhalb des Geothermal-Kraftwerks führt eine Brücke über den Damm eines Flusskraftwerks. Direkt unterhalb befinden sich die Aratiatia-Stromschnellen, die in den 1950ern zu Stromgewinnungszwecken ihres schäumenden Wassers beraubt wurden. Nur zu bestimmten Zeiten (tägl. 10, 12, 14 Uhr, Okt. bis März auch 16 Uhr) und meist nur für eine halbe Stunde schäumt das Wasser wieder durch die engen Felsenkanäle. Während der Wasserphase drängen sich etwas unterhalb die Schnellboote auf schier selbstzerstörerische Weise durch die hohen Schaum- und Wellenberge der Fuljames-Stromschnellen – wer mitfährt, sollte einen guten Magen haben.

Bootsfahrten/Shuttle Zwischen Aratiatia Rapids und Huka Falls im kleinen Boot der **Huka Falls River Cruise**, 35 $, tägl. 10.30, 12.30, 14.30 Uhr (im Sommer auch 16.30 Uhr), ab Aratiatia-Rapids-Parkplatz (nahe Damm). ☏ 07/3773454, 0800/278336.

Rapids Jet, Rapids Rd. (3 km stromabwärts), befährt die Fuljames Rapids, ca. 95 $. ☏ 07/37848066 0800/727437, www.rapidsjet.com.

Shuttle ab Taupo: **Shuttle2U**, 6 $, ☏ 07/3767638.

Das Orakei Korako: Die Art, wie man dorthin kommt, stimmt schon richtig ein: Ein Boot setzt den Besucher über den schmalen, lang gezogenen Lake Ohakuri zur Geothermalzone Orakei Orako („Geschmückter Ort"). In fünf Minuten ist man drüben – und in einer anderen Welt. *Hidden Valley* (Verborgenes Tal) ist die andere Bezeichnung für diese wohl am wenigsten durch touristische Einrichtungen und Bedürfnisse veränderte größere neuseeländische Geothermalzone. Durch dichten Farnwald führt der Weg im Orakei Korako, heiße Wasserbecken, alte Geysirflächen und sich langsam bildende Sinterterrassen werden auf Holzstegen gequert oder passiert.

Abfahrt der Boote tägl. 8–16.30 Uhr, im Winter nur bis 16 Uhr. Eintritt 34 $. ☏ 07/3783131, www.orakeikorako.co.nz.

Von Taupo nach Napier: Der SH 5 zwischen Taupo und Esk (12 km vor Napier) führt auf seinen 128 km durch eines der einsamsten und am dünnsten besiedelten Gebiete Neuseelands. Nach 17 km passiert man *Ohope*, wo während der Neuseelandkriege noch vor Taupo die erste Garnison der Region errichtet wurde. Der Friedhof blieb erhalten (Rundweg ca. 30 Min. auf der Nordseite); in den Gräbern liegen die Gefallenen, die im Kampf mit Te Kootis Anhängern ihr Leben ließen.

Eine Stichstraße (Clements Mill Road) führt 11 km weiter nach Süden und erreicht nach 30 km den *Kaweka Forest Park* mit einer Handvoll DOC-Hütten und hypereinsamen Tracks (das DOC-Faltblatt „Kaimanawa Forest Park" ist bei der Planung nützlich). 20 km weiter, dort wo man den Waipunga-Fluss erreicht, stürzt dieser links über eine Felswand als *Waipunga Falls* 30 m tief hinunter. Forste und gelegentlich Farmland wechseln sich ab bis ins Esk Valley an der Küste mit Wein- und Obstbau.

Übernachten/Essen & Trinken **Mountain Valley Holiday Retreat**, dieses von Farm- und Waldgrün umgebene Stück Urlaubszivilisation, auf halbem Weg zwischen Taupo und der Küste, bietet Übernachtungsmöglichkeiten von Zelt- und Caravan-Stellplatz bis zu Cottages, hübschen Chalets und einer schlichten Lodge. Bar und Restaurant. Wer will, kann hier den Nachmittag und Abend bei einer Flasche Hawke's-Bay-Wein auf der Terrasse am Fluss verträumen. Cottage bis 4 Pers. 140–200 $, Chalet 2–4 Pers. 100–125 $, Lodge 35 $/Pers., Lager im Bunkhouse 28 $/Pers., Stellplatz und 2 Pers. ab 30 $. McVivar Rd., RD 2, Napier, ☏ 06/8349756, www.mountainvalley.co.nz.

Der Tongariro ist von weiten Staatsforsten umgeben

Der Tongariro National Park

Im Zentrum der Nordinsel liegt das aktive Vulkangebirge des Tongariro-Massivs. Weithin sind die drei Hauptgipfel zu sehen: der von Gletschern überzogene Mount Ruapehu (mit 2.797 m der höchste); der ebenmäßig geformte Kegel des Mount Ngauruhoe (2.287 m) in der Mitte; und der Mount Tongariro (1.967 m) im Norden, der am wenigsten eindrucksvolle des Berg-Trios.

Der gesamte Gebirgszug ist schon seit 1887 als Nationalpark geschützt; Horonuku Te Heuheu Tukino, der oberste Führer des Ngati Tuwharetoa, schenkte ihn damals dem Volk Neuseelands, damit er für alle Zeiten geschützt sei (nach Yellowstone war Tongariro der zweite Nationalpark weltweit). 1991 wurde Tongariro in die Unesco-Liste als Welterbe der Menschheit aufgenommen, zum einen wegen seiner besonderen Naturlandschaft, zum anderen wegen seiner großen Bedeutung für die Maori der Nordinsel. Während Mount Tongariro sich seit 1896 nicht mehr gerührt hat, machen die beiden anderen Vulkane den großen Feuerzauber. Ngauruhoe hatte seinen letzten Ausbruch 1975; Ausbrüche des Mount Ruapehu gab es 1995 und 1996, als heiße Asche und Staubwolken bis in 20 km Höhe geschleudert wurden. Die damals gemachten Aufnahmen werden bis heute in der Touristikbranche für Werbezwecke genutzt. Die bisher letzten Ausbrüche fanden im September 2007 statt, die Staubwolke stieg 4 km hoch, eine Berghütte wurde von einem Schlammstrom (Lahar) getroffen, drei Personen wurden verletzt, 60 mussten evakuiert werden.

Zwischen den drei großen Vulkanen gibt es mehrere weitere Krater, die an frühere Ausbrüche erinnern, so die Tama Lakes und jenes Dutzend, das man auf dem Tongariro Crossing durchquert. Mordor, die Vulkanlandschaft, durch die sich Frodo und Sam dem Reich Saurons nähern, wurde vorwiegend auf dem Vulkanplateau des Tongariro-Nationalparks gefilmt. Aus Mount Ngauruhoe wurde, digital verändert, Mount Doom. Das Feuer der Szenen im „Herr der Ringe", die Erdspalten, aus denen Dünste wabern – dieses Urweltszenario des Films wird man jedoch vergeblich suchen: Das Vulkanplateau besteht vor allem aus Asche in Rot- und Brauntönen, aus Lavaströmen, dunklen Gesteinsbrocken und wenigen Gebirgspflanzen, die dem harschen Klima trotzen können.

Lahar

Lahar ist ein Wort aus dem Vokabular der Vulkanologen, das in Neuseeland jeder kennt: Lahar bedeutet eine dickflüssige Masse aus Wasser, Erdreich, vulkanischer Asche und Gesteinsbrocken, die sich bei Vulkanausbrüchen bildet oder wenn Kraterseen ausbrechen (was durchaus zeitgleich geschehen kann). Wenn sich diese Schlammlawine zu Tal wälzt, reißt sie alles mit, was sich ihr in den Weg stellt. So floss 1953 der sich immer wieder neu bildende Kratersee des Mount Ruapehu über, ein Lahar wälzte sich durch das Whangaehu-Tal und riss die Eisenbahnbrücke bei Tangiwai in die Tiefe. Minuten später wollte sie der Nachtexpress zwischen Auckland und Wellington passieren – es gab 151 Tote. 1995 und 1996 gab es bei Ausbrüchen des Mount Ruapehu wieder Lahare, als sich der Kratersee ins Tal ergoss – die Lahare kamen vor dem SH 1, der das Tongariro-Massiv östlich umgeht, zum Stehen.

Wer heute auf dem SH 1 unterwegs ist, sieht Warnschilder und Schranken, die Straße kann innerhalb von Minuten gesperrt werden. Die Lahargefahr durch das Ausbrechen des Kratersees auf dem Mount Ruapehu ist immer gegeben – der letzte Ausbruch des Kratersees fand im März 2007 statt, das Frühwarnsystem funktionierte wie erwartet. Die Schlammflutwelle floss durch das Whangaehu-Tal am Dorf Tangiwai vorbei ins Tal und ins Meer, zurück blieb eine bis zu 4 m hohe Schlammschicht. Seismographen und direkte Beobachter lassen den Kratersee keinen Tag aus den Augen, neuerliche Opfer sollen so verhindert werden.

Den Gebirgszug umrundet ein Trekkingpfad, für den man sechs bis acht Tage benötigt. Der nördliche Teil um Mount Tongariro und **Mount Ngauruhoe wird** *Northern Circuit* genannt, der Südteil *Round the Mountain Track;* Übernachtungsmöglichkeit in den üblichen einfachen DOC-Hütten. Der Nordteil ist ein neuseeländischer *Great Walk*. Die meisten wanderwilligen Besucher des Parks gehen die *Tongariro Crossing,* eine eintägige Überquerung, die zu den „Muss" Neuseelands gehört. Diese nicht zu unterschätzende sechs- bis neunstündige Bergtour führt zwischen Mount Ngauruhoe und Mount Tongariro hindurch von der West- zur Nordseite des Gebirges über das zentrale Vulkanplateau: Man geht über steile Hänge, passiert alte Krater und kleine, mit Wasser gefüllte Eruptionstrichter.

Quartier bieten mehrere Orte rund um das Gebirge. Im Park liegt *Whakapapa Village,* Ausgangspunkt für schöne Spaziergänge und Wanderungen; außerhalb liegen *Turangi* und *National Park Village* (beide gut in das Verkehrssystem der Nordinsel integriert), sowie *Ohakune* im Süden, das wie Whakapapa mit einem Skizentrum lockt und fast ganzjährig Saison hat. Mehrere Anbieter lassen Shuttles und Busse

Der Tongariro National Park 379

zwischen diesen Orten fahren, vor allem aber von den Orten zum Ausgangs- und Endpunkt des Tongariro Crossing, wo es an Sommerwochenenden manchmal zugeht wie auf der Düsseldorfer Kö.

> ### Ngauruhoe und der Maori-Mythos
>
> Ngatoroirangi, Steuermann des Te-Arawa-Kanus und Ahnherr des Stammes Ngati Tuwharetoa, eilte nach der Landung in die Mitte der Nordinsel, um sie für sich und seine Nachkommen zu beanspruchen.
>
> Als Tohunga (Priester) rief er beim Aufstieg über die eisigen Hänge des Mount Ngauruhoe die Götter seiner Heimat Hawaiki an und bat sie, die Kälte zu vertreiben. Seine Bootskameraden, die ihn begleitet hatten, waren wegen des Bruchs eines *tapu*, wahrscheinlich wegen versehentlichen Betretens einer heiligen Stätte, bereits zu Eis erstarrt. Und Ngatoroirangi wurde erhört: Vulkanisches Feuer brach aus und wärmte den Boden unter seinen Füßen. Um den Bund mit der Gottheit zu besiegeln, tötete er seine Sklavin Auruhoe, deren Name seitdem im Namen des Berges (Ngauruhoe) verewigt ist.

Information/Verbindungen

Information Park Headquarters Tongariro (DOC), die Hauptverwaltung des Nationalparks mit Ruapehu Area Office residiert in Whakapapa Village, P.O. Box 71029, ✆ 07/8923729, ruapehugo@doc.govt.nz.

Verbindungen/Track-Transfer Bahn: Die Züge der Linie Auckland – Wellington halten in National Park Village (wo eine Pause für das Mittagessen eingelegt wird) und Ohakune.

Bus: *InterCity und Newmans* halten auf der Strecke Taupo – Palmerston North auch in Turangi (nahe dem Visitor Centre) und Taihape.

Mehrere **Shuttle-Unternehmen** verbinden die umgebenden Orte mit den Wanderzielen des Tongariro, vor allem mit den beiden Endpunkten des Tongariro Crossing, u. a. (2011 waren es 17 Anbieter!):

Tongariro Track Transport: Shuttle-Verbindung zwischen National Park Village, Whakapapa und Mangatepopo am Startpunkt des Tongariro Crossing; hin/zurück 20 $. National Park Village, ✆ 07/8923716, 0800/321061, www.tongariroalpinecrossing.com.

Adventure Headquarters bietet Shuttle vom National Park Village zu den Endpunkten des Tongariro Crossing, hin/zurück 35 $. ✆ 07/3860969, 0800/247800, www.adventure headquarters.co.nz.

Alpine Hotbus verbindet Taupo mit Mangatepopo, Whakapapa, Ketetahi und Turangi; man wird vom Hostel/Motel abgeholt und wieder zurückgebracht; für Tongariro Crossing verbleiben somit 9 Std. (voll ausreichend); ab Taupo retour 50 $, ab Turangi 40 $; ✆ 0508/468287, in Taupo ✆ 07/3787412, in Turangi ✆ 07/3868918; www.alpinehotbus.co.nz.

Mountain Shuttles bietet Transfers ab Turangi (5.30, 7 Uhr und 9 Uhr) und Whakapapa (7 und 8 Uhr) nach Mangatepopo, mit Rücktransport vom anderen Ende des Crossing 30/40 $; ✆ 0800/117686, www.tongarirocrossing.com.

Tongariro National Park Shuttle Transport fährt tägl. von Ohakune zum Tongariro Crossing, 35 $ eine Richtung; ✆ 06/3858561.

Discovery Alpine Shuttle, ab Whapapapa Village mit besonders frühen Abfahrtszeiten; ✆ 0800/122122, www.discovery.net.nz.

Rundflüge bietet z. B. **Mountain Air**, Büro am SH 47, gegenüber Beginn der Whakapapa St., PO Box 27; Kurzflug „Crossing" über den Tongariro-Nationalpark (15 Min) 95 $, der „Volcanic Explorer", der ebenfalls ab Chateau, aber auch von den Flughäfen Turangi und Raetiti fliegt, kostet für 35 bzw. 45 Min. 2.000 bzw. 2.250 $. ✆ 07/8922812, 0800/922812, www.mountainair.com.

Wintersprort

Die beiden Skigebiete oberhalb des Whakapapa Village und Turoa und oberhalb von Ohakune gehören schon deshalb zu Neuseelands populärsten, weil sie von den Metropolen Auckland und Wellington (sowie von Sydney und Melbourne) relativ leicht zu erreichen sind. Aber auch ohne diesen Lagevorteil können sie bestehen: **Whakapapa** ist Neuseelands größte Wintersportarena, **Turoa** die zweitgrößte; Turoa hat mit 720 m den größten, Whakapapa mit 675 m den zweitgrößten Höhenunterschied des Landes. Entsprechend groß ist der Andrang im Winter, und trotz verhältnismäßig vieler Skilifte (Whakapapa 23, Turoa 12) kommt es immer wieder zu langen Warteschlangen. Beide Orte, besonders aber Turoa, haben sich auf Snowboarder eingestellt – jedoch nicht in dem Maß wie Queenstown und Wanaka, die auf ein internationaleres Publikum setzen.

Information Ruapehu Alpine Lifts ✆ 07/8923738. Wetter/Schneebedingungen auf www.mtruapehu.com. **Schneetelefon** im Winter ✆ 0812/23727.

Transfer Shuttlebus vom Whakapapa Village zum Skigebiet 8.45–16 Uhr; einfach 4 $.

Touren im Tongariro National Park

Achtung: Das Wetter kann sehr schnell umschlagen, gerade eben war es noch warm und man hatte gute Sicht, plötzlich gibt es Nebel oder es regnet, stürmt, schneit – auch im Sommer! Da friert man in ein paar Minuten und weiß nicht mehr, wo man sich befindet.

Karten/Infos: Mindestens die Übersichtskarte 1:80.000 Tongariro National Park (Infomap 273–4), besser das Blatt Terramap Ruapehu (1:50.000), im Nordteil die neue Topomap 1:60.000 Tongariro, sollte man bei jeder Wanderung mit sich führen; dazu einen

Einsamkeit am Upper Tama Lake

Kompass oder, noch besser, ein GPS-Gerät (und selbstverständlich muss man mit beiden sowie mit der Karte umgehen können).

Führerliteratur ist nicht nötig, man besorgt sich jedoch die DOC-Wegbeschreibung „Tongariro Crossing" und weitere, die zu allen Hauptwegen erschienen sind.

Übernachten: Camping ist erlaubt, jedoch in mindestens 200 m Abstand von einem Weg, auf dem Northern Circuit sind mindestens 500 m vorgeschrieben. Wer nahe einer Hütte zeltet, darf deren Einrichtungen nutzen, jedoch nicht die Schlafräume.

Die Hütten des Northern Circuit Great Walk kosten in der offiziellen Saison Ende Okt. bis Juni 31 $ pro Nacht; außerhalb der Saison können wie auf allen anderen Hütten die DOC-Back-Country-Hüttentickets bzw. -Jahrespässe verwendet werden.

Whakapapa-Rundwege

Länge: 6 km. **Dauer**: 2 Std.

Vom Besucherzentrum im Whakapapa Village führt der **Taranaki Falls Walk** zum eindrucksvollen Taranaki-Wasserfall. Durch Busch mit vielen endemischen Pflanzen und einigen Erdorchideen (darunter die blau blühende *Thelymitra malvina*) erreicht man den Fall, der Bach wird oberhalb auf einer Brücke gequert. Der Wairene-Fluss stürzt hier 20 m tief über eine senkrechte bis überhängende Wand aus eisenhartem, 15.000 Jahre altem Lavamaterial in ein Wasserbecken. Entweder auf demselben Weg zurück (leichter) oder (viel schöner) flussabwärts durch die höchsten Südbuchenbestände am Berg (die hier nur noch entlang des Flusses zu finden sind) und dann gut markiert über eine vor allem mit Tussockgras bewachsene gewellte Landschaft zurück zum Village.

Länge: 8 km. **Dauer**: 2:30 Std.

Ebenfalls eindrucksvoll ist der **Silica Rapids Walk** (8 km, 2:30 Std.), der am Parkplatz des Motorcamp oberhalb des Whakapapa Village beginnt. Man geht durch Südbuchenwald bis zum Whakapapanui Track und erreicht einen Bach, dessen Bett auf ca. 500 m Länge mit einer feinen Schicht aus Sinter ausgefüllt ist – demselben Sinter, der jene berühmten Terrassen am Lake Rotomahana bildete, die beim Tarawera-Ausbruch 1886 zerstört wurden (→ Die Geothermalregion um Rotorua). Man quert ein mooriges Gebiet auf einem Holzsteg, folgt einem anderen Bach und erreicht nach einem Wasserfall die *Silica Rapids,* Terrassen, die sich hier im nur sanften Gefälle des Tawhainui Stream gebildet haben. Durch Busch- und Tussock-Grasland geht es zurück zum Ausgangspunkt.

Die Tama Lakes und Waihohonu Crossing

Länge: 20 km. **Dauer**: 5:30–7 Std.

Eine überaus lohnende Tour führt zu zwei Eruptionskratern am Fuß des Mount Ngauruhoe: den Tama Lakes. Man geht an den Taranaki Falls geradeaus (oberhalb) weiter, der Weg wird zum Pfad und streckenweise zum Gebirgssteig. Auf der Wasserscheide geht man geradeaus zur *Waihohonu Hut,* der ältesten Hütte (1907) des Gebirges (sie steht zwar noch, wurde aber für Übernachtungen durch einen nahen Neubau ersetzt) und evtl. weiter zum SH 1, der unterhalb verläuft (keine Shuttles, Abholung muss privat organisiert werden!).

Viel interessanter ist die Abzweigung vom höchsten Punkt des Waihohonu Crossing nach links (Norden), auf der man zuerst den *Lower Tama Lake* überblickt, um nach nochmaligem Anstieg über dem *Upper Tama Lake* zu stehen. Die Holzstangen, an denen man sich ab dem Wasserfall orientierte, enden hier. Rückweg auf demselben Weg.

🚶 Tongariro Crossing

Länge: 19 km. Dauer: 6–9 Std.

Die Route vom Parkplatz am Ende der Mangatepopo Road zu jenem am Ende der Ketetahi Springs Road ist sicher eine der beliebtesten Bergtouren Neuseelands; und immer wieder wird sie von unzureichend gekleideten und vor allem schlecht beschuhten Touristen gemacht, die dann nicht ungefährlich die steilen Aschehänge hinunterrutschen. Wer diesen Weg in den neuseeländischen Schulferien und dann noch an einem Wochenende macht, wird immer wieder in Staus geraten – vor allem am Steilabstieg zu den Emerald Lakes, wo man wegen der Steilhänge links und rechts nicht überholen kann und die meisten doch sehr zu kämpfen haben: Nicht wenige bewältigen dieses Stück, indem sie sitzend und sehr vorsichtig hinabrutschen. Besser also diese Termine meiden und auf jeden Fall einen „Early-Bird-Bus" nehmen, wie er von einigen Shuttle-Unternehmern angeboten wird. Der Weg wird normalerweise von West nach Ost gemacht, da man so 400 m weniger Aufstieg hat als in der Gegenrichtung.

Mount Ngauruhoe

Höhepunkte des Tongariro Crossing sind die *Soda Springs* vor dem ersten Steilstück; der Blick auf *Mount Ngauruhoe* (der normale Anstieg erfolgt auf einem Abstecher – nur für Geübte); die Querung des immer wieder mal überfluteten *South Crater* und der Steilanstieg zum Grat über dem *Red Crater*, auf den man fast senkrecht hinunterblickt. Dann der absolute Kick: Abstieg am Rand des *Red Crater* auf der oben erwähnten steilen Rutschpartie, unten sind die türkisfarbenen *Emerald Lakes* zu sehen, die sich in Eruptionskratern gebildet haben. An ihnen vorbei erreicht man den riesigen *Central Crater*, steigt zum *North Crater* mit dem Blue Lake hinauf (der Mount Tongariro ist hier am nächsten) und geht dann schon am äußeren Abhang des Gebirges zur *Ketetahi Hut* hinunter. Der direkte Weg durch die schon von weitem zu sehende Geothermalzone der Ketetahi Springs ist gesperrt (Maori-Besitz und *tapu*), aber der normale Abstiegsweg berührt sie ebenfalls – man kann das warme Wasser fühlen, das hier einen Bach bildet. Ein Umgehungsweg ist im Entstehen, er wird wohl zur Saison 2012/13 fertig sein. Der letzte Abstiegsteil führt durch schönen Mischwald.

🚶 Besteigung des Mount Ruapehu

Länge: 9 km. **Dauer**: 5–7 Std.

Die nicht markierte Route auf den Gipfel des Mount Ruapehu mit seinem Kratersee ist erfahrenen und sehr gut ausgerüsteten Bergsteigern bei gutem Wetter vorbehalten.

🚶 Northern Circuit Great Walk

Länge: 40 km. **Dauer**: 2–4 Tage

Dieser Great Walk beginnt üblicherweise am Whakapapa Village und verläuft ab der Mangatepopo Hut (2–3 Std.) auf dem Weg des Tongariro Crossing; übernachtet wird auf der Otutere Hut (4–6 Std.). Etwas tiefer führt der Weiterweg zur (neuen) Waihohonu Hut (2–3 Std.), während die Querung des Massivs zum Whakapapa Village (5–7 Std.) wieder in hochalpine Bereiche führt.

🚶 Round the Mountain Track, Mount Ruapehu

Länge: 55 km. **Dauer**: 4–6 Tage

Etwas länger, viel einsamer und wegen der nicht so gut ausgebauten Pfade langwieriger ist der Rundweg um den Mount Ruapehu. Man durchquert dabei fast alle Vegetationszonen des Gebirges, außer der Schnee- und Eisregion. Die erste Übernachtung ab Whakapapa Village ist auf der Waihohonu Hut (4:30–6 Std.); es folgt die Rangipo Hut (4–5 Std.); weitere Hütten sind die Mangaehuehu Hut (5–6 Std.), Mangatururutu Hut (4 Std.) und Whakapapaiti Hut (5–6 Std.), bevor man wieder Whakapapa Village erreicht (2–3 Std.) – gesamte Laufzeit also ca. 24:30–30 Std.

Turangi

Turangi nennt sich vollmundig „Trout Fishing Capital of the World" – wer will das Gegenteil beweisen? (Gore auf der Südinsel behauptet Ähnliches von sich.) Für uns europäische Touristen ist Turangi aber selten ein Angelziel: Die meisten werden sich wohl in Turangi aufhalten, weil von dort aus die Besteigungen des Tongariro-Massivs gut zu machen sind – vor allem die *Tongariro Crossing*, die berühmte Überquerung des gesamten Massivs an einem Tag. Damit sind die Besonderheiten des Ortes, der für die Arbeiter am *Tongariro Power Scheme* (ein 1964 begonnenes, umweltverträgliches Wasserkraftprojekt) gebaut wurde, aber auch schon abgehakt.

Information/Sport & Freizeit

Information Visitor Centre Turangi, Ngawaka Place, tägl. 8.30–17 Uhr. ✆ 07/3868999, turangivc@laketauponz.com. **DOC Turangi**, Turangi Place, Mo–Fr 8.30–17 Uhr. ✆ 07/3847106, nat@doc.govt.nz.

Sport & Freizeit Neben Bergsteigen und Mountainbiken im Nationalpark (s. o.) sind Rafting und Fischen/Angeln beliebt; Letzteres v. a. bei einheimischen Familien, die hier regelrechte Forellenangelurlaube verbringen.

Rafting macht man auf dem Tongariro River, der eher brave Charakteristika hat. Unter den örtlichen Anbietern, die alle ca. 115 $ für den Trip verlangen, sei *Tongariro River Rafting* erwähnt (auch Verleih von Mountainbikes): Atirau Rd., ✆ 07/3866409, 0800/101024, www.trr.co.nz; ebenfalls *Turangi Rafting*, ✆ 027/5797838, 0800/865226, www.turangiraftingnewzealand.com (→ Anbieter in Taupo!).

Das Visitor Centre vermittelt alle für das Angeln wichtigen und notwendigen Genehmigungen, Boote, Führer und Ausrüstung.

Das zentrale Vulkanplateau → Karte S. 343

Übernachten/Essen & Trinken

Asure Parklands Motor Lodge, gediegener Motelkomplex in grünem Umfeld auf der Flussseite des SH 1; nur Erdgeschoss-Units, nicht alle mit Küche, im Haus Restaurant und Bar (So geschlossen), Pool, Sauna und Spa. Unit ab 94 $. Ecke SH 1/Arahori St., ✆ 07/3867515, 0800/456284, www.parklandsmotorlodge.co.nz.

Judges Pool Motel, sauberes Budget-Motel, 9 Units mit Bad und Küchenzeile, ruhige Lage, Spa, Internetzugang. Unit 93–145 $. 92 Taupahi Rd., ✆ 07/3867892, www.judgespoolmotel.co.nz.

Founders@Turangi, 4 Zimmer mit Bad, Gästelounge mit kleiner Bibliothek, Veranda rund ums Haus, gutes Frühstück (Abendessen möglich), Ausruhen am Kaminfeuer (das Angeln war wieder mal anstrengend); die Lodge kann auch ganz gemietet werden. DZ/FR (cont.) 180 $. 253 Taupahi Rd., ✆ 07/3868539, www.founders.co.nz.

Extreme Backpackers, ganzjährig Tipps und Buchungshilfe für Bergsteiger; Ausrüstung kann hier geliehen werden (einige Teile gratis), allein das lockt schon. Dazu die Lage! Speziell auf Backpacker abgestimmte Lodge mit sehr sauberen (kahlen), geheizten Zimmern, die meisten blicken auf einen Innenhof; große, gut ausgestattete Küche, Lounge mit Kamin (es brennt tatsächlich Feuer drin), Kletterwand und Red Crater Café. Das Hostel steht zum Zeitpunkt der Drucklegung dieses Buches zum Verkauf. SG 40/50 $, DB 28/33 $, DO 22–24 $. 26 Ngawaka Place (zentral bei der Touristinfo), ✆ 07/3868949, www.extremebackpackers.co.nz.

A Plus Lodge (Samurai Backpackers), alle Raumgrößen bietet diese Loge mit großem Garten, in dem man auch zelten kann; ruhige Lage, Internet (1/4 Std. gratis) und Räder (2 Std. gratis). DB ab 21 $, DO ab 19 $. 41 Iwiheke Place, ✆ 07/3867492, info@tongarirohostel.co.nz.

Oasis Motel & Holiday Park, ortsnaher Campingplatz (2 km) mit Motel, Cabins und reichlich Zeltplätzen. Geheizte Pools sowie Becken mit Thermalwasser – Wanderer können sie gratis benutzen (ein Hinweis von Leser Rainer Kehl). Auch Vermittlung von Shuttlediensten in den Tongariro-Nationalpark. Motel-Unit 90–120 $, Cabin (2 Pers.) 54 $, Zeltplatz u. 2 Pers. 36 $. 426 SH 1, Tokaanu, Turangi, ✆ 07/3868569, www.oasismotel.co.nz.

Mustard Seed Café, 91 Ohuanga Rd.; eines jener modernen Bistro-Cafés, die in Neuseeland aus dem Boden schießen wie Pilze nach warmem Regen. Kaffee, Panini, süße Schnitten gut, dazu Internet.

Sehenswertes

Tongariro National Trout Centre: Das DOC-Informationszentrum zu den Forellen Neuseelands (am SH 1, 4 km südlich des Orts) vermittelt wirklich alles Wissenswerte über Forellen, ihre Umwelt und noch mehr. Eine große ehemalige Lagerhalle wurde zum Ausstellungsraum umgewandelt, der wesentliche Informationen über Forellenfischen und Forellen in Neuseeland gibt. Nicht auslassen sollte man den „The River Walk", einen Spaziergang durch die Welt des Forellenangelns. Lebende Forellen sind im Bach zu bewundern und im Teich, wo sie auch gefüttert werden können. Die Taupo-Forellen wurden wie alle Forellen des Landes aus importierten Forellen gezüchtet und kommen in Neuseeland nur auf den Tisch, wenn man sie selbst geangelt oder geschenkt bekommen hat – Forellen sind nicht käuflich zu erwerben!
Tägl. 10–16 Uhr, Mai bis Nov. bis 15 Uhr. ✆ 07/3868085, www.troutcentre.org.nz.

Die Raurimu Spiral: Man muss die Raumiru-Achterschlinge der Eisenbahnlinie von Auckland nach Wellington von unten sehen, um ihre Konstruktion auf sich wirken zu lassen. Denn im Zug hat man nicht den Eindruck, eine Steilstufe zu überwinden. Brücken und Tunnels folgen einander in bester Bergbahntradition – ähnlich einem der weltweit ersten Beispiele, der Semmeringstrecke zwischen Wien und Graz. Die Stellen auf dem SH 4, von denen aus man die Raumiru Spiral am besten betrachtet,

Zwei Verkehrsmittel am Bahnhof National Park, beide gleich altmodisch

liegen zum einen 8 km nördlich der Bahnstation National Park, zum anderen 37 km südlich von Taumarunui (Hinweisschilder) Wer beide Eindrücke haben will, braucht einen Nachmittag: Sowohl Bahn als auch Bus halten an beiden Orten. So kann man am frühen Nachmittag den (einzigen) Zug von National Park Village nach Taumaranui nehmen und mit dem nächsten Bus zurückfahren.

National Park Village

Nichts lockt zum National Park Village – außer der Umstand, dass hier die Züge zwischen Wellington und Auckland halten sowie die Busse von InterCity und Newmans. Und dass in Whakapapa Village, viel näher am Berg und viel schöner gelegen, die Betten rar und teuer sind. Aber man ist ja tagsüber kaum im Village, und jeder Wanderparkplatz ist mit Shuttles erreichbar, zumindest in der Saison.

Verbindungen

Verbindungen Bahnhof mit Halt der Züge aus Wellington und Auckland – nur noch ein Zugpaar pro Tag; beide Züge halten zur gleichen Zeit und das Personal wechselt.

Bushalt an der Carroll Street (Station Rd. nach links, dann Carroll St. rechts). Bustickets in der Howard's Lodge (s. u.), 11–13 Carroll St.

Übernachten/Essen & Trinken

Tongariro Adventure Lodge & Motel, alle Unterkunftstypen von Bunk bis Bed, alles sehr einfach, auch als B&B möglich; ebenso einfaches Restaurant, auch Gästeküche, Lounge mit offenem Kamin, Spa; der Transport zum Start des Tongariro Crossing wird organisiert – klar. Schlafsaal mit Lager (DO) 30 $/Pers., DB ab 35 $, DZ/FR 130 $ (Sommer) bis 160 $ (Winter) und Motel-Unit 130 bzw. 180 $. Carroll St., National Park, ✆ 07/8922991, 0800/321061, www.adventurenationalpark.co.nz.

Howard's Mountain Lodge, alle werden sie willkommen geheißen in dieser nicht sonderlich persönlichen Allzwecklodge vom Moteltyp: die Backpacker und die mit Koffer Reisenden; nach dem anstrengenden Actiontag trifft man sich dann in der Lounge vor dem Kamin, beim Billard – oder vor der Glotze. Shuttledienst zum Beginn des Tongariro Crossing und der Mountainbikeroute „42 Traverse". DB ab 28 $, DO ab 25 $, Unit mit Bad und Küchenzeile 75–165 $. 11–13 Carroll St., ✆ 07/8922827, www.howardslodge.co.nz.

Discovery National Park Backpackers & Lodge, Backpacker-Hostel mit Restaurant und Bar. Im DB oder Triple mit Bad oder in Backpacker-Cabin ab 30 $, aber auch Chalets und Motel-Units bis 135 $, Zeltplatz (2 Pers.) mit Strom ab 32 $. Am SH 4, 800 m vor der Abzweigung SH 47/48, PO Box 55, National Park, ✆ 07/8922744, 0800/122122, www.discovery.net.nz.

National Park Backpackers, kompletter Service für Backpacker – und nur für sie; die Zimmer mehrheitlich mit Bad; Spa, 8 m hohe Freikletterwand (!), gratis Transfer zum/vom Hostel und jede Menge Tipps und Buchungshilfen für Unternehmungen ab dem Village. DB ab 28 $, DO ab 21 $, SG 56–74 $. Finlay St., ✆ 07/8922870, www.npbp.co.nz.

Eivins, Ecke Carol St./SH 4; Café, Weinbar und Bistro in modernem Glas- und Holzbau; die Speisen deftig bis exotisch, dazu gratis Ausblicke auf die Vulkanberge. ✆ 07/8922844.

The Station, das Café im Bahnhof bietet ein eher schlichtes Angebot; für die Zugpassagiere, die hier Mittagspause haben, sind meist nur Sandwiches vorbereitet, aber das Café ist bis 22 Uhr geöffnet.

Whakapapa Village

Innerhalb des Nationalparks kann man nur im Whangapapa Village nächtigen. Ursprünglich stand hier nur das grandiose alte *Grand Chateau*, auf dessen eindrucksvolle Fassadenfront am grünen Hang unter dem Profil des Mount Ruapehu man zufährt, wenn man den SH 47 verlässt und den SH 48 nimmt. Inzwischen hat sich

Chateau Tongariro und Mount Ruapehu

ein regelrechtes Dorf mit allen möglichen Unterkünften entwickelt, mit Laden, Kneipen und einem DOC-Infobüro.

6 km weiter, am Ende des SH 48, erreicht man *Iwikau Village*, ein Skidorf, das im Sommer wie jedes andere Skidorf ausnehmend hässlich aussieht, aber zwischen Juli und November im Schneekleid durchaus passabel wirkt. Unterkünfte gibt es hier keine, der Sessellift zur *Knoll Ridge* mit Neuseelands höchstgelegenem Café auf 2.020 m läuft auch im Sommer.

Information DOC Visitor Centre, tägl. 8–18 Uhr. 07/8923729, whakapapavc@doc.govt.nz, www.whakapapa.co.nz. Reichlich Material und Infos zum Nationalpark, kleines *Skimuseum* und 2 kurze Filme über Vulkanismus und Maorilegenden (zusammen 5 $).

Weitere Infos über die Region Whakakapa und Mount Ruapehu, Private Bag, Mount Ruapehu. 07/8923738, www.mtruapehu.com.

Übernachten/Essen & Trinken Skotel Alpine Resort, Neuseelands höchst gelegenes Hotel liegt am Westhang des Mount Ruapehu, Hotel & Backpacker und Restaurant sowie Bar. Jeder Unterkunftstyp von 45 $/Pers. im Schafsaal bis zu 225 $ für zwei im „Chalet" mit allem Komfort, Bad und „Kitchenette". Ngauruhoe Place, PO Box 30, Whakapapa Village, Mt. Ruapehu, 07/8923719, 0800/756835, www.skotel.co.nz.

»> Mein Tipp: Bayview Chateau Tongariro, das historische, seit 1924 bestehende „Chateau" hat den Charme einer vergangenen Epoche und den Komfort der Gegenwart; wohnliche Zimmer mit herrlichen Blicken, sehr gutes Restaurant, Café-Bars, eine sehr populäre Bar im Kellergeschoss. Kleines Hallenbad, Sauna, Fitnessraum; unterhalb liegt der hoteleigene Golfplatz (9 Löcher). Auch wenn es billigere Quartiere gibt: Im Chateau Tongariro abzusteigen verstärkt den Kontrast zwischen den Mühen des Bergwandertags und dem Komfort des Hotels, verstärkt den Genuss und vertieft die Erinnerungen, die man heimträgt – ja, wenn man sich's leisten kann ... In der Sommer- und Winter-Hochsaison lange vorher reservieren! DZ 190–1000 $. SH 48, Whakapapa Village, Mt. Ruapehu, 07/8923809, 0800/242832, www.chateau.co.nz. «

Whakapapa Holiday Park, großzügig bemessene Plätze, große Gemeinschaftsküche, anständige Toiletten/Duschen. Stellplätze (inkl. 2 Pers.) ab 38 $, (Backpacker-)Lodge mit Küche 32 $, Cabin/Unit bis 110 $. Bruce Rd., im Buschland nahe dem Visitor Centre; SH 48, PO Box 34, Whakapapa Village, 07/8923897, www.whakapapa.net.nz.

Ohakune

Ohakune profitiert von der Nähe zum Turoa-Wintersportgebiet, das sieht man dem Ort mit seinen pseudo-alpenländischen Fassaden und Schildern der Ski-Verleihe deutlich an. Im Winter ist Hauptsaison, im Sommer nur Nebensaison – das macht Ohakune zwischen November und März zu einem angenehmen Standort für Wanderer und Bergsteiger.

Information Ruapehu Visitor Centre, 54 Clyde St.; tägl. 8.30–17, Sa/So 9–15 Uhr. 06/3858427, ruapehu.vic@xtra.co.nz.

DOC Ohakune Visitor Centre, am Beginn der Ohakune Mountain Rd.; tägl. 9–15 Uhr, Sa/So geschl. 06/3850010, ohakunevc@doc.govt.nz, www.ohakune.info.

Verbindungen Bahnhof an der Linie Wellington – Auckland; die **Busse** von InterCity und Newmans zwischen Hamilton und Wanganui halten, 2 km entfernt, beim Visitor Centre im Ort; tägl. je 1 Buspaar (Sa keine Busse); **Shuttle-Service** zum Turoa-Skigebiet durch Dempseys Buses. 06/3854022. Matai Shuttle → LKNZ Backpackers.

Aktivitäten Kanu/Kajak: *Canoe Safaris*, 6 Tay St., PO Box 89, Ohakune; Unternehmen mit einem Vierteljahrhundert Erfahrung bei Touren im Whanganui-Nationalpark. Kajak und Guide f: 2 Pers. mit Transport 400 $, oder Guide für Gruppe 120 $ pro Tag. 06/3859237, 0800/272335, www.canoesafaris.co.nz.

Ein weiterer Anbieter ist *Yeti Tours*, 61 Clyde St., Ohakune, 06/3858197, www.yetitours.co.nz.

Etwas ganz Besonderes hat **Awa Tours**, 17a Ballance Rd., Ohakune, im Angebot: Die 3-tägige Tour im Kanu (ca. 670 $), die auch kurze Wanderungen und Übernachtung im Marae einschließt, wird von Maori geführt – und macht mehr mit dem Leben der Ureinwohner Neuseelands vertraut als jeder Museumsbesuch! 06/3854811, www.wakatours.com.

Radeln: Mit dem Kleinbus auf den Berg, fürs Runterfahren auf guter Staubstraße braucht es keine Puste; Rad (MTB – ein Trekking-Bike tät's auch) und Helm werden zur Verfügung gestellt (50 $). Scenic Cycles, 101 Miro St., PO Box 67, Ohakune. 06/3858257, http://nzbybike.com.

Nur MTB-Verleih z. B. bei *Big Red Ski Shed*, 71 Clyde St. 06/3858887.

Übernachten/Essen & Trinken **Tairoa Lodge**, hervorragende Lodge am Mangawhero-Fluss, die v. a. Jäger und Angler anzieht. DZ 185 $. 144 Mangawhero River Rd., 06/3854882, www.tairoalodge.co.nz.

The Peaks Motor Inn, 23 Units in 2 Größen, alle mit Küche, Waschmaschine/Trockner, die größeren mit Spa, im Haus Sauna und Spa. Unit 99–119 $, in der Skisaison teurer und lange vorher ausgebucht. 2 Shannon St., 06/3859144, www.thepeaks.co.nz.

LKNZ Backpackers & YHA, großes, modernes Backpacker-Hostel in zwei Gebäuden, an YHA angeschlossen, nach Renovierung neuer Name (früher Matai Lodge) und Café im Haus; Lounge mit DVDs und Video, Shuttle-Service zum Beginn der Wanderwege, auch zum Tongariro Crossing. In LKNZ-Lodge DB (Bad) 75/89 $ (2 Pers., Sommer/Winter), in Mountain Lodge DO 27/35 $, DB (mit Bad) 32/40 $ (Sommer/Winter). 1 Rata St., am (nachts ruhigen) SH 49 im Ort, 06/3859169, www.localknowledgenz.com.

Ohakune Top 10 Holiday Park, am Rand eines Wäldchens; gehobene Qualität zeichnet diesen Platz im Grünen aus, die Gemeinschaftseinrichtungen sind geheizt (ebenso alle Units), penibel sauber, erneuert oder neu, die Stellplätze großzügig bemessen. Stellplatz und 2 Pers. ab 37 $, Cabins und Motel-Units mit Küche bis 225 $. 5 Moore St., 06/3858561, 0800/825825, www.ohakune.net.nz.

Spaziergänge und Wanderungen am Mount Ruapehu

Von der Straße zum Turoa-Skigebiet mit seinem auch im Sommer laufenden Sessellift lassen sich kürzere und längere Spaziergänge und Wanderungen unternehmen; die längste ist natürlich der *Round the Mountain Track* (s. o.). Folgt man dem Track vom letzten Parkplatz vor dem Liftparkplatz nach Nordwesten, erreicht man die *Mangaturuturu Hut*, die allerdings fast 200 m tiefer liegt, was einen recht steilen Aufstieg auf dem Rückweg bedeutet (3 Std. hin/zurück). Insgesamt angenehmer ist der *Rundweg zu den Waitonga Falls* (ca. 1:20 Std.): Das Ziel ist ein eindrucksvoller Wasserfall, der Höhenunterschied beträgt nur ca. 120 m. Der *Mangawhero Forest Walk* (1:30 Std.) ist eine hübsche Allwetter-Wanderung im Primärwald, die gleich beim DOC-Centre beginnt.

Waioru und die Desert Road

Zwischen Turangi und Waiouru erreicht der SH 1 Höhen bis knapp unter 1.100 m, während er die Ostflanke des Tongariro-Massivs tangiert. Die Landschaft ist ein weites Plateau, das im Westen von den drei steilen Gipfeln des Tongariro überragt wird – im Osten erheben sich weiter entfernt die Waldberge der Kaweka und, noch weiter südlich, die Ruahine Ranges. Dieser Straßenabschnitt wird *Desert Road* genannt; das nur allmählich zum Tongariro ansteigende Buschland im Westen heißt *Rangipo Desert*.

In dieser Höhe und bei den hohen Regenmengen würde man hier Wald erwarten, und tatsächlich beginnt etwas südlich auch wieder Wald, der sehr große *Karioi State Forest* am Südfuß des Mount Ruapehu. Doch im Bereich der Desert Road besteht der Untergrund nur aus vulkanischer Asche, die noch erst vor kurzem von der Vegetation erobert wurde – die Ascheschichten wurden bei Ausbrüchen immer wieder erneuert, zuletzt 1996. So hatte der Wald noch keine Zeit, sich zu entwickeln, und Mordor ist schließlich baumlos.

Die Rangipo Desert ist militärisches Übungsgebiet, so wundert es nicht, dass die neuseeländische Armee im Dorf *Waiouru* einen Standort unterhält. Dazu gehört auch das *QE II Army Memorial Museum*, das Neuseelands Beiträge zu Großbritanniens Kriegen vor 1914, den beiden Weltkriegen und dem Vietnamkrieg dokumentiert.
Museum Tägl. 9–16.30 Uhr, Eintritt 15 $, 0800/369999, 06/8376911, www.armymuseum.co.nz.

Rangitikei und Taihape

Südlich von Waiouru verlässt man das Vulkanplateau und erreicht das Tal des Rangitikei-Flusses. Tal und Fluss winden sich durch Schafweideland, der Fluss schneidet sich immer wieder steil ein, der Blick von oben hinunter – u. a. auch vom Zug aus auf der Bahnstrecke zwischen Wellington und Auckland – ist spektakulär. Das Zentrum ist *Taihape*, wo die Raftingtouren auf dem Rangitikei-Fluss starten. Taihape nennt sich Gumboot City (Gummistiefelstadt), was zum Labour Day im Frühjahr mit einem Gumboot Day gefeiert wird. Hauptwettbewerb und Krönung des Feiertags, wir ahnen es schon, ist *Gumboot throwing*, Gummistiefelwerfen. Well, well ...
Rangitikei Tourism, Hautapu St., Taihape, 06/3880350, www.rangitikei.com.

Weiter nach Palmerston North und Wellington → Wellington und Umgebung.

Typisch für das zentrale Vulkanplateau: alte Geysirplattform (Lake Rotorua)

Blick auf Cooks Cove (oben)

Die Ostküste vom East Cape zur Hawke's Bay

Die lange Fahrt um das East Cape herum machen nur wenige. Selbst Gisborne und seine Weinregion in der Poverty Bay wird oft ausgelassen. Doch an den Stränden des East Cape landeten die Boote der ersten Polynesier, in der Poverty Bay bei Gisborne sah James Cook erstmals die Küste Neuseelands. Wäre doch traurig, wenn man diese Gegend nicht besuchen würde.

Große Kontraste sind in den drei Regionen im Osten der Nordinsel versammelt. East Cape ist vorwiegend dünn besiedeltes Maoriland – ein paar Dörfer und Campingplätze an der Küste, die zwischen Steilabfällen und von Treibholz überschwemmten Kiesstränden wechselt. Dazu Wälder, die bis in die alpine Zone reichende Raukumara Range und jede Menge Einsamkeit im Inneren. Doch Neuseeland wurde von hier aus besiedelt, hier (und in Westland auf der Südinsel) landeten die ersten Kanus der großen Landnahme – das East Cape ist Neuseelands ältestes Siedlungsgebiet.

Ganz anders die beiden anderen Regionen, Poverty Bay und Hawke's Bay (East Cape gehört administrativ zu Gisborne in der Poverty Bay): Im Windschatten der von Südwest nach Nordost verlaufenden unwegsamen Gebirgsketten (der Ruahine Range und der Kaweka Range) boten sie den frühen Pakeha-Siedlern gutes Weideland. Doch das war bald so überweidet, dass heute die fast komplett gerodete Landschaft der Hügel und Flussebenen von Viehspuren überzogen ist.

Captain Cook mag wohl, als er 1769 zum ersten Mal (Neusee-)Land sah, von der ihm arm erscheinenden Landschaft und Bevölkerung abgestoßen gewesen sein. (Wie

wir wissen, war er nicht der Erste, der hier an Land ging; Kupe, die Kanus der großen Landnahme und Abel Tasman waren schon vor ihm da). Sonst hätte er die Bucht, in der sich heute Gisborne ausdehnt, nicht Poverty Bay, Armutsbucht, genannt. Wenn Cook nur sehen könnte, was dort heute alles gedeiht – nicht nur die Rebstöcke in der Region Gisborne, an denen einige der besten Weine des Landes wachsen und reifen!

Hawke's Bay, die große Bucht weiter südlich, misst sich mit der Poverty Bay, was den Weinbau betrifft, und mit anderen städtischen Regionen, was ihre Urbanität betrifft. Napier wurde zwar 1932 durch ein schweres Erdbeben und die nachfolgende Brandkatastrophe zerstört, doch flott war es wieder aufgebaut – im aktuellen Art-Deco-Stil. Und wie freuen wir uns heute über diese Extravaganzen! Auch Hastings am Südende der Bay zeigt reizvolle Art-Deco-Bauten und schicke moderne Villen in den umgebenden Weinbergen.

Und auch Neuseelands einzige Festlandkolonie von Gannets, den Australtölpeln, ist nicht weit: Am Cape Kidnappers nisten sie so nahe an den Besuchern, dass die meinen, ihr Makro einstellen zu müssen (so nah am Abgrund, dass alle Ostasiaten, die nicht die Gannets, sondern sich gegenseitig fotografieren, in ernste Gefahr kommen, abzustürzen). Im Binnenland ist der riesige Te Urewera-Nationalpark, das größte zusammenhängende Waldgebiet der Nordinsel, wegen seiner Wanderwege eine bedeutende Attraktion. Der Rundweg um den Lake Waikaremoana, ein viertägiger Great Walk, bildet das touristische Highlight dieses Nationalparks.

Freedom Camping an den Stränden zwischen Opotiki und Wairoa

Gisborne hat als Touristenort reichlich Nachtquartiere anzubieten, vor allem Motels, die sich an der Einfallsstraße von Süden (also von der Hawke's Bay) häufen. Doch die Region Gisborne, die sich von Opotiki über Eastland bis Wairoa erstreckt, hat auch eine Nächtigungsmöglichkeit, die sonst kaum existiert: Freedom Camping! Während man anderswo in Neuseeland auf die Campingplätze verwiesen wird, kann man in der Region Gisborne an neun Stränden oder in einem ausgewiesenen Waldgebiet im Binnenland campen. Ein Permit ist notwendig (10 $ für 2 Nächte, 25 $ für 10 Nächte), man besorgt es sich bei einer der i-Sites der Region oder per Banküberweisung. Infos über die Bedingungen und die Strände mit Freedom Camping auf www.gdc.govt.nz/freedom-camping.

Die Region East Cape

Nur wenige Regionen Neuseelands sind bis heute fast ausschließlich von Maori bewohnt – das East Cape gehört dazu. Die weit in den Pazifik hinausragende Halbinsel wird von der unwegsamen Raukumara-Kette eingenommen und ist kaum besiedelt. An der Küste, die sich aus langen Steiluferzonen, wenigen schmalen Stränden und flachen Flussmündungen zusammensetzt, sind die Dörfer klein und liegen weit auseinander. Das bewegte Relief mit seinen steilen Ufern isoliert die Dörfer trotz der Straße, die sich um East Cape windet: Oft muss die Straße weit ins Landesinnere und über Pässe steigen.

Sogar im Hochsommer, wenn eine Handvoll Touristen die spärlichen Camps und Gästehäuser aufsucht, ist die kurvige, enge Straße schwach frequentiert (doch sie ist durchgehend asphaltiert). Zwei, drei Tage sollte man sich für die 330 km lange Küstenstraße um East Cape Zeit nehmen, mindestens. Landschaft und Maori-Kultur zusammen sind ein erlebenswerter Mix, den man nicht in ein paar Stunden abhaken kann. Dem Autor wird lang in Erinnerung bleiben, wie eine Schulkasse im Hof des Marae die traditionelle Begrüßung übte und die Lehrer immer wieder vor-

Die Region East Cape 393

Am Strand der Waihau Bay

machten, wie man die genau festgelegten Phrasen zu betonen hat. Der Autor war mit dem Fahrrad unterwegs (dafür muss man zwischen Opotiki und Gisborne etwa fünf bis sechs Tage rechnen), der besten Form der Fortbewegung auf dieser Straße – jedenfalls der besten, um mit den Menschen dieser Region in Kontakt zu kommen, die auf Fremde (und Pakeha besonders) nicht gleich zugehen. Zurückhaltung, nicht Misstrauen charakterisiert die Maori der Region. Ihnen gehört das Land, sie bestimmen ihr Schicksal, vom Fremden will man nichts, und es bleibt abzuwarten, was dieser will. Tourismus ist in diesem Zusammenhang ein Fremdwort.

Von Opotiki, einem ziemlich verschlafenen Nest, das aber eine gute Basis für Unternehmungen in der Umgebung ist (und für alle, die wenig Zeit haben für den Westteil des East Cape), führt die Küstenstraße in stetem Auf und Ab an der Küste entlang. Meist verläuft die Straße jedoch nicht direkt am Meer; ohnehin gibt es Strand nur in wenigen Abschnitten, und vor allem an Flussmündungen ist er von Baumstämmen blockiert, die die Flüsse aus dem Inneren herangeschwemmt haben. Ausnahmen bestätigen die Regel: der herrliche, kilometerlange Te-Kaha-Strand, der Halbmond der Waihau Bay, die Hicks Bay am Ostkap mit ihrem schnurgeraden, breiten Strand sowie die südlich anschließende idyllische und vor Wind und Wellen geschützte Onepoto-Bucht mit ihren steilen Ufern.

Auch an der Ostküste erreicht die Straße kaum einmal das Meer, dafür sind die Buchten, die man dann doch erreicht, spektakulär: Tokomaru Bay, Anaura Bay, Tolaga Bay mit der nahen Cooks Cove, wo der Entdecker 1769 landete, sowie etwas abseits Whangara, der Drehort von „Whale Rider". Im Inneren der Halbinsel ist von Ruatoria aus der Mount Hikurangi besteigbar, mit 1.754 m der höchste Berg der Raukumara-Gebirgskette; dafür sollte man mit Hin- und Rückfahrt zwei weitere Tage veranschlagen.

Information Tourism Eastland, PO Box 170, 209 Grey St., Gisborne, ✆ 06/8672000, info@gisbornenz.com. Im Internet sehr inhaltsreich www.eastlandnz.com mit den einzelnen Seiten www.opotikinz.com, www.gisbornenz.com und www.wairoanz.com.

Detaillierte Auskünfte über die East-Cape-Region erhält man in den **Visitor Centres** von **Opotiki**, **Whakatane** und **Gisborne**; eine Infostelle innerhalb der Region East Cape gibt es nicht. Für an Maori-Kultur Interessierte ist das Faltblatt „East Cape – Maori Tourism Network" unverzichtbar. Es enthält Namen und Adressen aller von Maori geleiteten Unternehmen, die für Besucher wichtig sein könnten. Neben der **i-Site in Opotiki** (vor allen!), sind auch die von **Gisborne** und **Wairoa** gute Auskunftsquellen.

Internet Internet Cafe, 97 Church St.

Verbindungen/Touren Die großen Busunternehmen meiden die dünn besiedelte Halbinsel, doch kleine Shuttle-Unternehmen decken die gesamte Küstenstraße ab. Der Samstag ist schwach besetzt, am Sonntag kein Busverkehr!

East Cape Shuttles: Polly's Passenger Courier Service, Bill oder Polly, ✆ 06/8644728; die beiden geben auch Auskunft über Verbindungen mit anderen Shuttle-Unternehmen.

Cook's Couriers, ✆ 06/8644711.

Kiwi Experience bietet mit „East As" 4 Tage East Cape ab Taupo mit Maorikontakten, Marae-Besuch, 3 Nächten in guten bis einfachen Herbergen und Verpflegung für 395 $. ✆ 09/3669830, www.kiwiexperience.com.

Opotiki

Das Städtchen ist die östlichste Siedlung der Bay of Plenty und die einzige, die mehr als ein Dorf ist – für Fahrten um das East Cape ist Opotiki der ideale Ausgangspunkt. Die in einer Küstenebene liegende Siedlung hat kaum Interessantes zu bieten, abgesehen von den wenigen historischen Gebäuden um die Kreuzung Church Street/Elliott Street und von Opotikis blutiger Vergangenheit. Um zu einem Strand zu kommen, muss man weit nach Westen zum Waiotahi Beach oder nach Osten in Richtung Tirohanga. Beide sind geschichtsträchtiger, blutgetränkter Boden – im 19. Jh. wurden auf diesen Stränden zwischen Maori und Maori und später zwischen Maori und Pakeha immer wieder Gefechte ausgetragen.

Information Visitor Centre & DOC Information, Ecke St John/Elliott St.; tägl. 8–17 Uhr, Mitte Dez. bis Jan. Sa/So 10–15 Uhr, sonst Sa/So geschlossen. ✆ 07/3158484, www.eastlandnz.com, www.opotikinz.com.

Verbindungen Die Busse von InterCity zwischen Rotorua, Whakatane und Gisborne halten an der Kreuzung Bridge Street und Church Street.

Übernachten Magnolia Court Motel, mal eine aus der Reihe tanzende Anlage: eine Gruppe von Pseudo-Tudor-Bungalows, die locker um einen gärtnerisch etwas aufgewerteten Hof gruppiert sind; der Eingangsbogen hilft die Fahrgeräusche von der Straße abzuhalten. Alle Units im Erdgeschoss und großzügig bemessen. Unit 90–120 $. Ecke Bridge/Nelson St., an der westlichen Zufahrt zum Ort, ✆ 07/3158490, 0800/556246, www.opotiki.co.nz.

Eastland Pacific Motor Lodge, durchaus akzeptables, noch recht neuwertiges Mittelklassemotel, Baustil und Einrichtung sind für ein Motel ungewöhnlich: Stahl und Glas; sauber, die Zimmer hinten im Hof am ruhigsten (zur Seite Straße/Schule!); Units mit/ohne Spa, alle mit Küchenzeile (Kühlschrank, Mikrowelle), nicht alle mit Herd. Unit 105–145 $. Ecke Bridge St./John St., ✆ 07/3155524, 0800/103003, www.eastlandpacific.co.nz.

Central Oasis Backpackers, ruhiges, fast familiäres Hostel in einer Kauri-Villa im Zentrum; Verleih von Rädern und Boards. DB 25 $, DO 20–22 $. 30 King St., ✆ 07/3155165, www.centraloasisbackpackers.co.nz.

Opotiki Holiday Park, guter Platz am Waiowaka-Fluss, das Einkaufszentrum im Rücken, mit Pool, Kinderspielplatz, Bootsrampe. Kajaks und Bikes können gemietet werden. Cabin/Motel-Unit 95–110 $, Zeltplatz und 2 Pers. ab 30 $, Lager im DO ab 25 $. 39 Potts Ave, ✆ 07/3156050, www.opotikiholidaypark.co.nz.

Am Waiotahi Beach 6 km westlich
Opotiki Beach House Backpackers, tolle Lage am Strand, Surfbretter und Räder, Bodyboards und Kanus, Pferde ... Kleiner gemütlicher Bungalow (10 Plätze) mit großer Terrasse, auf der man auf das Meer und bis White Island blickt; auch Zelten möglich. Juli und Aug. geschlossen. DB 30 $, DO

25 $. 7 Appleton Rd., ℅ 07/3155117, www.opotikibeachhouse.co.nz.

Am Tirohanga Beach 8 km östlich
Tirohanga Beach Motor Camp, großzügig angelegter Platz direkt an Kies- und Sandstrand, einigermaßen Schatten. Juni bis Sept. geschlossen. Cabin ca. 85 $, Stellplatz und 2 Pers. ab 28 $. SH 35, Tirohanga Beach, Opotiki, ℅ 07/3157942, www.tirohangabeachmotorcamp.co.nz.

Essen & Trinken Honey's Bar & Restaurant, im Opotiki Hotel, Upper Church St.; Deftiges wie Lammcurry, vegetarische Lasagne, Porterhouse-Steak, alle Hauptgänge 15–28 $; nur abends, So/Mo geschlossen. ℅ 07/3156173.

Irish Bar 1759 und Restaurant, im Masonic Hotel, 121 Church St.; hier gibt es ähnlich „internationales" Essen wie bei der Konkurrenz im Opotiki Hotel und zu gleichen Preisen: Thai Chicken, Fisch *creole*, Schweinemedaillons … Tägl. ab 18 Uhr. ℅ 07/3156115.

Sehenswertes

Hiona St. Stephens und Ortsmuseum: Die anglikanische Kirche am Ende der Church Street wurde zur Zeit des Missionars Carl Völkner errichtet, der 1865 in der Stadt ermordet werden sollte. An der kleinen Kirche aus Kauriholzstämmen wurde kaum etwas verändert, doch hat man den Missionar neben dem Altar begraben und den Altar selbst mit hervorragenden Tukutuku-Flechtrahmen verziert. Bischofsstuhl und Kanzel sind Zugaben von 1960, sie wurden aus zwölf einheimischen Hölzern gefertigt, darunter Kauri, das aus demselben Wald kommt wie das für den Kirchenbau verwendete Holz. Das Museum zeigt eine bunte Sammlung zur Lokalgeschichte unter dem Sammeltitel „A Journey to the Past", darunter u. a. mehr als 200 alte Fotografien.

Der Schlüssel für die Kirche ist im Ortsmuseum (123 Chruch St.) erhältlich (evtl. bei der Touristinfo erfragen). Dieses hat Mo–Fr 10–16, Sa 10–14 Uhr geöffnet. Eintritt 10 $.

Hukutuia Domain: dichter Primärwald mit großer Artenvielfalt (mehr als 200 endemische Arten), hängende Lianen, Farnbäume und ein mehr als 2.000 Jahre alter Puriri-Baum von 22 m Umfang und 23 m Höhe. Dieses Stückchen prächtigen Urwaldes

Torere, Eingang zum Schul-Marae

hat sich nur erhalten, weil es als Begräbnisfeld für die Maori *tapu* war; nach Umbettungen ist es jetzt allgemein zugänglich, aber weiterhin vor Veränderungen geschützt. Man erreicht die Domain auf der Straße in Richtung Whakatane, wenn man direkt nach der Waioweka-Flussbrücke nach links in die Woodlands Road abbiegt (7 km).

Zwischen Opotiki und Te Araroa

Der Küstenabschnitt zwischen Opotiki und Te Araroa ist fast ausschließlich Maoriland. Zwar bleibt man bis zur Whangaparaoa-Bucht immer nahe der Küste, muss aber Steilufern und Flussmündungen ausweichen – die Straße wird oft ein Stück ins Binnenland und auf Anhöhen abgedrängt. Von Whangaparaoa bis Hicks Bay quert man einen niedrigen Pass und erreicht das Meer erst wieder an der Ostküste. Zwar gibt es immer wieder Zeltplätze und Holiday Camps, doch Einkaufsmöglichkeiten kann man zwischen Opotiki und der Ostküste so ziemlich vergessen.

Übernachten/Essen & Trinken

In Te Kaha Te Kaha Holiday Park Motel & Cafe, großer Platz nördlich außerhalb des Ortes mit durch übermannshohe Windschutzhecken abgeteilten Bereichen für Zelte, Caravans und Motorhomes; dazu 4 Motels, die zwar sehr geräumig sind, aber schon bessere Zeiten gesehen haben; 4 Kitchen Cabins und v. a. ein recht guter Store mit Takeaways, off Licence und Café, Kajak- und Radverleih. Zeltplatz und 2 Pers. ab 26 $, Motels bis 130 $, Lodge für Backpacker DO ab 20 $. RD 3, Te Kaha, Opotiki, ☏ 07/3252894, www.tekahaholidaypark.co.nz.

In der Whanarua Bay Maraehako Bay Retreat, die auf das Meer ausgerichtete Backpacker-Lodge liegt direkt am Strand in einer kleinen Bucht; das Schild an der Straße (Aufschrift „Backpackers Paradise" – da passt mal ein Werbeslogan) mit dem Kanu darunter ist kaum zu übersehen. DB 30 $, DO 25 $. SH 35, Te Kaha, Maraehako Bay, ☏ 07/3252648, www.maraehako.co.nz.

Pacific Coast Macadamias & Café, Whanarua Bay, RD 3, Opotiki; Macadamia-Nüsse in jeder Form und ein kleines Café mit hausgemachtem Eis und Manuka-Honig. Tägl. bis ca. 16 Uhr. ☏ 07/3252960.

In der Waihau Bay B&B Waihaui Bay Homestay B&B, schlichter Bungalow in Stra ndlage mit super Ausblicken und Traum-Sonnenuntergang, große Ferienwohnung, zwei Doppelzimmer und gutes Frühstück. Dinner möglich, falls vorhanden mit Languste oder anderen örtlichen Schalentiern. DZ/FR 90–120 $. Waihau Bay, ☏ 07/3253674, www.waihaubayhomestay.co.nz.

Oceanside Apartments, 2 Motel-Units und „Bach", alle mit Küche und Bad, am Sandstrand des Oruatiti Beach; Kajakverleih; Mahlzeiten (30 $, meist Seafood!) können bestellt werden. Unit 110–140 $. 10932 SH 35, Oruatiti Beach, Waihau Bay, ☏ 07/3253699, www.waihaubay.co.nz.

Im Laden **Waihau Bay General Store** am Bootsanleger der Waihau Bay (kurzer Straßenabzweig nach links) kalte und warme Snacks sowie Postamt. Tägl. geöffnet.

In der Hicks Bay Im Hicks Bay General Store & Takeaways kalte und warme Snacks und traditionelle Speisen (z. B. Pies) sowie Postamt, ☏ 06/8644725.

Oberhalb der Onepoto Bay Hicks Bay Motel Lodge, ein wenig enttäuschend ist es schon, wenn man sich den langen Anstieg nach Süden raufquält und dann oben nur wenig Ausblick vorfindet. Aber die Motel-Units mit Küche und Bad, der Pool, das Restaurant, die Bar und nach Sonnenuntergang die Glühwürmchengrotte (eine tiefe Senke, die man auf einem Treppenweg erreicht) lohnen sich dann doch. Sehr schlichte Ausstattung, auch Backpacker-Quartier. Unit (2. Kat.) ca. 125–180 $, Backpacker 25–40 $/Pers. Post Hicks Bay, ☏ 06/8644880, 0800/200077, www.hicksbaymotel.co.nz.

Te Araroa-Bucht Te Araroa Holiday Park, strandnaher Platz unter altem Baumbestand, kleiner Laden und Sommerkino; auch Backpacker-Unterkünfte. Zelt ab 11 $, Cabins/Motels 45 $ bis 140 $. Te Araroa, ☏ 06/8644873, bill.martin@xtra.co.nz.

East Cape Manuka Company & Café, 4464

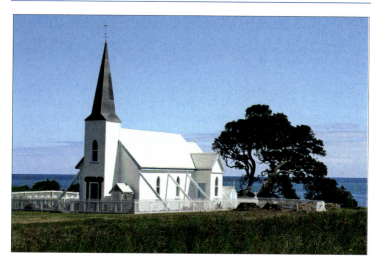

Raukokore, einsame Kirche am Strand

Te Araroa Rd., Te Araroa; Manuka-Öl und Manuka-Honig werden hier produziert (Infos und Kostproben gratis). Das Manuka-Öl wird z. B. für Kosmetik verwendet (vgl. die Manuka-Produktserie von The Body Shop). Tägl. geöffnet (Mai–Okt. nur Mi–So).

Motu Coach Road und Pakihi Track: Nach dem langen, geradlinigen Strandabschnitt bei Tirohanga passiert man den Beginn der Motu Coach Road. Diese alte Straße ist schmal, kurvenreich, inzwischen größtenteils asphaltiert und führt über lange Strecken durch Landschaftsschutzgebiete mit dichtem Waldbestand. Sehr wenige Autos befahren sie, was v. a. Mountainbiker reizt. Auf einer 140 km langen Rundfahrt (ab Motu bessere Straße, dann SH 2) sollte man den kurzen Abstecher zu den Motu Falls nicht versäumen.

Für Mountainbiker bietet sich eine interessante (und viel kürzere) Alternative an: Man verlässt die Motu Coach Road nach ca. 30 km nach rechts auf den deutlich ausgeschilderten *Pakihi Track*, einen für MTBs zugelassenen früheren Viehtriebweg. Er führt vorbei an der *Pakihi Hut* (DOC) zum Pakihi Stream, dem er flussabwärts bis zum Ende der Pakihi Road folgt, auf der man direkt nach Opotiki zurückfährt.

Eine Kurzbeschreibung und Skizze mehrerer Wanderwege in der Region um Opotiki, darunter auch der Pakihi Track, findet sich im DOC-Faltblatt „Walks in Waioeka and Urutawa".

Torere: Das Dorf an und über der kleinen Bucht hat einen *Schul-Marae* mit wunderbar geschnitzten Holzplanken; besonders eindrucksvoll ist der geschnitzte Whakairo-Holzbogen am Eingang mit Fabeltieren, Fratzengesichtern und eingelegten Paua-Muschelschalen. Die mit Schnitzwerk ausgestattete *Kirche*, etwas oberhalb, verdient ebenfalls den Besuch.

Houpoto und der Motu River: Nach der grünen Houpoto-Bucht muss die Straße weit landeinwärts ausweichen, um eine schmale Stelle des Motu River zu überbrücken. Dieser Fluss ist im Oberlauf ein eindrucksvolles Wildwasser, auf dem Raftingtrips möglich sind. An der Brücke starten Schnellboot-Touren zum sehr flachen unteren Flusslauf.

Sport & Freizeit Rafting: Wet 'n' Wild Rafting in Rotorua, ✆ 0800/462723, www.wetnwildrafting.co.nz. 2 Tage ab ca. 1.000 $, inkl. Transport ab Rotorua mit Bus/Allradfahrzeug in den Raukumara Forest, wo die Tour beginnt.

Jetboat: Schnellboottouren (ca. 2:30 Std., ab ca. 105 $) können im Sommer evtl. direkt an der Brücke gebucht werden – besser im Voraus bei Motu River Jetboat Tours, Opotiki, ✆ 07/3252735, www.motujet.co.nz.

Te Kaha: Nach Omaia, wo es einen neu erbauten Laden mit Café und Tankstelle gibt, erreicht man Te Taha. In der Bucht am Ortsanfang ließen sich bereits in den 1810er Jahren Walfänger nieder und errichteten ein Sommerlager, aus dem sich allmählich der Ort entwickelte. Sehenswert ist das reich geschnitzte Versammlungshaus *Tukaki*. Kleiner Laden und Takeaway im *Te Kaha Holiday Park* am nördlichen Ortsende.

Whanarua Bay: Idyllische Bucht mit mildem Klima, so mild, dass hier Macadamia-Nüsse gedeihen; die *Farm Pacific Coast Macadamias* (mit einfachem Café) ist täglich von 9–17 Uhr geöffnet. Kleiner *Strand* ohne Zufahrtsstraße, man erreicht ihn auf einem Fußweg durch den Busch, der gegenüber der Farm beginnt. Immer mehr Privatunterkünfte werden eröffnet, Schilder mit der Aufschrift „Accommodation" finden sich bis in die nahe Maraehako Bay.

Raukokore und Waihau Bay: Ein flacher Strandabschnitt mit jeder Menge Treibholz und Baumstämmen an der Hochwasserlinie kündigt sich mit der blendend weiß gestrichenen anglikanischen *Kirche von Raukokore* an. Einsam steht sie auf einer kleinen Halbinsel, während die nahe katholische Kirche einen sicheren Platz auf dem Festland hat.

8 km weiter findet sich in der weit geschwungenen *Waihau Bay* das alte Postgebäude von 1880 (heute Laden; kalte und heiße Snacks, Mini-Ortsinformation) und der Bootsanleger – Kern einer kleinen Sommersiedlung. Während der Großteil der

Die Hicks Bay und ein menschenleerer Strand

Zwischen Opotiki und Te Araroa 399

Bucht aus Kiesstrand besteht, ist das Nordende, die *Oruatiti Beach*, sandig und vor allem gegen Brecher geschützt und sicher: der ideale Ort also für eine Pause und zum Schwimmen.

Whangapararoa (Cape Runaway): Eine Schule für die Umgebung von Whangapararoa markiert den Beginn des im Binnenland über einen niedrigen Pass verlaufenden Straßenstücks in Richtung Hicks Bay. Das Kap, in Neuseeland fast nur unter dem englischen Namen Cape Runaway bekannt, ist der Ort, an dem die Besatzung des Taiuni-Kanus erstmals Land sah – die Bucht (bei der Schule links) war ihre Landestelle und die des Te-Arawa-Kanus. Und dort, am flachen Uferstreifen über dem Strand, wurden erstmals in Neuseeland Kumara (Süßkartoffeln) gepflanzt, sagt die Überlieferung. Das Kap selbst ist auf dem Landweg nicht erreichbar.

Hicks Bay: An der Hicks Bay wird wieder Meer erreicht, das Farmland auf dem Weg gehört bereits dem Stamm der Ngati Porou. Hicks Bay ist ein Flecken (Laden, Tankstelle, Kneipe) mit langem Kiesstrand, der südlich von einem durch ein Vorgebirge getrennten Sandstrand flankiert wird: die von steilen, mit Busch bewachsenen Hängen umgebene *Onepoto Bay*. Das vulkanische Gebiet rund um die Hicks Bay war früher dicht besiedelt, wie viele Reste von Pas zeigen. Archäologen entdeckten in einigen von ihnen Reste von erst in den 1860er Jahren dazu gekommenen Palisaden, die auf Gewehrfeuer eingerichtet waren. Der Name der Bucht stammt wie so viele von Captain Cook, der die Bay nach Leutnant Zachariah Hicks benannte, der die Bucht als Erster erblickte.

Fischen und **Besichtigungstouren** organisiert die Hicks Bay Motel Lodge (→ oben).

Te Araroa: Auf das zweite Vorgebirge nach der Hicks Bay folgt eine lange Bucht, an deren Südende das wenig ansprechende Maori-Dorf Te Araroa liegt. Das Maori Pa wurde durch eine Walfangstation ersetzt, eine der größten am East Cape, und lebt heute vor allem von den Versorgungsfunktionen für die Umgebung: Laden, Fish & Chips, Tankstelle, Hotel mit Bar und eine Schule, in deren Garten am Strand Te Waha o Rerekohu, *Neuseelands größter Pohutukawa-Baum*, steht.

East Cape: Von Te Araroa erreicht man das East Cape Lighthouse, Neuseelands östlichsten Punkt auf dem Festland (noch weiter östlich liegen die Chatham Islands). Nach 21 km endet die großenteils befestigte Straße unterhalb eines steilen Kaps, auf dem der *Leuchtturm* steht – auf einer Stiege kann man fast 140 m hinaufsteigen: Man blickt auf die Raukumara-Kette im Binnenland, nach Osten auf die kleine Whangaokeno-Insel (East Island) und bis zum Horizont, hinter dem Tausende Seemeilen entfernt das nächste Festland liegt: Chiles Küste und Südamerika.

Eastcapetouren bietet East Cape 4WD Sunrise Tours in Araroa, ✆ 06/8644775.

Zwischen Te Araroa und Gisborne

Die Straße ab Te Araroa verläuft jetzt über längere Strecken im Landesinneren, unzugängliche Steilküsten kennzeichnen diesen Abschnitt. Umso überraschender ist dann der Wechsel der Landschaft zu einigen langen Stränden, in der Tokomaru Bay, der Anaura Bay, der Tolaga und Waihau Bay. Entlang einer Reihe unerschlossener Strände erreicht man schließlich die ausgedehnte *Poverty Bay* und Gisborne. Nur wenige Besucher wenden sich in das Innere der Halbinsel, wo der *Raukumara-Gebirgszug* auf dem Mount Hikurangi (1.752 m) seinen höchsten Punkt erreicht. Extensive Schafweiden und ein provinzgroßes Waldgebiet im *Raukumara Forest* prägen dieses Stück Neuseeland.

Einkaufen/Übernachten/Essen & Trinken

Für Selbstversorger Hikurangi Foodmarket, großer Supermarkt in Ruatoria, der größte zwischen Opotiki und Gisborne; dazu Bäcker, Weinladen, Postamt etc.

In Ruatoria Ruatoria Hotel, einfachste Zimmer, Bar und Restaurant. Am Wochenende laut. Ruatoria, ✆ 06/8648437.

In Te Puia Springs Te Puia Hot Springs Hotel, klassisches Kiwi-Hotel mit Bar und Café. DZ (einfach) 60 $, Zeltplatz 10 $. Te Puia Springs, ✆ 06/8646755.

Mayfair Store & Camping Ground, am Strand; schlichter Platz mit einem Dutzend Cabins sowie Backpacker-Unterkunft. Cabins (40 $). Tokumaru Bay Waitangi St., ✆ 06/8645843.

Brian's Place Backpackers, kleines, etwas höher gelegenes Hostel; Zeltmöglichkeit, der Besitzer bietet auch Reitausflüge an. SG 42 $, DB 30 $, DO 25 $. 21 Potae St., PO Box 20, Tokomaru Bay, ✆ 06/8645870, www.briansplace.co.nz.

Footprints in The Sand, Backpacker-Hostel im Haupthaus eines Homestead mit Veranda aus den 1920ern, Lage über dem Strand; Zimmer und Schlafraum, auch Zeltplatz, Kajaks und Räder können gemietet werden. Sauber, gut geführt. DO ab 20 $, Zelt 15 $/Pers. 13 Potae St., PO Box 1000, Tokomaru Bay, ✆ 06/8645858, www.footprintsinthesand.co.nz.

In Anaura Bay B&B Anaura Beachstay B&B, 2 Zimmer und Caravan (mit allem drum und dran) am Sandstrand, großer Garten; die Gastgeber führen eine Schaf- und Rinderfarm. Echtes Eastcape-Feeling! Zimmer und Caravan je 120–200 $ (Min. 2 Nächte). 930 Anaura Bay, Tolaga Bay, East Cape 3854, Gisborne, ✆ 06/8626341, www.anaurabeachstay.com.

In Tolaga Bay Tolaga Bay Holiday Park, direkt am Strand gelegen! Die Cabins des Platzes stehen oben auf dem Strandwall im Rasen, einige haben Blick auf das Meer, den nahen Bootsanleger und die senkrechte Felswand dahinter. Viel Platz für Zelte und Motorhomes, Gemeinschaftsanlagen o. k. In den Weihnachtsschulferien gibt es sogar einen kleinen Laden. Stellplatz und 2 Pers. ab 26 $, Cabin (mit Küche) ab 50 $, mit Meeresblick ab 80 $. 167 Wharf Rd., Tolaga Bay, ✆ 06/8626716, www.tolagabaypark.co.nz.

Tikitiki und Ruatoria: In *Tikitiki*, das an der Stelle des Waiapu River liegt, wo sich der Fluss in der Küstenebene aufzufächern beginnt und eine Furt (heute Brücke) gerade noch möglich ist, steht auf einem Hügel die anglikanische *St. Mary's Church*. Die äußerlich von vielen ihres viktorianisch-gotischen Typs unterscheidbare Kirche ist innen ein Wunderwerk der Maori-Schnitz- und Tukutuku-Flechtkunst, sogar die Buntglasscheiben sind auf Maori-Art verziert. *Ruatoria* ist die größte Township der Ostküste von Eastland und das Zentrum der Ngati Porou. Diesem Stamm gehört auch das Bergland westlich des Ortes in der Raukumara Range.

Raukumara Range und Wanderung auf den Mount Hikurangi

Länge/Dauer: vom Parkplatz bis zur Hütte 10 km/4–6 Std. Hütte bis Gipfel 2,5 km/1–2 Std. Rückweg 1–2 Std. kürzer

Mount Hikurangi (1.752 m) wird wie der Großteil der Raukumara Range gemeinsam von den Ngati Porou und dem Department of Conservation verwaltet. Wer ihn besucht, quert zuerst Farmland und vor allem mit Sternkiefern aufgeforsteten Jungwald. Dann folgt ab der *Pakihiroa Station,* wo der Wanderweg beginnt, mit Waldresten durchsetztes Weideland. Auf 1.000 m passiert man neun geschnitzte Holzskulpturen (Whakaio), die Maui-Tikitiki-a-Taranga darstellen, wie er die Nordinsel aus dem Meer fischt – North Island wird von den Maori Te Ika a Maui genannt, Fisch des Maui.

Schließlich erreicht der Wanderer im obersten Gipfelbereich die nördlichsten alpinen Matten Neuseelands mit mehreren endemischen Hahnenfußarten. Die Hütte auf dem *Te Ariki Hikurangi Track,* wie sich der Aufstiegsweg nennt, ist vom einfachsten Typ: Kocher, Geschirr und vor allem Wasser müssen mitgenommen werden, Camping ist nicht gestattet.

Gebühren/Karten Track Fee und Hut Fee je 15 $, Landkarte NZTopo50-BE44 „Te Puia Springs". **Track-Transfer** Transport ab Ruatoria bis Station mit 4WD durch Ngati Porou Tours: ab ca. 50 $/Pers. abhängig von Teilnehmerzahl. Für Transport und evtl. Führung sowie das **Permit** wendet man sich an Te Runanga o Ngati Porou, PO Box 226, Ruatoria, ✆ 06/8649004, info@tronp.org.nz, www.ngatiporou.com, alternativ an das DOC-Büro in Gisborne.

Te Puia Springs und Waipiro Bay: In Te Puia Springs wird ein sich immer wieder frisch mit warmem Mineralwasser füllendes Becken als letzter Rest größerer Anlagen heute noch für Bäder genutzt. Auch bei Ruatoria gibt es geothermisch aktive Zonen, die aber nie genutzt wurden. Wer will, kann hier übernachten, das *Te Puia Hot Springs Hotel* bietet auch Verpflegung.

An der Cooks Cove

Ein Abstecher führt zu *Waipiro Bay,* dort erinnern drei Marae an einen früher lebendigen Fischer- und Walfängerort.

Tokomaru Bay: Die erste der großen Strandbuchten ist nicht gerade eine Badebucht – ihre Hochwasserlinie ist dicht von Schwemmholz bedeckt und nicht sanfte Adriawellen, sondern schwere Brecher landen an. Der Ort war wie auch Hicks Bay in der Zeit, bevor es eine Straße gab und als die Fischerei noch für den Lebensunterhalt sorgte, stark auf den Fischfang ausgerichtet, wie die Ruinen eines Gefrierhauses im Norden der Bucht zeigen (dito in Hicks Bay, dort aber ohne den langen Landesteg). Surfen, Strandbummel und Reiten sind hier das Angebot für den Besucher.

Anaura Bay: Der Strand in der Anaura Bay hat feineren Kies und Sand, aber ebenso hohe Brecher, die im Sommer nicht wenige Surfer hierher locken. Eine hübsche Wanderung durch das Anaura Scenic Reserve mit vielen endemischen Büschen und Bäumen bietet der *Anaura Bay Walkway* (2 Std. Rundweg).

Tolaga Bay und Cooks Cove: Die letzte große Bucht vor der Poverty Bay wird durch eine lang gezogene Nehrung vor starkem Surf geschützt und macht den Strand zum Familienziel. Der Ort ist größer als alle anderen am East Cape. Und der 660 m lange Bootssteg, der auch großen Schiffen erlaubte, hier trotz des hohen Tidenhubs anzulanden, weist darauf hin, was den Ort einst am Leben erhielt: die (heute bedeutungslose) Fischereiindustrie.

Von der Tolaga Bay führt ein Wanderweg über Privatland zur *Cooks Cove,* wo Captain Cook 1769 an Land ging und Wasser, Fische und Gemüse an Bord nahm – die letzteren ließ er käuflich von den Einheimischen erwerben, das Wasser strandnah ergraben. Der Weg (5,4 km, 2:15 Std.) ist mit zweimaligem Auf- und Abstieg verbunden (je ca. 80 m) und führt in die einsame, idyllische Cooks Bay. Vor dem Buchteingang liegt eine kleine Inselgruppe und auf dem Weg das „Hole in the Wall" – ein durchbrochener Felsen, durch den man die Meeresküste erreicht.

Whangara, südlich der Tolaga Bay auf dem Weg nach Gisborne gelegen, ist der Ort, an dem „Whale Rider" (→ Film S. 67, Tour ab Gisborne → S. 405) gedreht wurde; zu sehen ist davon nichts.

Tolaga Bay

Gefrierfabrik wird Weinkeller und Restaurant: typisch Poverty Bay (Gisborne)

Gisborne und die Poverty Bay

Gisborne liegt in einer halbkreisförmigen Bucht, der Poverty Bay. Hinter ihren meist flachen Stränden versteckt sich fruchtbares Schwemmland, das heute zunehmend für den Weinbau genutzt wird. Gisborne ist eine in das landwirtschaftliche Umland langsam ausufernde Mittelstadt mit leicht altmodischem Anstrich, ein Gemeinwesen, wie es scheint, das mit sich selbst zufrieden ist.

Warum Captain Cook, dessen zwölfjähriger Bootsjunge hier im Oktober 1769 als erster Land sah, der Bucht den abwertenden Namen Poverty Bay (Armutsbucht) verlieh, ist nicht ganz klar: Nach der Landung kam es sofort zu einem Konflikt mit den Maori, von denen einige beim folgenden Scharmützel getötet wurden. Cooks Schiff setzte Segel, ohne Wasser oder Nahrungsmittel an Bord genommen zu haben – ob die Bewohner reich oder arm waren, konnte er also kaum erkennen. (Dafür nannte er den Landstrich westlich des East Cape „Bay of Plenty", Bucht des Überflusses.)

Gisborne lag lange außerhalb der europäischen Kolonialinteressen, erst nach den Neuseelandkriegen der 1880er Jahre setzte eine nennenswerte Ansiedlung ein. Die Zahl der Ureinwohner war damals, wie überall in Neuseeland, durch Epidemien und Kriege so stark gesunken, dass praktisch alle Pas im Umkreis verlassen oder nur noch von wenigen Menschen bewohnt waren. Die ersten Farmer betrieben zwar Viehwirtschaft, doch der Transport des Viehs zum Markt war ein Problem: Mit dem Bau der heutigen Hafenanlagen wurden erst in den 1920ern begonnen. Und die Bahn, die von Gisborne über Napier nach Wellington gebaut wurde, kam zu spät – kaum fertig gestellt, geriet sie durch den aufstrebenden Straßenverkehr gleich wieder ins Abseits, der Betrieb bis Napier wurde wieder eingestellt und die Gleise abgebaut (von Napier nach Wellington gibt es heute nur noch Güterverkehr).

Information/Verbindungen/Einkaufen

Information Visitor Centre, 209 Grey St. ✆ 06/8686139, www.gisbornenz.com; tägl. 8.30–17 Uhr. Großes Zentrum mit Internetzugang, getrennten Schaltern für allgemeine Infos und Buchungen, dazu kleiner Raum für DOC-Publikationen und eine kleine Ausstellung zum *Te Urewera-Nationalpark*.

DOC-Büro, 63 Carnarvon St., PO Box 668; tägl. 8.30–16 Uhr, Sa/So geschl. ✆ 06/86904601.

Verbindungen Flughafen 2 km südlich der Stadt. Busse von InterCity und Newmans halten beim Visitor Centre. Taxi, auch zum Flughafen: Gisborne Taxis ✆ 06/8672222. Eastland Taxis ✆ 06/8676667, 0800/282947.

Für Selbstversorger Supermarkt z. B. Pak 'n' Save, Gladstone Rd., nach Kreuzung mit Derby St.

🍃 Port Seafood Bazaar, am Hafenbeginn auf der Seite des „Works"; Laden mit frischem Fisch und Seafood, es gibt auch die Maori-Delikatesse *Muttonbird* (in reinen Maori-Gebieten wie am East Cape findet man sie auch im normalen Laden und Supermarkt). ■

🍃 Im No 3 Wharf Shed schräg gegenüber gibt es einen überdachten Obst-, Gemüse-, Fleisch- und Fischmarkt. Frischfisch und Fish'n Chips bei Captain Morgan's, 285 Grey St. (Beach End), ✆ 06/8677821. ■

🍃 Bauernmarkt am Samstag ca. 6.30–9 Uhr am Park neben dem Visitor Centre. ■

Sport & Freizeit

Baden & Strände Das städtische Bad am schönen Midway-Strand (Salisbury Road) hat einen Olympic Pool und eine 98 m lange Rutsche.

Beliebt ist auch der anschließende Waikanae Beach, wo viele Büroangestellte im Schatten der Bäume ihre Mittagspause verbringen, leider etwas nahe am Hafen. Der schönste Strand liegt außerhalb auf dem Weg in Richtung East Cape: der Wainui Beach.

Surfen Surfstrände liegen v. a. östlich am Wainui Beach und weiter in Richtung Eastland. Surfunterricht gibt z. B. Gisborne Surfschool, 1 Pers. 60 $, ab 2 Pers. je 45 $, ✆ 06/8683484 (Sam Johnson), www.gisbornesurfschool.co.nz.

Radfahren/Mountainbiken Mountainbike-Trails (die aber mit Fußgängern geteilt werden müssen) bietet das Langford Fallon Reserve im Osten der Stadt am Ende der Fox Street. Auf dem ca. 0,8x0,4 km großen Gelände durchziehen mehrere Trails den bewaldeten Hang. Verleih bei Bikeys, 37 Bright St., ✆ 06/8674444, www.nzbikeys.net. Tag 35 $.

Sportfischen Am Eingang des Gisborne Talapouri Sport Fishing Club, ein Hafenschuppen mit Bar und Restaurant, sind sämtliche Neuigkeiten, Wettervorhersagen sowie Angebote für Boote zum Verkauf und Verleih etc. angeschlagen.

Haie beobachten Im Käfig ins Meerwasser hinuntergelassen und von Haien umschwärmt zu werden, ist nicht jedermanns

James Cook

Gisborne

Sache. **Surfit Shark Cage Experience** lässt den Käfig bis zur Brust des Insassen hinunter, mit Maske und Schnorchel kann man dann die Mako-Haie Auge in Auge betrachten. Die Haie werden durch regelmäßiges Füttern angelockt, von einem natürlichen Ambiente kann nicht mehr die Rede sein. Ab 310 $. ✆ 06/8672970, www.surfit.co.nz.

Maori-Touren Whale Rider Tours besucht Whangara, das Dorf, in dem der Film „Whalerider" gedreht wurde; man wird in den Marae eingeladen und bekommt eine Menge über die alten und heutigen Sitten der Maori erzählt. Halber Tag 60 $, mind. 3 Pers. ✆ 06/8685878.

Wein-Touren Gisborne Wine Company Tours, Kaiti Beach Rd., bietet mehrstündige bis halbtägige Touren zu Weingütern mit und ohne Restaurantbesuch. ✆ 0800/4499463, www.gisbornewinecompany.co.nz.

Übernachten (→ Karte S. 406/407)

Emerald Hotel 11, direkt an der Brücke steht das moderne Tophotel Gisbornes. Der graue Kasten ist hinter der Fassade recht komfortabel, Suiten (60 qm) und Apartments gruppieren sich um einen Innenhof mit Pool. Das Emerald hat als einziges Hotel der Stadt vollen Service samt Restaurant im Haus. Mehr Businessleute als Touristen, effizientes Personal. Suite ab 110 $, Dinner + B&B ab 235 $. Ecke Quay/Gladstone Rds., PO Box 2143, Gisborne, ✆ 06/8688055, 0800/3673725, www.emeraldhotel.co.nz.

Portside Hotel 19, an einer Stichstraße gegenüber dem Sport- und Binnenhafen; großzügig proportioniertes Hotel mit 64 wohnlichen und komfortablen Zimmern in mehreren Kategorien; der moderne Bau liegt völlig ruhig und doch in Fußentfernung vom Zentrum. Selbst die Standard-Studios haben Stereoanlage, Küchenzeile mit Geschirrspüler und kleinem Wäscheraum; die (helleren) Suiten zur Hafenseite mit Wohn- und Schlafraum sowie mit Waschmaschine und Trockner. Kein Restaurant, zum Frühstück muss man in den Nebenhaus. DZ 150–420 $. 2 Reeds Quay, PO Box 177, Gisborne, ✆ 06/8691000, 0800/767874, www.portsidegisborne.co.nz.

Senator Motor Inn 14, neueres 2-stöckiges Motel mit Front zum Hafen; 16 Units mit Breitband-Internetanschluss, Mikrowelle (aber kein Herd), Sat-TV, Aircondition. Unit 135–185 $. 2 Childers Rd., ✆ 06/8688877, www.senatormotorinn.co.nz.

Pacific Harbour Motor Inn 16, das dritte der Hafenfronthotels gibt sich außen in dekorativem Design, was sich in geringerem Maße im Inneren fortsetzt; Studios ohne, größere Units mit Küchenzeile, alle mit gutem Mobiliar. Unit 135–195 $. Ecke Reads Quay/Pitt St., ✆ 06/8678847, www.pacific-harbour.co.nz.

Champers Motor Lodge 1, an der westlichen Ortseinfahrt; die 14 Erdgeschoss-Units in Holzbauweise (mit Küchenzeile) gruppieren sich um einen kleinen Hof mit solar geheiztem Pool und 2 Spas. Unit 95–160 $. 811 Gladstone Rd., ✆ 06/8631515, 0800/702000, www.champers.co.nz.

Endeavour Lodge Motel 2, eines der preiswertesten Motels der Stadt, dabei mit großen Räumen und kompletter Ausstattung; besonders freundliche Führung (wir machten nur beste Erfahrungen), leider besonders am Wochenende etwas laut (nicht die Units direkt an der Straße nehmen). Unit 105 $. 525 Gladstone Rd., ✆ 06/8686075, endeavourlodge@callplus.net.nz.

Cedar House B&B 4, sehr gut geführtes, komfortables B&B in edwardianischer Vorstadtvilla, hübsch eingerichtete Zimmer mit Bademantel, Tee-/Kaffeemaschine und Blumen; TV und CD-Auswahl in der Lounge, üppiges Frühstück. DZ/FR ca. 170 $. 4 Clifford St., ✆ 06/8688583, www.cedarhouse.co.nz.

Sea View Lodge B&B 13, B&B am beliebten Waikanae-Strand, der in Gisborne ja nur einen Katzensprung vom Zentrum entfernt ist. 3 moderne Zimmer in zeitgenössisch kühl-funktionellem Haus, überaus freundliche und hilfsbereite Gastgeber. DB (cont.) 100–120 $. 68 Salisbury Rd., ✆ 06/8673879, raewyn@regaleggs.co.nz.

Gisborne Youth Hostel 17, die mit dem neuseeländischen YHA assoziierte (aber nicht von ihm geführte) Jugendherberge liegt citynah an der Nordseite des Turanganui-Flusses am SH 35. Verschachtelter Bau mit zweckmäßiger Einrichtung, ohne aufregende Details, aber auch ohne unangenehme Überraschungen. 2er-Zimmer, Familienzimmer und „Share rooms", Lounge mit TV und wirklich gute Küchenausstattung. Bett

Die Ostküste → Karte S. 391

26 $, DZ ab 80 $, Rabatt mit YHA-Ausweis. 32 Harris St., ✆ 06/8673269, www.yha.co.nz.

Flying Nun Backpackers 3, nicht mehr ganz taufrische Backpacker-Unterkunft am Stadtrand in früherem Klostergebäude; 2 Stockwerke mit allen Zimmer- und Schlafraumgrößen, am besten die im Oberstock mit Veranda (für den „occasional ghost" im Kloster wird nicht garantiert). Großes Grundstück mit Campingmöglichkeit. DB 26 $, DO 21–23 $. 147 Roebuck Rd., ✆ 06/ 8680461, yager@xtra.co.nz.

In Waikanae Beach Waikanae Beach Top 10 Holiday Park 18, ein Campingplatz in Fußentfernung vom Zentrum und direkt am Strand – wo gibt's denn das? In Gisborne. Nur eine Reihe alter Araukarien und der Fußweg trennen vom Wasser (am Wochenende voll mit Familien, die ihr Picknick mitbringen). Im Gelände alle Übernachtungsmöglichkeiten; dazu Kinderspielplatz, 3 Tennisplätze und der nah gelegene Hallenbadkomplex mit dem Olympic Pool. Tourist-Flats/Units 85–145 $, Cabins 50–70 $, Stellplätze und Zeltplätze (inkl. 2 Pers.) ab 30 $. 280 Grey St. (Strandende), Gisborne, ✆ 06/8675634, 0800/867563, www.waikanae beachtop10.co.nz.

Zwischen Waikanae Beach und Turihaua-Flussbrücke (SH 35) in Richtung East Cape An diesem Küstenstreifen gibt es mehrere Strandstreifen, auf denen **wildes Campen** ausdrücklich zugelassen ist (Schilder beachten)!

Essen & Trinken/Nachtleben

The Wharf 15, Shed 1, The Esplanade, in Prachtlage am Hafen; Restaurant mit ungezwungener Atmosphäre (innen ein wenig Bahnhofshallencharme) und großer Terrasse, eines der beliebtesten der Stadt. Bisher verlässlich gute Küche, nach Besitzerwechsel muss sich wohl erst wieder der alte Standard einstellen. Abends reservieren: ✆ 06/8684876.

»› Mein Tipp: Muirs Bookshop Café 10, 62 Gladstone Rd.; Cafés in Buchhandlungen sind nichts Neues mehr – doch dieses, das zu einer der wenigen noch privat geführten Buchhandlungen gehört, zählt zu den liebsten des Autors. Im 1. Stock des Hauses an der Haupteinkaufsstraße, über der eigentlichen Buchhandlung, mit großen Fenstern, hellem Ambiente und Balkon, locker gestelltem Mobiliar und kleinem, aber gutem Angebot und vor allem hervorragendem Kaffee, mag man das Lokal gar nicht mehr verlassen. Mo–Fr 8.30–16, Sa 9–15 Uhr, im Sommer So 10–15 Uhr. ✆ 06/ 8690653. **‹‹‹**

Ruba 12, 14 Childers Rd.; modernes Bistro-Café in historischem Haus, schattige Terrasse, Karte ohne Offenbarungen (Steak, Fish of the Day, Bagels, Eggs Benedict), aber absolut in. Kein Ruhetag und frühstücksfreundlich: ab 7 Uhr (So ab 8.30 Uhr) geöffnet. ✆ 06/8686516.

Essen & Trinken
5 Robert Harris Café
6 Café Verve
7 Zest
8 Fettucine Brothers
9 The Marina Rest. & Bar
10 Muirs Bookshop Café
12 Ruba
15 The Wharf
20 Works Café & Cellar

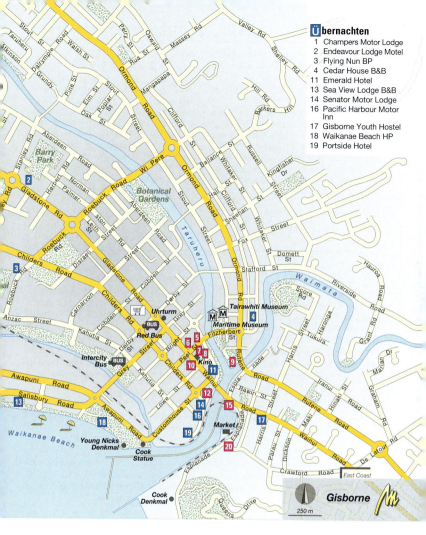

Übernachten

1. Champers Motor Lodge
2. Endeavour Lodge Motel
3. Flying Nun BP
4. Cedar House B&B
11. Emerald Hotel
13. Sea View Lodge B&B
14. Senator Motor Lodge
16. Pacific Harbour Motor Inn
17. Gisborne Youth Hostel
18. Waikanae Beach HP
19. Portside Hotel

Robert Harris Café 5, Treble Court, Peel St.; die Kette „Robert Harris Café" ist landesweit ein Knüller, und das hat – was Angebot, Frische, Qualität und Service anbelangt – seine Gründe. Dieses ruhig gelegene, zum Platz offene Lokal macht keine Ausnahme. ✆ 06/8670661.

Café Verve 6, 124 Gladstone Rd.; Frühstück, Lunch, Dinner, die Atmosphäre wechselt (das Menü nur marginal) – das bereits traditionelle Verve hat zu jeder Tageszeit sein Publikum. Es ist gemütlich, auch wenn es, was gern vorkommt, in dem recht kleinen Lokal mal wieder voll ist. Das Essen (Frühstück und Lunch) hat gehobenen Bistro-Charakter (Hauptgang ca. 20 $). Auch So offen! ✆ 06/8689095.

Zest 7, 22 Peel St.; die auf Biokaffee und Bioware sowie Fair Trade spezialisierte Kette hat auch in Gisborne ein Café eröffnet: die übliche Kiwo-Bistroküche mit weniger Fett und gutem Gewissen. So geschlossen, ✆ 06/8675787.

The Marina Restaurant & Bar 9, 1 Vogel St., im Marina Park; elegantes Restaurant in Parkvilla, Glasfront zum Fluss, zeitgenössische Pacific-Rim-Küche mit deutlichen französischen Untertönen. Hauptgang ab 35 $, gute Weinkarte, nur Dinner (ab 18 Uhr), besser reservieren: ℡ 06/6685859. So geschlossen.

The Works Winery & Café 20, 41 The Esplanade; die einstige Gefrierfabrik am Hafen (früher wurde hier Fisch tiefgefroren) hat sich zum Café-Restaurant gemausert, der Wein – große, interessante Karte! – kommt aus den Weingütern der Region Gisborne, vor allem von Golden Wine Estates. Guter unverstellter Ausblick auf den Hafen, guter und freundlicher Service. Hauptgericht 25–35 $, Meeresfrüchte und Lamm empfehlenswert. ℡ 06/8631285, www.workscafe.co.nz.

Fettucine Brothers 8, 12 Peel St.; nach Besitzerwechsel gibt sich das Lokal italienischer als zuvor, das betrifft aber nur die Pastagerichte, die auch „Gourmet Pasta Menus" umfassen (ab 25 $) wie „Cannelloni di Zucca", wobei dem traditionellen Kürbis aus unerfindlichen Gründen auch noch Spargel (!) und Mozzarella beigegeben werden. Ein Gericht, das als „Bistecca Grande Con Tres Sugo" (sic) angeboten wird und ein Porterhousesteak mit drei Soßen meint, verrät, dass das Italienische hier nur Dekor ist. Sehr beliebt. ℡ 06/8685700. Nur abends, So geschlossen.

Wein

Gisborne nennt sich gerne **Chardonnay-Hauptstadt der Welt** (→ www.gisbornewine.co.nz). Vulkanischer Boden, viel Sonnenschein und ausreichende Feuchtigkeit ohne längere Regenphasen kennzeichnen das Ökosystem. Dazu kommt die Innovationsbereitschaft seiner Winzer: Ein *Gisborne Sauvignon Blanc*, traditionell die Domäne der Marlborough-Region der Südinsel, gewann 2004 die renommierten Bragatto Wine Awards. **Bioweine (organic wines)** gibt es seit den 1980ern – *Millton Vineyards* ist Neuseelands führender Produzent von Bioweinen. In Gisborne wurde auch Neuseelands erster *Gewürztraminer* gekeltert – durch Matawhero Wines –, der Erfolg inspirierte auch andere Winzer: Die Kellerei Vinoptima des Weinpioniers Nick Nobilo (1913–2007) produziert seit dem Jahr 2000 ausschließlich Gewürztraminer.

Dass die Weinregion Gisborne mittlerweile ein **internationaler Player** ist, haben Übernahmegefechte ausländischer Konzerne in den letzten Jahren gezeigt: Zuerst wurde der international bekannte Weinproduzent *Montana*, der 1972 das Pionier-Gut Waihirere (des Deutschen Friedrich Wohnsiedler) und dann u. a. Corbans erworben hatte (2000) von *Allied Domecq* gekauft. 2005 kaufte sich der französische Konzern *Pernod-Ricard* in Gisborne ein und schluckte Montana. Ende 2010 verkaufte dieser Konzern seine Güter in der Gisborne Weinregion an das australisch-neuseeländische Konsortium *Lion Nathan/Indevin* (Preis: ca. 50 Mio. Euro), darunter auch die weit bekannte Lindauer Sektkellerei in Gisborne selbst. Pernod-Ricard behielt seine Weingüter in Marlborough, u. a. die dortigen früheren Montana-Weinberge.

KEW (Kirkpatrick Estate Winery), 569 Wharekopae Rd., ℡ 06/8627722, www.kew.co.nz. Das Weingut beschränkt sich auf den einen Standort, 2004 wurde sein Wild Rosé als einer der 5 besten neuseeländischen Rosés bewertet; es gibt aber auch Chardonnay mit und ohne Eichenfasslagerung. Der 2005er wie der 2009er Merlot sind sehr gut geworden. Öffnungszeiten des Kellers (auch Snacks/Käseteller zum Verkosten): im Sommer tägl. 10–18 Uhr, Herbst und Frühjahr Fr–Mo 10–18 Uhr, im Winter nur Sa/So 12–16 Uhr.

Matawhero Wines, Riverpoint Rd., Main Highway Gisborne, ℡ 06/8676140, www.matawhero.co.nz. Bis 2005 unter Leitung von Dennis Irwin, dem die Einführung des Gewürztraminers in Neuseeland zu verdanken ist. Seit 2008 neue, junge Besitzer, die Tradition wird weiter geführt, zum Gewürztraminer hat sich die seltene norditalienische Arneis-Traube gesellt (interessant: 2009 Gisborne Arneis).

The Millton Vineyard, 119 Papatu Rd., Manutuke, Gisborne, ℡ 06/8628680, www.millton.co.nz. Ökologisch ausgerichtetes Weingut (2009 Bio-Zertifikat durch Demeter New Zealand) mit z. B. Viognier, Chenin Blanc und – selbstverständlich – Chardonnay. Interessante Spätlesen. ∎

Hihi Wines: 53 Bond Rd., Gisborne, ✆ 06/8625077, www.hihi.co.nz. Die seit 2005 bestehende „Boutique Winery" produziert Sauvignon Blanc, Chardonnay, Viognier, Gewürztraminer und Rotweine. Keller Jan./Feb. Sa/So 13.30–18 Uhr geöffnet.

Sehenswertes/Touren

Gladstone Road: Gisbornes Zentrum ist seit Mitte des 19. Jh. vom Hafen die Gladstone Road hinaufgewandert bis zur Kreuzung mit der Grey Street und dem *Art-Deco-Uhr- und Glockenturm* (1934). Die Verschiebung des Stadtzentrums lässt sich an den Baustilen nachvollziehen: Ab dem Hafen stehen viktorianische Gebäude mit üppigen Fassaden an der Straße, zur Grey Street hin schlichtere aus edwardianischer Zeit. An der Grey Street nach dem Art-Deco-Uhrturm ändert sich der Stil der Architektur: Die 1950er manifestieren sich mit nüchtern-funktionellen Geschäftsfassaden.

Tairawhiti Museum: Jenseits des Taruheru-Flusses liegt der Kelvin-Park mit hübschem Rosengarten und (u. a.) dem regionalen Tairawhiti Museum. Hauptthema des Museums ist die Kunst und Kultur der Maori der Ostküste, daneben die maritime Vergangenheit der Poverty Bay. Im Garten nebenan steht das *Wyllie Cottage* von 1872, das eine Vorstellung von den engen Verhältnissen gibt, unter denen die Pioniere leben mussten. Daneben das *Sled House*, eine Hütte, die man auf einen Karren verladen konnte, um sich vor möglichen Angriffen in Sicherheit zu bringen. Tägl. 10–16, Sa/So 12.30–16 Uhr. „Gold Coin Entry" – also nicht unter 1 $.

Der Hafen: Gisbornes Hafen entstand am Zusammenfluss von Taruheru und Waimata River, in der heutigen Form stammt er aus den 1920er und 1980er Jahren. Zu Maorizeiten gab es keinen Hafen, die Wakas wurden auf den Strand gezogen. Zum ersten Mal war das um 1350 gewesen, als die Kanus Horouta und Te Ikaroa-a-Rauru hier anlandeten. *Captain Cook*, dessen Statue an der Westseite des Hafens auf die modernen Containerschiffe blickt, landete mit Booten an, das Schiff blieb draußen auf Reede.

Der falsche Captain Cook

„Aber er ist den zeitgenössischen Abbildern doch gar nicht ähnlich", hatte es schon lange geheißen. Nun ist es offiziell: Das innerhalb Neuseelands ikonisch gefärbte Denkmal des berühmten Seefahrers stellt gar nicht Captain Cook dar, sondern einen – bisher – namenlosen Marineoffizier. Die Verwechslung kam 1969 zustande, als eine Brauerei der Stadt das Denkmal schenkte …

Ein Stück weiter am Strand blickt ein Junge angestrengt in die Ferne: Das Denkmal erinnert an *Young Nick,* den Knaben aus Cooks Mannschaft, der als erster Neuseeland sah und die dafür ausgesetzte Prämie (eine Gallone Rum) gewann.

Die Steilfelsen weiter westlich am Südwestende der Poverty Bay sind nach ihn benannt: *Young Nick's Head* (Head = Landspitze). Die Landestelle der beiden Boote, die am Morgen des 8. Oktober 1769 Captain Cook, Banks, Solander und andere absetzten, war nicht hier, sondern auf der anderen Seite der Flussmündung; nachdem man einen Holzlagerplatz passiert hat, steht man vor einem Obelisken, dem 1906 enthüllten *Cook Monument*. Das heute nicht sehr glücklich platzierte Denkmal markiert einen der Kernorte der neuseeländischen Geschichte (die winzige Grünanlage mit dem Obelisken ist ein National Historic Reserve).

Joseph Banks (die Banks-Halbinsel auf der Südinsel ist nach ihm benannt), einer der Botaniker auf Cooks Expedition, berichtet in Band eins seines „Journals" (→ Literaturliste) kurz über die Sichtung: *„This morn a Port Egmont hen and a seal were seen pretty early. At half past one a small boy who was at the mast head called out land."* Mehr hatte Banks über den Moment der europäischen Entdeckung Neuseelands nicht zu berichten.

Auf dem Kaiti Hill: Von der Landing Site kann man auf den Kaiti Hill hinaufspazieren (oder über Crawford Road und Queens Drive hinauffahren), dabei durchquert man ein Waldstück (Titirangi Domain). Oben hat man einen schönen Blick über Stadt und Poverty Bay, rechts steht auf dem höchsten Punkt das *James Cook Observatory* (Sternwarte) mit nächtlichen Führungen für das Publikum. Nach links geht es zum Versammlungshaus *Te Poho o Rawiri*, einem prachtvoll ausgestatteten Marae von bemerkenswerter Größe. Daneben steht die kleine, feine Kapelle *Toko Toru Tapu*, die derzeit nicht zu besichtigen ist.

Öffnungszeiten Die **Sternwarte** ist jeweils Di abends ab 19.30 Uhr (Nov. bis März 20.30 Uhr), geöffnet. Eintritt 5 $. Die Website www.possumobservatory.co.nz bietet faszinierende Bilder! Für das Betreten des Marae ist – wie überall – eine Einladung nötig; man erhält sie (am besten am Tag vorher) unter ✆ 06/8685364. Eine Spende wird erwartet.

Das Eastwoodhill Arboretum: 35 km landeinwärts gibt es im Englischen Garten von Eastwoodhill Neuseelands größte Sammlung „exotischer", nämlich europäischer und nordamerikanischer Bäume und Sträucher zu bewundern. Der Gründer, Douglas Cook (gestorben 1967) legte in der Zeit nach dem 1. Weltkrieg aus Bewunderung für die englischen Landschaftsgärten einen Park an, der heute mindestens 4.000 Bäume und Sträucher und mehr als 15 km gepflegte Wege und Pfade umfasst – der längste (Green Walk) dauert 3–4 Std. Das typische herbstliche Farbenspiel der Wälder der Nordhalbkugel zu erleben, während zu Hause Frühling herrscht, ist einen Besuch im März oder besser noch April wert. Der Übersichtsplan ist kostenlos.

Öffnungszeiten/Anfahrt/Übernachten Tägl. 9–17 Uhr, Eintritt 10 $. 2392 Wharekopae Rd., Ngatapa, Gisborne (SH 2 in Richtung Napier, bei Abzweig des SH 36 rechts auf die Wharekopae Rd.), ✆ 06/8639003, www.eastwoodhill.org.nz. Der Garten bietet auch einfache Übernachtungsmöglichkeiten (Mehrbettzimmer mit Bettwäsche, Küche und Du/WC).

Der Gisborne Wine Trail (GPS-Radtour)

Tour-Info: Die Weinlandschaft der Poverty Bay um Gisborne lässt sich am besten mit dem Fahrrad erkunden; die Promille, die man bei den Weinproben zu sich nimmt, strampelt man bei der Fahrt zum nächsten Weingut gleich wieder ab. Die Tour ist besonders im Mittelteil, wo man sich am Bergfuß bewegt, auch landschaftlich sehr reizvoll. **Länge**: ca. 68 km. **Höhenunterschied**: ↑↓ 150 m. **Dauer**: 3–4 Std. **Charakter/Markierung**: meist asphaltierte Straßen. **Verpflegung**: zahlreiche Möglichkeiten in Weingut-Restaurants und zwei ländlichen Läden. **Karten/Infos**: Straßenkarte genügt.

Vom **i-Site Gisborne** **1** nimmt man die Grey Street stadtauswärts und biegt dann in die Awapoui Road (= SH 35) **2** rechts ein. Man verlässt sie wieder bei der Einmündung der Bank Street **3**, wo man rechts und gleich wieder links in die Solander Street einbiegt. Die **Lindauer Cellars** **4** sind rechts, wenig attraktiv in einem Industrie- und Gewerbegebiet. Geradeaus weiter, die erste links und zurück zum SH 35, dem wir weiter nach rechts und stadtauswärts folgen. Wo der SH 35 in den

SH 2 einmündet **5**, folgen wir dieser nach links. Nach dem Passieren erster Weinpflanzungen biegen wir links auf die **Riverpoint Road** ab **6**.

Die Straße macht einen Linksknick und wendet sich nochmals links; an ihrem Ende **7** liegen zwei Weingüter, der **River Point Vineyard** und (geradeaus) **Matawhero Wines**. Zurück durch die Agrumen- und Weinrebenpflanzungen zum SH 2 **6** und weiter nach links. Nach der Flussbrücke **8** links (weiterhin SH 2). Knapp vor einer Tankstelle weist ein Schild auf die **Papatua Road 9**, die wir bis zur **Millton Vineyards Winery 10** hinauffahren.

Zurück auf dem SH 2 bis zur Brücke **8**, aber diesmal geradeaus weiter auf einer Nebenstraße. Im weiten Linksbogen wird man an die Berge herangeführt, die Abzweigung –**Patutahi Road 11** bleibt zunächst rechts. Der **Patutahi Vineyard 12** liegt bald zur Linken, ebenfalls **Kew** mit echtem Wein-*Berg* **13**. Zurück zur Abzweigung Patutahi Road **11**, diesmal dort links bis zur nächsten Abzweigung **14**, dort wieder links und bei der nächsten Straße rechts **15**. Unweit liegt der **Laden** des Ortes Patutahi mit Postamt **16**, wo man sich verpflegen kann.

Geradeaus die kaum befahrene Lavenham Road weiter, auf der wir uns befinden. Weinberge, einige sind neu angelegt, man passiert u. a. **Matua Valley (Judd Estate) 17** und **Vi Pere Trust Vineyards 18**. Das letzte Stück vor dem SH 2, den man weiter oben im Tal erreicht, hat keinen Weinbau mehr. Auf dem SH 2 (nach der Brücke) **19** nach rechts und über den einzigen Hügel dieses Wein-Ausflugs.

Das **Ormond Valley Weingut** (auf der folgenden Ngakoroa Road **20** zu erreichen) ist nicht für die Öffentlichkeit zugänglich. **Vinoptima**, das Gewürztraminer-Weingut des Weinpioniers Nobilo, liegt an der selben Straße und ist ebenfalls normalerweise nicht öffentlich zugänglich. Ganz im Gegensatz zur Kneipe in **Ormond** (Ormond Tavern und Ormondo's Store) **21**, wo man Fastfood und nebenan ein kühles Bier bekommt.

Wenig später nimmt man die links abbiegende Back **Ormond Road 22**, passiert den **Gray's Bush 23** (ein Scenic Reserve mit altem Wald – einen halbstündigen Aufenthalt wert) und zweigt auf der folgenden **Waimate Valley Road 24** nach links ab; die **Waiohika Station 25** in hübscher Hangfußlage hat ein angeschlossenes Weingut, den **Waiohika Estate** (das Anfang 2011 zum Verkauf stand).

Weingut bei Gisborne

Zurück zur Back Ormond Road und mehr oder weniger geradeaus weiter erreicht man Gisborne. Nach dem Krankenhaus zweigt man nach rechts in die **Lytton Road** 26 ab und fährt bis zum Kreisel 27, um links in die **Stout Street** abzubiegen. Sie führt relativ verkehrsarm bis fast in die Stadtmitte; wir folgen der Stout Street bis zur links beginnenden **Stafford Street** 28. Ihr gegenüber führt rechts ein Steg in das Stadtzentrum führt, das man in der **Derby Street** erreicht. Auf dieser überquert man die **Gladstone Street** 29 (der Uhrturm bleibt links!) und biegt erst in der **Kahutia Street** 30 links ab und schließlich rechts in die **Grey Street** 31. Die **i-Site Gisborne** 1 liegt unweit auf der rechten Straßenseite.

Zwischen Gisborne und Napier

Zwischen Gisborne und Napier, Poverty Bay und Hawke's Bay fährt man zwar der Karte nach in der Nähe des Meeres, doch kommt man selten ans Wasser, sondern hat im Gegenteil steile Pässe zu überwinden. Erst 20 km vor Napier (auf einer Gesamtstrecke von ca. 110 km) erreicht man wieder das Meer.

Zuvor jedoch bietet sich ein sehr empfehlenswerter Abstecher an: Die *Mahia-Halbinsel* mit ihren langen, oft gänzlich unerschlossenen und auch im Hochsommer leeren Stränden ist den Umweg wert. Vor allem aber lockt auf dieser Strecke der *Weg ins Binnenland:* Von Wairoa, dem einzigen größeren Ort (und bereits in der Hawke's Bay) führt der SH 38 in Richtung Rotorua und Taupo, wobei sie den *Te-Urewera-Nationalpark* quert. Der Rundweg dort um den Lake Waikaremoana ist ein neuseeländischer Great Walk, das sagt genug.

Übernachten/Essen & Trinken

In Morere Hot Springs Morere Tearooms & Campingground, Café und Campingplatz mit Cabins, ☎ 06/8378792; **Moonlight Lodge**, Cottage und Cabins mit Bad und Küche, ☎ 06/8378824 alle www.morerehotsprings.com.

In Mahia Beach Mahia Beach Motels & Holiday Park, im Angebot des familienfreundlichen Platzes sind wie üblich Cabins, Motel-Units und Stellplätze. Die Baulichkeiten sind überaltert und sollten wieder mal in Schuss gebracht werden. Recht große Stellplätze (inkl. 2 Pers. ab 26 $), 10 einfache Cabins und 8 besser ausgestattete Motel-Units (bis 130 $). 43 Moana Drive, Mahia Beach, ☎ 06/8375830, mahia. beach.motel@xtra.co.nz.

In Mahia Cappamore Lodge, 2-stöckiges Blockhaus im skandinavischen Stil, komplett eingerichtet, Frühstück kann arrangiert werden. Ab 120 $ (2 Pers.). 435 Mahia East Coast Rd., Mahia, ☎ 06/8375523, oconnell cappamore@clear.net.nz.

Mahanga Beach Retreat, recht einsam und romantisch liegt das Haus von Jenny und Pete am Mahanga Beach. Drei einfache, aber hübsch eingerichtete Zimmer, Terrasse mit Meerblick – was will man mehr? DZ 100–120 $. 3 Happy Jacks Rd., ☎ 06/8375095.

Café Mahia, 476 East Coast Rd., Mahia; Café mit Weinangebot; Internet. ☎ 06/8375094.

Morere Hot Springs: Ganz überraschend erreicht man bei der Abfahrt vom zweiten Pass, den man zwischen Gisborne und der Hawke's Bay zu überwinden hat, den kleinen Heilkurort. Die Hot Springs haben stark eisenhaltiges, saures Wasser, das hier einen kleinen Bachlauf bildet und in acht heißen Becken gesammelt und für Kur-Zwecke verwendet wird. Der naturnahe Busch und dahinter der ursprüngliche Primärwald um die Pools ist Landschaftsschutzgebiet, das von mehreren Wanderwegen durchzogen wird: Spaziergänge und Wanderungen von 20 Min. (z. B. Nikau Loop Track zu einem Nikaupalmenhain) bis zu 2 Std. sind möglich (mehr im DOC-

Faltblatt „Morere Springs Scenic Reserve"). Lange nur den hier lebenden Maori bekannt, wurde Morere erst 1886 von Europäern „entdeckt" – ein Hotel wurde gebaut und später erweitert; 1994 brannte es ab und wurde nicht mehr ersetzt, es gibt aber die Möglichkeit in der kleinen Moonlight (Backpacker)-Lodge mit ihren Cabins zu nächtigen.

Morere Hot Springs, tägl. 10–17 Uhr, in den Sommerferien bis 21 Uhr. Eintritt 6 $. ✆ 06/8378856, www.morerehotsprings.co.nz.

Die Mahia-Halbinsel: Das Plateau der Mahia-Halbinsel ist mit dem Festland durch einen breiten Streifen Schwemmland verbunden, der auf beiden Seiten lange, unverbaute Strände trägt. Der nördliche *Pukenui Beach* wird von *Mahanga* erreicht; er endet an einer Lagune, die man nicht queren kann, man muss also wieder zurück. Der südliche *Mahia Beach* ist leichter erreichbar und beliebter, weil zu ihm die Straße vom Festland (ab Opoutama) auf die Halbinsel führt, wo sie zuerst den westlich liegenden Ort *Mahia Beach*, dann das östliche, winzige Örtchen *Mahia* berührt. Die Straßen auf der Halbinsel sind alle Sackstraßen und nicht geteert. Einen mehrstündigen Wander-Rundweg bietet das *Mahia Peninsula Scenic Reserve*. Im Sommer kommen viele einheimische Familien hierher, wie einige Ansammlungen von *Baches* zeigen, die Strände sind trotzdem immer ziemlich leer.

Wairoa: Das Kleinstädtchen (samt Distrikt 9.000 Einwohner), einst Exporthafen für Holz und Vieh, liegt am Mündungstrichter des Wairoa-Flusses, an der Stelle, wo sich eine Straßenbrücke und später eine Eisenbahnbrücke errichten ließen. Der aus Kauriholz gezimmerte *Portland-Leuchtturm*, den man von der Brücke aus sieht, stand bis 1961 auf einer der Mahia-Halbinsel vorgelagerten Insel. Wairoa ist ein gemütliches Städtchen, dessen 2001 eröffnetes *Wairoa Museum* über die Ortsgeschichte („A Story of Wairoa River") und die Kultur der Maori in der Umgebung informiert (tägl. 10–16 Uhr, Sa/So nur bis 13 Uhr. Eintritt: Spende, ✆ 06/8383108). Sehenswert sind die geschnitzten Holzpfeiler am Eingang des *Wairoa District Council Office*, die 1994 dort angebracht wurden und die Geschichte der Stadt und der Maori erzählen. Der schön gestaltete, geschnitzte *Takitimu Marae* kann besichtigt werden (Anmeldung beim Visitor Centre).

Information Visitor Centre, Ecke SH 2/Queen St., ✆ 06/8387440, www.wairoa-isite.org. Mo–Fr 8–16.45, Sa/So/Fei 9.45–10.45 u. 15.15–16 Uhr.

Verbindungen Busse von InterCity/Newmans halten beim Visitor Centre; Verbindungen in den Te-Urewera-Nationalpark → S. 415!

Übernachten/Essen & Trinken Vista Motor Lodge & Restaurant, an der Brücke; Motel mit Restaurant (abends fast ohne Konkurrenz), größere Units mit Küchenzeile. Unit 99–185 $, der Höchstpreis für Unit mit vier Zimmern für Gruppen. 2 Bridge St., ✆ 06/8388279, www.vistamotorlodge.co.nz.

Haere Mai Homestay Cottage, ein Backpacker im Privathaus mit Familienanschluss am Ortsrand (an der Straße Richtung Napier): Lounge/Esszimmer gemeinsam, getrennte Küchen. Zur Schulzeit besteht Mo–Fr um 13.15 Uhr Gelegenheit, einem Maori-Schulkonzert beizuwohnen (5 $)! Betten 25 $. 49 Mitchell Rd., Wairoa, ✆ 06/8386817, mitchellcottage@gmail.com.

Riverside Motor Camp, einfacher Platz am Fluss mit 86 Stellplätzen. 6 Cabins ab 45 $, Stellplatz und 2 Pers. ab 30 $. 19 Marine Parade, ✆ 06/8386301, www.riversidemotorcamp.co.nz.

Osler's Bakery & Café, 116 Marine Parade; was Pies („Steak and Onion", „Steak and Kidney" – Pumpkin und Kurkuma werden Sie hier nicht finden ...) und andere heiße Snacks anbelangt, echte Osler's- Tradition – deshalb geht man in diese Bäckerei im Ortszentrum, die 2006 Neuseelands „Bakery of the Year" war. Das Essen ist deftig und üppig, die Preise gerade mal Mittelmaß. ✆ 06/8388299, Sa/So 5–15 Uhr sonst 4.30–16.30 Uhr.

Der Te Urewera National Park und die Urewera Range

Te Urewera ist ein fast 2.127 km² großer Nationalpark, der den größten zusammenhängenden Primärwald der Nordinsel umfasst. Sein Untergrund ist durchwegs vulkanisch, liegt er doch exakt auf der Hauptverwerfungslinie der *Taupo Volcanic Zone*. Fruchtbare vulkanische Asche und hohe Regenmengen haben einen sehr dichten und artenreichen Wald geschaffen, der immer wieder in dichten Nebel gehüllt ist – Tuhoe nennt sich der aus diesem Gebiet stammende Ngati, der Stamm der „Kinder des Nebels". Im tieferen Bereich, etwa um den *Lake Waikaremoana*, der das Herz des Nationalparks bildet, ist der Wald vor allem von Podocarpaceen (Rimu) und dem „Baumwürger" Northern Rata, auf Lichtungen auch vom Cabbage Tree (Schopfbaum) geprägt, in höheren Lagen dominiert die Südbuche. Das feuchte Klima und der wellige vulkanische Untergrund haben mehr als 20 größere Feuchtgebiete entstehen lassen – Lebensraum für viele Vögel.

Paradeziel im Nationalpark ist der *Lake Waikaremoana Great Walk.* Für den 46 km langen Track benötigt man drei bis vier Tage, nächtigt in einfachen DOC-Hütten oder zeltet und bleibt für große Strecken am abwechslungsreichen Ufer des Sees. Ausnahme ist die *Panekiri Range*, die im Südteil gleich zu Beginn bezwungen werden muss, was den Vorteil hat, dass man auch die höheren Vegetationsstufen des Parks kennen lernt. Da der Weg nicht als Rundweg angelegt ist, sondern an einer anderen Stelle des SH 38 endet, der den Park durchquert, benötigt man zum Start- und zum Endpunkt ein Transportmittel: Auf dem SH 38 verkehren keine öffentlichen Busse.

Information/Verbindungen

Information DOC Aniwaniwa Area Office & Visitor Centre, Private Bag 2213, SH 38, Aniwaniwa, Wairoa; tägl. 8–17 Uhr. Informationen und Buchungen ✆ 06/8373803, ✆ 8373722, teureweracvg@doc.govt.nz.

Im DOC Centre sind Faltblätter mit den einzelnen Wegbeschreibungen und die Broschüre „Lake Waikaremoana Walks" (2,50 $) erhältlich.

Track-Transfer/Wassertaxi/Touren
Homebay Watertaxi bietet (nicht täglich) Shuttledienste von/nach Wairoa und Rotorua, Min. 4 Pers., 80 $; Transport zu und von den Start- und Endpunkten des Tracks im Park sowie Wassertaxi auf dem Lake Waikaremoana.

Te Urewera Shuttle ab Rotorua Do und Sa → Rotorua.

Geführte Tour ab Rotorua durch **Te Urewera Treks**, Wanderung 1 Tag 175 $, lokale Maori-Führer, www.teureweratreks.co.nz.

Lake Waikaremoana Motor Camp bietet ein Wassertaxi. Die Kombination aus Wassertransport und Shuttlerücktransport kostet ca. 30 $. Adressen → Übernachten.

Waikaremoana Guided Tours im Park bietet ebenfalls diese Shuttle- und Wassertaxi-Kombination. ✆ 06/8373729, 0800/469879. Für die Hauptsaison gilt: frühzeitig anmelden!

Übernachten

Hütten und Zeltplätze auf dem Lake Waikaremoana Great Walk, ausgestattet mit Trinkwasser, Toiletten und Holzofen, aber weder Geschirr noch Kochgelegenheit; Kochgeschirr, Kocher und Schlafsack müssen mitgebracht werden. Nur Buchung im Voraus über DOC Visitor Centre Aniwaniwa. Hüttenlager 30,60 $, Zeltplatz 10,20 $.

Private Bag 2213, SH 38, ta Aniwaniwa, Wairoa, ✆ 06/8373803, www.doc.govt.nz.

An Layout: Bitte wieder in den Kasten einfügen. Danke! Monika

Waikaremoana Motor Camp, außer den DOC-Hütten und Camps die einzige Unterkunft im Park; direkt am See. 12 rustikale „Fisherman's Cabins" (Bunkrooms mit Küche) mit 4–5 Lagern (2 Pers. 55 $), die üblichen Cabins (45 $ p. P.), Ferienwohnungen (ab ca. 90 $), großer grüner Zeltplatz (Platz inkl. 2 Pers. ab 30 $). Lake Waikaremoana, SH 38, Te Urewera National Park, ✆ 06/8373826, www.lake.co.nz.

Mokau Campground, am See 10 km nördlich des DOC-Centers, an der Straße; vom DOC gemanagter, sehr beliebter Zeltplatz. Platz pro Pers. 15,20 $. Lake Waikaremoana, SH 38, Te Urewera National Park, ✆ 06/8373803, 8mitchell@doc.govt.nz.

🚶 Der Onepoto Caves Track

Länge/Dauer: hin/zurück 4 km/1 Std.

Der kurze Track gleich am Beginn von Park und See, führt zu einer Reihe von Überhängen und kleinen Höhlen (bis 20 m Tiefe), die sich durch Auswaschung im Sandstein gebildet haben: Dabei rutschte ein Sandsteinblock von seiner Unterlage ab und verkeilte sich mit dem Gesteinskörper, auf den er aufschlug, sodass unterschiedliche große Hohlräume entstanden; diese wurden durch Regen und Sickerwasser weiter ausgehöhlt, zum Teil aber auch zugeschüttet. Eine gute Taschenlampe hilft beim Entdecken!

🚶 Der Lake Waikareiti Track und der Lake Ruapani Track

Länge/Dauer: 12 km/4:30 Std.

Der Rundweg vom Aniwaniwa Visitor Centre führt auf dem Lake Waikareiti Track zum gleichnamigen und auf dem Lake Ruapani Track im großen Bogen zurück. Der Track verläuft teilweise durch feuchtes Grasland und kann recht tiefgründig werden. Am Lake Waikareiti kann man ein Ruderboot mieten (vorher beim Visitor Centre bezahlen und dort den Schlüssel abholen). An der Westseite des Sees führt ein Weg weiter zur *Sandy Bay Hut,* eine DOC-Hütte, in der man übernachten kann (weitere 1:30 Std. Weg pro Strecke).

🚶 Der Lake Waikaremoana Great Walk

Dauer: 3 Tage

Der Rundweg um den Lake Waikaremoana wird meist ab Onepoto im Süden des Sees begonnen und verläuft im Uhrzeigersinn. Da man zumindest für die Zeit von Mitte Dezember bis Ende Februar Hütten- oder Zeltplätze lange im Voraus buchen muss, muss man sich vorab entscheiden, wie oft und wo man nächtigen will.

Etappen etwa 1. Nacht Panekiri Hut, 2. Nacht Marauiti Hut – man ist (jeweils mindestens!) 5 Std. (1. Tag), 7 Std. (2. Tag) und 6 Std. (3. Tag) unterwegs. Am ersten Tag hat man den Aufstieg über die Panekiri Range zur *Panekiri Hut* (500 m Aufstieg, 5 Std.) zu bewältigen. Am zweiten Tag den Abstieg zum See (500 m) und die Seeuferwanderung von der *Waiopaoa Hut* mit Camp (3–4 Std.) über den Korokoro-Zeltplatz (1–1:30 Std.) zum Maraunui-Zeltplatz und wenig später zur *Marauiti Hut* (3 Std.). Der dritte Tag führt wieder meist am See entlang zur *Waiharuru Hut* mit Zeltplatz (2 Std.) sowie über eine Landenge zum Tapuaenui Camp (1:30 Std.). Wieder am Wasser entlang geht man zur *Whanganui Hut* (1 Std.), zur Hopuruahine-Hängebrücke und zur Straße (1:30 Std.).

Information Alle Infos zum „Great Walk" finden sich im gleichnamigen DOC-Faltblatt.

Radweg am flachen Ufer der Hawke's Bay

Die Hawke's Bay

Fast 100 km Luftlinie sind es zwischen der Mahia-Halbinsel und Cape Kidnappers, auf der Straße ist man fast 200 km unterwegs: Die dazwischen liegende Hawke's Bay beschreibt einen großen Bogen nach Westen. Im Süden der Bucht liegen die größeren – und interessanteren – Orte Napier, Hastings und Havelock North.

Die meisten Kiwis setzen die Hawke's Bay mit diesen drei Städten gleich: Für sie reicht die Hawke's Bay nach Westen bis zur Kawaka- und Ruahine Range, die hier das Inselrückrad bildet, nach Süden bis zum Beginn des Wairarapa. Und so wollen wir's ebenfalls halten.

Obst, Wein, Art Deco, Erdbeben – das sind die vier häufigsten Schlagworte, die sich mit der Hawke's Bay verbinden. Das erste, weil Farmer, die zuerst auf Rinderzucht gesetzt hatten, bald merkten, dass sich dieses trockene, aber nicht zu trockene Gebiet besonders für den Obstanbau jeder Art eignet, vom Apfel bis zum Pfirsich. Der Apfel dominiert bis heute, und die Apfelpflücker reisen aus aller Welt reisen an. Erst in den letzten beiden Jahrzehnten hat der Weinbau die Führung übernommen, erst da hatte Neuseeland den Wein entdeckt, nachdem man vorher gemeint hatte, das Kiwi-Nationalgetränk sei Bier. Allenthalben sprießen Weingüter aus dem Boden, werden Restaurants im Weinberg eröffnet und welterfahrene Köche für ein immer anspruchsvolleres Publikum geködert – allmählich verstärkt sich der Eindruck, Neuseeland sei auf dem Weg zur Weinkenner- und Gourmetnation.

Die Punkte drei (Art Deko) und vier (Erdbeben) sind eng verbunden: 1931 zerstörte ein Erdbeben die Stadt Napier, und was übrig blieb, fiel dem nachfolgenden Brand zum Opfer. Kaum waren die Ruinen erkaltet, begann der Wiederaufbau – im Art-Deko-Stil. Und weil man schon damals oft in die USA schielte, wurde neben diversen europäischen Einflüssen (Berlin, Brüssel, v. a. Paris) „Spanish Mission" zur führenden Dekor-Mode. Napier, teilweise auch das benachbarte Hastings wurden so zu Art-déco-Städten, die (außer Miami Beach) weltweit ihresgleichen suchen: Gibt es anderswo höchstens Stadtviertel, die man im Art-Deko-Stil errichtete, ist es im Fall von Napier eine ganze Stadt.

Verbindungen/Jobben/Essen & Trinken

Verbindungen Hawke's-Bay-Regionalbusse verkehren zwischen Napier und Hastings, von Napier in verschiedene Ortsteile und zwischen Hastings und Havelock North. Die **Stadtbusse** „GoBus" werden von einem Großunternehmer aus Waikato betrieben.

Bus 12 von Napier nach Hastings startet an der Ecke Dalton/Station St. und endet in Hastings an der Ecke Eastbourne St./Karamu Rd. und umgekehrt. Ab Napier 7–17.45 Uhr jede Stunde (bis 9 Uhr und ab 15 Uhr alle 30 Min.); ab Hastings gleiche Zeiten. **Busse 10 und 11** ebenfalls zwischen Napier und Hastings, weniger Stops, aber nur ca. 4- bis 5-mal pro Tag.

Bus 21 zwischen Hastings (Ecke Eastbourne St./Karamu Rd.) und Havelock North (Everest Ave. 9) ca. 8–17.30 Uhr meist stündlich, umgekehrt 9.40–17 Uhr. Tickets beim Fahrer (Napier – Hastings ca. 4,50 $, Hastings – Havelock North ca. 3 $). Infos ✆ 06/8789250, www.hbrc.govt.nz.

Arbeit & Unterkunft im Obst- und Weinbau Die meisten Backpacker-Hostels helfen bei der Jobsuche (Hastings Rotten Apple!)

Essen & Trinken Kaum eine andere Region hat so sehr von Neuseelands hipper **Café-Culture** profitiert wie Hawke's Bay. Ihre Vertreter haben zwar als Aushängeschild den Kaffee gewählt (im Gegensatz zum herkömmlichen Tee und dem, was man früher als Kaffee bezeichnete) – in Wahrheit aber dreht sich in dieser kulinarisch-hedonistischen Szene alles um den Wein. Wein und Essen im „Mediterranean Style", und das im Weinberg, ist derzeit der ultimative Traum des gestressten Großstädters. Hawke's Bay bietet beides und mehr: Sogar das Klima passt, man kann es ruhig als mediterran bezeichnen.

Die Weinregion Hawke's Bay

Sicher, immer noch bestimmt der Apfel die Landwirtschaft der Bay, zu 75 % sind es die Apfelkulturen, die zur Erntezeit Pflücker aus aller Herren Länder anziehen, darunter nicht wenige Mitteleuropäer. Aber der Weinbau, seit 1851 in der Bay präsent, als Missionare den ersten Weingarten bei Napier anlegten („Mission" nennt sich das dortige Weingut bis heute), ist auf dem Vormarsch – und die Apfelplantagen werden von Jahr zu Jahr weniger. Mit der stark wachsenden Nachfrage in Neuseeland und mit den guten Erfolgen der neuseeländischen Weine im internationalen Markt wird immer mehr Acker- und Weideland zu Weinbergen umgewandelt. Traditionell waren es eher schwere, lehmige Böden und ein paar Bereiche auf Hangschutt, heute sind es immer mehr sehr flache, trockene Schotterböden auf ehemaligen Flussterrassen, wo die besten Weine der Hawke's Bay wachsen. Bestes Beispiel sind die *Gimblett Gravels* westlich von Hastings, die um 1985 noch als wertlos angesehen wurden und nicht mal als Viehweide genutzt wurden. Die 850 ha große Schotterebene war bis 1876 ein Flussbett gewesen, um dann nach einer schweren Flut trocken zu fallen. Heute kommen die besten Cabernet Sauvignons, Merlots, Malbecs und Pinots der Region von dort.

Weiße Rebsorten der Hawke's Bay sind v. a. Sauvignon Blanc, Riesling, Gewürztraminer, Chardonnay, seit einiger Zeit auch Zinfandel und neuerdings Viognier. Rote

Die Weinregion Hawke's Bay

Weinprobe in einer Winery in der Hawke's Bay

Rebsorten sind v. a. Cabernet Sauvignon, Merlot, Pinot noir, Cabernet Franc, Syrah (= Shiraz, in Frankreich Hermitage genannt) und Malbec.

Information/Feste/Veranstaltungen

Information Ein in jeder Touristinfo der Hawke's Bay erhältliches kostenloses Faltblatt **Hawke's Bay Winery Guide** enthält einen kleinen Übersichtsplan und die Liste der (teilnehmenden) Weingüter (2011 waren es 34).

Weinfest Hawke's Bay Food & Wine Festival (zuvor Harvest Hawke's Bay) nennt sich das jährliche Weinfest im Januar oder Februar, das wohl größte Fest dieser Art in Neuseeland. An die 30 Weingüter öffnen ihre Keller, die dazugehörigen Restaurants bieten spezielle Menüs an. Veranstaltungen im Weinberg (2009: Blood Sweat & Tears; 2011: John Cocker) runden das kulinarische Programm ab. Der Festival-Pass kostet 45 $, inkl. Shuttlebus zur Veranstaltung 65 $. www.hawkesbaywineandfoodfestival.co.nz.

Weintouren, geführt und mit dem Rad

Odyssey NZ, Besitzer Gareth Kelly führt seine Kunden persönlich und mit Kick: Bei der Twilight Odyssey (17.30–0.30 Uhr, 195 $) besucht man ein Weingut mit ausführlicher Weinprobe; es folgen 3 Gänge des Dinners in verschiedenen Weingütern mit passenden Weinen und dazwischen auf dem Te Mata Peak ein „Champagne Sunset". ℘ 0508/6397739, www.odysseynz.com.

Bike D' Vine, 4 Weathers Place, Taradale, Napier. Eine gute Idee: Man bekommt ein Fahrrad, eine Radkarte und ein Lunchpaket (extra), dann geht es nach eigenem Gutdünken los. 3 Routen werden vorgeschlagen, müssen aber nicht eingehalten werden. Wo und wann man abgeholt werden will, bestimmt man vorher oder ruft an. Touren 40–70 $. ℘ 06/8336697, www.bikedevine.com.

Grape Escape bietet eine 5-stündige Tour zu 4–5 Weingütern (mit Proben) für 85 $; sehr persönlicher Service. ℘ 021/2277211, 0800/100489, www.grapesecapenz.co.nz.

Die Ostküste vom East Cape zur Hawke's Bay

Weingüter/Essen & Trinken

Die meisten Weingüter nehmen für die Weinprobe und/oder die Kellerführung 5 $, einige auch 10 $, die aber bei Weinkauf zurückerstattet werden.

Brookfield's, Brooksfields Rd., Meanee, PO Box 7174, Taradale, ☎ 06/8344615, www.brookfieldsvineyards.co.nz. Tägl. 11–16.30 Uhr. *Restaurant* (tägl. Lunch, Dinner Mi–Sa) ☎ 06/8344389. Das bereits 1937 gegründete Weingut wurde 1977 vom derzeitigen Besitzer gekauft. Der alte Keller von 1937 besteht aus handbearbeiteten Ziegelblöcken. Bei den prämierten Weinen dominieren Chardonnay, Gewürztraminer, Cabernet und Merlot (bzw. Cabernet-Merlot); weitere Rebsorten sind hier Sauvignon Blanc, Riesling, Pinot Gris, Cabernet Sauvignon, Viognier und Syrah. Peter Robertson sieht seine Weine als Begleiter zum Essen, getreu französischer und italienischer Tradition. In den Restaurants (nicht nur in seinem eigenen) sind sie daher überdurchschnittlich oft zu finden.

Mission Estate Winery, 198 Church Rd., Greenmeadows, Napier, ☎ 06/8459345, missionwinery@clear.net.nz, mit Restaurant (→ Napier/Essen & Trinken). Das 1851 gegründete Weingut hat ein Weinmuseum, das bei der Kellerführung ebenfalls besichtigt wird. Das Gut ist tägl. geöffnet 8.30–17.30 Uhr (So 11–16 Uhr).

Kemblefield, Aorangi Rd., RD 1, Hastings, ☎ 06/8749649. Tägl. 9–16 Uhr, Sa/So 11–15 Uhr. Der Besitzer John Kemble hat nach 15 Jahren, die er im Sonoma Valley arbeitete, 1992 auf den Flussschottern westlich von Fernhill bei Hastings 200 ha Land gekauft, auf denen er u. a. die von ihm aus Kalifornien mitgebrachte Zinfandel-Rebe kultiviert.

Park Estate, 2087 Pakowhai Rd., Napier, ☎ 06/8448137, www.parkestate.co.nz. *Café-Restaurant* ab 10 Uhr. Das Weingut mit der Pseudo-Mission-Fassade ist im Privatbesitz, 75 % des Rebgutes stammen aus den eigenen Weinbergen, der Rest aus der Hawke's Bay. Das Gut existiert seit 1985 (es stand zuletzt zum Verkauf). Sauvignon Blanc, Riesling, und (u. a.) Pinot Noir sind hervorragend. Die Besitzer produzieren auch Kiwi-, Feijoa- und Boysenberry-Fruchtwein, die es neben den Weinen, Essig, Öl, Marmeladen etc. im angeschlossenen Laden zu kaufen gibt. Selten zu haben: ein sortenreiner Cabernet Franc!

Church Road, 150 Church Rd., Taradale, Napier, ☎ 06/8442053, www.churchroad.co.nz. Tägl. 9–17 Uhr. Das ehemals zu Montana, jetzt zum französischen Pernod-Ricard Konzern gehörende Weingut hat ein ausgezeichnetes *Restaurant* (→ Napier/Essen & Trinken). Die Tour durch Keller und Gelände (11 und 14 Uhr) kostet hier 15 $.

Matariki Wines, 52 Kirkwood Rd., Hastings, ☎ 06/8796226, www.matarikiwines.co.nz. Tägl. 10–17 Uhr, im Winter an Wochenenden nur nach Voranmeldung. Weinverkauf und Verkostung (gratis). Weinberg auf den berühmten *Gimblett Gravels*, ein kleinerer auf den Kalkboden-Terrassen unterhalb des Te Mata Peak, von dem die in kühlerem Ambiente wachsenden „Ultra-premium-Weine" des Gutes kommen.

Craggy Range, 253 Waimarama Rd., Havelock North; eines der bekanntesten Weingüter der Region, liegt etwas abseits auf der Südseite des Te Mata Peak und besitzt ein ausgezeichnetes Restaurant „Terroir" (→ Hastings/Essen & Trinken). Tägl. ab 10 Uhr, Keller ☎ 06/8730141, Weingut ☎ 06/8737126, www.craggyrange.com.

Clearview Estate Winery, 194 Clifton Rd., Te Awanga, RD 2, Hastings. Das Weingut nahe am Meer hat ein sehr gutes Restaurant (→ Hastings/Essen & Trinken). Weinprobe Mo–Fr 11–16, Sa/So 10–17 Uhr, im Winter Do–Mo 10–17 Uhr; besonders interessant die Führung durch das Gut und den Keller. ☎ 06/8750150, www.clearviewestate.co.nz.

Askerne Vineyards, 267 Te Mata Mangateretere Rd., PO Box 8368, Havelock North, ☎ 06/8776085, www.askerne.co.nz. Mitte Dez. bis Febr. tägl. 10–17 Uhr, sonst Fr–Mo 11–17 Uhr.

Te Mata Estate Winery, Te Mata Rd., PO Box 8335, Havelock North, ☎ 06/8774399, www.temata.co.nz. Mo–Fr 9–17 Uhr, Sa/Fei 10–17, So 11–16 Uhr.

Te Awa Winery, 2375 State Highway 50, RD 5, Hastings, ☎ 06/8797602, www.teawa.co.nz. Tägl. 10–16 Uhr. Mit Lunch im *Farm-Restaurant*, tägl. 12–14.30 Uhr nur nach Anmeldung. Weinprobe 2 $. Solides Unternehmen, jetzt in amerikanischer Hand, in bester Lage im prestigeträchtigen Gimblett-Gravels-Weingebiet. Alle Weinsorten werden konsequent getrennt angebaut und ge-

Die Weinregion Hawke's Bay 421

keltert (anderswo wird z. B. Cabernet Sauvignon mit Shiraz im Satz angebaut!), doch nutzt man mehrere Blending-Möglichkeiten (Te Awa Boundary, ein Verschnitt mit Merlot, ist die bekannteste und meist beworbene Marke des Unternehmens; Te Awa Zone 10 ist ein reinsortiger Cabernet Sauvignon; andere Sortenweine sind Pinotage, Chardonnay und Sauvignon Blanc).

Bradshaw Estate Winery, 295 Te Mata Rd., RD 12, Havelock North, ✆ 06/8775795, hawkesbaywine@xtra.co.nz. Bradshaw verarbeitet einen großen Anteil von Fremdtrauben. Mit *Restaurant*, tägl. ab 12 Uhr, Abendessen Fr/Sa ab 18 Uhr; Keller tägl. 10–16 Uhr; im Winter Mo/Di geschlossen.

CJ Pask Winery, 1133 Omahu Rd., PO Box 849, Hastings. Chris Pask war 1982 der erste, der auf den Gimblett Gravels Land kaufte und dort einen Weinberg pflanzte; seine Reben sind also dort die ältesten. Weine aus dieser Lage haben tendenziell mehr Struktur und dichteren Körper als gleichwertige aus der Region. ✆ 06/8797906, www.cjpaskwinery.co.nz. Tägl. 9–17 Uhr, Sa/Fei 10–17 Uhr, So 11–16 Uhr.

Trinity Hill Winery, 2396 SH 50, ✆ 06/8797778, www.trinityhill.com. Weingut seit 1987, seit 1994 an dieser Stelle; moderner Bau, kräftige Rote, sehr gute Chardonnays und Sauvignon-Blancs von den Gimblett Gravels. Tägl. 10–17 Uhr, im Winter 11–16 Uhr.

Der Hawke's Bay Wine Trail (GPS-Radtour; → Karte S. 423)

Tour-Info: Zu den Weingütern der Hawke's Bay kann man natürlich auch mit dem Auto fahren, mit dem Rad macht es aber einfach mehr Spaß – besonders, wenn man sich ein Picknick mitgenommen hat und den Wein unterwegs bei einer Weinprobe auswählt. Fast nebenbei führt diese Weintour durch die drei großen Orte der Hawke's Bay: Napier, Havelock North und Hastings. Besonders eindrucksvoll im letzten Teil das *Historical Reserve* um das frühere Maori-Dorf Otara Pa. **Länge**: ca. 71 km. **Höhenunterschied**: ↑↓ 100 m. **Dauer**: 3:30–4:30 Std. **Charakter**: bequeme Radtour meist auf asphaltierten Straßen, im ersten Teil auf Radweg. **Verpflegung**: in den Weinberg-Restaurants und zahlreichen anderen Restaurants. **Karten/Infos**: Straßenkarte genügt.

Von der i-Site Napier wendet man sich zum Strand. Dort führt der auf Initiative der örtlichen Rotary Clubs errichtete neue Rad- und Gehweg entlang, der Napier mit Havelock North verbindet. Am auffälligen runden **Brunnen** **1** wendet man sich nach rechts und radelt so gemütlich wie vorsichtig (besonders am Anfang Fußgänger!) ortsauswärts Richtung Süden. Nach Passieren des Golfplatzes findet man sich zwischen der Straße und einer riesigen Düngemittelfabrik wieder, wird dann aber von der Straße weg **2** und in Richtung Strand geführt. Knapp vor der folgenden Straßenbrücke, die der Radweg (in Richtung Taradale) unterquert, zweigt unser ab hier nicht mehr asphaltierter Radweg scharf nach links ab **3**. Kurz vor der folgenden Flussmündung wendet man sich nach rechts **4** in Richtung **Ngaruroro-Brücke** **5** des SH 2, die man auf einem getrennten Rad- und Fußsteg überquert, danach scharf links.

Entlang der Flussmündung und einer Lagune, dann dem Mündungstrichter des Clive-Flusses aufwärts folgend, erreicht man die **Clive-Brücke** **6**, die man quert. Hier gibt es leider keinen getrennten Radweg. Drüben fährt man nicht in den Ort Clive hinein, sondern an der ersten **Abzweigung** **7** scharf links zurück an den Clive-Fluss, wo die Fortsetzung des Rotary Pathways durch eine Tafel gekennzeichnet ist.

Nun folgt ein besonders attraktives Stück Radweg, da man zwischen Clive-Fluss und Tukituki-Fluss am oder über dem Meer unterwegs ist, überwiegend auf einem Damm mit bester Aussicht. Leider muss man ab sofort mehrere Gatter queren und dabei absteigen.

Nachdem man den Tukituki-Mündungstrichter erreicht hat, geht es auf dem Damm an dessen Westseite flussaufwärts bis zum Ende des Fahrweges an der River Road. Man quert eine Asphaltstraße **8** und fährt dann unter der „Black Bridge" und damit der Straße nach Clifton hindurch zurück auf den Damm.

Gemütlich geht es talaufwärts, der Blick auf den Gipfel des Te Mata weitet sich, rechts sind bereits einige Weinberge zu sehen. Leider endet dann der Radweg an der **River Road 9**, in die wir nach links einbiegen. Eine größere Straße wird **gequert 10** und damit sind wir auf der Te Mata Road in Richtung **Havelock North und Hastings** (nach links ginge es zur Craggy Range Winery mit Restaurant Terroir). Direkt danach liegt rechts die besuchenswerte **Te Mata Cheese Factory 11**. Einen Katzensprung weiter liegt rechts der Straße die **Te Mata Winery 12**, links am Fuß des Hangs das Restaurant **Black Barn 13** und rechts die Broadshaw Winery.

Man erreicht **Havelock North**, noch vor der Ortsmitte bleibt die Abzweigung der Umfahrungsstraße rechts. In der Ortsmitte mit den Geschäften um den Verkehrskreisel biegt man rechts in die **Hastings Road 14** ab. Auf der folgenden Brücke **15** ist links ein Fahrradweg angelegt.

Hastings liegt nicht weit entfernt, man bleibt auf der Hauptstraße, die im Ortszentrum **Heretaunga Road** heißt und verkehrsberuhigt ist. Nach dem großen New World Supermarkt quert man den SH 2 (links die ersten schönen Art-Deko-Gebäude!) und findet bald links die **i-Site Hastings 16**.

Weiter geht es geradeaus (Fußgängerzone, Einkaufsgebiet), ebenso am nächsten Verkehrskreisel über die breite hier querende Straße. Es folgt die **Omahu Road**, die durch ein unattraktives bis hässliches Industrie- und Gewerbegebiet führt, das nicht enden will. Bei der **Kirkwood Road 17** ist dieses Viertel zu Ende, wer nach links abbiegt, erreicht die nahe **Matariki Winery**. Wir folgen weiter der Omahu Road, der Omahu Gravels Vineyard bleibt links. An der folgenden **Einmündung in den SH 50 18** biegen wir rechts ab Richtung Napier, erreichen bald die **Brücke über den Ngaruroro-Fluss 19** und bleiben danach auf dem SH 50, der hier nach rechts abbiegt (= **Korokipo Road**). Die Hügel links waren einmal von Maori dicht besiedelt, die Weinberge rechts waren Salzsumpfland, in dem die Leute des **Otara Pa** fischten. Heute keltert hier u. a. die **Crossroads Winery 20** (rechts) hervorragende Weine. Ein großer **Golfplatz** mit interessanten Schnitzfiguren **21** wird passiert.

Wo der SH 50 scharf rechts abbiegt **22**, fahren wir geradeaus weiter, queren den **Tutaekuri River** und erreichen nach der Brücke **23** den Ort **Taradale**. In der Ortsmitte bei einer wichtigen Gabelung **24** geht es kurz geradeaus, beim „einzigen Art-Deko-McDonalds der Welt" (!) im rechten Winkel **25** nach links. Bei der All Saints Church **26** biegt man rechts in die Church Street, die **Church Street Winery 27** liegt links.

Ein kurzes Stück weiter auf der Church Street passiert man den Eingang zum Mission Estate **28**, die **Mission Estate Winery** auf dem Hügel ist ein ganzes Stück entfernt. Nach Weinprobe oder Besichtigung oder beidem (und hoffentlich nicht zu angeheitert) fährt man zurück zur Church Street und auf dieser nach links weiter. Diese Straße geht in die Puketitiri Road und – nach einem Kreisel – in den **Prebensen Drive** über, die jüngst eröffnete Straße wird zuerst links, dann rechts von einem Radweg begleitet. Man quert den **SH 2b** im rechten Winkel **29**, bei den folgenden **Verkehrskreiseln** hält man sich zuerst links **30**, dann rechts **31** (mit Zeichen „Port").

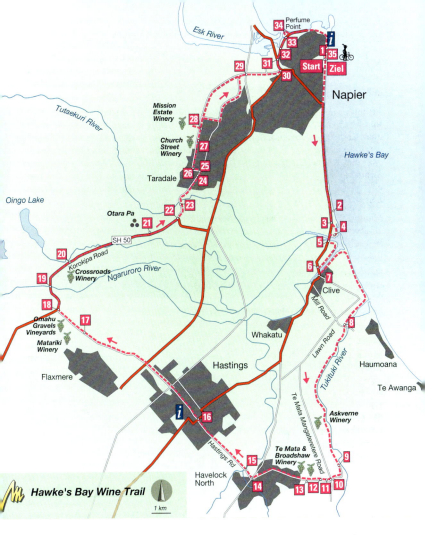

Hier befindet man sich bereits in **Ahuriri**, dem Hafenviertel von Napier. Nach einer Überquerung von **Schienen** 32 wird der **Jachthafen** erreicht, an dessen rechter Seite man (auf dem Nelson Quay) weiterfährt. Am Ende des Quays und nach Rechtsknick hat man links eine **Zufahrt** 33 vor sich, die zum **Leuchtturm am Perfume Point** 34 führt.

Wir folgen der Fortsetzung der Hafenpromenade – die zunächst zu passierende **East Pier Bar und Bistro** könnte gegen eine rasche Abfahrt sprechen. Man folgt nun der am **Hafen** entlang führenden Hardinge Road, rechts sind die Häuser auf dem Napier Hill über senkrechten Felsabstürzen zu erkennen. Dann begleitet uns wieder Grün, die Marine Parade ist erreicht und unser Ausgangspunkt am **Brunnen** 35=1.

Eines der vielen Art-Deco-Gebäude von Napier

Napier

Napier ist das Highlight der Ostküste: eine Art-Deko-Stadt am Meer und in einer Bucht gelegen, die einige der besten Weine Neuseelands hervorbringt. Kein Wunder, dass Napier den Wettkampf mit dem nahen Hastings um die Führung in der Hawke's Bay für sich entschieden hat.

Am 3. Februar 1931 fiel das alte Napier in Schutt und Asche. Der Lauf des Tutaekuri-Flusses wurde komplett verlegt, große Landstücke wurden angehoben, Straßen und Bahnlinien zerstört, und das Meer wich im Norden des Ortes weit zurück: Ein Erdbeben der Stärke 7,9 hatte die Stadt und ihre nahe Umgebung erschüttert. Der Stadtkern wurde bis auf wenige Bauten (z. B. das County Hotel) dem Erdboden gleichgemacht, in der Bay starben 258 Menschen. Ein durch austretendes Gas und Seewind angefachter Brand zerstörte die noch stehenden Fachwerkgebäude, die Dank ihrer flexiblen Bauweise das Beben überstanden hatten. Zwei Wochen lang erschütterten immer wieder Nachbeben die Stadt. Der Boden hob sich dabei um bis zu 2 m, der einstige Hafen von Akuriri wurde zu Land, die Boote lagen plötzlich auf dem Trocknen: Um bis zu 5 km war die Küstenlinie im Norden weiter ins Meer gerückt, die früheren Sümpfe und Strandseen waren verschwunden.

Trotz Weltwirtschaftskrise krempelte man in Napier die Ärmel hoch und wagte einen komplett neuen Anfang – im schicken Stil der 20er Jahre: dekorative Muster, parallele, unterschiedlich farbige Zackenlinien, Goldauflagen, aber auch Elemente der kalifornischen „Spanish Mission" mit Veranden und Lehmfarben und schmiedeeisernen Gittern vor den Fenstern. Ein bisschen zu süß für manchen Betrachter, auf jeden Fall aber stimmig. *Art Deco* dominierte fortan in Napier alles – vom Kino über die Tabakfabrik, vom Geschäftshaus bis zu Villa. Das hat bei der touristischen

Selbstvermarktung als „Art Deco Napier" dazu geführt, dass Neubauten bis heute in einem Art-Deco-Imitatstil entstehen, bis hin zu jenem MacDonalds im nahen Taradale, das aus Denkmalschutzgründen eine Art-Deco-Fassade erhalten musste. Inzwischen ist auch dieser Bau eine Sehenswürdigkeit und den Umweg wert ...

Information/Verbindungen

Information Visitor Centre, 100 Marine Parade; tägl. 8.30–17 Uhr, Sa/So 9–17 Uhr; großes Infobüro in modernem Bau, viel Platz und noch mehr Prospekte. ℡ 06/8341911, 0800/847488, info@visitus.co.nz, www.napiercity.co.nz.

DOC Büro, Hawke's Bay Area Office, Conservation House, 59 Marine Parade (im Gebäude von 1875); tägl. 9–16.15 Uhr, Sa/So geschlossen. ℡ 06/8343111, napier-ao@doc.govt.nz.

Internet im i-Site; Excite Internet Café, 4 Dickens St. (Civic Hall) u. a.

Verbindungen Flug: Der Hawke's Bay Airport (www.hawkesbay-airport.co.nz) liegt 5 km nördlich der Stadt; Direktflüge von/zu allen wichtigen Städten der Nordinsel sowie nach Christchurch mit *New Zealand Air* und *Sun Air*. Verbindung zur Stadt mit Supershuttle. ℡ 06/8447333 (15 $).

Busse (InterCity, Newmans) halten in der Dalton St. zwischen Dickens und Station St., dort ein paar Bänke, sonst nichts! Tickets bei AA, Emerson St. (gleich rechts der Kreuzung auf der anderen Straßenseite).

Taxi: Napier Taxis ℡ 06/8357777.

Einkaufen/Feste & Veranstaltungen

Souvenirs Art Deco Shop, 163 Tennyson St., am Clive Square, ℡ 06/835002, www.artdeconapier.com, bietet Art-Deco-Souvenirs. Tägl. geöffnet.

Napier Antique Centre, Tennyson St.; 7 Läden, inkl. Buchladen Tennyson's Books.

Foto Digitalfotoservice bei Email Espresso, 6 Hastings St., tägl. bis 22.30 Uhr.

Für Selbstversorger Feinkostladen der Park Estate Winery in Napier (→ Hawke's Bay/Weingüter). **Supermärkte** nahe dem Clive Square (am Westende der Fußgängerzone Emerson St.).

„Hawke's Bay Farmers' Market" jeden Sa 8.30–12.30 Uhr auf dem Civic Square; wie es heißt, neben seinem Gegenstück in Hastings einer der besten und vielfältigsten des Landes. ■

Feste & Veranstaltungen Art Deco Weekend; 5 bis 7 Tage dauert das Traditionsfest Mitte Februar, auch wenn es sich „Weekend" nennt. 2006 – 75 Jahre nach dem Erdbeben – waren die Veranstaltungen besonders dicht gesät, 2011 kaum weniger (nächste Termine 14.–19.02.2012, 13.–17.02.2013, 18.–23.02.2014). Ein Ausweichen gibt es nicht in dieser Zeit, alle wichtigen Firmen der Region sponsern das Festival, und so gibt es an jeder Ecke und zu jeder Zeit Art-Deco-Corsos, Rad- und Vintage-car-Fahrten in die Weinberge; selbstverständlich kleidet sich jedermann/-frau im rich-

Die Ostküste vom East Cape zur Hawke's Bay

tigen Kostüm, es gibt Bälle und Picknicks und Kaffeekränzchen zum Thema Art Deco. Privathäuser aus der Zeit laden zur Besichtigung ein, die Restaurants servieren, was sie für Art-Deco-Food halten. Mit anderen Worten: eine Hetz. Information ✆ 0800/427833, 06/8350022, www.artdeconapier.com oder im Art Deco Shop, 163 Tennyson St., Napier.

Übernachten (→ Karte S. 428/429)

Eine Fülle komfortmäßig und preislich gehobener B&Bs, die ältesten und schönsten oben auf dem Napier Hill mit alten Bäumen im Garten und toller Aussicht, passt genau ins Café-Culture-Leben der Stadt. Denn wer zu schickem Bistro-Lunch und Chardonnay im Weingut absteigt, geht nicht ins Motel, sondern will auch exklusiv nächtigen.

The County Hotel 16, das „County" mit seiner pompösen Säulenfassade ist eines der wenigen Gebäude Napiers, die das Erdbeben von 1931 überlebt haben, es wurde vor 1914 erbaut. Die Räume des hervorragend ausgestatteten Hotels haben Namen statt Nummern und sind ebenso hervorragend restauriert: Die ursprünglichen Täfelungen, Stuckreliefs und Kaminbrüstungen wurden mit (neuen) Art-Deco-Objekten wie Lampen und Vasen sowie mit solidem Mobiliar in verschiedenen Stilen kombiniert. Gute geflieste Bäder mit State-of-the-art-Einrichtung, die teureren mit großem Spa. Restaurant Chambers und Churchill's Bar im Haus (→ Essen & Trinken). DZ 155–360 $. 12 Browning St., PO Box 345, ✆ 06/8357800, 0800/843468, www.countyhotel.co.nz.

Scenic Circle Te Pania Hotel 11, optisch mit seiner geschwungenen Fassade nicht mehr so ultramodern, aber in Sachen Ausstattung und Komfort komplett up to date; die Zimmer mit Aircondition und Minibar haben meist Meerblick; im Haus anständiger Fitnessraum. DZ ab ca. 160 $ (Winter). 45 Marine Parade, ✆ 06/8337733, 0800/696963, www.scenic-circle.co.nz.

Beach Front Motel 33, Motel gehobener Qualität, das sich in ganzer Länge zwischen Hastings St. und Marine Parade erstreckt; die Units mit Balkon und Meerblick, Riesenbetten, Küche, die meisten mit Spa. Unit 135–200 $. 373 Marine Parade, ✆ 06/8355220, 0800/778888, www.beachfrontnapier.co.nz.

Shoreline Motel 34, schick gestyltes modernes Motel, ein Teil der 38 Units mit Meerblick; komplette Küchen, Sat-TV, geflieste Bäder, nicht alle mit Spa; sehr große bequeme Betten. Unit 145–200 $. 377 Marine Parade, ✆ 06/8355222, 0508/101112, www.shorelinenapier.co.nz.

Quality Inn Napier 32, ein Stück abseits des Zentrums (5 Min.); hoher Standard des 2010 generalüberholten Hotels an der Meerespromenade, geschmackvoll eingerichtete Zimmer (Minibar), geheizter Pool, Spas, Restaurant und Bar, Internet-Café; einige Zimmer auch mit Küchenzeile. DZ 95–280 $. 311 Marine Parade, ✆ 06/8353237, 0800/404800, www.choicehotels.co.nz/nz045.

Edgewater Motor Lodge 36, im Gegensatz zu den meisten anderen Motels und B&Bs an der Uferstraße hat das Edgewater keinen Parkplatz gegenüber, sondern freien Blick über die Straße aufs Meer. WLAN, die meisten Units mit Küchenzeile (inkl. Herd und Mikrowelle), einige mit Spa. Unit 110–180 $. 359 Marine Parade, ✆ 06/8351148, 0800/889090, www.edgewatermotel.co.nz.

》》 Mein Tipp: **The Green House on the Hill B&B 17**, am Hang von Napier Hill, dem Villenhügel; von Parkgrün umgebenes Haus auf 3 Etagen; 2 Zimmer zum Garten am Hang, davon eines wie ein kleines Apartment eingerichtet, ein weiteres mit eigenem Eingang zur Seite, komfortabel; das Vogelgezwitscher aus den Bäumen ringsum ist meist das einzige Geräusch von außen – 10 Min. zu Fuß vom Zentrum! Überaus bemühte Gastgeber, vegetarischer Haushalt, Brot und Marmelade für das köstliche Frühstück sind hausgemacht – viele Gäste, die immer wieder kommen. DZ/FR (special) 135 $. 18 b Milton Oaks, Milton Rd., ✆ 06/8354475, www.the-greenhouse.co.nz. **《《**

A Room with a View B&B 7, nur ein großes Zimmer im Bungalow auf dem Napier Hill mit Garten und (jawohl) Aussicht; sehr aufmerksamer Gastgeber, der wirklich jede Auskunft über Art Deco geben kann! DZ/FR (cont.) 130 $. 9 Milton Terrace, ✆ 06/8357434, roomwithview@xtra.co.nz.

Napier

Mon Logis 37, das Hotel von 1915 an der Meerespromenade mit Veranden auf beiden Stockwerken wurde behutsam renoviert. Es entstanden 4 freundliche Gästezimmer in hellen Tönen, eine Gästelounge mit TV und ein Frühstücksraum mit verglastem Alkoven, in dem ein immer wieder wechselndes Frühstück serviert wird, das sich mal französisch, mal anglo-neuseeländisch gibt. Nicht für Kinder geeignet. DZ/FR 120–240 $. 415 Marine Parade, ℡ 06/8352125, www.monlogis.co.nz.

Manor on Parade B&B 27, angenehmes, solide ausgestattetes B&B in sehr guter Lage in nicht mehr ganz jugendlichem Haus; ein Zimmer mit Bad, 2 mit gemeinsamer Küche und Bad. DZ/FR 150–190 $. 283 Marine Parade, ℡ 06/8343885, manoronparade@xtra.co.nz.

Aqua Lodge 35, Hostel noch in Zentrumsnähe (10 Fußmin.) in einigermaßen ruhiger Gegend; gut ausgestattetes Backpackerhaus mit geheiztem Innenpool, 3 Küchen, 3 TV-Räumen, 3 Waschsäcken; Fahrräder sind gratis. DB 28–35 $, DO 23 $, alle bezogen und mit Decken. 53 Nelson Crescent, ℡ 06/8354523, aquaback@inhb.co.nz.

Archie's Bunker 19, ehemaliges Bürohaus im Zentrum gegenüber dem Museum; sehr persönlich geführte Backpacker-Unterkunft (BBH), überraschend ruhig für ihre Lage; große Lounge und TV-Lounge, gratis Bus-Transfers, Radverleih. DB 26–40 $, DO 20–26 $. 14 Herschell St., ℡ 06/8337990, www.archiesbunker.co.nz.

Waterfront Lodge 26, gehobene Backpacker-Unterkunft; Lage an Uferstraße wirklich super, aber nicht ganz leise; Küche und Esszimmer, Fernsehlounge mit Gaskamin, Single bis Bunk, bezogen, alles sauber. SG 39 $, DB 22–25 $, DO 22–24 $. 217 Marine Parade (Ecke Faulkner Lane zwischen Sunken Gardens und Marine Land), ℡ 06/8353429, www.napierbackpackers.co.nz.

Stables Lodge Backpackers 31, in Fußentfernung vom Zentrum; ausgesprochen einladendes Hostel in zweiter Reihe vom Strand. Alles was man in Backpacker-Hostels immer wieder gratis bekommt – doch nie alles zusammen – hier gibt es das: Tee und Kaffee, Hängematten, TV mit DVD, bezogene Betten, Gitarren, Früchte und Kräuter aus dem Garten, Bücher, BBQ-Abende. Gratis WLAN! Nix wie hin. 19/25 $ im DO, 29 $ im DB. 370 Hastings St., ℡ 06/8356242, www.stableslodge.co.nz.

Criterion Art Deco Backpackers 22, in Traum-Innenstadtlage; „Spanish Mission"-Gebäude samt Balkon, geheizte Zimmer, großzügige Gemeinschaftseinrichtungen, Frauen- und Männerschlafsäle, zugehörig Café-Bar mit Sat-TV und einem gratis Drink und morgens einem gratis (continental) Frühstück. SG 40/75 $, DB 28/38 $, DO 20–26 $. 48 Emerson St., ℡ 06/8352059, www.criterionartdeco.co.nz.

YHA Napier 28, große Jugendherberge in Traumlage an der Uferstraße; einige Zimmer mit Meeresblick, alle Zimmergrößen! Bett ab 31 $, mit YHA-Ausweis 28 $. 277 Marine Parade, ℡ 06/8357039, www.yha.org.nz.

Kennedy Park Top 10 Resort 38, stadtnaher Platz (3 km bis Zentrum) am und im Parkgelände; hervorragend ausgestattet, alle Unterkunftstypen. 41–209 $, die beliebten Kitchen Cabins ab 70 $. Storkey St., ℡ 06/8439126, 0800/457275, www.kennedypark.co.nz.

Affordable Westshore Holiday Park 12, in Flughafennähe (5 km vom Zentrum); der Platz ist etwas eingezwängt zwischen altem und neuem SH 2 und Bahnlinie, aber dank großer Stellplätze und der Nähe zum Westshore Beach (5 Min. zu Fuß) sehr beliebt. Stellplatz und 2 Pers. ab 28 $, Cabin 53–73 $, Motel-Unit 95–120 $. 88 Meeanee Quay, Westshore, ℡ 06/8359456, www.westshoreholidaypark.co.nz.

Bayview Snapper Holiday Park 13, ca. 4 km nördlich von Ahuriri; Holiday Park direkt am Meer, besonders gut die Lage der Motels. Alle Unterkunftstypen von 28–180 $. 10 Gill Rd., Bay View, ℡ 06/8367084, 0800/287275, www.snapperpark.co.nz.

In Ahuriri Harbourview Motor Lodge 2, an der Strandpromenade, und zwar zur Strandseite! Älteres Motel, aber aufgemöbelt und toll in Schuss; die Units haben Meerblick, die unteren mit Terrasse, die oberen mit Balkon; auch große Family Rooms, Sat-TV; Küche und Spa im Unit gegen Aufpreis. Unit 150–230 $. 60 Nelson Quay, PO Box 12064, Napier, ℡ 06/8358077, 0800/668432, www.harbourview.co.nz.

Anchorage Motor Lodge 10, 3-stöckiger betongrauer Kasten, von außen wirklich keine Schönheit, davor grauer Parkplatz, aber geräumige Units mit extragroßen Betten; Lage am Hafen mit schönen Blicken von den dorthin weisenden Balkonen, die Suiten mit Spas. Unit 140–300 $ (bis 3 Zim-

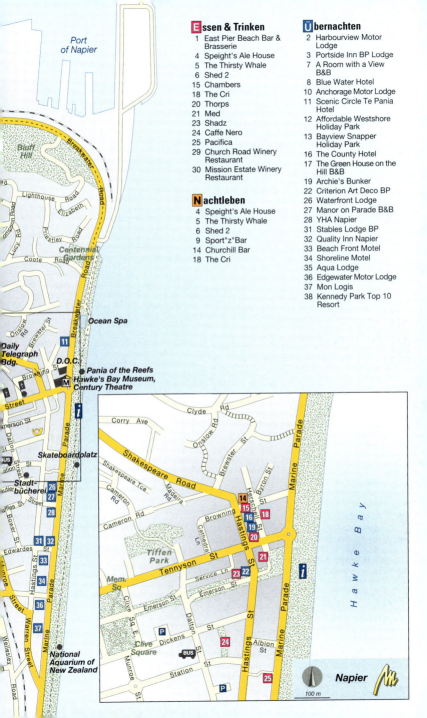

Die Ostküste vom East Cape zur Hawke's Bay

2 Bäder). 26 West Quay, Ahuriri, Napier, ✆ 06/8344318, 0800/422266, www.anchorage.net.nz.

Blue Water Hotel 8, zum Jachthafen hin getrepptes Hotel: Jedes Zimmer hat den schönen Ausblick dorthin, allerdings könnte die zur Straße gewandte Seite von der unmittelbar links anschließenden etwas lärmigen Sport"z"bar beeinträchtigt werden; große Fenster, große Zimmer, alle mit Sitzbereich und Kühlschrank (aber ohne Küche), einige mit Spa. Im Haus Restaurant und lebhafte Bar (→ Essen & Trinken). DZ 95–160 $, größere bis 260 $. 10 West Quay, Ahuriri, Napier, ✆ 06/8358668, 0508/627437, www.bluewaterhotel.co.nz.

Portside Inn Backpackers' Lodge 3, etwas hellhörig (und direkt an der Straße in einer Kurve), Küche ausreichend, Familienzimmer und Schlafräume, dahinter Stellplätze für Camper, Abholung gratis. Fürs Nachtleben um die Ecke, nach Napier hinein 25 Gehminuten. Warum dieses Hostel so populär ist? Keine Ahnung. DB 31 $, DO 26 $. 52 Bridge St., ✆ 06/8337292, www.portsideinn.co.nz.

Essen & Trinken (→ Karte S. 428/429)

Chambers 15, 12 Browning St.; Restaurant des County Hotels, gehobene gutbürgerliche Küche in ebensolchem Ambiente in doppelter Stockwerkhöhe; Vorspeisen 18–25 $ (Hühnerleber mit Kumara-Püree und Spinat; Risotto mit gegrilltem Gemüse, Feta und Beurre blanc); Hauptgang ab 35 $ (Hirschkeule mit Beilagen, Tiger Prawns auf Safran-Paella). ✆ 06/8357800.

Pacifica 25, 209 Marine Parade; kleines Holzhaus (umfriedeter Garten nach hinten), große Leistung: als Vorspeise (20–25 $) vielleicht Pipis (eine Muschelart) mit Gewürztraminer, Estragon und Thymian, dann als Hauptgang (25–45 $) mit Lammbries gefüllte Täubchen oder Mokifilet in Kokosmilch mit grünem Curry und Koriander-Jogurt (ein dem Autor servierter ganzer Kingfish war nur ganz kurz angebraten, innen noch roh und gerade nur temperiert – eine Köstlichkeit! Dazu gab es eine leichte Limetten-Buttersoße). Ein Dutzend gute offene Weine, ungezwungene und lockere Atmosphäre. ✆ 06/8336335, ab 18 Uhr, Sa/So geschlossen.

Med 21, 2 Tennyson St., im Masonic Hotel; mediterrane Gerichte – auch Tapas (diese sowie Vorspeisen 6–16 $) – im Saal (Platzanweisung) oder (locker) auf der Terrasse mit Blick in Richtung Strandpromenade. Gute Weinauswahl per Glas. Hauptgerichte leider – wie so oft in Kiwiland – viel zu überhäuft mit den unterschiedlichsten Zutaten (28–35 $). ✆ 06/8358698, www.masonic.co.nz.

Thorps Coffee House 20, 40 Hastings St.; beliebtes kleines Café mit treuer Klientel im Art-Deco-Viertel; grüne Pseudo-Thonet-Stühle, im Eingangsbereich Original-Buntglas aus der Art-Deco-Epoche; die Spinattaschen und anderen salzigen Snacks sowie das Gebäck samt Muffins und Schnitten sind selbst gebacken. ✆ 06/8356699.

Shadz Espresso Café 23, 68 Emerson St.; schlichtes Ambiente, aber gemütlich, Zeitungen und (intellektuell weniger anspruchsvolle) Zeitschriften, einfaches Angebot an Bagels, Panini & Co. ✆ 06/8356069.

The Cri Café Bar & Grill 18, 8 Market St.; das täglich geöffnete Café-Restaurant des Criterion bietet eine gute Speisenauswahl, aber man ist gut beraten, wenn man sich nicht weit von Fastfood und Sandwich entfernt und eher die Atmosphäre – locker bis lautstark – genießen will. Traditioneller Sonntagsroast (Braten vom Wagen) 12–15 Uhr. ✆ 06/8357162.

Caffe Nero 24, Civic Court, Dickens St.; nein, keine kulinarischen Offenbarungen, keine abgehobene Atmosphäre, keineswegs schick. Aber ganz ruhig, eine Oase am und im Innenhof des Civic Square (Durchgang von der Dickens zur Station Street mit Stadtverwaltung und Stadtbibliothek); ein Platz, um die Zeitung auszubreiten, der Kaffee ist durchaus o. k. und das Essen vom Büffet anständig und ohne Enttäuschungen.

In Ahuriri East Pier Beach Bar & Brasserie 1, Hardinge Rd., direkt am Strand neben der Harbour View Motor Lodge; Bar und Bistro, täglich Lunch und Dinner (Hauptgang 25–30 $), zwischendurch kalte und warme Snacks vom Tresen, am Wochenende sehr voll. ✆ 06/8340035.

The Thirsty Whale Bar & Rest. 5, 62 West Quay; außen auf der Terrasse rauchende Bier- und Weintrinker mit gehobener Lautstärke; Pubfood, auch Snacks wie Nachos und Salate. Im oberen Stockwerk Restaurant mit schöner Aussicht auf den Hafen. Der Autor und Begleitung konnten zuletzt Vorspeise (Vorspeisen 15–20 $) und Hauptgang (ab 30 $) genießen, aber wurden dann nicht mehr bedient, weil unten eine große Gruppe erschien ... ✆ 06/8358815.

Speight's Ale House 4, 60 West Quay; große Terrasse zum Hafen mit Sonnenschirmen; eine Bierhalle und Bistro mit deftigem, preiswertem Pubfood.

Shed 2 6, Ecke Lever St./West Quay, an der Hafenfront von Ahuriri; Bistro-Restaurant mit Erfolg von Anfang an, mehrfach nachgeahmt (die ganze Hafenstraße ist heute eine Fressmeile); große Terrasse und auch drinnen genug Platz für (oft geräuschvolle Büro-)Gruppen. ✆ 06/8352202.

In Taradale Church Road Winery Restaurant 29, 150 Church Rd.; das Weingut hat drinnen, hinter dem Verkaufsbereich, ein Restaurant und vor der Tür eine Grünfläche mit Bäumen, auf der Gartenrestaurantbetrieb herrscht – idyllisch (passt zur Hawke's-Bay-Eigenwerbung als „mediterraner" Weinlandschaft). Vorspeisen ab ca. 20 $ (z. B. Lammbries auf 2 Gemüsepürees), Hauptgang ab ca. 35 $ (z. B. Räucherlachs mit Spargel und Beilagen; Rinderfilet garniert), der üppige „Bay platter" reicht für zwei. ✆ 06/8459140.

Mission Estate Winery Restaurant 30, 198 Church Rd.; das wohl älteste Restaurant in einem Weingut der Hawke's Bay (im ältesten Weingut!) nimmt den eleganten Stil

Pania of the Reefs

des Gebäudes auf seinem grünen Hügel auf und zelebriert klassische (neue) französische Küche der eleganteren Art mit Kiwi-Drall; dazu gibt es natürlich die passenden Mission-Weine (ohne Wein kaum unter ca. 75 $). Tägl. ab 10 Uhr, für das Abendessen Tischreservierung empfohlen: ✆ 06/8459354.

Nachtleben (→ Karte S. 428/429)

Churchill Bar 14, im County Hotel (s. o.). Eckbar für Cocktails und/oder ein Glas Wein – man kommt, um zu sehen und gesehen zu werden, *der* Spot in der Stadt dafür, *actually*.

Sport"z"bar 9, im Blue Water Hotel, Ahuriri (s. o.), direkt am Hafen; beliebte Bar im Stockwerk unter dem Quayside-Restaurant des Blue Water Hotels; beide in einem Anbau ans Hotel – man sitzt im Glashaus und kann verbal auf die Vorbeiziehenden Steine werfen, so viele man will.

The Cri 18 (→ Essen & Trinken) ist auch ein beliebter Nightspot: Am Wochenende ab 21.30 Uhr Szenenwechsel: DJ-gelenktes Wummern und Tanzen bis zum Abwinken.

Sport & Freizeit

Stadtführungen Art Deco Guided Walks sind Spaziergänge durch Napiers Art-Deco-Vergangenheit unter fachkundiger Führung. *Morgenspaziergang* tägl. 10 Uhr ab Napier Visitor Centre, 1–2 Std. 16–21 $. *Vintage Deco Cartour* tägl. zur vom Kunden gegensatz zu den beiden anderen das Gebäude der Tobacco Company in Ahuriri mit ein (Mo–Fr 9–17 Uhr, auch Innenbesichtigung); 1–3 Pers. 130 $.

Es gibt auch eine Broschüre (5 $), die einen Spaziergang in Eigenregie begleitet, und wer Lust hat, mit einem knallroten Buick von 1934 durch Napier kutschiert zu werden, kann auch das buchen. All dies und weitere Infos im **Art Deco Shop**, ✆ 0800/427833, sowie über **The Art Deco Trust**, PO Box 133, Napier, ✆ 06/8350022, www.artdeconapier.com.

Baden & Strände Ocean Spa, 42 Marine Parade; moderner Freibadkomplex am Strand mit mehreren Becken, Fitnessraum „Ocean Club" und Café-Restaurant „Soak"; tägl. bis 22 Uhr. Eintritt 8,50 $. Auch großer, gut bestückter Fitnessraum, Massagen und Schönheitsbehandlungen. ✆ 06/8358553, www.oceanspa.co.nz.

Splash Planet, Wasser-Themenpark → Hastings.

Radfahren & Mountainbiken Radwege → S. 435.

Radverleih, mehrere Anbieter (Radln zum Weingut ist hier sehr populär!): z. B. *Fishbike*, 26 Marine Parade (Schuppen beim Nordende des Ocean Spa am Radweg); besonders hilfreiches Personal, gute Räder, man wird abgeholt, sollte es eine Panne geben; ✆ 06/8336979; tägl. 9–17 Uhr. *Cycle & Kart*, 1 Clive Square, ✆ 06/8359528.

Hawke's Bay Mountain Bike Club (HBMTB); der Klub hat ein 600 ha großes MTB-Gelände im Eskdale (nördlich von Napier) mit 240 m Höhenunterschied, ca. 80 km Tracks und befahrbaren Forststraßen! Für die Nutzung ist ein Permit nötig (drei Wochen gültig zu 7 $), das man inklusive einer Übersichtskarte bei der Touristinformation Napier, bei Cycle & Kart, online oder direkt beim Klub erhält: PO Box 8630, Havelock North, www.hawkesbaymtb.co.nz.

Sehenswertes

Napiers Art-Deco-Gebäude: Die interessantesten Gebäude aus der Art-Deco-Periode der Stadt stehen entlang der Emerson Street, die heute verkehrsberuhigt und streckenweise Fußgängerzone ist. Viele Geschäftshäuser – die Emerson Street ist auch Haupt-Einkaufszone – haben ihre alten Fassaden bewahrt, wenn sie auch deutlich aufgefrischt wurden. Eines der eindrucksvollsten Gebäude dieses Stils ist die *ASB Bank* in der Hastings Street, dann das Hauptquartier des *Daily Telegraph* in der Tennyson Street und etwas weiter auf derselben Straßenseite das *Municipial Theatre*. Der Art-Deco-Shop knapp vor der Milton Road (am Ende des Art-Deco-Viertels) dient als Treffpunkt für Führungen und verkauft alle möglichen Art-Deco-Souvenirs.

Hawke's Bay Museum: Auf zwei Stockwerken zeigt dieses auch für Kinder interessante Museum Ausstellungen zu einer Fülle von Themen, die für die Hawke's Bay von Bedeutung sind. Man beginnt mit *Nga Tukemata*, der Maori-Galerie mit hervorragenden Holzschnitzereien, Portraits und einigen sehr schönen und wertvollen Objekten wie Kriegsbeilen. Im nächsten Raum wird der Architekt *William Gummer* vorgestellt, der die Beaux-Arts-Bewegung, wie sich der Jugendstil auf Englisch nennt, in der Region prägte; ausgestellt ist ein Musikzimmer, das Gummer 1916 für eine Villa gestaltete. Zwei kleinere Räume zeigen Bilder und Fotos aus Napiers Vergangenheit.

Im unteren Stockwerk ist der Raum am linken Ende den *Dinosauriern und ihren Fossilien* gewidmet; von Interesse sind natürlich auch die kleinen Räume, die sich mit dem Erdbeben von 1931 und seinen Folgen befassen (mit Film). Im schmalen Schlauch, der zum rechten Ende dieses Stockwerks führt, werden zahlreiche Objekte aus der Art-Deco-Bewegung gezeigt.
Tägl. 10–18 Uhr, Mai bis Sept. 10–17 Uhr; Eintritt 10 $.

„Pania of the Reefs": Zwischen Marine Parade und Strand erstreckt sich zu beiden Seiten des Visitor Centre ein Park. An der nördlichen Seite steht ein Denkmal, das „Pania of the Reefs", eine junge, lächelnde Maori-Frau, darstellt. Das Mädchen war ein Meereswesen, das jeden Abend an Land ging, um aus einer Süßwasserquelle zu trinken. Ein junger Maori-Adeliger sah sie, verliebte sich und die beiden heirateten.

In der Hawke's Bay sind selbst die Infostellen Art Deco (Hastings)

Doch bevor die Liebreizende endgültig zu ihrem Gatten auf das Festland zog, wollte sie sich von ihrem Vater im Meer verabschieden. Der hielt sie zurück, und so schmachtet Pania bis heute unter einem Felsenriff vor dem Strand, dem Pania Reef.

Als die Bronzestatue 2005 gestohlen wurde, legten trauernde Verehrer des unglücklichen Mädchens – viele nach Augenschein Maori – am verbliebenen Fundament Blumen und Briefchen ab, in denen sie das neuerliche Schicksal Panias beklagten; die Statue wurde wieder gefunden und im November desselben Jahres feierlich enthüllt: Am Tag ihrer Wiederaufstellung trug sie ein vier Generationen altes, gewebtes Maori-Schultercape. Etwas nördlich des Parks steht **Ocean Spa**, ein moderner Bade- und Kurkomplex (→ Sport & Freizeit).

Das National Aquarium of New Zealand: Im National Aquarium an der Marine Parade gibt es ein besonders schick-modernes Aquarium – aber auch den anderen neuseeländischen Spezies ist man zugeneigt: Kiwis im Nachthaus, dessen Vegetation einem neuseeländischen Urwald entspricht, Tuatara in einem ebenfalls eigens für sie und ihre natürliche Umwelt gebauten Haus. Der Besucher wird durch die Meere der Erde geführt, Pazifik und Neuseeland sind nur der Höhepunkt der marinen Weltreise. Eine Führung „Hinter der Szene" und Tauchen im Haibecken ergänzen das Angebot.

Tägl. 9–17 Uhr, Fütterungszeiten 10 und 14 Uhr. Eintritt ca. 18 $, „Behind the Scenes" 35 $, „Swim with the Sharks" 60 $ (9, 11 und 15 Uhr). ✆ 06/8341404, www.nationalaquarium.co.nz.

Der Napier Hill (Bluff Hill): Vom Bluff Hill, dem nordöstlichen Teil des die Stadt überragenden Nobel-Hügels Napier Hill, hat man einen ausgezeichneten Ausblick auf den Hafen (der Hafen ist von der Stadt aus nicht zu sehen, es sei denn, man nimmt die Breakwater Road, die Verlängerung der Marine Parade nach Norden). Den Bluff Hill Lookout erreicht man von den Centennial Gardens am Ende der Marine Parade über die Coote Road – rechts halten, Fußgänger können über die Priestley Road und eine Treppe abkürzen.

Art Deco und Napier

Der Begriff Art Deko (in Neuseeland immer Art Deco geschrieben, folglich auch hier im Buch) wurde erst 1966 geprägt, als in Paris eine Ausstellung über die dekorative Kunst der 1920er Jahre lief – vorher gab es keinen Begriff dafür. Der stark kunsthandwerklich geprägte Stil entstand in Frankreich, wo er sich aus der Art nouveau entwickelte (in Deutschland Jugendstil, in Österreich teils Sezessionsstil, teils Jugendstil, in den Niederlanden De Stijl, in England und Nordamerika Beaux Arts Movement).

Unter Verzicht auf die funktionalistischen Ideen des Jugendstils, die im Funktionalismus etwa der Bauhaus-Bewegung in Deutschland weiterentwickelt wurden, zielte der Art-Deco-Stil auf eine elegante Unverbindlichkeit. Dekorative Elemente, besonders in der Fassadengestaltung, aber auch im Interieur, durften vor funktionalen Elementen dominieren, Dekor durfte Funktion überwuchern. Exotische, teils „ägyptische" Elemente wie Palmwedel, Lilien und Papyrusbündel wurden oft zu dekorativen Mustern und parallelen Dekorstreifen gefügt, Zackenlinien und parallele Streifen waren überhaupt der letzte Schrei.

Die Art-Deco-Bewegung hatte 1924 bis 1928 ihre Blüte, die Weltwirtschaftskrise brach ihr das Genick – 1932 war sie so gut wie tot. Fortan war Funktionalität gefragt, nicht verspieltes Dekor. Dass in Napier 1931/32 eine ganze Stadt im Art-Deco-Stil neu errichtet wurde, ist also eher ein Zeichen für ein gewisses kulturell-künstlerisches Nachhinken Neuseelands, aber auch für den besonderen Mut dieser Pioniernation: Gerade jetzt, scheint die Stadt zu sagen, jetzt erst recht wollen wir zeigen, dass wir mehr haben als das Lebensnotwendige, dass wir uns etwas leisten können, was Überfluss signalisiert. Und das ist den Stadtvätern und ihren Architekten ja gelungen.

Im Übrigen ließ man sich nicht nur vom Art Deco inspirieren, sondern studierte die Neubauten des einige Jahre vorher ebenfalls durch ein Erdbeben zerstörten kalifornischen Santa Barbara. Dort hatte man historische spanische Missionsbauten zum Vorbild genommen und einen Spanish-Mission-Stil kreiert – im nahen Hastings, in dem das Erdbeben von Napier ebenfalls Spuren hinterließ, steht das beste Beispiel dafür: Dort ließ man die Fassade des halb zerstörten Stadttheaters in „Spanish Mission" erneuern.

Ahuriri: Napiers alter Hafen ist heute Sport- und Freizeithafen und vor allem Freizeitziel am Abend und Wochenende. Die Straßen um den *Inner Harbour* und v. a. *West Quay* sind eine einzige Vergnügungsmeile mit Bars, Cafés, Pubs und Restaurants, wobei die meisten, wie in Neuseeland üblich, so ziemlich alle Funktionen gleichzeitig ausüben. Die schöne Fassade der *National Tobacco Company*, allgemein als eines der Hauptbeispiele der Art-Deco-Bewegung in Napier zitiert, ist jedoch alles andere als typisch: die floralen Dekors, der große Rundbogen und v. a. die Blumenbüschel links und rechts vom Eingang sind reinster Jugendstil.

Das Gebäude der **National Tobacco Company** ist Mo–Fr 9–17 Uhr zugänglich.

Taradale und das Otara Pa Historic Reserve: Zwei der großen Weingüter, Mission und Church Road (→ Hawke's Bay/Weingüter) liegen in *Taradale*, einem Ortsteil von Hastings am Fuß des Hügellandes, das sich fast 50 km bis zur Kaweka Range im

Westen zieht. Auch hier gibt es im Ortszentrum ein paar Art-Deco-Anklänge, immerhin so viele, dass man die größte Boulettenbraterei der Welt dazu verdonnern konnte, ihrer neuen Filiale an der Hauptkreuzung ein Art-Deco-Fassade vorzuhängen.

An der Straße von Taradale zum SH 50 befinden sich die Reste eines besonders großen Pa, des *Otara Pa,* heute ein *Historic Reserve*. Ein Rundweg ab der Springfield Road (bei der Brücke über den Tutaekuri River nicht links abbiegen, sondern geradeaus) führt durch das stark von Terrassen gegliederte ehemalige Dorf, auf denen einst v. a. Kumara gebaut wurde. Einige Palisaden wurden im alten Stil wieder aufgebaut, die Löcher zum Aufbewahren der Nahrung und die Hausgrundrisse befestigt. Und zur Erinnerung an die einst hier lebenden Vorfahren der Ngati Parau (die heute um den Waiohiki Marae jenseits des Flusses leben) wurden zwei *Pou Pou* genannte Holzstangen aufgestellt.

Radwege: Die Initiative der Rotary Clubs in der Hawke's Bay hat im Raum um Napier ein für Neuseeland vorbildliches Radwegenetz geschaffen, das noch keineswegs vollendet ist. Bereits jetzt kann man von Napier bis an den Rand von Havelock North fahren, noch endet der Radweg an der River Road. Nach Taradale gibt es gar zwei Radwege, einen an der Nordseite abseits des Prebensen Drive und einen zweiten, der vom Radweg nach Havelock North abzweigt und entlang des Tutuakuri River verläuft. Ins nördliche Esk Valley, wo schon länger ein großer Mountainbikepark existiert, ist der Radweg erst teilweise ausgebaut, noch fehlt das Stück vom Perfume Point in Ahuriri bis zum Beginn der Esplanade weiter nördlich. Im Hawke's Bay Wine Trail (→ S. 421) sind große Stücke der neuen Radwege enthalten, so der gesamte Radweg zwischen Ahuriri und River Road!

Der küstennahe Verlauf des Rotary Pathways ist ein Teil des New Zealand Cycle Trail (→ S. 102).

Die Straße über den Gentle Annie Pass: Die über 25 km nicht asphaltierte, nicht leicht zu fahrende Straße zwischen Napier und Taihape quert das Rückgrat der Nordinsel, das zwischen den Ruahine Ranges und dem Kaweka Forest Park seinen niedrigsten Pass aufweist. Da diese Kette den für Neuseeland maßgeblichen Westwinden den Weg abschneidet, ist der Passbereich oft in Nebel gehüllt, fast immer ist es windig. Auf 133 km gibt es zwischen der Abzweigung vom SH 50 bei Fernhill (16 km südwestlich von Napier) und der Einmündung in den SH 1 (12 km nordwestlich von Taihape) keine Tankstelle und keine nennenswerte Siedlung. Die Landschaft ist einsam und karg, die Berge sind nur von niedrigem Busch bekleidet, v. a. mit Manuka-Strauchwerk (in Mitteleuropa als Rohstoff des Manuka-Öls bekannt, das in beispielsweise in Bodyshop-Shampoos verwendet wird). Und an vielen Stellen ist die Erosion am Werk, die nach den Kahlschlägen der Vergangenheit eingesetzt hat.

Von Napier weiter nach Süden

Hastings liegt 20 km südlich von Napier und steht in dessen Schatten. Dabei ist Hastings gleich groß, das Zentrum der Weinlandschaft der Hawke's Bay ist nicht Napier, sondern Hastings, und auch was Art Deco anbelangt, hat Hastings einiges zu bieten. Warum also fährt alles nach Napier und nicht nach Hastings? Das liegt an der Lage: Napier liegt am Meer, Hastings im Binnenland. Und es liegt auch an der Dichte der Art-Deco-Bauten in der Stadt: In Napier bestimmen sie das Zentrum komplett, in Hastings stehen ein paar wunderschöne Art-Deco-Häuser (wie dasjenige der i-Site!) neben unattraktiven Dutzendfassaden. Und irgendwie muss Napier auch die bessere Vermarktungsstrategie gehabt haben. Doch lassen Sie sich nicht abschrecken: Hastings ist ein liebenswürdiges, quicklebendiges Landstädtchen, die Weingüter der Hawke's Bay liegen überwiegend in Steinwurfentfernung, und in den Obstplantagen rundum werden zur Erntezeit massig „Hands" gesucht – so kann man sich auch und gerade als Tourist was dazuverdienen. Kurz: als Standort für Touren und Besichtigungen eignet sich Hastings genauso gut wie Napier, Quartiere gibt es mehr als genug – und die sind tendenziell sogar preiswerter als bei der Konkurrenz am Meer.

Havelock North, Hastings Nachbarort und der einzige weitere Ort der Hawke's Bay, dem man die Bezeichnung „Städtchen" gönnen könnte, ist eine Art Schlafstadt für beautiful people (das was man auf Englisch „posh" bezeichnet). Man passiert den Ort, wenn man auf den Te Mata Peak fährt oder wandert (ein wunderbarer Aussichtsberg) oder wenn man zum Cape Kidnappers an der Südostspitze der Hawke's Bay unterwegs ist, um die Kolonien der Australtölpel zu besuchen.

In Richtung Süden führen der SH 2 und der weiter westliche SH 50 durch locker besiedeltes Bauernland. Größere Siedlungen sind nur *Waipawa*, *Waipukurau* und *Dannevirke*, bevor Manawatu mit *Palmerston North* und das Wairarapa erreicht werden (→ Wellington, Wairarapa und Manawatu S. 443). Die nicht sehr hohe, aber unwirtliche und wegen ihrer raschen Witterungswechsel für Wanderer gefährliche Ruahine Range bildet einen für Straßen unüberwindlichen Gebirgswall im Westen. Auch der Osten mit der Pazifikküste ist nicht unbedingt verkehrsfreundlich, nur wenige Straßen führen zu den kleinen Strand-Siedlungen zwischen Cape Kidnappers und Cape Turnagain.

Hastings

67.000 Einwohner hat Hastings, das vor allem von der Landwirtschaft der Umgebung und seiner Funktion als Versorgungs-, Verwaltungs- und Einkaufszentrum lebt. Tourismus ist hier nur unter „ferner liefen" von Bedeutung, die hübsch restaurierte Innenstadt mit einigen adretten Art-Deco- und Spanish-Mission-Fassaden haben sich die Bürger wohl selbst gegönnt. Auffallend viele Parks bringen Grün in den Ort, und für die sommerlichen Wasserspiele sorgt eine echte Wasseroper, *Splash Planet*.

Information/Verbindungen/Einkaufen

Information Hastings i-Site Visitor Centre, Ecke Russell/Heretaunga St. East; großes Büro mit eigenem Buchungsschalter. Das 2005/06 außen komplett restaurierte Gebäude der Touristinfo ist eines der schönsten Art-Deco-Gebäude der Stadt. ✆ 06/427856, 0800/427846, info@visithastings.co.nz, www.visithastings.co.nz.

Verbindungen Bus: Direktverbindung mit InterCity- und Newmans-Bussen nach Wellington, Palmerston North und Napier. Die Busse halten am Hastings Travel Centre, Russell St. North (ehemals Bahnhof), etwa 10 Gehminuten vom Visitor Centre. Hawke's-Bay-Lokalbusse → GoBus Napier.

Für Selbstversorger Großer **Supermarkt** (New World) Ecke Heretaunga East/Hastings St. (schräg gegenüber dem Municipal Theatre).

„Hawke's Bay Farmers' Market" jeden So 8.30–12.30 Uhr auf den Hastings Showgrounds, Kenilworth Road, wie es heißt, einer der besten und vielfältigsten des Landes. ∎

Hastings 437

Downtown Hastings

Sport & Freizeit/Feste & Veranstaltungen

Paragliding Tandem-Gleiten vom **Te Mata Peak** mit Airplay Paragliding. Der bis zu 15 Min.dauernde Flug kostet ab 140 $. 06/8451977, www.airplay.co.nz.

Wandern/Trekking Es gibt wenige Wanderwege in dieser landwirtschaftlich intensiv genutzten Region, die große Ausnahme ist das Schutzgebiet am Nordhang des Te Mata Peak mit dem Te Mata Peak Walkway.

Radfahren → Napier.

Feste & Veranstaltungen Hastings feiert seine Parks und Gärten mit einem Frühlingsfest – dem **Hastings Blossom Festival** im September; www.blossomfestival.co.nz.

Übernachten

Valdez Motor Lodge, nahe Splash Planet; Motel mit spanischem Dekor, extra große Units mit kleinen privaten Vorgärten; Mikrowelle (keine Küche), in der Anlage Pool. Unit 110–200 $. 1107 Karamu Rd. North, 06/8765453, 0800/825339, www.valdezmotorlodge.co.nz.

„The Church" at **Copperfields Orchard**, nur 2 Übernachtungsquartiere: das eine in der Kapelle von 1860 (Innenhof mit Gartenzugang, Geschirrspüler); das zweite im Glen Cottage (2 Schlafzimmer, Lounge mit Kamin, Waschmaschine etc.); die Besitzer führen die Art Gallery nebenan. Beide DZ/FR je 100–130 $. Pakowhai Rd., zwischen Hastings und Taradale an einer Nebenstraße, 06/8769710, www.copperfields.co.nz.

The Rotten Apple, Backpacker-Unterkunft im obersten Stockwerk des früheren Grand Hotel im Mission-Stil, direkt im Zentrum (gegenüber der Touristinfo); das Hostel hat sich auf die Vermittlung von Jobs in der Obstindustrie (Name!) spezialisiert, was v. a. in der Apfel-Erntezeit und generell von Sept. bis Mai (evtl. Juni) eine Menge Arbeitswillige hierher lockt. Internet-Café, verbilligte Karten fürs Kino nebenan. DB 30 $, DO ab 19 $. 114 Heretaunga St. East, 06/8784363, www.rottenapple.co.nz.

Traveller's Lodge, ein paar Gehminuten vom Zentrum; die Zimmer des Hostels sind einen Hauch komfortabler als der Durchschnitt (gute Betten, Wandtapeten, Ablagen), große Küche, Internet-Café, TV-und

Die Ostküste → Karte S. 391

DVD-Raum, Sauna, Radverleih. 4 SG 35 $, DB 32 $, DO 25 $. 608 Aubyn St. West, ✆ 06/8787108, www.tlodge.co.nz.

Hastings Top 10 Holiday Park, großer grüner Platz am Windsor-Park, neben der Wasseroper „Splash Planet"; alle Unterkunftstypen. Zeltplatz/Cabin/Unit 30–140 $. 610 Windsor Ave, ✆ 06/8786692, 0508/427846, www.hastingstop10.co.nz.

In Havelock North Havelock North Motor Lodge, zentraler geht's nicht; bemerkenswert aufwändig ausgestattetes, modernes Motel, alle Units mit Küche und Spa. Unit ab 120 $, im Sommer ab 140 $. 7 Havelock Rd., ✆ 06/8778627, 0508/405405, www.havelocknorthmotorlodge.co.nz.

Arataki Motel & Holiday Park, großer, familienfreundlicher Platz am grünen Ortsrand; alle Unterkunftstypen, auch für Behinderte. Units 125–140 $, Cabin 66 $, Stellplatz und 2 Pers. ab 36 $. 139 Arataki Rd., ✆ 06/ 7777479, 0508/2728254, www.aratakimotelandholidayparks.com.

Clifton Reserve, Motorcamp, einfacher Platz am Ende der Straße zum Cape Kidnappers, direkt am Strand; die Traktor-Touren (Gannet Beach Adventures) starten am Vorplatz. ✆ 06/8750263.

Essen & Trinken

The Corn Exchange, 118 Maraekakaho Rd.; eines der wenigen echten Restaurants der Stadt, in einem früheren Getreidespeicher, leider Küchenleistung und Service etwas unzuverlässig; mittags Gerichte ab ca. 15 $, abends ab 25 $. ✆ 06/8708333.

Warren's Bakery, 123 Russell St.; für Generationen war die Bäckerei gut genug, dann wurde sie in ein Bäckerei-Café verwandelt und gleichzeitig ein wenig im Urzustand rekonstruiert (den man auf alten Fotos sieht). Freundlicher Service, super Kaffee und gutes Bistro-Café-Angebot.

Opera Kitchen, Hawke's Bay Opera House, Hastings St./312 Eastbourne St.; das jüngst komplett überholte und erweiterte Opernhaus hat auch ein Café, es liegt auf der anderen Seite des überdachten Innenhofes. All-Day-Breakfast, Bistroessen und Café-Karte wie in NZ üblich, etwas über Durchschnitt, spartanisch gestyltes Ambiente mit knallbuntem Gestühl. Mo–Fr 8–17, Sa/So Brunch 9–15 Uhr (Hauptgericht ca. 19–24 $), ✆ 06/8706020.

Roosters Brew House, 1470 Omahu Rd.; rustikale Café-Bierbar ganz, ganz draußen (7 km) schon im Gewerbeviertel am Nordwestende der Stadt, ausgeschenkt wird das sehr gelobte hausgebraute „English (Real) Ale". Tägl. 10–19 Uhr (So geschl.). ✆ 06/8794127.

In Havelock North und Clyde Bay Espresso Café, 141 North Karamu Rd.; das Café zwischen Clive und Hastings gehört zu den Szene-Lokalen der Hawke's Bay; das mag am selbst gerösteten Bio-Kaffee liegen oder an der Auswahl von nahrhaften und dekorativen Salaten mit Fleisch und Käse – oder einfach nur am freundlichen Stil der Besitzer und dem hübschen Innenhof. ✆ 06/8765682. Die Rösterei betreibt zwei weitere Cafés im Raum Hastings: **Bay Espresso Omahu Road**, 1128 Omahu Rd., Hastings; **Bay Espresso in the Village**, 19 Middle Rd., Havelock North – im Ortszentrum.

Clifton Bay Café & Bar, Clifton Station, Clifton Bay; eine große Schaffarm mit Café, man sitzt direkt am Meer und wird nicht zu Fancy-Essen gezwungen, sondern darf sich an schlichten Schnellgerichten (Fish & Chips ca. 22 $) oder einer Kalten Platte (36 $, für zwei) festhalten. Im Sommer tägl. 10–16 Uhr, im Winter Mo/Di geschlossen. ✆ 06/8750096,

Clearview Estate Winery, 194 Clifton Rd., Te Awanga. Das Weingut nahe am Meer hat ein sehr gutes Restaurant, von Bistro-Food bis Lachs & Lamm, mehrfach ausgezeichnete innovative Küche, Hauptgang 30–35 $). Der „Summerplatter", die sommerliche Kalte Platte mit Appetitanregern, enthält wirklich alles (42 $). Die Avocados kommen von eigenen Bäumen. Der Laden bietet auch einige vom Koch zubereitete Spezialitäten an, wie eine Safran- und Merlot-Reduktion, Aufstriche und diverse hervorragende Öle. Im Sommer tägl. 10–17 Uhr, Fr bis 22 Uhr, im Winter Mo/Di geschlossen und nur bis 16 Uhr. ✆ 06/8750150.

》》 Mein Tipp: **Black Barn Bistro**, Black Barn Rd.; das Bistro-Restaurant des gleichnamigen Weinguts liegt mitten im Weingut im Süden der Stadt mit prächtigem Ausblick über die nahe Hawke's Bay. Delikate, gehobene Bistro-Küche, mehrfach preisgekrönt (2010 einer der Finalisten der Kategorie „Winery Restaurant" von *Cuisine New Zealand*), dazu die ausgezeichneten Weine des Gutes (Sauvignon Blanc!) und ein lauer Abend unter Reben – das ist kaum zu überbieten. Eines der typischen Gerichte des Hauses: Auf dreierlei Art zubereiteter Schweinebauch mit Kumara-Gnocchi (33 $). ✆ 06/8777985. «

Terrôir, 253 Waimarama Rd.; das Restaurant des Weingutes Craggy Range gehört zu den Spitzenlokalen der Region und Neuseelands und ist eines der wenigen, die auch abends geöffnet haben. Hauptgerichte ab ca. 25 $, eindrucksvolle Weinkarte. Im Sommer tägl. Lunch, Dinner Mo–Sa, Winter Lunch und Dinner Mi–So. ✆ 06/8730143.

„**The Cheese Cafe**" Te Mata Käserei und Café, 393 Te Mata Rd.; 2005 eröffnete Käserei mit 20 Käsesorten. Der Bay View Blue ähnelt ein wenig dem Danablue, Port Athenree Blue ist ein Blauschimmelkäse vom Stilton-Typ, der Brie hat ein wunderbares, typisches Pilzaroma, sehr gut auch Schaf-Feta, Ziegen-Brie, der „Pania" (Brie in Weinlaubasche) sowie ein Dutzend weiterer Käse. Kleine Käseprobe 2 $, Probierteller mit 3+ Käsesorten (Cheese Platter), Brot, Cracker und Chutneys 25 $, alle Käse nicht billig; Tische und Stühle drinnen und draußen auf dem Rasen. Tägl. 10–16 Uhr. Te Mata Cheese Company, PO Box 8956, Havelock North, www.tematacheese.co.nz. ✆ 06/8758282.

Restaurant der **Bradshaw Estate Winery** → Hawke's Bay/Weingüter.

Sehenswertes/Ausflüge

Art Deco in Hastings: Die beiden interessantesten Fassaden aus der Epoche der Zwischenkriegszeit findet man an den beiden gegenüber liegenden Enden der Heretaunga Street im Innenstadtbereich. Auf der Südseite steht an der Hastings Street (starker Verkehr, die Straße ist hier identisch mit dem SH 2) das *Hawke's Bay Opera House* (früher Municipal Theatre, Stadttheater genannt) mit prächtiger Fassade im Spanish-Mission-Stil. Der Bau wurde 1915 errichtet, erlitt aber beim Erdbeben 1931, das auch Hastings traf, schwere Schäden, sodass die gesamte Südfassade neu gebaut werden musste. Drinnen hat sich jedoch nichts verändert – 1915 war Jugendstilzeit, und im Jugendstil blieb der Zuschauerraum. Das jüngst für viel Geld renovierte Gebäude bekam einen schicken Glastrakt und einen mit Zeltdach überspannbaren, bespielbaren Innenhof und bietet nun alle möglichen Veranstaltungen von Oper über Kongress bis Chorkonzert (Programm unter ✆ 06/8715282 und www.hawkesbayoperahouse.co.nz).

Am anderen Ende, nämlich am Beginn der kurzen Fußgängerzone, steht an der Kreuzung mit der Russell Street das *Westerman's Bulding,* in dem sich früher ein traditionelles Kaufhaus befand (wie in Mitteleuropa haben die alten Kaufhäuser in Neuseeland einen schweren Stand, die meisten haben zugemacht). Heute befindet sich im Erdgeschoss das Hastings Visitor Centre – einen prächtigeren Art-Deco-Eingang als diesen kann man sich kaum vorstellen. Zwei beim Erdbeben im Dezember 2007 schwer beschädigte Art-Deco-Gebäude der Innenstadt wurden inzwischen wieder errichtet.

Führungen Jeden Sa um 11 Uhr gibt es eine Führung „Spanish Mission Hastings" zu den Art-Deco-Gebäuden der Stadt (ab i-Site, 10 $). In der Info ist aber auch ein kostenloser Folder „Spanish Mission Hastings" zu erhalten, der diese Tour recht ausführlich beschreibt.

Havelock North: Drei in Neuseeland berühmte Privatschulen haben sicher kräftig mitgeholfen, das Oberschicht-Image des Ortes zu prägen. Großzügige Grundstücke – in Neuseeland, wo man meist auf Tuchfühlung lebt, eine Seltenheit; dazu viele und schöne Grünflächen und Parks, eine Hochpreis-Restaurant-Szene und vor jeder Garage mindestens drei Autos, eines davon ein schniekes Allrad-Ding.

Cape Kidnappers und die Australtölpel-Kolonien

Gannets, zu Deutsch Tölpel, nisten normalerweise an unzugänglichen Stellen: auf Felseninseln, wie die neuseeländischen Australtölpel auf der Vulkaninsel White Island, aber auch, wie am Südostende der Hawke's Bay, auf einem Vorgebirge wie Cape Kidnappers, auf dem bis zu 6.500 Brutpaare gezählt wurden. Die Jungvögel schlüpfen ab Anfang November, im Mai verlassen die letzten Vögel die Kolonie, um den Winter in Australien zu verbringen. Die beste Besuchszeit ist zwischen November und Februar, wenn die meisten Küken und Jungvögel zu beobachten sind. Die Gannets werden 25–40 Jahre alt.

Die amüsanteste und spannendste Form, die Tölpelkolonie auf Cape Kidnappers zu erreichen, führt am Strand entlang. Der ist schmal, teilweise abschüssig und stellenweise von Gesteinstrümmern übersät, die sich aus dem unersteigbaren Steilufer gelöst haben. Zwischen der Mittelwasserlinie und dem Fuß der Steilwand sucht sich der Traktor von *Gannet Beach Adventures* seinen Weg. Die zahlenden Gäste in den offenen Karren, die er zieht, werden dabei kräftig durchgeschaukelt und meist auch ziemlich bespritzt.

Cape Kidnappers
und jede Menge Basstölpel

Bereits am Strand gibt es oberhalb auf Felsen und auf kleinen Felseninselchen im Wasser eine kleine Tölpelkolonie, doch die beiden großen Kolonien liegen um Klassen spektakulärer: Vom Ende der Traktorspur führt ein anfangs steiler Weg auf das Plateau der Halbinsel, von wo man zum eigentlichen Kap hinuntersieht. Die flache, tiefere Zone dazwischen ist von einer riesigen Tölpelkolonie komplett weiß gefärbt. Aber das war's immer noch nicht: Rechts von uns befindet sich direkt am Abfall des Plateaus eine dritte Tölpelkolonie, an die man bis auf einen Meter herankommt.

Die Vögel halten einen festen Abstand, um auch die Menschen dazu zu bringen, hat man erst einen niedrigen Zaun errichten müssen.

Man kann die Kolonie auch bequemer mit dem klimatisierten Kleinbus und über Privatland erreichen, der Fahrweg endet einen Steinwurf von der Kolonie entfernt. Wer irgend kann, sollte aber die Traktorversion wählen, sie macht wesentlich mehr Spaß und ist landschaftlich viel interessanter.

Information Das informative Faltblatt „Guide to Cape Kidnappers Gannett Reserve" (1 $) ist in den DOC-Büros der Region zu bekommen.

Veranstalter Gannet Beach Adventures; tägl. Okt. bis April, ca. 4 Std.; z. B. 10.30–14.30 Uhr (kein Lunch enthalten, Verpflegung mitbringen!), 39 $. ✆ 06/8750898, 0800/4266387, www.gannets.com.

Gannet Safaris, Summerlee, RD 2, Hastings; tägl. Sept. bis Apr. 9.30 und 13.30 Uhr, ca. 3 Std., 60 $. Shuttle von Napier zum Clifton Reserve Motor Camp und zurück 25 $ (1–3 Pers.). ✆ 06/8750888, 0800/427232. www.gannetsafaris.com.

Te Mata Peak: Der teilweise bewaldete Berg im Süden der Bay ist zwar nur 399 m hoch, aber aussichtsreich, leicht zu erreichen (Straße und Wanderwege) und ein Dorado für Paraglider, die sonst in der ganzen Bucht keine zweite Absprungrampe finden. Das Landschaftsschutzgebiet mit dem *Te Mata Peak Walkway* erreicht man von der Straße auf den Peak, von der ca. 2,5 km nach Beginn von einem Parkplatz mehrere Wege ausgehen.

Auf dem Weg zum Peak kommt man in der Ebene auch am *Te Mata Weingut* vorbei, auf der gegenüber liegenden Seite der Straße steht mitten im Weinberg *Colleraine,* eine moderne Villa, die ein wenig an apulische Trulli-Dörfer erinnert. Der interessante Bau wurde 1980/81 vom Architekten Ian Athfield gebaut.

Cape Kidnappers: → S. 440

Waipawa, 1854 gegründet, war einer der ersten Orte, die im Binnenland Neuseelands entstanden. Da alle Bauten aus Holz errichtet wurden und Feuer nicht selten waren, blieb kaum ein altes Haus erhalten – und was blieb, wurde fast ausnahmslos in den 1960er Jahren abgerissen und durch einen 08/15-Neubau ersetzt. Besorgen Sie sich schon im Visitor Centre in Napier oder Hastings das kostenlose Faltblatt „Heritage Trail Waipukurau und Waipawa Pavement Walk"; der Vergleich von alt und neu kann einem die Tränen in die Augen treiben. Im 1887 errichten Bank-of-New-Zealand-Gebäude an der Hauptstraße ist das *Central Hawke's Bay Settlers Museum* untergebracht, das einen guten Einblick in das Leben der bäuerlichen Pioniere der Region bietet (tägl. 10–16 Uhr).

Norsewood: Wie das nahe Dannevirke ist Norsewood – der Name verrät es – die Gründung skandinavischer, in diesem Fall norwegischer Einwanderer. Hauptattraktion ist das *Pioneer Museum* in einem Haus von 1888 (unmittelbar nach einem Großfeuer errichtet, das den ursprünglichen Ort zerstörte). Das Cottage enthält eine etwas unübersichtliche Sammlung von Fotos und Objekten aus der Pionierzeit.
Visitor Centre in „The Barn", einem früheren Schuppen in der Ortsmitte, Coronation St., dort Auskunft zu Öffnungszeiten. ✆ 06/3740991, www.norsewood.co.nz.

Dannevirke: Das „Dänenwerk" verwendet den Begriff „Werk" in zwei Bedeutungen: Der Ort ist das Werk dänischer Einwanderer, die hier ab 1872 der Wildnis Acker- und Weideland abrangen; er ist aber auch ein Festungswerk wie jenes dänische Dannevirke, das die Halbinsel Jütland gegen unwillkommene Eindringlinge abschottete (und 1870 an Deutschland verloren ging). Mit der dänischen Vergangenheit hat man nicht mehr viel gemeinsam, sieht man von ein paar Andenken in der *Gallery of History* ab, deren alte Fotos besonders eindrucksvoll sind. Die späteren Einwanderer-Generationen kamen eher aus Irland oder England. Immerhin, skandinavische Namen findet man bis heute, und die Straßenschilder sprechen ebenfalls eine klare Sprache, nämlich die dänische.
Gallery of History, 14 Gordon St. 10–15 Uhr, Sa/So geschlossen. Eintritt 2 $. ✆ 06/3746300. Information im Information Centre, 156 High St. Mo–Fr 8.30–17.30, Sa 10–13 Uhr. ✆ 06/3744167, dvkeinfocentre@xtra.org.nz.

Die Ruahine Ranges und der Ruahine Forest Park

Mehrere Stichstraßen führen von Osten an den Fuß des Ruahine-Ranges-Gebirges, das auf beiden Seiten der Wasserscheide, die es hier für die Nordinsel bildet, als Forest Park geschützt ist. Der *Eastern Ruahine Forest Park* wird von der Hawke's Bay aus verwaltet und ist von dort aus erreichbar (zum Westteil → S. 491).

Die Ostküste vom East Cape zur Hawke's Bay

Das 94.000 ha große Schutzgebiet erreicht Höhen bis zu 1.733 m – immerhin bis zu 1.200 m über den Ebenen am Hangfuß. Die Berghänge sind steil, wilde Schluchten durchziehen das dicht bewaldete Gebirge, das nur in seinen höchsten Zonen über die Baumgrenze hinausragt. Die Ruahine Ranges bilden eine massive Front gegen die von Westen herankommenden Regenwolken; Regen, Sturm, seichter Nebel und rasche Witterungswechsel sind die Folgen.

Den Besuchern ins Stammbuch: Die Ruahine Ranges mögen als Mittelgebirge durchgehen, doch wer sich dort aufhält, muss sich auf alpine Bedingungen einstellen. Grundvoraussetzungen: Karte, Kompass, möglichst GPS-Gerät, ein Handy ist so gut wie nutzlos und nur für den eventuellen Notruf zu gebrauchen. Einige vor allem von Jägern und Anglern genutzte Wege sind für Allradfahrzeuge freigegeben, so die 22 km lange *No Man's Road* ganz im Norden der Kette (erreichbar ab Maraekakaho, am SH 50, 15 km westlich von Hastings); für die Nutzung ist eine Genehmigung und ein „Access Key" nötig, die man beim DOC in Napier oder im Ongaonga Field Centre erhält.

Besonders beliebt sind die Wege ab dem Ende der *North Block Road* (erreichbar auf der Wakarara Road ab Ongaonga am SH 50, 10 km vor seinem südlichen Ende und der Einmündung in den SH 2). Weil hier schon nach zehn Minuten eine Hütte winkt *(Triple X Hut)* und die nächste Hütte *(Sunrise Hut)* bereits nach 2–3 Std. erreicht ist, ist dieser Weg bei Schulgruppen recht beliebt. Doch wer 2 Std. weiter in der *Waipawa Forks Hut* nächtigt und die 4 Std. Rückweg über *Smith's Stream Hut* nicht scheut, wird wenig Konkurrenz haben. Alle Hütten werden vom DOC betreut und sind mit Backcountry-Pass oder DOC-Hut-Tickets zugänglich.

Information Im **DOC-Büro Napier** und im **Ongaonga Field Centre** des DOC, 83 Bridge St., PO Box 78, Onga Onga, ✆ 06/ 8566808. Infos auch im DOC-Heftchen „Eastern Ruahine Forest Park" (3,50 $). Allgemeine Informationen zu Allradtouren in von DOC verwalteten Gebieten bietet der kostenlose Folder „Four-Wheel Driving in Conservation Areas", den man in allen DOC-Büros erhält.

Nistende Basstölpel auf Cape Kidnappers – in Armentfernung vom Fotografen

Neue Harbourfront in Wellington

Wellington und der Süden der Nordinsel

Der Süden der Nordinsel, ihr kühlster und windigster Teil, wird von der Hauptstadt Wellington beherrscht, deren Hafen zu den besten Neuseelands gehört. Wie es sich für eine Hauptstadt gehört, liegt Wellington in Bezug auf Neuseeland in der Mitte. Aber der Süden der Nordinsel ist nicht nur Wellington. Dazu gehören auch das sich zu einer der besten Weinregionen entwickelnde Farmland des Wairarapa und die von Badeorten gesprenkelte Küste im Westen zwischen der Kapiti Coast und Manawatu sowie Palmerston North, eine der wenigen großen Städte des Landes, die nicht am Meer liegen, die steilen Gebirgsketten der Rimutaka und Ruahine Ranges und das Schutzgebiet der Insel Kapiti mit ihren gefährdeten Tierarten vom Kaka bis zum Kiwi.

Wellington

Neuseelands Hauptstadt ist mit fast 400.000 Einwohnern die zweitgrößte Stadt des Landes und mit Sicherheit die quirligste, lebendigste, diejenige, in der sich am meisten abspielt und sicher von Lage, Architektur und Landschaftshintergrund die attraktivste.

Wer mit dem Flugzeug anreist, erkennt am besten, wie wenig Platz die Stadt hat zwischen der Meeresbucht Wellington Harbour und den steilen Hängen der Halbinsel, die den äußersten Südteil der Nordinsel bildet. Meer und bewaldetes Bergland zwängen die Stadt auf einen schmalen Uferstreifen, der in fast eineinhalb Jahrhunderten durch Aufschüttungen ein wenig erweitert wurde, und auf die zum Meer schauenden Hänge, die durch schmale, steile, kurvenreiche Straßen und – man spaziere durch Thorndon! – steile Treppen und Treppchen erschlossen werden. Vom Meer aus sieht das alles sehr dekorativ aus: Wer von der Südinsel mit dem Interislander oder dem Bluebridge-Schiff ankommt, sieht die City-Skyline mit vielen brandneuen postmodernen und post-postmodernen Silhouetten, darüber die Villen und Häuschen am steilen Hang, alles gekrönt und durchwachsen von Waldgrün, darüber vielleicht dieser stahlblau unwirkliche Himmel, den Wellingtons kühles, windiges Klima hervorbringt.

Wer Wellington nur als Durchgangsort sieht, wo man das Verkehrsmittel wechselt, um von Insel zu Insel zu gelangen, begeht einen gravierenden Fehler. Denn Wellington ist nicht nur die politische und kulturelle Hauptstadt des Landes, es ist auch eine spannende Stadt. Die Kulturszene, die sich als Café-Society sieht und im Bistro-Café zu leben scheint wie einstmals Wiens kulturelle Elite in den Kaffeehäusern, ist ständig in Bewegung. Ein Blick in die Wochenendausgabe der „Dominion Post", Wellingtons überregionaler Tageszeitung, bringt Dutzende von Eintragungen darüber, was wo los ist. Wer nach Wellington zieht unterscheidet sich deutlich von einem Auckland-Neubürger, nach Auckland gehen die Moneymaker, nach Wellington die Intellektuellen, Künstler und Kulturschaffenden (was nationale und internationale Banken dennoch nicht von Wellington abhält). Peter Jackson, der „Lord of the Rings" sowie „King Kong" in Wellington produziert hat und aktuell die beiden „Hobbit-Filme" ebenfalls in Neuseeland dreht und über sein Unternehmen in Wellington produziert, ist dafür nur ein Beispiel.

Die Stadt wurde seit den 90ern regelrecht umgekrempelt. Neuseelands monumentales und hochinteressantes Vorzeigemuseum *Te Papa* entstand auf aufgeschüttetem Land, der gesamte Hafenbereich wurde und wird noch aufgemischt, neue Parks sind entstanden. Im *Civic Centre* wurde mit dem hypermodernen *Michael Fowler Centre* ein städtebaulich gelungenes Ensemble um den Civic Square vollendet. An der *Queen's Wharf* fährt zwar immer noch die Fähre zum Somes Islands in der Bucht ab, aber die Restaurantszene dort wurde kräftig aufgemöbelt, und im *Museum of Wellington City & Sea* schufen gewiefte Gestalter einen spannenden Gang durch die Geschichte der Stadt. Das *Karori Vogelschutzgebiet* wurde durch das den gefährdeten endemischen Tieren und Pflanzen gewidmete multi-mediale Museum *Zealandia* aufgewertet. Nicht zuletzt haben die Weltpremieren von Peter-Jackson-Filmen den Filmtheatern am *Courtenay Place* neuen Auftrieb gegeben.

Nicht verändert haben sich der *Parlamentsbereich* mit seinen drei ganz unterschiedlich alten Bauten, dominiert vom *Bee Hive* (Bienenkorb) und *Thorndon* am Hang darüber, wo die Schriftstellerin Katherine Mansfield geboren wurde und das sich noch immer seinen Charakter eines wohlhabenden viktorianischen Villenvorortes erhalten hat. Dort befindet sich auch der *Botanische Garten*, noch höher liegen das *Karori Wildlife Santuary*, ein sehr besuchenswertes Naturschutzgebiet mit endemischen Vögeln, nunmehr auch Ort von *Zealandia*, und der *Otari Wilton's Bush* mit Resten von Primärwald. Mehrere von der Stadt verwaltete Schutzgebiete locken mit Wanderwegen und Mountainbikerouten, so am Südkap, dem Sinclair Head, am Makara Peak westlich der Stadt, im Hutt Valley mit den Schlafstädten Lower und Upper Hutt, auf dem Rimutaka Rail Trail – von ganz nahen Zielen außerhalb Groß-Wellingtons wie dem Wairarapa und der Kapiti Coast mal ganz abgesehen.

Etwas Geschichte

Die geschützte Bucht im Süden von Mauis Fisch war den Maori, so heißt es, seit Kupes Entdeckungsreise um das Jahr 925 bekannt (→ Einführung/Maoritanga S. 53). Die Inseln in der Bucht benannte er nach seinen Töchtern Matiu (Somes Island) und Makao (Ward Island). Mehrere Dörfer standen in späterer Zeit um die Bucht, zuletzt bewohnt von den Ngato Tara, die auch heute noch eine Bevölkerungsminderheit stellen. Sowohl Abel Tasman (1642) als auch James Cook sichteten die Bucht, beide konnten aber wegen widriger Winde nicht einfahren. Diese widrigen Winde sind ein Merkmal Wellingtons und der Bucht geblieben. Einer der schweren Stürme, die immer wieder die Cook Strait passieren, ließ 1968 die sehr modern ausgerüstete Fähre „Wahine" knapp vor der Hafeneinfahrt kentern, was 51 Menschenleben forderte (→ Museum of Wellington City & Sea S. 459).

Wellington und der Süden der Nordinsel

Früherer Glanz: der Bahnhof in Wellington

1839 wählte Colonel William Wakefield in der geschützten Bucht einen ersten Siedlungsplatz für die New Zealand Company aus (er war ein Bruder des Unternehmensgründers). Er wählte Petone (gesprochen: *Petoni*) am Mündungsdelta des Hut River, was sich sofort als Fehler erwies, und ein paar Tage später tauschte man den Sumpfstandort gegen einen trockenen an der Stelle des Lambton Quays im heutigen Wellington aus, der damals (Quay heißt er ja noch immer!) am Meer lag. Am 22. Januar 1840 kam die „Aurora" in die Bucht, mit ihr die ersten Siedler.

Lambton Quay und das heutige Thorndon mit Parlament und Old St. Paul's war der Kern der Siedlung, die bald nach dem ersten Duke of Wellington benannt wurde. Platzprobleme gab es von Anfang an, ebene Flächen waren kaum vorhanden. Ein Erdbeben löste 1855 einen Teil dieser Probleme, denn es waren zwar zwölf Tote zu beklagen, aber das Ufer wurde um 1,50 m angehoben, und ein großer flacher Landstreifen entstand, so auch jener schmale Streifen, auf dem heute Bahn und Autobahn in Richtung Hutt Valley verlaufen (seit dem schweren Erdbeben in Christchurch im Februar 2011 ist man sich nicht mehr so sicher, ob es sinnvoll war, darauf zu bauen ...). 1865 übernahm Wellington die Hauptstadtfunktion von Auckland und gab sie seither nicht mehr aus der Hand. Nur im Hutt Valley konnte sich wegen der größeren Freiflächen Industrie ansiedeln, das eigentliche Wellington blieb eine Stadt der Beamten und Hafenangestellten – der Hafen gehört zu den besten Neuseelands, und die Fähre nach Picton (früher nach Christchurch mit dem Hafen Lyttelton) brachte eine Menge weiterer Jobs.

War die Stadt früher die Hänge hinaufgewachsen, so wuchs sie seit den 1960ern zumindest im Haupt-Business-Distrikt zwischen Lambton Quay und Customhouse Quay in die Höhe, die heutige Skyline entstand dabei vorwiegend erst in den 1990er Jahren. Ab dieser Phase wurde viel in die Stadt investiert, am besten am bereits äußerlich beeindruckenden neuseeländischen Nationalmuseum Te Papa zu sehen. Der gesamte Uferbereich zwischen dem Hafen im Norden und der Ocean Parade im Südosten ist dabei um- und neu gestaltet worden. Wellington wurde eine attraktive Großstadt, eine würdige Hauptstadt für ein faszinierendes Land.

Information/Diverses

Information Wellington i-Site Visitor Centre, Ecke Victoria/Wakefield St., Civic Centre, tägl. 8.30–17 Uhr, Sa/So bis 16 Uhr, ☏ 04/8024860, www.wellingtonnz.com.

Wellington Airport Info Centre, Stewart Duff Avenue, Wellington International Airport, tägl. 7–19 Uhr, ☏ 04/3855123, www.wig-airport.co.nz.

DOC-Infobüro, 2 Manners St., ☏ 04/3847770, www.doc.govt.nz. Tägl. (außer So) 9–16.30 Uhr, Sa 10–15 Uhr.

Internet Es gibt zahlreiche Möglichkeiten, in der Innenstadt sind viele Cafés mit PCs mit Internetzugang ausgerüstet, viele tragen das Cafe-Net-Zeichen und ein Logo mit drei konzentrischen Viertelkreisen, dort zahlt man für den angeblich superschnellen Zugang (auch mit eigenem Laptop) 10 $ für 24 Std. WLAN in Hotels ist entweder sehr teuer oder gratis; Infos unter ☏ 04/9170200, www.cafenet.co.nz.

Krankenhaus/Arzt Wellington Hospital, Riddiford St., Newton, ☏ 04/3855999.

City Medical Centre, 10 Brandon St., ☏ 04/4712161. Mo–Fr 8–17 Uhr, Sa/So zu.

Anreise/Stadt- und Nahverkehr

Mit dem Flugzeug Wellington International Airport (www.wlg.airport.co.nz) liegt in der Stadt selbst, etwa 10 km südöstlich vom Zentrum. Alle öffentlichen neuseeländischen Flughäfen werden direkt angeflogen, außerdem Flüge nach Australien und zu Neuseelands Übersee-Urlaubszielen, es gibt eine Touristeninformation (→ Information).

Flughafenbus: außerhalb des Terminals mit Airport Flyer (5,50–14,50 $ je nach Zone) oder Airport & City Shuttles (☏ 04/3888900, www.taxicab.co.nz) und Supershuttle (18 $ für einen Passagier, 25 $ für zwei etc.; ☏ 0800/748885).

Öffentlicher Nahverkehr Die Bahn und einige Buslinien sind in Wellington und Region (Hutt Valley, Porirua, Kapiti Coast und Wairarapa) im **Verkehrsverbund Metlink** zusammengefasst, Logo „METLINK" in Limetten-Grün und Dunkelblau.

Informationen: Metlink Service Centre, ☏ 0800/801700, www.metlink.org.nz.

Tickets: Wer in Wellington City und im Bereich der südlichen Vororte bleibt, benötigt – wenn überhaupt – ein Busticket. Nur wer Ausflüge machen will, braucht ein Bahnticket oder ein Kombi-Ticket. Das für Touristen sinnvollste Kombi-Ticket heißt *Metlink Explorer* und erlaubt die Benützung aller Busse und Bahnen für einen Tag, 20 $ (aber erst ab 9 Uhr und ohne die Linie ins Wairarapa!). Wer ins Wairarapa möchte, bekommt für 18 $ ein zeitlich nicht eingeschränktes Tagesticket, das aber nur für den Zug gilt, den *Wairarapa Explorer*. Wer nur die Bahn allein ab 9 Uhr nutzen will (und nicht ins Wairarapa fährt) zahlt 10 $ für das Ticket *Day Rover*.

Busse: GO Wellington nennt sich das Busnetz für die Hauptstadt, knallgelbe Busse mit Logo „GO Wellington", ins Hutt Valley mit Logo „Valley Flyer". Das Ticket im Raum der City von Wellington kostet 2 $, ebenfalls 1 Zone nach außerhalb (2 Zonen 3,50 $, 3 Zonen 4,50 $). Wenige Alternativen, u. a. **Bus about** für Wellington und Hutt Valley zu 9 $ für 1 Tag (ab 9 Uhr). Infos/Tarife auf www.gowellingtonbus.co.nz.

Bahnhof: Die Station hat kaum mehr was vom alten Glanz. Ein Zugpaar täglich nach Auckland, 4 Vorortlinien (Kapiti Coast, Hutt Valley, Wairarapa sowie Johnsonville, das durch die Vororte im steilen Rücken der Stadt erreicht wird), am ufernächsten Gleis 9 halten die Überlandbusse. Ticketschalter, Café, Durchgang unter dem Thorndon Quay zum städtischen Busbahnhof auf der anderen Seite dieser Straße.

Zentraler Busbahnhof am Thorndon Quay beim Bahnhof, dichtes Busnetz.

Mit dem Auto/Motorrad Der SH 1 ist ab Porirua als Autobahn ausgebaut, ebenso SH 2 ab Lower Hutt – in Wellington anzukommen, ist also kein Problem. Anders das **Parken**: Freie Parkplätze sind so gut wie nicht vorhanden, aber zahlreiche Parkplätze bieten gegen Gebühr (ab 2 $/Std.) ihre Dienste an. Auch Hotels haben meist nur sehr begrenzte Parkmöglichkeiten!

Mit dem Fahrrad In Wellington ist das Radfahren nicht unbedingt ein Vergnügen, a) wegen der steilen Straßen und b) wegen der Autofahrer (→ Sport & Freizeit). Der Radtransport mit der Vorortbahn ist seit 2011 definitiv erlaubt und gratis, in Bussen jedoch nicht gestattet.

Verbindungen über die Cook Strait

Mit der Fähre 2 Unternehmen teilen sich die Personen- und Fahrzeugfähren über die Cook Strait zwischen Wellington und Picton, **Interislander** und **Bluebridge**. Interislander hat derzeit 3 Fährschiffe auf der Linie, „Arahura", „Kaitaki" und „Aratera", Bluebridge nur eines, die ältere, aber 2003 komplett überholte „Santa Regina". Insgesamt bringen sie 7–10 Fahrten pro Tag in beide Richtungen zusammen, die Fahrt dauert je nach Schiff knapp 3–3:30 Std.

Tarife: Die Personentarife liegen bei ca. 65–75 $. Pkw werden nach Länge (Bluebridge), Höhe (Interislander) und eventuellem Anhänger in Preiskategorien eingeteilt. PKW und 1 Person (one way) kosten zwischen 210 und 250 $, Caravans und Mobile Homes kommen auf 250–290 $ (jeweils mit 1 Person), Motorrad und Fahrer queren die Straits für ca. 135–160 $.

Information: Interislander, ☏ 04/4983246, www.interislander.co.nz.

Bluebridge, ☏ 04/4737289, 0800/844844, www.bluebridge.co.nz.

Mit dem Flugzeug Sounds Air fliegt mit kleinen Maschinen zwischen Wellington und Picton, ca. 8-mal pro Tag, one way ab ca. 96 $, bei Internetbuchung 86 $, Blenheim wird von Wellington aus bis 12-mal/Tag angeflogen, Nelson bis 20-mal. Der Bus zwischen dem Flughafen Koromiko 8 km südlich und Picton ist im Ticketpreis inbegriffen. ☏ 03/5203080, 0800/505505, www.soundsair.com.

Sport & Freizeit

Baden/Strände Wellingtons Strände liegen vor allem im Süden der Halbinsel, wo Lyall Bay und Island Bay zum Baden geeignet sind – aber sehr begrenzt, Surf und Sog können sehr stark sein. Etwas weniger starke Brecher haben die Strände am Eingang zum Wellington Harbour, Scorching Bay, Karaka Bay und Worser Bay, aber wirklich problemloses Schwimmen erlaubt nur der **Ocean Beach** im Stadtgebiet östlich von Te Papa (jüngst saniert). Nachteil: Man ist arg nahe an der Stadt, und das Wasser ist nicht unbedingt sauber. Daneben bietet der **Freyberg Pool** (Hallenbad) am Strand gut gechlortes Wasser gegen Eintritt.

Wassersport Tauchen um Kapiti Island und an den Außenküsten. Im Jahr 2005 wurde in der Island Bay südlich der Stadt die „HMSNZ Wellington" versenkt, ein ausgedientes Schiff der Marine, sie ist schon jetzt ein beliebtes Ziel für Hobbytaucher. Diverse **Segel- und Tauchangebote** bei New Zealand Sea Adventures, 65 Omapere St., Wellington, ☏ 04/2368787.

Radfahren/Mountainbiken Wellington ist für Radfahrer kein Zuckerschlecken, weder vom Terrain her, das zwischen flach und extrem steil schwankt, noch von den Straßen, die von schmal und kurvenreich bis zu Schnellstraßen reichen, noch von den Autofahrern, die als besonders rüde verschrien sind. Es gibt kaum Radwege, jener vom Parlamentsbereich in Richtung Hutt Valley ist eine Ausnahme (und stellenweise eine Zumutung), im Innenstadtbereich folgen die Radwege meist den Busspuren, was aufs Tempo drückt und die meisten Radfahrer doch wieder auf die Straße zwingt.

Mountainbike-Trails in der Umgebung von Wellington sind im Faltblatt „Mountain Biking in the Regional Parks and Forests" kurz beschrieben, die es in der i-Site Wellington und bei der Parkverwaltung, 142 Wakefield St. gibt (gratis). Vor allem interessant sind die Trails im Akatarawa Forest im Hutt Valley (dafür extra Faltblatt), denn sie erlauben die Transversale vom Hutt Valley zur Westküste bei Paraparaumu durch bewaldetes Bergland (bis Upper Hut und ab Paraparaumu zurück nach Wellington nimmt man den Zug).

Wellington

Verleih/Werkstatt: Capital Cycles, 135 Victoria St., ℅ 04/3856752, www.wotzon.com/w/capitalcycles, gut und flott!

Burkes Cycles, 16 Coutts St., Kilburnie, täglich geöffnet!

On Yer Bike, 181 Vivian St., ℅ 04/2972597.

Mud Cycles, 338 Karori Rd., ℅ 04/4764961, www.mudcycles.co.nz.

Wandern & Trekking 2 Walkways queren die Stadt, der **Southern Walkway** zwischen der Oriental Bay und der Island Bay, der durch den Wellington Zoo führt, und der **Northern Walkway**, der an der Bergstation des Cable Car beginnt und nach Norden durch den Botanischen Garten zum Tinakori Hill führt. Zum Southern Walkway und dem anschließenden **Red Rock Coastal Walk** → Sehenswertes in der Stadt.

Rundfahrten/Ausflüge/Führungen Hafenrundfahrten mit der „Wellesley" Sa und So ab Taranaki Wharf (1:30 Std. 3 $), Wellesley Ticket Office, ℅ 04/4741308.

Mehrere Unternehmen bieten **geführte Bustouren** durch Wellington und Umgebung an, hier ist eines der besten **Hammonds Scenic Tours** mit kleinen Bussen. Das Unternehmen bietet mehrere Touren an, z. B. „Wellington City & Coastline" (10 und 14 Uhr, 2:30 Std., 55 $) und „Palliser Bay & LOTR" (ganztägig, mit Wairarapa, Winetasting und Szenen aus Lord of the Rings, Rivendell, Anduinfluss, Helms Deep, dazu die Pelzrobbenkolonie an der Palliser Bay, 8.30 Uhr, 200 $), beide starten täglich ab i-Site, ℅ 04/4720869, www.wellingtonsightseeing.co.nz.

Speziell auf die **Filmindustrie** in Wellington und auf die Peter-Jackson-Filme („Herr der Ringe", „King Kong", „Der Hobbit") ausgerichtet ist **Movie Tours**, ein Ableger von Adventure Safari. Eine „Wellington Movie Tour" (40 $, 4 Std.) führt u. a. zu den Schauplätzen der Hobbiton Woods und zur Weta Cave, dem Mini-Museum, das Weta Workshop, die für Peter Jackson arbeitende Firma, beim Studio Miramar eingerichtet hat. Auf der „Valley Movie Tour" (80 $, 4:30 Std. inkl. Lunch) wird das Hutt Valley besucht, wo Jackson Szenen wie Helms Deep, Minas Tirith und Rivendell gedreht hat. ℅ 027/4193077, www.movietours.co.nz, www.adventuresafari.co.nz.

Bei einer **kulinarischen Führung** mit nicht mehr als 6 Personen macht Zest Food Tours an einem Tag (9.30–16 Uhr, mit Abholung) mit Wellingtons lebendiger Restaurant- und Café-Szene bekannt. Dabei geht es auch hinter die Kulissen, es kann selbst Kaffee geröstet, in Spezialläden nach Herzenslust gestöbert und mit einem Kochjournalisten in dessen Küche gefachsimpelt werden, aber der Höhepunkt ist ein ausgesucht feines und langes Essen im Nobelrestaurant Logan Brown, selbstverständlich mit den passenden Weinen. Einziger Wermutstropfen: Das Ganze kostet (bei 2–5 Pers.) 395 $, eine kürzere Tour gibt es bereits für 250 $. Zur Wairarapa-Tour → dort! ℅ 04/4791778, www.zestfoodtours.co.nz.

Zu Fuß: Walk Wellington lässt seine Gäste gehen, aber mit informierter und amüsant erklärender Begleitung. Ab dem Visitor Centre ist man ca. 1:30 Std. unterwegs (20 $), mindestens eine Woche vorher buchen! ℅ 04/8024860, www.walk.wellington.net.nz.

Einkaufen

Für Selbstversorger Große **Supermärkte** zwischen Cable und Wakefield Street an der Oriental Parade und an der Molesworth Street zwischen Pipitea und Hawkestine Street (beide New-World-Supermarktkette).

Mode Fashion wird in Wellington ganz groß geschrieben, besorgen Sie sich bei der Info die „Fashion Map" mit den Namen und Standorten von (derzeit) **32 Modemachern**, und gehen Sie auf den Fashion-Trip: Cuba Street, Willis Street und Lambton Quay sind die Haupt-Claims, wo man fündig werden kann.

Boutiquen der gehobenen Preisklassen gibts es in The Old Bank Arcade am Lambton Quay, www.oldbank.co.nz.

Bücher & Landkarten Bennetts Government Bookshop, Ecke Lambton Quay/Bowen St. (schräg gegenüber Beehive), ℅ 04/4993433, sehr gute Auswahl, gerade was Neuseeland-Literatur betrifft, Infomaps und andere Landkarten.

Internet www.wotzon.com ist die Netzadresse für Aktuelles und vor allem Shopping in Wellington, Hutt Valley und Porirua. Mit Vorsicht zu genießen: die Einträge sind „gesponsored".

Kino & Kultur/Feste & Veranstaltungen

Kino Embassy Theatre, am Ostende des Courtenay Place, dank dem „Herrn der Ringe" und „King Kong" das bekannteste Kino Neuseelands.

Theater/Konzerte Westpac St. James Theatre, breite Doppelfront, auffällig zwischen den vielen Schnellimbissen und Bistro-Cafés des Courtenay Place, der linke Teil ist üppigste späte Gründerzeit, der rechte beginnende Art Nouveau/Art Deco; www.stjames.co.nz.

Opera House, städtische Mehrzweckhalle am Courtenay Place, Oper, Ballett, Theater, auch Konzerte.

Das in Wellington beheimatete **NZ Symphony Orchestra** ist Neuseelands bedeutendstes Symphonieorchester, 101 Wakefield St., ☎ 04/8013890, www.nzso.co.nz.

Tickets: Neben den Ticketschaltern im Westpac St James Theatre und im Opera House erhält man Tickets bei Ticketek, ☎ 04/3843840, www.ticketek.co.nz.

New Zealand International Arts Festival 4 Wochen (Ende Febr. bis März) Oper, Theater, Tanz, klassische und populäre Musik, eine Reihe von Ausstellungen in Museen und Galerien, „Fests" mit und ohne DJ. Veranstaltungsorte: Open air im Waitangi Park, Michael Fowler Centre, Westpac St James Theatre, Opernhaus, Events Centre, Town Hall, St Mary of the Angels, mehrere der kleineren Theater.

Tickets/Information: Oper ca. 25–175 $, Ballett, Theater, Konzerte ca. 35–80 $ (abhängig vom Standort und Bekanntheitsgrad), genaue Preise auf der Website www.nzfestival.telecom.co.nz, dort auch Buchungsmöglichkeit, oder unter ☎ 04/3843840 (Ticketek) bzw. per Brief an New Zealand International Arts Festival Bookings, Ticketek, PO Box 6334, Wellington.

Mode Wellington Fashion Festival, eine Woche lang wird Anfang Sept. Mode zelebriert und Neuseelands Frühjahr- und Sommer-Kollektionen vorgestellt, mittlerweile ein Anlass für Modebewusste, ihren Neuseeland-Trip auf den September zu legen – eine ganze Reihe von Kiwi-Designern von Karen Walker bis Zambezi ist auf dem Weg zur Weltkarriere. Mehr unter www.wellingtonfashionfestival.co.nz

Von Mitte bis Ende Sept. 2009 findet zum 20. Mal das Mode-Festival **WOW – World of Wearable Art** statt (vorher in Nelson). Die Modewoche rund um „tragbare Kunst" wird nach bescheidenen Anfängen weltweit besucht. Im Mittelpunkt stehen Kleider als Kunstwerke, Kostüme als Inszenierungen, oft aus Materialien, die man nicht mit Kleidung verbindet. Für ein Weltereignis dieser Kategorie war Nelson einfach zu klein geworden. Infos auf www.worldofwearableart.com.

Übernachten (→ Karte S. 452/453)

Wer in Wellington zentral wohnen will, hat eine große Auswahl wenn er Business-Hotels oder Backpacker sucht. Bed & Breakfast ist zwar nicht weit vom Zentrum zu haben, aber immer ein Stückchen den Hang hinauf oder im Vorort. Motels gibt es bis auf abzählbare Ausnahmen in der Kernstadt gar nicht, von Holiday Parks ganz zu schweigen! Wer Motels und Holiday Parks sucht, der geht ins Hutt Valley, von wo aus selbst die Bahnverbindung nach Wellington City so gut ist, dass man ohne Auto auskommt. Die Preise in den besseren Kategorien sind stark marktabhängig, am besten sieht man im Internet nach Last-minute-Preisen, bevor man bucht.

Hotels und Motels Amora Wellington **28**, Businesshotel beim Museum Te Papa (ehemals Duxton), von den oberen Stockwerken schöner Blick auf Museum und Bucht. Alle Zimmer („Suiten") nach Übernahme durch die Amora-Gruppe generalüberholt und modernisiert. Besonders aufwändige Club-Suiten im obersten Stockwerk mit eigener Lounge. Am Marmor in den Bädern wurde nicht gespart, einige haben zwei Bäder. Im Haus gutes Restaurant. DZ ab ca. 150 $, Specials (z. B. im Winter DZ/FR und 1 Fl. Sekt 199 $). 170 Wakefield St., ☎ 04/4733900, www.wellington.amorahotels.com.

Intercontinental 14, das in Kupferrot und Braun glänzende, unten mit Stein verkleidete, oben verglaste Upmarket-Kettenhotel

Wellington

mit seiner gebrochenen Silhouette liegt sehr zentral, alle innerstädtischen Sehenswürdigkeiten sind in Fußentfernung, und die Zimmer zur Willis Street haben Hafenblick. Zimmer und Gemeinschaftseinrichtungen entsprechen der Hotelkette, genauso die Preise. Einziges Intercontinental Neuseelands! DZ (Standard Room) ab 249 $. 2 Grey St., ℡ 04/4722722, 0800/442215, www.intercontinental.com.

James Cook Hotel Grand Chancellor [17], großes modernes Hotel im Geschäftszentrum mit den üblichen Ausstattungsmerkmalen eines Business-Standortes (Zimmerservice rund um die Uhr und guter Fitnessraum), die Lage entschädigt für die Anonymität der Ausstattung. DZ ca. 115–400 $, spezielle Weekend-Tarife. 147 The Terrace, ℡ 04/4999500, 0800/275337, www.ghihotels.com.

Quest Wellington [19], von den sechs Quest-Apartmenthotels in Wellington ist dieses wohl das zentralste. Alle Einrichtungen für einen längeren Aufenthalt bis hin zur Waschmaschine. Unit (2 Pers.) ab ca. 125 $. Ecke Hunter St. und Lambton Quay, ℡ 04/9160700, www.questwellington.co.nz.

Halswell Lodge [49], Hotel mit schmaler Straßenfront, hinter der sich auch ein Motelblock und eine „Lodge", ein elegantes Stadthaus der 1920er Jahre, verbergen. Gut bis sehr gut ausgestattete Zimmer zu Innenstadtpreisen, einige mit Spa. Motel-Unit eher gesichtslos (2 Pers.) 135–150 $, Standard-Hotel-Unit (2 Pers.) 90–120 $. 21 Kent Terrace, ℡ 04/3850196, www.halswell.co.nz.

Ibis [15], Glasbetonbau in der Innenstadt, alle Zimmer Aircondition, gute Ausstattung, 2 Restaurants im Hause. Die meist preisgünstige Kette verlangt auch in Wellington gemäßigte Preise. DZ ab ca. 89 $. 153 Featherston St., ℡ 04/4961880, 0800/444422, www.ibishotel.co.nz.

Museum Hotel [30], so moderner wie hässlicher Bau in Trauerschwarz nahe dem Te-Papa-Museum, auch innen farblich keine Offenbarung: Senfgrün dominiert, das Hotel mit dem auf alt getrimmten Mobiliar wird als „Boutique-style hotel" beworben. Die Preise entschädigen nicht unbedingt für die Geschmacksverirrungen. DZ (room, studio) wochentags 180–310 $, Wochenende 140–230 $. 90 Cable St., ℡ 04/8028900, 0800/994335, www.museumhotel.com.

Shepherd's Arms [8], eines der ältesten, noch als solches dienendes Hotel Neuseelands (1870 eröffnet) mit opulent à la Grün-

Pompös – Denkmal für die Ureinwohner

derzeit und zum Teil mit Originalmöbeln eingerichteten Räumen mit Bad und Spa. Im Erdgeschoss Restaurant und Bar „The Speight's Ale House" (→ Essen & Trinken). DZ ab ca. 116 $. 285 Tinakori Rd., Thorndon, ℡ 04/4721320, 0800/393782, www.shepherds.co.nz.

Victoria Court Motel [49], modernes, zentral gelegenes und daher nicht eben billiges Motel mit 3 Stockwerken um einen Innenhof. 25 Units in mehreren Ausführungen vom Studio bis zum Apartment mit 2 Schlafzimmern, von der Kochnische bis zur kompletten Küche, alle mit Bad/WC und Spa! Unit (2 Pers.) 145–200 $. 201 Victoria St., ℡ 04/3857102, www.victoriacourt.co.nz.

City Life Hotel [18], ein Cityhotel der Heritage-Gruppe wirklich mitten im Zentrum am Lambton Quay. 65 Suiten für Executives, aber auch für betuchte Leute, die selbst zahlen können und den Komfort z. B. einer eigenen Stereo- und Videoanlage im Zimmer schätzen. Alle Suiten mit 2 nicht sonderlich großen, eher schlicht möblierten Räumen. Im Haus Fitness-Center. DZ ab ca. 170 $. 300 Lambton Quay, ✆ 04/9222800, 0800/368888, www.heritagehotels.co.nz.

Capital View Motor Inn 52, modernes Motor Inn im höheren Teil der Innenstadt am Ende der Victoria Street. Solide funktionelle Apartments, einige in letzter Zeit renoviert, alle „self contained and fully serviced", das heißt Küche komplett inkl. Mikrowelle, Waschmaschine, Sat-TV, tägliche Reinigung. Motel Unit/Apt. für 3–4 Pers. 115–220 $. 12 Thompson St., ✆ 04/3850515, 0800/438505, www.capitalview.co.nz.

Harbour City Motor Inn 51, relativ modernes Motor Inn mit funktionellem Mobiliar in guter Innenstadtlage. Zimmer mit Sat-TV, Internetanschluss, Minibar, viele mit Küchenzeile. Studio Unit 99–200 $. 92–96 Webb St. (Ecke Victoria St.), ✆ 04/3849809, 0800/332468, www.harbourcitymotorinn.co.nz.

Bed & Breakfasts Tinakori Lodge 2, spätviktorianische Villa im feinen Stadtteil Thorndon, individuell und komfortabel eingerichtete Zimmer mit oder ohne eigenes Bad/WC, mit sehr guten Betten, Federbetten (!), Bademänteln, Büchern im verglasten und ins Grün blickenden Aufenthaltsraum. Ein wenig Auffrischung wäre angebracht. Gutes Frühstück. Parkprobleme durch Parkplatztickets für den Stadtteil gelöst. DZ/FR ab 170 $. 182 Tinakori Rd., ✆ 04/9393478 und 0800/939347 (aus NZ), www.tinakorilodge.co.nz.

Rita's B&B 13, familiäres B&B, angenehme Zimmer zum Garten, TV, Piano, Gästewaschküche. Auf Bestellung Abendessen, da nicht zentral, eine gute Idee. Nicht alle Zimmer mit Bad/WC. DZ/FR 70–110 $. 55 Spencer St., in Crofton Downs (zwischen Karori und Johnsonville), ✆ 04/9345957, rita@paradise.net.nz.

Millie's B&B 37, freundliches B&B in einem (echten) Colonial Cottage in Holzbauweise, umgeben von ruhiger Natur. Nur 1 DZ und 1 EZ, fast private Unterkunft, TV und Waschmaschine (auch) für Gäste im Haus. Bus 8 ab Bahnhof. DZ/FR 130 $, EZ/FR 90 $. 33 Holloway Rd., Aro Valley, ✆ 04/3812968, www.milliesbb.co.nz.

Richmond Guesthouse 54, zentrumnahes, z. T. etwas abgewohntes Gästehaus mit einfachen Zimmern, Gästewaschmaschine, tlw. beschädigten Bodenbelägen und gar nicht so niedrigen, aber in Bezug auf die Lage ak-

Übernachten
1 Top 10 Hutt Holiday Park
2 Tinakori Lodge B&B
8 Shepherd's Arms
9 Downtown Backpackers
13 Rita's B&B
14 Intercontinental
15 Ibis
17 James Cook Hotel Grand Chancellor
18 City Life Hotel
19 Quest Wellington
25 Rosemere Backpackers
28 Amora Wellington
30 Museum Hotel
36 Wellington City YHA
37 Millie's B&B
42 Worldwide Backpackers
46 base Backpackers
47 Mount Victoria Homestay B&B
48 Victoria Court Motel
49 Halswell Lodge
50 Lodge in the City
51 Harbour City Motor Inn
52 Capital View Motor Inn
53 Richmond Guesthouse

Essen & Trinken
3 Le Canard
4 Indus
5 Maria Pia's
6 The Backbencher
7 Tinakori Bistro
8 The Speight's Ale House
10 Beaujolais
11 Arbitrageur
16 Shed 5
20 Pravda
22 Clarks in the Library
23 Nikau Gallery Café
24 Brewery Bar & Rest.
26 Parade Cafe
27 Espresso Bar Level 4
29 White House
31 Matterhorn
32 Fisherman's Table
35 Espressoholic
38 Masala Café and Bar
39 Nicolini's
40 Zico's
41 Midnight Espresso
45 Logan-Brown

Nachtleben
6 The Backbencher
11 Arbitrageur
12 Loaded Hog
21 The Malthouse
24 Brewery Bar & Rest.
33 Molly Malone's
34 Mighty Mighty
43 Shooter's
44 Valve

„Beehive", „Bienenstock" nennt der Volksmund das Parlamentsgebäude

zeptablen Preisen; WLAN gratis. DZ/FR (cont.) 90 $. 116 Brougham St., ✆ 04/9394567, www.richmondguesthouse.co.nz.

Mount Victoria Homestay B&B 47, geschmackvoll eingerichtetes, helles prä-1914-Vorstadthaus mit kleinem Garten am Fuß des Mount Victoria in (noch) Fußentfernung von der City. 2 freundliche Zimmer mit Bad und TV, gehaltvolles englisches Frühstück. DZ/FR ab 315 $. 11 Lipman St., Mount Victoria, ✆ 04/8024886, www.mountvictoria.co.nz.

Backpackers, Jugendherbergen, Hostels und Campingplätze Downtown Backpackers 9, gegenüber dem Bahnhof, im früheren Hotel Waterloo. Steter Gästestrom (24 Stunden geöffnet) bedeutet nicht immer Qualität, beim Downtown BPs allerdings sehr wohl: Zimmer mit/ohne Du/WC, ausgezeichnet ausgestattete Küche, Waschküche, Café, Bar, Friseur, Gamesroom, Sat-TV. Mit reinem Frauentrakt! Und die beste Lage der Stadt: Vom Parlament zum Lynx-Terminal ist alles zu Fuß zu bewältigen, nur Te Papa ist etwas weiter entfernt. SG (sehr unterschiedl. Ausstattung) 28 bis 92 $, DB 28–45 $, DO 19–26 $. 1 Bunny St., ✆ 03/4738482, 0800/225725, www.downtownbackpackers.co.nz.

base Backpackers 47, das übliche karg eingerichtete Backpacker-Hostel in besonders sauberer Ausführung und toller Lage für Nachtschwärmer – Courtenay Place ist um die Ecke – und Kulturfreaks – das Te Papa ebenso. Worin die „brand new, chic and funky New York loft style accommodation" der Eigenwerbung besteht, bleibt aber das Geheimnis der Werbetexter. DO ab 22 $, Frauenschlafsaal 33 $, DB ab 50 $. 21–23 Cambridge Terrace, ✆ 04/8015666, 0800/227369, www.stayatbase.com.

Lodge in the City 51, großes zentrales Hostel mit allen notwendigen (aber spärlich ausgestatteten) Einrichtungen, gratis Abholung. SG 50 $, DB ab 30 $, DO ab 15 $ (!). 152 Taranaki St., ✆ 04/3858560, 0800/257225, www.lodgeinthecity.co.nz.

Rosemere Backpackers 25, lockere Atmosphäre in älterem Stadthaus bei Klaviermusik, Kaffee, Tee und heißer Schokolade und hoffentlich auch unter den Daunendecken der Betten dieses angenehmen Hostels (Vorsicht: im Dorm Dreistockbetten in Holzbauweise, da bleibt wenig Platz für Bewegungen). Gratis E-Mails, gratis Internet. SG 50 $, DB 33–34 $, DO 26 $, stark reduzierte Wochentarife. 6 Macdonald Crescent, ✆ 04/3843041, www.backpackerswellington.co.nz.

Worldwide Backpackers 42, persönliches und angenehmes Hostel, das Breitband-Internetzugang, kleines Frühstück und ein Glas Wein gratis offeriert. DB 32–34 $, DO

Wellington 455

26 $. 291 The Terrace, ℅ 04/8025590, 0508/888555, www.worldwidenz.co.nz.

Wellington City YHA 36, recht saubere, bestens eingerichtete innerstädtische Jugendherberge mit großen Küchen (Supermarkt gegenüber) und Aufenthaltsraum mit Stereo-Videoanlage und großer Videoauswahl. Großes Haus – 300 Betten! DO/DB 29 $, Zimmer ab 68 $, Rabatt 3 $ mit YHA-Ausweis. 292 Wakefield St., ℅ 04/8017280, www.yha.co.nz.

Top 10 Hutt Holiday Park 1, einen Holiday Park im eigentlichen Wellington gibt es nicht, man muss schon nach Lower Hutt raus, wenn man zelten oder den Camper abstellen will. Dafür bekommt man in dortigen Top 10 Holiday Park grüne Umgebung mit Baumreihen und Wiese, die üblichen Einrichtungen in sehr guter Ausführung (2 Aufenthaltsräume, neuer Abenteuerspielplatz), zahlt dafür aber auch sehr hauptstädtisch. Zeltplatz/Campmobilstellplatz 40 $, Cabins ab 50 $, Motels ab 95 $. 95 Hutt Park Road, Lower Hutt (Autobahn, Vorstadtzug), ℅ 04/5685913, 0800/488872, www.wellingtontop10.co.nz.

Essen & Trinken   (→ Karte S. 452/453)

Mehrere kleine **Kaffeeröster** (Boutique-Coffee-Roasteries nennt man das hier) kennzeichnen die lebendige kulinarische Szene Wellingtons, sicher die sich am raschesten wandelnde von Neuseelands **Café-Culture**. Selbst Auckland kann hier der Geschwindigkeit nicht mithalten, mit der Wellington kulinarische und gastronomische Trends setzt. Zwar konzentrieren sich Esslokale um Courtenay Place und Cuba Street, die Lokale, die gerade „in" sind verteilen sich aber auf die ganze Stadt und wechseln sehr schnell. Jede Woche bringt die „Dominon Post" eine Seite kulinarische Berichterstattung, jede Woche wird wieder ein Lokal entdeckt, wo man unbedingt hin muss. Die Liste unten ist also mit Vorsicht zu genießen, vielleicht ist sie schon „out" während diese Zeilen geschrieben werden!

White House 29, 232 Oriental Parade; über dem Bistro Europa sieht man vom Restaurant White House zwischen Araukarien hindurch auf die Bucht von Wellington, während man im gehobenen Ambiente mit Waikanae Taschenkrebsravioli, eingelegtem Fasanenschenkel und -brust mit Puy-Linsen oder Entenbrust mit Kumara-Orangen-Püree verwöhnt wird, zum Nachtisch folgt etwa Passionsfruchtsoufflée mit Passionsfruchteis. Vorspeisen 30–40 $, Hauptgang ab ca. 25 $, Nachtisch ab 16 $. Tägl. Dinner, Lunch nur Mo–Fr. ℅ 04/3858555.

Logan-Brown 46, 192 Cuba St. (Ecke Cuba/Vivian St.); schickes und für Businessessen mehr als ausreichend repräsentatives Lokal in einem Neo-Neo-Georgian Gebäude der 20er Jahre, die hohen Doppelsäulen des edlen Innenraumes der ehemaligen Bank geben eine festliche Atmosphäre. Küche vom Bistro-Typ, Hauptgang ca. 40–50 $ („Bistromenü" Mo–Fr zum Lunch). Sehenswert das Styling der Bar mit dem Kontrast zwischen doppelten, hell getönten Halbsäulen und der ebenholzdunklen Theke. Die Zeitschrift NZ Cuisine wählte Logan-Brown 2009 zum besten „smart dining" Restaurant Neuseelands. ℅ 04/8015114, www.loganbrown.co.nz.

Le Canard 33, 10 A Murphy St.; das alteingesessene gutbürgerliche „Francois" wich dem Canard mit ebenfalls auf französischer Küchentradition beruhenden, aber ungleich innovativeren Küche – und war gleich ein Erfolg. Grundlage ist die Küche des Perigord, daher die namengebende Ente, Trüffel und Sarladaise-Kartoffeln dürfen ebenfalls nicht fehlen. Elegant das Duo de canard mit sauce airelle und Kaffee (38 $), das Menü du marché kostet 70 $, das Degustationsmenü 115 $. So geschlossen. ℅ 04/4995252.

»» Mein Tipp: The Speight's Ale House 8, 285 Tinakori Rd.; die Karte des Pub-Restaurants im Erdgeschoss des Shepherd's Arms Hotel in Thorndon ist auf Bier bezogen (Speight's natürlich): eher traditionell und rustikal als innovativ und elegant. Ale, Stout und Old Dark finden sich hier nicht nur im Glas, sondern auch in den Gerichten. Das Ambiente ist ideal für eine lockere Runde, offener Kamin, die Preise sind maßvoll: Vorspeisen 9–18 $ (zuletzt ganz wunderbar: Greenlipped Muscheln aus Havelock in einer orientalisch angehauchten Soße), Hauptgang ca. 16–35 $. ℅ 04/4721320, www.shepherds.co.nz. **«««**

Tinakori Bistro 7, 328 Tinakori Rd.; von dem Dutzend Lokalen an der Tinakori Road, die sich alle um das Shepherd' Arms Hotel drängen, ist dieses vielleicht das beste. Sehr gutes Preis-Leistungs-Verhältnis, Hauptgerichte ca. 25–30 $, innovative Küche, sehr populär, Tisch reservieren (℡ 04/4990567).

Indus Bistro & Tandoori 4, 230 Tinakori Rd.; Thorndons Inder bietet mehr Ellenbogenfreiheit als bei der Konkurrenz üblich, die mit Zwergen als Kunden zu rechnen scheint. Schlichtes Ambiente, eine eher durchschnittliche Karte, eine offene Weine, das vegetarische Reisgericht schmackhaft, mittags 10 $-Specials, 2 Gerichte mit Spezialbrot 25–30 $.

Nicolini's 39, 26 Courtenay Place; italienische Küche der neapolitanischen Art in zwangloser Atmosphäre, etwas enge Sitzordnung im kleinen Lokal. Pasta ab 20 $, Hauptgang ab ca. 30 $.

Shed 5 16, Queen's Wharf; feine Leute und feine Karte auf der Mole der Queen's Wharf mit großer verglaster Veranda, von der aus man die zur Dominion Post Ferry hastenden Passanten begucken kann. Viele mittlere und höhere Angestellte, selten ohne Krawatte. Die Küche betont (wie anders auch) Seafood und bereitet es unaufwändig aus besten, ausschließlich direkt vom Fischmarkt erstandenen Zutaten zu: Taschenkrebs- und Whitebait-Küchlein mit süßer Senfsoße und Gemüsechips – schlicht und köstlich wie der hier vorbildliche Fisch (z. B. Blue Cod & Chips). Vorspeisen 23–30 $, Hauptgerichte 32–45 $ (Ribeye-Steak for two 85 $). ℡ 04/4999069.

》》》 Mein Tipp: Maria Pia's Trattoria 5, 55 Mulgrave St.; Maria Pias Lokal gegenüber von Old St. Pauls ist eine echte süditalienische Trattoria. Die im Lokal allgegenwärtige, sich mit jedem ihrer zahlreichen Gäste – darunter viele Stammgäste – unterhaltende Gastwirtin stammt wie ihre Küche und ihr Tischwein (Primitivo di Salento) aus Apulien. Bruschetta, Caprese (reife Tomaten mit importierten Büffelmozzarella und Basilikum), Orecchiette alla lecchese (apulische Hartweizengrießnudeln mit mäßig scharfer Tomaten-Auberginen-Soße und geriebenem Pecorino) waren absolut authentisch. Lunch-/Dinnergerichte 20–35 $, zum Dinner z. B. hausgemachte *Tortellini di ricotta* und *Salsiccia della casa in fettunta*, wobei es sich bei den Würsten um Wildscheinswürstchen in Wein handelt, absolut apulisch! Unbedingt reservieren: ℡ 04/4995590, richard@mariapias.com.

Maria Pias Erfolg in Wellington ist nahezu sprichwörtlich, als Werbung für eine Ausstellung im Te Papa mit dem Titel und Motto „Qui tutto bene" (alles o. k. hier) über italienische Einwanderer und deren Anpassung an die neuseeländischen Gegebenheiten wurde ihr Bild mit Restaurantangebot gezeigt. 《《

Zico's 40, 8 Courtenay Pl.; beliebtes Bistro mit einfacher Küche italienischen Einschlags (à la Hühnerbrust mit Salbei), günstige Tagesgerichte und Menüs, auch als Frühstückscafé gerne besucht. Lunch ca. 17–21 $, abends ab ca. 28 $ (1 Gang). ℡ 04/8025585.

Masala Café and Bar 38, 2–12 Allen St.; hochgelobtes indisches Restaurant mit traditioneller nordindischer Küche, deren Arbeit in der edelstahlblitzenden Küche man durch die offene Anlage verfolgen kann. Authentisches Essen in familiärer Atmosphäre – viele indische Großfamilien. Gutes Preis-Leistungs-Verhältnis: Hauptgang (z. B. B. Curry mit Reis und Naan-Brot) ab 10 $ (!). Drei weitere indische Restaurants in der selben kurzen Gasse! ℡ 04/3852012.

Matterhorn 31, 106 Cuba St.; äußerlich unprätentiöses Bistro-Restaurant, in dem man, wie es heißt, gesehen werden muss, will man sich zu den Leuten zählen, über die man in Wellington tratscht (und das seit 1963, also einem halben Jahrhundert, als das Lokal noch eines der damals raren Cafés war). 2008 von der Zeitschrift „Cuisine" zum besten Neuseelands erklärt, seither kein Niveauverlust. Etwas dunkle Lage im Innenhof – der Zugang durch einen engen Schlauch ist leicht zu übersehen. Aber: phantasievolle und immer perfekt bereitete Speisen: Überbackene Feta- und Kartoffel-Tortelli mit Safran-Tomaten, Hasenrücken mit Papardelle, Gemüse und Quittenjus. Nicht billig. ℡ 04/3843359

Espresso Bar Level 4 27, im Museum Te Papa. Ein mit plüschigen und unpraktisch tiefen Sitzmöbeln ausgestattetes offenes Café im Drehkreuz des Museumsstockwerks mit kleinem, aber feinem Angebot: getoastete gefüllte Panini, Quiches, Salate, sehr gute Torten und Kuchen, u. a. eine Schoko-Trüffeltorte zum Dahinschmelzen und ein wunderbarer Apfel-Streusel-Kuchen, wie ihn jede schlesische Hausfrau in

In der Days Bay

die neue Heimat mitnahm (derzeit waltet ein deutscher Konditor).

Beaujolais 10, 11 Woodward St.; attraktive Weinbar mit gutem Angebot an Bistroküche, in den Nischen am Rand kann man sich auch mal für ein Privatgespräch zurückziehen. Der Wein ist glasweise zu haben, die vorzüglichen Roten aus Marlborough sind Publikumsfavoriten. Auf dem Menü und in den Vitrinen nicht nur Salate und die üblichen fertigen Gerichte, sondern auch das spezielle Hausgericht: Ham and Gruyere Pie, ein Gedicht aus dünn geschnittenen neuen Kartoffeln, gekochtem Schinken und dem pikanten neuseeländischen Gruyere (Greyerzer und Emmentaler, denen es nachempfunden ist, sind milder und eleganter). ☎ 04/4721471.

Parade Cafe 26, der Erfolg hat das kleine (von uns bereits in früheren Ausgaben gelobte) Café dazu gebracht, den freiwerdenden Standort des ehemaligen „Tugboat on the Bay" auf einem im Hafen verankerten Boot zu beziehen. Jetzt gibt's neben Kaffee, Kuchen, Eis und Panini & Co. auch Bistroküche und die bis tägl. 22 Uhr (So 21 Uhr). Mal nachschauen, wie's läuft? Bei dem Standort kann ja eigentlich nichts schiefgehen. www.paradecafe.co.nz.

Fisherman's Table 32, Oriental Parade, populäres und viel gelobtes Fischrestaurant über dem Strand zwischen Freyberg Pool und Oriental Bay Beach. Populär der „Fisherman's basket" mit panierten, in Öl frittierten Meeresfrüchten, ☎ 04/8017900. Nur bis 21 Uhr.

Brewery Bar & Restaurant 24, Ecke Taranaki/Cable St.; großes Restaurant an der Hafenpromenade beim Te Papa, beliebt ist vor alle die große Terrasse. Biere der *Shed 22 Brewing Co.* Das Essen ist Pubfood (Gasthausküche), anständig, große Portionen, keine Experimente. Neuerdings gibt es auch ein Fingerfood-Menü, bezahlt wird nach Anzahl. ☎ 04/3812282.

Nikau Gallery Café 23, City Gallery, Civic Square; modernes, gut gestyltes Bistro-Café mit großer Terrasse nach hinten und guter Küchenleistung, aber fast kein Angebot am Tresen. Mittags von Gruppen von Büroangestellten überlaufen, die auf den Billigstühlen teuren Wein trinken, dann eher schleppender Service.

Pravda 20, 107 Custom House Quay; Bistro-Café im ehemaligen Commercial Traveller's Club, einem historischen Gebäude: hohe Decke, Spiegel, die Weite vortäuschen, Kronleuchter, glänzend gebohnerte Holzböden, Lenin-Büste (der Laden nennt sich ja „Pravda"). Das Essen gehobene Bistro-Küche im Fusion-Stil, phantastische Antipasti, phantasievolle Vorspeisen, vor allem Nudel-Variationen, aber auch die Espressoholics und Latte-Lovers sind willkommen – schon zum Frühstück offen (probieren Sie den Frühstücksrisotto)! Abends Hauptgang mit Beilagen ab ca. 30 $. Mo–Fr 7.30 bis spät, Sa 9–15 Uhr. ☎ 04/8018858.

Clarks in The Library 22, 57 Victoria St., im Gebäude der Public Library (bei Zugang vom Civic Square auf gleichem Niveau, von der Victoria St. einen Stock höher). Warme und kalte Snacks und hervorragende süße Schnitten, Muffins und Torten am Tresen, der Kaffee könnte nicht besser sein (und nicht billiger!). Das Ambiente allerdings sehr wohl.

Espressoholic 35, 128 Courtenay Pl.; enges Kabuff mit übermäßigem Bassgewummer schon zum Frühstück, das in der Lautstärke von den Gästen noch übertroffen wird. Komplette, eher durchschnittliche Bistrokarte (Gerichte ab ca. 15 $) und gute Desserts (Schokoladenkuchen!). Lärmsensible sollten Vorkehrungen treffen.

Midnight Espresso 41, 178 Cuba St.; allmählich ins slummige abgleitender Joint mit hervorragendem Kaffee, frisch gepressten Säften und akzeptablen Snacks vom Bistro-Typ (Focaccia & Co.) in großen Portionen. Das Publikum hat schon bessere Tage gesehen oder gibt sich als gelangweilte Neo-Boheme.

Nachtleben

(→ Karte S. 452/453)

Courtenay Place und Cuba Street sind die Zentren abendlicher und nächtlicher Geselligkeit bei Bier und harten Getränken, dagegen ist die Innenstadt um den Lambton Quay dann ziemlich tot. Im Sommer sind auch die Terrassen der Lokale am Hafen wie jene an der Queen's Wharf ein guter Tipp für spätabendliche Drinks.

Arbitrageur Wine Room 11, 125 Featherston St., zwischen Taylor St. und Johnston St. Stylische, beliebte und laute Weinbar hinter roter Granitfassade für Gutgekleidete und Gutbetuchte, 60 (!) offene Weine, auch Lunch (bis 15 Uhr) und Dinner (bis 22 Uhr), ausgezeichnete Antipasti, gute Pastagerichte. So geschlossen. ☏ 04/4995330.

The Backbencher Pub 6, Ecke Molesworth/Sheppard St.; altgedienter Parlamentariertreff, der immer mehr in die Hände von Touristengruppen fällt, aber immer noch wegen seiner gemütlichen Atmosphäre den Besuch wert ist. Zu den diversen Bieren aus dem Zapfhahn gibt es auch zu essen (Lunch 10–25 $), am besten bleibt man bei Fish & Chips.

The Malthouse 21, 47 Willis St.; Bierpalast im 1. Stock mit Blick auf die Willis Street und großer Auswahl an neuseeländischen Kleinbrauereibieren vom Typ Real Ale (Vorsicht: Suchtgefahr!).

Molly Malone's 33, Ecke Taranaki St./Courtenay Place, üppig lärmiges Irish Pub mit häufiger Live Music. Im Obergeschoss Restaurant **Dubliner** mit preisgünstigen Speisen (Lunch ab ca. 15 $).

Shooters 43, 65 Courtenay Pl.; Bar, TV-Lounge, Billardraum, Balkon mit Ausblick auf den Courtenay Place, meist Live-Musik. Biergarten und Bier in Strömen für schon am späten Vormittag angeheiterte Gäste, das alles auf 3 Stockwerken. Zuletzt aufgemöbelt und aufgefrischt.

Valve 44, 154 Vivian St.; beliebter Nachttreff mit DJ und überteuerten Getränken.

Loaded Hog 12, 223 Queen's Wharf; auf 2 Stockwerken, Restaurant und Bar, immer voll! ☏ 04/9780011.

Mighty Mighty 34, 104 Cuba St.; knallbunte und populäre Bar (Eigenreklame: „a bloody good one"), so poppig wie das Matterhorn nebenan dunkel und signiert ist. Gute Kondition für Zugangstreppe nötig. Tatoos welcome. ☏ 04/3852890.

Die Szene in der Cuba Street kennt keine Sperrstunde

… Wellington 459

Sehenswertes/Stadtrundgang

Die folgende Liste ist keineswegs vollständig, und die i-Site Wellington hat viele spezielle Vorschläge parat. Man macht den Großteil der Besichtigungen am besten zu Fuß, die Sehenswürdigkeiten sind im Folgenden so angeordnet, dass sie einen Stadtrundgang ergeben, beginnen wir am Customhouse Quay zwischen Bahnhof und Queen's Wharf.

Den Botanischen Garten erreicht man allerdings am einfachsten mit dem Cable Car ab Lambton Quay, jedoch auch (wie in unserer Reihenfolge) entlang der Tinakori Road mit ihren vielen Villen aus der Zeit vor dem 1. Weltkrieg. Zum Karori Wildlife Sanctuary und zum Otari Botanischen Garten nimmt man den Stadtbus.

Harbourfront: Was bis vor etwa 25 Jahren noch Hafen war und dann verödete, weil die Anlagen nach Nordosten verlegt wurden, wird seit einem guten Jahrzehnt systematisch reaktiviert. Vor den gesamten Hafenbereich zwischen dem Bluebridge-Fähranleger und dem Kreuzfahrtschiffanleger im Osten wurde eine Promenade gelegt, die 2007 durch die Eröffnung des „Kumitoto Precinct" (direkt beim Fähranleger) und 2010 mit dem Waitangi Park östlich des Te Papa Museums neue Elemente bekam. Am Queen's Wharf wurden aus Baracken Restaurants, im Osten entstand das moderne Neuseelandmuseum *Te Papa* und dazwischen wurden einige Erweiterungen parkmäßig gestaltet. Einige der wichtigsten Sehenswürdigkeiten Wellingtons flankieren die Promenade.
www.wellingtonwaterfront.co.nz.

Queen's Wharf und Kumitoto Precinct: Ein großer Platz mit zahlreichen Läden und Galerien links und rechts markiert eine breit ins Hafengebiet vorgeschobene Plattform, vor die nochmals ein breiter Anleger gesetzt wurde, zusammen werden sie Queen's Wharf genannt. Im Zwickel zwischen beiden starten zur Linken die Boote über den Wellington Harbour zu den Inseln und zur East Coast, rechts liegen Privatboote. Schon jetzt sind genügend Kneipen und gute Restaurants an der Queen's Wharf, um Kompanien zu versorgen und im westlichen Anschluss sind im Kumitoto Precinct, den man über einen breiten Steg erreicht, weitere Gebäude mit diversen Lokalen entstanden.

Museum of Wellington City & Sea: Das Museum ist im Gebäude gleich rechts am Anfang der Queen's Wharf untergebracht. Vom engen Foyer aus betritt man im *Erdgeschoss* eine vergangene Welt: ein realistisch gestaltetes Hafenwarenlager, der Bond Store samt den dazugehörigen Geräuschen und der obligaten Ratte erinnert daran, dass Wellington nicht nur Hauptstadtfunktionen erfüllte, sondern auch und früher noch stärker als heute zentraler Handels- und Warenumschlagplatz ist. Im *ersten Stock* erfährt man dann eine Menge über den Hafen, das Meer und die Seefahrt aus der Wellington-Perspektive, verdeutlicht durch viele Objekte und – berührend und sehr vertiefend – durch zahlreiche „stories", private Lebensgeschichten, die verschiedene Aspekte der Entwicklung der Stadt im 20./21. Jh. interpretieren. Jede Geschichte und edes einzelne Objekt kann gewürdigt werden, wie etwa das Schiffsmodell der „Wahine", die am 10. April 1968 in einem Sturm vor dem Hafen von Wellington in Sichtweite vom Ufer havarierte, was 51 Menschenleben forderte. In einem speziellen Raum wird ein erschütternder Film über das Desaster gezeigt, zum Teil mit Originalaufnahmen von den erfolglosen Versuchen, die Menschen bei schwerem Seegang zu bergen.

Der *zweite Stock* widmet sich der Siedlungsgeschichte, beginnend mit dem Dorf, das von einem Maori-Ahnen namens Tara gegründet worden war. Interessantestes

Stilmix im Civic Centre

Objekt ist ein traditionelles Maori-Flechtwerk (Tukutuku puopuo) zwischen zwei Pfählen, das Legenden über den Hafen von Wellington (Te Whanganui a Tara – der große Hafen von Tara) illustriert. In 9-Minuten-Vorstellungen werden zwei alte Maori-Legenden als Kurzfilm und als Diashow präsentiert.
Tägl. 10–17 Uhr. Eintritt frei. ✆ 04/4728904, www.museumoswellington.org.nz.

Das Civic Centre: Vier große Bauten unterschiedlichen Alters bestimmen das moderne Civic Centre, den Gebäudekomplex der Stadtverwaltung um den attraktiv gestalteten Civic Square. Durch eine schmale Öffnung zwischen Stadtbibliothek links und Information Centre rechts wird man auf den Platz geleitet, links steht dort das gründerzeitliche Gebäude der City Gallery, rechts die Town Hall. Dominiert aber wird der Platz vom schick-modernen Michael Fowler Centre, das man über eine breite Treppe erreicht. Die stilisierten Nikau-Palmen sind aus Edelstahl. Ein Steg, die moderne City-to-Sea-Brücke, führt über die Auto-Rennstrecke Jervois Quay zur Hafenpromenade. Das gesamte städtebauliche Ensemble ist wie die Stadtbibliothek ein Werk des Wellingtoner Architekten Ian Athfield.

Die **Stadtbibliothek (Public Library)** ist ein 1991 eröffneter Bau, der in seiner Stahl-, Glas- und Betonästhetik noch deutlich die 80er reflektiert. Manche der Räume (wie die Cafeteria → Essen & Trinken/Clarks in The Library S. 457) sind so niedrig, dass man fürchtet, sich den Kopf anzuhauen, dafür ist die Eingangshalle mehrere Stockwerke hoch. Viel Licht in den einzelnen Etagen, das macht Arbeit und Schmökern hier sehr angenehm.
Public Library, tägl. 9.30–20.30 Uhr (Fr bis 21 Uhr, Sa bis 17 Uhr, So 13–16 Uhr).

Die **City Gallery** ist ein eleganter Bau der Zwischenkriegszeit, der neben einer ständigen Sammlung moderner, vor allem neuseeländischer Kunst Wechselausstellungen zeigt. Mit populärem Café (→ Essen & Trinken/Nikau Gallery Café S. 457).
City Gallery, tägl. 10–17 Uhr. Eintritt frei. ✆ 04/8013021, www.city-gallery.org.nz.

Katherine Mansfield Murry, geb. Beauchamp, Wellington 1888 – Fontainebleau 1923

Im deutschen Raum fristet die Kurzgeschichte eine bescheidene Existenz, im angelsächsischen ist die Short Story eine besonders geachtete Literaturform, in der sich die größten Schriftsteller versuchen. Eine der Größten dieses Genres, vielleicht die größte, ist die Neuseeländerin Katherine Mansfield.

Sie wurde im Haus ihrer wohlhabenden Eltern in der Tinakori Road 11 (heute 25) in Thorndon geboren und besuchte gute Schulen in Wellington, bevor sie 1903 nach London geschickt wurde, damit ihre Erziehung ihr „finish" bekommen konnte. Nicht alles entwickelte sich nach den Vorstellungen der Eltern. Die junge Frau heiratete einen elf Jahre älteren Musiklehrer und verließ ihn am Tag nach der Hochzeit, jahrelang lebte sie ein Leben der Boheme und hatte eine Fehlgeburt (das Kind war nicht von ihrem Mann). In Bad Wörishofen kurierte sie sich aus und sammelte die Eindrücke für ihr erstes Buch, eine Reihe von Short Stories unter dem Titel „In a German Pension" (1911). Die satirischen Darstellungen der Frau Oberregierungsrat und des Herrn Doktor waren noch Sketche, Katherine Mansfield war von ihnen später alles andere als überzeugt, aber sie zeigten bereits ihre Fähigkeit, mit wenigen Strichen und klug gewählten Ausschnitten Personen und ihre Handlungen darzustellen.

Sie heiratete ein zweites Mal, diesmal einen etwas jüngeren Mann, schloss Freundschaft mit D. H. Lawrence, veröffentlichte 1916 ihr erstes reifes Werk „Prelude", als 1918 bei ihr Tuberkulose festgestellt wurde. In ihrer Sammlung von Kurzgeschichten „The Garden Party" (1921) ist sie auf der Höhe ihrer Fähigkeiten und bereits schwer krank. Sie stirbt nach mehreren Versuchen, eine Therapie für ihr Leiden zu finden in einer Klinik in Fontainebleau.

„The Aloe" (auch unter dem Titel „Prelude" publiziert, ihre erste Kurzgeschichte mit einem neuseeländischen Hintergrund) und „A Birthday" spielen in ihrem Geburtshaus. Drei ihrer bedeutendsten Werke, die in den Jahren vor ihrem Tod entstandenen Short Stories „At the Bay", „The Doll's House" und „The Garden Party" spielen ebenfalls im Wellington ihrer Kindheit. Sie liebte Ausflüge nach Karori, damals ein Dorf, und Sommertage an der Days Bay.

Literatur-Tipps Katherine Mansfield, „Sämtliche Erzählungen", Btb 2003. Ungleich intensiver und prägnanter als jede Übersetzung ist das Original, „The Collected Stories of Katherine Mansfield", Penguin Books, mehrere Auflagen seit 1981.

Christa Moog, „Aus tausend grünen Spiegeln", bei Rowohlt 1990 als Taschenbuch erschienen, erzählt die Geschichte einer Frau, die aus dem Osten Deutschlands auf den Spuren Katherine Mansfields nach Neuseeland reist. Das Buch bekam den *aspekte*-Literaturpreis des ZDF und ist leider nur noch antiquarisch zu erhalten (www.findmybook.de hilft weiter).

Ida Schöffling, „Katherine Mansfield. Leben und Werk in Texten und Bildern", Frankfurt am Main (Insel) 1996. Reich bebildertes Werk mit vielen sonst schlecht erreichbaren Originaltexten, z. B. aus Briefen.

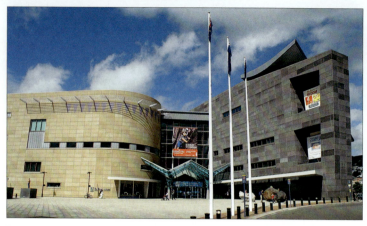

Typisch Wellington: das moderne Neuseeland-Museum Te Papa

Das **Michael Fowler Centre**, 1983 nach fast neun Jahren Bauzeit eröffnet, wirkt moderner als die acht Jahre jüngere Stadtbibliothek. Es ist ein städtisches Veranstaltungszentrum mit wechselndem Programm, innen ist es ein typischer Mehrzweckbau der 80er Jahre.

Das **Rathaus (Townhall)** ist ein Gebäude im neopalladianischen Stil von 1904 mit hohem Uhrturm. Für seinen Bau wurde ein beliebter Angelbereich aufgeschüttet, dessen Terrain heute komplett vom Civic Centre eingenommen wird. Im Jahr 2004 wurde auf dem Platz als Erinnerung daran ein (Denkmals-)Anker aufgestellt.

Te Papa Museum of New Zealand: So lautet der volle Name von Neuseelands faszinierendstem Museum, mit dem sich das Land wahrhaft ein Denkmal gesetzt hat. Der architektonisch eindrucksvolle, asymmetrische Bau direkt an der Strandpromenade, der aus der Nähe wie ein dunkles Gebirge wirkt, bietet seit 1998 auf fünf Stockwerken einen museumspädagogisch gewieften, abwechslungsreichen, ja spannenden Gang durch Geschichte, Kultur, Gegenwarts-Zivilisation und Natur Neuseelands.

Besonders eindrucksvoll: die Maori-Artefakte auf Level 4 im Saal „Mana Whenua". „Teremoe" heißt das eindrucksvolle, leider nicht zentral ausgestellte *waka taua* (Kriegskanu) aus der Waitangi-Zeit (erste Hälfte 19. Jh.). Prachtvolle Schnitzereien zieren das *whare nui* (Versammlungshaus) der Rongowhakaata iwi mit dem Namen „Te hau ki Turanga". Wechselnde Ausstellungen informieren über die einzelnen Stämme *(iwi)* der Maori. Auf diesem Stock findet man auch die Ausstellung „Signs of a Nation" mit einer Vergrößerung des Waitangi-Dokuments, aber auch Federumhang und Helm, die Cook auf Hawaii überreicht bekam (22.000 Vögel mussten dafür ihr Leben lassen). Daneben viele andere Schauobjekte wie das Britten-Weltrekordmotorrad (direkt daneben im Mittelpunkt des Stockwerks ein ausgezeichnetes Espresso-Café → Essen & Trinken).

Viele „Discovery-Centres" mit Original-Objekten (z. B. Schmetterlingssammlung), Archivbeständen, multimedialen Lernhilfen, PCs für Recherchen, alles kindgerecht, aber auch durchaus für Erwachsene interessant. Sehr eindrucksvoll auch Bush City, ein begehbarer lebendiger Native Bush im Außenbereich, der die Pflanzen des feuchten Teils Neuseelands zeigt, Karstphänomene und vulkanisches Gestein sowie das Skelett eines Sauriers. Erdbeben werden in „The Edgecumbe Experience" erklärt und simuliert und Vulkanausbrüche in „Awesome Forces" im Level 2. Auf diesem Stock befindet sich auch das Papatuanuku Theatre mit einer melodramatischen Show zur Schöpfungsgeschichte der Maori, einem Raum zur Geschichte (Time Warp) sowie … Rechnen Sie mit einem vollen Tag in diesem Museum, besser sind natürlich mehrere Besuche.

Tägl. 10–18 Uhr (Do bis 21 Uhr). Eintritt frei. Das Übersichtsheftchen „Te Papa Explorer" (3 $) ist zwar bunt, aber leider gar nicht so übersichtlich, ein konventioneller Plan wäre besser gewesen. Führungen (9 $) tägl. 10.15 und 14 Uhr, Dauer ca. 0:45 Std.

Oriental Parade (Küstenstraße) und Mount Victoria: Oriental Parade, Evans Bay Parade – die Namen wechseln auf dem Küstenstraßenzug, der um den Mount Victoria und entlang der tief eingeschnittene Evans Bay zur östlichen Miramar-Halbinsel führt (die an der Ostküste einige schöne Strände hat, *Scorching Bay* vor allem). Dann geht er südlich um die Halbinsel herum zur Lyall Bay, Island Bay und Owhiro Bay, wo er als Owhiro Bay Parade endet. Die wechselnden Ausblicke auf dieser mehr als 40 km langen Küstenstraße genießt man am besten mit dem Fahrrad (der Verkehr ist überwiegend mäßig bis schwach).

Waitangi Park nennt sich der kleine Park mit den noch jungen Bäumen, der unweit Te Papa den Beginn der Oriental Parade markiert. Der *Oriental Bay Beach,* der einzige Strand, den die Stadt auf der Seite des städtischen Hafens (Lambton Harbour nennt sich die gesamte Bucht) besitzt, wurde im Dezember 2006 als eines der gelungensten Umweltprojekte Neuseelands ausgezeichnet. Neue, teilweise renaturierte Strandbereiche, neue Umkleidekabinen, Spielplatz und neuer Bootsanleger harmonieren jetzt besser mit der Architektur des Hintergrundes, dem Villenviertel jenseits der Oriental Parade am steilen Hang.

Vom Aussichtspunkt auf dem *Mount Victoria*, den man auf einer Straße oder auf Wanderwegen erreicht (so z. B. vom Ende der Pirie Street, wo der Bustunnel durch den Berg beginnt, oder von der Palliser Road, die auf den Berg hinaufführt) hat man einen wunderbaren Ausblick auf Bucht und Stadt und, wenn das Wetter es will, auf das Hutt Valley und die Berge östlich des Wellington Harbour, die Rimutaka Range.

In Miramar, das man auf der gegenüberliegenden Seite der nun folgenden Evans Bay erreicht, steht das *Weta Studio* Peter Jacksons, wo er den „Herrn der Ringe" und „King Kong" gedreht hat und derzeit (2011/12) an den beiden neuen „Hobbit"-Filmen arbeitet. Die in Gratismagazinen für Touristen viel beworbene „Weta Cave" ist ein Mini-Museum in Schuhschachtelgröße, das vor allem den Besuch eines Ladens mit LOTR-Paraphernalia („Doctor Grordbort's range of amazing rayguns") füllen soll. Der Filmregisseur selbst wohnt in *Seatoun,* ganz im Osten dieser Halbinsel.

Weta Cave, Ecke Camperdown Rd./Weka St., Miramar. Tägl. 9–17.30 Uhr. Eintritt frei. ✆ 04/309361, www.wetaNZ.com; Touren zu LOTR-Standorten im Raum Wellington → S. 449! Mit Stadtbus Linie 2 zu erreichen.

Gratiskino?!

The Film Archive hat jeden jemals in Neuseeland gedrehten Film („Herr der Ringe", „Whalerider" und und und!) lagernd und zeigt ihn gratis. Das Filmarchiv (mit Café!) findet man 84 Taranaki St. (Ecke Ghuznee St.), ✆ 04/4993456, www.filmarchive.org.nz.

Wellington und der Süden der Nordinsel

Courtenay Place und Cuba Street: An der der Cambrige Terrace mit dem *Embassy Theatre* (wo Peter Jacksons „Die Rückkehr des Königs" uraufgeführt wurde und „King Kong" seine Neuseeland-Premiere hatte) beginnt die breite Straße Courtenay Place. Auf dieser Straße und der kreuzenden Cuba Street spielt sich tagsüber ein guter Teil von Wellingtons Leben ab und das Gros des Nachtlebens. Hier stehen neben dem Embassy Theatre das *Westpac St. James Theatre* und das *Opera House*. Vor allem aber bedeuten Courtenay Place und Cuba Street eine ungebrochene Folge von Cafés, Kneipen, Restaurants und Schnellimbissen jedes Typs und jeder Weltregion (→ Essen & Trinken), Secondhand-Läden, Buchhandlungen, Boutiquen, Trödelläden, CD-Shops und jede Menge Touristen und Echtzeit-Freaks. Das Letztere trifft vor allem auf **Cuba Street** zu: ein Fußgängerparadies mit spritzendem Brunnen. Tische und Stühle des einen Lokals verschränken sich mit denen des anderen. Dazwischen Radfahrer, die es ganz eilig haben. Eine europäische Bäckerei, die von Asiaten geleitet wird, dafür werden Bijous aus Thailand und Vietnam von einer echten Rothaarigen mit irischen Vorfahren angepriesen. Die Dame im Second Hand Books Store (sie ist wirklich eine Dame) spricht Englisch mit stark russischem Akzent und kennt sich bei viktorianischer Belletristik einfach super aus, der Maori mit den Tatoos ist eigentlich ein Pakeha, und die Maori-Jungs an der Ecke sind wie junge Schwarze aus der Bronx gekleidet. *Well, that's Cuba Street for you.*

The Colonial Cottage Museum: Das Haus eines Zimmermanns von 1858 gibt Einblick in das Leben der frühen Kolonisten Neuseelands, viele viktorianische Erinnerungsstücke. Nimmt man die Willis Road zurück in die Stadt zum Lambton Quay, passiert man das nette *Plimmer House* (99 Boulcott St.) aus den 1870ern mit maschinell geschnitzten Dekors.

Tägl. 12–16 Uhr, von Mai bis zum 24. Dez. Mo/Di geschlossen. Eintritt 8 $. 68 Nairn St. (Ende der Willis St.), ✆ 04/3849122.

Lambton Quay und nach oben mit dem Cable Car: Der alte Kai am Meeresufer, heute zwei Straßen weit vom Meer entfernt, hat sich ganz schön gemausert. Wenn Wellington Metropolencharakter hat, dann hier, wo die Hochhäuser von Banken, Business und Regierung die schmale Einbahnstraße plus Busspur überragen, dass man sich den Hals verrenkt, wenn man bis zur Spitze sehen will. Die Straße ist fashionable, diverse Boutiquen und internationale Luxushändler haben sich angesiedelt und der Platz dazwischen wird mit Espressobars für die Regierungsangestellten gefüllt, die hier anscheinend den ganzen Tag über Privatkonferenzen abhalten. Den Besuch wert ist das ehemalige Gebäude der Bank of New Zealand (von 1901) an der Abzweigung des Customhouse Quays. Die drei Stockwerke des aufwendig restaurierten Gebäudes im Straßenzwickel beherbergen heute unter dem Titel *Old Bank Arcade & Chambers* eine Boutiquensammlung der Luxusklasse. Vom Lambton Quay führt der *Cable Car* hinauf zum Botanischen Garten mit einer super Aussicht, der Zugang über die schmale Cablecar Lane ist gut gekennzeichnet.

Cable Car Tägl. 7–22 Uhr (Sa ab 8.30 Uhr, So ab 9 Uhr). 6 $ Berg/Tal. An der Bergstation gibt es das **Cable Car Museum**, tägl. 9.30–17 Uhr, Sa/So 10–16.30 Uhr, gratis.

Wellington Info & Tourist Centre, im Cable Car Centre, 280–292 Lambton Quay, ✆ 04/4733753, www.wellingtonnz.com/cablecar.

Der Parlamentsbezirk zwischen dem Bahnhof und dem Nordende von Lambton Quay setzt sich aus Gebäuden unterschiedlichster Stile zusammen. Überragt werden sie vom funktionalen Beehive („Bienenkorb"), der nur offiziell Executive Wing genannt wird und in dem heute die meisten Ministerien und der Premierminister residieren. Mit Ausnahme des Beehive können die Gebäude des Parlamentsbezirks im

Wellington 465

Rahmen einer Führung besichtigt werden. Die aufwendigen und noch nicht gänzlich beendeten Restaurierungsarbeiten begannen 1992 nach einem Brand im Parliament House, dabei wurden auch die Fundamente überprüft und gesichert, die auch einem stärkeren Erdbeben standhalten müssen – der Tiefenhafen von Wellington verdankt schließlich seine Steilufer einer tektonischen Störungslinie, die in Steinwurfentfernung lokalisiert wurde und sich durch häufige Erdbeben bemerkbar macht.

Information/Öffnungszeiten Visitor Centre des Parlamentsbezirks im Parliament House, Mo–Fr 9–17 Uhr, Sa/Fei 9.30–16 Uhr, So 11.30–16 Uhr. Im Inneren der Gebäude ist das Fotografieren nicht erlaubt! Führungen gratis zur vollen Stunde, Mo–Fr 10–16 Uhr, Sa 10–15 und So 12–15 Uhr. ✆ 04/4719053, www.parliament.nz.

Parliament House (Old Parliament Buildings) war das erste Parlamentsgebäude Neuseelands, zwischen 1912 und 1922 speziell für diesen Zweck errichtet und nie vollendet, was man an der Asymmetrie der Front erkennt: Der linke Flügel (in Richtung Beehive) wurde nie gebaut. Vorbild waren englische palladianisch-klassizistische Schlösser, eindrucksvoll genug wirkt die Fassade mit den über zwei Stockwerke reichenden Säulen der Kolonnaden. Die dunkleren Partien bestehen aus Coromandel-Granit, die helleren aus Kairuru-Marmor aus Takaka auf der Südinsel (→ Takaka S. 540). Für die aufwendige Restaurierung des Gebäudes musste der alte Steinbruch bei Takaka wiedereröffnet werden, 2.000 Tonnen Marmor wurden gebrochen, um die 15.000 Einzelsteine nach den alten Maßen fertigen zu können. Noch kostspieliger war die Sanierung der Fundamente, die jetzt direkte Erdstöße bis zu 7,5 auf der Richterskala standhalten können (das ist ein Wert, der die Erdbeben von Christchurch 2010 und 2011 noch übertrifft), dabei wurden 417 absorbierende Hartgummistreben unter die komplett ausgewechselten Fundamente geschoben – die Methode ist übrigens eine neuseeländische Erfindung. Besonderer Höhepunkt der Führung (→ Information/Öffnungszeiten) ist der leider kurze Besuch im *Maui Tikitiki a Taranga*, dem Sitzungssaal des Maori-Komitees mit prachtvoller traditioneller Ausstattung.

Beehive: Wie der namengebende Bienenkorb wirkt das 1982 fertiggestellte Gebäude, das u. a. das Büro des Premierministers und zahlreiche Regierungsstellen beherbergt. Der nach oben konisch verjüngte Rundbau ist fast so etwas wie ein Logo für die Stadt geworden.

Die *Parliamentary Library* an der Molesworth Street ist eines der wenigen Gebäude viktorianischer Neo-Gotik, die in Wellington erhalten sind. Sein Architekt war Alexander Turnbull, der ein dreistöckiges Gebäude entworfen hatte, das ihm von der Regierung aus Kostengründen zum zweistöckigen zusammengestutzt wurde (was ihn so verärgerte, dass er die Ausführung einem anderen Architekten überließ).

Government Buildings: Das etwas bieder wirkende Gebäude ist das größte aus Holz errichtete Gebäude der südlichen Hemisphäre. Das einem italienischen Renaissancepalast nachempfundene und gar nicht wie ein Holzbau erscheinende Gebäude wurde 1876 fertiggestellt, über Jahrzehnte hinweg waren hier sämtliche Regierungsstellen untergebracht. Das benutzte Holz war vor allem Kauri, das heute so selten geworden ist, dass es sich selbst eine Regierung nicht mehr als Baumaterial leisten könnte, das gilt auch für Rimuholz, das für den Gebäuderahmen, und Matai, das für den Fußboden verwendet wurde. Das 1990 bis 1996 komplett restaurierte Gebäude stand zu seiner Entstehungszeit übrigens direkt am Wasser – der Lambton Quay war damals in diesem Bereich noch die Uferlinie.

Das Gebäude ist im Erdgeschoss und im Cabinet Room (1. Stock) zu Bürozeiten öffentlich zugänglich.

Die *National Library* steht schräg gegenüber vom Parliament House an der Molesworth Street. Der Eintritt in den großen, hellen Lesesaal und in die Galerie (gleich links), die immer wieder interessante Ausstellungen zeigt, ist frei. Die Nationalbibliothek beherbergt die große *Alexander Turnbull Library*, eine Sammlung von Büchern, Dokumenten, Manuskripten, Karten und Gemälden, die ein reicher Sammler der Krone 1918 vermachte, wie ein Großteil der Bestände der Nationalbibliothek ist sie nur für Wissenschaftler zugänglich. Zur Alexander Turnbull Library gehören u. a. auch die Notizbücher Katherine Mansfields (→ Kasten S. 461) und die meisten ihrer Manuskripte und Briefe.
Bibliothek und Galerie Mo–Fr 9–17 Uhr, Bibliothek auch Sa 9–13 Uhr, Galerie auch Sa 9–16.30 Uhr und So 13–16 Uhr.

Die *National Archives* (10 Mulgrave Street) bewahren kostbare Dokumente auf, darunter eine der Kopien, die vom Vertrag von Waitangi in Maori angefertigt und im Lande herumgeschickt wurden, damit die Häuptlinge, die in Waitangi nicht dabei waren, ihre Unterschrift leisten konnten.
Tägl. (außer So) 9–17 Uhr, Sa nur bis 13 Uhr. Eintritt frei.

St. Paul's Cathedral: Ebenfalls an der Molesworth Street liegt die anglikanische Kathedrale der Stadt, ein wenig ansprechender Stilmischmasch der 1935 entworfen, aber erst zwischen 1954 und 1998 errichtet wurde.
Tägl. 8.30–17 Uhr, Sa 10–16 Uhr, So nur für Gottesdienstbesucher.

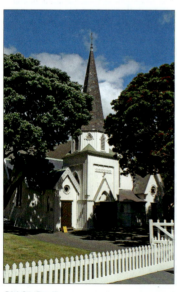
Old St. Paul's

Old St. Paul's und Thorndon: Etwas abseits vom Parlamentsbezirk steht die Holzkirche Old St. Paul's mitten im alten Thorndon, einer der Keimzellen von Wellington. Als vorläufige Kathedrale für Wellington und als Pfarrkirche für Thorndon ab 1864 erbaut, orientierte man sich an europäischen Vorbildern, damals ganz eindeutig an der viktorianischen Neo-Gotik. Alles was in England aus Stein war, wurde hier aus Holz gebaut, das macht diese Kirche so interessant und ihr Inneres mit den nachgedunkelten Bögen des Daches so eindrucksvoll, wozu auch die gut ausgeführten Buntglasfenster beitragen. Die Holzkirche in ihrem winzigen Park ist wie ein Stück viktorianisches Kolonial-Neuseeland, das sich wie durch ein Wunder in die moderne Hauptstadt gerettet hat.
Tägl. 10–17 Uhr. Eintritt frei (Koha = Spende erwartet), meist ist ein Kustos anwesend, der eine Führung (gratis) anbietet. www.historicplaces.org.nz.

Tinakori Road und Katherine Mansfields Geburtshaus: Hinter dem Parlament geht es steil auf eine Anhöhe mit der Tinakori Road, die ebenfalls zu Thorndon gehört, in ihrem Rücken steigen wieder steile Hänge auf, die nur im unteren Teil bebaut sind. Die Tinakori Road wurde seit den 1860ern von wohlhabenden

Wellington 467

Bürgern bewohnt, die sich dort Villen errichten ließen, die sich zum Teil bis heute erhalten haben, wie ein Bummel entlang dieser Straße zeigt. Seit 1865 befindet sich der offizielle Wohnsitz des Premierministers in der Tinakori Road, das Haus wurde 1990 komplett erneuert. Das Eckhaus zur Harriet Street etwas weiter unten war ein Pub aus viktorianischer Zeit (1893) und ist heute das indische Restaurant „Indus Bistro" (→ Essen & Trinken). In den folgenden Gassen (Torless bis Aorangi, Letztere nur von der Grant Road oberhalb zu erreichen) stehen einige der ältesten Häuser Wellingtons (5 Torless Terrace dürfte noch aus den 1850ern stammen).

Die Adresse 25 Tinakori Road, ziemlich am unteren Ende, ist das Geburtshaus von Neuseelands bedeutendster Schriftstellerin, Katherine Mansfield (1888–1923), die dort bis 1893 lebte (→ Kasten Katherine Mansfield). Das Haus ist heute eine Mansfield-Gedenkstätte, wobei man versucht hat, dem Haus und Garten das Aussehen von ca. 1900 zu geben. Das Puppenhaus in der Küche wurde nach seinem Vorbild in „The Doll's House" (von 1921) gestaltet, ein Film berichtet über das Leben und die Werke der Schriftstellerin.

Katherine Mansfield Birthplace, tägl. 10–16 Uhr. Eintritt 5 $. www.katherinemansfield.com.

Der Wellington Botanic Garden: Bereits 1844 wurde das 5 Hektar große Terrain des Botanischen Gartens abgesteckt, erst ab 1891 wurde er angelegt, wobei man viel vom ursprünglichen Baumbestand stehen ließ, sodass heute uralte Totara, Rimu und Matai Teile des Garten überragen. Wer von der Tinakori Road kommt, nimmt den Eingang Founders Entrance (dort wie auch an anderen Eingängen Infoplan) und folgt dem Weg zum Education and Environment Centre, wo links im Bachtälchen eines der Urwaldgebiete liegt. Wer vom Cable Car kommt, sieht das *Carter Observatory* (1941) vor sich, Neuseelands staatliche, öffentlich zugängliche Sternwarte mit künstlichem Sternenhimmel. Das ältere *Dominion Observatory* (1907) hat sich ebenfalls erhalten. Im unteren Teil des Botanischen Gartens sollte man den Besuch des *Lady Norwood Rose Garden* nicht versäumen, eines streng angelegten Gartens mit vielen wunderbar duftenden Rosenarten. Hinter der Glashauskulisse dahinter steckt das ebenfalls sehr sehenswerte Begonienhaus.

Im untersten Teil des Botanischen Gartens liegt der *Bolton Street Memorial Park*, ein idyllischer Friedhof der Gründerzeit. Von dort führt eine Fußgängerbrücke über die Autobahn hinunter in die Stadt zur Terrace.

Öffnungszeiten Wellington Botanic Garden, tägl. von frühmorgens bis zur Dämmerung. Eintritt frei, Führung plus Kaffee und Kuchen 20 $.

Carter Observatory, tägl. 10–17 Uhr, Fr „late night star gazing". Eintritt 18 $. ✆ 04/9103140, www.carterobservatory.org.

Dominion (Thomas King) Observatory, nur von außen zu besichtigen.

Zealandia (Karori Wildlife Sanctuary): Auf mehr als 225 ha entstand im Hügelland oberhalb Wellingtons in jahrzehntelanger Arbeit das Schutzgebiet **Karori Wildlife Sanctuary**, neuerdings Zealandia genannt, das durch einen 8,6 km langen Zaun, der alle Schädlinge (Ratten, Katzen, Hunde, Marder, Iltisse, Fuchskusus – allesamt Mitbringsel der Europäer) abhält, begrenzt wird. In diesem vor Räubern sicheren Schutzgebiet *(predator-proof)* wurden gefährdete Tiere ausgesetzt, vor allem die neuseeländischen Bodenbrüter und schlecht oder gar nicht flugfähigen Vögel wie Kiwi, Kaka, Saddleback, Morepork, Tui, Bellbird, Weka, North Island Robin, aber auch das Großinsekt Weta und die archaische Echse Tuatara. Die Chance, einige dieser Tiere zu sehen, ist groß, und wer Kapiti Island nicht besucht, hat hier in Wellington ebenfalls einen Super-Einblick in Neuseelands besondere, gefährdete

Wellington und der Süden der Nordinsel

Fauna. 35 km Wanderwege an Bächen entlang, durch Hangwald und vorbei an einem See (Stausee der früheren Wasserversorgung) – ein Nachmittag ist schnell vorbei.

Multimedia lässt Neuseelands Natur wieder auferstehen: Eine besondere Attraktion ist das neue *Zealandia Visitor Centre* am Eingang, ein multimediales Museum, das in die Ökologie und die Artenentwicklung Neuseelands einführt. Auf zwei Stockwerken wird der Besucher mit der Tragik des durch das Einschleppen fremder Tiere und Pflanzen verursachten Artensterbens konfrontiert, ein aufwendiger Film auf Großleinwand lässt Moajäger wieder auferstehen, Vogelstimmen ertönen und Filme zeigen die geglückten und missglückten Versuche, gefährdete Arten zu erhalten: Takahe, Saddleback, Silvereye … eine überaus eindrucksvolle Einführung zum Hintergrund des Schutzgebietes Karori, das man anschließend durchstreift.

Öffnungszeiten Tägl. 10–17 Uhr, letzter Einlass eine Stunde vor Schließung. Eintritt Ausstellung/Schutzgebiet je 18,50 $, zusammen 28 $. 31 Waiapu Rd., 04/9209200, www.visitzealandia.com, www.sanctuary.org.nz (Seite des Trägervereins). Anfahrt mit Bus 3 oder 21 ab Lambton Quay, mit Wellington Rover Tours (→ Sport & Freizeit) oder zu Fuß von der Bergstation des Cable Car.

Otari Wilton's Bush: Ein Stück wilde Natur hat sich in einem Tal beim Vorort Wilton erhalten, auf 80 Hektar finden sich an die 1.200 endemische (nur hier vorkommende) neuseeländische Pflanzen, davon sind etwa die Hälfte mit Namenstafeln versehen. Eine Reihe unterschiedlich leicht zu gehender Wege (deutliche Beschilderung, Übersichtsplan in der Information am Haupteingang) führt durch das Schutzgebiet, der *Circular Walk* erschließt den straßennahen Bereich des Bush. Beim Eingang *Banks Entrance* (einem von vieren an der Wilton Road) sehr interessanter Botanischer Garten mit Pflanzen der Nordinsel, alternativ erreicht man diesen Garten über den *Canopy-Walkway* vom Haupteingang, das ist ein ganz leicht zu gehender Bohlenweg mit Brücken durch Buschwald. Ein *Nature Trail* führt durch einen besonders dichen Urwaldrest mit u. a. zwei auf Bäumen wachsenden Orchideenarten, die man gut von Baumplattformen aus sieht (Earina autumnalis, auf Grund ihrer für Neuseeland ungewöhnlich späten, österlichen Blütezeit auch „Easter Orchid" genannt, und Earina mucronata). Vor allem aber sieht man die klassischen Baumarten Rimu, die um Weihnachten knallrot blühende Baumliane Northern Rata, Revarewa (Knightia excelsa), Karaka (Corynocarpus laerigatus), Tawa (Beilschmiedia tawa), Totara, Kauri und vielen andere.

Öffnungszeiten Täglich von Sonnenaufgang bis Sonnenuntergang, Eintritt frei, kostenloser Faltprospekt mit Plan und Beschreibung sind im *Information Centre*, dem Informationskiosk am Circular Walk erhältlich. Bus 14 („Wilton") fährt von der City zum Otari Bush und hält an der Ecke Wilton Rd./Gloucester St. (ca. 20 Min. Fahrzeit).

Southern Walkway und Wellington Zoo: Ein gut beschilderter Wanderweg quert die Wellington-Halbinsel zwischen der Oriental Bay und der Island Bay. Große Parks wie der *Charles Plimmer Park* gleich am Beginn werden gequert, aber auch der *Wellington Zoo*. Wegen der seltenen einheimischen Tiere, die es dort zu sehen gibt, ist der Zoo allemal einen Besuch wert. Eine Kurzbeschreibung des ca. 12 km langen Walkway (4–5 Std.) gibt es in der i-Site Wellington.
Tägl. 9.30–17 Uhr. Eintritt 20 $. 04/3816755, www.wellingtonzoo.com.

Sinclair Head, Seal Coast, Red Rocks: Vom Parkplatz am Westende der Owhiro Bay Parade am südlichsten Punkt von Wellington (→ Oriental Parade, S. 463) führt eine 4WD-Piste weiter über die wegen ihre Farbe so benannten Red Rocks bis zum Sinclair Head, der Südspitze der Halbinsel, auf der Wellington liegt, bis dorthin ist die Piste auch mit einem Trekkingbike befahrbar. Man folgt einer beim Erdbeben von 1855 gehobenen Strandplattform. An der Küste beim Sinclair Head gibt es eine Neuseeland-Pelzrobbenkolonie, über das Meer sind die hohen Gipfel der Kaikoura-Kette der Südinsel zu sehen. Die Pelzrobben, bis zu 80 Jungbullen wurden gezählt, sind nur im Winter bis maximal November anwesend! Ab dem Kap wird die Piste schlechter und ist neben 4WDs nur noch für Mountainbikes befahrbar oder zu Fuß zu erwandern. Wer privat unterwegs ist, kann zwar bis zum Leuchtturm am Tongue Point fahren oder gehen, sollte dann aber umkehren. Den Weg über die Berge nach Wellington zu finden, dürfte schwer fallen – das macht eine geführte Tour besser.

Geführte Touren/Anfahrt Führungen im Allrad-Landcruiser macht **Seal Coast Safari**, John McKinney Owner/Operator, 99 $, ✆ 0274/534880, 0800/732527, www.sealcoast.com. Alternativ mit Bus 1 ab City bis Island Bay (Endstation), zu Fuß ab Straßenende sehr anstrengende 4,5 km bis zur Pelzrobbenkolonie, 2–3 Std.

Ausflüge und Touren

Die Inseln im Wellington Harbour: Im großen Tiefenhafen Wellington Harbour (offiziell Port Nicholson) liegen zwei Inseln, das 25 Hektar große *Matiu (Somes Island)* und das winzige *Makaro (Ward Island)*. Matiu kann besucht werden, einige der an der Queen's Wharf startenden Boote über die Bucht zur Ostküste (Eastbourne/Days Bay) legen an der Insel an. Sie ist ein Schutzgebiet (Scientific and Historic Reserve) und wird vom DOC verwaltet (dort auch Faltblatt mit einigen Infos). Die stark in der Maori-Tradition verankerte Insel (ihr Name wurde mit Kupe verbunden) diente von 1880 bis in die 70er Jahre als Quarantänestation, vor allem für importierte Tiere. Seit 1995 wird sie zum Schutzgebiet für endemische Tiere (Vögel, Tuatara, seit kurzem North Island Robin) umgewandelt, nachdem man in den Jahren davor die meisten Schädlinge ausrotten konnte, dabei hat sich auch wieder naturnaher Wald entwickelt. Das DOC Field Centre

Küstenfelsen an der Days Bay

auf dem Inselrücken gibt Infos über die Insel und die Schutzmaßnahmen.
Matiu kann zwischen 8.30 und 17 Uhr betreten werden, keine Gebühr. Die Wellington Harbour Ferry (Metlink-Tarif; ab Queen's Wharf) in Richtung Days Bay hält 2- bis 3-mal tägl. in Matiu (hin/zurück 21 $).

Die Days Bay: Der Wellington gegenüberliegende Uferstreifen wird von den Schlafvororten Days Bay und Eastbourne eingenommen, die man ebenfalls mit der Wellington Harbour Ferry erreicht. *Days Bay* ist stark auf Wochenendausflügler aus Wellington eingestellt, direkt beim Bootsanleger kann man Kajaks, Surfbretter und Kanus mieten oder in Cafés gar keinen Sport treiben, außer ein Glas Wein in rhythmischen Abständen zum Mund zu heben.

Wandern im East Harbour Regional Park

Dauer: ca. 3:30–4:30 Std.

Direkt vom Williams Park am Bootsanleger oder von der Mackenzie Road im 1 km südlichen *Eastbourne* starten Verbindungswege zum Main Ridge Track und dessen südlicher Weiterführung Hawtrey Route im *East Harbour Regional Park*. Nur mit gutem Schuhwerk und einiger neuseeländischer Wandererfahrung ist letztere Route zu bewältigen, die meisten anderen Tracks im Park sind auch für Normalwanderer o. k. Wer das entsprechende Schuhwerk hat und ein paar Stunden wandern will, geht zuerst von Days Bay nach Eastbourne, nimmt dort den MacKenzie Track zur Hawtrey Route, der er nach links über den 343 m hohen Hawtrey folgt bis zur Einmündung in den Main Ridge Track. Dort rechts und immer auf dem Main Ridge Track bleiben, über den Lowry (373 m) bis zur Abzweigung des Howard Tracks. Cheviot Tracks, die beide nach links zum Meer führen, wo man Point Howard bzw. die Siedlung Seaview erreicht.

Fähre: mit der Wellington Harbour Ferry, tägl. 6.30–19.30 Uhr bis zu 9-mal (Sa/So 10–17.30 Uhr 5-mal), 21 $ hin/zurück. **Bus:** Eastbourne-Busse 81, 83 und 85 über Wellington Station nach Seaview/Point Howard, Days Bay und Eastbourne, hin/zurück 12 $.

Das Hutt Valley: Während man sich in Wellington City um jeden Quadratmeter rauft, und die Bodenpreise nach Auckland City zu den höchsten Neuseelands gehören, gibt es im Hutt Valley noch etwas Platz, und so wohnt auch über die Hälfte der Einwohner Groß-Wellingtons dort. Zwischen den südlichen Ausläufern der Tararua Range im Westen und der Rimutaka Range im Osten hat der Hutt River ein breites,

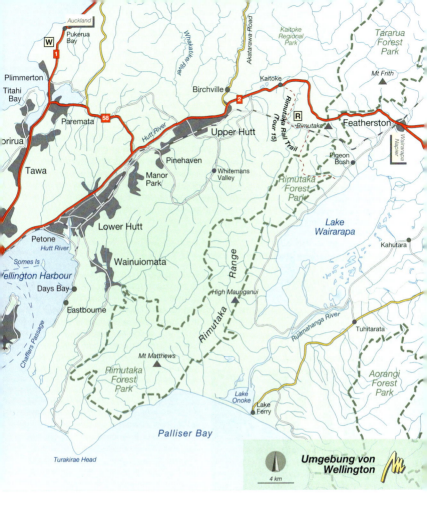

flaches Delta aufgeschüttet, das nach Trockenlegung gutes Siedlungsland wurde. In **Petone** ließen sich europäische Siedler ganz kurz nieder, bevor sie nach Wellington übersiedelten. Obwohl sich davon keine Spuren erhalten haben, hat man dennoch ein Siedlermuseum hingestellt, das *Petone Settlers Museum*. In **Lower Hutt** verdient das *Dowse Art Museum* den Besuch, das zeitgenössische Kunst und vor allem hochwertiges Kunsthandwerk zeigt. **Upper Hutt** ist der Ausgangspunkt für die verschiedensten Touren in den umgebenden Regionalparks, Mountainbiketouren im *Akatarawa Forest* im Nordwesten und Wanderungen im *Kaitoke Regional Park* im Nordosten, wo sich auch einige Drehorte der Herr-der-Ringe-Trilogie befinden, und vor allem im *Rimutaka Forest Park* mit dem beliebten Radweg **Rimutaka Rail Trail**.

Information Hutt City i-Site Visitor Centre, 25 Laings Rd., Lower Hutt, ✆ 04/5604715.

Upper Hutt i-Site Visitor Centre, Ground Floor, CBD Towers, 84–90 Main St., Upper Hutt, ✆ 04/5272141, www.upperhutcity.com.

Gratis-Faltblatt „Hutt River Trail" in den i-Sites der Region und beim DOC.

Verbindungen Das Hutt Valley ist durch die Vorortbahn zwischen Wellington und Upper Hutt bestens erschlossen, daneben gibt es ein relativ dichtes Busnetz, Infos über Bahn und Bus über Metlink (→ Verbindungen).

Der Hutt River Trail

Länge: 28 km

Der **Hutt River Trail**, ein Fuß- und Radweg, verbindet die Orte des Hutt Valley miteinander Der gut beschilderte Trail beginnt an der Mündung des Hutt Rivers in den Wellington Harbour an der dortigen Flussbrücke, bis auf ein kurzes Stück in Upper Hutt kann man links oder rechts des Flusses gehen oder fahren, wobei man manchmal entlang, aber nie auf Straßen geführt wird. Der Trail endet in Birchville östlich von Upper Hutt, von wo aus man am besten zur Bahnstation Upper Hutt zurückgeht oder -fährt. Eine Verbindung des Hutt River Trail mit dem Rimutaka Rail Trail ist in Planung und zum Teil schon in Arbeit.

Der Rimutaka Rail Trail

Tourbeschreibung: Ein beliebter, relativ leicht mit dem Rad oder auch zu Fuß zu bewältigender Trail führt auf einer aufgelassenen Bahntrasse über die steile Rimutaka-Range. Das höchste und steilste Stück bleibt einem Dank des 576 m langen alten Bahntunnels erspart. **Länge**: ca. 19,4 km. **Dauer**: 1:30–2 Std. (als Wanderung 5 Std.). **Höhenunterschied**: ↑ 120 m, ↓ 320 m. **Charakter**: sanfte und regelmäßige Steigung auf gut gepflegtem Natur-Radweg, die Abfahrt vom Scheiteltunnel etwas steiler, aber bis auf eine Schiebestelle problemlos, auch für Kinder geeignet.

Auf dem Rimutaka Rail Trail

Um vom Hutt Valley nach Wairarapa zu kommen und weiter zur Hawke's Bay, muss man einen Pass überwinden, den 555 m hohen Rimutaka Summit, der die Rimutaka Range im Süden von der Tararua Range im Norden trennt. Während die Tararua Range im **Tararua Forest Park** geschützt ist (für den östlichen Teil der Kette → Wairarapa S. 473, für den westlichen → Manawatu S. 481) und im Mitre 1.571 m erreicht, gehört der südliche Teil zum **Pakuratahi Forest** und (östlich der Wasserscheide) zum **Rimutaka Forest Park** und erreicht nur 941 m. Die Straße ist steil und auf der östlichen (Wairarapa-)Seite kurvenreich, auf kurzer Strecke müssen nach unten 500 Höhenmeter überwunden werden! 1878 entschärfte dann eine Bahn die Lage, die hatte auf nur 348 m Seehöhe einen 576 m langen Scheiteltunnel. Mit neueren Loks konnte man die steile Strecke auf der Ostseite meistern, es entstand eine neue, heute noch befahrene Bahnstrecke mit auf tieferem Niveau verlaufendem 8,8 km langem Scheiteltunnel. Die alte Bahnstrecke wurde 1955 aufgegeben.

Ein privater „Rimutaka Railway Trust" ließ die Strecke vor ein paar Jahren wieder aufleben – als Radweg. Das lockere Familienradvergnügen auf der aufgegebenen Eisenbahntrasse zwischen Upper Hutt und Featherston Fell beginnt in Kaitoke, 9 km nördlich von Upper Hut, und ist ca. 17 km lang. Das Gefälle ist im Anstieg gering, im Abstieg 15 %, wer im Westen anfängt, kann ganz gemütlich raufstrampeln und dann flott runterdüsen. Der Anfang liegt auf 240 m am SH 2, der höchste Punkt auf 360 m, der Endpunkt auf 60 m, von dort sind es 9 km Straße (Western Lake Road) nach Featherston. Vier Tunnel, für den Scheiteltunnel vorsichtshalber Taschenlampe mitnehmen, das Radlicht funktioniert vielleicht nicht!

Verpflegung/Übernachten Zeltplätze beim Ladle Bend, Summit und Criss Creek (Wegende), sehr einfach (Toilette und Wasser).

Karte Topomap (1:50.000) Blatt S 26 „Carterton".

Die Region Wairarapa

Wenn man den Rimutaka Summit überwunden hat, gelangt man in das nur schwach gegliederte Wairarapa, wo es weites Bauernland gibt, kleine Orte mit alten Häusern und schicken modernen Bistro-Cafés sowie am östlichen Rand, wo Hügel freundlich den Horizont begrenzen, Weinberge und einladende Weinrestaurants, am Westrand begrenzt die Tararua Range mit ihren vielen schönen Wegen den Blick, viele schwere Bergtouren locken die Cracks nicht nur aus der Hauptstadt. Wairarapa ist ein Wochenend- und Urlaubstraum für die im engen Wellington arbeitenden Menschen. Am Wochenende treibt es Zehntausende hierher, viele nehmen den Zug bis Featherston oder Greytown und buchen eine Bustour durch die Weinberge, mit dem Auto ist ein Picknickkorb für den Lunch im Weinberg dabei, den Wein besorgt man sich vor Ort.

Auch als Nicht-Wellingtonian kann man dieser Landschaft eine Menge abgewinnen, ob man die Weingüter entdecken, in den Städtchen Martinborough, Greytown, Cartertown oder Masterton bummeln, sich mit dem Rad oder zu Fuß die Tararua Range erschließen oder Neuseelands eindrucksvolles Wildlife Centre in Mount Bruce besuchen will oder die stilisierte Stonehenge-Kopie in der Nähe von Carterton.

Information/Verbindungen

Information Masterton i-Site Visitor Centre, Ecke Dixon/Bruce St., Masterton, ✆ 06/3700900, masterton@i-site.org, www.wairarapanz.com.

DOC Wairarapa Area Office, 220 South Rd., Masterton, ✆ 06/3770700, wairarapa@doc.govt.nz.

Martinborough i-Site Visitor Centre, 18 Kitchener St., Martinborough, ✆ 06/3065010, martinborough@i-site.org. Alle Infos haben massenhaft Prospektmaterial und sind bestens informiert und hilfreich im Vermitteln von Quartieren – am Samstag oft ein Problem! Kleines Infobüro außerdem an der Hauptstraße in Carterton.

Verbindungen Wairarapa-Linie der Tranz-Metro ab Wellington, bis Upper Hut häufige Verbindungen (hin/zurück 8–10 $), bis Masterton seltener (hin/zurück 34 $, Bahn-Tageskarte Wairarapa Explorer 18 $ plus Busticket nach Martinborough 9 $).

Bus: Wellington – Masterton; von den Bahnhöfen Featherston, Greytown und Masterton Busse von Tranzit nach Martinborough, ✆ 0800/801700.

Sport & Freizeit/Feste & Veranstaltungen

Radfahren Radverleih in Martinborough an mehreren Stellen, für den vollen Tag werden ca. 65 $ verlangt, die i-Site hat eine Liste der Anbieter.

Geführte Touren Weinberg-Touren → Wein.

Feste & Veranstaltungen Toast Martinborough, großes Weinfest des Wairarapa am 3. So im Nov., Weinmesse und Vorstellung des besten Pinot Noirs der Region.

Martinborough Fair, ein Sonntag Anfang März, Markttag nach, wie es heißt, deutschem Vorbild, größter Bauern- und Kunsthandwerksmarkt der Südhalbkugel (sagen die Veranstalter), bis zu 20.000 Besucher, eine Art Viktualienmarkt & Kunsthandwerk- & Trödelmesse! www.martinboroughfair.org.nz.

Wein und Olivenöl

Im Wairarapa gab es auch vorher schon etwas Weinbau, aber das erste moderne Weingut wurde erst 1976 gegründet. Von den Pflanzungen, die zum Triumph des Pinot Noir aus dem Wairarapa führen sollten, wurde der erste Wein erst 1980 gekeltert. Die kühlste und windigste Region der Nordinsel hat ein Klima, das wie gerne behauptet wird, dem des Bordeaux ähnelt. An dieses Vorbild hat man die Auswahl der Rebsorten angelehnt, aber auch einige weiße Rebsorten aus dem deutschen Sprachraum nicht vergessen (Riesling, Gewürztraminer). Bis vor kurzem waren die Weinberge auf die sanften Hänge im Osten der Ebene beschränkt, nun gibt es auch (im Besitz des Te-Kairanga-Weingutes) Reben in höheren Zonen und im Hügelland, man wird abwarten müssen, was sie bringen.

Zum Wein hat sich in den letzten Jahren die Produktion von Olivenöl gesellt, hier ist es ausschließlich kalt gepresstes Olivenöl der höchsten Qualität: „Extra Virgin Olive Oil". Kein neuseeländischer Supermarkt, der auf sich hält, kommt heute ohne das Angebot von Olivenöl aus und das beste kommt in vielen Fällen aus dem Wairarapa.

Weininformation Eine kostenloser Führer zu den Weingütern ist die Broschüre „Wairarapa and Martinborough Wine Trail", die es gratis bei den Infos im Wairarapa und in Wellington gibt. Im **Martinborough Wine Centre**, 6 Kitchener St., Martinboroughs zentraler Weinadresse, sind vergleichende Weinproben möglich (tägl. 10–17 Uhr), über die Webseite www.tasteofmartinborough.co.nz kann man Infos und News regelmäßig zugemailt bekommen und Wein, Käse und Olivenöl bestellen, ✆ 06/3069040, www.martinboroughwinecentre.co.nz.

Weintouren Ab Wellington sind die von Tranzit Coachlines angebotenen **Wairarapa Escape Tours** sehr populär: Mit der Bahn geht es ab Wellington bis Featherston, von dort mit dem Bus ins Wairarapa. Geboten werden 4 Weinproben bei Weingütern in Martinborough und ein „Light Lunch" im dortigen Wine Centre. Tägl., ab Wellington 182 $, ab Martinborough 173 $. ✆ 06/3771227, 0800/471227, www.tranzit.co.nz.

Zest (→ Wellington) veranstaltet eine **Taste Martinborough Tour** mit Lunch, die ab dem Wairarapa 275–325 $ kostet.

Weingüter Te Kairanga, Martins Rd., Martinborough; der erste bedeutende und heute größte Weinproduzent des Wairarapa. Weine in 3 Klassen, die feinste und teuerste ist die Reserve-Klasse, in der Mitte steht Te Kairanga, fürs breite Publikum sind die Castlepoint-Weine gedacht. Die besten Weine sind Chardonnays und Pinot Noirs. Verkauf tägl. 10–17 Uhr, Keller- und Weinbergbesichtigungen Sa/So um 14 Uhr. ✆ 06/3069122, www.tkwine.co.nz.

≫ Mein Tipp: Schubert, 57 Cambridge Rd., Martinborough. Kai Schubert, der sensationelle Pinot-Noir-Aufsteiger, hat sein Handwerk in Geisenheim gelernt und sich über Oregon, Kalifornien, Frankreich und Australien auf die Suche nach dem idealen (und noch erschwinglichen) Standort für Pinot Noir begeben. Er und seine Partnerin Marion Deimling haben ihn in Martinborough gefunden und seine Pinot Noirs gehören heute zu den weltweit besten. Im

Die Region Wairarapa

Closed? Die nächste Vinery im Wairarapa hat sicher offen …

Blindtest (im Berliner Adlon-Kempinski) wurde sein 2004er Pinot Noir Block B mit einem 1999er Chambolle Musigny Grand Cru des Comte de Vogue auf die gleiche, nämlich höchste Stufe gestellt – der kleine Unterschied ist der Preis: der Franzose ist zehnmal so teuer. Bei einer Weinprobe bei Schubert in Martinborough konnte der Autor kürzlich den Block B und den Marion's Vineyard, beide Jahrgang 2008 testen, seither fällt es ihm schwer, vom Pinot Noir zu lassen. Eine Offenbarung: ein „Dolce", nämlich eine Müller Thurgau Spätlese in der Intensität einer Trockenbeerenauslese mit wunderbar feiner Säure – so kommt die vergessene Traditionstraube Neuseelands zu neuen Ehren. ✆ 06/3068506, www.schubert.co.nz. «

Matahiri, 48 Paierau Rd., RD 1, Masterton; großer Betrieb, der von einem vermögenden Banker auf 75 ha Land hingeklotzt wurde und 2004 seinen ersten Wein abfüllte, zunächst nur – hervorragenden – Pinot Noir, dann um Chardonnay und Merlot erweitert. Weinproben tagsüber, ✆ 06/3701000, www.matahiwi.co.nz.

Gladstone Vineyard, Gladstone Rd., RD 2, Carterton, erstes Weingut im Raum Carterton, seit 1986, 4 ha mit Sauvignon Blanc, Riesling, Pinot Gris, Cabernet Sauvignon, Merlot und zunehmend Pinot Noir, zahlreiche Medaillen. Weinproben tägl. 11–17 Uhr (außer Mo). Das **Restaurant** hat im Sommer Fr–So zum Lunch geöffnet. ✆ 06/3798563, www.gladstonevineyard.co.nz.

Margrain Vineyard, Kreuzung Ponatahi/Huangarua Rds., Martinborough; Weingut mit Pinot Noir (durchgängig prämiert), Merlot, Gewürztraminer, Riesling und anderen weißen Rebsorten. Weinprobe 5 $ (wird bei Kauf angerechnet), mit **Restaurant Old Winery Café**, Reservierungen ✆ 06/3068333. Weingut ✆ 06/3069202, www.margrainvineyard.co.nz.

Vynfields, 22 Omarere Rd., Martinborough; das einzige Weingut des Wairarapa mit Bio-Siegel bietet in seinem Gutshof, der aus einem historischen Homestead hervorgegangen ist, auch kleine Speisen und kalte Platten. ✆ 06/3069901, www.vynfields.com.

Tirohana Estate, Puruatanga Rd., Martinborough; ob drinnen oder – sehr lauschig, aber leider an den Parkplatz angrenzend – draußen, hier wird Wein-Bistrokultur zelebriert. Besonders fruchtiger wie säurereicher Sauvignon Blanc, ideal für den Besuch im Hochsommer, ausgezeichneter Pinot Noir. ✆ 06/3069933, www.tirohanaestate.com.

Weinhandel vor Ort Wairarapa Wine Cellar, 115 Main St.; Tastings & Sales tägl. 10–18 Uhr. Wer nicht die Zeit hat, die Weingüter direkt zu besuchen, kann hier testen und die Weine zum Preis vom Winzer kaufen.

Martinborough Wine Centre, 6 Kitchener St., → unten (Martinborough).

Olivenöl Olea Estate und Oriwa sind lokale Olivenölproduzenten, beide sind für ihre preisgekrönten „Extra Virgin Olive Oils" bekannt; Olea Estate, 185 Boundary Rd. Featherston, ℅ 06/3088007, www.oleaestate.com; Oriwa, 224 SH 53, Featherston, www.oriwa.co.nz.

Übernachten/Essen & Trinken

In Martinborough Peppers Martinborough Hotel, das repräsentative Haus von 1882 am zentralen Platz bietet komfortable Zimmer mit hochwertiger Ausstattung (Peppers ist der Name der Hotelkette). Im Haus gutes Bistro-Restaurant „Settlers". DZ ab 278 $. The Square, ℅ 06/3069350, www.peppers.co.nz.

Petit Hotel, nur 4 elegante und komfortable, individuell eingerichtete Zimmer („Provence" natürlich in Lavendel) mit TV/DVD, Kühlschrank, Bad (davon 3 mit schick-altmodischen Wannen), Bademänteln, in der Lounge kleine Bibliothek. DZ ab 200 $. 3 Kitchener St., ℅ 06/3068086, www.petithotel.co.nz.

The Martinborough Connection, B&B in freundlichem, historischem Holz-Cottage von 1889 mit Anbauten. Lounge, 4 schlichte, aber dekorative Zimmer mit Bad. Das Frühstück wird im hellen Esszimmer oder auf der Terrasse eingenommen. DZ/FR 135–145 $. 80 Jellicoe St., ℅ 06/3069708, www.martinboroughconnection.co.nz.

French Bistro, 3 Kitchener St.; Wendy Campbells Restaurant ist eine Institution, was französische Küche in Neuseeland betrifft. Schicker Speisesaal in Chrom und Schwarz, Dinner Mi–So ab 18 Uhr. ℅ 06/3068863.

Ingredient, Café im Martinborough Wine & Cheese Shop, 8 Kitchener St.; kleines, angenehmes Café zwischen Weinregalen. Weißbrot und Croissants, Gourmetzeitschriften liegen aus, sehr guter Kaffee und frisch gemachte Sandwiches, kleines, aber gutes Kuchenangebot, wunderbare Käsetheke (die Sorten von kleinen Anbietern bekommt man sonst schwer).

Village Café im Martinborough Wine Centre, 6 Kitchener St.; eher deftige Kost im Café, das sich den Raum (eine hölzerne Scheune) mit dem Wine Centre teilt, aber dafür toller Wein (leider wenige offene Weine), das Essensangebot aus besten lokalen Produkten wie Schinken und Freilandeiern (Super-Frühstück!), alles wird auf einer großen Tafel angeschrieben! ℅ 06/3068814.

In Lake Ferry Lake Ferry Hotel & HP, hier stand schon in der Mitte des 19. Jh. ein Hotel. Das Restaurant des Hotels ist auf Fisch und Meeresfrüchte spezialisiert, vor allem Whitebait und Paua. Anständige Zimmer (DZ/FR ab 65 $), im Holiday Park Cabins (ab 40 $) und Motel-Units (70 $), Zelt und 2 Pers. ab 18 $. ℅ 06/3077831, www.lakeferryhotel.co.nz.

In Greytown Ein Quartier in Greytown ist auf www.tasteofgreytown.co.nz zu finden.

White Swan, 109 Main St.; freundliches, altmodisches Hotel mit Café-Bar und erhöhter Terrasse zur Straße, auf der an schönen Wochenenden ganze Großfamilien und Bürobelegschaften Bier und Wein schlürfen, Tapas probieren und sich Bio-Produkte („Modern Country Food") servieren lassen. ℅ 06/3048894.

Saluté, 83 Main St.; eines der besten und sicher beliebtesten Restaurants des Wairarapa, (ost-)mediterrane Küche, tagsüber Café sowie Lunch und Dinner, schattige Terrasse unter Bäumen zur Straße, Brunnen. Interessante Karte (Pilz- und Kräuter-Risotto mit gegrillten Enten-Cracklings, also knusprigen Entenhaut-Crackers, Calamari fritti mit Harissa oder Muscheln in Kichererbsenpanade). Viel zu wenige offene Weine per Glas. ℅ 06/3049825, So abends und Mo zu.

Main Street Deli, 88 Main St.; Delikatessenladen und Bistro-Café in altem Haus an der Hauptstraße, im Hof Gastgarten, intelligentes Bistro-Essen nach Kiwi-Art von Snack bis substanziell, dazu gute lokale Weine. ℅ 06/3049022.

The French Baker, 81 Main St.; nettes, kleines Café. Wirklich französisch sind hier das Brot, die Croissants und Konditorwaren. Bisher Mo zu. ℅ 06/3048873.

Schoc Chocolate, 177 Main St.; Adresse für Schokoholics, Schokoladen und Confiserie z. T. aus eigener Herstellung (der Rest

Die Region Wairarapa 477

vom neuseeländischen Produzenten). ☎ 06/3048960, www.chocolatetherapy.com.

In Carterton Matador Motel, anständiges Motel, alle Units mit Sat-TV, Bad und Küche, davon 2 neu und behindertengerecht. Unit 93–155 $. 187 High St. North, ☎ 06/3798058, www.matadormotel.co.nz.

Carterton Holiday Park, ortsnaher Platz jenseits der Bahnlinie, große Standplätze, teilweise schattig. Stellplatz inkl. 2 Pers. ab 24 $, Cabin 40 $, mit Bad und Kochnische ab 75 $. 98 Belvedere Rd., ☎ 06/3798267, cartertonholidaypark@contact.net.nz.

Gladstone Vineyard Restaurant → Wein.

In Masterton Chanel Court Motel & Backpackers, Motel-Units und einfache (und recht gesichtslose) Backpacker-Unterkunft ein paar Minuten vom Zentrum. Gästeküche oder preiswertes Essen. DB/DO 25–30 $, Motel-Stuido 90–130 $. 14–18 Herbert St., ☎ 06/3782877, www.chanelcourtmotel.co.nz.

Copthorne Solway Park Hotel & Resort, das neue, modern eingerichtete Copthorne (der Millennium-Kette) bietet Businessleuten wie Touristen angenehme und komfortable Unterkunft samt Hallenbad, Internetzugang und Golf nebenan. DZ ab ca. 139 $. High St., ☎ 06/3700500, 0508/432522, www.millenniumhotels.co.nz/aa.

Café Cecille, Queen Elizabeth Park; bestens geführtes Café-Restaurant in alter Villa mitten im privaten Queen Elizabeth Garden, große Veranda, innen hohe Räume, an den Wänden alte Stiche und Zeichnungen. Die Küche hat einen stark französischen Touch. Tägl. Lunch, Do–So auch Dinner, Di zu. ☎ 06/3701166.

In Castlepoint Castlepoint Holiday Park & Motels, Platz am Sandstrand. Zeltplatz inkl. 2 Pers. ab 34 $, Cabins ab 55 $, Units/Motels ab 105 $, mit Seeblick bis 230 $. Castlepoint, Masterton, ☎ 06/3726705, www.castlepoint.co.nz.

Castlepoint Store, Takeaways und schlichtes Café (das einzige am Ort, aber abends zu!).

Sehenswertes/Ausflüge

Featherston: Der erste Ort jenseits der Berge ist meist auch der erste Stopp der Wochenendtouristen aus Wellington. Am SH 2 mitten in Featherston ist das *Fell Lokomotivenmuseum* einen Besuch wert. Die Dampflok und die Waggons liefen auf drei Schienen und wurden speziell für die steile Ostseite der Rimutaka Railway gebaut, die Rimutaka Incline.

Fell Locomotive Museum, tägl. 10–16 Uhr. 4 $ Spende wird erwartet. ☎ 06/3089777, Fitzherbert St. (SH 2).

Martinborough: Ganz so groß wie Großgrundbesitzer John Martin den Ort geplant hatte, ist er nicht geworden, selbst um den zentralen Platz ist nicht alles mit Häusern ausgefüllt. Der Grundriss erinnert nicht zufällig an den britischen Union Jack, der bei der Planung des Straßennetzes Pate stand. Nur die Wellington zugewandte Seite des Platzes ist dicht verbaut, dort und an der Straße in Richtung Wellington befinden sich 80 % der Lokale. Das abgeschiedene Dorf wurde seit Ende der 80er das Mekka von Weinpilgern aus ganz Neuseeland. Rings um den Ort liegen die ältesten der Wairarapa-Weingüter, meist hinter Windschutzhecken verborgen, denn wie in Wellington ist hier *windy country*. An Wochenenden

Nach dem Rimutaka Rail Trail – Warten auf die Bahn nach Wellington

und vor allem zu den Festivals ist der Ort nicht nur voll, sondern überfüllt, Nachtquartiere sind oft nicht für Geld und gute Worte zu bekommen.

Kino In der Jellicoe Street (auf Nr. 34) lädt das schicke neue **Kino Circus** ein, links und rechts gibt es 2 kleine intime Kinosäle, in der Mitte ein Café, plüschige tiefe Sitze, individuelle Abstelltischchen und Weinflaschenhalter! Dieses Erfolgsrezept bewährt sich auch in Akaroa und neuerdings in Auckland. Ticket 15 $. ✆ 06/3069442, www.circus.net.nz.

Nach Lake Ferry und weiter zum Cape Palliser: Von Martinborough fährt man 25 km nach Lake Ferry am Lake Onoke. Wie der größere Lake Wairarapa entstand er nach Verlandung des ehemals bis in die Höhe von Featherston und Martinborough reichenden Tales des Ruamahanga River (den man auf der Brücke kurz vor Martinborough überquert). Den Namen hat Lake Ferry von seiner früheren Fähre nach Wellington, die durch die Bahnlinie bereits im 19. Jh. ihre Daseinsberechtigung verlor. Geblieben sind ein Sandstrand und das südlichste Hotel der Nordinsel mit Traumsonnenuntergang von der Terrasse.

Von Lake Ferry sind es nochmals 29 km auf teilweise asphaltierter Küstenstraße bis zum Cape Palliser, dem Südkap der Nordinsel mit *historischem Leuchtturm* von 1897 und Pelzrobbenkolonie. Der Name des Kaps stammt (wie üblich, möchte man sagen) von James Cooks erster Reise. Der Küstenstreifen, den man davor passiert hat, wird auch Shipwreck Coast genannt – 31 Schiffe und 60 Tote wurden registriert. In der Bay fand man Zeugnisse menschlicher Besiedlung, die zu den ältesten Neuseelands gehören, sie werden auf ein Alter von über 1.000 Jahren geschätzt und unterstützen so die Überlieferung, dass bereits Kupe an dieser Küste gelandet sei (einer der Hügel hier heißt *Nga Ra o Kupe*, „Segel des Kupe", die Berge im Rücken von Martinborough werden *Nga Waka a Kupe* genannt, „Kupe's Kanu").

Greytown wurde wie die anderen Orte des Wairarapa in den 50er Jahren des 19. Jh. angelegt und blieb von damals bis heute der zentrale Ort für die umliegenden Farmen. Ursprünglich war es der wichtigste Ort der Region, verlor aber diese Rolle, als die Bahn nicht direkt über den Ort gelegt wurde. Der Vorrang ging an Masterton verloren, dafür haben sich einige der alten Hausfronten zur Hauptstraße hin erhalten. Im *Early Settlers Museum Wairarapa* stehen Gebäude aus der frühen Siedlungsepoche, ein Stall mit Kopfsteinpflaster (cobblestones) von 1866, eine turmlose Holzkirche von 1865 und jede Menge altes Farmgerät.
Early Settlers Museum, 169 Cobblestones St. Tägl. 9–16.30 Uhr. ✆ 06/3049687, www.cobblestones.org.nz.

Carterton und das Stonehenge Aotearoa: Die *Paua Shell Factory*, 54 Kent St. (www.pauashell.co.nz), ist einen Besuch wert, obwohl der Großteil dieser typisch neuseeländischen Meerestiere (die *keine* Muscheln sind) hier vor allem zu üblem Andenkenkitsch verarbeitet werden. Traditionell verwendeten sie die Maori beispielsweise für Einlegearbeiten bei holzgeschnitzten Reliefs (Augen!).

Das im Grund- und Aufriss an das englische Stonehenge angelehnte *Stonehenge Aotearoa* östlich des Ortes ist das Werk eines Astronomen, der den Bau und zwei Sternwarten mit Unterstützung des Wissenschaftsministeriums errichten ließ (eine dritte ist in Bau). In die Stonehenge-Replik sind die Sternbildpositionen auf den Hauptachsen eingetragen, sodass man wie in Stonehenge von den Positionen von Steinring und zentralem Obelisken auf die Himmelsbewegungen schließen kann. In den beiden Observatorien wird der südliche Sternenhimmel beobachtet und dem Publikum erklärt. Besonders eindrucksvoll ist eine nächtliche Führung, bei der an-

Die Region Wairarapa 479

Konzentrierter Genuss: Weinprobe in Martinborough

hand des Stonehenge-Nachbaus und dann in der Sternwarte der Nachthimmel erklärt wird. Die Einrichtung wird von der Phoenix Astronomical Society verwaltet.

Öffnungszeiten Stonehenge Aotearoa, PO Box 2217, Wellington. Mi und So/Fei 10–16 Uhr. Eintritt 5 $, Führung (1:30 Std., laut Lesermeinung „langatmig und langweilig") 15 $. ℘ 06/3771600, www.stonehenge-aotearoa.com, www.astronomynz.org.nz. Stonehenge Aotearoa erreicht man von Carterton über Park Road, Nix Road und Kokotau Road (ca. 11 km), Wegweiser leider nur aus Richtung Carterton!

Masterton: Der größte Ort des Wairarapa hat seine älteren Bauten durch zeitgenössische ersetzt, und das ist ihm nicht gut bekommen. Zuflucht findet man im *Queen Elizabeth Park* von 1977, in dem sich neben den alten Bäumen und hübschen Anlagen alte Bauten wie der „Grandstand" erhalten haben, die Tribüne, von der aus die feinen Leute des Ortes Wettbewerbe und Aufmärsche beobachteten. 2002 hat sich die Region in Masterton ein modernes Museum geleistet, das *Aratoi Wairarapa Museum of Art & History*, das wechselnde Ausstellungen zur Geschichte und Kultur des Wairarapa und eine Sammlung moderner Kunst beherbergt.
Aratoi Wairarapa Museum of Art & History, tägl. 10–16.30 Uhr. Spende erwünscht. ℘ 06/3700001, www.aratoi.co.nz.

Pukaha Mount Bruce National Wildlife Centre: Die vom DOC geführte Anlage liegt in bewaldeter Umgebung 30 km nördlich von Masterton. Leichter als anderswo in Neuseeland kann man hier die gefährdeten einheimischen Tiere kennenlernen. In großen Volieren (ein Fernglas ist hilfreich!), die in einem natürlichen Waldrest des Forty Mile Bush eingerichtet wurden, sind etwa Tuatara, Takahe, Kokako, Stitchbird, Kakariki, Kaka, Campbell Island Teal, Hihi und natürlich Kiwi (im Nachthaus) zu beobachten, dabei bewegt man sich auf fast 1 km Länge von Tier zu Tier fort. Frei fliegen Rifleman, Tomtit, Bellbird, Tui, und um 15 Uhr kann man die Fütterung der seit 1996 hier lebenden Kaka-Papageien beobachten. Die gar nicht scheuen Vögel, mittlerweile 50 Exemplare, leben frei im Schutzgebiet und wissen

genau, wann Essenszeit ist. Um 13.30 Uhr werden die Aale *(long finned eels*, die einheimische Rasse) gefüttert, und Ranger berichten über diese Tiere, die enormen Distanzen die sie zurücklegen und ihre frühere Bedeutung für die Ernährung der Maori.
Tägl. 9–16.30 Uhr. 15 $, Führung 20 $, zusätzliche Spenden helfen, das Centre zu erhalten. ☎ 06/3758004, www.mtbruce.org.nz. Es gibt ein Café auf dem Gelände. Das Centre ist mit öffentlichen Verkehrsmitteln zu erreichen (Tranzit-Auskunft ☎ 06/3771227).

Castlepoint: Captain Cook nannte das 162 m hohe Kap wegen seiner Ähnlichkeit mit einer Burg Castlepoint. Das Kap mit seinem Leuchtturm von 1913 ist einer der wenigen Punkte an der wilden Ostküste, den man bei einer guten Straße erreichen kann. Zwei Sandstrände an der nur durch einen schmalen Ausgang mit dem offenen Meer verbundenen kleinen Bucht, im Sommer sind die wenigen Unterkünfte neben dem Holiday Park (vor allem private *Baches)* voll ausgebucht und der Strand ist komplett überlaufen.

Wandern in der Tararua Range:

Der nördliche Abschnitt der Tararua Range zwischen dem Rimutaka Summit im Süden und der Manawatu Gorge im Norden wird gerne unterschätzt. Er wird ja „nur" 1.571 m hoch, das klingt in Mitteleuropa nicht gerade nach Gefahr, er ist durch den *Tararua Forst Park* geschützt, das klingt auch Neuseeländern nicht nach totaler Einsamkeit, und sein Südende wird gerne auf einfachen Touren von Wellington aus besucht – was kann da schon dran sein? Tatsächlich begeben sich immer wieder Menschen hier in Lebensgefahr, weil sie Entfernungen, Wege und vor allem die oft extrem steilen Hänge unterschätzen und mit stabilen Witterungsbedingungen rechnen. Aber es kommt vor, dass in 1.500 m Höhe mitten im Sommer die Temperaturen unter Null fallen, oder Wanderer einfach den Weg verlieren, weil sie weder gutes Kartenmaterial noch einen Kompass dabeihaben und in der Tararia Range die Tracks und Routen nur sparsam und streckenweise gar nicht markiert sind.

Länge/Dauer: 36 km/13–14 Std., 3–4 Tage

Von Wellington bzw. Upper Hutt aus ist der **Track zwischen Kaitoke und Holdsworth** ein anstrengendes, aber nicht zu schwieriges Unternehmen. Es gibt vier Hütten des DOC, in denen man übernachten kann (die meisten Wanderer sind drei Tage unterwegs).

Dauer: 12 Std.

Ebenfalls beliebt und wohl noch lohnender, allerdings auch schwieriger zu gehen, ist der von der Holdsworth Lodge ausgehende **Holdsworth-Jumbo Track**. Es gibt die Holdsworth Lodge am Beginn und weitere drei Hütten sowie einen offenen Unterstand. Das Gelände ist steil, der Höhenunterschied beträgt 1.100 m und man erreicht ausgesetzte Höhen bis 1.470 m (Mount Holdsworth), gute Ausrüstung ist hier unbedingt nötig!

Information/Verbindungen Für beide Wege gibt es **Merkblätter**, die beim DOC in Wellington und in der Holdsworth Lodge zu haben sind, evtl. auch im DOC Wairarapa Area Office in Masterton.

Kaitoke liegt an der Buslinie zwischen Wellington und Masterton, **Holdsworth** liegt 17 km westlich Masterton und hat keinen öffentlichen Verkehr, man bestellt am besten ein Taxi zur Holdsworth Lodge (☎ 06/3770022) des DOC am Straßenende.

„Gute alte Zeit"? – Waltrankessel auf Kapiti Island

Die Kapiti Coast und die Region Manawatu

Die Küste nordwestlich von Wellington ist ein schmaler Streifen flaches Land, auf dem in Porirua die Stadt kaum Platz hat. Zwischen Plimmerton und Pukerua Bay fällt das Hügelland ohnehin so steil ins Meer, dass am Ufer nicht einmal eine Straße verläuft. Dann aber weitet sich der flache Küstenstreifen an der Kapiti Coast immer mehr aus, bis er an der Mündung des Manawatu-Flusses 30 km Breite erreicht. Manawatu, das kaum gegliederte Flachland nördlich davon, ist typisches Bauernland.

Information DOC-Informationsbüro für die Kapiti Coast in Waikanae, 10 Parata St., 8–12.30/13–16.30 Uhr, Sa/So geschlossen. ✆ 04/2961112, oder über die DOC-Information in Wellington.

Infos über die „Nature Coast" zwischen Paraparaumu und Foxton in den **Infos Paraparaumu** (Costlands Carpark, Paraparaumu, ✆ 04/2988195, paraparaumu@naturecoast.co.nz), **Otaki** (239 Centennial Park, SH 1, Otaki, ✆ 06/3647620, otaki@i-site.org) und **Levin** (93 Oxford St., Levin, ✆ 06/3678440, levin@i-site.org) sowie unter www.naturecoast.co.nz.

Porirua

25 km nördlich von Wellington gelangt man, nachdem man die Hauptwasserscheide der Nordinsel überschritten hat, wieder ans Meer. Porirua lebt von seiner Nähe zu Wellington, von der Autobahnverbindung und den gut getakteten Vorortzügen. Durch den SH 1 und die Bahn wird der Ort allerdings auch beeinträchtigt: Da beide parallel am Südufer des tief ins Land eingeschnittenen Porirua Harbour verlaufen,

wird der Ort nicht nur durch den Meeresarm, sondern auch durch Bahn und Straße regelrecht in zwei Teile zerschnitten.

Durch seine Nähe zu Wellington kommt Porirua auch für Besucher der Hauptstadt als Standort in Frage, das gilt auch für das nahe **Plimmerton**. Bis auf das lokale Museum ist in Porirua allerdings wenig zu sehen, das den längeren Aufenthalt lohnte.

Information Porirua i-Site Visitor Centre, 8 Cobham Court, Porirua City, ✆ 04/2378088, www.discoverporirua.co.nz.

Verbindungen Bahnhof der Vorortlinie Wellington – Paraparaumu (Metlink). Am Vorplatz halten Tranzit- und überregionale Busse (die zumeist in Richtung Wellington keine Passagiere mitnehmen, wohl aber in Gegenrichtung).

Übernachten/Essen & Trinken Bel mont Motor Lodge, ruhiges und doch zentrales Motel, wohl das komfortabelste der Stadt. Alle Units Erdgeschoss, mit Küche, Minibar, Spa, Internetzugang. Unit ab ca. 145 $. 1 Mungavon Ave, ✆ 04/2382129, 0800/462356, www.belmontmotorlodge.co.nz.

Moana Lodge, das Backpacker-Hostel in einem Vorstadthaus von 1929 im ruhigen Plimmerton bietet Budget-Unterkünfte in einem Ambiente, das sonst bei Backpackern nicht üblich ist – es wird generell gelobt! SG 57 $, DB/DO ab 27 $. 49 Moana Rd., Plimmerton, ✆ 04/2332010, www.moanalodge.co.nz.

Kaizen Café im Pataka Museum → unten.

Sehenswertes/Touren

Pataka Museum: Das in Sachen Design und Programm preisgekrönte Museum zeigt Lokalgeschichte und Maorikultur, Ausstellungen neuseeländischer Künstler und bietet Maori- und polynesische sowie im weiteren Rahmen pazifische Tanzveranstaltungen. Die meisten Tanzaufführungen werden durch die örtliche Whitireia Dance School bestritten. Hübsch das Kaizen Café mit Blick auf den Japanischen Garten.

Tägl. 10–16.30 Uhr, So erst ab 11 Uhr, Café immer bis 16 Uhr. Eintritt frei. Ecke Parumoana/Norrie St., ✆ 04/2371511, www.pataka.org.nz.

Plimmerton: Der kleine Nachbarort jenseits der Bucht liegt besonders reizvoll. Im Gegensatz zu Porirua hat man Blicke auf das offene Meer und die Insel Mana. Der Anteil der Maori ist deutlich höher als in Pororua. Der Sonnenuntergang über *Mana Island*, den man von Plimmertons Sunset Parade aus sieht, gilt als besonderes Erlebnis.

Wanderung von Pukerua Bay nach Plimmerton (Wairaka Track Walk)

Länge/Dauer: ca. 13,1 km/4 Std. **Höhenunterschied:** bis auf die 90 m Abstieg vom Bahnhof Pukerua Bay zum Strand kein nennenswerter Höhenunterschied. **Charakter/Markierung:** Der Strandabschnitt ist Weg, Pfad, Wegspur, auch streckenweise Trampelpfad, keine Kennzeichnung, aber nicht zu verfehlen. Vom/zum Strand Straßen, großenteils asphaltiert.

Zwischen Plimmerton und der Pukerua Bay wird die Meeresküste von steilen Hängen gebildet, und nur ein Fußweg führt am Ufer entlang. Er gehört zu den beliebtesten Wanderwegen der Region und ist auch für Familien zu machen. Besonderer Reiz: Man sieht immer wieder auf Kapiti Island, die größte und berühmteste jener Inseln, die durch Neuseelands Naturschützer schädlingsfrei und zu Paradiesen für die gefährdete Fauna des Landes gemacht wurden.

Hin/zurück Bahn bis/ab Pukerua Bay bzw. Plimmerton.

Kapiti Island

Die Insel mit ihren steilen, von Wald bekleideten Hängen, die 5 km vor der Kapiti Coast im Meer schwimmt, ist ein streng geschütztes Naturreservat für gefährdete endemische, also nur hier vorkommende Vögel. Das 10 km lange, bis zu 2 km breite und bis 520 m hohe Eiland ist ein Dorado für Vögel, die fast in ganz Neuseeland ausgestorben sind. Hier kann man das Glück haben, nicht nur den neugierigen (und gierigen) Papagei Kaka zu treffen, einen schlechten Flieger, sondern auch Kakariki (Red Crowned Parakeet), Popokatea (Whitehead/Bush Canary), Koekoea (Langschwanzkuckuck), Miromiro (Tomtit), Toutouwai (Robin), Hihi (Stitchbird), Teke (Saddleback), Kereru (New Zealand Pigeon), Spotted und South Island Brown Kiwi sowie Weka. Die meisten Chancen hat man, Kaka, Weka und Miromiro zu sehen, auch Kakariki wird oft beobachtet, Takahe, einer der seltensten Vögel der Welt (→ Südinsel, Te Anau), kann meist nachmittags in den Grasflächen in der Nähe des Bootsanlegers und im Garten des Ranger-Hauses beobachtet werden, wo diese Vögel anscheinend furchtlos ein und aus gehen.

Nur ein kleiner Teil der Insel darf erkundet werden, und das auf nur drei Wegen. Zwei davon führen auf die höchste Stelle mit Aussicht sowohl auf die Meer- als auch auf die Landseite. Der Trig Track ist der steilere und glitschigere Weg, man nimmt ihn am ehesten für den Aufstieg, der Wilkinson Track ist sanfter geneigt, führt aber durch steileres Gelände. Für die Kombination der beiden Wege sollte man mit ca. 3 Std. rechen. Der North Track führt vom Anleger die Küste entlang bis zu einem Stück Privatland mit Lodge, hin und zurück braucht man 2–2:30 Std.

Kapiti Island ist seit 850 Jahren bewohnt, doch wissen wir so gut wie nichts von seiner Bevölkerung, den Ngati Kahungunu. Um 1822 wurden sie von den Ngati Toa unter deren Anführer Te Rauparaha in einem blutigen Überfall verdrängt. Drei große Pas entstanden. 1824 erschien vor der Insel eine Allianz von Ngati Kahungunu und anderen Stämmen der Südinsel, um für die Vertreibung Rache zu nehmen, je-

Hier gar nicht scheu: ein neugieriger Kaka

doch gelang es den Verteidigern unter Te Rauparaha, die weit überlegenen Angreifer zurückzudrängen. Te Rauparahas kriegerische Aktivitäten in der Folge gefielen der Krone nicht, er wurde als Aufrührer gefangen genommen und interniert, er starb als alter Mann 1849 kurz nach seiner Freilassung. Während seiner Herrschaft hatten Walfänger die Insel mit den Maori geteilt, Reste sieht man am Landesteg Rangatira Point, dort steht eine riesige Metallschüssel, die man zum Schmelzen von Waltran verwendet hat. Der Walfang war nach 1846 nicht mehr profitabel, und Walfänger wie auch die meisten Maori verließen die Insel. Farmen entstanden, der Wald wurde fast komplett gerodet, aber auf der steilen Insel war der Ertrag aus der Viehzucht immer sehr begrenzt. Europäische Schiffsratten und Fuchskusus, die Hauptfeinde einheimischer Fauna und Flora, raubten und fraßen die Insel kahl.

1897 wurde Kapiti Island zum „Public Reserve", seit 1949 wird der Zugang geregelt, seit 1987 verwaltet der DOC die Insel. Zwischen 1980 und 1986 wurden 22.500 Fuchskusus entfernt, die Insel ist nun nahezu schädlingsfrei, seit 1996 werden Ratten ausgerottet. Gleichzeitig wurden gefährdete Vögel angesiedelt, die meisten von ihnen aus bereits geschützten Populationen der Inseln im Hauraki-Golf. Die Ansiedlung an möglichst vielen Stellen soll die Gefahr des Aussterbens minimieren.

> **Wie komme ich auf die Insel?** Die Buchung beim DOC Wellington kann bis zu drei Monate vorher vorgenommen werden, für die Sommermonate sollte man sich auch wirklich so früh wie möglich anmelden. Täglich werden nur 50 Personen auf die Insel gelassen, wenn eine Schulklasse dabei ist, ist das Kontingent bald ausgeschöpft. Die Permit, die man benötigt, um die Insel zu betreten, wird vom DOC ausgestellt und kostet 11,20 $.

Permit/Information DOC-Infobüro, 2 Manners St., Wellington, ℅ 04/3847770, www.doc.govt.nz. Tägl. (außer So) 9–16.30 Uhr, Sa 10–15 Uhr. Das Faltblatt „Kapiti Island Nature Reserve" und eine inhaltsreichere Broschüre gleichen Titels sind vom DOC herausgegeben worden und ebenfalls bei diesem erhältlich.

Verbindungen/Anfahrt Auf die meisten Vorortzüge ab Wellington warten am Bahnhof Paraparaumu Busse nach Paraparamu Beach, wo sie in nächster Nähe zum Ableger der Boote nach Kapiti Island halten, dort auch großer Parkplatz (am Ende der am Bahnhof beginnenden Kapiti Road). Die Bootsfahrt (von privaten Unternehmern) kostet hin/zurück ca. 30 $, es müssen mindestens 10 Pers. zusammenkommen. Meist beginnt die Tour um 9 Uhr, zurück ab 15.30 Uhr, was genügend Zeit lässt, um die Insel samt dem höchsten Punkt zu erkunden.

Überfahrt Kapitit Marine Charter, 55 $, ℅ 04/2972585, 0800/433779, www.kapitimarinecharter.co.nz. **Kapiti Tours**, 55 $, ℅ 04/2377965, 0800/527484, www.kapititours.co.nz.

Tauchen ist rundum die Insel gestattet und interessant, Buchung z. B. durch Dive Spot, 9 Marina View, Mana (Porirua), ℅ 04/2338238, www.divespot.co.nz.

Paraparaumu

In Paraparaumu beginnt der nach Norden sich immer weiter ausweitende flache Küstenstreifen der Kapiti Coast, die bis zum nördlichen Ende der Region Wellington reicht, wo sie der Flusslauf des Manawatu begrenzt. Die bereits in der Region Manawatu liegenden Orte Levin und Foxton haben sich jüngst mit der Kapiti Coast zusammengeschlossen und werben gemeinsam unter dem Label „Nature Coast". Größte Attraktion Paraparaumus ist natürlich Kapiti Island und daneben der lange

Paraparaumu 485

Auf der Lindale Farm bei Paraparaumu

Schotter- und teilweise Sandstrand Paraparaumu Beach, der im Rücken ziemlich verbaut ist. Einen Besuch ist der Queen Elizabeth Park wert, der nach Süden anschließt und Wanderern wie Mountainbikern Dünenwegerlebnisse bietet.

Information Paraparaumu Visitor Info Centre, Coastlands Parade (Kiosk im Parkplatz des Shopping Centre südlich des SH 1), Paraparaumu, tägl. 9–16 Uhr, So ab 10 Uhr, ✆ 04/2988195, www.naturecoast.co.nz.

Für Selbstversorger Im **Lindale Centre** (tägl. 9–17 Uhr, gratis) 2 km nördlich am SH 1 (gut beschilderte Abfahrt) ist *Kapiti Cheeses*, einer der bekanntesten Käseproduzenten Neuseelands die Hauptattraktion, daneben gibt es zahlreiche weitere Läden mit Essen, Trinken, Kunsthandwerk, "Art Gallery", ein Café-Restaurant, das "Lindale Farm Kitchen-Restaurant" mit angeschlossener Kaffeerösterei und einen kleinen Streichelzoo. Massenhaft Touristenbusse und Großfamilien. ✆ 04/2970916, www.kapiti.org.nz.

Übernachten **Ocean Motel**, kleineres Motel in ruhiger Lage zwischen Bäumen und Rasen. Große Units mit Bad und Küchenzeile (Mikrowelle, keine Herde), 2 Spas. Unit 99–140 $. 42–44 Ocean Rd., Paraparaumu Beach, ✆ 04/9026424, 0508/668357, www.oceanmotel.co.nz.

Elliott's, dieses noch recht junge und modern ausgestattete Comfort Inn nahe dem Bahnhof (und am SH 1) hat Units mit 2 Stockwerken. Der Hof, um den sie sich scharen, ist nicht wie sonst der Parkplatz. Alle Units mit Spa, Sofa, Miniküchenzeile mit Mikrowelle (die größeren mit kompletter Küche), gut beleuchtetem Arbeitsplatz (eine Seltenheit!), Sat-TV und Internetzugang – im Detail liegt die Qualität in diesem wirklich angenehmen Motel. Unit 110–165 $, Specials für Wellington-Besucher. 33 Amohia St. (SH 1), ✆ 04/9026070, 0800/936070, www.elliottsmotorlodge.co.nz.

Seascape B&B, 2 Apartments in einem schicken Neubau am Strand mit Veranda und allen Gadgets. Lounge mit Klavier. DZ/FR 130–140 $. Apt. 8, 391 Kapiti Rd., Paraparaumu Beach, ✆ 04/9054543, http://seascapebnb.com.

Barnacles Seaside Inn, Backpacker & YHA in einem hübschen, etwas abgeschabtem früheren Hotel nahe dem Strand. Sage und schreibe 8 SG ab 50 $, DB 34–41 $, DO 29 $. 3 Marine Parade, ✆ 04/9025856, www.seasideyha.co.nz.

Essen & Trinken **Lindale Farm Kitchen-Restaurant** im Lindale Centre → Für Selbstversorger.

Sehenswertes/Ausflüge

Paraparaumu Beach: Schottriger bis sandiger Küstenstreifen, der sich vom Ende der Kapiti Road bis zum Mündungsbereich des Waikanae River hinzieht. Trumpf ist der Blick auf Kapiti Island, den man von überall hat. Bestens ist die Erreichbarkeit durch die Uferstraße und weniger gut die Überfüllung an Wochenenden.

Queen Elizabeth Park: Zwischen Raumati South im Süden von Paraparaumu und Paekakariki liegt eine einigermaßen ursprüngliche Dünen- und Feuchtlandschaft, die unter dem Namen Queen Elizabeth Park geschützt ist. Die von Büschen bewachsenen Dünen direkt am Meer werden von einem nur für Fußgänger geöffneten Coastal Track (einfache Strecke 2:30 Std.) erschlossen, während Radfahrer (ein MTB ist sinnvoll) den etwas weiter im Binnenland verlaufenden Inland Track (zu Fuß 3 Std. einfach) verwenden. Eine öffentliche Straße führt in den Mittelteil an den Whareroa Beach, viele Besucher stellen den Wagen dort ab und machen einen Rundweg. Im Südteil gibt es auch zwei Wege durch das Feuchtgebiet, das sonst nicht zugänglich ist, einer beginnt an der Zufahrtsstraße und führt zu einem kleinen Waldstück mit dem so selten gewordenen Kahikatea-Baum.

Den **nördlichen Beginn** des Parks erreicht man mit Bus 74 ab Bahnhof Paraparaumu nach Raumati South, Jeep Road. Vom **südlichen Ausgang** sind es vom Ende der Wellington Road 1,5 km zur Bahnstation Paekakariki.

Southward Car Museum: 3 km nördlich von Paraparaumu an der Otaingi Road (Schilder) befindet sich eine große Sammlung von Oldtimern (mehr als 200), die von Sir Leon Southward zusammengetragen wurde. Glanzstücke sind u.a. ein 1895er Benz, ein 1912er Buick, ein 1915er Stutz Indianapolis Racer, ein 1939er Bugatti und ein Rolls Royce, den Marlene Dietrich fuhr. Der Benz wurde im Jahr 1900 nach Neuseeland importiert, er ist der älteste erhaltene Oldtimer des Landes. Tägl. 9–16.30 Uhr. 10 $. ✆ 04/2971221, www.southward.org.nz.

Otaki

Wie die meisten Orte der Kapiti Coast hat Otaki einen großen Bevölkerungsanteil an Maori, ein klares Zeichen dafür ist die schöne Rangiatea-Kirche im Zentrum. Im Hochsommer und besonders während der Sommerferien verbringen hier und vor allem in **Otaki Beach** zahlreiche neuseeländische Familien ihren Urlaub.

Die **Rangiatea Church** war die älteste noch bestehende Maori-Holzkirche, bis sie 1995 abbrannte. Sie wurde unter großem Aufwand bis 2003 rekonstruiert. Nur ein Stück der Ausstattung stammt noch aus der alten Kirche, das Holzmodell des Kriegskanus *Tainui waka*, das sich zum Zeitpunkt der Katastrophe nicht hier befand.

Öffnungszeiten Rangiatea Church Mehr zur Kirche erfährt man über den Küster (hinter der Kirche, dort gibt es auch den Schlüssel), ✆ 06/3646838, chairman@rangiatea-church.org.nz.

Tägl. 8.30–17, Sa/So 9–15 Uhr, im Sommer evtl. länger. ✆ 06/3647629, otaki@i-site.org, www.naturecoast.co.nz. In der Information erhält man auch Hut Passes für den Tararua Forest!

Information Kapiti Coast i-Site Visitor Centre, 239 Centennial Park, SH 1, Otaki.

Verbindungen Bahnhof nahe dem Visitor Centre, Endbahnhof Metlink, mit Busstop.

Wandern in der Tararua Range

Auf der Südseite des Otaki River führt die Otaki Gorge Road an den Gebirgsrand der westlichen Tararua Range. Ab der Gorge, dem Durchbruch durch die äußerste

Bergkette, ist die Straße nicht mehr durchgehend befestigt. Das schmale Tal weitet sich wieder bei Otaki Forks mit der vom DOC geführten Parawai-Lodge und 3 km weiter dem Campingplatz Schoolhouse Flat. Bei der Lodge beginnt eine der spannendsten und auch gefährlichsten Transversalen der Nordinsel: die Überquerung der Tararua Range über den Mount Hector (1.529 m), die drei bis vier Tage beansprucht. Bis zum Mount Hector ist der Track noch einigermaßen gut zu gehen (bis dorthin zwei Hütten, Field Hut und Kime Hut), aber die Route, die weiter nach Süden über Wind und Wetter ausgesetztes Gelände führt, ist nur von guten Bergsteigern bei besten Witterungsbedingungen zu machen.

Ein unschwerer Nachmittagsausflug (aber mit kompletter Bergausrüstung!) führt über die Tararua Road (südlich von Levin) und die Gladstone Road zum Beginn der *Ohau Gorge,* wo der Wanderweg am Ende einer Stichstraße (Poads Road) beginnt. Man geht durch die Gorge, beim zweiten Holzsteg nicht den Bach queren, sondern rechts rauf auf die bewaldete Anhöhe (300 m Höhenunterschied). Oben bei der Gabelung geht es rechts hinunter, man kommt direkt am Ende der Gorge wieder auf den Anfangsweg (ca. 3–4 Std.).

Levin

Am Nordufer des Manukau River beginnt die Region Manawatu. Der erste größere Ort und nach Palmerston North zweitgrößte Stadt der Region ist Levin. Rundum hat sich vor allem Gartenbau etabliert – Wellington ist nicht weit. Mehr als die Stadt ist ihr Umland interessant: Am *Lake Papaitonga* südlich von Levin erlaubt ein unter Naturschutz stehendes Feuchtgebiet, nahe an Wasservögel heranzukommen, zu sehen sind Kranich, Reiher, Rohrdommel.

Information Nature Coast Visitor Centre Levin, 93 Oxford St., PO Box 197 Levin, 06/3670524, www.naturecoastnz.com.

Übernachten/Essen & Trinken Panorama Motel, viel Platz im Motel etwas nördlich Levin. Golfübungsplatz, Spa, große Units mit Küche/Bad, Fön. Unit 80–120 $. Main Rd. North, SH 1, Levin, 06/3685401, 0800/660220, www.panorama-motel.co.nz.

In Manakau (zwischen Otaki und Levin) Stephan's Country Café & Restaurant, SH 1, Manakau; schweizerisch-mitteleuropäische Anklänge mit vielen Bio-Produkten in einem hübschen, weiß gestrichenen „Gasthaus" neben der Straße mit schattigem Gastgarten, was will man mehr? Küche, Service und Ambiente durchwegs gelobt! Lunch und Dinner. Mo/Di geschlossen. 06/3626520. ∎

Foxton

Eine funktionstüchtige Windmühle steht recht zentral im 1855 gegründeten Foxton und erinnert daran, dass die Stadt mit dem Flachsmahlen begann, bevor sie sich auf andere landwirtschaftliche Erwerbszweige verlegte. Neuseeländischer Flachs wuchs in der sumpfigen Umgebung der Flussmündung etwas unterhalb der Stadt, wobei dort ein erster Siedlungsversuch gescheitert war. Wohin man als Tourist auch schaut, man bekommt Infos zum Thema Flachs. Aber nicht nur, die Museen der Stadt rechtfertigen einen Zwischenstopp auch für Eilige, insbesondere für alle, die an moderner medialer Technologie interessiert sind. Bei einem Spaziergang auffällig: die vielen *Murals.* Es sind mindestens 35, die Foxton (neben Katikati) zu Neuseelands Fassadenmalereimetropole machen.

Information Visitor Centre, 80–88 Main St., im früheren Bahnhof. Tägl. 8.30–16.30 Uhr. 06/3638940, thestation@xtra.co.nz.

Verbindungen Fernbusse nach Wellington, Rotorua, Auckland und New Plymouth vom Visitor Centre aus.

Sehenswertes

De Molen (Windmühle): Der 2003 aufgestellte Nachbau einer holländischen Windmühle aus dem 17. Jh. hat vier Stockwerke, die bis hinauf zum obersten mit dem Mahlwerk für Besucher zugänglich sind. Es handelt sich jedoch um eine Getreidemühle (das Mahlen wird vorgeführt) und nicht um eine Flachsmühle.
Tägl. 10–16 Uhr. ✆ 06/3635601, www.windmill.org.nz.

Flax Stripper Museum: Das Museum an der Main Street zeigt alles über den einheimischen Flachs, der zu festen und elastischen Garnen und Seilen verarbeitet wurde. Bereits die Maori hatten ihn seit ihrer Ankunft für Gewebe und Flechtarbeiten wie Tukutuku verwendet. In der Mitte des 19. Jh. war das Sammeln von Native Flax (Neuseelandflachs → Kasten S. 58) in den Küstensümpfen eine der wenigen Erwerbsquellen der Maori, bei denen sie Cash in die Hand bekamen.
Mitte Dez. bis 1. Woche im Febr. tägl. 13–15 Uhr, sonst nur Sa 11–13 Uhr. Eintritt 3 $.

MAUTech Museum of Audio Visual Technology: modernes, kurzweiliges Museum zur Entwicklung der modernen Medien mit einem Kino aus den 40er Jahren, in dem zeitgenössische Filme aufgeführt werden. Außerdem viel zur Fotografie, zum Hörfunk und Fernsehen sowie riesige Schallplattensammlung.
Sa/So 11–15 Uhr. Eintritt Museum 5 $, Filmvorführung 7 $, zusammen 10 $. ✆ 04/3635910.

Palmerston North

Die radlerfreundliche Universitätsstadt Palmerston *North* (es gibt auch ein Palmerston auf der Südinsel!) liegt in einer monotonen Ebene, die der Manawatu-Fluss in Hunderttausenden von Jahren aufgeschüttet hat. Das Zentrum gibt sich mit gemäßigtem Höhenwachstum den Anschein einer Großstadt, aber es reicht nicht so ganz. Palmerston North ist ein wichtiges Zentrum mit Verwaltung, bedeutender Universität und Banken, sehr mit sich selbst beschäftigt, Touristen sind eher nur zufällig hier, geworben wird kaum um sie. Es gibt auch nicht viel zu sehen, und wer den Ort nicht als Standort für die Erkundung des weiteren Umkreises in Betracht zieht, wird wohl nicht lange bleiben.

Das Zentrum der Stadt ist ein rechteckiger Platz, *The Square*, der von einem hohen, schlanken Uhrturm dominiert wird. Darum herum stehen Gebäude von der Gründer- bis zur Nachkriegszeit, in zweiter Reihe meist Hochhäuser. Auf dem wenig ansprechenden Platz, der neben Rasenflächen leider auch einen Parkplatz umschließt, ist ein kleineres Rechteck durch zwei Holzskulpturen als *Te Marae o Hine*, also als Versammlungsort der hiesigen Maori gekennzeichnet. Die Kunstwerke sind von *John Bevan Ford*, dem bedeutenden neuseeländischen Künstler. Im Südwesten zieht der postmoderne Umbau der ursprünglich in den 20er Jahren erbauten *City Library* die Blicke auf sich.

Im Block südlich des Square steht das Veranstaltungszentrum *Te Manawa*, das sich aus drei Teilen in zwei Gebäuden zusammensetzt. In den *Life Galleries* wird die Geschichte des Manawatu an Fotos und Objekten illustriert sowie die verschiedenen Arten seiner Bewohner, mit ihrer Umwelt umzugehen. Die *Art Gallery* widmet sich vor allem der zeitgenössischen Kunst im Manwatu, wobei Maori und Pakeha gleichermaßen zum Zuge kommen. Die *Mind Galleries* (im Gebäude der Life Galleries) konzentrieren sich auf die Naturwissenschaften und

erlauben auf eher simple Weise, etwa durch Versuche, hinter einige der Geheimnisse von Physik und Chemie zu blicken.

Te Manawa Life Art Mind, tägl. 10–17 Uhr. Mind Galleries Eintritt 6 $, sonst frei. www.temanawa.co.nz.

Information/Verbindungen

Information Visitor Centre, The Square. Tägl. 9–17 Uhr, Sa/So 10–15 Uhr. ☎ 06/3501922, palmerstonnorth@i-site.org, www.manawatunz.co.nz.

DOC Palmerston North Area Office, 717 Tremaine Avenue, Private Bag 11010, Palmerston North, ☎ 06/3509700.

Verbindungen Mit dem Flugzeug: Der Flughafen Palmerston North, 3 km nördlich, wird von Auckland, Wellington und Christchurch sowie Nelson, Blenheim und Hamilton angeflogen, aber auch direkt von Sydney, Melbourne und Brisbane. Taxis in die Stadt ca. 15 $.

Mit der Bahn: Bahnhof an der Mathews Avenue, ca. 1,5 km nordwestlich, über Rangitikei St. und Tremaine Ave. (links) zu erreichen.

Mit dem Bus: Städtische Busse sowie Überlandbusse (alle großen Orte der Nordinsel direkt) starten/halten am Travel Centre Ecke Main Street/The Square. Busticket in der Stadt 2 $, Netzübersicht beim Info Centre.

Taxi: ☎ 06/3510807; Palmerston North Taxis ☎ 0800/5333, 06/3555333.

Wellington und der Süden der Nordinsel

Übernachten (→ Karte S. 489)

Coachman Hotel 9, ob Zimmer, „Villas" (Mini-Häuschen im Garten) oder Suiten – das Coachman (ex Rydges) hat's. Dazu die Annehmlichkeiten eines nicht zu großen, professionell geführten Hotels mit Pool und Fitnessraum. Zum Zentrum kann man noch bequem zu Fuß gehen. Gratis WLAN. DZ/Studio ab 99 $. 140 Fitzherbert Ave., ✆ 06/3565065, 0800/800678, www.coachman.co.nz.

Kingsgate Hotel 8, großes und vom Typ her großstädtisches Hotel (24 Std. Roomservice!) mit guten Standardzimmern (Minibar, Sat-TV), die im Tower haben Ausblick. Sauna, Spas und Fitnessraum, 2 Restaurants und 4 Bars. DZ ab 99 $. 110 Fitzherbert Ave, ✆ 06/3568059, 0800/404010, www.millenniumhotels.com.

Fitzherbert Castle Motel 10, zentrales Motel an einer der Hauptstraßen. Die Fassade stammt aus dem typischen Potemkinschen Dorf: Ein paar „Zinnen" und dekorative Steinplatten an der Außenwand suggerieren eine Burg. Guter Standard, große Zimmer mit Sat-TV/Video, Mikrowelle, Fön, im Haus kleine Bibliothek samt Videos (gratis) und Internetzugang plus WLAN, beides gratis. Unit 105–195 $. 124 Fitzherbert Ave, ✆ 06/3583888, 0800/115262, www.fitzcastlemotel.co.nz.

Country Lane Homestay B&B 5, 4 ganz individuell eingerichtete Zimmer in einem dekorativen Farmhaus mit Veranda, Balkonen und schönem Garten. Englisches Frühstück mit vielen Zutaten aus eigener Erzeugung. Ein Zimmer mit Bad, 2 mit eigenem Bad auf dem Gang, eines teilt sich das Bad mit der Familie. DZ/FR 100–140 $. 52 Orrs Rd., Aokautere, 10 km östlich, SH 57 (Fitzherbert Ave. aus der Innenstadt nach Süden, dann SH 57 nach Norden, in Aokautere links, die Orr Road zweigt dann links ab), ✆ 06/3268529, countrylane@xtra.co.nz.

Grandma's Place 2, ob sich meine Großmütter in diesem City-Backpacker wohlgefühlt hätten, wage ich zu bezweifeln. Aber es gibt ja auch junge Großmütter. Dabei ist Grandma's Place alles andere als hip, eher ein braves Quartier, auch für Familien, ein wenig plüschig sogar. SG 49 $, DB 32 $, DO 25 $. 146 Grey St., ✆ 06/3586928, www.grandmas-place.com.

Pepper Tree Hostel 1, recht angenehmes Hostel nahe dem Square. Sehr gut ausgestattete Küche. DB 30 $, DO 24 $. 121 Grey St., ✆ 06/3554054, peppertreehostel@clear.net.nz.

Palmerston North Holiday Park 11, großer Platz (5 ha) mit 140 Stellplätzen, Cabins und Flats. Nur eine Küche mit Essmöglichkeit, dort und in der TV-Lounge kann es eng werden. Stellplatz und 2 Pers. ab 30 $, Cabin 35–80 $. 133 Dittmer Drive, ✆ 06/3580349, www.holidayparks.co.nz/palmerstonnorth.

Essen & Trinken (→ Karte S. 489)

George St Deli 7, Ecke George/Main St.; kleine Kaffee-Bar mit treuem Stammpublikum. Wenige, aber gute Snacks und Sweets, sehr guter Kaffee, tägl. geöffnet, ✆ 06/3576663.

Barista, 5 George St.; dieses Café bestand schon vor den Zeiten der Kiwi-Café-Culture, nach kürzlichem Auffrischen merkt man davon nichts mehr. Die vielen Stammgäste ignorieren die zeitgenössische Kunst und konzentrieren sich auf die Tafel mit dem Angebot – innovative Bistroküche, gute Weinkarte. Dank aufgeräumter Grüppchen in emsiger Unterhaltung gehobener Geräuschpegel. 6.30 Uhr bis spät. ✆ 06/3572614.

Aberdeen Steakhouse 4, 161 Broadway Ave.; ein modern gestaltetes Steakhaus mit Pasta, Fisch, Fleisch (mit leichter Tendenz zum zu lange garen), Risotti und Salaten, großen Portionen und meist aufmerksamem Personal. ✆ 06/9525570.

Café Nero 3, 36 Amesbury St.; Bistro-Café mit Restaurant-Ambitionen in historischem Wohnhaus, dazu Bar und Sommerterrasse. Der mittägliche Brunch (diverse Salate wie z. B. ein Caesar's mit krossem Frühstücksspeck, verlorenem Ei und gebratener Hühnerbrust, ca. 30 $) ist sehr beliebt. Gelegentlich gibt es Live-Jazz. ✆ 06/3540312.

Déjeuner 6, 159 Broadway Ave.; klassische Küche europäischer Provenienz verbindet sich mit pazifischem Anregungen zu so interessanten wie wohlschmeckenden Gerichte, die in elegantem Ambiente zelebriert werden. Lokale wie dieses haben nur zum Dinner (ab 18 Uhr) und nicht am Sonntag geöffnet. ℡ 06/3561449, www.dejeuner.co.nz.

Ausflüge/Touren

Die Manawatu Gorge: Betrachtet man den Verlauf des Manawatu-Flusses, sieht man, dass er aus dem Osten der Nordinsel kommt, wo er nördlich von Dannevirke am Osthang der Ruahine Ranges entspringt. Warum bleibt er nicht im Osten und fließt gemütlich in Richtung Waiparapa, um dort ins Meer zu münden? Warum quält er sich in der schmalen, engen Manawatu Gorge durch die Gebirgskette nach Westen? Geologen bezeichnen ihn als einen antezedenten Fluss, das heißt, er war schon da, bevor noch das Gebirge existierte. Das macht Sinn: Die Ruahine Ranges sind im geologisch jungen Neuseeland ein noch sehr junges Kettengebirge, das exakt an der Plattengrenze zwischen Pazifischer und Australischer Platte liegt (Geologen können mit dem Finger die exakte Grenze zwischen beiden zeigen). Dieses Gebirge hat sich zwar schnell erhoben, aber doch nicht so schnell, um nicht dem Fluss Gelegenheit zu geben, sich durch die aufsteigenden Gesteinsmassen durchzusäbeln (ähnlich dem

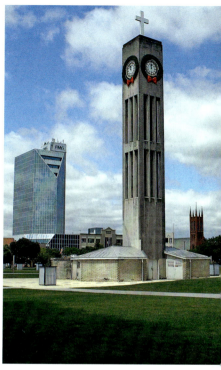

Palmerston North, am Town Square

Rhein im Rheinischen Schiefergebirge). Oberhalb der Gorge liegt die bisher größte Windfarm der Südhemisphäre. Die Windturbinen der *Tararua Wind Farm* (am Ende der Gorge nach Süden und 3 km weiter in die Tararua Range) sind in einem Land, das diese Form der Energiegewinnung gerade erst entdeckt hat, eine Touristenattraktion. Ach ja, man kann auf dem Fluss auch Jetboaten (z.B. Ferry Reserve nahe Woodville)!

Touren Manawatu Gorge Experience Jet, Touren 25/65 $ je nach Dauer. ℡ 0800/945335, www.manawatugorgejet.com.

Die Western Ruahine Ranges: Wie der östliche Teil der Gebirgskette (→ Ostküste/Hastings S. 441) sind die Western Ruahine Ranges ein relativ wenig besuchtes, waldbedecktes Gebirge mit wenigen und nicht einfach zu gehenden Wegen, die im höheren Bereich meist als „route" geführt sind, also lediglich durch oft weit voneinander entfernte Stöcke gekennzeichnet sind. Besonders in Tälern mit steilen Hängen ist nach längerem Regen mit unpassierbaren Abschnitten und frischen Muren zu rechnen. Das Wetter ist auf der Westseite nicht verlässlicher als im Osten, im Gegenteil. Die Anfangspunkte der Wege in das Gebirge sind leider alle nicht mit öffentlichen Verkehrsmitteln zu erreichen, was die Zahl der Besucher, die ohne eigenes Gefährt im Lande unterwegs sind, nicht gerade erhöht.

Das DOC-Faltblatt „Western Ruahine Forest Park" tut gute Dienste.

Traumszenerie der Southern Alps: Lake Harris am Routeburn Track

Die Südinsel

Die Südinsel	→ S. 494	Der Lake District: Wanaka und Queenstown	→ S. 682
Die Regionen Marlborough und Nelson	→ S. 496	Die Region Southland und der Fiordland National Park	→ S. 725
Christchurch und die Region Canterbury	→ S. 568	Die Region Westland	→ S. 776
Dunedin und die Region Otago	→ S. 632		

Die Südinsel

Vieles ist anders auf der Südinsel: Das Klima ist im Nordteil der Insel noch mediterran mild, aber an der Westküste bereits sehr regenreich und kühler. Und: Alpine Gebirgsketten statt Vulkanen, menschenarme Nationalparks statt stressiger Städte, Moajäger statt Kumarazüchtern – die Fähre von Wellington nach Picton führt in ein anderes Neuseeland.

Zwei bis drei Stunden brauchen die Fähren von Wellington nach Picton, von der Nordinsel zur Südinsel. An schönen Tagen sieht man von den Stränden südlich von Wellington bis zu den Schneegipfeln der Kaikoura-Kette südlich von Picton. Die Südinsel ist schnell erreicht, zumal der zweite Teil der Fährfahrt nicht auf der offenen Cook Strait verläuft, sondern bereits durch einen engen Sund, den Queen Charlotte Sound.

North Island ist eine Insel der Vulkane und bewaldeten Mittelgebirgsketten, dagegen ist South Island eine Insel älterer alpiner Kettengebirge und – in deren Regenschatten – trockener Gebirgsketten, die in engen parallelen Zügen von Südwest nach Nordost verlaufen. Während die Nordinsel durch die Maorikultur mitgeprägt wurde, die heute noch in einigen Regionen wie East Cape und King Country das tägliche Leben bestimmt, stellen Maori auf der Südinsel eine kaum wahrnehmbare Minderheit – diesen Unterschied gab es schon vor Ankunft der Europäer. Die Südinsel ist wesentlich dünner besiedelt als die Nordinsel, das lässt mehr Platz für Nationalparks, riesige Schaffarmen, einsame Küsten und ein unglaublich abwechslungsreiches Angebot an Freizeitaktivitäten von Trekking über alle Arten von Wassersport bis hin zu Adrenalin-Thrills wie Bungy Jumping.

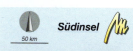

Picton und der Queen Charotte Sound vom Tirohanga Track

Die Regionen Marlborough und Nelson

Auf kleinem Raum bietet die Region Marlborough und Nelson so viel und so Unterschiedliches, dass man sich hart tut mit dem Entscheiden, was es denn sein soll: Kajaken im Abel Tasman Nationalpark? Auf Herr-der-Ringe-Spuren bergsteigen im Kahurangi Nationalpark? Nachtleben in Nelson? Weinprobe an der Tasman Bay? Whale Watching in Kaikoura? Eben ...!

Die Regionen Marlborough und Nelson bestechen durch ihre tiefen, einsamen Buchten in der Wasserwelt der Marlborough Sounds, ein quicklebendiges Nelson, das so viel größer scheint, als es wirklich ist, weil hier so viel los ist, sie bieten Weinkultur rund um Blenheim, das Kajak- und Wanderparadies Abel-Tasman-Nationalpark zwischen Tasman Bay und Golden Bay mit herrlichen Sandstränden. Den Besucher locken auch die Gebirgsnationalparks Kahurangi, bekannt durch den Heaphy Track, und das Gebiet der Nelson Lakes aber auch die Küste bei Kaikoura, wo das Gebirge steil ins Meer fällt und Wale besonders nahe an die Küste kommen – Whale Watching steht hier im Mittelpunkt.

Dieses phantastische Angebot wird durch eine ausgezeichnete Infrastruktur ergänzt, mit der typischen Effizienz der neuseeländischen Unternehmer und der Visitor Centres wird alles leicht erreichbar gemacht. Dieses Super-Angebot hat nur einen Haken: Immer mehr Menschen wollen zur gleichen Zeit – zwischen Mitte

Dezember und Ende Februar – den Abel Tasman Coast Track, den Heaphy Track oder den Queen Charlotte Walkway gehen und brauchen Unterkunft. In den kleineren Orten wie Havelock, Takaka, Collingwood oder St. Arnaud an den Nelson Lakes ist es schwer ein Bett (oder auch nur einen anständigen Zeltplatz) zu finden, und wer meint, nach langem Anstieg auf den Karsthängen des Mount Owen im Kahurangi-Nationalpark allein zu sein, der täuscht sich, denn andere Touristen haben einen Hubschrauber gechartert, um den Berghintergrund für Dimrill Dale aus dem „Herrn der Ringe" aus der Nähe zu sehen.

Die Marlborough Sounds

Ein Labyrinth aus langen, buchtenreichen Halbinseln, Inseln und schmalen Meeresarmen mit winzigen Siedlungen, zu denen keine Straße führt, wo Lebensmittel, Post und Besucher mit dem Schiff ankommen – das sind die Marlborough Sounds mit ihrer 1.400 km langen Küstenlinie.

Das Bild der Marlborough Sounds, das sich von der Fähre bietet, die auf *Picton* zusteuert, ist beeindruckend, ebenso der Blick auf die Sounds von der *Queen-Charlot-*

Übernachten

1 Queen Charlotte Wilderness Park
2 Furneaux Lodge
3 Resolution Bay Cabins
4 Endeavour Resort & Fishing Lodge
5 Mahana Lodge
6 Punga Cove Resort
7 Noeline's Homestay
8 D'Urville Island Wilderness Resort
9 French Pass Sea Safaris & Beachfront Villas
10 The Nikaus
11 Portage Resort Hotel
12 Portage Bay Walkers Lodge
13 Meersburg B&B
14 Hopewell BPs
15 Te Mahia Bay Resort
16 Lochmara Lodge
17 Elaine Bay Homestay
18 Momorangi Bay Camp Ground
19 Anakiwa Backpackers
20 Nydia Lodge DOC
21 Te Mahoerangi Ecolodge
22 Smiths Farm Holiday Park
23 Okiwi Bay Holiday Park & Lodge
24 Pelorus Bridge Camp

te-Halbinsel, auf die außer einem Wanderweg *(Queen Charlotte Walkway)* auch eine Straße führt, Besitzer von Grundstücken am Meer haben Allradpisten zu ihren Baches angelegt, die abenteuerlich steil zum Meer herunter führen und das Land in unregelmäßigen Abständen in Tortenstücke aufteilen. Fährt man mit dem Postschiff von *Havelock* durch den *Pelorus Sound,* ist der Eindruck ein ganz anderer. Kaum einmal ist die Küstenlinie durch einen Anleger und ein, zwei Häuser unterbrochen. Nicht anders ist es auf dem *Nydia Track,* den man ebenfalls von Havelock aus erreicht. Ganz einsam ist *D'Urville Island.* Nach *French Pass* führt noch eine Straße, wenige Autos benutzen sie, auf D'Urville sind dann die Handvoll Wanderer, Angler und Mountainbiker, die sich auf die Insel verirren, unter sich.

Die Parkmap (1:100.000) „Marlborough Sounds" des DOC (Blatt 336-07) reicht für fast alle Aktivitäten, auch für das Trekking auf dem Queen Charlotte Walkway.

Übernachten in den Marlborough Sounds: Die ganz unterschiedlichen Bedingungen legen es nahe, die Region, was das Übernachten betrifft, in drei Zonen einzuteilen: Picton selbst (→ Karte auf S. 501), den Queen Charlotte Walkway und eine Übersichtskarte, die vor allem den siedlungsarmen westlichen Teil der Sounds zeigt (→ Karte auf S. 498). Die Beschreibungen zu den einzelnen Nummern finden Sie in den zugehörigen Unterkapiteln → Picton (S. 499), → Der Queen Charlotte Sound (S. 504), Nydia Track im Unterkapitel → Havelock und der Pelorus Sound (S. 508) sowie → Die westlichen Marlborough Sounds (S. 511).

Picton

Picton ist meist nur Durchgangsort, denn Nelson, die Golden Bay und der Süden locken. Wer bleibt, wählt Picton als Basis für die Erkundung der Marlborough Sounds, vor allem für den Queen Charlotte Walkway, der ja nun wirklich vor der Nase derer liegt, die in den Straßencafés am Sporthafen ihren Cappuccino schlürfen.

Picton ist heute Anleger der Fähren, die zwischen Nord- und Südinsel verkehren. Das war der Ort nicht immer und wird es vielleicht nicht bleiben, wenn man den neuseeländischen Tageszeitungen glauben darf. Vor dem Bau der Bahnstrecke, die heute Picton mit Christchurch (und früher mit Dunedin und Invercargill) verbindet, nahmen die Fähren den langen direkten Weg bis hinunter in den Hafen von Lyttelton bei Christchurch. In Zukunft wird vielleicht ein Hafen an der geschützten Ostküste bei Blenheim (Clifford Bay) diese Funktion erfüllen und den Fährschiffen die lange Fahrt durch den engen Sund ersparen.

Information/Verbindungen/Sport & Freizeit

Information Marlborough Information & Travel Centre Picton, Mo–Fr 8.30–17, Sa/So/Fei 9–16 Uhr. ✆ 03/5203113, www.destinationmarlborough.com.

Im selben Büro **DOC**, gleiche Öffnungszeiten. ✆ 03/5203002. Vor der Tür 2 schattige Picknickbänke.

Verbindungen Zu den Fähren und Flugverbindungen über die Cook Strait → Wellington S. 448!

Flugzeug: Sounds Air fliegt kleine Maschinen zwischen Picton Koromiko Airport und

Picton Harbour mit Blick auf Queen Charlotte Sound

Wellington, ca. 8 Flüge pro Tag. *One way* ab ca. 86 $, der Bus zwischen dem Flughafen 8 km südlich und Picton ist im Ticketpreis inbegriffen. Sounds Air, 3 Auckland St., PO Box 116, Picton, ✆ 03/5203080, 0800/505005, www.soundsair.com.

Fähre: Alle Fähren (Infos → Wellington) landen am Ferry Terminal ca. 700 m nördlich der Stadt, wo auch die Fernbusse starten, das Fährgebäude ist modern, die Abfertigung relativ flott. Shuttlebus von der Info zum Terminal 1 Std. vor Abfahrt der Fähren.

Bahn: Vom Bahnhof fährt gerade 1-mal tägl. ein Personenzug ab, der TranzCoastal nach Christchurch über Kaikoura. Da der Bahnhof ca. 700 m südlich im Ort liegt, erfolgt der Transfer per (gratis) Shuttlebus ab dem Vorplatz des Fährgebäudes.

Überlandbusse: Im Gegensatz zur Nordinsel ist das Busnetz der Südinsel besonders im Sommer auf touristische Bedürfnisse ausgerichtet und zahlreiche Shuttlebus-Unternehmen warten schon in Picton auf ihre Kunden. Die Buchung erfolgt ganz bequem (wie üblich) im Visitor Centre.

Sport & Freizeit Bis auf **Meereskajaken** im engeren Hafenbereich und Wanderungen auf den Wegen, die den Ort umgeben, spielen sich die Freizeitaktivitäten auf dem Queen Charlotte Sound (→ Queen Charlotte Sound und Track S. 504) und der gleichnamigen Halbinsel ab, wo sie auch beschrieben werden. Auch die Anreise ab Picton ist dort zu finden. Weitere Wanderungen → Picton/Wanderwege.

Übernachten

Picton Beachcomber Inn 15, die beste Lage in Picton über dem Sporthafen macht dem Beachcomber keiner streitig: Von den Balkonen blickt man auf den Queen Charlotte Sound, das allein ist schon den Zimmerpreis wert. Minibar und Mikrowelle, aber – Hotel! – keine Küchen. Angenehm: der Pool; Restaurant im Hause. DZ 115–220 $. 27 Waikawa Rd., ✆ 03/5738900, 0800/662299, www.pictonhotel.com.

Americano Motor Inn 11, tolle Lage in der Mitte der High Street, nebenan Szenekneipen (Café Rumba). Studios nur mit Kaffee- und Teemaschine, größere Units mit Küchenzeile, von den Balkonen bekommt man das Treiben in diesem Szeneviertel (und den Lärm) mit. Gratis Transfer von/zur Fähre und v. a. nächstgelegenes Motel zur Fähre – das schafft man aber auch zu Fuß. Unit 115–135 $. 32 High St., ✆ 03/5736398, 0800/104104, www.americano.co.nz.

Broadway Motel 20, auch dieses Motel liegt zentral, aber ruhiger, ist insgesamt moderner und besser ausgestattet (doppelte Verglasung! Qualmark ****plus), aber auch teurer. Unit 115–240 $. 113 High St., ✆ 03/5736563, 0800/101919, www.broadwaymotel.co.nz.

Beachside Sunnyvale Motels 4, Lage su-

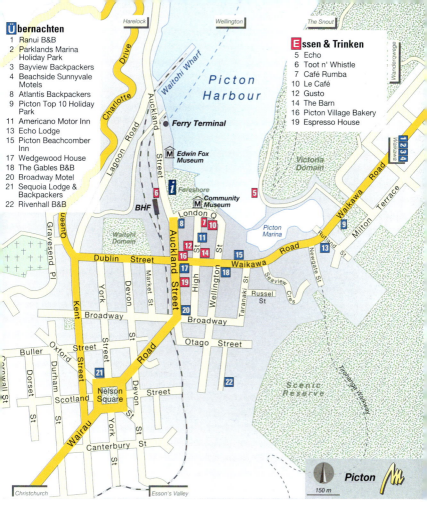

per unweit Waikawa Bay, einfach, aber in Ordnung – und Küchenzeilen in jedem Unit, auch Kajakverleih. Unit (2 Pers.) Hochsaison ca. 140 $, sonst ca. 100 $. 384 Waikawa Rd., Waikawa Bay, ℅ 03/5736800, sunnyvale@bigfoot.com.

Ranui 1, Privathaus der Cohen-Familie mit B&B an der Waikawa Bay, neo-konstruktivistischer moderner Bau mit kühl gestylten, aber dank attraktiver Details (Bäder! Daunendecken!) freundlichen Zimmern: ein großes Zimmer mit Bad/WC und Terrasse mit eigenem Eingang, ein weiteres Zimmer. DZ/FR ab 180 $. 4 Ranui St., ℅ 03/5735145, ncohen@xtra.co.nz.

The Gables B&B 18, älteres Haus, aber gut in Schuss, gediegen restauriert und eingerichtet. 3 Doppelzimmer mit Bad, eigene Gästelounge. Die Besitzer Ian und Paula bemühen sich sehr um ihre Gäste. Zimmer mit Bad/WC, die Gästelounge dient auch als Frühstücksraum. Nette Geste: nach dem Frühstück gibt es einen warmen Muffin, den man dann zum 11-Uhr-Kaffee verzehren kann. DZ/FR 140–170 $. 20 Waikawa Rd., ℅ 03/5736772, www.thegables.co.nz.

Rivenhall 22, B&B in freundlichem älterem Holz-Wohnhaus, komfortabel und ein wenig altmodisch eingerichtet, mit Blick auf Picton und seine Umgebung. Beide Zimmer mit Bad. DZ/FR 140 $. 118 Wellington St., ✆ 03/5737692, www.rivenhall.kol.co.nz.

Echo Lodge 13, freundliches Cottage mit B&B am Weg nach Waikawa, aber in Fußentfernung vom Ort, kleiner Garten, überdachte Terrasse vor dem Haus. Gutes Frühstücksbüffet mit Hausbrot und eigener

Karaka Point (Landspitze östlich Picton)

Marmelade. Zimmer praktisch, wenn auch schlicht möbliert. DZ/FR mit Bad/WC 130/140 $. 5 Rutland St., ✆ 03/5736367, www.echolodge.co.nz.

Picton Top 10 Holiday Park 9, herausragend guter Holiday Park dieser qualitätsmäßig ohnehin führenden Kette: 5 Qualmark-Sterne. Etwas abseits und ohne Verkehrslärm, alle Unterkunftswünsche, die ein HP erfüllen kann, werden erfüllt. Gras- und Asphaltflächen für die Campervans und Caravans, Rasen für die Zelten-

den, viele Bäume, Gemeinschaftseinrichtungen o. k., mehr Waschbecken könnten morgendliche Staus vermeiden helfen. Motel-Units 110–170 $ und Units mit Bad/WC, Cabins 65–90 $, die meisten fassen 4–6 Pers., Stellplatz u. 2 Pers. ab 38 $. 70–78 Waikawa Rd., ✆ 03/5737212, 0800/277444, www.pictontop10.co.nz.

Parklands Marina Holiday Park 2, trotz der Adresse: der Holiday Park liegt nicht direkt am Yachthafen (10 Min. zu Fuß), aber hübsch ruhig im Grünen ca. 3 km von Picton entfernt (Gratistransfer bei Ankunft/Abreise). Alle Angebote eines Holiday Parks samt Laden. Stellplatz und 2 Pers. ab 28 $, Cabin ab 50 $, Unit ab 80 $. 10 Beach Rd., Waikawa Marina, ✆ 03/5736343, www.parktostay.co.nz.

Bayview Backpackers 3, das Hostel nahe dem Waikawa Harbour bietet mehr Aufenthaltsraum als viele andere, von den Balkonen aus schaut man auf die Bay. Eine ganze Reihe Leistungen ist gratis: Tee und Kaffee, Räder, Kajaks, Bus- und Fährtransfer. DB 32–37 $, DO 25–35 $. 318 Waikawa Rd., ✆ 03/5737668, www.truenz.co.nz/bayviewbackpackers.

Atlantis Backpackers 8, hinter der hyperschicken, blau-schwarzen Glasfassade verbirgt sich ein hypersparsam eingerichtetes Hostel mit kleinem geheiztem Hallenbad und gratis Frühstück (sehr lite, aber immerhin!). DB 25–35 $, DO 20–23 $, auch Motel-Units mit allem Drum und Dran zu 69–120 $. Ecke Auckland St./London Quay, ✆ 03/5737390, www.atlantishostel.co.nz.

Sequoia Lodge & Backpackers 21, jeden Abend Gratis-Dessert, in den Wintermonaten Gratis-Frühstück, wo gibt's denn das? Betten und Lager mit Leselicht (jawohl!) und Abstellbrett (sonst schiebt man das Buch immer unters Bett und muss es am nächsten Tag abstauben oder vergisst es im Hostel), Frauenschlafsaal, gratis Transfer zu Bus und Fähre und viele andere Annehmlichkeiten und Aufmerksamkeiten. DB 30–40 $, DO 22–25 $. 3 Nelson Square, ✆ 03/5738399, 0800/222257, www.sequoialodge.co.nz.

Wedgewood House YHA 17, die Jugendherberge wird wie so häufig in Neuseeland nicht direkt vom Verein geführt, die in Picton ist in Privatbesitz. Zwei Gebäude, Zimmer und Schlafsaal. DO 23 $, im Zimmer nebenan ab 28. 10 Dublin St., ✆ 03/5737797, www.yha.co.nz.

Picton 503

Essen & Trinken (→ Karte S. 501)

The Barn 14, 48 High St.; ab 17 Uhr geöffnetes Restaurant-Café & Bar mit Holztischen und Bahnhofsrestaurant-Appeal, aber deftiger. Pizza, Steaks, Cajun Chicken und ähnliche Standards ab ca. 25 $. ℅ 03/5737440.

Café Rumba 7, 30 High St.; beliebtes Café in der Mitte der High Street, draußen nicht allzu viel Platz, auch Plätze im 1. Stock. Frühstück und (light) Lunch wie z. B. ein Cesar's Salad mit grillten Scampi oder Eggs Benedict mit Räucherlachs. ℅ 03/5737040.

Gusto 12, 33 High St.; Szenecafé in Szeneumgebung der High Street, Frühstück, das hier erst spät, so um 11 Uhr, eingenommen wird, und Lunch (10–18 $), eher schlichte Karte. ℅ 03/5737171.

Le Café 10, 14 London Quay; das einzig französische dieses Cafés ist sein Name, die karge Auswahl an Essbarem – als Snacks ein paar Sandwiches und 3 Sorten Kuchen – lässt jedenfalls keine Bilder französischer Esskultur erstehen. Aber der Blick! Wenn nicht gerade ein Camper draußen (illegal) parkt, sieht man auf den Hafen und die Straits. Zum Lunch gibt es Fisch als Suppe, zur Pasta (diese auch vegetarisch) wird er gebraten gereicht – wenig einfallsreich. Dafür ist der Service vorbildlich, freundlich und persönlich – wenn auch nicht sehr kompetent. Der Kaffee ist gut, und es gibt Bier vom Fass. ℅ 03/5735588.

Picton Village Bakery 16, 46 Auckland St.; „Bakkerij & Café" steht über dem Laden mit dem pseudo-holländischen Treppengiebel an der Abbiegung der Waikawa Road von der Auckland Street, da können viele vom Heimweh geplagte Mitteleuropäer nicht widerstehen. Dabei ist es innen eher neuseeländisch, aber nicht ganz so fluffig-soft wie man es sonst aus diesem Land gewöhnt ist. Nostalgisch: Schwarzbrot (nicht immer)! Tägl. 7–15.30 Uhr.

Espresso House 19, 58 Auckland St.; trotz des freundlichen Gartens hinter dem Haus hat dieses Café weniger Besucher als jene in der Mitte der High Street, es liegt noch dazu an der Durchgangsstraße, also gewissermaßen im Szene-Niemandsland. Nur gut für diejenigen, die in funktionalistischem Ambiente ein wenig Ruhe zum Zeitunglesen und Kaffeeschlürfen suchen oder in aller Ruhe vom einfallsreichen Menü wählen und typische Kiwi-Bistroküche goutieren wollen. Hauptgerichte 15–25 $, dazu gibt es genug passende Weine per Glas!

Toot n' Whistle 6, 7 Auckland St.; zwischen dem Bahnhof und den Picton Lodge Backpackers macht sich das Toot n' Whistle breit, ein Pub, dessen All-daybreakfast (10,50 $), sein deftiges wie preisgünstiges Barmenü (Gerichte unter 10 $) und die Auswahl an Ales tagsüber wie abends eine Menge Gäste anzieht.

Echo 5, Shelley Beach; ein Schiff im Sporthafen und an Deck ein Bier oder Drinks zu zweit, ein paar Knabbereien von der an einen Pub erinnernden Liste und der Blick auf den Queen Charlotte Sound – braucht's mehr? ℅ 03/5737498. Das Schiff steht zum Zeitpunkt der Drucklegung zum Verkauf.

Sehenswertes/Touren

Stadtbummel: Die „Sights" von Picton sind recht rasch abgehakt. Im Visitor Centre geht es nur darum, in der Fülle der Prospekte und Informationen eine Ordnung zu finden: die High Street rauf und runter, Latte Macchiato am Sporthafen im Town Basin, wie der innerste Bereich des Picton Harbour sich nennt, über die Fußgängerbrücke zur anderen Seite. Links liegt am *Shelley Beach* das Restaurantschiff „Echo", ein schlanker, beweglicher Segelschoner von 1905, der vor allem Flussdienste versah, und wo man ganz bequem versumpfen kann. Rechts nach der Brücke gelangt man zur Picton Marina und geht man geradeaus, findet man die Wanderwege durch den Park der Victoria Domain –, aber hat man so viel Energie? Auf jeden Fall sollte man sich die Museen nicht entgehen lassen: Das *Community Museum* zelebriert Pakeha-Geschichte, und zwar die der Walfängerstation Perano im Queen Charlotte Sound, die bis 1964 in Betrieb war (!). In Richtung Fähre rechts in einem großen Schuppen ruht der Schiffskörper der *„Edwin Fox"*, eines Indiaman, wie man die kräftigen und voluminösen Transportschiffe nannte, die das britische Kolonialreich im 19. Jh. für Handels- wie Kriegszwecke einsetzte (ein Teil wurde in Indien gebaut). Das Museum im Trockendock erzählt die Geschichte des Seglers und von den Lebens- und Arbeitsbedingungen an Bord. *Eco World* nebenan ist ebenfalls einen Besuch wert, hier wird die Tierwelt der Marlborough Sounds gezeigt und man kann beim Füttern etwa der Little Blue Penguins zusehen.

Öffnungszeiten Die Echo ist ein Restaurant und als solches zu besuchen (steht zum Verkauf). **Community Museum** tägl. 10–16 Uhr. Eintritt 4 $.

Museum der Edwin Fox („Maritime Heritage Project") tägl. 9–17 Uhr. Eintritt 10 $.

Sehr interessante, detaillierte Website www.nzmaritime.co.nz/edwinfox.htm.

Eco World, tägl. 10-17.30, Jan./Feb. bis 19.30 Uhr. Eintritt ca. 20 $. Fütterungszeiten 11 und 14 Uhr. www.ecoworldnz.co.nz.

Wanderwege: Zwei Wandergebiete beginnen direkt im Ort Picton, die Victoria Domain, durch die man bis zur Landspitze The Snout wandern kann, und das Gebiet von Tirohanga und Esson's Valley.

Victoria Domain und The Snout: Ein Netz von Wanderwegen erschließt die von Sekundärwald überzogene Halbinsel zwischen dem Shelley Beach und der Landzunge The Snout. Der südliche Teil wird durch die beiden *Bob's Bay Tracks* erschlossen, die vom Ende der Straße nach der Echo zur Bob's Bay führen, einer kleinen Badebucht, wobei der Lower Bob's Bay Track am Ufer bleibt, während der obere durch Wald zur Bucht führt (Rundweg ca. 1 Std.). Der Nordteil ist durch den *Snout Track* erschlossen, den man vom Parkplatz am Ende einer Zufahrtsstraße ab Waikawa Road erreicht (bei Sussex Street links) oder ab der Bob's Bay über einen Verbindungsweg zur Zufahrtsstraße. Auf dem Weg zur Landspitze The Snout passiert man einen Aussichtspunkt (Queen Charlotte View) mit Blick auf den Sund (hin/zurück ab Parkplatz 2:30 Std.).

Tirohanga Track und Esson's Valley: Das Esson's Valley südlich von Picton erreicht man zu Fuß über den *Tirohanga Track*. Er beginnt am Ende der Newgate Street (Abzweig rechts von der Waikawa Road), führt auf einen Hügel mit Aussicht (1 Std., 300 m Anstieg! → Bild S. 496) und wieder hinunter ins Esson's Valley, wo man am Ende der Garden Terrace (Verlängerung der Devon Street) heraus kommt (bis hierher 1:40 Std., bis Ortsmitte Picton weitere 20 Min.). In das *Esson's Valley* hinein führen ab Straßenende Garden Terrace zwei Wege, zunächst gemeinsam, dann links weiter zum *Barnes Dam*, rechts weiter zum *Humphries Dam*, beides Stauseen für die Wasserversorgung von Picton (hin/zurück 1 Std. bzw. 1:15 Std.).

Ein kostenloses Übersichtsblatt mit Kartenskizze „Picton by Foot" ist im Visitor Centre erhältlich.

Der Queen Charlotte Sound

Die buchtenreiche Küste des Queen Charlotte Sounds übertrifft die Länge des Sunds um ein Vielfaches. Mit Staunen sieht man schon von der Fähre beim langsamen Gleiten durch den Sund die unzähligen Buchten und vorgelagerten Inselchen und Felsenriffe.

Ein Blick auf die Karte zeigt, dass den ersten Teil der Einfahrt rechts die große Arapawa Insel begleitet und dass der tiefste Teil der Bucht nicht bei Picton liegt, sondern bei Anakiwa. Die dort beginnende Halbinsel ist durch den Queen Charlotte

Walkway erschlossen, der bis zur Ship Cove führt, wo Captain Cook auf seinen Reisen insgesamt fünfmal anlandete. An der Nordseite, dem Südufer des Kenepuru Sounds, führt eine Straße bis fast zur Nordspitze der Halbinsel. Einige der Inseln zwischen der Queen-Charlotte-Halbinsel und Arapawa Island sind Schutzgebiete: rund um Long Island zieht sich ein Meeresschutzgebiet, das sogenannte Long Island Kokomohua Marine Reserve, Motuara Island ist als Vogelschutzgebiet Lebensraum für Saddleback und Blue Penguin, die Riffe der White Rocks ganz am Eingang der Bucht sind ebenfalls streng geschützt (Pelzrobben, Seevögel). Auf Motuara Island wurde erstmals die britische Fahne gehisst – 1770 durch Captain Cook, der Neuseeland damit offiziell für die britische Krone in Besitz nahm. Große Gebiete der Halbinsel sind Scenic Reserves mit Sekundärwald aus Kanuka und Manuka (beide sind niedrige Büsche oder Bäume mit duftender Rinde und Massen weißer, an Weißdorn erinnernder Blüten), manchmal spärlichem niedrigem Buschwald, aber auch Resten von Primärwald wie bei Anakiwa im Iwituaroa Scenic Reserve und dem Big Bay Scenic Reserve. Die höchsten Bereiche besitzen (abseits der Wege) noch Südbuchenbestände und die subtropische Baumart Kohekohe (Dysoxylum spectabile, ein breitkroniger, bis zu 15 m hoher immergrüner Baum mit rotbuchenähnlichen Blättern und winzigen weißen Blüten in hängenden Trauben).

Der Queen Charlotte Sound samt der Halbinsel ist aufgrund seiner Nähe zu Picton am besten von allen Zonen der Marlborough Sounds erschlossen, Wassertaxis verbinden den Hafen von Picton mit mehreren Anlegern am Walkway. Dadurch ist es möglich, den 3- bis 5-tägigen Treck jederzeit abzubrechen oder auch nur einzelne Tagesetappen zu machen. Besonders hilfreich ist der Gepäcktransport durch diese Wassertaxis, man geht mit Tagesrucksack, das schwere Gepäck bringt das Taxi zum nächsten Schlafplatz. Nicht zu verstehen ist die übliche Laufrichtung von Nordost nach Südwest, bei der man sich an Picton annähert. Geht man von Anakiwa zur Ship Cove, wäre die zivilisationsfernste Übernachtung das Ziel. Kajaks sind für Individualisten im Sund das beste Fortbewegungsmittel, von Bucht zu Bucht zu paddeln ist der beste Tranquilizer für überhitzte Großstadtgemüter.

Information/Verbindungen

Information DOC-Büro im Info Centre Picton → Picton. Dort Faltblätter „Queen Charlotte Track" und andere zu Wegen in den Marlborough Sounds, für Mountainbiker gibt es ein spezielles Faltblatt.

Wassertaxis Endeavour Express, der Backpacker-Transporteur, aber nicht billiger als die anderen. Winziges Büro am Sporthafen. Torea Bay einfach (mit Rad) 40 $; Radmitnahme kein Problem. ✆ 03/5735456, www.boatrides.co.nz.

Weitere Wassertaxis z. B. **Arrow Water Taxis**, ✆ 03/5738229, www.arrowwatertaxis.co.nz (Picton–Torea 100–130 $ für bis zu 4 Pers.); **Beachcomber Fun Cruises**, ✆ 03/5736175, 0800/624526; **Cougar Line**, ✆ 03/5737925, 0800/504090, www.queencharlottetrack.co.nz (Round Trip egal, wohin: 103 $, Radmitnahme 5 $).

Sport & Freizeit

Bootstouren Dolphin Watch (Eco Cruise Tours), Bootsfahrten durch den Sund mit Besuch von Motuara Island (mit Kurz-, im Winter Kürzest-Führung), Delfine (Bottlenose, im Winter auch Dusky, im Sommer auch Hector's), Pelzrobben und Seevögel können üblicherweise beobachtet werden. Tägl. 13.30 Uhr, 100 $, auch Schwimmen mit Delfinen möglich (9 Uhr, 150 $). ✆ 03/5738040, 0800/9453543, www.naturetours.co.nz und www.mailboat.co.nz.

Die Regionen Marlborough und Nelson

Geführte Wanderungen und Radtouren Wilderness Guides, 1 Tag Wilderness walk inkl. Lunch 240 $, 1 Tag Kajak und Trekking oder Kajak und Mountainbiking auf dem Queen Charlotte Walkway 120 $ inkl. Lunch. 5 Tage ohne Führung ab 775 $, mit Führung ab 1.850 $. Für Radler Ausrüstung und Rad, auch Kajakverleih. www.wildernessguides.nz.com.

Marlborough Sounds Adventure, der Queen Charlotte Walkway wird als Viertagestour angeboten, als Guided Walk mit Führung (1.550 $) oder als Freedom Walk, wobei nur die Übernachtungen reserviert werden (660 $), beide nicht gerade preiswert, eine Führung ist eigentlich auf diesem Wanderweg nicht nötig. ✆ 03/5736078, 0800/283283, www.marlboroughsounds.com.

Oder Southern Wilderness NZ, PO Box 748, Blenheim, www.southernwilderness.com.

Meereskajak Wilderness Guides und Marlborough Sounds Adventure verleihen auch Kajaks und veranstalten geführte Kajak-Trips. Halber Tag mit Marlborough Sounds Adventure 50 $, 3 Tage mit Führung 635–950 $ je nach Unterkunft, 1 Tag Meereskajak plus Trekking 150 $. Kajakverleih auch bei Sunnyvale Motels (→ Picton/Übernachten), 1 Tag ca. 60 $, Zweierkajak 100 $.

Tauchen Dive Marlborough, die Boote fahren zum Tauchen von der Waikawa Marina ab, man besucht z. B. das Wrack der 155 m langen, in 33 m Tiefe liegenden „Mikhail Lermontow", die 1986 gesunken ist. 1 Tag Tauchen in den Outer Sounds inkl. Ausrüstungsleihe 245 $. ✆ 0800/463483, www.dodive.co.nz.

Übernachten (→ Karte S. 498)

Die Liste der Übernachtungsmöglichkeiten ist von Picton über Anakiwa bis Ship Cove geordnet. Zu den unten aufgeführten Übernachtungsmöglichkeiten kommen die 7 offiziellen DOC-Zeltplätze hinzu (→ Karte auf S. 498 sowie nebenstehend).

DOC Momorangi Bay Camp Ground 18, die Caravan-Stellplätze in der Momorangi Bay zwischen Picton und Anakiwa liegen direkt am Wasser und sind bald gefüllt, also frühzeitig kommen! Auf der anderen Straßenseite Zelt- und weitere Stellplätze, Gemeinschaftseinrichtungen und schlichte Tea Rooms. Zelt u. 2 Pers. am Wasser ab 28,60 $, abseits 24,40 $, 3 Cabin ab 50 $. RD 1 Picton, ✆ 03/5737865, www.doc.govt.nz.

Smiths Farm Holiday Park 22, am Bauernhof 3,5 km vor Trackbeginn, gut geführt, sauber. Motel-Unit/Cabin 60–130 $, Zeltplatz (2 Pers.) ab 32 $. 1419 Queen Charlotte Drive, Linkwater, ✆ 03/5742806, www.smithsfarm.co.nz.

> Die Kilometerangaben vor/nach den folgenden Quartieren geben die Entfernung von Anakiwa bzw. der Ship Cove an.

Anakiwa Backpackers 19, 0/71 km: sauberes Family-Hostel, generalüberholt, bezogene Betten. Gratis WLAN. DB 35–55 $, DO 30 $. Anakiwa, ✆ 03/5741388, www.anakiwabackpackers.co.nz.

Te Mahia Bay Resort 15, 13/58 km: an der Nordküste der Halbinsel unweit des Tracks. Zeltplatz und 2 Pers. ab 35 $, Motels ab 140 $, Backpacker-DO ab 30 $. Kenepuru Rd., Te Mahia Bay, ✆ 03/5734089, www.temahia.co.nz.

Lochmara Lodge Eco Retreat 16, 15/56 km: Lodge am Strand, Sekundärwald, umweltbewusste Besitzer, Bio-Küchengarten, das Meer vor der Tür (gratis Kajaks, Ruderboote, Schnorchelausrüstung). Schlichte, saubere Unterkunft für Backpacker, Wanderer, Naturfreaks in Chalets; luxuriöser gehts in den (Motel-)Units zu, vor allem in jenen direkt am Strand. Motel-Units 110–160 $, Chalets 215/250 $, DB 43 $. Lochmara Bay (0,5 km Abstecher vom Queen Charlotte Walkway nach Süden zu dieser Bay, sie liegt zwischen Torea Bay und Mistletoe Bay), ✆ 03/5734554, www.lochmaralodge.co.nz.

Portage Resort Hotel 17, 22/49 km: direkt an der Bucht, Einzelhäuser mit Garten, Balkon, Lodge, Suiten, immer mit schlichter Holzverkleidung, man bezahlt die Luxuslage. Unit ab 135 $, exakte Preise nach Kategorie und Jahreszeit stark unterschiedlich (bis 325 $). Kenepuru Sounds, Marlborough, RD 2 Picton, ✆ 03/5734309, www.portage.co.nz.

Der Queen Charlotte Sound

Walkers Lodge 12, 22/49 km: auf echte Backpacker und Wanderer zugeschnittenes Hostel neben dem Portage Resort, klein und freundlich. DB/DO 40 $. Kenepuru Sounds, Marlborough, RD 2 Picton, ✆ 03/5734445, www.portagecharters.co.nz.

Meersburg B&B 13, 22/49 km: ruhig, Zimmer mit Bad, Abendessen möglich, Frühstück so deutsch, wie's halt in NZ möglich ist. DZ/FR 145–155 $ (Min. 2 Nächte). 2182 Kenepuru Rd., Picton 7372 (4 km auf der Straße in Richtung Kenepuru Head, nicht direkt am Track), ✆ 03/5734565, www.meersburgnz.com.

Noeline's Homestay & Backpackers 7, 46/25 km: einfache Unterkunft in der Bucht in einem Privathaus. Punga Cove, ✆ 03/5798375.

Mahana Lodge 5, 46/25 km: gutes B&B nahe dem Kenepuru Saddle in privater Lodge, ausgezeichnetes Abendessen/Frühstück im modernen Haus, einem historischen Homestead. DZ 140/180 $ je nach Jahreszeit, Mai bis Aug. geschlossen. Camp Bay, Endeavour Inlet, ✆ 03/5798373, www.mahanalodge.co.nz.

Punga Cove Resort 6, 47/24 km: Resort am Wasser mit Unterkunft von der Luxus-Suite bis zum Backpackerdorm, mit Bar am Bootsanleger und gutem Restaurant. DZ 140–150 $, DO ab 40 $. Endeavour Inlet, ✆ 03/5798561, www.pungacove.co.nz.

Furneaux Lodge 2, 59/12 km: die große Lodge mit Terrasse und Garten ist aus einem großen Wohnhaus (Gutshof) erwachsen, sehr gute Zimmer, aber auch etwas günstigere Cabins („für Wanderer") und Backpacker-Unterkunft „The Croft". Suite ab ca. 150–270 $, Cabin (2–4 Pers.) 30–45 $ p. P., DO (The Croft) 35 $. Endeavour Inlet, Rural Bag 381, Marlborough Sounds, ✆ 03/5798259, www.furneaux.co.nz.

Endeavour Resort & Fishing Lodge 4, 59/12 km: Motel-Units am Strand, Cabins für 2–10 Pers., die besseren mit Bad, einige mit gemeinsamem Sanitärblock, Backpacker-Unterkunft und alles dazwischen, kleiner Laden. Backpacker DO 30/40 $, Cabins und Motels ab 75 $. Endeavour Inlet, Private Bag 377, Picton, ✆ 03/5798381, www.endeavourresort.co.nz.

Resolution Bay Cabins 3, 67/4 km: Camping unweit Ship Cove, auch altmodische Baches, Kanus gratis. „Bush Café" mit Snacks und einfachen Gerichten und „our world famous muffins". Cabins (ab 75 $) und Cottages (ab 110 $). Resolution Bay, ✆ 03/579941, reso@xtra.co.nz.

71/0 km: Ship Cove, Bootsanleger. Hier gibt es keine Unterkunft!

The Nikaus 10, freundlicher Farmstay, Haustiere und großer Garten. Dinner kann bestellt werden. DZ/FR 130 $. 86 Makaroa Rd., Waitaria Bay, ✆ 03/5734432, www.thenikaus.co.nz.

Hopewell Backpackers 14, ideal für einen Aufenthalt am Strand am Rand der Zivilisation, zivilisiertes und sympathisches Hostel, großes Angebot an Freizeitaktivitäten, Juni bis Aug. geschlossen. Cottage 160 $, DB 45/60 $, DO 35 $. Hopewell, 7204 Kenepuru Rd., ✆ 03/5734341, www.hopewell.co.nz.

In der Anakakata Bay Queen Charlotte Wilderness Park 1, ausgedehntes privates Gut, nur per Schiff zu erreichen, völlig einsam gelegen. Minimum 2 Nächte mit Transfers und Verpflegung ab 360 $ pro Pers. Cape Jackson (Anakakata Bay), ✆ 03/5799025, www.truenz.co.nz/wilderness.

Der Queen Charlotte Drive und die Kenepuru Road: Der *Queen Charlotte Drive* führt von Picton über Linkwater, wo die Straße auf die Queen-Charlotte-Halbinsel abzweigt, weiter nach Havelock (35 km). Die enge, sehr kurvenreiche und oftmals recht hoch über das Meer hinauf führende Straße lässt keine hohen Geschwindigkeiten zu. Es bieten sich hübsche Ausblicke auf den Sund und die Queen-Charlotte-Halbinsel, an zwei Buchten gibt es Bademöglichkeiten. Nur eine Stichstraße führt nach Anakiwa, wo der Queen Charlotte Walkway beginnt – dort gibt es keine Einkaufsmöglichkeit! Auf der anderen Seite der Queen-Charlotte-Halbinsel beginnt der *Kenepuru Drive,* der an dieser und am Kenepuru Sound entlang führt und 75 km weiter blind endet, dabei berührt er einige der auch von den Wanderern und Radlern auf dem Queen Charlotte Walkway benutzten Nachtquartiere.

🚶 Der Queen Charlotte Walkway zu Fuß
Dauer: 4 Tage

Wie schon oben erwähnt, wird der Track meist von Ship Cove nach Anakiwa gemacht, obwohl er umgekehrt eindrucksvoller wäre, da sich dann Einsamkeit und Abgeschiedenheit steigern anstatt verringern würden. Aber nun haben sich Bootsbesitzer und sonstige Tourismusunternehmer auf die Richtung Ost–West eingeschossen, und wer mit dem Strom schwimmt, schwimmt von Ship Cove nach Anakiwa, da ist man als Individualtourist schon besser dran.

Etappen 1. Tag: Anakiwa bis Torea Saddle (Portage Bay/Torea Bay), 21 km, 5–7 Std. **2. Tag:** Torea Saddle bis Camp Bay, 23,5 km, 5–7 Std. **3. Tag:** Camp Bay bis Endeavour Inlet oder Resolution Bay, 11,5 km/ 22 km, 2:30–3:30 oder 4:30–6:30 Std. **4. Tag:** Endeavour Inlet oder Resolution Bay bis Ship Cove, 15 km/4,5 km, 3:30–4:30 Std. oder 1:30–2 Std.

Der Queen Charlotte Walkway mit dem Mountainbike

Der Weg ist in drei Abschnitte eingeteilt, der erste zwischen Ship Cove und Punga Cove beträgt 26,5 km, man benötigt 4:30–5 Std. Ein halbstündiger steiler Anstieg liegt am Anfang, dann wird es leicht. Dieser Abschnitt ist in den Monaten Dezember, Januar und Februar für Radfahrer gesperrt! Der zweite Abschnitt von Punga Cove bis Portage beträgt 20,5 km, Dauer 3:30–4 Std., er weist mehrere steile Stellen auf. Der dritte Abschnitt zwischen Portage und Anakiwa mit 20 km dauert 3:15– 4 Std., ist mäßig anstrengend und führt zuletzt sehr schön durch alten Wald und am Meer entlang (Badestelle). Warum sollte man sich dort abholen lassen? Picton ist nicht weit: Der Autor hat die Strecke vom Anleger an der Torea Bay inklusive langem Lunchstop bis Picton mit Trekkingbike in 6 Std. zurückgelegt.
MB-Rental z. B. bei Marlborough Sounds Adventure (s. o.) mit Reperaturwerkstatt am London Quay, Picton, ✆ 0800/283283, im Sommer tägl. 8–17.30 Uhr, im Winter Mo–Fr 10–15 Uhr.

Havelock und der Pelorus Sound

Havelock hat früher mit dem Umschlag von Holz aus dem Sund ein gutes Auskommen gehabt, später wurde Milchwirtschaft der Renner, das Postboot nahm von den Farmen im Sund die Sahne (Cream) mit, was ihm den Spitznamen „Cream Boat" eintrug. Das Holz ist nach Kahlschlag nicht mehr da, die Preise landwirtschaftlicher Produkte sind so gefallen, dass sich Farmen auf den Inseln kaum noch lohnen, nur Fischfarmen sind im Kommen. Vor allem sind es Lachs und Muscheln, die in großen Farmen in den stillen Gewässern des Sunds gezogen werden, *green lipped mussels* oder *green shells* vor allem, grüne Miesmuscheln, die in Neuseeland als besondere Delikatesse geschätzt werden. Auch Langusten (Crayfish) gibt es, aber in marktmäßig unbedeutender Anzahl. Muschelfarmen bestehen meist aus parallelen Reihen doppelt gesetzter Pontons, von denen Schnüre herabhängen, an denen sich die Muscheln festsetzen. Der Lachs ist hier nicht unser atlantischer „Salmo salar", sondern der (nicht so aromatisch-zarte und nicht so gut zu räuchernde) pazifische „King Salmon".

Im Ort ist das viktorianische Post Office von 1876 in schlichtem Holz-Neotudor einen Blick wert, das Haus wurde zerlegt aus Wellington angeliefert – übrigens aus Versehen: Eigentlich war es für den Ort Waitahuna bestimmt, der damals ebenfalls Havelock hieß ... Das Post Office ist aus Kauriholz (das es auf der Südinsel, wo kei-

Havelock und der Pelours Sound

Warten auf die Post im Pelorus Sound

ne subtropischen Wälder existieren können, nicht gibt), es war bereits das zweite am Ort (das erste wurde 1862 errichtet).

Noch größer, noch stärker verästelt und durch Vorgebirge und Inseln in einzelne Sunde aufgeteilt ist der *Pelorus Sound,* den man am leichtesten von Havelock aus erkundet. Wie der Queen Charlotte Sound verdankt auch dieser seine Entstehung einem im Meer versunkenen Flusssystem (die dadurch entstandene Küste nennt man nach dem nordwestspanischen Vorbild in Galicien „Ria-Küste") – die Meeresarme muss man sich als Flusstäler und die Inselberge als Gipfel ehemals wesentlich höherer Berge vorstellen. Von Havelock aus lässt sich auch gut der Ausgangspunkt für den *Nydia Track* (s. u.) erreichen.

Information/Verbindungen

Information/Diverses Havelock Info Centre (Rutherford Travel), 46 Main Rd., im YHA, funktioniert auch als Touristen-Information und DOC-Buchungsstelle); ℡ 03/5742104, 0800/742897, www.havelockinfocentre.co.nz, www.havelock.co.nz; der Ort hat die kommerzielle Seite www.havelocknz.com, der Sound www.pelorusnz.com. Im YHA können alle Vorbereitungen für das Trekking auf dem Nydia Track, der die südlichste Bucht gegenüber Havelock mit dem Tennyson Inlet verbindet (dorthin Straße), abgewickelt werden. (Die DOCs/Visitor Centres in Motueka und Nelson, bei denen der Autor schon vorab die nötigen Reservierungen machen und Erkundigungen einholen wollte, zeigten sich allesamt nicht dazu in der Lage und rieten sogar davon ab. Dagegen ging es in Havelock selbst wie geschmiert, was die Reservierung des Wassertaxis auf dem Hinweg, des Busshuttles auf dem Rückweg und der Übernachtungen betraf.)

Ebenfalls Info-Dienste übernimmt **Soundz Interesting**, 60 Main Rd., ℡ 03/5742633. Mit Post, Haushaltswaren, Drogerie, Friseur und Krimskrams.

Verbindungen Alle Busse und Shuttles zwischen Picton und Nelson halten in Havelock.

Die Regionen Marlborough und Nelson

Feste & Veranstaltungen/Sport & Freiezit

Feste & Veranstaltungen Havelock Mussel Festival: Mitte März, mit Muschelessen bis zum Abwinken, Muschel-Wettessen, Küchentipps und Kochvorführungen im großen Zelt, Livemusik, Entertainer und diversen Familienunterhaltungen wie Schatzsuche und einem Muschel-Floßrennen. Eintritt 8 $. Infos über eine der I-Sites in Marlborough (Blenheim, Picton, Kaikoura). Mehr auf www.musselfestival.havelock.com.

Bootstouren/Wanderungen Pelorus Mail Run, ab Havelock fährt das Pelorus Mail Boat die Bootsanleger der wenigen Siedlungen im Pelorus Sound an. Di, Do und Fr ab 9.30 Uhr, zurück 16.30 Uhr, an Bord keine Verpflegung außer Tee/Kaffee. Lunch mitnehmen. 128 $! Gratis Transport mit dem Kleinbus ab/von Picton: Pelorus Mail Boat, c/o Nick & Val Martin, Jetty, Havelock Marina, ☎ 03/5772104, www.mail-boat.co.nz.

Das Boot macht drei verschiedene Routen, die längste und interessanteste ist die am Freitag, die weit hinaus in den Sund bis Port Liger und Anakoha Bay führt.

Pelorus Water Transport hat Wassertaxis, führt Fahrten auf den Marlborough Sounds durch und veranstaltet geführte Wanderungen. Jetty 1, Havelock Marina, ☎ 027/2390000, 0800/428356, peloruswt@xtra.co.nz.

Greenshell Mussel Cruise, mit dem Boot ab Havelock Marina (tägl. 13.30 Uhr, 3 Std.) in die Marlborough Sounds zu einer Muschelfarm (Greenshell™ ist die geschützte Musterbezeichnung für deren Produkt), wo eine Portion frisch gekochte Muscheln zu einem Glas Sauvignon Blanc aus dem Marlborough Weingebiet serviert wird. Nicht billig: ab Havelock 112 $. Marlborough Travel, ☎ 03/5779997, 0800/990800, www.marboroughtravel.co.nz.

> **Highlights auf dem Pelorus Sound:** Das Pelorus Mail Boat, das auf unterschiedlichen Routen den gesamten Sund erschließt und Passagiere mitnimmt, ist ein unbedingtes MUSS in dieser Region. Weitere Highlight-Konkurrenten sind Muschelessen und natürlich Touren auf dem Pelorus Sound mit dem Meereskajak.

Übernachten/Essen & Trinken

In Havelock Gateway to the Sounds Havelock Motel, 10 Units, davon 4 mit 2 Stockwerken (oben Schlafzimmer), alle mit Miniküche, die meisten neu renoviert. Unit 85–160 $. 50–52 Main Rd., ☎ 03/5742961, 0800/895642, www.havelockmotel.co.nz.

Havelock Motor Camp, im Sommer mangels Konkurrenz meist bis auf den letzten Platz gefüllter Campingplatz mit 4 schlichten, aber sehr sauberen Cabins. Stellplatz und 2 Pers. ab 30 $. 24 Inglis St., ☎ 03/5742339, www.havelockmotorcamp.co.nz.

YHA Havelock, oben auf dem Hügel in Richtung Picton liegt die Backpacker- und YHA-Herberge, die auch alle Buchungen (v. a. auch für den Nydia Track!) abwickelt. Nicht zu groß, vor dem Haus 2 Zweierzimmer im Cottage, drinnen große Küche, die im Sommer trotzdem gern eng wird, in der Lounge reichlich bequeme Sitzgarnituren, freundlich-bemühte junge Herbergseltern. DB 33 $, DO 28 $. 46 Main Rd., ☎ 03/5742104, www.havelockinfocentre.co.nz.

Blue Moon Backpackers, kleines, gemütliches Hostel mit großer Terrasse mit Ausblick und bezogenen Betten. SG 45/55 $, DB 30/40 $, DO 22 $. 48 Main Rd., ☎ 03/5742212, www.bluemoonhavelock.co.nz.

Slip Inn Café & Wine Bar, Havelock Marina Waterfront; das einzige örtliche Lokal, das direkt am Meer liegt, serviert Frühstück ab 7 Uhr bis „late", Lunch, Dinner und spezielle Muschelmenüs. Sehr gute Weinliste mit einer ganzen Reihe toller Weine per Glas, passend zum Chowder (dicke Muschelsuppe) oder zu Muscheln mit Knoblauchbutter (10 $), Abendgerichte ab ca. 13 $. Hausgebackenes Brot, allgemein gelobt. ☎ 03/5742345.

🚶 Der Nydia Track

Länge/Dauer: 27 km/9–10 Std. bzw. 2 Tage

Der Nydia Track führt durch Farmland und Waldland (Tennyson Inlet Scenic Reserve), nur im Mittelteil verläuft er an der Nydia Bay in Meeresnähe. Der Transport zum Start gegenüber von Havelock in der Kaiuma Bay kann auf der Straße erfolgen, es geht aber viel schneller mit dem Boot ab Havelock. Zurück von der Duncan Bay im Tennyson Inlet erfolgt der Transport normalerweise mit dem Busshuttle oder Pkw. Der Wald besteht aus Matai und Rimu, darunter ist ein tieferes Stockwerk von Nikaupalmen, Palmfarnen und Kawakawa („Pepper Tree", ein kleiner, angenehm duftender Strauch), reichlich Lianen und Epiphyten (Aufsitzerpflanzen) sind vorhanden. Vögel sind eher selten, aber Bellbird und Tui sind zu hören und manchmal zu sehen und Robins sind wie so oft neugierig, was der Wanderer mit seinen Schuhen aufdeckt.

Information Der DOC gibt ein Faltblatt „The Marlborough Sounds – The Nydia Track" heraus, ebenso das Faltblatt „Nydia Track Transport and Accommodation" – beide sind u. U. nicht völlig up to date.

Übernachten Übernachten kann man auf der Hälfte des Weges an der Nydia Bay, wo ein Abzweig (in der Stundenangabe schon einbezogen) zur **Nydia Lodge** des DOC (→ Karte S. 498, Nr. 20) (50 Lager à 6 $) führt, die aber nur ab 4 Pers. öffnet (Min. 60 $, ein Problem in der Vor- und Nachsaison!). Es gibt aber auch einen DOC-Zeltplatz (6 $) und neuerdings eine Übernachtungsmöglichkeit auf einer Farm (Nr. 20).

Alle Infos und Buchungen im Büro der Rutherford Lodge/YHA in Havelock (→ Havelock/Information).

Te Mahoerangi Eco 21, umweltbewusste Lodge mit Holz-Cabins in der Nydia-Bucht, das „eco" im Namen ist hier mal wirklich ernst gemeint. DO 35 $, DB 50 $, Dinner + Breakfast 40 $. Te Mahoerangi, Private Bag 65010, Havelock, ✆ 08/5798411, www.nydiatrack.org.nz.

Die westlichen Marlborough Sounds

Ein Abstecher von der Straße zwischen Havelock und Nelson führt nach Norden zur Meerenge French Pass und dem kleinen gleichnamigen Ort. Von dort aus kann man mit dem Wassertaxi die an der engsten Stelle nur 800 m breite Meerenge zur Insel D'Urville Island (Rangitoto ki te Tonga) überqueren, die mit ihrer Nordostspitze fast den nördlichsten Punkt der Marlborough Sounds erreicht. Noch weiter nördlich in der Cook Strait liegt Stephens Island, eine streng geschützte Vogelinsel. Spezielle Sehenswürdigkeiten gibts wenige, die Fahrt selbst ist das Ziel. Einzig die Pelorus Bridge ist ein echter Knüller: der Fluss hat unter der Brücke im Gestein ein unregelmäßiges Relief mit vielen Wannen geschaffen, die vorzüglich zum Schwimmen geeignet sind.

Verbindungen Es gibt keine öffentlichen Verkehrsmittel. Taxi und Wassertaxi ab Havelock, Okiwi Bay oder French Pass.

Übernachten → Karte S. 498

Okiwi Bay Holiday Park & Lodge 23, einfacher Platz am Meer, Stell- und Zeltplätze, eine Lodge (12 Pers.) und das wars dann schon. Mit Cafeteria, auch abends. Zeltplatz und 2 Pers. ab 33 $, Lager in der Lodge ab 41 $. Okiwi Bay, RD 3, French Pass, ✆ 03/5765006, www.okiwi.co.nz.

Pelorus Bridge Camp 24, beliebter Platz direkt an der Pelorus Bridge, umgeben von Wald, Bademöglichkeit am Fluss, Café. Stell-/Zeltplatz u. 2 Pers. ab 16 $. Pelorus Bridge, RD Rai Valley, Marlborough, ✆ 03/5716019, p.b.cafe@xtra.co.nz.

Elaine Bay Homestay 17, Ferienhaus in schöner Lage, zwei gesondert oder zusammen mietbare Stockwerke. Boot und Bike zu mieten. Preis auf Anfrage. Rai Valley, ✆ 03/5765455, www.elainebay.co.nz.

French Pass Sea Safaris & Beachfront Villas 9, alles vom Kajaken bis zum Tauchen (Ausrüstung für beide wird gestellt/verliehen) und v. a. Transport hinüber nach D'Urville Island, wo man hervorragend biken kann, denn auf den unbefestigten Straßen und Allradpisten gibt es praktisch keinen Verkehr (eigenes Rad mitbringen!). Auch Mahlzeiten auf Bestellung und kleiner Laden. Unterkunft in Villa, DZ 188–220 $. French Pass, RD 3, Rai Valley, ℡ 03/5765204, www.seasafaris.co.nz.

D'Urville Island Wilderness Resort 8, einsam an der Catherine Cove liegendes Resort mit Café und Bar, Units am Strand. Man erreicht das Resort mit Wassertaxi oder Hubschrauber. Strandunits (Cabins) 140 $, „Bach" 110 $ (2 Pers.), Bunk 110 $ (2 Pers.). Catherine Cove, D'Urville Island, ℡ 03/5765268, www.durvilleisland.co.nz.

Essen & Trinken Café am Parkplatz Pelorus Bridge. **Dairy** mit Laden und Takeaway (z. B. Fish & Chips) in Rai Valley. **Café** (nur im Sommer) beim Okiwi Bay Holiday Park.

The Wilderness Café & Bar, im D'Urville Island Wilderness Resort, Catherine Cove; nicht nur Kaffee & Muffins & Sandwiches, sondern frischer Fisch und Meeresfrüchte wirklich mitten in der Wildnis. ℡ 03/5765268.

Strandflora

Pelorus Bridge Scenic Reserve: Der Pelorus-Fluss hat sich westlich von Havelock durch ein Band harten Gesteins (Rhyolit) gefressen und bei der Flussbrücke sieht man, wie er dabei Kolke gebildet hat (durch ständige Drehung von Steinen in Mulden entstandene Hohlformen), Wannen und Becken, in denen man wunderbar baden kann (wenn das Flusswasser nicht zu kalt ist). Der Fluss und die bewaldete Umgebung sind als Pelorus Bridge Scenic Reserve geschützt. Wanderwege verschiedener Längen (z. B. Tawa Path und Totara Path je 0:30 Std., beide exzellent ausgebaut) führen zu beiden Seiten der Straße vor der Brücke (von Havelock aus) durch dichten Podocarpaceen- und Südbuchenwald. Am Parkplatz gibt es ein Tagescafé!

Duncan Bay: In Ray Valley (Tankstelle, Laden/Tea Rooms) zweigen sowohl die Straße nach Okiwi Bay und French Pass als auch jene zum Tennyson Inlet und der Duncan Bay ab. In der Duncan Bay endet der Nydia Track (oder beginnt, je nachdem). Bis auf einfache Zeltplätze gibt es keine Unterkunft.

French Pass und D'Urville Island (Rangitoto ki te Tonga): Über die Okiwi Bay erreicht man French Pass, die Meerenge, die D'Urville Island vom Festland trennt. Beide haben ihren Namen von dem französischen Flottenadmiral *Dumont D'Urville,* der die Meerenge im Januar 1827 entdeckte und mit der „Astrolabe" als erster Europäer durchfuhr. Die schmale Meerenge – Mark Twain nannte sie bei seiner Reise von 1895 „nicht breiter als eine Straße" – ist wegen ihrer gefährlichen Gezeitenströme, Wirbel und bei Flut nicht sichtbaren Riffe gefürchtet, was schon D'Urville feststellen musste, der auch wegen des hier immer wehenden starken Westwinds knapp dem Kentern entging.

Die Insel hat einige große Schafzuchtbetriebe, die Schafe werden auf großen Barken zum Festland transportiert. Jede Fahrt kostet die Farmer ein Vermögen, aber eigene Barken können sie sich nicht leisten. Die Betriebe arbeiten allesamt am Rand ihrer betriebswirtschaftlichen Existenzberechtigung, immerhin haben aber die guten Straßen auf der Insel den Transport zu den Verschiffungsstellen erleichtert und verbilligt.

Blick auf Nelson und die Tasman Bay, im Hintergrund die Kahurangi Range

Nelson

In Nelson, das gerade mal eine halbe Großstadt ist, konzentriert sich das Leben des Nordens der Südinsel, eine interessante Kunst- und Kunsthandwerksszene boomt in einem mild-sonnigen, an das Mittelmeer erinnernden Klima, Meeresküste, Weinland und Gebirge liegen in unmittelbarer Umgebung

Auf wenige Blöcke zwischen Halifax Street und Selwyn Place, Rutherford Street und Collingwod Street konzentriert sich Nelsons Innenstadt. Neuseelands Café-Culture hat sich hier zahlreiche Cafés und Bistro-Cafés geschaffen, die immer wieder zur Unterbrechung eines Stadtbummels auffordern. Von der oberen Trafalgar Street bis zum Aufgang zur Kathedrale sitzt man dicht an dicht an den Tischen in der Fußgängerzone. Nelson wirkt jung, zukunftsorientiert, im Aufbruch, ist aber doch eine der ältesten europäischen Siedlungen des Landes.

Etwas Geschichte

Die ersten Europäer, die im Herrschaftsgebiet der Ngati Tumatakokoriri, das auch den Bereich des heutigen Nelson umfasste, an Land gehen wollten, wurden von Kriegskanus daran gehindert. Es kam zu einem Scharmützel, bei dem vier Matrosen starben – der Kapitän hieß Abel Tasman (→ Kasten S. 543). Er hatte wenige Tage zuvor (im Dezember 1642) als erster Europäer Neuseeland gesehen und es nach seiner niederländischen Heimat Staten Land (später umbenannt in Nieuw Zeeland) genannt. Er sollte das Land aus Angst vor weiteren Angriffen der Maori niemals betreten, die Bucht – die heutige Golden Bay – nannte er Mörderbucht. Als fast 200 Jahre später wieder Europäer anlandeten, waren kaum noch Maori in der Gegend, Kämpfe zwischen den mittlerweile mit Feuerwaffen ausgerüsteten

Stämmen hatten die Bevölkerung dezimiert. Im Gebiet des heutigen Nelson gab es kein einziges Pa. 1841 gründete die New Zealand Company Nelson – die zweite Ortsgründung nach Wellington. Die Maori-Besitzer des Landes wurden beim Kauf im Jahr 1839 betrogen. Ihre Ansicht war, dass sie niemals verkauft, sondern nur die Anwesenheit von Siedlern genehmigt hatten, denen sie Wasser und Holz zur Verfügung stellten, tatsächlich aber hatten sie ein Dokument unterschrieben, in dem sie nach Pakeha-Recht 26.000 ha verkauften – für nicht mehr als eine einzige Schiffskanone. Am 1. Februar 1842 landete bereits das erste Auswandererschiff mit Männern in der Bucht, zwei Wochen später kam das Schiff mit den Frauen. Nelson entstand nach einem bereits in der Heimat festgelegten Plan, Landvermesser machten sich an die Arbeit. Die Maori sahen sich betrogen. Der Konflikt verstärkte sich, Holzpflöcke zur Absteckung von Grenzen wurden aus dem Boden gerissen und die Hütten eines Landvermessers angezündet, niemand kam zu Schaden. Die Europäer reagierten mit Haftbefehl für die Verantwortlichen. Bei dem Versuch, die beiden „aufrührerischen" Häuptlinge Te Rauparaha und Te Rangihaeata gefangen zu nehmen, kamen in einem Handgemenge Colonel Arthur Wakefield und mehrere andere Europäer ums Leben. Das in die neuseeländische Geschichte als *Wairau-Massaker* eingegangene Scharmützel hatte insofern Folgen für die Siedler, als sie völlig isoliert wurden und fast verhungerten, bevor 1843 auf zwei weiteren Schiffen neue Siedler und neue Vorräte ankamen. Diesmal waren es vor allem deutsche Einwanderer (sie blieben nicht alle hier: ihre Siedlung St. Pauli Dorf im oberen Moutere-Tal wurde nach mehreren Überflutungen aufgegeben). Obwohl der Justiz klar war, dass die Maori betrogen worden waren, wurden die Vertragsunterzeichner der New Zealand Company nie vor Gericht gestellt.

Trafalgar Square mit Cathedral

Der Botaniker *Ernst Dieffenbach* war 1839 mit Colonel Wakefield nach Neuseeland gekommen. Seine Arbeiten über Flora und Fauna Neuseelands sind heute noch von Bedeutung, beschreiben sie doch in vielen Bereichen einen untergegangenen Lebensraum.

Information/Verbindungen

Information Visitor Information Centre, Millers Acre Centre – Taha o te Awa, Ecke 77 Trafalgar St./Halifax St., Nelson, ✆ 03/5482304, vin@nelsonnz.com, www.nelsonnz.com. Mo–Fr 8.30–17, Sa/So 9–17 Uhr.

DOC-Büro, im gleichen Raum, Mo–Fr 8–16.30 Uhr. ✆ 03/5469335.

Internet Zahlreiche Internet-Cafés, z. B. **Internet Outpost**, 35 Bridge St., oder **Aurora**, 161 Trafalgar St.

Nelson

Verbindungen Flugzeug: Nelsons Flughafen liegt 8 km westlich, Verbindungen mit allen großen Städten des Landes (Sounds Air 3-mal tägl. Wellington ab 100 $). Flughafentransfers mit Super Shuttle Nelson, ✆ 03/5475782 (ca. 15 $) oder Nelson City Taxis, ✆ 03/5288225 (ca. 15 $).

Bus: Die meisten Busse halten beim Visitor Centre, außer InterCity und Abel Tasman Coachlines, die in der Bridge Street 27 halten (bei Abel Tasman Coachlines). Direktbusse nach Picton, Blenheim, Christchurch (2 Routen), West Coast.

Stadtbusse: 4 Buslinien „The Bus" (SBL, www.nelsoncitycouncil.co.nz, eine Strecke 2,20 $) verbinden Nelson und seine Vororte wie z. B. Richmond, sie starten in der Bridge Street 27. Im Sommer Doppeldecker-Sightseeing-Bus „The Summertime Bus" (5 $/Fahrt, 10 $ Tagesticket, www.nelsoncoaches.co.nz).

Taxi: Nelson City Taxis, ✆ 03/5288225; Sun City Taxis, ✆ 0800/422666.

Mit dem Bus oder Shuttle zum Abel Tasman Nationalpark und zum Heaphy Track

Ab Nelson fährt **Abel Tasman Coachlines** im Sommer tägl. morgens nach Motueka – Takaka – Totaranui, nachmittags bis Takaka und Mo–Fr zusätzlich 1 Buspaar nur bis Motueka und Marahau. Mehrmals tägl. (im Sommer 4-mal) Nelson – Motueka – Marahau (teilw. über Kaiteriteri). Der Heaphy Track wird morgens angefahren (ab 6.45 Uhr). Abel Tasman Coachlines, 27 Bridge St., Nelson, ✆ 03/5480285, www.abeltasmantravel.co.nz; in Motueka ✆ 03/5288850.

West Coast Shuttle fährt morgens nach Motueka und Collingwood, mittags von dort bis Motueka und nachmittags (16 Uhr) nach Nelson. ✆ 03/7680028, www.westcoastshuttle.co.nz.

Atomic Shuttles betreibt ein Morgen-Buspaar Nelson – Motueka und eine Nachmittagsverbindung ab Motueka nach Nelson; Atomic Travel, ✆ 03/3490697, www.atomictravel.co.nz.

Southern Link verbindet Nelson mit Motueka 6-mal tägl. mit Fahrtmöglichkeiten von/ab Picton und von/ab Collingwood und Totaranui. Southern Link, ✆ 0508/458835, www.southernlinkcoaches.co.nz.

Sport & Freizeit

In Nelson gibt es jede Menge Anbieter, das Visitor Centre berät kompetent und bucht. Besonders interessant sind der „Natural Brewery Trail" und vor allem Fahrten in die Weinregion Tasman Bay.

Geführte Touren Natural Brewery Trail, die Tour mit *Tastings* führt zu 4 Brauereien der Region (von mittlerweile 13!), halbtägig inkl. „Ploughman's platter", die Führung und Erklärungen machen Tony Youngman und Sue Inch, beide versierte Wein- und Bierkenner (selbstverständlich werden auch Weintouren angeboten!): JJ's Quality Tours, ✆ 03/5451855, 0800/568568, www.jjstours.co.nz.

Eine **Tour durch die Weingüter** der Umgebung samt Weinproben bieten auch **Bay Tours**: 5 Weingüter mit Proben 78 $ inkl. 5 $ Restaurantvoucher und Bustransport, ganztags mit „Gourmet-Lunch" im Weinbergrestaurant 220 $. ✆ 03/5486486, 0800/229868, www.baytoursnelson.co.nz.

Ab Nelson **Tagestouren im Abel Tasman National Park**. Verbindung mit Bus und Wassertaxi. Dazu siehe Abel Tasman National Park.

Baden/Schwimmen Der nächste gute Strand ist der **Tagunanui Beach** im Süden des Zentrums.

Radfahren/Mountainbiken Für normale Radler (auch auf Mountainbikes) gibt es das Heftchen „Bike Tasman" (hrsg. vom

Tasman District Council, 5 $) mit einer Reihe eher harmloser Routenvorschläge zwischen Nelson und der Golden Bay bzw. im Nelson Lakes National Park. Die dort erwähnte, als „Mount Arthur Gridiron" bezeichnete Tour vom Flora Saddle zum Gridiron Shelter auf den Tablelands (→ Motueka) befindet sich im Nationalparkgebiet und ist für alle Fahrräder **gesperrt** – die Ranger verstehen diesbezüglich gar keinen Spaß!

Radverleih: Rad ab 30 $ für den halben Tag; Natural High, 52 Rutherford St., ☏ 03/5466936, 0800/444144; Stewart Cycles, 114 Hardy St., ☏ 03/5481666.

Reiten Stonehurst Farm Horse Treks, Haycock Rd. (17 km südlich von Nelson), geführte Reitausflüge im Vorfeld der Richmond Ranges, für 1:30–4 Std. 40–90 $. ☏ 03/5424121, 0800/487357, www.stonehurstfarm.co.nz.

Souvenirs/Feste & Veranstaltungen

Kunst & Kunsthandwerk Nelson Market ist ein Kunst- und Kunsthandwerksmarkt und Trödelmarkt am Montgomery Square, Sa 7–13 Uhr. Dazu gibt es jede Menge Stände mit Ess- und Trinkbarem, siehe www.nelsonmarket.co.nz.

Für die Erkundung der Arts-Szene der Stadt und Umgebung (viele Künstler ziehen es vor, außerhalb und etwas ruhiger zu wohnen, aber haben in der Stadt einen Laden/eine Werkstatt) gibt es bei der Info das kostenlose und bunte Faltblatt „Nelson's Creative Pathways" mit allen Adressen und Kurzbeschreibungen der Künstler und ihrer Produkte (nicht nur in Nelson, sondern in der ganzen Tasman Bay bis nach Motueka). Darunter sind auffällig viele Künstler, die Steingut und Keramik herstellen – nahe Nelson gibt es besonders gute (vulkanische) Erden und Tone, die für dieses Handwerk benötigt werden. Interessante Ziele sind z. B.

Craft Habitat mit mehreren Werkstätten, Champion Rd., Richmond, ☏ 03/5447481.

Höglund Art Glass Centre, Lansdowne Rd., Richmond, ☏ 03/5446500.

Beads Gallery, 18 Parere St., ☏ 03/5467807, www.beads.co.nz.

Pilgerziel für Herr-der-Ringe-Fans ist **Jens Hansen**, 320 Trafalgar Square, der Juwelier, der den Ring schuf, um den sich in der Trilogie alles dreht. ☏ 04/5480640, www.jenshansen.com.

Kammermusik Adam New Zealand Festival of Chamber Music, das wohl einzige echte Kammermusik-Festival Neuseelands findet in der ersten Februarhälfte in Nelson statt (2011 zum 11. Mal). Helene Pohl, Amerikanerin mit deutschen Eltern, und die Neuseeländerin Gillian Ansell, beide Violinistinnen, sind die künstlerischen Leiter der Festwochen, die in der neuseeländischen Presse zunehmend Anerkennung finden. Beide sind Mitglieder des renommierten New Zealand String Quartet. Buchungen PO Box 1001, Nelson, ☏ 03/5459327, www.music.org.nz.

Übernachten

Tuscany Gardens ▣, die Toskana ist weit weg und heller Anstrich oder schmiedeeiserne Gitter vor einem Balkon machen noch keine mediterrane Atmosphäre. Wie so oft: Asphalt vor der Tür, Asphalt vor den Fenstern. Aber: neu, sauber, sehr gepflegte Bäder mit Wanne und Mischbatterien sowie Spa, dazu Video, Stereoanlage, Fax und Aircondition (!) – nicht unbedingt die Units nahe der Straße nehmen! Unit 110–150 $. 80 Tahunanui Drive, ☏ 03/5485522, 0800/887226, www.tuscanygardens.co.nz.

Trailways ▣, dass ein Hotel in Fußentfernung vom Zentrum Zimmer mit Terrasse hat, die auf den Fluss hinaus blicken und auf denen man vom Verkehrslärm ungestört sitzen kann, ist etwas Besonderes. Das Trailways bietet es, und auch wenn die Zimmer klein sind und eher sparsam, aber neuwertig möbliert, ist man hier sehr gut aufgehoben. Unit (2 Pers.) ca. 105–155 $. 66 Trafalgar St., ☏ 03/5487049, 0800/872459, www.trailways.co.nz.

Riverlodge Motel Apartments ▣, eines der zentralsten Motels, die Units („Apartments") mit Küchenzeile, TV und Video, alle peinlich sauber. Unit 95–200 $. 31 Collingwood St., ☏ 03/5483094, www.riverlodgenelson.co.nz.

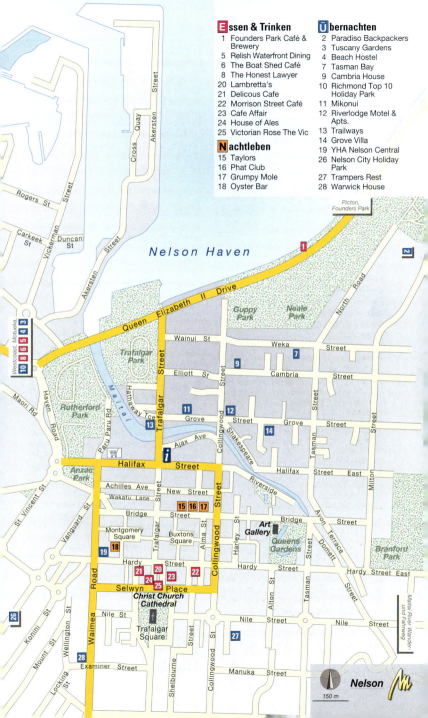

Cambria House 9, „Boutique Accommodation", also B&B mit gehobenem Standard und gehobenen Preisen in einem viktorianischen Haus mit alten Elementen wie dem Schieferdach, den Kaminen und Originaltüren, in zentrumsnaher Lage. Zimmer mit hervorragenden, hübsch bezogenen Betten und Bad/WC. Gästelounge mit offenem Kamin und Gartenanteil. Das Frühstück wird nach Wunsch im Speisesaal, draußen im Garten oder im Zimmer serviert und ist – ob cooked oder continental – aus besten Zutaten bereitet. DZ/FR 280–340 $. 7 Cambria St., ✆ 03/5484681, 0800/5484681, www.cambria.co.nz.

Mikonui 11, zentrales B&B in gepflegtem Haus der 1920er Jahre mit Rimuholztreppe, ein paar alten Ausstattungsgegenständen und 3 freundlichen Zimmern (mit Bad/WC) im 1. Stock. Das Frühstück ist hier ganz altmodisch und sehr stilvoll cooked und entsprechend gehaltvoll (continental zur Wahl). DZ/FR 130 $. 7 Grove St., ✆ 03/5483623, bess. osborne@xtra.co.nz.

Grove Villa 14, ein paar Häuser weiter als das Mikonui und 2 Dutzend Jahre älter (um 1900 erbaut), ist diese kleine Villa ein ebenso freundliches wie komfortables B&B in zentraler Lage, wenn auch etwas weniger persönlich und familiär. 3 Zimmer mit Bad/WC, die anderen 3 teilen sich ein Bad/WC. DZ/FR 90–150 $. 36 Grove St., ✆ 03/5488895, 0800/488900, www.grovevilla.co.nz.

Warwick House 28, das repräsentative Haus mit Garten ist eine frühgründerzeitliche Villa (1854), die sich als kleine Burg ausgibt, samt achteckigem Turm (mit Zugang im 1. Stock!) und hölzernen Giebelverzierungen, Baywindows und einem „Ballroom", der heute als Frühstücksraum dient und schöne Blicke auf Nelson und die Bucht bietet. 6 Zimmer und Suiten unterschiedlicher Einrichtung. Für die Ehre, auf einer Burg zu Gast zu sein, zahlt man jedoch. DZ (Suite)/FR 179–395 $. 64 Brougham St., ✆ 03/5483164, 0800/022233, www.warwickhouse.co.nz.

Beach Hostel 4, zwar ist der Beach nicht gerade vor der Tür, aber immerhin, 10 Min. sind ja nicht weit zum Sandstrand des Tahunanui Beach. Das Hostel an der nicht ganz leisen Straße bietet Garten und Terrasse. Gratis Fahrräder, Tennisausrüstung und Transfers, Pub in nächster Nähe. SG ab 26 $, DB 26–30 $, DO 26 $. 25 Muritai St., ✆ 03/5486817, www.nelsonbeachhostel.co.nz.

Paradiso Backpackers 2, ein Luxus-Backpacker in edwardianischer Villa mit neu eingerichteten 2er- und 4er-Zimmern zum Garten, aber auch vorwiegend Dorm-Plätze. Kleines Frühstück und abends eine Suppe auf Kosten des Hauses, mit Bad, Pool, Sauna und Spa, Zeltmöglichkeit (ab 17 $). Die City ist nur 10 Fußwegminuten entfernt. WLAN gratis. DB 30 $, DO 20–25 $. 42 Weka St., ✆ 03/5466703, 0800/269667, www.backpackernelson.co.nz.

Tasman Bay 7, das Backpacker-Hostel im B&B-Viertel strahlt selbst etwas Atmosphäre eines B&B aus, besonders wenn die Besitzer im Winter zum Bettenpreis gratis ein Frühstück servieren. Ruhige Lage, Garten, gratis Fahrräder und Transfer, Suppe und abendliche Puddings als Dreingabe. DB 30/37 $, DO ab 22 $. 10 Weka St., ✆ 03/5487950, 0800/222572, www.tasmanbaybackpackers.co.nz.

Trampers Rest 27, am Rand der City mit hübschem (kleinem) Garten, wenige Betten (keine Lager) und Atmosphäre eines Privathaushalts. Klavier und Gitarre für den, der musizieren will, zum Kaminfeuer natürlich. Gratis Fahrräder. DB 29 $, DO 24 $. 31 Alton St., ✆ 03/5457477.

YHA Nelson Central 19, moderne, für diesen Zweck errichtete Jugendherberge mit unterschiedlichsten Nächtigungsmöglichkeiten vom (kleinen) Schlafsaal bis zum Familienzimmer. Zentrale Lage, freundliche Details wie ein Musikzimmer mit Klavier. DO ab 30 $, DB 39–53 $, SG 60 $. 59 Rutherford St., ✆ 03/5459988, www.yha.co.nz.

Nelson City Holiday Park 26, kleiner, städtisch geführter Platz unweit der Innenstadt, ruhig. Wenige Stellplätze. Stellplatz und 2 Pers. ab 34 $, große Units 100–115 $ und Cabins mit Küche ab 85 $. 230 Vanguard St., ✆ 03/5481445, 0800/778898, www.nelsonholidaypark.co.nz.

In Richmond Richmond Top 10 Holiday Park 10, großer und großzügiger Platz (Pool, Spielplatz) mit nicht zu dicht aneinander gebauten Cabins. Cabins (50–80 $) und Motels (85–120 $), Stellplatz und 2 Pers. ab 32 $. 29 Gladstone Rd., Richmond, Nelson, ✆ 03/5445218, 0800/250218, www.nelsontop10.co.nz.

Essen & Trinken/Nachtleben (→ Karte S. 517)

Relish Waterfront Dining 5, 322 Wakefield Quay; Café und Bar im Nelson Yacht Club über der Bucht, Fisch und – nicht billig – Meeresfrüchte, Dekor (Billiggestühl in Weiß, bunte Drucke an den Wänden) und Service sind Nebensache. Wer Tische draußen bekommt und zum Essen den Blick aufs Meer hat, ist bestens bedient – reservieren! Lunch 15–30 $, Dinner 2 Gänge 40–60 $. Mo–Fr 11.30–22, Sa/So 9–22 Uhr. Auch Takeouts. ✆ 03/5391307, www.relishdining.co.nz.

The Boat Shed Café 6, 350 Wakefield Quay; seit mehr als einem Dutzend Jahren zieht dieser über den Hafen hängende Bootsschuppen von 1880 eine wachsende Klientel an. Das spezifische Ambiente ist sicher ausschlaggebend, aber das zum herrlichen Ausblick über die Tasmansee servierte Essen würde auch genügen. Tintenfisch gefüllt mit Muscheln und Fischrisotto, Horopito prime lamb (Lamm) mit Kräutern, Kumara, Manukahonig und Ziegenkäse. Gut auch die Desserts. Menü mit 1 Glas Wein um die 75 $. Sa/So zu! ✆ 03/5469783.

House of Ales 24, 296 Trafalgar St.; für ein Haus der Biere eine eher gebremste Auswahl: 10 Biere vom Fass, darunter 4 Ales von Monteith's, aber gute Auswahl an Flaschenbieren, darunter einige Boutique-Biere wie Light House, Emerson's und Founders. Bürgerliche Küche, für die Pasta mit Spinat, Feta und Oliven oder gefüllte Hühnerbrust mit Salat schon recht exotisch ist. Lunchgerichte 14–18 $, darunter ein „Curry of the Day". Auffällig viele Radfahrer tanken hier nach Flüssigkeitsverlust wieder auf! ✆ 03/5484220.

Cafe Affair 23, 295 Trafalgar St.; Bistroküche mit Muscheln, Steaks, Gegrilltem, Café-Angebot und à la carte, hervorragende Süßspeisen (wie die Zimt-Schoko-Käsetorte). Tägl. ab 9 Uhr (Riesenfrühstück ca.19 $) bis spät. ✆ 03/5488295.

Delicious Delicatessen Cafe 21, 5 Church St.; Milchbar-Look und super Bistro-Food vom Frühstück (ab 7.30 Uhr) mit Verlorenen Eiern auf Toast über Panini, Ziegenkäsetortellini, Quiches und diverse Salate sowie vegetarische Gerichte bis zur Lemon Meringue Tart. Mo–Fr 7.30–17.30, Sa 8–16 Uhr. ✆ 03/5467064.

Founders Park Café & Brewery 1, Founders Historic Park, 87 Atawhai Drive; Bar und Bistro der Founders Brewery (Long Black, Tall Blonde und Redhead) im Founders Park Village. Nicht nur Bio-Biere der Kleinbrauerei (abgefüllt in 0,5-l-Flaschen alten europäischen Stils, in Neuseeland einzigartig), sondern auch Wein und sonstige Getränke – guter Kaffee – und Bistroküche von Panini über Ploughman's Lunch und spezielle gemischte Platten bis zu Kuchen. Schließt leider schon (wie der Park) um 16.30 Uhr. ✆ 03/5484638, www.foundersbrewery.co.nz.

Lambretta's 20, 204 Hardy St.; Lambretto Motorroller über der Fassade, große Straßenterrasse des „Pizza & Pasta Shops" (verheißt wenig Gutes), das Bier ist ein unsäglicher europäischer Import, die Pizzen sind nach Lambretta-Modellen benannt (wie die Pasta ab ca. 16 $). Aus unerfindlichen Gründen scheinen besonders affektiert fröhliche Bürofeiern unbedingt hier stattfinden zu müssen. An anderen Tischen erfreuen Eltern ihre Kinder mit üppig belegten Gourmet-Pizzen. Kleines vegatarisches Angebot. ✆ 03/5458555

Morrison Street Café 22, 244 Hardy St.; innen minimalistisch mit ein paar Kunstwerken an der sonst kahlen Wand, kleiner Gartenhof, draußen auf der Terrasse zur Seite schicke Raucher, ein Hauch von Großstadt bei erstklassigem Kaffee, besten Marlborough- und Nelson-Weinen und einer eklektisch-phantasievollen Bistrokarte, die dem Autor beim Nachtisch *(rich chocolate tart* mit saftigem Innenleben à la französische „Reine de Saba") Genussseufzer entlockt hat. ✆ 03/5488110, www.morrisonstreetcafe.co.nz.

The Vic (Victorian Rose) 25, 281 Trafalgar St.; hinter repräsentativer Neo-Renaissancefassade eines Stadthauses der Gründerzeit ist dieser Pub die erste Adresse für Mac's Biere in Nelson (Mac's wird auch für die Panade von Fish & Chips verwendet sowie für den Cottage Pie, 24/15 $). Große Terrasse zur Trafalgar Street, die hier in ihrem oberen Teil eine echte Fußgängerzone ist. Einfache, eher deftige Küche (Knoblauch-Scampi, Lamm-Spießchen, panierte Hühnerteilchen – kleine Gerichte 10–12 $), auch nachmittags als Café oder nur für ein Glas Wein ein beliebter Treffpunkt. Am Sonntag wird ab 17 Uhr diniert, 2 Gänge 15 $ (!). ✆ 03/5487631.

In Monaco The Honest Lawyer **8**, 1 Point Rd.; Pub und Biergarten am Strand, dazu Pub-Food (Fish & Chips 22,50 $). Nachmittags nicht nur bei Grüppchen von älteren Damen sehr beliebt: Devonshire Cream Teas, die mit allem dazu üblichen Pomp serviert werden. Am späten Abend dominiert der Barbetrieb, oft Live-Musik, vor allem Do–Sa. ℡ 03/5478850.

Nachtleben Phat Club **16**, 137 a Bridge St.; auch hier: laut ist geil, die Bar direkt an der zentralen Nachtschwärmerecke von Nelson beweist das Nacht um Nacht, 1- bis 2-mal die Woche übrigens mit Live-Musik (von Hip Hop über Reggae bis „Drum 'n' Bass"). ℡ 03/5483311, www.phatclub.co.nz.

Taylors 15, 133 Bridge St.; dunkle „Western-Bar" mit der passenden Musik und Bar-Essen, das sich von amerikanischen Vorbildern beeinflussen ließ, eher laut als kommunikativ. Im 1. Stock Taylor's Party Backpackers (die Armen).

Grumpy Mole 17, 131 Bridge St.; wie Taylors und Phat Club an der Nachtschwärmermeile, und zwar am meistfrequentierten Eck, um Kunden muss man sich da keine Sorgen machen. Große Fassade à la Western-Filmkulisse mit Brüstung, deren Stützsäulen das obere Stockwerk tragen, aber vom Publikum her verglichen mit Taylors regelrecht Highbrow. Mit Garden Bar unter dem Motto „Drink, Dance, Chat & Smoke Al Fresco", was auch dicht an dicht getan wird.

Kulissenwechsel: **Oyster Bar 18**, 115 Hardy St.; für sich eine um Klassen feiner gebende Klientel serviert die trendige Bar schicke Cocktails zu ebenso schickem Sushi.

Sehenswertes/Touren

„The Suter" Kunstgalerie und Queens Gardens: Die städtische Kunstgalerie wurde 1899 errichtet und in Erinnerung an einen der Bischöfe der Stadt „The Suter" genannt. Neben der eigenen Sammlung, die im Wechsel gezeigt wird (Charles F. Goldies „Hamaiora", das Portrait eines jungen Maori von 1901, ist darunter, ebenso Gottfried Lindauers „Huria Matenga" von 1909, das eine junge Maori-Frau darstellt), gibt es Wechselausstellungen. Das Museum besitzt u. a. eine bedeutende Sammlung von Werken des neuseeländischen Künstlers Sir Toss Woolaston (1910–1998). Der umgebende Park ist schon sehr alt, er wurde bereits im ursprünglichen Plan für Nelson geschützt (und nach der damaligen Königin Victoria Queen's Gardens benannt, heute fast immer Queens geschrieben, als ob es sich um einen Stadtteil von New York handelte). Im Park gibt es auch ein Café (Suter Park Café).
Tägl. 10.30–16.30 Uhr. Eintritt 3 $, Sa frei. www.thesuter.org.nz.

Nelson Provincial Museum/Pupuri Taonga Te Tai Ao: Das erst Ende 2005 eröffnete und moderne Museum der Provinz enthält mehr als 1,4 Mio. Einzelobjekte, die nur teilweise ausgestellt werden können. Einzelne Familiensammlungen hat man nicht auseinandergerissen, so ist die Kingdon-Tomlinson-Silbersammlung mit 140 Stücken (1594 bis ins 19. Jh.) so zu sehen, wie sie 1959 der Region von der Familie geschenkt wurde. Bücher, historische Landkarten, alte Stiche, mehr als 105.000 historische Fotonegative aus den Jahren 1878–1924 und eine Sammlung von mehr als 200.000 jüngeren Fotonegativen aus der Provinz (von 1979 bis 1994) sind der wichtigste Besitz dieses bedeutenden Regionalmuseums.
Mo–Fr 9–17 Uhr, Sa/So/Fei 10–16.30 Uhr. Eintritt mit Koha (Spende). ℡ 03/5479740, www.museumnp.org.nz.

Christ Church Cathedral: Am oberen Ende der zentralen Trafalgar Street erhebt sich auf einem Hügel die nicht sonderlich einladende anglikanische Kathedrale der Stadt, die zwischen 1925 und 1972 erbaut wurde. Sie ist innen etwas reizvoller als außen: Buntglasfenster tauchen den Innenraum in ein warmes Licht.

Founders Park: Im 5 ha großen Founders Park hat man einige der präsentableren Gebäude aus der Pionierzeit zusammengetragen, die im sich rasch verändernden Nelson übrig geblieben waren. Auch ein maritimes Museum mit Schiffsmodellen

Richmond Ranges

findet sich hier. Im Park lockt die Founders Park Brewery, eine Gasthausbrauerei mit Café (→ Essen & Trinken).
Tägl. 10–16.30 Uhr. Eintritt 7 $.

WOW – World of Wearable Art & Classic Car Museum: 6 km südwestlich des Zentrums steht in der Quarantine Road 95 im Vorort Stoke Nelsons Museum tragbarer Kunst mit angeschlossenem Oldtimermuseum. WOW geht auf den Einfall einer jungen Designerin zurück, die 1987 eine Kleiderkollektion aus Kunstwerken entwarf – was zunächst nur ein Gag sein sollte. Die Idee war so zündend, dass sich das ganze zu einer internationalen Fashion-Show ausweitete, die Nelson als Modestandort berühmt machte – und 2005 vom größeren, dynamischeren und internationaleren Wellington geklaut wurde (→ Wellington). Immerhin, das Museum blieb und der Rundgang durch diese Kunstkreationen aus allen möglichen Materialien ist spannend, witzig und animierend.

Verbindungen Der Summertime Bus hält vor der Tür, alternativ The Bus nach Richmond.

Öffnungszeiten Tägl. 10–18.30 Uhr, Ostern bis Okt. nur bis 17 Uhr. Eintritt 18 $.
☏ 03/5474573, www.wowcars.co.nz.

Die Richmond Ranges und der Mount Richmond Forest Park: Das Bergland im Rücken von Nelson, die Richmond Ranges, ist teilweise als Mount Richmond Forest Park geschützt (die Mountainbike-Trails, die oben erwähnt wurden, liegen alle außerhalb). Einige Gipfel erreichen die 1.700 m Höhengrenze und damit alpine Matten, das *South Island edelweiss* findet sich in felsigem Gelände. Besonders in der North Range, westlich und nördlich des Wairua-Tales (durch das die Straße von Blenheim nach St. Arnaud verläuft), sind die Wanderungen nur erfahrenen Bergsteigern zu empfehlen. In der Nähe von Nelson jedoch gibt es einen 3- bis 4-tägigen Weg, den auch durchschnittliche Bergwanderer gehen können, den Pelorus Track mit vier Übernachtungshütten.
Für die Richmond Ranges gibt es im DOC Nelson mehrere Merkblätter mit den wichtigsten Informationen, sie sind auch im Visitor Centre Nelson und im Visitor Centre und DOC-Büro in Blenheim zu haben.

Die Tasman Bay

45 km breit ist die Öffnung der Tasman Bay zum offenen Meer, das hier ebenfalls den Namen des ersten Europäers, Abel Tasman, trägt, der in diese Gegend kam: Tasmansee. Zwei Glanzlichter liegen an den beiden äußeren Enden der Tasman Bay, der Westrand der Marlborough Sounds mit D'Urville Island im Osten und der Abel-Tasman-Nationalpark im Westen.

Meist fährt man direkt von Nelson nach Motueka, wo man am besten Unterkunft sucht, wenn man den Abel-Tasman-Nationalpark erkunden will (aber auch Kaiteriteri kommt in Frage). Der Südrand der Tasman Bay, der dazwischen liegt, wird meist vernachlässigt. Der Abel-Tasman-Nationalpark ist eine der Ikonen der neuseeländischen Fremdenverkehrswerbung und das zu Recht. Sein Mix aus mediterraner und exotischer Vegetation, die von Inseln und Riffen unterbrochene blaue Meeresfläche, auf der sich Kajaks in allen Farben tummeln und der Genuss des Wanderns ist hier außergewöhnlich, Damit überstrahlt der Nationalpark alle anderen Ziele, die man von Motueka aus erreichen kann, wie z. B. die im östlichen Teil des Kahurangi-Nationalparks (den mittleren und westlichen Teil besucht man besser von der Golden Bay aus). Dabei ist Mount Arthur mit seinen Tablelands ein Genuss-Bergwandererziel der ersten Güte und für Karst-Freaks sowieso *das* Ziel. Oder doch nicht ganz: Die treppigen verkarsteten Kalksteinstufen des Mount Owen, ebenfalls am besten von Motueka aus zu erreichen (wie das Ostende des Wangapeka-Tracks), haben sich seit der filmischen Umsetzung des Herr-der-Ringe-Mythos als *Dimrill Dale* in die Vorstellung von Millionen eingekerbt.

Unterwegs nach Motueka, am Horizont der Kahurangi

Zwischen Nelson und Motueka

Am südlichsten Punkt der Tasman Bay liegt die Städtereihe Nelson – Stoke – Richmond. Hier beginnt eine immer wieder von kurzen Abschnitten niedriger Steilküste unterbrochene Ausgleichsküste mit langen Sand- und Kiesstränden, Halbinseln, Haffen und Nehrungen, einer Handvoll winziger Inseln und einer großen (Rabbit Island), die erst am Takaka-Vorgebirge endet und damit an der Grenze des Abel-Tasman-Nationalparks. Wenige Besucher der Südinsel bleiben hier hängen, trotz Weinberglandschaft bei Richmond, zahlreichen oft idyllisch gelegenen Strandsiedlungen, trotz Vogelschutzgebieten und einer fleißigen Kunsthandwerkerszene. Und die wenigsten deutschsprachigen Besucher zieht es nach Upper Moutere, einer der wenigen deutschen Ortsgründungen Neuseelands. Der Abel-Tasman-Nationalpark und jenseits des Berges von Takaka die Golden Bay (was für ein verheißungsvoller Name!) und der berühmte Heaphy Track, wie der Abel Tasman Coastal Track ein neuseeländischer „Great Walk", locken zu sehr.

Doch nicht nur Wein wird hier produziert, in der Gegend um Moutere werden auch 60 % der Weltnachfrage an Boysenberries gedeckt! Hauptabnehmer ist Japan, dessen Fixierung auf Neuseeland sicher vom grünen Image der Doppelinsel mitbestimmt wird.

Verbindungen

Bus: *Abel Tasman Coachlines* verbindet Nelson mit Motueka und hält an den wichtigsten Orten des SH 60. Auf dem Moutere Highway kein Busverkehr.

Übernachten/Essen & Trinken

Zwischen Richmond und Mapua Grape Escape, an der Abzweigung der McShanes Road vom SH 60; Café und Weinbar in historischem Siedlercottage neben der Straße, die heiße gefüllte Focaccia (mit Huhn oder veetarisch 17/14 $) und die Kuchen und Torten sind recht populär; Gemeinschafts-Verkauf und Weinproben der Weingüter **Richmond Plains** mit Bio-Weinen und **Te Mania Estates**. Tägl. 11–16 Uhr. ✆ 03/5444341.

Petite Fleur, Redwood Rd., Appleby; das Restaurant mit Terrasse zum Seifried'schen Weingarten wurde Ende 2008 mit neuer (deutscher) Leitung wieder eröffnet. Die Küche bietet raffiniert schlichte Bistro-Gerichte, die perfekt serviert werden. Salate ca. 20 $, Hauptgang 23–34 $. Do-So 11–16 Uhr. ✆ 03/5441555, www.petitefleur.co.nz. Infos zur Winery → Weingüter der Tasman Bay.

Am Waimea Inlet Atholwood, das B&B liegt am Meer, auch wenn man es bei Ebbe in der riesigen Bucht nicht sieht und nur die Watvögel im Sand daran erinnern. Friedliche Atmosphäre in großem Garten in einem funktionell ruhig gegliederten Haus mit hohen Decken und großen Sonnenterrassen. Jedes Zimmer hat Bad/WC und den gleichen Blick aufs Meer, Gatehouse mit zwei Apartments. Reichhaltiges Frühstück mit viel Obst aus der Umgebung und italienischem Brot, Lunch und Dinner können arrangiert werden. DZ/FR 399 $, Apt. im Gatehouse (2 Pers.) 350 $. Bronte Rd. East, RD Upper Moutere, Nelson, ✆ 03/5402925, www.atholwood.co.nz.

Auf der Bronte Peninsula Kimeret Place B&B, exklusive Unterkunft in großem (1,5 ha) Grundstück mit geheiztem Pool, von dem man, wie von Haus und Garten, den Blick auf das Meer über das Waimea Inlet hat. 2 luxuriöse Suiten mit Charakter, Bad/WC getrennt, Wohn-, Schlaf- und Ankleidezimmer, eigene Terrasse – dort wird auch fürs Frühstück gedeckt. Die Gastgeber sind Aussteiger-Briten und betreiben das B&B als Gegensatz zu ihrem früheren Leben als Nuklearingenieure. DZ (Suite oder Cottage) mit FR 225–355 $. Bronte Rd. East, Bronte Peninsula, Upper Moutere, ✆ 03/5402727, www.kimeretplace.co.nz.

In Mapua Mapua Leasure Park, vielseitiger, ausgedehnter Holiday Park direkt am flachen Waimea Ästuar mit seinen enormen Tidenschwankungen und feinem Sandstrand. Betten/Plätze für alle, vom Motel-Unit über die Cabins für Backpacker zu Caravan- und Zeltplätzen (ausreichend Sanitär- und Küchenblöcke). Schwimmbecken, Sauna und Spa, Tennis, guter Kinderspielplatz und Spielhalle. Das Restaurant am Strand „The Boatshed Café" bietet gute Bistro-Küche vom Frühstück bis zum Dinner. Stellplatz und 2 Pers. ab 30 $, Cabin 45–95 $, Unit 120–150 $. 33 Toru St., Mapua, ✆ 03/5402666, www.mapualeisurepark.co.nz.

Flax, Mapua Wharf; großes Restaurant am Hafen mit gedeckter Terrasse und phantasievoller (manchmal allzu phantasievoller) Küche (Hauptgericht ab 25 $), die Greenhough-Weine der Karte sind vom Weingut des Bruders des Besitzers und Chefkochs. ✆ 03/5402028, Mo zu.

Nebenan bietet **Smokehouse Fish & Chips**, Shed 3, Mapiua Wharf; das Leibgericht der Neuseeländer frisch aus dem Meer und frisch frittiert, Bänke und Tische vor der Bude und Preise wie gestern: Portion Fisch und halbe Portion Chips zu 5 $. www.smokehouse.co.nz/smokehouse.

The Naked Bun Patisserie & Café, 66–68 Aranui Rd. in der Mall; mal nicht nur dem Namen nach eine European-style-Bäckerei, die Back- und Konditorwaren hier sind tatsächlich (mittel-)europäischen Typs, nicht nur die fürs Image verwendete Nussschnecke. Dazu vorzüglicher Kaffee, draußen oder drinnen. Tägl. 7–17 Uhr. ✆ 03/5403656.

In Upper Moutere ⟫ Mein Tipp: Neudorfs Gingerbread House, am Moutere Highway, nicht am SH 60. In der deutschen Gründung Neudorf dürfen Sie gerne Deutsch sprechen, Doris ist Schweizerin, die ganze sympathische Familie spricht Deutsch und Schwizerdytsch und kümmert sich fürsorglich und hilfsbereit um den Gast. Ein Gingerbread House ist ein Lebkuchenhaus mit Fachwerk und daran erinnert das komfortable Haus mit extra Cottage, sonniger Veranda im Kolonialstil und großem, buntem Blumengarten und Bio-Gemüsegarten. Das ist ideal zum Ausspannen, zum Lesen auf der Terrasse. Auf dem großen Grundstück steht noch ein Häuschen mit dem Rufnamen „Casa Lucia", das ganz modern und komplett als Ferienwohnung ausgestattet ist, ideal für Ruhesuchende. DZ/FR 115–135 $, Casa Lucia 165 $ inkl. 1. Frühstück nach Anreise. 357 Neudorf Rd., Upper Moutere, (am Moutere Highway, nicht am SH 60), ✆ 03/5432472, www.gingerbreadhousenz.com. ⟪

Das Waimea Inlet und Rabbit Island: Zwischen der Halbinsel südlich des Flughafens von Nelson und Mapua, 25 Straßenkilometer weiter, ist die Küste der Tasman Bay in flache, bei Ebbe trockene Buchten aufgelöst, die zur Bay hin durch Rabbit Island vor starkem Wellengang geschützt sind. Ehemals verlief die Küste zwischen Mapua und Nelson am Nordrand von Rabbit Island entlang, aber irgendwann einmal muss eine Sturmflut den Küstenwall der Dünen durchbrochen und das Waimea Inlet geöffnet haben (ähnlich wie im Jadebusen bei Wilhelmshaven, wo das in historischer Zeit geschah). Der Waimea-Fluss mündet in das Inlet, auf seinen Flussschottern entstanden seit der Pioniertat der Seifrieds etwa zwei Dutzend Weingüter, die von der hohen Sonnenscheindauer – Nelson hat die höchste der Nation – und dem Untergrund aus Tonen, Sanden und Schottern mit reichlich Kalkbeimengung profitieren.

Mapua: Der alte Fischerhafen liegt an einem der Ausgänge des Waimea Inlet, vor sich hat man das Westende von Rabbit Island. Das ehemals ruhige, auf das Räuchern von Fisch spezialisierte Dorf ist in den letzten Jahren zu einem sommerlichen Szene-Treff mit mehreren Restaurants und Bistro-Cafés geworden (geräucherten Fisch gibt es dort immer noch). Jedem Neuseeländer ist Mapua als Wohnort des Malers *Toss Woolaston* (→ Literaturliste: Bücher von Gerald Barnett und Jill Trevelyan!) bekannt, der hier mit seiner Frau von 1936 bis 1949 lebte. Eines seiner schönsten Bilder, das ganz bewusst an den Malstil Cezannes erinnert, hängt in Wellington im Te Papa Museum: „Landscape, Horoirangi from Mapua" (entstanden 1939).

Wine & Dine ist Motto der Tasman Bay

Das Moutere Inlet: Es ist kleiner und schmaler als das Waimea Inlet, und von Süden durch die Pina-Halbinsel, durch Jacket Island in der Mitte und von Norden durch die Halbinsel, die zum Port Motueka führt, noch besser geschützt, allerdings auch flacher und stärker verlandet. Die kleine Siedlung *Tasman*, an der Abzweigung vom SH 60, und *Kina* bereits am gleichnamigen schönen Beach, sind die einzigen Orte.

Moutere und die deutsche Gründung Sarau: In Upper Moutere, einem Dorf in den Hügeln über der Tasman Bay, steht die St Paul's Lutheran Community Church. Wer sich die Grabsteine auf dem umgebenden Friedhof ansieht, liest bei den älteren fast nur deutsche Namen: Upper Moutere ist eine deutsche Gründung. 1839 warb die Neuseeland-Gesellschaft in Deutschland Auswanderer an, die dann 1842 mit der „St. Pauli" von Hamburg in See stachen. Die 123 Auswanderer waren vor allem norddeutsche Lutheraner. Ein erster Ansiedlungsversuch bei Nelson endete glücklos, das Land war feucht und unfruchtbar. Man entschloss sich umzuziehen und fand den heutigen Standort im Tal, der nach dem Herkunftsort zweier Gründer „Sarau" genannt wurde. 1853 hatte Sarau einen eigenen Pastor, 1856 eine eigene Schule, 1864 die erste Holzkirche und, 1905 eingeweiht, die größere neugotische Kirche, die im Inneren aus poliertem Rimuholz errichtet wurde. Die Glocke aus Hamburg, die 1865 eintraf, läutet heute noch. Im Inneren befindet sich ein Gemälde von Gottfried Lindauer (Christus mit Dornenkrone), er war häufig zu Besuch in Sarau.

Äpfel und Wein an der Tasman Bay

Traditionell baute man an der Tasman Bay und im Hügelland zu beiden Seiten des Waimea-Flusses Äpfel und Tabak an. Tabak sieht man immer noch, im Motueka Valley bei Woodstock und Tapawera sind die Tabakpflanzungen sehr auffällig, aber die neuere Sonderkultur Hopfen scheint ihm starke Konkurrenz zu machen. Viel verbreiteter sind Apfelkulturen, die meist hinter hohen Hecken versteckt sind. Die ersten Apfelgärten wurden in den 1930er Jahren in der Gegend von Upper Moutere und um Mapua gepflanzt. In der Tasman Bay sind etwa 5.000 Menschen direkt vom Apfelanbau abhängig, in der Erntezeit sind es wesentlich mehr. Etwa 70 % des Einkommens aus der Landwirtschaft (inkl. Wein und Tabak) werden mit den Äpfeln erzielt. Diese aber bringt nach der „Deregulation" von 2001, durch die der Staat den Markt für Überseeimporte öffnete (und durch Schwierigkeiten, die australische Behörden neuerdings beim Import von Kiwi-Äpfeln machen) immer weniger ein, dabei gehen 55 % der ca. 415.000 Tonnen, die in Neuseeland (2009) produziert werden, in den Export, der aber durch die steigende Nachfrage aus Ostasien ständig wächst. Die Kiste Äpfel kostet heute weniger als im Jahr 2000 – damals 21 $, 2008 20,35 $ – und das bei der nicht unerheblichen Geldentwertung. Natürlich gibt es Schwankungen, die Ernte kann besser oder schlechter sein, der Weltmarkt mehr oder weniger gierig nach neuseeländischen Äpfeln. Aber die Apfelbauer sind verunsichert und sie haben schnell reagiert: Im Jahr 2000 waren in der Region Nelson-Tasman noch 4.107 ha mit Apfelbäumen besetzt, 2003 nur noch 3.240 ha, im Jahr 2009 waren es 2.380 ha. Royal Gala und Braeburn hatten Cox Orange und Granny Smith ersetzt, um dem Publikumsgeschmack gerecht zu werden.

Die Weinindustrie an der Tasman Bay hat da weniger Probleme, ihre – recht teuren – Weine verkaufen sich wie von selbst (bisher). Wein, Weinproben, Essen im Bistro-Restaurant im Weinberg sind die große Mode. Picknick im Weinberg: noch besser. Pinot Noir und Chardonnay, Sauvignon Blanc und Riesling sind mittlerweile fast jedem Kiwi ein Begriff, wie früher Müller-Thurgau (der immer schön lieblich war, trockener Wein war gar nicht trinkbar – so wandelte sich der Publikumsgeschmack auch in Deutschland, wo man bis in die Mitte der 1970er kaum einen trockenen Wein bekam!). Mengenmäßig ist die Weinindustrie noch unbedeutend, für die Attraktivität der Tasman Bay leistet sie jetzt schon einen bedeutenden Beitrag.

Weinführer auf www.wineart.co.nz; geführte Touren in die Weinregion → Nelson/Sport & Freizeit.

Weingüter der Tasman Bay

Grape Escape, an der Abzweigung der McShanes Road vom SH 60: Gemeinschafts-Verkauf und Weinproben der Weingüter Richmond Plains mit Öko-Weinen und Te Mania Estates (→ Essen & Trinken).

Seifried Winery (→ Essen & Trinken). Die 1973 in Upper Moutere gegründete Weinkellerei ist die älteste der Nelson Bay und der Südinsel überhaupt, die Gründer Hermann und Agnes Seifried, Österreicher und Neuseeländerin, leiten das Unternehmen noch heute, der 3-köpfige Nachwuchs steht bereit. Ursprünglich bewirtschafteten sie 2 ha mit 14 Varietäten, alle auf gegen Philoxera resistente Stöcke gepfropft. Inzwischen wurde das Gebiet stark ausgeweitet, v. a. in die Ebene nahe Richmond – das Ergebnis sind von Boden, Kleinklima und Ausrichtung sehr unterschiedliche Lagen, die für die verschiedensten Rebsorten geeignet sind: schwere Lehmböden in den Hügeln von Upper Moutere, von Steinen durchsetzte Böden von Brightwater, sandig-kiesige Böden der Waimea Plains. 1996 zog die Kellerei neben das Restaurant an der Straße von Nelson nach Motueka (touristengünstig), in den Appleby-Weinberg (das Restaurant wird unabhängig von der Kellerei geführt). Seifried verwendet nur die eigene Traubenernte (!), 50 % gehen in den Export. Breites Spektrum: Sauvignon Blanc, Riesling, Chardonnay (auch Barrique), Gewürztraminer, Pinot Gris, Pinot Noir, Cabernet Sauvignon, Cabernet und Merlot, Syrah, Sylvia (Zweigelt!), es gibt auch handverlesene Spätlesen und Eisweine. Seifried, Redwood Rd., Appleby, PO Box 7020, Nelson, ✆ 03/5445599; Restaurant Petite Fleur (→ Essen & Trinken), www.seifried.co.nz.

Neudorf Vineyards, Neudorf Rd., Upper Moutere; eines der ersten und ältesten

Weingüter der Region im lieblichen Hinterland der Bay in Upper Moutere. Gratis-Weinproben mit Pinot Noir, Pinot Gris, Chardonnay und Riesling, auch Picknickmöglichkeit. Sept. bis Mai Mo–Sa 10.30–14.30 Uhr, im Jan. tägl. 10–17 Uhr, 03/5432643, www.neudorf.co.nz.

Greenhough Winery, Patons Rd., RD 1, Hope (die Patons Rd. verläuft parallel zum SH 6 südlich von Richmond), kleineres Weingut mit ausgezeichneten Weißweinen. An Wochenenden Ende Okt. bis Ostern und im Jan. tägl. jeweils 13–17 Uhr. 03/5423868.

Himmelsfeld, Gardner Valley Rd., RD 1, Upper Moutere. Bauern im Upper Moutere seit 1859, haben die Eggers sich in den letzten Jahrzehnten auf den Weinbau umgestellt und produzieren u. a. Sauvignon Blanc, Chardonnay (besonders gepriesen) und Cabernet Sauvignon. Ende Okt. bis Febr. tägl., sonst nach Anmeldung. 03/5432223, www.himmelsfeld.co.nz.

Kahurangi Estate, Sunrise Rd., Upper Moutere; beste Weißweine (Gewürztraminer, Riesling) und beliebtes Bistro-Café im Weinberg. Bis Mai tägl. 11–17 Uhr. 03/5432980, www.kahurangiwine.com.

Motueka

Motueka im Norden der Tasman Bay knapp vor dem steilen Takaka Hill war und ist von der Landwirtschaft bestimmt, früher von Hopfen und Tabak, heute stark von Südfrüchten und Beerenfrüchten wie Johannisbeeren, die in den durch Hecken geschützten Fruchtgärten rund um den Ort reifen. Es gibt wenig zu sehen, das Meer liegt einen guten Kilometer entfernt, eine hübsche Meerespromenade ist zu begehen, aber wer in Motueka absteigt, tut dies kaum wegen des Ortes, sondern weil hier die beste Basis für die Erkundung des Abel-Tasman-Nationalparks und des Ostteils des Kahurangi-Nationalparks ist (beide sind weiter unten beschrieben). Transportbuchung, Buchung der Übernachtungen (zwingend auf dem beliebten Abel Tasman Coastal Track und dem Heaphy Track), das macht man am besten

Idyllisch: Friedhof in Motueka

hier. Übernachtungsmöglichkeiten gibt es zuhauf und in allen Kategorien (außer Hotel). Shuttles und Busse in den Abel-Tasman-Nationalpark und zum Ostende des Heaphy Tracks starten hier (oder bereits in Nelson), für sämtliche anderen Aktivitäten (Kajaken, Tauchen, Schwimmen mit Pelzrobben, Segeln, Skydiving) gibt es ab Motueka gratis Zubringertransporte.

Information/Verbindungen

Information Motueka i-Site Visitor Centre, 20 Wallace St., tägl. 8–19 Uhr, im Winter 8–17 Uhr. Alle Buchungen für den Abel Tasman National Park, Bustickets, Informationen zu allen Nationalparks der Region, für den Kahurangi National Park eher wenige Infos. Hüttenplatzbuchungen im Abel Tasman National Park am besten so weit wie möglich im Voraus ausschließlich über das Internet. ℡ 03/5286543, www.motuekaisite.co.nz.

DOC-Büro Ecke High/King Edward St. (am südlichen Ortseingang), Mo–Fr 8–16.30 Uhr. ℡ 03/5289117.

Internet An mehreren Stellen, z. B. Cyberworld, 178 High St.

Verbindungen Flüge von Wellington und Nelson zum Landestreifen 3 km südlich des Ortes, u. a. von Abel Tasman Air, ℡ 03/5288290, 0800/304560.

Busse von Abel Tasman Coachlines, Abel Tasman Golden Bay Explorer und K-Bus von/nach Nelson und Golden Bay halten beim Visitor Centre. Details → Nelson!

Taxis: Tasman Taxis, ℡ 03/5281032.

Sport & Freizeit/Touren

Wandern Trek Express, alt eingesessenes Unternehmen, vom sehr hilfsbereiten Rory Moore geleitet, der sich in der Region vorzüglich auskennt. Feste Transfers (z. B. auch unter dem Namen „Heaphy Bus" zu den beiden Enden des Heaphy Track), aber auch jede Art Transfer und Tourorganisation nach Maß plus Taxidienste, Transfers ab Picton, Nelson oder Motueka. Rory Moore, ℡ 03/5402289, 0800/128735, www.trekexpress.co.nz.

Ein festes Programm an geführten Touren hat **Bush & Beyond Guided Trekking**, darunter auch Leslie-Karamea Track (6 Tage ca. 1.500 $) und Heaphy Track (1 Tag Mt. Arthur von der Flora Hut mit Transfer ab Motueka inkl. Lunch 195 $). 35 School Rd., Motueka, ℡ 03/5289054, www.bushandbeyond.co.nz.

Wilsons Abel Tasman ist auf den Namen gebenden Nationalpark spezialisiert (unten), www.abeltasman.co.nz.

Die nötige **Ausrüstung** für Trekking inkl. Camping-Utensilien und für Tageswanderungen kann in Motueka ausgeliehen werden: Sportsworld, 201 High St., ℡ 03/5286710 oder Coppins, 155 High St., ℡ 03/5287296.

Radtouren Die flache bis hügelige Gegend im Hinterland von Motueka eignet sich hervorragend für Radtouren. Wer sich einer Führung anvertraut, kann sich z. B. mit dem Bus ins Weingebiet fahren lassen, dann mit dem Rad zu 4 Vineries fahren samt Weinproben – ein Angebot von **Bike Tasman** (deutsche Leitung). Oder Bike & Kajak, Bike & Seal und natürlich Radverleih. Geführte Touren ab 79 $, Fahrradleihe 1 Tag 60 $. Bike Tasman, Motueka, ℡ 0508/245464, www.biketasman.co.nz.

Auch kleine Orte haben einen Flugplatz (Motueka), im Rücken der Kahurangi

Motueka 529

Kino/Einkaufen

Kino The Gecko Theatre, 78 High St., viele klassische Filme und einige in Originalsprache, www.geckotheatre.co.nz

Für Selbstversorger Großer **Supermarkt** (New World) Ecke Tudor/High St.

Übernachten

Avalon Manor Motel, noch junges und folglich nicht abgewohntes Motel an der Durchgangsstraße mit guter Ausstattung, die in den behindertengerechten Units u. a. Fön, Sat-TV, Video, Bügeleisen/-brett umfasst. Die Küche hat sowohl Mikrowelle als auch Backofen, 7 Units haben Spa; 2 Stockwerke, die oberen mit Balkon. Unit 105–220 $. 314–316 High St. (nahe Whakarewa Street, Westseite), ✆ 03/5288320, 0800/282566, www.avalonmotels.co.nz.

Motueka Garden Motel, Pool und Spa, nicht am stark befahrenen SH 60, sondern an der Straße ins Motueka Valley und am Ortsrand! Unit 80–120 $. 71 King Edward St., ✆ 03/5289299, 0800/101911, www.motmotel.co.nz.

Golfview Chalet, direkt am Golfplatz liegt das Haus des sympathischen Besitzerpaares, da sind die nach hinten gehenden – eher kleinen – Räume für die Gäste wirklich ruhig. Große Lounge und bestes Frühstück, hilfsbereite Gastgeber („Sie müssen zur i-Site? Da bringen wir Sie selbstverständlich hin"). DZ/FR 145–150 $, Apt. (2 Pers.) 130 $. 20a Teece Drive, ✆ 03/5288353, www.golfviewchalet.co.nz.

Hat Trick Lodge, neue Backpacker-Lodge gegenüber Info Centre, also absolut zentral, für diesen Zweck errichtet und entsprechend funktionell: große Küche, Aufenthalts- und Sitzbereich könnten größer sein, helle Zimmer (45 Betten), E-Mail, freundlicher Staff, der auch bei Buchungen behilflich ist. Busstop vor der Tür. DB 28–32 $, DO 22–30 $. 25 Wallace St., ✆ 03/5285353, www.hattricklodge.co.nz.

The Laughing Kiwi, Backpacker-Hostel in der Ortsmitte mit nur 16 Betten, Tee/Kaffee gratis, auch Zelten möglich. DB 28–31 $, DO 24–26 $. 310 High St., ✆ 03/5289229, www.laughingkiwi.co.nz.

The White Elephant, freundliche Backpacker-Herberge in großem Giebelhaus mit parkähnlichem Garten, kleinere und große Zimmer, kein Schlafsaal, gratis Transfers zum Bus und halbe Stunde WLAN. DB 27–32 $, DO 23–30 $. 55 Whakarewa St., PO Box 81, Motueka, ✆ 03/5286208, www.whiteelephant.co.nz.

Motueka Top 10 Holiday Park, der örtliche Top 10 liegt nur 1 km von der Ortsmitte entfernt, hat Schatten und 3 saubere Küchen- und Toilettenblocks. Motel 99–160 $, Cabin 55–135 $, Stellplatz u. 2 Pers. ab 36 $. 10 Fearon St., ✆ 03/5287189, 0800/668835, www.motuekatop10.co.nz.

»› Mein Tipp: Grey Heron B&B Homestay, Graureiher, Silberreiher und Löffler leben in der Lagune an der Mündung des Moutere-Flusses, auf die der Garten von Sandro und Laura schaut. Vom ersteren hat das Haus seinen Namen. Am Horizont steht das charakteristische Profil des Mount Arthur im Kahurangi-Nationalpark. Sandro und Laura sind passionierte Verfechter gesunder Bio-Nahrung, aus dem eigenen Garten kommen Gemüse und die Früchte für die selbst gemachten Marmeladen zum Frühstück, das Brot, auch das Toastbrot, ist selbst gebacken, dazu gibt es frisches Obst, Jogurt, Müsli, Fruchtsäfte – den Bio-Wein fürs Abendessen (auf Vorbestellung, 40 $) bringt der enthusiastische Sandro von Italienreisen mit nach Hause. Das Haus hat kein TV, aber Böden aus italienischen Keramikfliesen, in der großzügigen Lounge einen offenen Kamin, der Tisch im Esszimmer ist aus poliertem Rimu, er stammt aus einer ehemaligen Kirche. Die 3 Zimmer sind hell und einfach, aber komfortabel eingerichtet, 6 bis 7 Pers. können untergebracht werden, „aber lieber weniger" meinen die beiden, das gibt eine intimere Atmosphäre. DZ/FR (cont.) 140 $. 110 Trewawas St., Motueka 7161, ✆ 03/5280472, www.greyheron.co.nz. **«**

Essen & Trinken

The Red Beret Café, 125 High St.; das populäre Lokal ist so unscheinbar wie angenehm, die kleine Bistrokarte ist in Ordnung, die Bedienung aufmerksam und der helle Raum mit der Metall-Holzfaserbestuhlung und kleiner gedeckter Terrasse zur Straße wirkt freundlich und einladend.

Simply Indian, 130 High St.; Lunch und Dinner würziger als sonst beim Inder in Neuseeland, wo man generell mit den Gewürzen spart, um die zarten Gaumen der Kiwis nicht zu beleidigen. Sehr gute Lammgerichte, Vegetarisches wie Dal Makhni auf der Grundlage von schwarzen Bohnen, besonders schmackhaft die gefüllten Brote, z. B. Keema Naan, Weißbrotfladen aus dem Tanduriofen mit Lamm- und Minzefüllung. ✆ 03/5286364.

Muses Café, 136 High St.; kleines Café rechts neben und im Gebäude des District Museums, der Gastraum ein hoher alter Raum mit spiegelndem Holzdielenboden. Unterschiedliche Möblierung inklusive Sofa, kleiner überdachter Gastgarten etwas von der Straße zurück gesetzt, guter Kaffee mit vielen Spezialitäten, Standards wie gegrillte Panini, Quiches, Salate (ab 10 $). ✆ 03/5288696.

The Gothic, 208 High St.; Café-Bar in neu-gotischen Mauern, Steinplattengrill (Fleischgerichte 20–30 $), an der Hauptstraße, etwas zurückgesetzt, mit Platz für Terrasse. Gute Nudelgerichte, gefüllte Panini für 10 $, das gesamte Speisenangebot mit diskret mediterranem Flair. Die Kirchenausstattung in einem Restaurant („gothic" meint hier weniger gotisch als makaber) ist gewöhnungsbedürftig. ✆ 03/5286699.

Bar im Hotel Motueka, High St. gegenüber Beginn Pool St.; die Bar des sehr traditionellen Hotels ist ein echter Pub in britischer Tradition bis hin zu den fleißig Bier zapfenden und mit Kunden flirtenden Barmaids, abends ist jeder (Steh-)Platz besetzt, das Publikum „gemischt". Billard Room, Lounge Bar, Gaming Room mit 18 Maschinen und ein Grill & Schnellimbiss ergänzen das Angebot.

Sehenswertes/Tour

Motueka District Museum: Das Museum ist klein, es teilt sich sein Gebäude mit dem Muses Café, aber was es zeigt, vermittelt ein lebendiges Bild der Entwicklung der Region von Maori-Zeiten, als fast nur der Küstenstreifen und das Meer Nahrung brachten, über die Pionierzeit mit Rodungen, Anbau von Weizen und Kartoffeln, später Hopfen und Tabak, bis zum heutigen Motueka.
5. Jan. bis Ende des Sommers tägl. (außer So) 10–16 Uhr, Sa bis 14 Uhr, Rest des Jahres Di–Fr 10–15 Uhr. Eintritt 2 $.

Der Motueka Walkway: Nördlich von Motueka (über die Staples Street zu erreichen) führt der Motueka Walkway am Strand entlang nach Süden, passiert den Motueka Golfplatz (über die Tudor Street zu erreichen), führt dann neben der Straße (Motueka Quay) am Meeresufer entlang, wo er auf die Motueka-Halbinsel trifft, führt wieder als Weg direkt über dem Strand bis zur Spitze mit den wenigen Resten dessen, was heute noch als Motueka Harbour bezeichnet wird. Auf dem schönen Spaziergang passiert man u. a. das hoch auf dem Strand liegende Wrack der „Janie Seddon", die hier 1955 angelandet wurde, um zu verrotten, was ihr noch nicht ganz gelungen ist. Im Moutere Inlet zur Rechten (im Westen), dem Mündungsgebiet des Moutere River, sind im Stranddickicht seltene Wasservögel zu beobachten, u. a. drei Reiherarten.

Der Ostteil des Kahurangi National Parks

Der Kahurangi National Park umfasst ganz verschiedene Landschaften: Kalkhochplateaus in Mittel- bis Hochgebirgslage wie die Tablelands, Kalkhochgebirgsstöcke

Der Ostteil des Kahurangi National Parks 531

und Ketten wie die Mount Arthur Range, die Gebirgskette zwischen Mount Arthur und Mount Patriarch (1.701 m) oder die Marino Mountains mit dem Mount Owen (1.875 m). Lange Täler zerschneiden das Bergland, im Oberlauf wurden sie während der Eiszeiten von Gletschern ausgehobelt, wie etwa das Tal des Karamea-Flusses, durch das der Leslie-Karamea Track von den Tablelands nach Süden zieht. Dort trifft er auf den Wangapeka Track, der von der Westküste bei Little Wanganui bis zur Rolling River Junction nahe Tapawera führt (30 km südlich von Motueka). Große Teile des Kahurangi-Nationalparks werden selten oder nie betreten, der Mittelteil ist eine Wilderness Area, ohne Weg und Steg mit undurchdringlichen Primärwäldern und unüberwindbaren Flüssen, darf aber betreten werden.

Für Bergwanderer kommen die von Motueka aus gut erreichbare *Mount Arthur Range* und die *Tablelands* in Frage sowie das westlich anschließende *Cobb Valley* (→ Takaka S. 544). Auch der *Mount Owen*, ein verkarsteter Kalkgipfel, ist auf einer für normale Bergsteiger machbaren Route zu erreichen. Obwohl er viel näher an Murchison (südlich davon) liegt, erfolgt der einzige, ohne Spezialausrüstung gehbare Normalanstieg von Norden aus (mit Hütte). Der Leslie-Karamea Track, der von den Tablelands durch das Leslie- und Karamea-Tal nach Süden führt, ist nur geübten, gut ausgerüsteten Bergwanderern vorbehalten, die auch mal eine Nacht biwakieren können, weil der Fluss nach Regenfällen zu hoch ist, um ihn zu queren. Der in West-Ost-Richtung führende Wangapeka-Track ist dagegen in letzter Zeit komplett mit Brücken und Stegen ausgestattet worden und leichter zu gehen, Shuttles bringen die Wanderer zu den beiden Endpunkten im Westen und Osten des Nationalparks.

Auf den Mount Arthur und über die Tablelands

Die Tablelands sind ein 1.100–1.300 m hohes, abflussloses und in großen Teilen von Grasvegetation überzogenes Plateau auf sehr durchlässigem Kalkstein. Der sie überragende Mount Arthur ist 1.795 m hoch, seine steilen Flanken sind von Dolinen, Karrenfeldern und Schlucklöchern durchsetzt. Die Landschaft ähnelt in vielen Zügen den Karsthochplateaus der Nördlichen Kalkalpen (Totes Gebirge, Hochschwab, Schneealpe, Raxalpe kommen in den Sinn, weniger die westlichen, höher liegenden Plateaus wie das Zugspitzplatt), wenn auch die Vegetation eine gänzlich andere ist, obwohl sie ähnliche Formen entwickelt hat – auf dem Weg zum Gipfel des Mount Arthur trifft man immer wieder auf das neuseeländische „Edelweiß". Im Übrigen: Im Kahurangi-Nationalpark kommen 50 % aller einheimischen neuseeländischen Pflanzen vor und unglaubliche 80 % aller einheimischen alpinen Arten!

Der einfachste Weg in diese Landschaft beginnt am Parkplatz (auf ca. 950 m), auf zuletzt sehr steiler Straße mit Privat-Pkw oder Taxi zu erreichen (→ Motueka/Verbindungen, S. 528). Mehrere Hütten sind mit DOC-Hüttenpass oder den üblichen Hüttentickets zu benützen (in der Info Motueka oder im DOC Motueka erhältlich, dort auch weitere Informationen und die DOC-Faltblätter sowie Landkarten). Der schönste Weg ist der vom Flora-Pass auf den Gipfel des Mount Arthur. Die DOC-Broschüre „Cobb Valley, Mount Arthur, Tableland" versorgt mit Kartenskizze und Überblick.

Verbindungen Trek Express verbindet Motueka – Flora Saddle und zurück für 30 $/Pers. ab 4 Pers. (ab Nelson ab 70 $/Pers.).

Tasman Taxis fährt ebenfalls ab Motueka zum Flora Saddle, ab 110 $. ✆ 03/5281031. → Motueka/Verbindungen.

Der Leslie-Karamea Track
Dauer: 6–9 Tage

Vom Flora Saddle bis zum Straßenende an der Rolling River Junction westlich von Tapawera benötigt man 6 bis 9 Tage, wobei man die beiden letzten Tage auf dem Wangapeka Track geht. Der eigentliche Leslie-Karamea Track beginnt zwischen Salisbury Lodge und Balloon Hut auf den Tablelands, wo er unvermittelt vom Plateau in das Tal des Leslie River absteigt, eines Nebenflusses des Karamea River. Da man bis zum Ende im Tal bleibt, ist die Aussicht eingeschränkt und die Gefahr von ungewollten Verzögerungen groß, da bei den hohen Regenfällen im Kahurangi-Nationalpark und durch das Fehlen von Brücken oder Stegen (bis auf solche über den nicht furtbaren Karamea River) immer mit ungewollten Biwaknächten an zu Flüssen angeschwollenen Bächen zu rechnen ist. Der Weg wird nicht viel begangen, ist aber gebahnt, wenn auch ziemlich naturbelassen (im Okt./Nov. 2008 war er wegen der Windbrüche während des vorangegangenen Winters – besonders im August gab es schwere Stürme – nicht gangbar und komplett gesperrt). Auf dem eigentlichen Leslie-Karamea Track gibt es fünf Hütten, die kleinste (Thor Hut) hat nur sechs Plätze und einen als Nachtquartier eingerichteten Felsüberhang (Spludgeons Rock, 8 Plätze).

Karte NZTopo50 BQ24 und BQ23 (Tapawera, Wangapeka Saddle), außerdem evtl. ausreichend Parkmap „Kahurangi" (1:155.000), da es im Tal wenig Orientierungsprobleme gibt. Weiterhin DOC-Merkblatt „Kahurangi National Park – The Leslie Karamea Track".

Verbindungen Shuttles zum Flora Carpark Motueka, zurück vom Parkplatz Rolling River Junction am Ende des Wangapeka Tracks → Wangapeka Track.

Wangapeka Track und Mount Owen
Länge/Dauer: 52 km/3–5 Tage

Auf dem Wangapeka Track zwischen Little Wanganui an der Westküste und Rolling River Junction bei Tapawera südlich von Motueka ist man 3 bis 5 Tage unterwegs. Ähnlich dem Leslie-Karamea Track bleibt man im wesentlichen im Tal, überschreitet jedoch den Little Wanganui Saddle und den Karamea Saddle (der letztere liegt an der Hauptwasserscheide der Südinsel), die beide in die subalpine Zone hinauf reichen, was diesen Weg insgesamt interessanter macht. Sieben Hütten und ein für Übernachtungen ausgebauter Felsüberhang finden sich auf dem Weg, eine Hütte (Trevor Carter Hut, 12 Plätze, bei der Einmündung des Leslie-Karamea Tracks) wurde 2003 gänzlich neu aufgestellt (an der Stelle von Luna Hut, die auf älteren Karten noch eingezeichnet ist). Der Track wurde am Westende verbessert, es gibt eine Brücke über den Tangent Creek, damit sind keine Furten mehr zu durchqueren. Zu Anfang geht man jetzt neu auf der Nordseite des Litte Wanganui River (bisher Südseite).

Mount Owen ist ein Kalkfelsgipfel, der ein von Dolinen und Schlucklöchern durchsetztes Hochkarstplateau überragt. Im „Herrn der Ringe" ist die getreppte Karstlandschaft auf der Nordseite des Gipfels die Szenerie für Dimrill Dale. Mount Owen kann in einer dreitägigen Tour ab dem Ostende des Wangapeka Tracks (Rolling River Junction) bestiegen werden, man nächtigt auf der Granity Hut (DOC, 6 Lager). Der Aufstieg ist technisch nicht sehr schwierig, aber man benötigt Erfahrung im verkarsteten Gelände, Orientierungssinn und entsprechende Ausrüstung. Alle anderen Aufstiege sind schwere alpinistische Unternehmungen.

Information/Karten DOC-Merkblätter „Kahurangi National Park – Mount Owen" und „The Wangapeka Track" sowie „Wangapeka Track Transport". NZTopo50-BQ 22, 23 und 24 (Karamea, Wangapeka Saddle, Tapawera)

Verbindungen Nelson – Rolling Junction 40 $ pro Pers. (ab 4 Pers.), zurück Little Wanganui – Rolling Junction 90 $ mit **Trek Express/Heaphy Bus**.

Zwischen Tapawera und Rolling River Junction fährt **Wadsworth Motors**, Tapawera, ☏ 03/5224248, 70 $ (bis 7 Pers.).

Zu den Verbindungen an der Westküste → West Coast, Karamea S. 781.

Geführte Touren Bush & Beyond Guided Trekking in Motueka veranstaltet geführte Touren im Kahurangi-Nationalpark, so kann man Mount Owen auf einer 3- bis 5-tägigen Tour ersteigen, man schläft auf der Granity Pass Hut, 1.050 $.

Kaiteriteri und Marahau

Noch näher am Abel Tasman National Park gelegen, hat sich Kaiteriteri voll und ganz dem Tourismus verschrieben. Der schöne Sandstrand der Bucht wird zu beiden Seiten von steilen bewaldeten Hängen flankiert, an denen die Ferienhäuser vermögender Neuseeländer und zunehmend auch reicher Ausländer sprießen, wie die Pilze nach dem warmen Regen, jedes natürlich mit eigener Zufahrt. Kaiteriteri hat mit seiner Kompaktheit und seiner Traumlage, aber vor allem durch seine Nähe zum Abel Tasman National Park eine Anziehungskraft, der man sich schwer entziehen kann. Einige Touren im Nationalpark starten hier, diejenigen, die in Motueka beginnen, machen auf jeden Fall in Kaiteriteri Zwischenstopp. Die Auswahl an Quartieren ist allerdings begrenzt.

Nach Marahau, einem Strandort am Start des Wanderweges entlang der Küste des Abel-Tasman-Nationalparks, führen zwei Straßen. Die eine ist eine direkte, fast die 300 m Höhenlinie erreichende kurvenreiche Straße von Motueka, die andere führt über Kaiteriteri und geht zwar nicht so hoch hinauf, ist aber noch kurvenreicher. Marahau ist purer Touri-Kommerz, man kann dort wohnen, o.k, aber es gibt Orte mit mehr Atmosphäre.

Information → Motueka/Information.

Verbindungen Bus: *Abel Tasman Coachlines* und *Southern Link*, immer mit Umsteigen in Motueka oder in Richtung Takaka an der Abzweigung des SH 60 bei Riwaka (in der Prärie).

Übernachten/Essen & Trinken

In Kaiteriteri Kimi Ora Spa Resort, große Anlage im Rücken von Kaiteriteri etwas oberhalb mit Blick auf das Meer. Kuren im mediterran gemäßigten Klima der westlichen Nelson Bay mit Schweizerhäuschen als Unterkunft (mit allen Schikanen und Meeresblick) mit und ohne Spa. Gutes Restaurant Lemon Tree Café (im Sommer) und die Erholungs- und Unterhaltungsmöglichkeiten zweier Nationalparks vor der Tür. Alle möglichen Anwendungen im „Kur Spa", Saunen, Dampfbad, Pool außen/innen mit Gegenstromanlage und Massagedüsen. DZ(Suite)/FR 180–300 $, im Winter Sonderpreise (30 % Abzug vom Normalpreis bei Aufenthalt von mindestens 3 Nächten). Kaiteriteri 7160, ☏ 03/5278027, 0508/5464672, www.kimiora.com.

Kaiteri Lodge, Motel unweit dem Strand oberhalb der Zufahrtsstraße von Motueka, mit Viererzimmern für Backpacker, einige mit Bad, mit gemachten Betten (und sonst keinem Mobiliar), die üblichen Motel-Units, Gemeinschaftsküche und Lounge, Bar und Restaurant. Unit 80/160 $ (Nebensaison/Hochsommer), Backpacker 30–35 $. Inlet Rd., ☏ 03/5278281, 0508/8374, www.kaiterilodge.co.nz.

Kaiteriteri Beach Camp, großer, ordentlich geführter Platz hinter Zaun an der (falschen Seite der) Uferstraße. Stellplatz und 2 Pers. ab 34 $, Cabin ab 43 $, mit Bad 70 $. Kaiteriteri-Sandy Beach Rd., Kaiteriteri Beach, ☏ 03/5278010, www.kaiteriteribeach.co.nz.

The Beached Whale, Inlet Rd.; in 2. Reihe hinter dem Strand und in viel Asphalt gehüllt liegt der (zur Kaiteri Lodge gehörende) „Gestrandete Wal". Das Restaurant (meist ab 17 Uhr) ist eine Hütte im Hof, das Essen soll nicht schlecht sein (Pizzen aus dem mit Manuka-Holz gefeuerten Pizzaofen), die Musik ist jedenfalls laut, in der Hochsaison Live-Musik. Nur Okt. bis April. ✆ 03/5278114.

In Marahau **The Barn**, vom Parkplatz am Beginn des Stegs über das Marahau Inlet der Sandy Bay führt die Straße noch ein Stück weiter zum „Barn" mit Backpacker-Unterkunft und Zeltplatz. Ruhig gelegen, Tipis für Indianer-Freaks, Hängematten für Faule, hübsche Hausbroschüre (zum Ins-Tagebuch-kleben) und jede Menge Anwärter auf Plätze, also lieber früh reservieren. DB 26–33 $, DO 23–25 $, Stellplatz u. 2. Pers. ab 28 $. Harvey Rd., Marahau, RD 2 Motueka, ✆ 03/5278043, www.barn.co.nz.

Park Café, am Parkplatz am Straßenende; luftiger Holzschuppen mit erhöhter Terrasse und derben Holztischen, hervorragender Kaffee, Bier vom Fass, Wein, Pizza, Pasta, Fisch, Burger, Kuchen und Torten und super Bio-Apfelsaft: Mitte Sept. bis Mai 8 Uhr bis spätabends.

Der Abel Tasman National Park

Der Abel Tasman National Park liegt 67 Straßenkilometer nördlich von Nelson und ist Neuseelands kleinster Nationalpark. Er stößt im Osten und Norden direkt an die Tasman Bay, die im Küstenbereich um Tonga Island als Marine Reserve geschützt ist. Der Küste folgt ein Wanderweg, der Abel Tasman Coast Track, auf dessen 51 km man zwei bis fünf Tage unterwegs ist, wenn man ihn komplett abgeht. Er ist übrigens ein Great Walk, Übernachtungen in Hütten und auf Zeltplätzen müssen zwischen Oktober und April im Voraus gebucht werden. Der Nationalpark ist nach Abel Tasman benannt, dem niederländischen Entdecker, der 1642 in der Wainui-Bucht der Golden Bay im Norden des Parks ankerte, aber nie seinen Fuß auf neuseeländischen Boden setzte.

Dass diese Landschaft mittlerweile international bekannt ist (Neuseeland hat oft genug mit Bildern aus dem Park für sich geworben!), hat die Besucherzahlen besorgniserregend anschwellen lassen. An manchen Tagen hat man auf den Wegen wie im Wasser das Gefühl, in einem mitteleuropäischen Freizeitpark zu sein. Aber außerhalb der Hauptsaison (Ende Dezember bis Ende Februar/Mitte März), auf dem Küstenwegabschnitt nördlich der Bark Bay und generell morgens und abends hat man seine Ruhe. Und auch bei dichtestem Verkehr bleibt das Naturerlebnis überwältigend, niemand sollte sich, wenn er es nicht anders einrichten kann, davon abhalten lassen, selbst im Hochsommer und an einem neuseeländischen Feiertag (Waitangi Day ist der Höhepunkt des Andrangs) zu kommen. Das Glück, dieses Stück Erde erlebt haben zu dürfen, überwiegt alle möglichen Nachteile.

Zwei Varianten gibt es, den Park zu erkunden: Wandern und Kajaken. Beides ist in hohem Maß organisiert, kann locker – bei Übernachtung im Park nur im Voraus – gebucht werden und garantiert großartige Naturerlebnisse. Neben dem Küstenweg gibt es auch einen Weg durch das Binnenland (Inland Track), der lange nicht so populär ist, ihm fehlt aber auch das Wechselspiel von Waldland und Meeresküste, das den Küstenweg so unverwechselbar macht.

Information/Verbindungen

Information Infos und Buchungen bei den **Visitor Centres** in **Nelson**, Motueka und Takaka.

Verbindungen DOC gibt für jede Saison neu ein Merkblatt „Abel Tasman National Park Transport" heraus (beim DOC und im

Strandidylle am Abel Tasman Coast Track

Visitor Centre), das alle Transportmöglichkeiten ab Nelson, Motueka, Kaiteriteri und Marahau aktuell zusammenfasst!

Ab Marahau kommt man nur noch zu Fuß oder auf dem Wasserweg weiter. Wassertaxis verbinden Kaiteriteri und Marahau mit den wichtigsten Buchten des Parks. Da sie mehrmals täglich die Strecke abfahren, kann man zwischendurch auf dem Küstenweg wandern und sich an einer anderen Stelle wieder aufnehmen lassen. Dasselbe Prinzip gilt für Kajaktouren entlang der Küste: Man wird in eine Bucht gefahren, steigt in den gemieteten Kajak und wird an einer anderen Bucht wieder abgeholt. Oder man lässt sich in der Gruppe führen, mit Kajak oder auf dem Wanderweg.

Die (private) Awaroa Lodge wird auch (von Nelson aus) angeflogen, eine Strecke ca. 200 $: **Flight Corporation**, PO Box 9040, Nelson, ✆ 03/5478175, 0800/359464, info@flightcorporation.co.nz.

Wassertaxi Diverse Anbieter (und jedes Jahr neue), führend **Abel Tasman Aqua Taxi** ab Marahau. Taxidienst und feste Zeiten für die Fahrten zu den Buchten, bevor es zur Küste des Parks geht, biegt man rasch nach Süden um die Ecke und sieht vor sich den „Split Apple", ein Inselchen in Form eines in zwei Teile geborstenen Granitblocks. Marahau – Totaranui 44 $, bis Anchorage 32 $ (jeweils one way), ✆ 03/5278083, 0800/278282, www.aquataxi.co.nz.

Abel Tasman Marahau Water Taxis, Franklin St., Marahau, nahezu gleiche Preise. ✆ 03/5278176, 0800/808018, www.abeltasmanmarahaucamp.co.nz/watertaxi.html.

Gepäcktransport Alle Wassertaxifirmen bieten auch Gepäcktransport an – sehr praktisch für Wanderer! Man gibt das Gepäck am Morgen aufs Boot oder deponiert es am vereinbarten Ort für die Abholung, dann wird es zum Abendquartier gebracht. Funktioniert bestens! Der Transport kostet zwischen 12 und 15 $.

Sport & Freizeit

Bootsausflüge Wilson's Abel Tasman - Experiences bietet Bootsfahrten zu mehreren Buchten der Küste, je nach Länge ab 58 $ pro Tag; ✆ 03/5282027, 0800/223582, www.abeltasman.co.nz. **Abel Tasman Sea Shuttles** (Abel Tasman Scenic Cruises) hat ähnliche Preise; ✆ 0800/732748, www.abeltasmanseashuttles.co.nz.

Segeltörn Abel Tasman Sailing Adventures, Marahau Beach, segelt möglichst nahe der Küste, bietet Landgang und Picknick an einer Bucht, ab 170 $ pro Tag. ✆ 03/5278375, 0800/467245, www.sailingadventures.co.nz.

Kajak-Verleih und Touren Kajaks können ab ca. 80 $ von mehreren Anbietern gemietet werden. Einer der Anbieter von Leihkanus und Touren ist **Abel Tasman Kayaks**, Marahau Beach. Eine geführte eintägige Kajaktour entlang der Küste mit allem Drum und Dran (Leihkajak, Picknick) ab

536 Die Regionen Marlborough und Nelson

130 $. ☎ 03/5278022, 0800/732529, www.abel tasmankayaks.co.nz.

Kahu Kajaks bietet geführte Touren ab Marahau an: Water Taxi, 3 Std. Kajaken und 1:30 Std. Wandern zu ca. 130 $, ein voller Tag Kajaken mit Transport ab Marahau 195 $. ☎ 03/5278300, 0800/300101, www.kahu kajaks.co.nz.

Geführte Touren Der „Abel Tasman National Park Guided Walk" wird von **Wilson's Abel Tasman Experiences** als 5-tägige Wanderung (1.910 $) oder Kajaktrip angeboten, eine 3-Tage-Option gibt es sowohl für Wanderer als auch Kanuten (1.350/1.470 $). Wilson's Abel Tasman, ☎ 03/5282027, 0800/ 223582, www.abeltasman.co.nz.

Ein weiterer Anbieter ist **Abel Tasman Tours & Guided Walks**, 1 Tag ab 215 $, 2 Tage ab ca. 900 $. Riwaka (Motueka), ☎ 03/ 5289602, www.abeltasmantours.co.nz.

Übernachten

DOC-Hütten können in Form eines Hut Pass bei jedem DOC-Büro und im Internet gebucht werden, die Buchung ist ganzjährig Pflicht (derzeit Hüttenplatz 35,70 $, auf Zeltplatz 12,20 $). Die Hütten haben weder Kochutensilien, noch Kocher oder Decken auf den schlichten Matratzen im Schlafsaal, also sind (wie auch sonst in Neuseeland) Schlafsack, Kocher, Topf/Pfanne, Teller, Becher etc. auf dem Rücken mitzuschleppen. Beim Campen auch noch Zelt, Unterlage …

Aqua Packers, 2 Boote für Backpacker in der Anchorage Bay (Katamaran „Cat-a-rac" und 22 m Navy-Patrolboot „Parora" aus dem 2. Weltkrieg) mit 4 Doppelkabinen und 26 Betten in Dorms, Bettwäsche und Essen (Abendessen, Frühstück) ist inbegriffen, Getränke erhältlich. DO ab 70 $, DB ab 98 $ (zur Erinnerung – pro Person!). ☎ 0800/ 430744, auf dem Boot: 027/2307002, www. aquapackers.co.nz.

Awaroa Lodge, Luxuslodge im Park im Norden der Awaroa Bay, die Klientel schwebt im Privatflugzeug oder Chopper ein und landet auf dem privaten Airstrip (man kann natürlich auch einpaddeln – keine Straße!). Sehr gutes Restaurant (tägl. 8–20 Uhr) mit Bio-Anstrich (vieles aus dem eigenen Garten), generell schlicht elegantes Design, bestens ausgestattete Zimmer in 3 Größen. 295–495 $ je nach Typ und Saison, die Family Rooms sind für bis zu 8 Pers. geeignet. PO Box 163, Takaka, 7172, ☎ 03/5288758, 0800/304560, www.awaroalodge.co.nz.

Totaranui Campground, großer öffentlicher Zeltplatz am Meer am Ende der Straße von Takaka.

🚶 Der Abel Tasman Coastal Track

Länge/Dauer: ca. 51 km/3–5 Tage. **Höhenunterschied**: unbedeutend, das heißt aber nicht, dass der Weg eben verläuft, im Gegenteil: auf manchen Strecken geht es ständig auf und ab! **Charakter/Markierung**: bestens markierter, viel begangener Weg, der wegen zweier nur bei Ebbe begehbarer Buchten (Tidenpläne im Visitor Centre) genau geplant werden muss – Buchtquerung jeweils nur im Zeitraum 2 Std. vor und nach dem niedrigsten Wasserstand.

Beliebter, großartiger Küstenweg am Ufer und oberhalb im Wald der Abel-Tasman-Halbinsel, immer wieder herrliche Ausblicke auf Buchten und Gelegenheit zum Baden. Einer der schönsten mehrtägigen Wanderwege, die Neuseeland zu bieten hat – und wohl der leichteste.

Etappen 1. Etappe: vom Start in Marahau zur Anchorage Bay (11,5 km, 4 Std.). 2. Etappe: Anchorage Bay bis Bark Bay (9,5 km, 3 Std., bei Flut 12,5 km, 4 Std.). 3. Etappe: Bark Bay bis Awaroa (11,5 km, 4 Std.). 4. Etappe: Awaroa bis Wainui (18,5 km, 6 Std.).

Verpflegung/Übernachten DOC-Hütten und Zeltplätze, 3 private Übernachtungsmöglichkeiten, dort auch für Hausgäste Verpflegung. Sonst keine Verpflegungsmöglichkeiten!

Karten/Infos NZTopo50-BP25 „Motueka" und BN25 „Totaranui". **Hin/zurück**: Shuttle/Wassertaxi nach Marahau bzw. ab Wainui Bay.

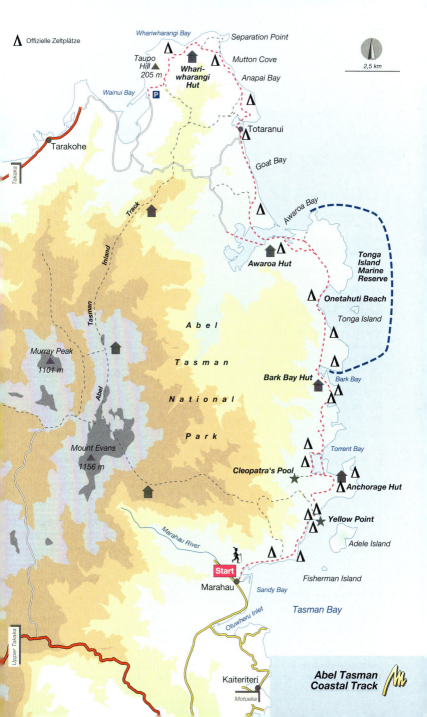

Collingwood, viel ist hier nicht los

Die Golden Bay

Von der Granitküste des Abel-Tasman-Nationalparks bis hin zur langen, dünnen, weit in die Tasmansee hinausreichenden Landzunge des Farewell Spit schwingt sich der Bogen der Golden Bay. Hügelland und die unwegsamen Berge des riesigen Kahurangi-Nationalparks schützen vor den regenreichen Westwinden.

Um die Golden Bay zu erreichen, muss man erst den Takaka Hill überwinden, einen 791 m hohen Sattel zwischen den Bergen der Abel-Tasman-Halbinsel und dem Kahurangi-Gebirgsland. Eine andere Straße gibt es nicht, nach Westen ist die Golden Bay nur durch schwierige Pfade mit der Westküste verbunden, der leichteste ist der Heaphy Track, ein Great Walk. Wegen ihrer schlechten Erreichbarkeit – es gibt auch keinen größeren Flugplatz – ist die Golden Bay mit ihren wirklich goldfarbenen, breiten Stränden weniger populär, als man erwarten sollte. Dabei war es hier, dass erstmals ein Europäer Kontakt zu den Eingeborenen von Aotearoa hatte, denn im Jahr 1642 ankerten hier die beiden Schiffe Abel Tasmans. Takaka und Collingwood, die einzigen größeren Orte der Bucht, bieten Quartier und Zerstreuung, die Umgebung Strandspaziergänge, Wanderungen und Trekking im Nationalpark Kahurangi, Mountainbike-Touren, Höhlenerkundungen und Vogelbeobachtung in den geschützten Feuchtgebieten und Dünenzonen des Farewell Spit.

Information/Verbindungen

Information Golden Bay i-Site Visitor Centre, Willow St., Takaka. Tägl. 9–17 Uhr. ✆ 03/5259136, gb.vin@nelsonnz.com, www.goldenbaynz.co.nz.

Verbindungen/Track-Transfer Flugzeug: Kleinere Flugzeuge verbinden die Golden Bay mit Nelson und Wellington (z. B. Golden Bay Air, ✆ 0800/588885, www.goldenbayair.co.nz), der Flughafen liegt 5 km nördlich von Takaka.

Bus: *Southern Link, Abel Tasman Coachlines* (beide → Nelson) und *Golden Bay Co-*

achlines verbinden die Golden Bay ab Motueka mit Takaka, Collingwood und dem Heaphy Track sowie mit Totaranui am Abel Tasman Coast Track.

Golden Bay Coachlines, Busdienst zwischen Takaka und dem Heaphy Track in Kooperation mit Abel Tasman Coachlines von Nelson über Motueka nach Takaka, 2 Buspaare tägl. Takaka – Nelson. ✆ 03/5258352, www.goldenbaycoachlines.co.nz.

Zu den **Shuttles**, die Takaka und Collingwood mit den Wanderwegen im Kahurangi-Nationalpark verbinden → Takaka und → Kahurangi National Park.

Der Takaka Hill

Der 791 m hohe Pass des Takaka Hill wird durch eine kurvenreiche, aber gute Straße überwunden, die auch für die Pässe-Fanatiker unter den Radfahrern gut geeignet ist (keine starken Steigungen). Mehrere Ausweichmöglichkeiten und Parkplätze erlauben das Anhalten und bieten herrliche Blicke auf die Tasman Bay, die Richmond Ranges und D'Urville Island im Süden und das Tal von Takaka (nicht auf die Golden Bay!) nach Norden. Der Granit der Abel-Tasman-Halbinsel ist hier durch Kalkmarmor ersetzt, der stark verkarstet ist. Höhlen, Schächte und Schlucklöcher charakterisieren das Gelände wie auch im weiter westlichen Kahurangi-Nationalpark, der allerdings aus anderem Kalkgestein aufgebaut ist.

Die Ngarua Caves: Von Motueka kommend führt knapp vor dem Pass des Takaka Hill eine kurze Staubstraße durch eine Karstlandschaft nach rechts. Der dicht gebankte, eisengraue Kalkmarmor steht hier in Form von locker verteilten kleinen Felsgruppen und oft nur hüfthohen Einzelfelsen an. Diese Form der Karstverwitterung erinnert an tropischen Karst (wie etwa in Sarawak im nördlichen Borneo). Das Gestein hier ist jenes, das für einige öffentliche Gebäude in Wellington verwendet wurde (altes Parlamentsgebäude!). Das Sträßchen endet etwas unterhalb beim Eingang einer Karsthöhle mit dekorativ beleuchteten Stalaktiten und Stalakmiten, einige in Form von hauchdünnen Fäden, es gibt auch Moa-Skelette zu sehen.

Tägl. 10–16 Uhr, Führung zur vollen Stunde, Dauer 45 Min. Eintritt ca. 15 $. ✆ 03/5289805 (Endres-Familie); Höhle: ✆ 03/5288093, am Eingangsbereich auch Café mit Öffnungszeiten wie Höhle.

🚶 Harwood's Hole und der Rameka Track

Länge/Höhenunterschied: 5 km/↑↓ 750 m. **Dauer**: 1:30 Std. (hin/zurück)

Ein weiteres Sträßchen (Canaan Road, ebenfalls rechts) führt zum Beginn zweier Wanderwege, des Inland Tracks des Abel-Tasman-Nationalparks und des **Rameka Tracks**. Letzterer ist ein kurzer, steiler Abstieg ins Takaka-Tal, der auch für Mountainbiker zugelassen ist (überwiegend mäßig schwierig, ein Stück sehr steil).

Vom Parkplatz am Straßenende erreicht man über einen Wanderweg den mit 176 m tiefsten Schacht der Südhalbkugel, **Harwood's Hole.** Am Fuß des nicht abgesicherten Schachtes beginnt ein ausgedehntes, noch nicht komplett erkundetes Höhlensystem, in dem es noch aktive Wasserläufe gibt.

🚶 Der Takaka Hill Walkway

Dauer: 2:30– 3 Std.

Am höchsten Punkt der Straße beginnt ein Rundweg um den Fernsehsender auf 950 m Höhe. Er führt über ein stark verkarstetes Plateau, die Vegetation ist meist junger (sekundärer) Buschbestand, etwas Südbuchenwald hat sich erhalten. Viele Dolinen und Schlucklöcher säumen den Pfad – nicht vom Weg abgehen, Schächte! Jederzeit ist Sichtbehinderung durch aufsteigenden Nebel möglich, der Weg ist dann nicht leicht zu finden. Wenn es aber klar ist, sind die Blicke auf das obere Takaka-Tal und die Berge des Kahurangi-Nationalparks besonders eindrucksvoll.

Takaka

Auf zwei Straßen spielt sich das Leben in Takaka ab, dem Hauptort der Golden Bay, Zentrum einer auf Viehwirtschaft basierenden landwirtschaftlichen Region und bester Standort für Ausflüge und Wanderungen. Das Zentrum um die Gabelung von Motupipi Street und Commercial Street hat sich in den letzten Jahren teilweise einen neuen Anstrich gegeben und ist mit zwei, drei schicken Bistro-Cafés, der einen oder anderen Boutique, dem Golden Bay Museum und Backpacker-Unterkünften regelrecht „sophisticated" geworden.

Information/Verbindungen/Sport & Freizeit

Information Golden Bay i-Site Visitor Centre, Willow St., Takaka. Tägl. 9–17 Uhr. Alle Infos plus Hüttentickets für den Kahurangi-Nationalpark und den Heaphy Track. ℡ 03/5259136, goldenbay@i-site.org.

DOC Takaka, 62 Commercial St., PO Box 166, Takaka. Mo–Fr 8.30–16 Uhr. ℡ 03/5258026, goldenbayao@doc.govt.nz.

Verbindungen Busse → Golden Bay/Verbindungen.

Shuttles gibt es v. a. zwischen Takaka, Collingwood und dem östlichen Ende des Heaphy Tracks (→ S. 547), andere Ziele im Kahurangi National Park, wie das Cobb Valley, lassen sich nicht so leicht erreichen. Takaka Taxi ℡ 0800/825252.

Geführte Touren Barefoot Guided Tours (veranstaltet vom Barefoot Hostel) bietet geführte Touren ab Takaka, max. 12 Pers. ℡ 03/5248624.

Übernachten

In Takaka Anatoki Lodge Motel, ein paar Schritte vom Zentrum neben dem Museum, eine bessere Lage kann man sich kaum wünschen. Alle 11 Units Erdgeschoss mit Küche und Gartenzugang, solargeheiztes Hallenbad. Unit 105–160 $. 87 Commercial St., ℡ 03/5258047, 0800/262333, www.anatokimotels.co.nz.

Golden Bay Motel, kleines Motel 5 Min. vom Zentrum, Units mit Küche in 3 Größen, die größeren mit Spa. Unit 95–140 $. 132 Commercial St., ℡ 03/5259428, 0800/401212, www.goldenbaymotel.co.nz.

The Gazebo Backpackers, kleines, ruhiges BP-Quartier in Seitenstraße der Commercial St. (von der i-Site aus rechts), Spa, Sat-TV, DVD, Nachtruhe ab 23 Uhr, Checkout erst 12 Uhr! Gartenkräuter gratis, gut ausgestattete Küche. WLAN (und Skype) gratis. Alle Infos zum Freiklettern und zu FKK. DO/DB ab 25 $. 7 Hiawatha Lane, ℡ 03/5257055, www.pohara.com/gazebo.

Annie's Nirvana Lodge, gemütliche Lodge mit bezogenen Betten, kleinem Garten und Terrasse, Spa, Fahrräder, direkt nebenan gute „Organic Republic"-Bäckerei (auf Nr. 23). 1 SG 40 $, DB 30 $, DO 25 $. 25 Motupipi St., ℡ 03/5258766, www.nirvanalodge.co.nz.

Kiwiana, großes Cottage mit eben solchen Zimmern, kleine Bibliothek, Spa, Basketballplatz, Fahrräder (Verleih). DB 30 $, DO 25–27 $, auch Zeltplätze zu 18 $. 73 Motupipi St., ℡ 03/5257676, kiwianabackpackers@hotmail.com.

Golden Bay Barefoot Backpackers, der Backpacker im Junction Hotel hat viel Platz auf der Terrasse mitten im Ort, eine gute Küche und ebenso gute, bezogene Betten. Spezialität des Hauses: geführte Touren vor allem im Kahurangi-Gebiet, da wird jede

Takaka 541

Frage kompetent beantwortet. DB 32 $, DO 26–27 $. 114 Commercial St., ✆ 03/5257005, www.bare-foot.co.nz.

Anahata Yoga Retreat, ganzheitlicher Aufenthalt als Gast in einem Aschram: Yogaübungen, Verpflegung, Bett (im Share) und good vibrations. Ein gutes Öko-Gewissen gratis. Das biologisch erzeugte Gemüse stammt aus dem eigenen Garten, das Haus nutzt Sonnenenergie, hat Biotoiletten und die Gebäude sind in Adobetechnik errichtet. Ab 70 $/Tag (Zeltplatz) mit drei vegetarischen Mahlzeiten, Yoga, Meditation etc., in einer Strohballen-Jurte 220 $ für 2 Pers. PO Box 155, Takaka, ✆ 03/5259887, www.anahata-retreat.org.nz.

In Pohara Pohara Beach Top 10 Holiday Park, was Sie von einem Top 10 erwarten können, gibt es hier, sehr große Anlage und direkt am Strand, auch Laden und Restaurant (→ Essen & Trinken). Motel-Unit 130–162 $, Cabin 60–90 $, Stellplatz und 2 Pers. ab 38 $. Abel Tasman Drive, RD 1, Takaka, ✆ 03/5259500, 0800/764272, www.poharabeach.com.

In Tukurua Onekaka Adrift in Golden Bay B&B, gepflegtes, steilgiebeliges Haus am Strand mit Zimmern im Erdgeschoss und 1. Stock. Frühstück auf der Terrasse. Die Zimmer haben Kochnische und Bad, sind geschmackvoll und neuwertig ausgestattet, sehr gute Betten! Es werden auch Cottages (mit Spa-Bädern) vermietet. Im Sommer ist die Lilien-Pflanzung des Hauses zu bewundern (auch Verkauf). DZ/FR 175–290 $, Cottage 195–490 $. Tukurua Rd., Tukurua, RD 2, Takaka, ✆ 03/5258353, www.adrift.co.nz.

Shambhala (Backpacker's) Guesthouse, strandnahes Backpacker-Cottage, von dessen Räumen aus man den Sonnenaufgang über dem Meer bewundern kann; umweltbewusst (Solarstrom, Biokompostierung), nahe dem Mussel Inn – nächste Geschäfte

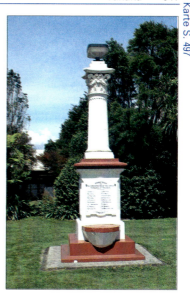

Denkmal für die Gründergeneration

in Collingwood (10 km) oder Takaka (16 km)! DB 30 $, DO 25 $. Onekaka, Golden Bay, ✆ 03/5258463, www.shambhala.co.nz.

In Paynes Ford (2 km in Richt. Motueka) Hangdog Camp, beliebter Freeclimbertreff an den Sandsteinfelsen von Paynes oberhalb des Takaka-Flusstales. Der Camp gibt einen kostenlosen detaillierten Kletterführer heraus! Zeltplätze und ein Bunkhouse (Lager für Backpacker), ausreichende sanitäre Einrichtungen, Küche (nur für Bunkhousegäste!), Grillplatz, der Fluss ist zwei Minuten entfernt. Verleih von Kletterausrüstung, Kletterkurse! Zeltplatz und 2 Pers. ab ca. 24 $, Lager im Backpacker ab ca. 22 $. Paynes Ford, RD 1 Takaka, Golden Bay, ✆ 03/5259094, www.hangdogcamp.co.nz.

Essen & Trinken

In Takaka Wholemeal Café, 60 Commercial St.; sogar zwei Kochbücher hat dieses schicke Retro-Café im ehemaligen Takaka-Theatre herausgegeben, das spricht für Popularität wie Qualität. „Pinwheels" aus Pizzateig, Quiches, Lachsgerichte, große Frühstückskarte. Am schönsten sitzt man in dem großen, rustikalen Raum im großen verglasten Vorbau zur Straße. ✆ 03/5259426, www.wholemealcafe.co.nz.

Junction Hotel, 15 Commercial St.; „Bistro Meals" nennt das Traditionshotel von 1902 (und heutige Budgetabsteige) an der Straßengabelung sein Angebot, das bedeutet Frühstückskarte, Steak, Fisch und Schnitzel, Sausage & Chips, Nachos und eine

„Whitebait meal". ℡ 03/5259207.

In Pohara The Penguin Café Bar, Abel Tasman Drive; große erhöhte Terrasse und Saal im Café-Restaurant an der Straße schräg gegenüber dem Pohara Beach Top 10 Holiday Park. Seafood, Pizza und Burger (Fisch/Fleisch 15–35 $), aber auch guter Kaffee, Bier, Wein und die Terrasse ist immer gut besetzt. ℡ 03/5256126.

In Tukurua (Onekaka) Mussel Inn, SH 60; frische Muscheln in verschiedenen Zubereitungen mit hausgebrautem Bier (probieren!) oder einem Glas Wein; wenige, aber gut zubereitete Gerichte (Snacks 5–18 $, Hauptgang ca. 28 $) in ungezwungener Atmosphäre, ein beliebtes Ziel v. a. junger Gäste bis spätabends, gelegentlich Live-Musik.

Sehenswertes/Touren

Golden Bay Museum & Gallery: Hinter der amüsanten Holzstrebenfassade aus einer Art Mix aus Maori-Kunst und viktorianischer Gotik passiert man zuerst eine Kunst- und Kunsthandwerksgalerie und betritt dann das Heimatmuseum der Golden Bay. Interessantestes Ausstellungsstück ist das Diorama mit Abel Tasmans Landung in der Golden Bay und der Attacke durch die Mannschaft eines Maori-Waka.
67 Commercial St., tägl. 9.30–17 Uhr, im Winter bis 16 Uhr. Eintritt mit Spende. www.virtual bay.co.nz/gbmuseum.

Pupu Springs: Te Waikoropupu Springs, fast immer zu Pupu Springs abgekürzt, ist Neuseelands kräftigste Karstquelle. Kristallklares Wasser quillt mit enormer Kraft aus einer Hauptquelle und mehreren Nebenquellen und füllt ein großes natürliches Becken, das mit einer artenreichen Unterwasserflora gefüllt ist, in der auch heute selten gewordene Süßwassertiere wie Koura, der endemische Flusskrebs, leben. Ein Bohlenweg erschließt das Gelände und den angrenzenden regenerierenden Sekundärwald (das Gebiet wurde als Teil eines Goldclaims komplett abgeholzt).

Pupu Springs

Taucher (kommerzielle und Freizeittaucher – die Quellen werden vom DOC verwaltet, der eigentlich nicht möchte, dass getaucht wird, es aber bisher auch nicht verhindert hat) haben die Quellen genau geprüft, die Hauptquelle liegt 6,9 m tief und ist eine schmale Spalte im Gestein, aus der das Wasser mit großer Kraft schießt. Untersuchungen mit Farbstoffen haben ergeben, dass es sich um Wasser des Takaka River handelt, das weit oberhalb des Ortes Takaka abgezapft wird und unter dem Flussbett des Wairoa River hindurch (!) in Kalkgestein bis in den Quellbereich fließt. Dort trifft es auf schwereres Meerwasser, das ebenfalls im Kalkgestein vom Meer bis hier herein ins Binnenland drückt und das leichtere Süßwasser durch die Spalten nach oben drängt. Umgekehrt wird ein Teil des Süßwassers aus dem Takaka-Fluss unterirdisch über dem Salzwasser bis unter den Meeresspiegel gedrängt, wo es in drei submarinen Quellen in Tiefen von 11 bis 13 m austritt. Die am weitesten von der Küste entfernte Quelle liegt 5 km nordöstlich von Waitapu.

Abel Tasman

Am 18. Dezember 1642 ankerten die beiden Schiffe des holländischen Kapitäns und Expeditionsleiters in einer kleinen Bucht am Südrand der Golden Bay. Die Crew der „Heemskerck" und „Zeehaen" hatte am 13. Dezember etwas südlich von Westport die Westküste Neuseelands erreicht, hatte aber wegen der stürmischen See nicht landen können. Die Schiffe folgten der Küste nach Norden, umrundeten Farewell Spit und fanden in der ruhigen Bucht einen geeigneten Ankerplatz. Boote der Ngati Tumatakokiri umkreisten bald die Schiffe, es gab Rufe von beiden Seiten und auf einem der Maori-Wakas wurde eine Trompete aus einer großen Meeresschnecke geblasen. Tasman ließ daraufhin auf beiden Schiffen die Signalhörner blasen, nicht ahnend, dass dies als Kriegsruf interpretiert werden würde.

Am nächsten Morgen griff die Besatzung eines Maori-Kriegsbootes die sieben Männer an, die mit einem Beiboot zwischen den beiden Schiffen ruderten, vier der Matrosen wurden dabei getötet. Völlig überrascht ließ Tasman die Anker lichten und die Reise fortsetzen. Widrige Winde verhinderten die Passage durch die Cook Strait, man blieb im Westen und fuhr entlang der Nordinsel bis zu deren Spitze, das Kap wurde zu Ehren der Frau des holländischen Generalgouverneurs Kap Maria van Diemen genannt (und heißt heute noch so). Auf den Poor Knights Islands vor dem Kap war die Landung wiederum wegen des Wetters nicht möglich, Tasman nahm Nordkurs und entdeckte Tonga und Fidschi. Kein Europäer hat auf dieser Reise neuseeländischen Boden betreten.

Abel Tasman (1603–1659) war 1642 von der Holländischen Ostindischen Kompanie, der damals mächtigsten Handelsorganisation der Welt, auf eine Entdeckungsfahrt in den Südozean geschickt worden, mit der Aufgabe, einen südlichen Seeweg nach Chile zu finden. Damit hätten die Holländer einen nur ihnen bekannten Trumpf gegen die Südamerika beherrschenden Spanier in der Hand. Tasman nahm ab Mauritius Ostkurs (als erster Europäer) und stieß in Tasmanien auf Land (von ihm Antonie van Diemens Land genannt, heute nach dem Entdecker selbst benannt) und kurz darauf in Neuseeland. Mit der Entdeckung von Tonga und Fidschi hätte er eigentlich von der Kompanie hoch gelobt werden müssen, aber die mäkelte nur daran herum, dass er die Küsten nicht genau genug kartographisch erfasst und keine Handelsmöglichkeiten erkundet hatte. Niemand interessierte sich für seine Entdeckungen. Erst mehr als vier Generationen später betraten mit der Mannschaft des James Cook erstmals Europäer das „Nieuw Zeeland".

Etwas unterhalb liegt eine Lachsfarm, die durch das Süßwasser der Springs gespeist wird. Pupu Springs war die erste kommerzielle Lachsfarm Neuseelands, sie existiert seit 1976.

Das Quellgebiet ist jederzeit und frei zugänglich, innerer Rundweg 30 Min., äußerer (mit Quellen am Fish Creek) 45 Min. Anfahrt: 4 km auf dem SH 60 in Richtung Collingwood, dann links.

Bencarri Nature Park & Café: Seit 1914 werden die Aale im Anatoki-Fluss gefüttert, unter den heute hungrigen Fischen sind sicher welche dabei, die damals auf den Trick kamen, den Menschen nicht auszuweichen. Die ellenlangen New Zealand Long-finned eels werden um die 100 Jahre alt ... Wer will, kann sich auch mit Lamas und anderen Exoten abgeben (in der benachbarten Bencarri Farm), ein Café mit Bistroküche lädt außen (sehr angenehm) oder innen zum Verweilen ein.

Öffnungszeiten Sept. bis April tägl. 10–17 Uhr, während der neuseeländischen Schulferien tägl. 10–18 Uhr. Eintritt 12 $, Kinder über 5 Jahre 6 $, Familienpass 35 $. ✆ 03/ 5258261, www.bencarri.co.nz, Mc Callum Rd., Kotinga, zunächst auf dem SH 60 in Richtung Motueka, nach 2 km rechts.

Der Abel Tasman Drive: Von Takaka führt eine Nebenstraße über Pohara und die Nordküste der Abel-Tasman-Halbinsel nach Totaranui im Abel-Tasman-Nationalpark. Im Dorf Motupipi biegt sie links ab, nach rechts folgt man die East Takaka Road, einer im Südteil noch nicht asphaltierten Nebenstraße zum Fuß des Takaka Hill (für Mountainbiker, die vom Rameka Track kommen, die beste Variante zurück zum Ausgangspunkt). Von der East Takaka Road weisen am Ortsende Schilder zur *Rawhiti Cave*, einer nicht erschlossenen Höhle, die man selbst oder mit sach- und ortskundiger Führung (✆ 03/5257177) erkunden kann. Weiter auf dem Abel Tasman Drive folgt rechts ein Abzweig zum *The Grove Scenic Reserve*, einem Primärwaldrest, der sich im stark verkarsteten Kalkgestein erhalten hat. Unter den Bäumen dominiert der rot blühende Rata. Der kurze Weg endet zwischen Kalkfelswänden an einem tollen Aussichtspunkt.

Hinter *Pohara*, einem Erholungsort mit großem Holiday Park, endet der durchgehende Strand der Golden Bay, denn dort schiebt sich der erste Felsrücken der Abel-Tasman-Halbinsel in die See. Nach einem grausigen Zementfabrik-Zwischenspiel erreicht man den Parkplatz unterhalb des *Denkmals für Abel Tasman*, ein kurzer Weg führt hinauf, die Aussicht ist leider beschränkt. Nach dem Abzweig zu den *Wainui Falls* (Weg, 40 Min. hin/zurück) und der kurzen Strecke entlang der Wainui Bay erreicht man an einer Gabelung die Zufahrt zum Nordende des Abel Tasman Coastal Track (links) und (rechts) zum Zeltplatz Totaranui im Abel Tasman National Park.

Der Mittelteil des Kahurangi National Parks

Von Upper Takaka führt eine Straße durch das Tal des Takaka River und über einen kurvenreichen Pass zum 819 m hoch gelegenen Cobb Stausee im Mittelteil des Kahurangi National Park. Ab Takaka sind das 60 km, die Straße ist ab dem Kraftwerk im Mittelteil des engen Waldtales nicht mehr asphaltiert. Das Cobb Valley und die Parkplätze am Beginn und Ende des langen Stausees sind Ausgangspunkt für zahlreiche großartige Wanderungen und Trekking-Touren. Nach Süden erreicht man über den hochalpinen Lake Peel die Balloon Hut und die Tablelands und weiter Mount Arthur. Folgt man dem Cobb Valley, führt der Weg zur Fenella Hut und an den Rand der riesigen weg- und steglosen Wilderness Area in den zentralen Tasman Mountains, nach Norden ist die neue Bushline Hut am idyllischen Lake Sylvester ein beliebtes Ziel von Tagestouren. Bis auf die Touren auf das Tablelands, zur Fenella und Bushline Hut, die als Steige und alpine Pfade einzustufen sind und für normale Bergwanderer keine Probleme bieten, sind alle anderen Verbindungen im besten Fall gekennzeichnete Routen ohne eigentlichen Weg, ohne Brücken, ungesichert und nur von ausgezeichneten Gehern unter guten Witterungsbedingungen zu machen.

Die durch Karstphänomene wie Dolinen und Schlucklöcher sowie durch eiszeitliche Gletschereinwirkung in Form von Karen und Gebirgsseen geprägte Landschaft um das Cobb Valley besitzt eine sehr artenreiche niedrige Vegetation, nur in den Tälern gibt es Wald, vor allem an den Hängen und etwas oberhalb des Cobb Valley selbst. Im Bereich um den Lake Sylvester und die umgebenden kleineren Seen kommen Snow Totara und Zwergkiefer mitten in Bergwiesen vor. Da große Bereiche des Gebirges während der Eiszeiten nicht vereist waren, haben sich hier Pflanzen erhalten, die anderswo ausstarben – die alpinen Matten dieser Region sind die artenreichsten überhaupt in Neuseeland. Auf dem Mount Peel (1.645 m) klammert sich Vegetable Sheep (eine tatsächlich wie ein welliges Schaf oder ein riesiger Blumenkohl wirkende Pflanze) an die dem Wind am stärksten ausgesetzten Kammlagen und auf Hangschutt findet sich immer wieder das *South Island edelweiss*.

Verbindungen/Information Für Transport und Führungen kommen in Frage: Takaka Taxi, ✆ 0800/825252; Kahurangi Guided Walks, Dodson Rd., Takaka (z. B. Cobb Valley Explorer, 1 Tag 140 $), ✆ 03/5257177, www.kahurangiwalks.co.nz; Somerset Trampers Transport, ✆ 03/5248624, info@backpackerscollingwood.co.nz, verlangt ab 100 $ von Takaka bis Cobb Valley, 150 $ ab Collingwood. Weitere Adressen bei **i-Site** und **DOC Takaka**.

Karten Das DOC-Faltblatt „The Cobb Valley, Mount Arthur and the Tablelands" ist empfehlenswert, ebenso die NZTopo50-BP24 „Takaka" und BP23 „Gouland Downs" (für den Bereich Fenella Hut). Die Parkmap (1:155.000) „Kahurangi" ist allenfalls für Tagesausflüge ausreichend!

Collingwood

Ein Nest, aber wichtig als Standquartier für Besucher des Farewell Spit und vor allem für diejenigen, die den Heaphy Track machen wollen. Darauf ist der Ort auch eingerichtet. Aus der Goldgräberzeit der 1860er stammt nur noch der Ortsplan, ein regelmäßiges Achteck, denn nach einem Großfeuer mussten ab 1904 fast alle Häuser wieder aufgebaut werden. Im winzigen Collingwood Museum in der Tasman Street (im früheren Gemeindehaus von 1910, liebevolle Einrichtung gründerzeitlicher Zimmer), der ursprünglichen und auch heutigen Hauptstraße, sind alte landwirtschaftliche Maschinen und Objekte sowie Fotos aus der Goldgräberzeit zu sehen (tägl. 9–18 Uhr, Spende, ✆ 03/5248131).

Verbindungen Busse von Motueka und Takaka, Busstop in der Tasman Street.

Übernachten/Essen & Trinken Collingwood Beachcomber Motel, eine Hand voll ebenerdige Units, jede mit Küchenzeile und Bad, mitten im Ort. Unit 120–150 $. Tasman St., ✆ 03/5248499, 0800/270520, www.collingwoodbeachcomber.co.nz.

Collingwood Motor Camp, der örtliche Holiday Park liegt direkt am Ende der kleinen Landzunge, der Collingwood trägt. Cabins ab 45 $, Motels ab 85 $, Stellplatz und 2 Pers. ab ca. 28 $. William St., ✆ 03/5248149, manager@collingwoodcampingground.co.nz.

Heron's Rest, Zimmer mit Frühstück, auch Kochmöglichkeit im Hause, von der Terrasse Ausblick hinunter auf die Bucht und in Richtung Farewell Spit. Wer will, kann im Töpferstudio seine Geschicklichkeit beweisen. DB/FR (special) 110–130 $. 23 Gibbs Rd., ✆ 03/5248987, www.herons-rest.co.nz.

Somerset House, Backpacker-Herberge am Ortsrand in Panoramalage, klein, intim, leichtes Frühstück ist gratis, viele Sportarten möglich (Räder, Kajaks …), Transport zum Heaphy Track und in der Golden Bay. DB 33 $, DO 27 $. Gibbs Rd., ✆ 03/5248624, www.backpackerscollingwood.co.nz.

Courthouse Café, Elizabeth St., Collingwoods; das nette Bistro-Café wird wohl überleben, das Unternehmen steht jedoch zum Verkauf.

»› Mein Tipp: The Naked Possum, Kaituna River RD 1, Collingwood, am Beginn des Heaphy Track; viel Open Air, gute Bierauswahl und deftige, auf Wild (und natürlich Possum/Fuchskusu) basierende Küche („Wild Game Pies & Burgers"), Salate, Gemüsegerichte (warme/kalte Gerichte bis 20 $) und unter den Desserts eine ausgezeichnete Wildbeerentarte, ✆ 03/5248433. ‹‹

The Innlet, Backpacker-Herberge nahe der kleinen Strandsiedlung Waikato, relaxed mit großzügiger Unterbringung im Haupthaus oder in Cottages, jeweils mit bezogenen Betten, für alle möglichen Sportarten wie Mountainbiken und Kajaken ist gesorgt. DB 31–48 $ (Cottage), DO 27–28 $. Main Rd., Pakawau, Collingwood, 10 km nördlich in Waikato, ✆ 03/5248040, www.goldenbayindex.co.nz/theinnlet.html.

Ausflüge

Das Goldabbaugebiet im Aorere-Tal: Collingwood liegt am breiten Mündungstrichter des Aorere-Flusses, dessen Tal ab 1857 besiedelt wurde, nachdem man in der Nähe der Aorere-Höhlen Gold entdeckt hatte. Im Februar wurde die Entdeckung gemacht, im September gruben sich bereits tausend Goldgräber in die goldhaltigen Flussterrassen und in der Folge ins Gestein, das, wie man bald feststellte, Goldadern aufwies. Das Abbaugebiet ist auf einem Allradtrack (tiefe Spurrillen, nicht so toll für Mountainbiker!) ab dem Ende der Caves Road erreichbar (10 km südwestlich von Collingwood). Man kommt an der Plains Road heraus (dort links zum Ausgangspunkt an der Caves Road). Ein Schild weist zu den *Devil's Boots*, einer Felsgruppe, die an ein paar Fußsohlen erinnern soll. Vom Allradtrack weisen an zwei Stellen Schilder auf Wanderwege, die das eigentliche Goldabbaugebiet *Aorere Goldfields* erschließen. Am Verbindungsstraßchen zwischen Caves Road und Plains Road weist ein weiteres Schild auf die *Te Anaroa Caves*, ein System von Tropfsteinhöhlen, die mit Führer besichtigt werden können.

Te Anaroa Caves, Führungen mit Voranmeldung, 20 $. Anmeldung unter ✆ 03/5248131, info@teanaroacaves.co.nz.

Der Puponga Farm Park und der Wharariki Beach: Die Küstenstraße entlang der Strände der Golden Bay endet am Port Puponga, wo sich im Puponga Farm Park ein Café und die Infostelle des Farewell Spit befinden. Hier ist auch eine kleine Fotoausstellung, u. a mit Bildern von der Massenstrandung von 325 Walen im Jahr 1991, zu besichtigen. Der Farm Park ist einer von mehreren, die in den letzten Jahren gegründet wurden (zuletzt der große Molesworth Farm Park → Blenheim/Sehenswertes), um auch traditionell bäuerlich genutztes Kulturland der Nachwelt zu erhalten – im Falle von Puponga vor allem auch als Pufferzone zum großen Naturschutzgebiet Farewell Spit, das sich östlich anschließt. Die riesige Farm, die sich entlang der Küste über Cape Farewell hinaus nach Westen bis Puponga zieht (das nur ein Name ist, kein Ort), wird nach wie vor bewirtschaftet (Romney-Schafe und Angus-Rinder).

Information Farewell Spit Visitor Centre, tägl. 9–17 Uhr. ✆ 03/5248454. Hier auch DOC-Info-Faltblatt „Farewell Spit and Puponga Farm Park".

Essen & Trinken Café Paddlecrab Kitchen, Zeiten/Tel. wie Visitor Centre: Snacks, Lunchgerichte, Bier, Wein.

Reiten Cape Farewell Horse Treks, Puponga, ✆ 03/5248031, www.horsetreksnz.com.

Die Farewell Spit: Die lange, schmale Nehrung Farewell Spit sticht 25 km weit in die Tasmansee hinein. Ihre ungebrochenen Dünen mit dazwischen eingebetteten salzigen Strandseen, Salzmarschen und auf der Leeseite (Süd) breiten Wattzonen sind Naturschutzgebiet und darüber hinaus Neuseelands bedeutendstes Vogelschutzgebiet mit mehr als neunzig Vogelarten. Vor allem Watvögel aus Sibirien und Alaska nutzen die Nehrung als Sommerquartier. Nachdem sie im Nordsommer gebrütet haben, fliegen sie 12.000 km weit zur Südhalbkugel und verbringen hier den

Der Heaphy Track Great Walk

Busexkursion am Farewell Spit (rechts ein natürlicher Felsbogen!)

Südsommer, bevor sie im März oder April wieder nach Norden zurückfliegen. Bis zu 20.000 Schnepfen (auch: Pfuhlschnepfe, engl. Bar-tailed Godwit, lat. Limosa lapponica), 30.000 Strandläufer (engl. Knots), Steinwälzer (engl. Turnstones) und andere arktische Watvögel verbringen hier den Südsommer. Am äußersten Ende der Nehrung und noch jenseits des Leuchtturms sind drei Kolonien von Australtölpeln zu finden, wie den Großteil der Nehrung kann man die Tölpelkolonien nur im Rahmen einer geführten Allradtour besuchen.

Geführte Touren Seit 1946 gibt es geführte Touren nach Farewell Spit. Es gibt 2 Anbieter, mit – wie nicht anders zu erwarten – vergleichbarem Programm und Preisniveau (4–6:30 Std., je nach Dauer 60–100 $).

Farewell Spit Nature Tours bietet eine Tour von 6:30 Std. ab Collingwood an. Sie führt über den Farewell Spit zum Leuchtturm und zur Gannet Kolonie (125 $), eine gleich lange Tour führt zum Cape Farewell, kürzere Touren haben u. a. verschiedene Vogelkolonien entlang des Farewell Spit zum Ziel. Als Fahrzeuge wurden bis 2008 die langjährig erprobten, heute schon historischen RL Bedfords verwendet – seit 1946 führt dieselbe Familie Fahrten auf dem schwierigen Farewell Spit durch, ursprünglich als Versorgungsfahrten für die Leute im Leuchtturm. Farewell Spit Eco Tours, Collingwood, 03/5248257, 0800/808257, www.farewellspit.co.nz.

Der zweite Anbieter ist **Farewell Spit Nature Experience**, c/o Old School, Pakawau (auf halbem Weg zwischen Collingwood und Farewell Spit), Golden Bay. 6 Std. ab dort 115 $. 0800/250500, www.farewellspit.co.nz.

Der Heaphy Track Great Walk

Länge/Dauer: 82 km/4–5 Tage

Der Heaphy Track führt von der Golden Bay zur Westküste der Südinsel, er ist einer der neuseeländischen Great Walks. Der Track führt über 82 km und durchquert dabei den westlichsten Teil des Kahurangi-Massivs. Er ist recht gut ausgebaut, es gibt fast keine Furten. Man kann in sechs Hütten nächtigen. Meist wird von Ost nach West gegangen, da man zu beiden Track-Enden auf Transport angewiesen ist, der von den Zeiten her ausschließlich auf diese Richtung eingestellt ist.

An Wasser ist kein Mangel im Kahurangi-Nationalpark, und in seinem Westteil, durch den der Heaphy Track verläuft, schon gar nicht. Oft sind Teilstücke des Weges überflutet, Regentage sollte man auf jeden Fall einkalkulieren. Dichter Regenwald mit Südbuchen, mehreren Podocarpaceen und Rata kleidet die höheren Bereiche, an der Küste fallen große Bestände von Nikaupalmen auf (und noch dichter der Super-Landplage der Westküste, der *Sandflies*, winziger Kriebelmücken). Insgesamt ist der Weg dank Begradigungen, neu angelegter Stege und Planken- sowie Bohlenwegteilstücke durch mooriges Gelände jetzt leicht zu gehen.

Etappen 1. Etappe: Von der Brown Hut am östlichen Ende des Tracks, den man auf einer Nebenstraße von Collingwood aus erreicht, zur Perry Saddle Hut (5–6 Std.). Dabei steigt man die längste Zeit kontinuierlich an, 800 Höhenmeter sind im Aufstieg zurückzulegen. Das ist der anstrengendste Teil der Wanderung. Der höchste Punkt ist nicht am Perry Saddle, sondern ca. 30 Min. vorher (auf 915 m). 2. Etappe: Am 2. Tag ist man über die Gouland Downs Hut und Saxon Hut bis zur James Mackay Hut (7:30–9 Std.) unterwegs, wobei man in ständigem Auf und Ab mehrere Bäche und Flüsse zu queren hat (Brücken), um dann von der Hütte aus wunderbare Blicke auf die Tasmansee zu genießen. 3. Etappe: Man sollte die Heaphy Hut (6–7 Std.) erreichen, die bereits an der Mündung des Heaphy River in die Tasmansee liegt. Bei der Lewis Hut quert man den hier schon breiten Heaphy River auf einer Hängebrücke. 4. Etappe: Entlang der Küste zum Kohaihai Unterstand am Track-Ende (5 Std.), bei Crayfish Point größte Vorsicht, bei Flut Lebensgefahr (Schild mit Hinweisen).

Information/Karten Das DOC-Faltblatt „Heaphy Track" ist hilfreich bei der Planung, zur Orientierung die Parkmap 274-13 „Kahurangi" 1:155.000. Die Blätter der neuseeländischen Karte 1:50.000 sind evtl. entbehrlich: NZTopo50-BW23 „Paterson River" und BP22 „Heaphy Beach" sowie BP23 „Gouland Downs".

Übernachten Auf dem Track **DOC-Hütten**, Benützung ganzjährig nur mit speziellem Great-Walk-Hut-Pass, in jedem DOC-Büro der Region zu bekommen, Hüttennacht 30,60 $. Außerdem 7 **Zeltplätze** (12,20 $), campen ebenfalls mit Pass vom DOC. Übernachtungsmöglichkeiten in Collingwood s. o., am Westende des Tracks → Karamea S. 781.

Verbindungen Zwischen Anfang und Ende des Heaphy Tracks liegen ca. 400 Straßenkilometer. Wer nicht zurück wandert, sollte sich vorher um den Rücktransport kümmern. Die Anbieter sind im jährlich neu erscheinenden DOC-Faltblatt „**Heaphy Track Transport**" aufgelistet.

Mit dem Bus: Zum Track-Anfang Brown Hut fahren *Southern Link*, *Abel Tasman Coachlines* und *Golden Bay Coachlines* (→ Nelson/Verbindungen sowie Golden Bay/Verbindungen). Den Transport vom Westende des Tracks übernimmt *Karamea Express* (Westport) mit seinem Heaphy Track Shuttle Service zwischen Karamea und Kohaihai und zurück. Außerdem Busdienst Karamea – Westport und zurück, Sommer Mo–Sa, Winter Mo–Fr 25 $ einfach. ✆ 03/7826757, info@karamea-express.co.nz. Ebenfalls Verbindung durch *Trek Express* (→ S. 528).

Shuttle zwischen den beiden Enden bietet *Trek Express* bzw. *The Heaphy Bus*, Roundtrip 110 $, ✆ 03/5402042, 0800/128735, www.theheaphybus.co.nz; *Somerset Trampers Transport* (von Somerset House) verlangt 30 $ von Collingwood zum Boulder Lake Carpark, von Takaka 55 $, ✆ 03/5248624.

Mit dem Flugzeug: Abel Tasman Air (✆ 03/5288290, 0800/304560, www.flytasmanbay.co.nz) fliegt zwischen Nelson und Karamea und zwischen Karamea und Motueka

Weiter in Richtung Karamea und an die Westküste: → S. 553.

Am Beginn des Heaphy Tracks

Vorberge im Süden des Nelson Lakes National Park

Der Nelson Lakes National Park

Mitten im Binnenland liegen zwischen Nelson und Westport die Spenser Mountains, deren schönster Teil um die Seen Rotoiti und Rotoroa als Nelson Lakes National Park geschützt ist. Mount Travers, mit 2.338 m der höchste Gipfel der Spenser Mountains, liegt im Nationalpark, Rotoroa (dt. „Langsee") ist einer der größten Seen der Südinsel.

Eiszeitliche Gletscher haben die Täler der beiden Seen und weitere parallele Täler ausgeschürft. Über steilen Hängen liegen wie in den europäischen Alpen weite, nur sanft geneigte alpine Matten, Kare mit kleinen Seen und darüber die fast vegetationslose Gipfelwelt. Aber im Gegensatz zu unseren Alpen sind die steilen Talhänge hier nie gerodet worden und sind von dichtem Südbuchenwald bedeckt, der nur bei Windbruchstellen und entlang der Bäche und an den zahlreichen Wasserfällen Ausblicke zulässt. Im Gegensatz zu unseren alpinen Matten weiden hier keine Kühe, die meisten dieser Verflachungen sind nicht einmal durch einen Weg erreichbar.

Wandern und mehrtägiges Trekking sind die Hauptattraktionen des Parks, auf den Seen sind Motorboote und damit verbundener Sport nur an den nördlichen Enden zugelassen, die südlichen Teile im eigentlichen Park sollen vom Lärm und Gestank unberührt bleiben (nicht jeder Motorbootbesitzer hält sich ans Verbot). Besonders im Bereich zwischen den beiden Seen (Rotoiti heißt übrigens „Kleinsee") ist die Travers Gebirgskette gut durch Wege und Hütten erschlossen, ebenso die beiden nach Süden führenden Täler, das des Sabine River vom Rotoroa, das des Travers River vom Lake Rotoiti. Ein großartiger, mehrtägiger Treck verbindet die beiden Täler im Süden der Travers Range über den hohen Travers Saddle.

Die Tierwelt hat durch eingeführte Schädlinge vom Marder über den Fuchskusu und die Ratte bis zum Rotwild und zur Gämse schwer gelitten, von den Wespen, die besonders in den Tälern manchmal unangenehm werden können (keine raschen Bewegungen, langsam weitergehen, sie stechen nur, wenn sie aufgestört werden), ganz zu schweigen. Andererseits sieht man jetzt überall entlang der Wege und Pfade am Rotoiti Fuchskusu- und Iltisfallen, dort sollen in einem großen Gebiet die fremden Schädlinge ausgerottet werden.

St. Arnaud, der einzige nennenswerte Ort, liegt am Rand des Nationalparks auf der Endmoräne, die den Lake Rotoiti aufgestaut hat. Zum Besucherzentrum des Nationalparks und an den See führt eine Straße, aber es gibt auch (gut gekennzeichnete) Wanderwege. Ein täglich geöffneter Laden, ein Schnellimbiss, die Ortsinfo, ein Sportausrüstungsgeschäft, Postamt und Tankstelle versorgen mit dem Wesentlichen, auch ein, zwei Möglichkeiten zum Essen bietet die örtliche – umfangmäßig sehr beschränkte – Hotellerie. Rotoroa am Lake Rotoroa ist nicht mehr als ein gute Hand voll Häuser, aber immerhin, es gibt einen DOC-Zeltplatz am einen Preis- und eine schicke Lodge am anderen Preisende. Beide Seen haben Wassertaxitransport!

Information/Verbindungen

Information DOC Nelson Lakes National Park Visitor Centre, View Rd., St. Arnaud. Tägl. 8–16.30 Uhr, Weihnachten bis Febr. 8–18 Uhr. ✆ 03/5211806, www.nelsonlakes nationalpark.co.nz.

Hier auch Faltblatt „Nelson Lakes National Park Just Magic" und weitere zu den einzelnen Wanderungen.

Verbindungen Bus/Shuttle: Atomic Shuttles zwischen Nelson und Westport halten in St. Arnaud. Nelson Lakes Shuttles bietet *Shuttles on demand*, besonders wichtig für Tramper, z. B. St. Arnaud bis Mt Robert Carpark 15 $ p. P. (Min. pro Fahrt 25 $), ✆ 03/5211900, www.nelsonlakesshuttles.co.nz.

Naked Bus bietet eine tägliche Verbindung von Nelson über St. Arnaud und Murchison an die Westküste (→ S. 553), www.naked bus.com.

Wassertaxi: Rotoiti Water Taxis, (PO Box 35, St. Arnaud 7180), Main Rd., im Hochsommer Kerry Bay am Fuß der Strandstraße, Bootstaxi zu allen Landestellen am See (ab 75–90 $ eine Strecke) – kann bis 3 Wegstunden ersparen – bei voller Belegung des Bootes ab ca. 25 $. Auch Boots-, Kajak- und Kanuverleih. ✆ 03/5211894, watertaxi@clear net.net.nz, www.rotoitiwatertaxis.co.nz.

Rotoroa Water Taxis, Lake Rotoroa, Murchison, ✆ 03/5239199, rotoroa@xtra.co.nz.

Sport & Freizeit

Wintersport Das **Rainbow Skifield** östlich des Nationalparks wird jedes Jahr immer wieder geöffnet, obwohl es oft Probleme mit zu wenig Schnee und technische Art gibt. Aber trotzdem wird anscheinend Profit gemacht (bei jährlich unter 10.000 Skifahrern!). Mittlere bis leichte Abfahrten, sehr guter Pulverschnee. Skiverleih am Schlepplift, ✆ 03/5211861. Schneetelefon ✆ 08/322 2605 (0,18 $/Min.), www.skirainbow.co.nz.

Eher lokale Bedeutung hat das **Mount Robert Skifield** am Nordabhang der Robert Range genau südlich von St. Arnaud.

Mountainbiken Bei der DOC-Info des Nationalparks ist ein Faltblatt mit guter Übersichtskarte erhältlich, das 3 **Mountainbike-Touren** in der Region beschreibt.

Wandern/Trekking Das DOC-Büro in St. Arnaud hat ein **Tourenbuch**, in dem man sich vor und nach jeder Tour ein- bzw. austrägt. **Karten** und DOC-Infoblätter sind ebenfalls dort erhältlich. Als Karten kommen in Frage die Parkmap 273-05 (1:100.000) „Nelson Lakes" sowie NZTopo50-BS24 „Mount Robert" (BR24 „Kawatiri" bietet einen kleinen Ausschnitt bei St. Arnaud und ist evtl. verzichtbar).

Der Nelson Lakes National Park

Übernachten/Essen & Trinken

In St. Arnaud Alpine Lodge, in St. Arnaud gibt es entweder Backpacker- oder hochpreisige Unterkünfte. Das ist der Hochpreis und er ist es wert: schöne bis sehr schöne Units in verschiedenen Kategorien, alle mit Bad/WC, die größeren (und teureren) mit Küche und Spa, moderne Holzkonstruktion mit offenem Dachstuhl, offenem Kamin in der Loungebar, Blick von den Fenstern auf die Kette der Robert Ridge (so heißt der Nordteil der Travers Range) im Nelson Lakes National Park, an dessen Rand die Lodge liegt. Neben dem Restaurant, in dem alle Mahlzeiten serviert werden, gibt es die stimmungsvolle Bar. DZ 135–190 $. St. Arnaud, ✆ 03/5211869, 0800/367777, www.alpinelodge.co.nz.

Alpine Chalet, unweit der Lodge und zu ihr gehörend, die Unterkunft für den Traveller mit dem kleinen Portemonnaie. Twins, Familienzimmer und Bunkrooms und gemeinsame Einrichtungen wie Küche, Waschküche, Fahrrad- und Gepäckschuppen. Adresse wie Alpine Lodge. Ein kleines Café im alpinen Blockhausstil (mit allen ostalpinen Details wie Frontbalkon und Dachreiter) sorgt in der Sommer- und in der Winterhochsaison so einigermaßen für die Versorgung der Gäste. Elaine's Alpine Cafe. DO ab 27 $, DB ab 37 $. St. Arnaud, ✆ 03/5211979, www.alpinelodge.co.nz.

Nelson Lakes Motels, hübsche und gemütliche Blockhäuschen sind die Quartiere in diesem Motel im Ort, alle haben Küchenzeile, Frühstück kann geordert werden. Das Motel kooperiert mit der Travers-Sabine Lodge nebenan. Unit ca. 115–135 $. PO Box 79, St. Arnaud, ✆ 03/5211887, www.nelsonlakes.co.nz.

Nelson Lakes Homestay, modernes Einfamilienhaus im Cottage-Stil 4 km östlich von St. Arnaud, B&B, Zimmer mit Bad und Türen zum Garten, große Gästelounge, Terrasse, Abendessen auf Bestellung. DZ/FR 145 $. St. Arnaud, RD 2, SH 63, Nelson, ✆ 03/5211191, www.nelsonlakesaccommodation.co.nz.

Travers-Sabine Lodge, eine der wenigen bezahlbaren Übernachtungsmöglichkeiten in St. Arnaud, ein sympathisch helles, bunt und freundlich dekoriertes Gästehaus für Backpacker. Übernachtung 26–31 $. ✆ 03/5211887, www.nelsonlakes.co.nz.

In Rotoroa Lake Rotoroa Lodge, Luxuslodge am See aus der Zeit um 1920, im Stil spätviktorianisch mit viel gediegenem Holz, etwa im Speisesaal, und bequemen Sitz-

St. Arnaud hat wenige Lodges!

möbeln. 10 Zimmer mit allem drum und dran, offene Kamine, keine modernen und/oder hässlichen Anbauten. Die Klientel besteht überwiegend aus (Forellen-) Anglern, für die von der Lodge 6 professionelle Guides zur Verfügung gestellt werden. Restaurant mit 2 Chefs, eigener Hubschrauber-Landeplatz. Und das für lumpige 520 $ pro Person und Nacht. R.D.3 Murchison, Rotoroa, ✆ 03/5239121, www.lakerotoroalodge.co.nz.

Auf der Travers Range Angelus Hut, 36 Plätze, neue Hütte des DOC, im Sommer bis zu 5.000 Besucher und Dank Buchungssystem zwar meist voll, aber nicht hoffnungslos überfüllt. Buchung (20 $/Nacht, Camping 10 $) für den Zeitraum 15.11. bis 30.04. bei DOC St. Arnaud, außerhalb dieses Zeitraums normale Back Country Hut (3 Huttickets für die Hütte, 1 für Camp), Buchung auch über Internet: http://booking.doc.govt.nz/default.aspx?sg=ang.

Der Rundweg über den Lake Angelus und die Robert Ridge

Länge/Dauer: ca. 28 km/11–14 Std., 2–3 Tage. **Höhenunterschied**: ↑↓ 1.000 m **Charakter/Markierung**: im Aufstieg zunächst guter Weg (Pinchgut Track), dann über die Robert Ridge Pfad mit Stöcken als Markierung, bei Nebel gefährlich. Abstieg auf dem guten Cascade Track ins Travers-Tal, dort breiter Weg sowohl links (Lakeside Track) als auch rechts des Flusses (Lakehead Track) bis Ausgangspunkt bzw. St. Arnaud.

Die beliebteste und meistbegangene Wanderung im Nelson Lakes National Park ist der Rundweg über die Robert Ridge zum Angelus Basin und durch das Tal des Hukere Stream zum Tal des Travers River, durch das man zum Lake Rotoiti und nach St. Arnaud zurückgeht. Die Wanderung ist technisch nicht sonderlich schwierig, aber anstrengend, Auf- und Abstieg sind steil, im Anstieg gibt es kein Wasser. Man ist zwei Tage unterwegs, der Anstieg nimmt 5–6 Std. in Anspruch (plus eine weitere Stunde, um von St. Arnaud zum Wegbeginn am Straßenende zu kommen), der Abstieg und Rückweg mindestens 5 Std. Dieser lässt sich aber durch ein Wassertaxi, das man zur Goldwater Hut am Lake Rotoiti bestellt, um drei Stunden verkürzen.

Verpflegung/Übernachten Angelus Hut (36 Lager, Neubau 2010, s. o.) und Lakehead Hut (28 Lager) oder Coldwater Hut (6 Lager), keine Verpflegung; Hopeless Hut (6 Lager) auf der Variante.

Karten NZTopo50-BR24 „Mount Robert", BR24 „Kawatiri" bietet einen kleinen Ausschnitt bei St. Arnaud am Beginn und Ende der Route. Die Parkmap (1:100.000) „Nelson Lakes" ist für den Normalweg ausreichend.

Der Rundweg über den Travers Saddle (Travers-Sabine Circuit)

Länge/Dauer: 80 km/4–7 Tage. **Höhenunterschied**: ↑↓ 1.200 m.

Beim Weg von St. Arnaud über den Travers Saddle (1.780 m) umrundet man die gesamte Travers Range, wobei man bis auf die eigentliche Passquerung immer im Tal bleibt, zunächst jener des Travers, dann des Sabine River. Neben den Hütten an den Seen (Lakehead Hut und Coldwater Hut am Rotoiti, Sabine am Rotoroa) ermöglichen drei DOC-Hütten eine Übernachtung: John Tait, Upper Travers und West Sabine Hut. Die Querung des Travers Saddles ist ein alpines Unternehmen in großer Abgeschiedenheit, das sehr ernst genommen werden sollte. Die Höhe bedeutet, dass auch mitten im Sommer Schneestürme und Vereisung möglich sind, die entsprechende Ausrüstung muss natürlich mitgeschleppt werden. Bei mindestens vier Tagen ergibt das inklusive Essen einen sehr schweren Rucksack, selbst wenn man nur den Biwaksack und nicht das Zelt mitnimmt.

Murchison

Murchison ist ein wichtiger Versorgungsort für die Bauern im Binnenland zwischen Nelson und der Westküste, für fremde Besucher hat der Ort nur begrenzten Charme. Ein paar Fassaden und das örtliche Museum erinnern an die Goldgräberzeit im 19. Jh. Ein Blick auf die Übersichtskarte am Kapitelanfang zeigt, dass der Murchison passierende SH 6 sich nach Osten in die Straßen nach Nelson und Blenheim sowie Picton spaltet, nach Westen in die Straßen nach Westport, Greymouth und, über Springs Junction und den Lewis Pass, nach Christchurch. Diese Lage bringt dem Ort eine ganze Reihe von Übernachtungsgästen ein, für die er gut gerüstet ist.

Information/Verbindungen/Sport & Freizeit

Information Murchison Information Centre, 47 Waller St., tägl. 9–17 Uhr, im Winter 11–15 Uhr. ℡ 03/5239350, murchison@nelson nz.com.

Verbindungen Busse und Shuttles zwischen der Westküste und Nelson sowie Blenheim halten an der Durchgangsstraße unweit Visitor Centre oder direkt dort (beliebter Stopover für Chauffeur und Fahrgäste mit Café im selben Gebäude).

Raften & Kajaken Auf dem Buller River (der bei Westport mündet → S. 785), mehrere Anbieter, z. B. **White Water Action Rafting Tours**, 125 $, Büro hinter Info Centre, ℡ 03/5239581, 0800/100582, www.whitewateraction.com oder **Ultimate Descents**, 51 Fairfax St., ℡ 03/5239899, 0800/748377, www.rivers.co.nz, das Büro in Murchison ist im Rivers Cafe.

Übernachten/Essen & Trinken

Murchison Motels, kleines Motel im Ort mit Pool, die kleineren Units mit Mikrowelle, größere mit Küchenzeile, alle jüngst aufgefrischt. Unit 140–170 $. 53 Fairfax St., ℡ 03/5239026, 0800/166500, www.murchison motels.co.nz.

The Lazy Cow Accommodation, kleines, familiäres Backpacker-Hostel nahe Ortsmitte. DB 32–37 $, DO 25 $. 37 Waller St., ℡ 03/5239451, lazycow@xnet.co.nz.

Kiwi Park Motels & Holiday Park, Platz am Ortsrand (800 m) in grüner Umgebung, Motels, Cabins – die volle Palette. Motels 120–200 $, Stellplatz und 2 Pers. ab 40 $. 170 Fairfax St., ℡ 03/5239348, 0800/228080, www.kiwi park.co.nz.

Riverview Holiday Park, grüner Platz am Buller River ca. 1 km östlich von der Ortsmitte, im Sommer mit kleinem Laden. Stellplatz und 2 Pers. ab 28 $, Cabin ca. 50 $, Motel-Unit 110 $. Riverview Rd., SH 6, Murchison, ℡ 03/5239591, riverview.hp@xtra.co.nz.

Rivers Cafe, 51 Fairfax St.; der Anbieter von Kajak- und Raftingtouren hat ein Holzhaus als Café hingestellt, nur Naturholz, sehr individuelles Mobiliar, tagsüber einfache Gerichte, abends auch etwas aufwändigeres Dinnerangebot. ℡ 03/5239009.

Im Belson Lakes Park

Marlborough ist Weinland

Die Weinregion Marlborough

Marlborough, das ist in Neuseeland fast ein Synonym für Weinlandschaft, sommerliche Picknicks im Weinberg, delikate Chardonnays, exklusive Restaurants und luxuriöse Unterkünfte. Tatsächlich ist zumindest die Flussebene um Marlboroughs Hauptort Blenheim ein Weinparadies.

Die weite Ebene des Waiaku-Flusses vor seiner Mündung in den Pazifik war bis in die 70er Jahre reines Farmland mit riesigen Kuhweiden für die Milchwirtschaft. Heute noch wird an den Rändern der Ebene und am Oberlauf des Flusses Milchvieh gehalten, die Milch wird vor allem zu Käse verarbeitet, wie man in der Koromiko-Molkerei nahe dem Flughafen von Blenheim feststellen kann. Mit dem Startschuss durch das mittlerweile weltbekannte Weingut Montana hat jedoch der Weinbau die Landschaft grundlegend verändert. Der Welterfolg der subtilen Chardonnays und Sauvignon Blancs aus der Region Marlborough hat das Tal zwischen Blenheim und dem 10 km westlich liegenden Renwick in einen einzigen Weinberg verwandelt.

Blenheim

Der Hauptort der Region Marlborough (die im Norden die Marlborough Sounds umfasst und im Süden bis Kaikoura reicht) ist Blenheim, das es trotz seiner Bekanntheit als Hochburg der gleichnamigen Weinregion nicht wirklich zu städtischer Dichte gebracht hat. Und das trotz zweier Flughäfen (direkt neben dem zivilen liegt der RNZAF = Royal New Zealand Air Force Airport in Woodbourne) und alteingesessener Flugzeugindustrie, die heute noch durch Safe Air verkörpert wird.

Information/Verbindungen

Information Marlborough i-Site Visitor Centre, Blenheim Railway Station, Blenheim. Dez. bis März tägl. 8.30–17 Uhr, sonst Mo–Fr 8.30–17 Uhr, Sa/So 9–16 Uhr. ✆ 03/577 8080, www.destinationmarlborough.com.

Verbindungen Flug: Airport 7 km südwestlich nahe Renwick. Flüge nach Wellington mit Air New Zealand (✆ 0800/737000) und Sounds Air (✆ 03/5203080, 0800/5005005, www.soundsair.com). Taxi oder Super Shuttle (✆ 03/5729910, ca. 10 $) in den Ort.

Bus: Halt am Bahnhof, Sinclair St., an der Straße nach Picton.

Feste & Veranstaltungen

Weinfest Am 2. Wochenende im Febr. findet das **Wine Marlborough Festival** statt. Standort ist die Brancott Winery, 4 km östlich des Zentrums von Blenheim. ✆ 03/5779299, www.wine-marlborough-festival.co.nz.

Flugschau Classic Fighters Marlborough alle zwei Jahre über die Osterfeiertage, Omaka Aerodrome. Vorführung von Kampfflugzeugen aus dem 1. und 2. Weltkrieg am Boden und in der Luft, Flugzeuge aus den 30er bis 50er Jahren, Aerobatics, Kampfvorführungen in Kostüm (!), die Besucher sind eingeladen, sich in Kostüme zu stürzen (Vorbild dürfte das Prospekt sein, das vage die Zeit vor und im 1. Weltkrieg suggeriert). Jüngster Termin 22.–24. April 2011. Der Eintritt für 1 Tag kostete 60 $, für alle 3 Tage 135 $. Classic Fighters Charitable Trust, PO Box 641, Blenheim, ✆ 03/5791305, www.classicfighters.co.nz.

Übernachten

Jede Menge Motels, ausreichend Backpacker-Quartiere und im Weinland ringsum eine ständig wachsende Auswahl an luxuriösen privaten Absteigen, die mit dem Beiwort „Boutique" klar als nicht gerade billig gekennzeichnet ist – nicht umsonst nennt sich die Gegend zwischen Blenheim und Renwick auch „The Golden Mile".

In Blenheim Hotel D'Urville, Boutique-Hotel der luxuriöseren Art, nur 11 elegante, individuell ausgestattete Zimmer. Im Haus auch formelles Restaurant (nicht am Sonntag, wenn es beim Brunch sehr populär zugeht) und schick-populäre Bar. DZ 195–360 $. 52 Queen St., ✆ 03/5779945, www.durville.com.

Grove Park Lodge, aus dem Einerlei der Motels hebt sich dieses durch hübsche Farbgebung und einen schönen Garten mit Pool ab, auf den die Türen der ebenerdigen Units gehen. Unit (nicht alle mit Küche) 125–175 $. 81 Grove Rd., ✆ 03/5784389, 0800/100948, www.grovepark.co.nz.

Lugano Motor Lodge, Motel mit 15 Units 3 Blocks vom Zentrum. Gehobene Qualität in der Ausstattung: alle Units Küche, Fön, Internetzugang. Unit 125–160 $. Ecke High St./Henry St., ✆ 03/5778808, 0800/584266, www.lugano.co.nz.

The Grapevine Backpackers, die ruhige Lage in einem älteren Cottage („Villa") am Fluss in einer Nebenstraße Blenheims ist der Knüller dieses Hostels; gratis Kanus, Fahrradverleih, Billiard. DB 24–31 $, DO 21/22 $. 29 Park Terrace, ✆ 03/5786062, www.thegrapevine.co.nz.

Koanui Lodge & Backpackers, mehr Komfort als sonst in Zimmern mit Bad und kleinen Schlafsälen, Lounge mit TV und gratis Videos. DB 26/38 $, DO 22–26 $. 33 Main St., ✆ 03/5787487, www.koanui.co.nz.

Blenheim Top 10 Holiday Park, 1 km nördlich des Zentrums am SH 1, Schwimmbad, Cabins und Zeltplätze am Fluss. Cabin (nur Lager) ab 67 $, Motel-Unit 115–145 $, Stellplatz und 2 Pers. ab 37 $. 78 Grove Rd., Mayfield, ✆ 03/5783667, 0800/268666, www.blenheimtop10.co.nz.

In der Weinregion Old Saint Mary's Convent, was früher ein Kloster war und in solider viktorianischer Handwerklichkeit (1901) errichtet wurde, ist heute ein luxuriöses Hotel in der Weinbergsregion mit nur 7 Zimmern, der Honeymoon Suite in der

Klosterkapelle und Fünf-Sterne-Service. Ein echtes Schnäppchen: DZ 600–800 $, Frühstück extra. Rapaura Rd., ✆ 03/5705700, www.convent.co.nz.

Blue Ridge Estate, B&B mit 3 äußerst komfortablen Zimmern in modernem Weingutshof 7 km nördlich von Blenheim. DZ/FR 200–255 $. 50 O'Dwyer's Rd., RD 3, Blenheim, ✆ 03/5702198, www.blueridge.co.nz.

Essen & Trinken

Hotel D'Urville → Übernachten.

Bellafico, 17 Maxwell Rd.; trotz des bescheuerten Namens ein bestens (deutsch) geführtes Café & Weinbar, das sich vom Ambiente her italienischer gibt als es ist (aber „mediterranean" ist eben in Neuseeland mega-in, und was ist mediterraner als Italien?). Wieder mal Gusto auf deutsches Essen? Schmeckt auch den Kiwis (die ja bekanntlich zu einem hohen Prozentsatz deutsches Blut in den Adern haben). ✆ 03/5776072.

Living Room, Ecke Scott Rd./Maxwell Rd.; schick funktionales, durch ein paar Bilder an der Wand farblich aufgeheitertes, recht lautes Bistro-Café, täglich und bis spät geöffnet, die Küche arbeitet vom Frühstück bis zum Dinner (ca. 8–20 $). ✆ 03/5794777.

River Queen, der im Opawa-Fluss unterhalb der Brücke verankerte Raddampfer ist in Wirklichkeit ein Restaurant mit Bar, auf dem man speisen kann, während man gemütlich den kaum merklich fließenden Fluss entlanggleitet. 2:30 Std. Lunchtime-cruise 75 $. ✆ 03/5775510, 0800/266322, www.theriverqueen.co.nz.

Chequer's Wine Bar, 24–28 Scott St.; vorne Café, im Winter ziemlich dröge, im Sommer beliebter Lunchtreff (große Karte, aber alles isst die gefüllten Sandwiches, Quiche, Burger und Panini zu 12–19 $), die Tische draußen voll mit Rauchern, das Innere weit zur Straßenfront geöffnet, guter Kaffee. Im hinteren Teil gibt es eine flotte Weinbar mit leider nur wenigen offenen Weinen. ✆ 03/5793242.

Weitere Restaurants und Cafés-Bistros in der Umgebung → „Wine and Dine in Marlborough".

Sehenswertes

Brayshaw Museum Park: Im Süden Blenheims an der New Renwick Road liegt Brayshaw Park mit *Beavertown*, einigen rekonstruierten Bauten aus der Pionierzeit, und dem *Marlborough Provincial Museum,* einem modernen Bau mit kleiner Sammlung, wie sie einem Heimatmuseum zusteht, und einem kleinen Vorführungsraum für historische Filme.
Tägl. 10–16 Uhr. Eintritt 5 $.

Aviation Heritage Centre: Die Ausstellungshalle am Omaka Aerodrome präsentiert Oldtimer-Flugzeuge und Objekte zur Geschichte des Flugwesens in Neuseeland. Mit reichlich Platz und sehr eindrucksvoll wird etwa lebensgroß eine Szene gezeigt, in der ein abgestürztes britisches Flugzeug in einem Baum hängt, während der überlebende Pilot von deutschen Militärs ausgefragt wird. Blenheim hat eine lange Beziehung zum Flugwesen, seine Flughäfen waren vor allem während des Zweiten Weltkriegs von Bedeutung. Daran erinnert bis heute neben dem Zivilflughafen der Militärflughafen Woodbourne. Hinter dem sehr sehenswerten Museum stehen Sponsoren wie etwa der Regisseur Peter Jackson.
Tägl. 10–16 Uhr. Eintritt 25 $. www.omaka.org.nz.

„Wine and Dine in Marlborough"

Die Weinregion Marlborough, also das Tal des Wairau River zwischen Blenheim und Renwick, hat wie keine zweite Neuseelands aus dem Nebenverdienst aus Kel-

Blenheim 557

lerbesuchen ein Haupteinkommen gemacht und eine Restaurant- und Weinberg-Café-Szene hingelegt, dass man aus dem Staunen nicht mehr heraus kommt – das alles innerhalb einer Generation, erste Pflanzungen gab es in den 1970er Jahren! Im Gratis-Heft „Wine Trails", das 1990 die Zeitung „Listener TV&Radio Times" als Sommerbeilage herausgab, steht bei Marlborough noch „Bold New Wine-Land" mit Betonung auf dem „new", wogegen der „Kleine Johnson", Ausgabe 2008, nur lapidar feststellt: „Nirgendwo auf der Welt wächst so pikanter Sauvignon Blanc wie in Marlborough", oder 2009 „Der Pinot wird unterschätzt, die besten Exemplare gehören zum Feinsten, was Neuseeland zu bieten hat". Das will etwas heißen. Unter den Klassikern des Sauvignon Blanc zählt Johnson übrigens den Marlborough-Ponier (ehemals Montana)Brancott Estate als erstes Weingut auf. Marlborough hat aber auch mengenmäßig unglaublich zugelegt: heute liefert die Region etwa 80 % der neuseeländischen Weinproduktion.

Weinproben sind in den meisten Weingütern gratis (auch Radfahrer wie der Autor, bei dem klar war, dass er nicht 3 Kisten Wein kaufen und mitnehmen würde, werden überall freundlichst bedient). Allenfalls werden 2–6 $ erhoben, was aber mit besonders guten und ausführlichen Proben mehr als ausgeglichen wird.

Wein-Touren

Wine & Bike, Radtouren zu den Weingütern in Marlborough sind die beste und sicherste Art, sich einen Tag lang mit dem Weinangebot auseinanderzusetzen. Radverleih mit Karte und Ausrüstung (Helm, Seitentaschen für erworbenen Wein!) halber Tag 42 $, ganzer Tag 58 $, Abholung/Rücktransport zum Hotel gratis. Argrove Lodge, 191 Bells Rd., Blenheim, ✆ 03/5776954, www.winetoursbybike.co.nz.

Bustouren mit Weinproben in ausgewählten Weingütern ab Blenheim und Picton und sogar ab Wellington (zu buchen über Interislander). Einige Anbieter offerieren Lunch. Die i-Site Blenheim hat dazu eine ganze Anzahl von Prospekten. Der halbe Tag mit 3–5 Weinproben kostet 50–60 $.

Weingüter/Essen & Trinken

Brancott Estate (früher Montana Brancott) Winery, Main South Rd., Blenheim; der Pionier mit seinem auffälligen Weingut und Café-Restaurant direkt neben der Straße nach Kaikoura braucht keine Empfehlung. Die Sauvignon Blancs sind ja nun dankenswerterweise auch in Deutschland zu haben. Außergewöhnlich gut ein Barrique-Chardonnay Reserve 2003. Tägl. 9–16.30 Uhr, Restaurant tägl. 10.30–15 Uhr, Führung durch das Gut 10 $. ✆ 03/5775775, www.brancottestate.com.

Grove Mill, Waihopai Valley Rd., PO Box 67, Renwick; umweltbewusstes Unternehmen seit 1988, spezialisiert auf Sauvignon Blanc, außergewöhnlich der Grande Reserve 2009 sur lie mit einem Hauch Eiche. Verkostungen gratis tägl. 11–17 Uhr. Der Frosch auf dem Label ist der Southern Bell Frog, ein Bewohner des hauseigenen Feuchtgebietes, das umsichtig renaturiert wurde. ✆ 03/5728200, www.grovemill.co.nz.

Herzog Winery and Luxury Restaurant, 81 Jeffries Rd.; elegantes **Restaurant** des Weinguts Hans Herzog, die Küche mit (mittel-) europäischen Akzenten, der Service exzellent, die Weinkarte nicht zu übertreffen. Der Minimumbetrag für 3 Gänge ist ca. 100 $. Mitte Okt. bis Mitte Mai Di–So ab 18.30 Uhr, Mitte Dez. bis Ende März tägl. ✆ 03/5728770, www.herzog.co.nz. Weniger aufwändig ist das **Cellar Door Bistro** (tägl.

11–16 Uhr), das mittags leichte Fisch-, Fleisch- und v. a. Nudelgerichte offeriert, ohne dem Gast gleich die Geldbörse zu leeren. Fantastisch der einen Hauch pfeffrige Sauvignon Blanc Jahrgang 2010 mit deutlichen Tropenfruchttönen!

Hunter's, Rapaura Rd., PO Box 128, Renwick; Neuseelands bekannteste Weinmacherin wurde 1993 mit dem OBE für Dienste an der Weinindustrie ausgezeichnet. Seit dem Tod ihres Mannes 1987 leitet sie den Betrieb allein. 50 % ihres Weines gehen in den Export. **Garden Café, Galerie und Laden**, alle 9.30–16.30 Uhr, Lunch Mi–So, Dinner Fr und Sa (Vorspeisen 13–25 $, Hauptgang ab ca. 28 $). ☎ 03/5728459, www.hunters.co.nz, Restaurant ☎ 03/5728803, www.dietmarscherre.com.

Allan Scott, Jackson's Rd., RD 3, Blenheim; 1990 gegründetes privates Weingut mit heute 60 ha Reben (Sauvignon Blanc, Pinot Blanc, Gewürztraminer, Riesling, Pinot Noir, seit 2008 auch Biowein, auch Sekt). Reizvolles, scheinbar improvisiertes Schuppen-Ambiente im in Wirklichkeit sehr feinen **Restaurant Twelve Trees**, tägl. 9–17 Uhr, ein Adobe- und Holzbau, Service auch im Garten (2 Gänge 25–45 $). Allan Scott hat, wie eine ganze Reihe neuseeländischer Produzenten (wie Villa Maria, einer der größten des Landes), auf Schraubverschlüsse umgestellt. Anmeldung Kellerführung/Tasting ☎ 03/5729054, ☎ 5729053, allanscott@cellardoor.com, Restaurant ☎ 03/5727123, www.allanscott.com.

Saint Clair, 13 Selmes Rd., RD 3, Blenheim; Weinverkostung und Verkauf. Kleiner **Laden** für hausgemachte Konfitüren, Pickles und Eingemachtes, bei den Weinen mittlere Palette in Rot und Weiß. Bemerkenswert das Bouquet des nicht ganz trockenen (8,4 g Restsüße) Riesling „Saint Clair Vicar's Choice" 2009 sowie der mit 130,5 g Restsüße gesegnete Awatere Reserve Noble Riesling 2009. ☎ 03/5705280, www.saintclair.co.nz

Highfield Estate, Brookby Rd., Blenheim; Weinproben und **Restaurant**, auch (Luxus-) **Unterkunft**, der pseudo-toskanische Turm ist kaum zu übersehen. ☎ 03/5729244, www.highfield.co.nz.

Cellier le Brun, Terrace Rd., Renwick; auch Le Brun ist ein Pionier: er war der erste auf dem Markt, der seine Weißweine nach der Méthode Champenoise verarbeitete, er produziert aber auch nicht zu Sekt verarbeiteten Chardonnay: Das **Terrace Café** (nur im Sommer, Abendessen nur Do–Sa, Reservierung sinnvoll) bietet mit Sitzplätzen im eher rustikalen Inneren und draußen auf der Terrasse eine typisches Bistro-Cafe-Angebot. ☎ 03/5728859, sales@lebrun.co.nz.

Villa Maria, New Renwick Rd./Paynerts Rd., Fairhall, Blenheim; der Weingigant aus Auckland (→ Auckland) besitzt auch in Marlborough große Weinberge und hat mit mehreren kleinen Weinproduzenten Abnahmeverträge. Die Kellerei dürfte zu den größten Marlboroughs gehören. Weinproben, Führungen nach Anmeldung. ☎ 03/5208470, www.villamaria.co.nz.

Der Molesworth Farm Park

Die Molesworth Station ist mit 180.476 ha Land Neuseelands größte Farm. Ihre Rinderherde aus den Rassen Angus und Harford zählt um die 10.000 Tiere. Sie nimmt ein Gebiet im Inneren des Landes südlich von Blenheim ein, das im Süden an die Region Canterbury grenzt, und Höhen zwischen 549 m und 2.100 m umfasst. Die öffentliche Straße durch die Station erreicht auf dem Island Saddle 1.347 m Höhe, dies ist der höchste Punkt, den irgendeine öffentliche Straße Neuseelands erreicht.

Die Station wurde nach langem hin und her im Jahr 2005 als Farm Park unter staatlichen Schutz gestellt. Seit kurzem ist die Zufahrt öffentlich, das Management wur-

Der Molesworth Farm Park

Bahnschranken kennt man nicht (bei Blenheim)

de vom DOC übernommen, die Station soll auf Dauer erhalten werden. Schäden gab es bereits durch Übernutzung durch 4WDs und Motorradfahrer, vor allem Erosionsschäden. Ebenfalls problematisch sind die jährlich stattfindenden zwei Mountainbike-Rennen und zwei Bergläufe, mit bis zu 750 auf der Farm über Nacht zeltenden Menschen. Ein weiteres Problem stellt die Verbreitung von Schadpflanzen dar, denn die 4WDs bringen eine Menge Unkräuter mit. Unerwünschte Eindringlinge aus Europa sind Ginster und Heidekraut, die große Flächen unbrauchbar machen, vor allem aber auch verwehte Samen der Stände von Korsikakiefer, die das Weideland durch starke Sämlinge binnen weniger Jahre in Jungwald verwandeln.

Der historische Cattle Track von Blenheim nach Hanmer Springs wurde 1875 von zwei Europäern mit Pferden, Hunden und 1.740 Schafen regelrecht durch den damals noch dichten Busch gebrannt. Heute gibt es eine Straße, die aber nicht asphaltiert ist. Die Straße ist nur im Sommerhalbjahr geöffnet.

Straßenverlauf Blenheim – Awatere Turnoff (22 km von Blenheim) – Blairich Recreation Reserve mit Picknicktischen, Camping, Toiletten, einziger Campingplatz auf dem ganzen Weg (37 km) – Molesworth Cobb Cottage (122 km) bereits nach der Grenze der Station, hier war der ursprüngliche Homestead von 1865, der heutige liegt dahinter (nicht zugänglich), im Cottage Infoplakate und Broschüren, Toiletten – Wards Pass (131 km) – Isolated Saddle (144 km) – Trandale Junction (145 km) mit Blick hinunter auf die Trandale Seen vom Aussichtspunkt (dorthin kurzer Weg) – Guide River (161 km) – Acheron Accommodation House (181 km), ein historisches Haus von 1862 – Jacks Pass und Rainbow Road Junction (199 km) (die hier beginnende Rainbow Road nach St. Arnaud ist privat, nur 4WD, mehrere Furten, einfache Strecke 20 $, Schranke) – Hanmer Springs (208 km). Die Station erstreckt sich zwischen Molesworth Cobb Cottage und Jacks Pass!

Information/Durchfahrtsgenehmigung Infobroschüre vom DOC (1 $), **Infos** über DOC, South Marlborough Area Office, Gee St., PO Box 51, Renwick, Blenheim, ✆ 03/5729100, southmarlboroughao@doc.govt.nz oder das Hurunui Visitor Information Centre, Amuri Avenue, Private Bag, Hanmer Springs, ✆ 03/3157128. Im Winter **Durchfahrtsgenehmigung** bei The Manager, Molesworth Station, Landcorp Awatere Valley, Blenheim, ✆ 03/5754073, molesworth@landcorp.co.nz.

Halt! Stop!! Nin's Bin hat frisch gekochten Hummer!!!

Kaikoura

Auf halbem Weg zwischen Picton und Christchurch schiebt sich die Kaikoura-Halbinsel in den ansonsten geradlinigen Küstenverlauf vor. Das wirkt, wenn man von Norden kommt, umso überraschender, als sich zwischen Blenheim und Kaikoura an der Küste kaum Platz für Straße und Bahn findet, so steil stürzen die Gebirgsketten der Kaikoura Ranges ins Meer.

Kaikoura (gesprochen Kai-ko-ura) ist zu einem Synonym für Whale Watching geworden. Fast jeder, der hier nächtigt, nimmt an einer Walbeobachtungsfahrt teil, denn nur an wenigen Stellen der Erde ist es so leicht, den Riesen der Meere zu begegnen. Nahe der Westküste der Kaikoura-Halbinsel senkt sich der Meeresboden unvermittelt von Flachmeertiefen auf 1,5 km Tiefe – dort sind die Wale zu sehen, aber auch Delfine und Schwärme von Meeresvögeln. Kaikoura bietet auch Schwimmen mit Delfinen an, Kajaktouren und alle anderen Wassersportarten, Mountainbiken und Bergsteigen, und wenn das Wetter mal schlecht sein sollte, sorgt die Restaurant-, Bar- und Café-Szene für Abwechslung.

Ngati Kuri, ein Stamm (Hapu) der Ngai Tahu Stammesgruppe (Iwi), lebte in den Dörfern der Küste vor allem von Fischfang und den Meeresfrüchten, den zahlreichen Arten der Muscheln und Austern. In einem der Feldzüge des frühen 19. Jh., als mit Gewehren bewaffnete Stämme andere, die keine derartigen Waffen besaßen, überfielen, wurden sie durch Te Rauparaha und seine Krieger fast ausgelöscht. Walfänger besiedelten das Gebiet ab den 1840ern und das Schicksal der Maori-Ureinwohner von Kaikoura schien besiegelt zu sein. Sie haben sich jedoch erholt und sind im Bild des Ortes nicht mehr zu übersehen. Der Stolz auf ihre Kultur ist hier sehr offensichtlich. Kaikouras einziges Whale-Watch-Unternehmen gehört ihnen.

Information/Internet/Verbindungen

Information Kaikoura i-Site Visitor Centre, West End, ☏ 03/3195641, www.kaikoura.co.nz. Holz-Cottage an der Straße zur Kaikoura-Halbinsel hinter dem großen Parkplatz, gut sortierte Prospekte (nicht so toll wie in Blenheim!), reichlich freundliches Personal.

Kaikoura 561

Internet PCs mit Drucker, aber keine USB-Ports, in der Städt. Bibliothek (gegenüber Visitor Centre). E-Mail/Internet bei Outpost, West End 19 gegenüber Adelphi Hotel (Backpackers).

Verbindungen Bahn: Alle Züge auf der Strecke Picton – Christchurch halten in Kaikoura.

Bus: Bushalt am Südende des Ortes beim Visitor Centre (InterCity, Atomic). Nach Christchurch: Kaikoura Door to Door Bus Service, ✆ 03/3195922, tägl. morgens nach Christchurch, nachmittags zurück.

Taxi/Shuttle: Kaikoura Shuttle, auch Sightseeing, ✆ 03/3196166, kaikoura.shuttles@xtra.co.nz.

Sport & Freizeit

Whale Watching (→ S. 564).

Schwimmen mit Delfinen und Pelzrobben Meeressäuger beobachten – nicht stören: Schwarzdelfine (Dusky Dolphins) und Neuseeland-Pelzrobben (Seals) haben wenig oder keine Scheu vor Menschen. Den Pelzrobben am Südende der Kaikoura-Halbinsel kann man auf wenige Meter nahe kommen, ohne dass sie Zeichen der Scheu zeigen (und wer näher kommt, riskiert, von einem wütenden Bullen angegriffen zu werden). Im Wasser haben sie überhaupt keine Scheu und Delfine wie Pelzrobben sind nur neugierig, was da so ungeschickt herumhampelt. Schwimmen mit Delfinen bietet exklusiv **Dolphin Encounter**, 96 Esplanade. Fahrten 5.30, 8.30 und 12.30 Uhr, Schwimmen 165 $, nur Beobachtung vom Boot aus 80 $. ✆ 03/3196777, 0800/733365, www.encounterkaikoura.co.nz.

Schwimmen mit Pelzrobben bietet u. a. **Seal Swim Kaikoura**, 70–90 $, ✆ 03/3196182, 0800/732579, www.sealswimkaikoura.co.nz. ■

Tauchen Dive Kaikoura, 94 West End, ein Tauchgang ab 150 $. ✆ 0800/728223, www.divekaikoura.co.nz.

Vogelbeobachtung Meeresvögel vom Papageientaucher bis zum Albatros sind an der Küste Kaikouras dank des üppigen Nahrungsangebotes sehr häufig und werden z. B. bei Walbeobachtungsfahrten regelmäßig gesehen. Die Maori-Besatzung macht auf sie aufmerksam und erklärt die wichtigsten Fakten, an Bord liegen auch Bücher über die Vogelwelt Neuseelands und der Küste aus. Spezielle Fahrten zur Vogelbeobachtung bietet **Albatross Encounter**, 2-mal tägl., 3 Std. 110 $. ✆ 03/3196777, 0800/733365, www.encounterkaikoura.co.nz. ■

Meereskajaken Sea Kayak Kaikoura, halber Tag ab 2 Pers. 90 $. Auch Kajakverleih, halber Tag 50 $. ✆ 021/462889, 0800/452456, www.seakayakkaikoura.co.nz.

Reiten Ludley Horse Treks, Gestüt nahe der Kaikoura Winery südlich des Ortes. Ausritt ab 70 $, Buchung über Visitor Centre oder ✆ 025/2278221.

Radfahren/Mountainbiken Mount Fyffe (1.602 m) im Hintergrund der Bucht ist nicht nur mit Allradfahrzeug, sondern auch mit dem Mountainbike erreichbar! Radverleih bei West End Motors, 48 West End, ✆ 03/3195065.

Wandern/Bergsteigen → Sehenswertes/Touren.

Touren zu Maori-Pas (Maoritanga) Maurice Manawatu und seine Familie (seine Frau ist Pakeha) bieten einen Einblick in Traditionen und Kultur der lokalen Ngati Kuri. Ihre Tour führt zu Maori-Pas der Umgebung, vermittelt traditionelle Vorstellungen und erklärt auf einem Spaziergang durch Waldland die Verwendung der Pflanzen durch die Maori. **Maori Tours**, 3-stündige Touren 125 $. ✆ 03/3195567, 0800/866267, www.maoritours.co.nz. ■

Einkaufen/Feste & Veranstaltungen

Wein Kaikoura Winery, SH 1, Kaikoura (2 km südlich vom Ort), Kellerverkauf tägl. 10–17.30 Uhr, Weingut mit ausgezeichnetem Sauvignon Blanc, den es auch im Handel gibt (etwa im New World Supermarkt), auch **Café-Restaurant** („Deli-Bar"). Weinprobe 3 $. ✆ 03/3197966, www.kaikourawinery.co.nz.

Für Selbstversorger New World Supermarkt an der Straße nach Blenheim, ca. 1 km nördlich des Ortes, im Ort selbst nur kleinerer **Supermarkt**.

562 Die Regionen Marlborough und Nelson

Feste & Veranstaltungen Kaikoura Seafest nennt sich die Schlemmerorgie, die seit 1995 regelmäßig am 1. Sa im Okt. stattfindet. Fisch, Meeresfrüchte und Wein aus ganz Marlborough, dazu Musik, Theater, Show und Straßentheater; www.seafest.co.nz.

Übernachten (→ Karte S. 566)

Kaikoura hat eine recht gute Palette an Unterkünften für jeden Geldbeutel – zum Seafest am 1. Sa im Oktober sind sie alle lange im voraus ausgebucht!

Motels & Motor Inns White Morph Motor Inn 13, das von außen funktionale Haus hat innen eher verspieltes Dekor, v. a. in den Gemeinschaftsräumen, wie etwa im Restaurant (→ Essen & Trinken). Mehrere Ausstattungskategorien, auch die schlichten Studios anständig, alle Units Aircondition, Fenster doppelt verglast, mit Küchenzeile, Minibar, Bügeleisen/-brett neben dem Üblichen (TV, Telefon, Tee-/Kaffeezubereiter). 4 Qualmark-Sterne. Unit 135–335 $. 92 The Esplanade, ✆ 03/3195014, 0800/803666, www.whitemorph.co.nz.

Panorama Motel 17, gediegenes Motel am Südrand des Ortes, von den Units (alle mit Terrasse oder Balkon) Blick auf Meer und Kaikoura Ranges, jene im 1. Stock mit phantastischem Ausblick! Unit 110–200 $. 266 The Esplanade, ✆ 03/3195053, 0800/288299, www.panoramamotel.co.nz.

Anchor Inn Motel 15, ausgedehnter, obwohl nur 15 Zimmer umfassender Komplex an der Straße auf die Halbinsel, keine den Blick verstellenden Gebäude zur Strandseite, hochwertige Ausstattung, Aircondition (immer noch selten in NZ), einige Zimmer mit Spa, die Morgenzeitung ist gratis. Units mit gemütlichen Sitzecken, sehr guten Betten. Lange im Voraus ausgebucht! DZ/FR 125–255 $. 208 The Esplanade, ✆ 03/3195426, 0800/720033, www.anchorinn.co.nz.

Lodges und B&B Kincaid Lodge 5, typische Luxus-Lodge etwas außerhalb des Ortes, 6 km in Richtung Picton, einsam, eigene Zufahrt (gut beschildert). Sehr wohnliche, helle Zimmer im Holzbau auf der Schaf- und Rinderfarm der Costleys (Helen und Judith). Tennisplatz, Mountainbike-Verleih kostenlos wie auch Portwein und Konfekt, opulentes Frühstück. Große, gemütliche Lounge mit CD-Player und Video, Klavier, Gitarre. DZ/FR ab ca. 495 $, im Internet evtl. günstiger. 611 Main North Rd., ✆ 03/3196851, www.kincaidlodge.co.nz.

Bayview B&B Homestay 19, von buntem Garten umgebenes Haus mit Blick auf die Kaikoura-Kette, auf die Namen gebende Bay nur eingeschränkt. 2 km von der Ortsmitte auf der Kaikoura-Halbinsel. Ein Doppelzimmer mit Bad/WC, die beiden anderen Zimmer mit Du/WC am Gang. Sehr gutes Frühstück mit hausgemachtem Brot,

Kaikoura 563

Transport vom/zum Ort wird kostenlos arrangiert. Auch die 6.30-Uhr-Whale-Watcher bekommen ein Frühstück – die Gastgeberin betreibt, wie sie betont, einen Homestay, nicht nur ein B&B! DZ/FR 120 $. 296 Scarborough St., ✆ 03/3195480, bayview homestay@xtra.co.nz.

Endeavour Heights [18], Boutique B&B in Aussichtslage (Abzweig der Scarborough St. auf der Halbinsel), postmodern geschnittenes Haus mit attraktiven Zimmern mit Bad/WC, Sat TV, Aussichtsbalkon. DZ/FR 160–200 $. 1 Endeavour Place, ✆ 03/3195333, www.endeavourheights.co.nz.

Backpacker/Jugendherbergen/Holiday Parks Albatross Backpacker Inn [12], modernes, funktionelles wie blitzsauberes Backpacker-Quartier in bester Lage in früherem Postgebäude, ganz nahe der Uferstraße, aber nicht direkt dran, schon etwas außerhalb des Zentrums in Richtung Halbinsel. „Türkische", halb abgeschlossene Bunks mit eigener Leselampe, im Haus Videogames, Internetanschluss, Gästewäscherei, große Küche, im Garten Barbecue. 2 SG 45 $, DB 30 $, DO 22–25 $. 1 Torquay St., ✆ 03/3196090, 0800/222247, www.albatross-kaikoura.co.nz.

Dusky Lodge Backpackers, moderne Backpacker-Lodge mit sauberen, hellen Zimmern mit Du/WC, angenehmer Aufenthaltsraum, 2 Spas und geheiztes Freibad, im Winter kostenloses Frühstück. DB 25–37 $, DO 21–23 $. 67 Beach Rd. (gegenüber Mobil-Tankstelle am nördlichen Ortsende), ✆ 03/3195959, www.duskylodge.com.

YHA Kaikoura-Maui [16], toller Ausblick aus den Gemeinschaftsräumen, die Zimmer nicht mehr ganz taufrisch und z. T. dunkel. Zum Zentrum 0:30 Std. Fußmarsch! DO 25 $, Zimmer (2 Pers.) 65–90 $. 270 The Esplanade, ✆ 03/3195931, www.yha.co.nz.

A1 Kaikoura Motels & Holiday Park [9], auf der Binnenlandseite der Küstenstraße liegt der kompakte Platz, der alle Unterkunftsmöglichkeiten anbietet. Unit 80–130 $, Cabins ca. 50–65 $, Stellplatz und 2 Pers. ab 36 $, Backpacker-Unterkünfte ab ca. 32 $. 9–15 Beach Rd., ✆ 03/3195999, 0800/605999, www.a1kaikouramotel.co.nz.

Kaikoura Top 10 Holiday Park [7], verlässliche Qualität auf der Strandseite der Küstenstraße – dazwischen verläuft die Bahn, bei langen Güterzügen während der Nacht (selten, aber doch) allerdings eine ziemliche akustische Plage. Motel-Units 110–185 $, Cabins 55–70 $, Stellplatz und 2 Pers. ab 35 $. 34 Beach Rd., ✆ 03/3195362, 0800/363638, www.kaikouratop10.co.nz.

Alpine Pacific Holiday Park [4], traditioneller Holiday Park am Ortsende in Richtung Picton mit großen, meist schattenlosen Standplätzen und den üblichen Übernachtungsmöglichkeiten. Stellplatz und 2 Pers. ab 32 $, Cabins 60–70 $, Motels 100–160 $. 69 Beach Rd., ✆ 03/3196275, 0800/692322, www.alpine-pacific.co.nz.

》》 Mein Tipp: Bad Jelly [10], Unser Tipp: bemüht joviales, noch nicht abgewohntes und vor allem kleines (keine Busgruppen!) Backpacker-Quartier an der Straße nach Christchurch. Spartanische Zimmer, v. a. Doubles und Twins, Bett- und Badwäsche inbegriffen. Im Garten Hot Spa/Jacuzzi, Küche/Aufenthaltsraum recht eng. SG 52 $, DB 26 $, kein DO. 11 Churchill St., ✆ 03/3195538, badjelly53@hotmail.com. **《《**

Essen & Trinken/Nachtleben (→ Karte S. 566)

The Craypot Cafe & Bar [9], 70 West End; super Seafood von Crayfish (halber Hummer/Languste 40 $) bis zu Muscheln wie etwa Jakobsmuscheln in der Pfanne, auch gute Steaks (Hauptgerichte 23–35 $) und sehr gutes Café-Angebot (die hausgemachten Muffins werden noch heiß mit Butter angeboten). Das Traditionsunternehmen erschien uns bisher sehr empfehlenswert, hat aber kürzlich von Lesern schlechte Noten bekommen … ✆ 03/3196027, www.craypot.co.nz.

Donegal House [1], Mount Fyffe Rd. (6 km nordwestlich von Kaikoura, School House Rd. ab SH 1); Traditionsrestaurant (ab 11 Uhr), populär und rustikal, die Irish Bar (Donegal ist schließlich eine irische Provinz) ist fast noch populärer. ✆ 03/3195083.

The Pier Hotel [14], etwas mehr als Pubfood (Bistrofood-Ambitionen vor allem beim Seafood, Fish of the Day 22 $, halbe Languste 45 $) im kürzlich etwas aufgemöbelten Traditionshotel (ein Zimmerstockwerk über Bar/Lounge). Die Zimmer haben neue Einrichtung inkl. Betten. 1 Avoca St. (Abzw. zum Hafen von der Straße zur Seal Colony),

📞 03/3195073, thepier@xtra.co.nz, www.thepierhotel.co.nz.

Sonic on the Rocks Café 🔟, West End; tagsüber lebhafte Café-Bar, die abends überkocht, zur lauten Musik (gelegentlich DJs) wird alles mögliche Essbare serviert, von Nachos bis Pizza, von Fischfilet bis Lammkotelett, dazu Kiwi-Bier. Zu finden: Großer Fisch auf dem Dach oder 📞 03/3196414.

Bayside Blue Cafe, 146 Esplanade; die Bar mit nicht nur bei Einheimischen beliebtem Restaurant befindet sich direkt an der Straße zur Seal Colony in einem kaum zu übersehenden Gebäude im Kolonialstil mit blauweißer Fassade. Das Seafood – in schlichter Zubereitung – wird gerühmt. Starter ab 14 $, Hauptgang ab 26 $, halbe Languste 42 $, Lunch und Dinner. 📞 03/3197145, www.4225south.co.nz.

The White Morph 🔟, 92 Esplanade; Restaurant des gleichnamigen Motels an der Esplanade, besonders gute Fisch- und Meeresfrüchtegerichte, der Weißfisch aus dem Ofen mit Risotto und Gemüsen kostet 34 $ und ist das Geld wert. Vorspeisen ca. 12–19 $, Hauptgerichte um die 35 $, große Meeresfrüchteplatte für zwei 120 $. Ab 17 Uhr. Reservierungen 📞 03/3197545.

Hislop's Café 🔟, 33 Beach Rd.; konsequent auf Bio-Produkte aus der eigenen Farm setzendes Bistro-Café. Das Gebäude wurde speziell für diese Funktion errichtet. Gutes Frühstück, Snacks und kleine Imbisse, abends Restaurant mit Bio-Lammbraten (Hauptgang um die 25 $) und der Kaffee ist natürlich ebenfalls „organic". 📞 03/3196971, www.hislops-wholefoods.co.nz.

Kaikoura Food Company 🔟, 94 Beach Rd.; aus dem Fudge-Hersteller hat sich ein veritables Bistro-Café entwickelt, wo man sich für 15,50 $ („The Grand") den Bauch zum Frühstück vollschlagen oder einen leichten Bistrolunch (ab ca. 13 $) zu sich nehmen kann – gute Kuchen und natürlich Fudge in allen Varianten, ausgezeichneter Kaffee. 📞 03/3197160, www.kaikourafoodcompnay.co.nz.

Kaikoura Seafood BBQ 🔟, Container mit Kühler und Miniküche, davor ein paar Tische mit Sonnenschirmen, das Ganze an der Straße zur Seal Colony – unwiderstehlich. Dicke Fischsuppe (Seafood Chowder), gegrillter Fisch, Hummer, Neuseelands Liebling Whitebait, Austern – alles zum gleich hier verzehren. Mo zu. 📞 027/3300511.

》》 Mein Tipp: Nin's Bin 🔟, 23 km nördlich von Kaikoura am SH 1 gelegener Kiosk in einem Container mit Parkplatz zwischen Straße und Meer, wo eine Fischerfamilie seit 1977 den frisch gefangenen Hummer verkauft, der in einem Bottich in natürlichem Mineralwasser gekocht wird: Hummer kochen und einpacken lassen, zurück ins Motel/zum Holiday Park und mit den vorher gekauften Salaten/Beilagen und Wein – einem Sauvignon Blanc der Kaikoura Winery vielleicht? – genießen! Bestellung 📞 03/3196454. 《《

Whale Watching – ein Kaikoura-Muss!

Auf Walbeobachtungsfahrten sind häufig Pottwal, Killerwal, Buckelwal und Delfine (v. a. Dusky, selten Hector's) zu sehen, bei den Walen eher selten Blauwal und Glattwal (Südkaper). Für die erste Tour ist Treffpunkt um 6.15 Uhr am Bahnhof. Man vertreibt sich die Wartezeit mit einem Video über Wale und Kaikoura, bis um 6.45 Uhr die Busse zur South Bay im Westen der Kaikoura-Halbinsel abfahren. Die Boote sind bis zu 50 km/h schnelle Katamarane. Die Wale werden ausschließlich durch Beobachtung des Horizonts (Blas!) geortet. Der Wal bleibt nur 5 bis 10 Minuten an der Oberfläche, man muss also losdüsen, wenn man einen Wal sieht. Man hat Glück, wenn man noch sieht, wie die Schwanzflosse im Wasser verschwindet, denn dann taucht er wieder für 40 Minuten bis zu einer Stunde ab.

Der Kaikoura Canyon ist 5 km breit und sorgt durch stete Wasserdurchmischung für einen hohen Plankton- und Krillgehalt. Das lockt natürlich die großen Meeressäuger an, die sich davon ernähren – also Bartenwale und Neuseeland-Pelzrobben sowie ganze Fischschwärme und in deren Gefolge die Zahnwale, v. a. den Pottwal, den man in Kaikoura relativ häufig sieht. Der Pottwal ist der größte Zahnwal mit dem größten Gehirn irgendeines Lebewesens, er kann bis zu 2 Stunden unter Was-

Whale Watching – ein Kaikoura-Muss! 565

ser bleiben und bis zu 3 km tief tauchen. Pottwale schwimmen in losen Gruppen *(pods)*, die einzelnen Tiere sind bis zu 2 km voneinander entfernt.

Auf diesen Fahrten kann man ebenfalls oft Albatrosse, Schwärme von tief fliegenden Sturmtauchern (Hutter's Shearwater) und kleine Gruppen von Papageientauchern beobachten.

Whale-Watching-Veranstalter

Seit 1987 finden vor der Küste Kaikouras Walbeobachtungsfahrten statt. Das Monopol-Unternehmen **Whale Watch Kaikoura** lässt seine Katamarane bereits ab 7 Uhr früh starten. Dafür hat man sich am Bahnhof einzufinden, der zum Büro des Unternehmens mit Information und TV-Raum umgestaltet wurde. Ein bis zwei Sperm Whales (Pottwale) werden pro Tour gesehen, oft sind mehrere Boote gleichzeitig unterwegs.

Whale Watch Kaikoura, The Whale Watch Station („Whaleway Station"), PO Box 89 Kaikoura. Die 2- bis 3-stündige Fahrt kostet 145 $. ✆ 03/3196767, www.whalewatch.co.nz.

Eine Alternative ist Walbeobachtung aus dem Flugzeug, wobei man aber weder sehr nahe an die Wale herankommt, noch sie so lange und so gut beobachten kann: **Wings over Whales**, ca. 30 Min. 165 $. ✆ 03/3196580, 0800/226629, www.whales.co.nz.

Die häufigsten Wale und Delfine an Neuseelands Küsten

Pottwal (Physeter macrocephalus, ehem. Physeter catodon; Great Sperm Whale). Wo: Kaikoura.

Killerwal (Schwertwal; Orcinus orca Linnaeus; Orca; Killer Whale). Wie viele: ca. 200. Wo: rund um beide Inseln in Küstennähe.

Buckelwal (Megaptera novaeangliae; Humpbacked whale). Wo und wann: Im Frühjahr und Herbst zuweilen in Küstennähe, wenn die Tiere zwischen ihren Sommeraufenthaltsgebieten rund um die Antarktis zu den Wintergebieten rund um Australien und Südpolynesien ziehen.

Schwarzdelfin (Lagenorhynchus obscurus; Dusky Dolphin). Wo: Küstennah rund um Neuseeland, isolierte, gefährdete Population, jährlich werden von Fischern ca. 200 Exemplare angelandet, die sich z. B. in Netzen verfangen haben. Besonders gute Chancen hat man bei Kaikoura.

Südinsel Hector-Delfin (Cephalorhynchus hectori; South Island Hector's dolphin). Wo: Kaikoura, Catlins-Küste.

Gewöhnlicher Grindwal (Globicephala melaena; Longfin Pilot-Whale). Wo: Selten vor Whakatane und der Ostküste der Nordinsel.

Maui's Delfin (Maui's Dolphin, ehem. Nordinsel Hector-Delfin, www.mauisdolphin.org.nz). Wo: Äußerst selten, Westküste der Nordinsel, Manukau Harbour.

Sehenswertes/Touren

Kaikoura District Museum: Zahlreiche alte Fotos und einige ansehnliche Objekte illustrieren Kaikouras Geschichte als Maori-Dorf, Walfängerstation, Fischer- und Bauerndorf.
Tägl. 12.30–16.30 Uhr, Sa/So 14–16 Uhr. Eintritt 5 $. 14 Ludstone Rd., ✆ 03/3197440.

Fyffe House: Auf der Kaikoura-Halbinsel steht Kaikouras ältestes Haus, Fyffe House (seit 1980 in Staatsbesitz). Das Haus des Robert Fyfe, der 1842 die Walfängerstation Waiopuka gründete, wurde Mitte der 1840er begonnen. Davon haben sich Tei-

le erhalten, so der Rest eines Fundaments aus Walknochen. Der Großteil des Hauses wurde nach 1854 gebaut und seither nicht verändert. Interessante Details, etwa ein restaurierter Brotbackofen.

Im Sommer tägl. 10–18 Uhr, im Winter Do–Mo 10–16 Uhr. Eintritt 7 $. ☎ 03/3195835.

Die Kaikoura-Halbinsel und der Kaikoura Peninsula Walkway

Die Kaikoura-Halbinsel ist ein welliges, teilweise besiedeltes, aber im Süden nur beweidetes Plateau, das auf drei Seiten steil zum Meer abfällt. Das Ufer bildet eine breite, flache Strandplattform mit einigen hohen Felsgruppen, Resten des früher weiter ins Meer hinaus ragenden Plateaus. Auf dieser Plattform und auf kleinen Inseln und Riffen sind an mehreren Stellen Kolonien von Neuseeland-Pelzrobben *(fur seals)* zu beobachten. Zwei dieser Kolonien befinden sich direkt neben der Straße, die an der Ostseite der Halbinsel entlang zum Südkap führt und dort endet. Ein Wanderweg führt entweder entlang dem Ufer oder über die Kante des Steilufers oberhalb weiter, unten hat man Pelzrobben und Meeresvögel vor der Nase, oben den weiten Horizont und die großartige Aussicht auf das Meer und die Kaikoura-Kette, mit der Chance, auf der Westseite und mit einem Fernglas Wale zu entdecken.

Der Kaikoura Coast Track
Dauer: 3–4 Tage

Dieser private Wanderweg erkundet einen Teil der Hawkswood Range südlich von Kaikoura und die einsamen Strände am Pazifik – auch die Bahn hat sich bei Claverley ins Binnenland begeben. Die Touren beginnen und enden im Flecken Hawkswood, 48 km südlich von Kaikoura. Das Gepäck wird transportiert, der Weg ist auch für Mountainbiker zugelassen! Die Landschaft ist hier durch ineinander geschachtelte Flussterrassen gekennzeichnet, die sich während der Eiszeiten gebildet haben. Steile Grasberge, bis oben hin beweidet, begrenzen den Horizont.

Tour-Information S. & D. Handyside, Medina, RD 4 Cheviot 8271, North Canterbury. 3 Übernachtungen, bzw. 4 Tage dauert die **Wanderung über 43 km**, Gesamthöhenunterschied ca. 600 m, nur Tagesgepäck muss mitgenommen werden. Übernachtung im Cottage, Essen kann dort gekocht oder im nahen Bauernhof bestellt werden. 185 $, Mountainbiker zahlen für eine Nacht und Gepäcktransport 85 $. ✆ 03/3192715, www.kaikouratrack.co.nz (auch auf Deutsch!).

Der Kaikoura Wilderness Walk
Dauer: 2 Tage

Ein privates Unternehmen bietet eine zweitägige geführte Wanderung in der Seaward Kaikoura Range südlich von Kaikoura an. Dies ist eine der wenigen Möglichkeiten in Neuseeland, ein Wilderness-Erlebnis mit komfortabler Unterbringung zu verbinden.

Tour-Information Explore Kaikoura, 58 West End, Kaikoura, **Zweitages-Wanderung über 17 km** durch Privatland der Seaward Kaikoura Range mit Übernachtung in neuer (2004) Lodge. Nur als geführte Wanderung, nur mit Übernachtung in der Shearwater Lodge (alle Zimmer mit Bad/WC und Balkon). Gepäck wird transportiert (nur Tagesgepäck ist zu tragen), leichte Wanderwege. 3 wöchentliche Termine, Reservierung notwendig. Paketpreis inkl. Transport ab/nach Kaikoura und mit allen Mahlzeiten ca. 1000 $ pro Person. ✆ 03/3196966, 0800/945337, www.kaikourawilderness.co.nz.

Mount-Lyford-Skigebiet: Bis zum Gipfel des Mount Terako, 1.750 m, führen die Schlepplifte dieses kleinen, zwischen Mitte Juni und Mitte September relativ schneesicheren Skigebietes. Es bietet mehrere Schlepplifte, gute Pistenqualität, mehrere schwere Abfahrten bis 450 m Höhenunterschied, ein großes, neu angelegtes Snowboarder-Areal mit allen Tricks. Man erreicht das Wintersportgebiet auf einer 8 km langen, nicht asphaltierten Straße (Ketten!) ab Mount Lyford Village.
Für die Lodge Mount Lyford Alpine Resort, ✆ 03/3156178, www.mtlyfordlodge.co.nz und für die Skiregion www.mtlyford.co.nz.

Weiter auf dem SH 70 nach Hanmer Springs und auf dem SH 1 nach Waipara und Christchurch: Christchurch und die Region Canterbury/Von Christchurch zum Lewis Pass, → S. 600

Christchurch: Idylle am Avon (Aufnahme vor dem Erdbeben 2011)

Christchurch und die Region Canterbury

Christchurch, die größte Stadt der Südinsel und Aoraki/Mount Cook, mit 3.754 m der höchste Berg Neuseelands, liegen beide in Canterbury wie die ebene Farmlandschaft der Canterbury Plains und die breiten Täler vom Waiau River bis zum Waitaki River, die sich tief in die Southern Alps hineinziehen. Canterbury bietet beides: großstädtisches Flair und kaum vorstellbare Einsamkeit.

Christchurch, besonders im Zentrum und in den östlichen Vororten empfindlich durch das Erdbeben vom Februar 2011 getroffen, aber keineswegs unwiederbringlich zerstört, warb bisher mit dem Charme seines englischen Kathedralstädten nachempfundenen Stadtkerns, natürlich mit neugotischer Kathedrale und jeder Menge viktorianischer Repräsentationsbauten. Das ist bis auf Weiteres nicht mehr möglich, denn die meisten dieser Bauten wurden beim Erdbeben beeinträchtigt. So stürzte der Fassadenturm der Kathedrale ein. Aber genug blieb unbeschädigt oder wurde rasch wieder eröffnet, wie das Canterbury Museum und der gesamte Hagley Park mit dem Botanischen Garten. So bleiben die Folgen auf den eigentlichen Stadtkern begrenzt. Die Stadt entwickelte in atemberaubender Geschwindigkeit neue Service- und Unterhaltungszonen westlich und südlich des Zentrums, ein erster Plan für den Wiederaufbau – der wohl bis 2025 oder länger dauern wird – wurde Ende 2011 veröffentlicht.

> Zum Erdbeben von Christchurch (→ S. 572), zu Updates und News über Christchurch auf der Internetseite des Michael Müller Verlags (→ S. 577), zu Internetseiten mit Informationen zu Christchurch und zum Stand des Wiederaufbaus (→ S. 577).

Die Canterbury Plains, die bis zu 100 km breite Ebene am östlichen Fuß der Southern Alps im Umkreis von Christchurch, bieten für Nicht-Landwirte keinerlei Abwechslung: Ashburton, Fairlie, selbst Timaru, das dank seines speziellen Bausteins einen ganz eigenen Charakter aufweist, sind nicht wirklich aufregend. Andererseits sind zwei Orte direkt vor den Toren von Christchurch sehr besuchenswert: Lyttelton, die Vorgängerin der Stadt, leider vom Erdbeben 2011 noch stärker betroffen als Christchurch selbst (das Epizentrum lag wesentlich näher) und ihr Hafen, sowie Akaroa, eine Gründung der Franzosen im sicheren Tiefenhafen mitten in der riesigen vulkanischen Banks-Halbinsel.

„Eistüte" am Cathedral Square (2011 nicht zerstört)

Das Innere von Canterbury reicht bis zur Hauptwasserscheide der Südinsel, die mit dem Hauptkamm der – neuseeländischen – Südalpen, den *Southern Alps,* identisch ist. Nur zwei Verkehrswege queren diese Gebirgskette auf 300 km, die Straße über den Lewis Pass und die Straßen- und Bahnlinie über den Arthur's Pass. Erstere eine der ersten Handelsrouten der Weißen, die den Verkehr zwischen Lyttelton und Greymouth ermöglichte, Letztere eine reine Touristenlinie. Auf anderen Straßen kommt man gerade mal an den Rand des Gebirges oder wie auf der Straße von Mount Somers ein Stückchen weit hinein. Nur im Süden führen zwei Straßen bis fast zur Wasserscheide: Die erste ist die Verbindung von Fairlie zu den beiden großen Seen Lake Tekapo und Lake Pukaki und an den Fuß des Aoraki/Mount Cook, der auch auf der zweiten Straße durch das Tal des Waitaki River mit seinen Stauseen zu erreichen ist. Der große Teil des Inneren wird also nicht erreicht, ist aber nicht unbesiedelt. Riesige *Stations* mit Tausenden von Tieren nützen diese Landschaft mit ihren breiten Tälern und sich stark verzweigenden, ungebändigten Flüssen und steil ansteigenden Talflanken. Hier ist klassisches Back Country, das von Abgeschiedenheit, harter Arbeit, Leben in der Natur und mit den Jahreszeiten, sowie einer guten Portion Machismo geprägt ist.

Im Arthur's Pass National Park, im Mount Cook National Park und in mehreren Forest Parks wurden große Gebiete der Berge Canterburys unter Schutz gestellt. Wanderer, Bergsteiger, hochalpine Kletterer und Eisgeher sind gleichermaßen von

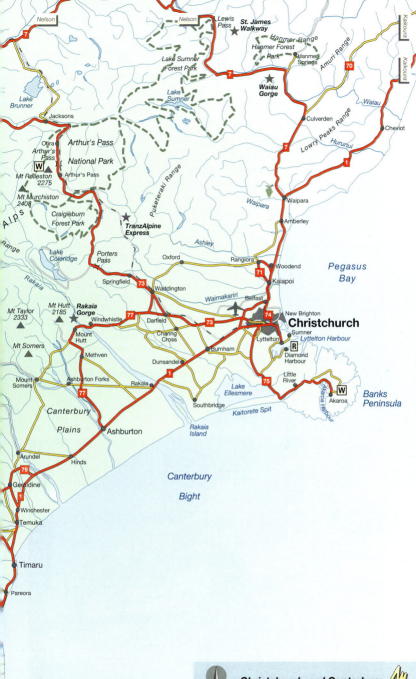

ihnen angezogen. Besonders Mount Cook bietet auch vielfältige Übernachtungsmöglichkeiten für Nicht-Alpinisten, vom DOC-Zeltplatz und der YHA-Herberge bis hin zur luxuriösen Lodge. Verglichen mit der Größe des gebirgigen Canterbury – ca. 20.000 km² – sind solche Inseln des Tourismus nur unbedeutende Flecken auf einem Mammutgemälde.

Christchurch

Keine andere Stadt Neuseelands wirkt englischer, erinnert mehr an südenglische Städte wie Oxford, nach dessen Christ College die Stadt benannt wurde. Und der Fluss, der sich gemächlich durch Canterbury schlängelt, heißt Avon – nach dem Avon, der sich bekanntlich durch Shakespeares Stratford schlängelt.

Punten auf dem Avon ist auch nach dem Erdbeben wieder eine populäre Art, den riesigen städtischen Hagley Park und das Zentrum kennenzulernen. Damit ist die Ähnlichkeit aber auch schon ziemlich ausgereizt, denn in der von Emigranten verschiedenster Nationen geprägten Bevölkerung spielen Schotten, Iren, Italiener, Deutsche, Koreaner, Chinesen und Vietnamesen, Kroaten und Holländer eine mindestens ebenso bedeutende Rolle wie die Engländer. Christchurch ist somit multikulturell, die wenigen Maori der Südinsel sind in diesem zivilisatorischen Mischmasch untergegangen. Die Stadt lebt schneller, ist anregender und interessanter geworden, seit sie der Autor Anfang der 1970er zum ersten (von vielen Malen) besuchte, zuletzt knapp vor und dann wieder wenige Tage nach dem Erdbeben vom 22. Februar 2011. Überall sind Cafés und Bistro-Cafés, Bars und Restaurants zu finden, die Gehsteige werden nicht mehr um 22 Uhr hochgeklappt. (Aber wir wol-

Innenstadtstraße (vor 2011)

len nicht übertreiben: In einem Feature der in Christchurch erscheinenden „Press" wurde darüber berichtet, wie leer die Lokale der Innenstadt nach Mitternacht seien. Der Redakteur muss einen schlechten Tag erwischt haben.) Ende Februar 2011 waren die Cafés an der Riccarton Road überfüllt, in der riesigen Einkaufsstadt Riccarton Mall drängten sich die Menschen in Läden und Cafés, der „Strip", ein keine 100 m langer Streifen entlang des Avon in der Innenstadt, war ja wegen der Erdbebenschäden, wie das gesamte Zentrum, gesperrt (ein Teil ist inzwischen wieder geöffnet, ebenso der gesamte Lauf des Avon). Die Cantabrians, wie man die Menschen aus Christchurch und Canterbury nennt, ließen sich ihre hochsommerliche Entspannung nicht nehmen und sprachen fleißig dem Latte, dem Flat White (einer derzeit typischen neuseeländischen Kaffeespezialität) oder dem Glas Sauvignon Blanc zu. Ein Cantabrian lässt sich nicht unterkriegen!

Und sonst? Eine Menge ist zu sehen und zu erleben. Der wunderschöne innerstädtische Hagley Park ist genauso zugänglich wie der Botanische Garten und der Avon-Fluss mit seinen Spaziergangs- und Puntmöglichkeiten. Die beim Erdbeben komplett unbeeinträchtigte hypermoderne Christchurch Art Gallery ist noch geschlossen, das ebenfalls kaum beschädigte Canterbury Museum mit seiner Sammlung zum Maoritanga hingegen wieder geöffnet. Das International Antarctic Centre am Flughafen, das Christchurchs Verbindung mit der Antarktis thematisiert, wartet auf Besucher, wie auch der Orana Wildlife Park. Shopping wird in den wieder eröffnetem Shopping Centres und im neuen Boutiquenbereich an der südlichen Colombo Street groß geschrieben. Im Hagley Park mitten in der Stadt winken Platzspiele, Tennis, Mountainbiken, Running, einen Katzensprung entfernt liegen die Strände am Pazifik und das Wander- und Mountainbikeparadies der

Cathedral Square (vor 2011)

Port Hills, die den Straßen der Stadt immer wieder eine Bergkulisse geben. Fazit: Christchurch ist eine Stadt, die nicht nur ein Ort zur Erholung nach dem langen Flug sein soll, sondern in Ruhe erobert werden will. Und zumindest in den nächsten zehn, fünfzehn Jahren wird man von den Motels, Hotels, Backpackers und B & Bs rund um das Zentrum mit Spannung verfolgen können, wie dort aus den Resten der alten Stadt eine neue, geplante und erdbebensichere Stadt entsteht – samt wiederaufgebauter Kathedrale, das steht schon fest.

Das Erdbeben vom 22. Februar 2011

Bereits am 4. September 2010 wurde Christchurch von einem Erdbeben der Stärke 7,1 erschüttert. Das Epizentrum befand sich etwa 45 km westlich der Stadt, 10 km tief unter den Canterbury Plains. Mehrere, vor allem ältere Gebäude stürzten zusammen oder erlitten Schäden, ein Mann starb an einem Herzinfarkt, andere Opfer waren wie durch ein Wunder nicht zu beklagen. Dutzende Nachbeben hielten die Stadt Tage, ja Wochen in Atem, zuletzt noch am zweiten Weihnachtsfeiertag – in Neuseeland ein Haupteinkaufstag –, als 4,4 auf der Richterskala gemessen wurde.

Die Geologen waren unaufgeregt erstaunt: Christchurch liegt nicht an einer Haupt-Störungslinie, nicht an der erdbebenträchtigen Alpine Fault, allerdings nahe der aus zwei ehemaligen Riesenvulkanen zusammengesetzten Banks-Halbinsel, in deren einer Caldera Lyttelton der Stadt als Hafen dient. Es gab eine halbe Entwarnung: die Wiederaufbauarbeiten könnten beginnen, sie würden wohl ein Jahr in Anspruch nehmen. Mit kleineren Nachbeben sei zu rechnen.

Am 22. Februar 2011 um 12.51 Uhr Ortszeit war es so weit: es gab ein Nachbeben 10 km östlich von Christchurch unweit der Hafenstadt Lyttelton in nur 5 km Tiefe. Obwohl das Nachbeben nur einen Wert von 6,4 auf der Richterskala erreichte, wirkte es sich ungleich massiver aus als das Beben vom September 2010. Wegen der Nähe und geringen Tiefe des Erdbebens und der bisher weltweit ungemessenen vertikalen Schwankung wurde im Innenstadtbereich von Christchurch fast jedes Gebäude beschädigt, ein Drittel wird wohl abgerissen werden müssen, darunter eines der höchsten, das Grand Chancellor Hotel, das nach dem Beben zwar stehen blieb, aber erkennbar schief. Vor allem die viktorianischen Gebäude erlitten starke Schäden – trotz jahrzehntelanger Verstärkungen gegen Erdbeben – so die Kathedrale, deren Turm einstürzte, und die alte Universität mit ihren vielen Gebäuden, heute Arts Centre, von denen keines ohne Schaden davon kam. Auch moderne, scheinbar erdbebensichere Gebäude stürzten ein, so das CTV Building des Canterbury TV, in dessen Ruine alle Studenten starben, die dort an einer Englisch-Schule für Ausländer studierten. 181 Menschen (Zählung Anfang Juni 2011) verloren ihr Leben.

Als der Autor dieser Zeilen wenige Tage nach dem Erdbeben nach Christchurch zurückkehrte, konnte er zwar das gleiche Motel wie zuvor bewohnen, aber die Innenstadt war gesperrt. Eine Radrundfahrt um den „Red District", den Sperrbezirk um die Innenstadt, zeigte das Ausmaß der Schäden dennoch nur allzu genau. Die Apotheke an der Ecke neben dem Motel (an der Bealey Avenue) wurde bereits Tage nach dem Erdbeben abgerissen, ein zweistöckiges Haus gegenüber war eingestürzt und schien nun nur noch aus einem einzigen Stockwerk zu bestehen, die Kirche an der Ecke Bealey Avenue und Victoria Street war nur noch ein Dach auf Stützen, im Hagley Park waren zahlreiche alte Bäume umgestürzt, dem viktorianischen Gebäude des Arts Centre an der Rolleston Avenue fehlten Aufsätze und Giebel. Durch die (wie alle anderen in das Zentrum führenden Straßen gesperrte) Cashel Street konnte man deutlich die hängende Front des Grand Chancellor Hotels erkennen. An der Moorehouse Avenue hatte der große Pak'n Save Supermarkt schon wieder geöffnet, die (mittlerweile geöffnete) Zufahrt zur South City Mall war gesperrt.

Straße am Avon kurz nach dem 22.02.11

Die schlimmsten Schäden waren am Fuß der Port Hills in Sumner und östlich der Innenstadt in den Vororten Linwood, Avonside, Burwood, Parklands und anderen zu beklagen. Der Abschnitt entlang des Avon vom Zentrum bis New Brighton gehört zu den schwerst getroffenen Zonen der Stadt. Nicht nur, dass die Straßen streckenweise völlig zerstört sind (der Autor konnte zahlreiche Jugendliche beobachten, die Straßenzerstörungen als Hindernisparcours für Fullys und Rollerblades nutzten), nicht nur dass wochenlang Strom und Kanalisation ausfielen (man musste oft tagelang warten, bis ein „Portaloo" in der Nähe aufgestellt wurde – ein Klo), Probleme bereitete vor allem die „Liquefaction", die Verflüssigung des Untergrundes, die sich während des Erdbebens ereignete. Christchurch steht vor allem auf feinsandigen Sedimenten und einem sehr hohen Grundwasserspiegel, was während des Erdbebens dazu führte, dass sich an den entstandenen Spalten große Mengen von Schlamm über die Umgebung ergossen. Straßen, Gärten, Erdgeschosse wurden von den Schlamm-Massen überflutet. In den folgenden Tagen trocknete diese Masse ab und wurde zu einem feinen Silt, der bei starkem Wind die ganze Stadt in eine Staubwolke hüllte.

Nachbeben haben bis in den Juni angedauert, noch am 13. Juni um 14.20 Uhr Lokalzeit gab es ein Beben der Stärke 6, das große Schäden anrichtete (mehrere bereits gefährdete Bauten im abgesperrten Bezirk der Innenstadt stürzten ein, die Kathedrale bekam neuerlich Schäden) – nur wenige Tage zuvor hatte die Warnung eines Seismologen für Aufregung gesorgt, der davon sprach, dass die Nachbebentätigkeit noch keineswegs vorbei sei, man müsse mit ihr wohl noch bis Jahresende 2011 rechnen. Am 23. Dezember war es so weit: drei Beben (5,8, 5,3 und 5,9) erschütterten die Stadt, bereits beschädigte Gebäude wurden weiter beeinträchtigt. Was Christchurch nun bewegt, ist, wie es weiter geht, in welcher Form der Wiederaufbau erfolgen wird, wann endlich der letzte Cordon um die Innenstadt fällt, welche Vorsorge man bei neuer Bautätigkeit gegen Erdbeben treffen wird und wie diese neue, bessere Stadt aussehen will und wird.

Geschichte und Zukunftplanung

„Landing of Passengers at Port Lyttelton", eine Original-Tuschezeichnung aus der Sammlung der Alexander Turnbull Library in Wellington, zeigt die ersten vier Einwandererschiffe im Hafen von Lyttelton. Alle vier starteten in England im September 1850, die „Charlotte Jane", „Randolph" und „Sir George Seymour" kamen am 16. und 17. Dezember an, die „Cressy" am 27. Dezember 1850. Auf späteren Schiffen kamen vor allem junge, unverheiratete Frauen, die auf dem Schiff als Bedienung arbeiteten und gratis übersetzten. Die Siedler der ersten Stunde waren von der Canterbury Association angeworben worden, die nur ein Jahr vorher in Oxford durch *John Robert Godley* gegründet worden war und den Erzbischof von Canterbury, den obersten geistlichen Herrn der anglikanischen Kirche, zum Schirmherrn hatte. Ein gottesfürchtiges Gemeinwesen wollte man in Neuseeland gründen, ein anglikanisches selbstverständlich.

Die Gründung war eine gute Idee, von Lyttelton zogen die ersten 800 Siedler über die Port Hills nach Christchurch, wo schon ein paar Hütten standen und die Straßen abgesteckt waren. Sie begannen mit der Urbarmachung des Landes. Die Entwicklung der Stadt ging atemberaubend schnell, bereits eine Generation später stand die Kathedrale im Rohbau, waren das Canterbury Museum fertiggebaut und weitere Repräsentationsbauten wie die Provincial Government Buildings (Provinzialregierung) und ein Großteil der alten University of Canterbury (das heutige Arts Centre). Eine ganze Reihe komfortabler Villen und Stadthäuser für die Vermögenden nicht zu vergessen, wie etwa das pompöse Riccarton House.

Erst in den 1950ern begann man sich darauf zu besinnen, dass Neuseeland eine erdbebengefährdete Zone ist. Direktiven aus Wellington wurden umgesetzt, neue Gebäude nach erdbebensicheren Prinzipien errichtet, die alten Gebäude – wie die Kathedrale – gegen mögliche Erdbeben verstärkt (ohne diese Metallträger wäre dieses historische Gebäude am 22.2.2011 komplett zerstört worden). Die Stadt wuchs in die Höhe, vor allem im CBD, der Innenstadt, wo moderne Hochbauten wie das Grand Chancellor Hotel entstanden. Beim Erdbeben 2011 hielten die meisten dieser neuen Gebäude Stand, das Grand Chancellor wurde aber durch Radialkräfte so gedreht, dass es zu kippen scheint – wie man es abreißt, weiß man noch nicht. Vor allem ältere Bauten stürzten zusammen, die Ruinen zeigen ihre Billigstruktur aus Holz, Metall und Ziegeln. Der neue Stadtplan soll zwar einige alte Gebäude umfassen, die Kathedrale, das Arts Centre sollen restauriert werden, was Jahrzehnte dauern kann, aber vor allem sollen neue und zwar komplett erdbebensichere Bauten entstehen. Der neuseeländische Staat bewilligte schon im April 2011 einen Betrag von 8,5 Milliarden NZ$ für den Wiederaufbau, ein eigenes Wiederaufbauministerium wurde gegründet. Aber noch stehen Ruinen, noch müssen ca. 300 Gebäude abgetragen werden, die meisten davon unter erschwerten Bedingungen mitten im dicht verbauten Gebiet. Doch die Stadt entwickelt sich weiter, neue Zentren sind im Westen und Süden entstanden, Firmen, die Christchurch verlassen mussten, planen bereits wieder, zurückzukehren und die größte Tageszeitung der Südinsel, die „Press", deren Gebäude schwer beschädigt wurde, immer noch im abgesperrten Gebiet liegt und damit unerreichbar ist, hat es geschafft, nur einen einzigen Tag nicht zu erscheinen. Kobe wird immer wieder zitiert, nach dem dortigen Erdbeben von 1995 (der Stärke 7,2), bei dem 6.000 Menschen starben, brach die Wirtschaft im ersten Jahr ein. Mit dem Wiederaufbau im zweiten Jahr ging es nicht nur bergauf, vielmehr wurden die Werte vor dem Erdbeben eingeholt und übertroffen.

Christchurch 577

Updates zum Stand des Wiederaufbaus und News zu Christchurch und Canterbury finden Sie auf der Internetseite des Michael Müller Verlags unter den jeweiligen Stichworten: www.michael-mueller-verlag.de/reisenews/index.html.

Updates zum Stand der Planung durch das Canterbury Earthquake Recovery Ministry: http://cera.govt.nz/news;

Staatliche Information zu allen das Beben in Christchurch betreffenden Fragen: www.ccc.govt.nz/homeliving/civildefence/chchearthquake/index.aspx;

Updates durch die Stadt Christchurch: www.christchurchnz.com/plan-your-visit/christchurch-earthquake-update.aspx;

Private Seite, die alle neuen Lokale, Läden und Märkte bzw. generell alle Veränderungen im Bereich Ausgehen, Einkaufen und Service vorstellt: http://popupcity.co.nz

Information/Verbindungen

Information Informationsstelle der Stadt derzeit nur am Flughafen

Christchurch Airport i-Site Visitor Centre, Christchurch Airport, Domestic sowie International Terminal zu allen Ankunftszeiten geöffnet. ✆ 03/3537774, travel&info@cial.co.nz.

DOC Christchurch, 31 Nga Mahi Rd., Sockburn 8443, Christchurch, im nahen Airforce Museum westl. der Stadt an SH 73A/Blenheim Road (vorläufiger Standort). ✆ 03/3419113, christchurchvc@doc.govt.nz.

Verbindungen Flugzeug: Der Internationale Flughafen Christchurch liegt 12 km nordwestlich des Zentrums, Terminals für internationale und nationale Flüge im selben Gebäude, beide mit Touristeninformation. Vom Flughafenvorplatz Bus 29 in die Stadt zum vorläufigen Busbahnhof Hagley Avenue, alle 15 Min., eine Strecke 4,60 $.

Die **Shuttles** warten meist, bis sie voll sind, und bringen den Gast vor die Tür seiner Absteige, meist 15 $ ab 3 Pers.: Super Shuttle, ✆ 03/579950, 0800/748885; Direct Shuttles, ✆ 03/3594848.

Taxi (s. u.) kostet ca. 45 $ in die Stadt (z. B. Bealey Ave.).

Mit der Bahn: TranzScenic führt die Bahnpassagiere von Picton, **TranzAlpine** jene von Greymouth an den Bahnhof am Ostrand der Stadt. Dort gibt es keinen Schalter, wo man ein Ticket kaufen kann – dazu geht man ins **Visitor Centre am Flughafen**. Kein Stadtbus fährt hin, es bleiben Shuttle (ca. 10 $) und Taxi.

Mit dem Bus: Fernbusse halten am Flughafen und – wie InterCity/Newmans neben dem vorläufigen städtischen Terminal an der Bealey Avenue, und zwar zwischen Colombo und Durham Street.

Stadtverkehr

Christchurchs altes Zentrum ist derzeit noch off limits, der Verkehr wird umgeleitet, die Zugänge werden überwacht. Viele Sehenswürdigkeiten und ein Großteil der Cafés und Bars, sowie die meisten Hotels und Backpacker befanden sich in einem Umkreis von 1 km um das Zentrum, ausgehend vom Cathedral Square. Westlich des Hagley Parks und außerhalb der „Four Avenues" (Dean, Moorehead, Fitzgerald und Bealey), die in etwa die Ausdehnung Christchurchs vor 1914 beschreiben, hat sich seit dem Erdbeben im Februar 2011 viel getan, das Netz öffentlicher Verkehrsmittel wird dem gut gerecht.

Städtisches Busnetz „Metro": derzeit zwei Terminals, an der Hagley Avenue/Westende der St. Asaph Street am Rand des Hagley Parks (Hauptterminal) und an der

Christchurch und die Region Canterbury

Bealey Avenue zwischen Montreal und Durham Street. Zwischen den beiden Terminals fährt häufig der kostenlose gelbe Link-Bus, normale Busse sind rot „Red Bus". Einzelfahrt in Zone 1 (Stadt Christchurch inkl. Sumner und Lyttelton, bis zu 2 Std. gültig) 3,20 $, Tageskarte 4,60 $. Die Metrocard ist kostenlos, man zahlt 10 $, die abgebucht werden, sie kann wieder aufgeladen werden, Fahrt Zone 1 dann nur 2,30 $. Alle drei nicht gültig in den drei Flughafenbussen (29 zwischen City und Flughafen, zwei weitere in andere Stadtteile). ℡ 03/3668855, www.metroinfo.co.nz, www.redbus.co.nz. Buslinienveränderungen (wichtig, da die Innenstadt sukzessive geöffnet wird) werden veröffentlicht auf www.metroinfo.co.nz/route-updates.html.

Tramway: Die städtische Straßenbahn, letzter und rein touristischer Rest eines ehemals dichten Netzes, fährt normalerweise auf einer 2,5 km langen Strecke zwischen Kathedralplatz und Canterbury Museum und ist noch nicht wieder in Betrieb.

Taxi: Blue Star Taxis, ℡ 03/3662569; Gold Band Taxis, ℡ 03/3795795.

Autofahren und Parken: Leider seit dem Erdbeben schwierig geworden, besonders spätnachmittags/abends, da ganz Christchurch zu den außerhalb liegenden Einkaufszentren unterwegs ist. Am besten ein Motel buchen, da hat man den eigenen Parkplatz vor der Tür!

Radfahren bietet sich in Christchurch an: Die Stadt liegt in der Ebene, es gibt sogar ein paar Fahrradwege.

Einkaufen

Für Selbstversorger Das nächstgelegene Einkaufszentrum zum Stadtkern ist die **Riccarton Mall** an der Riccarton Road (reichlich Parkplätze, auch mehrere Buslinien).

Markt Als Ersatz für den auf Jahre geschlossenen Standort Arts Centre gibt es nun jeden Sa 10–16 Uhr einen **Boulevard Artisan Market** auf dem Worcester Boulevard, genau gegenüber dem alten Standort. Antiquitäten, Kunsthandwerk, Souvenirs etc.

Farmers Market, Bauernmarkt im Park Deans Bush hinter Riccarton House, 16 Kahu Road, Riccarton, jeden Sa 9–12 Uhr, Febr. bis April auch Mi 16–18 Uhr. Landwirtschaftliche Produkte von Zwiebeln und Karotten bis Biokäse und Olivenöl. ■

Sport & Freizeit/Kino & Kultur

Radfahren Radverleih auch langfristig und inkl. Sturzhelm und Seitentaschen sowie geführte Touren und verlässlichen Service (Rad und Ausrüstung werden nach Christchurch geliefert und dort wieder abgeholt) bietet die in Lyttelton ansässige Firma **Independent Cycle Tours**, www.cyclehire.co.nz.

Rudern & Kajaken → Sehenswertes/River Avon. Bootsverleih im Sommer tägl. 9 Uhr bis zur Dämmerung, im Winter 10–16 Uhr.

Ballonflüge Up Up and Away, 1-Std.-Flug plus Transfers und Sekt, Blicke auf die Stadt, Banks Peninsula und Southern Alps 280 $. ℡ 03/3814600.

Schwimmen & Baden An den Stränden in New Brighton (→ Sehenswertes) und in den städtischen Bädern. Am nächsten zur Innenstadt liegt **Centennial Recreation & Sport Centre**, 181 Armagh St., ℡ 03/9416888, recandsport@ccc.govt.nz.

Jetboat Auf dem Rakaia-Fluss → Canterbury Plains und Südpentäler/Rakaia.

Wintersport Die Skigebiete entlang der Straße zum Arthur's Pass (→ S. 606), am Lake Tekapo (→ S. 620) und bei Hanmer Springs (→ S. 601) sind von Christchurch aus mit dem PKW leicht zu erreichen. Mehrere Unternehmen bieten tägliche Bustransfers zu diesen Skigebieten und zum Mt. Lyford (→ S. 567), z. B. **Alpine Expeditions**, ℡ 0800/754488, www.alpinexpeditions.co.nz.

Maori-Kulturveranstaltungen Ko Tane ist eine „Maori cultural experience" mit Maori-Tanzgruppe, Musik und Gesang, wie es sie in Rotorua im Dutzend gibt – auf der Südinsel ist Ko Tane ziemlich einmalig. Veranstaltungsort ist das **Willowbank Wildlife Reserve** (in dem sich auch der Zoo befindet → unten): Ko Tane, im Sommer tägl., im Winter nur Mo, Do, Fr und Sa. Ticket 50 $. ℡ 03/3596226, www.willowbank.co.nz.

Christchurch 579

Theater & Kino & Großveranstaltungen Das tägliche Kino-, Theater- und Konzertprogramm findet sich in Christchurchs Tageszeitung **The Press**.

Christchurch hat eine lebendige Theaterszene, die jedoch durch das Erdbeben 2011 unterbrochen und bisher mangels Spielplätzen nicht wieder aufgenommen wurde. Großveranstaltungen finden in der **CBS Canterbury Arena** (Jack Hindoin Drive, Addington) südlich des Bahnhofs statt oder im neu (März 2011) eröffneten **Lincoln Events Centre** der kleinen Universitätsstadt Lincoln, 12 km westlich von Christchurch (William St., Lincoln).

Die meisten Veranstaltungen lassen sich über **Ticketek** buchen: ✆ 03/3778899.

Mehrere Multiplex-Kinos, so z. B. **Hoyts Riccarton** in der Riccarton Shopping Mall, www.hoyts.co.nz.

Übernachten (→ Karten S. 580/581 und 583)

Trotz des teilweise nur vorübergehenden Verlustes von einem Drittel der Nächtigungsmöglichkeiten durch das Erdbeben vom Februar 2011 hat Christchurch ausreichend Betten anzubieten und ständig kommen neue dazu, vor allem Bed & Breakfasts und Backpackerquartiere. Im noch gesperrten Innenstadtbereich sind einige Hotels startbereit, dürfen aber noch nicht öffnen, bevor ihr Viertel nicht offiziell freigegeben ist. Dennoch sollte man möglichst nicht ohne Vorausbuchung nach Christchurch kommen, kann es doch an Feiertagen und in der Sommersaison zu erheblichen Engpässen kommen.

Es herrscht kein Mangel an Motels in Christchurch: Wo die großen Straßen von Norden, Westen und Süden die Stadt berühren, beginnen serienweise die Motels am Straßenrand zu erscheinen. Viele Motels liegen folglich an der Main North Road, die im Stadtbereich zur Papanui Road wird, und in der Riccarton Road, auf der es nach Süden zur Main South Road geht. Diese Motels sind auch in stark frequentierten Zeiten am ehesten noch in der Lage, dem unangemeldeten Gast eine Unit zu vermieten.

> Die in dieser Liste aufgeführten Hotels, Motels, B&Bs, Backpackerhostels und Holiday Parks waren am 15.06.2011 geöffnet. Die Liste der geöffneten Nächtigungsmöglichkeiten wird von der Tourismuszentrale regelmäßig aktualisiert und ist als pdf herunterladbar: www.christchurchnz.com/christchurch-canterbury-tourism/christchurch-accommodation—update.aspx.

Hotels und Motels Chateau on the Park **8**, großer Komplex mit Riesengarten und eigenem Rosengarten am Rand des Hagley Parks. Zwar anonym, aber angenehm und komfortabel und derzeit sicher das citynächste Hotel. WLAN und Spa sowie Fitnessraumnutzung gratis. DZ/FR ab ca. 175 $. 189 Deans Ave, ✆ 03/3488999, 0800/808999, www.chateau-park.co.nz.

The George **21**, der Blick vom Fünfsterne-Hotel am Innenstadtrand geht auf Avon und Hagley Park, die so grundsolide wie luxuriöse Einrichtung des „Boutique-Hotels" zieht nicht nur Geschäftsreisende an. DZ/Suite 500–1050 $, last minute schon mal ab 350 $. 50 Park Terrace, CBD, ✆ 03/3794560, www.thegeorge.com.

309 Northcote Motor Lodge **5**, Motel mit gutem Standard an der Nordeinfahrt. Alle Zimmer mit Küchenzeile, Heizung, Heizdecke, Sat-TV, Lärmschutzfenster. Verschiedene Kategorien von Standard bis Hotelniveau. Unit 85–295 $. 309 Main North Rd., ✆ 03/3528417, 0800/289888, www.northcotemotorlodge.co.nz.

Argyle on the Park **10**, zweistöckiges Pseudo-Tudor-Motel am Westrand des Hagley Parks in Riccarton, gute Units mit Küche, DVD-/CD-Player, Sky-TV und Gratis-

Spa. Unit (2–4 Pers.) 120–160 $. 145 Deans Ave, ☎ 03/3489186, 0800/827495, www.argyleonthepark.co.nz.

Strathern 16, die Motor Lodge bietet ausgesprochen große Units (bis 6 Pers.!) mit Küche, ideal für Familien und kleine Gruppen, dabei ist man noch in Fußentfernung von der Innenstadt. Gratis WLAN. Unit 80–220 $. 54 Papanui Rd., ☎ 03/3554411, 0800/766624, www.strathern.co.nz.

Colonial Inn Motel 17, anständiges Motel nahe der Innenstadt, alle 22 Units mit Küche/Bad, gute Betten, Gratisabholung vom Bahnhof/Flughafen. Unit 110–180 $. 43 Papanui Rd., ☎ 03/3553139, 0800/111232, www.colonialinnmotel.co.nz.

City Centre Motel 20, ganz zentral gelegenes Motel, nur 2 Blocks vom Avon entfernt. Die Units öffnen sich auf einen ruhigen Hof, gehobene Ausstattung (z. T. Vollholzmöbel) mit Küchenzeile, einige mit Spa. Unit 125–245 $. 876 Colombo St., ☎ 03/3729294, 0800/240101, www.citycentremotel.co.nz.

Annabelle Court Motel 9, typisches Motel der Riccarton Road: alle Units (vier Kategorien) mit Küchenzeile, Fön, Sat-TV. Im Haus Gästewaschküche, asphaltierter, zur Straße offener Hof. Mini-Rezeption, von freundlichen Angestellten besetzt. Unit (2–4 Pers.) ca. 115–150 $. 42 Riccarton St., ☎ 03/3411189, 0800/775577, www.annabellecourtmotel.co.nz.

Bealey Avenue Motel 18, trotz der Lage an der Bealey Avenue (die nach dem Erdbeben vom Februar 2011 die Grenze zur Sperrzone bildete) komplett unbeschädigtes Motel mit zwei Stockwerken. Recht große Units, die hinten im Hof schauen rückwärts auf einen Garten. Angenehm: WLAN gratis. Unit 95–195 $. 229 Bealey Ave, ☎ 03/3799112, 0800/379911, www.bealeyavenuemotel.co.nz.

Am Flughafen Sudima Hotel 4, älteres Standardhotel im Motelstil beim Flughafen, von außen wenig ansprechend. Außenpool und Sauna, Zimmer mit Sat-TV und Kühlschrank. Kann schnell ausgebucht sein! DZ ab ca. 175 $. Ecke Memorial Ave./Orchard Rd., PO Box 14-043, Christchurch Airport, ☎ 03/3583139, 0800/783462, www.sudimachristchurch.co.nz.

Bed & Breakfast Glenveagh B & B 6, unweit des Flughafens liegt dieses angenehme B&B im ruhigen Vorort Fendalton. Drei gut ausgestattete Zimmer, Garten, Restaurants in Fußentfernung. Auf Wunsch

Transfer vom und zum Flughafen, Bus oder Zug. Und nette, ältere Gastgeber! DZ/FR (cont.) 130–190. 230 c Clyde Rd., ☎ 03/3514407, 0800/000107, boyd45@xtra.co.nz.

Leinster B & B 7, Merivale ist ein Vorort von Christchurch, der bei den Erdbeben kaum betroffen wurde, das gilt auch für das B & B der Familie Smith. Drei angenehme Zimmer (ein Einzel) mit TV, Garten. Komplettes (englisches) Frühstück. DZ/FR 150–180 $. 34B Leinster Rd., Merivale, ☎ 03/3556176, wwwe.leinsterbnb.co.nz.

Thistle Guest House 13, zehn Zimmer hat dieses B&B in Upper Riccarton, etwa 6 km westlich des Zentrums. Einfache, aber an-

Christchurch Übersicht

Übernachten
1. North South Holiday Park
3. Christchurch Top 10 Holiday Park
4. Sudima Hotel
5. 309 North Cote Motor Lodge
6. Glenveagh B&B
7. Leinster B&B
8. Chateau on the Park
9. Annabelle Court Motel
10. Argyle on the Park
12. South Brighton Holiday Camp
13. Thistle Guest House

Essen & Trinken
2. Under the Red Verandah
11. Riccarton Mall
14. Sign of the Takahe

---

genehme Zimmer sowie gut ausgestattete Gästeküche, Lounge, Garten und Parkmöglichkeiten. DZ/FR (cont.) 86–96 $. 21 Main South Rd., Church Corner, Upper Riccarton, ✆ 03/3481499, 0800/932121, www.thistleguesthouse.co.nz.

Backpackers, Hostels, Jugendherbergen, Camping Foley Towers 22, der Avon ist um die Ecke, zur Stadt 15 Min. zu Fuß, die Lage ruhig. Großes, aber stimmungsvolles Hostel in 2 älteren Häusern mit angenehmen Zimmern und Dorms (Fußbodenheizung!), umweltbewusstes Management. DB 28–31 $, DO 21–24 $. 208 Kilmore St., ✆ 03/3669720, foley.towers@backpack.co.nz.

Vagabond Backpackers 24, kleinere Herberge in ruhiger Lage mit Garten, sauber und gut geführt, nix für Party-Freaks. DB 25–30 $, DO 21–25 $, SG 38/56 $. 232 Worcester St., ✆ 03/3799677, vagabondbackpackers@hotmail.com.

Rucksacker Backpacker Hostel 19, trotz der Lage an der Grenze zum ursprünglichen Sperrbezirk nicht betroffen und das in einem für hiesige Verhältnisse historischen Haus. Recht solider Backpacker, nicht zu laut, Internet und Radverleih preiswert, Busterminal (derzeit) fast nebenan. DB 25 $, DO 19 $. 70 Bealey Ave, ✆ 03/3777931, info@rucksacker.com.

Christchurch und die Region Canterbury

Außerhalb Christchurch Top 10 Holiday Park Meadow Park **3**, 5 km nordwestlich der Stadt (Richtung Main North Road). Großer, sehr komfortabler Platz nahe dem Einkaufszentrum Northlands Mall. Alle Einrichtungen eines Holiday Parks samt Hallenbad. Lodge für Backpacker 34–35 $, Motel-Unit 100–160 $, Cabins, Stellplatz und 2 Pers. 33–48 $. ✆ 03/3539176, 0800/396323, www. christchurchtop10.co.nz.

North South Holiday Park **1**, der recht große Platz nahe dem Flughafen (130 Stellplätze) bietet alle üblichen Nächtigungsmöglichkeiten und nach Reservierung kostenlosen Transfer. Motel-Unit 120–150 $, Cabin 54–105 $, Stellplatz und 2 Pers. ab 33 $. 530 Sawyers Arms Rd., ✆ 03/3595993, 0800/567765, www.northsouth.co.nz.

South Brighton Holiday Park **12**, ausgedehnter Platz an der großen Lagune auf der Binneninseite der Nehrung von New Brighton. Viel Grün und viel Schatten, hübsche Lodge im Blockbau. 350 m zum Strand durch die Siedlung, Bus hält vor der Tür. Cabins 48 $, aber vor allem Stellplätze (mit 2 Pers. ab 30 $). 59 Halsey St., South Brighton, Christchurch, ✆ 03/3889844, www.south brightonholidaypark.co.nz.

Essen & Trinken (→ Karten S. 580/581 und 583)

> Eine Liste geöffneter, geschlossener und ihre Öffnung vorbereitender Cafés, Bistros und Restaurants in Christchurch und seinen Vororten findet sich auf www.dineout.co.nz/earthquake.aps.

An den Zufahrtsstraßen zum nach wie vor abgesperrten Zentrum gibt es zahlreiche Cafés (und noch mehr Fast-Food-Joints), die meisten sind ganztägig und täglich außer sonntags geöffnet. Wie mittlerweile überall in Neuseeland bewegen sie sich in ihrem Angebot zwischen Kaffeehaus und Restaurant. Minimalismus bei der Ausstattung ist schick und billig, gerade die am ärmlichsten und improvisiertesten wirkenden Lokale sind Publikumsmagneten. Leider ist es zum gegenwärtigen Zeitpunkt nicht möglich, die Qualität dieser oft in wenigen Monaten hochgeschossenen Lokale zu bewerten oder auch nur einigermaßen gesicherte Adressen anzugeben, da sich die Situation noch keineswegs geklärt hat. Die klassische Gastromeile „The Strip", der Streifen (gemeint ist „die Piste") an der Park Terrace zwischen Cashel Street und Hereford Street, wird wohl so nicht mehr wieder erstehen: ein Lokal neben dem anderen, Restaurants, Bistros, Bars – alle mit breiten Sonnenterrassen und Blick auf den Avon mit begleitendem Park.

> **The Twisted Hop**, eine beliebte und auch vom Autor gern besuchte Brauereigaststätte, hat auf ihrer Webseite dargestellt, was sich nach dem 22. Februar getan hat. Bilder und Texte stehen für viele, ja fast alle Lokale in der Innenstadt – es wird lange dauern, Jahre wohl, bis sich dort die Gastroszene wieder normalisiert hat: www.thetwistedhop.co.nz.

Tutto Bene **15**, 192 Papanui Rd., Merivale; anständiger Italiener an der nördlichen Zufahrt. Pasta klein/groß 19/25 $, Hauptgericht ca. 35 $. Die italienische Besitzerfamilie bietet einen echten Kultur- und Sprachmix: Scallops con Prosciutto. Schmeckt ausgezeichnet. ✆ 03/3554744.

Café in den Botanical Gardens **25**, während das Restaurant noch geschlossen ist, bietet das Café des Botanischen Gartens bereits wieder draußen wie drinnen typische Café-Kost mit Vitrinen und ein paar warmen Gerichten à la Quiche.

Alchemy Café & Wine Bar **23**, Ecke Worcester/Montreal St.; das trendige Bistro hinter der Glasfassade der Art Gallery hat guten Zulauf, derzeit von Mitgliedern des Civil Defence, die im CBD Aufräumarbeiten

Übernachten
16 Strathern
17 Colonial Inn Motel
18 Bealey Avenue Motel
19 Rucksacker Backpacker Hostel
20 City Centre Motel
21 The George
22 Foley Towers
24 Vagabond Backpackers

Essen & Trinken
15 Tutto Bene
23 Alchemy Café & Wine Bar
25 Café im Botanischen Garten

Christchurch Innenstadt

leisten, aber bald wieder vom allgemeinen Publikum – uns Gästen aus aller Welt, liegt es doch an der Touristenmeile zwischen Kathedrale und Canterbury Museum. Tägl. ab 9.30 Uhr bis spät – der Öffnungstermin wird auf www.alchemycafe.co.nz bekannt gegeben. ✆ 03/9417311.

Under the Red Verandah ❷, 29 Tancred St., Linwood; für seine Qualität bemerkenswert preiswertes Lokal, das bevorzugt Bioware verwendet. Hauptgerichte 17–23 $. Sicher eines der besten Bistro-Cafés der Stadt, innovative Küche mediterranen Schlags. Dank vorher abgeschlossener Renovierung hat das alte Haus das Beben schadlos überstanden. ✆ 03/3811109, www.utrv.co.nz.

Außerhalb Sign of the Takahe ⓮, 200 Hackthorne Rd., in den Cashmere Hills (Teil der Port Hills) südlich der Stadt (mit Bus 2 zu erreichen). Das feine Restaurant in der Neo-Tudor-Villa mit Turm wird voraussichtlich im September 2011 wieder eröffnen. Klassische, französisch inspirierte Küche, nachmittags Devonshire Tea (!), große Weinliste. Tägl. 9–23 Uhr, So zu. ✆ 03/3324052, www.signofthetakahe.co.nz.

Food Halls und Imbisse Riccarton Mall ⓫ (korrekt: Westfield Mall), 28 Rotherham St.; bietet zahlreiche Imbisse, Fast Foods und Familienrestaurants. Recht gut ist **Fox & Ferret**, ein Gastropub mit bürgerlicher Küche, der tägl. von 11 Uhr bis spät geöffnet hat. ✆ 03/3486677.

Sehenswertes

Christ Church Cathedral (Kathedrale): Die anglikanische Kathedralkirche All Saints (Allerheiligen) wurde 1864 im neugotischen Stil begonnen, der den Kathedralen des Early English, also der Frühgotik nachempfunden war. Die Kirche misst 60 mal 21 m, der beim Erdbeben vom 22. Februar 2011 eingestürzte Turm war 64,5 m hoch, vierzehn steinerne Pfeiler tragen das Dach der dreischiffigen Kirche. Sie sollten ursprünglich einen Kern aus Kauriholz bekommen, was für Auckland unproblematisch gewesen wäre (wo große Gebäude in Kauriholz errichtet wurden, so auch die alte Kathedrale Old St. Paul's), aber für Christchurch war dies wegen der enormen Transportkosten zu teuer. Erst 1904 war die von Sir John Gilbert Scott entworfene Kathedrale fertiggestellt, einige der bunten Glasfenster sind sogar noch jünger. Sehr schön ist die Kapelle auf der linken Seite, die mit Maori-Kunst ausgestattet wurde.

> Fast alle **Sehenswürdigkeiten** im Zentrum sind zum Stand Ende 2011 noch **geschlos**sen. Ihr Zustand ist unterschiedlich: Das Canterbury Museum hat nur geringe Schäden erlitten und die Kathedrale hat jedoch ihren Turm verloren und wird wohl noch Jahre nicht zugänglich sein. Das viktorianische Arts Centre mit seinen vielen Gebäuden wird mit sehr großer Wahrscheinlichkeit wieder erstehen, obwohl die Schäden innen größer sind als man von außen erkennt, der Wiederaufbau kann jedoch bis zu 15 Jahre dauern. Mit der Eröffnung einzelner Gebäude kann man ab 2012 rechnen. Die moderne Art Gallery ist unbeschädigt, der Shop ist geöffnet, es kann wohl 2012 geöffnet werden.

Der Cathedral Square: Der Kathedralplatz bildet die Stadtmitte von Christchurch, hier treffen sich bzw. trafen sich bisher vor allem jugendliche Skater, müßig auf Stufen hingelagerte Touristen und sonntägliche Kirchgänger. Von hier strahlen die großen Straßen der Stadt aus, hier befindet sich das kirchliche Zentrum der Provinz in Form der Bischofskirche und das weltliche Zentrum in Form des (ehemaligen) Regierungsgebäudes *(Government Building)* von 1901, ausnahmsweise mal ein neo-palladianischer Bau. Im ehemaligen *Hauptpostamt* (1879) befand sich bis 2011 die Touristen-Information.

Auf dem Platz war lange Zeit das *Denkmal* des Gründers von Christchurch, *John Robert Godley,* dank seiner Lage in der Längsachse der Kathedrale beherrschend, es entstand 1867 und war das erste Denkmal, das in der Stadt errichtet wurde. Heute steht es durch die Präsenz eines im Jahr 2001 enthüllten Riesendenkmals im Abseits: *The Chalice,* die Schale, nennt sich die 18 m hohe, durchbrochene Wundertüte aus Metall in Weiß und Blau (von Neil Dawson), die das neue Jahrtausend feiern soll. Das Erdbeben hat sie ungerührt überstanden.

Der River Avon: Durch die Worcester Street erreicht man Oxford Terrace und den Fluss Avon, der in seinem Lauf durch die Stadt von Grünflächen und Parks begleitet wird. Das Gebäude rechts der Brücke über den Avon ist das erste städtische Amtshaus, das in Christchurch errichtet wurde, *Old Municipal Chambers* (1851). Links im Park steht das *Denkmal für Captain Robert Falcon Scott,* den unglücklichen Zweiten am Südpol. Scotts Antarktis-Expeditionen starteten alle im Hafen Lyttelton. Das von seiner Witwe entworfene Denkmal wurde 1917 enthüllt.

Punting am Avon
(längst wieder aufgenommen)

Wie auf dem Avon in Oxford kann man auch hier „punten", also mit schmalem Boot den Fluss entlang staken, nein, gestakt werden – ein geruhsameres Vergnügen kann man sich an einem schönen Tag kaum vorstellen. Boote findet man flussaufwärts am Botanischen Garten bei den seit 1882 bestehenden *Antigua Bootsschuppen.*
2 Cambridge Terrace, im Sommer tägl. 9 Uhr bis zur Dämmerung, im Winter 10–16 Uhr. Punten 0:30 Std. für 20 $ pro Pers. ✆ 03/3660337. Ebenso Worcester Street, Ecke Oxford Terrace.

Provincial Government Buildings: Ein kurzer Abstecher nach rechts (am Avon entlang bis jenseits der nächsten Straße, Gloucester Street) führt zu den Provincial Government Buildings. 1859 entstand das erste Gebäude der Provinzregierung in Canterbury, ein hölzerner Bau, in einer zweiten Phase ab 1865 der ebenfalls neugotische Steinbau. In diesem Gebäudeteil beeindruckte vor allem der Ratssaal *(Stone Council Chamber),* errichtet 1869, mit der Qualität der Steinmetzarbeit.
Das Gebäude wurde beim Erdbeben 2011 schwer beschädigt, das Stone Chamber stürzte ein.

Victoria Square und Rathaus: Noch ein paar Schritte weiter entlang des Avon erreicht man Victoria Square, einen Platz mit kleinem Park und mit einem jener unzähligen Denkmäler für Königin Victoria, die sie als würdige Matrone zeigen. Das zweite Denkmal stellt Captain James Cook dar. Eine Fußgängerbrücke führt über den Avon und zum Rathaus, der *Town Hall,* einem modernen Zweckbau, der 1972 eingeweiht wurde und mit dem großen Auditorium für fast 2.700 Menschen Christchurchs größte Veranstaltungshalle besitzt.
Das Rathaus wurde im Februar 2011 schwer beschädigt und wird kaum vor 2013 wieder eröffnet werden.

Christchurch Art Gallery/Te Puna o Waiwhetu: Das im Herbst 2003 eröffnete moderne Gebäude mit seiner fließenden, schwingenden Außenhülle (Architekt John Cole) ist ein substantieller Beitrag zur Modernisierung des Images von Christ-

Die moderne Art Gallery hat beim Erdbeben 2011 keinen Schaden genommen

church. Die Galerie hat nach drei Jahren Bauzeit sämtliche Bestände der 2002 (nach 70 Jahren) geschlossenen Robert McDougal Art Gallery übernommen, darunter einige Kostbarkeiten wie *Gerrit Dous* „The Physician" von 1653, zwei Portraits der „Walkers of Bowland" von *Henry Raeburn* und *Lindauers* berühmtes Bildnis des Maorikönigs „Tawhiao Patatau Te Wherowhero" von 1882. Besonders attraktiv an dem Holz-, Beton- und Glasbau der Art Gallery sind edle Steine, wie der weiße Marmor, den man für die große Treppe in den ersten Stock verwendet hat, wo die hellen Eckräume mit Ruhebänken und ganz ohne Bilder Erholung und Entspannung bieten.

Trotz seiner scheinbar so verletzlichen Glasfassade trug die Art Gallery beim Erdbeben 2011 keine oder nur minimale Schäden davon und konnte bereits am selben Tag als Hauptquartier für Aufräumungsarbeiten eingesetzt werden – wann diese beendet sein werden, steht in den Sternen, der Shop ist geöffnet.

Arts Centre: Läden, Boutiquen, Kunsthandwerk, Werkstätten, Galerien, „Artists in Residence", Café, drei Theater und ein Ballettsaal, Sternwarte, Kino, Restaurants – einen ganzen Nachmittag kann man in den Räumen, Gängen, Innenhöfen des Arts Centre verbringen, ohne das Angebot komplett gesehen zu haben. Der ausgedehnte Bau war ehemals das 1877 fertiggestellte Canterbury College, dann die University of Canterbury. Errichtet im Stil des viktorianischen Gothic Revival (Neugotik), ist das Arts Centre sicher der größte Komplex dieses Stils in Neuseeland, wenn nicht auf der Südhalbkugel. Die einzelnen Gebäude aus schwarzem und weißem Stein sind miteinander durch dekorativ wie Kreuzgänge gestaltete Höfe und überwölbte Gänge verbunden. 1976 zog die Uni in den neuen Campus um, seit 1978 besteht die heutige Nutzung.

Im Keller des Arts Centre wird im *Rutherford's Den* zu Ehren des Kernphysikers Ernest Rutherford (Nobelpreis 1908), der hier an der University of Canterbury 1890–1894 studierte, u. a. ein Nachbaus seines Labors gezeigt.

Die Bauten des Arts Centre wurden beim Erdbeben 2011 unterschiedlich stark beschädigt. Obwohl der Gebäudekomplex mittlerweile außerhalb der Sperrzone liegt, ist eine Wiedereröffnung in weiter Ferne. Einige Bauten wurden vorläufig freigegeben, so der Komplex des beliebten Restaurants Dux de Lux. Die Wiederaufbaukosten sind aber so hoch, dass die vorhandenen Gelder trotz enormer Anstrengungen der Regierung nicht ausreichen. Der popoläre Kunsthandwerksmarkt des Arts Centre ist inzwischen auf die andere Straßenseite der Worcester Street umgezogen (→ oben).

Christchurch 587

Canterbury Museum: Schon 1870 stellte sich die Provinz ein Museum hin, das zu seiner Zeit wohl das größte der Südhalbkugel war. Dafür sorgte sein erster Direktor, der Forscher Sir Julius von Haast (nach dem der Haast-Pass im Westen der Südinsel benannt ist). Heute ist es viel zu klein geworden und kann die Fülle seiner Bestände nur noch in kleinen Ausschnitten zeigen.

Reizvoll auch für Kinder ist die *Colonist's Gallery,* die Nachbildung einer Straße in Christchurch aus dem späten 19. Jh., durch die man ganz locker spazieren kann, um dem Alltag zuzusehen, und Geschäfte und Häuser aus der Gründerzeit zu betreten. Die bisher räumlich sehr eingeschränkte *Maori Gallery* wurde schon erweitert und wird wohl noch vergrößert werden, um neben den eindrucksvollen Objekten aus neuseeländischer Jade *(Pounamu)* mehr von der großen Sammlung des Museums zeigen zu können (ein bisher von der Decke hängendes Kriegskanu wird man dann vielleicht aus der Nähe begutachten können). Beeindruckend der Saal, der den *Moas* und den *Moa-Jägern* gewidmet ist. Die *Hall of Antarctic Discovery* im ersten Stock zeigt Neuseelands – und Christchurchs – großen Beitrag zur Erforschung der Antarktis, aber natürlich auch die Bedeutung der Forscher und Entdecker von Cook über D'Urville bis Shackleton und Amundsen. Ebenfalls im ersten Stock findet man teilweise eindrucksvoll arrangierte, teilweise jedoch recht altmodische Galerien zu Vögeln und zur Naturgeschichte, zur Geologie und zu den Pflanzen Neuseelands.

Das Canterbury Museum ist täglich ab 9 Uhr geöffnet, Okt.–März bis 17.30 Uhr, April–Sept. bis 17 Uhr; Eintritt frei, Discovery 2 $.

Christ's College: Neuseelands älteste Privatschule wurde 1850 gegründet, der Gebäudekomplex an der Rolleston Avenue neben dem Canterbury Museum hat heute noch dieselbe Funktion wie damals. Die Schüler tragen selbstverständlich Schulkleidung mit schwarz-weiß gestreiften Jacketts. Viktorianische Gebäude im typischen neugotischen Stil und einige neuere Bauten umgeben einen großen grünen Innenhof.

Christ College dient zur Zeit u. a. als vorläufiger Sitz des Bistums Canterbury, ein Besuch ist nicht möglich.

Hagley Park und Botanischer Garten: Der große Stadtpark westlich der Innenstadt, wurde von Anfang an beim Bau der Stadt eingeplant. Zwar führt eine breite Autostraße mitten durch und mehrere Sportanlagen haben ihm Gelände abgezwackt, aber immer noch erfüllt der Park die Funktion einer grünen Lunge und eines Spielplatzes für die Stadt. Morgens und spätnachmittags sind viele Jogger und Radler unterwegs und an schönen Sommerwochenenden ist der gesamte Park ein einziger Picknickplatz.

Der Botanische Garten ist ein echter Garten von 30 ha, in dem sich seit 1863 endemische und eingeführte Pflanzen ein Stelldichein geben. Formale Anlagen und naturnahe Pflanzungen, ein Glashaus mit Tropenpflanzen, den Jahreszeiten angepasste Blumenbeete, ein spektakulärer Rosengarten, der duftende Kräutergarten und Gruppen von blühenden Sträuchern bilden ein äußerst abwechslungsreiches Ganzes.

Öffnungszeiten/Führungen Der Garten ist tägl. von 7 Uhr bis Sonnenuntergang geöffnet, Einlass bis 1 Stunde vorher. Eintritt frei. Eigenes **Visitor Centre** für den Garten: Mo–Fr 9–16, Sa/So/Fei 10.15–16 Uhr. **Führungen** Sept. bis April tägl. 13.30 Uhr, 10 $.

Parks und Herrenhäuser an der Riccarton Road: An der Riccarton Road, der Hauptausfallstraße nach Süden (neben der Blenheim Road), liegen nicht nur zahlreiche Motels und das Riccarton Einkaufszentrum, sondern auch einige sehenswerte Parks. *Mona Vale* ist der Park und Garten um das Stammhaus der Deans-Familie, die hier schon ab 1843, also Jahre vor Ankunft der „Ersten Siedler", eine Farm bewirtschaftete.

Das Haus ist üppigste, auf Prestige bedachte späte Gründerzeit (1899), der Garten stammt im wesentlichen aus derselben Zeit und will es mit den großen Gärten Englands aufnehmen, erinnert aber in seiner überschäumenden Buntheit an die nordamerikanischen Gärten jener Zeit (die Butchart Gardens auf Vancouver Island in Westkanada). Im Herrenhaus befindet sich jetzt ein Restaurant (nur Lunch), auf dem auch hier begleitenden Avon kann gepuntet werden (Verleih).

Riccarton (Deans) Bush liegt schon etwas weiter südwestlich. Auch hier hatte die Deans-Familie ihre Hände im Spiel, in diesem Fall, indem sie ein großes Stück Primärwald auf ihrem Grund nicht abholzte, entweder weil sie so viel Grund nicht bearbeiten konnte, vielleicht auch beeindruckt von der Entscheidung der Stadt, den nahen Hagley Park für die Nachwelt zu konservieren. So haben sich am Stadtrand von Christchurch 6,4 ha wenig verändertes Waldland erhalten, durch das man auf festen Wegen spazieren kann. Auf dem Besitz der Deans-Familie blieb auch das allererste Cottage von 1844 erhalten, Deans Cottage, eingerichtet, als ob wir 1850 schrieben. Das Herrenhaus nebenan ist Riccarton House, der in den 1880ern errichtete repräsentative, etwas düstere Wohnsitz der Deans-Familie.

Öffnungszeiten Mona Vale, 63 Fendalton Rd., ✆ 03/3489660, www.monavale.co.nz. Tägl. 9.30–17 Uhr, Garten tägl. bis 1 Stunde vor Sonnenuntergang, Eintritt frei.

Riccarton Bush, tägl. von Sonnenauf- bis Sonnenuntergang, Eintritt frei.

Deans Cottage, tägl. 9 Uhr bis Sonnenuntergang.

Riccarton House, Führungen Mo–Fr 10 und 14 Uhr, So 14 Uhr. 10 $. www.riccartonhouse.co.nz.

Airforce-Museum: Auf dem ehemaligen RNZAF Militärflughafen Wigram in Sockburn (westlich der Stadt, über Blenheim Road oder Riccarton Road zu erreichen) wurde ein Museum der Royal New Zealand Air Force eingerichtet. Mehr als 20 ausgediente Militärflugzeuge und drei Flugsimulatoren stellen die Ausstattung. Tägl. 10–17 Uhr. Eintritt frei. ✆ 03/3439532, www.airforcemuseum.co.nz.

International Antarctic Centre: Amüsanter Eis- und Schnee-Themenpark nahe dem Flughafen mit der höheren Weihe, Neuseelands Präsenz in der Antarktis repräsentieren zu dürfen. Da vom nahen Flughafen die Flüge zur US-Antarktisstation McMurdo Sound und nach Scott Base, der neuseeländischen Station, starten, ist der Standort wohl gewählt. Multimedia-Einführungen in Klima und Natur der Antarktis, Objekte, Fotos, Karten und erläuternde Tafeln und interaktive Bildschirme, ein Kälteraum, bei dem man mit dicker Daunenjacke ausgestattet Temperaturen unter dem Gefrierpunkt erleben kann, sowie eine Fahrt auf einem Original Hägglund, den Fahrzeugen, die auf dem Eis der Antarktis eingesetzt werden, sind Teil des Programms. Neu ist ein New Zealand Penguin Encounter mit Little Blue Penguins, die man durch eine Glaswand hindurch tauchen sehen kann. Das Niveau der Interpretation ist nicht sehr hoch und Kinder haben genug zu sehen und zu tun, um Eltern Zeit zu geben, die etwas intellektuelleren Infos aufzudröseln.

Öffnungszeiten Tägl. 9–17.30 Uhr, im Sommer bis 20 Uhr. Eintritt 49 $ inkl. Hägglund-Fahrt. ✆ 0508/7364846, www.iceberg.co.nz, 28 Orchard Rd., 8 Min. zu Fuß vom Flughafen (dorthin mit Flughafenbus ab Kathedralplatz).

Orana Wildlife Park und Zoo: Die Anlage etwas nördlich des Internationalen Flughafens ist ein städtischer Zoo mit großen Freigehegen für Zootiere wie Giraffen oder Löwen, die für ausländische Besucher nicht so interessant sind wie die kleinen Käfige, in denen man – vielleicht – Tuatara-Echsen und Kiwis sieht.
Tägl. 10–17 Uhr. Eintritt 25 $. ✆ 03/3537798, www.oranawildlifepark.co.nz.

Ausflüge/Touren

Während die Canterbury Plains, die Christchurch im Süden und Westen umgeben, nicht sonderlich reizvoll sind, bieten die Pazifikküste mit ihren schönen Stränden und die Port Hills, die Christchurch vom Hafen Lyttelton trennen, lohnende Ausflugsziele.

Die Strände: Die Ausgleichsküste zwischen dem Mündungstrichter des Avon-Flusses östlich der Stadt und der Mündung des Waimakariri-Flusses nördlich von ihr ist 18 km lang und in ganzer Länge von einem breiten Strand begleitet, der in seinem Südteil über 9 km als Badestrand ausgebaut ist. Nicht zufällig heißt der Ort hier New Brighton, damit sollte an das Seebad-Image Brightons an der englischen Südküste angeknüpft werden. Sogar einen langen Bootsanleger gibt es wie in Brighton, den New Brighton Pier, es fehlt ihm nur die pseudo-indische Architektur an der Spitze, die Brightons Pavillon auszeichnet. Immerhin, am Beginn des New Brighton Pier gibt es ein Bistro-Café und entlang der Marine Parade, der Strandstraße, genügend weitere Cafés und andere Lokale, in denen man dem Strandleben zusehen kann, während man sich stärkt. Das Strandleben war schon mal stärker, viele Familien leisten sich heute Ferien in einem Holiday Park oder gar in Übersee, in den 1950ern, als das allenfalls ein Traum gewesen wäre, fuhr man mit den Kindern nach New Brighton. Viele Gebäude an der ziemlich dicht versiedelten Marine Parade stammen aus dieser Zeit.
Stadtbusse 5 und 40 ab Christchurch, Städtischer Busbahnhof.

Die Port Hills und Sumner: Die Port Hills im Rücken von Christchurch sind ein Teil der bergigen Banks-Halbinsel (→ Akaroa und die Banks-Halbinsel), aber da sie durch den tief in die Halbinsel einschneidenden Hafen Lyttelton von deren Hauptteil getrennt sind, werden sie als eigene Landschaftseinheit empfunden. Lyttelton, Christchurchs Hafen (vom Erdbeben 2011 kaum betroffen und bereits kurz darauf wieder funktionsfähig), liegt im windgeschützten Tiefenhafen, hier

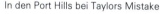
In den Port Hills bei Taylors Mistake

kamen bis ins 20. Jh. und bis zur Fertigstellung der trans-neuseeländischen Bahnlinie alle Besucher der Stadt an. Die alte Straße über die steilen Port Hills war die einzige Verbindung zwischen dem Hafen und der Stadt, heute wird sie nur noch von Ausflüglern befahren, da der Straßentunnel eine viel schnellere und bequemere Verbindung bietet.

Man erreicht die Port Hills über *Sumner*, eine Strandsiedlung in einer Bucht, die bereits außerhalb des Mündungstrichters des Avon-Flusses (der Avon-Heathcote Estuary) liegt und aufs freie Meer blickt. Von hier aus kann man noch auf gewundenen Straßen nach *Taylors Mistake* fahren, einer Bucht mit schönem Strand, aber dann endet die Straße entlang der Küste. Wanderwege führen weiter zum *Godley Head*, der Landspitze der Halbinsel, mit Leuchtturm mit alten (und nicht so alten) Befestigungen. Man erreicht Godley Head auch auf der *Summit Road*, einer guten Straße, die, unter Umgehung der abgerundeten Gipfel, der Wasserscheide der Port Hills folgt. Es gibt mehrere Zufahrten von Christchurch, weniger von Lyttelton, wo die Hänge steiler sind. An Wochenenden ist die Summit Road gut befahren und an den vielen Parkplätzen, die vor allem an aussichtsreichen Stellen angelegt wurden, wird gepicknickt oder haben Wanderer ihre Autos geparkt.

Die Port Hills sind ein Eldorado für Wanderer und Mountainbiker. Mehrere Wanderwege, die in einigen Fällen für Mountainbikes freigegeben sind, führen auf den Rücken der Port Hills. Oben lädt ein langer Wanderweg dazu ein, diesem Rücken in seiner ganzen Länger zu folgen: der ca. 45 km lange *Crater Rim Walkway*, übrigens ein Teil des ganz Neuseeland durchziehenden (noch nicht fertigen) Te Aotearoa-Wanderweges. Zahlreiche Landschafts- und Naturschutzgebiete überziehen die Port Hills, so ist die ganze Landspitze bei Godley Head ein geschütztes Gebiet (als „Recreation Area"). *Godley Head* ist auf Wanderwegen wie auf Mountainbike-Tracks erreichbar, der am Parkplatz beginnende Crater Rim Walkway ist nur Wanderern offen. Viele der Wanderwege in den Port Hills verlaufen auf alten, heute nicht mehr genutzten Viehtrieb- oder Güterwegen, andere wurden speziell gebaut, wie einige der Wege im *Victoria Park*. Insbesondere dieser Park, den man auf der alten Straße zwischen Christchurch und der Governor's Bay am Lyttelton Harbour erreicht, ist ein Eldorado für Wanderer wie für Mountainbiker. Etwas oberhalb des Restaurants Sign of the Takahe (→ Essen & Trinken) führt eine Nebenstraße durch diesen Park, von der z. B. der beliebte Bowenvale Mountainbike-Trail abgeht. Das *Bowenvale Valley* östlich des Victoria Parks, das von Christchurch über die Bowenvale Avenue und über die Summit Road von oben her erreicht werden kann, hat vor allem Mountainbike-Trails, aber auch ein paar für Radfahrer gesperrte Wanderwege.

> Das Erdbeben vom Februar 2011 hat die Port Hills um bis zu einem halben Meter angehoben und einige Wege zerstört oder unbrauchbar gemacht. Vor einer Tour durch dieses Gebiet ist unbedingt lokaler Rat einzuholen!

Neben Auto, den eigenen Füßen und dem Mountainbike gibt es eine vierte Art, auf die Port Hills zu gelangen, die Christchurch Gondola, eine Seilbahn. Ihre Talstation liegt beim Nordeingang des Tunnels nach Lyttelton, oben hat man mehrere Wanderwege ab Bergstation, die Möglichkeit mit einem vorbestellten Mountainbike auf (leichtem) Weg hinunterzusausen und wunderbare Ausblicke auf Lyttelton Harbour, den Ort Lyttelton direkt unterhalb und die Berge der Banks-Halbinsel.

Verbindungen Die Gondola hat beim Erdbeben 2011 keine nennenswerten Schäden erlitten und wird nach erneuter Überprüfung im Oktober oder November 2011 ihren Betrieb wieder aufnehmen – Update auf der Webseite!

Christchurch Gondola, 4-Pers.-Kabinen, die Gondeln stammen von einer österreichischen Firma, im Sommer 9.45–18.35 Uhr, Winter 10–17 Uhr, Ticket Berg oder Tal 24 $. 10 Bridle Path Rd., ✆ 03/3840700, www.gondola.co.nz. Oben im ausgesucht hässlichen Bergstationsgebäude Café und Restaurant.

Mountainbiken Downhill auf dem „Bridle Path" (ehemaliger Maultierpfad, nicht schwierig). Mountainbike-Reservierung ✆ 0800/ 424534, www.cyclehire-tours.co.nz.

Information/Karten Einen guten Überblick über die Wanderwege und Radtouren in den Port Hills gibt die Broschüre „The Port Hills" von Mark Pickering (markpickering@clear.net.nz). Sie enthält Beschreibungen und Skizzen für 15 Touren zu Fuß/mit Mountainbike. Man erhält sie u. a. im Visitor Centre Christchurch im Flughafen. Nur 1 $ kostet der Folder „Port Hills mountain biking" mit Übersichtskarte von Wanderwegen und Mountainbiketracks, er wird vom City Council herausgegeben.

Lyttelton

Lyttelton Harbour ist ein Tiefenhafen, der sich nach Osten öffnet, also gegen die vorherrschende Windrichtung, einen besseren Hafen kann man sich nicht wünschen! Auch für die Canterbury Society und ihre Siedlungspläne war er ideal – dass hier in Te-Whaka-raupo, wie der Hafen von den Ureinwohnern genannt wurde, seit Jahrhunderten Menschen wohnten und große Dörfer bestanden, wurde als irrelevant angesehen.

In der Art Gallery in Christchurch hängt ein Bild von John Gibb aus dem Jahr 1886, das Lyttelton Harbour als einen geschäftigen Hafen zeigt, in dem mehrere Dreimaster ankern. In der Mitte des Bildes bezeugt ein verglichen mit den Seglern kleines Dampfschiff die sich verändernden Zeiten. Damals war Lyttelton schon seit 35 Jahren der Haupthafen der Südinsel und diese Funktion hat er noch heute. Zwar gibt es keine Immigrantenschiffe mehr und keine Personenfähren, die Auckland über Wellington mit Lyttelton verbinden, aber Frachter, Forschungsschiffe der USA und Neuseelands in Richtung Antarktika und eine steigende Anzahl von Kreuzfahrtschiffen und Privatjachten besuchen den Hafen.

Lyttelton ist eine Stadt, in der der Hafen immer noch dominiert, sie ist auf Matrosen und Schiffspersonal aus allen Ländern der Welt eingestellt, weniger auf neugierige Touristen. Das Erdbeben vom Februar 2011 hatte sein Epizentrum unter den Port Hills nahe Lyttelton, dementsprechend schwer waren die Schäden unter der oft weit über hundert Jahre alten Bausubstanz. Die Timeball Station (s. u.) war das Wahrzeichen des Ortes, sie wurde beim Erdbeben im September 2010 beschädigt, woraufhin Restaurierungsarbeiten begannen. Beim schweren „Nach"-Beben im Februar 2011 wurde sie nochmals und schwerer beeinträchtigt, wieder begannen Wiederaufbauarbeiten. Beim Nachbeben am 13. Juni 2011 stürzte sie schließlich endgültig ein, ein Wiederaufbau ist nicht in Sicht.

Information/Verbindungen/Sport & Freizeit

Information Lyttelton Harbour Visitor Centre, ab Juni 2011 Ecke Canterbury und Norwich Quay. Tägl. 9–17 Uhr, Juni-Aug. nur 10–16 Uhr. infocentre@lyttelton.net.nz, www.lytteltonharbour.co.nz

Verbindungen Bus: Nr. 28 und 35 ab Christchurch, alle 20–30 Min. nach Lyttelton, Halt u. a. am Visitor Centre. Die Busse nehmen Fahrräder mit.

Wandern/Mountainbiken → Die Port Hills und Sumner.

Wildlife-Touren Christchurch Wildlife Cruises, Bootstouren im Lyttelton Harbour zu Hector-Delfinen, im Ticket (60 $) ist der Transfer vom Quartier in Christchurch inbegriffen. Tägl. 14.30 Uhr. ✆ 03/3289078, 0800/436574, www.blackcat.co.nz. Die Firma bietet auch Schwimmen mit Delfinen, Touren nach Quail Island und andere Kreuzfahrten sowie Transfers nach Diamond Harbour an. Der Service ist bis ca. November 2011 unterbrochen.

Feste & Veranstaltungen Port Open Day, am ersten Wochenende im November, alle Einrichtungen des Hafens sind geöffnet, Hafenrundfahrten gratis, Musik, Marktstände, Unterhaltung auf den Straßen, halb Christchurch ist anwesend.

Übernachten/Essen & Trinken

In Lyttelton werden zum Zeitpunkt der Drucklegung dieses Buches die Übernachtungsbetriebe noch überprüft, Empfehlungen sind daher nicht möglich. Die Website des Ortes (oben) wird über die (Wieder-)Eröffnung der Beherbergungsbetriebe berichten, ebenso die Update-Seite für dieses Buch auf www.michael-mueller-verlag.de.

Coffee Culture, 18 London St.; helles Café mit trendig-funktionaler Einrichtung, schöner gewachster Dielenfußboden, guter Kaffee und Bistrofood vom Tresen und auf Bestellung. Gut die Bagels mit Räucherlachs und Frischkäse. Das Lokal ist eines der wenigen, die nach dem Erdbeben vom Februar 2011 in der stark betroffenen London Street wieder eröffnen konnten.

Sehenswertes

Stadtbummel: Bewaffnet mit dem Faltblatt „Lyttelton Historic Walk", das auch eine Skizze des Stadtplans enthält, kann man die wenigen alten Straßenzüge Lytteltons in ein bis zwei Stunden erkunden. Der kleine Plan enthält übrigens eine ganze Reihe von Nummern, die sich nicht auf Gebäude beziehen, sondern auf Gedenktafeln für abgerissene Gebäude – eine Hafenstadt wie Lyttelton muss mit der Zeit gehen, was nicht mehr gebraucht wird, wird weggeschafft. Die Erdbeben 2010/2011 haben einiges in Trümmer gelegt, was dazu nicht vorgesehen war. Die aus Stein gebaute *Kirche Holy Trinity* von 1860 (Ecke Canterbury/Winchester Street) sollte ursprünglich die Kathedrale von Canterbury werden, dann entschied man sich aber für Christchurch, die hiesige blieb immerhin Pfarrkirche. Schräg gegenüber auf der anderen Straßenseite der Canterbury Street steht *Dr. Uphams House* von 1907, in dem ein halbes Jahrhundert lang ein Arzt – jener Dr. Upham – wohnte, der sich um die Leprakranken auf Quail Island kümmerte. Rechts neben der Kirche steht eines der ältesten erhaltenen Bürgerhäuser (13 Winchester Street) und ein paar Schritte weiter ein noch älteres Haus (von 1852, 3 Winchester Street).

Lyttelton Historical Museum: Am Gladstone Quay am Hafen steht das Lyttelton Museum. Neben den üblichen Andenken eines Heimatmuseums gibt es eine Sammlung von Schiffs-Teleskopen und vor allem eine Antarctic Gallery zu sehen, stachen doch sowohl die Expeditionen von Shackleton als auch von Scott in Lyttelton in See. Di, Do, Sa/So 14–16 Uhr, Spende.

Blick vom Crater Rim Walkway auf Lyttelton

Timeball Station: Erst in der zweiten Hälfte des 18. Jh. wurden so genaue Uhren hergestellt (zuerst von französischen Spezialisten), dass die Positionsbestimmung auf See so präzise wurde, dass man nicht mehr Fehler um ganze Grade machte. Uhren blieben bis ins 20. Jh. essentieller Bestandteil der Navigation. Ein Hafen hatte also eine wirklich exakte Uhrzeit vorzugeben, um dem abgehenden Schiff eine korrekte Ausgangsbasis für seine Messungen zu verschaffen. Ab 1870 entstand in Lyttelton die Timeball Station, die genau dies tat: täglich um Punkt 13 Uhr fiel der schwarze Ball herab, der sich auf dem Mast über dem Turm des Gebäudes befindet, die Schiffe konnten sich danach richten und ihre eigenen Chronometer präzise einstellen (nach Greenwich Time). Radiosignale haben dieses System seit den späten 1920ern ersetzt, der Brauch wurde jedoch beibehalten. Das Gebäude, das wie ein viktorianisches Schloss aussieht, gehört dem Historic Places Trust. Nach Schäden bei den Erdbeben 2010 und 2011 fiel der Bau am 13. Juni 2011 bei einem Nachbeben in sich zusammen.

Diamond Harbour: Auf der anderen Seite des Lyttelton Harbour liegt der Vorort Diamond Harbour, von Lyttelton aus leicht mit der Fähre zu erreichen. Die europäische Besiedlung begann hier bereits 1850 mit dem Landerwerb durch Mark Stoddart, dessen erstes Cottage, das er als Fertighaus aus Melbourne importieren ließ, immer noch existiert. Den Namen hat die Bay übrigens wegen ihres klaren Wassers von ihm bekommen. *Godley House*, heute ein Restaurant, war ab 1880 der Wohnsitz der den Stoddarts nachfolgenden Hawkins-Familie. 2 km östlich liegt die tief eingeschnittene *Purau Bay*, vor deren Eingang sich ein winziges Inselchen befindet, Ripapa Island (s. u.). In der Purau Bay gibt es einen Holiday Park (→ Übernachten).

Verbindungen Passagierfähren verbinden Lyttelton und Diamond Harbour, ab Christchurch erreicht man sie mit Bus 28 ab dem Hagley Park Terminus. Ticket hin/zurück mit MetroPass 8,40 $, ohne 13 $.

Die Banks-Halbinsel

Der Wurmfortsatz der Banks-Halbinsel ist ein auffälliger Teil der sonst geradlinig verlaufenden Ostküste der Südinsel. In die Mitte der fast kreisrunden Halbinsel sticht der schmale Meeresarm Akaroa mit dem Örtchen Akaroa, Frankreichs einzigem Beitrag zur Kolonisation Neuseelands. Meer, Berge und der für Kiwis einzigartige (und dick aufgetragene) französische Flair machen Ort und Halbinsel zum beliebten Ausflugsziel.

Die Halbinsel entstand vor Jahrmillionen im Miozän (des Tertiär), als in mehreren Phasen vulkanische Laven aus mehreren Schloten an die Oberfläche drangen. Einbrüche der vulkanischen Decken und Meeresbrandung formten zwei schmale Zungen, auf denen das Meer tief in das Land eindrang, Lyttelton Harbour im Norden, Akaroa Harbour im Süden. Bis auf die Erdbeben, unter denen die Halbinsel und auch Christchurch leiden, ist der Vulkanismus zum Erliegen gekommen.

Etwas Geschichte

1.000 Jahre Besiedlung haben der Banks-Halbinsel das ursprünglich dichte Waldkleid genommen. Zunächst waren es Waitaha, die hier lebten, ab ca. 1500 kam es zur friedlichen Zuwanderung der Ngati Mamoe, aber ab ca. 1700 erfolgten kriegerische Angriffe der Ngai Tahu, die weiter im Westen (zwischen Otago und Kaikoura) lebten. Die Bevölkerung nahm bei den ständigen Kämpfen bis ins 19. Jh. stark ab. Europäer (1770 Sichtung durch die Crew der Endeavour, die Banks Peninsula wurde als Insel bezeichnet, was erst 1809 korrigiert wurde), vor allem die Walfänger, die ab den 1830ern zahlreiche Walfangstationen an den Küsten errichteten, brachten Epidemien mit sich. Als der französische Walfänger-Kapitän Jean Francois Langlois die Halbinsel 1838 kaufte, war sie fast menschenleer (der Kaufpreis, den er den wenigen verbliebenen Maori zahlte, betrug 1.000 Francs in Waren).

Als französische und deutsche Siedler 1840 eintrafen, hatte das United Kingdom bereits den Vertrag von Waitangi mit den Maori abgeschlossen und war nach geltendem Recht Landesherr. Der Union Jack wehte am 11. August 1840 in Akaroa, sechs Tage vor der Landung von Kapitän Lavaud mit seinen 57 Siedlern – den ersten überhaupt, die in die neue Kolonie kamen. Es waren also Franzosen und Deutsche, die als erste offizielle Siedler Neuseeland betraten! 1843 verzichtete Frankreich auf seine Anrechte, 1850 kamen die ersten britischen Siedler. Sie ließen sich etwa 300 m südlich der jungen Siedlung der Franzosen nieder – die Teilung besteht noch heute. Takamatua etwas nördlich der französischen Siedlung von Akaroa geht wiederum auf die sechs deutschen Familien zurück, die 1840 anlandeten, der ursprüngliche Name der Siedlung ist German Bay (Namensänderung im 1. Weltkrieg).

Abholzung, Holzgewinnung für die Neubauten in Christchurch, das Anlegen von Weiden und vor allem der Cocksfoot-Felder für die Samengewinnung – auf Neuseeland gab es kein Gras für Kühe und Schafe, die Weiden mussten erst geschaffen werden – bestimmten den Rest des Jahrhunderts. Um 1900 wurden jährlich 60.000 Sack Samen produziert, 1.000 Helfer brachten die Ernte ein! Auch Milchvieh wurde von vielen Siedlern gehalten, noch vor 1914 entstanden größere Betriebe, mehrere Käsereien. Erst im 20. Jh. erwies sich die Schafzucht als profitabel, die mit Rinderzucht und Milchvieh heute noch die Landwirtschaft prägt.

Der Tourist Drive von Christchurch bis Akaroa

Ein 145 km langer Tourist Drive quer durch die Halbinsel macht mit den hauptsächlichen Landschaften und Orten bekannt. Er führt über Little River, Hilltop, Barry's Bay, Duvauchelle, Robinson's Bay und Takamatua nach Akaroa, von dort zur Summit Road auf dem Kraterrand mit möglichen Abstechern zur Le Bons Bay, Okains Bay, Little Akaloa und Pigeon Bay. Man erreicht Little River ab Christchurch über die Summit Road, durch den Tunnel und Lyttelton oder über den SH 1 in Richtung Süden mit Abzweigung des SH 75 am südlichen Stadtrand. Das ist die schnellere Variante.
Im Prospekt „Peninsula Pioneers" (in den i-Sites).

Die riesige Lagune des **Lake Ellesmere** wird durch eine schmale Nehrung, den Kaitorete Spit, vom offenen Meer getrennt. An zwei Stellen kommt man auf der Straße dicht an das bei Fischern beliebte Brackwasser heran. Nach der Landzunge des Kaitorete Spit kommt man am Ufer des Lake Forsyth vorbei, einem ähnlich wie Lyttelton Harbour und Akaroa Harbour geformten, lang gestreckten Wasserkörper, der durch eine Schotterbank vom Meer abgeschnitten.

Von 1886 bis 1962 gab es eine Bahnlinie von Christchurch nach **Little River**, dort stieg man in den Stagecoach, später den Bus um (die heutige Busverbindung ist exklusiv auf Touristen zugeschnitten, mit Stopps an den fotogenen Stellen). Im ehemaligen Bahnhof sind heute ein kleines Museum und eine *Touristen-Information* eingerichtet (Okt. bis Apr. tägl. 9.30–17 Uhr, Rest des Jahres tägl. 10–16 Uhr, ✆ 03/3251255).

Pigeon Bay: Vom Hilltop, von wo aus man zum ersten mal einen Blick auf den Akaroa Harbour und die Berge in seinem Rücken hat, führt die Summit Road weiter, ein schmales Sträßchen zweigt ab nach Pigeon Bay. Der ruhige und geschützte Hafen war beliebt bei Walfängern, hier war der erste Anleger der französischen Siedler in Neuseeland, bevor es nach Akaroa weiter ging. Vor allem schottische Familien besiedelten die Bay – um 1900 gab es noch 350 Einwohner, heute eine Hand voll.

Little Akaloa: Auch Little Akaloa erreicht man von der Summit Road, wenig hat sich von der Anfang des 20. Jh. kompakten dörflichen Siedlung erhalten. Sehenswert ist *Saint Luke's Church,* die von einem etwas exzentrischen Siedler gebaute und 1906 fertiggestellte Kirche. Ihre Außenwände sind mit eingelassenen Paua-Muscheln verziert, innen leuchtet heller Oamaru-Stein, das Dach ist aus Totara- und Rimu-Balken konstruiert.

Okains Bay: Auch diese Bay (ebenfalls von der Summit Road aus zu erreichen) war in Walfangzeiten ein so geschützter wie geschätzter Hafen und bis ins 20. Jh. stärker besiedelt. Der alte Anleger, Kirche, Schule, Postamt und Bücherei haben aus der Zeit vor 1914 überlebt. In einer ehemaligen Käserei (1894) ist das *Maori and Colonial Museum* untergebracht, es lohnt den Besuch wegen seiner zahlreichen Maori-Artefakte (✆ 03/3048611, tägl. 10–17 Uhr). Wunderschöner Strand, gut zum Baden!

Barry's Bay: Wer nicht auf der Summit Road weiterfährt, sondern direkt nach Akaroa, erreicht das Meer an der Barry's Bay. Hier wartet kein toller Strand, aber die einzige Käserei, die von acht im Jahre 1914 übriggeblieben ist. *Barry's Bay Cheese* käst jeden zweiten Tag, die Produktpalette ist groß, dem Autor erscheinen die Cheddars (also die traditionellsten englischen Käse überhaupt) die besten – Verkauf und Verkostung im Laden der Käserei Mo–Fr 8.30–17 Uhr, Sa/So ab 9.30 Uhr, ✆ 03/3045809.

Akaroa und sein großer Naturhafen

Akaroa

Fast am Ende des Akaroa Harbour und weit von den Unbilden des offenen Pazifik entfernt liegt Akaroa. Französische Straßenbezeichnungen und französische Namen für Lokale, Motels und B & Bs sollen eine französische Atmosphäre vermitteln, die man jedoch vergeblich sucht. Akaroa ist bis auf seine wirklich adretten Cottages eine Kleinstadt wie viele andere.

Während der Woche kommen fast nur Touristen als Tagesausflügler aus Christchurch, aber am Wochenende wollen Familien aus Christchurch die Atmosphäre Akaroas genießen und dann kann es in den Herbergen eng werden, zumal es zwar eine ganze Reihe von hochpreisigen gibt, aber wenige in der Budget-Kategorie. Eine Kreuzfahrt durch den Akaroa Harbour bis hinaus in den offenen Pazifik, zu Seehunden und Delfinen, eine Wanderung auf die vulkanischen Berge im Hintergrund oder die mehrtägige Wanderung auf dem privaten Banks Peninsula Track, Reiten und Mountainbiken sind die hauptsächlichen Attraktionen und Freizeitvergnügen des Ortes.

Information/Verbindungen

Information Akaroa Visitor Centre, 80 Rue Lavaud, tägl. 10–17 Uhr, im Haus auch Post, Gepäckaufbewahrung und Souvenirladen. ✆ 03/3048600, www.akaroa.com.

Verbindungen Bus: Transferzeit Christchurch – Akaroa ca. 1:30 Std.

Akaroa Shuttle, Dez. bis März 3-mal tägl., Apr. bis Nov. 2-mal tägl., in Christchurch wird an der Kilmarnock St. (gegenüber Hotel Chateau on the Park) gestartet. Ticket hin/zurück ab 50 $, ✆ 0800/500929, www.akaroashuttle.co.nz.

Akaroa French Connection, geringere Frequenzen, Ticket hin/zurück 45 $. ✆ 03/3664556, 0800/800575, www.akaroabus.co.nz.

Akaroa 597

Sport & Freizeit

Bootsfahrt/Delfinbeobachtung Die Bootsfahrt im Akaroa Harbour von **Black Cat Cruises** führt vom Anleger zur gegenüberliegenden Seite der Bucht, wo sich nah dem Ufer eine Paua- und eine Lachsfarm befinden, 60 $. Aus dem Harbour in die offene See hinausgelaufen hat man rechts Blick auf 2 Kolonien von Pelzrobben. Am äußeren Leuchtturm vorbei geht es in die Bucht zurück, an der Penguin Cave sieht man manchmal Blaue Pinguine (Little Blue Penguins). Gelegentlich werden Hector Delfine gesehen. Dieselbe Firma bietet *Swimming with Hector's Dolphins*, hier ist der einzige Ort, wo das mit diesen kleinsten neuseeländischen Delfinen möglich ist:

Akaroa Harbour Nature Cruises, Main Wharf. Hafenkreuzfahrt 11 Uhr (nur Sommer) und 13.30 Uhr, 68 $. Swimming with Hector's Dolphins tägl. 12 Uhr, Nov. bis Apr. auch 9 Uhr, 140 $, als Zuschauer 72 $. ℡ 03/3047641, 0800/436574, www.blackcat.co.nz.

Kajaken Akaroa Kayaking Adventures bietet begleitete Touren mit dem Kajak, 4 Std. 125 $. Man kann auch Kajaks ausleihen. ℡ 0800/436574, www.kayakingadventures.co.nz.

Allradtour zu einer Pelzrobbenkolonie Akaroa Seal Colony Safari bietet etwa zweistündige Allrad-Touren zum Goat Pont an der Ostküste, wo sich eine Pelzrobbenkolonie befindet. Tägl. 9.30 und 13 Uhr, 70 $. ℡ 03/3047255, www.sealtours.co.nz.

Reiten Mehrere Anbieter, verlässlich ist die Mount Vernon Lodge mit eigenem Reitstall, die Stunde ab 35 $ (→ Übernachten).

Wandern/Trekking → Sehenswertes/ Touren.

Übernachten

Mount Vernon Lodge, rustikale Lodge am oberen Ortsrand von Akaroa in grüner, ruhiger Umgebung. Holz außen und innen, die Lodge selbst im holzbetonten Look mit großem Aufenthalts- und Speiseraum und 6 Zimmern mit Bad. Daneben gibt es ebenso rustikale Chalets mit DZ und Lager für 4, Bad, Küche, Wohnraum. Auch ein freundliches Cottage für 2 („The Maison") kann gemietet werden. Unübersichtliche Preisgestaltung je nach Angebotskategorie und Timing, keine Preise veröffentlicht (aber sicher sind sie nicht niedrig). Purple Peak Rd., PO Box 51, ℡ 03/3047180, www.mtvernon.co.nz.

Driftwood Wai-iti Motels, modernes Motel direkt am Wasser, die Units mit Sat-TV und Video (die im ersten Stock nehmen!), große Rasenfläche vor der Tür, eigener Strandzugang. Unit 155–180 $, im Winter günstiger. 56–64 Rue Jolie, ℡ 03/3047484, 0508/928373, www.akaroawaterfront.co.nz.

Akaroa Village Inn, um den Originalbau von 1842 (oder das, was als solcher bezeichnet wird) haben die Zeitläufte in Form von Jahresringen andere Gebäudeteile gelegt, in denen das Hotel Zimmer in unterschiedlichen, aber immer gehobenen Komforttypen Apartments (die größeren mit kompletter Küche) und Cottages anbietet. Der Pool draußen ist geheizt, von den Balkonen tolle Blicke aufs Meer direkt beim Haus. Zimmer/Apartment oder Cottage 190–350 $. 81 Beach Rd., ℡ 03/3047421, 0800/695200, www.akaroavillageinn.co.nz.

Grand Hotel, das Hotel im Gründerzeitbau und einem angrenzenden Haus ist so „grand" auch wieder nicht, eher schlicht, und bietet durchschnittliche Hotelzimmer (Bad, Balkon, Tee-/Kaffee-Zubereiter), aber auch Budget-Zimmer (mit Bad und Küchenzeile) an. Im Haus Restaurant Waeckerle's (→ Essen & Trinken) und nicht ganz geräuscharme Bar/Lounge. DZ 130 $, Budget-Zimmer (2 Pers.) 55–65 $. 6 Rue Lavaud, ℡ 03/3047011, www.grandhotelakaroa.co.nz.

Wilderness House, B&B in einem gut erhaltenen und vorbildlich restaurierten Haus von 1878, die Zimmer mit Bad, gemütliche Gäste-Lounge mit Kamin, Büchern und Zeitschriften. Das Haus liegt in gepflegtem Garten mit eigenem kleinen Weinberg (seit 1995), auf dem Chardonnay und Pinot Noir gezogen werden. DZ/FR 295 $. 42 Rue Grehan, ℡ 03/3047517, www.wildernesshouse.co.nz.

Mulberry House, Homestay und B&B, über 100 Jahre altes Holzhaus mit Charme: Garten mit Rosenbeeten, ruhig, lockere Atmosphäre, Zimmer mit guten Betten. Auch das Gartenhaus hat eine Gästewohnung. Besonders gutes Frühstück mit – wenn man möchte – amerikanischem Touch (pancakes!), der Gastgeber ist Amerikaner. DZ/FR (special) 135–165 $. 9 William St., ✆ 03/3047778, www.mulberryhouse.co.nz.

Kahikatea Country Retreat, Wohnhaus eines Gutes aus der frühen Siedlungsphase (1860er) über dem Hafen von Akaroa mit einem Gästecottage Te Rangi (1996) in aussichtsreicher Position, komplett mit Qualitätsmöbeln ausgestattet und überlegt eingerichtet bis hin zu Büchern und Zeitschriften. Es gibt (ah!) kein TV und keinen Handy-

Eines von vielen historischen Gebäuden in Akaroa

Empfang (aber Telefon). Also wirklich Ruhe. Frühstück (üppig) wird bereitgestellt. Ach ja, es gibt auch einen (Namen gebenden) Kahikatea-Baum! DZ/FR 375 $, im Winter preiswerter. Wainui Valley Rd., RD 2, ✆ 03/3047400, www.kahikatea.com.

Chez la Mer, gutes Backpacker-Hostel in einem Cottage von 1870 an der Hauptstraße, gepflegter kleiner Garten, Angelzeug und Fahrrad gratis; das auf Gemütlichkeit zielende Wortspiel des Namens hat durchaus Berechtigung. Gratis WLAN! SG 60–80 $, DB 32–42 $, DO 22–25 $. 50 Rue Lavaud, ✆ 03/3047024, www.chezlamer.co.nz.

Akaroa Top 10 Holiday Park, der Platz am Hang über der Bucht hat nicht nur ein großartiges Panorama, sondern auch viel Grün und moderne Einrichtungen. Unit/Cabin ca. 60–125 $, Stellplatz und 2 Pers. ab 34 $. 96 Morgan's Rd., ✆ 03/3040471, www.akaroaholidaypark.co.nz.

Außerhalb Halfmoon Cottage, freundliches Backpacker-Hostel in einem älteren Cottage an der Bucht, gehobene Ausstattung, nur Zimmer. Fahrräder und Kajaks zum Verleih. Im Winter oft wochenlang geschlossen! DB 33 $, im Viererzimmer 27 $. Barry's Bay, 5849 Christchurch-Akaroa Road, ✆ 03/3045050, halfmoon.co@clear.net.nz.

Essen & Trinken

The Little Bistro, 33 Rue Lavaud; gehoben rustikale Gerichte europäisch-mediterraner Provenienz mit neuseeländischem Touch serviert man hier, da wird schon mal eine marokkanische Tajine mit braunem Reis und Biosalat angeboten oder – typisch kiwi – ein Gericht, das Jakobsmuscheln, Rohschinken, Räucherlachs und Venusmuscheln kombiniert. Hauptgang 26–36 $, gute Weinliste, aber auch akzeptable Bierauswahl. Tägl. außer Di ab 18 Uhr, in der Hochsaison auch mittags geöffnet. ✆ 03/3047314.

Turenne Dairy, Coffee Shop & Internet, 74 Rue Lavaud; Eckladen mit Café und Internet in bester Lage, der Kaffee nicht so toll, beliebt das All Day Breakfast („Big Brekky" 14 $) und die Quiche-/Pie-/Pizza-/Nachos-/Panini-/Muffins-Riege (alle ca. 4–10 $). ✆ 03/3047005.

Waeckerle's Restaurant und Bar/Lounge im Grand Hotel, 6 Rue Lavaud. Akaroas älteste Gaststätte ist ein typisch ländliches Hotel: Die Bar (mit Riesen-TV für Sport-Übertragungen) dominiert, man kann aber auch im Restaurant (recht gut, z. B. Muscheln!) essen.

Bully Hayes, 57 Beach Rd.; Essen mit Meeresblick, traditionelle Küche, modisch arrangiert, vom Frühstück bis zum Dinner, hausgebackenes Brot, Atmosphäre geht vor Küchenleistung und Service. Hauptgericht ab ca. 15 $ (Fish & Chips 21 $), mit Gastgarten. Tägl. geöffnet. ✆ 03/3047533.

Cine-Café, im Akaroa Cinema, 4 Selwyn Ave.;, das Cine-Café ist eigentlich nur der Raum, in dem man fürs Kino bestellt, dann kann man Kaffee oder Wein, Snack oder Hauptgang mitnehmen und drinnen verzehren. Im Kinosaal Lederfauteuils mit eigenem Abstelltischchen 15 $. ✆ 03/3047678, www.cinecafe.co.nz.

The Hilltop, Highway 75; Café-Bar am Hilltop, dem Pass an der Straße nach Christchurch, mit Blick auf den Hafen von Akaroa. Viele Tagesgäste (!) aus Christchurch. Snacks, aber auch Substantielles, im Sommer z. B. Pizza mit Blauschimmelkäse, Birnen und Walnüssen und böhmische Spezialitäten. Tägl. ab 9.30 Uhr, Mo–Do bis 18 Uhr, Fr/Sa bis 21 Uhr, So bis 20 Uhr. ✆ 03/3251005.

Sehenswertes/Touren

Stadtspaziergang: Akaroa besteht aus zwei Ortsteilen, der nördliche um die Rue Lavaud ist die ursprüngliche, französische Gründung, der südliche um den Haupt-Bootsanleger ist von den später angekommenen Briten gegründet worden. Noch heute ist der Strandabschnitt zwischen den beiden Ortsteilen auf über 100 m Länge nicht besiedelt.

Man beginnt am besten am Visitor Centre, wo es auch einen kostenlosen Ortsplan gibt. Schräg gegenüber an der Rue Lavaud steht das *Akaroa Museum* mit Exponaten zur französischen Vergangenheit, zu den Walfängerstationen in den Buchten und zur Maori-Besiedelung. Ein 20 Minuten langer Film beschreibt die Geschichte Akaroas. Teil des Museums ist das älteste erhaltene Haus des Ortes, das *Langlois-Eteveneaux Cottage*, das mit Möbeln der frühen Kolonialzeit ausstaffiert ist. Im *L'Aube Hill Reserve*, einem Park oberhalb der Rue Pompalier (die parallel oberhalb der Rue Lavaud verläuft), befindet sich das Denkmal zur Erinnerung an Canterburys ersten Friedhof, *French Cemetery*. Am Nordende der Rue Pompalier steht die *Kirche St. Patrick's*, 1864 aus einheimischen Hölzern errichtet.

🏃 Der Banks Peninsula Track
Länge/Dauer: 35 km/2 oder 4 Tage

Dieser Track führt durch den Südostteil der Banks-Halbinsel. Er ist privat, die Übernachtung ist nur über eine Buchung beim Veranstalter möglich. Da er sehr populär ist, sollte man sich für Hochsommertermine früh anmelden.

Man startet in *Onuku* (The Kaik) südlich Akaroa und wandert über den vulkanischen Rücken der Halbinsel zur *Flea Bay* im Südosten, wo man (bei der Viertageversion) in einem Cottage übernachtet (11 km). Zwischen der Flea Bay und der Stony Bay (8 km) muss man auf 400 m Höhe ansteigen, in der *Stony Bay* übernachtet man in einem der Cottages, hier gibt es auch einen kleinen Laden (beide Buchten sind auch mit Pkw erreichbar). Zur *Otanerito Bay*, wo man in der Viertageversion auf einer Farm übernachtet, ist man nur 2 Std. unterwegs (6 km), auch diese Bucht ist mit dem Auto zu erreichen. Das letzte Teilstück ist das anstrengendste: Man muss bis auf 700 m zum Sattel unter dem Stony Bay Peak aufsteigen und wieder bis Akaroa gleich tief absteigen (10 km), dafür ist man nicht unter 4 Stunden unterwegs.
Banks Peninsula Track, PO Box 54, Akaroa, ✆ 03/3047612, www.bankstrack.co.nz. 2 Tage 143–163 $, 4 Tage 215–245 $, Verpflegung ist nicht inbegriffen!

🏃 Der „Round the Mountain Track"
Dauer: halber Tag

Diese großartige Wanderung führt von Akaroa auf den Kraterrand des erloschenen Akaroa-Vulkans und ermöglicht tolle Blicke. Wer flott geht und nicht zu lange in Akaroa bummeln will, kann die Wanderung sogar als Tagesausflug von Christchurch aus machen, da ihm die Busse in Akaroa mindestens 6 Stunden Zeit geben.

Unterwegs zum Lewis Pass

Von Christchurch zum Lewis Pass

Von Christchurch gibt es zwei direkte Straßenverbindungen zur Westküste, den SH 73 über den Arthur's Pass nach Greymouth und den SH 7 über den Lewis Pass nach Reefton und ebenfalls nach Greymouth. Die meisten Autofahrer nehmen die kürzere Verbindung über den Arthur's Pass und lassen den ebenfalls sehr gut ausgebauten Lewis Pass rechts liegen. Zugegeben, der SH 7 ist weniger spektakulär, der Pass ist niedriger, man quert keinen Nationalpark. Und doch lohnt der längere Weg: in und um Waipara entwickelt sich ein bedeutendes Weinbaugebiet. Hanmer Springs, ein paar Kilometer abseits, schickt sich an, Neuseelands mondänstes Kurbad zu werden. Zudem bieten der Lake Sumner Forst Park und der St. James Walkway in den Spenser Mountains Bergwanderungen und Erholung in ursprünglicher Landschaft an Seen und in Wäldern.

Das Waipara-Weinland

Erst in den letzten Jahren haben die Böden im Unterlauf des Waipara-Flusses als Weinstandort Aufmerksamkeit erregt. Sie ähneln in manchem den Flussschotterböden der Hawke's Bay, das Klima ist hier jedoch kontinentaler mit trockenen und warmen Sommern, aber recht kühlen Wintern. Kühl – das Stichwort wird gerne in Verbindung mit Weißweinen verwendet und passt hier sehr gut: Riesling, Chardonnay, Gewürztraminer und Sauvignon Blanc sind die wichtigsten Rebsorten. Die Weingüter sind auf ihre vor allem aus Christchurch kommenden Kunden eingestellt und bieten dem Trend folgend Bistro-Restaurants im Weinberg.

Information www.waiparavalley.com.

Weingüter/Essen & Trinken Waipara Springs, PO Box 17, Waipara. Weingut und Café-Restaurant im Zentrum der Weinregion, ca. 4 km nördlich der Abzweigung des SH 7. 1982 erste Pflanzungen, heute 20 ha mit Sauvignon Blanc, Riesling, Gewürztraminer, Chardonnay sowie Merlot, Pinot Noir und Cabernet Sauvignon. Das Restaurant verwendet bevorzugt lokale Produkte wie Spargel, verschiedene Käsesorten, Lamm und Wild. Das Brot kommt aus dem eigenen Backofen. Tägl. 11–17 Uhr. ✆ 03/3146777, www.waiparasprings.co.nz.

》》 Mein Tipp: Pegasus Bay Estate, Waipara, Stockgrove Rd., RD 2, Amberley, Canterbury. *Weingut* mit ausgezeichneten Canterbury-Weinen, der Gutshof mit Kellerei im französischen Chateau-Stil. Im extra als solchem errichteten *Pegasus Bay Estate Winery Restaurant* (Dielenböden, hohe Decke, draußen Gartenbedienung) serviert die Familie jahreszeitlich wechselnde Gerichte mit vielen lokalen Bioprodukten (Gemüse, Olivenöl) und Lamm, Wagyu-Rind, Ente sowie Lachs aus Canterbury (köstlich: getrüffelte Frittata, Neuseelands Nordinsel produziert seit einigen Jahren eigene Trüffel!). Das Restaurant wurde mehrfach ausgezeichnet. Hauptgericht 35–75 $. Tägl. 12–16 Uhr. Anmeldung wichtig: ✆ 03/3146869, www.pegasusbay.co.nz. ≪

Weitere Weingüter im gratis-Heft **Waipara Valley Vineyards** in den i-Sites.

Weintouren Waipara Wine Tour, 6-stündige Tour durch die Waipara-Weinregion, mindestens 5 Weingüter werden besucht, mehr als 20 Weine verkostet, ein Lunch (kalte Platte) ist inbegriffen. Weintour mit Lunch 911 $, Abholung ab Christchurch oder Hanmer Springs inbegriffen. ✆ 03/3578262, 0800/372879, www.discoverytravel.co.nz.

Übernachten Waipara Sleepers, preiswert übernachten im umgebauten Eisenbahnwaggon, die Gemeinschaftseinrichtungen in Ordnung, die Eier der ortsansässigen Hühner sind gratis. Waggon ab 26 $ pro Pers., im Doppel (mit TV, Kühlschrank) 57 $ für zwei, Camper/Zelt und 2 Pers. ab 20 $. 12 Glenmark Drive, Waipara, am SH 1 bei der Abzweigung vom SH 703, ✆ 03/3146003, www.waiparasleepers.co.nz.

Hanmer Springs

Hanmer Springs ist ein aufstrebender Kurort mit starker Wintersaison: besonders Gäste aus dem nur 130 km entfernten Christchurch genießen die Kombination aus den Vorteilen eines (fast) städtischen Angebots an Beherbergungsbetrieben und Gaststätten mit dem Trubel des Hanmer-Springs-Skigebiets. Der Ort liegt sehr hübsch am Fuß der neuseeländischen Südalpen, europäisch-alpine Atmosphäre wird dem Namen nach und in Fassaden zelebriert.

Information/Verbindungen

Information Hurunui i-Site Visitor Centre, 42 Amuri Avenue West, ✆ 03/3150020, 0800/442663, info@hurunui.com, www.visithanmersprings.co.nz.

Verbindungen Bus/Shuttle: Hanmer Connection, Shuttleservice zwischen Hanmer Springs, Christchurch (inkl. Flughafen) und Kaikoura, 4 tägliche Dienste. ✆ 03/3157575, 0800/242663, www.atsnz.com.

Sport & Freizeit

Adrenalin-Thrills Der Thrillseekers Canyon bietet alles für diejenigen, die es nicht bis Queenstown geschafft haben: Bungy-Jumping (169 $), Jetboating, Rafting an und unter der historischen Eisenbahnbrücke des Canyon unterhalb von Hanmer Springs. Thrillseekers Canyon, Historic Ferry Bridge, ✆ 03/3157046, 0800/661538.

Reiten Der Reitsport ist sehr populär in der Umgebung von Hanmer Springs.

Reitstall Hanmer Horses, 187 Rogerson Rd., ✆ 03/3157444, www.hanmerhorses.co.nz. Halbtagestouren ab 95 $.

Geführte halb- bis mehrtägige Reitausflüge auf Clydesdale-Pferden mit **Alpine Horse Safaris**, ✆ 03/3144293, www.alpinehorse.co.nz.

Schwimmen → Sehenswertes/Touren.

Mountainbiken Mehrere Wege und Forststraßen im Hanmer Forest (→ Sehenswertes) östlich und nördlich des Ortes sind für Mountainbiker geeignet, die Tracks sind leicht bis mäßig schwierig. Infos in einem Gratis-Faltblatt „Mountain Bike Tracks", das man u. a. im **Hanmer Springs Adventure Centre** erhält, wo man auch ein Bike (oder Quad …) ausleihen kann. 20 Conical Hill Rd., ✆ 03/3157233.

Christchurch und die Region Canterbury

Wandern & Trekking Im Hanmer Forest am Stadtrand warten mehrere bis zu 6-stündige Wanderwege, DOC-Faltblatt „Hanmer Forest Recreation" mit Übersichtskärtchen in der Info des Ortes. Der **St. James Walkway** (→ Sehenswertes/Touren), der unweit Hanmer Springs am SH 73 beginnt und am Lewis Pass endet, ist eine meist 5-tägige Trekking-Option.

Wintersport Die **Hanmer Springs Ski Area** liegt 17 km auf nicht asphaltierter Straße von Hanmer Springs entfernt (also vor der Tür, wie man in Neuseeland meint). Blaue und schwarze Abfahrten zwischen ca. 1.850 m (Mount St. Patrick) und der Talstation, 1 Sessellift, 2 Schlepplifte. Tagescafé und eine Lodge (Robinson Lodge, 60 Lager und Betten), Ski- und Snowboardverleih an der Talstation. Der Liftpass kostet 60 $, ein tägliches Bus-Shuttle verbindet Hanmer Springs mit dem Skigebiet (40 $ hin/zurück).
✆ 027/4341806, www.skihanmer.co.nz.

Übernachten

Heritage, das Vorzeigehotel von Hanmer Springs gehört zur im Hochpreissegment angesiedelten (neuseeländischen) Heritage-Kette. In der mehr als 100 Jahre alten ehemaligen Lodge, die in einem für die Gründerzeit typischen „andalusischen" Stil (mit Arkadenhof und schmiedeeisernem Balkon) errichtet wurde, hat sich ein elegantes Hotel eingerichtet. Schöne und große Luxuszimmer zum Garten, auch die Standardzimmer sind überdurchschnittlich eingerichtet, in den „Villas" gibt es komplette Küchenzeile samt Geschirrspüler, offenen Kamin, getrennten Ess- und Loungebereich. DZ 155–185 $. 1 Conical Hill Rd., ✆ 03/3150060, 0800/368888, www.heritagehotels.co.nz.

Bella Vista Motels, gute Qualität, noch wenig abgeschabter Bau, alle (08/15-) Zimmer mit Küchenzeile. Unit 105–150 $. 1 Tarndale Place/Main Rd., am südlichen Ortseingang, ✆ 03/3157540, 0800/235528, www.bellavistamotels.co.nz.

Aspen Lodge Motel, kleines Motel (12 Einheiten) in konventioneller Bauweise (2 Stockwerke), Zimmer mit allen notwendigen Elementen (Küchenzeile, Du/WC, TV), Balkon, was man in NZ so als „luxury" bezeichnet. Unit 120–160 $. 24 Jacks Pass Rd., ✆ 03/3157224, 0800/277365, www.aspenlodgemotel.co.nz.

Le Gîte, sympathische Backpacker-Lodge mit 2-, 3- und 4-Personen-Zimmern (in allen Bettwäsche inbegriffen), gute Holzböden, Alpingarten (stone garden), Veranda. In ruhiger Seitenstraße der Jacks Pass Rd. (bergwärts von der Amuri Avenue mit dem Infobüro und Hot Pools). DB 29–35 $, DO 25 $. 3 Devon St., ✆ 03/3155111, www.legite.co.nz.

Hanmer Backpackers, Hüttenfeeling mit Bergblick, ein Hostel mit Atmosphäre (Holzverkleidung!) und guter Ausstattung (alles, was man in einem Backpacker erwarten kann) samt schattiger Terrasse, die Lage um die Ecke vom Ortszentrum könnte nicht besser sein. Hellhörig? Wie die anderen auch. DB 29–35 $, DO 27 $. 41 Conical Hill Rd., ✆ 03/3157196, www.hanmerbackpackers.co.nz.

Straße über den Arthur's Pass, die Bahn fährt hier im Tunnel

Kakapo Lodge Backpackers & YHA, praktische, komfortable Herberge in modernem Bau mit Fußbodenheizung, Fernsehraum, Internet, 55 Lager, in der Skisaison oft voll! Doppel mit/ohne Bad. DB 30–42 $, DO 28 $. 14 Amuri Rd., ✆ 03/3157472, 0800/782952, www.kakapolodge.co.nz.

Hanmer Springs Top 10 Holiday Park, zentrumsnaher (0,5 km) Platz mit allen Schikanen. Motels 120–130 $, Cabins 45–70 $ und Zelt-/Stellplätze (mit 2 Pers.) ab 30 $. Main Rd., ✆ 03/3157113, 0800/904545, www.mountainviewtop10.co.nz.

Essen & Trinken

Malabar, 5 Conical Hill Rd.; anregend einfallsreiche indisch-asiatische Küche im Stil *pacific fusion*. Gute Weinkarte mit Waipara-Weinen. Hauptgang ab ca. 30 $. Tägl. ab 18 Uhr, ✆ 03/3157745.

Sehenswertes/Touren

Das Thermal Reserve: 1859 beobachtete ein gewisser William Jones *a remarkable fog*, eindrucksvollen Wasserdampf, in einem Waldgebiet nahe dem Weg in Richtung Lewis Pass. Er stieß auf sieben kreisrunde Warmwasserbecken von sechs bis sieben Metern Durchmesser. Ab 1878 gab es hier eine Umkleidekabine und bereits im Jahr darauf regulären Busdienst von und nach Christchurch. Heute kommen die Besucher dieses Thermalbades nicht nur aus dem nahen Christchurch: Aus ganz Neuseeland und verstärkt aus Übersee reisen die Fans eines Thermalbereiches am Gebirgsrand an. Vor dem Hintergrund der Neuseeländischen Alpen breitet sich ein ausgedehnter Komplex mit Thermalpools, Schwefelpools, Felsgrotten, Familienpool mit Wasserrutsche, großem Pool für die sportlichen Schwimmer und einer Reihe privat zu mietender Pools und Familienlodges aus, von Sauna- und Dampfbad gar nicht zu reden. Im Winter ist es besonders beliebt, im heißen Pool in verschneiter Natur zu schwimmen.
Tägl. 10–21 Uhr. Baden 18 $, mit Sauna/Dampfbad ab 28 $. ✆ 03/3150000, 0800/442663, www.hotfun.co.nz.

Der Hanmer Forest: Zwischen 1903 und 1913 wurde im Osten und Norden des Ortes von Strafgefangenen der Hanmer Forest gepflanzt. In ihm wachsen einige der ältesten Exoten des Landes, so auch unsere heimischen Lärchen, Birken, Rotbuchen und Ebereschen, aber es gibt auch Bestände nordamerikanischer Bäume wie Ponderosa-Kiefern, Douglasien und, besonders eindrucksvoll, Redwood. Ein dichtes Netz von Wanderwegen und viele Mountainbike-Tracks erschließen den Wald. Eine Stunde dauert der *Woodlands Walk* ab Eingang Jollies Pass Road, er führt zu den besonders hohen Redwoods und Douglasien.

Weiter nach Kaikoura: → Kaikoura S. 567.

Weiter zum Lewis Pass

 Der St. James Walkway

Länge/Dauer: 63 km/5 Tage

Der St. James Walkway verläuft fast ausschließlich im Talgrund. Der leicht zu gehende Track hat trotz seiner relativ niedrigen Lage (höchster Punkt am Lewis Pass 863 m) alle klimatischen Unsicherheiten einer hochalpinen Unternehmung, was man bei der Ausrüstung berücksichtigen muss. Die sichersten Wetterbedingungen herrschen normalerweise Ende Februar bis Juni, ab Mitte April kann es jedoch bereits zu Schneefällen kommen, die das Fortkommen bedeutend erschweren. Die Richtung Nord – Süd, also vom Lewis Pass zum Ende am SH 73 beim Boyle Village 16 km nördlich von Hanmer Springs, hat den leichten Vorteil, dass man insgesamt fast 300 Höhenmeter verliert (über den Anne Saddle, mit 1.136 m höchster Punkt auf dem Walkway, muss man so oder so).

Übernachten/Karte 5 DOC-Hütten, Hüttentickets im Visitor Centre von Hanmer Springs. Die Rückseite der Wanderkarte Trackmap (1:50.000), „St. James & Lewis Pass" trägt eine vollständige und detaillierte Wegbeschreibung des St. James Walkway mit vielen Zusatzinformationen.

Der Lake Sumner Forest Park: Der nahezu unerschlossene Lake Sumner Forest Park ist nur auf Wanderwegen zu erreichen. Einen Zutritt vom SH 7 gibt es bei Windy Point, von wo aus man in 5 Stunden zur Hope Kiwi Lodge des DOC gelangt, einem guten Standort für Erkundigungen am Hope River und am Lake Sumner, einem idyllischen See, der von keiner Straße erreicht wird.

Auf DOC-Faltblatt „Lake Sumner/Lewis Pass Recreation". Hüttentickets beim DOC oder in Hanmer Springs beim Visitor Centre.

Der Lewis Pass: Der niedrige, nur 863 m hohe Lewis Pass ist der bequemste, aber nicht gerade der direkteste Weg von Christchurch zur Westküste, diese Ehre gebührt dem Arthur's Pass. Erst 1860 wurde der Lewis Pass von zwei Feldvermessern entdeckt, von denen einer, Henry Lewis, dem Pass den Namen gab. Seit 1936 existiert die heutige Straße, die modern und gut ausgebaut ist. An keiner Stelle kommt man aus dem Wald heraus, man hat jedoch besonders auf der Südseite schöne Ausblicke ins Gebirge.

Von Süden her erreicht man zuerst *Boyle Village*, wo der St. James Walkway beginnt und ein von der Glenhope Station als Weideland genutztes breites Tal sich öffnet. 2 km weiter ist der Park- und Zeltplatz *Sylvia Flats*, in dessen Umgebung sich etwas flussaufwärts in Felsvorsprüngen heiße Quellen befinden. Kaltes daruntergemischtes Flusswasser ergibt ideale Badetemperaturen! Der Pass selbst bietet schöne Ausblicke nach Norden auf die Cannibal Gorge und die Spenser Mountains zu seinen Seiten (→ Marlborough und Nelson: Nelson Lakes National Park S. 549.

Maruia Springs: Auch auf der Westseite des Passes gibt es ein Bad, aber Maruia Springs ist um ein paar Klassen kleiner als Hanmer Springs. Das Thermalwasser ist sehr mineralreich und schwefelhaltig, wie man deutlich riecht.

Übernachten/Essen & Trinken/Baden
Maruia Springs Thermal Resort, modernes Thermalbad nahe dem Lewis Pass direkt am SH 7 mit – für Neuseeland – langer Tradition, seit mehr als 100 Jahren genutzt. Künstliche Thermalpools und Innen-Spas, japanische Badehäuser und privat zu mietende Spas (32 $). Im Hochsommer sehr frühzeitig buchen! Unterkunft in Motel-Units (Studio und Executive) mit Zugang zu den Außenpools und japanischen Badehäusern 160–200 $. SH 7, Lewis Pass, Private Bag 55014 Christchurch, ✆ 03/5238840, www.maruiasprings.co.nz.

Das **Restaurant Shuzan** bietet neuseeländische und japanische (und gemischte) Küche, Hauptgericht 19–31 $. ✆ 03/5238840, www.maruiasprings.co.nz.

Springs Junction: Der Flecken hat eine Tankstelle und einen Laden, das spricht für ihn. Ansonsten Straßengabelung (nach Reefton und Greymouth links auf dem SH 7, nach Murchison rechts auf dem SH 65 und weiter nach Westport und Nelson).

Der Arthur's Pass National Park

Ob auf der Straße oder mit der Bahn, die Strecke zwischen Christchurch und Greymouth über den Arthur's Pass ist, was die alpine Szenerie angeht, kaum zu schlagen: spektakuläre Gebirgspanoramen, Wasserfälle und Südbuchenwälder, im Anstieg von Südosten aus die waldlosen voralpinen Ketten von Canterbury, auf der kurzen steilen Nordwestrampe von Eiszeitgletschern tief ausgehöhlte Waldgebirgstäler. Und zum Schluss das Meer, die Tasmansee.

Es beginnt völlig plan in den Canterbury Plains, die man rasch durchquert: Vororte, Schlafstädte der Metropole Christchurch, nichts Aufregendes. Der Waimakariri-Fluss, den man zur Rechten hat, ob man nun auf dem SH 73 oder mit dem komplett von Touristen besetzten Zug, dem TranzAlpine, unterwegs ist, wird bei Springfield erreicht. Die Bahnlinie folgt dem Lauf des Waimakariri und bietet ein Panoramabild ums andere, durch das Tal führen keine Straßen. Der State Highway muss sich erst den Porters Pass auf 945 m in die waldlosen Vorberge mit ihren lockeren Sedimenten und Hangrutschungen hochschrauben, dann quert er das Quellgebiet des Broken River. Hier liegen westlich mehrere kleine Skigebiete, keines hat mehr als regionalen Rang – Christchurch ist nicht weit. Auch im Craigieburn State Forest Park, den man dann erreicht – wieder einen, allerdings niedrigeren Pass querend – gibt es zwei kleine Skigebiete und den einen oder anderen Wanderweg in einer immer noch trockenen, vorwiegend waldlosen Landschaft.

Bei Cass und am Waimakariri River kommen Bahn und Straße wieder zusammen und bleiben nun bis Inchbonnie auf der anderen Seite der Southern Alps in Rufweite. Das Tal verschmälert sich, der Oberlauf des Waimakariri und der Arthur's Pass

→ Christchurch und die Region Canterbury
Karte S. 570/571

Landschaft (und Kahlschlag …) auf dem Weg zum Pass

Nationalpark werden erreicht. In Arthur's Pass Village, noch vor der Wasserscheide, sollte man eine Pause machen. Selbst wer wenig Zeit hat, kann hier auf einem kurzen Spaziergang eindrucksvolle Landschaft erleben, etwa auf dem Weg zu den Bridal Veil Falls (den „Brautschleierfällen"). Von den großen Touren, die hier beginnen, ganz zu schweigen.

Die Bahn lässt den Pass aus und verkriecht sich im Otira-Tunnel in den Untergrund, die Straße steigt die letzten Kilometer steil zum Arthur's Pass hinauf, 920 m hoch ist man dann. Eigentlich, scheint uns Mitteleuropäern, nicht sehr hoch, aber hier in der Mitte der Südinsel heißt das, dass wir uns bereits an der Obergrenze der subalpinen Zone befinden, die Waldgrenze liegt wenig höher. In Otira, auf der Nordwestseite (in der Region West Coast) kommen dann Bahn und Straße wieder zusammen.

Information/Verbindungen

Information DOC Visitor Centre, Arthur's Pass Village. Nov. bis Apr. tägl. 8–17 Uhr, sonst 8.30–16.30 Uhr. ✆ 03/3189211, arthurspassvc@doc.govt.nz, www.arthurspass.com.

Verbindungen Bus: regelmäßig Busse und Shuttles von *Coast to Coast*, *Atomic* und *Alpine Coaches*, die Busse halten beim Laden & Café des Arthur's Pass Village.

Bahn: Der *TranzAlpine* fährt tägl. eine Zuggarnitur zwischen Christchurch und Greymouth: Christchurch ab 8.15 Uhr, Arthur's Pass 10.40 Uhr, Greymouth an 12.45 Uhr, ab 13.45 Uhr, Arthur's Pass 16 Uhr, Christchurch an 18.05 Uhr. Normaltarif (Tagesticket) 209 $ hin/zurück. ✆ 0800/872467, www.tranzscenic.co.nz.

Sport & Freizeit

Jetboat Ab Springfield kann man dem Waimakariri stromaufwärts mit den typischen flachen Schnellbooten in das unbesiedelte und nur von der Bahn gequerte Tal des Oberlaufes folgen. Mehrere Unternehmen, z. B. **Southern Alps Jet**, 30- oder 60-Minuten-Touren, 70/105 $, Transfer ab Christchurch möglich. ✆ 0508/257538, 0800/257538, www.southernalpsjet.com.

Wandern & Bergsteigen → Touren.

Wintersport Von dem halben Dutzend kleiner Skigebiete zwischen Christchurch und dem Nationalpark ist der aus den angrenzenden Skigebieten **Broken River** und **Craigieburn** bestehende große Freerider-Skizirkus wohl am interessantesten. Nur Schlepplifte, aber bis auf 1.815 m resp. 1.811 m, Vertikalhöhenunterschied 420 m im einen, 503 im anderen Fall. Hier muss man schon sehr gut sein und im Tiefschnee bzw. abseits gepflegter Pisten fahren können – keine leichten Abfahrten, schwere 25 % resp. 60 %. Liftpass ab ca. 65 $. Beide Skigebiete haben Lodges. Broken River, ✆ 03/3188713, www.snow.co.nz/brokenriver. Craigieburn, ✆ 03/3188711, außerhalb der Saison ✆ 027/5544933, www.craigieburn.co.nz.

Übernachten/Essen & Trinken

In Springfield Smylies Accommodation & YHA, freundliche, zentrale (Jugend-)Herberge mit Unterkünften vom Schlafsaal bis zum Family Room mit Bad, im Winter meist voll. Die Küche bietet japanische Tellergerichte, preisgünstige Packages aus Nächtigung und Verpflegung. DB 30 $, DO ab 28 $, Unit (2 Pers.) 85–120 $. Main Rd., Springfield, ✆ 03/3184740, www.smylies.co.nz.

In Bealey Bealey Hotel (12 km südlich des Arthur's Pass), historisches Hotel, ganz einsam oberhalb der Straße am Beginn des schmalen, obersten Talbereiches am Waimakariri River. Motel- und Backpacker-Unterkunft, Restaurant, Klondyke Bar mit Pubfood. Unit mit Küchenzeile 140–170 $, in der Moa Lodge DO 30 $, DB 40 $. SH 73 (12 km südlich des Arthur's Pass), Private Bag 55001, Christchurch, ✆ 03/73189277, www.bealeyhotel.co.nz.

Der Arthur's Pass National Park

Welcome Backpackers! (Arthur's Pass Village)

In Arthur's Pass Village Arthur's Chalet, großes, auf alpines Chalet getrimmtes Hotel, das B&B anbietet, einige der Zimmer teilen sich ein Bad. Eine Backpacker-Unterkunft gehört ebenfalls zum Angebot. Das Hotel hat ein gutes Restaurant, das – wichtig für Bergsteiger – ab 7 Uhr das Frühstück serviert. Kalte und warme Lunchgerichte ab 12 $, Dinner ab 25 $. DZ mit Bad/FR (cont.) 125–165 $, ohne Bad 70 $, „Luxury Bunk" für Backpacker DB/DO 35 $, auch diese mit FR; auch Stellplätze für Caravans/Campervans 15–25 $ (mit 2 Pers.). 131 SH 73, Arthur's Pass, ✆ 03/3189236, 0800/676884, www.arthurspass.co.nz.

Mountain House, solide Backpacker-Lodge/YHA (Sir Arthur Dudley Memorial Hostel) mit großen Gemeinschaftsräumen und mit großen Cottages (mit Küche) im Grünen über dem Village, die man komplett oder raumweise mieten kann. Gesamte Anlage kürzlich generalüberholt mit neuem Bädertrakt. Cottages 140–240 $, DB ab 24 $, DO 17,50 $. SH 73, Arthur's Pass, ✆ 03/3189258, www.trampers.co.nz.

Arthur's Pass Store & Tearooms, die Tearooms, in denen fast jeder mal einkehrt, der hier Halt macht, wurden zuletzt umgebaut und modernisiert. Einziges Selbstbedienungscafé des Village, vom Frühstück bis 19.30 Uhr geöffnet. ✆ 03/3180235.

The Wobbly Kea, Main Rd.; Holzbau auf Steinfundament, innen gemütlich, dekoriert mit alten Bildern. Frühstück bis Pizza und Pasta, Fleisch und Fisch, 23–25 $ (gut: Spinach & Vegetable Tart). ✆ 03/3189101.

In Otira Rata Lodge Backpackers, bequeme Backpacker-Lodge am oberen Ortsausgang von Otira (500 m zum Ort), schon auf der anderen Seite des Passes (in Westland), umgeben von Bergwald (Opotiki Forest), gut ausgestattet mit Bettwäsche und Handtüchern, heißen Duschen, Video- und CD-Player, Kaffee und Tee gratis und freundlich-ruhige Atmosphäre. DB 32,50 $, DO 25 $. SH 73, Otira 7832, ✆ 03/7382822, rata.lodge@xtra.co.nz.

Touren

Über den Arthur's Pass: Zwar war den örtlichen Maori der Ngai Tahu, die Verbindung über den Pass zwischen dem Bealey River und Otira (dem späteren Arthur's Pass), bekannt, aber sie zogen den Weg über den Hurunui (Lewis Pass) vor. Mit den Goldfunden an der Westküste wurde jedoch eine schnelle, direkte Verbindung zwischen Christchurch und Lyttelton einerseits und Greymouth andererseits eine dringende Angelegenheit. Arthur Dudley Dobson „entdeckte" schließlich den später nach ihm benannten Pass und in Eile wurde ein Karrenweg gebaut, der 1866 eröffnet wurde. Mit dem Ende der Goldfunde wurden Kohle und Holz die Ausfuhrprodukte der Westküste, für beide war der Karrenweg nicht gut genug. Von beiden Küsten wurde eine Bahntrasse (Midland Railway) zum Pass hochgetrieben, aber erst 1923 trafen sich die beiden Trassen in der Nähe des 8,5 km langen Scheiteltunnels (Otira Tunnel). Ein 231 km langer Schienenweg von Küste zu Küste war entstanden. Zu diesem Zeitpunkt gab es bereits Lkws und nun wurde der Straßenausbau vorangetrieben, nach dem 2. Weltkrieg büßte die Bahn ihre Bedeutung fast komplett ein. Dass sie noch existiert, ist dem Tourismus zu verdanken: Der TranzAlpine bringt Touristen von Christchurch nach Greymouth (und umgekehrt). Im Preis inbegriffen ist Cream Tea (Tea, Scones, Cream and Marmalade), der an Bord serviert wird, sowie die wirklich spektakulären Aussichten aus den etwas altmodischen Garnituren.

Vorsicht Keas!

Keas lieben Gummiabdichtungen von Windschutzscheiben, Fahrradsättel, Deckel von Rucksäcken und generell alles, was man aufmachen kann, indem man es mit dem spitzen Schnabel zerhackt. Arthur's Pass Village ist ein Eldorado für diese intelligenten Vögel! Während Sie gerade so ein nettes Tierchen fotografieren, bricht ein anderes hinter Ihrem Rücken die Fotozubehörtasche auf, die Sie mal eben abgestellt haben ...

Springfield und der Waimakariri River: Wo der Waimakariri aus den Voralpen ins Vorland bricht, hat er eine enge Schlucht ausgehöhlt. Von *Springfield* aus, einem nicht weiter bemerkenswerten Flecken, besucht man diese eindrucksvolle Schlucht, die *Waimakariri Gorge,* mit dem Schnellboot.

Wandern im Craigieburn State Forest Park

In den südlichen Vorbergen der Southern Alps liegt zwischen dem Oberlauf des Porter River und dem Waimakariri River der Craigieburn State Forest Park. An seiner Süd- und Ostflanke recht trocken und meist nur von Tussock-Gras bedeckt, sind seine westlichen und nördlichen Teile feuchter und in dichten Südbuchenwald gehüllt. Ein dichtes Netz von Wanderwegen durchzieht den Park, die wenigsten sind jedoch leicht zu gehen, es gibt kaum Markierungen (meist durch Stangen oder Pflöcke). Nur der zweitägige Rundweg über den Cass- und Lagoon-Sattel mit Übernachtung im Hamilton Hilton, einer großen Hütte in eindrucksvoller Lage am Zusammenfluss von Harper River und Hamilton Creek wird öfter begangen.

Wer die Castle Hill Station auf dem SH 73 passiert, hat einen guten Blick auf die Kalkgesteinsformationen *Kura Tawhiti*. Diese Felsspitzen, die aussehen, als ob sie direkt aus dem kroatischen Karst hierher transportiert worden wären, sind Reste eines sonst stark abgetragenen, etwa 30 bis 40 Millionen Jahre alten Meeresbodens. Klar, dass Bouldern und (Frei-)Klettern hier ganz großen Zuspruch finden!

www.castlehill.net.nz; DOC-Faltblatt „Craigieburn Forest Park Day Walks" von den Visitor Centres der Region. Kura Tawhiti ist eine DOC Conservation Area.

Im Arthur's-Pass-Nationalpark: 97.000 ha umfasst der Nationalpark, der das Gebirge um den Arthur's Pass zu beiden Seiten der neuseeländischen Hauptwasserscheide umfasst. Bis 2.400 m (mit Murchison) erreichen die unvergletscherten Gipfel. Während die West- und Nordwestseite hohe Niederschläge aufweisen, sind der Osten und Südosten eher trocken, was Wanderungen auf der Südabflachung empfiehlt. Ausgangspunkte für diese Wanderungen sind vor allem am SH 73 zu finden, also direkt an der Straße über den Arthur's Pass. Bis auf die Wanderung auf den Avalanche Peak sind sie nicht häufig begangen – im Gegensatz zu den Bergen in den Nationalparks weiter südlich mit ihren „Great Walks" ist der Arthur's-Pass-Nationalpark, obwohl spektakulär und erschlossen genug, kein vorrangiges Wanderziel. Häufig trifft man Keas an, auf dem Gipfel des Avalanche Peak warten sie auf Wanderer, die ihre Brotzeit aus dem Rucksack ziehen und wenn es ihnen danach ist, machen sie die Bänder des Rucksacks weiter auf und zur Not zerhacken sie die Bänder mit spitzen Schnäbeln. An Parkplätzen unten an der Straße trifft man sie ebenfalls an – eine Vorliebe haben sie ganz entschieden für die Gummifassungen, die Windschutzscheiben abdichten und auch unter den Autos lässt sich allerhand kaputtmachen.

Wandern und Bergsteigen ab Arthur's Pass Village

Ab Arthur's Pass Village starten einige kleinere Wanderungen, wie jene zu den *Devil's Punchbowl Falls* (1 Std., leicht), einem 131 m hohen Wasserfall. Ebenfalls leicht ist die Wanderung zum *Bridal Veil*, dem Wasserfall, der vom Wind häufig zur Seite getrieben wird und förmlich hin und her schwankt. Der Weg ist, bis auf den letzten, steilen Teil, leicht zu gehen. Anspruchsvoller sind streckenweise sehr mühsam zu gehende Steige auf den *Mount Aicken* (1.858 m, hin/zurück 6–8 Std.), der im oberen Teil nur durch weit auseinander stehende Holzpflöcke markiert ist, auf den *Mount Bealey* (1.836 m, hin/zurück 6–8 Std.), der im oberen Teil nur aus Wegspuren besteht und recht ausgesetzt ist (nichts für Schwindelanfällige) und natürlich der wunderbare Rundweg über den *Scotts Track* auf den *Avalanche Peak* (1.833 m) und über den *Avalanche Peak Track* hinunter zum Village (6–8 Std.). Auch dieser Weg ist im oberen Teil nur durch Pflöcke gekennzeichnet, auf dem Gipfelgrat ausgesetzt und bei Nässe nicht ungefährlich und wegen der Auswaschungen, die den früheren Steig streckenweise komplett zerstört haben, anstrengend zu gehen.

Von den mehrtägigen Touren gehört die abenteuerliche Querung *über den Waimakariri Col nach Otira,* die zwei bis drei Tage in Anspruch nimmt (Übernachtung in der Carrington Hut und Waimakariri Falls Hut). Die gesamte Gehzeit ist 13–19 Stunden, mehrfach müssen Flüsse gequert werden, was nach Starkregen nicht möglich ist und die Tour verzögern kann. Drei gefährliche Lawinenstriche liegen entlang der Route, einige Strecken sind nur durch leichtes Klettern (Bouldern) zu bewältigen. Ein hochalpines, aber nur mäßig schwieriges Abenteuer!

Information/Karten DOC-Infoblatt „Walks in Arthur's Pass National Park" im DOC-Visitor Centre, dort auch Ein- und Austragung von Touren im Wegebuch „Intentions Book", Landkarten und für die weniger häufig begangenen unmarkierten Routen individuelle Faltblätter. Hüttentickets sind hier, wie üblich, im Voraus zu erwerben. Für die Route Carrington Hut – Otira heißt das DOC-Faltblatt „Arthur's Pass National Park Route Guide Series No 2".

Canterbury Plains, kurz nach Abflug von Christchurch

Durch die Canterbury Plains in die Südalpentäler

Die aus den Südalpen strömenden Flüsse haben eine riesige, flache Küstenebene aufgeschüttet, die Canterbury Plains. Das Bergland dahinter, die Vorberge der Südalpen, sind wenig besucht – Mount Cook und das vergletscherte Gebirge im Süden der Region locken zu sehr.

Die Flüsse haben sich in breiten Flussbetten in viele Arme verzweigt, die sich nach jedem Hochwasser wieder ändern – wir kennen dieses Phänomen, das man hier *braided river* (geflochtenen Fluss) nennt, aus den Flüssen der Südalpen wie dem Tagliamento. Vom Waimakariri im Nordosten über den Rakaia River bis zum Rangitata im Südwesten bilden diese Flüsse verzwickte Probleme für den Verkehr. Kilometerlange Brücken mussten für Straßen und Bahnen über die breiten Flusstäler gelegt werden, die elf Monate im Jahr fast wasserlos sind und plötzlich zu gewaltigen Strömen anschwellen. An den Brücken haben sich die wenigen größeren Orte der großen landwirtschaftlichen Ebene gebildet: Rakaia, Ashburton und Rangitata liegen an solchen Übergängen.

Ins Hinterland, das Vorgebirge der Southern Alps, verirrt sich selten ein Tourist. Wenige Ausnahmen bestätigen die Regel: Der obere Rakaia-Fluss ist ein toller Jetbootfluss; am Mount Hutt treten sich im Winter australische Skifahrer, die unten in Methven wohnen, gegenseitig auf die Füße; am Lake Coleridge tief drinnen im Gebirge beginnen einige der schönsten Wanderwege im Westteil des Craigieburn

Forest Parks; am oberen Rangitata besuchen Herr-der-Ringe-Fanatiker den Drehort von Edoras.

Am Südrand der Canterbury Plains führt die meistbefahrene Straße in die Mount Cook Region, der SH 79 beginnt in Geraldine, in Fairlie trifft er auf den SH 8 von Timaru. Alle drei sind für die meisten Besucher der Südinsel nur Durchgangsorte, aber sie sind freundliche, von Gärten und Parks gesprenkelte ländliche Zentren mit einladenden B & Bs und Motels, also warum nicht die eine oder andere Nacht hier bleiben, bevor es weiter geht zum Mount Cook oder nach Otago?

Die trockenen Vorberge der Neuseeländischen Alpen in Canterbury und Otago haben die meisten Skelette der ausgestorbenen Moas und eine Fülle von archäologischen Fundstätten an den Tag gebracht, wo die frühen Maori („Moajäger") diese flugunfähigen Hühnervögel nach der Jagd schlachteten.

Information Über die gesamte Region der Canterbury Plains und der Südalpenäler innerhalb Canterburys gibt das **Visitor Centre in Christchurch** (→ Christchurch/Information).

Verbindungen Schnell und gut ausgebaut ist der **SH 1** von Christchurch über Rakaia und Ashburton nach Timaru und weiter über Oamaru nach Dunedin. Zu sehen ist wenig, meist kann man nicht mal erkennen, was angebaut wird, denn riesige Windschutzhecken verbergen die Felder und Gärten. Wesentlich attraktiver ist die **Inland Scenic Route** (sie ist so durch braun-weiße Schilder ausgewiesen, die ein S und darüber einen stilisierten Gebirgszug zeigen) über den Gebirgsfuß zwischen Darfield, dem Rakaia-Fluss bei Mount Hutt, Mount Somers und Geraldine. Für Radfahrer ist sie die einzig sinnvolle Verbindung nach Süden, der SH 1 ist in diesem Abschnitt viel zu belebt.

Methven und der Lake Coleridge

Das bedeutendste Skigebiet in der Nähe von Christchurch, das auch zunehmend von Ausländern (vor allem Australiern) aufgesucht wird, ist *Mount Hutt* mit Unterkünften und Infrastruktur im fast 20 km entfernten *Methven*. Der Kontrast zwischen Winter und Sommer drückt sich auch in den Preisen aus: Der Sommer ist absolute Nebensaison mit Sonderpreisen, im Winter muss man vorausbestellen und zahlt im Juli und August Spitzenpreise. Der Ort hat ein kleines Heimatmuseum (an der Bank Street), eine anglikanische Kirche von 1880 (Ecke Alington/Chapman Street) und ist ansonsten nicht von überwältigendem Interesse. In der Umgebung sind auch die Rakaia Gorge und etwas weiter entfernt der Lake Coleridge einen Besuch wert.

Information/Verbindungen

Information Methven i-Site Visitor Centre, 121 Main St., ✆ 03/3028955, www.methveninfo.co.nz. Die Besucherinformation bietet jede Menge Infos über Methven, Skifahren und Wandern/Trekking etc.

Verbindungen Methven Travel, 93 Main St., ✆ 03/3028106, 0800/684888, info@methventravel.co.nz. Shuttlebusse vom/zum Airport Christchurch von/nach Methven, eine Strecke 27 $.

Im Winter verbinden **Mount Hutt Express** (www.skimthutt.com), **Leopard Mt Hutt Skibus, Snowman Shuttles** und weitere Shuttle- und Busunternehmen mit Christchurch (Stadt und Flughafen) und dem Mount-Hutt-Skigebiet. Kosten durchschnittlich 55 $ ab Christchurch (hin/zurück), bei Hausabholung 10 $ mehr. Details bei der i-Site.

Christchurch und die Region Canterbury

Sport & Freizeit

Wintersport Mount-Hutt-Skigebiet: In den letzten Jahren hat ein Mount-Hutt-Multimillionendollar-Redevelopment einen Sechser-Sessellift eingebracht, der nicht nur wie der frühere Vierer halb den Berg hoch reicht, sondern komplett hinauf von 1.403 m auf 2.083 m! Das Terrain misst 365 ha, neben dem Sechser- gibt es noch Vierer- und Dreier-Sessellift und ein „fliegenden Teppich" (Magic Carpet). 25 % der Pisten sind leicht, 50 % mittelschwer, zu den 25 % schwere Pisten kommen die (im Terrain nicht inbegriffenen) z. T. sehr schweren Abfahrten vom Rakaia Saddle. Die längste Abfahrt ist 2 km lang. Skipass 1 Tag 91 $, alles Gerät und Kleidung kann gemietet werden (komplett ab 48 $/Tag). Die Wintersaison, die längste Australasiens, dauert von Mitte Juni bis Mitte Okt. (2011: 11. Juni bis 17. Okt.). Mount Hutt, ✆ 03/3028811, www.nzski.com.

Transfer- und Skiverleihpaket ab Christchurch → Verbindungen.

Heli-Skiing Mount Hutt Helicopters, The Square, PO Box 72, Methven. Heliskiflüge ab Algord Forest Flugfeld in die Mount-Hutt-Region, besonders beliebt die North-Peak-Abfahrt mit 800 Höhenmetern. Ab ca. 175 $, ein Halbtagesprogramm kostet ca. 475 $, der ganze Tag 675 $. ✆ 03/3028403, www.mthuttheli.co.nz.

Ballonflüge Hot Air Ballooning, Ballonflüge ab Methven oder Mount Hutt, Rakaia Gorge, Canterbury Plains, Mount-Hutt-Gebirgsregion – je nach Dauer und Startplatz, an schönen Tagen ist Aoraki (Mount Cook) zu sehen, ab ca. 385 $. Aoraki Balloon Safaris, PO Box 75, Methven 7745, ✆ 03/3028172, 0800/256837, www.nzballooning.com.

Reiten High Country Horse Adventures, 2 Std. 100 $. ✆ 03/3186582, www.horsetrek.co.nz.

Jetboat Rakaia Gorge Scenic Jet, kleines Privatunternehmen mit mehr als 20 Jahren Erfahrung. „Safaris" ab 75 $. ✆ 03/3186515.

Übernachten

In Methven Methven Motels and Apartments, Golf im Sommer, Skifahren im Winter, dann werden die höchsten Preise verlangt. Aus mehreren Gebäuden zusammengesetzt mit großer Auswahl an Zimmern, Cottages und Apartments. Gute Küchenzeilen, alle Bäder mit Wanne und Dusche. Zusätzlich Budgetbereich in abgewohnter Gebäude. Unit 95–190 $. 197 Main St., ✆ 03/3029200, 0800/468488, www.methvenmotels.co.nz.

Mount Hutt Bunkhouse, Backpacker und Budget, im Sommer Backpacker, im Winter Familien, sehr einfach – wenn überhaupt – eingerichtet, aber gute Küche, Waschmaschine, Internetzugang. DB 29 $, DO 25 $. 8 Lampard St., Methven, ✆ 03/3028894, www.mthuttbunkhouse.co.nz.

Methven Camping Ground, kompakter Platz unweit des Zentrums. Cabin ab 43 $, Stellplatz und 2 Pers. ab 30 $, DO ab 23 $. Barkers Rd., ✆ 03/3028005, 0800/122675, www.methvencampingground.co.nz.

In Mount Hutt Pudding Hill Lodge, große Motel-Lodge (140 Betten) in ausgedehntem Terrain mit Backpacker-Unterkünften und Campingmöglichkeit am Fuß des Hangs nahe Methven; Restaurant und Bar, große Küche. Alle Unterkunftsmöglichkeiten vom Motel-Unit bis zum Stellplatz 28–150 $. SH 72, Methven, ✆ 03/3029627, 0800/783445, www.puddinghilllodge.co.nz.

Glenview Homestay, sehr angenehme Zimmer mit eigenem Eingang, Bergblick, guter Ausstattung mit Bad und TV in modernem Farmhaus, absolute Ruhe, auf Wunsch Dinner (sehr gute Fleischgerichte!). DZ/FR 120 $. 142 Hart Rd. (Abzweig vom SH 2 ins Rakaia-Tal auf der Westseite), ✆ 03/3028620, helenmikejohnstone@yahoo.com.

In der Rakaia Gorge Rakaia Gorge Camping Ground, idyllischer Platz am Fluss an der Ostseite etwas unter der Straße. Zeltplatz 12 $.

Terrace Downs, High Country Resort im Rakaia-Flusstal, man erreicht es auf einem Abzweig von der Straße zum Lake Coleridge (gute Beschilderung). Krawatte nicht vergessen: Abends im Restaurant ist „formal dining" angesagt, zum Lunch darf's auf der Sonnenterrasse durchaus leger sein. Alle Schikanen samt Golfplatz (6.440 m²) und Reitstall. Villas und Chalets, viele mit Küchenzeile (vorher Einkaufen nicht vergessen, ringsum gibt es auf Dutzende Kilometer keine Shoppingmöglichkeit). Villa (Suite) ab 370 $, Chalet ab ca. 535 $. Coleridge Rd., RD Darfield, Rakaia Gorge, ✆ 03/3186943, www.terracedowns.co.nz.

Essen & Trinken

Blue Pub, Ecke Main St./Forest Drive; nicht zu übersehen: dekorative blaue Holzfassade mit Balkonen, typische neuseeländische Hotelpub-Atmosphäre im Blue Pub samt Bottle Store und Zimmern über der nicht gerade leisen Bar (nach den beiden Erdbeben 2010/2011 wurden geringe Schäden behoben und das Haus aufgemöbelt, das gilt auch für's Menü (vor allem Burger und Salads aber auch „Salt & Pepper Squid"). ✆ 03/3028046, www.thebluepub.co.nz.

Wintersport/Touren

Das Mount Hutt Skifield: Neuseelands Wintersportgebiete sind für europäisch-alpine Verhältnisse allesamt nicht sonderlich groß und Mount Hutt macht da keine Ausnahme: Mit sieben Aufstiegshilfen und Abfahrten in allen Kategorien über maximal 672 Höhenmeter und 2 km Länge gehört er aber hier schon zu den Giganten. Eine Snowboardszene mit Halfpipe im Mittelbereich kann sich derzeit noch nicht mit Otago messen, vor allem jedoch nicht mit Cardrona.

Die Rakaia Gorge: Am Austritt aus dem Gebirge wird der Rakaia-Fluss eng zusammengedrängt, er muss hier eine Barriere von harten vulkanischen Gesteinen aus der Oberkreide durchbrechen – von der Straßenbrücke hat man bereits einen guten Einblick in die Schlucht. Wer eine der Jetboottouren bucht, die dort beginnen, hat noch mehr tolle Eindrücke.

Einen noch besseren Eindruck der Landschaft in der Schlucht hinterlässt der *Rakaia Gorge Walkway*, ein 3–4 Std. (hin/zurück) erfordernder Pfad, der dort beginnt, wo der SH 72 den Fluss quert. Die Blicke in die Schlucht und die interessanten Aufschlüsse am Wegrand machen diesen Walkway zu einem sehr informativen Halbtagsausflug.

Der Lake Coleridge und die Pinnacles: Einer der vom Gletscher ausgehöhlten, ehemaligen Flussläufe des Rakaia River ist heute vom *Lake Coleridge* ausgefüllt. Man erreicht ihn von Windwhistle (auf der Ostseite der Rakaia Gorge) auf einer großenteils asphaltierten Straße, auf Allradwegen kommt man an zwei Stellen an den eiskalten See heran. Über die von der Coleridge Road rechts abzweigende Harper Road erreicht man auch die einzige Booteinlassstelle an der Mündung des Ryton River in den See im Gebiet der Ryton High Country Station, die Reitausflüge veranstaltet.

Eine geomorphologisch interessante Formation von Erdpyramiden in 25 Mio. Jahre altem Lockergestein bilden die *Pinnacles*. Man erreicht sie auf einem 7- bis 8-stündigem Marsch ab dem Ende der Staubstraße nördlich des Lake Coleridge. Es gibt keine Wege, nur Wegspuren, man muss sich an den Harper River und flussaufwärts halten. Gutes Schuhwerk und gemeinsames Wandern ist Voraussetzung, die mehrfachen Flussquerungen könnten für einen Einzelnen gefährlich werden. Die Pinnacles liegen in einem steilen Tal auf der linken Seite.

Der Mount Somers und das Tal des Rangitata

Südlich von Mount Hutt zieht sich der SH 72 am Bergfuß nach Mount Somers mit seinem nahen subalpinen Schutzgebiet, wo er dann den Hakatere (Ashburton River) quert. Dessen Tal im Oberlauf und jenes des weiter südlich verlaufenden, noch wasserreicheren Rangitata werden aus den vergletscherten Cloudy Peak und Arrowsmith Ranges gespeist, die den Alpenhauptkamm bilden. In der Einsamkeit des oberen Rangitata lebte der englische Dichter *Samuel Butler*, dessen Sozialsatire „Erewhon" sich den Namen mit einer dortigen Station teilt. Die Butler-Verehrer mögen dorthin wallfahren, doch wesentlich mehr wollen Edoras sehen und Mount Gunn mit den Feuern von Gondor.

Herr-der-Ringe-Touren Z. B. zum Mount Sunday, einem Hügel mit steilen Flanken im Flutbereich des Rangitata, im Lord of the Rings als Standort von Edoras, der befestigten Stadt des Rohan-Volkes genutzt („Die Zwei Türme" und „Die Rückkehr des Königs"). Nichts davon ist mehr da, aber es gibt viele Tourveranstalter, die den Trip anbieten, z. B.: **Hasslefree** mit **Lord of the Rings Edoras Tours**, Tagestour ab Christchurch 225 $, ✆ 03/3855775, www.hasslefree.co.nz.

Wandern & Bergsteigen Mount Somers Walkway und Mount Somers Subalpine Circuit (9:30 Std., 2 Tage, Übernachtung in Pinnacles Hut oder Mount Somers Hut) und weitere Touren.

Rafting Touren auf dem Rangitata ab Peel Forest bietet **Rangitata Rafts**, ganztägige Trips im Sommer mit Verpflegung 200 $, auch Transfer von Christchurch oder Geraldine möglich (220 $). ✆ 03/6963534, 0800/251251, www.rafts.co.nz.

Für Selbstversorger Läden in Staveley, Mount Somers und Peel Forest.

Übernachten Mount Somers Holiday Park, grün und schattig, die einfachen Cabins haben Betten mit Bezügen. Stellplatz/Cabin 15–69 $. Hoods Rd., RD 1, Ashburton (1 km östlich des Orts), ✆ 03/3039719, www.mountsomers.co.nz.

Der Mount Somers Subalpine Walkway

Länge/Dauer: 17 km/meist 2 Tage

Der Mount Somers Subalpine Walkway verläuft an der Nordflanke des Mount Somers. Der relativ leicht zu gehende Weg wird meist an zwei Tagen gemacht (Übernachtung in der Pinnacles Hut oder Mount Somers Hut). Das Problem ist, dass man dann nach zwei Tagen ohne fahrbaren Untersatz dasteht, wenn man nicht vorgesorgt hat (eine Vollendung als Rundweg ist geplant). Und um zum Start zu kommen, muss man erst von Methven aus 19 km fahren, öffentlichen Verkehr gibt es hier in der Prärie natürlich nicht.

Information/Karten NZTopo50-BX19 „Hakatere" und BX20 „Methven". Infos im DOC-Faltblatt „Mount Somers Conservation Area", das man in den Läden in Staveley und Mount Somers sowie in der Info in Methven erhält.

Der Rangitata-Fluss, „Edoras" und Erewhon: Um an den Oberlauf des Rangitata zu gelangen, nimmt man entweder von Mount Somers die Straße entlang des südlichen Hakatere-Flusses (Ashburton River Southbranch), die an mehreren kleinen Seen vorbeiführt und an der Erewhon-Station am Rangitata endet. Oder man fährt auf dem SH 72 weiter in Richtung Süden bis Arundel, wo eine Straße auf der rechten (westlichen) Seite des Rangitata über das kleine Landschaftsschutzgebiet Peel Forest bis zum früheren Mesopotamia Homestead führt, wo sie ebenfalls endet. An beiden Enden ist man erst wenige hundert Meter über dem Meeresspiegel, der Fluss ist breit, in viele Arme aufgeteilt und im Zweifelsfall reißend und gefährlich, aber bis über 2.500 m hohe Berge flankieren die beiden High Country Stations und im Talschluss sieht man die vergletscherte Hauptkette der Southern Alps.

Die Seen auf der (bis Hakatere befestigten, dann nur mit Allradfahrzeugen befahrbaren) Straße sind meist Vogelschutzgebiet, *Lake Heron* (Reihersee) ist einer davon. Sie entstanden in Mulden der riesigen Grundmoränen, die eiszeitliche Gletscher vor Jahrtausenden zurückließen. Manche der abgerundeten Erhebungen zwischen ihnen bestehen aus Moränenschutt, die meisten sind jedoch vom Gletscher abgeschliffene Rundhöcker. Einer von ihnen ist *Mount Sunday,* Hintergrund für *Edoras* in Peter Jacksons Ringe-Drama. Von Edoras ist nichts, gar nichts zu sehen, nach den Dreharbeiten wurden alle Spuren des Filmteams in dieser kargen Landschaft entfernt.

Von Arundel folgt man der bis *Peel Forest* asphaltierten Straße. Der dortige Peel Forest Store erfüllt in guter alter Kiwi-Tradition alle Funktionen von Laden über Café und Tankstelle bis Besucherinformation, ein DOC-Faltblatt über das *Peel Forest Scenic Reserve* ist auch zu erhalten. Der *Acland Falls Walking Track* (1 Std. hin/zurück) führt zunächst steil, dann am Fluss entlang zum kleinen 14-m-Wasserfall eines Nebenbaches des Rangitata. Aber es gibt auch eine ganze Reihe weiterer und längerer Wanderwege – der *Deer Spur Track* (hin/zurück 2 Std.) führt auf einem Rücken über die Waldgrenze (Podocarpaceen-Primärwald) hinaus zu einem winzigen Bergsee. Im Ort Peel Forest bucht man auch die Rafting-Touren auf dem Rangitata, die 10 km oberhalb beginnen und durch Stellen mit WW IV/V (→ Rafting) führen.

Anfahrt/Übernachten Edoras liegt zwischen der Mount Potts Station, die man nach Querung des Potts River erreicht, und **Erewhon Station** am Straßenende direkt am obersten Rangitata, der sich oberhalb Clyde River nennt.

Mount Potts Lodge, Übernachtung und Verpflegung nicht nur für Gäste des Heli-Unternehmens „Heli Park" in der Lodge der Mount Potts Station, wo es seinen Sitz hat. DZ 218–238 $, Cottage 258 $. Hakatere Potts Rd., Mt. Somers, ✆ 03/3039060, www.mtpotts.co.nz.

Von Christchurch nach Timaru

Mit Ausnahme der Brücken über die großen Flüsse unterbricht wenig die Eintönigkeit der Landschaft der Canterbury Plains mit ihren riesigen Windschutzpflanzungen aus Pappeln oder Kiefern. Die Orte am Weg sind Durchgangsorte zu den Attraktionen des Südens. Nur in Timaru, wo man wieder die Küste erreicht, lohnt sich ein etwas längerer Aufenthalt.

Ashburton

Seit es auf der Bahnlinie nach Dunedin keinen Personenverkehr mehr gibt, ist der Ort, Zentrum einer rein landwirtschaftlich orientierten Region, noch ein wenig verschlafener, als er es zuvor schon war. Daran ändert auch das „Ashburton Station" Souvenirangebot im alten Bahnhof nichts und das, obwohl InterCity/Newmans einen Block entfernt halten. Noch etwas weiter vom früheren Bahnhof entfernt bietet das Ortsmuseum, *Historic Art Gallery and Museum* (248 Camerin St.), interessante Informationen über die Tieflandflüsse der Canterbury Plains und ihre Vogelwelt. Ob das neue „Event Centre", eine Mehrzweck- und Kongresshalle, wohl ihren Zweck erfüllt, Events hierher zu bringen?

Ashburton Visitor Centre, Ecke East/Burnett St., ✆ 03/3081050, www.ashburtontourism.co.nz.

Geraldine

Am Fuß der Berge liegt der hübsche Ort Geraldine, ein großes Dorf mit ein paar zentralen Einrichtungen für die Bauern der Umgebung und einem wachsenden Angebot an Boutiquen und Kunsthandwerksläden, Bistro-Cafés und B & Bs für Wochenendgäste aus Christchurch. Auffallend viele bunte und gepflegte Gärten umgeben die hübschen älteren Häuser aus viktorianischer und edwardianischer Zeit.

Information Visitor Centre, 32 Talbot St. Okt. bis Apr. Mo–Fr 8.30–17 Uhr, Sa/So 10–16 Uhr, Mai bis Sept. tägl. 10–15 Uhr. ℡ 03/6931006, www.southisland.org.nz.

Einkaufen/Souvenirs Geraldine hat viele Kunsthandwerksläden, die in einem Gratis-Faltblatt vom Visitor Centre zusammengestellt sind, dem „Geraldine District Arts and Crafts Guide".

Wer in Rangitata vom SH 1 abzweigt und den SH 79 nach Geraldine (und Mount Cook) nimmt, passiert nach 1 km den **Tin Shed**. Der bei Busgruppen populäre Blechschuppen ist eine echte Fundgrube für alle Wollsachen, die Neuseeland produziert. So gibt es auch ein immer wechselndes Angebot von handgestrickten Pullovern aus der Umgebung. Tägl. bis 16 Uhr, www.thetinshed.co.nz.

Fairlie

Das Örtchen Fairlie liegt an der Stelle, wo der SH 79 von Geraldine (und Christchurch) und der SH 8 von Timaru (und Dunedin) zusammentreffen, der SH 8 geht von hier aus weiter in Richtung Mackenzie Country an die großen Seen Lake Tekapo und Lake Pukaki und natürlich zum Mount Cook. Damit ist über Fairlie auch schon das meiste gesagt. Der 1865 gegründete Ort wurde 1884 stark vergrößert, als er an die Eisenbahn angeschlossen wurde. In Fairlie wurde das Vieh in die Waggons getrieben, die es zu den Schlachthöfen an der Küste in Timaru brachten. Die Bahn und der Viehtransfer sind Geschichte, außer dem schnellen Stopover-Business bringt der Tourismus nicht viel.

Sehenswert ist das *Fairlie Heritage Museum:* Wer gerne historischer Technologie nachhängt, ist hier sicher gut aufgehoben. Ein früheres Bahnhofsgebäude und mehrere Farmgebäude, das historische Mabel Binney Cottage, Farmmaschinen, die verrostet aussehen, aber nur alt und abgeschabt sind, Draisinen, alte Waggons und eine Fülle von alten Fotos in ehrwürdigem Schwarz-weiß werden hier gezeigt. Ein Schuppen ist voll mit alten Bauernkarren. Insgesamt sehr sehenswert, anschließend kann man sich im Coffeshop entspannen!

Fairlie Heritage Museum, Mount Cook Rd., tägl. 8–17 Uhr. Eintritt 2 $. http://fairlieheritagemuseum.co.nz.

Information/Verbindungen The Resource Centre Fairlie, 64 Main St., ℡ 03/6858496, www.fairlie.co.nz. Das Besucherzentrum liegt neben dem Bushalt von InterCity und bietet freundliche Hilfe beim eventuellen Übernachtungswunsch.

Timaru

Der Hafenort Timaru ist eine echte Stadt – nicht nur für neuseeländische Verhältnisse. Direkt am äußersten Südende der Canterbury Plains gelegen, findet sich hier der erste sichere Hafen südlich der Banks-Halbinsel – der Ortsname Timaru geht auf *Te Maru* zurück, was „sicherer Ort" bedeutet.

Für das Auge bilden das leicht gewellte Terrain der Stadt und das hügelige Hinterland einen angenehmen Kontrast zu den optisch ungebrochenen Canterbury Plains. Viele ältere Gebäude sind aus dem leicht bläulichen vulkanischen Blue Stone, einem tertiären Basalt, errichtet. Das geht auf eine Verordnung der Stadtverwaltung zurück, die nach einem verheerenden Brand im Jahr 1868 erlassen wurde und Holzbauten verbot.

Timaru hatte früher eine Bahnverbindung mit Fairlie im Landesinneren, die weniger für den Personen- als für den Tiertransport gedacht war. Timaru war und ist nämlich einer der Hauptausfuhrhäfen des Landes für Gefrierfleisch. Bereits 1877 war der zu kleine Hafen durch breite Molen zusätzlich gesichert und erweitert worden.

Information Timaru i-Site Visitor Centre, 2 George St., ✆ 03/6879997.

Verbindungen Flugzeug: Flughafen 7 km nördlich. Tägliche Flüge nach/von Wellington, **Shuttle** bei Ankunft.

Bus: Bushalt am Bahnhof (kein Personenverkehr) und in der Stadt, Infos und Tickets im Visitor Centre.

Delfinbeobachtung Seltene Delfine – beobachten, nicht stören! Hektor-Delfine werden immer wieder vor dem Hafen von Timaru beobachtet, **Timaru Marine Cruises** macht spezielle Fahrten zum *Dolphin Watching*. Anmeldung im Infozentrum oder beim Hafenkommandanten. ✆ 03/6869365. ∎

Feste & Veranstaltungen Der **Timaru Summer Carnival** in der Stadt und auf dem Wasser in der Caroline Bay beginnt Weihnachten und endet nach 14 hektischen Tagen – eine der ältesten Veranstaltungen dieser Art in Neuseeland!

Übernachten Bay Viaduct Motor Lodge, modernes mehrstöckiges Motel in Aussichtsposition über der Caroline Bay, alle Units gut ausgestattet mit Küchenzeile und Bad mit (jawohl) Mischgarnituren, Balkon und Meerblick. Unit 115–250 $. Ecke Main Highway/Wai-iti Rd., ✆ 03/6866338, 0800/229842, www./bayviaduct.co.nz.

Cedar Motor Lodge, flacher Holzbau mit dünnen Wänden – nichts Neues in NZ –, aber recht gemütlich eingerichtet und abseits der Hauptstraße. Küchenzeile, Mikrowelle, einige der neueren Einheiten mit Spa, die Frühstückszeitung ist gratis. Unit 100–140 $. 36 King St., ✆ 03/6844084, 0800/804408, www.cedarmotorlodge.co.nz.

Timaru Top 10 Holiday Park, super Platz 1 km von der Caroline Bay, neuwertige Gemeinschaftseinrichtungen. Motel-Unit 105–120 $, Cabins je nach Typ 55–90 $, Stellplatz und 2 Pers. ab 32 $. 154 A Selwyn St., ✆ 03/6847690, 0800/242121, www.timaruholidaypark.co.nz.

Sehenswertes

South Canterbury Museum: Das frühere Pioneer-Museum in der Perth Street zeigt eine umfangreiche Sammlung von Maoriarbeiten aus der Zeit der Maorijäger bis in die Gegenwart, andere Objekte kommen aus der Walfängerzeit. Sehr beachtenswert ist auch die Sammlung E. P. Seally, das Lebenswerk eines lokalen Naturforschers, der Schmetterlinge aus aller Welt und andere naturkundlich interessante Objekte (Mineralien) sammelt. Im Hauptsaal hängt eine Kopie des mit einem selbst gebastelten Motor bestückten Luftfahrzeuges, mit dem der neuseeländische Flugpionier Richard Pearse (aus dem nahen Temuka) 1902 an die 100 m weit fliegen konnte – das war noch vor den wesentlich besser vermarkteten Flügen der Gebrüder Wright.
Di–Fr 10–16.30 Uhr, Sa/So erst ab 13.30 Uhr. Spende. ✆ 03/6877212.

Aigantighe Art Gallery: Die städtische Kunstgalerie (49 Wai-iti Road) hat einige schöne Stücke auch von bekannteren Künstlern wie Frances Hodgkins, die im Wechsel ausgestellt werden. Stimmungsvoll ist der Skulpturengarten der Galerie, der 1990 von neuseeländischen und ausländischen Künstlern gestaltet wurde.
Tägl. (außer Mo) 10–16 Uhr, Sa/So ab 12 Uhr. Spende. ✆ 03/6884424, www.aigantighe.org.nz.

Weiter nach Süden über Oamaru nach Dunedin: → S. 658 und 663.

Der Aoraki (Mount Cook) und das Mackenzie Country

Mackenzie Country, das hoch gelegene Weideland mit seinen großen Seen wie dem Lake Tekapo und dem Lake Pukaki, wird von der eisbedeckten Kette der zentralen neuseeländischen Alpen überragt. Von vielen Stellen aus sieht man die majestätischen Hauptgipfel, vor allem den höchsten von allen, den 3.754 m hohen Aoraki (noch immer, obwohl offiziell nicht mehr auf diesen Namen hörend, auch Mount Cook genannt).

Besonders eindrucksvoll ist der Anblick des Riesen, wenn man zwischen Lake Tekapo und Lake Pukaki auf der Nebenstraße über den niedrigen Mount McDonald unterwegs ist, da scheint er ohne jeglichen Vorberg direkt aus der Hochebene aufzusteigen bis in unerreichbare Eishöhen. Von Fairlie erreicht man den Lake Tekapo über den Burkes Pass und befindet sich ganz überraschend in den trockenen Gras-Hochebenen der Binnenseen Otagos. Die Landschaft hat sich dann innerhalb weniger Minuten total verändert. Wo bisher grüne Hügel den Horizont begrenzten, sind es nun schroffe Eisriesen. Merinoschafe grasen auf den riesigen *stations*. Die Seen, Lake Tekapo und Lake Pukaki vor allem, sind zwar zur Stromgewinnung leicht aufgestaut, haben aber ihren natürlichen Charakter erhalten. Ihre Farben zwischen milchigblau und smaragdgrün begeistern wie eh und je. Je weiter man auf den Seen oder an ihnen vorbei nach Norden kommt, desto milchiger und undurchsichtiger wird das Wasser, es ist Gletscherabfluss, von feinstem Silt durchsetzt, der kein Licht auf den Grund durchlässt.

Am Westufer des Lake Pukaki fährt man bis ins Zentrum des Mount-Cook-Nationalparks, der die höchsten Gipfel und Gletscherzonen um Aoraki, Mount

Über dem Tal des Tasman River zwischen Tasman Glacier und Lake Pukaki

🚶 Der Alps 2 Ocean Cycle Trail

Mehr als 300 km lang wird er werden, der Radweg vom Fuß des Mount Cook bis zur Küste in Oamaru, das sind nur 780 Höhenmeter bergab und lediglich kleine – wenn auch oft harte – Gegensteigungen. 2012 (oder, realistischer, 2013) soll das große Werk abgeschlossen sein und dem Otago Central Rail Trail Konkurrenz machen – klar, dass der „Alps 2 Ocean" um Klassen spektakulärer ist. Gelder sind seit Mitte 2010 vorhanden, aber 2011 wird immer noch über den genauen Verlauf verhandelt, nur kurze Stücke existieren bereits.

Der grobe Verlauf ist jedoch schon sicher: Vom Mount Cook Village vorbei am Lake Pukaki nach Twizel und mit einem Schlenker über den Lake Ohau (bis hierher soll der Trail im Sommer 2011/2012 fertiggestellt sein) durch das Hochland des Mackenzie Country nach Omarama. Weiter durch das Waitakital über Otematata, Kurow und Duntroon, wo das Tal verlassen wird, um über hügeliges Bauernland an die Küste nach Oamaru zu führen. Im Waitakital wird man froh sein über diesen Trail, bisher lagen die Orte dort ganz abseits vom Tourismus.

Eine eigene Website gibt es *noch* nicht, Näheres über die Entwicklung bringt jedoch www.mountainbikemtcook.co.nz.

Tasman (3.498 m) und Mount Sefton (3.157 m) schützt. Fast am Fuß von Aoraki und Mount Sefton bietet das Mount Cook Village Unterkunft, übrigens bereits seit dem 19. Jh. Zahlreiche Spaziergänge, Wanderungen und Bergbesteigungen bis hin zu alpinen Expeditionen bieten sich von hier aus an, für jeden Gast gibt es ein Angebot. Der 27 km lange Tasmangletscher kann erkundet werden, aber auch ein Spaziergang in der Umgebung in einen kleinen Rest von Primärwald mit vielen Vogelstimmen vom Tui bis zum Bellbird verschafft bleibende Erinnerungen. Keas, die naseweisen Vögel, sind an allen möglichen und unmöglichen Stellen zu finden und nur ja nicht zu füttern!

Wer nun nach Süden aufbricht, kann über Twizel und Omarama direkt nach Otago fahren, wo die Action-Spots Wanaka und Queenstown locken, oder durch das Tal des Waikato mit seiner Kraftwerkkette an die Küste nach Oamaru und Dunedin. Sinnvoller ist Letzteres, denn nach den Küsten Otagos, den städtischen Reizen von Oamaru und Dunedin und der Reise durch das heiß-trockene innere Otago hat man wieder so richtig Appetit auf Gebirgsszenerie, wie sie Queenstown und Wanaka bieten.

www.mtcooknz.com.

Lake Tekapo

Aus einer Hand voll Häusern am Südende des Lake Tekapo hat sich in den letzten zehn Jahren ein richtiges Touristendorf entwickelt. Niemand, der hier nicht zumindest einen kurzen Stopp einlegte und die Kamera einsetzte – die Blicke auf den See und das Gebirge im Hintergrund sind dazu einfach zu überwältigend schön.

Die hübschen Farben der Lupinen, die man für den Vordergrund wählt, sind leider, wie in allen großen Flusstälern Otagos, eine nicht mehr zu bekämpfende Pest. Die ursprünglich amerikanische Pflanze ist aus Ziergärten entwichen und floriert in der trockenen Luft und (hier) auf über 700 m Seehöhe dermaßen, dass sie der natürlichen Vegetation den Hals abwürgt. Was sich auch auf die Tierwelt auswirkt, denn wo bisher in den aus breiten Schotterbänken und verflochtenen Wasserläufen bestehenden Flusstälern lockeres Kurzgras wuchs und viele Zugvögel brüten konnten, hat nun die wuchernde Lupine die Nistplätze verdrängt (→ Kasten S. 34).

Selten kommt ein ganzer Landstrich zu seinem Namen in Erinnerung an einen Dieb: Mackenzie Country ist nach *James McKenzie*, einem Gälisch sprechenden Schotten benannt, der 1855 wegen Schafdiebstahl eingesperrt wurde, nachdem er die gestohlene Herde in ein bisher den Pakeha nicht bekanntes Grasland in den Bergen geführt hatte. Er entkam dreimal und ihm wurde schließlich verziehen, aber das Geschäft mit den Schafen machten andere: Ab 1857 wurden auf der Tekapo-Station (Ruinen heute unter dem Seespiegel) Schafe gehalten, das blieb die einzige Erwerbsquelle bis in die 30er Jahre. Zuarbeit für die Kraftwerkkette am Waitaki (→ Das Waitaki-Tal/Sehenswertes) brachte einen leichten Aufschwung. Heute sind es touristische Dienstleistungen, mit denen sich die knapp 400 ständigen Ortsbewohner das Brot verdienen.

Information Visitor Centre, Main St. (in der Ladenzeile in der Ortsmitte). Nov. bis März tägl. 8–20 Uhr, sonst 9–18 Uhr. ✆ 03/6806579.

Verbindungen Alle Busse und Shuttles halten am Parkplatz beim Visitor Centre zwischen Durchgangsstraße und Ladenzeile, von dort 5 Min. bis zum See.

Übernachten The Godley Hotel, neues oder doch neuwertiges Resort-Hotel über der Straße mit Berg- und Seeblick. Schicke Zimmer, Fitnessraum, Restaurant, viele Tourbusse. DZ 135–165 $. SH 8, PO Box 63, Tekapo, ✆ 03/6806848, 0800/835276, www.mountcookcollection.co.nz.

Lake Tekapo Backpackers, mit diesem speziell für Backpacker errichteten Neubau des Lake Tekapo Holiday Parks am See ist die Bettenknappheit zwischen Mitte Dez. und Mitte März noch nicht ausgestanden, aber geringer geworden. 37 Lager in Zweier-, Vierer- und Sechserzimmern, einige Zimmer zum See mit kleiner Terrasse. Große Lounge, auch Internetcafé. DB 40 $, DO 26 $, jeweils mit Bettwäsche. 2 Lakeside Drive, ✆ 03/6806227, 0800/840740, www.laketekapo-accommodation.co.nz.

Tailor-Made Tekapo-Backpackers, als eine der wenigen Budget-Optionen am Ort ist dieses Hostel meist recht voll – in der Hauptsaison lange im Voraus reservieren! Alle Räume haben bezogene Betten. DB 30–35 $, DO 24–26 $. 9–11 Aoraki Crescent, ✆ 03/6806700, www.tailor-made-backpackers.co.nz.

YHA Lake Tekapo, spartanischer Zweckbau, aber phantastische Ausblicke durch die verglaste Front des Aufenthaltsraumes auf See und Gebirge. DO ab 30 $, Zimmer (2 Pers.) 75 $. 3 Simpson Lane, ✆ 03/6806857, www.yha.co.nz.

Sehenswertes/Tour

Church of the Good Shepherd: Der Riesenparkplatz und die vielen Busse: Das muss die Kapelle zum Guten Hirten sein. Schließlich muss man das unzählige Male gesehene Bild des Sees mit der Kapelle im Vordergrund ebenfalls fotografiert haben (es ist aber auch so fotogen wie ... ja, wie die Kapelle des Guten Hirten am Lake Tekapo). Ein weiteres beliebtes Fotomotiv ist das *Denkmal für einen Collie,* das sich ca. 100 m östlich ebenfalls am See befindet. Es wurde von den Farmern der Umgebung gestiftet und 1968 aufgestellt. Ohne die gelehrigen Hirtenhunde, die zusammen mit ein, zwei berittenen Schäfern riesige Schafherden dirigieren, wäre die Schafzucht hier kaum möglich (und wo bleibt das Denkmal für die aus zwei neuseeländischen Filmen bestens bekannten Hirtenschweine?).

Mount-John-Rundweg

Dauer/Höhenunterschied: ca. 2:30–3 Std./ ↑↓ 300 m

Direkt am Seeufer beginnt der Wanderweg auf den 1.031 m hohen Mount John, der nordwestlich des Ortes den See überragt und ein hervorragender Aussichtspunkt ist (man kann ihn auch auf der Straße erreichen). Man bleibt am besten (linksbündig dem Ufer entlang) am Strand, bald dem Sträßchen folgend, das aber abrupt endet. Weiter auf einem guten Weg, der nach ca. 1:15 Std. nach links dreht und bergan führt. Nach Straßenberührung ist man auf dem Rücken und bald auf dem Gipfel des Mount John (Rundweg in diesem Bereich). Der Abstieg erfolgt nach Süden in großen Kurven bis zum Seeufer, ab dort folgt man dem Hinweg.

DOC-Faltblatt „Lake Tekapo Walkway" bei der Touristeninformation.

Der Lake Pukaki und Mount Cook Village

Die Zufahrt entlang des ca. 30 km langen, meist milchig-blauen Lake Pukaki zum Mount Cook Village ist ein Erlebnis für sich. Immer wieder neue Bilder ergeben sich, der Aoraki (Mount Cook) selbst taucht auf. Lake Pukaki wurde, wie die anderen Seen des Mackenzie Country, teilweise aufgestaut, die Zufahrtsstraße nach Mount Cook Village führt über die Krone des Dammes (hier Visitor Centre s. u.), und man sieht bei Normalwasserstand die Linie des Hochwasserstandes im Frühjahr.

Vom Nordende des Sees steigt die gute Straße noch einmal an, bevor sie die im Tal liegenden Gebäude des Mount Cook Village erreicht. Ab hier kann nur noch gewandert werden. An der höchsten Stelle des Village liegt in einer fotostrategisch günstigen Position das Hermitage, ein vielfach umgebauter Nachfahre der Urherberge von 1884, das heute sogar einen sechsstöckigen (sich nicht zu übel in die Landschaft einpassenden) Hochhaustrakt mit sehr komfortablen Zimmern hat – alle Zimmer mit Blick auf den Aoraki! Das unterscheidet das Hermitage (dessen Besitzern praktisch der Rest des Ortes gehört) von den anderen Unterbringungsmöglichkeiten, denn selbst die zum Hermitage gehörende Backpacker Lodge (für diesen Unterbringungstyp mit sehr guten Zimmern) hat keinen Blick auf den weißen Riesen. Bei der Unzahl von Interessenten und den wenigen Betten und Lagern ist eine frühzeitige Anmeldung sinnvoll, die Jugendherberge ist oft von Gruppen ausgebucht, nur der DOC-Zeltplatz 2 km abseits ist eine immer mögliche Übernachtungsalternative. Auch die Restaurants gehören zum Hermitage: Zwei im Hotel selbst (das ebenfalls im Hotel befindliche Café macht zu, wenn das À-la-carte-Restaurant abends öffnet), ein Bistro-Café, ein mickriger Laden (im Hermitage) ... Das war's.

Information National Park Visitor Centre, Kiosk nahe der Abzweigung der Zufahrtsstraße vom SH 8 nach Mount Cook (s. o.). Nov. bis Apr. tägl. 8.30–17 Uhr, Rest des Jahres tägl. 10–16.30 Uhr. ℡ 03/4353280, www.mtcoook.org.nz.

DOC National Park Visitor Centre, in Mount Cook Village. Mitte Nov. bis März tägl. 8.30–17 Uhr, Rest des Jahres bis 16.30 Uhr. Alle Infos zu Wanderungen und Touren, Karten und Infoblätter, Hüttentickets sowie das Buch mit den geplanten Touren, in das man sich ein- und wieder austrägt (nachts Liste vor der Tür). ℡ 03/4351186, mtcookvc@doc.govt.nz.

Verbindungen Busse von InterCity/Newmans (zwischen Christchurch und Queenstown – in der Regel fährt ein Great-Sights-Bus sowie die Shuttles von Twizel halten beim Hotel Hermitage. Buchungen im Hotel Hermitage (eigener Schalter). The Cook Connection fährt tägl. Tekapo – Twizel – Mt Cook, ℡ 0800/266526, www.cookconnect.co.nz.

Tanken: Im Ort unbemannte Zapfsäule, die nur mit Kreditkarten funktioniert.

Sport & Freizeit → Der Mount Cook National Park.

Übernachten The Hermitage, ausgedehnter Komplex mit Altbau (der früheren Lodge), 6-stöckigem Neubau im Hintergrund und Nebenbauten sowie Chalets. Insgesamt gibt es 5 Unterkunftstypen. Standardzimmer im alten Trakt der Lodge, ebenso im Neubautrakt, der gut in den Landschaftshintergrund (Bergbuchen und schwarzer Stein) eingebettet ist. Bäder mit Mischarmaturen, Panoramafenster mit Aoraki-Blick. DZ im Neubautrakt 210–575 $, in den Chalets etwas billiger. The Hermitage, Mt. Cook Alpine Village, ℡ 03/4351809, 0800/686800, www.hermitage.co.nz.

Mt Cook Backpackers, die in die Jahre gekommene Glencoe Lodge wurde zumindest kosmetisch aufgefrischt und zum Backpacker. Die früheren Doppelzimmer wurden als wenig einfache Dorms (4 Stahlrohrbetten), Doppelzimmer und „private" Zimmer eingerichtet. Alle haben Bad (die Bäder waren ja schon vorhanden) und Kühlschrank, die DZ auch Balkon oder Terrasse, die Privatzimmer zusätzlich TV und Platz für vier. Im Haus Bar-Grill, ein tendenziell lauter Pub. DO 29/33 $, DB 50/55 $, private room (bis 4 Pers.) 160 $. Private Bag Mount Cook Alpine Village, ℡ 03/4351879, 0800/100512, www.mtcookbackpackers.co.nz.

Mount Cook YHA, eine der besten und vor allem gemütlichsten Jugendherbergen des Landes. Holzbau à la Berghütte, alle 72 Betten mit Bettwäsche und recht guten Matratzen, Sanitärbereich mit Duschen; dazu Sauna (gratis!), große Küche, Essraum, Aufenthaltsraum mit Kamin, Internetzugang, kleiner Shop, an der Rezeption Info und Buchung von Aktivitäten und Transfers. Bett im Dorm 30 $, DZ 40 $. Ecke Bown/Kitchener St., PO Box 26, Mount Cook, ℡ 03/4351820, www.yha.co.nz.

White Horse Hill Camping Area (DOC-Camping), Zeltplatz ohne alle Einrichtungen außer offenem Unterstand und Toiletten. Am Beginn der Wanderwege zum Hooker und Mueller Lake. DOC Mount Cook. Stellplatz und 2 Pers. 12,20 $. Hooker Valley, ℡ 03/4351186.

In Glentanner: Glentanner Park Centre, die Hochlandfarm am Lake Pukaki mit Flughafen bietet auch Nächtigung im seenahen Holiday Park an, der sehr schöne Zeltplätze und Cabins umfasst; eine gute Alternative zur Nächtigung im Mount Cook Village (Lesertipp); Zeltplatz und 2 Pers. ab 31 $, Cabin ab ca. 70 $. SH 80, PO Box 23, Mt Cook, ℡ 03/4351855, 0800/453682, www.glentanner.co.nz.

Nächste Nächtigungsmöglichkeit ist **Twizel** → S. 628!

Essen & Trinken Alpine Restaurant des Hotel Hermitage, man isst recht gut im großen Selbstbedienungsrestaurant, die Auswahl am großzügig und immer wieder neu bestückten Büffet ist phänomenal: U. a. gibt es Austern, Shrimps, Lachs, Lammkoteletts; mehrere heiße Gerichte, sehr gute Desserts, zum Frühstück frische, noch warme Croissants. Das **Panorama-Restaurant des Hotels** bietet Gerichte à la carte, Reservierung nötig und bei starkem Andrang nicht immer möglich. Das einfache **Hermitage-Café** im 1. Stock schließt um 18.30 Uhr. ℡ 03/4351809.

Aoraki vom Lake Pukaki an einem klaren Tag

Old Mountaineer's Café & Bar, einzige Möglichkeit, abends anständig, relaxed und einigermaßen preiswert zu essen! Holz-Glasbau mit breiter Front mit Aoraki-Blick. Ein Klassiker wie Fisch in Bierteig mit Chips und einer Pint Ale kommt auf ca. 25 $. Von 10 bis meist 23 Uhr geöffnet, im Nebenraum Internet. ✆ 03/4351890.

Chamois Bar & Grill, der Pub im Mt Cook Backpackers war als „no frills" geplant, also ohne überflüssigen Aufwand, und hat zweifelsfrei keine *frills* (Rüschen), ist aber auch – wenn man mit schlichtem Pubfood zufrieden ist – wesentlich preiswerter und um Klassen lauter als im Hotel Hermitage nebenan.

In Glentanner Beim Flugplatz von Glentanner kann man im **Café-Restaurant** direkt über dem See eine Pause einlegen (Flugplatz und Cafe: ✆ 03/4351855, 0800/453682, www.glentanner.co.nz).

Der Mount Cook National Park

Im mehr als 70.000 ha großen Nationalpark liegen der mit 3.754 m höchste Berg der Doppelinsel, Aoraki, und der mit 23 km längste Gletscher, der Tasman Glacier. Im Park befinden sich mit 22 Gipfeln die meisten Dreitausender der Südalpen, und zusammen mit weiteren Schutzgebieten bildet er einen wesentlichen Teil der UNESCO-Welterbe-Region South West New Zealand.

Den Pakeha-Namen „Mount Cook" erhielt der Aoraki erst durch Captain Stoker, der 1850 an der Westküste entlang navigierte. Cook selbst hatte den Berg wegen Schlechtwetter nicht zu Gesicht bekommen. Die ersten Weißen überhaupt, die den Berg sahen, waren *Charles Heaphy* und *Thomas Brunner*, die auf ihren Erkundungsfahrten an der Westküste zwischen 1846 und 1848 auch in die Gegend westlich des Aoraki vorstießen. (Heaphy wurde in dem von ihm als erstem Weißen begangenen Heaphy Track an der Nordspitze des Südinsel verewigt, Brunner durch den Lake Brunner bei Greymouth.) Eigentlich erforscht wurde die Region um den Mount Cook erst sehr spät durch den jungen *Charles Douglas*. Als Führer des obersten Landvermessers war er seit 1885 in den neuseeländischen Alpen beschäftigt.

Der Aoraki ist nach einem Felssturz am 15. Dezember 1991, der einen Teil des Gipfelaufbaus mitriss, nur noch 3.754 m hoch (ehemals 3.764 m). Er wurde, nach einem Misserfolg 1882, als eine kleine Seilschaft wegen Schlechtwetter kurz vor dem Gipfel umdrehen musste, und nach einem weiteren Versuch 1890 unter George Mannering, der 45 m unter dem Gipfel aufgab, erst 1894 erstiegen: Die Neuseeländer Fyfe, Graham und Clarke erreichten den Gipfel über den Hooker-Gletscher und den Nordgrat.

Die erste Solobesteigung erfolgte kurz darauf durch Mathias Zubriggen über den Ostgrat, der heute seinen Namen trägt. *Sir Edmund Hillary*, der neuseeländische Erstbezwinger des Mount Everest, bestieg den Aoraki über den Südgrat.

Die Naturlandschaft des Parks reicht von den subalpinen Südbuchenwäldern des Mount Cook Village (von denen wegen früherer Rodungen kaum etwas übriggeblieben ist) bis zu den Gletschern, deren Enden in den meisten Fällen langsam zurückgehende Endseen bilden, in die sie gelegentlich kalben. Aber weil sie von den wegen des Rückgangs der Eishöhe immer höheren und steileren Moränenrändern so mit Schutt bedeckt werden, kann man sie oft kaum als Gletscher ausmachen. Wenige Wege im Umkreis des Village können von Spaziergängern begangen werden, ebenso wenige von Bergwanderern. Das Gros der Touren ist bestens ausgebildeten und ausgerüsteten Alpinisten vorbehalten. Eine Warnung gleich hier: Der ehemals beliebte Copland Pass, auf dem man zur Westküste quert, ist wegen des Abschmelzens des Hooker-Gletschers und des Nachrutschens von Moränenmaterial zu einer schwierigen und extrem gefährlichen Bergtour geworden, die man keinesfalls ohne Führer wagen sollte.

> Die auf den Karten noch eingezeichnete Hooker Hut ist nicht mehr oder nur noch unter Lebensgefahr zu erreichen!

Eine besonders reiche alpine Vegetation zeichnet die Gegend um das Hooker Valley und den Mueller Lake aus. Die Mount Cook Lily (auch: Buttercup, lat. Ranunculus lyallii), eine riesige, weiß blühende Dotterblume und die ebenfalls weiße große Mountain Daisy (lat. Celmisia semicordata), eine Art Mammut-Gänseblümchen, sind die auffälligsten, in den Felsen die gelben Yellow Mountain Buttercups (lat. Ranunculus sericophyllus). Die Akeleien, die Stachelbeeren und Himbeeren hingegen, denen man am Weg vom Hermitage zum Hooker Valley Track und Kea Point Track begegnet, sind Relikte vergangener Siedlungsversuche – bis in die 1920er gab es hier eine Station, die sich aber nicht trug und schließlich in den Park aufgenommen wurde.

Noch ein Wort zu den Keas: Beim Village und in seiner Umgebung sind sie besonders frech. Am Campingplatz wühlen sie im essbaren Abfall, den dumme Camper in die Container stopfen, früher setzten sie sich cool auf die Veranden der Hermitage-Lodge (als es noch keine Zu- und Anbauten gab) und warteten auf die Fütterung (die japanische Touristen trotz Warnung und Verbot heute immer noch vornehmen). An den Aussichtspunkten sind sie nie fern und als der Autor in absoluter Einsamkeit vor ein paar Jahren hoch über dem Hooker-Gletscher saß, kam von der anderen Seite des Gletschers, immerhin 4 km weit entfernt, ein Kea geflogen, offenbar um zu kontrollieren, worum es sich handelt (und um ohne abzusetzen zu drehen und zurückzufliegen: Nix zu holen, bei dem Typ, muss er sich gedacht haben).

Anbieter in Sachen Sport & Freizeit

Gletscher-Kajak Glacier Sea-Kayaking auf dem Gletschersee des Mueller Glaciers zwischen Eisbergen, das ist ein ungewöhnliches und anregendes sportliches Erlebnis. Bis zu 2 Std. auf dem Wasser geben Gelegenheit auch für Fotos und die Chance, so richtig antarktisch durchzufrieren (120 $, Gesamtdauer 3 Std.). www.mtcook.com.

Gletscher-Schlauchboot Glacier Explorers bietet mit der Schlauchbootfahrt (MAC Boat) auf dem Gletschersee des Tasman-Gletschers die eher behagliche Variante des eisigen Wasservergnügens. 133 $ ab Christchurch. ℡ 03/4351809, 0800/686800, www.glacierexplorers.co.nz.

Rundflüge/Heli-Skiing Mehrere Unternehmen fliegen von den kleinen Flugfeldern Mount Cook und Glentanner in den Nationalpark, bei schönem Wetter mit dramatischen Blicken. Wer es sich leisten kann, sollte einen Flug wählen, der über die Wasserscheide hinaus zur Westküste und zurück führt, nur so kann man die unglaubliche absolute Höhe und Steilheit dieses Gebirgskammes ermessen.

Mount Cook Ski Planes bietet ab Mt Cook Airport Rundflüge mit Gletscherlandung – die einzigen mit Flugzeug. 55 Min. kosten 495 $, ohne Landung (45 Min.) 345 $. ℡ 03/4308034, 0800/800702, www.skiplanes.co.nz.

The Helicopter Line, Hubschrauberflüge ab Glentanner, Twizel, Fox, Franz Josef. Ab Glentanner „Mountains High" (rund um Aoraki und Liebig Range) 45 Min., 400 $. ℡ 03/4351801, 0800/650651, www.helicopter.co.nz.

Alpine Explorer (Richardson Glacier und Mount Brown) 30 Min., 215 $. **Alpine Vista** (Zodiac Glacier), 20 Min., 210 $. Diese Unternehmen bieten auch Hubschrauberflüge zu Abfahrten an, die für Skifahrer und Snowboarder geeignet sind, sie liegen ausnahmslos außerhalb des Nationalparks! **Wilderness Heliskiing** bietet Flüge und 5 Abfahrten (im Schnitt 800 Höhenmeter) mit Begleitung für 950 $. ℡ 03/4351834, www.wildernesheli.co.nz.

Sir Edmund Hillary, Everest-Bezwinger

Sehenswertes und Touren im Mount Cook National Park

Sir Edmund Hillary Alpine Centre: Im Mount Cook Village bildet das Hotel Hermitage mit seinen Nebengebäuden das eigentliche und unangefochtene Zentrum. Auf dem Vorplatz steht das Denkmal für den Everest-Erstbesteiger Sir Edmund Hillary (→ S. 168) und drinnen im Komplex des Hermitage wartet das Sir Edmund Hillary Alpine Centre auf Besucher. Den berühmtesten Bergsteiger Neuseelands, der den höchsten Berg der Erde als erster bezwang, am Fuß des höchsten Berges Neuseelands zu ehren, den er ja ebenfalls bestiegen hat, ist sicher keine schlechte Idee.

Das Centre ist ein Kinosaal für normale Filme und 3D, das außerdem einen digitalen Sternenhimmel besitzt, der den echten Nachthimmel simuliert. Im Foyer des Centre werden die Geschichte der Region um den Mount Cook, die Entwicklung des Bergsteigens und natürlich die Person und die Leistungen von Sir Edmund Hillary in Form eines kleinen Museums erläutert.

Tägl. 8–21 Uhr.

> Das Klima im Nationalpark, auch im Village, ist hart. Sommerschnee ist keine Seltenheit. Auch für Kurzwanderungen nimmt man unbedingt etwas Wärmeres und einen Regenschutz mit!

Spaziergänge und kurze Wanderungen

Noch im Ort (bei den Tennisplätzen und Chalets) beginnt der gute Wanderweg durch den *Governor's Bush,* einen der letzten Reste von Südbuchenwald im Tal (1 Std.). Des Weiteren begegnen dem Wanderer hier subalpiner Wald, neben den Südbuchen (Silver Beech) eine Podocarpacee (Bergtotara, lat. Podocarpus Hallii), viele Sträucher, und, typisch für den hohen Regenfall – 4.000 mm im Jahresmittel! –, Farne und Flechten. Man hört viele Vögel, selten sieht man sie, höchstens den gar nicht scheuen Yellow Breasted Tomtit (oder South Island Tomtit, lat. Petroica macrocephala macrocephala, dt. Südinsel-Maorischnäpper). Der kurze, beim Hermitage beginnende *Glencoe Walk* (hin/zurück 0:30 Std.) führt durch einen Rest Totara-Wald zu einem schönen Aussichtspunkt auf den Aoraki/Mount Cook.

Etwas mehr Anstrengung und eine besondere Gehtechnik verlangt der *Kea Point Walk* (2 Std. hin/zurück), der jenseits der Straße vor dem Hermitage beginnt und zunächst durch Gras- und Buschland führt, dann leicht ansteigt und einen großartigen Aussichtspunkt über der Abbruchkante der Moräne des Mueller-Gletschers erreicht. Von hier aus sieht man gut die von Moränenmaterial fast komplett zugedeckte Gletscherzunge und den von kleinen Eisbergen übersäten Gletschersee.

Besonders lohnend ist der Weg und Steig zu den *Red Tarns* (hin/zurück 2 Std.), zwei kleinen Seen in einer Karmulde. Ein toller Ausblick von der Karkante bietet sich, wenn man ihn ein wenig verlängert: auf der linken (südlichen) Seite der Seen führt ein Steig auf die nächsthöhere Verebnung (und weiter auf den Mt. Sebastopol). Dies ist eine breite Leiste mit mehreren kleinen Seen, von der aus man einen herrlichen Blick auf den Tasmangletscher und bis hin zum Lake Pukaki hat (zusätzlich ca. 1 Std.).

Zu den Spaziergängen und Wanderungen um das Village besorgt man sich beim DOC das DOC-Faltblatt „Walks in Aoraki/Mount Cook National Park".

Der Hooker Valley Track

Die breite Front des Hooker Glaciers schwimmt auf dem Hooker Lake, auch sie von Moränenmaterial bedeckt, aber die Abbruchkante blitzt und blinkt und zeigt ihre Substanz aus purem Eis. Vom Strand des Sees blickt man auf den Aoraki, als ob man direkt an seinem Fuß stünde, das ist ein atemberaubender Anblick. Auf dem Weg viele Bäche, die man auf Stegen überquert, Wildblumen, zwei Hängebrücken und jede Menge Einsamkeit.

Auf die Mueller Hut

Dauer: ca. 7–8 Std.

Bereits ein hochalpines, wenn auch nicht schwieriges Unternehmen ist die Tour auf die Mueller Hut in 1.800 m Höhe, was einen An- und Abstieg von je 1.100 m verlangt und am sinnvollsten mit einer Übernachtung auf der Hütte verbunden ist. (Wie bei DOC-Hütten nach dem Prinzip, dass ein Lager bekommt, wer zuerst

Auf dem Weg zu Mueller- und Hooker-Gletscher (links Mt. Sefton 3.157 m)

kommt – die anderen schlafen mangels Campiermöglichkeiten außerhalb auf dem Boden oder auf den Tischen im Aufenthaltsraum.) Man geht auf dem Kea Point Walk bis zur Abzweigung am Beginn des letzten, steileren Stückes, dort geht es links auf einen wirklich steilen Weg. Man erreicht zuerst die Sealy Tarns, drei kleine Seen mit Traumaussicht auf einer Ebene, die gerne von Keas bewacht werden. Ab dort nur noch mit Stangen markierte Route und nicht mehr ganz leicht zu gehen, der letzte Hangabschnitt ist bei Schneelage unangenehm und unter Umständen gefährlich. Zuletzt führt der Weg auf breitem Rücken zur Hütte.

Über den Copland Pass zur Westcoast

Länge/Dauer: 47 km/4 Tage

Diese ehemals nicht besonders schwierige Querung des Hauptkammes der neuseeländischen Alpen erfordert etwa vier Tage. Wegen des starken Abschmelzens der Gletscher und des Nachsackens der Moränenränder mit Bildung steiler Rinnen im von tonnenschweren Blöcken durchsetzten Lockermaterial ist die Querung aber heute zum Risiko geworden und sollte nicht mehr oder nur mit einem versierten Führer versucht werden. Der ehedem erste Stützpunkt, die *Hooker Hut* auf einer Seitenmoräne, ist *nicht mehr erreichbar* (bzw. nur mit Hubschrauber) und wird abgerissen werden. Wo eventuell eine neue Hütte errichtet werden soll, ist noch nicht entschieden. Derzeit quert man den Gletscher etwas oberhalb der Hütte, wobei man besonders im Abstieg zum Gletscher steile Gräben aus Lockermaterial zu queren hat, und erreicht den Copland Pass auf einem ausgesetzten Grat. Wer die Querung wagt, muss auch für Eispartien ausgerüstet sein (Helm, Eispickel, Steigeisen, Seil – mindestens drei Personen).

Der Tasman Glacier: Der Tasman-Gletscher ist mit ca. 26 km Länge der längste Gletscher Neuseelands, an seiner breitesten Stelle misst er 3 km. Vom Parkplatz am Ende der Straße, die in das Tal des Tasman-Gletschers führt, hat man drei kurze Wanderwege, um ihm und seinen Moränen näher zu kommen. Der stark von Bergschuttmaterial bedeckte Gletscher kann am besten vom Weg zum Glacier Lookout (20 Min.) gesehen werden, während man die Gletscherzunge über einen von diesem Weg nach rechts abzweigenden (zuletzt nicht gekennzeichneten) Weg erreicht. Ein Abstecher nach links führt hingegen zu den Blue Lakes, zwei kleinen blauen Seen im Grundmoränengebiet, das der Gletscher bereits vor ein paar Tausend Jahren verlassen hat.

Das Waitaki-Tal

Tekapo, Pukaki und Ohau River, die Ausflüsse der drei großen Seen des Mackenzie Country, verbinden sich zum wasserreichen Waitaki-Fluss. Seit 1935 wird das gesamte Seen- und Flusssystem für die Stromgewinnung genutzt, mehrere große Stauseen sind entstanden. Wenige kleine Orte passiert man, wenn man von den Alpen durch dieses Tal zum Pazifik fährt, den man zwischen Timaru und Oamaru erreicht. Die Landschaft ist besonders im Mittellauf zwischen Omarama und Kurow sehr trocken, aber für große Schaf-*Stations* fällt genug Regen. Im Unterlauf bemerkt man immer mehr Spezialkulturen, sogar der Weinbau hat vor ein paar Jahren die alten Flussterrassen am Südufer des Waitaki River erreicht.

Verbindungen

Bus/Shuttle: Während die Strecke Christchurch – Twizel – Queenstown (mit Umsteigen in Cromwell nach Dunedin) häufig und von mehreren Unternehmern befahren wird, gibt es am Waitaki entlang nach Oamaru derzeit keine Verbindung mit öffentlichen Verkehrsmitteln.

Übernachten/Essen & Trinken

In Twizel **Colonial Motel**, kleines, modernes Motel, Units nur im Erdgeschoss mit Küche und großen Betten, die größeren Units können bis zu 6 Pers. unterbringen. Unit 110–140 $. 38 Mackenzie Drive, Twizel, ✆ 03/4350100, 0800/355722, www.colonialmoteltwizel.com.

Mountain Chalet Motel, die spitzen Dächer tragen zum Mountain-Feeling bei, ansonsten ist alles wie in einem normalen Motel, das Auto wie üblich vor der Tür, aber immerhin, die Units in getrennten Chalets. Keine Küchen, aber Mikrowelle, sauber, hell und funktionell; auch Backpacker-Unterkunft. DO ab 27 $, Unit 95–140 $. Wairepo Rd., PO Box 65, Twizel, ✆ 03/4350785, 0800/629999, www.mountainchalets.co.nz.

Artemis B&B, ruhiges, abseits des Ortes liegendes, modernes Haus mit Bergblick, 2 Zimmer mit Bad, eigene Gästelounge mit Balkon und TV. DZ/FR (cont.) 130 $. 33 North West Arch, Twizel (2 km westlich von der Ortsmitte), ✆ 03/4350388, artemistwizel@paradise.net.nz.

High Country Lodge & Motels, viele neuseeländische Familien nutzen die preiswerte Unterkunft in den ehemaligen Arbeiterwohnbaracken als Alternative zum teuren Mount Cook Village – schließlich ist man dort mit dem Auto in einer Dreiviertelstunde. Besser ausgestattet sind die Motel- und Hotel-Units. Motel-Unit (2 Pers.) 115–125 $, DB („room" in den Baracken) je nach Ausstattung 36–44 $, Backpacker DO 29 $. 23 Mackenzie Drive, Twizel, ✆ 03/4350671, www.highcountrylodge.co.nz.

Parklands Alpine Tourist Park, wenig Atmosphäre, aber sauber, preiswert und recht großzügig bemessene Räume. Diese einfache Absteige ist ideal für Backpacker und andere Leute, die nicht zu viel Geld im Portemonnaie haben. Cottage 110–140 $, Cabin 60–90 $, Stellplatz und 2 Pers. ab 30 $. 122 Mackenzie Drive, Twizel, ✆ 03/4350544, parklands1@xtra.co.nz.

Am Lake Ohau Lake Ohau Lodge, Lodge in landschaftlich großartiger Lage am

Lake Ohau, im Haus Restaurant, die Zimmer haben Hotelstandard, es wird erwartet, dass man mit Abendessen und Frühstück bucht. DZ/HP 200–300 $. Lake Ohau, Omarama, ℡ 03/4389885, www.ohau.co.nz.

In Omarama Sierra Motels, 6 einfache Units mit Bad und Küchenzeile sowie Sat-TV, 300 m von der Gabelung zwischen SH 8 und SH 83. Unit 115–130 $. Omarama Ave. (SH 8), Omarama, ℡ 03/4389785, 0800/743772, www.omarama.co.nz.

Omarama Top 10 Holiday Park, der große Platz zwischen Straße und Fluss ist grün und teilweise schattig, große saubere Gemeinschaftseinrichtungen. Units 105–130 $, „standard" Cabins (spartanisch) 50–55 $, Stellplatz und 2 Pers. ab 30 $. SH 8/SH 83, PO Box 34, Omarama, ℡ 03/4389875, 0800/662726, www.omaramatop10.co.nz.

In Otematata Otematata Lakes Hotel, Hotel im Ort mit Restaurant und Bar, 84 einfache Zimmer, auch Backpacker-Unterkunft. DZ 75–85 $, DO 25 $. SH 83, Otematata 8950, Waitaki Valley, ℡ 03/4387899, www.otematatalakeshotel.co.nz.

Otematata Holiday Park, Zelt- und Caravanplätze wie auch anderswo und wie in Twizel die Cabins – hier „private rooms" genannt – in einem für den Dammbau Benmore errichteten Wohnblock. Großer Küchen- und Essblock mit Walk-in-Kühlschränken und Gefriertruhen. Mehrere Kategorien von Backpacker-Unterkünften bis zu Familienwohnungen. Bett 30–50 $, Stell-/Zeltplatz u. 2 Pers. ab 30 $. East Rd., Otematata, ℡ 03/4387826, otem.camp@xtra.co.nz.

Das Waitaki-Kraftwerkssystem

Mit der Fertigstellung des 105 MW leistenden, 36,5 m hohen *Waitaki-Damms* ging in Neuseeland eine Ära zu Ende: er war der letzte, der ohne moderne technische Hilfsmittel errichtet wurde. 1957–1968 wurde am *Aviemore-Damm* gearbeitet, seine Dammhöhe beträgt 58 m, die Länge 760 m, er ist mit acht Turbinen ausgerüstet (vier davon Siemens-Schuckert), die 860 GWh Jahresleistung bringen. Der größte Damm ist *Benmore,* der zwischen 1958 und 1966 entstand. Seine sechs 90 MW-Generatoren und sechs 93 MW-Turbinen bringen 540 MW (220 GWh pro Jahr). Der Stausee hat eine Fläche von 74,5 km², für den 110 m hohen und 823 m langen Damm wurden 28 Mio. Tonnen Gestein bewegt. Um die Dämme an den drei großen Seen im Oberlauf mit den Kraftwerken Ohau A, B und C zu verbinden, wurden 58 km lange Kanäle angelegt. Die Gesamtkapazität aller acht Kraftwerke des Waitaki beträgt 1.738 MW mit jährlichen 7.640 GWh.

Das größte Problem, das die Techniker zu bewältigen hatten, war die tektonische Störungslinie, die im Bereich des Aviemore-Dammes das Waitaki-Tal quert. Die Lage des Dammes zu verschieben, kam nicht in Frage, nur bei Aviemore treffen alle Faktoren zusammen, die einen Staudamm wirtschaftlich machen. Östlich der durch Erdbeben gefährdeten Störungslinie wurden die Betonteile des Dammes, der aus sieben unabhängigen Blöcken besteht, auf das anstehende Gestein gesetzt, im Westen musste man dafür eine tiefe Schicht unstabiler Seesedimente abtragen, bevor man auf festen Fels stieß. Der Mittelteil des Dammes, der die Störungslinie quert, wurde als Erddamm über Seesedimenten gebaut, im Gegensatz zu den Betonteilen verhält er sich bei Erdbeben wie halbfester Kunststoff – er bewegt sich, aber bricht nicht. Für die bei diesem Damm besonders aufwendigen Umleitungsarbeiten während der Bauzeit wurde ein Kanal von mehr als 0,5 km Länge errichtet, die Wände dieses Kanals waren aus 1 m dickem Beton, man benötigte 21.000 m³ davon. Die Kraftwerke gehören heute zur Meridien-Gruppe (Infos unter ℡ 0800/496496, www.meridien.co.nz).

Sehenswertes/Touren

Twizel: Der Ort wurde 1966 als Wohnquartier für die Arbeiter am Waitaki Hydro Scheme errichtet. Als die Arbeiten 1985 beendet waren, dachte man zuerst ans Abreißen. Aber die Bauten blieben (wie in der High Country Lodge zu sehen!) oder wurden umgebaut, Grünanlagen entstanden und ein kleines Einkaufszentrum, in das heute die Bauern von weit her kommen. Nichts Besonderes, aber man kann hier gut übernachten, wenn Mount Cook Village überfüllt ist.

Twizel Visitor Centre/Events Centre, 61 Mackenzie Drive. Tägl. 9–18 Uhr. ✆ 03/4353124.

Die Kaki Guided Tours (Black Stilt Guided Tours): Black Stilt/kaki (lat. Himantopus novaezelandiae), der neuseeländische Stelzenläufer, ist ein Stelzvogel der weitgefächerten Flusstäler Canterburys, wo er auf den normalerweise trockenen Inseln zwischen den einzelnen Flussarmen nistet. Früher sehr zahlreich, wurde er durch die von den Europäern eingeführten Tiere (Katzen vor allem), eingeführte und eingeschleppte Pflanzen – derzeit in starkem Maße die Lupine – und Trockenlegung so stark reduziert, dass um 1980 nur noch 23 Exemplare lebten. Zu diesem Zeitpunkt begann eine intensive Bruthilfe- und Schutzaktion, so werden die Eier von mehreren Paaren des Vogels, die in Gefangenschaft gehalten werden, heute sämtlich künstlich ausgebrütet, um Verluste zu vermeiden. Die 3–9 Monate alten Jungvögel werden dann in die Freiheit ausgesetzt. Der dennoch weiterhin extrem gefährdete und äußerst seltene Stelzvogel kann in einem Feuchtgebiet südlich von Twizel von einer Beobachtungsstation aus beobachtet werden, sinnvollerweise mit dem Fernglas. Aus der Nähe können die Vögel in den Käfigen der Brutstation betrachtet werden. Am besten nimmt man an einer geführten Tour teil, die im Visitor Centre Twizel, dort auch der Ausgangspunkt, oder in jenem am Lake Pukaki gebucht werden kann.

Die Touren (15 $) werden ab 2 Pers. durchgeführt, Buchung im Twizel Visitor Centre. ∎

Der Lake Ohau: Den dritten der drei großen Seen des Mackenzie Country erreicht man auf einer Nebenstraße, die zwischen Twizel und Omarama beginnt. Lake Ohau ist im Westen und Norden von Südbuchenwald umgeben, die *Ohau Forests*, durch die ein Netz von Wanderwegen führt. Einige davon sind auch für Mountainbiker befahrbar. Der See selbst ist beliebt bei Anglern und Kajakern. Im Winter macht das Ohau Skifield zwischen Juli und Oktober ein gutes Geschäft.

Information DOC-Faltblatt „Ohau Conservation Area", erhältlich in der Info in Twizel, dort auch Faltblatt „Mountain Bikerides in the Twizel Te Manahuna Area" und ein Gratis-Übersichtsblatt. Zum Skigebiet ✆ 03/4389885, www.ohau.co.nz.

Omarama: Der aus wenigen Gebäuden bestehende „Ort" an der Straßengabelung nennt sich Neuseelands Paragliding-Hauptstadt. Tatsächlich begann dieser Sport um 1950 in Omarama und es war Dick Georgeson aus dem Ort, der in den 60er Jahren diverse Weltrekorde für Höhe und Weite der Flüge aufstellte. Klar: auch heute kann geflogen werden, normalerweise im Tandem.

5 km vor dem Ort passierte man das *Clay Cliffs Scenic Reserve*, ein Tal mit Badlands, also Erdpyramiden und stark erodierten, pittoresken und vegetationslosen Hängen (5 $ Eintritt pro Auto).

Paragleiten: Alpine Soaring, ✆ 03/4389600, 0800/762746, www.soaring.co.nz.

Otematata und der Lake Benmore: Der größte und längste der Stauseen am Waitaki (Lake Pukaki und Lake Tekapo sind nur teilweise aufgestaut) hat sich zum beliebten

Brücke im Mount-Cook-Gebiet

sommerlichen Segelrevier gemausert, zumal in vielen seiner Buchten komplette Einsamkeit gefunden werden kann. Der Damm kann begangen und befahren werden.

Kurow: Unterhalb von Kurow fließt der Waitaki noch natürlich, so können (eingeführte) Lachse bis Kurow heraufschwimmen. Kurow wird folglich von Anglern sehr geschätzt, die auch die Forellen nicht verschmähen. Neuerdings können sie zur Forelle Wein aus Kurow genießen, es gibt bereits drei produzierende Weingüter! Von Kurow führt eine bis Cattle Creek gute, dann schlechte (bis sehr schlechte – Allrad sinnvoll) Nebenstraße zum SH 8 zwischen Burke's Pass und Lake Tekapo. Unterhalb von Kurow führen Straßen zu beiden Seiten des Waitaki River zur Küste, die linke (nördliche) als SH 82 nach Waimate (und weiter nach Christchurch), die rechte (südliche) über Duntroon nach Oamaru (und weiter nach Dunedin).

Duntroon und der Dansey's Pass: Kurz vor Duntroon, dem eigentlichen Zentrum des Waitaki-Tales, sieht man rechts oberhalb der Straße eine Reihe von gelblichen, überhängenden Sandsteinfelsen, *Takiroa* genannt (sie setzen sich in unterschiedlicher Deutlichkeit bis knapp vor der Küste fort). Unter den ersten Überhängen sind Maori-Felszeichnungen aus dem 18. und 19. Jh. zu sehen, die besten hat man leider abgenommen, um sie gegen Vandalen zu schützen (der Zaun rundum dürfte nicht ausreichen), sie sind im North Otago Museum in Oamaru (→ Otago/Oamaru S. 658) zu bewundern.

Duntroon hat einige hübsche Gebäude der viktorianischen Gotik aufzuweisen, gleich am nordwestlichen Ortsanfang kann man eine Kirche aus dem cremefarbenen, hellen Oamaru-Stein bewundern. Von Duntroon führt eine nicht asphaltierte Bergstraße über den Dansey's Pass ins zentrale Otago, auf dem Pass Übernachtungsmöglichkeit. Der SH 83 führt immer am Rand der Flussebene entlang, bis er in den SH 1 einmündet, auf dem es noch 9 km bis Oamaru sind, dem wichtigsten Ort des nördlichen Otago.

Einsame Küsten: Otago Peninsula

Dunedin und die Region Otago

Womit soll man zuerst anfangen in einer Region, die eine Albatros-Kolonie bietet, der man sich auf wenige Schritte nähern kann, aber auch den mit 3.027 m eisbedeckten Mount Aspiring. Wo sich mit Dunedin eine der faszinierendsten Städte des Landes und die Adrenalin-Thrill-Hochburg Queenstown befinden. Tja, womit anfangen?

Also der Reihe nach. Die Region Otago im Südosten der Südinsel Neuseelands reicht von der Pazifikküste bis in die Gletscherzone und umfasst diverse Naturräume. Der Hauptort der Region, *Dunedin,* ist das wirtschaftliche und kulturelle Zentrum an der Küste, dessen Bedeutungshöhepunkt während des Otago-Goldrauschs zwischen 1861 und etwa 1880 erreicht wurde. Auf der *Otago-Halbinsel,* die den Südteil des Stadthafens Otago Harbour abschließt, kommen seltene Tierarten wie Albatros, Hooker's Seelöwe und zwei Pinguinarten vor. Folgt man der Küste nach Norden, erreicht man die einzigartigen *Moeraki Boulders,* steinerne Riesenfußbälle im Sandstrand, und den wegen seiner cremefarbenen Steinarchitektur bekannten Ort *Oamaru.* Das Landesinnere, *Central Otago,* ist trocken und kontinental. Hier gibt es keine Wälder, sondern Steppenvegetation, die Hügel- und Bergketten überzieht. Mehrere Täler zwischen dem Waitaki-Tal im Nordosten und dem Clutha-Tal im Südwesten durchbrechen diese Ketten. In ihnen wurden die großen Flussgoldfunde gemacht, die den Otago-Goldrausch auslösten. Der immer beliebtere *Otago Central Rail Trail* durchzieht die Täler von Taieri- und Manuherikia-River auf der Trasse einer stillgelegten Bahnlinie, ein Freizeitspaß für mehr als 100.000 Nutzer pro Jahr, die meisten von ihnen Radfahrer. Die Orte am Clutha-Fluss *Alexandra*, *Clyde* und *Cromwell*, auf Obstbau und – immer stärker – Weinbau eingestellt, stehen für Neuseelands trockenste und heißeste Region.

Noch ein Stockwerk höher und bereits in der subalpinen Zone liegen die großen Seen *Lake Wanaka, Lake Hawea* und *Lake Wakatipu* mit Neuseelands Adrenalin-Thrill-Hochburgen *Wanaka* und *Queenstown*, wo, ebenso wie in der Goldgräberstadt *Arrowtown*, vom Bungyjumping bis zum Fallschirmabsprung alles geboten wird. Und über diesen Orten, in ihrem direkten Hinterland, locken die vergletscherten Berge der südlichen Southern Alps, vor allem im *Mount Aspiring National Park* mit dem eindrucksvollen *Mount Aspiring/Tititea* (3.027 m) als höchstem Gipfel. Berühmte Wanderwege und Great Walks durchziehen diese Region, *Rees* und *Dart, Greenstone* und *Caples*, aber auch der äußerst beliebte *Routeburn Track* beginnen oder enden im Flecken *Glenorchy* am äußersten Nordende des Lake Wakatipu.

Wem das noch nicht genug ist, der kann immer noch in der Wintersaison kommen und Neuseelands spannendste Skigebiete aufsuchen: die von Queenstown und Wanaka. Die beiden mondänen Orte sind in dieser Zeit oft überfüllt. Die leicht zu erreichenden Gebiete *Remarkables*, *Coronet Peak* und die Gipfelzone um *Cardrona* und *Treble Cone* sind ein Eldorado für Skifahrer und in zunehmendem Maße für Snowboarder, für die jedes Jahr neue Thrill-Runs gebaut werden.

Dunedin

Generationen sahen Dunedin erstmals vom riesigen, geschützten Dunedin Harbour aus. Das sollte man auch heute noch tun, wenn sich die Möglichkeit bietet. Die einladende Hafenstadt, deren altes Zentrum durch spitze, neugotische Kirchtürme klar bezeichnet ist, vermischt sich gegen den hügeligen Hintergrund hin zunehmend mit dem Grün von Parks und Gärten.

Dunedin (gesprochen Dann-ii-d'n) ist die gälische Version von Edinburgh (Dun-Edin) und sollte von Anfang an ihr Zwilling auf der Südhalbkugel sein. Im Grunde sogar der bessere, anständigere und vor allem rechtgläubige Zwilling, denn es waren Siedler einer Sekte, die sich gerade wegen Fragen des rechten Glaubens von der schottischen Hauptkirche abgespalten hatte, die 1848 die Stadt gründeten. Die heute 120.000 Einwohner der Stadt, unter ihnen viele Studenten, denn die 1871 gegründete Universität ist nicht nur die älteste, sondern auch eine der größten des Landes, haben diese schottische Rechtschaffenheit nicht unbedingt abgestreift. Aber Dunedin ist auf jeden Fall kosmopolitischer geworden, lockerer – man fühlt sich auch als Fremder auf Anhieb wohl in dieser Stadt.

Die Bauten der Gründerzeit, neugotische und neoklassizistische, in einigen Fällen ganz klar neo-palladianische Prunkbauten, machen den Bummel durch die Innenstadt, die sich um einen achteckigen Platz schart (The Octagon), zum Vergnügen. Galerien, zwei große Museen, Theater, zahllose Cafés, Bistros, Kneipen und Restaurants tragen ebenso dazu bei. Innerstädtische Erholung bietet der phantastische Botanische Garten im Norden, an den sich ein großer Wander- und Mountainbikepark anlehnt.

In allernächster Nähe muss die Otago-Halbinsel besucht werden! Schließlich kann man dort die einzige Albatroskolonie bewundern, die es auf einem gut erreichbaren

Festlandstandort gibt. Von den Pinguinen, Pelzrobben, Seelöwen und gelegentlich auch Seeelefanten, den Delfinen und Walen mal ganz zu schweigen. Wer will, kann die Küste, besonders innerhalb des Otago Harbour, mit dem Kajak erkunden. Das ist ein absolut außergewöhnliches Naturerlebnis – ein paar Autominuten von der Großstadt entfernt! Und vom Bahnhof fahren die Züge durch die Taieri-Schlucht nach Middlemarch und Central Otago, beliebtester Ausflug der Familien aus Dunedin und ihrer Gäste – spektakulär! Rad mitnehmen nicht vergessen!

Etwas Geschichte

Am 22. März und am 15. April 1848 landeten die Schiffe der ersten Siedler der New Zealand Company im Otago Harbour. An Bord waren 344 schottische Presbyterianer, Mitglieder der Free Church of Scotland, die sich 1843 von der Church of Scotland losgesagt hatte. Die Leitung hatten Captain William Cargill und der Reverend (Pfarrer) Thomas Burns, ein Neffe des schottischen Nationaldichters Robert Burns. Die New Zealand Company hatte bereits 1840 ihre Fühler nach Otago ausgestreckt und Land erworben. Als erste Bauten entstanden zwei Baracken, in denen überwintert wurde. Schon nach einem Jahr standen 99 Gebäude und die Einwohnerzahl war auf 444 Personen gestiegen, nach zehn Jahren waren es bereits 2.000 Einwohner.

1861 wurde bei Lawrence südlich von Dunedin erstmals in Neuseeland Gold gefunden und ein Ansturm auf den Fundort setzte ein, der sich in den folgenden Jahren durch weitere Goldfunde in Otago fortsetzte: im Clutha-Tal, bei Cromwell und nahe Arrowtown – damals noch völlig unbesiedeltes und unerschlossenes Land, das nun von Dunedin aus erschlossen wurde. Dunedin wuchs in wenigen Monaten auf die doppelte Einwohnerzahl, der Hafen musste

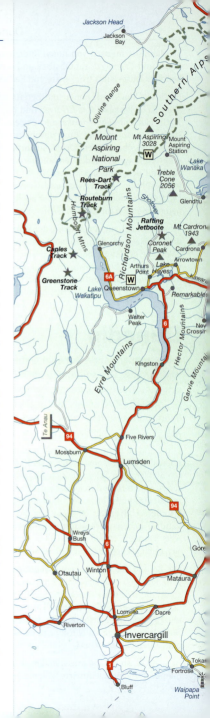

Anglikanische Kathedrale und Rathaus in Dunedin

vergrößert werden, ein beispielloser Boom setzte ein – über Jahrzehnte war der Ort die größte Stadt Neuseelands. Englische und australische Banken ließen sich in Dunedin nieder oder wurden hier gegründet, der erste Repräsentant der Bank of New Zealand konnte in nur drei Tagen 5.000 Unzen Gold im Wert von 19.000 £ verbuchen. Da in Dunedin kein Bargeld aus der Bankzentrale angekommen war, druckte er seine eigenen Banknoten (sie wurden später zuerst offiziell als wertlos erklärt und dann stillschweigend akzeptiert). 1863 entstand aus dem Zusammenschluss von vier Banken die Bank of Otago, im gleichen Jahr leistete sich die Bank of New Zealand ein neues, eindrucksvolles Bankhaus an der Ecke Princes und Rattray Street. Banker und andere Bürger bauten sich schicke Stadthäuser und Villen, der gebürtige Australier William Larnach, Banker und späterer Minister im Parlament in Wellington, gar ein Schloss: Larnach Castle (→ S. 653). Aufwendige Bauten entstanden im Zentrum um das Octagon mit den beiden Hauptkirchen.

Ab der Mitte der 1870er wurde es ruhiger um Dunedin, die Goldfunde waren großenteils erschöpft. Der geschäftige Hafen zog aber nach wie vor viele Schiffe an und ein auf die Stadt zentriertes Eisenbahnnetz entstand, das den Transport von Vieh auch aus entlegenen Farmen ermöglichte. Nach der Eröffnung des Panama-Kanals verlagerten sich die internationalen Schifffahrtsrouten nach Norden, vorher wurde von Kap Hoorn her Dunedin angelaufen, nunmehr war es (ab 1914) Auckland. Dunedin wurde zur Provinzstadt, zum Vorort einer bis in die 50er Jahre ländlichen Region.

Der beispiellose Aufstieg von Queenstown und in den letzten Jahren auch von Wanaka als internationale Touristenorte sorgte jedoch auch in Dunedin für neue Akzente. Es gelang der Stadt, sich vom Transferort zur eigenständigen Attraktion zu entwickeln: die äußerst reizvolle gründerzeitliche Innenstadt Dunedins und die nahe Otago-Halbinsel mit Albatros-Brutkolonie, Pinguinen und Seelöwen gehören heute zu den Hauptattraktionen der Südinsel.

Dunedin

Information/Internet

Information Dunedin i-Site Visitor Centre, 20 Princes St. am Octagon, tägl. 9–17 Uhr (Sa/So 8.45–18, Fei 9–17 Uhr), ℅ 03/4743300, visitor.centre@dcc.govt.nz, www.isitedunedin.co.nz.

DOC-Büro für Dunedin und Otago, 77 Lower Stuart St., Mo–Fr 8.30–12, 13–17 Uhr, ℅ 03/4770677, dunedinvc@doc.govt.nz.

Für die Stadt: **Dunedin City Council**, ℅ 03/4774000, www.cityofdunedin.com, Büro im Durchgang rechts im Rathaus am Octagon.

Internet Netplanet, 78 St Andrew St., tägl. 10–13 Uhr, 4–6 $/Std.; **Internet Depot**, Ecke Bath/George St; **Otago Polytechnic Community**, Ecke Princes St./Moray Place.

Verbindungen

Flugzeug Dunedins **Flughafen** liegt ca. 30 km südwestlich, er bietet Flüge nach Invercargill, Queenstown (mit Anschluss nach Te Anau), Christchurch, Wellington und Auckland sowie internationale Flüge nach Australien, vor allem in der Wintersaison, wenn australische Skifahrer nach Queenstown und Wanaka strömen.

Mehrere **Shuttlebus**-Unternehmen transportieren in die Stadt (ca. 20 $), z. B. Airport Direct, ℅ 03/4714101 und Super Shuttle, ℅ 0800/748885. Taxi ca. 40 $.

Busse/Shuttles Busse von InterCity halten in der unteren St Andrews Street nahe Castle Street.

Die Shuttles, vor allem South Island Connections, halten beim Bahnhof. Atomic verbindet mit Invercargill, Queenstown, Wanaka und Christchurch. InterCity hat die gleichen Ziele und zusätzlich Te Anau. Catch-a-Bus verbindet mit Te Anau über Gore und Balclutha. Connexions verbindet mit Queenstown und Wanaka sowie Invercargill.

Taxi City Taxis ℅ 03/4771771. Standplätze z. B. The Octagon.

Stadtverkehr Gutes innerstädtisches Busnetz, das auch Port Chalmers und Portobello umfasst. Routen und Timetable sind auf www.citybus.co.nz/urban.org nachzuschlagen. Einen kostenlosen Prospekt mit allen Routen und Zeiten gibt es im Bürgerbüro der Stadt (Dunedin City Council) in der Passage rechts vom Rathaus (und Info-Centre).

Die meisten Busse fahren vom Octagon ab, die nach Port Chalmers und Portobello von der Cumberland Street (vom Octagon auf der Stuart Street Richtung Bahnhof bis Cumberland Street, dann links).

Auto Das Einbahnstraßensystem ist nicht kompliziert, da es nur die vier in Nord-Süd-Richtung verlaufenden Hauptstraßen betrifft. **Parken** ist normalerweise kein Problem, lediglich um Octagon und Moray Place sind Parkplätze Mangelware.

Fahrrad Dunedins Straßen gehen ziemlich auf und ab, kein Problem, wenn man gute Kondition hat. Die Stadt hat ausgezeichnete Werkstätten (→ Einkaufen).

Wichtige Adressen/Einkaufen

Post Haupt-Postshop, 243 Princes St., außerdem 366 Great King St., 233 Moray Place, 180 King Edward St. u. a.

Ärztliche Versorgung Dunedin Hospital (lange Wartezeiten), 201 Great King St., ℅ 03/4740999. **Notarzt** (nachts, feiertags), 95 Hanover St., ℅ 03/4792900.

Bücher Scribes Books, Secondhand, Ecke Great King/David St., ℅ 03/4776874.

University Book Shop, 2 Stockwerke, klassische Buchhandlung, 378 Great King St., ℅ 03/4776976.

Für Selbstversorger Zentrumsnaher großer **Supermarkt** zwischen Moray Place und Great King Street.

Meridien Shopping Centre, 268 George St., genau gegenüber Brumby's Bakery mit anständigem Brot.

Farmer's Market, Sa vormittags vor dem Bahnhof, auch dort gibt es „echtes Brot" (empfiehlt Leserin Hantzsch).

Die Region Otago → Karte S. 634/635

Dunedin und die Region Otago

> **Besuch im Schokolodenland!** Der Traditionsbetrieb **Cadbury** bietet Betriebsbesichtigungen mit Kostproben und Laden. Dauer etwa 1:15–1:30 Std., 18 $; Cadbury World, 280 Cumberland St., tägl. 9–17 Uhr, ℡ 0800/223287, www.cadburyworld.co.nz.

Sportausrüstung/Ski- und Radwerkstatt Sport- und Camping-/Outdoorausrüstung, Rad- und Ski- sowie Snowboardwerkstatt: **R & R Sport**, 70 Lower Stuart St., Ecke Cumberland St., ausgezeichneter Service, große Auswahl, www.rrsport.co.nz.

Schräg gegenüber ebenfalls in der Lower Stuart Street ist ein weiteres großes und gutes Fahrrad-Fachgeschäft: **Cycle Surgery**, 67 Stuart St., ℡ 03/4777473, www.cyclesurgery.co.nz.

Sport & Freizeit

Radfahren/Mountainbiken Rund um Dunedin ist bestes Gelände für Mountainbiker, sowohl auf der Otago-Halbinsel als auch im Bergland nach Norden gibt es mehrere gute Tracks und Wege. Direkt im Stadtgebiet ist das **Signal Hill Reserve** als Mountain Biking Area ausgebaut (s. u.). Infos bei Mountain Biking Otago, PO Box 5913, www.mountainbike.co.nz/clubs/otago.

Kajak Die wind- und wellengeschützte Bucht des **Otago Harbour** ist ein ausgezeichneter Spielplatz für Kajakfahrer, auch für Anfänger. Ein Veranstalter ist *Monarch Wildlife Cruises,* der diverse Ziele im Otago Harbour anbietet (1 Std. ab Wellers Rock 40 $), ℡ 03/4774276, 0800/666272, www.wildlife.co.nz.

Wandern/Trekking Der **Mount Cargill** nördlich von Dunedin hat ein dichtes Netz von Wanderwegen und erlaubt von einigen Standorten schöne Blicke auf Hafen, Stadt und Otago-Halbinsel. Dazu DOC-Faltblatt „Skyline Walks" und für die Otago-Halbinsel „Walks on Otago Peninsula". Eine gute Einrichtung ist **The Walking Bus**, ein Spezialbus für Wanderer und Mountainbiker, die das Wegenetz rund um Dunedin erkunden wollen. Große Auswahl an Zielen, Abholung vom Motel/Backpacker. Angebote und Buchungen unter ℡ 03/4718571 oder im Info Centre.

Die **Nature Guides Otago** bieten verschiedene Tagestouren mit kurzen Wanderungen an: Catlins, Dunedin und Otago-Halbinsel, Sunrise Penguin Walk, Packages mit B&B in ihrem Haus Nesbit Cottage (nur für Gäste von Touren, extra-Nacht 266 $ für zwei) bieten H. und R. Lübcke (deutschsprachig),

PO Box 8508, 6a Elliffe Place, Dunedin, ℡ 03/4545169, www.nznatureguidesotago.co.nz.

Brauereibesichtigung Dunedins bekannteste Brauerei ist **Speight's**, deren Biere in ganz Neuseeland zu haben sind. Ein Besuch der Traditionsbrauerei (seit 1876) dauert ca. 1:15–1:30 Std., 4- bis 6-mal tägl., 22 $; Vorausbuchung nötig: 200 Rattray St., ℡ 03/4777697, www.speights.co.nz.

Seit 1990 produziert die **McDuff's Brewery**, deren Biere ebenfalls ohne Zusätze gebraut werden und deren Ales hervorragende Qualität besitzen. Der Brauereishop, 659 Great King St., ist tägl. 10–20 Uhr geöffnet

Netter Pinguin (Princes/High Street)

Dunedin

(nur So geschl.), ℡ 03/4777276. Die Biere werden auch bei Cobb & Co (Restaurant und Bar des Law Courts Hotel, 65 Stuart St.) und in der Champions Sports Bar (Mitte Main St.) ausgeschenkt.

🍃 **Emerson's** ist eine junge Kleinbrauerei (1992 gegründet, Ausstoß 1.200 l) mit hervorragenden Bieren, die weder pasteurisiert noch gefärbt oder mit Chemikalien versetzt wurden: Pilsner, India Pale Ale und DBA (Dunedin Brown Ale), 2 klassische britische Ales, London Porter und Hefeweizen bayerischer Art. Zu haben u. a. in Inch Bar, Robbie Burns Pub, Ombrellos. 9 Grange St., www.emersonsbrewery.co.nz. ∎

Kino & Kultur/Feste & Veranstaltungen

Das Tages- und Wochenprogramm in Dunedin (und teilweise in der Region) wird in Dunedins Tageszeitung „Otago Times" veröffentlicht. Im Foyer des Regent Theatre (s. n. S) befindet sich das **Ticketek-Büro** für alle wichtigen Veranstaltungen in Dunedin, ℡ 03/4778597, www.ticketek.co.nz.

Kinos Hoyts 6, 33 The Octagon, ein Multiplex, außerdem **Rialto**, 11 Moray Place, Premierenkino, und **Metro**, im Gebäude der Town Hall, **Moray Place** ist ein winziges Kino mit (u. a.) klassischen Hollywood-Movies.

Stadtbibliothek Public Library, 230 Moray Place, tägl. 9.30–20 Uhr (Sa 10–16 Uhr, So 14–18 Uhr, am Wochenende nur Erdgeschoss-Leseraum), www.dunedinlibraries.com.

Theater Fortune Theatre, Ecke Upper Stuart St./Moray Place, professionelles Theater in einer innen umgebauten, neugotischen Kirche von 1870. ℡ 03/4778323, www.fortunetheatre.co.nz.

Das **Regent Theatre**, 17 The Octagon, ist eine Bühne für Ballett und verschiedene Shows und Musikveranstaltungen.

Feste & Veranstaltungen Rhododendron Festival: Dunedin rühmt sich seiner Rhododendren, in den Botanischen Garten, in den vielen anderen städtischen Parkanlagen und in unzähligen privaten Gärten stehen. Hauptblütezeit ist das Frühjahr. Broschüre bei der Infostelle am Octagon oder Infos unter ℡ 03/4743300 und www.atoz.nz.com/dunedinrhododendronfestival. Das Festival findet im Rahmen eines größeren kulturellen **Summer Festival** statt (1 Woche Ende Okt./Anf. Nov.).

Übernachten (→ Karte S. 641)

Dunedin bietet normalerweise genügend Betten für alle Bedürfnisse, aber Mitte Februar kann es sehr eng werden. Dann kommen nämlich die Erstsemester an die Universität von Otago und ihre Eltern, wer will es ihnen verübeln, nehmen ein paar Tage in der Stadt Quartier, um den Aufnahmefeierlichkeiten beizuwohnen (ein in Mitteleuropa unbekannter Brauch). Die Hauptsaison zieht sich also in Dunedin von Mitte Dezember bis Ende Februar hin!

Hotels und Motels Alhambra Oaks Motor Lodge 5, gepflegtes Motel an der nördlichen Einfahrt, verschiedene Zimmergrößen und -klassen, bereits vom Haus Frühstücksraum, Spa-Bäder und Internet. Unit 120–300 $. 588 Great King St., ℡ 03/4777735, 0800/254262, www.alhambraoaks.co.nz.

George Street Boutique Hotel 8, gehobene Hotelqualität im kleinen Rahmen eines edwardianischen, bereits vom Jugendstil beeinflussten Wohnhauses (1907), von dem sich einige Einrichtungsgegenstände (Kamin!) erhalten haben, ebenso wie die schönen, bunten Glasfenster des Eingangs. Zimmer ohne Schnörkel mit Bad/WC, Sat-TV. Das gesamte Hotel ist behindertengerecht, es gibt Bar-Restaurant und Gästewaschküche. DZ/FR 120–190 $. 526 George St., ℡ 03/4771261, 0800/779779, www.hotel526.co.nz.

Leviathan 24, das „Heritage Hotel" von 1884 bietet seit seiner Eröffnung Unterkunft für Bahnreisende (der Bahnhof liegt schräg gegenüber) – damals wie heute eher Betuchte –, für sie gibt es Ein- und Zweibettzimmer mit Hotelkomfort. Platz gibt es aber auch für Backpacker mit Budget-Wünschen, die in Dorms zu 2–8 Betten (keine Bunks!) untergebracht sind. Viel Atmosphäre, Fußentfernung zu allen innerstädtischen

Die Region Otago → Karte S. 634/635

Sehenswürdigkeiten und Einrichtungen. DZ/Unit 130–170 $, DB 45 $. 27 Queens Gardens, ✆ 03/4773160, 0800/773773, www.leviathanhotel.co.nz.

97 Motel Moray Place 18, ohne Diskussion das zentrumsnächste Motel, freundlich familiär, gute Units mit Kitchenette, Mikrowelle, modernem Bad (Mischarmaturen – welche Wonne!), eigenem Spa. Einige Units recht abgewohnt, sehen Sie sich an, was man Ihnen anbietet, bevor Sie zuschlagen. 115–270 $. 97 Moray Place, ✆ 03/4772050, 0800/909797, www.97motel.co.nz.

755 Regal Court Motel 3, eines von vielen Motels an der George Street nördlich des Octagon, etwas moderner, funktionaler und kühler als die meisten anderen, in hellen Tönen gehalten. Alle Zimmer gut ausgestattet inkl. Sat-TV und Mikrowelle, guten Betten und Bädern mit Mischarmaturen. Unit 125–200 $. 755 George St., ✆ 03/4777729, 0800/473425, www.755regalcourtmotel.co.nz.

Scenic Circle Dunedin City Hotel 25, vorwiegend Businesspeople in gesichtslosem, aber komfortablem Hotel mitten im Zentrum. Dröges Dekor in den Zimmern mit Internetanschluss, Minibar, Fön, Bügeleisen/-brett, Sat-TV und wirklich festen Betten. DZ ab ca. 256 $ („best rate"). Ecke Princes/Dowling St., ✆ 03/4701470, 0800/696963 (gilt für alle Hotels der Gruppe), www.scenichotelgroup.co.nz.

Woodlands Motels 4, moderner Motelkomplex an einer der beiden Ausfahrtstraßen der Stadt in Richtung Christchurch. Gehobene Einrichtung, Zimmer mit Miniküche inkl. Mikrowelle, Waschmaschine/Trockner/Bügelbrett und -eisen. Großer Garten, kostenlose Abholung vom Bahnhof/Busbahnhof. Unit 100–180 $. 594 Great King St., ✆ 03/4770270, 0508/594594, www.motel594.co.nz.

Cargills Hotel 7, außen hässliche Bude, innen adrettes Boutique-Hotel mit 50 Zimmern mit hoher Ausstattungsqualität. Im Haus Restaurant, die meisten Zimmer komplett renoviert, mit Minibar und Fön, hübscher grüner Innenhof. DZ 105–200 $. 678 George St., ✆ 03/4777983, 0800/737378, www.cargillshotel.co.nz.

Bed & Breakfast

Deacons Court 30, etwa 20 Min. Fußweg vom Octagon zu diesem freundlichen B&B in einer viktorianischen Vorstadtvilla oberhalb des Zentrums der Stadt. Hübscher Garten und Wintergarten, große Zimmer mit Du/WC, TV und Heizdecken. DZ/FR 100–160 $. 342 High St., rund 1 km vom Octagon entfernt, ✆ 03/4779053, 0800/268252, www.deaconscourt.co.nz.

Albatross Inn 6, großes B&B in edwardianischer Villa mit gemütlicher Kamin-Lounge, nördlich des Zentrums gelegen. Einige Zimmer mit Kochnische, besonders ruhige nach hinten, alle mit sehr guten Betten und Bad/WC. Checkout bis mittags! DZ/FR (cont.) 110–160 $, im Winter besondere Angebote. 770 George St., ✆ 03/4772727, 0800/441441, www.albatross.inn.co.nz.

Hulmes Court 20, repräsentatives, historisches Stadthaus der 1860er (und ein ebenfalls älteres Haus nebenan) ganz nahe am Octagon mit Kamin-Lounge, 14 individuell ausgestattete Zimmer mit TV und Video, davon 8 mit Bad/WC. Internetzugang, WLAN und Mountainbike gratis. DZ/FR 110–170 $. 52 Tennyson St., ✆ 03/4775319, 0800/448563, www.hulmes.co.nz.

Grandview Bed & Breakfast 31, hübsches Vorstadthaus von 1901 mit schöner Aussicht auf die tiefer liegende Stadt, top in Schuss, mehrere Zimmertypen, die besseren mit eigenem Bad. Gratis Internetzugang. DZ/FR (cont.) ab 99 $. 360 High St., ✆ 03/4749472, 0800/749472, www.grandview.co.nz.

Lisburn House 36, gut erhaltenes und gepflegtes Haus von 1865 im Vorort Caversham, die 4 Zimmer mit Bad, Himmelbetten (!) und frischen Blumen in der Vase. Einladend. DZ/FR 195–275 $. 15 Lisburn Ave., Caversham, ✆ 03/4558888, www.lisburnhouse.co.nz.

Backpackers, Jugendherbergen, Hostels, Campingplätze

Manor House Hostel 33, sehr schönes Hostel, das in 2 Gebäuden aus dem späten 19. Jh. eingerichtet wurde, z. T. mit original Stuckdecken und altem Glas. Aufenthaltsraum („Games room"), Internet, Dorms und Zimmer. DB 29–34 $, DO 23–24 $. 28 Manor Place, ✆ 03/4770484, 0800/4770484, www.manorhousebackpackers.co.nz.

On Top Backpackers 15, schlafsaallastiges Hostel einen Katzensprung vom Octagon entfernt, nicht leise, aber wer will schon schlafen? Dorms und Doubles, z. T. mit Du/WC, auch exklusiv für Frauen, gute Matratzen, Internet, Café-Bar, Gepäckaufbewahrung. DO 23–24 $, DB 28 $, DZ mit Bad/WC 74 $. Ecke Filleul St./Moray Place, ✆ 03/4776121, 0800/668672, www.ontopbackpackers.co.nz.

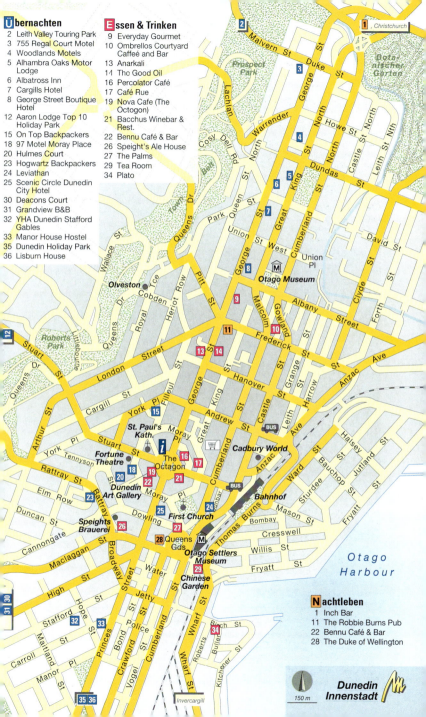

642 Dunedin und die Region Otago

»› Mein Tipp: Hogwartz Backpackers 23, solides Hostel in historischem, gründerzeitlichem Stadthaus (1870er), unweit und oberhalb des Stadtkerns gegenüber der Kathedrale. Modern (teilweise komplett renoviert), sauber, die frühere Nutzung (als Stadthaus des katholischen Bischofs) intelligent zum Backpacker umgesetzt. Mehrere sehr unterschiedliche Zimmer, keines beengt, auch nicht die Dorms. Heizung und Kamine, nur Betten! 2 SG 44 $, DB 30–45 $, DO 25/30 $. 277 Rattray St., ✆ 03/4741487, www.hogwartz.co.nz. **‹‹‹**

Chalet Backpackers, trotz der Lage an der gut befahrenen Straße recht ruhiges Hostel mit guter Ausstattung und Familienfeeling in einem vor 1914 entstandenen, geräumigen Stadthaus mit Billardzimmer. Hohe, kühle Räume, große Fenster, z. T. tolle Aussicht. Im obersten Stockwerk kleinere Zimmer, hier wohnte das Personal dieses ehemaligen Krankenhauses! Dorms mit maximal 4 Betten (!), auch Singles und Doubles, alle Betten im sind bezogen. SG 37 $, DB 27 $, DO 23 $. 296 High St., ✆ 03/4792075, www.chaletbackpackers.co.nz.

YHA Dunedin Stafford Gables 32, freundliche Jugendherberge in einem zentrumsnahen Stadthaus aus Ziegel und Fachwerk mit Dachterrasse. Dorms bis 7 Liegen, die Zimmer teilweise mit Balkon. Schlafplatz je nach Zimmergröße 20–43 $. 71 Stafford St., ✆ 03/4741919, www.yha.co.nz.

Aaron Lodge Top 10 Holiday Park 12, ruhiger und bestens ausgestatteter Holiday Park im Grünen mit Pool und Spielplatz ca. 3 km westlich der Stadtmitte. Motel-Unit 120–180 $, Cabin 60–67 $, Stellplatz und 2 Pers. ab 42 $. 162 Kaikorai Valley Rd., ✆ 03/4764725, 0800/879227, www.aaronlodgetop10.co.nz.

Dunedin Holiday Park 35, strandnaher, aber nicht am Strand gelegener Platz in St. Kilda, gut ausgestattet und geführt, die Units in der Lodge sehr klein und weder gegen die Nachbarn noch gegen die Straße schallgedämmt. Lodge (mit Du/WC), Cabin, Motel 35–121 $, Stellplatz und 2 Pers. ab 37 $. 41 Victoria Rd., ✆ 03/4554690, 0800/945455, www.dunedinholidaypark.co.nz.

Leith Valley Touring Park 2, kleiner, selbst bei kompletter Besetzung ruhiger Platz im Grünen am Bach, einige wenige nicht mehr taufrische Caravans und neue Tourist Flats/Motels zur Miete. Anständige sanitäre Einrichtungen, kleiner Bibliotheksraum neben Aufenthaltsraum. Eine Viertelstunde Fußweg zur Duke Street mit Busanbindung ins Zentrum und Laden. Caravans ab 53 $, Tourist Flat/Motel 83–125 $, Stellplatz und 2 Pers. ab 34 $. 103 Malvern St., ✆ 03/4679936, 0800/555331, www.leithvalleytouringpark.co.nz.

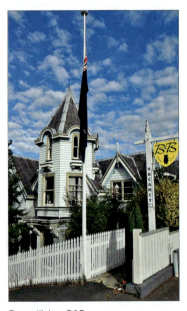

Freundliches B&B

Essen & Trinken (→ Karte S. 641)

Plato 34, 2 Birch St.; Dunedins seit Jahren wohl bestes Restaurant liegt im Hafenviertel, da hat es der Fisch nicht weit auf den Tisch. Die Gerichte sind keineswegs ausgefallen, aber beruhen auf besten Zutaten, was natürlich besonders den Fisch und Meeresfrüchte wie die Bluff-Austern betrifft. Große Portionen (gar nicht fashionable). Man isst zwischen von Küchen- und Kochparaphernalia dekorierten Wänden. Hauptgericht ab 30 $. Tägl. ab 18 Uhr, So ab 11 Uhr Brunch. ✆ 03/4774235.

# Dunedin 643

The Ale House 26, 200 Rattray St. (neben Speight's Brauerei); das Ale House gehört Speight's und gibt sich als das, was es ist: ein gutbürgerliches Braugasthaus. Pseudoviktorianischer Dekor, unter den Bieren sind die Namen gebenden Ales zu empfehlen (die Draughts und Bitters eher wischiwaschi). ✆ 03/4719050.

The Palms 27, 18 Qzeen's Gardens (Ecke High/Dowling St.); Eckhaus mit spartanischer Einrichtung. Durch die großen Glasfenster sieht man auf den Park gegenüber. Bemerkenswert delikate Küche (Jumbo-Ravioli mit Feta und Kürbis, Käsesoufflé aus Blauschimmelkäse). Tägl. 12–14 und 18 Uhr bis spät. ✆ 03/4476534.

Everyday Gourmet 9, 466 George St.; eines der typischen Cafés, die auch *light lunch* servieren: Salate, Quiches, Bagels, Sandwiches, Suppen (bis 7 $). Im Restaurant gibt es auch einen kleinen Ladentisch mit vor allem importiertem Delikatessenangebot. Sa Brunch, So geschlossen. ✆ 03/4772045.

》》》 Mein Tipp: The Good Oil 14, 314 George St.; ein Café auf der Höhe der Zeit, schlicht mit Holzdielenböden und unverputzten Ziegelwänden. Sehr populär und folglich meist voll, aber das Personal bleibt effizient und freundlich. Gutes Bistroessen, gute Kuchen und Desserts. Mo–Sa 8–17, So 9.30–16 Uhr. ✆ 03/4709900. 《《

Café Rue 17, 368 Moray Place; nur der Name ist französisch bei diesem Restaurant, das „Neue Neuseeländische Küche" zelebriert. Das können schlichte Vorspeisen sein, aber auch aufwändige Hauptgerichte wie Salat aus Schwertfisch und Kammmuscheln mit Mangomayonnaise. Hauptgang ab ca. 27 $. Di–Fr 9–16 Uhr, Do–Sa 17.30–21 Uhr.

Percolator Café „The Perc" 16, 142 Stuart St.; Snacks, Lunch, Dinner und natürlich Kaffee zu allen Tageszeiten. Es überwiegen Sandwiches, Burgers und Nachos, große Frühstückskarte. Im Hintergrund gerne orientalischer Pop.

Ombrellos Courtyard Caffé and Bar 10, 10 Clarendon St.; Café-Restaurant im lauschigen Innenhof zwischen 2 historischen Stadtrandhäuschen. Heute im städtischen Niemandsland auf einer Verkehrsinsel. Lockere Atmosphäre, meist sehr studentisch, viele – späte – Frühstücksgäste, mittags Bürofeiern. Lunch/Dinner ab ca. 18 $. Die Bar ist bis spät geöffnet, Sa/So Brunch, Mo geschlossen. ✆ 03/4778773.

Anarkali 13, 365 George St.; unscheinbares indisches Café und Restaurant an der geschäftigen George Street, schlicht aber modern und recht hell eingerichtet. Zehn vegetarische Gerichte, authentisch und schmackhaft, die Curries sind immer frisch gemacht, mit Basmatireis und Naan-Brot, ab ca. 18 $. Dinner tägl., Lunch nur Mo–Fr.

Bacchus Winebar & Restaurant 21, 12 The Octagon, 1. Stock; gehobene Küche in Kaffeehaus-Ambiente, typisch für Neuseelands neuen Stil: Wiener Kaffeehausgarnituren à la Thonet, große Fenster, Stuckdüren an den Decken, die Gäste ganz überwiegend „casual". Lunchgerichte um die 20–25 $, z. B. Kürbisrisotto mit Pancetta oder frisch geräucherter Lachs mit drei Gemüsen und Sauce Hollandaise. Abends Hauptgerichte kaum unter 35 $, z. B. Lammkeule mit Minzepestokruste aus dem Ofen. ✆ 03/4740824.

Nova Cafe 19, 29 The Octagon; das Café der Dunedin Art Gallery stellt Wiener Kaffeehausmobiliar in eine helle und luftige Umgebung, neben den Konditorwaren (sehr gute Schoko-Walnuss-Tarte) gibt es ein gehobenes Bistro-Angebot, das mittags wie abends eine Menge Gäste ins Lokal zieht. Abends ca. 18–35 $, sehr gut und reichlich der Grillgemüseteller. ✆ 03/4730808.

Tea House 22, Ecke Rattrax St./Cumberland St., in den chinesischen Gärten. Gerade mal Tee bekommt man in diesem klassischen chinesischen Teehaus: Tee, Kanne, Becher, Lacktablett, alles ist, wie es die Tradition gebietet.

Nachtleben (→ Karte S. 641)

Bennu Café & Bar 22, 12 Moray Place; großer Raum mit funkelndem Tresen vor dunklem Hintergrund. Gegenüber dem Kino und ein paar Schritte vom Octagon – kein Mangel an (sehr guten) Kaffee, ein Glas Wein oder Cocktails schlürfenden Kunden. Burschikoser, aber guter Service. Im Untergeschoss „12 Below" Loungebar. Do–Sa ab 19 Uhr. ✆ 03/4745055.

The Duke of Wellington 28, 1 Queens Gardens; „englisches" Pub in schmalem, innen wie außen vorbildlich restauriertem Pseudorenaissance-Haus. 18 Biere vom Fass (vor allem Ales, Bitters und Stouts aus der anglophonen Welt, z. B. Newcastle Brown Ale und Beamish Stout) und diverse Flaschenbiere. Hier wird traditionelle englische Pub-Kultur ernst genommen.

Arc Café, 135 High St.; großer Laden, an allen Wänden hängen und kleben Flyer in mehreren Schichten, extrem hässlich und ungemein populär, *der* alternative Szenetreff. Im Nebenraum oft abendliche Musikveranstaltungen. ✆ 03/4777200.

Inch Bar 1, 8 Bank St.; populäre, gemütliche Nachbarschaftskneipe mit besonders guter Bierauswahl und kleiner Speisenauswahl à la Tapas.

The Robbie Burns Pub 11, 374 George St.; nicht sonderlich bemerkenswerter lokaler Pub-Klassiker, aber Do meist Live-Jazz.

Schwule und Lesben Für seine nur ca. 120.000 Einwohner hat Dunedin eine bemerkenswert lebendige Gay Community, was sicher mit der bedeutenden Universität der Stadt und ihrem traditionell freieren Klima zusammenhängt. Klub und Sauna für Schwule gibt es u. a. im **Bodyworks Club**, 127 Stuart St., ✆ 03/4738228.

Eine schwule (gay-friendly) Bar im Kellergeschoss ist **The Pit** neben dem Chancellor Hotel in der Princes Street (Do–Sa ab 22 Uhr, ✆ 021/1774760).

Schwule, Lesben und Heteros treffen sich in der **Bronx Bagel Co.**, 134 Stuart St., einem Café mit Bagels und kleinen Speisen, das mit dem schönen und nicht komplett logischen Satz wirbt: „Get into Bronx and discover the Queen in you". Tägl. ab 6 Uhr früh, Do–So bis spät, Mo–Mi bis 18 Uhr. ✆ 03/4790209.

Sehenswertes/Touren

Neugotische und neoklassizistische Gebäude der Stadt: Das Stadtzentrum wird von so vielen sehenswerten Gebäuden der Gründerzeit zwischen 1862 und 1914 gesprenkelt, dass es im Rahmen dieses Führers nicht möglich ist, mehr als nur die allerwichtigsten aufzuführen. Wer mehr Details möchte, besorge sich die Broschüre „Heritage Walks" 1 & 2 beim Visitor Centre und studiere die folgende Liste:

Neugotische Gebäude: First Church of Otago, St. Paul's, Knox Church, Trinity Church, Congregational Church, St. Joseph's Cathedral, St. Dominic's Priory.

Gebäude im Stil der Neo-Renaissance, neo-palladianische Gebäude: Haynes Building (Princes Street/Moray Place), Queen's Building (Princes Street zwischen Doling Street und Moray Place), Grand Hotel (zwischen High Street und Ratray Street an der Princes Street), Bank of New Zealand (besonders prachtvoller neo-palladianischer Bau, Ecke Princes/Rattray Street), National Bank of New Zealand (rechts davon), Union Bank (Princes Street zwischen Jetty Street und Liverpool Street) und weitere!

> **Die Heritage Walks 1 & 2**: Bronzemarker mit Richtungspfeilen am Boden, Schilder an den historischen Gebäuden und ein kostenloser Folder „Heritage Walk" beim Info-Büro weisen auf diese beiden städtischen Rundgänge hin! Je Spaziergang ca. 2 km, 7 bzw. 11 historische Gebäude sind zu entdecken in einer Stadt, die in den 1870er und 1880ern Neuseelands größte, reichste und bedeutendste war.

First Church of Otago: Das spirituelle Zentrum Dunedins liegt nicht am zentralen Octagon, sondern abseits auf einer Anhöhe. Cremefarbener Oamaru-Kalkstein über bläulichem Port Chalmers Bluestone (ein Basaltstein) bildeten die Bausteine der 1868 bis 1873 errichteten Kirche der Free Church of Scotland. Mit dem 56,38 m hohen Turm ist die First Church of Otago eines der herausragenden und bekanntesten Gebäude der Stadt. Als Kirche der ursprünglichen Planer von Dunedin hätte sie eigentlich im Zentrum stehen müssen (wie die Kathedrale in Christchurch), aber den zentralen Standort musste sie der mächtigeren anglikanischen Kirche überlassen (St. Paul's Cathedral). Dafür liegt die First Church auf einem Hügel und kann von weither gesehen werden. Ein eigenes Visitor Centre (im Park etwas abseits der Kirche) informiert über die Kirche, die frühen Jahre Dunedins und die Religionsgemeinschaft.

Öffnungszeiten Kirche tägl. ca. 8–18 Uhr. **First Church Heritage Centre** (Visitor Centre) tägl. (außer So) 10–16 Uhr, Sa bis 14 Uhr; im Winter 11–14 Uhr Sa/So geschl., im Hochsommer evtl. verlängerte Öffnungszeiten.

The Octagon: Schon 1846 waren die Grundstücke am zentralen Octagon (Oktogon) genau aufgeteilt und der Bau vieler Gebäude begonnen worden. Das damalige wie heutige Zentrum der Stadt wird durch einen kleinen Park gebildet, in dem das große *Denkmal für Robert Burns* steht, Schottlands Nationaldichter, dessen Neffe Thomas Burns einer der beiden Begründer der Stadt war. Der Uhrturm des 1880 entstandenen Gebäudes der Stadtverwaltung *(Municipal Chambers)* überragt Denkmal und Platz. Noch höher und schon außerhalb des Platzes steht die anglikanische *St Paul's Cathedral*, deren neugotische Doppelturmfassade verbirgt,

Das „First" hat eine Doppelbedeutung!

dass Schiff und Chor erst im späten 20. Jh. vollendet wurden. Links davon liegt die *Dunedin Public Art Gallery* (s. u.), deren moderner Bau den Charakter des Platzes, der besonders im Süostteil immer noch bedenklich nach Verfall riecht, sehr positiv verändert hat. Nur das *Regent Theatre* von 1874, das bereits Theaterbühne und Kinosaal war und jetzt wieder Ballett- und Theaterbühne ist, unterbricht den etwas tristen Anblick dieses Platzteiles (mit Touristeninformation). Zurück auf der Seite der Municipal Buildings schließt das *Civic Centre* (Rathaus) an, das im Durchgang eine städtische Verkehrsinfo beherbergt und einen Übergang zur sehr guten *Stadtbibliothek* bildet.

Dunedin Public Art Gallery: Glanzlichter der ständigen Sammlung, die leider nie in ihrer Gesamtheit gezeigt wird, sind Gemälde von Charles Frederick Goldie und Gottfried Lindauer, ebenso das berühmte Portrait der Königin Elizabeth I. von Marcus Gheeraerdts dem Jüngeren (von ihm auch ein eindrucksvolles Portrait von Margareta Ray Countess of Dunfernshire von 1615); des Weiteren Bilder aus Englands und Schottlands großer Zeit (von John Hoppner, Charles Raeburn, George Romney, William Turner, Gainsborough), Gemälde von Claude Monet und André Derain, ein liebenswürdiger Ferdinand Georg Waldmüller (Portrait zweier Kinder) und die eindrucksvolle Sammlung von Werken der Frances Hodgkins (1869–1947).
Tägl. 10–17 Uhr. Eintritt frei. 30 The Octagon, ✆ 03/4743240, www.dunedin.art.museum.

646   Dunedin und die Region Otago

Princes Street und Cargill's Monument: Vom Octagon nach Südwesten liegen zu beiden Seiten der Princes Street die prächtigsten Bankenbauten des Goldrush in Otago. Das 1864 aufgestellte Denkmal an der Kreuzung Princes Street und High Street wurde im neugotischen Stil gebaut und ist Captain William Cargill (1784–1860) gewidmet. Als Hauptförderer des Otago-Siedlungsunternehmens war er gemeinsam mit Thomas Burns 1853 Vorsitzender der Provinzverwaltung.

Otago Settlers Museum: Das Museum informiert ausführlich und abwechslungsreich über die Geschichte der Besiedlung Otagos seit Ankunft der Europäer. Von der Eingangshalle aus hat man Gelegenheit, die Schalterhalle des ehemaligen Busbahnhofs zu betreten. Fassade und Einrichtung des Saales sind pures Art-Deco und vorbildlich restauriert. Zur Linken liegt dann die *Transport Gallery* mit einem 1943er Buick Straight Eight als Glanzstück und mehreren anderen Fahrzeugen aus dem Farm- und Straßenleben.

Das eigentliche Otago Settlers Museum, ein Bau von 1898, liegt auf der linken Seite der Eingangshalle und beginnt mit dem *Hall-of-History-Saal*. Fotos und Objekte zeigen die Problematik der Konflikte zwischen Maori und Pakeha und den damit verbundenen Kulturverlust und die Entwicklung Dunedins von der Landung der ersten beiden Schiffe im Jahr 1848 bis heute. Das älteste erhaltene Foto der Stadt ist dabei, es wurde 1857 aufgenommen. In einem abgetrennten Bereich des Saales betritt man eine *Schiffskabine*, die anschaulich und am eigenen Leib fühlbar zeigt, wie Emigranten an Bord der Auswandererschiffe lebten. Videos mit nachgestellten Szenen der Überfahrt (gespielt von Schauspielern der Wellington Theatre Company) machen den Eindruck noch intensiver.

Durch einen Saal mit Wechselausstellungen gelangt man in die *Portrait Gallery*, eine eindrucksvolle Holzkonstruktion mit hohem Tonnengewölbe, die man so beließ, wie sie ursprünglich eingerichtet wurde. In sechs Reihen übereinander sind Portraits von Bürgern der Stadt gestaffelt, Gemälde und alte Fotos, ein Bilderalbum der Familien, die Otagos Geschichte bestimmt haben. Im *Window on Chinese Past* in der Hall of History sind Sammlungen zur Geschichte der chinesischen Siedler zusammengefasst. Die ersten kamen 1864 aus Victoria (Australien), heute ist ein Chinese Bürgermeister der Stadt (Peter Chin, 2007 wieder gewählt). Individuelle Lebensläufe werden mit informativen Texten und Bildern vorgestellt. Ein Gang führt zur mit Glas verkleideten Außenwand, vor der „Josephine" steht, eine 1872–1917 auf der Strecke nach Port Chalmers eingesetzte Dampflok mit zwei Fronten und einer Kabine für den Lokomotivführer, mit der Dampfmaschine in der Mitte – so musste sie am Endpunkt in Port Chalmers nicht umdrehen, der Fahrer musste nur den Sitz wechseln. Texte und Fotos informieren auch über den Otago Central Railway.

Tägl. 10–17 Uhr. Eintritt frei (Spende). 31 Queens Gardens, ✆ 03/4775052, www.otago.settlers.museum.co.nz.

Chinese Gardens: Der aufwändige chinesische Bogen (Pai Lou Gateway) direkt an der Straße nahe dem Bahnhof macht auf den dahinter liegenden Chinesischen Garten aufmerksam. Als Denkmal für das chinesische Erbe Dunedins ließ der Dunedin Chinese Garden Trust einen Garten anlegen, der an Gärten der späten Ming- bzw. der frühen Manchu-Dynastie orientiert ist. Während die gartentechnische Gestaltung in Dunedin erfolgte, wurden die Zäune und Aufbauten, Felsen und Gesteinsplatten der Wege, Teiche und Wasserläufe aus Shanghai importiert, wo sie nach genauen Vorgaben hergestellt worden waren. Im Gegensatz zu vielen „chinesischen", in der Regel jedoch nur gewisse chinesische Elemente aufnehmenden Anlagen, ist Dunedins Chinesischer Garten einer der wenigen authentischen Gärten außerhalb

Auch Hinterhöfe kann man aufhübschen …

Chinas. Den Besuch sollte man mit einer Tasse Tee im Teepavillon verbinden, wo sie ebenso authentisch serviert wird.

Tägl. 10–17, Mi auch 19–21 Uhr, Führungen (gratis) 10 und 12 Uhr mit Fischfütterung. Eintritt 9 $. Ecke Rattray- und Cumberland St., 03/4790368.

Dunedin Railway Station: Der repräsentative Bau mit seiner Fassade aus cremefarbenem Oamaru-Stein wurde bis 1906 erbaut, als sich Neuseelands Eisenbahnphase auf ihrem Höhepunkt befand und Züge von Dunedin nach Invercargill, Alexandra und Cromwell, Port Chalmers und Christchurch fuhren. Die Schalterhalle sollte ein Aushängeschild für Dunedin werden und ihre Mosaiksteinchen wurden folglich in England bestellt, wo sie als Royal Dulton hergestellt wurden – die renommierteste Porzellanmanufaktur Englands war für diesen Auftrag gerade gut genug. Das Bodenmosaik der Schalterhalle stellt eine riesige Dampflok dar, im ersten Stock befinden sich Farbglasfenster mit den Abbildungen von fahrenden Zügen.

Im Obergeschoss befindet sich auch die **New Zealand Sports Hall of Fame**, die in kurzen Biographien und Bildern diejenigen Neuseeländer vorstellt, die sich auf irgendeine Weise in der Welt des Sports einen Namen gemacht haben (wie Sir Edmund Hillary, Erstbesteiger des Mount Everest).

New Zealand Sports Hall of Fame, tägl. 10–16 Uhr. Eintritt 5 $. www.nzhalloffame.co.nz.

Otago Museum: 1 km nördlich des Zentrums und mitten im Universitätsbereich liegt das ebenfalls sehr interessante Otago Museum. Im ersten Stock sind die gut kommentierte Maori-Sammlung *Tangata Whenua* und die *Pacific Culture Galleries* die Höhepunkte. *Discovery World* ist eine interaktive Galerie (gesonderter Eintritt), die multimediale Hilfe für das Verständnis physikalisch-naturkundlicher Phänomene bietet. Sehr schön der *Tropical Forest*, ein kleiner Tropenwald mit tausend Schmetterlingen.

Im zweiten Stock betritt man zunächst die große Galerie *Southern Land Southern People*. Natur und Umwelt von Otago und auf den Subantarktischen Inseln werden aufgrund der Fülle der gezeigten Objekte in etwas anstrengender Form präsentiert (besser wäre wohl eine Ordnung nach Themengruppen). In den *Nature Galleries* und der *Maritime Gallery* werden z. B. Albatros und Gelbaugenpinguin (hoiho) in Schaubildern und begleitenden Infotafeln erklärt. Eine *People of the World Gallery* befindet sich ebenfalls auf diesem Stockwerk.

Im dritten Stock wurde der gründerzeitliche *Animal Attic* in seinem ursprünglichen Zustand belassen, unbedingt sehenswert! Kaum zu glauben, was man in früheren Museumsphasen in einen Raum hineinstopfte, wie man Skelette präparierte und Vögel ausstopfte und sie viel zu eng und in viel zu großer Zahl präsentierte.

Tägl. 10–17 Uhr. Eintritt frei (Spende wird erwartet), Discovery World 10 $. Einstündige Führungen tägl. 15.30 Uhr, 10 $. 419 Great King St., ✆ 03/4747474, www.otagomuseum.govt.nz.

Olveston: Die opulente Villa einer reichen Händlerfamilie wurde 1904–1906 von einem Londoner Architekten im neo-jakobinischen Stil errichtet und beherbergt in ihren 35, nach den Ideen der englischen Arts & Crafts Bewegung ausgestatteten Räumen, die Sammlung des Bau-Auftraggebers. Chinesisches und japanisches Porzellan, Elfenbeinobjekte, Lackarbeiten und Waffen sind die kostbarsten Stücke dieser Privatsammlung. Ein formaler Garten komplettiert das Ensemble.

Einstündige **Führungen** 5-mal pro Tag, telefonische Reservierung wird empfohlen, Ticket 18 $. Garten 9.30–17 Uhr. Olveston, 42 Royal Terrace, ✆ 03/4773320, www.olveston.co.nz.

University of Otago: Neuseelands 1869 gegründete erste Universität ist immer noch eine ihrer bedeutendsten und größten. Ihr Campus am Flüsschen Leith wird vom neugotischen Verwaltungsgebäude mit dem hohen *Uhrturm* dominiert. Wie so viele Gebäude in Dunedin, bildet die abwechselnde Verwendung von dunklem Bluestone aus Port Chalmers und cremefarbenem Oamaru-Kalkstein einen attraktiven Gegensatz.

Im Botanischen Garten von Dunedin

Botanischer Garten: Der Campus der Universität geht praktisch in den Botanischen Garten über, der vom Hangfuß am Leith bis zum Signal Hill ansteigt. Große Rhododendron-Pflanzungen sind zu bestaunen, ebenso Rosenrabatten und ein Rosengarten. Gärten mit einheimischen Pflanzen, durch die links und rechts des Baches ein kleiner Wanderweg führt, große Wiesen zum Lagern und Picknicken, ein Wintergarten mit Exotika und ein Kiosk mit gar nicht schlechtem Café- und Bistro-Service runden das Angebot ab.

Öffnungszeiten Der Botanische Garten ist von Sonnenaufgang bis Sonnenuntergang geöffnet, der Eintritt ist frei. Ein Informationskiosk (tägl. 10–16 Uhr) liegt nahe beim Wintergarten, Übersichtspläne gibt es an allen Eingängen. Café 9.30–16.30 Uhr. ✆ 03/4474000.

Baldwin Street: Nach dem Guinness Book of Records die steilste Straße der Welt – maximaler Anstieg 38 %! Auch ein beliebtes Touristenziel. Tourist Shop, massenhaft Digitalkameras und Trubel. Die Straße liegt 5 km nördlich des Zentrums und beginnt an der North Road (rechte Seite)

Port Chalmers: Der Ort am Nordostende des Otago Harbour liegt am SH 88 und ist heute nahezu eine Schlafstadt von Dunedin. Ein wenig von der Atmosphäre der alten Hafenstadt hat sich erhalten: Hier gingen die ersten Siedler Otagos an Land, hier wurde 1882 erstmals in Neuseeland Gefrierfleisch nach Übersee verschifft und Scott (1901 und 1910), Shackleton sowie Byrd liefen von hier (und Lyttelton bei Christchurch) zu ihren Antarktisexpeditionen aus. Zwei alte Kirchen, St. Iona und Holy Trinity, das *Museum* und das Backsteingebäude der Union Steam Fisheries Company erinnern an bessere Zeiten, heutige Touristen werden durch ein ständig wachsendes Angebot an Boutiquen und Kunsthandwerksläden in den Ort gelockt.

Verbindungen Von Dunedin fahren Busse alle 20 Min. ab der Ecke Cumberland/Stuart St. nach Port Chalmers. 2-mal pro Woche (Sommer) wird die Bahnstrecke von/nach Dunedin von einem Sightseeing-Nostalgiezug, dem „Seasider", befahren (Infos bei den i-Sites), eine Strecke 51 $, hin/zurück 76 $.

Öffnungszeiten Port Chalmers Museum: Otagos Beziehung zum Meer, Schiffsmodelle und Artefakte zum Boots- und Schiffsbau und lokale Geschichte bilden die Schwerpunkte. Tägl. 9–15 Uhr (Sa/So/Fei 13.30–16.30 Uhr). ✆ 03/4728233.

Die Strände südlich der Stadt: 4 km südlich des Zentrums zwischen St. Clair im Westen und dem Lawyers Head im Osten erstreckt sich ein kilometerlanger, sandiger Strand, der von hohen Dünenzügen gegen die Stadt abgeschottet ist – man meint manchmal, besonders an windigen, grauen Tagen, irgendwo in der Wildnis zu sein. Die beiden Strände *St. Clair* und *St. Kilda* gehen ineinander über, Flaggen markieren die Bereiche, wo man schwimmen kann – was nicht viele hier wagen, denn das Meer da draußen ist auch ein beliebter Surf. Der gesamte Strandabschnitt ist für Autos gesperrt. Das trifft leider nicht für die *Tomahawk Beach* jenseits des Lawyers Head zu, wo die Allradfahrer bis ins Wasser fahren (Baden wird nicht empfohlen).
Esplanade Surf School, St. Clair Beach, ✆ 03/4558655, www.espsurfschool.co.nz.

Taieri Gorge Railway: Vom Bahnhof in Dunedin fahren immer noch Züge ab. Die Strecke nach Christchurch wurde zwar eingestellt, aber die Nebenbahn ins Landesinnere der Provinz Otago passiert nach wie vor die spektakuläre Taieri-Schlucht. Die Strecke zwischen Milton, wo die Bahn die Schlucht des Taieri-Flusses betritt, und Pukerangi hat 13 Tunnel, der längste, bei Salisbury, ist 437 m lang, von den Viadukten ist der von Wingatu mit 197 m Länge und 47 m Höhe der bedeutendste.

Die Bahnstrecke zwischen Mosgiel, südlich von Dunedin, und Cromwell quer durch Central Otago wurde 1879 begonnen und erst 1921 beendet – da waren die Boomzeiten bereits vorbei. Der Bau dauerte so lange, weil es große technische Schwierigkeiten gab. Insbesondere in der Taieri Gorge mit ihren instabilen Gesteinen mussten Tunnel und Viadukte gebohrt und errichtet werden, die Jahre Arbeit benötigten – alles wurde noch von Hand gebaut und ausgehöhlt. Middlemarch wurde 1891 erreicht, Ranfurly 1898, Omakau 1904, ab 1906 war Clyde Bahnstation, Cromwell erst 1921. Bis 1981 sorgten die Schutzzölle der Regierung für die Rentabilität von Bahntransporten aus dem Binnenland an die Küste. Als diese fielen, war der Lebensnerv der ohnehin schon fast nur noch für den Güterverkehr betriebenen Bahnlinie getroffen. Bereits 1983 wurde die Linie eingestellt, die Gleise zwischen Middlemarch und Alexandra abmontiert. Der Bau des Clyde-Staudammes sorgte

Fahrt mit der Taieri Gorge Railway

noch bis 1989 für die Rentabilität der Strecke Alexandra – Clyde als Baustellenzubringer, dann wurde auch dieser Teil eingestellt und abgebaut. Die Strecke Mosgiel – Middlemarch blieb als einzige übrig, und das nur, weil sie sich als beliebte Ausflugsstrecke für die Bürger von Dunedin etabliert hatte. Sie wurde privatisiert und wird seither als Aktiengesellschaft betrieben – mit steigendem Erfolg.

Die Waggons sehen außen schwer nach Holzklasse aus, sind aber innen recht bequem mit zwei gepolsterten Sitzen auf der einen, einem Einzelsitz auf der anderen Gangseite. Moderne Verglasung erlaubt perfekte Sicht durch die Fenster. Ein Buffetwagen ist ebenfalls vorhanden (einfache Snacks und Getränke).

Der Zug hält an einer Stelle mit spektakulärem Ausblick in die Schlucht und passiert dann eine längere Engstelle mit mehreren Brücken und Tunneln.

Information/Buchungen Taieri Gorge Railway, ✆ 03/4774449, www.taieri.co.nz. Fahrräder werden kostenlos mitgenommen, im Hochsommer rechtzeitig reservieren! Dunedin – Pukerangi hin/zurück 79 $, nach Middlemarch (nur an Wochenenden) 85 $.

Von Middlemarch weiter nach Alexandra: → Central Otago S. 665.

Die Otago Peninsula

Die 35 km lange Halbinsel zwischen dem Otago Harbour und dem offenen Pazifischen Ozean ist ein außergewöhnliches Naturphänomen: Hier lassen sich in unmittelbarer Nähe einer Großstadt ausgesprochen seltene Meeresvögel und -Säuger beobachten, wie das weltweit nirgendwo sonst der Fall ist (auch San Franciscos Hooker's Seelöwen können da nicht mithalten).

Von Dunedin windet sich eine Küstenstraße über den hübschen Vor- und Ferienort Portobello bis zur Spitze der Otago Peninsula, wo sie unter dem Leuchtturm am Taiaroa Head endet. Dort am Kap liegt die Kolonie der *Königsalbatrosse,* die einzige auf einem Festland weltweit (alle anderen sind auf winzigen Inseln). Schon in der nächsten Bucht können neuseeländische *Pelzrobben* beobachtet werden, *Zwergpinguine* und *Gelbaugenpinguine,* an den Sandstränden räkeln sich *Auckland-Seelöwen.* Immer wieder sieht man gerade auf Pfählen vor Bootshütten *Kormorane* auf Beute lauern und vor den Küsten kreuzen *Wale,* die man allerdings selten sieht. Albatrosse und Pinguine bekommt man am besten auf organisierten Touren zu Gesicht (Erstere sind wirklich nur bei einer Führung aus der Nähe zu sehen). Die anderen Tiere der Strände und des Meeres entdeckt man auch auf eigenen Streifzügen.

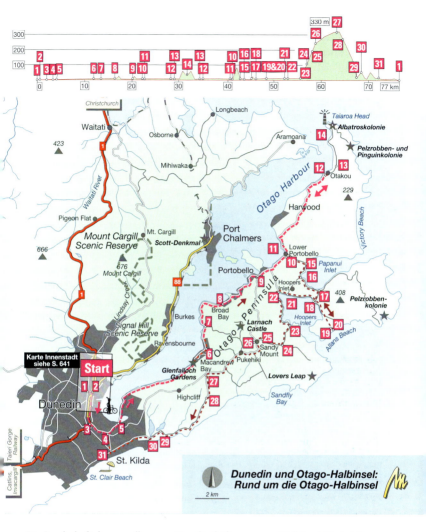

**Dunedin und Otago-Halbinsel:
Rund um die Otago-Halbinsel**

Die Landschaft der vor allem von Farmland überzogenen Halbinsel lässt sich am besten über die Highcliff Road erkunden, die über den Rücken führt und Abstecher nach Süden in die Buchten erlaubt. Die Otago Peninsula bietet aber auch vom Menschen gebaute Sehenswürdigkeiten: *Glenfalloch Gardens,* das prunkvolle Schloss *Larnach Castle,* die hübsche edwardianische Villa *Fletcher House* sowie das *Meeresaquarium* bei Portobello sind die Hauptziele.

Sport & Freizeit

Geführte Touren/Meereskajaken Elm Wildlife Tours bietet 6-Std.-Touren (95 $) zu Stränden, die sonst wenig besucht werden. Fußmärsche sind nötig, der Besuch der Albatros-Kolonie kann damit kombiniert werden. Man sieht (evtl.) Pelzrobben (NZ fur seals), Hookers Seelöwen (Hooker's sea lions), Königsalbatrosse (Royal Albatross), Dickschnabelpinguin (Yellow Eyed Penguins), evtl. Seeelefant (Elephant Seals), Zwergpinguin (Blue Penguins), Pukeko und Kormorane (z. B. Little Shags). ✆ 03/4544121, 0800/356563, www.elmwildlifetours.co.nz.

Back to Nature Tours, 95 $ für eine 6-Std.-Tour mit max. 9 Pers. Ähnliches Programm wie Elm, Gratisabholung. ✆ 0800/4770484 oder Buchung über Visitor Centre, www.backtonaturetours.co.nz.

Nature Guides Otago bietet auf der Halbinsel einen Sunrise Penguin Walk an (82 $). Packages mit 2 Nächten B&B im Nesbit Cottage (→ Übernachten) ab 614 $ pro Pers. durchgeführt von H. und R. Lübcke (deutschsprachig), PO Box 8508, 6a Elliffe Place, Dunedin, ✆ 03/4545169, www.natureguidesotago.co.nz.

Monarch Wildlife Cruises & Tours, Bootsfahrt im Otago Harbour, eine schöne Art, die Küsten zu erkunden. Allerdings ist die Einstunden-Tour ab Wellers Rock Jetty, die zum Taiaroa Head führt, sehr kurz bemessen (45 $). Besser ist die mehrstündige Tour ab dem Hafen Dunedin, die am Wellers Rock Jetty endet (80 $, mit Albatroskolonie 120 $). ✆ 03/4774276, 0800/666272, www.wildlife.co.nz.

Wild Earth Adventures, mehrstündige Fahrten mit Kleinbus ab Dunedin zum Tairaroa Head, die 2 Std. Meereskajaken einschließen. Ab ca. 185 $. ✆ 03/4736535, www.wildearth.co.nz.

Übernachten

Larnach Lodge, im eigenen modernen Holz-Lodgebau am Rand der Gärten von Larnach Castle ist eine hervorragende Lodge mit nur 12 individuell ausgestatteten Zimmern untergebracht. Frühstück gibt es im umgebauten Stalltrakt des Schlosses (dort weitere Zimmer), Dinner im Castle kann gegen Aufpreis gebucht werden. DZ 2&0–280 $, in den Ställen mit Frühstück 155 $. 145 Camp Rd., Otago Peninsula, ✆ 03/4761616, www.larnachcastle.co.nz.

Otago Peninsula Motel, in Portobello, am Anfang der Highcliffe Road links. Sehr gute Units, doppelt verglast und Aircondition, mit Küchenzeile und Bad/WC, 2 mit Spa Bath. Nahe dem Restaurant 1908 (s. u.). Unit 130–200 $. 1724 Highcliff Rd., ✆ 03/4780666, 0800/478066, www.opmotel.co.nz.

Peninsula B&B, Zimmer mit/ohne Bad/WC in hübschem Haus von 1880 mit Garten. Gemütliche Gästelounge, Internetzugang, familiäre Atmosphäre, es gibt auch ein Cottage mit Bad und Küche. DZ/FR oder Cottage 145–195 $. 4 Allans Beach Rd., Portobello, ✆ 03/4780909, 0800/478090, www.peninsula.co.nz.

Harbour Lights Homestay B&B, echte „schottische Gastfreundschaft" im Privathaus der Blasbys (Alex und Libby) mit 3 Zimmern (gemeinsame Gästetoilette). Für kühle Tage gibt es Heizdecken. Sonnige Lage mit Aussicht auf die Bucht. DZ/FR 110–135 $. 1 Wharfdale St., Macandrew Bay, ✆ 03/4761019, harbourlights@actrix.co.nz.

Busstop-Backpackers, winziges Hostel; für ein Backpacker hoher Komfortstandard im Cottage mit zwei Zimmern, komplette Küche. Auch in einem neu errichteten Cottage (mit Küche und Bad) oder im historischen Caravan kann man übernachten, er steht auf einer Terrasse oberhalb der Straße! DB/DO 30 $, 1 Zimmer 120–140 $. 252 Harrington Point Rd., Portobello (an der Einfahrt nicht zu übersehende Figur eines Fischers mit Boot), ✆ 03/4780330, www.bus-stop.co.nz.

Harington Point Motel, Motel und Backpacker, lockere Anlage mit im Grünen verstreuten Bungalows, attraktiv gelegen nahe der Abzweigung der Straße in Richtung Penguin Place, das den Besitzern des Motels gehört. Unit 100–180 $. 932 Harington Point Rd., ✆ 03/4780287, www.haringtonpointmotels.co.nz.

Essen & Trinken

1908 Café, 7 Harrington Point Rd., Portobello; Restaurant und Bar, tagsüber auch Kaffeehausbetrieb, schick eingerichtet in edwardianischer Villa, zu den Speisen (die als *NZ-european style* bezeichnet werden) wird selbstgebackenes Brot serviert. Hauptgerichte um 25 $. Dinner tägl., Lunch Mi–So. ✆ 03/4780801.

Die Otago Peninsula 653

Peckish Café & Wine Bar, 430 Portobello Rd.; von den drei Restaurants im Glenfalloch Garden ist das Café das populärste. Heller Saal, draußen im Garten große Rasenfläche mit Tischen, Bistrofood und Wein per Glas. Im Sommer tägl. 11–15.30 Uhr. ✆ 03/4761006.

Albatross Centre Café, Taiaroa Head; große Cafeteria mit einfacher traditioneller Küche. Dez. bis Ostern auch abends geöffnet; BYO. ✆ 03/4780499.

Zwischen Dunedin und Portobello: Entlang der Küstenstraße der Otago Peninsula, die am Südufer des Otago Harbour entlangführt, kann man immer wieder Kormorane, aber auch viele andere Küstenvögel beobachten, die auf den Pfählen der Bootsanleger sitzen. 4 km nach der Abzweigung vom SH 4 führt ein Zubringer nach rechts zum *Glenfalloch Woodland Garden.* Der ausgedehnte Englische Garten mit eingestreuten Waldstücken umgibt ein Farmhaus von 1871. Die schönste Jahreszeit ist wie im Botanischen Garten in Dunedin der Frühling, wenn zwischen Oktober und Mitte November Rhododendren und Kamelien blühen.

Am Anfang der Company Bay passiert man das etwas oberhalb der Straße stehende *Fletcher House,* die Villa des Geschäftsmannes Sir James Fletcher von 1909, die hervorragend restauriert wurde und in der ein Teil der ursprünglichen Möbel erhalten ist (anderes Mobiliar aus der Zeit wurde ergänzt).

Portobello ist ein hübsch gelegener, trotz der Nähe zu Dunedin noch ländlich wirkender Ort. Eine Nebenstraße (oder ab der Broad Bay ein Wanderweg) führt von dort zum *Larnach Castle,* einem schlossähnlichen Wohnsitz im Stil der viktorianischen Version der englischen Spätgotik (Tudor Style). Es wurde für den gebürtigen Australier William Larnach errichtet und 1872 fertiggestellt. Der reiche Bankier und spätere Politiker, der Selbstmord (im Parlament) beging, hat das kostspielige Schloss mit seinen prächtigen Ausblicken über die Bucht kaum betreten. Für Europäer, die den Anblick von Schlössern gewohnt sind, ist der Garten von größerem Interesse. Er birgt verschiedenste Schätze – ein Eckchen Rosengarten, einen Rhododendronhain, englischen Rasen und amerikanische Kiefern – und wird doch als Einheit empfunden.

Auf einer Halbinsel westlich von Portobello liegt das *NZ Marine Studies Centre & Aquarium* der University of Otago, dessen Aquarium die Meeresfauna in den Gewässern um Neuseeland zeigt. Man kann dem Füttern beiwohnen (Mi und Sa 14 Uhr) oder – nach telefonischer Voranmeldung – an einer kommentierten Tour teilnehmen.

Öffnungszeiten Glenfalloch Woodland Garden, 430 Portobello Rd. Sonnenaufgang bis Sonnenuntergang. Führungen nach telefonischer Vereinbarung: ✆ 03/4761775.

Fletcher House, 727 Portobello Rd., tägl. 11–16 Uhr (im Winter nur Sa/So 11–16 Uhr). Eintritt 3 $. ✆ 03/4780180.

Larnach Castle, tägl. 9–17 Uhr. Eintritt 27 $, Gärten allein 12,50 $. ✆ 03/4761616, www.larnachcastle.co.nz.

Aquarium, tägl. 12–16.30 Uhr, Führung tägl. 10.30 Uhr. Eintritt 12 $. ✆ 03/4795826.

Taiaroa Head: Die Landspitze der Otago-Halbinsel nennt sich Taiaroa Head. Da sie weit ins Meer hinausragt, verändert sie den Lauf der Küstenströmung, wodurch kaltes Wasser aufgewirbelt wird und ein besonders nahrungsreiches marines Ökosystem entsteht. Davon profitieren die Meeresvögel und Meeressäuger, die sich hier angesiedelt haben. Auf beiden Seiten des Parkplatzes am Straßenende führen Wege weiter, die an interessanten Beobachtungsplätzen enden. Nach links kommt man hinunter zur *Pilots Beach* mit einer Pelzrobbenkolonie, nach rechts führt ein Steig an den senkrechten Klippenrand, wo man auf die felsige Küste unterhalb schauen kann, wo sich ebenfalls Pelzrobben suhlen und am Abend Zwergpinguine aus dem Wasser steigen, um zu ihren von hier aus nicht sichtbaren Nestern zurück-

Die Kolonie der Königsalbatrosse am Taiaroa Head

Albatrosse leben in den kurzen Phasen, die sie nicht über dem Meer verbringen, auf einsamen Felsenkliffs und winzigen, sturmgepeitschten Inseln. Die Menschen mussten sie nie fürchten, so hatten sie auch keine Berührungsängste, als sie erstmals 1914 auf dem äußersten Kap der Otago-Halbinsel landeten, das damals noch als Weideland genutzt und zumindest ab und zu von Menschen aufgesucht wurde. 1920 fand man hier das erste Ei und 1938 gelang dem ersten Küken, das in Taiaroa Head geschlüpft war, der Flug. Das war nur möglich, weil bereits in den ersten Jahren Ornithologen eingegriffen und die langsam sich erweiternde Kolonie geschützt hatten. Sonst wäre sie bald streunenden Hunden, Fuchskusus, menschlichen Gewehren oder Eiersammlern zum Opfer gefallen. Ab 1938 begannen systematische wissenschaftliche Studien, denen bald verstärkte Schutzmaßnahmen (Sicherheitszäune) und 1972 die Eröffnung der Beobachtungsplattform folgten. Die Royal Albatross Colony ist heute eine der wichtigsten touristischen Attraktionen Otagos.

Königsalbatros über Taiaroa Head

Es gibt zwölf Albatros-Arten, unter den Wanderalbatrossen werden die drei größten Arten zusammengefasst (lat. Diomedea exulans, antipodensis und gibsoni). Fast weiß ist der Königsalbatros (engl. Royal Albatross, lat. Diomedea epomorphora). Die kleinsten werden auf Englisch Mollyhawks genannt, der allerkleinste ist Buller's Mollyhawk (lat. Thalassarche bulleri), der auf Snares Island seine einzige Brutkolonie hat. Eine weitere Kolonie, in der nicht gebrütet wird, besteht auf Solander Island. Alle Albatrosse sind für ihre langen Flüge bekannt, doch den Rekord halten die Wanderalbatrosse. Ein Wanderalbatros, den Wissenschaftler südlich von Sydney mit einem Minisender am Flügel versehen hatten, wanderte in 105 Tagen von Australien über die antarktischen Küsten nach Südafrika – 25.000 km weit (das war im Südsommer 1992/93).

Der Jahreszyklus der Königsalbatrosse am Taiaroa Head:

Im September kommen die erwachsenen Tiere von ihrer mehrmonatigen oder auch mehrjährigen Wanderschaft auf Taiaroa Head an.

Im Oktober finden Werbung und Kopulation statt, die Albatrosse bilden feste Paare. Das Paar startet sofort mit dem Bau eines nicht sonderlich sorgfältigen Nestes aus umgebendem Gras und lockerem Material.

Im November werden die Eier gelegt, die insgesamt 11 Wochen ausgebrütet werden, wobei sich die Eltern abwechseln.

Zwischen Ende Januar und Mitte Februar schlüpfen die Jungvögel.

Mitte Februar bis Ende März werden die Jungvögel von den Elternvögeln rund um die Uhr betreut.

Von April bis Ende August oder sogar Ende September bleiben die Jungvögel im Nest. Die Fütterung durch die Elternvögel erfolgt in immer längeren Abständen.

Nach 10 Tagen, während derer sie nur sehr wenig Futter bekommen, verlassen die Jungvögel im späten September das Nest und machen Flugversuche. Bei starken Winden gelingt es ihnen zu starten (was auch für ausgewachsene Vögel nicht leicht ist). Sie verlassen ihren Nestort und kehren erst nach mehreren Jahren zurück, um hier wiederum selbst zu brüten.

zukehren. Von überall hat man eine gute Chance, fliegende Königsalbatrosse zu sehen, die man allerdings nur aus der Nähe zu sehen bekommt, wenn man die gegen Eintritt zu besichtigende Albatroskolonie besucht. Etwas weiter östlich gibt es am Strand eine Kolonie von Gelbaugenpinguinen.

Blick ins Albatros-Schutzprojekt: Durch das *Westpac Royal Albatross Centre* mit Café und Informationen zur Albatroskolonie betritt man das Gelände der Kolonie, die man auf einer *Royal Albatross Tour* zu sehen bekommt. Nach einem einführenden (informativen) Film betritt man einen abgeschlossenen Bereich, von dem aus man die Vögel beobachten kann (Ferngläser werden zur Verfügung gestellt). Die beste Zeit, um die Vögel zu beobachten, ist Mitte Dezember bis Ende Februar, wenn die Jungen schlüpfen. Dann wieder im Spätherbst (April/Mai), wenn die Altvögel oft längere Zeit unterwegs sind und die Jungen das Nest zu verlassen beginnen.

Öffnungszeiten Tägl. 9–19 Uhr, Mai bis Okt. nur 10–16 Uhr, 1. Weihnachtsfeiertag geschlossen. Eintritt Centre 2 $ Spende. Die Tour (1 Std.) im Zeitraum Ende Nov. bis Mitte Sept. kostet 40 $. Mitte Sept. bis Ende Nov. gibt es während der Brutsaison keine Touren. Buchungen sind unbedingt nötig, am besten über Visitor Centre Dunedin oder ✆ 03/4780499, www.albatross.org.nz. ∎

Penguin Place nennt sich eine Kolonie von Gelbaugenpinguinen, den seltensten Pinguinen Neuseelands, die man auf einer 3 km langen Stichstraße erreicht, die südlich von Taiaroa Head beginnt (klare Beschilderung). Der private Besitzer des Gebiets hat Gräben angelegt und Abdeckungen geschaffen, aus denen heraus und durch die man die Pinguine aus nächster Nähe sehen kann – ein unvergessliches Erlebnis. Die meisten organisierten Touren ab Dunedin haben Penguin Place in ihrem Programm.
Tägl. 10.15 Uhr bis Sonnenuntergang (Mitte April bis Ende Sept. 15.15–16.45 Uhr). 40 $. Buchungen unter ✆ 03/4780286, www.penguinplace.co.nz.

Die Highcliff Road und die Südküste: Über den Inselrücken führt die aussichtsreiche Highcliff Road, die in Portobello beginnt und in St. Kilda endet. Zweigstraßen führen an Sandbuchten, wo sie an den Stränden oder in deren Nähe enden, die letzten zehn oder zwanzig Minuten muss man meist über hohe Sanddünen zu Fuß gehen. Gerade an diesen oft sehr einsamen Stränden, Victory Beach, Allans Beach und Boulders Beach z. B., hat man die besten Chancen, einzelne Auckland-Seelöwen zu entdecken, die sich dort im Sand suhlen. Man kommt den Tieren besser nicht zu nahe und auf keinen Fall zwischen sie und das Meer. Denn wenn sie angreifen, können sie sehr viel schneller sein, als man vermutet, und dem menschlichen Aggressor schwere Wunden zufügen.

Information/Touren Radtour um die Otago-Halbinsel → unten. Zu Wanderungen gibt es ein kostenloses Faltblatt der Stadt Dunedin, das im Visitor Centre erhältlich ist: „Otago Peninsula Tracks".

🚴 Rund um die Otago-Halbinsel (GPS-Radtour; → Karte S. 651)

Tour-Info: Auf dieser Tagestour lernt man die wichtigsten Küsten, Buchten und Sehenswürdigkeiten der Otago-Halbinsel kennen und mit etwas Glück trifft man auf die Meeressäuger und Meeresvögel, die die Küste bevölkern. **Länge**: 77 km. **Höhenunterschied (kumuliert)**: ↑↓ 600 m. **Charakter**: bunter Mix aus Asphalt, Erd- und Staubstraßen, Makadam und einer durch Allradfahrzeuge tief ausgefurchten Piste. Bis auf Letztere leicht zu fahren, allerdings einige steile Teilstrecken. **Karte**: NZTopo50 CE17 „Dunedin" und CE18 „Taiaroa Head".

Die Tour beginnt am **i-Centre in Dunedin (1)**, also am Octagon. Man fährt Richtung Bahnhof, wo man nach rechts auf die verkehrsreiche N 1 abbiegt **(2)**. Bei der Abzweigung „Invercargill" **(3)** fährt man geradeaus weiter. Das Schild „Portobello" **(4)** weist uns nach links, kurz darauf hat man die Küstenstraße erreicht **(5)** (Portobello Shore Road).

Weiter entlang der Küste, streckenweise Radweg, die **Glenfalloch Gardens** bleiben rechts oberhalb. Hübsch die kleine, sandige **Macandrew Bay Beach (6)** (im „Whalers Arms" kann man schon mal Rast machen und über einem Kaffee oder Bier aufs Meer blicken ...). Der Abzweig zum **Larnach Castle (7)** (3 km) bleibt rechts, auch der Wanderweg zum Schloss **(8)** etwas weiter am Beginn der **Broad Bay**.

Links hat man Ausblicke auf Quarantine Island und auf Port Chalmers, bevor man **Portobello** erreicht. Gegenüber dem Portobello Hotel findet man Telefon und Laden **(9)**. Nach Überquerung einer Halbinsel erreicht man **Lower Portobello (10)**, hier geht es rechts über die Höhen zurück nach Dunedin, aber das ist erst für später geplant. Kurz darauf liegt oberhalb der Küstenstraße der **Bus Stop Backpackers (11)**, die Straße führt wenig später von der Küste weg und erreicht sie erst wieder knapp vor der Schiffsanlegestelle der **Monarch Wildlife Cruises (12)**. Nur einen Steinwurf entfernt, folgt der Abzweig zum **Penguin Place (13)**. Eine kurze scharfe Steigung führt auf das Plateau der Landspitze der Halbinsel **Taiaroa Head (14)**. Hinter dem Parkplatz liegen Albatros-Kolonie und Leuchtturm, rechts kann man außerhalb des umzäunten Gebietes ans Meer und auf die wilde Küste, auf Seehunde und fliegende Albatrosse blicken.

Zurück geht es bis **Lower Portobello (10)** auf dem gleichen Weg, dann links auf der (nicht asphaltierten) Straße zum Papanui Inlet (die Straße ist als Weir Road gekennzeichnet, ein Schild weist auf die Wicliffe Bay). Am **Papanui Inlet (15)** angekommen, wendet man sich nach rechts, ignoriert die folgende Abzweigung nach rechts **(16)** und folgt dann der zweiten Abzweigung **(17)**, die vom Meer wegführt. Rechts bergauf geht es über einen niedrigen Sattel zur nächsten Meeresbucht, dem **Hoopers Inlet (18)**. Auf dem Küstensträßchen wendet man sich nach rechts bis zum Ende mit Parkplatz **(19)**, von dort aus geht es zu Fuß weiter (Fahrräder weder erlaubt noch sinnvoll, da Feinsanduntergrund) zum Strand der **Allans Beach (20)** (Naturschutzgebiet, der Autor hat bei drei Besuchen dreimal Seelöwen vorgefunden).

Zurück auf die Küstenstraße passiert man die beiden von rechts einmündenden Straßen aus dem Papanui Inlet (bei der zweiten Einmündung **21**). An der schmalsten Stelle der Bucht mündet die bis hierher asphaltierte Straße von Portobello **(22)**. Auf der anderen Seite des Inlets heißt es dann klettern: die Straße führt im rechten Winkel vom Meer weg **(23)** (als Küstenstraße geht sie nur noch ein kurzes Stück weiter und endet dann – alle drei Straßenstränge nennen sich hilfreicherweise Hoopers Inlet Road). Auf dem Rücken erreicht man die **Sandymound Road (24)**, der man nach rechts folgt. Weiter geht es bergan, bei ein paar Häusern beginnt wieder der Asphalt **(25)** und kurz darauf hat man die Höhenstraße erreicht **(26)**, die **High Cliff Road**, deren höchster Punkt immerhin 330 m über dem Meer liegt. Auf dieser Straße wendet man sich nach links. Es bieten sich immer wieder großartige Ausblicke nach Süden und Osten auf Schafweiden, Küste und Meer. Man passiert die wenigen Häuser von **Pukiniki** (Abzweigung Larnach Castle), die Abzweigung des Buskin Tracks und erreicht schließlich die Abzweigung des **Karekai Tracks (27)**. Links fährt man zunächst auf einer Straße weiter, nach dem Ende von Asphalt und Straße **(28)** gibt es nur noch einen schlechten Track („Highcliff Track"), der in diesem Bereich von 4WDs befahren wird und besonders im unteren Teil steil und problematisch ist: Die Spurrillen sind halb so tief wie die Fahrrad-Räder. Wer stürzt, der riskiert Kopf, Kragen und Fahrrad. Aber am Ende wartet eine wunderschöne Bucht, die **Smaills Beach (29)** mit blendend weißem Sand und eine Straße, die uns weiter bringt zur **Centre Road (30)** und auf dieser nach links und hinein nach Dunedin, in den Ortsteil **St. Kilda**. Beim dortigen **Beach Hotel (31)** geht es rechts und ohne Richtungswechsel zurück zum Octagon und **i-Centre Dunedin (1)**.

Gelbaugenpinguin
engl. Yellow-eyed penguin/Maori: hoiho/lat. Megadyptes antipodes

Das Vorkommen des kleinen – keine 70 cm erreichenden – Gelbaugenpinguins ist auf die Südinsel zwischen Fiordland und der Banks-Halbinsel sowie die subantarktischen Inseln Neuseelands beschränkt. Seinen Namen hat er von einem auffallenden Merkmal, der gelben Iris, deren heller Farbton durch ein gelbes Band rund um den Kopf in Augenhöhe und weiße Federn rund ums Auge noch verstärkt wird. Der Maori-Name bedeutet „Lauter Schreier" und gibt ein anderes wichtiges Erkennungsmerkmal dieses Vogels wieder. Er nistet an steilen Küsten mit Buschwald, wo er sein Nest oft hoch über der Brandungslinie anlegt und beobachtet werden kann, wenn er morgens zum Fischen über den Strand watschelt und in der Dämmerung zurückkehrt. Durch die massive Zerstörung seines Lebensraums war sein Vorkommen auf der Südinsel in der Brutsaison 1990/91 auf 150 Paare geschrumpft, inzwischen sind es durch Schutzmaßnahmen wieder mehr als 450 Paare geworden (und ca. 1.500 auf den subantarktischen Inseln).

Die Gelbaugenpinguine werden bis zu 20 Jahre alt, Männchen werden mit 3–4 Jahren, Weibchen mit 2–3 Jahren geschlechtsreif. Die Bindung erfolgt meist lebenslang. Die Brutsaison ist Mitte September bis Mitte Oktober, die beiden Eier werden 43 Tage lang ausgebrütet, sodass die Jungen im späten November oder Dezember schlüpfen. Sechs Wochen lang muss nun jeweils ein Elternteil am Nest Wache halten, während das andere tagsüber zum Fischen geht. Hauptnahrung sind Tintenfisch und kleine Fische, die der Vogel aus Tiefen bis zu 130 m holt. Die halbverdaute Nahrung wird den Jungen zum Fraß ausgewürgt. Wenn die Jungen etwa sieben Wochen alt sind, müssen beide Eltern ganztägig fischen, um den Appetit der Jungen zu stillen. Im Februar und März ziehen die Jungen bis zu 500 km weit nördlich in die winterlichen Fischgründe, nur 15 % kommen wieder zurück, um zu brüten. Die Eltern haben noch eine Woche Zeit und futtern sich fett, denn nun beginnt bis Ende April die Zeit der Mauser, also des Gefiederwechsels. In dieser Phase sind sie nicht schwimmfähig und müssen an Land bleiben – nach der Kükenphase der gefährlichste Lebensabschnitt. Sie können verhungern und Räubern zum Opfer fallen, vor allem Katze, Hund, Marder oder Wiesel. Im Mai haben sie endlich ihr neues Federkleid und können nun wieder schwimmen und Nahrung suchen. In den wenigen verbleibenden Wochen bis zum Beginn der Brutsaison müssen sie sich erholen und Fett anfressen.

Die besten Strände, um den Gelbaugenpinguin zu beobachten: **Bushy Beach** bei Oamaru, **Katiki Point** bei Moeraki, **Shag Point** zwischen Moeraki und Palmerston, auf der **Otago-Halbinsel** in der Sandfly Bay oder z. B. am sog. Penguin Place (nur mit Führung/Eintritt), **Nugget Point** bzw. **Roaring Bay** in den Catlins.

Oamaru

Der cremefarbene Kalkstein, der in der Umgebung von Oamaru so interessante Terrassen bildet, wurde auch zum Bau der wichtigsten Gebäude der ehemaligen Hafenstadt Oamaru verwendet. Und nicht nur dort, denn auch in Wellington, Dunedin, Auckland und Christchurch sind wichtige Gebäude oft aus Oamaru Stone errichtet.

Der Stadtkern der gut erhaltenen Stadt wurde nach 1865 errichtet, als der Hafen der Stadt der einzige sichere Anlaufplatz zwischen der Banks-Halbinsel und Otago Harbour war. Goldfunde aus dem Landesinneren, der Abbau des Oamaru Stone und das Transportgeschäft auf dem Meer machten die Stadt reich. Seit 1877 die Bahnlinie Christchurch – Dunedin fertig gestellt war, verlagerte sich das Stadtzentrum nach Norden zum Bahnhof hin. Nach 1880 folgte ein Niedergang, das Gold versiegte, der Stein wurde immer mehr durch andere Materialien ersetzt (nur wenige konnten sich dieses teuere Material noch leisten), Häfen wie Dunedin, Lyttelton, Wellington und vor allem Auckland liefen Oamaru den Rang ab.

Der Gang durch die Stadt ist somit ein Gang durch ihre Vergangenheit, denn nach 1880 hat sich nur noch wenig getan – bis auf den Tourismus, der unerwartet zugeschlagen hat, als Naturbeobachtung in Mode kam und die Kolonie von Zwergpinguinen vor der Tür der Stadt plötzlich zur Touristenattraktion wurde. Da die beste Zeit, die Pinguine zu beobachten, die Zeit nach Einbruch der Dunkelheit ist, sollte man doch hier übernachten, auch wenn sonst wenig zu sehen und zu tun ist.

Information/Verbindungen/Feste & Veranstaltungen

Information Oamaru i-Site Visitor Centre, 1 Thames St. Tägl. 9–18 Uhr (Sa/So 10–17 Uhr, von Ostern bis Okt. jeweils nachmittags eine Stunde kürzer). ✆ 03/4341656, www.visitoamaru.co.nz.

Verbindungen Busse auf der Linie Christchurch – Dunedin halten in Oamaru an der Kreuzung Thames und Eden Street. Tickets im Café Lagonda, Tea Rooms nebenan. *Coastline Tours* verbindet Oamaru Mo–Fr mit Dunedin, ✆ 03/4347744, www.coastlinetours.co.nz.

Feste & Veranstaltungen Die Victorian Heritage Celebrations am 3. Wochenende im Nov. hüllen ganz Oamaru in viktorianisches Gewand, auch Bankangestellte sind dann während der Bürostunden ganz selbstverständlich in Frack und Seidenkleider mit Cul de Paris (natürlich nur die Damen) gehüllt.

Übernachten (→ Karte S. 661)

Kingsgate Hotel Brydone Oamaru 8, der historische Bau im hellen Oamaru-Stein ist nun ein Kingsgate-Hotel mit gepflegten Zimmern (mit Tee-/Kaffeezubereiter), einige im „Historic Wing" mit den alten Raummaßen und Deckenhöhen. Im Haus T-Bar, ein Bistro-Restaurant. DZ ab ca. 90 $. 115 Thames St., ✆ 03/4340011, 0800/404010, www.millenniumhotels.com.

Criterion Hotel 11, „Victorian B&B Hotel" nennt sich das alteingesessene Hotel am Hafen. Nur 6 Zimmer, gemeinsame Bäder (bis auf eines mit Bad), exzellentes, üppiges Frühstück. DZ/FR 105–165 $. 3 Tyne St., ✆ 03/4346247, www.criterion.net.nz.

Oamaru Alpine Motel 2, 10 recht geräumige Units in verschiedenen Größen (bis drei Zimmer), alle mit Bad und Küchenzeile, in Fußentfernung vom Zentrum. Unit 90–250 $. 285 Thames St., ✆ 03/4345038, 0800/272710, www.alpineoamaru.co.nz.

Oamaru

Cremefabenes Oamaru mit Ex-Lok

Homestay Oamaru 4, Vorstadtbungalow etwas über der Bucht, 3 Zimmer, 2 mit eigenem Bad. Die Gastgeber sind weit gereist und haben eine kleine Gästebibliothek samt Karten und Atlanten zusammengestellt. DZ/FR 80–100 $. 14 Warren St., ✆ 03/4341454, www.bellview.co.nz.

Empire Hotel 10, das historische Stadthotel von 1867 hat deutlich bessere Tage gesehen, aber als Backpacker-Herberge mit umgebauten, sauberen Zimmern ist es immer noch in Ordnung. Internet, Videos gratis, Billard, Klavier. Auch Frauenschlafsaal! DB 27 $, DO 22–25 $. 13 Thames St., ✆ 03/4343446, www.empirebackpackersoamaru.co.nz.

Swaggers 13, einfache Backpacker-Herberge im kleinen häuslichen Rahmen, kein großer Schlafsaal, Abholung vom Bus möglich, gratis Videos, kleine Gästebibliothek. DB 28–30 $, DO 20–22 $. 25 Wansbeck St., ✆ 03/4349999, agra.49@hotmail.com.

Pen-Y-Bryn Lodge 14, schöne, ruhig etwas oberhalb des Ortskerns gelegene Lodge. Das ursprüngliche Gebäude war eine viktorianische, ganz aus Holz errichtete Villa (1899). Billardsaal mit Kamin, der Aufenthalts- und Speisesaal mit alter Stuckdecke, Holz- und Farbglasfenstern und Parkettboden. 5 liebevoll eingerichtete Gästezimmer, alle mit Bad/WC. Riesiger Garten. Nur mit Viergang-Dinner und üppigem Frühstück zu buchen. Ab 2011 neue Leitung. 2 Pers. in der Hochsaison mit Drinks, Dinner und Frühstück ca. 825 $. 41 Towey St., ✆ 03/4347939, www.penybryn.co.nz.

YHA Red Kettle 6, erkennbar an der überdimensionalen, roten Teekanne vor der Gartentür. Gemütliche Jugendherberge in einem kleineren, allein stehenden Wohnhaus. Schlafsäle und Zweierzimmer. DO ab 24 $, DB ab 27 $. Ecke Reed/Cross St., ✆ 03/4345008, www.yha.co.nz.

Oamaru Top 10 Holiday Park 7, gut geführter Platz nahe den Oamaru Gardens, mehrere Nächtigungsangebote. Units mit Küche und/oder Bad 95–175 $, Stellplatz und 2 Pers. ab 40 $. Chelmer St., ✆ 03/4347666, 0800/280202, www.oamarutop10.co.nz.

Essen & Trinken
(→ Karte S. 661)

Café Bean on Thames 9, 175 Thames St.; ganz durchschnittliches Café, aber nichts zu bemängeln, Kaffee ausgezeichnet, frische Ware im Glaskasten und auf dem Teller. Mo–Fr 7–17, Sa 8.30–15 Uhr. ✆ 03/4348619.

Lagonda Milk Bar & Tearooms 5, 91 Thames St.; Selbstbedienungscafé am Busstop, wo man auch die Bustickets bekommt und im Internet surfen kann. Genug Platz für große Gruppen, anständiges Essen, auch ein paar Tische nebenan im Freien.

Whitestone Cheese Café 3, 3 Torridge St.; eigentlich ein Käseladen der gleichnamigen Käserei, aber wie ein Café geführt. Die Käseauswahl ist nicht groß, aber genussvoll durchzuprobieren. Tägl. bis 17 Uhr (am Wochenende bis 16 Uhr). ✆ 03/4348098, www.whitestonecheese.co.nz.

Woolstore Café 12, 1 Tyne St.; das moderne Bistro-Café im täglich geöffneten Woolstore-Shopping-Komplex am Hafen ist ein beliebter Treffpunkt zu Cappuccino und Kuchen. ✆ 03/4348336.

Riverstone Kitchen 1, SH 1; Restaurant etwas außerhalb in Richtung Norden und bereits auf dem Lande. Gutbürgerliche Küche (Braten!) und ebensolches Ambiente samt offenem Kamin. Tägl. 9–17 Uhr, Do–Sa auch Dinner. ✆ 03/4313505.

Sehenswertes

Whitestone-Bauten an der Thames Street: Kommt man von der Bushaltestelle auf die Thames Street, sieht man nach links abbiegend die wunderbar cremefarbenen Bauten der Innenstadt von Oamaru. An der Gabelung von Thames und Severn Street, wo der eigentliche Altstadtbezirk beginnt, geht man kurz nach links in die Coquet Street: ein schönes Beispiel für den neugotischen Stil im Oamaru-Stein bildet die Kirche *St. Paul's* von 1873.

Tipp: Nach Einbruch der Dunkelheit werden die Whitestone-Bauten beleuchtet und strahlen in einem fast unwirklichen Cremeweiß.

Hat man Coquet Street gequert, fällt zunächst rechts das *Opera House* von 1907 auf. Das folgende *Court House*, der Gerichtspalast, ist ein attraktiver Bau im repräsentativen neo-palladianischen Stil. Daneben steht das ehemalige *Athenäum*, das heute das *North Otago Museum* beherbergt, dessen Sammlung von abgenommenen Maori-Wandmalereien bis zu Informationen über den Oamaru-Stein alle Aspekte des Nordens von Otago berücksichtigt. Das folgende Haus war Oamarus *Postamt* von 1884, das kleine Haus danach ist sein Vorgänger von 1864.

Genau gegenüber stehen die *National Bank* (von 1870) mit neoklassizistischer Fassade und daran anschließend die *Forrester Gallery* mit noch üppigerer Fassade, eine Kunstgalerie mit ständigen Sammlungen und Wechselausstellungen. Die anglikanische Kirche *St. Luke's* (ab 1865) nach der Kreuzung mit der Itchen Street wird von einem schlanken, 39 m hohen Turm überragt. Im Norden der Stadt steht an der Reed Street der Neorenaissance-Prunkbau der katholischen *St. Patrick's Basilika*, die ab 1893 errichtet wurde.

Öffnungszeiten North Otago Museum, tägl. (außer So) 13–16.30 Uhr, Sa 10–13 Uhr. Eintritt frei.

Forrester Gallery, tägl. 10.30–16.30 Uhr, Sa 10.30–13 Uhr, So 13–16.30 Uhr. Eintritt Spende.

Der historische Bezirk um Tyne und Harbour Street: Die Itchen Street führt nach links in den ältesten Bezirk der Stadt, die beiden Hafenstraßen Harbour Street und Tyne Street, deren meist vor 1880 entstandene Gebäude aufwendig restauriert und neuen Zwecken zugeführt wurden. Im *Woolstore Complex* an der Ecke Itchen und Tyne Street sind heute ein Café, das *Automuseum Oamaru Auto Collection* und die *Market Promenade* untergebracht, in der sonntags zwischen 10 und 16 Uhr ein Markt stattfindet. Die *Union Offices* nebenan beherbergen kunsthandwerkliche Galerien, Werkstätten und Läden. In der Harbour Street wird das *Harbour Board Office* im venezianischen Stil der Spätgotik und beginnenden Renaissance heute von einer Kunstgalerie eingenommen, weitere Gebäude, die um 1880 errichtet wurden, schließen sich an.

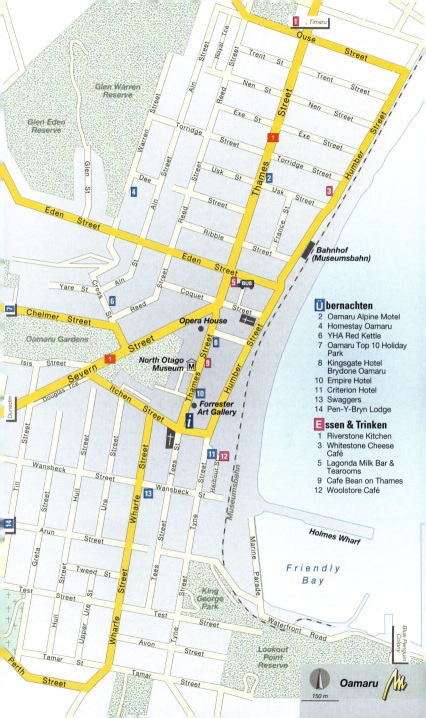

Der *Oamaru Historic Steam Train* ist ein privates Unternehmen, die Garnituren im Inneren der Bahn sind alt und werden von Freiwilligen gewartet. Der „Bahnhof" liegt nahe der Touristeninformation. An Wochenenden und Feiertagen im Sommer fährt die Bahn jede halbe Stunde zwischen 11 und 16 Uhr (Ticket 5 $)..
Automuseum, tägl. 10–16 Uhr. Eintritt 8 $.

Zwergpinguin/Blauer Pinguin
engl. Little Blue Penguin/Maori: koroa/lat. Eudyptula minor

Der Zwergpinguin ist wirklich ein Zwerg, er erreicht maximal 25 cm Höhe und 40 cm Gesamtlänge. Das Gewicht beträgt im Durchschnitt 1 kg, er wird bis zu 18 Jahre alt. Sein Gefieder ist indigoblau, die Augen sind silbergrau bis bräunlich. Die Vögel kommen an den Küsten der neuseeländischen Südinsel, auf Chatham Island und in Südostaustralien sowie Tasmanien vor (die berühmte nächtliche Pinguinparade am Strand von Philipp Island südlich von Melbourne besteht aus Zwergpinguinen). Zwergpinguine bauen ihre Nester am Rand von Sandstränden und am Fuß von Klippen. Sie leben in Kolonien, verbringen den Tag im Meer und kehren abends zu ihren Nestern zurück. Ihr Lebenszyklus ähnelt dem der Gelbaugenpinguine, doch verlassen die Jungen das Nest bereits nach zwei oder drei Wochen, um den etwa zwei Stunden nach Sonnenuntergang mit Futter zurückkehrenden Eltern entgegenzugehen. Einige der besten Plätze, um Zwergpinguine zu beobachten, befinden sich an den flachen Sandstränden in der Nähe von Oamaru (geführte Touren mit kommentierter Tribünen-Show, aber an vielen Stränden auch ohne Führung zu beobachten – die Quartiergeber wissen wo).

Die Blue Penguin Colony: Eine der am leichtesten erreichbaren Kolonien des Zwergpinguins liegt am Stadtrand von Oamaru. Die Kolonie existiert seit 1993, als dort 33 Pinguinpaare zu brüten begannen. Inzwischen sind es bis zu 120 Paare und während der Phase, in der die Jungen ständig von beiden Elternteilen gefüttert wer-

Ab hier dreht sich alles um Pinguine. Nun heißt es:

den müssen, also vor allem im Dezember/Anfang Januar, kann man bis zu 200 Pinguine an sich vorbeiwatscheln sehen. Im Juni oder Juli sind es manchmal nur eine Hand voll. Die beste Tageszeit zur Beobachtung ist knapp vor bis eine Stunde nach Sonnenuntergang.

Pinguin-Touren Oamaru Blue Penguin Colony, Waterfront Rd., Oamaru, Eintritt 25 $, ✆ 03/4331195, www.penguins.co.nz. Das Unternehmen bietet Touren mit Führung in kleinen Gruppen unter dem Namen „Behind the Scene Tour" an. Die Touren starten am eigenen Informationszentrum mit Souvenirladen. Bei den besonders interessanten Abendtouren ist Filmen und vor allem Blitzen, das die Pinguine erschrecken würde, nicht erlaubt, die aus dem Meer steigenden Pinguine werden jedoch teilweise beleuchtet, man sieht sie von einer großen Tribüne aus. Das Unternehmen ist nicht profitorientiert, alle Einnahmen werden in den Schutz der Pinguinkolonie investiert.

Vorfahrt für Pinguine!

Die Kolonien der Gelbaugenpinguine: Folgt man der Küste auf einem guten Fußweg von der Zwergpinguinkolonie etwa 1,5 km weiter nach Süden, erreicht man eine der Kolonien der Gelbaugenpinguine im Umkreis von Oamaru. Diese Pinguine beobachtet man am besten am späten Nachmittag bis Sonnenuntergang, wenn sie von ihren Fischzügen zum Nest zurückkehren. Die größte Zahl an Pinguinen ist in den Monaten November bis Februar anwesend. Die Kolonie an der *Bushy Beach* kann auch mit dem Auto erreicht werden (auf dem SH 1 nach Süden, Bushy Beach Road links ab, ca. 3 km).

Die Moeraki Boulders und der Kaitiki Point

Zwischen Oamaru und Palmerston nahe der Mündung des Shag River in den Pazifik sticht eine Landzunge in den Ozean, die Moeraki-Halbinsel. Ähnlich wie die Kaikoura-Halbinsel und die Otago-Halbinsel bricht sie die Küstenströmung und wirbelt kaltes Grundwasser an die Meeresoberfläche. Auch hier zieht das zusätzliche Nahrungsangebot Meeressäuger an, die sich davon ernähren. An den felsigen, durch steile Kliffs vom Plateau der Halbinsel getrennten Stränden wurden schon alle in Neuseeland vorkommenden Robben gesichtet: Neuseeland-Pelzrobbe, Hooker's (Auckland-)Seelöwe, Seeleopard (der außerhalb der Antarktis extrem selten ist) und Seeelefant. Vor der Küste sind immer wieder Hectors Delfine zu beobachten. Die Reste einer Walfängerstation in einer der Buchten der Halbinsel sagen genug über das Vorkommen von Walen aus – gesehen werden meistens Gruppen von Orca. Die besten Chancen, diese Tiere zu sehen, hat man am Katiki Point, einem spitzen Kap mit Leuchtturm ganz am Südostende der Moeraki-Halbinsel.
Kaitiki Point kann ab dem Ort Moeraki auf der Lighthouse Road erreicht werden, einer nicht asphaltierten, aber auch für normale PKW geeigneten Straße.

Der von Dünen gesäumte Sandstrand am Nordende der Moeraki Halbinsel ist von bis zu 2 m hohen Steinkugeln durchsetzt, die dort nebeneinander in unregelmäßigen Abständen herumliegen, als ob eine Gruppe von Riesen ihre Murmelsammlung achtlos verstreut hätte. Wie diese Steinkugeln, die Moeraki Boulders, auf den Strand kamen, war lange Zeit umstritten. Heute haben sich die meisten Geologen auf eine Erklärung geeinigt (→ s. o.). Man erreicht den Strandbereich um die Boulders (die jederzeit frei zugänglich sind) vom Parkplatz am SH 1 oder vom Visitor Centre mit Café-Restaurant, von wo aus ein kurzer Privatweg zum Strand führt.

Maori interpretierten die Moeraki Boulders als Wasserbehälter aus Kürbissen (Kalebassen), die vom Wrack des „Arai-te-uru", eines der Kanus der ersten Besiedelungswelle, an den Strand gespült wurden. Das Dorf Moeraki, 1 km südlich der Boulders, ist ein Maori-Dorf mit einer interessanten Kirche von 1861, Kotahitanga, was „ein Volk" bedeutet. Sie enthält ein Buntglasfenster (entstanden 1891), in dem Maori neben Christus und seiner Mutter Maria dargestellt sind. Die Kirche ist leider fast immer verschlossen.

Die Entstehung der Moeraki Boulders

Die Moeraki Boulders, die wegen ihrer segmentierten Oberfläche auch gerne mit Riesenfußbällen verglichen werden, begannen ihren Bildungsprozess vor ca. 65–60 Mio. Jahren. Die herrschende Meinung über ihre Entstehung (aber beileibe nicht die einzige) ist, dass es sich um einen Kristallisierungsprozess handelt, der von Resten organischen Materials ausging. Man stellt sich vor, dass der Schlamm eines Flachmeeres von späteren Ablagerungen überdeckt und durch den Meeres- und Gebirgsdruck komprimiert wurde. Die im Schlamm liegenden kalkigen Organismen, etwa Muschelschalen, wirkten als Kerne für die Mineralisierung des sich allmählich immer fester komprimierenden Gesteins, wobei das im ursprünglichen Schlamm noch vorhandene Meerwasser die Mineralien entlang konzentrischer Spannungslinien in Richtung des Kerns verfrachtete. Die runde Form der in geschätzten vier Millionen Jahren entstandenen Moeraki Boulders wird dadurch erklärt, dass die ursprüngliche schlammige Meeresbodenbedeckung bis auf die späteren Kristallisationskerne völlig gleichförmig war, sodass die Kristallisation um die Kerne in alle Richtungen gleich intensiv wirken konnte. Wo die Kristallisationskräfte in einiger Entfernung vom Kern (maximal 1 m) schwach wurden, riss der Rand der Kugeln und es entstand ein Muster wie bei einem Fußball. Vielleicht wurden die Risse auch durch Gase verursacht, die aus der Kugel allmählich entwichen.

Vor 15–10 Mio. Jahren wurde die Schlammformation mit den Stein- und Kristallkugeln (die Moeraki-Formation) allmählich angehoben und geriet auf eine Höhe oberhalb der gegenwärtigen Meeresoberfläche. Die Erosion trug alle nicht kristallisierten Elemente der Moeraki-Formation ab, aber den Kristallkugeln konnte sie nichts anhaben. Mit der Abtragung ihrer Umgebung sanken sie tiefer und liegen jetzt auf einem Sandstrand, der ältere Gesteinsschichten verdeckt. In ein paar Millionen Jahren mögen sie immer noch hier liegen, während auch diese darunter liegende Gesteinsschicht abgetragen sein wird.

Am Lake Dunstan: Central Otago

Central Otago

Im Wind- und Regenschatten der bis zu 3.000 m hohen Gipfel der Southern Alps befindet sich Neuseelands trockenstes Gebiet. Das heißt, im Sommer ist es hier sehr heiß, im Winter sehr kalt. Die waldlosen Berge mit ihren schwarzen Felsgruppen, den Tors, und die Weinlandschaft um Cromwell sind die Pole des Landschaftsspektrums im Inneren von Otago.

Der 1948 geborene Maler Grahame Sydney hat diese Landschaft in seinem Bild „Hinterland" (1997/98, Dunedin Art Gallery) eingefangen: grau-weiß-gelbliche Bergketten, gegliedert durch Streifen von Schatten und Licht, durchziehen in Wellen das Bild und lösen sich im Vordergrund in den vertrocknenden Grashalmen einer baumlosen Steppe auf. Der Name Otago kommt vom Maori-Wort *o takou* für die Ockerfarbe der Erde des Binnenlandes, die typische Farbe der Provinz.

Wegen der Trockenheit der Region hatte niemand so recht Interesse gehabt, sie zu erforschen oder gar zu besiedeln, sodass 1861, als erste Goldfunde gemacht wurden, weder Wege noch Siedlungen existierten – Maori-Dörfer gab es keine. Die aus aller Welt einströmenden Goldsucher mussten alle Infrastruktureinrichtungen selbst schaffen. Maultierstraßen und Bretterstädte entstanden, und als der Boom ab etwa 1880, spätestens in den Jahren vor dem Ersten Weltkrieg, verebbte, blieben überwachsene Karrenspuren, Geisterstädte und eine geschundene Landschaft zurück. Wenige Orte konnten sich halten, entweder als Verkehrs- und Versorgungszentren oder durch Obstbau, der sich als profitabel erwies. Erst ab ca. 1980 kam der Weinbau hinzu, der inzwischen zu einem wichtigen Standbein der Region geworden ist.

Der Goldrausch in Central Otago

1861 wurde in Otago erstmals Gold gefunden. An der Fundstelle von Flussgold am Tuapeka River bei Lawrence (zwischen Milton und Roxburgh) campierten innerhalb weniger Wochen an die 10.000 Goldsucher. Kurz darauf wurde in der Dunstan Gorge (sie nennt sich heute Cromwell Gorge) Gold entdeckt, ebenfalls leicht abzubauendes Flussgold in den Schottern der oberen Terrassen. Es folgten der Arrow River und der Shotover River (beide beim heutigen Arrowtown). Eine Flut von Abenteurern landete im Hafen von Dunedin, viele waren schon als Goldgräber in Kalifornien und Australien gewesen und hatten ihr Vermögen dort nicht gemacht. Neben den Weißen kamen erstmals Chinesen aus britischen Kolonien ins Land, geduldet, aber nicht akzeptiert und sowohl gesellschaftlich als auch räumlich – wie in Arrowtown heute noch gut zu sehen ist – an den Rand gedrängt. Dutzende von Goldgräberorten entstanden, Hotels und Kneipen, Tanz- und Spielsalons und Banken, die meisten aus gerade vorhandenen Materialien schnell hochgezogen. Dunedin, der Einfallsort und damals schon größte Ort der Provinz, machte eine steile Karriere als Vorort des Goldrauschs. In Dunedin wurde das Geld ausgegeben oder angelegt, protzige Bankhäuser entstanden und protzige Villen derjenigen, die am Goldrausch verdienten – keinesfalls die Goldgräber. Straßen wurden angelegt, um an die Goldfelder herankommen zu können, lange Wasserleitungen entstanden, um Terrassenschotter abzuspülen, unter dem man Flussgoldseifen vermutete. Einige der Wasserkanonen, die man dafür einsetzte, gibt es noch, wie die funktionstüchtige in der Kawarau-Schlucht zwischen Cromwell und Arrowtown. Ganze Gegenden wurden abgetragen, um ans Gold zu kommen, wie man etwa heute noch in Banockburn bei Cromwell sieht oder am zerfurchten Talrand bei Naseby. Es gab auch einige Zonen mit Abbau von Primärgold aus goldhaltigem Quarzgestein, etwa um Bendigo östlich von Cromwell, aber im wesentlichen beschränkte sich der Goldrausch auf das weitaus leichter zu gewinnende Flussgold.

Der Anstieg des Goldpreises in den letzten Jahrzehnten und der Einsatz neuer Technologien macht den Goldabbau heute wieder ökonomisch vertretbar. Goldvorkommen, die vor mehr als hundert Jahren bereits aufgegeben worden waren, werden z. T. nochmals ausgeschöpft. Das 1862 eröffnete und 1875 wieder geschlossene Macraes-Goldbergwerk (→ S. 670) wurde in den letzten Jahren als riesiger Tagebau wiedereröffnet und soll noch bis mindestens 2013 in Betrieb bleiben.

Die Provinz Otago hat einen **„Otago Goldfields Heritage Highway"** ausgeschildert, der die meisten Orte der Goldgräberzeit miteinander verbindet. Die dazugehörige Broschüre mit einfacher Übersichtskarte ist in jeder Besucherinformation der Region gratis zu erhalten.

Von Dunedin aus ist die *Taieri Gorge Railway* die anregendste Art, Binnen-Otago zu erreichen. An ihrem Endpunkt beginnt eine *Maniototo* genannte Talfolge, die nicht nur durch Straßen, sondern auch durch den *Otago Central Rail Trail* erschlossen wird, einen Rad- und Fußweg auf der stillgelegten Bahnstrecke. Geisterstädte und frühere Goldgräberorte wie *St. Bathan's* und *Naseby* liegen am Trail und der einzige Goldabbau der Region, *Macraes Flat*, ist nicht weit. In *Alexandra* und

Clyde erreicht man den *Clutha-Fluss*, der wie der Waitaki mit Staudämmen und Kraftwerken gezähmt wurde. Diesen Staudämmen wäre auch die Altstadt des früheren Goldgräberortes *Cromwell* zum Opfer gefallen, hätte man sie nicht abgebrochen und höher oben wieder aufgebaut. Im nahen *Bendigo* haben sich Goldgräberdorf und Minengelände erhalten, während in *Banockburn* zwar die Goldabbauzone interessant zu besichtigen ist, vom alten Dorf aber nichts mehr steht – Weinbau hat den Goldabbau abgelöst.

www.centralotagonz.com.

Der Otago Central Rail Trail

Will man in Neuseeland das Rad einsetzen, so sollte man dies in Central Otago tun: Der 162 km lange Otago Central Rail Trail zwischen Middlemarch und Clyde ist der Radweg schlechthin. Leicht zu fahren, abwechslungsreich, komplett auf Radfahrer eingestellt, im Sommer allerdings manchmal recht heiß – trotzdem ein Radlvergnügen für flotte Biker, aber auch Familien.

Von Middlemarch nach Alexandra zieht sich eine Talfolge durch die trockene Berglandschaft von Central Otago. Die Talfolge wird im Südostteil vom Taieri-Fluss und seinen Zubringern entwässert, im Nordwestteil vom Manuherikia River, einem Nebenfluss des Clutha, in den er bei Alexandra mündet. Das dünn besiedelte Gebiet war in der Goldgräberzeit wesentlich bevölkerungsreicher, wie viele Reste zeigen, etwa die der Geisterstadt St. Bathans. Eine Bahnlinie, die Dunedin und Mosgiel über Middlemarch mit Alexandra verband, wurde wieder aufgegeben, es gab keine Kunden mehr. Nur das Stück bis Pukerangi (an manchen Tagen bis Middlemarch) blieb erhalten und ist heute eine reine Touristenstrecke. Den Rest der Bahntrasse ließ man nach Entfernung der Gleise verfallen, bis jemand die brillante Idee hatte, den noch bestehenden Bahndamm samt Brücken und Tunneln zu einem Radweg auszubauen, dem Otago Central Rail Trail.

Information/Verbindungen

Information Tourism Central Otago, www.centralotago.co.nz und www.otagocentralrailtrail.co.nz; **Maniototo Visitor Information Centre**, 3 Charlemont St. East, Ranfurly, ✆ 03/4441005, tägl. 9–17, im Sommer bis 18 Uhr, freundliches Personal mit vielen Tipps und Infos im restaurierten Bahnhof. Weitere Infos bei der i-Site Alexandra → dort.

Verbindungen Zug: Taieri Gorge Railway → Dunedin.

Bus/Shuttle: *Catch-A-Bus* von Dunedin nach Wanaka über Middlemarch, Ranfurly und Alexandra tägl. außer Sa sowie Clyde–Middlemarch tägl. Der Service wendet sich auch speziell an Radfahrer, für die an manchen Tagen von Dunedin bis Clyde ein Trailer für 10 Räder zum Einsatz kommt. Catch-A-Bus, PO Box 11059 Dunedin, ✆ 03/4799960, www.catchabus.co.nz.

Zwischen Pukerangi und Queenstown verkehrt der *Track & Trail Bus* zu den Ankunfts- und Abfahrtszeiten der Züge von und nach Dunedin. ✆ 03/4775577, www.transportplace.co.nz.

Radtouren/Anbieter

Trail Journeys in Alexandra veranstaltet geführte Mountainbike-Touren auf dem Rail Trail und im Gelände (4 Tage/3 Nächte ab 1.275 $). Hin- und Rücktransport zu jeder

668 Dunedin und die Region Otago

Stelle des Trails werden organisiert (Preis abhängig von der Gesamtdistanz). Des Weiteren werden Fahrräder vermietet. Preise: „Comfort Bike", gutes Mountainbike mit Frontfederung oder starres Rad 40 $, jeweils pro Tag. Trail Journeys, PO Box 205, 16 Springvale Rd., RD 1, Alexandra, ✆ 021/371677, 0800/724587, www.trailjourneys.co.nz.

Off the Rails bietet ähnliche Leistungen. 32 Charlemont St., Ranfurly, ✆ 027/3633724, 0800/6337245, www.offtherails.co.nz.

Radverleih an vielen Stellen in fast allen Orten, z. B. **Bike Hire Ranfurly**, 20 Charlemont St., Ranfurly, ✆ 03/4449242, macht auch Buchungen für den Trail.

Übernachten/Essen & Trinken

In Middlemarch The Lodge Middlemarch, Lodge mit Doppel- und Einzelzimmern, Küche, Esszimmer und Aufenthaltsraum (TV, DVD) in einfachem, älterem Haus unweit des Bahnhofs Middlemarch. Schlichte, aber korrekte Zimmer. DZ/FR mit Bad 140 $, ohne Bad 100 $. 24 Conway St., Middlemarch, ✆ 027/2284789, enquiries@thelodge-middlemarch.co.nz, www.middlemarch.co.nz/thelodge-middlemarch.

Middlemarch B&B, angenehmes B&B mit großem Garten, auch Abendessen ist möglich. DZ/FR ab 95 $. Swansea St., SH 87, Middlemarch, ✆ 03/4643718, lorna.williams@xtra.co.nz.

Blind Billy's & Middlemarch Motels, viel Platz im Grünen und teilweise unter Bäumen. Der private Platz am Rand des Ortes ist eine echte Idylle, allerdings eine schwacher (obwohl sauberer) Sanitär- und Küchenbereich. Motel 115 $, Cabin/Caravan 70 $, Backpacker-Cabin (bis 6 Pers.) 22 $ p. P., Stellplatz und 2 Pers. 22 $. Mold St., Middlemarch, ✆ 03/4643355, www.middlemarch-motels.co.nz.

Strath Taieri Hotel, das aus den 1890ern stammende Hotel gegenüber dem Bahnhof, eigentlich ein Pub mit Zimmern, bietet einfache Zimmer mit Bad auf dem Gang. DZ/FR (cont.) 90 $, SG/FR (cont.) 50 $. Snow Ave., Middlemarch, ✆ 03/4643800, www.strathtaierihotel.com.

Kissing Gate Café, kleines Café am Ortseingang von Süden her (Swansea St.), nichts Besonderes, aber für Middlemarch exklusiv und mit wirklich stimmungsvollem Gastgarten. ✆ 03/4643224.

In Hyde Otago Central Hotel, mit Hyde Café am Straßenübergang des Radweges unterhalb des Ortes Hyde, im ehemaligen Otago Central Hotel. Sehr beliebt bei Radlern und Autofahrern, vor allem die Terrasse vor der Tür. Getoastete Sandwiches, gefüllte Bagels, eigene Kuchen und süße Schnitten, Alkohollizenz – kühles Bier! Übernachtungsmöglichkeit in Bunks und Zimmern. Preise auf Anfrage. Eaton St. Hyde, ✆ 03/4444800, sutherlandnk@xtra.co.nz.

In Waipiata Waipiata Motel, Motel-Neubau, 6 große Units mit Bad, gut ausgestattet, 5 Gehminuten zum Waipiata Hotel von 1899, einem klassischen, gründerzeitlichen Hotel aus der Goldgräberzeit, zumindest an der Fassade ist die Zeit stehen geblieben. DZ/FR (cont.) 140 $. Main St., Waipiata, ✆ 03/4445885, www.waipiatamotel.co.nz.

Peters Farm Hostel, Backpacker- und Radler-Unterkunft in einem Homestead, der noch im 19. Jh. gegründet wurde. Unweit des Rail Trails, aber auch Abholung von Waipiata oder Ranfurly möglich. Radverleih 15 $/Tag. Bett im Homestead oder im Bunk 50 $ jeweils mit cont. Frühstück. Waipiata, RD 3, Ranfurly, ✆ 03/4449083, 0800/472458.

In Ranfurly Moyola Guest House, reizvolles Art-Deco-Haus in Design und Teilen der Ausstattung, dazu ein Art-Deco-Laden – wenn das nicht zieht? Ansonsten: individuell ausgestattete Zimmer, gute Betten, Wohn- und Schlafraum, Küche (mit Espressomaschine!), ein Zimmer mit Spa. DZ/FR (cont.) 175 $. 38 Charlemont St., Ranfurly, ✆ 03/4449010, 0800/999979, www.ruralartdeco.co.nz.

Ranfurly Motels, in keiner Weise herausragendes Motel. Erdgeschoss-Units des üblichen Standards: Bad, Küchenzeile, Heizung, Heizdecken, Bügelbrett und -eisen. Unit 95–115 $. 1 Davis Ave., Ranfurly, ✆ 03/4449383, 0800/100559, www.ranfurlymotels.co.nz.

Old Po Backpackers, sauber und in Ordnung, Betten, keine Lager. Old Po steht übrigens für „Old Post Office". Bett 22–40 $. 11 Pery St., Ranfurly, ✆ 03/4449588, www.oldpobackpackers.co.nz.

Ranfurly Holiday Park & Motels, Platz am Rail Trail, neuwertige Motels und Cabins.

Der Otago Central Rail Trail   669

Denkmal für das Eisenbahnunglück am Otago Central Rail Trail

Stellplätze/Motels 24–100 $. Ecke Pery St./Reade St., Ranfurly, ✆ 03/3270806, 0800/726387, www.ranfurlyholidaypark.co.nz.

In St. Bathans Constable Cottage and Goal, Veranda und Wache der ehemaligen Polizeistation und früheres Gefängnis, beide heute private Cottages mit Küche und Bad, die Wache (Cottage) fast bis zu 6, das Gefängnis (Goal/Jail) bis 3 Pers. Cottage (2 Pers.) 220 $, weitere (bis 6) Pers. je 20 $, Goal (2 Pers.) 125 $, 3. Pers. 20 $. 1648 Loop Rd., St. Bathans, ✆ 03/4736242, 0800/555016, www.stbathansnz.co.nz.

In Naseby Royal Hotel, historisches Stadthotel aus der Goldgräberzeit, 1863 aus Trockenziegeln erbaut, alle Zimmer renoviert, einige mit Bad. Im Haus Restaurant und Bar mit deftiger Kost (und kühlem Bier), Radverleih. DZ 90–125 $, Backpacker-Schlafsaal ab 25 $. 1 Earne St., Naseby, ✆ 03/4449990, 0800/262732, www.naseby.co.nz.

Larchwood Holiday Park, Cabins und Camping am Platz am kleinen Stausee (15 km von Naseby) mit Bademöglichkeit, teilweise schattig, nicht recht neu, Küchenblock mit Mikrowelle. Stellplatz und 2 Pers. ab 27 $, Cabins/Cottages 43–79 $. 8 Swimming Dam Rd., Naseby, ✆ 03/4449904, www.larchviewholidaypark.co.

In Wedderburn Wedderburn Tavern, das Lokal mit Gartenbar in der historischen Wadderburn Tavern von 1885 liegt an der höchsten Stelle des Trails exakt an der Wasserscheide zwischen den Flüssen Taieri und Manuherikia, ein idealer Punkt fürs Relaxen. Anständige Zimmer, getrennt ein Bunkhouse mit Backpackerlagern. DZ/FR (cont.) 100–110 $, DO im Bunkhouse 45–50 $. Wedderburn, ✆ 03/4449548, www.wedderburntavern.co.nz.

In Lauder Lauder School B&B, B&B in der winzigen Lauder Railway School von 1906, gegenüber Foxy's Lauder Tavern. Drei Zimmer, weitere Cottages im Garten, das größere Milmor Cottage mit drei Zimmern, Küche und Bad. Bett 75/55 $ p. P. SH 85, Lauder, ✆ 03/4473099, www.lauderrailtrail.co.nz.

Foxy's Lauder Tavern, emsiger Pub am Rail Trail, Bier, Kaffee und Snacks, einfache Mahlzeiten. Einfache Unterkunft für bis zu 6 Pers. Lauder, ✆ 03/4473706.

In Omakau Commercial Hotel & Caravan Park, direkt am Rail Trail liegt dieses akzeptable und preiswerte Hotel (samt Restaurant) mit Backpacker-Unterkunft, Campingmöglichkeit, Pferdekoppel und Restaurant/Bar – aus naheliegenden Gründen immer gut gebucht. Zimmer mit Bad/WC ab 70 $, Backpacker-Schlafsaal ab 35 $ (mit bezogenen Betten). Main Rd., Omakau, ✆ 03/4473715, www.omakauhotel.co.nz.

In Ida Valley Blacks Hotel, 2 km von Omakau entfernt liegt dieses simple historische Hotel aus der Art-Deco-Periode, das speziell auf Rail-Trail-Radler und Reiter (eigene Pferdeweide) eingestellt ist. 2007 generalüberholt mit einigen neuen Zimmern. DZ/FR (cont) 60 $. Main Rd., Ida Valley, ✆ 03/4473826, stephen.chapman@clear.net.nz.

Middlemarch: Die bäuerliche Siedlung Middlemarch hatte 2004 den niedrigsten, jemals in Neuseeland gemessenen Niederschlagswert, nur 441 mm (85 % des lokalen Durchschnitts). In der Presse wurde Middlemarch prompt als „Arizona der Südhalbkugel" bezeichnet. Im Januar 2004 gingen die Temperaturen gleichzeitig bis auf 35 °C hoch, was den Arizona-Effekt natürlich verstärkte!

Rock and Pillar Range: An der Westseite des tektonisch entstandenen, im Abschnitt zwischen Middlemarch und Hyde schnurgerade verlaufenden Taieri-Flusstales erhebt sich die Rock and Pillar Range. Selbst vom Tal aus sieht man, dass ihre höchsten Erhebungen von einzelnen, isolierten Felsgruppen gebildet werden. Diese werden mit dem aus dem Gälischen stammenden Begriff „Tor" (ähnlich in der Granitlandschaft des Dartmoor) bezeichnet. Manche sind so schmal, dass man sie sogar als Säulen bezeichnen könnten („Rock and Pillar" – Fels und Säule). Diese sehr typische Landschaft ist in ganz Central Otago verbreitet, auch in den Bergketten gegen Osten sieht man sie, etwa entlang der Straße von Middlemarch nach Macraes Flat und Dunback, oder westlich von Cromwell entlang der Nevis Road.

Über Macraes Flat nach Dunback: Die Straße von Middlemarch nach Macraes Flat und Dunback, wo sie auf den SH 85 trifft (Palmerston – Alexandra), ist nur im ersten Teil asphaltiert. Dort, wo man das Bergland mit zahlreichen isolierten *Tors* erreicht, ist sie nur noch eine Staubstraße. Auf den Tors sieht man immer wieder Vögel in Ausguckposition, der Autor hat einen Neuseelandfalken beobachtet und mehrfach den auch im Binnenland lebenden Variable Oystercatcher (eine Austernfischerart). In der historischen Goldgräbersiedlung Macraes Flat hat sich bis heute eines der früheren Hotels erhalten, Stanley's Hotel beherbergt auch heute noch Gäste in seinen Räumen. Die wiedereröffnete Mine ist jetzt ein Tagebaugebiet, das besichtigt werden kann, wobei in den zwei Stunden, die man herumgeführt wird, auch eine historische Quarzstampfanlage und verschiedene alte Bauten erklärt werden. Macraes Flat wurde ab 1862 als Goldbergwerk aufgebaut und hatte 1868 300 Bewohner, davon die Hälfte Chinesen. 1875 wurde das Bergwerk geschlossen, weil die Ausbeute zu gering geworden war. Die Stampfanlage Callery's 5 Stamp Battery wurde erst 1920 aufgestellt und hatte die Gewinnung von Scheelit zum Ziel. Auch dieser Abbau wurde später (nach 1950) wieder eingestellt. Moderne Technologie und steigende Goldpreise haben den Abbau nun doch wieder rentabel gemacht und bis mindestens 2013 soll die neue Tagebauzone eine jährliche Ausbeute von 6,8 Tonnen Gold einbringen (1. Vierteljahr 2011 44.157 Unzen Gold). Dann wird das Goldlager erschöpft sein, doch wird das mittlerweile fündige Fraser-Untertagebergwerk noch länger die Arbeitsplätze sichern (der weltweit tätige Konzern Oceanagold, der die Lizenzen besitzt, bohrt auch anderswo in Central Otago). In der riesigen Produktionsstätte sind etwa 300 Menschen beschäftigt – so viele, wie 1868 hier lebten.

Goldminenführung Die 2 Std. dauernden Führungen (30 $) durch den Tagebau finden nach telefonischer Voranmeldung statt: **Macraes Goldmine Tours**, ✆ 0800/465386, www.oceanagoldtours.com. Alternativ bucht man eine Macraes-/Oceanagold-Tour ab Dunedin, die mit einer Bahnfahrt auf der Taieri Gorge Railway verbunden wird und mit einer Busfahrt über Palmerston endet: Reservierung/Tickets für die **Railroad-to-Gold-Tour** auf www.taieri.co.nz.

Der Otago Central Rail Trail 671

Hyde und Tiroiti: Zwischen Hyde mit seinem einladenden Hyde Café im Hotel aus der Goldgräberzeit und Tiroiti passiert man auf Brücken und durch Tunnel die Upper Taieri Gorge, die nicht so tief und nicht so eng ist wie diejenige, die der Zug zwischen Mosgiel und Pukerangi durchquert. Für einen Radfahrer ist die Schlucht aber eindrucksvoll genug. Kurz zuvor hat man das *Hyde Memorial* passiert, eine Natursteinpyramide als Denkmal für die am 4. Juni 1943 bei einem Bahnunglück Verstorbenen. Die Unglückstelle liegt 0,5 km weiter in einer engen Kurve mit steilen Hängen zu beiden Seiten.

Ranfurly: Der Ort am Rail Trail und wichtigster Ort des Maniototo, wie sich die Ebene am Oberlauf des Taieri nennt, hat wohl am meisten von allen vom Radtourismus profitiert. Viele Unternehmen des Ortes sind heute auf diesen Tourismuszweig spezialisiert. Ranfurly hat den, gegenüber anderen Orten am Trail, einzigartigen Zug eines Art-Deco-Ortes, was in der Werbung reichlich eingesetzt wird. Nach einem Brand mussten in den frühen Dreißigerjahren die meisten Häuser wieder aufgebaut werden, wie gleichzeitig in Napier im Stil Art Deco. Die *Art Deco Exhibition* (1 Charlemont St. East, tägl. 10–16 Uhr) zeigt Objekte wie Möbel und Dekorstücke aus der Zeit (und Art-Deco aus späterer Zeit), das Gebäude selbst ist das Art-Deco-Schmuckstück des Ortes. Am letzten Wochenende im Februar findet in Ranfurly ein „Rural Art Deco Weekend" statt – Omas Federboa nicht vergessen!
Ranfurly Visitor Information Centre, 3 Charlemont St., Ranfurly, ✆ 03/4441005, visitorcentre @codc.govt.nz, www.maniototo.co.nz.

St. Bathans: Fünf Einwohner und 20 Gebäude zählt die abseits des Rail Trails liegende Geisterstadt. Zu ihren besten Zeiten waren es etwa 2.000 Menschen, die in gemeinsamer Arbeit auf der Suche nach Goldadern im Quarz einen Hügel von 120 m Höhe abtrugen und ein 70 m tiefes Loch hinterließen. Das Loch füllte sich mit Wasser und es entstand der kleine Blue Lake. Das Vulcan Hotel von 1882 und das Old Goal mit Constable's Cottage bieten Übernachtung und Verpflegung in historischen Bauten. Das Hotel sollte 1986 abgerissen werden, ein landesweiter Protest konnte das verhindern.

Naseby: Der etwas abseits des Trails gelegene Ort hat eine Touristen-Information und ein kleines *Maniototo Early Settlers Museum*. Das Museum ist vor allem wegen seiner großen Sammlung von Original-Fotos aus der Goldgräberzeit aufsuchenswert. Im Wald oberhalb des Ortes, der vor allem aus exotischen (also europäischen und amerikanischen) Hölzern besteht, findet man zahlreiche Wanderwege und Mountainbike-Tracks. In Naseby endet die Straße aus dem Waitaki-Tal über den *Dansey's Pass* (→ Canterbury/Waitaki-Tal S. 628).

Information Naseby Information Centre, Derwent St., PO Box 11, ✆ 03/4449961.
Öffnungszeiten Museum, Nov. bis Mai, tägl. (außer Mo) 13.10–15.30 Uhr. Eintritt 2 $.

Ida Valley und Poolburn Gorge: Nach *Wedderburn,* wo man den höchsten Punkt des Otago Central Rail Trail erreicht, fährt man wieder flach durch das *Ida Valley*. Es geht meist entlang dem Ida Burn, der sich nach 25 km durch die Raggedy Range quälen muss, um dann in den Manuherikia River zu münden. Diese Schlucht, die *Poolburn Gorge,* ist durch mehrere Tunnel und Viadukte erschlossen, die einen der landschaftlichen Höhepunkte des Trails bilden. Die folgende Brücke über den Manuherikia River nach *Lauder* ist die längste auf dem Trail (111 m).

Omakau und Ophir: Omakau ist zentraler Ort für seine bäuerliche Umgebung, aber gänzlich ohne Sehenswürdigkeiten. Nach Ophir auf der anderen Talseite nimmt man die Manuherikia-Brücke, eine Hängebrücke von 1870. Auch zwei Straßenbrücken führen hinüber. In Ophir ist das elegante, aus Stein und Ziegeln errichtete *Post & Telegraph Office* von 1886 eine Besichtigung wert – es hat seine Funktion nie geändert!

Zur **Thompson Gorge Road** nach Bendigo und Cromwell → Cromwell S. 680.

Alexandra

Wie eigentlich alle anderen Orte Central Otagos auch, entstand Alexandra während der Goldgräberzeit. Und ebenso wie bei allen anderen war nach ein paar Jahren der Boom vorbei und der Ort ziemlich am Ende. Wegen seiner Lage an der Mündung des Mahuherikia-Tales in den Clutha konnte sich Alexandra jedoch halten und sich durch die wachsende Bedeutung des Obstbaus in der Region als dessen Haupteinkaufs- und Versorgungsort etablieren. Der neue Weinbau rundum, die Wander- und Radwege sollten den Aufenthalt in Alexandra auch für mehr als ein paar Stunden angenehm machen. Glaubt man der mit Superlativen um sich werfenden Imagebroschüre, so ist man überhaupt immer am falschen Ort, wenn man nicht in Alexandra ist: „what makes Alexandra special is its boundless generosity" oder „Whatever your passion might be, Alexandra is the perfect setting in which to fall in love all over again!" Na dann.

Alexandra hat besonders trockenes kontinentales Klima, im Sommer 15–35 °C, im Winter 6–15 °C. Mit weniger als 500 mm Jahresniederschlag ist die Umgebung des Ortes das trockenste Gebiet Neuseelands.

Information/Verbindungen/Jobben

Information Alexandra Visitor Information Centre, 21 Centennial Ave. (im zentralen Pioneer Park), ℡ 03/4489515, www.alexandra.co.nz. Tägl. 9–17, im Sommer bis 18 Uhr. Viel Platz, viele Broschüren; gratis Broschüren „Alexandra Historic Sites", Infos zu Mountainbike-Routen und Wanderwegen.

Für die Region: **Tourism Central Otago**, www.centralotagonz.com.

Verbindungen Bus: InterCity, Wanaka Connections, Catch-A-Bus und Atomic verbinden den Ort mit Queenstown, Wanaka und Dunedin.

Jobben Obsternte, Schnitt, Ausdünnen, Packen und Aussortieren sowie Traktorarbeiten werden durch saisonale Hilfskräfte erledigt. Für diese **Arbeiten im Obstbau** kommen auch Ausländer in Frage, die Bezahlung ist nach neuseeländischen Maßstäben gut. Arbeitsgenehmigungen *(work permits)* können innerhalb von 1–2 Tagen ausgestellt werden, Unterkunft wird zur Verfügung gestellt. Hauptsaisonzeit ist Dez. bis Febr. Nähere Infos bei **Seasonal Solutions**, 67 Tarbert St., Alexandra, ℡ 0800/545567, www.jobscentral.co.nz.

Sport & Freizeit/Feste & Veranstaltungen

Mountainbike-Touren Altitude Adventures, 88 Centennial Ave., bietet geführte Touren mit dem Mountainbike an. Halbtagestour in der Umgebung (2–3 Std. ab ca. 70 $), ℡ 03/4488917, www.altitudeadventures.co.nz.

Trail Journeys veranstaltet geführte Mountainbike-Touren auf dem Rail Trail und im Gelände um Alexandra (→ Otago Central Rail Trail).

4WD-Touren Allradexkursionen in die Berge von Central Otago bietet **Safari Excursions**, ℡ 03/4487474.

Feste Ende Sept. **Alexandra Blossom Festival** – dieses Blütenfest ist Neuseelands ältestes. Die Blumenparade (mit Kunstblumen) ist der Höhepunkt der Veranstaltungsliste.

Alexandra 673

Die Nationalstraße 8 ist Central Otagos Hauptarterie

Übernachten/Essen & Trinken

Übernachten **117 Alexandra Avenue Motel**, das etwas von Alexandras geschäftiger Centennial Avenue abgesetzte Motel ist neueren Datums, die Einrichtungen sind gut in Schuss. Units in 3 Ausführungen mit und ohne Spa, alle mit separater Küche, Zentralheizung, Heizdecken. Unit 125–150 $. 117–119 Centennial Ave, ✆ 03/4486919, 0800/758899, www.avenue-motel.co.nz.

Almond Court Motel, ruhig an einer Nebenstraße gelegenes Motel, dennoch zentrumsnah. Großzügige Units mit getrenntem Schlafzimmer, gratis WLAN. Unit 120–135 $. 53 Killarney St., ✆ 03/4487667, 0800/256663, www.almondcourtmotel.co.nz.

Alexandra Holiday Park, mittelgroßer Platz am Rail Trail im Grünen. Stellplatz und 2 Pers. ab 24 $, auch Cabins und Motel-Units. 44 Manuherikia Rd., PO Box 7, Alexandra, ✆ 03/4488297, www.alexandraholidaypark.com.

Essen & Trinken The **Courthouse Café & Bar**, 8 Centennial Ave.; amüsantes kleines Café im winzigen, alten Gerichtsgebäude, sehr guter Kaffee und frische Fruchtsäfte, Brunchgerichte bis ca. 15 $. ✆ 03/4487818.

Shaky Bridge Café, Graveyard Gully Rd.; modernes Bistro-Café, nur Lunch, freitags auch Dinner, lokale Weine per Glas. ✆ 03/4485111.

Sidewalk Café, 72 Centennial Ave.; die Cheese Scones muss man wirklich probiert haben … WLAN gibt's ebenfalls. ✆ 03/3389021.

Sehenswertes

Clock on the Hill: 11 m Durchmesser hat die Uhr über der Stadt, ihre Stahlrohrkonstruktion ist 1.306 kg schwer. Die Uhr wurde 1968 errichtet, ist nachts beleuchtet und bis zu 8 km weit zu sehen.

Alexandra Museum: Das städtische Museum (Öffnungszeiten wie Information Centre, s. o.) im Pioneer Park zeigt Bilder und Objekte aus der Goldgräberzeit und liefert jede Menge Infos zu einer der übelsten Plagen der Bauern in Central Otago:

den Wildkaninchen. Die netten Tierchen wurden 1909 eingeführt und haben die Grasvegetation der Region mit Millionen von Bauten unterminiert und den Weidetieren weggefressen.

> ### Obst und Wein in Central Otago
>
> Äpfel, Kirschen, Aprikosen und Pfirsiche sind die traditionellen Obstsorten der Plantagen um Cromwell. Die Kirschenernte von ca. 7.000 Tonnen bestimmt den neuseeländischen Markt, die besten Aprikosenanlagen sind leider im Lake Dunstan untergegangen, dennoch sind die Ernten in Neuseeland nach wie vor konkurrenzlos. Äpfel haben flächenmäßig den größten Anteil, nehmen aber wegen großer nationaler (Tasman Bay und Hawke's Bay) und internationaler Konkurrenz ab.
>
> Seit 1972 wurde mit Wein experimentiert, der Boden und das Klima wissenschaftlich analysiert, die besten Stellen ausgesucht. Ab 1980 starteten erste Versuche am Feld und erst 1987 begann die Pflanzung von Weinreben. Heute stehen ca. 1.150 ha Boden unter tragenden Weinreben (Äpfel 800 ha, Kirschen 350 ha, Pfirsiche 220 ha, Aprikosen 425 ha), viele weitere sind bereits gepflanzt, und tragen demnächst verwertbare Trauben – die Weinrebe ist die Frucht der Zukunft. Verglichen mit der gesamten Produktion Neuseelands (2008 standen 29.300 ha unter Reben) ist Central Otago jedoch weniger bedeutend.
>
> Die häufigste Rebsorte ist der Pinot Noir mit 70 % der Anbaufläche, gefolgt von Pinot Gris und Riesling. Die Produktion erreichte 2007 ca. 4.500 Tonnen, was aber nur ca. 3 % der neuseeländischen ausmacht. Während die Gegend um Cromwell und Alexandra eher für ihre strahligen Weißweine vom elsässischen Typ bekannt ist, wird das Gibbston Valley am oberen Ende der Kawarau Gorge für seine besonders fruchtigen Sauvignon Blancs gerühmt.
>
> Der erste Weinberg Otagos wurde 1864 vom Minenbesitzer Jean Desire Feraud nahe Clyde angepflanzt, die Monte Christo Winery existiert heute noch. Gute Weingüter sind u. a. William Hill, Leaning Rock, Springvale, Hawkdun Rise, Black Ridge, Dry Gully und Briar Vale.
>
> Besonders empfehlenswert: Quartz Reef am Lake Dunstan, wo der Österreicher Rudi Bauer perfekte Pinot Noirs produziert,→ 03/4453084, www.quartzreef.co.nz. Bemerkenswerten Pinot Noir und hervorragendes Extra Virgin Olivenöl produziert Aurum westlich des Lake Dunstan, → 03/4453620, www.aurumweines.com.
>
> Die bei der Information erhältliche, kostenlose „Central Otago Wine Map" umfasst auch Alexandra und Clyde. Weitere Infos → Cromwell/Weingüter.

Shaky Bridge: Die erste Brücke über den Manuherikia-Fluss war eine Hängebrücke für Menschen und Maultiere. Sie existiert in etwas veränderter Form heute noch, obwohl sie bereits 1906 durch die damals neue Bahn- und Straßenbrücke ersetzt worden war, die etwas weiter flussaufwärts den Manuherikia überquert. Auf der anderen Seite lädt das Shaky Bridge Café ein, sich vor oder nach dem Aufstieg zum Aussichtspunkt *Tucker Hill* (1 Std. hin/zurück) zu stärken.

Clyde

9 km oberhalb von Alexandra liegt am unteren Ende der Cromwell Gorge der Ort Clyde. Der Ort war einmal das Zentrum eines intensiven Obstanbaus, der die Schlucht bis Cromwell erfüllte und vor allem in ganz Neuseeland geschützte, sehr frühe Aprikosen lieferte. Nach dem Versinken der Obstgärten im Lake Dunstan, der ab 1993 geflutet wurde, hat Clyde seine Bedeutung verloren. Es blieb ein hübscher kleiner Ort mit Bauten, die noch aus der Goldgräberzeit stammen, und ein paar guten Möglichkeiten zu speisen und den feinen Wein der Gegend zu testen.

Verbindungen/Sport & Freizeit

Verbindungen Die Busse zwischen Alexandra und Queenstown bzw. Wanaka halten in Clyde auf Anforderung, die Haltestelle ist in der zentralen Sunderland Street.

Fahrrad/Kajak Als Endpunkt des Otago Central Rail Trail hat Clyde alle Einrichtungen für Radfahrer. Fahrradverleih und geführte Radtouren in die Umgebung und auf dem Otago Central Rail Trail sowie Kajakverleih (Einer 40 $/Tag, Zweier 80 $) bietet **Trail Journeys** (→ Alexandra), das hier sein Hauptquartier hat. Ecke SH 8/Springvale Rd., ✆ 03/4492150, ✆ 0800/724587, www.railjourneys.co.nz.

Übernachten/Essen & Trinken

Übernachten Dunstan House, historisches Stadthotel „Coach Inn", heute B&B mit den typischen filigranen Balkonbrüstungen der Zeit um 1900. Einfach möblierte, aber gemütliche Zimmer, einige mit Bad sowie eine Suite. DZ/FR 100–200 $. 29 Sunderland St., ✆ 03/4492295, www.dunstanhouse.co.nz.

Clyde Motel, Motel am Golfplatz, Golfausrüstung kann gemietet werden. Alle Units Erdgeschoss mit Bad und Küchenzeile, alles in einem angenehmen Gartenambiente. Unit 95–140 $. 116 Sunderland St., ✆ 03/4492845, 0800/501321, www.clydemotels.co.nz.

Clyde Holiday and Sporting Complex, klassischer Kiwi-Holiday-Camp für Familien, nebenan der Sport- und Freizeitpark mit Schwimmbad, Golf, Tennis. Stellplätze und 2 Pers. 26 $, Cabins ab 45 $. Whitby St., ✆ 03/4492713, crrc@ihug.co.nz.

Essen & Trinken Mehrere Cafés an der zentralen Sunderland Street, u. a. The Bank Café, 31 Sunderland St., tägl. 9–16.30 Uhr, in ehemaligem Bankgebäude.

Post Office Café & Bar, Ecke Blyth/Matau St., im Postamt von 1862; Biergarten, gutes Pub Food. Tägl. ab 10 Uhr. ✆ 03/4492488.

Sehenswertes

Clydes historische Ortsmitte: Zwei Dutzend Häuser an der Sunderland Street, der Blyth, Matau und Fraser Street stellen Clydes historisches Vermächtnis dar. Ganz am oberen Ende der Sunderland Street steht das *Haus der Dunstan News*, wo ab 1862 eine eigene Zeitung gedruckt wurde, die bis 1948 bestand (das Haus ist in Privatbesitz und innen nicht zu besichtigen). Das *alte Postamt* in der Matau Street, heute eine Café-Bar, ist ein weiteres Haus aus der Goldgräberzeit. Im *Court House* (Gerichtsgebäude) von 1864 in der Blyth Street ist heute das kleine Clyde Museum untergebracht, das vor allem über Clydes Goldrauschzeiten informiert. Weitere alte Gebäude werden im gratis-Faltblatt „Walk around our Historic Town Clyde" beschrieben (im Museum erhältlich).

Clyde Museum, tägl. 14–16 Uhr (Mo geschl.). Eintritt 2 $. ✆ 03/4492571.

Die Cromwell Gorge: 1853 kamen erstmals Pakeha in die Gegend des heutigen Clyde. 1862 gab es einen Goldfund durch die zwei kalifornische Prospektoren Hartley und Reilly nahe dem heutigen Cromwell (die Stelle ist vom Lake Dunstan überflutet). Nach winterlicher Kälte und starkem Rückgang des Flusses bargen die beiden 87 Pfund Gold aus abgelagerten Geschieben. Goldrush! Ein Jahr später bereits waren Clyde und Cromwell große Orte mit allen zentralen Funktionen. Gold aus Schottern wurde durch *Sluicing* gewonnen, also Abspülen durch darüber geleitetes Wasser, später durch *Dredging* mit großen Flussbaggern. Erste „Straßen" entstanden ab 1863, in Wirklichkeit waren es Maultierpfade. Seit 1864 gab es eine Provinzstraße auf der rechten Talseite. 1907 erreichte dann die Central Otago Railway Clyde, erst 1919 – kriegsbedingt – Cromwell. Die Bahn transportierte Obst, vor allem Aprikosen aus den Obstgärten der Schlucht, Wolle, Kaninchenfelle in Säcken und Schulkinder. Die Aprikosen reiften früher als diejenigen von Cromwell und brachten dadurch gutes Geld. Der Bau des Staudamms und das Fluten des Dunstan-Stausees setzten die Straße, die bereits eingestellte Bahn und die Obstplantagen der Schlucht unter Wasser.

Der Clyde-Staudamm: Seit 1948 wurde ein Staudamm im instabilen Bereich oberhalb des Ortes Clyde erwogen, 1977 begannen die Erdarbeiten, 1989 waren Damm und Kraftwerk vollendet. Die Arbeiten zur Stabilisierung der Hänge der Cromwell Gorge, die unter den Fluten des neuen Lake Dunstan verschwinden würde, dauerten an bis 1992. 70 km neue Straßen wurden gebaut, drei größere neue Brücken. Ende 1993 war Lake Dunstan geflutet. Der Damm ist einer der größten Neuseelands, er ist 60 m hoch und 490 m breit. Ein Spalt zwischen den Betonmassen wurde eingebaut, um den Auswirkungen eventueller Beben an der tektonisch aktiven Dunstan-Cairnmuir-Erdbebenlinie vorzubeugen, eine Art hydraulischer Stöpsel hinter dem Damm hält diesen Spalt wasserdicht.

Cromwell

Zwischen zwei Schluchten der Cromwell Gorge im Süden, der Kawarau Gorge im Norden liegt Cromwell am Ende eines breiten, heute teilweise durch den Lake Dunstan überschwemmten Tales. Obst- und Weinbau bestimmen die Landwirtschaft, schönes Wetter das Klima.

Das Klima in Cromwell wird durch folgende Daten erklärt: 300–350 mm Niederschlag pro Jahr, im Sommer häufig über 30 °C, im Winter bis unter -10 °C, dazu 2.180 Sonnenscheinstunden pro Jahr, an 174 Tagen Bodenfrost, an 3–4 Tagen Schneefall, nämlich im Ort selbst, der Schnee an der Ida-Kette nördlich der Stadt bleibt in Südlagen bis weit in den Sommer liegen, 2005 lag er noch Anfang Februar. Auf dem Duffer Saddle auf über 1.200 m gab es am 16. Januar 2005 (also mitten im Hochsommer) Hagelschauer und ca. 2–3 °C, unten im Ort war das Wetter schön bei ca. 24 °C.

Die Ortsentwicklung kam 1862 mit dem Goldrausch in Central Otago in Gang. Schon 1863 war der flache Terrassenstandort am Zusammenfluss von Clyde und Kawarau besiedelt. Gleich im ersten Jahr wurde eine private Mautbrücke über den Fluss gebaut – im darauf folgenden wurde sie weggeschwemmt, die neue wurde von der Provinzverwaltung bezahlt. Cromwell wurde damals *The Junction* genannt, 1878 gab es 6 Hotels, 3 Kaufläden, 1 Holzhändler, 2 Schmiede, 2 Schuster, 3 Metzger, 2 chinesische Läden und diverse andere Einrichtungen samt Arzt, Postmeister und Telegraphist – 400

Cromwell 677

Old Cromwell Town, so wenig echt wie der Esel

Menschen lebten in 100 Häusern oder anderen Unterkünften. Die Hauptstraße, Melmore Street (später Melmore Terrace), verlief von der Höhe der flachen Terrasse hinunter zur Brücke über den Clyde, ein kleines chinesisches Viertel befand sich am oberen Ende des Ortes. Die heutige Melmore Terrace steht nicht mehr an der alten Stelle. Als 1977 die Arbeit am Clyde-Staudamm begann, war klar, dass nicht nur die gesamte Cromwell Gorge überflutet werden würde, sondern auch das alte Cromwell. Die Stadt entschloss sich, ihre wichtigsten alten Bauten zu retten und versetzte sie bis zur Flutung des Sees im Jahr 1992 an einen höheren Standort, wo sie heute die „Old Cromwell Town" bilden. Wenige Hausruinen am Ufer des Lake Dunstan unterhalb von Old Cromwell Town erinnern an den alten Standort.

Information/Verbindungen/Sport & Freizeit

Information Cromwell i-Site Visitor Information Centre, 47 The Mall, Cromwell. Tägl. 9–17, Sommer bis 18 Uhr. ✆ 03/4450212, ✉ 4451319, cromwell@centralotagonz.com. Mehrere historische Blätter (kostenlos), so ein Heftchen über die Cromwell Gorge und eines über Old Cromwell Town. Besonders hilfreich das Faltblatt „Walk Cromwell" mit Wander- und Radtourenvorschlägen.

Verbindungen Die **Busse** auf der Linie Dunedin – Alexandra – Queenstown/Wanaka halten an der Mall, dem Einkaufszentrum der modernen Stadt.

Sport & Freizeit Rund um den Ort bieten sich **Wanderungen** und **Mountainbiketouren** an.

Radwerkstatt Cycle Surgery, 48 The Mall; Filiale des ausgezeichneten Ladens mit Werkstatt in Dunedin. ✆ 03/4454100, www.cyclesurgery.co.nz.

Übernachten

Anderson Park Motel, das noch relativ junge Motel gewährt mehr Platz als die meisten Konkurrenten, außerdem viel Grün. Jede der 11 großen Units hat Terrasse, die Umgebung – der Komplex liegt an der Abzweigung nach Old Cromwell von der zentralen Barry Avenue – ist ruhig. TV, komplette Küchenzeile, Bad, alles blitzsauber und Räder sowie Kajaks werden gratis verliehen, auch die Waschmaschine ist frei. Unit 95–120 $. 9 Gair Ave, ✆ 03/4450321, 0800/220550, www.andersonparkmotel.co.nz.

Cottage Gardens, B&B im Cottage der McColls in der klassischen Lage einer Obstpflanzung mit Aprikosen. Freundliche Gastgeber und freundliche Zimmer, das Doppel mit Bad/WC (sowie TV und Kühlschrank), die Einzelzimmer teilen sich ihres. Köstliches Frühstück mit eigenen Marmeladen, Nachmittagskaffee mit Kuchen gratis. DZ/FR 100–110 $. 80 Neplusultra St., ✆ 03/4450628, www.cromwellbedandbreakfast.co.nz.

》》 Mein Tipp: Lake Dunstan Lodge Homestay, die Thornburys haben sich ein Grundstück über dem See gekauft, das eine tolle Aussicht hat und durch die Straße darüber leicht erreichbar ist (nach Cromwell sind es 5 km). Großes Haus, Garten, die Zimmer teils mit eigener Terrasse und Blick auf See und Mount Pisa Range. Üppiges Frühstück, Dinner kann bestellt werden (home cooking). Zum Ausspannen! DZ/FR 120–140 $. Northburn, RD 3, Cromwell, ✆ 03/4451107, www.lakedunstanlodge.co.nz. **《《**

Top 10 Holiday Park, großer Holiday Park nahe der Brücke mit alten Windschutz-Baumreihen. Die später angepflanzten Bäume brauchen noch ein paar Jahre, um reichend Schatten zu geben. Alle Einrichtungen sauber und ausreichend (Sanitärtrakte!), Kinderspielplatz im Zentrum, insgesamt viel Freiraum. Wer will, findet auch zur Hochsaison einen ruhigen Platz. Units (3 Typen) und Cabins 70–190 $, Stellplatz und 2 Pers. ab 38 $. 1 Alpha St., ✆ 03/4450164, 0800/107275, www.cromwellholidaypark.co.nz.

The Chalets Holiday Park, Cromwells zweiter großer Holiday Park liegt an der Hauptachse des Ortes und bietet reichlich schattige Plätze und ein eher schlichtes Restaurant mit Bar, das an den Abenden und vor allem am Sonntag eine der wenigen Zufluchten Cromwells für ein Essen ist. Chalets ab 28 $ p. P., Decken und Bettwäsche können gemietet werden, Stellplatz und 2 Pers. ab 26 $, es gibt auch Units mit Küche/Bad. 102 Barry Ave, ✆ 03/4451260, 0800/830231, www.thechalets.co.nz.

Essen & Trinken

Fusee Rouge, The Mall; die rote Rakete serviert tagsüber einfache Bistro-Küche und den Kaffee oder Wein dazu, auch draußen in der Mall laden ein paar Tische zum Platz nehmen ein. ✆ 03/4454014.

The Big Picture, Ecke Sandflat Rd./SH 6; Tagescafé mit Wein-Filmthematik mit den typischen reservierten Sitzen für Stars und Regie, ein Filmraum mit virtuellem Flug über Otago, schick gestyltes Ambiente. Gastgarten im Innenhof und Weinladen – sehr gute Weinkarte. ✆ 03/4454052.

The Tin Goose, The Mall; Bistro-Café an der Mall bei der Bushaltestelle, gute kalte und warme Gerichte, gratis WLAN (halbe Std.). ✆ 03/4450217.

Rainbow Tearooms, Ecke Barry Ave./Inniscour St.; sehr traditionelle Dairy am Abbieger zur Old Town, auch So geöffnet, jederzeit heiße Snacks und kalte Getränke. ✆ 03/4450383.

Grain & Seed Cafe, Old Town; Tagescafé mit kalten und warmen Snacks, So geschlossen. ✆ 03/4451077.

In Banockburn Alice's Vineyard Café & Restaurant & Wine Tasting, feine Küche im Weingut, elegant und dekorativ serviert, mehrfach national ausgezeichnet. Lunch bei schönem Wetter im Innenhof, bei schlechtem Wetter und Dinner im Saal. Hauptgerichte mittags um 25 $, abends 35 $. Akarua Winery, Cairnmuir Rd., Banockburn, ✆ 03/4453211, www.akarua.com.

Sehenswertes/Touren

Cromwell: Das neue Cromwell mit seinem Einkaufszentrum, der Mall, der gigantischen Obstplastik am vorbeiziehenden SH 6 und den umgebenden Wohnbereichen ist keinen zweiten Blick wert. In der Besucherinformation kann man sich in einem kleinen Museum über die Entwicklung des Ortes und den Bau des Clyde-Staudamms und das Aufstauen des Lake Dunstan informieren. Direkt am See, auf einer alten Flussterrasse unterhalb jener, auf der die neue Stadt liegt, hat man Old Crom-

Cromwell

Haus aus der Goldgräberzeit (Old Cromwell Town)

well Town aufgebaut: ein klinisch restauriertes Ensemble von Häusern, das vor dem Untertauchen im See gerettet und an höherer Stelle wieder errichtet wurde.
www.oldcromwelltown.co.nz.

Banockburn: Auf der anderen Seite des Clyde (heute des Lake Dunstan und mit Cromwell durch eine moderne Brücke verbunden) liegt der ehemalige Goldgräberort Banockburn, der Karriere als Weinort gemacht hat. Entlang der Fenton Road, die noch vor dem heutigen Ort nach rechts abbiegt, gelangt man zum großen Goldabbaugebiet, das man auf einem ausgezeichnet beschilderten Rundweg in ca. 1:30 Std. besichtigen kann. Im Ort haben sich einige alte Gebäude erhalten, so der *General Store* von 1880, der bis 1971 als Laden betrieben wurde (rechts am Beginn der Hall Road).

Weingüter

Akarua, Trademark von Banockburn Heights Ltd., Cairnmuir Road, Banockburn. Das Weingut rühmt sich seines körperreichen, aromaintensiven Pinot Noir und dank der trockenen Steppenklimalage hervorragend blumigen Chardonnay. Wie auch bei anderen Weinen aus Banockburn hoher Alkoholgehalt: 13,5 und 14 %! Sehr gutes Restaurant (→ Essen & Trinken), Mo–Fr 10–17 Uhr, ✆ 03/4450897, www.akarua.com.

Olssen's Vineyard, 306 Felton Rd., Banockburn. Das Gartenweingut mit seinen 10 ha Reben lädt dank der Anpflanzung von Bäumen, blühenden Sträuchern und Blumenrabatten zum Spaziergang und Picknick (mitzubringen!) ein. Weinproben gibt es tägl. 10–17 Uhr, von Juni bis Sept. nur Mo–Fr 11–16 Uhr. Weinsorten sind Jacksons Barry Pinot Noir, Chardonnay, Sauvignon Blanc, Riesling und Gewürztraminer. ✆ 03/4451716, www.olssens.co.nz.

Carrick, Cairnmuir Road, Banockburn. Weingut nahe dem Kawarau und hervorragendes Restaurant mit moderner Kiwi-Küche. Dazu gibt es die Weine des Gutes, Pinot Noir vor allem, aber auch Weißweine wie Riesling, Sauvignon Blanc und Chardonnay. Das neuseeländische Magazin „Cuisine" (3/2005) empfiehlt Carpaccio vom heißen geräucherten Wildschinken mit einem Glas Pinot Noir, dieselbe Zeitschrift führte das Restaurant unter den besten des

Andenken an die Goldgräberzeit

Jahres in ganz Neuseeland auf (und bestes in Otago!). ✆ 03/4453480, www.carrick.co.nz. Weitere ausgezeichnete Weingüter sind www.baldhills.co.nz, www.rockburn.co.nz, www.northburn.co.nz und www.mtdifficulty.co.nz.

Bendigo: Um Bendigo, das man auf dem SH 8 in Richtung Mount Cook erreicht, befindet sich eines der wenigen frühen Goldabbaugebiete im Muttergestein, fast alle anderen Abbauzonen lagen auf lockerem Flusschotter und galten Sekundärlagerstätten von Flussgold. In Bendigo entdeckten Goldsucher jedoch bereits 1863 eine goldhaltige Erzader, die so vielversprechend erschien, dass man an den gegenüber Sekundärgold sehr viel kostspieligeren Abbau denken konnte. Ab 1868 konnte Gold abgebaut werden – so lange hatte es gedauert, das nötige Geld aufzutreiben – und bis 1884 wurde mit sinkendem Erfolg Gold gewonnen. Was an Schächten und Steinhäuschen für die Bergwerksarbeiter in Bendigo und seinen Nachbarorten Logantown und Welshtown übrig geblieben ist, liegt verstreut in der Gegend. Vorsicht beim Erkunden, die teilweise verwachsenen Schachteingänge sind nicht gesichert!

Etwas oberhalb von Bendigo beginnt der einzige vom DOC gemanagte Wanderweg in Central Otago, der etwa 5 Stunden beanspruchende **Kanuka Track**. Fantastisches Central-Otago-Erlebnis!

DOC-Faltblätter *Exploring historic Bendigo* und *Kanuka Track* in den DOC- und i-Site-Infostellen.

Auf der Thomson Gorge Road über die Dunstan Mountains: Diese historische Straße aus der Goldgräberzeit quert zwischen Bendigo und Omakau einsames Bergland und ist im Sommer zwar meist mit normalem Pkw zu befahren (eher abzuraten!), in den anderen Jahreszeiten und nach oder während Starkregen kommt nur ein Allradfahrzeug durch. Tolle Mountainbiketour! Der „Gorge Track", wie er genannt wurde, entstand 1862, als die Goldgräber über die Dunstan-Kette Bendigo zu erreichen suchten. 1975 wurde der Track zur Straße ausgebaut, die aber nur bei gutem Wetter und Trockenheit normal befahrbar ist.

Faltblatt *Thomson Gorge Road* in den i-Sites.

Das untere Clutha-Tal

Die schnellste Verbindung zwischen Cromwell und der Ostküste, also zwischen Wanaka und Queenstown einerseits und Dunedin andererseits, erfolgt auf dem SH 8, der über Clyde, Alexandra und Roxburgh dem Clutha folgt, dann aber bei Raes Junction das dort enger werdende Tal des Clutha verlässt und durch Berg- und Hügelland in die Küstenebene bei Milton führt. Es gibt auch eine Straße durch das Clutha-Tal, die Beaumont Rongahere Road, die lange, einsame Talabschnitte quert, bevor sie bei Balclutha ebenfalls auf den SH 1 mündet. (Milton und Balclutha → Von Dunedin in die Catlins S. 726) Die einzigen bemerkenswerten Orte zwischen Alexandra und Milton bzw. Balclutha – die einzigen echten Orte überhaupt – sind Roxburgh und Lawrence.

Roxburgh

30 km südlich von Alexandra staut der Roxburgh-Damm einen weiteren See des Clutha-Tals auf, den ebenso langen, sehr schmalen Lake Roxburgh – wäre er nicht bewegungslos, würde man auf Grund seiner schmalen Form meinen, er wäre ein Fluss. Roxburgh selbst, 9 km weiter südlich, war eine Goldgräberstadt und ist heute landwirtschaftliches Zentrum der Obstindustrie und Versorgungs- und Übernachtungsort. Die Früchte der Region, Kirschen, rote (!) Aprikosen, Pfirsiche, Äpfel und verschiedene Beeren, aber auch Edelkastanien, Haselnüsse und Mandeln werden am Anfang und Ende der jeweiligen Saison auch an Straßenständen angeboten, wie bei Cromwell.

Information Roxburgh Valley Information Centre, 120 Scotland St., Roxburgh, ✆ 03/4468920, roxinfo@codc.govt.nz, www.roxburghcentral.co.nz.

Verbindungen Shuttle/Bus: Catch-A-Bus von Dunedin nach Queenstown über Milton, Lawrence, Millers Flat, Roxburgh, Alexandra und Cromwell. Catch-A-Bus, ✆ 03/4799960, www.catchabus.co.nz.

Übernachten/Essen & Trinken: Villa Rose Backpackers, kleine Herberge mit nur 14 Lagern und Betten (in 2 separaten Zimmern an der Rückseite) in zentraler Villa am SH 8. Radverleih. DB 30/35/43 $, DO 25 $. 79 Scotland St., Roxburgh, ✆ 03/4468761, www.villarose.co.nz.

Succulents, 112 Scotland St.; Tagescafé (tägl. außer So), das zu kleinen Gerichten und Suppen sein eigenes Brot serviert. ✆ 03/4468757.

Lawrence

In Lawrence begann der Goldrausch Otagos. Am 23. Mai 1861 wurde hier erstmals in der Region Gold gefunden. Bis zu 12.000 Glückssucher traten sich bald gegenseitig auf die Füße und waren am Ende des nächsten Jahres wieder weg. Der Ort blieb. Im *Tuapeka Goldfields Museum* (angeschlossen an das Visitor Centre, Eintritt frei) kann man den goldenen Zeiten nachhängen und im nahen *Gabriel's Gully Goldfield Park* die Träume der ersten Stunde nachträumen. Wer die Energie hat, kann den Park und einen schönen Aussichtspunkt auf einem 9 km langen Rundweg erkunden (Faltblatt im Museum).

Information/Öffnungszeiten Visitor Centre & Tuapeka Goldfields Museum, tägl. 9.30–17 Uhr, Sa/So 10–16 Uhr, ✆ 03/4859222.

Verbindungen → Roxburgh/Verbindungen.

Übernachten Lawrence Motel, schlichtes Mini-Motel mit gerade mal 2 Units (2–4 Pers.) mit Küche und Bad. Unit (2 Pers.) 80 $. Beaumont Highway, ✆ 03/4859811.

Zwischen Haastpass und Wanaka: Lake Hawea

Der Lake District: Wanaka und Queenstown

Seen, die aus dem Vorland ins Gebirge hineingreifen wie der Gardasee haben einen besonderen Reiz, denn sie verbinden die milde Luft der Ebene mit der schroffen Kulisse der Berge. Der Lake District in Central Otago hat drei davon: die Seen Wanaka, Hawea und Wakatipu. Und zwei Orte für Adrenalin-Freaks: Wanaka und Queenstown.

Seen und Berge sind nur die Kulisse für die vielen Möglichkeiten, sich so richtig auszutoben. Neuseelands Selbstdarstellung und das Bild, das es weltweit von sich verbreitet, sind davon sehr stark beeinflusst. Bungy-Springen und Schnellbootfahrten auf engen und gefährlichen Flussstrecken, Tandem-Fallschirmspringen, Paragliding oder Rafting heißen die Aktivitäten, die Queenstown und in etwas geringerem Maße Wanaka in wohlproportionierten und bestens erprobten Erlebniseinheiten bieten (... 2 Stunden Jetbootfahrt inklusive Transfer, 5 Minuten Bungy-Springen über 60 m Fallhöhe, Paket aus drei Aktivitäten zum Spezialpreis ...).

Wer damit nicht komplett zufrieden ist, besucht den nahen Goldgräberort Arrowtown mit seiner restaurierten chinesischen Siedlung und kostet sich durch das Weinangebot des Gibbston Valley, bevor er dann in der Kawarau-Schlucht den Openair-Park zur Goldgräberzeit besucht. Wanderer, Bergsteiger, Naturfreunde zieht es an das Nordende des Lake Wakatipu, an dem Queenstown liegt, denn in Glenorchy beginnen große Treckingtouren wie der Routeburn Track und der Rees-Dart-Track. Von Wanaka hingegen sind das Matukituki-Tal und die Gletscher des Rob Roy das angesagte Ziel, die Besteigung des Mount Aspiring dürfen sich aber nur besttrainierte Alpinisten zumuten.

Wanaka

Seit Mitte der 90er Jahre hat sich der Ort Wanaka am Ufer des gleichnamigen Sees komplett verwandelt. Das eher schläfrige Dorf wurde zu einem touristischen Magneten, wo alle nur denkbaren Aktivitäten ausgeübt werden können, ähnlich wie in Queenstown, aber ohne den Stress, auch alles machen zu müssen.

Von Cromwell und dem fruchtbaren Gebiet am Lake Dunstan führen SH 6 und SH 8 nach Nordosten, über beide (auf dem SH 8 biegt man bei Tarras auf den SH 8a ab) und über einen niedrigen Talpass kann man Wanaka erreichen und ist in einer anderen Welt. Keine trockenen Steppen, die Hügel und Berge überziehen, sondern ein riesiger See mit den Bergketten des Mount-Aspiring-Nationalparks als Hintergrund. Vom Dorf ist nicht mehr viel zu fühlen, das Zentrum ist komplett in die Hände der Traveller übergegangen, die Backpacker und Camper dominieren Gaststätten und Boutiquen, nach ihnen richtet sich zunehmend das Angebot. Nicht im Winter: Dann sind es neuseeländische und australische Wintersportler, die eher die guten bis luxuriösen B & Bs frequentieren, die Jahr um Jahr mehr werden und am Treble Cone oder um Cardrona ihre Skier oder Snowboards in den Pulverschnee schicken.

Im Ort selbst wird man vielleicht nicht sonderlich viel Anregung finden, denn Wanaka ist vor allem ein Mekka für Sport und Aktivitäten, nicht für Besichtigungen. Aber wer zum Mountainbiken, Wandern und Bergsteigen, Klettern, Reiten oder Fallschirmspringen gekommen ist, der hat die richtige Wahl getroffen.

Information/Verbindungen

Information Wanaka i-Site Visitor Centre, 100 Ardmore St., tägl. 9–17 Uhr (Mitte Dez. bis März tägl. 8.30–19 Uhr), ✆ 03/4431233, www.lakewanaka.co.nz.

DOC hat ebenfalls ein Informationszentrum in Wanaka, es liegt an der Ausfallstraße nach Osten: **Mount Aspiring National Park Visitor Centre**, tägl. 8–17 Uhr, April bis Okt. 9.30–16 Uhr, ✆ 03/4437660, mtaspiringvc@doc.govt.nz.

Verbindungen Flughafen: Wanaka wird tägl. von Christchurch und Queenstown angeflogen. Bus: Wanaka hat Direktverbindungen mit Queenstown, Alexandra und Dunedin, Christchurch und der West Coast (über den Haast Pass). Busse halten alle unweit des Visitor Centre an der Ardmore Street am Seeufer. Nach Queenstown fahren häufig Busse der Gesellschaft Wanaka Connexions (✆ 03/4439122).

Taxi, Shuttle: Taxi ✆ 03/4437999. Shuttles auch für Fahrradtransport z. B. A Class Shuttles oder Alpine Coach Lines (auch von/ab Flughafen).

Sport & Freizeit

Baden/Schwimmen Im Lake Wanaka kann man zwar baden, und in stillen, flachen Buchten wie westlich in der **Glendhu Bay** wird das auch getan (v. a. von Kindern), aber das Wasser ist doch auch im Hochsommer recht kalt, schließlich wird der Seen von Gebirgsflüssen mit Gletscherwasser gespeist.

Jetboat-Touren Der Clutha ist der Ablauf des Lake Wanaka, und er muss sich gleich am Beginn seines langen Weges zum Pazifik durch die riesigen Moränen quälen, die den See aufgestaut haben. Diese kurvige Engstrecke bietet Schnellbootpiloten Gelegenheit, ihre Künste zu zeigen und die Passagiere ausgiebig zu bespritzen: **Clutha Ri-**

684   Der Lake District: Wanaka und Queenstown

ver Jet, Wanaka Adventures, Main Wharf, ab 95 $ (1 Std.), ✆ 03/4437495, www.lakeland adventures.co.nz.

Whitewater Sledging Frogz befährt seit 1981 Clutha River (WW I/II), Hawea River (WW II/III) sowie den Kawarau, ✆ 03/441231839130, www.frogz.co.nz.

Kajaken Alpine Kayak Guides bieten halb- und ganztägige Kajakfahrten (139–285 $) auf den beiden Seen der Region sowie auf dem Matukituki-Fluss an, ✆ 03/4439023, www.alpinekayaks.co.nz.

Wanakayaks Tours & Rentals am Strand gegenüber dem Beginn der Dungarvon Street, bietet Kajaks zu 18 bzw. 30 $/Std. an (Einer/Zweier), ✆ 0800/926925, info@wanakayaks.co.nz.

Canyoning Deep Canyon befährt verschiedene Canyons der Region, der 7-Stunden-Trip kostet ab 225 $, ✆ 03/4437922.

Mountainbiken/Radfahren Neue Radwege, die im Zusammenhang mit dem in Zukunft ganz Neuseeland durchquerenden nationalen Radweg entstanden sind, erschließen z. B. die Strecke Hawea – Albert Town und das Seeufer westlich der Stadt. Infos derzeit eher im Fahrradladen als in der Infostelle der Stadt. Ideal für diejenigen, die lieber gemütlich runter- als schweißfördernd hinauffahren wollen: Die Shuttletaxis und Busse ins Matukituki-Tal nehmen auch Räder mit, gewöhnlich sogar ohne Aufpreis.

Radverleih z. B. bei **Outside Sports**, 17–23 Dunmore St., ca. 50–75 $/Tag, ✆ 03/4437966, mit Werkstatt.

Wer's rauf ebenfalls gemütlich und dann runter so richtig downhill haben will, bucht bei **Freeride NZ**, die einen samt Fahrrad an den Beginn der Abfahrt bringen und dann unten – hoffentlich wieder heil und ganz – zurück zum Quartier bringen. Z. B. Pisa Range, tägl. ab Outside Sports, Abfahrt aus ca. 2.000 m Höhe, 5 Std. 440 $. ✆ 021/712996, www.freeridenz.com.

Rundflüge Wanaka Helicopters bieten z. B. 25 Min. Flug (195 $), mit Landung an einer Stelle mit tollem Blick auf Mount Aspiring (1 Std. 500 $), ✆ 03/4431085, 0800/463626, www.wanaka-helicopters.co.nz.

Aspiring Air (✆ 03/4437943, 0800/100943, www.aspiringair.com) und **Wanaka Flightseeing** (✆ 03/4438787, 0800/105105, www.flightseeing.co.nz) setzen kleine Maschinen und ebenfalls Hubschrauber ein: Aspiring Air bietet z. B. einen Flug bis zum Milford Sound an (435 $), ein Flug zum Mt Aspiring (50 Min.) wird für 210 $ geboten. Wanaka Flightseeing bietet den Flug zum Milford Sound samt Kreuzfahrt für 460 $ an (4 Std.), aber man kann sich auch mit einem kurzen Flug zum Mount Aspiring begnügen, 200 $.

Southern Alps Air bietet den Flug zum Milford Sound mit Kreuzfahrt ab 450 $ an, ✆ 03/4434385, 0800/345666, www.southernalpsair.co.nz.

Fallschirmspringen/Tandem-Paragleiten Während der Tandem-Fallschirmsprung ein schneller Adrenalin-Thrill ist, genießt man beim Tandem-Paragleiten die Landschaft unter sich. **Skydive Lake Wanaka** bietet die erstere Aktivität (299 $ aus 12.000 Fuß/3.650 m Höhe, 399 $ aus 15.000 Fuß/4.575 m, ✆ 03/4437207, 0800/786877, www.skydivewanaka.com), **Wanaka Paragliding** die zweite (190 $), Abflugstelle am Treble Cone westlich Wanaka, das letzte Stück zur Absprungstelle muss gelaufen werden, ✆ 03/4439193, 0800/359754, www.wanakaparagliding.co.nz.

Skifahren/Snowboarden → Sehenswertes/Touren. Skiverleih bei Racers Edge, 99 Ardmore St., ✆ 03/4437882, und mehreren anderen Verleihern.

Wandern/Trekking/Bergsteigen Der nahe Mount-Aspiring-Nationalpark (s. u.) bietet eine Fülle von Tages- und Mehrtagestouren (z. B. zum Rob-Roy-Gletscher). **Aspiring Guides** bieten nicht ganz billige geführte Bergtouren im Mount-Aspiring-Nationalpark an (ab ca. 300 $ pro Person und Tag, es gibt Pakete für bestimmte feste Routen), 99 Ardmore St., ✆ 03/4439422, www.aspiringguides.com.

Kino/Bierkultur/Feste & Veranstaltungen

Kino Paradiso Cinema (Ecke Ardmore/Ballantyne St.) bietet lockere Plüschsofaatmosphäre und Verpflegung im hauseigenen Paradiso Café, für 14 $ pro Ticket keine schlechte Art, einen (regnerischen) Spätnachmittag zu verbringen. Besonders beliebt: die Pause, in der es frisch gebackene Cookies gibt (das hat schon mehreren Lesern gefallen). ✆ 03/4431505, www.paradiso.net.nz.

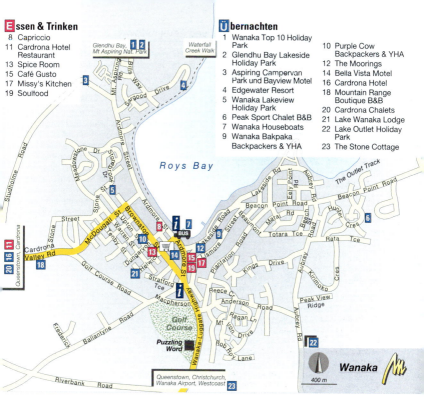

Essen & Trinken
- 8 Capriccio
- 11 Cardrona Hotel Restaurant
- 13 Spice Room
- 15 Café Gusto
- 17 Missy's Kitchen
- 19 Soulfood

Übernachten
- 1 Wanaka Top 10 Holiday Park
- 2 Glendhu Bay Lakeside Holiday Park
- 3 Aspiring Campervan Park und Bayview Motel
- 4 Edgewater Resort
- 5 Wanaka Lakeview Holiday Park
- 6 Peak Sport Chalet B&B
- 7 Wanaka Houseboats
- 9 Wanaka Bakpaka Backpackers & YHA
- 10 Purple Cow Backpackers & YHA
- 12 The Moorings
- 14 Bella Vista Motel
- 16 Cardrona Hotel
- 18 Mountain Range Boutique B&B
- 20 Cardrona Chalets
- 21 Lake Wanaka Lodge
- 22 Lake Outlet Holiday Park
- 23 The Stone Cottage

Mikrobrauerei Wanaka Beer Works, gute Brauerei am Flughafen mit interessanten Bieren, die neuen Besitzer wollen „belgische Bierkultur nach Neuseeland bringen". Brauereibesichtigung möglich, ℅ 03/4439865, www.wanakabeerworks.co.nz.

Veranstaltungen Warbirds over Wanaka (Wanaka International Airshow): Vom 6. bis 8. April 2012 findet zum 13. Mal die Kampfflugzeugschau über Wanaka statt, Thema ist das 75-Jahre-Jubiläum der Royal NZ Air Force. Vorgeführt werden wieder mehr als 50 historische (ab 1. Weltkrieg) und moderne Kampfflugzeuge, vor allem natürlich Flugzeuge der neuseeländischen Luftwaffe Royal NZ Air Force. Pyrotechnische Spektakel, eine Schau von Militärfahrzeugen und klassischen Feuerwehreinsatzfahrzeugen sowie ein Tauschmarkt für alles, was mit Luftwaffe und Flugzeugen zusammenhängt ergänzen die Veranstaltung. Standort ist Wanakas Flughafen mit seinem (privaten) **Flugzeugmuseum** – auch die Airshow war ursprünglich eine private Aktion, sie wurde 1988 vom Flugingenieur Sir Tim Wallis ins Leben gerufen und hatte gleich beim ersten Mal 14.000 Besucher. Die Show findet (im Wechsel mit dem Airforce-Museum in Blenheim) alle zwei Jahre statt. Infos über PO Box 593, Wanaka, ℅ 03/4438619, 0800/49692006 oder 0800/224224, www.warbirdsoverwanaka.com. Tickets auf der Website im Vorverkauf.

Übernachten

Edgewater Resort 4, 1986 gebauter, ausgedehnter Resortkomplex am Ende einer Sackgasse direkt am See. Diverse Preise hat das sehr komfortable und großzügig ausgelegte Resort gewonnen, Werbekampagnen in den USA, Japan und Australien brachten viele Gäste aus diesen Ländern. Im Haus gelobtes Restaurant Sargood sowie Café-Bar Wineglass Lounge. DZ/Suite 180–520 $. Sargood Drive Rippon Lea, PO Box 61, Lake Wanaka, ℡ 03/4438311, 0800/108311, www.edgewater.co.nz.

The Moorings 14, stilvolle Motels und Apartments mit gehobener Ausstattung, alle Units mit Küche, Fußbodenheizung und Balkon (auch solche mit Seeblick), aber mit knapp bemessenem Freiraum. Studio 135–185 $. 17 Lakeside Rd., ℡ 03/4438479, 0800/843666, www.themoorings.co.nz.

Bella Vista Motel 16, Standardmotel der Gruppe. Die Units wie üblich in Ordnung und sauber, aber ohne sonderlich individuelle Töne, nur einige mit Küchenzeile und Mikrowelle! Unit 110–150 $. Ecke Dunmore/Helwick St., ℡ 03/4436066, 0800/235528, www.bellavistamotels.co.nz/new-zealand/wanaka.

Mountain Range Boutique Bed & Breakfast 20, Boutique heißt fast immer hochpreisig, so auch hier. Man zahlt für die Lage des Hauskomplexes außerhalb des Ortes (2 km nach Wanaka auf Cardrona-Straße) im Rasengrün ohne direkte Nachbarn, für das gebeizte Holz-Äußere und den kühlen, mit wenigen guten Stücken arbeitenden Schick im Inneren, für Bademäntel und Fön, für das Frühstück mit frisch gebackenem Brot und den zusätzlichen Nachmittagsimbiss, die DVDs und CDs in der Hausbibliothek. DZ/FR 285–355 $. Heritage Park Cardrona Valley Rd., PO Box 451, Wanaka, ℡ 03/4437400, www.mountainrange.co.nz.

Peak Sport Chalet B&B 7, Alex und Christina Schäfer freuen sich über Gäste (nicht nur aus deutschsprachigen Ländern), die sie in ihrem Haus im Zimmer oder im Chalet mit 2 Schlafzimmern unterbringen und zum Frühstück in der Gästelounge u. a. mit deutschem Bauernbrot, italienischem Weißbrot und einer Platte mit frischen Früchten bewirten. Alex ist übrigens im Winter Skilehrer im Skigebiet Treble Cone. Das Haus liegt in einem ruhigen, von Gärten bestimmten Siedlungsgebiet 10 Gehminuten vom See entfernt und 20–25 Min. vom Zentrum. Studio oder Chalet/FR (cont.) 130–170 $. 36 Hunter Crescent, ℡ 03/4436990, www.peak-sportchalet.co.nz.

Lake Wanaka Lodge 23, am Ende einer Stichstraße und unter dem Grüngürtel des Golfkurses, der Wanaka im Süden umgibt, wohnt sich's ruhig. Leider sehr eingeschränkte Aussicht – zu viele Nachbarn in diesem Villenviertel. Von den Zimmern, die auf die teilweise umlaufenden Balkon im 1. Stock hinausgehen, erhascht man aber schon den einen oder anderen schönen Fernblick. 10 Zimmer mit Bad/WC, Kochmöglichkeiten auf Anfrage. DZ 165–185 $. 24 Tenby St., ℡ 03/4439294, 0508/443929, www.lakewanakalodge.com.

Aspiring Campervan Park und Bayview Motel 3, am Ende der Staubstraße und nach Passieren eines Weinberges wartet in aussichtsträchtiger Lage das Ensemble aus Motel und Camperpark. Der Campervan Park hat gerade mal 34 Stellplätze, einen Barbecue-Pavillon, moderne Lounge mit Polstermöbeln und Kamin, Küche, Internetanschluss, 2 Spas und Sauna, Gästewaschküche, und auch ans Auto wird gedacht mit der Waschanlage mit professionellem Autostaubsauger. Motel-Units ab 130 $, Stellplatz inkl. 2 Pers. ab 42 $. Studholme Rd., ℡ 03/4437766, 0800/229843, www.campervanpark.co.nz.

Purple Cow Backpackers & YHA 12, große, etwas unpersönliche Lodge, aber alle Zimmer mit Bad, schöne Aussicht auf See und Berge. Dazu Radverleih, Billard und Wanderkarten zum Ausleihen. Erst jüngst mit dem YHA in Kooperation. DB 39–50 $, DO 18–29 $. 94 Brownston St., ℡ 03/4431880, 0800/278299, www.purplecow.co.nz.

Wanaka Bakpaka 10, in dieser Herberge ist die Partyclique, die in den bunten Backpacker-Bussen anreist, nicht willkommen, und sie würde sich auch nicht wohlfühlen, nicht mal TV gibt es, dafür eine neue Küche! Relaxte Atmosphäre, großartige Blicke auf den See (die Lodge liegt wenig oberhalb), Wanderer, Bergsteiger und Adrenalinkick-Sucher sind hier besonders gut aufgehoben. DB 29 $, DO 24–25 $, auch DZ mit Bad 74 $. 117 Lakeside Rd., ℡ 03/4437837, www.wanakabakpaka.co.nz.

Glendhu Bay Lakeside Holiday Park 2, großer Platz an der Bucht im Westen des Sees. Autos müssen außerhalb parken, was die Ruhe fördert. Familiencamp mit sehr schlichten Cabins. Stellplatz inkl. 2 Pers. ab 16 $, Cabins (nur ein Raum mit Lager) ab 20 $. Rapid 1127, Mount Aspiring Rd., ℡ 03/4437243, www.glendhubaymotorcamp.co.nz.

Lake Outlet Holiday Park Motor Camp 24, einfacher Platz im Grünen am Ausfluss des Clutha aus dem Lake Wanaka. Cabin (2 Pers.) 45–65 $, Stellplatz inkl. 2 Pers. ab 28 $. Lake Outlet Rd., PO Box 4, Lake Wanaka, ℡ 03/4437478, www.lakeoutlet.co.nz.

Wanaka Lakeview Holiday Park [6], das mit dem Lakeview stimmt schon, aber die Illusion, dass man vom Platz direkt zum See laufen könnte, wird durch Zäune dazwischen leider zerstört. Großer Platz, wenig Schatten, die Küche ziemlich voll, wenn abends gekocht wird. Cabin mit Küche ab 50 $, Tourist Flat (gut) 95 $, Stellplatz inkl. 2 Pers. ab 34 $. 212 Brownston St., ✆ 03/4437883, www.wanakalakeview.co.nz.

Wanaka Top 10 Holiday Park [1], die übliche Qualität der Kette, Pool und Spielplatz, familiengerecht, in Seenähe. Cabin 55–60 $, Motels 95–115 $, Stellplatz inkl. 2 Pers. 30–40 $. 217 Mount Aspiring Rd., ✆ 03/4437360, 0508/926252, www.wanakatop10.co.nz.

In der Dublin Bay The Stone Cottage [25], Zwei- oder Einzimmerwohnung mit Küche, Bad und Wohnzimmer, neben dem obligaten Frühstück kann man auch Abendessen buchen. Veranda mit Seeblick, außergewöhnlich schöner Garten, sehr ruhig, sehr erholsam. DZ/FR 260–290 $. Dublin Bay, Wanaka 2RD, 10 km nördlich Wanaka, über SH 6 und Albert Town zu erreichen, ✆ 03/4431878, www.stonecottage.co.nz.

In Cardrona Cardrona Hotel [13], das Hotel mit Restaurant ist aus der Goldgräberzeit, aber die Zimmer mit Bad im Block dahinter sind modern und komfortabel und haben Zugang zum Garten und einem Spa. DZ 135–185 $. Crown Range, SH 89, Cardrona, ✆ 03/4438153, www.cardronahotel.co.nz.

Cardrona Chalets [22], moderne, zweckmäßig eingerichtete, einzeln stehende 2-stöckige Chalets in der Nähe der Zufahrt zum Cardrona-Skigebiet. 2 Schlafzimmer im Obergeschoss, bis zu 8 Pers., Küche komplett, Kinderspielplatz, Gästewaschküche. Im Winter häufig ausgebucht! DZ 120–200 $. Crown Range, SH 89, Cardrona, ✆ 03/4434041, www.cardronachalets.co.nz.

Lake Wanaka (No Fishing, liebe Möve!)

Auf dem Lake Wanaka Wanaka Houseboats [8], wie wäre es mit einem Weekend auf dem Lake Wanaka im schicken, komplett ausgestatteten Hausboot „Lady Pembroke"? 4 Kajüten, 12 Gäste maximal, alle Einrichtungen, die man für eine Nacht benötigt. Weekend (1 Nacht) 750–850 $. PO Box 19 Albert Town, ✆ 03/4437181, www.houseboats.co.nz.

Essen & Trinken (→ Karte S. 685)

Laufgäste stellen in Wanaka das Publikum, da braucht man sich, so scheint es, nicht anzustrengen. Die Rotation ist groß: von den neun empfohlenen Lokalen der letzten Ausgabe schlossen vier …!

🌿 Soulfood [21], 74 Ardmore St.; Bioladen und kleines angeschlossenes Bio-Café mit wunderbar festem Weißbrot und echtem („Berliner") Schwarzbrot (nicht das federnde Flufzeug, das man sonst bekommt), ein paar gute Snacks. Leider wird man schon um 17.30 Uhr rausgeschmissen, obwohl erst um 18 Uhr zugemacht wird, denn dann beginnt das große Aufräumen. Hübscher kleiner Gastgarten nach hinten! Mo–Fr 8–18, Sa/So 8–21 Uhr. ∎

The Spice Room 15, 43 Helwick St.; indisches Restaurant ohne die üblichen Ethno-Versatzstücke, professioneller Service, gute Küche (Tanduri-Hauptgang 24 $, Curries 21–25 $, Wildziege in aromatischer Soße 23 $). ✆ 03/4431133.

Café Gusto 17, 1 Lakeside Rd.; anständiges Bistro-Café mit viel Platz vor der Tür, von wo aus die Straßengabelung zu sehen ist, auf der halb Wanaka vorbeiflaniert. Gute Frühstückskarte. Lunch 10–20 $ (z. B. Lamm-Burger, Ziegenkäse-Bruschetta, Pasta (ca. 18 $).

Missy's Kitchen 19, 1 Lakeside Rd. (Oberes Stockwerk); Restaurant & Bar in gehobenem Ambiente und mit ebensolcher Küchenleistung. Kiwi-Ostasien-Crossover und Kiwi-Klassiker, gute Weinkarte. Vorspeisen ab 20 $, Hauptgang ab ca. 30 $ (Geschmortes Kaninchen mit Otago-Kirschen in Pinot Noir). Tägl. ab 17 Uhr (die Bar schon ab 16 Uhr). ✆ 03/4430099.

Capriccio 9, 123 Ardmore St.; Pasta und Seafood, beides eher konventionell zubereitet und dargeboten, aber frisch und schmackhaft, auch ein paar Fleischgerichte gibt es. Tägl. 18–22 Uhr. ✆ 03/4438579.

In Cardrona Cardrona Hotel 13, Crown Range Rd., RD 1. Das Restaurant im historischen Hotel aus der Goldgräberzeit an der alten Straße nach Queenstown hat eine kleine Tageskarte mit schlichtem Pub Food, am Abend wird diniert (Hauptgang um die 25 $). ✆ 03/4438153.

Sehenswertes/Touren

Wanaka, Ort und Seepromenade: Wanakas Pluspunkte sind seine landschaftlich großartige Lage am See vor der Kulisse des Gebirges und die vielen Aktivitäten, die man von hier aus in Angriff nehmen kann. An urbanem Ambiente hat Wanaka dagegen nichts zu bieten. Die Promenade entlang dem Seeufer, die in beiden Richtungen bis weit außerhalb des Ortszentrums beim Blockhaus der Touristeninformation führt, ist die einzige echte Sehenswürdigkeit des Ortes.

Puzzling World of Stuart Landsborough: Wer im Spiegelkabinett beim Jahrmarkt sein geschrumpftes oder auf den Kopf gestelltes Spiegelbild unwiderstehlich fand (und welches Kind tut das nicht?), wird sich in der Puzzling World am südöstlichen Ortsende von Wanaka ausgesprochen amüsieren. Der „Schiefe Turm von Wanaka" hat einen Neigungswinkel von 53°, im Puzzling Café ist die Decke ein Kaleidoskop, und in den diversen Illusion Rooms wird das eigene Spiegelbild in jeder möglichen und unmöglichen Art verändert, bis zum Verfolgtwerden durch das eigene Abbild. Der Haupt-Gag ist ein Labyrinth, zwischen dessen Holzstrukturen, die auch schon mal auf Brücken über das Gelände führen, man auf 1,5 km verlorengehen kann (Sicherheitstüren erlauben den Abbruch). Puzzling. Tolle Regenwetterunterhaltung nicht nur für Kids.

Tägl. ab 8.30 Uhr, letzter Einlass 18.30 Uhr. Eintritt 12,50 $, nur Labyrinth (Great Maze)/Illusion Room 9 $. 188 Main St., ✆ 03/4437489, www.puzzlingworld.co.nz.

Wanaka Transport & Toy Museum: Die Sammlung eines Privatmannes, die er in 40 Jahren zusammengetragen hat, umfasst angeblich mehr als 20.000 Objekte, darunter komplette Fahrzeuge jedes Typs. Eine ausgediente einmotorige Antonow AN 2, ein MIC 21 US-Düsenjäger, ein 1915er Sunbeam-Rover-Krankenwagen (das letzte Exemplar weltweit) und diverse Motorräder sind interessantere Ausstellungsstücke.

Tägl. 8.30–17 Uhr (im Sommer am So länger). Eintritt 12 $. Am SH 6, RD 2 Wanaka (am Flughafen), ✆ 03/4438765, www.wanakatransportandtoymuseum.co.nz.

NZ Fighter Pilots Museum: Am Flughafen ist auch dieses Museum untergebracht, das Neuseelands Beitrag zu den Kriegen des letzten Jahrhunderts würdigt und die beteiligten Personen (in den besseren Rängen) vorstellt. Das Museum geht auf Sammlungen und die Initiative von Sir Tim Wallis zurück, einem lokalen Flugmatador, der als Erster in Neuseeland eine Hirschfarm einrichtete, ein Vermögen mit

dem Export von Hirschbast nach China und Korea sowie mit einer Hubschrauberfirma machte, die die erlegten Tiere für die Jäger aus der Wildnis ausfliegt. Sir Wallis rief 1987 auch die Wanaka Airshow ins Leben (→ Feste & Veranstaltungen).
Das Museum wird 2011 komplett umgebaut, wie und wann (voraussichtlich noch 2011 oder 2012) bzw. in welcher Form es wieder eröffnet wird, ist derzeit noch nicht bekannt. Infos unter www.nzfpm.co.nz.

Mou Waho Island: Die größere der beiden Inseln im Lake Wanaka darf man betreten und sich bei einem Spaziergang durch den recht usprünglichen Wald von den dortigen Bush Weka belauern lassen. Sehr empfehlenswert in Verbindung mit der kurzen, aussichtsreichen Kreuzfahrt.
Lake Cruise & Island Nature Walk, **Lake Wanaka Eco**, 4 Std. (ab 9 und 13.30 Uhr), 170 $. ✆ 03/4432869, 0800/926326, www.ecowanaka.co.nz.

🚶 Roys Peak und Skyline Track

Dauer: zum Gipfel 3–4 Std. (hin/zurück 5–6 Std.)
vom Gipfel über Skyline Track 5–6 Std.

In unmittelbarer Nähe zu Wanaka liegt der Roys Peak, dessen 1.578 m eine phantastische Aussichtskanzel darstellen. Der Track beginnt am Parkplatz (deutlich beschildert) an der Straße ins Matukituki-Tal ca. 6 km westlich von Wanaka und führt relativ steil und mäßig anstrengend in vielen Serpentinen über 1.100 Höhenmeter zum Gipfel. Während der Lammsaison (1. Okt. bis 10. Nov.) ist der Track gesperrt.

Vom Gipfel führt ein schwerer und wesentlich anstrengender Track nach Süden, der Skyline Track, der an der Straße nach Cardrona endet, 10 km südwestlich von Wanaka. Etwa ein Drittel dieses Tracks besteht nur aus Wegspuren und ist nicht sehr eng gekennzeichnet (Stangen, Holzpfosten), der Rest ist eine Allradpiste.

Ausrüstung/Information Beide Unternehmen führen in den hochalpinen Bereich und sind ernst zu nehmen. Auch für den Roys Peak ist warme Kleidung, Wasser und Verpflegung notwendig. Für den Skyline Track, der zusammen mit Roys Peak ein sehr anstrengendes Tagesunternehmen darstellt, ist ein Biwaksack und Schlafsack angebracht.
Kurzbeschreibungen und Kartenskizze im Faltblatt „Wanaka walks and trails" beim DOC Wanaka, darin auch weitere Vorschläge für leichtere Touren und Spaziergänge in der Umgebung von Wanaka.

Das Tal von Cardrona: Der Gletscher, der das Becken des Lake Wanaka aushöhlte, war in einer früheren Eiszeit noch höher und mächtiger und suchte sich auch einen Weg nach Südwesten (nicht nur nach Südosten, wo heute der Clutha fließt). Das dabei entstandene Tal ist das Cardrona Valley und der Pass, den man dabei auf der Straße in Richtung Arrowtown und Queenstown zu überwinden hat, liegt 1.120 m hoch. Die Straße ist schmal und kurvenreich, Gespanne sollten sie nicht benutzen!

Nach 26 km erreicht man die wenigen Häuser von **Cardrona**, das in Goldgräberzeiten so wichtig war, dass der Ort ein Hotel benötigte, schließlich wurden an die 1.000 Einwohner gezählt. Das *Cardrona Hotel* steht heute noch (obwohl es so aussieht, als ob es jeden Moment in sich zusammenfallen müsste) und dient im Wesentlichen als Restaurant, die Zimmer sind inzwischen in einen modernen Block verlagert worden (→ Übernachten/Essen & Trinken). Die Straße zum **Cardrona-Skigebiet** (→ Wintersport in Queenstown und Wanaka, S. 708) ging schon 2 km früher ab. Ihr Beginn ist kaum zu übersehen, da sich dort eine mittlerweile weitum bekannte Sehenswürdigkeit befindet, der im Jahr 2000 von ein paar beschwipsten Damen ins Leben gerufene *BH-Zaun („Bra Fence")* eines lokalen Bauern.

Auf dem Treble Cone: Das Wintersportdorado mit Sechserlift „Land Rover Express" bis auf 1.760 m und einem weiteren Vierersessellift, einem Zweierlift sowie Schleppliften ist auch im Hochsommer offen – allerdings nur zwei Wochen zwischen Silvester und Mitte Januar: zum Mountainbiken (kein Verleih, Rad muss mitgebracht werden), Wandern und Freiklettern; ein Café bietet Erfrischungen an.

Wintersport/Lift Sommersaison tägl. 10.30–15.30 Uhr; **Wintersaison:** 550 ha Skigebiet, größtes der Südinsel, größter Höhenunterschied: 705 m, 10 % leichte, 40 % mittelschwere Pisten, die schweren sind z. T. wirklich sehr schwer! 2 durch mittelschwere Piste verbundene Gebiete: Main Basin und Saddle Basin. PO Box 206, 99 Ardmore St., Wanaka, Schneebericht unter ✆ 03/4437443, www.treblecone.com.

Der Mount Aspiring National Park

Mount Aspiring (3.027 m) ist nur der höchste Gipfel dieses Nationalparks, der den Hauptkamm der Southern Alps zwischen dem Haast Pass im Nordosten und dem Hollyford Valley sowie (fast) den Lake Wakatipu im Südwesten umfasst. Er ist zwar der einzige 3.000er im Park, aber seine Lage weit im Süden Neuseelands und die hohen Niederschlagsmengen besonders an der Nordwestseite bewirken eine starke Vergletscherung. Seit 1964 ist das Gebiet als Nationalpark geschützt. Der größte Teil seiner mehr als 3.555 km² ist für normale Wanderer und Bergsteiger *off limits,* denn seine von Eis bekleideten Berge verlangen Gletscherausrüstung, und der Mangel an Hütten zwingt zum Mitschleppen von Zelt, Biwaksack, Kochgeschirr, Gaskocher und der gesamten Verpflegung. Nur das Matukituki-Tal mit seinen riesigen Schaf-Stations ist leicht erreichbar, da eine Straße hineinführt, und gibt sogar ein Shuttle für Wanderer und Radfahrer ab Wanaka. Den Nordostteil des Parks erreicht man nur nach Querung (Furten oder Schnellboot) des Makarora-Flusses (→ Über den Lake Hawea zum Haast Pass), der Südwestteil mit dem recht beliebten Rees-Dart-Rundweg startet bei Glenorchy am Lake Wakatipu (→ Queenstown/Glenorchy).

Information Mount Aspiring National Park Visitor Centre, Wanaka, tägl. 8–16.45 Uhr (April bis Okt. 8.30–16.45 Uhr mit 1 Std. Mittagspause), ✆ 03/4437660, wanakavc@doc.govt.nz.

Verbindungen Shuttleservice zwischen Wanaka und Mt Aspiring Carpark: Wanaka ab 8.45 und 13.30 Uhr, man hat dort mindestens 5:30 Std. Zeit, bevor man wieder abgeholt wird (einfach 35 $, hin/zurück 55 $). Mit Radleihe für Rückfahrt 45 $. Den Transfer erledigen z. B. Alpine Coachlines, ✆ 03/4434665, www.alpinecoachlines.co.nz.

> **Wandern und Radeln!**
> Wer im Matukituki-Tal wandert und mit dem Shuttle fährt, kann auch das Rad mitnehmen und spätnachmittags gemütlich rauszuckeln, damit ist man nicht auf den Shuttletermin angewiesen und kann die Tour in Ruhe ausklingen lassen. Wer kein Rad hat, bucht eines nur für den Rückweg (→ oben), die Agenturen sind darauf eingestellt.

Touren im Matukituki-Tal und der Rob Roy Glacier: Den größten Teil des Weges ins Matukituki-Tal fährt man durch Weideland für die Tiere der High Country Stations, doch an den oberen Hängen ist überall Busch und in den steilen

Seitentälern Wald zu erkennen. Erst nach der Mount Aspiring Station betritt man den Nationalpark. Ein wunderschöner Ausflug führt von hier ins Tal des Rob Roy mit Aussicht auf den gleichnamigen Gletscher. Wer im Tal des Matukituki weiterwandert, erreicht die Mount Aspiring Hut, die Stützpunkt für mehrere Unternehmungen sein kann. Nach Süden kann man über den Cascade Saddle (mühsam und nicht ungefährlich – Schnee und Eis bis in den Januar hinein) den Rees-Dart-Rundweg erreichen. Nach Norden führt durch das oberste Tal des Matukituki eine Route in Richtung der Biwakhütten, von denen aus der Mount Aspiring bestiegen werden kann. Bereits auf halbem Weg zur Mount Aspiring Station hat man die Abzweigung eines breiten Tales nach Norden passiert, durch die der East Branch des Matukituki River fließt. Ein Track führt an ihm entlang zum Rabbit Pass und zur Top Forks Hut, von wo aus es durch das Tal des Wilkin River hinuntergeht zum Makaroa River und (wenn er nicht gerade unpassierbar ist) zur Straße über den Haast Pass.

Terra Map (1:50.000) „Aspiring & Rees/Dart" oder Parkmap (1:50.000) „Mount Aspiring National Park". Zu den Verbindungen vom Rees/Dart nach Glenorchy und Queenstown → S. 724.

Über den Lake Hawea zum Haast Pass und zur West Coast

→ Der Lake District (Region Otago) Karte S. 634/635

Von Wanaka nach Haast an der Westküste sind es 150 km auf einer guten Straße. Vorbei an den beiden großen Seen Wanaka und Hawea erreicht man den niedrigen Haast Pass, der wie der Ort Haast an der Westküste nach Sir Julius von Haast benannt ist, der als einer der ersten diesen Pass überquerte (der erste war 1863 Charles Cameron). Vom Pass geht es dann zunächst steil hinunter in Richtung Westküste, Wasserfälle und Felsfluchten durchbrechen die dicht bewaldeten Gebirgsflanken. Die letzten 50 km ist man auf einer fast flachen Straße unterwegs – mittlerweile auf der australischen Platte der Erdoberfläche, die pazifische hat man am nordwestlichen Bergfuß der Southern Alps hinter sich gelassen. In Haast (→ Westland S. 880) erreicht man schließlich das Meer, die Tasmansee, und die auf lange Strecken einsame Straße in Richtung Fox und Franz Josef Glacier, Hokitika und Greymouth.

Information/Verbindungen

Information Das **DOC-Büro in Makarora** gibt Auskunft über alle Wanderungen der Region und verkauft Hüttentickets. Tägl. 8–17 Uhr, Sa/So 8.30–16.30 Uhr, April bis Nov. nur Mo–Fr. ☏ 03/4438365.

Das **Makarora Wilderness Resort** (→ Übernachten/Essen & Trinken) hat an der Rezeption eine kleine Sammlung relevanter Broschüren und gibt ebenfalls gerne Auskunft.

Verbindungen Bus: InterCity und Atomic befahren die Strecke zwischen Wanaka und Haast, Hawea und Makarora sind die einzigen Stopps.

Übernachten/Essen & Trinken

In Lake Hawea Lake Hawea Motor Inn, Motel und Backpacker-Lodge mit Restaurant und Bar. Unit 95–160 $, Backpacker-Lodge/DO 25–30 $. 1 Capell Ave., Lake Hawea, ☏ 03/4431224, 0800/429324, www.lakehawea.co.nz.

Lake Hawea Holiday Park, Platz am See mit tollem Ausblick auf diesen und die Berge. Stellplatz inkl. 2 Pers. ab 30 $, auch Cabins und Motel-Units. SH 6, PO Box 46, Lake Hawea, ✆ 03/4431767, www.haweaholidaypark.co.nz.

Sailz Café & General Store, Lake Hawea; schlichtes Café über der Dairy, abends einfache Dinnergerichte (20–32 $). Tägl. 8–21 Uhr. ✆ 03/4431696.

In Makarora Makarora Tourist Centre, grüner, von Wald umgebener Platz, ein typischer Holiday Park mit Pool, große (sehr laute) Backpacker-Lodge, die von allen Backpacker-Bussen, die über den Pass fahren, angesteuert wird. Gute einzeln stehende Chalets ca. 70–120 $ je nach Ausstattung, im DO ab 30 $, Stellplatz inkl. 2 Pers. ab 28 $. SH 6 Makarora, ✆ 03/4438372, 0800/800443, www.makarora.co.nz.

Außerdem **Tea Rooms** (bis 16.30 Uhr) und **Makarora Country Café & Bar** (gegenüber Holiday Park) mit **Laden** (kleine Auswahl an Lebensmitteln und ein paar Snacks) und Tankstelle.

Touren/Sport & Freizeit

Lake Hawea: Am Ufer des nahen *Lake Hawea* gibt es keine einzige Siedlung, nur am Abfluss des Hawea River (der nach wenigen Kilometern in den Clutha mündet) manifestiert sich der in Wanaka so dominierende Tourismus in zwei, drei Herbergen. Der Seespiegel wurde 1958 durch einen Damm um 20 m angehoben, dabei wurden seine flachen Ufer überflutet und ein ziemlich unzugängliches Gewässer entstand. Die Straße zum Haast Pass verwendet die Westseite des Sees und führt dann über einen niedrigen Pass (The Neck) zurück zum Lake Wanaka, dem sie bis zu seinem Nordende folgt.

🚶 Der Hawea River Track

Länge: 12 km

Kaum fertig geworden, erfreut sich der neue *Hawea River Track,* ein Teil der ganz Neuseeland durchziehenden Te Araroa Route, bereits größter Beliebtheit. Dieser kombinierte Fuß- und Radweg verbindet den Lake Hawea mit dem oberen Cluthatal, wo er in Albertown, dem östlichsten Ortsteil von Wanaka, endet. Es geht ganz leicht bergab, keine Schwierigkeiten.

Download/Verbindungen Download des genauen Verlaufs von der Seite der Te Araroa Route möglich (Map 1 (South110y26) und Map 2 (South111v26) auf www.teararoa.org.nz/otago. Transfer mit/ohne Rad u. a. mit Alpine Coachlines (✆ 03/4434665, www.alpinecoachlines.co.nz).

Makarora: Ein Holiday Park, das DOC-Büro und zwei Unternehmer, die Schnellboote und Flugzeug einsetzen, um den nach Regenfällen unpassierbaren Makarora River zu überwinden, machen Makarora zu einem guten Standort für Wanderer und Bergsteiger. Trotz Tea Rooms und Laden ist man gut beraten, sich selbst zu verpflegen und sich dafür schon in Wanaka einzudecken.

🚶 Bergtouren im Wilkin River und Young River Valley

Länge/Dauer: 60 km/3 Tage

Das bei Weitem interessanteste und anstrengendste Unternehmen ab Makarora ist die Traverse *Wilkin River – East Matukituki*. Sie führt von jenseits des Makarora River durch das Wilkins-Tal und das Tal des Matukituki River East Branch ins Ma-

Bergtouren im Wilkin River und Young River Valley

tukituki-Tal (→ Wanaka S. 690). Auf der Kerin Forks Hut und der Top Forks Hut wird übernachtet, die Tagesetappen bewältigt man in je 6–7 Std.

Dauer: 3 Tage

Ebenfalls drei Tage ist man auf dem Rundweg über den Gillispie Pass unterwegs, meist *Wilkin River – Young River Circuit* genannt, der ebenfalls das Wilkin River Valley benützt, dann aber von der Kerin Folks Hut nach Norden ins Siberia Valley zum Gillispie Pass und zur Young Hut führt. Der Abstieg erfolgt durch das Tal des Young River zum Makarora, wo man wieder furten muss.

Karten/Information Die offizielle Karte (1: 50.000) des Mount-Aspiring-Nationalparks und der kleine DOC-Führer „Tramping Guide to the Makarora Region" sind sinnvolle Anschaffungen, das DOC-Faltblatt „Gilliespie Pass and Wilkin Valley Tracks" hilft beim Überblick und bei der Vorbereitung.

Sport & Freizeit/Anbieter Siberia Experience nennt sich das Nonplusultra an Abenteuer für Leute, die keine Zeit, aber Geld haben: 4 Std. mit Flug ins Siberia Valley (dort ist eine kleine Landebahn), bis zu 3 Std. wandern, dann mit Schnellboot zurück. Für den Spaß ist mit mindestens 340 $ zu rechnen, Veranstalter ist **Siberia Experience**, ✆ 0800/345666, www.siberiaexperience.co.nz. **Wilkin River Jets** bietet u. a. eine Schnellbootfahrt (1 Std. zu 98 $) an, ✆ 03/4438351, 0800/538945, www.wilkinriverjets.co.nz.

Der Haast Pass: Nur 563 m hoch liegt dieser niedrigste der Straßenübergänge der neuseeländischen Alpen. Im Südbuchenwald wirkt er noch völlig un-alpin. Auf der wesentlich steileren Westseite des Passes wird es dann spektakulär, die Straße macht große Kurven, um das gemäßigte Niveau zu halten, mehrere Wasserfälle sind zu sehen und auf kurzen Stichwegen zu erreichen. Am *Pleasant Flat* (DOC-Platz, Campingmöglichkeit) hat man dann den nur noch sanft geneigten Teil der Strecke nach Haast erreicht.

Und jetzt nach Queenstown! Bob's Peak mit Stadt, Lake Wakatipu und Remarkables

Queenstown-Ikone Bungy Jumping von der Kawarau Bridge

Queenstown

Die Stadt am Lake Wakatipu ist eine Ikone des internationalen Tourismus: Restaurants, Nachtleben, Top-Herbergen und vor allem der spektakuläre Hintergrund aus See und Bergen – alles stimmt. Dazu kommt ein unerschöpfliches, ständig wachsendes Repertoire an Freizeitaktivitäten, die den Adrenalinpegel bis zum Anschlag heben und die Geldbörsen der Gäste leeren.

Dem äußeren Bild des Ortes haben die internationale Bekanntheit und die stark steigenden Besucherzahlen nicht gut getan. Zwar wurde das Zentrum aufgeräumt und die paar alten Bauten, die aus der Goldgräberzeit geblieben waren, restauriert, aber ringsum klettern Villen und Chalets die früher bewaldeten Hänge hinauf, und über Frankton und Arthur's Point streckt die Stadt ihre urbanen Fühler bis Arrowtown und zum Flughafen aus. Aber wer zum ersten Mal ankommt, weiß ja nicht, was verloren ging …

Wer gar nicht aktiv werden will, nicht Bungy-Springen und nicht den Shotover-Canyon mit dem Schnellboot befahren, nicht Paragleiten oder Drachenfliegen oder Weißwasser-Raften oder Mountainbiken, der sollte auf jeden Fall mit der Gondola auf den Bob's Peak hinauffahren. Denn dort oben hat er Queenstown zu seinen Füßen, und nicht nur den Ort, sondern auch zwei Gebirgsketten dahinter, die Sägezähne der Remarkables (links) und die Thomson Mountains (rechts). Klar: Das ist einer der schönsten Blicke, die das Land zu bieten hat!

Information/Reisebüros

Queenstown i-Site Visitor Centre, Ecke Camp/Shotover St., Clocktower Building, tägl. 7–18.30 Uhr (Mai bis Nov. nur bis 18 Uhr), ✆ 03/4424100, queenstown@i-site.org, www.queenstown-nz.co.nz. Der kostenlose „i-tag Visitor Guide" ist zwar eine kommerzielle Publikation, gibt aber massenhaft Tipps für Aktivitäten in Queenstown und Wanaka, der ebenfalls kostenlose und kommerzielle Führer „Kidz Go!" ist auf Kinder und Jugendliche gemünzt.

DOC Queenstown Regional Visitor Center, 36–38 Shotover St., erster Stock, tägl. 9–18 Uhr (Mai bis Nov. bis 17 Uhr), ✆ 03/4427835, queenstownvc@doc.govt.nz bzw. für Hüttenbuchungen auf den Great Walks greatwalksbooking@doc.govt.nz. Das so genannte Info & Track Centre, 37 Shotover St., ✆ 03/4429708, ist ein kommerzielles Unternehmen.

Anreise/Überregionale Verbindungen

Flugzeug Quantas fliegt Queenstowns Flughafen, 7 km östlich, von Sydney 2-mal die Woche direkt an, in der Skisaison werden zusätzliche Flüge von Melbourne und Brisbane eingelegt. Alle neuseeländischen Fluglinien fliegen Queenstown selbstverständlich ebenfalls an, besonders im Winter zumeist als Direktflug von den größeren Orten aus.

> Der wegen seiner Lage zwischen hohen Bergen problematische Flughafen Queenstown wird derzeit durch den Einsatz eines neuen Präzisionsnavigationssystems namens RNP (Required Navigation Performance) in den Boeing 737-800 und A 320 der Quantas entschärft. Vorher mussten bei Schlechtwetter immer wieder Flüge ausfallen (Anflug durch Kawarau-Schlucht!), da der kleine Flughafen kein hochpräzises Instrumentenlandungssystem besitzt. Quantas hat Queenstown als weltweit ersten Flughafen für den Einsatz dieses neuen Navigationssystems ausgewählt.

Air New Zealand Travel Centre, 8 Church St., ✆ 03/4411900, 0800/737000.

Flughafenshuttles verbinden Queenstown mit seinem Flughafen, etwa Super Shuttle (✆ 03/4423639; 15 $) und Kiwi Shuttle (✆ 03/4422107), aber auch der Connectabus (→ Stadtverkehr) fährt zum Flughafen. Ein Taxi zum Flughafen kostet ca. 25 $

Überlandbus Die meisten Busse halten beim Busbahnhof Ecke Camp/Man Street, einige drinnen im eigentlichen Busbahnhof, die meisten Shuttles jedoch in der Camp Street. Great Sights (für InterCity nach Mount Cook und Christchurch) hält in der Athol Street. Wanaka Connexions hat die meisten Verbindungen mit Wanaka, Atomic fährt nach Christchurch, Dunedin und Greymouth (über Wanaka), Southern Link nach Christchurch, Top Line Tours nach Te Anau und InterCity bietet Verbindungen in alle genannten Orte (z. T. mit Umsteigen).

> Die „Backroad" nach Te Anau: Seit 2005 ist es möglich, die Strecke nach Te Anau auf der Straße ab der Walter Peak Station mit einem Kleinbus zurückzulegen (vorher gab es kein öffentliches Verkehrsmittel). Fahrplan: Queenstown ab 10 Uhr mit MSS Earnslaw, 10.45 Uhr ab Walter Peak mit Minibus, 14 Uhr an Te Anau. In umgekehrter Richtung: Te Anau ab 15 Uhr, Walter Peak ab 18.45 Uhr, Queenstown an 19.30 Uhr. Die Linie wird von Dezember bis April befahren. Betreiber ist Tracknet in Te Anau, ✆ 03/2497777, ✆ 0800/4832628, www.tracknet.net.

Stadtverkehr

Bus Connectabus: städtischer Busverkehr mit 3 Routen zwischen dem Ortszentrum und Fernhill, der Frankton Road und dem Flughafen bzw. Remarkables Park Shopping Centre (mit dem großen Supermarkt New World und Warehouse) und Arrowtown, meist in Halbstundenabständen. Day Pass (Tageskarte) 20 $, Infos unter ✆ 03/441471 oder www.connectabus.com.

Fahrrad Das Rad ist in Queenstown kein schlechtes Verkehrsmittel, die Wege sind zu kurz fürs Auto und oft ein wenig lang, wenn man zu Fuß unterwegs ist, allerdings sind sie oft sehr steil. Radverleih → Sport & Freizeit.

Taxi Taxistand Camp Street vor dem Eingang zur Mall. Alpine Taxi ✆ 03/4426666, 0800/4426666, und Queenstown Taxi ✆ 03/4427788.

Adressen/Einkaufen/Kino & Kultur/Touren

Ärztliche Versorgung Queenstown Medical Centre, 9 Isle St., ✆ 03/4410500. Krankenhaus Lake District Hospital, Frankton, 20 Douglas St., ✆ 03/4410015.

Diverses Postamt Ecke Camp/Ballarat St.; Stadtbücherei 10 Gorge Rd.

Für Selbstversorger Supermarkt Fresh Choice an der Gorge Road (Ecke Hilton Place in Richtung Arthurs Point).

New World, großer Supermarkt im Einkaufszentrum am Flughafen.

Im Ortskern nur kleiner und teurer Supermarkt an der Shotover Street in Richtung Gorge Road.

Maori-Kulturveranstaltung → Arrowtown.

Kino Embassy Cinema, 11–13 The Mall, ✆ 03/4429994, www.embassymovies.co.nz.

Lord-of-the-Rings-Touren Trilogytrail, Lord-of-the-Rings-Flüge mit kleinen Maschinen, durchgeführt von **Glenorchy Air** ab Queenstown Airport, besucht werden (u. a.) Lothlorien, Isengard, Cormallen Fields, Rohan, New Hithoel, Minas Tirith. Aber: Nur an einer dieser Stellen wird gelandet, die andere sieht man vom Flugzeug aus. Die Fluglinie flog Mannschaft, Darsteller und Regisseur Peter Jackson für die Filmaufnahmen im Südteil der Südinsel. Dauer 2:30 Std. 370 $, Straßenversion 3 Std. 150 $. Glenorchy Air, 91 McBride St., Queenstown, ✆ 03/4422207, www.trilogytrail.com.

Mehr zu Herr-der-Ringe-Touren → Glenorchy.

Adrenalin-Thrills/Sport & Freizeit

Bungy Jumping A. J. Hackett Bungy (Preise etc. → Kasten) hat in Queenstown seine Zentrale und betreibt mittlerweile 4 Absprungbasen, dazu kommt das Parabungy auf dem Lake Wakatipu. Viele Besucher identifizieren Queenstown mit Bungy und sie haben nicht Unrecht, der populärste Adrenalin-Thrill in der Stadt ist Bungy-Springen, Queenstown hat (neben Ohakune auf der Nordinsel) die längste Tradition dieser Sportart – seit den 80ern – und die meisten Absprungmöglichkeiten (zum 20. Jubiläum im November 2008 sprang A. J. Hackett mal wieder selbst von der Brücke, vor der versammelten Presse natürlich).

Klassischer Standort ist die alte, heute nicht mehr vom Verkehr befahrene **Brücke über den Kawarau**, die man auf dem Weg nach Cromwell passiert (guter und v. a. kostenloser Blick auf die Springer vom Parkplatz an der Straße). Die Sprungstelle ist landschaftlich schön, das Wasser unten klar, die Helfer machen den üblichen Zirkus, und die zahlenden Zuschauer können bis fast an den Springer ran, da traut sich keiner mehr, im letzten Moment den Schwanz einzuziehen. Die Sprunghöhe ist 43 m, wer möchte, kann bis an die Wasseroberfläche hinuntergelassen werden, die man mit ausgestreckten Armen und Händen zu durchstoßen hat (da sonst Kopfverletzungen möglich sind). Noch kopfüberhängend wird man von Helfern in einem wartenden Boot eingefangen und aus dem Seil gelöst, schwach, aber glücklich. Wer als Zuschauer auf der Brücke steht, sieht nichts vom Sprung, der ist am besten zu beobachten vom **Kawarau Bungy Centre**, wo man auch alles über den Sport erfährt und mehr.

Der noch relativ neue **Nevis Highwire Bungy** über dem Nevis River, einem Nebenfluss des Kawarau, bietet eine Sprunghöhe von unglaublichen 134 m. Man springt von einer Seilbahn ab, die sich über das steil eingekerbte Flusstal spannt. Die Zufahrt über Privatland erfolgt mit Allradfahrzeugen. Zuschauer werden kräftig zur Kasse gebeten: 35 $!

An der Bergstation der Gondola über Queenstown befindet sich der **Ledge Bungy** mit 47 m Sprunghöhe. Seltsamerweise

Queenstown

muss man für diesen Sprung mehr Mut beweisen als für die anderen, da man den Eindruck bekommt, man springe ins Nichts – Queenstown, der Lake Wakatipu tief unten und die Remarkables am Horizont scheinen unendlich tief und weit entfernt zu sein. Auf dem Sprungbrett (kennt man ja vom Schwimmbad) kann man Anlauf nehmen und so den Sprung in geringem Maße selbst gestalten, um das sicher zu gewährleisten wird man mit einer Art Klettergeschirr gesichert.

> Kawarau Bridge tägl. 8.30–18 Uhr, 180 $; Ledge Bungy tägl. 16–19/20 Uhr, 180 $; Nevis Highwire 4-mal tägl. ab Queenstown 2600 $. Der Preis schließt ein Sprungzertifikat, ein T-Shirt und, falls gewünscht, den Transfer von und nach Queenstown ein. Ein 2. Sprung innerhalb der nächsten 24 Std. ist wesentlich verbilligt (um ca. 40 %). Ein Video des Sprunges kostet extra. A. J. Hackett Bungy, Ecke Camp/Shotover St., ✆ 03/4424007, 0800/286495, www.ajhackett.com, www.bungy.co.nz.

Swinging Nicht ganz so mutprobenmäßig läuft das Schwingen ab, denn man wird wahlweise in sitzender, liegender oder hängender Position ins Nichts katapultiert, aber immerhin auf so was wie einer Sitzschaukel. Amüsant ist der Fall durchs Loch, wo man sich auf den Boden legt, dann klappt unter einem die Falltür auf und wuuusch ... also keineswegs Bungy für Angsthasen!

Die Felsnase mit künstlichem Vorbau über dem Shotover-Fluss ist die beste Absprungbasis für Schwinger. Der **Shotover Canyonswing** ist 109 m hoch und ermöglicht einen 60 m tiefen Fall, der Sprung kostet 199 $, Zuschauer zahlen 20 $; ✆ 03/4426990, 0800/279464, www.canyonswing.co.nz. A. J. Hackett bietet von seinem Ledge Jump an der Gondola-Bergstation auch einen **Ledge Sky Swing** (43 m tief), 130 $, die zwei Varianten **Nevis Arc** und **Nevis Arc Tandem** (zu zweit amüsiert man sich doppelt so sehr?) kosten 180/320 $.

Kanu- und Kajakverleih Kayaking Adventures Queenstown bietet geführte Kajaktouren (3 Std., 129 $) und Kajakverleih (50 $/halber Tag), ✆ 0274/555993.

Mountainbiken/Radfahren Bei Outside Sports erhält man einen kostenlosen Übersichtsplan der wichtigsten Rad- und Mountainbiketracks in der Umgebung von Queenstown. Die längste darauf ersichtliche Tour ist der Moonlight Track und in Fortsetzung Moke- und Dispute Track, die von Arthur's Point rund um das Massiv des Ben Lomond zum Moke Lake und westlich von Queenstown wieder an den Lake Wakatipu führen. Dieser Track ist auch für durchschnittliche Mountainbiker durchaus machbar.

Fat Tyre Adventures offeriert Mountainbikern mehrere Touren, die Transport, Leihrad, Helm und bei längeren Touren die Mahlzeiten umfassen. Bei den Touren, die mit Helikopterflügen ins Bergland verbunden sind, hat man die längsten Strecken und größten Höhenunterschiede – an so einem Tag ist man 3–5 Std. auf dem Rad unterwegs und zahlt ab 360 $. ✆ 0800/328897, www.fat-tyre.co.nz.

Jetboating macht allen Spaß!

Vertigo Bikes bietet z. B. Downhill von der Gondola, aber auch Transport, u. a. mit dem Hubschauber (ab 400 $), zu Track-Ausgangspunkten wie etwa dem Straßenende auf den Remarkables. Auch Verleih. 4 Brecon St., ✆ 03/4428378, 0800/8378446, www.vertigobikes.co.nz.

Radverleih und Reparatur: Verkauf, Werkstatt und Verleih (Fully, halber Tag 50 $) bei Outside Sports, 36–38 Shotover St., ✆ 03/4410074, www.outsidesports.co.nz.

Jetboat-Touren Die Fahrten mit Schnellbooten auf dem Kawarau und dem Shotover sind seit 1960 ein nicht wegzudenkender Teil der adrenalintreibenden Aktivitäten in Queenstown. Bis zu 85 km/h schnell rasen die Boote doch durch die engen Canyons, das ist aufregend doch – fast – absolut sicher und auch für Gruppen von älteren Herrschaften über 25, die sich an einen Bungyjump nicht mal im Traum ranwagen würden, eine Sache, die man cool mitnehmen kann. Der Shotover Jet startet mit seinen Flitzern von einer Schotterbank oberhalb der Shotover-Brücke in Arthurs Point (5 km von Queenstown). Dann geht es den Shotover Canyon runter und wieder rauf und die Piloten zeigen, wie klein die Wendekreise der Boote sind, während alles kreischt und die Arme hochreißt. Bester Beobachtungspunkt (und Fotopunkt) ist die Brücke, unter der stündlich mehrere Boote durchsausen, der Canyon beginnt direkt unterhalb und man kann die Manöver der Piloten gut beobachten.

Kawarau Jet war der erste kommerzielle Anbieter in diesem Bereich, Fahrt 119 $ ab Artur's Point, Main Town Pier, Queenstown Mall, ✆ 0800/529272, www.kjet.co.nz.

Zu den Jetbootfahrten auf dem **Dart River** → Glenorchy (beide Anbieter holen in Queenstown ab), zum **Goldfields Jet** im unteren Teil der Kawarau-Schlucht → Kawarau Gorge.

Paragleiten/Drachenfliegen Die besten Absprungbasen für **Paragleiter** sind jene auf ausgesetzten Berghöhen mit kräftigen Aufwinden – Bob's Peak an der Bergstation der Gondola über Queenstown bietet genau das. Die Gleiter dort oben sind alle im Tandem, jeder kann's versuchen, wenn er nur zahlt (185 $ und Ticket für die Gondola). Wie lange der Gleitflug dauert, hängt von der Windsituation ab und vom Instruktor, der die Fäden in der Hand behält. **Drachenflieger** starten üblicherweise an der Straße auf den Coronet Peak, die Flüge ins Tal dauern um die 15 Min. Veranstalter sind Skytrek Hang Gliding (✆ 03/4426311), Tandem Paraglide (✆ 0800/759688, www.paraglide.net.nz) und andere, die jeweils ab ca. 200/220 $ verlangen. Auch hinter einem schnellen Boot kann man sich in die Lüfte erheben, man wird mitsamt Instruktor und Paragleiter auf dem Lake Wakatipu an einem langen Seil gezogen und kann in aller Ruhe die Gegend von oben bewundern. Diese **Paraflights** bietet etwa Queenstown Paraflights, der gesamte Trip mit dem Boot dauert ca. 1 Std., in der Luft ist man nur 10 Min., 129 $ Solo, 95 $ Tandem, ✆ 03/4412242, info@paraflights.co.nz.

Fallschirmspringen/„Sky Diving" Der Sprung im Tandem hat über Seen (man denke an den Lake Taupo!) seinen beson-

deren Reiz. NZone bietet Sprünge aus 9.000, 12.000 und 15.000 Fuß Höhe an (ab 269 $), beim höchsten Sprung hat man 1 Min. freien Fall, ☎ 0800/376796, 03/4425867, www.nzone.biz.

Ballonflüge Der Ballonflug über den Lake Wakatipu mit der Aussicht auf die Berge zweier Nationalparks ist ein großes Erlebnis, wenn das Wetter mitmacht. **Sunrise Balloons** bietet die Chance und verlangt für 4 Std. inkl. Transfers 395 $, ☎ 0800/468247, www.ballooningnz.com.

Reiten Bewährt ist **Moonlight Stables** im Tal jenseits des Ben Lomond, 210 $ für einen 2:30-Std.-Ritt, ☎ 03/4421229. **Redlands Equestrian Centre** bietet Reitstunden und Ausritte an, ☎ 03/4421240, www.moonlightcountry.co.nz.

Rafting Die beiden Flüsse in der Nähe von Queenstown, der breitere, nicht zu schnell fließende Kawarau River und der an engen Canyonstellen regelrecht brodelnde Shotover River sind die Rafting-Flüsse von Queenstown. Auf dem **Kawarau** wird eine 7 km lange Flussstrecke mit bis zu WW III befahren, deren letzter Teil im *Chinese Dog Leg* den höchsten Adrenalinausstoß bewirkt. Der **Shotover** ist um Klassen schwieriger und auch potenziell gefährlicher: Auf der 14 km langen gerafteten Strecke passiert man Weißwasserbereiche mit den schönen Namen *Mother* (WW IV/V), *Jaws and Sequel* (WW III/IV), *Mother in Law & Tunnel* (WW IV/V).

Queenstown Rafting (s. u.) bietet ein exklusiveres Rafting-Vergnügen an, das auf dem Fluss **Landsborough** stattfindet. Man fliegt

Der Lake District: Wanaka und Queenstown

hin und zurück, wird 2 Nächte in einer Lodge untergebracht und raftet oder paddelt auf dem Fluss, der Stromschnellen bis WW III aufweist (1.495 $).

Challenge Rafting, Halbtagestouren auf dem Shotover und dem Kawarau, Letzterer eher sanft und für Anfänger, der Shotover bringt mit seinen Flussschnellen mehr Pep. Trips 185 $ (Kawarau oder Shotover), Ecke Shotover/Camp St., ✆ 03/4427318, 0800/423836, www.raft.co.nz. Alternativ **Extreme Green Rafting**, ✆ 03/4428517, www.nzraft.com; **Queenstown Rafting** bietet auch Combo Heli Rafting zu ca. 275 $ und die Combo Skydive Rafting zu ca. 440 $, 35 Shotover St., Queenstown, ✆ 03/4429792, 0800/7238464, www.rafting.co.nz.

Whitewater Sledging Auf der 6 km langen Strecke des Kawarau River, die sich *Roaring Meg* nennt und Weißwasser bis WW III aufweist, sind die Sledger und Riversurfer unter sich, den oberen Bereich des Flusses teilen sie sich mit den Raftern. Die Roaring Meg ist von der Straße gut einsichtbar, eine Parkplatz auf einem Felsvorsprung ist der ideale Aussichtspunkt. Schlitten (Sledges) wie Weißwasser-Surfboards (Riverboards) kommen zum Einsatz. Preise für die meist 1-stündige Fahrt (plus bis zu 3 Std. Vor- und Nachbereitung und Transfers) beginnen bei 139 $.

Frogz befährt seit 1981 den Flussbereich Roaring Meg, aber auch Clutha River und Hawea River sowie den Kawarau – die Firma ist in Wanaka beheimatet (ab 160 $). ✆ 03/4439130, ✆ 0800/338737, www.frogz.co.nz.

Whitewater Riversurfing bietet 2-mal tägl. „serious fun river surfing" zu 159 $, ✆ 03/4425262, 0800/737468, www.riversurfing.co.nz. Ein weiterer Anbieter ist **Mad Dog River Boarding**, 37 Shotover St., Queenstown, ✆ 03/4427797, www.riverboarding.co.nz.

Canyoning Die Anbieter bringen ihre Kunden in die Gegend des oberen Lake Wakatipu und an den Routeburn, wo sich Klammen finden, die für diesen Sport geeignet sind und den Wechsel aus Kletterstellen, Wasserfällen und Tümpeln haben, der erst das Abenteuer ausmacht. **Routeburn Canyoning**, ✆ 03/4413003, www.canyoning.co.nz, bietet im Sommerhalbjahr verschieden lange Touren ab ca. 175 $ für den halben Tag. Ein weiterer Anbieter ist **Deepcanyon**, www.deepcanyon.co.nz.

Dampferfahrten Über den Lake Wakatipu mit der „TSS Earnslaw" → Sehenswertes.

Skifahren/Snowboarden → Wintersport in Queenstown und Wanaka, S. 708.

Wandern/Trekking/Bergsteigen Neben den vielen sonstigen Sport- und Freizeitmöglichkeiten gehen Wandern und Bergsteigen rund um Queenstown ziemlich unter. Wer eine der großen Wanderungen machen will, bucht zwar hier, startet aber in Glenorchy (→ Glenorchy). Nur der Weg auf den Ben Lomond oberhalb von Queenstown zieht viele Wanderer an. Das recht detaillierte DOC-Faltblatt „Wakatipu Walks" beschreibt in Kürze diese und mehrere weitere Wanderungen.

Sightseeingbus Der rote „Double Decker" macht einen dreistündigen Rundkurs durch Queenstown, das Gibbston Valley, Bungy Bridge und Shotover Bridge, hop on – hop off für einen Tag kostet 48 $. ✆ 03/4484471, www.doubledeckerbus.co.nz.

Übernachten in Hotels, Motels und B&Bs (→ Karten S. 698/699 und 701)

Queenstown bietet wirklich jede Art von Quartier an, vom brandneuen Top-Hotel Sofitel bis zum 5-$-Naturcampingplatz am Lake Wakatipu. Besonders bei den hochpreisigen Hotels, den luxuriöseren B&Bs, bei den Backpacker-Herbergen und auf dem Zeltplatzsektor ist das Angebot gut und ausreichend. Wer jedoch nach einem Motel der einfachern Kategorie sucht, wie sie andere Orte zu Dutzenden haben, stellt fest, dass es das fast nicht gibt, Queenstown setzt auf Luxusgäste und Backpacker, die dazwischen interessieren nicht.

Eichardt's Private Hotel 🔢, das schöne alte Steinhaus, sorgfältig hell getüncht, liegt direkt an der Seepromenade. Die 5 Suiten im 1. Stock haben Seeblick, und wer sie betritt, erkennt sofort, dass der Bau aus einem Potemkinschen Dorf stammt: außer der Fassade ist praktisch nichts alt. Zur Seite Glasanbau mit Hausbar (11–23 Uhr) und tollem Blick auf den See. Getrennt vom Haupthaus am See „Cottages" mit komplett ausgestatteten Apartments. Phänomenaler Service. Suite ab 169 $, „Cottage-

Suite" ab 1.190 $. Marine Parade, PO Box 1340, Queenstown, ℅ 03/4410450, www.eichardtshotel.co.nz.

Hurley's [7], Studios und Apartments mit gehobener Ausstattung (Fußbodenheizung, TV und CD-, Video- und DVD-Player) in guter Lage. Im Haus Sauna, Solarium und Fitnessraum. Mehrere Zimmergrößen und -typen zu 180–350 $. Ecke Melbourne St./Frankton Rd., ℅ 03/4425999, 0800/589879, www.hurleys.co.nz.

Novotel Gardens [48], wirklich beste Lage im Grün mit Park und Lake Wakatipu als Gegenüber. 204 Zimmer der Businessklasse, für die man entsprechend zahlt. Viele Japaner. Standard-DZ 120–220 $. Ecke Earl

St./Marine Parade, ℅ 03/4427750, 0800/444422, www.novotel.co.nz.

The Dairy 21, bei einem „Private Luxury Hotel" darf man schon einiges erwarten. Die 13 Zimmer mit Bad/WC (sensationell: Mischarmaturen), hervorragenden Betten mit Seidenbezügen und Mohairdecken, das Ledermobiliar und das insgesamt geschmackvoll gehobene Ambiente erfüllen das Versprechen. Frühstück mit Frischgebackenem, continental oder cooked, Gästelounge mit kleiner Gästebibliothek. DZ/FR 465–495 $. 10 Isle St., ℅ 03/4425164, 0800/333393, www.thedairy.co.nz.

Rydges 13, das von der Fassade her pompöseste Hotel der Stadt, große Front zum See. Wirklich kein Gegenüber bis auf die Berge über der Walter Peak Station. Das Hotel hat Spa, Sauna und Schwimmbad. Es gibt 25 Zimmer nach hinten und ohne Ausblick, die kosten in der HS oft nur 95 $, „SleepN`Go" (selten hört man's so auf den Punkt genau ausgedrückt) kostet 90–135 $/Zimmer. Ansonsten 140–400 $ für die 225 Zimmer mit See- oder Bergblick. 38–54 Lake Esplanade, ℅ 03/4427600, 0800/446187, www.rydges.com/queenstown.

Peppers Beacon 12, beim Peppers Beacon ziehen sich Zimmer und Apartments in mehreren Etagen terrassenförmig den Hang hinauf, zwischen den beiden Trakten des Hotels liegt ein Hof. Kleine Zimmer und großzügige Apartments (mit Kamin) und allem Zubehör von der Waschmaschine und dem Trockner bis zum DVD-Player und riesige Balkone mit tollem Seeblick. Allerdings: hellhörig und die preiswerteren Zimmer wirklich klein. DZ ab 170 $, One Bedroom Apartment 248–315 $. 33 Lake Esplanade, ℅ 03/4410890, www.peppers.co.nz.

Heritage Queenstown 17, Luxus-Hotelkomplex aus mehreren Bauten in Aussichtslage über Ort und See. Große Anlage mit Hallenbad, Außenpool, Spa, Sauna und Fitnessraum, ausgezeichnet ausgestattete Zimmer, so haben etwa alle Breitband-Internetzugang. DZ 125–250 $, „deluxe" und größer bis 690 $. 91 Fernhill Rd., ℅ 03/4424988, 0800/368888, www.heritagehotels.co.nz.

Abba Garden Motel 19, „Budget"-Motel mit 10 einfachen Units (Studios und Units mit getrenntem Schlafzimmer) mit Bad und Küchenzeile, vor der Tür überwiegt der Asphalt. Studio 130–175 $, bessere Units bis 240 $. 35 Gorge Rd., ℅ 03/4429280, 0800/445574, www.abba.co.nz.

Alexis Motor Lodge 8, 2002 eröffnetes Motel an der Südseite der Frankton Road mit Seeblick von allen Zimmern, nur die größeren haben einen umfassenden Ausblick. Alle Units mit Kochnische, TV, doppelt verglasten Glastüren, PC-Anschluss, CD- oder DVD-Player. Die Möbel sind guter Durchschnitt, farblich ansprechend (kein Grün-Grau-Beige, was in älteren Motels so beliebt ist). Unit 140–240 $. 69 Frankton Rd., ℅ 03/4090052, 0800/782925, www.alexisqueenstown.co.nz.

Lakeside Motel 10, das einzige Motel an Queenstowns Uferstraße in Richtung Glenorchy bietet Standardzimmer in 3 Stockwerken mit Seeblick (1. und 2. Stock), sehr guten Betten, Küche und für den Standort akzeptablen Preisen. Unit 130–160 $. 18 Lake Esplanade, ℅ 03/4428976, www.queenstownaccommodation.co.nz.

Lake Vista 5, hier wird mal nicht zu viel versprochen: Die 3 Zimmer (eines mit Bad/WC, die zwei anderen teilen sich eines) öffnen sich zu einem um die Südfront des hoch über dem See gelegenen Hauses geschwungenen Balkon, von dem man einen Prachtblick hat. Runderneuerte Zimmer mit hohem Standard, Fußbodenheizung, TV, Fön, Safe. Internetzugang/WLAN. DZ/FR 175–245 $. 62 Hensman Rd., ℅ 03/4418838, www.lakevista.co.nz.

Bluegum Lodge B&B 16, Privathaus in einem Waldstück mit einzelnen Siedlungshäusern 3 km außerhalb der Stadt in Richtung Glenorchy. Wegen der Hanglage sind die Zimmer auf Baumhöhe und die Vögel singen direkt vor dem Fenster. 3 einfache, aber völlig ausreichend ausgestattete Zimmer und ein Gastgeberpaar, das sich nicht nur vorzüglich auskennt und auch hauptberuflich in der Tourismusbranche tätig ist, sondern sich auch ganz persönlich und liebenswürdig um seine Gäste kümmert. DZ/FR ab 130 $. 252 Fernhill Rd., Sunshine Bay, ℅ 03/4428215, www.bluegumlodge.co.nz.

The Historic Stone House 4, altes Steinhaus aus grauem und grünem Gestein (dieselben Steine, wie man sie in der Umgebung, etwa auf dem Ben Lomond findet) im oberen Teil des Ortes. Aufwändig eingerichtet (Fön, Bademantel), der Preis entspricht dem Privileg, hier wohnen zu dürfen. DZ/FR 195–225 $, auch größere Units. 47 Hallenstein St., ℅ 03/4429812, 0800/282457, www.historicstonehouse.co.nz.

Queenstown

Übernachten in Backpackers/Hostels/YHA und auf dem Campingplatz

Bei der großen Auswahl an Budget-Unterkünften herrscht eine so starke Konkurrenz, dass Queenstown trotz seiner internationalen Reputation und bevorzugten Lage keine höheren Preise hat als andere neuseeländische Orte auch. Besonders die Backpacker-Herbergen platzen zur Hochsaison im Sommer aus allen Nähten, im Winter hat man schon mal ein bisschen mehr Platz. Die Gegend um Brecon Street und Discovery Lodge ist der Backpacker-Pol Queenstowns, dort dreht sich alles um diese Besucherschicht, die mehr Geld hat, als sie für Übernachtungen auszugeben bereit ist.

→ Karte S. 698/699 mit Legendenpunkten 1–17 und → Karte S. 701 mit Legendenpunkten 18–50.

base Discovery Lodge **29**, moderne und bestens ausgestattete Herberge mitten in der Stadt. Vielleicht die beste, aber nur für die Partying-Gang und die Backpacker-Busgruppen. Im Haus auch die Altitude Bar & Café mit Party Nights und Karaoke Nights, generell 24 Std. Hoolabaloo im ganzen Haus. Aber Zimmer und Schlafräume sauber und funktionell, die Betten bezogen und es gibt auch Zimmer mit etwas mehr Mobiliar und Bad im Motel-Stil. DB ab 42 $, mit Bad ab 53 $, DO ab 19 $ (Winter). 49 Shotover St., ✆ 03/4411185, 0800/227369, www.stayatbase.com.

Bumbles **9**, gute und gut gelegene Herberge an der Uferstraße mit breiter Front, sodass man von vielen Zimmern aus auf den See blicken kann. Große Küche, auch die anderen Gemeinschaftseinrichtungen ausreichend bis sehr gut (Waschküche!). DB ab 31 $, DO ab 29 $. 2 Brunswick St., ✆ 03/4426298, 0800/2862537, www.bumblesbackpackers.co.nz.

Nomads Queenstown **40**, neues Hostel der Backpacker-Kette nahe der Uferstraße, für den Preis sehr gute Einrichtungen und vor allem Super-Lage. Zimmer (2 Pers.) mit – man staune – Kleiderhänger, Ablage am Bett, Schließfach. DO 26–35 $, DB 55–65 $, jeweils mit „light" Frühstück. 5–11 Church Rd., ✆ 03/4419322, 0508/666237, www.nomadsqueenstown.com.

Alpine Lodge **3**, Backpacker-Herberge an der Straße nach Arthur's Point, eng und recht laut, aber schön zentral – was will man mehr. Und: gratis WLAN! DB 29 $, DO 24 $. 13 Gorge Rd., ✆ 03/4427220, www.alpinelodgebackpackers.co.nz.

Aspen Lodge Backpackers **18**, die Aspen Lodge ist ein etwas größerer, verschachtelter Bau mit mehr als 50 Lagern, kleine Terrasse zur belebten Straße, sauber, aber trotz dreier Küchen wird es manchmal etwas eng. DB 31–41 $, DO 21–26 $. 11 Gorge Rd., ✆ 03/4429671, www.aspenlodge.co.nz.

Flaming Kiwi Backpackers **2**, noch nicht abgewohntes Hostel in ruhiger Nebenstraße 10 Min. vom Zentrum. Große Lounge, gut ausgestattete Küche, sehr sauber. Gratis WLAN (begrenzte Zeit). DB 29 $, DO 23–24 $. 39 Robins Rd., ✆ 03/4425494, www.flamingkiwi.co.nz.

BJ's Lakeside Backpackers **11**, was zunächst wie eine Villa aussieht, entpuppt sich als gutes und sehr persönlich geführtes Backpackers in übersichtlicher Größe (keine Partys, sorry) mit 2 Küchen, Lounge und Waschküche. Unterbringung in (1) SG 45 $, DB 35–38 $ und DO 25–27 $. 18 Lake Esplanade, ✆ 03/4428976, www.queenstownaccommodation.co.nz.

YHA Central **33**, das neue YHA Queenstown Central hat die alte Backpacker-Lodge übernommen, die Aufteilung in (30!) Doppelzimmer mit Bad und 4er-Schlafsäle ist geblieben. Schöner Ausblick auf den See! DO ab 31 $, DZ (mit Bad) 90 $. 48 a Shotover St., ✆ 03/4427400, www.yha.co.nz.

YHA Queenstown Lakefront **14**, bestens ausgestattete Jugendherberge in großer Holz-Lodge am See, vorwiegend mit Zimmern (z. T. Traumaussicht) mit und ohne Bad. DO ab 26 $, DB ab 29 $. 88–90 Lake Esplanade, ✆ 03/4428413, www.yha.co.nz.

Shotover Top 10 Holiday Park **1**, wenn man die Straße nach Arthur's Point und Arrowtown nimmt, erreicht man nach 6 km und nach der Shotover-Brücke den Top 10 Holiday Park auf relativ flachem Wiesengelände. Genügend Platz auch für große Camper, eigener Laden, Schwimmbad, Kinderspielplatz. Motel-Units ab 100 $, Cabin ab

→ Der Lake District (Region Otago) → Karte S. 634/635

65 $, Backpacker-Unterkunft im DO ab 27 $, Stellplatz inkl. 2 Pers. ab 35 $. Gorge Rd., Arthur's Point, ✆ 03/4429306, 0800/462267, www.shotoverholidaypark.co.nz.

Queenstown Top 10 Holiday Park 6, ein Holiday Park am Rand des Ortszentrums von Queenstown? Das kann es eigentlich bei den Grundstückspreisen nicht geben (und wer weiß, wie lange es das noch gibt): Um eine Holz- und Glaskonstruktion in der Mitte (mit Sauna, Spa etc.) scharen sich eine ganze Reihe schattiger Stellplätze, Cabins und die üblichen Units. Motel 115–215 $, Backpacker-Lodge (Schlafsaal) ab 30 $, Stellplatz inkl. 2 Pers. ab 47 $. 54 Robins Rd., PO Box 247, Queenstown, ✆ 03/4429447, 0800/786222, www.camp.co.nz.

Queenstown Lakeview Holiday Park 20, näher am Zentrum kann ein Holiday Park nicht sein, und schönere Ausblicke auf See und Berge kann er auch kaum aufweisen – hier stimmt mal der Name. Dazu alle Einrichtungen in guter Qualität (die meisten im Turnus gerade frisch überholt), neuer Motelblock, große Rasenflächen. Stellplatz inkl. 2 Pers. ab 38 $, die Motel-Units bis 160 $. Brecon St., ✆ 03/4427252, 0800/482735, www.holidaypark.net.nz.

Twelve-Mile Delta Reserve Campground 15, unterhalb der Straße in Richtung Glenorchy liegt 6 km westlich von Queenstown dieser naturnahe DOC-Zeltplatz mit Toiletten und Wasser. An Wochenenden sollte man ihn aber eher meiden, da er gerne von Gruppen aufgesucht wird, die dort ihren Alkoholpegel austesten. 5 $ pro Pers., Campingtickets besorgt man sich beim DOC in Queenstown (s. o.).

Essen & Trinken (→ Karten S. 698/699 und 701)

Die beiden Fressmeilen Queenstowns gehen ineinander über: The Mall, die Fußgängerzone, in der sich ein Lokal ans andere reiht, und die Fortsetzung in der Meerespromenade bis zur Steamer Wharf bei der „MSS Earnslaw". Das O'Connells Shopping Centre mit seinen Lokalen liegt um die Ecke. Trotz rasch wechselnder Klientel, was häufig zu niedrigem Niveau führt, sind Küchenleistung und Präsentation in Queenstown recht hoch. Vielleicht liegt's an der großen Konkurrenz und daran, dass man sich zumindest in der Mall von Lokal zu Lokal gegenseitig auf die Teller schauen kann. Wenn es am Nebentisch leckerer aussah, geht man halt am nächsten Abend zum Nachbarlokal.

Ruhepause im Innenstadttrubel gefällig?

O' Connells Shopping Centre 25, 24 Beach St./Camp St.; das neue Shopping Centre auf drei Stockwerken mitten in Downtown hat einige Lokale zu bieten: .Klar, McDonald's muss sein, daneben Café Brazil, ein Indian Cafe, ein großes chinesisches Restaurant (Memories of Hongkong) und (→ unten) die sehr besuchenswerte „Central Otago Wine Experience".

Tatler 38, 5 The Mall; feine („europäische") Küche, lockere Atmosphäre, etwas herablassendes, aber nicht unfreundliches Personal. Küche typisch pazifisch-neuseeländisches Crossover: Zum Rinderfilet kommen Kumara, rote Paprika, Pilze, Merlot, Sauce Béarnaise und eine Zwiebel-Senf-Marmela-

Queenstown

de zum Zug, in einem einzigen Gericht waren Huhn und Lauch, Kumara und Chorizo, Tomate und Granatapfel vertreten. Schmeckt alles vorzüglich. Hauptgang 17–35 $. ✆ 03/4428372, www.tatler.co.nz.

Bella Cucina 28, 6 Brecon St.; ganz auf den neuseeländischen Geschmack eingestellter „Italiener": frische hausgemachte Pasta (zum Klassiker „aglio e olio" kommen noch Zitrone und Petersilie), Pizza aus dem Holzofen, Sitzplätze draußen und drinnen. Gute Pizzen à 29 $, z. B. mit Garnelen und Pesto, noch bessere Pasta, ganz besonders die Lamm-Papardelle. Einfache Fleischgerichte (ab 33 $). Tägl. ab 17 Uhr. ✆ 03/4436762.

The Bathhouse 50, 28 Marine Parade; das Umkleidehaus am Seeufer wurde 1911 aus Anlass der Krönung von George V. errichtet und dient seit 1977 als Café, seit 1998 als Restaurant. Karte und Weinkarte versuchen den Rundumschlag, gut ist, was von weither gebracht wird: Klar, die Crayfisch-Ravioli fühlen sich nur in einer Creme aus Lachs und Wakimi-Algen wohl. Schmeckt trotzdem gut. Tagsüber Café und unabhängig von der Tageszeit eines der lage- und stimmungsmäßig besten Lokale der Stadt. Drei Gänge ab ca. 85 $, ab 10 Uhr bis spät, Mo zu. ✆ 03/4425625.

Fraser's 46, Steamer Wharf; Lokal im überdachten Innenhof des Wharf-Gebäudes. Bar-Snacks und „Fries". Vorspeisen 10–20 $, Hauptgerichte ab 25 $. Tägl. ab 15 Uhr bis spät.

Wai 49, Steamer Wharf; die große Terrasse direkt am Schiffsableger gegenüber der „MS Earnslaw" ist das große Plus dieses Lokals, das außerdem eine feine Küche präsentiert. Eher traditionelles Angebot: Lamm Wellington, schmackhaft ein Gericht aus Monkfish und Schweinebauch oder das auf zwei Arten zubereitete Southland-Lamm (beide 45 $), nett als Dessert die Pineapple & Coconut Cigars (18 $). ✆ 03/4425969, www.wai.net.nz.

Motogrill 39, 62 Shotover St.; das Café an der belebten Straße braucht keine Angst um Kunden zu haben, ein Pinocchio auf dem Mofa weist aber doch noch extra auf das Lokal hin. Gute eigene Snacks und Kuchen, sehr gute Bagels (das mit Lachs und Creamcheese hat frische Gartenkräuter oben drauf), zum Frühstück gibt es alles, was man sich vorstellen kann (Eggs Benedict & Bacon 10 $, gefüllte Bagels ab 10 $). ✆ 03/4428211.

Wine Tastes 26, O'Connell's Shopping Centre, Eingang 14 Beach St.; „Central Otago Wine Experience" nennt sich dieser Laden, der Weinproben zum Prinzip gemacht hat: man erwirbt eine Wine Card und bedient sich dann selbst an den Weinautomaten, 80+ neuseeländische Weine gibt es zu probieren. Wer will, kann von einem kleinen Buffet mit regionalem Käse wählen. Für Weinfreunde ein Muss! Tägl. ab 11 Uhr. ✆ 03/4092226, www.winetastes.co.nz.

Bombay Palace 42, 66 Shotover St., Eingang gegenüber dem Wharf Building. Guter Inder mit Vorspeisen ab 9 $, Hauptgang und Brot (z. B. Naan) ca. 25 $, Curries ab ca. 17 $, gute indische Desserts. 12–14 und ab 17 Uhr geöffnet. ✆ 03/4412886.

Vudu 27, 23 Beach St.; ein Bistro-Café mit Atmosphäre in einem winzigen Haus samt Innenhof mit besonders freundlichem und kompetentem Personal. Kein Geheimtipp, das Vudu ist ein populärer Ort, um zu frühstücken, lunchen oder dinieren. Ausgesprochen gute Weinkarte für ein schlichtes Café! ✆ 03/4425357.

Speight's Alehouse 22, Ecke Stanley/Ballant St.; alle Speight's-Biere on tap, aufgemacht wie eine Brauereikneipe und vor allem Restaurant – obwohl vor dem Abendessen (in Neuseeland heißt das so um sechs) knallvoll mit Locals, die noch schnell einen Drink nehmen. Zum Lunch Burgers, Steaks, Porter Sausage and Mash (Würstel mit Kartoffelbrei – ein Kiwi-Nationalgericht) alle 15–17 $, abends wird's wenig feiner, aber teurer (25–35 $). ✆ 03/4413065.

Pier 45, Steamer Wharf, PO Box 1209, 19 Beach St.; Pub-Café-Restaurant direkt am Kai mit täglich frischen Meeresfrüchten und Fisch. Die Karte nicht sonderlich einfallsreich, Vorspeisen 16–20 $ (inkl. üppig belegter Bruschetta), Hauptgang abends ca. 35 $, perfekte Fish & Chips (19 $). ✆ 03/4424006.

Chico's 34, The Mall; das Bistro-Café nimmt das Gebäude der ehemaligen Colonial Bank aus der Goldrush-Zeit (1864) ein. Hier frühstückt man drinnen oder draußen an den Tischen in der Fußgängerzone, trifft sich zu Capuccino und Muffins, einem Snack oder zum Lunch (Lunch Specials 15 $, sonst Hauptgericht 22–25 $) und trinkt dazu ein Speight's.

Bunker 34, Cow Lane; unten intimes Restaurant, im 1. Stock Bar, gar nicht kriegerisch, sondern cool-relaxed ist dieses opu-

→ Karte S. 634/635 Der Lake District (Region Otago)

Denkmal für Stadtgründer W. G. Rees

lente Restaurant mit Bar/Cocktail-Lounge mit leichtem Snob-Appeal, die meist bis früh geöffnet hat, weil man aus den bequemen Ledersofas ja sowieso nicht mehr heraus kommt. Vorspeisen 17–25 $ (Abalone-Ravioli an Knoblauchsahne), Hauptgang ca. 40 $ (zweimal Hirsch und kandierte Paprikaschote mit Portweinsoße). Tägl. ab 17 Uhr. ✆ 03/4418030, www.thebunker.co.nz.

The Cow 32, Cow Lane; die Pizzeria in der schmalen Gasse ist ein Kultort, und ihre dunklen Sitzecken zwischen Bruchsteinwänden sind trotz schleppender Bedienung immer gut besetzt. So gut, dass man ganz gegen Kiwi-Gewohnheit mehrere Besuchergruppen an einen Tisch platziert. Wirklich üppige Pizza (19–23 $) mit seeeehr viel Belag und das Bier von Monteith's – zur Pizza am besten das *Original* – oder Wein (beide überpreist). Auch die Pasta (10–24 $) ist eher auf der üppigen Seite angesiedelt. Mit „Cow" wird übrigens Queen Victoria gemeint, worauf sich u. a. ein Text auf der Speisekarte bezieht. Ab 12 Uhr bis spät. ✆ 03/4228588.

Fishbone Bar & Grill 23, 7 Beach St.; wer sich vom Bretterbudencharme dieser Speisehöhle nicht abschrecken lässt, findet hier ausgezeichnete Fisch- und Meeresfrüchtezubereitungen zu vernünftigen Preisen (Blue Cod Filet 29 $). Leider werden Klassiker auf Kiwi-Art verändert: statt (z. B.) „Spaghetti alle Vongole" gibt es „Seafood Pasta" mit allem drauf, was im Wasser schwimmt. ✆ 03/4426768.

Avanti 31, The Mall; optisch dröger, aber sehr populärer Schuppen mit dem Standardangebot von üppigsten Frühstücksgerichten über Pizza und Pasta (ca. 16–25 $) zu Steaks (Hauptgerichte 15–30 $). ✆ 03/4428503.

Dux de Lux 44, 14–16 Church St.; Brauereigaststätteund Bar samt großem Gastgarten und die guten Biere vom Lager und Bitter über Alpine Ale bis Stout. ✆ 03/4429688.

Patagonia Chocolates 37, 50 Beach St.; Lakefront-Café mit – klar – Schoko-Thematik und gratis WLAN (ein Tipp von Leserin A. Harzl). www.patagoniachocolates.co.nz.

Nachtleben (→ Karte S. 701)

Pog Mahone's 35, 14 Rees St.; ganz auf traditionell getrimmtes Irish Pub mit häufiger Live-Musik, in der Saison meist Mi–So ab 21.30 Uhr. Es gibt auch zu essen: Irish Stew 19 $, Rinderfilet vom Steingrill 32 $. ✆ 03/4425382.

Monty's Bar und Subculture 43, 13–14 Church St.; Monty's hat wie das Dux de Lux nebenan auch eine Tagesklientel, wozu hat man sonst eine so schöne Terrasse vor der Tür. Das hier gezapfte Monteith's hat eine Menge Fans, die es auch tagsüber zu sich nehmen wollen. Von der Terrasse Eingang zum Nachtklub Subculture, der als seine Spezialität *hiphop breaks reggae danceball* und *drum'n'bass* annonciert, auf Deutsch: etwas für alle. Am Wochenende gerne auch Live-Musik (Subculture tägl. ab 22 Uhr bis frühmorgens, So geschlossen).

The Rattlesnake Room 24 und **Lone Star** 24, 14 Brecon St.; oben und unten wird um die Ecke von der Discovery Lodge eisern durchgefeiert, wobei man auch schon mal nur auf ein Bier vorbeikommt. Dunkelheit ist hier wie dort angesagt, im Rattlesnake Room gibt es am Wochenende häufig Disco- und/oder DJ-Nächte. Plasma-TV-Schirme lenken ebenfalls vom Essen ab (eine Sideline aller „Lone Stars". ✆ 03/4449995.

minus 5° Queenstown ⓠ, Steamer Wharf (neben „TSS Earnslaw"); Auckland hat sie, Queenstown hat sie: eine Bar als Eisskulptur, schließlich kann die Stadt nicht genug an artifiziellen Attraktionen haben. Die Drinks – auf Wodkabasis – sind cool. Eintritt (30 Min.) und Drink 32 $, Buchung erwünscht unter ✆ 03/4426050, mehr auf www.minus5experience.com.

Bardeaux ⓠ, Eureka Arcade, The Mall; Weinbar mit gebremstem Snob-Appeal, Angebot zwischen Pinot noir und (im Winter natürlich) „Gluhwein". Tägl. 16–4 Uhr. ✆ 03/4413121.

Speight's Alehouse ⓠ, das tagsüber brave Braugasthaus wird abends zur knallvollen Trinkstube, wo sich dem Anschein nach all diejenigen treffen, die nachts nicht allein bleiben wollen.

Dux de Lux ⓠ, im Sommer kann man sich der Attraktion der Terrasse vor dem Lokal gerade abends schwer entziehen, wie bei den Nachbarn auch kann es dabei schon mal recht lautstark zugehen.

Bunker ⓠ, Cow Lane; kein Zweifel, die Bar ist nachts eine genauso schicke Adresse wie das Restaurant (→ oben) tagsüber. Publikum *upmarket* und Preise ebenfalls.

William Gilbert Rees, der Macher von Queenstown

1861 brachte der Waliser William Gilbert Rees eine Herde von 3.000 Schafen in die Gegend des heutigen Queenstown. Er hatte hier Land gekauft und plante eine große High Country Station, seine erste Hütte baute er am Strand des Lake Wakatipu in einer kleinen Bucht – der heutigen Queenstown Bay. Zwei Jahre später musste Rees radikal umdenken. Im Shotover und Arrow war Gold gefunden worden, und Goldgräber und Spekulanten stürmten seine kleine Bucht. Rees investierte in Boote – die Leute mussten samt Ausrüstung und Verpflegung ja irgendwie über den See kommen –, er errichtete Hotels (Eichhardt's Hotel ist von ihm gegründet worden) und Läden, übernahm den Transport von Waren und Briefen und handelte mit Immobilien. Als Makler war er eine Naturbegabung, daneben war er auch Polizist, Prediger und Präsident des lokalen Jockeyklubs. Und Rees machte im Gegensatz zu den meisten Goldgräbern, die nach ein paar Jahren mit leeren Taschen abzogen, (weil sie alles in seinen Unternehmen gelassen hatten) ein Riesenvermögen.

Am meisten verdiente Rees am Goldtransport. Seine erste Ladung Gold waren 25.000 Unzen, die auf einem ausgedienten Walboot nach Kingston schaukelten, das Rees von Bluff nach Kingston über Land hatte transportieren lassen. Zum Schluss besaß Rees 30 Segler und 6 Dampfboote auf dem See und war weit und breit der reichste Mann. Trotzdem blieb er Bauer – als er 1867 Probleme mit den Grundstücken bekam, die er nur auf Zeit gepachtet hatte, verließ er samt Familie den Ort, den er gegründet hatte. Queenstown hat ihn nicht vergessen, zumindest nicht im lokalen Cricket Club, den er natürlich ebenfalls gegründet hatte. Sein Denkmal steht in den Queenstown Gardens.

Sehenswertes/Touren

Im Ort: Wenige Gebäude sind aus der Goldgräberzeit erhalten geblieben, während der Queenstown vom Farmhaus zur Stadt wuchs. Alles was am Arrow River und Shotover an Gold gefunden wurde, musste in Queenstown aufs Schiff geladen, umgekehrt mussten hier die Vorräte abgeladen werden. Da blieb was hängen für die Stadt. Eines der alten Häuser ist das *Courthouse* (Gericht) von ca. 1876, man findet es, wenn man vom oberen Ende der Mall die geradeaus weiterführende Ballarat Street über die Brücke nimmt (rechts). Alt ist auch die Fassade von *Eichardt's Hotel* (→ Übernachten) an der Uferpromenade *Marine Parade*, damals direkt am Schiffsanleger.

Folgt man der Promenade nach rechts, kommt man zur *Steamer Wharf*, einem modernen, mit Lokalen und Boutiquen vollgestopften Gebäude, vor dem die historische „*TSS Earnslaw*" ankert. Die Promenade zieht sich in einem kleinen Park zwischen Straße und See noch ein Stückchen weiter stadtauswärts.

Nach links kommt man, nachdem man das Novotel (→ Übernachten) und das historische Umkleidehaus (heute Bistro-Restaurant Bathhouse → Essen & Trinken) passiert hat, in die *Queenstown Gardens*. Der ausgedehnte Park auf einer kleinen Halbinsel wurde ab 1867 angepflanzt. Fuß- und Radwege führen durch den Park, an seinem Ende verbinden sie sich zu einem unterhalb der Straße am Strand bis **Frankton** verlaufenden Fuß- und Radweg, der leider im Mittelteil aus unerfindli-

Wintersport in Queenstown und Wanaka

Neuseelands Action-Metropole Queenstown ist vor allem für ihr sommerliches Angebot berühmt, das vor Ewigkeiten mit Bungy-Jumping und Jetboating begann – beides wurde hier erfunden – und heute so ziemlich jede auf den Adrenalinausstoß drückende Aktivität umfasst, von Fallschirmspringen (Skydive), Paragleiten, Heli-Mountainbiking, Rafting, Canyoning, River Boarding durch den Canyon Roaring Meg in der Kawarau-Schlucht bis zu so zahmen Aktivitäten wie Ausritten im Middle Earth des „Herrn der Ringe". Dass um die Ecke in 20–60 km Entfernung vier super Ski- und Snowboardgebiete liegen, ist weniger bekannt – nur die Australier und zunehmend südostasiatische Ski- und Snowboardfreaks kommen in Scharen. Tageskarten werden für ca. 95 $ angeboten, Saisonpässe ab ca. 1.000 $ (Remarkables), der Saison-Superpass für alle Skigebiete Queenstowns (nicht Wanakas) kostet 2011 1.500 $.

Bei Queenstown liegt das einzige Nachtskilaufgebiet der Südhalbkugel, der **Coronet Peak**. Dass DJs die beleuchteten Pisten beschallen, mag nicht jedermanns Sache sein, aber ist jedenfalls eine Attraktion (sorry, nur Freitag und Samstag!). Das Winter Festival ist nur der Auftakt einer ganzen Serie von Veranstaltungen während der Wintersaison, die bis Anfang, vielleicht sogar Mitte Oktober reicht (2004 konnte man in vielen Wintersportgebieten Neuseelands noch im Dezember Skilaufen, also mitten im Sommer, 2008 war die Saison im September zu Ende, sie beginnt normalerweise Anfang Juni).

Schneekanonen sorgen für gute Fahrverhältnisse auf den bis zu 1,8 km langen Pisten, die von fünf Liften erschlossen werden. Außerdem im Programm: zwei Half-Pipes, die von einem neuen „Pipe-Shaper" präpariert worden sind. Der Ausdruck ist Ihnen nicht bekannt? Kein Wunder, er wurde für ein Präzisionsinstrument zur Erstellung von Half-Pipes geprägt, „designed in New Zealand for New Zealand".

Tageskarte 95 $, täglich mehrere Bus-Shuttles ab Queenstown (95 $).

chen Gründen von den Behörde für Räder gesperrt wurde (worum sich niemand kümmert).

Vom Stadtzentrum geht man durch die Brecon Street, zunächst kurz auf einer Treppe, bergauf zur Talstation der *Gondola,* einer Umlaufbahn auf den Bob's Peak über Queenstown (s. u.). Dabei passiert man den *Kiwi & Birdlife Park,* einen kleinen Zoo für neuseeländische Tiere, den man sich ansehen kann, da er einige wirklich seltene Vögel zeigt (z. B. Black Stilt, den neuseeländischen Stelzenläufer) und für deren Vermehrung sorgt.

Kiwi & Birdlife Park, tägl. 9–18 Uhr (Nov. bis Febr. 9–19 Uhr). Eintritt 30 $, Shows um 10, 11, 14 und 15 Uhr, mit Eintrittskarte kostenlos.

Der Bob's Peak und der Ben Lomond: Die *Queenstown Gondola* ist zwar nicht die einzige Möglichkeit, auf den Bob's Peak zu gelangen, aber sicher die bequemste. Die Umlaufbahn startet vom oberen Ende der Brecon Street und führt steil hinauf zur Bergstation, die viele Besucher erst gar nicht verlassen, gibt es dort doch Super-Ausblicke gratis, Nahaufnahmen auf andere Besucher (besonders bei Ostasiaten

Optisch spektakulärer ist das Skigebiet der Remarkables am Nordrand der wild zerklüfteten Gebirgskette östlich des Lake Wakatipu und nur 28 km von Queenstown entfernt – wer im Sommer vom Gondola-Restaurant auf Queenstown und den Lake Wakatipu hinunterblickt, hat die **Remarkables** als Hintergrund. Der Felsendoppelgipfel des Double Cone im Rücken des Skigebietes gibt den Remarkables einen Dolomiten-Touch. Snowboarder sind hier besonders willkommen: 150 m lang und 22 m breit ist die Superpipe, dazu gibt es zwei mit den letzten Tricks ausgebaute Freestyle-Terrains (sog. „Parks" mit Hiphop-Musik). Die längste Abfahrt ist 1,5 km lang bei allerdings nur ca. 350 m Höhenunterschied, 30 % sind schwere, 40 % mittelschwere Pisten. Die Sonnenterrassen werden von DJs bespielt und von Keas belagert, den neuseeländischen Papageien. Doch Vorsicht! So nett die Tiere aussehen, so gerissen sind sich auch. Wenn man nicht willig und der Rucksack verschlossen ist, kann es vorkommen, dass die Keas den Verschluss mit ihren Schnäbeln öffnen.

3 Lifte, 2 Schlepplifte, Tageskarte 95 $, tägl. mehrmals Bus-Shuttles ab Queenstown. Tickets, Skipässe, Pakete mit Leihski und Nächtigungen für diese Skigebiete auf www.nzski.com.

(Fast) exklusiv für Snowboarder ist der **Snow Park bei Cardrona** zwischen Queenstown und Wanaka. Die „Doublecork"-Sprungtechnik wurde hier 2009 erstmals gezeigt, das hat Freestyle-Snowboarder aus aller Welt angezogen. Der Snow Park ist ein Teil des großen Skigebietes von Cardrona mit sieben Aufstiegshilfen, darunter ein Vierersessellift (für Neuseeland eine tolle Sache). Pipes, Halfpipes (im August 2011 fand hier der Start des FIS Weltcups 2011/2012 statt) und Superpipe werden täglich mit den neuesten Maschinen gepflegt („Pipe Magician" nennt sich eines der in Neuseeland entwickelten Monster), diverse Boxen und tolle lange und kurze Rails, dazu ständiges Programm.Im Verbund mit dem Skigebiet Cardrona und dem Langlaufgebiet Snow Farm ist im Tal von Cardrona in den letzten Jahren eines der modernsten Skigebiete Neuseelands entstanden.

Tageskarte 99 $, Besitzer des neuen (ab Saison 2011) Wanaka Park'n Powder Passes erhalten Rabatt. Tickets und Skipässe auf www.snowparknz.com.

beliebt), Zuschauen beim Bungy-Springen (nur sehr von der Seite), Café-Restaurant mit großer Sommerterrasse, Andenkenladen (riesig) und einen kleinen, leicht zu übersehenden Ausgang. Ein Sessellift führt von hier auf den eigentlichen Bob's Peak, sie ist für diejenigen gedacht, die die Sommerrodelbahn *(Luge)* benützen wollen, die seitlich an der Bergstation vorbeiführt und etwas tiefer unten endet. Beliebt ist sie vor allem bei Kindern und ihren Vätern, die oft in halsbrecherischem Tempo die Betonschlange herunterbrausen. Paragleiter schwingen sich von dieser Höhe in die Lüfte und landen irgendwann da unten bei Queenstown. Eine Serie von „Flying Foxes", wie man im anglophonen Raum die Seilrutsche nennt (am österreichischen Stubaier Gletscher wurde gerade einer eröffnet, ganz cool als „Flying Fox" – klingt irgendwie toller als Seilrutsche), führt von der Bergstation der Gondola durch den artenarmen Sekundärwald runter zur Talstation, dabei soll man angeblich eine „ecological exploration" absolvieren.

Die Gondola transportiert seit April 2011 auch Fahrräder bzw. Mountainbikes! Mehrere Downhill-Strecken sind ausgewiesen, daunter der leichte Hammy's Track.

Wer es auf der Bergstation nicht lange aushält, nimmt den Weg zum Ben Lomond und Gipfel des Bob's Peak, der am Kiosk für die Sommerrodelbahn vorbeiführt und dann die Rodelbahn auf Brücken überquert, die Zufahrtsstraße (privat) erreicht und schließlich den Wald (amerikanische Nadelhölzer). Ein Abzweig nach rechts ist deutlich als zum *Bob's Peak* führend gekennzeichnet, zunächst geradeaus und fast eben führt der Weg auf den *Ben Lomond*, den man erst nach einer halben Stunde als dunkle Pyramide vor sich auftauchen sieht. Zum Weiterweg und zum Rundweg über den Shotover-Canyon und Arthurs Point.

Gondola tägl. 9–24 Uhr, 23 $ hin/zurück. Luge 1 Fahrt inkl. Gondola 30 $, inkl. 5 Fahrten 45 $, inkl. Radtransport (nur Berg) 30 $. ✆ 03/4410101. Flying Foxes (**Ziptrec Ecotours**), 119 $.

Dampferfahrten auf dem Lake Whakatipu: An der Steamer Wharf liegt ein Dampfschiff, das seit 1912 den Lake Wakatipu befährt, die „TSS Earnslaw". Sie ist die letzte Überlebende von drei Schiffen, die früher den See befuhren und nicht nur wie heute die gegenüberliegende High Country Station Walter Peak mit Queenstown verbanden, sondern auch Glenorchy am Nord- und Kingston am Südende. Das 451 m lange Schiff wurde stückweise von Dunedin bis Kingston transportiert und dort zusammengesetzt. Das Schiff wird jedes Jahr im Juni zur Überprüfung aus dem Verkehr gezogen (und dann durch eine Fähre ersetzte). Heutzutage sind Kingston wie Glenorchy auf Straßen zu erreichen, und die „TSS Earnslaw" ist ein Touristenschiff geworden, das unter kräftiger Rauchentwicklung bis zu 6-mal täglich über den See fährt. Die alte Dame kann in allen Einzelheiten samt Kesselraum besichtigt werden, hat Büffet und im Heck ein Klavier, dessen jeweiliger Spieler zu sozialen Handlungen wie Mitsingen auffordert. Die Ausflüge führen zu einer direkt am See liegenden Farm, auf der man (gegen zusätzlichen Eintritt) zusehen kann, wie Schafe geschoren werden und Hunde Schafherden dirigieren.

Betriebszeiten Die „TSS Earnslaw" wird von Real Journeys betrieben und fährt im Sommer 4- bis 6-mal tägl. zwischen Queenstown und Walter Peak High Country Station, die Fahrt dauert 90 Min. Ticket 50 $, Optionen mit Walter-Peak-Ausflug, BBQ-Essen auf der Station und Reitausflügen. ✆ 0800/656503, www.realjourneys.co.nz.

Von der Walter Peak Station weiter nach Te Anau: → Verbindungen.

Shotover River und Skippers Canyon: 1862 entdeckten die beiden Goldsucher Thomas Arthur und Harry Redfurn am unteren Shotover-Fluss Gold und konnten innerhalb weniger Stunden 9 Unzen zusammenscharren. Der Fluss wurde innerhalb

Queenstown

von Wochen von in- und ausländischen Goldgräbern abgesucht und am Oberlauf entstand eine regelrechte Stadt namens Skippers, die heute noch als Geisterstadt existiert. 12 km lang ist die Skippers Road, die schmale und schlechte Straße von Arthur's Point durch die Shotover-Schlucht. Man passiert die 1901 errichtete Skippers Bridge, eine durch je zwei Betonpfeiler zu beiden Seiten gehaltene Hängebrücke, die mehrere tieferliegende, immer wieder durch Hochwasser weggerissene Brücken ersetzte. Skippers war vor ein paar Jahren nur ein Haufen Ruinen mit Grundmauern und verrosteten Objekten und einem kleinen Friedhof, auf dem u. a. der Grabstein für einen Chinesen namens Hoy Yow steht, was selten ist, da die meisten Chinesen versuchten, ihr Ater in der Heimat zu verbringen. Die Schule wurde wieder aufgebaut, der Rest ein bisschen aufgeräumt, ansonsten blieb alles beim Alten.

Geführte Touren Nomad Safaris bietet eine geführte Tour im Allradfahrzeug für ca. 153 $. ℘ 03/4426699, 0800/688222, www.nomadsafaris.co.nz. Die Transfers für Raftingtouren auf dem Shotover, die hier beginnen, und zum nahen Pipeline Bungy lassen nur wenig Zeit für Skippers Road und Skippers Town.

Mountainbiken Die Straße ist eine gute und beliebte Mountainbikestrecke – reichlich Wasser mitnehmen!

Mietwagen sind auf der Skippers Road nicht zugelassen.

Die Remarkables – Wander- und Skigebiet: Die steilen Zähne der Remarkables, die man auf der anderen Seite des Sees sieht, bilden den meistfotografierten Hintergrund für Queenstown vom Bob's Peak aus. Während im Winter fast jeder Besucher der Stadt dorthin pilgert, befindet sich doch unter der Gipfelzone Queenstowns nächstes Skigebiet, sind die Remarkables im Sommer praktisch eine No-Go-Area. Vom Straßenende auf ca. 1.600 m lassen sich jedoch auch im Sommer schöne Wanderungen unternehmen, so zum Bergsee *Lake Alta* (1:30 Std. hin/zurück), der sich bereits in der Vegetationszone der hochalpinen Polsterpflanzen befindet.

→ Der Lake District (Region Otago) Karte S. 634/635

Vom SH 6 geht vom oberen Beginn der Kawarau Gorge (2 km vor der Victoria Bridge über den Kawarau am Ende des Gibbston Valley) ein weiterer Weg auf die Remarkables, der bis zum **Mount Rosa** zwar steil, aber technisch leicht zu gehen ist (5–6 Std. hin/zurück). Vom Mount Rosa führen weitere, nicht ganz leicht zu gehende Tracks und Routen nach Westen und Süden in das Kerngebiet der Remarkables, wo sie blind enden.

Wandern Das **DOC-Faltblatt** „Remarkables and Doolans Walks" informiert über die Wege der Remarkables.

Wintersport Skigebiet mit höchstem Punkt auf 1.943 m, 357 m Höhenunterschied, Größe 220 ha, 30 % leicht, 40 % mittelschwer, 3,66 m Schnee/Jahr, längste Abfahrt 1,5 km. Preise: Liftkarte 1 Tag 99 $. Für Snowboarder TubingPark mit mehreren neuen Bauten, 1 Tag 49 $.

Plantschen am See,
oben winkt der Ben Lomond

Arrowtown ist eine ehemalige Goldgräberstadt

Arrowtown

Von allen Goldgräberstädten Neuseelands hat sich Arrowtown wohl am eindrucksvollsten das Aussehen der damaligen Zeit erhalten. Auch wenn vieles geschickt ergänzt ist und die Fassaden manchmal an Wildwestfilme erinnern, ist die Substanz doch echt. Die chinesische Siedlung am Ortsrand zeigt als landesweit einzige das Leben dieser Minderheit.

Der Arrow war ein besonders goldhaltiger Fluss und zog über Jahre Goldgräber an, darunter viele Chinesen, die nicht im Ort selbst leben durften, sondern sich unterhalb am Fluss in natürlichen Höhlen und unter Überhängen ihre primitiven Hütten bauten. Das Chinese Settlement ist, obwohl stark restauriert und wieder aufgebaut, ursprünglicher als der Ort selbst, der als sehr populäres Touristenziel von Cafés, Souvenirläden und Boutiquen überquillt, von denen die meisten so tun, als ob sie 1863 schon hier gewesen wären. Auch im 16 km entfernten **Macetown** stand vor mehr als 140 Jahren ein Ort, heute ist es eine Geisterstadt, die man auf einem Allradpiste am und im Arrow River erreicht (auch mit dem MTB zu machen, aber wegen der mehrfachen Flussquerungen nicht leicht).

Information/Verbindungen/Freizeit & Veranstaltungen

Information Visitor Centre im Lakes District Museum & Gallery, 49 Buckingham St., tägl. 8.30–17 Uhr, 03/4421824, www.arrowtown.com, www.museumqueenstown.com.

Verbindungen Städtischer Bus „Connectabus" (20 $ Tagesticket) → S. 695.

Freizeit Sightseeing-Doppeldecker → Queenstown, S. 700.

Veranstaltungen Maorikultur zeigt eine Veranstaltung im Maori Village Waterfall Park mit Konzert und Tanz und anschließendem Hangi. Tägl. 19 Uhr, 03/4421534, www.maoriculture.net.nz.

Übernachten

New Orleans Hotel, die Fassade des unscheinbaren Country-Hotels in Arrowtowns Mainstreet erinnert an Goldgräberzeiten, ist aber wie der Rest der Fassaden dieser Straße neuesten Datums. Dahinter hat sich ein modernes Hotel mit Fox's Bar und Restaurant versteckt. Moderne Zimmer, frisch und zweckmäßig ausgestattet, neue Bäder – nach Umbau präsentiert sich das New Orleans Hotel wie aus dem Ei gepellt. Wer eine ruhige Nacht sucht, sollte aber bedenken: Wie bei allen Hotels in kleinen Orten sind die Wochenenden oft sehr laut und Live-Musik ist eine Spezialität des Unternehmens! 9 Studios, davon 6 modernisiert, aber alle mit Bad. DZ 85–125 $. 27 Buckingham St., ✆ 03/4421745, www.neworleanshotel.co.nz.

Viking Lodge Motel, dass ein modernes Motel in guter wie ruhiger Lage (im Süden des Ortes nahe der Hauptstraße) ein Unit für gerade mal knapp über 100 $ anbietet, wo Queenstown doch so nahe ist, ist schon ungewöhnlich. Dabei haben die Units Bad, Küchenzeile, Video/TV und Waschmaschine! Unit 105–165 $. 21 Inverness Crescent, ✆ 03/4421765, 0800/181900, www.vikinglodge.co.nz.

Willowby Downs, Homestay und B&B, reizvoll gestylter moderner Bungalow zwischen Arrowtown und Queenstown, ideal für Ruhesucher, die tagsüber Queenstown besuchen wollen. Gemütliche Zimmer mit/ohne Bad. Schöner, großer Garten. Überaus freundliches und hilfsbereites Gastgeberpaar, das den Gast wie selbstverständlich in die Familie integriert. DZ/FR 150 $. 792 Malaghans Rd., RD 1, Queenstown (zwischen Shotover und Arrowtown auf halbem Weg), ✆ 03/4421714, www.willowbydowns.co.nz.

Poplar Lodge, kleine Herberge mit großem Garten nahe dem Fluss, eher familiär, im Winter oft voll (Cardrona ist nicht weit!). 7 SG 50–85 $, DZ 89 $, DB 30 $, DO 25 $. 4 Merioneth St., ✆ 03/4421466, www.poplarlodge.co.nz.

Arrowtown Born of Gold Holiday Park, blitzsauberer ortsnaher Platz (nahe der östlichen Verlängerung der Buckingham St.), und eine Lodge für Backpacker und andere Budgetreisende mit Stockbetten als einzigem Möbel, aber guter Küche und sauberen Waschräumen. 325 Stellplätze ab 36 $, einfache Cabins (riesig) zu 39 $, Studio ca. 120 $, DO ab 37 $. 12 Centennial Ave, ✆ 03/4421876, www.arrowtownholidaypark.co.nz.

Essen & Trinken

The Postmaster's House, 54 Buckingham St.; gutes Bistro-Restaurant mit interessanter neuer neuseeländischer Küche (King Prawn and Scallop Pie topped with Kumara Mash 30 $, eine Art Kiwi-Steak-&-Kidney-Pie) im schlichten historischen Postmeisterhaus von Arrowtown. Hauptgerichte ab ca. 30 $. Tägl. ab 18.30 Uhr. ✆ 03/4420991.

》》》 Mein Tipp: The Stables, 28 Buckingham St.; gehobene Bistroküche in einem schönen, alten, aus Naturstein errichteten Haus mit großer Gartenterrasse. Hauptgerichte ca. 17–30 $, auf die Gemüse-Tarte musste der Autor beim vorletzten Besuch 45 Min. warten, dafür bekam er eine köstlich duftende Kreation des Hauses mit (u. a.) Kumara und roter Paprika serviert, die auch eine längere Wartezeit wert gewesen wäre. Beim letzten Besuch ohne lange Wartezeiten sehr gute Kürbiscremesuppe mit hausgebackenem, pfannengeröstetem Ciabattabrot und köstliche Tempura-Fish & Chips. Mo zu. ✆ 03/4421818. **《《**

Café Mondo, 4 Buckingham St., Ballarat Arcade; recht gutes Bistro-Café im Innenhof. Full-Kiwi-Frühstück zu 15,50 $, Wraps und Sandwiches für zwischendurch, Lunchgerichte um die 15 $. Tägl. 8–16.30/17 Uhr, ✆ 03/4420227.

Restaurant und Bar im **New Orleans Hotel**, 27 Buckingham St.; ordentliches konventionelles Lokal mit schöner Terrasse zum Fluss. Ganztags Frühstück, Lunchgerichte 14–20 $, abends Hauptgerichte 20–35 $ (Southern Blue Cod mit Gemüsen und Kartoffelpüree 30 $), täglich abends ein anderer Braten. Tägl. 7–23 Uhr. ✆ 03/4421745.

Saffron, 18 Buckingham St. und **Pesto** (im Hinterhof); Restaurant und Pizzeria mögen gute Kritiken bekommen, der Autor (und weibliche Begleitung) war für das Personal Luft (auch beim nunmehr letzten Versuch).

Gibbston Winery Restaurant → Gibbston Valley und Kawarau Gorge.

→ Der Lake District (Region Otago) Karte S. 634/635

Chinesen in Neuseeland

1861 wurde in Otago Gold gefunden, was die Provinz in wenigen Jahren zur bevölkerungsreichsten Neuseelands machte. Bereits unter den ersten Goldsuchern waren Chinesen, aber die meisten kamen erst nachdem die Provinzregierung 1865 eine förmliche Einladung nach Australien gesendet hatte, dass chinesische Bergwerksarbeiter in Otago willkommen wären. In Otago waren die meisten Goldabbauzonen bereits ausgeschöpft, es blieben weniger ertragreiche Zonen übrig, in denen man die Chinesen einsetzen wollte, und auch für andere Dienste wollte man sie heranziehen. 1866 kamen die ersten offiziellen chinesischen Arbeiter an, 1868 waren es bereits 1.200 und innerhalb weniger Jahre 5.000.

Chinesen waren mit sehr niedrigen Gewinnen zufrieden, hatten keine Familien (weil sie diese zunächst nicht mitbringen durften) und wurden für Billiglöhne beim Straßen- und Hausbau eingesetzt. Als man die Chinesen nach dem Beginn der wirtschaftlichen Depression 1881 nicht mehr benötigte, wollte man sie wieder loswerden und führte z. B. eine Kopfsteuer ein. Die meisten Chinesen verließen die Goldgebiete und ließen sich als Gärtner und Händler in den größeren Orten nieder, überall und über Jahrzehnte hinweg vom Stigma des Anderssein begleitet.

Es gibt Ausnahmen wie Choie Sew Hoy, der gegen den Widerstand seiner weißen Konkurrenten in Otago ein Goldabbau-Imperium aufbaute. Der 1836 in Kanton geborene Sohn einer Bauernfamilie ging zuerst nach Kalifornien und dann nach Australien, um nach Gold zu suchen. Aber seine Form der Goldsuche unterschied sich sehr von der der anderen: Nach seiner Ankunft 1869 in Dunedin machte er in Central Otago Läden auf, die andere Goldsucher, vor allem natürlich Chinesen, mit Lebensmitteln und wichtigen Werkzeugen versorgten. Ab den frühen 80ern interessierte er sich für den Goldabbau, der zu diesem Zeitpunkt fast nicht mehr lukrativ war. An das Flussgold in tieferen Lagen der Flussbetten kam man mit den üblichen

Neuseeland erinnert sich heute seiner chinesischen Pioniere

Hütte im Chinese Settlement von Arrowtown

Mitteln nicht mehr heran. Choie Sew Hoy ließ von einer Firma in Dunedin einen speziellen Bagger bauen, eine Art Schaufelradbaggerdampfer, der stabil im Flussbett verankert oder sich langsam vorwärts bewegend die tieferen Schotterschichten und das darin befindliche Gold aufarbeiten sollte. Nach anfänglichen Misserfolgen konnte dieser riesige *dredge* in Otago und im Westland eingesetzt werden und brachte seinem Besitzer bald gute Ergebnisse. Am Shotover und Arrow wurde in den tieferen Schichten der Flussbetten zum Teil mehr Gold gefunden als in den Jahrzehnten vorher. Bis 1902 waren seine Schaufelbagger lukrativ, dann waren Otago und Westland ausgebeutet. Choie Sew Hoy beschäftigte chinesische und europäische Arbeiter, half armen chinesischen Familien, wurde von der Bürgerschaft in Dunedin als vollwertiges Mitglied anerkannt (er war u. a. Mitglied der Freimaurer) und besetzte mehrmals Positionen in der Verwaltung von Dunedin und Otago. Er starb 1901 in Dunedin.

Vorurteile gegen Chinesen sind geblieben, auch wenn die rassistischen Gesetze des 19. Jh. längst aufgehoben sind. Insbesondere in Auckland, dessen Innenstadt zu einem hohen Prozentsatz von Chinesen bewohnt wird, sind Vorurteile wieder im Kommen. Derzeit bilden Ostasiaten etwa 10 % der Bevölkerung Neuseelands, für das Jahr 2021 schätzt man ihren Anteil auf 13 % ein. Das „Chinese Settlement" in Arrowtown wurde im Jahr 2003 nach umfangreichen Restaurierungen, die vor allem die Dächer betrafen, in Gegenwart der damaligen Premierministerin Helen Clark neu eingeweiht. Die Restaurierung und die Anwesenheit der Regierungschefin ist als Zeichen dafür zu sehen, dass Neuseeland seine offizielle Entschuldigung für die Diskriminierung chinesischer Einwanderer im 19. und 20. Jh. ernst meint.

Viele Nachkommen Choie Sew Hoys leben heute in Neuseeland. Arrowtown widmete ihm kürzlich (2011) eine Straße (Sewhoy Lane), die Christchurcher Tageszeitung „The Press" brachte dazu einen von Jenny Sew Hoy Agnew, seiner Ur-Ur-Enkelin, verfassten Artikel.

Sehenswertes/Touren

Arrowtown und Lake District Museum: Das alte Arrowtown hat man bald gesehen, einmal die Buckingham Street rauf und runter, und das war's. Wo sich Cafés und Boutiquen in den Höfen angesiedelt haben, kann man in diese hinein, ihre Mauerzüge und Halbruinen wirken oft ursprünglicher als die auf alt zurechtgebastelten Fassaden. Im *Lakes District Museum* am Ostende, in dessen Gebäude sich auch das Visitor Centre befindet, erfährt man alles über die lokale Geschichte unter besonderer Betonung der chinesischen Bevölkerungsgruppe. Das Museum besteht aus zwei Gebäuden mit verbindendem Trakt, eines davon war mal eine Filiale der Bank of New Zealand. Die Schalterhalle der Bank, der städtische Backofen und eine Druckerei, alle im Zustand von ca. 1875, sind im Erdgeschoss zu bewundern.
Tägl. 8.30–17 Uhr. Eintritt 7 $. www.museumqueenstown.com.

Das Chinese Settlement: Ab 1869 kamen Chinesen in Arrowtown an, die meist im Goldabbau der Flussterrassen im Arrow- und Shotovergebiet arbeiteten, andere versorgten ihre Landsmänner mit Lebensmitteln und Dienstleistungen. Zu Beginn waren die meisten bei einer chinesischen Bergwerksfirma angestellt, die im unteren Bereich des Arrow abbaute. Unterhalb des eigentlichen Ortes entstand die Siedlung der Chinesen, die wohl erst gar nicht versuchten, zwischen den christlichen Weißen an der Buckingham Street Fuß zu fassen. Zentren dieser Chinesensiedlung waren zwei Läden, von denen nichts erhalten blieb. Erst ein späterer Bau von 1883, der *Laden von Ah Lumb*, steht noch heute. Wie in seinen Vorgängern gab es dort nicht nur Lebensmittel zu kaufen, sondern auch Schreibmaterial, und wahrscheinlich wurden Schreibdienste angeboten, Bankendienste (was gesetzwidrig war), und möglicherweise gab es auch Opium zu kaufen, oder man konnte es dort sogar rauchen. Mehrere Behausungen sind nur Höhlen mit einem Vordach, vielleicht dienten sie nur als Übergangswohnungen, bevor sich ein Neuankömmling ein Häuschen gebaut hatte. Aber auch die anderen Bauten waren nicht für die Ewigkeit gedacht und bestanden aus Holz, Lehmziegeln, Bruchstein und Eisen, waren oft nur strohgedeckt, sehr niedrig und wurden durch einen Kamin mit Schornstein geheizt, der auch als Küchenofen diente. Eine der Hütten ist leider kürzlich abgebrannt – Brandstiftung? Die heute noch erkennbaren Terrassen über der Siedlung am Fluss trugen Gärten in denen Gemüse für die Chinesen der Siedlung und Marktgemüse für die Weißen in Arrowtown gebaut wurde.

Macetown: 16 km flussaufwärts liegt auf einer Flussterrasse des Arrow River die Geisterstadt Macetown. Einer kurzen Boomphase mit Hotels und Banken und wahrscheinlich Nachklubs mit Cancan folgte ein rascher Untergang, dessen Zeugen nicht nur in den Ruinen des Ortes, sondern auch weitum in den Tälern und an den Hängen zu finden sind: Steinmäuerchen und verrostete Rohre, überwucherte Wege und übersteilte Stellen an Hangterrassen, wo das Schuttmaterial mit Wasserdruck abgebaut wurde. Zwei Gebäude wurden wiedererrichtet, die Bäckerei und das Wohnhaus des Lehrers, in der Einsamkeit der Landschaft nehmen sie sich wie Fremdkörper aus.

Der Weg rund um den Lake Hayes
Dauer: 2 Std.

Eine private Initiative hat den bisher stillen See zwischen dem Kawarau und Arrowtown für Wanderer und Radfahrer erschlossen: auf der Westseite ist in steilem Gelände ein guter Weg entstanden, der großartige Ausblicke bietet und im flacheren Bereich im Feuchtgebiet eine der extrem selten gewordenen natürlichen Seeuferzonen des Landes durchquert.

Gibbston Valley, Trog für das rare Wasser und Denkmal für einen Pionier

Das Gibbston Valley und die Kawarau Gorge

Von Queenstown nach Cromwell durchfährt man auf dem SH 6 zwei komplett verschiedene Landschaften. Zuerst fährt man durch das vom Weinbau bestimmte, einigermaßen flache Gibbston Valley und dann durch den gewundenen Durchbruch des Kawarau, die Kawarau Gorge, wo sich nach der alten Kawarau-Brücke mit dem Bungy-Center und nach der eigentlichen Schlucht auf der anderen (rechten) Flussseite das Otago Goldfields Mining Centre befindet. Für die kurze Strecke, 56 km, ist das ein satter Kontrast.

Nach dem Verlassen des Sees bei Frankton befindet man sich auf flachen Talböden und breiten Terrassen, quert den Shotover-Fluss und fährt am idyllischen Lake Hayes vorbei. Hier passiert man das erste Weingut, die Lake Hayes Winery und dann, besonders nach der Brücke über den Kawarau, drängt sich eins ans andere. Deutlich sieht man, wie jung diese Weingüter sind, wie viele Weinberge erst jüngst gepflanzt wurden, wie Weinkellereien und Weinbergbistros förmlich aus dem Boden geschossen sein müssen. Das *Gibbston Valley*, wie es sich hier nennt, ist das südlichste Weinbaugebiet der Welt, und es ist im Begriffe in die Oberliga aufzusteigen, kein Zweifel.

Eine private Initiative hat einen wunderbaren Wanderweg geschaffen (im Dezember 2010 eröffnet), der an der Kawaraubrücke beginnt (am „Bungy"-Parkplatz) und auf der Südseite des Kawerau zu mehreren Weingütern samt Weinbergrestaurants führt. Dieser *Gibbston Valley River Trail* (8,5 km, 2–3 Std.) mit seinen zwölf Holzbrücken ist ein großartiger Beitrag zur Erschließung des inneren Otago für Wanderfreudige und Weinliebhaber.

Der Lake District: Wanaka und Queenstown

Im zweiten Teil, nach der zweiten Kawarau-Brücke (Victoria Bridge) fährt man durch eine enge, S-förmig gewundene Schlucht, in der der Fluss weit unten verläuft. Ein Kraftwerk nützt die Geschwindigkeit und das Gefälle des Flusses, auf der Wasserstrecke Roaring Meg unterhalb gleiten die Sledger den Fluss hinunter (→ Queenstown/Sport & Freizeit). Knapp vor dem Ende der Schlucht führt eine schmale Fußgängerbrücke auf die andere Seite zum **Kawarau Gorge Mining Centre** (Otago Goldfields Mining Centre). Das Bergwerkszentrum wurde in einem ausgebeuteten Abbaugebiet eingerichtet, die Schotterterrassen ringsum zeigen die deutlichen Spuren des Abbaus mit Wasser aus Kanalzuleitungen und Wasserkanonen. Eine dieser Wasserkanonen ist in Betrieb und wird bei der Führung (man kann auch ohne Führung durch das Gebiet gehen) vorgeführt. Verrostete Maschinen und Material liegen hier und da, sie wurden arrangiert, das meist hier wurde aus anderen Abbaugebieten zusammengetragen.

Besichtigung/Goldwaschen Mining Centre: Eintritt 20 $, Führung 25 $. Mit Café (Sandwiches, Salat, Torten, süße Schnitten). Eine gute Option ist die Kombination von Schnellbootfahrt und Besuch des Centre: Mit dem Schnellboot wird man vom **Goldfields Jet** zu einem goldführenden Wasserlauf gebracht, wo man selbst Goldpanning betreiben kann, die dazu nötige Metallschüssel wird zur Verfügung gestellt, Goldwaschen und Bootsfahrt 90 $ (Infos beim Visitor Centre). ✆ 03/4451038, 0800/111038, www.goldfieldsmining.co.nz, www.goldfieldsjet.co.nz.

Weingüter und Weintouren im Gibbston Valley

Gibbston Valley Winery, Gibbston, RD 1, Queenstown; eines der ältesten Weingüter Central Otagos, das 1987 seinen ersten Wein erntete. Es liegt am oberen Teil des Kawarau-Tales, noch oberhalb der Gorge, wo sich ein alter, flacher Talboden erhalten hat. Heute eines von mehreren Weingütern auf diesem für Weinbau ideal geeigneten Streifen des Tales, war Gibbston Valley vor Jahren ein Pionier in der heißen Steppenumgebung, dem jemand Überlebenschancen einräumte. Wo selbst Obstplantagen eingegangen waren, sollte ein Wein gut überleben können? Pinot Noir, Riesling, Chardonnay (weniger günstiges Klima für diese Sorte), Sauvignon Blanc, Pinot Gris und Pinot Blanc stellen heute das Sortenspektrum.

Restaurant tägl. 12–15 Uhr (Seafood bis Wild), Laden mit eigenen Weinen und Käsen (Schafskäse!) und anderen Produkten wie Soßen, Konfekt, Essigessenz, dort auch Weinproben. Führungen durch Gut und Kellerei tägl. 10–16 Uhr zur vollen Stunde. ✆ 03/4426910, www.gvwines.com.

Lake Hayes Winery/Amisfield, das auffällige Kellereigebäude an der Abzweigung der Straße nach Arrowtown vom SH 6 ist auch architektonisch gelungen. Der Mix aus klaren, Mediterranes suggerierenden Linien und örtlichen Baumaterialien ist sehr eindrucksvoll. Lake Hayes (ein Markenname für Amisfield und weitere kleinere Güter in der Umgebung von Cromwell) produziert Pinot Noir, Sauvignon Blanc, Riesling, Chardonnay und – falls das Wetter danach ist – Eisweine. 95 % des verwendeten Rebgutes stammt aus Central Otago. Lake Hayes Winery, 10 Lake Hayes Rd., ✆ 03/4420556, www.amisfield.co.nz.

Queenstown Wine Trail bietet für den Besuch der Weingegend Gibbston Valley mehrere Varianten an: *The Original* ist eine Nachmittagstour (5 Std., 125 $) inkl. Gibbston Valley Winery mit Lunch und Besuch der Gibbston Cheesery. Neben der Gibbston Valley Winery kommen der Besuch der Waitiri Creek Winery, von Chard Farm (Winery) und/oder Amisfield Cellars (Lake Hayes) in Frage. Mehr bei Queenstown Wine Trail, PO Box 733, Queenstown, ✆ 03/4423799, 0800/8278464, www.queenstownwinetrail.co.nz.

Appellation Central Wine Tours holt weiter aus und fährt bis Banockburn, es gibt eine *Boutique Tour* (165 $, 12–17 Uhr inkl. Lunch) und eine *Gourmet Tour* (199 $, ganztägig 9.30–17 Uhr, 5 Weingüter, Lunch). ✆ 03/4420246, www.appellationcentral.co.nz.

Auf dem Great Track (Routeburn Track am Lake Mackenzie)

Glenorchy und Umgebung

Bei Glenorchy am obersten, nördlichsten Ende des Lake Wakatipu, münden mehrere Gebirgsflüsse. In den Jahrtausenden seit dem Ende der letzten Eiszeit, deren Gletscher das U-förmige Tal des Sees ausgeschürft hatten, lagerten sie so viel Schutt ab, dass ein Teil des Sees aufgefüllt wurde und eine Ebene entstand. Dieses von europäischen Siedlern gerodete Land zieht sich weit die Flüsse Rees und Dart hinauf und wird von zwei großen High Country Stations als Weideland genutzt, der Earnslaw und der Routeburn Station. Früher fanden sich auch in den schmalen Tälern weiter oben Homesteads, die aber alle aufgelassen sind, was nicht hindert, dass die Gebäude weiter den früheren Besitzern gehören und auf den Weiden in den auch hier gerodeten Talgründen, Rinder weiden.

Erste weiße Besucher dieses immer wieder von Maori als Verbindung zur Westküste mit ihren Pounamu-Fundstellen genutzten Tales waren Goldprospektoren. 1863 befanden sich hier gleichzeitig zwei Gruppen, die eine geleitet von James McKerrow, die andere von Patrick Caples. McKerrow brachte eine erste Karte des Gebietes mit, Caples berichtete erstmals vom großen Dart-Gletscher. Beide benutzten Wege, die über Jahrhunderte von Maorigruppen geschaffen worden waren und schlugen ihre Zelte bei Glenorchy oder am anderen Seeufer bei Kinloch auf, wo ebenfalls immer wieder Maori zeitweise gelebt hatten, Viele Spuren beweisen das: Rund um Glenorchy hat man mehr als 30 Stellen gefunden, an denen Maori präsent waren, an der Dart Bridge (der Straße zwischen Glenorchy und Kinloch) haben Ausgrabungen gezeigt, dass erste Maorigruppen hier bereits vor 500 Jahren kampierten.

Bereits im späten 19. Jh. kamen Touristen in Glenorchy an, Dampfer versorgten damals den Ort. In Glenorchy wurde beim späteren Arcadia Homestead in Pferdekar-

Der Lake District: Wanaka und Queenstown

ren umgestiegen, wo die Landschaft des dortigen „Paradise" (niemand weiß, woher der Name kommt) gebührend bewundert wurde (und Tea and Scones offeriert wurden), dann ging es wieder zurück nach Glenorchy und Queenstown. Eine Straße gab es bis 1962 nicht, erst 1977 war sie komplett asphaltiert.

Information/Verbindungen

Information Glenorchy Visitor Centre, Ecke Mull/Oban St., tägl. 8.30–16.30 Uhr (Mai bis Okt. kürzer), ℡ 03/4429938, www.glenorchyinfocentre.co.nz. Hier gibt es Auskünfte zu Wegen und Hütten im Mount-Aspiring-Nationalpark, zu dem die Tracks zumeist gehören sowie Hüttentickets und das Intentions-Book, in das man sich vor einem Trip einzutragen hat. **DOC** ist jedoch nicht hier, sondern nur in Queenstown zu finden (→ Queenstown), dort auch – oder lange im Vorfeld über dessen Internetadresse – Hüttenbuchungen für die Great Walks!

Verbindungen/Transfer zu den Trekking Tracks Info & Track verbindet Queenstown im Sommer mit Glenorchy, von Queenstown bis Routeburn Shelter 42 $. Info & Track bietet auch Queenstown – Routeburn Shelter und am selben Tag oder einem der folgenden Tage Abholung von der Divide und Rücktransport nach Queenstown 110 $ („Routeburn Loop Package").

Mehr bei Info & Track, 37 Shotover St., Queenstown, ℡ 0800/462248, www.infotrack.co.nz.

Weitere Verbindungen durch **Kiwi Discovery** (℡ 03/4427340, www.kiwidiscovery.com). Ebenso **Buckley's**, Taxidienst und geführte Touren, tägl. ab Queenstown zum Wegbeginn des Routeburn-Track und spätnachmittägliche Abholung, sodass auch Tagestouren möglich sind, flexibler als die Konkurrenz (℡ 03/4428215, edbuckley@ihug.co.nz).

Sport & Freizeit

Schnellbootfahrten und Funyaks Dart River Jet Safaris, 27 Shotover St., PO Box 76, Queenstown, ℡ 03/4429992, 0800/327853, www.dartriverjetsafaris.com. Büro in Glenorchy, Mull Street. 6- und 9-stündige Ausflüge in die Region des Dart-Flusses. Bus ab/bis Glenorchy, dann Schnellboot und/oder (bei der 9-Std.-Tour) Kajakstrecke („Funyaks" genannt) im Bereich Chinamans Bluff mit enger, aber leicht zu manövrierender Flussstrecke. Ab Queenstown 289 $.

Funyaks sind breite Schlauchbootkajaks für 2–3 Personen, ideal für den WW II Bereich des Dart River, man erreicht 8 km/h im Schnitt ohne Paddeln. Jetboat bis Chinaman's Bluff, dann schöne Paddelstrecke flussabwärts, besonders eindrucksvoll Rockburn Chasm.

Farmtour Glenorchy 4WD Farm Tour, eine Allradtour auf der Earnslaw Station, ca. 4 Std., im Landrover, echte High Country Station mit ihren 4.700 Schafen (Perendale), 500 Angusrindern, 300 Hirschkühen auf 6.667 ha. Zu buchen bei RD (RuralDiscovery) Tours, ℡ 0800/738687, www.rdtours.co.nz.

Reiten Dart Stables bietet Ausritte in der näheren Umgebung, 2 Std. ab ca. 90 $, ℡ 03/4425688, 0800/4743464, www.dartstables.com.

Herr-der-Ringe-Touren Neben den Flügen von **Glenorchy Air** (→ S. 696) besuchen mehrere andere Veranstalter die LOTR-Szenen am oberen Lake Wakatipu. Besonders Paradise wird besucht, durch diese Landschaft reitet Gandalf nach Isengard. Die Gesamtheit des Flachlandes am oberen Lake Wakatipu zwischen den steilen Bergen war der Hintergrund für Sarumans Turm (der allerdings komplett als Computersimulation entstand und eingeblendet wurde).

Nomad Safaris bietet mit 2 je 4-stündigen Trips ab Glenorchy (je 153 $) die wichtigsten Szenerien auf einer Fahrt vom Allradfahrzeug, ℡ 03/4426699, 0800/688222, www.nomadsafaris.co.nz. **Info & Track** (→ Verbindungen) fährt 2-mal tägl. von Queenstown nach Glenorchy für seine LOTR-Tour „Paradise Safari" (135 $, Allradfahrzeuge, 4:30 Std.), ℡ 03/4429708, 0800/462248, www.infotrack.co.nz.

Der Routeburn Track

Wandern/Trekking Neben den großen Tracks (→ S. 721, 722, 724) gibt es auch ein paar kurze Wanderungen um Glenorchy. Der **Glenorchy Walkway** führt durch Feuchtzonen am Rand des Lake Wakatipu, er startet am Bootsanleger von Glenorchy und nimmt ca. 1 Std. in Anspruch. Weitere Wanderungen und Spaziergänge beschreibt das DOC-Faltblatt „The Head of Lake Wakatipu".

Übernachten/Essen & Trinken

Glenorchy Hotel, nicht so altes, aber sich alt gebendes und ziemlich abgewohntes Hotel nach Kiwi-Art: Holzbauten mit dünnen Wänden, Pub (Restaurant und Bar) mit Küche im „country style", also deftiges Essen in großen Portionen, Familienlunches, ältere Paare beim Afternoon Tea. Angeboten werden Zimmer in guter Qualität mit oder ohne Bad, auch Cottages und nebenan Lager (bezogen) im Glenorchy Backpacker Retreat, der längst renoviert werden müsste. DZ mit/ohne Bad 90–130 $, DO 30 $. Mull St., PO Box 30, Glenorchy, ✆ 03/4429902, 0800/453667, www.glenorchynz.com.

Lake Haven, Homestay mit 2 Zimmern mit Bad im älteren Wohnhaus. Ronda, die Besitzerin, gibt gerne Auskunft über die Gegend. DZ/FR 120 $. Benmore Place, Glenorchy, ✆ 03/4411327, lakehaven@xtra.co.nz.

Glenorchy Lodge, neuere Spitzdach-Lodge mit Café-Bar/Restaurant (8–21 Uhr). DZ mit Bad 125–145 $. Ecke Argyle/Mull St., ✆ 03/4429968, 0800/925284, www.wakatipu.com.

Kinloch Lodge, Lodge mit Zimmern und Backpacker-Unterkünften, Restaurant und kleinem Laden auf der gegenüberliegenden Seite des Sees. Der Kern der Lodge stammt noch vom ursprünglichen Bau 1868. Transfer ab Glenorchy per Boot oder 26 km Straße, für Aktivitäten wie die Dart-Schnellbootfahrten werden die Kunden bei der Lodge abgeholt; der Shuttle zum Greenstone Walkway hält (auf Anfrage) vor der Tür. DZ/Dinner & FR (und Drink am Abend) 278–298 $, DB ab 41 $, DO ab 33 $. 862 Kinloch Rd., ✆ 03/4424900, www.kinlochlodge.co.nz.

Glenorchy Camping Ground, angenehmer Platz mit den meisten und den preiswertesten Übernachtungsmöglichkeiten auf Stellplätzen, in Cabins und in einer Backpacker-Lodge. Stellplatz inkl. 2 Pers. ab 24 $, Lodge/Bunkhouse ab 20 $, Cabin (2 Pers.) 46 $, „Villa" (2 Pers.) 80 $. 2 Oban St., ✆ 03/4410303, www.glenorchyaccommodation.co.nz.

Der Routeburn Track

Den Routeburn Track kann man in einem Tag schaffen, besonders, wenn man von Westen nach Osten unterwegs ist und somit mehr bergab als bergauf geht, oder in drei oder sogar vier Tagen, wie das Teilnehmer organisierter geführter Gruppen als normal hingestellt bekommen. Am besten geht man ihn jedoch, um seine Schönheiten in der richtigen Reihenfolge zu erleben und ohne zu hetzen, von Ost nach West. Man startet am Ende der Straße, die von

Routeburn Track, Hängebrücke im Aufstieg

Glenorchy zum Routeburn Shelter führt, und wandert nach Westen zur Divide, wo man auf die Straße zum Milford Sound trifft. Von den drei benötigten Tagen sind der erste und dritte leicht, der zweite ist jedoch etwas anstrengend. Wenn man die frühe Shuttle-Verbindung nimmt, kann man am ersten Tag locker bis zur Routeburn Falls Hut aufsteigen und dort übernachten. Am nächsten Tag geht es über den Harris Saddle, den höchsten Punkt, den man erreicht, zur Lake Mackenzie Hut, dabei hat man genug Zeit, um ein oder zwei Abstecher zu machen und dieses hochalpine Teilstück richtig auf sich wirken zu lassen. Am dritten Tag heißt es dann nur noch, zur Divide zu kommen (oder den Caples oder Greenstone Track anzuschließen und einen Rundweg zu machen, der dann eine volle Woche in Anspruch nimmt).

Der Routeburn ist neben Kepler und Milford Track einer der beliebtesten Wege Neuseelands. Nicht nur zahlreiche Einzelwanderer und kleine Gruppen gehen den Track, sondern auch organisierte Gruppen auf geführten Wanderungen. Besonders im untersten östlichen Abschnitt kann es eng werden, da viele Familien ab dem Routeburn Shelter Tagestouren zur Routeburn Flat Hut (oder so weit sie kommen) machen. Wer die Hütte früh verlässt, hat die besten Chancen, dem Trubel zuvorzukommen: Als der Autor bei seiner vorletzten Begehung die Routeburn-Falls-Hütte (die so überfüllt war, dass er lieber im Schlafsack auf der Terrasse schlief) um 7 Uhr verließ, begegneten ihm erst kurz vor der Lake Mackenzie Hut die ersten Wanderer in der Gegenrichtung.

Information/Karten Alle DOC-Büros der Region geben Auskunft. Hilfreich ist das DOC-Faltblatt „The Routeburn Track" und v. a. die Terramap-Karte (1:50.000) „Greenstone & Routeburn Recreation Areas", die man ebenfalls bei DOC bekommt.

Hütten/Übernachten Hütten auf sog. Great Walks müssen im Voraus gebucht werden (ab Mitte Juli für die folgende Sommersaison) und kosten derzeit satte 51,10 $ pro Nacht, Campplätze 15,30 $ (im Winter Hütte 15,30 $ – keine Buchung nötig –, Camp kostenlos). Buchung beim DOC in Queenstown oder Te Anau, im Internet oder über greatwalksbooking@doc.govt.nz. Die offizielle Saison dauert vom 31.Okt. bis zum 30. April, außerhalb dieser Zeit gelten die Hütten als normale DOC-Hütten und können mit den üblichen Hüttentickets und dem Back-Country Hutpass benutzt werden.

Hin/zurück → Glenorchy/Verbindungen/Transfer.

Geführte Touren Guided Walks NZ (in Queenstown) bietet z. B. den (nicht so interessanten) Anfang des Routeburn Tracks als Tagestour, ebenso eine 3-stündige Wanderung auf dem Routeburn. ☎ 03/4427126, 0800/455712, www.nzwalks.com. Ähnlich **Routeburn Encounter Guided Day Walk**, ☎ 03/4501940, 0800/659255, www.ultimatehikes.co.nz.

Für den kompletten Track ist man mit **Routeburn Guided Walk** 3 Tage unterwegs, wobei in speziellen, anderen Wanderern nicht zugänglichen Hütten mit Dusche und Verpflegung übernachtet wird. Für die 3-tägige Tour zahlt man etwa ab 1.125 $. ☎ 03/4428200, 0800/762832, www.ultimatehikes.co.nz.

Der Greenstone Track und der Caples Track

Die Täler von Greenstone und Caples verbinden wie der Routeburn Track die Divide mit dem oberen Lake Wakatipu. Man erreicht sie von der Howden Hut am Routeburn Track oder von Kinloch am Lake Wakatipu auf einer Nebenstraße. Es gibt auch eine direkte Bootsverbindung zwischen Glenorchy und dem Anleger an der Stelle, wo der zuletzt vereinigte Greenstone und Caples River in den See münden. Wenn die Shuttlebusbetreiber wenig Zeit haben, ziehen sie es vor, das Boot einzusetzen, das die Strecke wesentlich schneller bewältigt als der Bus.

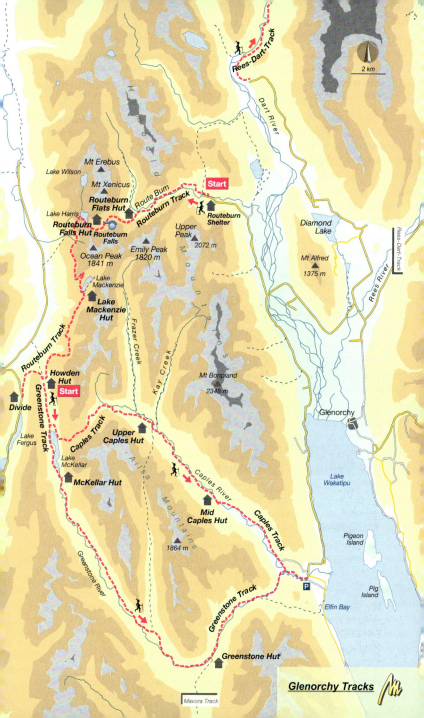

Man kann aus den beiden Tracks einen sehr schönen Rundweg machen, oder man kann den einen oder anderen mit dem Routeburn Track (s. o.) kombinieren. Der Greenstone Track ist ein reiner Talweg, dagegen kommt man auf dem Caples Track zumindest kurz in die subalpine Zone. Die alpine Zone, wie man sie auf dem Routeburn Track am Harris Saddle quert, erreicht man auf beiden Tracks nicht. Leider wurde in der Saison 2010/11 im Bereich des Greenstone Tracks massiv ge-„upgraded", man will den Weg breiter, besser begehbar ... schlicht: für echte Wanderer weniger interessant machen.

Information/Karten Alle DOC-Büros der Region geben Auskunft. Hilfreich ist das DOC-Faltblatt „Greenstone and Caples Tracks" und v. a. die Terramap-Karte (1:50.000) „Greenstone & Routeburn Recreation Areas", die man ebenfalls bei DOC bekommt. Zum Mavora Lakes Walkway gibt das DOC-Faltblatt „Mavora Lakes Park".

Hin/zurück → Glenorchy/Verbindungen/Transfer. Die genannten Unternehmen holen auch bei Voranmeldung vom gemeinsamen Wegende der beiden Tracks ab bzw. bringen hin, nachdem sie das **Routeburn Shelter** angefahren haben. Eine vorherige Abmachung ist sinnvoll!

Hütten/Übernachten Alle angegebenen Hütten sind zurzeit (noch) normale DOC-Hütten, die man mit Hüttenticket oder Backcountry Hutpass benützen kann. Sie tendieren dazu, sehr voll zu werden, wer kann und die Ausrüstung hat, sollte ans Zelten denken und massig Insektenspray einpacken. Keine dieser Hütten hat einen Kocher, man muss also wirklich alles mitschleppen. Die anderen Hütten entlang der Tracks sind privat.

Blick auf den Greenstone Track

Der Rees-Dart Track

Der Rees-Dart Track ist ein größeres Unternehmen als die anderen, obwohl auch seine Wege gut gepflegt und gangbar sind (besser als die Stellen am Caples Track vor dem Pass!). Da er anstrengender ist und sinnvollerweise mit einem nicht ganz billigen Schnellboottrip auf dem Rückweg kombiniert werden sollte (ca. 160 $ für die Fahrt mit dem Dart River Jet → Glenorchy/Verbindungen/Transfer), wird er nicht so häufig begangen. Man geht diesen Track, der durch zwei Täler führt, die über den mit 1.447 m hochalpinen Rees Saddle miteinander verbunden sind, normalerweise gegen den Uhrzeigersinn, beginnt mit dem Rees- und endet mit dem Dart-Valley.

Information/Karten Alle DOC-Büros der Region geben Auskunft. Hilfreich ist das DOC-Faltblatt „Rees and Dart Tracks" und v. a. die TerraMap „Aspiring & Rees/Dart" 1:50.000 sowie die Parkmap 273-02 „Mount Aspiring" 1:160.000 (beide im Buchhandel und bei DOC).

Pelzrobben auf einer Klippe im Doubtful Sound

Die Region Southland und der Fiordland National Park

Stewart Island National Park, Fiordland National Park und mehrere Forest Parks wie der Catlins Forest Park mit seiner wilden, bei Meeressäugern beliebten Küste – das macht die Region Southland zu einer der spannendsten Neuseelands. Milford Track und Kreuzfahrten auf dem Milford und Doubtful Sound sind wohl die bekanntesten Aktivitäten.

Fährt man von Dunedin nach Süden, schließt an den bei Balclutha ins Binnenland führenden SH 1 die noch kaum erschlossene Catlins-Region an; ihre felsigen Buchten, sandigen Strände und kleine Reste von niemals gerodeten Wäldern warten darauf, entdeckt zu werden. Invercargill, die Hauptstadt von Southland, zeigt sich als lebendige Mittelstadt mit hübschem historischen Kern und einem sehr interessanten Regionalmuseum. Nur eine kurze Fährfahrt ist Stewart Island entfernt, die von Wind und Regen gepeitschte dritte große Insel Neuseelands. Trotzdem – oder deshalb? – zieht es immer mehr Besucher nach Rakiura, wie die Insel von den Maori genannt wird. Im Rakiura-Nationalpark und auf den teilweise geschützten Meeresflächen in den Buchten ist die Nähe zur Natur und die Einsamkeit das eigentliche Ziel.

Der Fiordland National Park umfasst einen großen Teil von Southland, vor allem die gesamte, von Fjorden durchzogene und unwirtliche Küste im Süden und Westen. Man entdeckt den Nationalpark im Süden von Tuatapere aus, wo der Hump Ridge Track und ein Küstentrack locken – vor allem aber von Te Anau, dem eigentlichen touristischen Zentrum von Southland. Kepler Track und Milford Track, die Straße zum Milford Sound und eine Kreuzfahrt auf dem Doubtful Sound – sie alle lassen sich am besten von Te Anau aus organisieren und beginnen.

Catlins-Landschaft (Klippen am Nugget Point)

Die Catlins

Die Catlins sind ein hügeliges, von Forsten und Primärwald bedecktes Gebiet, das sich zwischen Balclutha und Fortrose, an der Küstenstrecke zwischen Dunedin und Invercargill, erstreckt. Die Küste ist stark gegliedert: Steile Kliffs folgen auf Buchten mit Sandstrand, und häufig sind seltene Meeressäuger und Meeresvögel zu beobachten.

Obwohl die Küste reich an Meeresfauna war, verließen die Maori die Catlins schon um 1700, sodass die Walfänger, die in den geschützten Buchten ab 1830 ihre Lager einrichteten, keine Konkurrenz zu fürchten hatten. Die heute nur noch in Resten erhaltenen Primärwälder wurden zuerst abgeholzt, um für die Siedepfannen als Brennmaterial zu dienen, in denen das Walfett geschmolzen wurde. Später kamen die Holzfäller, die bis heute aktiv sind. Wenige Homesteads entstanden, meist von englischen Siedlern, und wenn man im Frühjahr auf feuchten Wiesen Massen von Märzenbechern findet, geht das auf sie zurück – die englische Tradition ist in den Catlins noch lebendig.

Die fast 130 km lange Straße zwischen Dunedin und Invercargill ist auch im Sommer 2010/2011 noch nicht durchgehend asphaltiert, was die Fahrt besonders nach starkem Regen nicht ganz einfach macht. Eine allmählich wachsende Beliebtheit der Region bei Grünen, Alternativen, Naturfreunden, Vogel- und Walbeobachtern und allen, die die Einsamkeit lieben (aber doch irgendwo übernachten müssen) hat das Übernachtungsangebot in den letzten Jahren deutlich vergrößert. Zwar wirkt vieles immer noch etwas improvisiert – aber wer das nicht mag, kann ja immer noch den SH 1 nehmen.

Die Region Southland und der Fiordland National Park

Information/Feste & Veranstaltungen

Information „Southern Scenic Route" nennt sich die für Otago und Southland gemeinsame Straßenverbindung Dunedin – Catlins – Invercargill – Bluff und Stewart Island – Tuatapere – Te Anau, deren Mittelteil als Küstenstraße durch die Catlins führt. Die Tourismusorganisation, die dahintersteckt, hat eigene Prospekte, eine eigene Website, eigene örtliche Werbung. Mehr über die Southern Scenic Route in den Infostellen der Orte: **Southern Scenic Route**, PO Box 1306, Invercargill. ✆ 03/2111429, www.southernscenicroute.co.nz.

Genauere Informationen über die Catlins und Buchungen ermöglicht das **Clutha Visitor Centre in Balclutha**, 4 Clyde St.; tägl. 8.30–17 Uhr, Sa/So 9.30–15 Uhr (April bis Okt. Sa/So am Nachmittag 1 Stunde kürzer). ✆ 03/4180388, clutha.vin@cluthadc.govt.nz.

Vielleicht noch einen Tick mehr Details bietet das **Catlins Information Centre in Owaka**, DOC-Building, 10 Campbell St.; tägl. 9–16 Uhr (Mai bis Sept. geschlossen). ✆ 03/4851371, catlinsinfo@cluthadc.govt.nz.

Feste & Veranstaltungen Catlins Woodstock (Tawanui), an einem Wochenende Anfang Febr. (meist Waitango Weekend); das Popmusikfest auf einer recht entlegenen Wiese 14 km südlich von Owaka zieht bis zu 3.000 Besucher an.

Sport & Freizeit

Touranbieter Bottom Bus fährt mit Minibussen ab Dunedin einen Rundkurs über die Catlins, Invercargill, Te Anau und Queenstown. Dabei wird nicht stur die Strecke abgefahren, sondern es werden viele Sehenswürdigkeiten auf Abstechern und mit reichlich Zeit besichtigt (1 Tag Dunedin – Catlins – Invercargill 175 $). Übernachtungen (für alle, die länger an Bord bleiben) sind in Riverton, Te Anau, Queenstown und Dunedin. Bottom Bus, 37 Shotover St., Queenstown. ✆ 03/4429708, www.bottombus.co.nz.

Catlins Coaster fährt Mitte Nov. bis April täglich die Strecke der Catlins-Küstenstraße ab, die Ziele sind Dunedin, Invercargill, Te Anau und Queenstown; ca. 6–10 Besichtigungshalte werden gemacht. Die Strecke Invercargill – Dunedin kostet 175 $, ab Queenstown 230 $. ✆ 0800/304333, www.catlinscoaster.co.nz.

Catlins Wildlife Trackers, 5 Mirren St., Papatowai; organisiert 1- bis 3-tägige Wanderungen über privates Farm- und Waldland. Die geführte Tour beginnt und endet in Papatowai, alle Mahlzeiten sind inbegriffen, Nächtigung im privaten Haus in guten Zimmern, 3 Tage 720 $. ✆ 03/4158613, www.catlins-ecotours.co.nz.

Catlins Tours bietet Kleinbustouren innerhalb der Catlins, z. B. halber Tag Twilight Tour 35 $ → Übernachten/Kaka Point.

Übernachten/Essen & Trinken

Am Kaka Point Nugget View & Kaka Point Motels, Motel am Strand mit herrlichen Ausblicken und unterschiedlichen Units bis hin zur „Honeymoon Suite". Unit 85–200 $. 11 Rata St., Kaka Point, ✆ 03/4128608, 0800/525278, www.catlins.co.nz.

In Owaka Catlins Gateway Motels, noch relativ neuwertiges Motel mit großen Units (bis 6 Pers!), kompletter Küche, Bad/WC. Unit 90–110 $. Main St./Royal Terrace, Owaka, ✆ 03/4158592, 0800/320242, www.catlins-nz.co.nz/catgamot.html.

The Split Level, an der Straße nach Südwesten; Backpacker-Herberge mit Zentralheizung, keine großen Schlafsäle, DVD/Video/Sat-TV/Stereoanlage – das klingt gut und ist ausgesprochen gemütlich. DB 31–34 $, DO 27 $. 9 Waikawa Rd., Owaka, ✆ 03/4158304, www.thesplitlevel.co.nz.

Supermarkt gegenüber dem Visitor Centre – der letzte vor Invercargill!

In der Surat Bay Surat Bay Lodge, sehr gute Backpacker-Lodge am Parkplatz bei der Surat Bay, mitten im Grünen und direkt am Strand; Camping möglich auf dem neuen Campingplatz nebenan; Seekajaks und MTBs können geliehen werden, Internet. DB 31 $, DO 26 $. Surat Bay Rd., New Haven, Owaka, ✆ 03/4158099, www.suratbay.co.nz.

Die Catlins

In der Jack's Bay (südlich der Surat Bay) Blowhole Backpackers, Traveller-Unterkunft in einem typischen Cottage, nur 10 Plätze, drei individuell gestaltete Zimmer. Dass die Zimmer ein „chilling out in no time" ermöglichen, klingt eher wie eine Drohung als ein Versprechen – die Catlins haben mit die niedrigsten Durchschnittstemperaturen Neuseelands. Die Lodge führt auch ein Kleinbusunternehmen, das Touren veranstaltet. Zimmer (2–3 Pers.) ab ca. 100 $. 24 Main Rd., Jack's Bay, ✆ 03/4545635, www.catlinsbackpackers.co.nz.

An den Purakaunui Falls Greenwood Farmstay, 3 Zimmer mit Bad in einem modernen Bungalow, Frühstück innbegriffen, Abendessen kann bestellt werden – die Gastgeber freuen sich über den Kontakt. Fußentfernung zu den Purakaunui Falls. DZ/FR 180–200 $. 739 Purakaunui Falls Rd., Owaka, The Catlins, ✆ 03/4158259, www.greenwoodfarmstay.co.nz.

In Papatowai Southern Secret Motel, gerade mal 4 Units (2–4 Pers.), mit Bad und Balkon, hell und gemütlich, überlegt und komplett ausgestattet – im Büro gibt es kostenlos 700 Videos für das TV- und Videogerät im Zimmer. Der Besitzer hat auch ein großzügig geschnittenes und wirklich komplett eingerichtetes Holiday Home anzubieten, „Erewhon". Unit (2 Pers.) 100 $, Holiday Home (bis zu 5 Pers.) 100–130 $. Main Rd., RD 2, Papatowai, ✆ 03/4158600, www.nzmotels.co.nz/southland/southernsecret.aspx.

Papatowai Motels & Store, Tankstelle, Shop, Bottleshop, kleiner Info-Bereich und Motel in einem, das ist typisch für das ländliche, sehr dünn besiedelte Neuseeland mit nur wenig Tourismus. 3 relativ große Units (bis 5 Pers.!), mit Küche/Bad/TV, Gästewaschküche; Fußbodenheizung! Unit für 2 Pers. 95 $. Main Rd., Papatowai, ✆ 03/4158147, www.papatowaimotelsandstore.com.

Takeaway im Papatowai *Motels & Store* (kein Ruhetag).

In Waikawa, Niagara Falls und Curio Bay Waikawa Holiday Lodge, die kleine, spartanisch ausgestattete Herberge liegt in der Waikawa-Bucht, 5 Min. vom Café, direkt neben Museum und Infostelle. DB 25–27 $. Niagara-Waikawa Rd., South Catlins, ✆ 03/2468552, dolphinsurf@xtra.co.nz.

Niagara Falls Café, 256 Niagara Waikawa Rd., Niagara; Snacks, Kaffee, Abendessen mit bevorzugt lokalen Produkten (inkl. Gemüse aus dem Garten) und Andenkenladen (und, klar, Internet) in Cottage, der ehemaligen Zwergschule von Niagara, auf dem Weg zur Curio Bay. Radler besonders willkommen. Uns stört ein wenig der Szene-Hype, der um das Café gemacht wird („iconic" – wie es in der Ausgabe Mai 2011 der neuseeländischen Zeitschrift „Cafe" hieß), aber was kann die Crew dafür?

Curio Bay Backpackers, direkt an der Curio Bay; klein und gemütlich, Selbstversorgung ist angesagt. DB 27/42 $, DO 25 $. 501 Curio Bay Rd., ✆ 03/2468797, stratsnz@yahoo.com.

Catlins Farmstay B&B, nahe der Abzweigung zur Curio Bay; 4 Zimmer mit Bad/WC im Cottage mit schönem Garten auf einer Schaf-, Rinder und Hirschfarm; üppiges Frühstück. Abendessen auf Bestellung 40 $. DZ/FR 185–260 $. 174 Progress Valley Rd., ✆ 03/2468843, www.catlinsfarmstay.co.nz.

Curio Bay Boutique Accommodation, große Glasfronten öffnen sich in diesem modernen Haus zur Bay, von der man nur durch den Dünenstreifen getrennt ist. 3 Zimmer mit Bad, kühl und doch gemütlich, pure Ruhe. Ein typisch neuseeländischer „bach" ist ebenfalls zu mieten. DZ/FR 150–190 $. 501 Curio Bay Rd., RD 1, Tokanui, ✆ 03/2468797, www.curiobay.co.nz.

In Tokanui Dairy, Laden mit kalten und warmen Snacks, **Tavern**, in der Seitenstraße, auch warmes Essen, und **Southern Oasis Cafe**, tägl. geöffnet, mit Sandwich & Co.

Am Waipapa Point Waipapa Point Cottage, Cottage beim Homestay der Blair-Familie auf einer Schaf- und Rinderfarm. Zimmer mit Bad/WC; Frühstück und Abendessen nach Vereinbarung. DZ (Cottage) ab 130 $ (bis 4 Pers., zusätzl. Pers. 20 $). 59 Waipapa Point Rd., Otara, No 5 RD, an der Straße zum Waipapa Point, ✆ 03/2468493, www.waipapapoint.co.nz.

Balclutha: Das ländliche Versorgungszentrum, zur Zeit des ersten Goldrauschs von Otago gegründet, liegt an der Brücke, wo der SH 1 über den Clutha-Fluss führt, und ist sowohl für das untere Clutha-Tal als auch für die Catlins der wichtigste zentrale Ort. Ansonsten wird man sich kaum aufhalten wollen, das Visitor Centre bietet jedoch gute Informationen über Clutha und Catlins.

Nugget Point – unten brüllen die Seelöwen

Kaka Point und Nugget Point: Noch vor Owaka führt ein Abzweig vom SH 92 (der Catlins-Küstenstraße) beim Kaka Point ans Meer. Einsamer Strand und eine einsame Bar in einem Holzschuppen, Holzeinrichtung und riesiger TV-Bildschirm für Sportübertragungen – Back Country, wie es nicht mehr oft zu erleben ist. Zwischen Silvester und Ende Januar füllen sich die Zweithäuschen und nahen Campingplätze, dann ist der Strand gar nicht mehr so einsam. Das Motel (→ Übernachten) organisiert Bootausflüge zum *Nugget Point* – eine tolle Alternative zur Straße, denn man kommt mit dem Boot wesentlich näher an die Meeresfauna am Nugget Point heran.

Der *Leuchtturm* liegt auf einem kleinen Landvorsprung, der mit dem Festland nur durch einen recht schmalen Steg verbunden ist. Rechts unten liegt die *Roaring Bay* – hier, vor allem aber an der Ostseite, nisten Gelbaugenpinguine in den anscheinend unersteigbaren, stark verbuschten Steilhängen (Beobachtungslaube, Fernglas nötig).

Für den Meeresbereich vor der Küste des Nugget Point ist seit vielen Jahren ein Marine Reserve in Planung. Nur 0,1 % der zu Neuseeland gehörenden Meeresfläche, die die großen Inseln umgibt, sind in der einen oder anderen Form geschützt!

Die Cannibal Bay: einer der schönsten Sandstrände der Catlins, mit Steilküste im Hintergrund. Am Strand mit Treibholz, auf großen Stämmen und kleinen Ästen ruhen sich oft Hookersche Seelöwen aus. Doch immer wieder (weil es nicht verboten ist) fahren Pkw und Motorräder über den Strand und gefährden und verstinken sich, ihre Mitmenschen und die Seelöwen. Wie immer bei Seelöwen: mindestens 5 m – besser 10 m – Respektabstand – und nie zwischen den Seelöwen und das Wasser geraten!

Owaka: Der einzige größere Ort in den Catlins (Blaclutha liegt noch außerhalb) ist Owaka, sein Visitor Centre ist für die Catlins zuständig. Das *Catlins Museum/Wahi*

Die Catlins

Kahuika (10 Campbell St.) informiert über die Maori-Vergangenheit, Walfänger an der Küste, über den Schiffbruch des Segelschiffes Surat im Jahr 1874 und die schon lange eingestellte Catlins-Bahn-Nebenstrecke.
Mo–Fr 9.30–13 und 13.30–16 Uhr, Sa/So/Fei 10–16 Uhr. Eintritt 5 $. ✆ 03/4158490.

Die Surat Bay: Vom Parkplatz am Straßenende in Newhaven (links liegt die Surat Bay Lodge) führt ein Steg über einen Bach zum Strand. Nur bei Ebbe kann man auf dem Sandstrand der Surat Bay weiter gehen. Häufig zu beobachten sind die Hooker'schen Seelöwen; die Jungtiere (drei- bis vierjährige Männchen) sind oft verspielt, rangeln miteinander halb auf dem Strand, halb im Wasser, spielen Fangen und lassen sich von den Menschen kaum stören.

Tour Die Surat Bay und Cannibal Bay sind durch einen **Track** verbunden; er beginnt am Ende der Surat Bay und führt über die niedrige Landzunge zur Cannibal Bay, wo man ebenfalls auf dem Sandstrand zum Ende der Straße gelangt. Keine Rücktransportmöglichkeit, Gehzeit hin/zurück ca. 3–3:30 Std.

Jacks Blowhole: Dieses Blowhole erreicht man von Hinahina im Süden der Surat Bay über die Hina Hina Road und die Jacks Bay Road. Von der Jacks Bay führte ein gut markierter Wanderweg zur Penguin Bay mit dem Naturschauspiel (hin/zurück 1 Std.). Jacks Blowhole entstand durch den Einbruch einer riesigen Höhle, die vom Meer aus unterspült wurde. Der Zugang zu dem 200 m von der Küste entfernten Blowhole führt über Schafweiden in Privatbesitz und ist, wenn die Schafe lammen (Sept. und Okt.), gesperrt!

Die Wilkes Falls: Ebenfalls von Hinahina führt die Wyber Road und die anschließende Mill Creek Road zu den Wilkes Falls über der Hinahina-Bucht. Auch dieser Weg (hin/zurück 1 Std.) führt über Privatland und durch gelegentlich

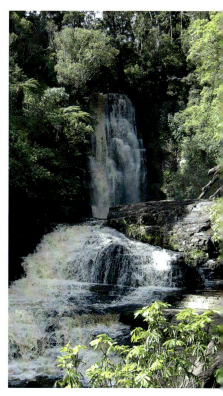

McLean Falls: spektakulär!

wegen Forstarbeiten gesperrten Wald (Kiefern, in Teilen auch Podocarpaceen!). Die Fälle bestehen aus zwei etwa 30 m hohen Stufen, der Wald ringsum ist zumindest bei Niedrigwasser interessanter als die Fälle selbst.

Die Purakaunui Falls: Vom SH 92 führt eine gute Zufahrtsstraße zum Wasserfall des Purakaunui-Flusses. Der kurze, gut gesicherte Weg verläuft durch alten Wald (Rimu, Matai, Südbuche/Silver Beech!) hinunter an den Fuß dieses eindrucksvollen Wasserfalls mit dichter Buschvegetation, in der Farne jeder Art gedeihen und nachts Glühwürmichen zu beobachten sind.

🥾 Der Catlins River Valley Track
Dauer: 4–5 Std. einfach

Der einzige längere öffentliche Wanderweg der Catlins führt am Catlins Rivers entlang oder bleibt in seiner Nähe. Mehrere in den Fluss mündende Bäche werden auf Stegen gequert. Dichter Regenwald, Südbuchenwald, Mohua/Yellowhead (Mohua ochrocephala) und die eine oder andere Kiefernaufforstung begleiten den Wanderer auf dem größten Teil des Weges. Neuseeländische Familien wandern an Feiertagen Teilstrecken ab, und Angler stehen für die Bachforellen bis zur Hüfte im Wasser. Leider gibt es weder zum Startpunkt noch zum Ende des Wegs eine öffentliche Verkehrsverbindung und nur am Südostende einen Campinglatz. Was tun? Zwei Autos, Campen und vom Zielort abholen lassen (evtl. mit der nächsten Übernachtungsadresse verabreden). Gute Geher schaffen den Weg hin und zurück an einem Tag!

Anfahrt Man erreicht den Wegbeginn des Tracks mit dem Tawanui Camp (Camping, Toiletten) über die Catlins Valley Road ab Tawanui (Abzweig vom SH 92, ca. 9 km westlich von Owaka). Vom nördlichen Track-Ende (The Wisp, Toiletten, keine Campingmöglichkeit) nimmt man die Tor Road, Catlins Road und Catlins Valley Road zurück zum Ausgangspunkt.

Papatowai: Für einen Ort in den Catlins ist Papatowai richtig groß – Laden, Motel, Campingplatz, eine Backpacker-Herberge, Häuser zum Mieten. Dabei wohnen ganzjährig hier kaum 30 Familien, aber an Feiertagen und in den Ferien ist der Ort voll und die Quartiere sind rar – in dieser Zeit unbedingt im Voraus buchen! Papatowai liegt an einer schmalen Bucht, die sich an der Mündung des Maclennan River gebildet hat. An den Sandstränden der Bucht, vor allem aber außerhalb an den Steilufern der offenen Meeresküste lassen sich ungewöhnlich oft die bunt schillernden Schalen von Paua-Muscheln finden. Ein hübscher Weg führt vom Strand unterhalb der Siedlung in die Tahakopa Bay, ein weiterer, ebenfalls sehr schöner Weg führt in der anderen Richtung zum Picnic Point.

Der Lake Wilkie: 3 km südwestlich von Papatowai liegt in der Nähe der Straße der Lake Wilkie (25 Min. hin/zurück auf gutem Weg, zuletzt Bohlenweg), ein kleiner, aber besonders romantisch gelegener See. Interessante Vegetation, wenn der Rata blüht, dann hört und sieht man besonders viele Tuis und Bellbirds, die an den purpurroten Blüten naschen.

Die Cathedral Caves: Eine kurze, holprige Stichstraße führt zum Fußweg in Richtung Waipati Beach und Cathedral Caves (hin/zurück ca. 30–40 Min.). Man durchquert Podocarp- und Kamahi-Wald und zweigt, nachdem man den Strand erreicht hat, nach links ab. Die Cathedral Caves sind zwei miteinander verbundene, bis zu 30 m hohe Brandungshöhlen, die sich heute durch die starke Brandung weiter vergrößern – sie sind nur bei Ebbe zu erreichen (Fluttabelle am Abzweig des SH 92 und am Parkplatz)!

Die Maori-Landbesitzer verlangen eine Weggebühr von ca. 3 $. Fluttabelle auch auf www.cathedralcaves.co.nz.

McLean Falls: 40 Minuten hin und zurück wandert man vom Ende der Straße durch alten Matai-, Rimu-, Kamahi- und Native-Fuchsia-Wald, quert den Bach und findet sich dann unterhab der spektakulären Wasserfälle. Den Abstecher mehr als wert!

Man erreicht die Fälle am Ende der vom SH 92 abzweigenden Rewcastle Road (6 km).

Die Catlins

Strand bei Papatowai mit Paua-Muscheln

Waikawa und die Porpoise Bay (Whaka Aihe): Der kleine Fischerort im geschützten Waikawa Harbour hat im *Waikawa & District Museum* alles zusammengetragen, was zu einem Heimatmuseum gehört – ein interessanter Einblick in eine Kommune, die seit alters her von der Fischerei und Holzfällerei gelebt hat. Gegenüber lädt ein kleines *Café* (im Angebot „Cecilia's legendary venison pies") und das *Waikawa Dolphin Information Centre* ein. Hier findet man Informationen zu den *Hektor-Delfinen*, die in der halbrunden Porpoise Bay am Ausgang des Waikawa Harbour leben und ihre Jungen zwischen November und März/April aufziehen. Die 20 hier ständig lebenden Exemplare kommen recht nahe an das Ufer heran, sind aber sehr scheu und folgen nicht etwa wie die Tümmler (deren Namen die Bucht trägt – *porpoise* = Tümmler) den Booten. Die beste Möglichkeit, die Delfine zu sehen und zu beobachten, ist eine Tour mit Dolphin Magic Cruises, die ökologisch verträgliche Delfinbeobachtungsfahrten durchführen.

Öffnungszeiten Waikawa & District Museum, tägl. 10.30–16.30 Uhr, Juni bis Sept. nur Do und Sa 10.30–16.30 Uhr, Eintritt: Spende.

Delfinbeobachtung Waikawa Dolphin Information Centre, Tokanui, tägl. 9–18 Uhr (Mai bis Sept. geschlossen), ✆/℻ 03/2468444. **Dolphin Magic Cruises**, Tokanui; 1:30 Std. 50 $. Fahrten um 10, 14 und 17 Uhr. ✆ 03/2468444, 0800/377581, dolphinmagic@xtra.co.nz.

Die Curio Bay (Tumu Toka): Die Porpoise Bay wird nach Südwesten von einer Landzunge begrenzt, dem *South Head*, auf das die kleinere Curio Bay folgt. Vom South Head hat man gute Blicke auf beide Buchten und kann (mit Fernglas) die Hektor-Delfine beobachten. Am Hang zur Curio Bay hat sich eine kleine Brutkolonie von Gelbaugenpinguinen niedergelassen. Man kann sie beobachten, wenn sie bei Sonnenaufgang zum Strand aufbrechen und in der Dämmerung zurückkehren. Wenn sie bemerken, dass sie beobachtet werden, wagen sich die scheuen Tiere nicht aus dem Wasser – mit üblen Folgen für die Kleinen, die vergeblich auf Futter warten. Der Respektabstand ist ein Minimum von 10 m, besser von ferne und nur mit Fernglas beobachten.

Endemische Fuchsien am Weg zu den McLean Falls

Der Fossil Forest: Ein Teil des flachen Küstenstreifens der Curio Bay wird von einem versteinerten Wald der Jurazeit eingenommen, den man bei Ebbe betreten kann; weitere Reste dieses Waldes haben sich an der Küste bis Slope Point erhalten. Vor 180 Mio. Jahren, im mittleren Jura, war die heutige Curio Bay Teil eines ausgedehnten, flachen Küstenwaldes. Wegen des großen Alters vieler in Neuseeland vertretener Baumarten würde man einige der Bäume wieder erkennen, handelt es sich doch um Baumfarn, Kauri, Norfolkkiefer (heute weit verbreitet, aber von Norfolk Island eingeführt) und Podocarpaceen-Arten, vor allem Matai. Es war die Zeit der Dinosaurier, aber auch Neuseelands eigenartiges Rieseninsekt Weta und die Tuatara-Echse lebte damals schon. Vulkanausbrüche überdeckten den Wald in mehreren Phasen mit Asche und Schlamm, mindestens vier Mal, mindestens 20.000 Jahre lang. Die verschütteten Bäume und auch die vulkanische Asche wurden anschließend von weiteren Ablagerungen überdeckt, bis sie vor etwa 10.000 Jahren durch Landhebung wieder an die Oberfläche kamen und im Küstenstreifen allmählich freigelegt wurden. Leider haben gierige Fossilienjäger einen Großteil gerade der interessantesten Stücke geraubt; doch was noch zu sehen ist an Stämmen und Astansätzen ist eindrucksvoll genug. Der Standort ist streng geschützt, jedes Mitnehmen von Versteinerungen ist verboten. Auch hier kann man Gelbaugenpinguine beobachten.

Der Slope Point (Mata Tonga): 46° 40' 40" Süd, 169° 0' 11" Ost, zum Äquator 5.140 km, zum Südpol 4.803 km – das sind die Koordinaten des Slope Point, des südlichsten Punktes Neuseelands (Stewart Island und die subantarktischen Inseln liegen natürlich noch südlicher). Der Zugang zum Slope Point ist im September und Oktober gesperrt!

Der Waipapa Point: Auf dem Waipapa-Riff ereignete sich Neuseelands schlimmstes Seeunglück: Am 24. April 1881 lief die „SS Tararua" auf Grund, die Rettungsboote konnten wegen des starken Seegangs kaum eingesetzt werden. Ein Mann schwamm die 300 m zum Ufer und alarmierte die dort wohnenden Leute, ein Reiter holte Hilfe in Wyndham. Bis diese kam, waren 131 von den 151 Passagieren ertrunken. Bald darauf wurde der heutige Leuchtturm errichtet, am Strand darunter räkeln sich Pelzrobben und Auckland-Seelöwen.

Die Waituna Lagoon und die Awarua Wetlands (Toetoes Bay): Die Feuchtgebiete zwischen dem Bluff Harbour und den Mündungszonen des Mataura River bei Fortrose sind bedeutende Vogelschutzzonen von nationalem, im Fall der Waituna Lagoon von internationalem Rang. Etwa 30 Arten von Stelzvögeln sowie weitere 30 andere Spezies, vor allem Meeresvögel, kommen hier vor – einige ganzjährig, wie der Whitefaced Heron (Ardea novaehollandeae), andere wie der Curlew Sandpiper (Calidris ferruginea) nur im Sommer. Geschützt und zum Teil einzigartig ist auch die Vegetation, wie die ausgedehnten Schwingmoore, die aber auch den Zugang erschweren oder gar unmöglich machen. Es gibt zwei Zugänge zur Lagune. Der eine führt aus Richtung Bluff über eine Straße in die Awarua Bay. Sie endet im Osten der Waituna Lagoon, von wo aus man am Strand entlang zu der schmalen Verbindungszone mit dem Meer wandern kann (einfach ca. 1:30 Std.). Der zweite Zugang liegt direkt am SH 92 noch vor Montrose, an der Stelle, wo die Straße den Mataura-Fluss quert.

Fortrose: Der Ort an der Mündung des Matuara-Flusses ist eine Walfängergründung, die von 1834 bis 1836 florierte und in den 1870ern nochmals als Walstation genutzt wurde. Der ab 1873 belegte Friedhof ist gut erhalten und bildet die Hauptsehenswürdigkeit des winzigen Orts.

Invercargill

Die südlichste Stadt Neuseelands wird gern schnell abgehakt: Was lockt, ist Fiordland, Stewart Island/Rakiura oder die Catlins. Zwar ist Invercargill eine recht attraktive Mittelstadt mit schönen Parks und interessantem Regionalmuseum – aber der Stadt fehlt der Kick. Und überhaupt – eine Stadt mit Wasserturm als Wahrzeichen …

Invercargill kann damit leben, Tourismus ist hier keine Herzenssache. Die Stadt, wie Dunedin ursprünglich schottisch besiedelt (siehe Straßennamen), hat genug zu tun mit der Verwaltung, Versorgung, Transfers (Fughafen und Fähre Stewart Island), Kleinindustrie und der Verarbeitung landwirtschaftlicher Produkte. Zwar könnte der aus rechtwinklig sich kreuzenden Straßen bestehende Stadtplan aufregender sein, doch mit erstaunlich lebendiger Gastrokultur und regem Nachtleben peppt die Stadt ihr Bild wieder gewaltig auf. Die Dreharbeiten zu „Mit Herz und Hand" (Originaltitel „The Last Indian"; 2005), ein Film über den Motorrad-Weltrekordfahrer Bert Munro, dargestellt von Sir Anthony Hopkins, haben Invercargills Platz auf der geistigen Landkarte wenigstens in Neuseeland vergrößert.

Information/Verbindungen/Adressen

Information Invercargill i-Site Visitor Centre, Queens Park im Southland Museum, 108 Gala St.; Dez. bis Apr. tägl. 8–19 Uhr, Mai bis Nov. tägl. 8–17 Uhr. ℡ 03/2146243, www.invercargill.org.nz.

DOC-Büro 33 Don St., im 7. Stockwerk; Mo–Fr 9–16.30 Uhr. ℡ 03/2112400, invercargill@doc.govt.nz.

Internet in der Stadtbibliothek, 50 Dee St., sowie bei Internet & Email, 51 Dee St., gegenüber der Tuatara Lodge.

Metall-Tuatara vor dem Tuatara-Haus in Invercargill

Verbindungen Flugzeug: Invercargills Regionalflughafen liegt 3 km westlich des Stadtzentrums, Taxis in die Stadt.

Bus: Invercargill wird von InterCity, Atomic und Catch a Bus angefahren. Die Verbindung mit Bluff und der Fähre nach Stewart Island ist derzeit wegen Konkurs des bisherigen Anbieters nicht geklärt; Tracknet verbindet mit Te Anau.

Taxi: Blue Star Taxis, ✆ 03/2186079.

Adressen Stadtbibliothek, Invercargill Public Library, 50 Dee St.; moderner Glas-Betonbau mit mehr als 200.000 Büchern und 2.000 anderen Medien (DVD, CDs, Video etc.); Mo–Fr 9–20, Sa 10–13, So 13–16 Uhr. ✆ 03/2111444, www.ilibrary.co.nz.

PostShop 51 Don St.; Mo–Fr 8.30–17.30, Sa 9–13 Uhr.

Southland Hospital, Kew Rd. ✆ 03/2181949.

Einkaufen/Sport & Freizeit

Einkaufen Wegen eines uralten städtischen Sondergesetzes, das nie widerrufen wurde, gibt es in Invercargills Supermärkten keinen Alkohol zu kaufen. Wer sich mit Schnaps, Bier, Wein oder was auch immer eindecken will, muss wie in einigen US-Staaten und in Kanada zum nächsten **Liquor Store**. Ein solcher findet sich an der Tay St. in Richtung Dunedin auf der linken Seite.

Schwimmen/Baden Splash Palace, Schwimm- und Wasseroper im Southland Aquatic Centre, 56 Elles Rd., ✆ 03/2173838.

Radfahren Verleih: Big on Bikes, 2 Dee St., ✆ 03/2144697.

Übernachten (→ Karte S. 739)

Selten, aber dann doch – hier mal ein Tipp, wo man *nicht* übernachten sollte. Vor der Backpacker-Absteige hinter dem *Coachman Motel* wollen wir warnen: abgewirtschaftet, feucht und klamm, eng und laut. Und während das Motel vorne groß seine Bar bewirbt, ist hinten bei den Backpackern Alkohol streng verboten und wird konfisziert. Vermutlich, weil man sich um die Gesundheit der Backpacker sorgt und nicht etwa, weil man nicht will, dass im Hinterhaus billig getrunken wird, was es vorne zu erhöhten Preisen gibt ...

Invercargill

Ascot Park Hotel 7, ganz am Ortsrand an der Straße in Richtung Dunedin; raumgreifend-großes, mit Konferenzräumen ausgestattetes Hotel mit Hallenbad, Sauna, Spa und Fitnessraum. Reichlich Grün rundum, aber das Auto muss natürlich vor der Tür parken können. Zimmer mit gutem Standard (was in NZ gerne als „luxurious" bezeichnet wird, so auch hier), Vollholzmöbel und gute Bäder (Wanne und die übliche fixierte Dusche, Waschbecken mit Mischarmatur). DZ 103–295 $. Ecke Tay St./Racecourse Rd., ✆ 03/2176195, 0800/272687, www.ascotparkhotel.co.nz.

Victoria Railway Hotel 14, das „Boutique-Hotel" verströmt in seinen gut ausgestatteten, 2003/04 großteils renovierten Zimmern (Sat-TV, Heizung, Internet) und im Erdgeschoss (Lounge-Bar, Aufenthaltsraum, Restaurant) die Atmosphäre eines gediegenen bürgerlichen Hotels der späten Gründerzeit. DZ/FR 115–195 $. 3 Leven St., ✆ 03/2181281, 0800/77557, www.hotelinvercargill.com.

Queens Park Motels 2, in ganz ruhiger Innenstadtlage direkt am Queens Park; recht große, saubere Units mit guter Ausstattung, TV, Internet, Bügelbrett und -eisen, Gästewaschküche (gratis) – hier kann man ruhig auch mehrere Tage verbringen. Unit 115–150 $. 85 Alice St., ✆ 03/2144504, 0800/0800504, www.queensparkmotels.co.nz.

Comfort Inn Tayesta 15, angenehmes Motel der Comfort-Inn-Gruppe. Die gut eingerichteten Units (mehrere Größen) befinden sich in nur schmal zur Straße geöffnetem, daher ruhigem Hof. Bad und WC getrennt, die Ausstattung nicht mehr ganz neu, aber gepflegt; Tageszeitung gratis, Spa im Haus. Unit 90–150 $. 343 Tay St., ✆ 03/2176074, 0800/806010, www.tayestamotel.co.nz.

Kelvin Hotel, sehr komfortables Hotel in modernem 55-Zimmer-Bau, alle Zimmer mit Bad (Dusche, Wanne, WC), Tee-/Kaffeezubereiter und Minibar; im Haus Restaurant Molly o'Grady. DZ 130–205 $. 16 Kelvin St., ✆ 03/2182829, 0800/802829, www.kelvinhotel.co.nz.

Gimblett Place 19, 3 km nördlich des Zentrums liegt an einer Sackgasse der komfortable Bungalow der Hendersons. Die Ex-Farmer bieten 2 Zimmer, eines mit Bad, und ein gutes traditionelles Frühstück, über Invercargill und Southland sind sie bestens informiert. DZ/FR 100 $. 122 Gimblett Place (über Queens Drive und Gimblett St. zu erreichen), ✆ 03/2156888, the_grove@xtra.co.nz.

Tuatara Lodge 16, modernes, funktionelles, sauberes, von den Besuchern sehr gelobtes Haus. Im Erdgeschoss gutes Café, Frühstück 5 $ (cont.), Internet – Michelangelos „Jüngstes Gericht" wacht darüber. Alle Schlafplätze bezogen, Doppel mit/ohne Bad/WC. DO 26 $, DB 35 $, DZ mit Bad/WC 80 $. 30–32 Dee St., ✆ 03/2140954, 0800/488282, www.tuataralodge.co.nz.

》》 Mein Tipp: **Tower Lodge Motel** 5, kaum zu verfehlen: Das Motel liegt gegenüber dem Wasserturm, von dem es den Namen hat. Ein vorbildliches Haus: neue oder gut erneuerte Einrichtung, Heizdecken, Tageszeitung gratis. An der Kücheneinrichtung kann man die Fürsorglichkeit der Betreiber ermessen, es ist wirklich alles da, was man benötigt. Selbstverständlich gratis Transport von und zum Bus! Unit 110–150 $. 119 Queens Drive, ✆ 03/2176729, 0800/802180, www.towerlodgemotel.co.nz. 《《

Southern Comfort Backpackers 3, nahe Queens Park und damit nahe dem Zentrum; nicht so kleine, umsichtig geführte Unterkunft in 20er-Jahre-Villa, der „Südliche

Bombastisches Wahrzeichen:
Wasserturm in Invercargill

Komfort" umfasst eine komplett ausgestattete Küche. DB 29–32 $, DO 25 $. 30 Thomson St., ✆ 03/2183838.

Invercargill Top 10 Holiday Park 1, für einen Top 10 eher einfach eingerichteter, aber geräumiger, ruhiger und sauberer Platz. In der Lounge Tee und Kaffee gratis. Studio/Cabin 76–150 $, Stellplatz und 2 Pers. ab 36 $. 77 McIvor Rd. (6 km nördlich, nach 5 km auf SH 6 nach rechts in McIvor Rd.), ✆ 03/20159032, 0800/486873, www.invercargill top10.co.nz.

Essen & Trinken

Für seine Größe hat Invercargill eine lebendige Café-Szene, die vom traditionellen Kaffeehaus (Artworks Café) bis zum innovativen Café in der Tuatara Lodge reicht.

Café in der Tuatara Lodge 16, 30 Dee St.; ein großer Teil des Erdgeschosses der Tuatara Lodge und der Bereich zur Straße ist für das ausgesprochen professionelle geführte Café reserviert. Sehr gutes warmes Frühstück, z. B. warme Pancakes mit Banane, sehr gute Muffins, starker, aromatischer Kaffee – hier bleibt man gern länger als nur für eine schnelle Zwischenmahlzeit. ✆ 03/2183811.

Artworks Café 4, 108 Gala St.; Café des Southland Museum & Gallery. *Morning Coffees & Afternoon Teas* – das Café im Regionalmuseum gibt sich vom Äußeren modern, vom Angebot retro; das passt recht gut zu den Damen, die ihre bunten Hüte nachmittags zu heißen Scones, Marmelade, Schlagsahne und einem Kännchen Tee der Öffentlichkeit vorführen. Tägl. 9–16.30 Uhr.

The Rocks Café 10, Courtville Place, 101 Dee St. (in der Galerie); vom Angebot gehobene, von der Atmosphäre her sehr angenehme Weinbar mit Bistro-Menü (Jakobsmuscheln in Chardonnay-Sahnesoße 18 $, Dinnergericht 28–35 $). So geschlossen. ✆ 03/2187597.

Café Addiction 11, 16 Don St.; großes, helles Bistrocafé mit gutem Brunchmenü (sehr gute Quiches) sowie ausgezeichneten Torten und Kuchen aus eigener Herstellung. Sehr freundliche, effiziente Bedienung (nicht alle Leser können diese Meinung teilen) und next door (gleiche Hausnummer) Tillerman's 13, wenn spätnachmittags zugemacht wird (nicht unbedingt). Mo–Fr 8–16 Uhr.

Global Byte Café 8, 150 Dee St.; Alumöbel und sooo coole Einrichtung in Silber und Grau; „beaut breakfasts" – das Angebot könnte auch Tante Emma entworfen haben: Muffins und Capuccino, Sandwiches und Quiches, ein paar vegetarische und glutenfreie Gerichte, Salate. Kein Ruhetag. ✆ 03/2144724.

Nachtleben

Tillerman's Venue Café-Bar & Music Lounge 13, 16 Don St.; intime Musikbar im 1. Stock, mit häufigen Live-Veranstaltungen und auch schon mal ungeplanten Sessions, Billard bietet sich ebenfalls an; nur abends, Mo/Di geschlossen. ✆ 03/2189240.

Waxy O'Shea's 9, 90 Dee St.; Irish Bar und Pub mit bewegter viktorianischer Hausfront und jeder Menge kalorienreichem Pubfood; Lunch/Dinner 15–35 $. Beliebteste Beilage sind Pommes (pardon: *Chips* oder auf Neu-Kiwitalk *Fries*). Spezialitäten (und wirklich gut) sind Beef & Guinness Hotpot mit Stampfkartoffeln (13,50 $) und Bayleys Cheesecake & Chocolate Bayleys Sauce (15 $); das Erste war eine großartig aromatische schwarze Pampe, das andere eine super-schokoladige Kalorienbombe. Irische Musik oder was so als irisch durchgeht, laut, ruppig, aber herzlich. Tägl. ab 11 Uhr. ✆ 03/2041313.

Frog 'n' Firkin 18, 31 Dee St.; lautstarkes Abendlokal mit rigidem Dresscode: „no black on black clothing", „tidy", „no tatoos" wird dem Besucher vorgeschrieben; trotzdem bleiben noch genug übrig trotz strenger Auslese vor dem Eingang (immerhin werden keine Krawatten verlangt). Das Publikum kommt am Wochenende aus ganz Southland, besonders wenn Gast-DJs das Programm gestalten. Tägl. 11.30–20 Uhr.

Lone Star 6, Ecke Lee/Dee St.; großer Tex-Mex-Laden, der während der Woche tagsüber als Café und Restaurant (Hauptgericht 26–37 $) mit großer Bar dient und am Wochenende abends als Tanzklub.

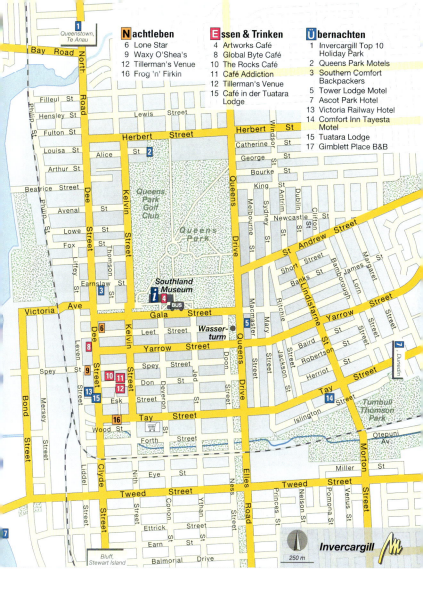

Sehenswertes

Southland Museum and Art Gallery (Niho o te Taniuha): Das Museum am Rand des Queens Parks ist einen mehrstündigen Besuch wert, informiert es doch in gut aufbereiteter Form über so unterschiedliche Themen wie die Tuatara-Echse und Maori-Pounamu, die Naturgeschichte der Fjordlandschaft und die Tiere der subantarktischen Inseln.

So prätentiös baut man in Invercargill schon lange nicht mehr

Interessant ist natürlich das *Tuatara-Terrarium*, wo man den urtümlichen Echsen, nur durch eine Glaswand getrennt, ganz nahe kommt; vor dem Museum macht bereits eine überdimensionale Tuatara auf diesen Schatz des Hauses aufmerksam.

Im *Maori-Saal* werden viele Objekte aus Pounamu (neuseeländische Jade) gezeigt, die teilweise in Fiordland gefunden und hier auch verarbeitet wurden. Eine Übersicht zeigt von Maori hergestellte Werkzeuge aus Pounamu und gibt ihre traditionelle Verwendung und den Namen an. Wie man Pounamu schleift, wird erklärt und anhand von zwei flachen Sandsteinreibsteinen illustriert. Im selben Saal wird ein mehrere Jahrhunderte alter *Bootsbug* aufbewahrt, der 1996 an einem Strand von Southland gefunden wurde: Es handelt sich um den südlichsten jemals gefundenen polynesischen Waka.

Im *ersten Stock* sind Bilder, Stiche und Karten über den Dusky Sound zu sehen sowie ein altertümlicher *Museumssaal*, den man so belassen hat, wie er einst in viktorianischer Zeit gestaltet wurde: Glaskästen, ausgestopfte Tieren in viel zu enger Aufstellung, aber auch informative Dioramen. Besonders interessant ist die Ausstellung *Beyond the Roaring Forties* im Zwischenstock, die sich mit der Schifffahrt im Südpazifik beschäftigt.

Die *Naturgeschichte der Region* wird mit sehr informativen Ausstellungen, hervorragenden Dioramen und gut aufbereiteten Informationen samt Videos zu den subantarktischen Inseln, zu Seelöwen und Walfängern, Albatrossen und Pinguinen präsentiert.

Ein, wenn nicht der Höhepunkt ist der Raum *Walk across Adams Island*, in dem man die Vegetationszonen und die Fauna dieser subantarktischen Insel kennenlernt: den flugunfähigen Auckland Island Teal (eine Ente), den niedrigen, vom Wind gepeitschten Rata-Wald, die riesigen „Gänseblümchen" und Hahnenfußgewächse, Monsterkarotten – und weit und breit keine Bäume.

Tägl. 9–17 Uhr (Sa/So/Fei ab 10 Uhr). Eine Spende nicht unter 2 $ wird erwartet. www.southlandmuseum.com.

Queens Park: Was es alles in diesem städtischen Park zu sehen gibt – „Wintergardens" aus Glas, Rhododendron Dell, Azalea Garden, Henry Edginton Rose Garden sowie Crocket, Cricket und Golf (mitten durch eine Allee)! Der Queens Park wurde bereits seit 1857 als *Reserve* geschützt und bis zum 1. Weltkrieg systematisch ausgebaut. Ein Tea Kiosk in der Mitte sorgt für Erfrischung, wenn man nicht das Café im Southland Museum am Südeingang vorzieht. Der *Wasserturm* gegenüber der Südostecke, ein ziemliches Monster mit dickem Bauch, ist so etwas wie das Logo der Stadt geworden, ihr werbetechnisches Wahrzeichen.

Gründerzeit-Architektur im Zentrum: Die Kreuzung von Tay und Dee Street bildet das Zentrum der alten Architektur, wo mehrere schöne gründerzeitliche Fassaden zu finden sind. Auffällig ist das *Railway Hotel*. Als das Bahnhofshotel 1896 errichtet wurde, sparte man nicht an Zierrat – und war bei der Auswahl nicht zimperlich: ein bisschen italienische Renaissance, gemischt mit niederländischen Anklängen (Giebel!) und ein barock-maurisch-orientalisches Türmchen mit Kuppel durfte es schon sein. Ein Glück, dass dieses spätviktorianische, historistische Gebäude bis heute seiner alten Bestimmung als Hotel nachkommt!

An der Ecke Jed Street steht mit ihrem 32 m hohen Glockenturm die schöne *First Presbyterian Church* von 1915, die im Stil der italienischen Renaissance errichtet wurde. Das *Civic Theatre* nahe der Kreuzung mit der Deveron Street ist ein neopalladianischer, dreiflügeliger Bau von 1906, der aus dem schon damals nicht billigen Oamarustein errichtet wurde.

Die *St Mary's Basilica* zwei Straßen weiter südlich wurde 1905 eingeweiht, der Architekt F. W. Petre hat auch die Cathedral of the Blessed Sacrament in Christchurch auf dem Gewissen, beide pflegen einen nicht ganz stilsicheren Neo-Neo-Klassizismus auf italienischen Renaissance-Wurzeln.

Anderson Park: 7 km nördlich von Invercargill liegt der ehemals private Anderson Park. Im früheren Wohnhaus des Besitzers wurde die *Anderson Park Art Gallery* eingerichtet, die dem neuseeländischen Kunstschaffen der Gegenwart und der jüngeren Vergangenheit gewidmet ist. Das *Maori House* hinter der Galerie war als Tanzsaal errichtet worden und ist mit Holzschnitzereien von Tene Watere geschmückt.
Tägl. 10.30–17 Uhr. Eintritt: Spende.

Bluff

Die älteste dauerhafte Pakeha-Siedlung Neuseelands ist nicht etwa Russell in der Bay of Islands, sondern das seit 1824 bestehende Bluff. Die Hafen- und Industriestadt (die Aluminiumschmelze Tiwai Point liegt gegenüber → Lake Manapouri S. 815) hat eine Spezialität, die immer wieder Gourmets in den eher unattraktiven Ort lockt: die *Bluff Oyster*. Die in ganz Neuseeland bekannten Austern kann man von April bis August im Ort kaufen, ein *Bluff Oyster and Southland Seafood Festival* feiert sie seit 1990 an einem Wochenende Mitte April.

In Bluff legen die Fähren nach Oban auf Stewart Island ab.

Fährverbindungen Visitor Terminal der Fähre nach Stewart Island im Hafen Port of Bluff, auch South Port Island Harbour genannt. ✆ 03/2127660, www.southport.co.nz.

Essen & Trinken The Big Oyster, 99 Ocean Beach Rd.; auf Austern und Seafood spezialisiertes Restaurant, Hauptgericht ab ca. 18 $ (besser bei Austern/Seafood bleiben!). ✆ 03/2128180, Mo geschlossen.

Strand am Paterson Inlet

Stewart Island (Rakiura)

Neuseelands dritte große Insel ist von der Südinsel durch die raue Foveaux Strait getrennt. Obwohl mit 53° südlicher Breite nicht polnäher als etwa Bremen, hat die Insel ein wesentlich kühleres und regenreicheres Klima. - 85 % der Insel gehören zum Rakiura-Nationalpark.

Dichte Wälder überziehen Rakiura, das „Land des leuchtenden Himmels". Im Inselinneren mit seinen Granitbergen und moorigen Flussebenen ist der Wald oft noch Primärwald mit Totara und Rimu – kein Holzfäller hat diese unwirtlichen Gegenden je betreten. Die Maori lebten von der Fülle der Meerestiere im Ozean, ins Landesinnere zog sie nichts. Erstmals gesichtet wurde die Insel 1770 von Cook, der die Foveaux Strait bei den miesen Wetterbedingungen nicht sah und Rakiura als Halbinsel kartierte. Im 19. Jh. diente die Insel als Holzlieferant für das waldarme Otago mit seinen aufstrebenden Orten, die Camps in den einigermaßen geschützten Buchten sind heute verlassen.

Rakiuras 300 Einwohner leben in *Oban,* dem Fährort in der Halfmoon Bay im Nordosten – nur dort erhält man Verpflegung und Quartier. Der Fang von Krustentieren (vor allem Langusten) und die Lachs- und Muschelfarmen sind bis heute wesentlich wichtiger als der langsam wachsende Tourismus. Wer nach Stewart Island kommt, ist auf Wandern und Trekking, vielleicht auch auf Kajaken eingestellt. Der kürzere *Rakiura Track* und der lange, anstrengende *Round the Island Track* sind die beiden großen Ziele in dieser einsamen, vom Menschen nicht oder nur sehr wenig beeinträchtigten Landschaft. Ein weiteres interessantes Ziel ist das schädlingsfreie *Ulva Island*, das von Oban aus leicht erreichbar ist.

Stewart Island (Rakiura) 743

Information/Verbindungen

Information Oban Visitor Centre, 12 Elgin Tce. (Baracke am Fähranleger), Oban. Infos zur Insel und zu allen Aktivitäten. Tägl. 8.30–17, Sa/So 10–12 Uhr. Weihnachten bis März tägl. 8.30–19, Sa/So 9–19 Uhr. ✆ 03/2190056, 0800/000511, www.stewartislandexperience.co.nz, www.stewartisland.co.nz (beides kommerzielle Seiten).

Rakiura National Park Visitor Centre, Main Rd., Oban, gleiche Zeiten wie i-Site. Infos zum Nationalpark, Hüttentickets, kleiner Showroom über Ökosystem Rakiura. ✆ 03/2190009, stewartisland@doc.govt.nz.

Stewart Island Visitor Terminal, Main Wharf, Halfmoon Bay, Infostelle der Fähragentur, offen bei Fährankunft, ✆ 03/2190034.

Flug Stewart Island Flights fliegt 3-mal tägl. zwischen Invercargill und Oban, das Ticket (hin/zurück 175 $) schließt den Transfer vom Flughafen nach Oban Ort ein. Flight & Ferry, also hin Flug, zurück Fähre, kostet 178 $. ✆ 03/2189129, www.stewartislandflights.com.

Fähren Stewart Island Ferry betreibt zwischen Bluff und Oban einen Passagier-Katamaran, Fahrtdauer 1 Std. Ganzjährig tägl. Bluff ab 9.30 Uhr, Oban ab 8 Uhr; während Sommerschulferien (Weihnachten bis Ende Jan.) auch 8, 11 und 17 Uhr ab Bluff; 9.30, 15.30 und 18 Uhr ab Oban. Erwachsene einfach 66 $, Kinder die Hälfte. ✆ 03/2127660, www.stewartislandexperience.co.nz.

Sport & Freizeit

Geführte Touren Ruggedy Range Wilderness Experience bietet geführte Wanderungen, Kajaktrips nach Ulva Island und in den Rakiura-Nationalpark; Vogelbeobachtung, kleine Gruppen, auch Übernachtungsmöglichkeit und Wassertaxi. 170 Horseshoe Bay Rd., Halfmoon Bay, PO Box 188, ✆ 03/2191066, www.ruggedyrange.com.

Stewart Island Experience; das Fährunternehmen bietet auch Touren an: Kreuzen im Paterson Inlet, Minibus-Touren, Semi-subs (Glasbodenboote) – alle sofort nach Eintreffen der Fähre; Vorausbuchung nötig! ✆ 03/2127660, 0800/000511, www.stewartislandexperience.co.nz.

Kiwi Wilderness Walks, 31 Orawia Rd., Tuatapere, bietet eine 5-tägige große Tour auf Stewart Island. Man fliegt von Oban nach Mason Bay, wandert quer durch den Nationalpark und paddelt im Meereskajak durch das Paterson Inlet; alle Transportmittel inklusive Fahrten mit dem Wassertaxi, Übernachtung und Verpflegung sind inbegriffen, ca. 2.000 $. ✆ 03/2266739, www.nzwalk.com.

Kajaktouren Rakiura Kayaks organisiert geführte Touren mit dem Meereskajak, die von 3 Std. (60 $) bis zu einem ganzen und mehreren Tagen dauern können. Kajaks können auch gemietet werden (Kajak 45 $ pro Tag/Pers.). ✆ 03/2191160, www.rakiura.co.nz.

Bootsausflüge Anbieter von Kreuzfahrten im Paterson Inlet sind u. a. **Bravo Adventure Cruises**, Bootstour in der Dämmerung plus Wanderung zur Kiwi-Beobachtung (meist hört man sie nur rufen), 4 Std. 130 $. ✆ 03/219144, www.kiwispotting.co.nz.

Übernachten/Essen & Trinken

Bay Motel, noch nicht abgewohntes Haus, die Units mit Zentralheizung, Heizdecken (hier auch im Sommer oft angenehm!), z. T. mit Spa, gratis Transfer von Fähre/Flugfeld. Unit 160–200 $. 9 Dundee St., ✆ 03/2191119, www.baymotel.co.nz.

Stewart Island Lodge, Lodge/B&B in ganz ruhiger Lage, Zimmer mit Zentralheizung, Bad/WC, „supa king bed", Blumen und Blicken auf die Bucht. DZ/FR 290–390 $. 14 Nichol Rd., ✆ 03/2190079, www.stewartislandlodge.co.nz.

South Seas Hotel, direkt am Wasser am Beginn der Main Rd.; das hauseigene Café-Restaurant samt Bar mit Terrasse zur Bucht ist meist umlagert und eine der an einer Hand abzuzählenden Möglichkeiten Obans, nach 18 Uhr etwas zu essen zu bekommen. „Historische" Zimmer direkt über der Bar und moderne Zimmer. DZ 80–160 $. Elgin

Die Region Southland → Karte S. 727

Terrace, PO Box 25, ℡ 03/2191059, www.stewart-island.co.nz.

Jo & Andy's B&B, sehr gelobte Unterkunft in B&B, jede Menge Bücher, hilfsbereite Vermieter, Kaffee/Tee und Frühstück gratis, Zentralheizung. DZ/FR ab ca. 80 $. 22 Main Rd., ℡ 03/2191230, jariksem@clear.net.nz.

Stewart Island Backpackers, große, eher schlichte Herberge in der Mitte Obans, geführt vom South Seas Hotel, vor allem 2er- und 4er-Zimmer, Küche und Lounge. DB/DO ab 27 $. Ayr St., Central Halfmoon Bay, ℡ 03/2191144, www.stewart-island.co.nz/backpackers.htm.

Church Hill, 36 Kamahi Rd.; Neuseelands südlichstes und dem Pol nächstes Café-Restaurant bietet draußen (wenn's denn warm genug ist) und drinnen (Kamin) gute Küche mit viel Fisch und Meeresfrüchten, auch Dinner mit Gerichten vom Steingrill. Sehr freundlicher Service. ℡ 03/2191323.

Just, 6 Main Rd., Café in der Hauptstraße; rustikal, Holztische und -bänke, ausgezeichneter Kaffee, die meisten süßen Sachen sind hausgemacht. Die köstlichen Vanillekipferl (ja, sie sind mit denen in Österreich verwandt), die es manchmal in der Weihnachtszeit gibt, sind ein Rezept von Britts schwedischer Großmutter.

Sehenswertes/Touren

Oban: Der winzige Ort hat im *Rakiura Museum* in der Ayr Street ein kleines, aber gut präsentiertes Museum, das vor allem die Geschichte der Insel vorstellen will. Funde zur Maori-Kultur und Walfängerzeit stellen einige der Exponate (Mo–Sa 10–12.30 Uhr, Eintritt 2 $).

Über die Ayr Street und die anschließende Golden Bay Road erreicht man nach Abbiegen in die Leonard Street (links) den *Observation Rock* mit Ausblick nach Südwesten über das große Paterson Inlet auf den Zentralteil der Insel und nach Nordwesten – bis zu ihrem höchsten Gipfel, dem Mount Anglem. Besonders schön bei Sonnenuntergang sollen dann, so heißt es, die schrillen Schreie der Kakas zu hören sein. Wer auf der Golden Bay Road bis zum Ende des Sportplatzes (Traill Park) zurückgeht und dort links abbiegt, findet den hübschen *Fuchsia Walk*, der durch ein Stückchen Wald in den Ort bergab zurückführt.

Am Hafen von Oban

Der Ackers Point: Die Landspitze der Halbinsel, die die Halfmoon Bay im Süden begrenzt, nennt sich Ackers Pont und ist von Oban aus in 3 Std. (hin/zurück) zu erreichen. Man nimmt zunächst die Küstenstraße; wo sie endet, führt ein Pfad zum *Ackers Cottage*, dem 1835 erbauten und wohl ältesten Gebäude der Insel. Der breitere Weg führt über einen Sporn in die Harrold Bay und weiter zur Landspitze mit Leuchtturm. Man hat eine großartige Aussicht auf die Foveaux Strait und die Inseln im Süden (Native und Ulva). Im Sommer sind Dunkelsturmtaucher (Muttonbirds) zu sehen, und nach Einbruch der Dunkelheit kommen Zwergpinguine aus dem Wasser, um zu ihren Nestern zu klettern.

Das Paterson Inlet: Die große, mit Inseln gesprenkelte Bucht südlich der Halfmoon Bay ist voll von marinem Leben, dem seit 2004 durch eine Schutzzone um eine der Inseln – das *Ulva Island/Te Wharawhara Marine Reserve* – Rechnung getragen wird. Mindestens 56 Arten Meeresfische werden hier beobachtet,

Kiwi nach Fast-Food-Diät?

70 % aller Arten von Seegras und Tang, die vor Neuseelands Küsten vorkommen, sind ebenfalls hier zu finden. Brachiopoden, archaische Schalentiere, die seit dem Paläozoikum, also seit bis zu 550 Mio. Jahren existieren, haben hier einen ihrer weltweit größten und am besten erreichbaren Standorte.

Kreuzfahrten und Kajak-Touren erschließen die stark gegliederte Meeresbucht (→ Sport & Freizeit). *Ulva Island* (s. u.) und die *Whalers Base*, eine von 1923 bis 1933 betriebene, heute verlassene norwegische Walfangstation 7 km westlich Oban, sind die Stellen, an denen normalerweise angelegt wird. Der Meereskajak ist in dieser relativ windgeschützten Bucht das ideale Fortbewegungsmittel. Der reiche Fischbestand der Bucht zieht viele Meeresvögel an und Delfine, besonders der Rundkopf-Delfin, sowie Pelzrobben sind immer wieder zu beobachten. Dabei ist das Wetter auf Stewart Island meist ein Problem – die beste Zeit zum Meereskajaken sind die weniger windgefährdeten Phasen des Spätherbstes.

Übernachten DOC-Hütten stehen an 3 Stellen in Ufernähe und können von erfahrenen Kajakern, die sich etwas weiter in die Bucht hineinwagen dürfen, als Nachtquartier genutzt werden.

Ulva Island: Die Insel im Paterson Inlet wurde 1992 bis 1995 von Schädlingen gesäubert. Nach Katzen, Fuchskusus und anderen Räubern wurden zuletzt die Norwegischen Schiffsratten ausgemerzt. Ulva Island ist eines der am leichtesten zugänglichen Tierparadiese Neuseelands (neben Kapiti Island und Tiritiri Matangi vor der Nordinsel). Auf Ulva leben Weka, Südinsel-Sattelstar (South Island Saddleback), South Island Kaka, Kakariki (eine Sittich-Art), die neuseeländische Wildtaube Kereru, Finschia (Pipipi/Brown Creeper), der Graufächerschwanz (Piwakawaka/Fantail), Tui, Maorischnäpper (Ngirungiru/Tomtit), der extrem gefährdete Tokoeka (Stewart Island Brown Kiwi) und andere Vogelarten. Die Vegetation besteht aus Rimu, Southern Rata, Kamahi, Hall's Totara und Miro.

Verbindungen/Information Ulva ist mit Wassertaxi erreichbar; Startpunkt ist die Golden Bay südlich von Oban; hin/zurück ca. 20 $, Fahrzeit 10 Min. Informationen im DOC-Faltblatt „Ulva Island/Te Wharawhara".

Führungen Ulva's Guided Walks bietet 3-stündige geführte Touren auf der Insel, die neben Fauna und Flora auch die Maori-Geschichte von Rakiura beleuchten (110 $ inkl. Transport ab Oban); zudem bietet Ulva's auch naturkundliche Führungen in der Halfmoon Bay an (Halfmoon Bay Guided Nature Walks). ✆ 03/2191216, www.ulva.co.nz.

Paterson Inlet Cruises (Stewart Island Experience) bietet eine Katamaran-Rundfahrt durch den Paterson-Meeresarm, der einen etwa einstündigen, geführten Rundgang auf Ulva Island beinhaltet (85 $). Der Autor hat dabei Stewart Island Robin, Weka, Bellbird und Kaka beobachten können.

Wandern Ein guter Wanderweg führt von der Sydney Cove zum Westend Beach (2 Std.); nimmt man den Rückweg über die Boulder Bucht im Süden, beschreibt man einen Rundweg (3 Std.).

Zur Roger Bay im Osten muss man ca. 3 Std. rechnen, zur Snuggery-Bucht auf diesem Weg 2 Std. (jeweils hin und zurück).

Der Rakiura Track
Länge/Dauer: 36 km/2–3 Tage

Direkt in Oban beginnt der Rakiura Track, der den Norden von Stewart Island erschließt. Regenwald und wilde Küste sind die beiden Themen auf diesem viel begangenen *Great Walk*. Bei einem solchen muss man sich vor Antritt der Wanderung mit einem Great-Walk-Pass versehen, der zum Übernachten in den üblichen schlichten DOC-Hütten (kein Gaskocher!) berechtigt; der Preis erreicht jedoch nicht die Höhe von Kepler, Routeburn oder Milford Track, sondern beträgt „nur" 20,40 $ pro Nacht (auf Campingplatz 5,10 $).

Strand an der Paterson Bay

🥾 Der Round the Island Track (North West Circuit)

Länge/Dauer: 130 km/8–12 Tage

Der nordwestliche Rundweg des Round the Island Track ist für nicht absolut sportliche, junge und zähe Wanderer zu viel, denn alles muss mitgeschleppt werden – Nahrungsmittel für 12 Tage! Der Weg ist nur an wenigen Stellen befestigt, kilometerweit patscht man durch Morast, und nach starkem Regen – auf Rakiura die Norm – reicht das Wasser schon mal bis zur Hüfte. Kurz: Survival-Spezialisten sind herzlich willkommen.

Information im DOC-Faltblatt „North West and Southern Circuit Tracks".

Übernachten Zwei der Hütten sind mit dem Rakiura Track gemeinsam; man benötigt einen Great-Walk-Hüttenpass für die Übernachtung.

Die Mason Bay: Die Bucht an der Westküste von Stewart Island ist praktisch der einzige Ort Neuseelands, an dem man mit Glück Kiwis in freier Wildbahn sehen kann. Man erreicht die Bucht, an der es eine DOC-Hütte gibt, zu Fuß auf dem Südarm des *Round the Island Track* (37 km einfach, insgesamt 2–3 Tage); alternativ mit dem Wassertaxi ab Oban (ab 35 $ einfach) oder mit Stewart Island Flights direkt bis zum Landestreifen an der Bucht bei der Freshwater Hut, von wo aus in beiden Fällen 14 km (4–5 Std. je Strecke) zu laufen sind.
 Kiwi Wilderness Walks besichtigt die Mason Bay in seinem 5-Tage-Programm für Stewart Island.

Von Invercargill nach Te Anau

Von Invercargill gibt es zwei Möglichkeiten, Te Anau zu erreichen. Die schnellere, aber wenig interessante führt über den SH 6 und ab Lumsden auf dem SH 94 (138 km); der langsamere und wesentlich abwechslungsreichere Weg führt auf dem SH 99 an der Küste entlang über Riverton, Colac Bay und Tuatapere und berührt damit den Fiordland-Nationalpark, der bei Manapouri südlich von Te Anau endgültig erreicht ist. Wr von Dunedin kommend Invercargill auslässt und auf dem SH 1 direkt nach Te Anau fährt, benutzt ab Gore den SH 94.

Riverton

Der kleine Fischerort an der Mündung des Jacob's River gehört wie Bluff zu den ältesten Siedlungen Neuseelands. Schon im 18. Jh. hatten Walfänger aus New South Wales hier eine zeitweise genutzte Basis. Eine ständige Walfangstation existierte ab 1835, als eine *Whaling Gang* unter John Howell landete und mit dem örtlichen *iwi* verhandelte. Heiraten zwischen Walfängern und den Einheimischen, die gut miteinander auskamen, waren keineswegs selten. Noch heute gibt es Familien, deren Vorfahren Walfänger und Maori waren!

1868 wurde am nahen *Round Hill* Gold entdeckt, das ab 1874 verstärkt abgebaut wurde. Vor allem chinesische Goldgräber bestimmten diese späte Phase des Goldbergbaus in Neuseeland, ein eigener chinesischer Ort „Canton" mit Hotel, Opium- und Spielhöllen entstand ... vor allem für die weißen Goldgräber. Die meisten Chinesen verließen das Land wieder, nachdem sie für ihr Alter gespart hatten; damals waren die 300–500 £, die sie in 5–8 Jahren ansparen konnten, mehr, als sie in China ihr Leben lang verdient hätten.

Information Visitor Information Centre, 172 Palmerston St. (im Early Settlers Museum), ✆ 03/2349991.

Übernachten Riverton Beach Motel, Units mit Bad/WC und Küchenzeile, Meeresblick. Unit 97–120 $. 4 Marne St. (an der Taramea Bay, im südwestlichen Ortsteil nach der Brücke links), ✆ 03/2348181, river tonmotel@xtra.co.nz.

The Globe Backpackers, Hostel mit Bar (Pizza und Bier!) und Sat TV – das kann auf die Nachtruhe gehen; das Haus hat um die 100 Jahre auf dem Buckel, die Gemeinschaftsküche strahlt etwas von diesem Alter aus. DB ab 25 $, auch Motels zu 105 $. 144 Palmerston St., an der Hauptstraße des Orts, schräg gegenüber dem Infocentre, ✆ 03/2348527, 0800/843456, www.theglobe.co.nz.

Essen & Trinken The Beach House, 126 Rocks Highway, 2 km westlich des Orts; Strandcafé mit Szene-Appeal. Weit über den Ort hinaus bekannte (und praktisch ausschließliche) Meeresfrüchte- und Fischküche (Hauptgang ca. 25 $) und ausgezeichnete Desserts. Tägl. 10 Uhr bis spät. ✆ 03/2348274.

Wallace Early Settlers Museum: Hier erfährt man alles über Riverton und seine Geschichte: mehr als 500 Porträts früherer Siedler, alte Fotos von Ort und Umgebung, Maori-Leben, Walfanggeschichte und das Leben kantonesischer Goldsucher ...
  Tägl. 10.30–16 Uhr, Ende April bis Okt. tägl. 13.30–16 Uhr. Eintritt frei, 2-$-Spende wird erwartet. 172 Palmerston Street.

Mores Scenic Reserve: Die kleine Landzunge am Kap westlich der Brücke in Riverton ist ein etwa 180 ha großes Naturschutzgebiet, das von mehreren Fußwegen durchzogen wird. Sie beginnen z. B. am Ende der Küstenstraße (Rocks Highway) sowie am Ende der Richard Road (nach der Brücke links, dann die dritte Straße rechts). Vom höchsten Punkt schöne Ausblicke auf Riverton und seine Bucht, auf Southland und über die Foveaux Strait hinweg auf Stewart Island. Viele Vogelstimmen sind zu hören, ein speziell gegen Katzen, Ratten, Fuchskusus, Marder und die ehemals mehr als 3.000 Elstern gerichtetes Programm hat die heimische Vogelwelt wieder aufleben lassen.

Die Colac Bay: breite Bucht ca. 9 km westlich Riverton. Hinter der kleinen gleichnamigen Ortschaft erhebt sich abrupt das Vorgebirge *Oraka Point* mit wilden Klippen nach drei Seiten.

Übernachten/Essen & Trinken Dustez Bak Paka's, trotz des arg bemühten Namens dieses Backpackers (sprich „Dusty's Backpackers") nahe der Colac Bay keine schlechte Wahl für eine oder mehrere Nächte: Doppel, Share und Dorm um einen Hof, TV-Raum mit Holzfeuer, Kneipe Colac Bay Tavern mit Bistro-/Pub-Mahlzeiten benebenan. Internet gratis. 5 SG 26 $, DB 26–28 $, DO 26 $. 15 Colac Bay Rd., Colac Bay, RD 1, Riverton, ✆ 03/2348399, www.dustezbakpakas.co.nz.

Tuatapere und der Lake Hauroko

Wäre nicht der nahe *Hump Ridge Track,* würde man in Tuatapere, einem gesichtslosen, von der Holzwirtschaft lebenden Ort am Unterlauf des Waiau River, kaum Halt machen. Doch zusammen mit dem 14 km nördlichen, noch kleineren *Clifden* hat Tuatapere mit diesem privat gemanagten Trekkingpfad eine Goldmine aufgetan: Das Trekking lässt sich mit Schnellbootouren auf dem im Fiordland-Nationalpark gelegenen Lake Hauroko und dem Wairaurahiri River kombinieren.

Information Das Information Centre, 31 Orawia Rd., gibt über Tuatapere Auskunft. Tägl. Dez.–Febr. 8.30–18 Uhr, den Rest des Jahres 9–17 Uhr. ✆ 03/2266739, info@visitorcentre.co.nz.

Infos und Buchungen für den **Tuatapere Hump Ridge Track** im Booking Office, PO Box 21, 31 Orawia Rd.; tägl. 7–18 Uhr (im Winter 8.30–17 Uhr, Sa/So geschlossen). ✆ 03/2266739, ✆ 0800/486774, www.humpridgetrack.co.nz.

Tuatapere und der Lake Hauroko 749

Sport & Freizeit Schnellboottouren, Trekking und eine Kombination von beiden sind das Hauptangebot von Tuatapere und dem etwas nördlich gelegenen Clifden. Zum Hump Ridge Track s. u.

Jetbootfahrten auf dem Lake Hauroko und dem Wairaurahiri River (1 Tag ca. 225 $) bieten ab Tuatapere und Clifden *Hump Ridge Jet* (s. n. S) und *Wairaurahiri Jet*, ✆ 03/2266845, 0800/376174, www.wjet.co.nz.

Übernachten Waiau Hotel, einfache Zimmer, 5 von 19 mit Du/WC. DB ab 40 $, DZ/FR 110 $. Main St., ✆ 03/2266409, www.waiauhotel.co.nz.

Tuatapere Motel, Shooters Backpackers & Holiday Park, alle Übernachtungsmöglichkeiten bietet dieser Holiday Park. U. a. ein 2004 errichtetes Backpacker-Quartier, modern und komfortabel mit Spa und Sauna. Motel-Unit (2 Pers.) 110 $, im Backpacker DB ab 30 $, DO 28 $, auch Stellplätze (mit 2 Pers.) ab 30 $. 73 Main St., ✆ 027/2222612, 0800/009993, www.tuatapereaccommodation.co.nz.

Der Waitutu Track

Länge/Dauer: 61 km/4 Tage

Der auch Southern Coastal Walk genannte Waitutu Track führt küstennah durch Regenwald. Dabei folgt er auf großen Strecken der Trasse einer früheren Holztransportbahn, später einer ebenso vor langer Zeit aufgegebenen Forststraße. Startpunkt ist in *Bluecliffs Beach* am Ende der Straße von Tuatapere, wo auch der Fiordland-Nationalpark beginnt.

Wegverlauf 1. Tag (20 km, 5–6 Std.): Der Track führt in seiner ersten Etappe bis zur *Port Craig Hut*.

2. Tag (16 km, 4–5 Std.): Es geht weiter zur *Wairaurahiri Hut*. Dabei wird die alte Bahntrasse samt ihren Viadukten benutzt – dieser Teil ist besonders interessant. Die Hütte liegt nahe dem Wairaurahiri River, dem Ausfluss des Lake Hauroko und eine beliebte Schnellbootstrecke (ab hier erste Möglichkeit, mit dem Schnellboot zurückzufahren).

3. Tag (13 km, 4–5 Std.): weiter zur *Waitutu Hut*. Der Weg bleibt meist in einiger Entfernung vom Meer im Bereich der Küstenebene (zwischen der Port Craig Hut und der Waitutu Hut quert man Maori-Land außerhalb des Nationalparks).

4. Tag (12 km, 4–6 Std.): Von der *Waitutu Hut* kann man zum *Big River* weiterwandern. Dort endet der Track, und man kann entweder wieder den gesamten Weg zurückwandern oder ein Schnellboot besteigen.

Verbindungen/Track-Transfer Bluecliffs Beach ist 19 km von Tuatapere entfernt; das Hump-Ridge-Buchungsbüro organisiert Transfers auch für alle, die nicht den Hump Ridge Track machen (20 $ einfache Strecke). Die Straße ist nicht öffentlich. Zurück kann man ab der Wairaurahiri Hut oder ab dem Big River ein Schnellboot nehmen; zu den Schnellboottouren (→ Sport & Freizeit) und Hump Ridge Jet.

Der Hump Ridge Track

Länge/Dauer: 53 km/3 Tage

Wie der Waitutu Track beginnt der Hump Ridge Track am Blue Cliffs Beach beim Parkplatz am Ende der Straße. Das erforderliche Fitnessniveau ist für gesunde mitteleuropäische Bergwanderer nicht hoch.

Wegverlauf 1. Tag (18 km, 7–9 Std., ↑ 900 m): Man steigt vom Parkplatz zur *Okaka Hut* auf. Die befindet sich bereits auf der *Hump Ridge* mit ihren weiten Ausblicken nach Westen in die Berge von Fiordland und in die Ebene im Osten.

2. Tag (18 km, 6–8 Std., ↑ 100 m, ↓ 1.000 m): Man wandert nach Süden weiter, zunächst noch auf dem Bergrücken, dann aber hinunter zur Küste, die beim *Edwin-Burn-Viadukt* erreicht wird, einem der 4 Viadukte auf dem Waitutu Track. Diesem folgt man in Richtung Osten (nach links) weiter bis zur *Port Craig Hut*, wo man nächtigt.

3. Tag (17 km, 5–6 Std.): Auf dem Waitutu Track geht es zum Ausgangspunkt zurück.

Track-Transfer Der Transport von und zum Track wird von **Tuatapere Hump Ridge Track** organisiert, 20 $ pro Strecke. Gepäck: Wem der Rucksack zu schwer ist, der kann ihn am 1. Tag per Hubschrauber auf die Hütte bringen lassen (60 $) oder von Hütte zu Hütte fliegen lassen (160 $).

Übernachten Der Übernachtungspreis pro **Hütte** ist 40 $, die Hütten haben Strom, Gas und Toiletten (im Winter 25 $, dann kein Gas, man muss also den eigenen Kocher mitbringen).

Hüttentickets sollten im Hochsommer lange im Voraus gebucht werden (Stornierung bis 1 Woche vorher kostet 50 %, dann 100 %). In Tuatapere gibt es auch Paketangebote mit Übernachtung und Verpflegung sowie geführte Touren; das dortige Buchungsbüro gibt Auskunft über das ständig wechselnde Angebot (ab ca. 1.400 $).

Der Lake Hauroko: Von Clifden aus erreicht man den lang gestreckten See im Fiordland-Nationalpark; außer einem DOC-Zeltplatz am Ende der Straßen und zwei DOC-Hütten an den Ufern gibt es keine Siedlung. Der Lake Hauroko ist mit 462 m Neuseelands tiefster See, seine steilen Ufer sind von Wald bedeckt. Die aufregendste Art, ihn kennen zu lernen, ist eine Fahrt mit dem Schnellboot (→ Hump Ridge Jet). *Lake Hauroko Tours* schickt zweimal täglich ein Boot über den See zur Hauroko Hut, um die Wanderer vom Dusky Track abzuholen (→ Doubtful Sound/Dusky Track, S. 766).

Track-Transfer und Bootstouren Lake Hauroko Tours, Val & Helen McKay, 8 McVicar St., Tuatapere, ℡ 03/2266681, www.duskytrack.co.nz.

Fahrt mit dem Hump Ridge Jet: Als Jetboot-Tour ist Hump Ridge Jet kaum zu übertreffen. Vom Ende der Zufahrt zum Lake Hauroko ab *Clifden* (ein kleiner Ort am SH 96 nördlich von Tuatapere) wird zuerst dieser See überquert; man fährt aus der Bucht hinaus in den fjordähnlichen Hauptteil und dann nach Süden bis an das Ende des Sees. Auf dem Wairaurahiri River, dem Ausfluss des Lake Hauroko, geht die abenteuerliche und spannende Fahrt über 27 km weiter bis zum Meer, meist in von Felsen durchsetztem Wildwasser (WW III; WW IV ist für Jetboote nicht mehr befahrbar). Bei der Ein-Tages-Tour ist die Küste mit der Hängebrücke des Hump Ridge Track über den Wauraurahiri der Umkehrpunkt, dann geht es auf Fluss und See zurück zum Ausgangspunkt (Transport dorthin kann arrangiert werden; es gibt auch eine Zweitagetour).

Anbieter Hump Ridge Jet, c/o Paul & Gwen Roff, 17 Main St., Otautau. Beide Touren 199 $, Nächtigung in der Waitutu Lodge 30 $. ℡ 03/2258174, 0800/270556, www.wildernessjet.co.nz.

Gore

Von Oktober bis April ist Gore voller Angler, die sich auf die Bachforellen freuen – Gore ist die selbsternannte *Brown Trout Capital of the World* und feiert sich mit einer Riesen-Forelle an der Hauptstraße. Ansonsten? Gore rühmt sich seiner Rhododendrongärten, die im Oktober am schönsten sind, wenn das *Southland Rhododendron Festival* im Stadtpark „Gore Public Gardens" stattfindet. Immer bekannter wird die bühnenreife Modeschau der *Hokonui Fashion Design Awards* im Mai, die mittlerweile Teilnehmer und Fans aus ganz Neuseeland anzieht. Das Motto der meist jungen Modeschöpfer: je ausgefallener und extravaganter Design und Material, desto besser.

Information Gore i-Site (Hokonui) Visitor Centre, 16 Hokonui Drive/Norfolk St. Tägl. 8.30–17, Sa/So 10–16 Uhr (April bis Sept. nur 13–16 Uhr). ℡ 03/2039288, www.gorenz.com (Seite der Stadt).

Übernachten Rund um Gore gibt es eine größere Anzahl von Privatunterkünften in Cottages, auf Farmen und in Privathäusern; die Liste „Gore & Districts Farm & Home Hosting" ist beim Visitor Centre erhältlich.

Fire-Station Backpackers, kleine Unterkunft im früheren Feuerwehrhaus, angenehm und sorgsam renoviert, geheizte Zimmer. DB 33 $, DO 28 $. 19 Hokonui Drive, ✆ 03/2081925, www.thefirestation.co.nz.

Essen & Trinken Table Talk Café, 76 Main St.; ganztägig Frühstück und schlichtes Lunchmenü, dazu die obligaten Muffins, Bagels und Panini, ohne die ein sich modern und jung gebendes Café-Bistro in Neuseeland nicht mehr auskommt. Internet.

Café de Paz, 51 Main St.; der örtliche Mexikaner bietet in Café-Atmosphäre Nachos, Burger und Burritos (alle 10 12 $); zu Mittag wechselnde Tagesgerichte. ✆ 03/2085888.

Am Croydon Airfield The Moth, Croydon Airfield; schickes Bistro-Café neben dem Museums-Hangar; hell in Zartgelb, Brauntönen (Dielenboden) und Weiß ausgestattet, mitten im Raum offener Kamin, gute Küche (Hauptgericht ca. 20 $, z. B. Lachs-Fettucine, abends bis 32 $). ✆ 03/2089662.

Sehenswertes

Hokonui Heritage Centre: Neben der Touristinformation und dem kleinen Ortsmuseum ist im Hokonui Heritage Centre das interessante *Hokonui Moonshine Museum* den Besuch wert. Es dokumentiert die Geschichte der illegalen Schnapsbrennereien in der Umgebung, die zwischen 1903 und den 1950er Jahren florierten, als Southland ein Alkoholverbot hatte (das hat sich, wie in Invercargill, in Resten bis in unsere Zeit gerettet hat – dort dürfen Supermärkte nach wie vor keinen Alkohol verkaufen). Früheste Whiskybrenner waren, wie könnte es anders sein, schottische Einwanderer, die in Southland zur ersten Siedlergeneration gehörten.
Mo–Fr 8.30–16.30, Sa/So/Fei 9.30–15.30 Uhr (April bis Sept. nur 13–15.30 Uhr). Eintritt 5 $.

Eastern Southland Art Gallery: Traditionelle afrikanische und moderne neuseeländische Kunst (u. a. von Ralph Hotere, dessen Arbeiten in Neuseeland sehr bekannt sind) umfasst die Sammlung dieser für einen kleinen Ort wie Gore außergewöhnlichen Kunstgalerie.
Tägl. (außer Mo) 10–17, So 14–16.30 Uhr. Eintritt frei.

Croydon Airfield: Auf dem Croydon-Flugfeld westlich von Gore lohnt eine Sammlung von Flugzeug-Oldtimern den Besuch. Im zu normalen Arbeitszeiten öffentlich zugänglichen Hangar sind nicht nur Flugzeuge ausgestellt, dort wird auch restauriert, was vielleicht noch spannender ist. Neben dem Hangar das beliebte *Café The Moth* (→ Essen & Trinken).

Fiordland-Küste in Abendstimmung

Milford Sound; unverkennbar: Mitre Peak

Der Fiordland National Park

Tief ins Land greifende Fjorde zwischen steilen, von undurchdringlichem Regenwald überzogenen Gebirgsketten, Wale und Delfine an den Küsten, in den Bergen versteckt die ausgestorben geglaubten und wieder entdeckten Takahe-Rallen– der Fiordland National Park ist unter den Landschaften von Aotearoa einzigartig.

12.238 km² umfasst der Fiordland-Nationalpark, der als Teil der *Te-Wahipounamu-Weltnaturerbe-Region* zusammen mit den drei Nationalparks Aoraki/Mount Cook, Westland und Mount Aspiring durch die Unesco auch international geschützt ist. 15 schmale, tief in das Gebirge eingeschnittene Fjorde trennen den Nationalpark in fast nur vom Meer her zugängliche Halbinseln und Inseln, die untereinander kaum durch Wege, geschweige denn durch Straßen verbunden sind.

In den letzten 800.000 Jahren haben mehr als 20 Vereisungsphasen diese Fjorde ausgehobelt, erst vor 13.000 Jahren zogen sich die Gletscher zurück und harren heute nur noch auf den höchsten Spitzen aus. Die typische U-Form der von Gletschern ausgeschürften Täler ist nur dort zu erkennen, wo das Meer nicht eingedrungen ist – und sich auch nicht, wie beim Lake Manapouri, Lake Monowai und Lake Hauroko ein See gebildet hat, der den unteren Teil dieser U-Form verdeckt. Das Klima ist von extrem hohen Niederschlagsmengen geprägt: Am Milford Sound sind mehr als 7.000 mm die Regel (Hamburg 1.000–1.200 mm), an mehr als 200 Tagen im Jahr regnet es, und die Temperatur liegt im Jahresmittel bei 7,5–10 °C, je nach Lage und Meereshöhe.

Zwar überwiegen im Fiordland National Park die Südbuchen (Silver, Red und Mountain Beech), besonders in tieferen Lagen kommen auch Podocarpaceen vor: Rimu, Totara und Matai, der rosa blühende Kamahi-Strauch, Coprosma mit seinen an Sanddorn erinnernden Beeren und der wie eine kleine Palme oder ein Staubwedel aussehende Dracophyllum fiordense, der Drachenbaum, der etwa im Milford Sound zu sehen ist. Leider haben sich auch hier störende Einwanderer eingeschlichen: Stechginster und Besenginster haben viele Stellen erobert, in denen nur niedriger Busch und kein Wald vorherrschte.

Neben Meeressäugern vom Delfin bis zu den Hookerschen Seelöwen und Meeresvögeln vom Muttonbird bis zum Dickschnabelpinguin (der auf Englisch nicht zufällig Fiordland Crested Penguin heißt) haben mehrere endemische, flugunfähige Vögel im Fiordland ihre Heimat. Der berühmteste von ihnen ist der *Takahe*, eine Großralle, die zwischen 1898 und 1948 als ausgestorben galt und nach ihrer Wiederentdeckung auf 350–400 Exemplare aufgepäppelt wurde.

Takahe – die Wiedergeburt eines ausgestorbenen Vogels

Der flugunfähige Takahe ist wie der recht häufige Pukeko eine Ralle. Ehemals kam der Takahe in ganz Neuseeland vor, wurde aber, wie alle flugunfähigen einheimischen Vögel, von Wieseln, Ratten und Katzen so stark dezimiert, dass man ihn schon 1898 für ausgestorben hielt. Ein halbes Jahrhundert wurde kein Takahe mehr gesichtet, dann machte plötzlich ein Wissenschaftler im Fiordland National Park eine Entdeckung: In einem unzugänglichen Hochtal der Murchison Mountains oberhalb der Waldgrenze trieben sich mehrere Takahe herum. Die Gegend ist heute für Besucher *off limits* und wird zum Schutz der Vögel lagemäßig auch nicht genau definiert.

Die Takahe ernähren sich von den Blättern des Tussock-Grases, den riesigen Berg-Gänseblümchen (Celmisia petriei) und diversen anderen Gräsern und Blütenpflanzen. Hauptkonkurrent um die Nahrung ist das europäische Rotwild, das man deshalb in dieser Region reduzieren musste (und ausmerzen möchte, was allerdings so wenig gelungen ist wie bei Gämsen und Exoten wie dem Thar). Die Vögel brüten nur ein Ei aus und bringen die Küken nicht immer zur Reife. Um mehr Nachwuchs zu produzieren, werden die Gelege nach überzähligen befruchteten Eiern abgesucht, die in der (nicht öffentlichen) Te-Anau-Brutstation künstlich ausgebrütet werden. Um die zukünftige Auswilderung zu erleichtern, versucht man, die Küken so wenig wie möglich an den Menschen zu gewöhnen und setzt ihnen Takahe-Puppen vor, an denen sie sich orientieren können.

Von den wenigen Dutzend Vögeln von 1948 hat sich der Bestand bis 1985 auf 150 erwachsene Vögel erhöht. Heute schätzt man etwa 350–400 Exemplare inklusive der Exklaven auf den Inseln rund um Neuseeland (Kapiti Island, Tiritiri Matangi), wo sie in schädlingsfreier Umwelt ausgesetzt wurden. Im Fiordland National Park sind die Takahe in einem Freilandgehege des Te Anau Wildlife Centres am Strandweg westlich von Te Anau zu beobachten.

Eine Reise im Fiordland National Park bedeutet für viele Besucher vor allem den Besuch des Milford Sound: Die dramatisch steile Bergpyramide des Mitre Peak ist eine der meistfotografierten Ansichten Neuseelands. Man kann zwar in die Bucht hineinfliegen, und Besucher mit wenig Zeit tun das auch. Doch sie erleben so nicht den Anblick der gewaltigen Gebirgslandschaft, die man auf dem Weg zur Bucht auf der Milford Road passiert. Das großartigste Landschaftserlebnis haben jedoch alle, die auf dem vielbegangenen Milford Track über das Gebirge zum Sound wandern. Dabei ist der Milford Track bei weitem nicht der einzige Track, der sich in der Gegend lohnt: Der nahe Hollyford Track, der Kepler Track, den man von Te Anau aus unternimmt, und der seltener begangene, weil schwer zu gehende Dusky Track machen ihm harte Konkurrenz. Eine Kombination aus Boot, Bus und Kreuzfahrtschiff führt über den Lake Manapouri zu einer Landbrücke und zum Doubtful Sound: Der Besuch des Doubtful Sounds zählt neben dem Milford Sound zu den größten Erlebnissen bei der Reise durch den Fiordland National Park.

DOC Fjordland National Park Visitor Centre, Te Anau. Tägl. 8.30–16.30 Uhr (26. Dez. bis Jan. 8–20 Uhr, Febr. bis März 8.30–18 Uhr). ✆ 03/249200, fiordlandvc@doc.govt.nz.

Te Anau und der Lake Te Anau

53 km lang und an der breitesten Stelle 9 km schmal ist Lake Te Anau, mit 345 km^2 einer der größeren Seen des Landes. An seinem Südostufer liegt Te Anau, das touristische Zentrum im Fiordland National Park. Mit 3.000 Einwohnern ist der Ort zwar ein Zwerg, aber in der Hochsaison eine pulsierende Kleinstadt.

Te Anau selbst hat nicht viel zu bieten, garantiert aber durch die Lage am See und die Bergkulisse jenseits des Sees einen angenehmen Aufenthalt. Von hier aus kann man den Lake Te Anau überqueren und die *Te Ana Au Caves* mit ihrem unterirdischen Strom und der Glühwürmchengrotte besuchen. Der *Kepler Track*, ein Great Walk, ist so nahe, dass ein Teil der Wegführung vom Ort eingesehen werden kann. Ausflüge nach Manapouri mit seinem See und weiter zum Doubtful Sound sind von Te Anau aus ebenso möglich wie zum Milford Sound. Auch die großen Tramps östlich der Straße zum Milford Sound, die an der *Divide* (Wasserscheide der Southern Alps) beginnen oder enden, sind von Te Anau auf der Straße gut zu erreichen: Routeburn Track, Greenstone Track, Caples Track und der Hollyford Track.

Information/Internet

Information Fiordland i-Site Visitor Centre, Lakefront Drive, tägl. 8.30–17.30 Uhr. ✆ 03/2498900, teanau1@fiordlandtravel.co.nz.

DOC Fjordland National Park Visitor Centre, Lakefront Drive (→ oben);

Im gleichen Raum **Great Walks Booking Centre**; tägl. 8.30–17 Uhr, Mai bis Okt. nur 9–12/13–16.30 Uhr. ✆ 03/2498514, www.doc.govt.nz/parks-and-recreation/tracks-and-walks/great-walks, greatwalksbookings@doc.govt.nz.

Internet Im Kodak Centre und im Laundromat, Town Centre 116.

Verbindungen

Bus Direktbusse verbinden Te Anau mit Queenstown, Invercargill und Dunedin; Bushalt meist gegenüber dem Fiordland i-Site Visitor Centre am niedrigsten Punkt von Te Anaus Hauptstraße, die den leicht verwirrenden Namen *Town Centre* trägt.

Tracknet in Te Anau betreibt die Shuttlebus-Strecke über die Back Road zur Walter Peak Station, wo man in die „TSS Earnslaw" nach Queenstown umsteigt, 89 $ (ab 4 Pers.) inkl. Boot, ohne 42 $. Buchungen direkt im Lakeview Holiday Park oder ✆ 03/2497777, 0800/4832628, www.tracknet.net. Täglich wird von Tracknet auch die Straße zum Milford Sound abgefahren, sodass man für die großen Trekkingtouren zur und ab der Divide (nämlich Routeburn, Greenstone, Caples und Hollyford Track) bis zu 3-

Te Anau und der Lake Te Anau

mal tägl. eine Verbindung nach Te Anau hat (und evtl. zurück nach Queenstown, 90 $).

Topline Tours, 13 Worsley St., fährt tägl. um 10 Uhr nach Queenstown, zurück 14 Uhr; Busse und Minibusse, auch Gepäcktransport (10–15 $/Stück). ✆ 03/2498059, topline@teanau.co.nz, www.toplinetours.co.nz.

Taxi ✆ 03/2497777, nach 23 Uhr nur nach vorheriger Vereinbarung.

Sport & Freizeit

Real Journeys (vereinigt mit Fiordland Travel Ltd.) hat den Tourismusmarkt in Te Anau, im Fiordland und zum Teil auch um Queenstown fest im Griff. Weitere Büros in Manapouri (Pearl Harbour) und Queenstown (Steamers Wharf). Im Angebot: Touren, Kreuzfahrten und Flüge im Milford Sound, Doubtful Sound, Te Ana Au Caves, Stewart Island Expeditions, „TSS Earnslaw", Walter Peak High Country Station, Queenstown Rafting etc. Real-Journeys-Büro im selben Gebäude wie die Touristinformation, Lakefront Drive, PO Box 1, Te Anau; ✆ 03/2497416, 0800/656501, www.realjourneys.co.nz.

Bootsausflüge Cruise Te Anau setzt die „MV Carousel" für Kreuzfahrten auf dem See ein; Start 10, 13 und 17 Uhr, 2:30 Std., 90 $. Eine Fahrt mit Übernachtung auf dem Boot kostet 275 $. ✆ 03/2497593, www.cruiseteanau.co.nz.

Jetboat-Touren „Luxmore Jet" nennt sich das Schnellboot, das zwischen Queens Reach am **Waiau River** unterhalb des Ausflusses aus dem Lake Te Anau und Manapouri verkehrt. Das 1:30-Std.-Erlebnis beginnt mit Transfer zum Boot, dann Jetboottrip flussabwärts bis zum Lake Manapouri und zurück, dann Rücktransport – alles in allem ist man ca. 1 Std. auf dem Boot; 99 $. Herr-der-Ringe-Fans hörhöret: Der Waiau ist (fast) identisch mit dem Anduin (dazu 3 Stopps mit Erklärung). Luxmore Jet, ✆ 03/2496951, 0800/253826, www.luxmorejet.co.nz.

Kajaken Fiordland Wilderness Experience ist der Hauptanbieter geführter Kajaktouren, der vor allem die großen Touristenziele im Milford Sound und Doubtful Sound bedient. 2 Tage Kajaken im Doubtful Sound kosten mit Transfer ab Te Anau ab 380 $. ✆ 03/2497700, 0800/200434, www.fiordlandseakayak.co.nz.

Fiordland Adventure, Lake Manapouri, verleiht Kajaks ab 50 $/Tag, www.fiordlandadventure.co.nz.

Wandern Sowohl die Wanderung am See in Richtung Fiordland National Park als auch eine Wanderung in den Takitimus (für die man ein eigenes Fahrzeug benötigt) kommen für Halb- und Ganztagswanderungen in Frage; → Sehenswertes/Touren.

Geführte Wanderungen Wer nicht so viel Zeit hat oder wem es zu viel ist, ein paar Tage mit Rucksack auf einem der großen Tracks zu laufen, der macht eine Tagestour. Am besten geführt (in keinem Fall nötig, hat aber den Vorteil, dass Transport und Verpflegung organisiert werden und man sich um nichts kümmern muss).

Idylle am Lake Te Anau

Encounter Guided Walks bietet Tageswanderungen an: Milford Track Encounter Te Anau, Nov. bis Mitte April, 9 Std., davon 5–5:30 Std. Auto; Boot und anschließend 1,6 km bis Glade House. Wer „more of a challenge" sucht, kann noch auf dem Glade Burn Track wandern (bis zu 30 Min. sind dafür eingeplant), dann geht es wieder zurück, 195 $. Das Unternehmen bietet ähnliche Touren zum Mount Cook (Village bis Hooker Lake) und Routeburn Track (bis zur Routeburn Flats Hut, ab Queenstown). Encounter Guided Day Walks, PO Box 259, Queenstown. ℡ 03/2499188, 0800/659255, www.ultimatehikes.co.nz/guided-day-walks.

Ausrüstungsverleih: *Bev's Camping Gear Hire*, 16 Homer St., bietet alles, was man zum Wandern braucht (komplett, jedoch ohne Schuhe und Kleidung, 130 $/Tag). ℡ 03/2497389, www.bevs-hire.co.nz.

Radfahren Keine sehr beliebte Aktivität in und um Te Anau. Das Hinterland bietet außer Asphaltstraßen nur private Wege und Straßen, im Nationalpark darf und kann abseits der Straßen nicht Rad gefahren werden. Wer ein Rad leihen will, kann das bei **Fiordland Mini Golf & Bike Hire**, 7 Mokonui St. ℡ 03/2497211.

Sightseeing-Flüge Mehrere Unternehmen bieten Flüge vom kleinen Flugfeld (7 km südwestlich) an; das Zugpferd ist vor allem natürlich der Milford Sound. *Air Fiordland* bietet genau das und mehr. ℡ 03/2496720 (Te Anau), ℡ 4423404 (Queenstown), www.airfiordland.com.

Film zum Fiordland

Das **Te Anau Fiordland Cinema** 15, The Lane (linke Seitengasse von Town Centre), zeigt den 32-Minuten-Film „Ata Whenua Shadow Land" mit prachtvollen Bildern von Fiordland; tägl. 13, 16.30 und 18.30 Uhr. Eintritt 10 $, die DVD kostet 35 $. Im Foyer befindet sich eine Weinbar. ℡ 03/2498812.

Übernachten (→ Karte S. 759)

Distinction Luxmore Hotel 10, in der Ortsmitte; akzeptables Hotel mit guten, wenn auch komplett charakterfreien Zimmern (3 Kategorien, de luxe als oberste mit 32-Inch-Plasmabildschirm-TV), alle mit TV und Video, im Haus gutes bürgerliches Restaurant Bailiez („Essen & Trinken) und Bar. Viele Tourgruppen, unpersönliches Haus. Ein zweites Distinction („Distinction Te Anau Hotel") wurde in der ältesten Lodge Te Anaus am Lakefront Drive 64 eingerichtet. DZ ab ca. 98 $, de luxe 159–375 $. Town Centre, ℡ 03/2497526, 0800/589667, www.luxmorehotel.co.nz.

Comfort Inn Explorer 13, 17 gepflegte Motel-Units in mehreren Größen, die meisten mit Seeblick. Motel-Units (2 Pers.) ab 99 $. Ecke Cleddau/Mokoroa St., am Ortsrand, ℡ 03/3497156, 0800/477877, www.explorerlodge.co.nz.

Alpenhorn Motel 8, in ruhiger Straße 2 Gehminuten vom See; kleines Motel (7 Units), alle mit Küchenzeile, Mikrowelle, Heizer, TV/DVD-Player. Sehr angenehm zum für die Ausstattung akzeptablen Preis. Unit 110–140 $. 35 Quintin Drive, ℡ 03/2497147, 0508/257364, www.alpenhornmotel.co.nz.

Te Anau Lodge 19, bequemes, großes B&B mit ein paar alten (viktorianischen) Versatzstücken, z. B. einem alten Klavier und dem Kamin in der Gästelounge. Das Haus, einst Teil eines Klosters, stand früher an anderer Stelle, wurde zerlegt und nach Te Anau gebracht. Dem Frühstücksraum mit seinen Buntglasfenstern ist die ehemalige Funktion als Kapelle noch deutlich anzusehen. 8 sehr gute Zimmer mit Bad, 2 davon mit Hot Spa. Cooked breakfast, großer Garten und vor allem Ruhe. DZ/FR 200–350 $. 52 Howden St., ℡ 03/2497477, www.teanaulodge.com.

Shakespeare House 11, etwas Motel-Atmosphäre in kleinem B&B-Hotel in ruhiger Lage; nur 8 Zimmer mit Bad/WC, inkl. cooked breakfast. Gratis WLAN. DZ/FR 100–130 $. 10 Dusky St., ℡ 03/2497349, 0800/249349, www.shakespearehouse.co.nz.

Cosy Kiwi 18, Dach und Blumenbalkon erinnern eher ans bayerische Voralpenland – tatsächlich waren die Vorbesitzer Deutsche (Fam. Hirner, jetzt Fam. Cook). Die 7 gepflegten Zimmer haben TV, Heizung, doppelt verglaste Fenster (ja, die Hirners!) und Bad/WC. Sehr gutes Frühstück vom Büffet.

Te Anau und der Lake Te Anau

DZ/FR (cont. in Form eines Büffets) 165–175 $. 186 Milford Rd., ✆ 03/2497475, 0800/249700, www.cosykiwi.com.

Cat's Whiskers [6], helles und freundliches B&B am See in modernem Haus mit großen Glasflächen; 4 gemütliche Zimmer, alle mit Bad, TV und kleinem Kühlschrank. DZ/FR 175–215 $. 2 Lakefront Drive, ✆ 03/2498112, www.catswhiskers.co.nz.

Te Anau Lakefront Backpackers [4], an der Uferstraße; aus allen Fugen gehende, aber vor einigen Jahren runderneuerte Backpacker-Herberge mit vielen Gruppenbuchungen; Balkone für die Zimmer, mit bezogenen Betten und Seeblick. DB 31–40 $, DO 25–27 $. 48 Lakefront Drive, ✆ 03/2497713, www.teanaubackpackers.co.nz.

Te Anau Top 10 Holiday Park [3], sehr gut gelegener, aber enger Platz; Stellplätze sehr dicht nebeneinander, Cabins und Units; jenseits der Straße Matai Lodge mit relativ neuen, aber überpreisten Motel-Units. Sehr angenehm: von 22.30 bis 7 Uhr hat komplette Ruhe zu herrschen. Stellplatz inkl. 2 Pers. ab 38 $, Motel-Unit 90–170 $. 128 Te Anau Terrace, ✆ 03/2497462, 0800/249746, www.teanautop10.co.nz.

Fiordland Great Views Holiday Park [22], kleiner, sehr schön am Wasser gelegener Platz mit Cabins und Ferienwohnungen sowie brandneuem Bad- und Toilettentrakt; Transport zum Kepler Track gratis! Stellplatz und 2 Pers. ab 26 $, Cabin/Flat bis 160 $. Milford Rd., RD 1, Te Anau, 2 km in Richtung Milford Sound, ✆ 03/2497059, 0508/346735, www.fiordlandgreatviewsholidaypark.co.nz.

Lakeview Holiday Park mit Steamers Beach Lodge und Westarm Lodge [2], klassischer Holiday Park mit allen Einrichtungen, ganz neu (2011) Marakura-Studios und Apartments. Die Steamers Beach Lodge ist eine einfache Backpacker-Unterkunft des Lakeview Holiday Park; dünne Wände, gemäßigter Komfort, die Zimmer auf absolut niedrigstem Standard: Metall-Doppelbetten mit Matratzen (ja, die Matratzen sind überzogen). Separate Lounge mit Sofas, TV, Kamin. Der Park liegt am Ortsrand jenseits der Straße nach Manapouri, aber noch in Gehentfernung vom Zentrum. Ebenfalls zum Holiday Park gehört die abgewohnte Westarm Lodge mit ihren tristen Einzelräumen, aber guten Waschräumen und (im Gegensatz zur Steamers Beach Lodge) gratis Waschküche. DB/DO 28–34 $, Cabin ab 80 $, Motel 100–150 $, Studio/Apt. im Marakura-Trakt 175–380 $, Stellplatz und 2 Pers. ab 32 $. 1 Te Anau-Manapouri Rd., direkt an der Abzweigung der Straße in Richtung Manapouri, PO Box 81, ✆ 03/2497457, 0800/483262, www.teanau.info.

YHA Te Anau [5], helle und saubere Jugendherberge mit kleinem Garten, in dem die einheimische Flora gepflegt wird. DO/DB 25–32 $, Zimmer 95–110 $. 29 Mokonui St., ✆ 03/2497847, www.yha.co.nz.

9 km südlich Richtung Manapouri

Barnyard Backpackers [1], ganz anders ist diese Backpacker-Lodge in einer Hirschfarm südlich von Te Anau nahe der Straße nach Manapouri. Blockhütten mit Bad, TV und Heizung, Zelt- und Wohnwagenplätze, ländliche Idylle, Esszimmer mit offenem Kamin – nix für nur eine Nacht! Einziger Nachteil: keine Bar, kein Lokal weit und breit, man muss alles aus Te Anau mitbringen. Im Winter geschlossen, besser vorher anfragen! DB 34 $, DO 25–29 $. Rainbow Downs, 80 Mt York Rd., Lake Te Anau, ✆ 03/2498006, www.barnyardbackpackers.com.

5 km nördlich an der Straße zum Milford Sound

Fiordland Lodge [20], neuere Luxus-Lodge (2002) am Lake Te Anau in Holz, Flussstein, mit Glas und dezenten Möbeln in Leder und feinen Stoffen; völlig ruhige Lage, 10 Zimmer mit Blick auf den See in kostspielig-schlichter Ausstattung. Unter den Gästen im Sommer viele Hobby-Angler. Der Chef der Lodge ist professioneller Fishing Guide und blickt auf eine lange Tätigkeit als Park-Ranger zurück. DZ/FR in der Lodge 720 $, Suite 920 $, es gibt auch spottbillige Cabins (580 $). 472 SH 84, Te Anau, ✆ 03/2497832, www.fiordlandlodge.co.nz.

In Te Anau Downs 30 km nördlich

Fiordland National Park Lodge [23], das Motel in Te Anau Downs ist die letzte Möglichkeit, vor dem Milford Sound zu übernachten. 20 Units mit Küche, im Haus Restaurant und Bar. Unit ca. 110–130 $. SH 94, in Te Anau Downs, ✆ 03/2497811, 0800/500805, www.teanau-milfordsound.co.nz.

Grumpy's Backpackers [21], das gut besuchte Backpacker-Quartier ist an das Motel angeschlossen, alle Zimmer mit Bad/WC (Betten nicht bezogen, Wäsche kann gemietet werden), TV, Kühlschrank, Heizöfchen. DB (mit Bad) 33–39 $, DO 28 $. Te Anau Downs, PO Box 19, Te Anau, ✆ 03/2498133, 0800/4786797, www.teanau-milfordsound.co.nz.

Die Region Southland und der Fiordland National Park

Essen & Trinken

Te Anaus Gastronomie ist ausschließlich auf Touristen fixiert – mit den entsprechenden Problemen ... Die wenigsten kommen ein zweites Mal, da kann man schon mal schludern.

Crave on Milford Restaurant & Bar (The Bakehouse) 14, 1 Milford Crescent; luftiges Café mit Glasfront und großer Terrasse, beliebter Frühstückstreff und zu „Pizza & Pasta", Teriyaki Chicken, Thai Lammcurry und Porterhouse Steak, alle Hauptgerichte ca. 15–20 $. ☎ 03/2498305.

Fiordland Bakery 17, 106 Town Centre; das übliche fluffig-elastische Brot in einem Bäckerei-Café, das man eher wegen seines üppigen und preiswerten Frühstücks aufsuchen sollte („cooked" 7–8,50 $) – um 11 Uhr knallvoll mit Frühstückern.

Naturally Fiordland 12, 62 Town Centre; nicht sehr „natural" ist dieses Bistro: Sandwiches und Pizzen mit allen möglichen und vor allem unmöglichen Zutaten (Sauerrahm, Honig, Aioli, Fetakäse ... alle 17–25 $), Pizza erst ab 17 Uhr. ☎ 03/2497111.

Redcliff Café & Bar 9, 12 Mokonui St.; ein Cottage, das sich das Aussehen des 19. Jh. gibt, auch Gastgarten; freundlicher Service, das Angebot Durchschnitt, aber oft aus regionalen Produkten (Wild!): Salate wie der mit Flusskrebsen von der Südinsel. Hauptgang ab ca. 25 $. Die Bar verwandelt sich spätnachmittags zum Nightspot, dem wohl beliebtesten des Ortes. Tägl. 15 Uhr bis spät. ☎ 03/2497431.

Sandfly Café 16, 9 The Lane; nettes Café in schmalbrüstigem Häuschen und kleiner Rasenfläche vor der Tür mit ein paar Tischen: Frühstück („cooked" 15 $), gefüllte Sandwiches, Panini, gute, wenn auch wenige Kuchen und Schnitten, die meisten hausgemacht. Kein Alkohol. Nicht so überlaufen wie die Läden direkt in der nahen Fußgängerzone. Schöner Ausblick über das Dach des Cottages hinweg auf die Berge jenseits des Lake Te Anau. ☎ 03/2499529.

Café Dolce Vita 7, 90 Town Centre; eine italienische Familie versucht im „Dolce Vita" echte italienische Küche, noch nicht sehr lange und für wie lange? Pasta 15–25 $, Fleischgerichte ab 25 $. Tägl. ab 17 Uhr, ☎ 03/2498895.

Sehenswertes/Touren

Fiordland National Park Museum: Das Nationalpark-Museum im Blockhaus der DOC-Nationalparkinformation zeigt einige Aspekte der Landesnatur, etwa das submarine Leben in den Fjorden, aber auch Historisches wie Bilder vom Bau des Homer-Tunnels auf dem Scheitelpunkt der Straße zum Milford Sound.

Gefährdete Tierarten beobachten: Te Anau Wildlife Centre: Das vom DOC betreute Zentrum für die einheimische Tierwelt liegt etwas außerhalb an der Straße nach Manapouri. Man erreicht es auf der Straße oder, wesentlich schöner, auf dem Spazierweg entlang des Seeufers. In großen Freilandgehegen sieht man Pukeko und – wenn er sich nicht, wie meist, versteckt – den scheuen Takahe. Obwohl die beiden ähnlich aussehen (beide sind Rallen), wird man den grazilen, leichten Pukeko und den kräftigen, untersetzten, sich behäbig bewegenden Takahe nicht mehr verwechseln, wenn man sie einmal nebeneinander gesehen hat. Andere Vögel sind in großen Volieren untergebracht, darunter der große Kaka-Papagei und der kleine, flinkere Kea, die drei neuseeländischen Sittiche, die endemische Morepork-Eule und natürlich Tui, die neuseeländische Wildtaube und andere häufiger vorkommende Vögel. ■

Die Te Ana Au Caves: „Te Ana Au" bedeutet „rasch fließendes Wasser" und ist der alte Name für den Fluss, der auf der Te Anau gegenüberliegenden Seite des Sees aus einer Höhle bricht, um wenige Höhenmeter tiefer in den See zu stürzen. Das erst 1948 von Pakeha erstmals betretene (oder wieder entdeckte) Höhlensystem in stark

kalkhaltigem Sandstein dient, wie auch andere Höhlen in Neuseeland, den hiesigen Glühwürmchen als Lebensraum (zu den Neuseeland-Glühwürmchen → S. 282). Damit man die Höhle mit einem Boot durchfahren kann, wurde der rasch fließende Höhlenfluss aufgestaut, auf diese Weise ist sie auf ca. 200 m Länge erschlossen. Man fährt eine halbe Stunde über den See, geht dann kurz durch Wald zu einem Warteraum, wo zuerst ein Film gezeigt wird, um dann in kleinen Gruppen die Höhle zu besichtigen – die Wartezeit kann sich ziehen. In der Höhle selbst ist man etwa 25 Min., die man großenteils auf dem Wasser verbringt – das Rauschen des Höhlenflusses im Ohr und den Blick nach oben gewandt auf den Sternenhimmel aus Glühwürmchen. Real Journeys bietet rund ums Jahr eine Führung durch die Te Ana Au Caves ab 67 $ an; Abfahrt vom Anleger direkt unterhalb des Büros am Seeufer.

Kurze Wanderungen um Te Anau

Direkt an der DOC-Nationalpark-Infostelle kann man eine Wanderung in den Nationalpark beginnen, die auf den *Kepler Track*, einen Great Walk, führt. Wer die Wanderung zeitlich so legt, dass er an einem der beiden Endpunkte auf ein Shuttle des Kepler Track trifft, kann sich auf eine Richtung beschränken; die aktuellen Abfahrtszeiten sind in beiden Visitor Centres bekannt und auf einem Gratis-Merkblatt zusammengestellt.

Wegverlauf Immer am See entlang geht man zum Ausfluss des Waiau River aus dem Lake Te Anau, die **Control Gates** (0:45 Std.) mit großem Parkplatz sind der offizielle Beginn des Kepler Tracks. Man quert den Fluss und geht jenseits flussabwärts auf einem guten Weg weiter; meist am Fluss entlang, 3 große Flussschlingen werden abgekürzt. Beim *Rainbow Reach* mit Hängebrücke kann man den Fluss queren, auf der anderen Seite ist der Parkplatz, wo die Shuttlebusse halten (2–3 Std. einfache Strecke). Wer an den Control Gates nach rechts geht, folgt dem Kepler Track bis zur **Brod Bay** (1–1:30 Std.) durch Wald und immer am See entlang. Dorthin fahren auch die Wassertaxis ab Te Anau; wer sich keines bestellt hat, geht auf demselben Weg zurück.

Der Kepler Track

Länge: 50,6 km von Control Gates bis Rainbow Reach; 61,1 km zurück bis Control Gates. **Dauer:** 16,5–20 Std. bis Rainbow Reach; 19–24,5 Std. bis Control Gates: insg. 3–4 Tage. **Höhenunterschied:** ↑ 1.200 m, ↓ 1.200 m.

Über die Gebirgskette, die man von Te Anau aus jenseits des Sees aufragen sieht, führt der Kepler Track, einer der neuseeländischen Great Walks. Im Gegensatz zu den anderen Great Walks hat er keine alte Geschichte, sondern wurde komplett durchgeplant und 1988 fertiggestellt. Eigentlich wurde er gebaut, um dem Milford Track und Routeburn Track ein wenig Luft zu machen, inzwischen hat er sich zum eigenständigen Ziel gemausert – zumal er etwas bietet, was die beiden anderen nicht haben: Einen ganzen Wandertag ist man in hochalpinem Gebiet mit bis zu 1.400 m unterwegs; wer *Mount Luxmore*, den Gipfel besteigt, sogar bis 1.471 m. Und: Der Kepler Track ist als Rundweg konzipiert, da gibt es keine Probleme mit der Rückfahrt (wie etwa beim Routeburn Track mit seinen mehr als 300 km Straßenkilometern zwischen Start und Ziel).

Sie planen vier Tage und drei Nächte? Auf dem Kepler Run sind Bergläufer jedes Jahr ein klein wenig flotter unterwegs. Die besten Zeiten liegen unter 5 Stunden. Aber die Schnellläufer haben natürlich nix gesehen, nicht wahr!

Übernachten Für den Kepler Track benötigt man das **Hüttenticket** für Great Walks (1 Nacht 51,10 $, Camping 15,30 $). Die 3 Hütten Mt. Luxmore Hut, Iris Burn Hut und Moturau Hut haben Gasherd und Toiletten; die Shallow Bay Hut ist sehr klein und wird normalerweise nur als Ausweichquartier verwendet. Im Winter sind alle Hütten normale DOC-Hütten (15,30 $ oder Backcountry Hut Pass, Camping 5,10 $), das Gas ist dann abgeschaltet. **Campen** ist an der Brod Bay, also praktisch am Anfang, sowie am Iris Burn erlaubt.

Blütenpracht: Kowhai

Verbindungen/Track-Transfer Für die Verbindungen zu den Weg-Anfängen gibt es beim DOC das Gratis-Faltblatt „Kepler Transport" mit allen Zeiten, Preisen und Telefonnummern. **Kepler Track Shuttles (Topline Tours)** fährt zu den beiden Weganfängen des Kepler Track (Control Gates und Swingbridge/Rainbow Reach): Von Te Anau zu den Control Gates ab 8.30 und 9.30 Uhr. Von Te Anau zur Swingbridge/Rainbow Reach ab 9.30, 14.30 und 16.30 Uhr. Von der Swingbridge/Rainbow Reach über Control Gates (5 Min. später) nach Te Anau um 11 und 14.30 Uhr. ✆ 03/2498059, www.toplinetours.co.nz.

Kepler Water Taxi verbindet Te Anau 2-mal tägl. (8.30 und 9.30 Uhr) mit Brod Bay, ✆ 03/2498364.

Karte/Infos Die **Kepler Track Parkmap 335-09** hat den seltsamen Maßstab 1:60.000 (statt des international und auch in Neuseeland üblichen 1:50.000, auf dem 500 m = 1 cm leicht nachvollziehbar sind). Trotzdem ist sie hilfreich, nicht zuletzt wegen der vielen Infos auf der Rückseite.

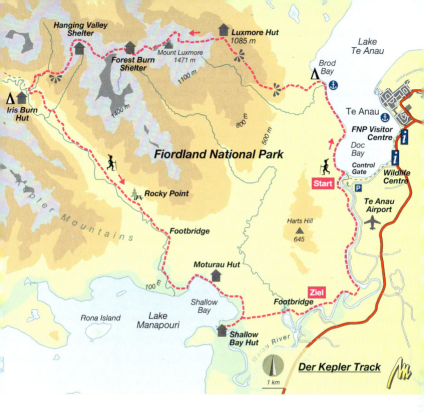

Der Lake Manapouri und der Doubtful Sound

Südlich von Te Anau sind der Lake Manapouri und der Doubtful Sound durch Schiff und Straße leicht zu erreichen – beide Ziele können sogar an einem einzigen Tag besucht werden. Die stillen Wasser des Lake Manapouri mit seiner vom Menschen gezähmten Umgebung und der tiefe, enge, von Menschenhand nie beeinträchtigte Meeresfjord des Doubtful Sound bilden einen gewaltigen, unvergesslichen Gegensatz.

Lake Manapouri, ein wie Lake Te Anau aus dem Gebirge halb ins Vorland hinausragender See liegt nur 178 m über dem Meeresspiegel. An seinen Ufern wachsen noch typische Tieflandpflanzen wie der leuchtend-gelb blühende Kamahibaum, die Berge ringsum aber ragen bis über 1.500 m in die hochalpine Zone bis zu den Gletschern auf.

Das unterirdische Kraftwerk am Westende des Sees war ausschlaggebend für den Bau einer Straße über den Wilmot Pass zum Doubtful Sound, einem der Fjorde der Westküste. Die Straße wird heute fast ausschließlich von Bussen befahren, die die Touristen vom Westufer des Lake Manapouri zur Schiffslände im Sund befördern. Der Doubtful Sound ist ein typischer schmaler, von steilen Waldhängen begrenzter Fjord, in dem sich neugierige Delfine tummeln und an dessen Ausgang zum Meer auf den Klippen eine Kolonie von Neuseeland-Pelzrobben aus der Nähe zu bewundern ist – wenn das Wetter will. Denn hier an der Westküste ist das Beständige die Unbeständigkeit, Regen und starker Wind sind die Norm. Captain Cook wagte sich 1770 nicht in den Fjord hinein und nannte ihn *doubtful* – unsicher, zweifelhaft. Denn Cook war sich nicht sicher, ob er bei einem Wetterumschlag wieder heil aus dem schmalen Ausgang herauskommen würde, der sich nach Westen in die Hauptwindrichtung öffnet. Der Dusky Sound dagegen, heute auf einem einsamen Trekkingpfad zu erreichen, gefiel ihm: 1773 blieb er einen ganzen Monat im Fjord und erlaubte seiner Mannschaft, sich nach der langen Fahrt durch den Südpazifik zu erholen.

Das Kraftwerk am Lake Manapouri

Noch in den 50ern erteilte die damalige Labour-Regierung die Genehmigung, am Westarm des Lake Manapouri ein Kraftwerk zu errichten, dessen Strom angeblich für eine geplante Aluminiumschmelze in Tiwai Point (bei Bluff) gebraucht werden würde. Als die Firma 1960 aus dem Kraftwerksprojekt ausstieg, übernahm es der neuseeländische Staat. Das Kraftwerk wurde unterirdisch angelegt, um das Bild des Lake Manapouri, der zum Großteil im Fiordland National Park liegt, nicht zu beeinträchtigen. Auf diese technische Glanzleistung, ein gesamtes Kraftwerk unter die Erde zu verlegen, ist man zu Recht heute noch stolz. Der Strommastenwald über der Erde und die den Park querenden Starkstromleitungen in Richtung Invercargill wurden wohl für den Nationalpark als nicht so relevant angesehen.

1969, die Turbinen hatten gerade zu arbeiten begonnen, wurde bekannt, dass die Regierung plante, den Wasserspiegel des Lake Manapouri um mindestens 11 m, maximal 30 m anzuheben, um 200 Megawatt Strom für die geplante Aluminiumschmelze zu gewinnen. Dafür wären 160 km der flachen Uferzone mit 800 ha Wald und 26 der 35 Inseln des Sees überflutet worden. Der bis zu diesem Zeitpunkt von Anglern, Seglern und Badenden genutzte See hätte ein Steilufer bekommen und hätte wegen des schwankenden Wasserspiegels und der zu erwartenden häufigeren Muren und Rutschungen komplett für die menschliche Nutzung gesperrt werden müssen.

Als die Pläne der Regierung bekannt wurden, verbreitete sich die Nachricht wie ein Lauffeuer in Southland und bald in ganz Neuseeland In kürzester Zeit sammelte die im Oktober 1969 in Invercargill gegründete Initiative *Save Manapouri* 265.000 Unterschriften, die das Projekt schließlich zu Fall brachten. All das geschah gegen den erklärten Willen der völlig überraschten Regierung und vor allem des australischen Unternehmens Comalco, das den Strom für seine Aluminiumschmelze in Tiwai Point beanspruchte. Die Regierung (damals von der National Party gestellt) stellte sich taub oder blockierte Entscheidungen mit dem Hinweis auf unkündbare Verträge mit Comalco. Die Labour Party dagegen machte die Beibehaltung des Seespiegels zu ihrem wichtigsten Versprechen im Wahlkampf 1972, gewann die Wahlen – und hielt ihr Versprechen (was bei Regierungen nicht unbedingt selbstverständlich ist). Erst nach dem Labour-Wahlsieg stellte sich übrigens heraus, dass Comalco die zusätzliche Energie für seine Aluminiumschmelze gar nicht brauchte, sondern in das nationale Stromnetz eingespeist hätte ...

Manapouri

Der kleine Ort liegt hübsch am Ausfluss des Waiau River aus dem Lake Manapouri. Die wenigen Häuser wenden ihre Fronten dem See zu, die Berge des Fiordland National Parks im Hintergrund. Von hier aus starten die Boote über den Lake Manapouri zum westlichen Ende, wo das unterirdische Wasserkraftwerk eine der Attraktionen der Region ist. Gleich jenseits des Hafens, der am Fluss und nicht am See liegt und auf den Namen *Pearl Harbour* hört, beginnt der *Circle Track,* ein sehr schöner Wanderweg durch Wald auf 549 m Höhe, von der man einen großartigen Blick auf den See und die *Hunter Mountains* im Süden hat.

Verbindungen Die Busverbindung zwischen Te Anau und Invercargill ist derzeit nicht geklärt – Auskunft bei den i-Sites!

Sport & Freizeit Kajaks für den Lake Manapouri und den Waiau River verleiht z. B. *Adventure Kayak and Cruise* (→ Doubtful Sound); 1 Tag 50 $, 2 Tage 90 $, jeweils pro Pers. ℡ 03/2496626, 0800/324966, www.fiordlandadventure.co.nz.

Verleih auch direkt am *Hafen Pearl Harbour*, wo die **Bootstaxis** für die Überfahrt zu den Wanderwegen warten.

Übernachten/Essen & Trinken Manapouri Lakeview Motor Inn, Motel mit Backpacker-Unterkunft an der Seestraße, teils schöne Ausblicke von den Units, wenn sie nicht von Autos verstellt sind. Bettwäsche wird extra berechnet. Im Beehive Café des Motels, einem eigenständigen Bau, kann man Kaffee und Kuchen bekommen, vor allem aber anständiges Pub-Food und Bier dazu (geöffnet bis 22 Uhr). Unit 120–150 $, Backpacker „Budget"-Unit 90 $, DO ab 25 $. 68 Cathedral Drive, ℡ 03/2496652, www.manapouri.com.

Possum Lodge & Holiday Park, etwas oberhalb des Lake Manapouri, in wunderschöner Lage in Waldumgebung, obwohl der Ort (oder was man als Ort bezeichnen könnte) nur ein paar Fußminuten entfernt liegt. Angeschlossen ist die Possum Lodge, eine kleine, etwas enge Backpacker-Unterkunft, aber o. k. Holiday Park und Lodge sind im Winter (Juni bis Aug.) geschlossen. Motel Units 95 $, Cabins ab ca. 50 $, Zelt-/Camperplatz 30 $, DB 22 $, DO 18 $. 13 Murrell Ave, ℡ 03/2496623, www.possumlodge.co.nz.

Freestone Backpackers, in ländlicher Idylle, 3 km östlich von Manapouri an der Straße nach Gore; einmal kein großer Schuppen, sondern 5 Blockhütten mit Küche und Bad, geheizt wird mit Holzofen; draußen Wiese, Bäume, BBQ und – das Hostel liegt nicht direkt an der Straße – Ruhe. DB 30–35 $, DO 20/30 $, 1 DZ 120 $. PO Box 56, Manapouri, ℡ 03/2496893, freestone@xtra.co.nz.

Cathedral Café, 29 Waiau St.; *das* Café im Ort, auch Lunch und Dinnergerichte (bis 20 $); Küche bis 18/19 Uhr, im Sommer länger; im selben Gebäude kleiner Laden mit kalten und warmen Snacks und Erfrischungen; Internet. ℡ 03/2496619.

Lake Manapouri

Touren

🚶 Der Circle Track
Dauer: 3–3:30 Std. Höhenunterschied: ↑↓ 360 m

Gegenüber vom *Pearl Harbour* beginnt an der Landestelle der Wassertaxis und Ruderboote (anbinden und hoffen, dass niemand sie losbindet) der Circle Track. Nach dem kurzen, steilen Aufstieg zur Flussterrasse wendet man sich rechts, bei der folgenden Abzweigung bald darauf links (man geht den Circle Track sinnvollerweise im Uhrzeigersinn, besonders wenn es feucht ist oder regnet). Nach dem ersten Aufstieg erreicht man einen Rücken mit kurzem Abstieg, dann geht es wieder steil bergauf durch Wald weiter. Der Weg endet abrupt an einer senkrechten, scheinbar überhängenden Abbruchkante (Vorsicht!), von der man einen wunderbaren Ausblick hat. Besonders im streckenweise sehr steilen Abstieg viele alte Bäume, nach Einmündung in einen Querweg am Hangfuß nach rechts (links geht der Back Valley Track weiter) und recht tiefgründig bis morastig zurück zum Ausgangspunkt.

Track-Transfer/geführte Wanderungen Über den Waiau River gibt es um 11 und 15 Uhr ein reguläres **Wassertaxi** zur anderen Flussseite, wo die Wanderwege beginnen (5 $/Person). Man vereinbart mit dem Lenker die Abholzeit; auf Anforderung ist das Boot auch zu anderen Zeiten zur Überfahrt bereit: ✆/✆ 03/2498070. Oder man fragt im kleinen Laden von Manapouri: ✆ 03/2496619. Es gibt im Laden auch **Ruderboote** zu mieten (20 $).

Adventure Manapouri bietet geführte Wanderungen ab Manapouri an, darunter Circle Track und Back Valley Track. ✆ 03/2498070, www.adventuremanapouri.co.nz.

Der Borland Saddle und der Lake Monowai: Von der Straße nach Riverton und Invercargill biegt 35 km südlich von Manapouri eine Nebenstraße ab, die sich gabelt und deren zwei Arme zum Lake Monowai und zum Südarm des Lake Manapouri führen, wo beide unvermittelt enden. Der Straßenarm zum Lake Monowai endet an einem DOC-Zeltplatz mit Bootsanleger am Damm, der den See für ein in den 1920ern geplantes, aber nie realisiertes Kraftwerk aufstaute. Wer kein Boot dabei hat, kann zwei der drei am Seeufer gelegenen DOC-Hütten dennoch erreichen: Der am See beginnende *Track zur Green Lake Hut* am gleichnamigen kleinen See bietet Abstecher zur *Rodger Inlet Hut* und zur *Monowai Hut* – beide Routen sind aber nur dürftig markiert.

Den Südarm des Lake Manapouri erreicht man über den Borland Saddle; eine im Passbereich nur für Wanderer benutzbare Straße führt weiter zum Westarm des Sees und zum Doubtful Sound.

Übernachten Die **Borland Lodge** an der Straße zum Borland Saddle ist zwar vorrangig eine Sommerherberge für Jugendgruppen, vermietet aber eventuell freie (extrem schlichte) Chalets für jeweils 2 Pers. auch an andere Besucher. ✆ 03/225/5464.

Die Manapouri Underground Station: Real Journeys veranstaltet diese Fahrt zum unterirdischen Kraftwerk Manapouri, die auch Teil des Ausflugs zum Doubtful Sound ist: Start mit dem Boot in Manapouri, dann mit Bus 2 km durch einen Spiraltunnel hinunter zu den Turbinen des Wasserkraftwerks Manapouri. Der Tunnel wurde durch den harten Granit des Fjordlandes getrieben, ebenso die riesige Halle des Kraftwerks. Die unterirdische Anlage war wegen der Lage des Kraftwerks im Nationalpark eine Bedingung für den Bau gewesen. Das war's auch schon: Nach Betrachtung der informativen Ausstellung und eines Kraftwerksmodells geht es für alle, die nicht den Doubtful Sound gebucht haben, auf demselben Weg zurück nach Manapouri.

Abfahrtszeiten Okt. bis April ab Manapouri Pearl Harbour 12.30 Uhr, ab Te Anau 11.30 Uhr.

Auf dem Doubtful Sound

Ganz unabhängig vom Wetter ist die Kreuzfahrt durch den „unsicheren Fjord" ein großes Erlebnis. Immer wieder begleiten Gruppen neugieriger Rundkopf-Delfine das Boot, nutzen die Bugwelle, um besonders schnell durchs Wasser zu rasen, springen dann wie eine Balletttruppe leicht zeitversetzt aus dem Wasser, bevor sie plötzlich wieder verschwunden sind.

Am Ausgang des Fjords zum Meer liegt nahe der Inselgruppe *Hare's Ears* eine Reihe von Klippen, auf denen Neuseeland-Pelzrobben ausruhen. Bei ruhiger See kann man ganz nahe heranfahren, erst wenn man fünf, sechs Meter entfernt ist, werden die Tiere unruhig und lassen sich ins Meer gleiten – was man natürlich vermeiden möchte. Auch andere Delfine und gelegentlich Wale sind zu beobachten, und auf dem Wasser viele Meeresvögel. In der Bucht nisten Fiordlands Dickschnabelpinguine; doch leider sieht man sie normalerweise nicht: Um die Zeit, wenn sie aus dem Wasser kommen, ist man in der Regel längst wieder von der Tour zurück.

Sport & Freizeit/Anbieter Real Journeys bietet 2-mal tägl. die *Doubtful Sound Wilderness Cruises* auf den Lake Manapouri und den Doubtful Sound an, die auch den Besuch des Wasserkraftwerks am Westarm des Sees beinhalten. Die eigentliche Kreuzfahrt auf dem Doubtful Sound dauert etwa 3 Std. Lunch kann bestellt werden (ca. 15/23 $), oder man nimmt sein eigenes Picknick mit. Pro Pers. ab Manapouri 265–280 $, ab Te Anau ca. 290–305 $, ab Queenstown ab 350 $. ✆ 03/4497416, ✉ 2497022, ✆ 0800/656501, www.realjourneys.co.nz.

Die „Fiordland Navigator" von Real Journeys ist ein mit dem YHA assoziierter Motorsegler, der im Doubtful Sound Kreuzfahrten mit Übernachtung durchführt. Unterbringung ist in Vierer-Kabinen (ab 266 $/Pers.) oder Zweier-Kabinen mit Bad (ab 347 $/Pers.). Der Preis enthält alle Leistungen inkl. Verpflegung. ✆ 0800/656503.

Fiordland Cruises, 1 Te Anau-Manapouri Rd., PO Box 81, Te Anau; Kreuzfahrt auf dem Doubtful Sound mit Übernachtung auf dem Boot (Bunks mit Bettwäsche); Transport ab Te Anau, Boot über Lake Manapouri, Bus über den Wilmot-Pass sowie Verpflegung inbegriffen (im Twin mit Bad ab 600 $/Pers. und Nacht). Die Fahrt in dem kleinen Boot (bis 12 Passagiere) ist familiär, aber auch beengt. Fahrten für Angler und

Blick auf den Doubtful Sound

Taucher nach Vereinbarung. ✆ 03/2497777, 0800/483262, www.doubtfulsound.com.

Deep Cove Charters geht mit einem ebenso kleinen Boot auf Fahrt („M. V. Flyer", 12,2 m): Bis zu 12 Passagiere haben in Zweierkabinen Platz, ansonsten gleiches Angebot zu etwas niedrigeren Preisen. ✆ 03/2496828, 0800/483262, deepco@xtra.co.nz, www.doubtful-sound.com.

Kajak-Touren Adventure Kayak and Cruise, 33 Waiau St., PO Box 24, Manapouri; das kleine Unternehmen aus Manapouri bietet Kajaktouren auf dem Lake Manapouri an, vor allem aber eine begleitete Seakajak-Safari auf dem Doubtful Sound:

Nach dem Motorboottrip über den Lake Manapouri und der Busfahrt über den Wilmot-Pass zum Doubtful Sound geht es nach einer kurzen Einführung für 4–5 Std. mit Zweierkajaks auf den Fjord (für Anfänger o. k., aber keine Kinder unter 12 J.). Keine andere Tour bringt den Reisenden näher an die Natur des Fjordlands!

Tagestour ab Manapouri (ca. 10:30 Std.) ca. 240 $ (nur Dez. bis Mai); eventueller Transport ab Te Anau kostet extra. 2-tägige Tour mit Campnacht am Ufer des Sounds ca. 375 $. ✆ 03/2496626, 0800/324966, www.fiordlandadventure.co.nz.

Übernachten Deep Cove Hostel, an der Landestelle Deep Cove; die ultimativ zivilisationsferne Backpacker-Herberge, eine schlichte Lodge, aber mit Internetzugang. Basis-Verpflegung kann vor Ort gekauft werden, Schlafsack ist mitzubringen. Mindestaufenthalt 2 Nächte; nur in der Sommersaison (ca. Mitte Dez. bis Mitte/Ende Feb.) geöffnet und oft voll mit Schülergruppen. Transport in Verbindung mit Buchung einer Tageskreuzfahrt auf dem Doubtful Sound (Real Journeys) möglich. DB 25 $.. Doubtful Sound, ✆ 03/2497713, www.deepcovehostel.co.nz.

Der Dusky Sound: Auf seiner zweiten Reise 1773 hielten sich *Captain Cook* und seine Mannschaft fünf Wochen lang im Dusky Sound auf, um sich zu erholen und die Schiffe zu warten. Fische und Vögel wurden gefangen und gekocht, aus den Blättern des Manuka-Strauchs und des Rimu ließ Cook ein Bier brauen, das allen schmeckte. *William Wales* baute ein kleine Beobachtungsstation auf einem Felsvorsprung, heute Astronomer's Point genannt, auf dem immer noch zu sehen ist, dass für den Bau die Bäume im Umkreis gefällt wurden. *William Hodges*, der Schiffszeichner, schuf eine Reihe von Skizzen und Zeichnungen des Dusky Sound. Die Kontakte mit den Maori waren gut, eine Maori kam sogar an Bord der „Resolution". Inzwischen selbst Kapitän geworden, kehrte der Midshipman *George Vancouver* mit der „Discovery" und der „Chatham" 1791 in den Fjord zurück und blieb drei Wochen. Der Dusky Sound wurde von ihm nunmehr komplett kartiert (Cook hatte nicht alles erkunden können), und *Alexander Menzies*, sein Schiffsbotaniker, fand neue Arten von Pflanzen und Tieren. Zwei Jahre später erforschten zwei spanische Schiffe unter *Alessandro Malaspina* die Bucht; einige der auf diese Zeit zurückgehenden spanischen Bezeichnungen wurden in letzter Zeit wieder übernommen, sind aber in den offiziellen Karten noch nicht eingetragen.

Der Dusky Track

Dauer: 4–8 Tage

Einer der längsten und wohl schwierigsten Tracks in Neuseeland ist der **Dusky Track**. Dieser Track verbindet den Westarm des Lake Manapouri über den Centre Pass mit der *Supper Cove* im innersten Dusky Sound; ein Zweig nach Süden führt über den Furkert-Pass zum Nordwestarm des Lake Hauroko. An beiden Enden benötigt man ein Transportmittel. Die acht DOC-Hütten sind vom schlichtesten Typ, man muss also auch Gaskocher mitnehmen. Für den kompletten Track braucht man 4–8 Tage, je nachdem, ob man beide Äste macht oder „nur" vom Lake Manapouri zum Lake Hauroko wandert.

Track-Transfer An der Supper Cove kann man aus- oder eingeflogen werden, was nicht unbeträchtlich zu Buche schlägt: **Wings & Water** fliegt tägl. von Nov. bis April ab 9 Uhr, ca. 330 $. ✆ 03/2497405, www.wingsandwater.co.nz.

Die beiden anderen Anfangs- oder Endpunkte erreicht man mit den unter Lake Manapouri und Lake Hauroko (→ Tuatapere) genannten Transportunternehmen.

Lake Hauroko Tours in Tuatapere bietet ein Komplettpaket von Transporten an, das sich nach den Wünschen der Kunden richtet. ✆ 03/2266681, www.duskytrack.co.nz.

Milford Sound, am Strandweg Piopiotahi

Der Milford Sound

Das Bild der steilen Bergpyramide des Mitre Peak im Milford Sound gehört zu den Ikonen des Welttourismus. Hunderte Meter tief stürzen Wasserfälle von den Steilufern direkt ins Meer. Die teils vergletscherten Gipfel ringsum sind meist von Schnee bedeckt: Der Mitre Peak ragt 1.692 m, der Mount Pembroke 2.000 m in die Wolken.

Der Milford Sound ist Neuseelands meistfotografierte Naturkulisse – und er ist der am leichtesten erreichbare der 15 Fjorde, die das Bergland im Südwesten der Südinsel messerscharf durchschneiden. Busse, Privatautos, Flugzeuge schaffen den ganzen Tag Heerscharen von Besuchern heran, die Neuseelands Touristenattraktion Nr. 1 sehen und eine Kreuzfahrt machen wollen. Doch viele von ihnen sehen nichts oder wenig, denn das typische Wetter im Sound ist neblig und regnerisch, auch wenn es gleichzeitig in Te Anau heiß und sonnig ist. Was von einem Besuch aber nicht abhalten sollte – blauen Himmel und Sonnenschein hat ja fast jedes Last-Minute-Ziel irgendwo an einem x-beliebigen Strand.

Die Zahlen sind eindeutig: 1992 verzeichnete der Milford Sound 247.000 Besucher, 2004 waren es 450.000, seit 2005 überschreiten sie die halbe Million. Bis zu 200 Flugzeugstarts und -landungen gibt es täglich. Über Begrenzungen und Beschränkungen wird seit Jahren diskutiert, zu konkreten Maßnahmen hat sich niemand aufzuraffen gewagt (→ Milford Track). Die Besucher des Fjords sind – so scheint es – mit dem Status quo zufrieden: in einer Ende 2010 veröffentlichten Studie des Parks erklärten nur 26 % der Befragten, es gäbe „... a few too many/far too many visitors" während 21 % meinten, es seien noch mehr möglich ...

Ein Problem ist vor allem das empfindliche Ökosystem des Fjords, das durch die vielen Schiffsbewegungen beeinträchtigt wird: Die relativ warme Frischwasserzone mit ihrem großen Süßwasseranteil ist 3–4 m tief, darunter kommt bis in 40 m Tiefe das Licht und die Lebenszone, bis in 400 m Tiefe ist der Fjord fast unbelebt. Vor allem sind es die im Milford Sound (wie auch in anderen Fjorden des Nationalparks) in ungewöhnlich geringer Tiefe wachsenden roten und schwarzen Korallen, die Schwämme und seltenen Muscheln, deren Schutz so wichtig ist. Man vermutet, dass die Schwarze Koralle, ein weltweit gesuchter Schmuck, der höchste Preise erzielt, vielerorts bereits ausgerottet wurde – im Fiordland lebt sie immer noch in bis zu 7,5 Mio. Kolonien. Die zwischen 10 cm und 4 m hohen baumähnlichen Kolonien werden bis zu 200 Jahre alt. Doch bis auf eine kleine Schutzzone im Nordosten des Fjords ist das Fischen von Krustentieren weiterhin erlaubt, auch wenn dabei die Korallen vom Felsen abgerissen werden.

Seit Oktober 2004 werden im Milford Sound (sowie im Doubtful Sound) gelegentlich Buckelwale gesichtet, die in *Pods* (Familiengruppen) von 2–4 Tieren auftauchen, im Jahr 2009 hielten sich zwei Jungtiere ständig im Fjord auf. Seit 2004 werden außerdem Southern Right Whales (Südkaper) beobachtet, im Juli 2010 sah man drei oder vier von ihnen. Im Juli 2004 wurde sogar einer der antarktischen Seeleoparden im Sound gesichtet. Die Bottlenose-Delfine (Rundkopfdelfine) mit ihren Kälbern sind normalerweise ab Mitte Dezember zu sehen.

Anfahrt zum Milford Sound

Die Straße von Te Anau zum Milford Sound macht einen guten Teil des „Erlebnisses Milford Sound" aus: Auf einer Länge von 120 Straßenkilometern wird eine überwältigend urweltliche, hochalpine Landschaft durchquert. Im ersten Wegteil bleibt man über 30 km am Ufer und in der Nähe des Lake Te Anau; allein dieser Abschnitt ist bereits die Fahrt wert. Bei *Te Anau Downs* (30 km) verlässt man den See und erreicht bald das von Wald bedeckte *Eglinton Valley* mit den kleinen *Mirror Lakes* (56 km), in denen sich die umgebende Bergwelt spiegelt, und dem größeren *Lake Gunn* (80 km). Der Südbuchenwald wird immer wieder von offenen Flächen mit Tussock-Gras unterbrochen – nur hier und an den Seen ist das Panorama der Berge zu sehen. Diese Flächen sind Privatland, das nicht zum Nationalpark gehört, und werden beweidet, sonst wären sie bald vom Wald verschluckt. Am Lake Gunn gibt es einen hübschen *Naturlehrpfad* (0:45 Std.), auf dem u. a. die Südbuchenvarianten Silver Beech und Brown Beech und viele Vogelarten zu sehen sind.

Auf der *Divide*, dem niedrigsten Pass der Southern Alps (532 m), zweigt der Weg zum Routeburn, Greenstone und Caples Track ab. Die auf der Divide hinunter ins Hollyford-Tal (s. u.) abzweigende Straße endet blind. Man fährt von der Divide aus durch bewaldetes Bergland immer höher in ein Nebental, bis man ein hochalpines

Pelzrobbensiesta (Blick vom Schiff!)

Kar erreicht, an dem unter senkrechten Felswänden die Straße zu enden scheint. Der 1,2 km lange, mittlerweile beleuchtete *Homer Tunnel*, der durch die Felsbarriere führt, wurde unter großen Gefahren zwischen 1935 und 1953 erbaut (interessante Ausstellung dazu im Nationalparkmuseum in Te Anau).

Auf der Nordwestseite geht es sehr viel steiler hinunter, als man heraufkam, mehrere Serpentinen sind nötig, um den Hang zu bewältigen. Auf halbem Weg passiert man die Abzweigung des kurzen Wegs zu den Wasserfällen des Cheddau, den *Chasms* – diesen 15-Min.-Abstecher zu Fuß sollte man sich unbedingt gönnen. Der Rest des Wegs zum Milford Sound ist sanfter und zuletzt nahezu eben.

Kea beim Homer Tunnel

Die *Milford Road* wird im Winter (Mai bis Sept.) geräumt, Schneeketten sind mitzuführen. Die hohe Lawinengefahr im Frühjahr (besonders Okt. und Nov.) wurde durch ein professionelles Lawinenwarnsystem stark reduziert.

Tipp: Um den auf bestimmte Zeiten konzentrierten Buslawinen zwischen Te Anau und Milford Sound auszuweichen, startet man in Te Anau entweder vor 8 Uhr oder erst ab 11 Uhr.

Milford Sound (Ort und Fjord)

Maori besuchten den Fjord auf ihrer Suche nach Pounamu (Nephrit) und nannten ihn *Piopiotahi*, „Singende Lerche". Von Otago aus führten ihre Wege über den McKinnon Pass und den Homer Pass. Der schmale Eingang zum Milford Sound wurde immer wieder von vorbeisegelnden Schiffen (auch von James Cook) übersehen – erst 1823 segelte das erste Schiff mit Europäern an Bord in die Bucht. Der Seehundfänger *John Grono*, der es befehligte, nannte die Bucht nach seinem walisischen Herkunftsort *Milford Haven*.

Bis auf die Gräber des ersten Siedlers Donald Sutherland und seiner Frau (hinter der Mitre Peak Lodge) ist in Milford Sound nicht viel Historisches zu sehen. Ein Bummel am Strand entlang auf dem hübschen neuen Strandweg „Piopiotahi" *(Foreshore Walk*, ab dem Parkplatz nach Westen) führt direkt ans Meer; einige der Bäume haben dichte Nester von Epiphyten-Pflanzen, darunter sind auch einige Orchideen. Der Weg zu den Bowen Falls ist wegen Steinschlaggefahr gesperrt.

Anfahrt/Verbindungen

Flugzeug Mit **Air Milford** Flug und Kreuzfahrt im Milford Sound ab Queenstown oder ab Te Anau; 8 und 14 Uhr, 450 $; www.airmilford.co.nz. Mehrere kleine Fluggesellschaften bieten ab Queenstown Flüge zum Milford Sound mit und ohne Landung an.

Bus ab Te Anau Tracknet fährt tägl. (Okt. bis April) von Te Anau zum Milford Sound (90 $ hin/zurück) → Te Anau.

Die großen Busunternehmen **InterCity** (✆ 03/3799020), **Real Journeys** (✆ 0800/656501) und **Great Sights** (✆ 0800/744487) verlangen ohne Kreuzfahrt deutlich mehr.

Bus ab Queenstown mit Kreuzfahrt
Die Tagestour von Queenstown zum Milford Sound ist ein anstrengendes Unter-

nehmen: Man legt 600 km Straße zurück, hat dann eine genau bemessene Zeit für die kürzeste Kreuzfahrt und ist meist 11 Std. unterwegs (7–18 Uhr). Wer das vermeiden und in Te Anau übernachten kann, sollte auf diesen Stress verzichten. InterCity verlangt dafür 215 $, Great Sights 225 $.

Den besten Blick auf die steilen Flanken der Berge geben die speziell für Bergfahrten gebauten, abgeschrägten Busse von **Real Journeys** (230 $), ✆ 0800/656503, www.realjourneys.co.nz. Etwas billiger ist z. B. **Milford Explorer** (169 $), ✆ 03/4411185; ähnlich **Milford Sound Select**, ✆ 03/4414754, 0800/477479; **Kiwi Discovery** verlangt 145 $.

Bus – Boot – Flugzeug Diese Kombination spart eine Menge Zeit und kostet ab ca. 585 $ (**Great Sights**), hat aber den Nachteil, dass man bei schlechtem Wetter lange unterwegs ist, weil die Maschine nicht landen kann. In diesem Fall werden auch für den Rücktransport Busse eingesetzt (es gibt kein Geld zurück).

Real Journeys fährt ab Queenstown mit Bus hin, mit Flugzeug zurück; man ist von 7.20 bis 16 Uhr unterwegs. 590 $ ohne Lunch, fly/fly gibt es ab 420 $. ✆ 09/3754700, 0800/744487, www.greatsights.co.nz.

Air Fiordland bietet ein ähnliches Arrangement für 540 $. Die umgekehrte Abfolge (Flugzeug – Kreuzfahrt – Bus) kostet ab 445 $, da sie weniger beliebt ist. ✆ 03/4423404, 0800/103404, www.airfiordland.com.

Kiwi Discovery verlangt für Bus/Kreuzfahrt/Flug ab Queenstown 475 $. ✆ 03/4427340, 0800/505504, www.kiwidiscovery.com.

Sport & Freizeit

Der Anblick von Fjord und Mitre Peak („Bischofsmütze" – ein passender Name) vom Ort oder vom Hafen aus ist großartig, aber erst eine Kreuzfahrt gibt den echten Einblick in diesen Fjord: Man kommt an die unglaublich steilen Hänge näher heran, sieht die senkrechten Lawinenbahnen und Rutschungen, die ganze Vegetationspakete samt Bäumen und Sträuchern in die Tiefe gerissen haben; man beobachtet vielleicht Pinguine, oft spielen Delfine ums Boot. Wenn man Glück hat, ist gerade einer der riesigen Luxusliner im Fjord und man bestaunt die unterschiedliche Größe von Natur und Menschenwerk. Und auch an die Wasserfälle kommt man nur auf einer Kreuzfahrt heran – der beliebte Pfad vom Fähranleger zu den Bowen Falls ist wohl auf Dauer wegen Steinschlaggefahr gesperrt.

Fast alle Anbieter der Kreuzfahrten und Flüge sind in dem einzigen großen, hohen und hellen Gebäude am Fähranleger untergebracht.

Fjord-Touren Southern Discovery fährt seine Scenic Cruises im Sommer (Okt. bis April) zwischen 9 und 15 Uhr in Halbstunden- oder Stundenabständen; Dauer 1:45 Std., mit Unterwasser-Observatorium 2:15 Std. Preis für Cruise ab 60 $ (9 und 13.30 Uhr). ✆ 03/4411137, 0800/264536, www.southerndiscovery.co.nz.

Real Journeys ist der größte Anbieter; alle Touren durch den Fjord werden mit großen Booten durchgeführt und dauern 1:30 Std. Milford Sound 70–82 $, Nature Cruise (2:30 Std.) 72–92 $. ✆ 0800/656501, www.realjourneys.co.nz.

Mitre Peak Cruises fährt 7-mal tägl. mit kleineren Booten (max. 60 Pers.), hat den persönlicheren Service und ist das einzige Unternehmen, das regelmäßig bis zum Fjordausgang fährt. 2 Std. ab 68 $. ✆ 03/2498110, 0800/744633, www.mitrepeak.com.

Cruize Milford, ein relativer Newcomer, verlangt für die 1-Std.-Kreuzfahrt ab 65 $, ✆ 03/2497735, 0800/500121, www.cruizemilford.co.nz.

Fjord-Touren mit Übernachtung Real Journeys ist der einzige Anbieter von Kreuzfahrten im Fjord, bei denen man an Bord übernachten kann. Der „Milford Wanderer" (61 Betten) ist in Zusammenarbeit mit dem neuseeländischen Jugendherbergsverband und firmiert dort als Herberge „YHA Milford Sound". Das Schiff ist von Okt. bis April täglich unterwegs, man ist von 17 bis 9 Uhr an Bord. 170–240 $ inkl. 1 Übernachtung und Abendessen. Die Viererkabinen sind eng (exakt 8 m³ Raum), die Betten sind bezogen, haben Schafsack und Handtuch; das Abendessen ist 3-gängig in rustikalem Stil.

Der ungleich luxuriösere „Milford Mariner" ist von Sept. bis Mai täglich zu denselben

Milford Sound (Ort und Fjord) 771

Zeiten unterwegs; größere Kabinen mit Bad, alle nur für 2 Pers.; an Bord 30 Kajaks, das Abendessen à la Candlelightdinner. Im Twin 345–440 $/Pers.

Kajak-Touren Fiordland Wilderness Experiences (auch auf dem Lake Manapouri und im Doubtful Sound aktiv) organisiert seit 1992 Kajaktrips auf dem Milford Sound und weiß genau, was die Gäste wünschen. 4- bis 5-stündige, geführte Meereskajakfahrten ab Milford 125–135 $, ab Te Anau 155–165 $. ✆ 03/2497700, 0800/200434.

Rosco's **Milford Kayaks** organisiert unterschiedliche geführte Touren mit Meereskajaks ab Milford Sound oder Te Anau. 3–6 Std. 99–175 $ ab Milford Sound. ✆ 03/2498500, 0800/476726, www.roscosmilfordkayaks.com.

Tauchen Tawaki Dive Company bietet 2 begleitete Tauchgänge für 160 $; dazu 100 $ für den Tauchanzug. ✆ 03/2499006, www.tawakidive.co.nz.

Milford Discovery Centre Das Unterwasser-Observatorium lehnt sich an einen Steilfelsen im geschützten Meeresteil der Bucht; erreichbar ist es nur mit Booten, der Fährpreis ist im Eintrittspreis inbegriffen. Im Überwasserbereich, nicht mehr als eine überdachte Plattform, geben Tafeln, Diagramme und Fotos eine Einführung in das Leben in den Tiefen des umgebenden Meeresbereichs. 9 m führt eine Wendeltreppe tief unter den Meeresspiegel, also unter die wenig belebte Süßwasserschicht, die auf dem salzigen Meerwasser schwimmt. Durch große Glasfenster blickt man auf die kalte Meerwasserschicht des Fjords, deren Temperaturen und geringer Lichteinfall Tiefseebedingungen entsprechen (die hohen Berge ringsum lassen kein direktes Sonnenlicht in die Bucht fallen). Direkt vor den Fenstern befinden sich speziell gepflanzte Tiefseegärten mit Korallen und verschiedenen Pflanzen, die für diesen Fjord typisch sind. Der große schwarze Seestern, rote und schwarze Koralle, gelegentlich ein Hai und andere große Fische sind zu sehen. Tägl. 9.30–17.30 Uhr (Mai bis Sept. kürzer); Eintritt 54 $, inkl. Bootshuttle vom Anleger. In Kombination mit einer Kreuzfahrt beträgt die Aufenthaltszeit nur magere 20 Min. ✆ 03/2499442, www.southerndiscoveries.co.nz.

Übernachten/Essen & Trinken

Das Übernachtungsangebot im Milford Sound beschränkt sich auf eine Backpacker-Lodge und die Boote von Real Journeys (s. o.), von denen eines als YHA-Herberge fungiert.

Mitre Peak Lodge, das ehemalige, ziemlich heruntergekommene Hotel im Milford Sound gehört der Milford-Sound-Gesellschaft und ist für deren Gäste reserviert. Wenn die Lodge nicht voll belegt ist, hat man eventuell eine Chance, hier übernachten zu dürfen.

Milford Sound Lodge, in völlig einsamer Lage; Café-Bar, Internet, angenehme Lounge. Ganz neu sind die angenehmen Chalets am Fluss. Chalet 185–250 $, DB 40 $, DO 27–30 $, auch Zeltplätze (und 2 P.) 32–40 $. Milford Sound, SH 94, ca. 1,5 km abseits des Orts an der Straße zum Homer Saddle, ✆ 03/2498071, www.milfordlodge.com.

Fjord-Touren mit Übernachtung → Sport & Freizeit.

Milford Pub und **Mitre Peak Café**; nur kleine Auswahl, lange Warteschlangen, ungemütlich; zwischen dem Gebäudekomplex und dem Fährenleger kostenloser Shuttlebus.

Der Milford Track

Länge/Dauer: 54 km/4 Tage. **Höhenunterschied**: ↑ 900 m, ↓ 1.100 m. **Charakter/Markierung**: Der Milford Track ist nicht zu verfehlen, es gibt keine Gabelungen oder Abzweigungen; er ist durchgängig ein guter Weg oder Steig.

Nach 1880 begann der unternehmerisch begabte *Donald Sutherland* mit den Vorarbeiten für einen Fußweg von Otago in den Milford Sound, um Touristen in den Fjord zu locken. Bis zu den Sunderland Falls wurde der Weg von ihm und *John*

Mackay vorangetrieben, von Süden wurde er erst ab 1888 mit Regierungsgeldern zum Mackinnon Pass hinaufgeführt, womit eine durchgehende Verbindung entstand. Der Pass, über den heute jedes Jahr Tausende wandern, wurde nach *Quintin McKinnon* benannt, der ihn 1888 als Erster erreichte und im selben Jahr die ersten Touristen über den Pass in den Milford Sound begleitete. Von 1903 bis 1966 hatte die neuseeländische Regierung ein Monopol für die Nutzung des Wegs und ließ nur von Führern begleitete Gruppen zu; erst ein Protestmarsch von Mitgliedern des Otago-Wandervereins im Jahr 1964 brachte die Öffnung auch für individuelle Wanderer.

Doch der heute privat verwaltete Milford Track wird immer stärker zum Problem: Die Konzessionäre lassen wesentlich mehr Tagestouristen auf den Track, als ihnen quotenmäßig zusteht – und das ist auch schon zu viel. Das Gefühl von Enge und Überfüllung kommt aber nicht nur in Tagestour-Entfernung vom Trackbeginn auf, sondern auch mittendrin, wo keine Tagesausflügler mehr hinkommen. Da Wanderer auf geführten Touren und unabhängige Tramper nebeneinander unterwegs sind (untergebracht in zwei getrennten Hüttensystemen), ist zumindest in den Stunden von 10 bis 16 Uhr für Berührungsstress gesorgt. „Wenn das so weitergeht, werden sowohl Einheimische als auch Touristen unsere Nationalparks bald nicht mehr als Orte des Friedens und der Naturwunder empfinden, sondern als so überfüllt wie eine Haupteinkaufstraße beim Sommerschlussverkauf", beklagt der Vizepräsident der Federated Mountain Clubs of NZ (South Island) am 4. Januar 2005 die Entwicklung in einem Leserbrief an die „Otago Daily Times".

Übernachten Für den Milford Track benötigt man einen Accommodation Pass für 3 Nächte, der 153,30 $ kostet; Camping ist auf dem Track nicht gestattet. Die 3 Hütten (Clinton Hut, Mintaro Hut, Dumpling Hut) haben Gasherd und Toiletten, aber trotz des hohen Preises wie fast alle neuseeländischen Hütten weder Pfannen noch Geschirr. Alle Hütten müssen für bestimmte Nächte fest gebucht werden. Die Buchung beginnt am 1. Juli der Saison, die von Ende Okt. bis Ende April geht (z. B. 28.10.2011-25.4.2012, der Tourenbeginn am 19.11.2011 war am 7.5.2011 bereits ausgebucht). Gebucht wird an den DOC Great Walks Booking Desks in *Queenstown*, *Te Anau* oder *Glenorchy* (Adressen bei diesen Orten) oder auf www.doc.govt.nz.

Bei elektronischer Bestellung muss mit Kreditkarte bezahlt werden (American Express wird nicht akzeptiert!) oder brieflich mit beigelegtem Scheck – auf jeden Fall sofort. Im Winter, also außerhalb der Saison, sind alle Hütten normale DOC-Hütten (15,30 $), das Gas ist dann abgeschaltet.

Track-Transfer Beide Enden des Milford Tracks sind nur mit dem Boot erreichbar. Für den **Start an der Glade Wharf**, direkt am Nordende des Lake Te Anau, nimmt man das Boot von Real Journeys, das Te Anau Downs um 10.30 und 14 Uhr verlässt (70 $). Die Real-Journeys-Boote werden mit den darauf abgestimmten Shuttles von Tracknet ab Te Anau um 9.45 und 13.15 Uhr sicher erreicht.

Vom **Ende am Sandfly Point** fahren regelmäßig Boote nach Milford Sound. Am ehesten kommen die Boote um 14.15 und 15.15 Uhr in Frage. Busse zurück nach Te Anau Downs (wer dort parkt) oder Te Anau um 15 und 17 Uhr mit Tracknet.

Über andere Möglichkeiten wie die Kombination mit einer kurzen Kreuzfahrt auf dem Lake Te Anau oder einem am Sandfly Point wartenden Meereskajak erkundigt man sich in Te Anau im Visitor Centre.

Karte/Infos Für den Track gibt es beim DOC das Gratis-Faltblatt „Milford Track Independent Tramping".

Die „Milford Track Parkmap" hat den wenig hilfreichen Maßstab 1:75.000 und enthält detaillierte Beschreibungen des Tracks, seiner Geschichte und Natur, ist aber eigentlich entbehrlich.

Geführte Wanderungen Im Gegensatz zu Wanderern, die nur die Übernachtung buchen (Independent walkers) bekommen Wanderer auf geführten Touren gemachte Betten, komplette Verpflegung und heiße Duschen. Dafür ist mehr zu zahlen, als angemessen erscheinen. Der **Milford Track**

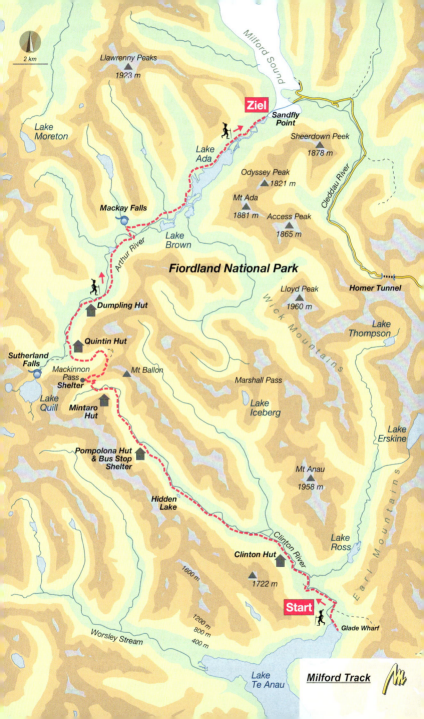

Guided Walk (5 Tage/4 Nächte) kostet 1.830–3.020 $ p. P. Buchung bei Milford Track Guided Walk, ✆ 0800/659255, www.ultimatehikes.co.nz.

Geführte Tageswanderungen auf dem Milford Track → Te Anau.

> **Wichtiger Hinweis:** Der Milford Track ist der beliebteste Great Walk Neuseelands, und die Nachfrage übersteigt das auf 40 Wanderer pro Tag limitierte Angebot bei weitem. Wer nicht am 1. Mai oder spätestens in den folgenden Tagen gebucht hat, kann die folgende Sommerhauptsaison, also Mitte Dez. bis Mitte März, meist abschreiben!

Tourenverlauf 1. Tag: Von der **Glade Wharf** am Nordende des Lake Te Anau zunächst auf einer Allradpiste, dann auf Weg, man quert den Clinton River auf einer Hängebrücke und erreicht die erste Hütte, die **Clinton Hut** (8 km, 2 Std.).

2. Tag: Von der Clinton Hut zunächst mäßige Steigung. Ein beschilderter Abstecher führt zum **Hidden Lake**. Nach einer weiteren kurzen Steigung erreicht man den **Bus-Stop-Unterstand** und die Pompolona Hut (off limits für „Independent walkers"); nach einer weiteren Stunde **Mintaro Hut** (16,5 km, 4–6 Std., ↑ 350 m).

3. Tag: An dem einzigen (und nur für ein paar Stunden) hochalpinen Tag quert man den **Mackinnon-Pass**, den man bereits nach ca. 1:30–2 Std. erreicht. Der Abstieg vom **Unterstand** (mit Toiletten und Gaskocher!) ist etwas weniger steil als der Aufstieg. Am Zusammenfluss zweier Flüsse liegt die Quintin Hut (nur für „Guided Walkers") mit öffentlichen Toiletten. Von hier Abstecher zu den 560 m hohen **Sutherland Falls** (hin/zurück 4 km, 1 Std.). Eine weitere Stunde Abstieg, und man hat **Dumpling Hut** erreicht (14 km, 5–6 Std., ↑ 550 m Aufstieg, ↓ 1.000 m Abstieg).

4. Tag: Man folgt dem Fluss bis zu einer Hängebrücke (2 Std.). Danach geht es etwas aufwärts zu den **Mackay Falls**, aber dann leicht bergab zum **Lake Ada**. Unterstand unterhalb der Giant Gate Falls, dann nochmals 1:30 Std. zum **Sandfly Point,** wo Boot oder Kajak warten (18 km, 5–6 Std., 100 m Abstieg).

> **Wichtig!** Der Milford Track darf nur in der beschriebenen Richtung begangen werden!

Das Hollyford-Tal

Von der Divide, der Wasserscheide der Southern Alps, führt die Milford Road kurz durch das oberste Hollyford Valley, bevor sie sich nach links zum Homer-Tunnel in ein Nebental hinaufquält. Ein nicht asphaltiertes Sträßchen führt 16 km weit ins Hollyford Valley hinunter, wo es unvermittelt endet. Pläne, diese Straße über die Täler von Pyke River und Cascade River bis Haast zu verlängern, wurden nach Protesten (und wirtschaftlichen Überlegungen) in die Schublade geschoben.

Nach 8 km erreicht man *Gunn's Camp,* die einzige feste Siedlung im gesamten Tal. Man nächtigt auf Lagern in primitiven Blockhütten, die einmal einer Familie als Homestead dienten. Im Laden gibt es vor allem zu kaufen, was Wanderer benötigen, dazu Postkarten und Bücher. Das angeschlossene kleine *Museum* ist für Übernachtungsgäste gratis (sonst 1 $).

🚶 Der Hollyford Track

Länge/Dauer: 56 km/3–4 Tage

8 km weiter am Ende der Straße führt ein kurzer Weg zu den 200 m hohen *Humboldt Falls* (20–25 Min. hin/zurück); hier beginnt auch der **Hollyford Track**, ein

Das Hollyford-Tal

Tieflandweg, der an einer neuen Hütte, der **Martin's Bay**, endet. Von dort muss man sich ausfliegen lassen (ab 220 $) oder über die anstrengende und nicht ungefährliche *Big Bay-Pyke Route* (8–10 Tage) zurückkehren.

Track-Information Durch die DOC-Faltblätter „Hollyford Track" und „Big Bay-Pyke Route".

Übernachten Gunn's Camp, das schlichte Camp hat sich mit wachsendem Andrang gemausert und hat jetzt auch Unterkünfte in historischen Cabins zu bieten. Cabin (2 Pers.) 48 $, Zeltplatz u. 2 Pers. 10 $. Hollyford Valley, Private Bag 50049, Te Anau, ✆ kein Telefon, gunnscamp@ruralinzone.net.

Geführte Touren Veranstaltet **Hollyford Track**, PO Box 360, Queenstown. 3 Tage ab ca. 1.700 $, Nächtigung in privaten Lodges, inkl. Transfer von Queenstown oder Te Anau und ab Milford Sound sowie Flug dorthin; ✆ 03/4423760, www.hollyfordtrack.com.

Martin's Bay – die Stadt, die keine wurde

An der Mündung des Hollyford Rivers in die Tasmansee, der *Martin's Bay*, spielte sich ein kurzes Kapitel der Geschichte von Fiordland ab, an das heute nur noch Bücher erinnern. 1870 brachten fünf Schiffe Siedler in die Bucht, die hier eine Town mit umgebenden Farmen errichten und Viehzucht und Ackerbau betreiben wollten. Das fing nicht gut an: Von den fünf Schiffen lief nur eines nicht auf Grund oder sank beim Einlaufen in den Hafen. So hatte das Projekt von Anfang an einen schlechten Ruf, und immer wieder weigerten sich die Kapitäne, den Hafen Martin's Bay anzusteuern. Im ersten Jahr wurden mehr als 100 Stadtgrundstücke abgesteckt sowie eine Reihe von Farmen mit je 50 Acres Grund.

Mit dem Rest der Welt war Martin's Bay durch keine Straße verbunden. Zwar konnte man über das Hollyford Valley talaufwärts und weiter durch das Routeburn oder das Greenstone Valley den Lake Wakatipu erreichen. Aber selbst wenn es einen Maultierpfad gegeben hätte (es gab keinen), hätte man ihn wegen des langen Winters und der Lawinengefahr die Hälfte des Jahres nicht nutzen können.

Zu seinen besten Zeiten hatte Martin's Bay 40–50 Siedler, die mit geringem Erfolg Weizen (!), Hafer, Gerste, Gemüse und Kartoffeln anbauten, dazu gab es Fisch und Meeresfrüchte, Fleisch war unbekannt. Schiffe liefen den Hafen oft nur alle fünf Monate an oder noch seltener. Das brachte im Winter und Frühjahr 1872 (= Mai bis Oktober) eine Hungerperiode, nachdem das letzte Schiff den Hafen im März verlassen hatte. Die letzten Saatkartoffeln, Farnwurzeln, Weka, Wildtauben und Kakapo wanderten in den Topf. Der Winter dauerte sehr lange in diesem Jahr: Erst Ende September war Tauwetter und der Landweg wieder offen. William Homer, der Hilfe holen sollte, brauchte 12 Tage bis zum Lake Wakatipu und kam dabei fast um.

Endlich, Anfang November, lief nach acht Monaten ein Schiff ein, brachte Mehl, Kartoffeln, Tee. Fast alle Siedler verließen Martin's Bay mit diesem Schiff. Die wenigen verbliebenen Familien schlugen sich irgendwie durch, auch sie gaben später auf. Die Familie Webb verließ die Bucht nach 25 Jahren harter Arbeit mit nichts – die beiden Kinder waren gestorben, eines an Beerengift, das andere an der Grippe. Die Familie McKenzie harrte noch bis in die 20er Jahre aus, dann gab auch sie auf und verließ die Martin's Bay für immer.

Bis ins Tiefland reichen die Gletscher im Westland (Franz Josef Glacier)

Die Region Westland

Die Westküste der Südinsel ist ein langer schmaler Streifen zwischen der Tasmansee und den Neuseeländischen Alpen. Urwald und ausgedehnte Forste, Gletscher, die fast ans Meer heranreichen, die höchsten Berge und eine Reihe von Orten aus der Goldrauschzeit findet man an der Westküste. Und in den Flüssen neuseeländische Jade - Pounamu.

Wie keine andere Region des Landes (außer vielleicht Fiordland) bekommt Westland Wind und Regen ab; es liegt genau in der Westwindzone, ohne dabei von vorgelagerten Inseln geschützt zu sein. Große Gebiete der Küste, besonders die alten Gletschermoränen und die Flussebenen, sind von Mooren bedeckt. Durch das Abholzen des Urwaldes über weite Strecken wurde der Boden ausgelaugt, Landwirtschaft ist kaum irgendwo möglich und überall unwirtschaftlich.

Die Goldrauschphase Westlands hat einige interessante Orte hinterlassen: Blackball, Ross und Okarito gehören dazu. Sie hat aber auch das Wachstum der Hafenorte gefördert: Westport, Greymouth und Hokitika haben davon profitiert. Naturphänomene wie die Karstlandschaft bei Karamea, die gestreiften Pancake Rocks bei Punakaiki, v. a. aber die beiden Tieflandgletscher Fox Glacier und Franz Josef Glacier rückten erst mit dem beginnenden Tourismus in das Bewusstsein der Neuseeländer. Wandern, Bergsteigen, Trekking, Raften heißen die Sportarten der Westküste, aber nicht Baden – die Strände sind dazu fast überall viel zu gefährlich, und das Wasser ist auch im Hochsommer zu kalt.

Etwas Geschichte

Südlich des Buller gedeiht Kumara nicht mehr, das Grundnahrungsmittel der Maori. Weiter südlich, und das heißt fast im ganzen Bereich der Westküste, lebten folglich nur wenige Maori, die sich in Meeresnähe aufhielten und sich von Fisch, Meeresfrüchten und Pflanzen wie Raupo ernährten. Jeden Sommer kamen Trupps fremder Maori über die Bergpässe an die Westküste, denn sie suchten nach Pounamu, der neuseeländischen Jade. Die Maorikultur ist eine Steinzeitkultur, Pounamu war einer der härtesten und doch am besten zu bearbeitenden Steine und wurde für Waffen, aber auch wegen seiner Schönheit als Schmuckstein verwendet. Haupttreffpunkt war Okarito (Ort des Raupo), das aber bereits fast verlassen war, als Thomas Brunner es als erster Europäer besuchte.

Abel Tasman sichtete als erster Europäer am 13. Dezember 1642 die Berge der neuseeländischen Alpen, 1770 segelte James Cook die Küste entlang, die Berge sah er wegen des üblichen schlechten Wetters nicht. 1851 streifte das britische Vermessungsschiff „Acheron" die Küste entlang und konnte einen Gipfel mit ziemlicher Sicherheit als den höchsten Punkt bestimmen, er wurde Mount Cook genannt, der heutige Aoraki.

Drei Funde von Wrackresten, die im Raum Hokitika nach Stürmen im Sommer 2004/05 gemacht wurden, brachten interessante Ergebnisse. Sie waren aus europäischer Eiche und Buche gefertigt, die Verbindung erfolgte durch hölzerne Dübel. Solche Schiffe fertigt man eindeutig vor dem 19. Jh. Interessant ist auch: Die Bleche am Schiffskörper, die Bohrwurmbefall verhindern sollten, sind nicht wie im 19. Jh. aus gewalzter Bronze, sondern aus Kupfer. Das bedeutet also wenigstens 18. Jh. oder sogar älter – vor James Cook, vielleicht vor Abel Tasman? Ein früheres holländisches Schiff? Spekulationen gibt es genug.

Europäer fanden an der Westküste noch weniger gutes Land als Maori. Dennoch wurden zwei Forscher damit beauftragt, dieses Gebiet zu erkunden, da man Goldvorkommen vermutete. Charles Heaphy und Thomas Brunner fanden zwar kein Gold, bekräftigten aber die Hoffnung auf Gold. Im Mai 1860 kaufte die Regierung in Okarito den örtlichen Maori 7,5 Mio. Acres Land ab (nur die Pounamu-Gebiete am Arahura River beim heutigen Hokitika waren davon nicht betroffen). Bereits 1864 wurde Gold gefunden, 1865 noch mehr, bereits Ende 1865 hatte Okarito 800 Einwohner und 33 Läden, im März 1866 1.250 Einwohner, und weitere 2.500 lebten in verschiedenen Abbauzonen. 1867 war das Gold weg, und die Goldgräberorte wurden zu Geisterstädten. Einige wenige Unternehmen blieben übrig, die mit riesigen Dredges arbeiteten wie die Five Mile Dredge Company, die in 12 Jahren immerhin 480 kg Gold fand. Heute gibt es Dank des steigenden Weltmarktpreises wieder Goldabbau in Westland, eine international tätige Firma baut bei Reefton im Tagebau Primärgold ab, bis auf die gelegentlichen feinsten Blättchen gibt es jedoch kein Flussgold mehr.

Europäische Siedler hatten ab den 1860ern mit der Landesnatur gekämpft, die kleineren haben fast alle aufgegeben, wenige große Farmen sind übriggeblieben. Die Gier nach Holz hätte fast alle alten Urwaldgebiete zerstört, wenn nicht der 1961 gegründete Westland Nationalpark 1982 um Tieflandzonen erweitert worden wäre, in denen Podocarpaceen wie Totara, Rimu, Matai und Kamahi überleben können. Eine durchgehende Straße gibt es erst seit den 1980ern. Der Tourismus hat zwar stark dazu beigetragen, Menschen in der Region der Westküste zu halten, der Trend treibt sie aber immer noch von der Küste in andere Regionen. In keiner Region Neuseelands sind die Haus- und Grundstückspreise so niedrig wie hier.

Pounamu – die neuseeländische Jade

Der durchscheinende grüne Stein wurde vor 300–100 Mio. Jahren gebildet (Perm bis Kreidezeit) als Gesteine, die reich an Magnesium und Eisen sind, nämlich Nephrit und Bowenit, sich durch den extrem hohen Gebirgsdruck in 10 km Tiefe und bei mehr als 300 °C bildeten. Beim Aufstieg der neuseeländischen Südalpen wurden diese Lager teilweise und durch die Flüsse und Gletscher weiter freigelegt, sie lagerten und lagern sich in Flussniederungen und Gletschermoränen ab. Der Prozess findet heute noch wie vor 5 Mio. Jahren (Beginn des Aufstiegs der Alpen) statt. 1997 gab der neuseeländische Staat im Rahmen des Ngai Tahu Claims Settlements die Rechte an Pounamu an die Ureinwohner zurück (an der Westküste ist das Suchen und Mitnehmen kleiner Pounamu-Stücke weiterhin gestattet). Das Institute of Geological and Nuclear Sciences in Dunedin führt jetzt eine Studie durch, wieviel Pounamu jährlich in den Bergflüssen zu erwarten ist, Ziel ist eine ständige Nutzung des Greenstone. Mitarbeiter sind Studenten der University of Otago.

Die traditionelle Art der Bearbeitung des Pounamu ist nicht gerade flott, man bekommt dies am besten im Southland Museum in Invercargill oder in einer traditionellen Jadeschleiferei der Westküste, etwa in Hokitika, zu sehen: Der rohe Stein wird zwischen zwei flache Sandsteinplatten gelegt, die wie Reibsteine arbeiten. Um das starke Erhitzen und eventuelle Sprengen des Steins während des Abreibens zu verhindern, muss immer wieder Wasser über die Steine gegossen werden.

Der größte jemals gefundene Pounamu-Brocken wiegt 1,8 Tonnen und nennt sich Matawi. Er wurde im Jahr 2004 im Waitaiki Creek, einem Nebenfluss des Arahura-Flusses an der Westküste der Südinsel, entdeckt und war 2005 auf der Expo in Japan zu sehen.

Verbindungen entlang der Westküste

Bahn Die Bahn erreicht die Westküste nur in Greymouth, eine Linie entlang der Küste gibt es nicht.

Bus Zwischen Westport und Hokitika ist einigermaßen häufig mit Bussen zu rechnen. Von Karamea nach Westport und südlich von Hokitika nach Haast und weiter nach Wanaka und Queenstown sind Verbindungen sehr selten und teilweise auf den Sommer beschränkt.

InterCity fährt 3-mal tägl. zwischen Punakaiki und Fox Glacier (davon 2-mal Murchison – Fox Glacier und 1-mal Westport – Fox Glacier).

Die Strecke zwischen Franz Josef Glacier und Haast nach Wanaka und Queenstown wird 2-mal tägl. befahren (also vier Buspaare tägl. zwischen den beiden Gletscherorten).

Atomic fährt tägl. von Greymouth nach Picton und über die Gletscherorte nach Haast und Queenstown.

Flugzeug Flüge innerhalb der Region Westland gibt es nicht, obwohl mit Hokitika und Westport zwei leistungsfähige Flughäfen existieren.

Fahrrad An der Westküste immer noch ein ausgezeichnetes Verkehrsmittel, da die Straßen schwach befahren sind und die Höhenunterschiede nicht groß (bis auf die Strecke zwischen Franz-Josef- und Fox-Gletscher mit 3 Auf- und Abstiegen und bis auf den Haast-Pass). Gute Planung ist für Radtouren wichtig, denn Herbergen, Lokale und Läden liegen weit auseinander!

Karamea

97 km sind es von Westport nach Karamea, einem einsamen Vorposten der Zivilisation in einer sehr ursprünglichen oder zumindest so scheinenden Umwelt. Die Lage an der Mündung des Karamea River war ausschlaggebend für die Gründung 1874, den man benötigte einen Hafen für die hoffnungsvollen Siedler, die Land in der Umgebung und weiter nördlich bis zum Kohaihai River gekauft hatten. Immer wieder gab es Überschwemmungen, denn der Karamea ist ein sich jahreszeitlich stark verändernder Fluss, nach der Schneeschmelze in den Kahurangi-Bergen wird er zum Strom. Ort und Hafen hielten sich so einigermaßen über Wasser, bis das Erdbeben von Murchison im Jahr 1929 den Flusslauf verlegte und den Hafen verlanden ließ. Die Schaffung des Kahurangi-Nationalparks strich dem Ort die Jobs in der Forstwirtschaft, und wären nicht Gärtnereibetriebe (u. a. mit Sphagnum-Moos mit dem man zu Hause sein Terrarium ausstattet) und der Tourismus eingesprungen, hätte man die Bevölkerung eigentlich ausfliegen lassen müssen.

Alle Einrichtungen von Karamea fädeln sich locker an der 2 km langen Waverley Steet auf, zwischen Market Cross mit dem Visitor Centre im Osten und der Kreuzung mit der Wharf Road im Westen, wo sich Polizei, Ambulanz und katholische Kirche befinden. Das Angebot für Touristen ist noch begrenzt, aber wächst so ständig wie die Zahl der täglichen Wanderer auf dem Heaphy Track. Das *Karamea Centennial Museum* mit Ortsbibliothek auf halber Strecke zwischen den beiden Zentren ist für Ortsfremde nicht wirklich von großem Interesse (26.12. bis Febr. 10.30–17 Uhr, Mi und So geschlossen, 2 $).

Information Karamea Visitor Centre, Market Cross, Jan. bis Apr. tägl. 9–17 Uhr, Rest des Jahres tägl. (außer So) und Sa nur bis 13 Uhr. ✆ 03/7826652, www.karameainfo.co.nz.

Verbindungen Flugzeug: Abel Tasman Air fliegt täglich vom kleinen Flugfeld in Karamea nach Takaka und Nelson, darüber hinaus nach Motueka. www.flytasmanbay.co.nz. Auch **Hubschrauber**dienste: www.karameahelicharter.co.nz.

Bus: 2 Unternehmen aus Westport sind auch in Karamea tätig:

Karamea Express betreibt einen Heaphy Track Shuttle Service, Shuttle Karamea – Kohaihai und zurück. Ende Okt. bis April Karamea ab 13.30 Uhr, Kohaihai ab 14 Uhr (Rest des Jahres auf Anfrage), einfach 12 $. Außerdem Busdienst zwischen Karamea und Westport im Sommer Mo–Sa, im Winter Mo–Fr, einfach 27 $. Ebenfalls im Angebot: Taxiservice, Kanu. und MTB-Verleih. ✆ 03/7826757, info@karamea-express.co.nz.

Cunningham's fährt morgens (Mo–Fr) nach Westport und nachmittags zurück (einfach 20 $), ✆ 03/7897177.

Übernachten/Essen & Trinken Last Resort, vorwiegend in Handarbeit aus lokalen Hölzern errichtete Lodge und Cottages mit eindrucksvoller Innenarchitektur (Deckenbalken!). 16 Zimmer mit gemeinsamen Toiletten, Bad und TV-Lounge, 12 Motel-Units mit Bad/WC, TV. Motel-Unit mit Bad 130 $, Lodge DB ab 39 $, Backpacker-DO ab 37 $. 71 Waverley St., PO Box 31, Karamea, ✆ 03/7826617, 0800/505042, www.lastresort.co.nz.

Karamea River Motels, einfaches Motel im meeresnahen Westteil des Ortes. Nicht zu kleine Motels und Studios mit Bad und Küche. Unit 75 $. 17 Wharf Rd., ✆ 03/7826955, www.karameamotels.co.nz.

Rongo, alternativ-grüne Herberge mit einigen Mängeln, aber intim und übersichtlich, hilfreiche Herbergseltern, tolle Lage. DB 35 $, DO 24–27 $. 130 Waverley St., Karamea, ✆ 03/7826667, www.romgobackpackers.com.

Karamea Holiday Park, attraktiv meeresnah gelegener Platz 3 km südlich des Ortes, die Einrichtungen sind renovierungsbedürftig. Motel 75–85 $, Cabin 35–50 $, Stellplatz inkl. 2 Pers. ab 25 $. Maori Point Rd., Karamea, ✆ 03/7826725, www.karamea.com.

Restaurant und LR Café-Bar im Last Resort, 71 Waverley St.; Sports Bar mit Billiard, Groß-TV mit Sportübertragungen von morgens bis nachts, tagsüber Café (ab 10

Uhr), je später es wird, desto rowdiger. ℡ 03/7826617.

Saracen's Café, 99 Bridge St.; mit großen Portionen bei heißen und kalten Snacks und guten hausgemachten Kuchen und süßen Schnitten hält das Saracen's seine Stammgäste bei der Stange. Tägl. 8 Uhr bis spät. ℡ 03/7826600.

Touren

Wandern im Oparara Basin und die Honeycomb Hill Caves

Von Karamea setzt sich die Küstenstraße noch bis Kohaihai am Beginn (oder Ende) das Heaphy Tracks fort, wo sie endet. Im Kahurangi National Park östlich davon wurde erst in den letzten Jahren ein Karstgebiet erschlossen, das Oparara Basin. An dessen weiterer Erschließung, so durch den Bau eines direkten Wanderweges ab Karamea, wird bereits gearbeitet. Der Karst liegt im subtropischen Regenwald der Westküste und hat spitze Gesteinsformen, die an tropischen Karst denken lassen. Die interessante Fauna der Höhlen und Karstflüsse, aber auch des umgebenden Urwalds, ist noch längst nicht erforscht, zumal einige der größeren Höhlensysteme überhaupt erst in den letzten Jahrzehnten entdeckt wurden. Tiere wie die bis 15 cm lange (harmlose) Höhlenspinne *Spelungula cavernicola*, die riesige schwarze neuseeländische Urschnecke *Powelliphanta annectens* und Streifenkiwi, Kaka, Neuseelandfalke, Neuseelandtaube, Kea, Weka, drei Sittcharten und viele andere leben in diesem Gebiet. Das Wasser der Flüsse ist klar, wenn auch von den Moorgebieten in Senken leicht rötlich oder bräunlich gefärbt mit manchmal etwas Schaum (aus organischem, nicht verwestem Material).

Am leichtesten sind die *Honeycomb Hill Caves* zu erreichen, für die es ab Karamea eine geführte Tour gibt. Das Höhlensystem in 25 Mio. Jahre altem Kalkgestein entwickelte sich während der Eiszeiten, dabei entstanden unzählige Dolinen, Schlunde und Schlucklöcher, die an der Oberfläche oft kaum zu sehen sind. Durch diese Öffnungen drangen seit mindestens 20.000 Jahren immer wieder auch Vögel ein, die dann den Ausgang nicht mehr fanden und am Boden verendeten. Die in den 15 km

Höhleneingang im Oparara Basin

Karamea

An der Küstenstraße, die Berge um das Oparara Basin im Hintergrund

langen Gängen der Honeycomb Hill Caves ausgegrabenen Vogelskelette sind in ihrer Menge und Vielfalt einzigartig. Gefunden wurden z. B. der ausgestorbenen Neuseelandadler *Haast Eagle*, die flugunfähige Riesenralle und mehrere andere ausgestorbene Vögel (Ihre Skelette sind nicht mehr zu sehen, sondern befinden sich in neuseeländischen Museen und Forschungsinstituten).

Vom Parkplatz am Ende der Stichstraße (Mac Callums Mill Road) zu den Honeycomb Hill Caves führt ein Wanderweg (hin/zurück 30–40 Min.) zum *Oparara Arch*, einem von mehreren natürlichen Bögen, die durch die Karstverwitterung entstanden sind. Dieser ist wohl der größte, 219 m lang, 43 m hoch und 40 m breit. Bis zum *Moira Gate Arch* geht man vom vorletzten Parkplatz auf der Zufahrtsstraße (hin/zurück ca. 1 Std.).

Öffnungszeiten Die **Honeycomb Hill Caves** können nicht auf eigene Faust erkundet werden. Die obligatorischen Führungen (tägl. 10 und 13.30 Uhr, 95 $) werden von einem Verein durchgeführt, dem Oparara Valley Project Trust, der sich ihren Schutz zum Ziel gesetzt hat, und sind sowohl sehr persönlich als auch interessant. Infos und Buchungen von Touren ab Karamea beim dortigen Visitor Centre (s. o.), oder bei Oparara Experience, www.oparara.co.nz. Mit Transfer und Besuch des Oparara Arch (ab Karamea um 9 Uhr) 240 $ (ab 2 P., inkl. Verpflegung).

Infos/Karten Das DOC-Faltblatt „Northern West Coast – Walks in Karamea Area and Kahurangi National Park" führt auch einige andere kurze Wanderungen und Spaziergänge auf.

Der K' Road Track

Dieser Track ist ein 2003 eröffnetes System von Wegen, die für Wanderer, v. a. aber auch für Mountainbiker geeignet sind. Wiedererschlossen wurden dabei vergessene Wege aus der Holzfällerphase, die also etwa zwischen 1870 und 1986 verwendet wurden. Von einigen Stellen hat man Ausblicke auf das Meer, von vielen auf das Oparara Basin.

Mountainbikes (auch Kajaks und Kanus) verleiht Karamea Motors. Der Laden befindet sich auf der Südseite der Brücke über den Karamea, ℡ 03/7826757.

🥾 Die großen Tracks im Kahurangi National Park

Alle drei großen Tracks im Kahurangi National Park können von Karamea aus gestartet werden. Zum Heaphy Track gibt es einen Shuttle-Service (→ Verbindungen), zum Wangapeka Track, an den sich der Leslie-Karamea Track anschließt, nimmt man zunächst den Bus in Richtung Westport bis Little Wanganui. Von dort oder direkt von Karamea nutzt man den Taxiservice von Karamea Motors zum Beginn des Tracks (35 $ ab Karamea, mind. 4 Pers., → 03/7826757). Das Westende des Tracks wurde verbessert, es gibt neuerdings eine Brücke über Tangent Creek, es sind keine Furten mehr zu durchqueren! Auch der Anfang selbst ist jetzt neu: Er liegt nun auf der Nordseite des Little Wanganui River.
Zum Weg unter ☎ 03/7888008.

Zum Heaphy Track, zum Wangapeka Track und zum Leslie-Karamea Track: → Marlborough und Nelson, (S. 547 und 532).

Zwischen Karamea und Westport: In *Little Wanganui* biegt man zum Wangapeka Track und Leslie-Karamea Track ab. Nach der Brücke über den Little Wanganui River schneidet die Straße ein Vorgebirge ab, das sich *Karamea Bluff* nennt und als Ecological Area (Naturschutzgebiet) ausgewiesen ist. Am Mokihinui River (Abzweig zur Pioniersiedlung *Seddonville*) erreicht man die breite, flache Küstenzone, die bis Westport reicht, in der kleine Nikaupalmenhaine auffallen. Von der Ansiedlung Ngakawau (nach 10 km Fahrt in der Küstenebene) führt der leichte **Charming Creek Walkway** flussaufwärts, er wurde auf einer aufgelassenen Bahnstrecke mit Tunnels eingerichtet und weist eine ganze Reihe von historischen – gut beschilderten – Relikten aus der Zeit auf, als hier noch eine Werksbahn zum Kohlebergwerk fuhr (1912–1958, das Bergwerk „Old Mine" war bis 1972 in Betrieb). Ab dem Parkplatz in Ngakawau bis Watson's Mill (etwa die halbe Strecke), sind es hin und zurück 3 Std., bis zum Ende des Tracks (der als Schotterstraße nach Seddonville weiter läuft) sind es etwa 3:30 Std. Einfach. Ein Faltblatt „Charming Creek Walkway" gibt es bei den DOC-Büros und in den i-Sites der Region.

Weka in Aktion

Übernachten/Essen & Trinken Seddonville Holiday Park, ein kommunaler Campingplatz, den sich – wie auch eine Ortsbibliothek – die kleine Gemeinde Seddonville am Mokihinui River leistet. Die Verwaltung wurde in der ehemaligen Schule eingerichtet. Es gibt Caravan- und Zeltplätze und sehr einfache Bunkrooms (Schlafsack und Kochutensilien mitbringen!), TV-Lounge, Kinderspielplatz. 108 Gladstone St., Seddonville. Essen kann man im **Seddonville Motor Hotel** am Ortseingang (gesehen von der Straße nach Karamea aus), dort auch evtl. – besonders in der Winterzeit – Schlüssel. Stellplatz inkl. 2 Pers. ab 14 $, DO 25 $. ☎ 03/7821314.

Küste nördlich Westport

Westport

Westport ist bis auf ein Museum und das nahe landschaftlich reizvolle Cape Foulwind kein sehenswerter Ort. Es entstand 1861 als Fährort über den Buller River, zu einer Zeit, als immer mehr Goldsucher das Gebiet erforschen und den Buller queren wollten. Gold wurde durch Kohle abgelöst, die in der Umgebung abgebaut und im Hafen verschifft wurde – beide Bodenschätze haben ihre Bedeutung heute verloren. Der Ort liegt in einer monotonen Ebene und hat das übliche Muster rechtwinklig angelegter Straßen. – Da ein echter Stadtkern fehlt, muss man schon aufpassen, dass man die paar Geschäfte und Einrichtungen, die im Zentrum auch für Touristen von Interesse sind, nicht verpasst

Information/Verbindungen

Information Westport i-Site Visitor Centre, 1 Brougham St., vom 26.12. bis Ende Jan. tägl. 9–19 Uhr (den Rest des Jahres nur bis 17 Uhr). ✆ 03/7896658, westport.info@xtra.co.nz, www.westport.org.nz.

DOC-Büro, 72 Russell St., Mo–Fr 8–12/13–18 Uhr, ✆ 03/7888008, 0800/22233.

Verbindungen Flugzeug: tägl. 1-mal Wellington hin/zurück.

Bus: InterCity und Atomic fahren nach Picton, Nelson, Blenheim und an der Südküste bis Queenstown. Busstop an der Kreuzung Palmerston/Brougham Street vor der i-Site. Cunningham's-Busse nach Karamea halten 179 Palmerston St.

Taxi: Buller Taxis, ✆ 03/7896900.

Sport & Freizeit

Radfahren In Sachen Verleih und Reparatur sehr hilfreich und effizient ist Soenke Struve in **Beckers Sportsworld & Cycle Centre**, 204 Palmerston St., ✆ 03/7888003. Der Chef und ein Teil der Crew sind Deutsche.

Höhlen-Rafting Underworld Rafting ist ein Angebot von **Norwest Adventures**, das in Charleston südlich Westport beginnt, einen zunächst auf Wanderweg durch die Karstlandschaft des Paparoa-Nationalparks

Die Region Westland

führt und dann in das Metro-Höhlensystem. Mit Taucheranzug, Helm und einem Autoschlauch wandert man zuerst durch einen Höhlengang, bis man auf einem Höhlenfluss durch eine Glühwürmchengrotte auf seinem Schlauch nach draußen treibt, wo man noch einmal die herrliche Landschaft, diesmal am Nile-Fluss, bewundern kann. Dauer 4–5 Std., 165 $. Norwest Adventures, c/o The Charleston Hotel, Charleston, ☎ 03/7888168, 0800/116686, www.caverafting.com.

Jetboats/Rafting/Reiten Ein vielgestaltiges Programm bietet **Buller Adventure Tours**. Die Jetboat-Touren ab dem Buller River dauern ca. 1:15 Std., beginnen in Westport und führen flussaufwärts in die Lower Buller Gorge. Nach 22 km wird zwischen Hawks Crag und Berlins umgedreht (79 $, Kinder 50 $).

Beim Rafting wird am Thomas Brunner Memorial gestartet (flussabwärts von der Hängebrücke), mehrere Weißwasserzonen (II–IV) werden durchfahren, der aufregendste Teil ist der Abschnitt Earthquake Slip Rapids (III–IV), wo das schwere Inangahua-Erdbeben vom Mai 1968 einen Hangrutsch auslöste, der den Buller River vorübergehend in einen See verwandelte. Die Tour endet zwischen der Iron Bridge und Inangahua, wo ein Barbecue Lunch eingenommen wird. Dauer: 3 Std. auf dem Fluss, insg. 5 Std., Preis 120 $ inkl. Lunch.

Ein Reitausflug (Dauer ca. 1:40 Std. zu 80 $) ist ebenfalls im Programm,. Buller Adventure Tours, Lower Buller Gorge Rd., SH 6, Westport, ☎ 03/7897286, 0800/697286, www.adventuretours.co.nz.

Übernachten

Buller Bridge Motels, Standard-Motel mit 14 Units mit Küche (Backofen!), TV, Fön, Heizung, Gästewaschküche, Gratis-Spa und hübschem Garten. Unit 110–220 $. The Esplanade, ☎ 03/7897519, 0800/500209, www.bullerbridgemotel.co.nz.

Ascot Motel, ruhig und doch zentral gelegenes Motel. Nur 12 große Units mit allen Annehmlichkeiten vom Sat-TV über Fön bis zur Mikrowelle und Gästewaschküche. Unit 85–120 $. 74 Romilly St., ☎ 03/7897832, 0800/657007, ascotmotorlodge@paradise.net.nz.

Havenlee Homestay, trotz seiner zentralen Lage ein ruhiges B&B mit wunderbar friedlichem Garten. Von den 3 Zimmern eines mit Bad. DZ/FR (cont.) 120–170 $. 76 Queen St., ☎ 03/7898543, www.havenlee.co.nz.

Tripinn, Backpacker-Herberge an einer der Hauptstraßen. Großzügig bemessene Gemeinschaftsräume, Zweierzimmer mit bezogenen Betten, Videos in der Lounge gratis, Garten. DB 30 $, DO 23–25 $. 72 Queen St., ☎ 03/7897367, 0800/737773, www.tripinn.co.nz.

Bazil's, große, geräumige Herberge, YHA-assoziiert, gern von Backpackern vom Schlag der Party-Typen frequentiert. Garten, gute Einzel und Zweier, akzeptable Schlafräume. DB ab 40 $, DO ab 25 $. 54 Russell St., ☎ 03/7896410, 0800/303741, www.bazils.com.

Westport Holiday Park, überwiegend schattiger Holiday Park mit Caravan- und Zeltplätzen, Motels, spitzdachigen Mini-Chalets, Bunkroom für Gruppen und Backpacker und getrenntem Küchen-/Ess- und TV-/Loungebereich. Decken, Wäsche und Küchengeschirr können ausgeliehen werden. DO ab 28 $, Motels & Chalets 65–150 $, Stellplatz inkl. 2 Pers. ab 30 $. 31–37 Domett St., ☎ 03/7897043, www.westportholidaypark.co.nz.

Essen & Trinken

Bistro/Bar im Cosmopolitan Hotel, 136 Palmerston St.; Bar und Gastgarten „Garden Bar". Bier *on tap*, großer offener Kamin in der Bar, ganztägig Pubfood und Deftiges (Knoblauchbrot, Sandwiches, Braten, Mixed Grill, Rumpsteak – die Hauptgänge mit Beilagen ab ca. 15 $). Gemütliches Zentrum für lokale und angereiste Gäste. Auch Zimmer (alle im Motelstil mit Küchenzeile, Bad/WC, Sat-TV, auch als B&B buchbar). ☎ 03/7896305.

Star Tavern, an der Abzweigung der Zufahrt von Cape Foulwheather vom SH 6a. Pub/Bar mit Essen vom Pubfood-Typ, hier gibt es u. a. das Bier der örtlichen Miner's Brewery (Draught, Lager und Dark). Gelegentlich Live-Musik.

Sehenswertes/Touren

Coaltown Museum: Das Museum einer Kohlenstadt hat sich dem Thema Kohle zu widmen. Ein Video und viele Objekte, die aus dem Kohlebergbau stammen, lassen dieses Stück jüngerer Vergangenheit sehr lebendig werden. Auffällig vor dem Gebäude einer ehemaligen Brauerei in der (165) Queen Street ist ein Wagen der Denniston Incline, der für einen extrem steilen Schienenweg gebaut wurde.
Tägl. 9–16.30 Uhr, im Sommer länger. Eintritt 12 $. 03/7898204.

Zum Cape Foulwind: 12 km westlich der Stadt liegt das Vorgebirge Cape Foulwind. Cook muss ziemlich übles Wetter erlebt haben, als er das Kap umfuhr und es so ehrabschneidend benannte. (Abel Tasmans Name von 1642, hätte eigentlich historisch den Vortritt gehabt: Clyppygen Hoeck, also Felsiges Kap). Die hohen Kliffs des Kaps erreicht man über ein welliges Plateau, das durch mit Buschwerk bewachsenen Mulden gegliedert ist. Ein Wanderweg führt am Leuchtturm vorbei und weiter immer über dem Meer zu einer *Pelzrobbenkolonie* in der *Tauranga Bay*, wo man wieder auf die Straße trifft (1–1:30 Std.) und denselben Weg zurückgeht zum Parkplatz am Wegbeginn. Die Pelzrobbenkolonie ist Neuseelands nördlichste und zählt zwischen Oktober und Januar bis zu 300 Tiere.

Durch die Buller Gorge: Der bei Westport mündende Buller River zwängt sich zwischen Berlins und dem Austritt in die Küstenschwemmebene und noch spektakulärer zwischen der Inangahua Junction und kurz vor Murchison (→ S. 553) durch ein enges Tal. Die beiden Engstellen werden Lower Buller Gorge und Buller Gorge genannt und lassen sich am besten von Westport aus auf einer Schnellboottour (→ Westport/Sport & Freizeit) erkunden, aber auch von der Straße aus, die als SH 6 das gesamte Tal benutzt und nur einmal eine enge Schlinge abschneidet.

Die *Lower Buller Gorge*, die man als erste erreicht, ist der eigentliche Höhepunkt, denn der Fluss wird hier am engsten eingeschnürt. Die Straße musste, wie am über-

Westport lebte früher von der Kohle

hängenden *Hawks Crag*, teilweise in den Felsen gesprengt werden. Nach *Berlins* (Café und „Hotel" an der Straße) endet die Lower Buller Gorge, das Tal weitet sich. *Inangahua Junction* besteht aus einer Handvoll Cottages, einem Backpacker und einem klassischen „Dairy". Oberhalb davon beginnt die *(Upper) Buller Gorge* und in einer engen Flussschlinge liegt die Geisterstadt *Lyell*, die auf dem *Lyell Walkway* in 1:30 Std. (hin/zurück) erkundet werden kann. Der Goldgräberort selbst ist fast nicht mehr zu auszumachen und wird heute von einem DOC-Zeltplatz eingenommen, aber der Friedhof und der mit acht Hämmern arbeitende Croesus-Quarzstampfhammer sind eindrucksvolle Zeugen der damaligen Zeit.

Kurz darauf sieht man vom Fluss, aber auch vom Parkplatz an der Straße die Spuren des *Inangahua Earthquake Slip*, des großen Erdrutsches infolge des Erdbebens von 1968.

Die *Buller-Hängebrücke* ist fast am Ausgang der Buller Gorge. Es handelt sich um einen privat betriebenen Park mit Wanderwegen, Wasserfall, Goldwaschen (10 $) und Schnellbootfahrten starten von hier. Nicht nur die 110 m längste Hängebrücke Neuseelands (5 $) führt hinüber, auch ein „Flying Fox" läuft parallel, eine Seilrutsche, also eine Art primitive Materialseilbahn, auf der man sitzend, verpackt wie ein Expresspaket, oder liegend den Fluss überqueren kann, was mit 30–45 $ zu Buche steht. Es werden auch Jetboot-Touren angeboten (ab 85 $; www.bullerparc.co.nz).

An der *O'Sullivan's Bridge* hat man das Ende der Buller Gorge erreicht, der SH 6 geht geradeaus weiter nach Nelson, SH 65 biegt nach rechts in Richtung Lewis Pass und Christchurch ab.

Weiter zum Lewis Pass und nach Christchurch: → Von Christchurch zum Lewis Pass, S. 600.

Weiter über Murchison nach Nelson, Blenheim und Motueka: → Der Nelson Lakes Nationalpark S. 549, Murchison S. 553.

Von Inungahua Junction über Reefton nach Greymouth: Von Inangahua Junction fährt man 112 km über Reefton nach Greymouth (an der Küste 100 km). Diese Strecke nehmen normalerweise nur diejenigen, die entweder von Greymouth oder von Westport über Reefton und den Lewis Pass nach Christchurch eilen. Mit Ausnahme des Unterlaufes des Grey River ab Blackball (→ Greymouth) ist die Route nicht sonderlich interessant. Der Ort Reefton ist jedoch ein wichtiger Verkehrsknotenpunkt und bietet sowohl Verpflegungs- als auch Übernachtungsmöglichkeiten.

Reefton: Der Name kommt von „Reef-Town" und meint die Stadt des (Gold-)Gesteinsganges. Das weist auf die Entstehung der Siedlung hin, die auf die Entdeckung von Goldeinschlüssen in Quarzgängen folgte. Aber Reefton setzte von Anfang an nicht nur auf den Bergbau, sondern noch mehr auf Verwaltung und Versorgung. Im Ort kann man sich, bewaffnet mit einer Broschüre des Visitor Centres, einige der alten Häuser ansehen oder an den Hängen im Westen im *Victoria Conservation Park* nach Resten des Goldbergbaus stöbern. In Blacks Point, 2 km südöstlich des Ortes – mit kleinem Goldbergbaumuseum und nebenan einem durch Wasserkraft betriebenen Quarzhammer –, beginnt das ausgedehnte Wegesystem des *Murray Creek Goldfields*, das zwischen den 1870er und den 1930er Jahren ausgebeutet wurde (Überblickskärtchen im Ortsprospekt).

Heute wird in Reefton wieder Gold gewonnen: Oceana Gold (mit einem weiteren Abbau in Macraes in Otago, → S. 670) betreibt einen Goldabbau im Tagbau in Crushington am SH, 7 km südöstlich der Stadt. Der Jahresoutput lag zuletzt (2010) bei 85.843 Unzen Gold (www.oceanagold.com).

Information/Wandern Visitor Centre & DOC Büro, 67–69 Broadway, Reefton. Dez. bis Febr. tägl. 8.30–18 Uhr, Rest des Jahres meist bis 16.30 Uhr. ✆ 03/7328391, www.reefton.co.nz. Verleih von Goldpfannen sowie Fahrrädern, Internet-Zugang.

Übernachten/Essen & Trinken Reef Cottage B&B, einladender historischer Holzbau, der innen qualitätsvoll zu 4 Gästezimmern ausgebaut und modernisiert wurde, zentralgeheizte Zimmer mit Bad. DZ/FR 100–150 $. 51–55 Broadway, ✆ 03/7328440, 0800/770440, www.reefcottage.co.nz.

Das hübsche **Reef Café** befindet sich nebenan, Snacks, Lunch, sehr gute Konditorwaren, im Sommer auch Dinner.

Reefton Domain Motor Camp, grüner Platz unter Gemeindeverwaltung am Fluss und Ortsrand. Cabin 40 $, Stellplatz inkl. 2 Pers. 27 $. 1 Ross St., ✆ 03/7328477.

Goldgewinnung aus Quarzgestein

Das Gold in Charleston on the Nile, Bendigo und anderswo ist in feinen Partikeln in einem zementharten oxidierten, eisenhaltigen Feinsandgestein eingeschlossen. Um ans Gold zu kommen, musste das Gestein mit riesigen mechanischen Hämmern *(Stamping Batteries)* bearbeitet werden, die einen Höllenlärm machten. Der Quarz, das umgebende Gestein und das drinnen eingeschlossene Gold wurden so zerkleinert. Dann musste das gewonnene Feinschuttmaterial gewaschen und sortiert werden. Dies geschah über eine Reihe von hintereinandergestaffelten, leicht geneigten Kupfertafeln, die mit Quecksilber bestrichen oder mit feinem Stoffmaterial verkleidet waren. Das Feingold fing sich in den feinen Fasern oder ging mit dem Quecksilber eine Verbindung ein. Um das Gold zu gewinnen, wurde das Gewebe gewaschen bzw. das Amalgam aus Quecksilber und Gold abgekratzt, um später getrennt zu werden.

Charleston by the Nile

1866 erlebte der Nile dort, wo sich heute der Flecken Charleston befindet, einen wahren Goldrausch. Das damalige Township hatte angeblich um 1868 bis zu 18.000 Einwohner und gezählte 94 Hotels. Davon ist nichts geblieben, der anfängliche Goldstrom war zum spärlichen Rinnsal geworden, und spätestens 1884 zumindest für kommerzielle Zwecke komplett versiegt. *Mitchells Gully Goldmine*, ein privates Goldbergwerk 4 km nördlich an der Straße nach Westport ist offen zur Besichtigung (tägl. 9–16 Uhr, Eintritt 5 $, ✆ 03/7896553). Zwei Friedhöfe aus der Goldgräberzeit haben sich ebenfalls erhalten, einer liegt direkt neben der Durchgangsstraße.

Sport & Freizeit Höhlenerkundung in der Umgebung mit Underworld Rafting und wirklich abenteuerlichem Adventure Caving mit **Norwest Adventures** → Westport.

Der **Nile River Rainforest Train** ist eine moderne Bahn mit besonders enger Schmalspur, die täglich durch die bewaldete Karstregion um den Ort bummelt. Zum Natur- und Fahrterlebnis gibt es mehr oder weniger spannende Kommentare. Fahrten im Sommer 3- bis 4-mal tägl., 20 $ (kann auch über Norwest Adventures gebucht werden).

Übernachten/Essen & Trinken The Charleston Lodge Motel, das Motel am Platz hat einfache Units mit Bad/WC, Kochnische und Gästewaschküche. Unit 98–110 $. SH 6, Charleston, ✆ 03/7897599, info@charlestonmotel.co.nz.

Charleston Motorcamp, kleiner, freundlicher Motorcamp am SH 6 mit großer Auswahl an Übernachtungsmöglichkeiten. Außerdem Gästewaschküche und Trockenraum, kleiner Shop, Post Office, kleines Café. Zelt- und Caravanplätze mit/ohne Strom (inkl. 2 Pers. ab 20 $), Cabins für 2–4 Pers. (25 $ pro Pers.). SH 6, Westport, ✆ 03/7896773, cmcamp@xtra.co.nz.

Nebenan die **Charleston Tavern** („The New European Cave Rock Café and Bar") ist Café, Bar und Restaurant in einem (deftige Küche, fette Snacks, Whitebait-Frikadellen – Whitebait und Forelle kommen aus dem Nile River). ✆ 03/7898862.

Jack's Gasthof Pizzeria, SH 6, Little Totara River (nördlich Brücke Abzweig, 700 m, gut beschildert). Das Hinweisschild ist mit Schwarz-Rot-Gold hinterlegt, das Essen nimmt darauf kaum Bezug, ist aber zum Teil aus eigener Bio-Produktion. Es gibt auch 2 einfache Zimmer, und man kann campen. ✆ 03/7896501, jack.schubert@xtra.co.nz.

Der Paparoa National Park

1987 wurde der Paparoa National Park geschaffen. Sein 38.000 ha großes Terrain reicht vom Meeresspiegel bis zu den Gipfeln der Küstenkette, die im Mount Pecksniff subalpine Höhe erreicht. Der Park wird wie der nördlich anschließende Teil der Westküste vor allem aus leicht verwitternden, deutlich geschichteten Kalken gebildet, wie sie etwa bei den Pancake Rocks in Punakaiki zu sehen sind.

Wie im Umkreis von Karamea ist es auch im Paparoa National Park keine gute Idee, vom Weg abzuweichen, da die dichte Vegetation die Öffnungen senkrechter Schlünde und Höhlen verbirgt. Das Klima wird durch das auch im Winter relativ warme Meer bestimmt, das die Temperaturen an der Küste selten unter den Gefrierpunkt sinken lässt. Wanderwege im Park, v. a. der Inland Pack Track, sind attraktive Ziele, aber die große Publikumsattraktion sind die Pancake Rocks an der Küste bei Punakaiki. Kein Pkw, kein Campervan, kein Bus mit Budget-Travellern, der da nicht stehenbleibt und seine Insassen ausspuckt, damit sie sich dieses Naturspektakel ansehen können. Ein Glück, dass sie anschließend auch noch was essen wollen, denn was täte das zahme Weka, das hier unter den Tischen rumläuft, ohne die obligaten Abfälle?

Information Paparoa National Park Visitor Centre (DOC), PO Box 1, Punakaiki 7853. Nov. bis März tägl. 9–18 Uhr, Rest des Jahres bis 16.30 Uhr. ✆ 03/7311895, www.punakaiki.co.nz. Nicht nur Infos, sondern auch Wandtafeln und Bilder, die das Phänomen der Pancake Rocks und andere Elemente des Nationalparks erklären.

Punakaiki und die Pancake Rocks

Bei Punakaiki, einem rein touristischen Ort, wird die Küste durch flachliegende, sehr feine Schichten von Kalksandstein gebildet. Etwas dickere harte und sehr dünne weichere Platten wechseln dabei in regelmäßigen Abständen ab. Karstverwitterung hat bereits bestehende Öffnungen ausgeweitet, sodass die Schichten an der Oberfläche in große und kleine Pakete zerbrochen sind. Wo Salzwasser eindrang, wurde dieser Prozess noch beschleunigt, also v. a. am Fuß der senkrechten Klippen, wodurch große Brandungshöhlen entstanden. Durch Löcher im Gestein, Schlucklöcher, Karstschlote und Dolinen schießt Meerwasser bei Druck, also v. a. bei bewegtem Meer bis über die Oberfläche heraus. Die „Pancake Rocks" (Pfannkuchenfelsen), heißen so, weil sie wie amerikanische Eierkuchen aussehen, die bekanntlich zu Dutzenden aufgeschichtet und dann erst angeschnitten werden. (Donald Duck schafft es auch – Sie erinnern sich sicher – sie ohne Anschneiden in den Schnabel zu stecken.) Blowholes sind die Brandungslöcher.

Punakaiki und die Pancake Rocks

Im Visitor Centre informiert man sich über den Entstehungs- und Abtragungsvorgang, der zu den bizarren Küstenformen der Pancakes geführt hat. 30 Mio. Jahre altes Gestein, alter Meeresboden in ca. 2 km Tiefe, Kalkschalen und Pflanzenreste wurden durch den immensen Wasserdruck zu wechselnden harten und weichen Schichten verpresst und allmählich durch tektonische Aufwärtsbewegung in die heutige Lage gebracht. Schließlich trugen und tragen leicht saures Regenwasser, Wind und Meereswasser sie wieder teilweise ab.

Übernachten/Essen& Trinken

Punakaiki Resort, von Greymouth kommend zieht sich diese Hotel- und Apartmentgruppe den Hang zum eigentlichen Ort Punakaiki hinauf, die Straße geht mitten durch. Die unteren „Villas", eine Reihe fast direkt am Strand, sind auf jeden Fall vorzuziehen. Zimmer (mehrere Kategorien) konventionell und phantasielos bis auf die Farbgestaltung der Wände. Das schönste am Resort ist das Seascape Restaurant mit Bar unten am Strand. Tägl. ab 7 Uhr bis spätabends. „Run of House" 190–270 $. SH 6, PO Box 27, Punakaiki, ✆ 03/7311168, 0800/7862524, www.punakaiki-resort.co.nz.

Punakaiki Beach Hostel, kleine, freundliche Backpacker-Herberge nahe dem Strand mit Gratis-Spa vor der Tür. DB 33 $, DO 24–26 $. Webb St., Punakaiki, 1 km nördlich der Pancake Rocks, ✆ 03/7311852, www.punakaikibeachhostel.co.nz.

Punakaiki Tavern, Motel & Bistro-Café, praktisch nebenan: Keine Angst, die 9 Studios liegen nicht im doch recht lärmigen Bau der Tavern mit seitlichem Gastgarten, sondern etwas abseits. Neu, gute Qualität, aber ohne Küchenzeile. Unit 95–135 $. SH 6, PO Box 52, Punakaiki, ✆ 03/7311188, punakaikitavern@xtra.co.nz.

The Rocks Homestay, Privathaus 3 km nördlich des Ortes, praktisch mitten im Wald und in Strandnähe. 3 gute Zimmer, Abendessen auf Bestellung (40–55 $). Ein Vorteil für nicht wenige Besucher: man

Pancake Rocks = Pfannkuchenfelsen

kann hier Deutsch und Schwiezerdytsch sprechen. DZ/FR (cont.) 155–210 $. 33 Hartmount Place, PO Box 16, Punakaiki, ✆ 03/7311141, stay@therockshomestay.com.

Te Nikau Retreat, 2-stöckiger Holzbau, 3 km außerhalb (nördlich in Strandnähe). Übernachtung im DO 24–26 $ bzw. DB 33–50 $. Hartmount Place, ✆ 03/7311111, www.tenikauretreat.co.nz.

Sehenswertes/Touren

Zu den Pancake Rocks: Von der Straße in Punakaiki geht man auf dem gewundenen *Pancake Rocks and Blowholes Walk* durch diese Klippenzone, passiert einen riesigen Einbruchstrichter, in dem das Wasser brodelt, geht sicher auf Brücken über senkrechte Abgründe, sieht (hoffentlich) Meerwasser aus Löchern schießen und genießt zudem den Anblick von Meer und Bergen –weniger wohl den der vielen anderen Besucher dieser sehr populären und kostenlosen Attraktion). Der *Sudden Sound Blowhole* folgt der *Surge Pool,* eine Einbruchshöhle mit auch bei sanfter See starker Meeresbewegung, dann die *Chimney Pot Blowhole*. Eine Brücke führt zum Aussichtspunkt über *Putai,* der größten Blowhole.

Der gesamte Weg nimmt nur 20 Minuten in Anspruch. Der Zeitpunkt der höchsten Flut und raue See sind die beiden unabdingbaren Zutaten zum Spektakel der Blowholes, auch die vielen Meeresvögel sieht man am besten bei hohem Wellengang (die Zeiten sind am Eingang zum DOC-Centre angeschlagen).

Information/Wandern Weitere Wege und Spaziergänge listet das DOC-Faltblatt „Paparoa National Park Walks in the Punakaiki and Paparoa Area" auf.

Der Inland Pack Track
Länge/Dauer: 27 km/2–3 Tage

Von Punakaiki führt ein Wanderweg in die Hügel am eigentlichen Bergfuß und entlang dem Fox River wieder hinunter zur Küste 12 km nördlich von Punakaiki. Höhen über 200 m werden nicht erreicht. Der Track wurde nach 1867 für Goldbergwerksarbeiter angelegt. Über zwei kürzere Abschnitte und eine lange Strecke folgt der an sich leichte Weg Flussbetten, bei Schlechtwetter ist er also nicht gangbar und sogar gefährlich! Es gibt keine Hütten und nur einen offiziellen primitiven Zeltplatz auf ungefähr halbem Weg.

Karten Das DOC-Faltblatt „Paparoa Inland Pack Track" gibt eine detaillierte Wegbeschreibung. Die „Paparoa National Park Map" ist eine sinnvolle und möglicherweise lebensrettende Investition.

> **Achtung!** Den Inland Pack Track sollten nur Wanderer wagen, die bereits Erfahrung mit der neuseeländischen Natur besitzen, ihn nur „mitzunehmen" ist unüberlegt und fahrlässig. Wegen der Gefahr, bei Schlechtwetter einen Fluss nicht queren zu können, wird empfohlen, mindestens Proviant für einen weiteren Tag auf dem Track mitzunehmen, ein Biwaksack ist in diesem Fall ebenfalls sehr sinnvoll, und wer sein Mückenspray vergessen hat, wird das ebenfalls bald bereuen.

Das Nikau Scenic Reserve: Wenig südlich von Punakaiki markiert dieses Landschaftsschutzgebiet die südliche Grenze der auf Neuseeland beschränkten Nikaupalme. Weiter nördlich ist sie dann entlang der Küste ein steter Begleiter, am Südende des Heaphy Tracks gibt ein Nikaupalmenwald das Signal, dass man endlich die Küste erreicht hat.

Weiter entlang der Küste nach Greymouth

Einer der eindrucksvollsten Küstenstreifen Neuseelands ist die Küste zwischen dem Goldrauschörtchen Barrytown und Rapahoe, 11 km nördlich von Greymouth. Steile Kliffs, schroffe Felsen und kleine Inseln im Meer, dazwischen Sand- und Kiesstrände mit angeschwemmtem Holz. Starke Brandung macht das Schwimmen unmöglich, und es ist auf jeden Fall wegen des Sogs zu gefährlich. Aber ein Spaziergang am Strand oder Brandungssurfen – ideal am Twelve Mile Bluff und in Rapahoe, wo eine kurze Nebenstraße direkt an den Strand des Seven Mile Beach führt – sind ja auch nicht zu verachten.

Blick vom Lions Walk auf Greymouth

Greymouth

Gerade mal 10.000 Einwohner hat der größte Ort der Westküste, aber das macht Greymouth zur Stadt. Die wenigen Straßenzüge des Zentrums sind voll Leben, zahlreiche Bistro-Cafés und Restaurants konkurrieren miteinander. Die nach 1860 gegründete Stadt ist dank dem TranzAlpine-Zug und über den Flughafen Hokotika auch überregional gut zu erreichen.

Am Austritt des Grey River aus dem Küstengebirge, dort wo heute die Brücke nach Norden den Fluss überspannt, lag 1860 ein Maori-Dorf namens Mawhera Pa. Hier wurde 1860 ein Vertrag unterzeichnet, in dem James Mackay den Ngai Tahu den größten Teil Westlands abkaufte. Er zahlte im Namen der Regierung 300 Gold-Sovereigns, also 315 (brit.) £ in Gold – ein Trinkgeld (die Entscheidung zum Kauf war nicht hier, sondern in Okarito gefallen). Die Stadt, die an derselben Stelle entstand, litt immer wieder durch die Lage am Fluss und wurde mehrmals überschwemmt und beschädigt, erst 1990 wurde ein Wall fertiggestellt, der in Zukunft Hochwasser verhindern wird.

Greenstone oder *Pounamu* gibt es in mehreren Galerien der Stadt zu sehen, neben Hokarito ist Greymouth heute der wichtigste Ort für die Verarbeitung von neuseeländischer Jade. Die meisten anderen Sehenswürdigkeiten finden sich außerhalb, vom Menschen geschaffene wie die Goldgräberstadt *Blackball* im Tal des Grey River oder das künstliche Goldgräberdorf *Shantytown*, und natürliche wie das Tal des Flusses oberhalb der Stadt und die Wege in den Küstenbergen und am *Lake Brunner*.

Ende 2010 kam der Ort international in die Schlagzeilen: Am 19.11.2010 kam es in der *Pirk River Mine,* einem Kohlenbergwerk nahe Greymouth, zu einer Explosion,

Die Region Westland

Backpacker-Hostel mit Pfiff

bei der 29 Bergleute verschüttet wurden. Versuche, sie zu retten, wurden durch die hohen Temperaturen im Eingangsbereich und weitere Explosionen vereitelt, die letzte im Dezember 2010 war so heftig, dass man jede Hoffnung auf Rettung aufgeben musste. Das Bergwerk wurde noch im selben Jahr versiegelt, die Bergung der Leichen wurde für aussichtslos erklärt.

Im Jahr 2011 ging die Betreiberfirma Pike River Coal „in Receivership" (etwa: in Zwangsverwaltung) und steht derzeit zum Verkauf, es gibt Interessenten, die nun von einem Tagebau sprechen – in einem Nationalpark (das Bergwerk liegt im bzw. derzeit noch unter dem Paparoa Nationalpark) – kann sich Neuseeland das leisten? Der „Crown Mineral Act", der Tagebauzonen in Naturreservaten ausschließt, braucht doch nur ein wenig geändert werden ... Schließlich liegen im Bereich der Pike River Zone noch 11,5 Mio. Tonnen bester und abbaufähiger Kohle.

Verbindungen

Information Greymouth i-Site Visitor Centre, Ecke Herbert/Mackay St., Nov. bis Ostern Mo–Fr 8.30–18, Sa 9–17, So 10–17 Uhr; Rest des Jahres Mo–Fr 8.30–17.30, Sa/So/Fei 10–16 Uhr. ℡ 03/7685101, 0800/473966, www.greydistrict.co.nz/visitor_information.

Internet u. a. im Duke's Backpackers.

Verbindungen Travel Centre am Bahnhof, 164 Mackay St., ℡ 0800/767080, www.westtravel.co.nz.

Bahn: Eine der wenigen verbliebenen Bahnlinien Neuseelands endet in Greymouth, wo der TranzAlpine von Christchurch täglich ankommt und abfährt. Der Bahnhof ist am oberen Ende der Mackay Street.

Flugzeug: Transfer zum nächsten Flughafen (Hokitika) durch Airport Hokitika Taxi (Mo–Fr 3-mal tägl., So 2-mal, 20 $). ℡ 03/7687078.

Bus: Abfahrt vom Busbahnhof vor dem Bahnhof in Greymouth. InterCity, Atomic und Westcoast Shuttle sind die Anbieter.

Greymouth

Direkt werden Westport, Nelson, Blenheim, Christchurch und die Orte der Westküste bis Haast erreicht.

Taxi: Greymouth Taxis, 138 Mackay St., ✆ 03/7687078.

Sport & Freizeit

Rafting Wild West Adventure Company, bietet Rafting im Bereich des Westlands und wirbt mit: „You get the best raft trip ever ... or it's free!" Angeblich kriegt man sein Geld wirklich zurück, wenn man nicht zufrieden ist. 8 Whall St., Greymouth, ✆ 03/7686649, 0800/147483, www.nzholidayheaven.com.

Radfahren/Mountainbiken Mann Security Cycles, 25 Mackay St., gute Reparaturwerkstätte, ✆ 03/7680255.

Fischen Im Grey River nach Whitebait zu fischen ist nicht nur Einheimischen erlaubt. Das entsprechende Sportgerät, ein Netz mit langem Stiel, gibt es ab 125 $ in Sportgeschäften.

Übernachten (→ Karte S. 796/797)

Kingsgate Hotel 🔢, den früheren Ausblick hat man nicht mehr, denn der „Great Wall" hat ihn gekappt, aber das Hotel hat nach wie vor die beste Lage der Stadt. Internationaler Hotelstandard im Haupthaus (mit Balkon/Terrasse, Sat-TV, Internetzugang), aber ohne Minibar oder Toaster. Die Zimmer im Anbau links wegen der hoch angebrachten Fenster, aus denen man nicht hinaussieht, nicht empfehlenswert. Viele Touristengruppen, die nach oder vor der Fahrt mit dem TranzAlpine hier übernachten. DZ ab ca. 125 $, im Winter (und über eine Buchungsseite) schon mal ab 99 $. 32 Mahera Quay, ✆ 03/7685085, 0800/404010, www.millenniumhotels.com.

The Ashley Hotel 🔢, von außen wenig attraktives, aber sehr gut ausgestattetes Hotel mit komfortablen Zimmern mit überdurchschnittlich guter Beleuchtung; auch Fön, einige mit Küche. Mit Hallenbad, Spa und Fitnessraum sowie Bar. DZ 128–190 $. 74 Tasman St., ✆ 03/7685135, 0800/807787, www.hotelashley.co.nz.

Revington's Hotel 🔢, historisches Innenstadt-Hotel mit Art-Deco-Fassade, das sowohl den Bahnreisenden mit dem TranzAlpine entgegenkommt, die gut eingerichtete Zimmer wünschen, als auch den Benutzern von Backpacker-Bussen. Im Erdgeschoss laute Sports Bar und ebenfalls nicht ganz leise Irish Bar. DZ mit Bad 75 $, Budgetzimmer ohne Bad ab ca. 30 $ pro Person. 47 Tainui St., ✆ 03/7687055, www.revingtons.co.nz.

Coleraine Motel 🔢, neues Motel in Zweistockbauweise mit sehr guten Units (Internetanschluss, TV/Radio mit DVD und Stereolautsprechern). Die großen Units haben komplette Küche inkl. Geschirrspülmaschine, die meisten haben Balkon oder Terrasse. Unit 125–155 $. 61 High St., ✆ 03/7680077, 0800/270077, www.coleraninemotel.co.nz.

Maryglen B&B 🔢, 3 Zimmer mit Bad/WC in größerem Privathaus einer sympathischen Familie. Mit Garten, im Rücken Busch, nach vorne Meeresblick. 2 Zimmer mit Balkonzugang, alle 3 mit TV und Tee-/Kaffeezubereiter, Dinner auf Bestellung (45 $). DZ/FR (cont) 120–145 $, bei längerem Aufenthalt Rabatt. 20 Weenink Rd., Karoro (3 km südlich des Zentrums, an östlicher Nebenstraße), ✆ 03/7680706, www.bandb.co.nz.

🍃 **Jivana Organic B&B Retreat** 🔢, die aus natürlichen Komponenten errichtete Spitzgiebelhausgruppe am Rand des Waldes und der Stadt bietet Yoga, Ayurveda, homöopathische und andere naturheilkundliche Anwendungen. Moderne und geschmackvolle Unterkunft mit Frühstück. Die Giebelzimmer sind dank Glastüren und -fenstern hell und freundlich, die Einrichtung verbindet große weiße Flächen mit bunten Decken, Vorhängen und Teppichen. Ruhe und Erholung pur. DZ/FR (special) ca. 145 $. 8 Leith Crescent, ✆ 03/7686102, www.jivanaretreat.co.nz. ∎

Ardwyn House 🔢, interessantes Haus der 1920er in Holz- und Lattenbauweise, umgeben von gepflegtem Stadtrandgarten. 3 Zimmer, eines mit Bad. Die Lage am Ende einer steilen Sackgasse garantiert Ruhe, Ausblick und – für Fußgänger und Radfahrer – erhöhte Pulsfrequenz. DZ/FR 85–95 $.

796   Die Region Westland

48 Chapel St., ☏ 03/7686107, ardwynhouse@hotmail.com.

Duke Backpackers & Bar 8, für Gäste der außen wie innen bunten Herberge ist das 1. Bier in der bestens renovierten Bar gratis. Billard, Internet Café (zum Kaffee gibt es den Internetzugang gratis), Kaffee/Tee gratis, TV und DVD-Player in der Lounge. Diese und die Küche nur mit Kunstlicht erleuchtet, aber bequem bzw. gut ausgestattet. SG 40–72 $, DB 28–36 $, DO 24/25 $. 27 Guinness St., ☏ 03/7689470, www.duke.co.nz.

Global Village 14, gute und über Jahre bestens bewährte „Traveller Lodge" an der Südausfahrt. Im Hintergrund Park, im Haus viel Platz. Sauna, Spa und Fitnessraum, Räder und Kajaks gratis. DB 30 $, DO 24–26 $, im Winter (Mai bis Sept.) ist die 4. Nacht gratis. 42–54 Cowper St., ☏ 03/7687272, www.globalvillagebackpackers.co.nz.

Noahs Ark Backpackers 10, Qualitätsherberge unter dem Management einer einheimischen Familie, die beste Tipps geben kann. Zimmer mit bezogenen Betten und Tierdekor (natürlich gibt es auch Haustiere in einer „Arche Noah"). Die 2 Stockwerke der geräumigen Villa sind renoviert (bei den Bädern besonders auffällig) und von einem schönen Garten umgeben. Recht ruhige Lage am Zentrumsrand. Gratis Mountainbikeverleih. DB 28 $, DO 23–24 $. 16 Chapel St., ☏ 03/7684868, 0800/662472, www.noahsarkbackpackers.co.nz.

YHA Kainga-Ra 12, funktionale und gut organisierte Jugendherberge oberhalb der Innenstadt (Fußentfernung 5 Min.); Meerblick. Bett im DB 31 $ oder DO (bis 6 Pers.) 25 $, DZ mit Bad ab 76 $. 15 Alexander St., ☏ 03/7684951, yha.greymouth@yha.co.nz.

Greymouth Seaside Top 10 Holiday Park 18, gut sortierter Platz etwas südlich des Flugfeldes und direkt am Strand. Stadtnahe Stellplätze mit 2 Pers. ab 38 $, Cabins 57–80 $ sowie Motel-Units (90–145 $). 2 Chesterfield St., ☏ 03/7686618, 0800/867104, www.top10greymouth.co.nz.

Übernachten
1. The Breakers
2. Kingsgate Hotel
7. Revington's Hotel
8. Duke Backpackers & Bar
10. Noahs Ark Backpackers
11. Ardwyn House
12. YHA Kainga-Ra
13. Coleraine Motel
14. Global Village
15. Maryglen B&B
16. Jivana Organic B&B Retreat
17. The Ashley Hotel
18. Greymouth Seaside Top 10 Holiday Park

Essen & Trinken
3. The Coal Face
4. West of the Border
5. 124 on Mackay
6. Steamers
7. Revington's Hotel
9. Jade Boulder Cafe

Nachtleben
7. Revington's Hotel
8. Duke Bar

Außerhalb The Breakers 1, moderne und gut ausgestattete B&B-Lodge am Nine Mile Beach in native bush, 4 Zimmer mit Meeresblick und -rauschen, Bad/WC, TV, Fön und Bügeleisen/-brett, 2 Zimmer mit Kühlschrank. Vielleicht am schönsten die Sunset-Suite. Große Sonnenveranda, freundliche Gastgeber und gutes Kiwi-Frühstück. DZ/FR 205–335 $. PO Box 188, Greymouth (Nine Mile Creek, 14 km nördlich von Greymouth), ☏ 03/7627743, 0800/350590, www.breakers.co.nz.

Essen & Trinken/Nachtleben

Die Mackay Street, die alte Hauptstraße des Ortes, die parallel zum heute nicht mehr sichtbaren Fluss verläuft, ist Einkaufs- und Cafémeile, allenfalls verirrt sich mal ein Lokal in eine der Querstraßen.

Brasserie und Bars in Revington's Hotel 7, Tainui St.; typisches Hotel mit typischer „Revy's" Sports Bar (mit 3x2 m TV-Leinwand für Sportübertragungen, Billard und

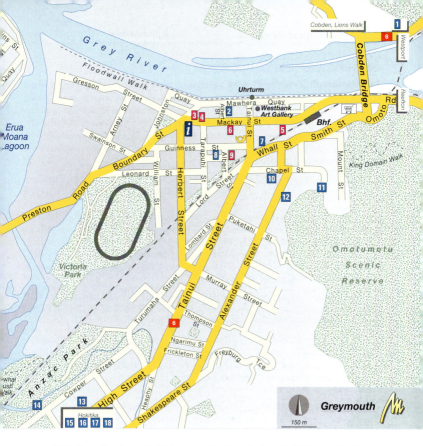

neuseeländischem Durchschnittsbier) und typischer „Danny Doolan's" Irish Bar (mit Murphy's Irish Stout *on tap* und Kaminfeuer), dazu gibt's ein *Brasserie-Restaurant*. Zimmer mit Bad/WC, TV, auch Backpacker-Trakt. ☏ 03/7687055, www.revingtons.co.nz.

Jade Boulder Cafe 9, 1 Guinness St. Schickes Styling ist ein *must* bei einem Café, das zu einer schicken Jade-Boutique gehört. Grün und goldgelb die kürzlich aufgefrischte Einrichtung, Holz und Messing und anständige Snacks und Lunchgerichte, darunter Whitebait und andere „Wild Foods" von Ziegenkäse bis Thar-Gulasch. ☏ 0800/523326

Steamers 6, 58 Mackay St.; Bistro-Café, Carvery & Bar in historischem Ziegelbau mit spartanischer Ausstattung. Exzellente Fleischgerichte für den großen Appetit, auch Braten, das Lokal tut zwischen den Hauptmahlzeiten als Café und abends als Bar Dienst. ☏ 03/7684193.

The Coal Face 3, 19 Mackay St.; der Name bedeutet Kohlenflöz, das Ambiente ist schlicht, kühl und sauber. Salate, Pizzen, Pasta und traditionelle Kost nicht nur für Bergarbeiter, auch Stonegrillgerichte (25–30 $). Tägl. 11–14 und 17 Uhr bis spät. ☏ 03/7689223.

West of the Border 4, 19 Mackay St.; gleich nebenan: die Bar für den harten Trinker. Dunkle Höhle mit niedriger Decke, viele Herren, einige „Damen".

124 on Mackay 5, 124 Mackay St.; großes Café-Restaurant mit kleiner Terrasse. Auf der Karte einige gute Fischgerichte, auch mit Lachs. Sauber und adrett im „Kaffeehaus-Stil" eingerichtet, guter Service. ☏ 03/7687503.

Sehenswertes/Touren

Der Greymouth „Great Wall": 1990 wurde sie endlich fertig, die „Chinesische Mauer", die Greymouth vor Überschwemmungen durch den Grey River schützt. Schön ist sie nicht, hinter dem Uhrturm am wenigsten, wo sie den Durchblick auf den Fluss verhindert. Aber sie hat gute Dienste geleistet und verhindert, dass der Ort wie in früheren Zeiten periodisch überschwemmt wird. Der Uferwall ist als „Floodwall Walk" ein beliebter Spaziergang geworden, der von der Brücke oberhalb der Stadt bis an die Landspitze im Westen führt.

Pounamu-Galerien: Die private Kunstgalerie *Leftbank Art Gallery* im prächtigen Neo-Renaissance-Gebäude, ehemals Sitz der Bank of New Zealand (1 Tainui Street), ist auf Jade und Künstler der Westküste spezialisiert. Die *New Zealand Pounamu Jade Collection* zeigt alte und neue Jadestücke von der Maori-Axt zum Schmuckanhänger. Bemerkenswert: zwei von mehreren zeitgenössischen Künstlern bearbeitete Grünsteinblöcke, die durch ein Muka-Seil (aus *native flax*) verbunden sind und die Verbindung der Nord- und der Südinsel Neuseelands symbolisieren. Die *Jade Boulder Gallery* (1 Guinness Street) ist ebenfalls ein ausgezeichneter Ort, um Pounamu zu sehen oder zu kaufen.

Öffnungszeiten Leftbank Art Gallery, tägl. Okt. bis Apr. 8.30–21 Uhr, Rest des Jahres bis 17 Uhr. Jade Boulder Gallery, tägl. Okt. bis Apr. 9–21 Uhr, Rest des Jahres 8.30–17 Uhr. ✆ 03/7680700, www.jadeboulder.co.nz.

Monteith's Brewing Company: Die in ganz Neuseeland bekannte, seit 1868 an dieser Stelle Bier produzierende Spezialitätenbrauerei Ecke Herbert/Turumaha Street bietet Betriebsbesichtigung und Kostproben ihrer ausgezeichneten Biere (die Hauptbrauerei befindet sich heute in Auckland).
 Führungen tägl. 16 und 18 Uhr (Fr auch 11.30 und 14 Uhr). 15 $. ✆ 03/7684149.

Der King Domain Walk: Am Ortsrand oberhalb der Stadt beginnt in der Mount Street der hübsche King Domain Walk, der in Serpentinen zu mehreren Aussichtspunkten führt (hin/zurück 0:45–1 Std.). Abseits des Weges Dolinen und Schlucklöcher, also auf dem Weg bleiben! Im Wald dieses Parks kommt die große endemische Schnecke *Powelliphanta gilliesi* vor.

Die Brunner Mine: Nimmt man die schmale Straße auf der Nordseite des Grey River (nicht auf dem SH 7), kommt man nach ca. 11 km zu den Resten der Brunner Mine. Die alte Brücke über den Fluss ist erhalten, sie ist heute aber nur noch für Fußgänger und Radfahrer zugelassen. Ein Schornstein als Zeichen, dass man angekommen ist, ist kaum zu übersehen. Ein Rundgang mit Erklärungstafeln führt zur Kokerei, einer Ziegelei und den (allerdings verschlossenen) Eingangstunneln des eigentlichen Bergwerks. Nach dem schweren Grubenunglück von 1896 mit 69 Toten (Neuseelands schwerstem) hatte das Bergwerk seinen Höhepunkt überschritten und wurde im 2. Weltkrieg geschlossen.

Blackball: Goldfunde in den 1860ern führten zur Gründung des kleinen lang gezogenen Ortes auf einer Terrasse über dem Fluss. Als das Gold versiegte, trat Kohle die Nachfolge an, die bis 1964 gefördert wurde. Blackball, in dem v. a. Bergwerkarbeiter wohnten, war ab ca. 1900 Schauplatz der heftigsten Arbeitskämpfe, die Neuseeland je erlebt hat, und die nach dem *Cribtime Strike* von 1908 zur Gründung der Bergarbeitergewerkschaft und zum Erstarken der Arbeiterbewegung innerhalb der Labour Party führten. Im Fernsehraum des *Formerly the Blackball Hilton* sind viele Erinnerungen an den berühmtem *Cribtime Strike* von 1908 zu sehen. Gleich am

Greymouth

Brunner Mine, die Brücke über den Grey River

unteren Ortsanfang passiert man den alten Friedhof. Die Grabsteine aus schwarzem vulkanischem Material tragen die Namen von Bergarbeiterfamilien, die über Generationen in Blackball gearbeitet haben und hier gestorben sind.

Übernachten Formerly the Blackball Hilton, das Pub mit Zimmern rühmt sich seiner Goldgräbervergangenheit und hat guten Grund sich „Formerly the ... Hilton" zu nennen. Der Brief, in dem die internationale Hotelkette das Blackball Hilton seines Namens beraubte, ist an der Wand zu sehen. DZ/FR 110 $. Hart St., 03/7324705, 0800/425225, www.blackballhilton.co.nz.

Einkaufen Blackball Salami Company, Hilton St.; Würstel und Würstchen, Wurst und Salami vom Silbermedaillengewinner.

Der Croesus Track

Länge/Dauer: 18 km/7–8 Std bzw. 1–2 Tage

Zwischen Blackball und der Küste bei Barrytown überquert der Croesus Track die Küstenkette. Der Track ist im Prinzip an einem Tag zu gehen, eine Hütte (Ces Clark Hut, 24 Lager, Wasser, Toiletten) ermöglicht jedoch die Aufteilung auf zwei Tage. Der Track folgt einem alten Weg der Maori zwischen Grey River und Küste, der im späten 19. Jh. als Zugangsweg zum Bergwerk Croesus Mine in der Nähe des höchsten Bergrückens genutzt und zum Maultierpfad ausgebaut wurde. Nach der Schließung dieses Bergwerks 1903 verfiel der Weg, wurde jedoch in den letzten Jahrzehnten wieder für Wanderer hergerichtet (für Mountainbiker erlaubt, aber viele Schiebestellen). Im Bereich der Bergwälder leben Fleckenkiwi, die man nachts in der Nähe der Hütte rufen hören kann.

Karte Das DOC Faltblatt „Central West Coast Croesus Track" gibt eine detaillierte Wegbeschreibung und Routenskizze, genauer ist die NZTopo50-BT19 „Runanga" (Blackball selbst auf BT20 „Ahaura").

Die Region Westland

Shantytown: Weil Geisterstädte aus der Goldgräberzeit oft schlecht erreichbar sind und nicht immer „vollständig" sind, wurde südlich Greytown eine Art von Goldrush-Geisterstadt-Themenpark mit Hilfe von Original-Gebäuden errichtet, Shantytown. Um es klipp und klar zu sagen: Wer sich die Originale angesehen hat, es gibt ja Dutzende auf der Südinsel (ganz in der Nähe Charlestown on the Nile, Barrytown, Blackball, Ross), wird Shantytown als pure Show empfinden. Anders sehen das die zeitlich eingeschnürten Touristengruppen, die aus Dutzenden von Bussen drängen.

Trotzdem kann man sich amüsieren und das eine oder andere Interessante erfahren. Höhepunkt ist sicher die Fahrt mit dem von einer Original-Dampflok von 1898 gezogenen Zug, der durch das Terrain zuckelt. Wer auf der Lok beim Lokführer stehen und mithelfen will, zahlt 10 $ extra. Auch sind die etwa 30 historischen Bauten, die man aufgestellt hat, sicher original, aber sie sind so brav und so komplett renoviert, dass es schon weh tut. Insbesondere die Chinatown ist eine Karikatur dessen, was man etwa aus Arrowtowns Chinese Settlement kennt. Gut erhalten und interessant sind v. a. die Coronation Hall aus Ross (1902) und die Kirche aus No Town im Grey Valley, in der immer wieder (echte) Hochzeiten stattfinden. In Vorbereitung ist die Eröffnung einer Schmiede, 2008 bereits wurde ein Holzsägewerk eröffnet.

Öffnungszeiten Shantytown, Rutherglen Rd., tägl. 8.30–17 Uhr. Eintritt 28,50 $, Goldpanning 5 $ extra. ✆ 03/7626634, 0800/742689, www.shantytown.co.nz.

Verbindungen/Geführte Touren Es gibt keinen öffentlichen Transport nach Shantytown, aber ein **Taxi** ab Greytown, ✆ 03/7687078.

Außerdem geführte Touren ab Greytown mit **Kea Tours** (2-mal tägl. Goldstrike Tour, 2:45 Std., 72 $), ✆ 0800/432868, www.keatours.co.nz.

Der Lake Brunner: Das Land südlich des Grey River ist wellig und unübersichtlich, der Untergrund ist großteils Lockermaterial aus der Grundmoräne riesiger Eiszeitgletscher. In einer Mulde liegt der warme Badesee Lake Brunner mit dem Dorf *Moana* am Ufer. Nichtstun, Schwimmen, Dösen am Strand und Angeln sind hier die Hauptbeschäftigungen, und zwei kurze Wanderwege locken die Nimmermüden an, ihre Füße zu vertreten *(Rakatitane Track* und *Velenski Walk,* beide ab Moana).

Verbindungen Zug: Der TranzAlpine hält in Moana.

Übernachten Lake Brunner Country Motel & Holiday Park, idyllisch: 7 Holzhütten und neue Chalets in lockerer Gruppierung auf großem Grün ca. 2 km vom See entfernt, alle mit Bad/WC, Küche. Gemeinsam sind Spa, kleiner Spielplatz, Barbecue. Transfer von der Bahnhaltestelle Moana/Lake Brunner (TranzAlpine) gratis. Cottage 115–145 $, Cabin ab 55 $, Stellplatz inkl. 2 Pers. 30 $. Arnold Valley Rd., Moana, ✆ 03/7380144 0508/738014, ✉ 7380143, www.lakebrunnermotel.co.nz.

Essen & Trinken Station House Café, Koe St., Moana. Rustikal eingerichtetes Restaurant mit großer Terrasse für die Sommergäste. Nicht die übliche Bistroküche, sondern echtes Restaurant-Essen von der Suppe aus Wildpilzen zum Lammbraten auf Kartoffel-Lauch-Gratin. Tagsüber eher Café, aber abends große Küche. ✆ 03/7380158.

Jackson's Tavern, Jacksons, kommt man von Canterbury vom Arthur's Pass herunter, muss man sich bei einem einsamen Gasthaus entscheiden, ob man zur Küste bei Kumara oder über den Lake Brunner nach Greymouth will. Das Haus heißt Jackson's Tavern und bietet seit dem 19. Jh., als noch die Postkutschen von Cobb & Co. hier hielten, alle Annehmlichkeiten eines Pub. Unbedingt halten, auch der Gastgarten ist es wert. ✆ 03/7380457.

Carnegie Building – Bildungstempel

Hokitika

Wie die meisten anderen Orte Westlands ist Hokitika eine Gründung der Goldgräberzeit, die 1866 mehr Einwohner hatte als heute (6.000 statt 3.300). Aus dieser Zeit hat sich die übliche Hand voll guter Bauten erhalten, aber das Bild der Stadt ist durch moderne Fassaden geprägt, die bunt und plakativ auf die Haupteinnahmequelle Hokitikas zielen: die Touristen.

Gold war die Ausgangsbasis für Hokitika, aus seinem Hafen und vom späteren Bahnhof (die Linie ist stillgelegt) wurde tonnenweise Gold abtransportiert, bis diese Einnahmequelle nach nur wenigen Jahren versiegte. Heute ist die Bearbeitung von neuseeländischer Jade (Pounamu) das Hauptstandbein der Stadt neben der Versorgung der umgebenden ländlichen Bevölkerung, die noch hauptsächlich von der Milchwirtschaft lebt. Bleibt das *Wildfoods Festival* zu erwähnen, das zu einer in ganz Neuseeland bekannten Größe in Sachen Ausgelassenheit und Feststimmung wurde. Bei diesem Fest wird alles zubereitet und gegessen, was essbar ist, ob das nun geröstete Ameisen in Manukahonig sind oder Possum-Gulasch, Raupen in Soße oder Spießchen aus Wildziege und Wildpilzen. Wie schlicht es doch begonnen hat: 1990 machte ein Wein aus Ginsterblüten Furore, 2011 mussten es schon leckere Skorpione vom Grill oder Hengstsperma im Energydrink (!) sein …

Information Hokitika i-Site Visitor Centre, 36 Weld St., neuer Standort nahe dem Bahnhof und viel mehr Platz! Dez. bis März tägl. 8.30–18 Uhr (Rest des Jahres Mo–Fr bis 8.30–17, Sa/So 10–16 Uhr). ✆ 03/7556166, hokitika@i-site.org.

Verbindungen Flugzeug: tägl. außer Sa 1- bis 3-mal Christchurch mit Air New Zealand Link, der Flughafen liegt 2 km östlich. Air NZ ✆ 0800/7370000, Flughafen ✆ 03/7568050.

Bus: mit InterCity und Atomic direkt nach Greymouth und Nelson sowie über Haast nach Queenstown. Busse halten am Hokitika Travel Centre, 64 Tancred St., ✆ 03/7558557.

Feste & Veranstaltungen

Wildfoods Festival, das Festival expandiert, 3 Tage am 2. Wochenende im März mit Open-Air-Konzert am Strand am 1. Tag und dem eigentlichen Festival (10–17.30 Uhr) am zweiten Tag (mit Abendtanzveranstaltung). Neu ist die Devise „No glass, no bottles, no stubbies, no worries" (Stubbies sind die 0,33-l-Bierflaschen). Wenn ich daran denke, dass ich 2003 mein Rad über mehrere Kilometer durch den Ort schieben oder gar tragen musste, um den Glasscherben zu entgehen, ist das ein beruhigendes Zeichen. Die Tickets (20 $) waren 2010 auf 13.500 limitiert, Buchung im Voraus über www.wildfoods.co.nz oder Info Hokitika oder www.westlanddc.govt.nz (Westland District Council). ■

Einkaufen

Take Note, 1 Weld Street, Buch- und Papierhandlung mit großer Auswahl an Büchern über die West Coast.

Sport & Freizeit

Radverleih bei Hokitika Cycles, 33 Tancred St., ☎ 03/7558662.

Übernachten

Während des Wildfood Festivals lange im Voraus reservieren. Camper: Freedom Camping auch dann nicht gestattet, es gibt in dieser Zeit jedoch jede Menge privater Campingmöglichkeiten!

Jade Court Motor Lodge, zentral gelegenes Motel (Ecke Hampden St. SW) mit allem, was man von einem modernen Unternehmen erwarten darf: Küchenzeile, Sat-TV, Fön, Bügeleisen/-brett, Gästewaschküche, Frühstück (continental) und Zeitung im Preis inbegriffen, nach hinten freundlicher Garten. Unit 95–150 $. 85 Fitzherbert St., ☎ 03/7558855, 0800/755885, www.jadecourt.co.nz.

Fitzherbert Court Motel, zweistöckiges Motel direkt am SH 6. Die Hälfte der 12 Units mit Spa, alle gut ausgestattet (Küchenzeile, Sat-TV), aber ohne jeden Hauch von Atmosphäre. Unit 100–160 $. 191 Fitzherbert St., ☎ 03/7555342, 0800/77554, www.fitzherbertcourt.co.nz.

Teichelmann's B & B, der Name kommt vom Erstbesitzer: Dr. Ebenezer Teichelmann ließ den ursprünglichen Bau um 1900 als Arztpraxis mit Wartezimmer errichten (er war 1898 zum Chefarzt des Westland District Hospital im Ort ernannt worden). 6 hübsche Zimmer. DZ/FR 195–240 $. 20 Hamilton St., ☎ 03/7558232, 0800/743742, www.teichelmanns.co.nz.

Beachfront Hotel, die Bar von 1865, das spätere Southland Hotel, hat sich gemausert: Das heutige Stadthotel hat 4 Bars, Tasman View Restaurant und Filling Station Café. Gute Zimmer, 2 mit Spa, alle mit Bad, Fön, Kaffee-/Teezubereiter. Tolle Lage mit einer Seite zur Stadt, der anderen zum Strand. DZ

Das Wildfoods Festival in Hokitika ist im ganzen Land berühmt

95–300 $. 111 Revell St., ☏ 03/7558344, 0800/400344, www.beachfronthotel.co.nz.

Birdsong Backpackers, lauschiges Quartier ohne TV, aber dafür mit Meeresblick, etwas nördlich der Stadt, „2 minutes by car", für Fußgänger etwas zu weit (0:45 Std.). DB 33/51 $, DO 25/33 $. SH 6, Two Mile, Hokitika, ☏ 03/7557179, www.birdsong.co.nz.

Hokitika Holiday Park, anständiger Platz mit Gras- und Betonstellplätzen. Motel-Units (90–100 $) und Cabins (38–60 $), Stellplätze (mit 2 Pers. 22–30 $). 242 Stafford St., ☏ 03/7558172, 0800/465436, www.hokitika.com/holidaypark.

Kapitea Ridge, 17 km nördlich von Hokitika auf der Anhöhe Kapitea Ridge (Chesterfield Rd. nehmen). Moderne, komfortable, architektonisch dekorativ gestaltete Lodge in großartiger Aussichtslage mit Landschaftsgarten. 6 attraktive Zimmer mit Bad/WC, Abendessen und Frühstück im Haus, überdachtes Spa. Die Gastgeber schlagen ein Minimum von 2 Nächten Aufenthalt vor – Recht haben sie. DZ/FR 280–650 $. Chesterfield Rd., SH 6, Kapitea Creek, RD 2 Hokitika, ☏ 03/7556805, www.kapitea.co.nz.

Essen & Trinken The Tasman und Filling Station, Revell St.; Bistro-Café und Restaurant (1. Stock) im Southland Hotel, die „Tankstelle" im Erdgeschoss serviert warme und kalte Snacks und ein üppiges Frühstück (all day, ab 15 $), abends diniert man mit Tasman Steaks und Braten (ab ca. 25 $). ☏ 03/7558344.

Café de Paris, 19 Tancred St.; Franco-Kiwi-Allianz in einem Café, das Neuseelands Café-Culture mitbestimmt hat (aber das Französische sollte man nicht zu ernsthaft suchen). Zum Frühstück Croissants, bis zum Spätnachmittag Café, dann Verwandlung zum Bistro-Restaurant, Hauptgericht ab ca. 20 $, Tagesgerichte noch preiswerter. ☏ 03/7558933.

Stumpers, 2 Weld St.; Bar und Café mit Snacks und „leichten" Gerichten wie Schweinerippchen vom Grill, Steaks und Fisch. Abends oft recht lebhaft mit gelegentlicher Live-Musik.

Sehenswertes/Touren

Carnegie Building und West Coast Historical Museum: Wie ein späthellenistischer Tempel aus Ephesus wirkt das Carnegie Building, ein 1908 eröffnetes Bibliotheksgebäude, das von der amerikanischen Carnegie-Stiftung finanziert worden war, die in Neuseeland 18 Bibliotheken errichten ließ. Das 1998 nach gründlicher Renovierung wiedereröffnete Gebäude beherbergt heute das Museum (17 Hamilton St.). Als Hokitikas Orts- und Regionalmuseum ist es verständlicherweise besonders auf die Goldrauschphase und Pounamu fixiert. Alle halben Stunden gibt es dazu eine audiovisuelle Vorstellung, die man sich nicht entgehen lassen sollte. Sehr viele Fotos, besonders interessant diejenigen, die den Hafen am Hokitika River mit einem wahren Wald von Masten dort anlegender Schiffe zeigen (Öffnungszeiten → Information).

Der Hokitika Heritage Walk: Bewaffnet mit dem Gratis-Faltblatt des Visitor Centre kann man auch dem Rest der historischen Gebäude der Stadt noch einige interessante Aspekte abgewinnen, etwa dem Uhrturm, der eigentlich ein Denkmal für Neuseelands Gefallene im britischen Burenkrieg (1899 bis 1902) ist, oder den Bankgebäuden, die zwischen 1864 und 1931 errichtet wurden und deutlich einen Reichtum signalisieren, der Hokitika heute nicht mehr auszeichnet. Beim Bummel am Fluss entlang zur Landspitze mit einer Signalstation kommt man am Denkmal für die Schiffswracks vorbei, die auf der Hokitika Bar (einer sich sehr rasch verändernden Untiefenzone/Barre) direkt am Hafeneingang gekentert sind.

Verarbeitung von Pounamu (Greenstone, neuseeländische Jade): Mehrere Galerien zeigen und verarbeiten Pounamu, aber auch andere Kunsthandwerke wie Glasbläserei und Metallverarbeitung haben das Angebot an Galerien und Boutiquen erweitert. Touristengruppen in ganzen Busladungen werden immer wieder in ganz

Badende am Lake Kaniere

spezielle Geschäfte geschleust (die Japaner und Koreaner immer wieder in dieselben). Die Preise sind sehr unterschiedlich, hängen von der Qualität des Steins und der Verarbeitung ab. Schlichteste Anhänger (z. B. in Tropfenform) kosten ab 100 $, etwas bessere (etwa in Tikiform) kaum unter 250 $, künstlerisch wertvolle Objekte sind Sammlersache und können in die Tausende gehen.

Jade einkaufen Der kostenlose Ortsplan enthält auch die Namen und Adressen von zehn Kunsthandwerkstätten, die fast ausnahmslos auf Jade spezialisiert sind. Zur Jade allgemein → Kasten am Kapitelanfang.

Der Blue Spur Drive: Dieser 20-km-Autorundkurs ab Hokitika auf der Blue Spur Road bietet einen interessanten Blick in die Vergangenheit. Die Route beginnt in der Hampden Street, dann nimmt man die Hau Hau Road, dann die Bluespur Road, fährt 10 km bis zur Mündung in die Arahura Valley Road und auf dieser zurück zur SH 6 und nach Hokitika. Die ersten 10 km führen durch ein Goldrush-Gebiet der 1860er, das am Höhepunkt seiner Entwicklung (1866) mit Hokitika sogar mit einer Tramway verbunden war. 1868 war alles vorbei, Reste wie Tunnel, Schächte, Wasserleitungen, verrostetes Bergwerksmaterial sind heute noch zu sehen (vom Parkplatz auf halber Strecke ist ein 1- bis 1-stündiger Bush Walk zu vielen Resten der Goldrushzeit möglich, ein Tipp von Leserin S. Fritsch). Möglichkeit zum Goldpanning gibt es nahe der Blue Spur Lodge (an der Straße links) auf halber Strecke. Der zweite Teil entlang dem Arahura River führt durch altes Maori-Gebiet, wo Pounamu gesammelt wurde, heute noch ist der Fluss reich an diesem Gestein, es ist aber wegen der grau-weißlichen Rinde, mit der es meist überzogen ist, nicht leicht zu identifizieren. Der Grünstein darf nur von Mitgliedern der Mawhera Corporation gesammelt werden – schwere Strafen bei Zuwiderhandlung!

Der Lake Kaniere: Eine kurze Stichstraße führt vom SH 6 südlich von Hokitika zum Lake Kaniere, einem warmen Badesee vor dem Hintergrund der Neuseeländischen Alpen. Schlichter Zeltplatz am See und bessere Übernachtungsmöglichkeiten in Fußentfernung, hübscher Walkway an der Westseite.

Anfahrt Ab Hokitika Stafford Street, bei Gabelung links dem Schild „Scenic Drive" (Lake Kaniere Road) folgen, am See angelangt links zur Hans Bay, rechts Sunny Bight.

Übernachten Kaniere Farmstay, kleinere Farm an der Straße zum Lake Kaniere, ca. 10 km östlich von Hokitika. Die Familie ist auf die Zucht der schottischen Rinderrasse Belted Galloway Cattle spezialisiert, die ihren Namen vom weißen Bauchring der sonst braunen Rinder hat. Ein freundliches Apartment im modernen Wohnhaus-Bungalow der Familie, mit 2 Zimmern, mit Küche und Sat-TV, alle Zutaten fürs Frühstück werden bereitgestellt. DZ/FR 90–120 $. 306 Lake Kaniere Rd., Hokitika, ✆ 03/7555111, kanierefarmstay@callplus.net.nz.

Zwischen Hokitika und Franz Josef Glacier

Die Küstenstraße südlich von Hokitika durchzieht zunehmend einsamere Landschaft und ist streckenweise gar nicht sehr küstennah, denn um Steilufern, Vorgebirgen und den sich ausfächernden Unterläufen großer Flüsse auszuweichen (z. B. beim Wanganui River), musste sie weit ins Binnenland hineingeführt werden. Die Orte Ross, Pukekura, Harihari, Whataroa und Okarito liegen weit auseinander und haben nur eine Minimalausstattung mit touristisch relevanten Einrichtungen wie Tankstelle, Laden, Café oder Motel.

Ross

Ross entstand als Goldgräbersiedlung, im Bankgebäude des damals großen Ortes ist heute die Besucherinformation untergebracht. Das Gold wurde in Ross in mehreren Formen gefunden, was sehr ungewöhnlich war: als alluviales, also angeschwemmtes Gold, das in den Schotterterrassen des Flusses abgelagert wurde, eingeschlossen im Quarzgestein und als Nugget in den Strandablagerungen des nahen Meeres. Bedeutungsträger wurden die Schotterterrassen, in deren Abtragung mehr Geld und Arbeitskraft investiert wurde als in irgend einem anderen Goldrush-Gebiet Neuseelands, wobei alle Arten von Maschinerie zum Einsatz kamen: von Serien von Rüttelsieben aus Holz über Schaufelbagger bis hin zu mit Pferden betriebenen Göpeln (oder Hämmern) zur Zertrümmerung des Quarzgesteins. 1885 wurde in Ross Neuseelands größtes Nugget gefunden, seine Replik im Miner's Cottage von 1885 (beim Info Centre) hat die Größe einer Männerfaust!

In Ross wird heute wieder nach Gold gegraben, die private Birchfields Ross Mine direkt am südlichen Ortsrand ist seit 1988 tätig und geht mit 90 m Tiefe bis 45 m unter den Meeresspiegel. Die Goldmine ist die einzige ihres Typs (Tagebau) auf der Südhalbkugel – jede Sekunde werden 100 l Wasser ausgepumpt. Zur Verzweiflung der Goldgräber des 19. Jh. war damals so etwas technisch unmöglich.

Information Ross Goldfields Information Centre, Aylmer Street, tägl. 9.–16 Uhr (im Sommer bis 17 Uhr), ✆ 03/7554077, rossgoldfields@netaccess.co.nz, www.ross.org.nz. Mit Multimedia-Show und Goldwaschmöglichkeit im Hof (8,50 $, die Einführung ist inbegriffen).

Übernachten/Essen & Trinken Historic Empire Hotel, große Zimmer mit Veranda im historischen Hotel in der Seitenstraße, in einem niedrigen Nebentrakt schlichte Cabins und Gemeinschaftsküche (ordentlich). Im Bar-Restaurant Snacks, kleine Speisen, Pub-Food. Zimmer und Cabins ab ca. 40 $, Stellplatz und 2 Pers. 18 $. 19 Aylmer St., ✆ 03/7554005.

Roddy Nugget Café, Moorhouse St. (SH 6); einfaches Café vom traditionellen Typ, ein paar Tische an der Straße. ✆ 03/7554245.

Schilderwald bei Ross

Pukekura und der Lake Ianthe

Nur das „Bushman's Centre" und Puke Pub & Lodge markieren den Ort *Pukekura*. Ersteres nennt sich auch „Home of Pete's world-famous Possum Pies", der Pub bietet „Booze and Wild Food". Als der Autor ausgerechnet am Tag des Wild Foods Festival in Hokitika was zu essen haben wollte (das Centre ist eine riesige Holzbude an der Straße westlich, alles auf Speisekarte ist *wildfood),* war nichts zu haben, alles war am Morgen nach Hokitika transportiert worden (aber immerhin gab's Bier). Das Centre verkauft zum Wild Foods Festival um die 5.000 seiner Pies, und der Possum Paté, aber auch Nasenbeine aus Possumknochen à la Neolithikum oder Papua Niugini finden reißenden Absatz.

4 km weiter südlich liegt an der Straße der idyllische *Lake Ianthe.*

Infos ✆ 03/7554144, Pub ✆ 03/7554008, Hot Pools gratis, www.pukekura.co.nz. Cabins ab 40 $, Stellplatz und 2 Pers. ab 15 $.

Harihari

Der lang gezogene Ort Harihari wurde ab 1870 von Weißen besiedelt, die erste Familie waren die Fergusons. Ab 1878 Fähre gab es eine Fähre über den über den Wanganui River. 1931 machte hier im Sumpf die „Southern Craft Junior" des Guy Menzies eine Bruchlandung nach dem ersten Soloflug über die Tasmansee von Sydney nach Neuseeland. Ein Kiosk direkt an der Straße bietet Informationen.

Der *Harihari Coastal Walkway* ist ein zwei- bis dreistündiger Rundweg an der Küste der Tasmansee und durch schönen Kahikatea-Wald entlang dem untersten Lauf des Wanganui River nahe Harihari. Die Teilstrecke vom Doughboy Lookout, einem Aussichtspunkt am Mündungsbereich des Wanganui River, bis zur Mündung des Poerua River, ist nur bei Ebbe zu begehen. Bei Flut geht man auf dem gleichen Weg zurück zum Parkplatz am Straßenende. Wegen der Kahikatea-Blüte ist diese Tour im Dezember am schönsten.

Okarito 807

Übernachten/Essen & Trinken Harihari Motor Inn, zweckmäßiges Motel (alle Units Bad/WC) an der Hauptstraße mit Restaurant. Es gibt auch Backpacker-Zimmer. Unit 105–175 $, DO/DB ca. 20–39 $, Stellplatz und 2 Pers. ab 20 $. Main Rd., ✆ 03/7533026, 0800/833026, hhmi@paradise.net.nz.

Am nördlichen Ortsausgang rechts **Dairy mit Tea Rooms** und den üblichen einfachen kalten und warmen Snacks und Kuchen sowie Schnitten.

Whataroa

Von Whataroa aus werden Vogelbeobachtungstouren angeboten, die in das **White Heron Sanctuary** des Waitangiroto Nature Reserve am Nordende der Lagune von Okarito führen. Man fährt zunächst mit dem Bus, dann eine halbe Stunde mit dem Schnellboot und hat anschließend mindestens die gleiche Zeit zur Beobachtung von Weißen Reihern (White Heron) und Großen Löfflern (Royal Spoonbill) zu Verfügung. Die Weißen Reiher sind von Mitte November bis Februar anwesend, nur in dieser Zeit lohnt sich die Tour (zu anderen Zeiten bekommt man auch Vögel zu sehen und ein wenig mehr über die Vegetation erklärt, etwa über die Baumorchideen am Fluss).

Information/Sport & Freizeit White Heron Sanctuary Tours, das Büro ist gleichzeitig für das Motel zuständig und erfüllt auch die Funktionen eines Visitor Centre. Main South Rd., ✆ 03/7534120. Die Tour in das Schutzgebiet kostet 110 $, Mitte Sept.. bis März 3- bis 4-mal tägl., unbedingt vorher buchen. ✆ 0800/523456.

Übernachten/Essen & Trinken/Für Selbstverpfleger White Heron Sanctuary Motel, Nachtquartier der Touragentur, gut eingerichtet und freundlich. Studios/Motels 95–125 $ und Cabins 55–65 $. Main South Rd., ✆ 03/7534120, 0800/523456, www.whiteherontours.co.nz.

Whataroa Hotel, das Hotel bietet Zimmer und einfache Stellplätze. Im Ballyhooly-Restaurant u. a. Stonegrill Dining – Fleisch oder Fisch vom Steingrill, ein vulkanisches Gestein wird verwendet – bis 21 Uhr. DZ 80–100 $. Scally Rd., ✆ 03/7534076, whataroa-hotel@gmail.com.

White Heron Store and Tearooms, Supermarkt, Bottleshop, Café. Fish & Chips & Co bis 19 Uhr. An der Durchgangsstraße.

Okarito

Okarito, ein kleiner Ort aus ein paar verstreuten Häusern am Rand einer großen Lagune, hat in Neuseelands Geschichte eine große Rolle gespielt: Hier sahen die Mannschaften auf Abel Tasmans Schiffen im Jahr 1642 erstmals Neuseeland, und hier wurde 1860 Westland für 300 Gold-Sovereigns an James Mackay verkauft (der Vertrag wurde im heutigen Greymouth besiegelt). Gold, Holzfällerei und die Produktion von einheimischem Flachs waren die Geldbringer in der Zeit europäischer Besiedelung. Okarito hat mehr schlecht als recht überlebt und zehrt heute von seinem Image als der Ort, in dem Keri Hulmes Buch „The Bone People" (dt. „Unter dem Tagmond") spielt.

Sport & Freizeit Kajaken: Die nahe Lagune mit ihren relativ stillem Wasser ist bei Kajakern beliebt. Okarito Nature Tours, ✆ 03/7534014, www.okarito.co.nz und Explore Franz Josef, ✆ 0800/484332, www.explorefranzjosef.com bieten begleitete Touren an (ab 75 $ p. Pers. für 2 Std. im Zweier), Okarito Nature Tours verleiht auch Kajaks.

Übernachten/Essen & Trinken Wichtig! In Okarito gibt es keine Versorgungsmöglichkeiten und kein Lokal! Alle Nächtigungsmöglichkeiten findet man auf www.okarito.net.

Royal, Hostel, Miniherberge in 4 Häusern in dem winzigen Küstenort und fast die einzige Möglichkeit, dort zu übernachten. Gute Bilder auf der Homepage! DB 22–37 $, DO 22 $. The Strand, Okarito, ✆ 03/7534080, www.okaritohostel.com.

Hochgebirge? Die Zunge des Franz-Josef-Glaciers liegt auf ca. 350 m ü. NN.

Die Gletscherregion

Ein großer Teil der Neuseeländischen Alpen ist vergletschert, und je weiter man an der Westküste nach Süden kommt, desto mehr. Das hat wenigstens drei gute Gründe: Die Niederschläge nehmen nach Süden zu, die Temperaturen nehmen mit zunehmender Polnähe ab, und die Gipfelzone, in der die Gletscher entstehen, liegt nach Süden immer höher.

Auch Aoraki (alias Mount Cook) und Mount Tasman, die höchsten Berge Neuseelands, sind Gipfel der Westküste (die sie mit Otago teilt) und genau aus diesem Bereich dringen zwei Gletscher weit ins Vorland vor, so weit, dass noch hoch über ihren Zungen dichter Regenwald überleben kann. Dieses ungewöhnliche Nebeneinander von Eis und Regenwald macht den Besuch von *Franz-Josef-Gletscher* und *Fox-Gletscher* zu einem aufregenden Erlebnis. Beide sind im *Westland Tai Poutini National Park* (ca. 131.600 ha) geschützt, der wiederum mit den angrenzenden National Parks Mount Cook, Mount Aspiring und Fiordland die *UNESCO Weltnaturerbe-Region Te Wahipounamu* bildet. Natürlich gibt es noch Dutzende weiterer großer Gletscher in dieser Region, aber kein anderer erreicht so wie die beiden das Vorland. Noch im 19. Jh. lagen ihre Zungen dort, wo heute die Straße entlang der Westküste verläuft. Heute haben sie sich wie alle Gletscher weltweit zurückgezogen und stoßen nur noch ein Stück über den Gebirgsfuß hinaus ins Vorland. Im 18. Jh. waren sie noch weiter im Vorland und erreichten, wie die Moränen deutlich erkennen lassen, fast das Meer – seit ca. 1750 haben sie sich um mehr als 3 km zurückgezogen.

Die Gletscher verdanken ihre Namen Julius von Haast, dem Kurator des Canterbury Museums in Christchurch, der immer wieder Expeditionen in die Region schickte und der 1865 den Franz-Josef-Gletscher nach dem österreichisch-ungarischen Sou-

Franz Josef Glacier (Ort und Gletscher) 809

verän benannte. Der Fox-Gletscher erhielt seinen Namen nach einem Besuch des Premierministers Fox im Jahr 1872. Beide Gletscher haben Versorgungsbasen für touristische Aktivitäten (eine andere Funktion haben sie nicht): Franz Josef Glacier ist der größere, etwas belebtere Ort, Fox Glacier ist kleiner, weniger laut (weniger Backpackerbusse), hat aber auch weniger Möglichkeiten, sich abends zu amüsieren.

Film zu den Westland-Gletschern „Flowing West" nennt sich das Movie auf der Großleinwand im Alpine Adventure Centre in Franz Josef Glacier, 20 Min., ✆ 03/7520793.

Sport & Freizeit in der Gletscherregion

Mit Shuttle zu den Gletschern Glacier Shuttle bietet Transport von der Lodge/vom Hostel oder Hotel in Fox oder Franz Josef zum (jeweiligen) Gletscher, 12.50 $ hin/zurück, ✆ 0800/999739.

Rundflüge Rundflüge mit Gletscher- und Meerblick sind v. a. an schönen Tagen eine feine Sache, aber kostspielig. Bei Rundflügen mit Flugzeugen ist das Unternehmen **Mount Cook Ski Planes** (✆ 0800/368000, www.skiplanes.co.nz) führend, dessen Maschinen seit 1955 auf den Gletschern landen. Auch auf den kürzesten Flügen sieht man sowohl die schmalen, rasch zum Meer hinunter gleitenden Gletscher der Westseite als auch den majestätisch langsam sich fortbewegenden Tasman Glacier auf der Binnenseite. Flüge ab 255 $ (30 Min.), „Glacier Magic" Mt Cook und Fox mit Landung (55 Min.) 435 $.

Bei den zunehmend beliebten Hubschrauberflügen gibt es mehr und stark miteinander konkurrierende Anbieter. Hubschrauber können zwar bei gleichem Zeitaufwand lange nicht so weit fliegen wie ein Flugzeug, kommen aber näher heran und können auch bequem landen. Glacier Helicopters (✆ 0800/800732, www.glacierhelicopters.co.nz), Mountain Helicopters (✆ 0800/369423, www.mountainhelicopters.co.nz), Fox Glacier & Franz Josef Heliservices (✆ 0800/800793) und die Helicopter Line (✆ 0800/650651, www.helicopter.co.nz) bieten etwa ähnliche Angebote und Preise: 20 Min. ab 180 $, 30 Min. ab 250 $, 40 Min. ab 345 $.

Gletscherspaziergänge Wer noch nie auf einem Gletscher gelaufen ist, wird vielleicht daran interessiert sein, das in den Southern Alps zu tun (in Mitteleuropa wäre es billiger). Es gibt mehrere Anbieter, die entweder zu Fuß an der Zunge beginnen und auf den flacheren Mittelteil des Gletschers zielen, oder bei denen man vom Hubschrauber gleich auf dem Gletscher abgesetzt wird. 3–4 Std. mit Bustransfer und anschließender Fußwanderung kosten etwa bei Franz Josef Glacier Guides (✆ 0800/484337, www.franzjosefglacier.com) mit Heli-Hike (5 Std.) 395 $. Ebenfalls mit Hubschrauber und für nur 3 Std. bezahlt man bei **Franz Josef Heli Hike** (✆ 0800/807767, www.helicopter.co.nz) 395 $.

Rafting Auf Wildwasser fährt man in den Rafts von **Eco Rafting** (in Ross) z. B. auf dem Grey River oder auf dem Waitoto, auf jeden Fall außerhalb der Nationalparkregion. 1 Tag ab 175 $. www.ecorafting.co.nz.

Kajaken Auf dem idyllischen Lake Mapourika finden geführte Kajaktouren statt, die **Glacier Country Tours & Kayaks** in Franz Josef Glacier (bei Red Bus in der Cron Street) organisiert. 2:30 Std. Kajaken plus Transfers 90 $. ✆ 0800/423262, www.glacierkayaks.com.

Franz Josef Glacier (Ort und Gletscher)

Vom Dorf Franz Josef Glacier kann man ohne Weiteres zu Fuß zum gleichnamigen Gletscher gehen, die wenigsten tun das und ziehen es vor, selbst zu fahren (großer Parkplatz am Straßenende) oder sich kutschieren zu lassen. Man sieht den Gletscher zwar nicht vom Dorf aus, aber die alpine Szenerie gleich hinter den „alpinen" Spitzgiebeln der Lokale an der Hauptstraße genügt fürs Berg-Ambiente.

Information DOC Visitor Centre, Main Rd., Franz Josef Glacier, am südlichen Ortsende. Nov. (Labour-Weekend) bis Ostern tägl. 8.30–18 Uhr, sonst bis 16.30 Uhr.

✆ 03/7520796, westlandpvc@doc.govt.nz. Sehr gute Infotafeln und Film zu Gletschern und Geologie; wie in allen anderen DOC Visitor Centres laufende Wetterberichte, die hier im rasch umschlagenden Klima der Westküste besonders wichtig sind.

Verbindungen Bus: InterCity und Atomic sind die beiden Unternehmen, die Franz Josef Glacier anfahren.

Übernachten Alpine Glacier Motel, zentrales Motel (Querstraße zur Hauptstraße) mit akzeptablen bis guten Units (nicht alle so neu) mit TV/DVD, einige mit Küchenzeile. Unit 95–330 $. Condon St., ✆ 03/7520226, 0800/757111, www.alpineglaciermotel.com.

Chateau Franz „Sir Cedrics", Motel und große Backpacker-Herberge Schulter an Schulter mit einem Angebot vom Dorm bis zum Zimmer mit Bad und Küche. 2 Lounges, 2 Küchen, jede Menge TVs, Videos (gratis), ein Spa (gratis) und Betrieb rund um die Uhr. Unit mit Küchenzeile 95–120 $, DB 28–47 $, DO 21–25 $. 8–10 Cron St., ✆ 03/7520738, 0800/728372, www.chateaufranz.co.nz.

Glowworm Cottages, sehr geschäftige Backpacker-Herberge mit einer Ausstattung über dem Durchschnitt – so haben die Betten in den Schlafsälen Steppdecken. Diverse kostenlose Anreize, hier zu buchen (möglichst frühzeitig!), wie Spa, Videos und den abendlichen Becher Suppe. Viele (oft nicht ganz leise) Gruppen! Studios (2 Pers.) 110–120 $, DB/DO 22–28 $. 27 Cron St., ✆ 03/7520172, 0800/151027, www.glowwormcottages.co.nz.

YHA Franz Josef, 42 Betten, moderner Bau mit Glasfront sowie Bänken und Tischen auf dem Rasen vor der Tür. Sauna gratis, ebenso DVD-Verleih. Bett zu 21–50 $. 2–4 Cron St., ✆ 03/7520754, www.yha.co.nz.

Franz Josef Top 10 Holiday Park, der beste Platz in der Gletscherregion liegt ca. 1,5 km nördlich von Franz Josef an der Staatsstraße, die Einrichtungen sind neuwertig oder neu (Küchenblock). Der kleine Laden ist so angenehm wie der Gratis-Shuttle ins Dorf. Unit/Cabin/Motel 60–350 $, Stellplatz und 2 Pers. ab 38 $. 2902 SH 6, Franz Josef, ✆ 03/7520735, 0800/467897, www.mountain-view.co.nz.

Essen & Trinken Blue Ice Café, 795 Main Rd. (am südlichen Ortsende). Pizza und diverse Fisch- und Fleischgerichte samt Sandwiches und Salaten, im 1. Stock Bar und Billard, spätabends meist der einzige offene Joint vor Ort. Sehr wechselnde Servicequalität.

Full of Beans Café, Main Rd.; Lokal mit großer Terrasse, es gibt Frühstück, Snacks und substanziellere Gerichte wie Steaks, und das alles den ganzen Tag über.

🚶 Spaziergänge/Kurze Wanderungen

Der Glacier Valley Walk: Der von vielen Besuchern begangene Talweg zum Gletscher verändert sich wegen der Zerstörungen nach der Schneeschmelze von Jahr zu Jahr. Gleich nach dem Parkplatz am Ende der Zufahrtsstraße zweigt links ein Steig ab, der auf einen Aussichtspunkt führt, den Sentinel Rock (0:20 Std. hin/zurück), Gesamtgehzeit zum Gletscher ca. 1:30 Std. hin/zurück.

Der Douglas Walk: Rundweg von der Zufahrtsstraße zum Gletscher, etwas auf und ab mit ein paar schönen Ausblicken, 1 Std. Besonders reizvoll der Blick vom Peters Pool, einem winzigen Moränenseelein, in dem sich die Berge spiegeln.

Touren

Der Callery Waiho Track und der Roberts Point Track

Direkt im Ort Franz Josef Glacier (erreichbar über Cowan Street und Graham Place, Abzweig an der Main Street beim Franz Josef Glacier Hotel, Douglas & Graham Wings) beginnt der *Callery Waiho Track,* der zunächst mit dem Weg zu den Tatara Tunnels (Glühwürmchen!) gemeinsam läuft, dann aber rechts abbiegt. Man passiert bereits über dem Tal des Waiho River (wie sich der Ausfluss des Franz Josef Gletschers nennt) einen Nebenfluss mit Hängebrücke, dort kommt der Roberts Point Track von rechts herüber. Nun geht es auf diesem Track weiter und zwar stetig auf der orographisch rechten (also nördlichen) Seite des Tales, wobei man immer leicht ansteigt. Der Weg endet nach 10,8 km und 600 m Anstieg an einem Aussichtspunkt, dem Roberts Point hoch über dem Gletscher. Dieser Weg ist nicht wie die meisten anderen begradigt und gebändigt, sondern man muss immer wieder mal über Lockermaterial steigen oder einen Bach auf Trittsteinen überqueren. Hin/zurück gesamte Strecke ca. 9 Std., nur Roberts Point Track ab Alex Knob/Lake Wombat Parkplatz ca. 5 Std. Der erdrutschgefährdete Roberts Point Track war jahrelang gesperrt, erkundigen Sie sich besser beim DOC, ob er gerade gangbar ist und ob die Bach-Furtungen (bei oder nach starkem Regen gefährlich!) machbar sind.

Der Lake Wombat und der Alex Knob

Ein eindrucksvoller Weg führt durch einen flechtenverhangenen Nebelwald zu einem verwunschenen kleinen See (kein Ausblick) und weiter auf den über 1.000 m hohen Gipfel Alex Knob mit tollem, allerdings wegen der Vegetation etwas eingeschränktem Blick auf Tal, Gletscher und Berge (12 km, ca. 6–8 Std.). Zurück auf demselben Weg.

Fox Glacier (Ort und Gletscher)

Zwischen Franz Josef Glacier und Fox Glacier liegen drei bis zu 450 m hohe, von tief eingeschnittenen Tälern getrennte Rücken, die ohne jede Besiedlung sind. Ganz plötzlich erreicht man dann in Fox wieder eine Oase der Zivilisation im Busch und wundert sich, dass in diesem grünen Dschungel Orte existieren können, wo leicht bekleidete Menschen auf Caféterrassen sitzen und sich an einem Cappuccino oder einem Bier laben.

812 Die Region Westland

Bequem: Motels an der West Coast Road

Fox ist kleiner und intimer als Franz Josef, und wer zwei Nächte bleibt, hat nach der zweiten alles abgegrast, was es an menschgebundenen Einrichtungen gibt. Der Gletscher ist hier näher als im nördlichen Nachbarort, gute 6 km ist er entfernt. Neben dem Gletscher und den wenigen Wandermöglichkeiten, die sein schmales, steil begrenztes Tal erlaubt, ist Gillespies Beach draußen am Meers ein beliebtes Ziel. Dabei passiert man den Abzweig zum Lake Matheson, um den ein Wanderweg herumführt, den man auf keinen Fall versäumen sollte: Im See spiegelt sich an schönen Tagen der majestätische Aoraki.

Information DOC Southland Weheka Area Office, Main Rd., Fox Glacier (3 km nach Süden in Richtung Haast), Dez. bis Mitte Apr. tägl. 9–16.30 Uhr, Rest des Jahres Sa/So geschlossen. ✆ 03/7510807

Übernachten Rainforest Motel, gutes Motel hinter einem Pseudo-Blockhaus, im Rücken Regenwald, von der Straße etwas zurückversetzt, ganz ruhig. 12 Units mit voll eingerichteter Küche 95–160 $. 115 Cook Flat Rd. (200 m in Richtung Gillespies Beach), ✆ 03/7510140, 0800/724636, www.rainforestmotel.co.nz.

Fox Glacier Homestay, 10 Fußminuten vom Zentrum liegt das Farmhaus der Sullivans, die hier schon in der 3. Generation wohnen. Aus zwei Fenstern blickt man auf den Mount Cook. DZ/FR (cont.) 90–120 $. 64 Cook Flat Rd., Fox Glacier, ✆ 03/7510817, http://foxglacierhomestay.co.nz.

Ivory Towers, besonders gemütliche Backpacker-Lodge mit Doppelzimmern, 2 Einzeln und Dorm, einige Zimmer mit TV, alle mit bezogenen Betten. Küche gut ausgestattet, Spa gratis, viele Aufmerksamkeiten, die dem Gast den Aufenthalt verschönern. SG 50 $, DB 28–48 $, DO 25 $. Sullivans Rd., ✆ 03/7510838, www.ivorytowerslodge.co.nz.

Fox Glacier Holidaypark, ruhiger, aber bisher nicht sonderlich einladender Platz trotz brandneuer Reception und teilweise aufgefrischter Einrichtungen. Der Lodgeroom z. B. ist ein winziger Raum mit Doppelbett und Stockbett, bezogen und das war's. Küche ohne Töpfe oder Pfannen oder Geschirr (leider so üblich). Der Sanitärblock wurde kürzlich ebenfalls komplett erneuert, im Garten wird noch gearbeitet, er soll den Holidaypark in Zukunft mächtig aufhübschen. Cabins 51–60 $, Lodge 50–60 $, Stellplatz und 2

Fox Glacier (Ort und Gletscher) 813

Pers. ab 32 $, es gibt auch (renovierte) Motel-Units. Kerrs Rd. (300 m in Richtung Gillespies Beach, dann links), ℡ 03/7510021, 0000/154366, www.foxglacierholidaypark.co.nz.

Essen & Trinken Café Névé, SH 6, neben Laden. Eine übertrieben gute Rezension muss den Betreibern dieses Cafés an der Hauptstraße zu Kopf gestiegen sein, oder wie wäre sonst zu erklären, dass in einem früher gelobten Lokal das Essen auf noch nicht abgeräumten Tischen serviert wird, die Zubereitung gerade noch als durchschnittlich zu bezeichnen ist, aber dafür in kleinen Portionen kommt und der Service die Wärme von Gletschereis hat.

The Plateau, SH 6, Bistro-Café und Bar am südlichen Ortsausgang. Tagsüber Snacks, Burger und Pasta (ab 12 $), abends Fisch und Fleisch in guter Zubereitung (ab 20 $). Leider herrscht auch hier mitunter eiskalte Freundlichkeit beim Personal.

Café Lake Matheson, Cook Flat Rd.; das ist ein Café, das sich bescheiden als jenes mit dem „Million Dollar View" bezeichnet, an einem schönen sonnigen Tag stimmt das auch. Komplettes Frühstück (2 Spiegeleier, Frühstücksspeck, Baked Beans, Frühstückswurst, Toast, Butter, Marmelade, Kaffee/Tee) zu 13,50 $ (Backpackers Brekky) ganztägig und andere substanzielle Frühstücke. Dazu Kuchen, süße Stückchen, Cookies – alles hausgemacht. Abends zum Restaurant (licensed) aufgedonnert (Hauptgang ab ca. 27 $), wer reserviert, bekommt den Transfer ab Fox Glacier gratis. ℡/≈ 03/7510878, www.lakematheson.com.

Touren

Der River Walk: Von der Straße in das Tal des Fox Gletschers führt ein kurzer Abstecher (0:30 Std. hin/zurück) über eine historische Hängebrücke zu einem Aussichtspunkt. Dichte Waldvegetation, jenseits des Flusses erreicht man die Glacier View Road.

Der Chalet Lookout Walk: Gegenüber dem Beginn des River Walk liegt auch der Beginn des Chalet Lookout Walks (1:30 Std. hin/zurück). Zunächst als Wanderweg, dann aber als Track und erst nach Furten eines rasch fließenden Baches (nicht ungefährlich und nicht allein wagen!) erreicht man einen Aussichtspunkt auf den Gletscher in seiner gesamten Länge, der durch die nachwachsende Vegetation in paar Jahren nicht mehr existieren wird.

Der Lake Matheson: Eine Mulde der Endmoräne des Fox-Gletschers, die dieser vor vielleicht 5.000 Jahren ablud, füllt heute ein See, der Lake Matheson. Ein Rundweg führt in 1:30 Std. vom Ende der Straße (mit beliebtem und gutem Café-Bistro) um ihn herum. An einem kleinen Halbinselchen hat man einen Blick, der unzählige Male fotografiert und reproduziert wurde: Der Aoraki spiegelt sich bei klarem Wetter und Windstille im See. Der geschützte Wald an den Seeufern ist voll von nur auf Neuseeland beschränkten Pflanzen: Podocarpaceen, Rimu, Matai, Totara und Miro dominieren die Kronenzone, Rata, von dessen Blütennektar sich Vögel wie Tui, Bellbird und Fantail ernähren, wächst an vielen Bäumen, Aufsitzer-Orchideen hängen von den Ästen, im Unterwuchs dominieren riesige Farne.

Der Gillespies Beach und die Pelzrobbenkolonie: Die Gillespies Road führt, im zweiten Teil nicht mehr asphaltiert, durch sehr bewegtes Grundmoränengelände an die Küste der Tasmansee. Die winzige frühere Siedlung aus der Goldgräberzeit besteht heute aus ein paar privaten Baches, einem kleinen Friedhof und wenigen Relikten des Goldabbaus, unter anderen einem ausgedienten Schaufelbagger. Über den etwas abseits der Küste verlaufenden Weg zum Galway Beach erreicht man eine Pelzrobbenkolonie. Man mache sich vorher mit den Gezeiten vertraut, sonst steht man beim Rückweg vor der Flut und muss 6 Std. warten, bis der Strandweg wieder passierbar wird.

Von Fox Glacier nach Haast

Einsamer als einsam ist dieses letzte Stück Straße an der Westküste der Südinsel. Als Radfahrer merkt man das besonders deutlich. Der Autor, der die Strecke bisher dreimal mit dem Rad abfuhr, erinnert sich an einen neugierigen Kaka, der ihm am Straßenrand von Baum zu Baum folgte (eine Dreiviertelstunde lang kam kein Auto). Dem Kaka war wahrscheinlich ganz schrecklich langweilig.

Die Welcome Flat Hot Springs und der Copland Track

Der einstmals beliebte Trip über den Copland Pass zum Mount Cook Village (→ Aoraki (S. 627) ist dank Global Warming, Gletscherschwund, Erdrutschen und Bergsturzgefahr durch übersteilte Talhänge, die nicht mehr durch den Gletscher gestützt werden, zu einem Unternehmen geworden, das man eigentlich nicht mehr wagen sollte. Aber bis zu den Welcome Flat Hot Springs ist der Trip immer noch eine tolle Sache. Vom Beginn des Copland Tracks (mit kleinem Unterstand und Parkplatz) ist man nach 7 km um 400 m weiter oben. Dort warten natürliche Becken mit dem warmen mineralischem Wasser auf müde Wanderer. Müde, weil sie so weit gegangen sind und weil der Weg kein Weg ist, sondern ein ziemlich übler Track, bei dem man in Bachbetten schon mal von Trittstein zu Trittstein springen muss, um nicht baden zu gehen. Die Hütte (DOC Welcome Flat, 30 Lager) ist im Sommer meist überfüllt, denn die warmen Quellen sind bekannt und haben ihre Fans. Kommentar von zwei bis über die Ohren mit Bergausrüstung, Pickel und Eisaxt und 30-kg-Rucksäcken ausgestatteten Bergsteigern, die mit Führer aus Richtung Copland Pass ankamen: Der Copland Pass ist machbar, aber „absolutely terrifying".

Wasserfall am Haast Highway

Die Bruce Bay: Seit dem 23. Januar 2005 um 4.30 Uhr früh (Sonnenaufgang mit ritueller Weihe) ist Bruce Bay mit dem *Te Tauraka Waka a Maui Marae* Standort des einzigen *marae* an der Westküste – 140 Jahre lang gab es kein einziges *wharenui* (Versammlungshaus) mehr an der Küste. Das Haus ist ein klassisches Marae mit geschnitzter Fassade (Fayne Robinson war der Leiter der drei Schnitzer, die Arbeiten zogen sich über zwei Jahre hin). An der Spitze des Mittelpfostens ist Maui dargestellt, in den Händen hält er das berühmte Beil *Tihei mauriora*, zu seinen Füßen winden sich die beiden *taniwha* (Ungeheuer), die er bei der Landung in der Bucht überwand. Bruce Bay ist der Landungsort des von Maui gesteuerten ersten Bootes der Maori, das von Hawaiki aus die neuseeländische Küste erreicht, nach Maori-Selbstverständnis die Ankunft des Menschen auf der Doppelinsel. Auch die Schnitzarbeiten des Inneren, *Nga Whakairo o Roto*, sind das Werk der drei Künstler, andere Teams waren für die traditionellen Flechtarbeiten und die Einlegearbeiten mit Pounamu (Grünstein) verantwortlich. Der Wharenui soll die Maori an die Westküste zurückbringen – nach der Verlagerung der Aktivitäten an die neue Straße (heute SH 6) fielen die Maori-Siedlungen an der Küste ins Abseits, da die meisten von ihnen nur mit dem Boot erreichbar waren, und wurden allmählich verlassen.

Dickschnabelpinguin
alias Fiordland Crested Penguin alias Tawaki alias Eudyptes pachyrynchus

Die Population des seltensten der Pinguine auf Neuseelands Mainland besteht aus nur etwa 2.500–3.000 Brutpaaren. Der bis zu 60 cm hohe und an die 4 kg schwere Pinguin lebt in Fiordland, im südlichen Westland, auf den Inseln der Foveaux Strait und auf Stewart Island samt den benachbarten Inseln. Die Vögel auf den subantarktischen Inseln Neuseelands, v. a. den Chatham Islands und in New South Wales (Australien), sind keine Brüter, ihre Kolonien bestehen aus Jungtieren. Doch die Zahlen gehen zurück, Schuld ist wahrscheinlich weniger direkt der Mensch, als die von ihm eingeführten Räuber, allen voran das Wiesel (stoat), das die Nester auf dem Festland ausraubt. Ein weiterer Grund ist der in den letzten Jahrzehnten beobachtete Anstieg der Meerestemperaturen und der dadurch ausgelöste Rückgang der Nahrungsmenge im Lebensraum des Dickschnabelpinguins.

Die Dickschnabelpinguine sind mit 5–6 Jahren geschlechtsreif und nisten in kleinen Brutkolonien an der Südwestküste der Südinsel sowie auf Solander Island im Doubtful Sound und weiteren Inseln rund um Stewart Island und in der Foveaux Strait. Die im August gelegten Eier werden 30–35 Tage bebrütet. Wenn die Jungen schlüpfen, bleibt das Männchen drei Wochen lang im Nest bei ihnen – ohne Nahrung. Wenn sie älter sind, bilden sich größere Gruppen von Jungtieren, die von beiden Elternteilen bis in den November gefüttert werden, wenn sie die Brutkolonie verlassen.

Im Milford Sound sind die Tiere meist im Februar, kurz vor und kurz nach der Mauser zu sehen, wenn sie zu diesem Zweck ihre Nistgebiete aufsuchen. An der südlichen Westküste nahe dem Lake Paringa sieht man sie ebenfalls in dieser Zeit, aber v. a. zwischen Juli und Dezember, wenn sie dort brüten und ihre Jungen aufziehen.

Der Paringa River und der Lake Paringa: Nahe der Brücke über den breiten *Paringa River* liegt in Sichtweite der Straße ein auf Stelzen gebautes Holzhaus, das Salmon Farm Café, das inmitten der Waldeinsamkeit wie eine Fata Morgana wirkende Restaurant einer Lachsfarm. Ein paar Kilometer weiter erreicht man *Lake Paringa*, an dessen nicht eben belebten Ufern ein DOC-Zeltplatz liegt.

Essen & Trinken Salmon Farm Café, Lachsgerichte und andere im Haus zubereitete Speisen, Kuchen, Bier und Wein auf der großen Terrasse oder drinnen im Saal. Viele Tourbusse. ✆ 03/7510837.

Monro Beach und Knight's Point: Vorbei am *Lake Moeraki* mit seiner Wilderness Lodge erreicht man den Beginn des Weges zum *Monro Beach* (5 km, hin/zurück 1:30 Std.), an dem im Februar und dann wieder zwischen Juli und Dezember Dickschnabelpinguine zu sehen sind. Die Straße erreicht die Küste am *Knight's Point*, wo 1965 die Straßenäste von Süden und Norden zu einer durchgehenden Straße durch Westland verbunden wurden. Der Aussichtspunkt mit Denkmal (Obelisk) für dieses Ereignis dient auch als Ausguck auf die spitzzahnige Klippenreihe, die sich tief unten schützend zwischen die Küste und das offene Meer legt.

Haast

Der südlichste Ort der Westküste ist ein wichtiges Versorgungszentrum, aber als Siedlung unbedeutend und auch noch auf drei Teile zersplittert: Nach der Brücke über den Haast River erreicht man Haast Junction mit dem modernen Gebäudekomplex der Touristeninformation, nach rechts führt die Straße ans Meer zum Haast Beach und weiter zur Jackson Bay, wo sie endet. Nach links führt der SH 6 in Richtung Haast Pass und erreicht nach 3 km die Gebäudegruppe von Haast Township mit den meisten Versorgungseinrichtungen.

Information   DOC Visitor Centre, Haast Junction, Nov. bis Apr. tägl. 9–12.30 u. 13–18 Uhr, Rest des Jahres bis 16.30 Uhr. ✆ 03/7500809, haastvc@doc.govt.nz. **Touristeninformation**, DOC-Dienstleistungen wie Hüttenpässe und Landkarten, Infos über die Region und ein kurzer Film („Edge of Wilderness").

Sport & Freizeit   Waiatoto River Jetboat Safaris: Von der Waiatoto Lagoon (Waiatoto River Bridge) der Tasmansee fährt man den Waiatoto aufwärts bis in das Gebirge (The Shark's Tooth, an der Mündung des Murky Gully). Aufregende Reise vom Meer ins Gebirge, in diesem Sinne die einzige Neuseelands; 2 Std. mit Transfer von Haast 275 $. ✆ 03/7 500780, 0800/538723, www.riversafaris.co.nz.

Haast River Safari verwendet ein gedecktes und verglastes Schnellboot und ist auf Gäste eingestellt, die mit dem InterCity-Bus anreisen. Trips starten an der Brücke der SH 6 und bleiben im außeralpinen Bereich. ✆ 03/7500101, 0800/865382, www.haastriver.co.nz.

Übernachten/Essen & Trinken   Haast **World Heritage Hotel**, niedriger, mehrgliedriger Hotelbau, von der Junction ein kurzes Stück in Richtung Jackson Bay. Anständige Zimmer ohne Luxus in 2 Kategorien; Café und Bar. DZ 89–220 $. Ecke Junction SH 6/Jackson Bay Rd., ✆ 03/7500828, 0800/502444, www.world-heritage-hotel.com.

Haast Lodge & Motorpark, Zweckbau, 34 Betten und Motels. Extrem dünne Wände, laut, Toiletten zum ... und ein unfreundlicher Manager. Nicht das Lieblings-Establishment des Autors. Motelunit ab 60 $, Backpacker-DO ab ca. 25 $. Marks Rd., Haast Township, ✆ 03/7500703, 0800/500703, info@haastlodge.com.

Wilderness Accommodation, von wegen Wilderness: Front zur Straße, im Rücken die Township, aber eine freundliche Herberge mit großer Küche, Waschmaschine

Knight's Point

und Trockner und angenehmem Wintergarten. Die Tavern ist um die Ecke. DB 33–35 $, DO 28 $, auch Motel-Units 85–140 $. Marks Rd., Haast Township, ℅ 03/7500029, www.wildernessaccommodation.co.nz.

Haast Beach Holiday Park, einfacher, aber gepflegter Platz 15 km südlich von Haast am Haff unweit der Küste. Motel-Units 120 $, Cabins 50–70 $, Stellplatz und 2 Pers. 28–31 $, Backpacker im DB 30 $. Jackson Bay Rd., Haast Beach, ℅ 03/7500860, 0800/843226, haastpark@xtra.co.nz.

Hard Antler Tavern, Haast Township; großes Café/Bar/Restaurant. Hier machen die Busse Halt (z. B. Atomic auf der Nordroute Queenstown – Greymouth). Essen aus der Pfanne und aus dem Grill oder aufgewärmtes Vorgekochtes (Hauptgang 20–30 $). Die Bar – doppelt so groß wie der Speisesaal – ist abends recht *busy* und laut. ℅ 03/7500034.

Für Selbstverpfleger Supermarkt, Haast Township, mit heißen Snacks und Fish & Chips.

Sir Julius von Haast (1822–1887)

Der in Bonn geborene Geologe und Mineraloge Julius Haast kam 1858 mit Ferdinand von Hochstetter nach Neuseeland, den er auf seiner Forschungsfahrt an der Westküste der Südinsel begleitete. Seine Arbeit initiierte u. a. den Abbau des Kohlelagers bei Westport, er entdeckte die Kohlevorkommen bei Greymouth. Außerdem stellte Haast in mehreren Flüssen der Westküste Gold fest (drei Jahre vor dem ersten Goldrausch!). 1861 wurde er zum Provinzgeologen der Regierung in Canterbury ernannt und begann ausgedehnte Forschungsreisen den Rangitata und Rakaia hinauf in die Region des Mount Cook, an die Westküste zum von ihm so benannten Franz-Josef-Gletscher und überquerte den nach ihm benannten Haast Pass. 1862 gründete er einen Vorläufer des Canterbury Museum, dessen Gründungsdirektor er ab 1869 wurde. Kaiser Franz Josef verlieh ihm das Adelsprädikat (von Haast), die britische Königin die erbliche Peerswürde (Sir). Nicht nur als Geologe, sondern auch als Paläontologe setzte er Maßstäbe: Seine Ordnungen der ausgestorbenen Moas und des Riesenadlers *Harpagornis* sind heute noch in Gebrauch. Von Haast starb 1887 in seiner Wahlheimat Christchurch.

Die Jackson Bay: Nochmals 50 km weiter nach Südwesten, und man ist in der Jackson Bay – und am Ende der Welt. Die Straße von Haast zur Jackson Bay ist trotz sehr geringer Frequenzen asphaltiert. *Haast Beach* mit kleinem Laden ist eine der winzigen Siedlungen an der Straße, *Okuru* die nächste. Der *Hapuku Estuary Walk* (20 Min.) durch Dünenwald und Feuchtgebiet ermöglicht schöne Blicke auf die Gruppe der kleinen Open Bay Islands, ein Schutzgebiet für Dickschnabelpinguine, andere Meeresvögel und Pelzrobben.

Der Ort *Jackson Bay* wurde 1875 mit großem Pomp als neuer Hafen und Wachstumszelle für die gesamte Region gegründet. Wie die neuen Siedler von den zugewiesenen kleinen Grundstücken im regenreichen, für die meisten Feldfrüchte ungeeigneten Klima leben sollten, sagte ihnen keiner. Nur noch ganz wenige Menschen leben heute in Jackson Bay, ihr Einkommen beziehen sie aus Fischerei und v. a. Hummerfang. Die an der Brücke über den Arawhata River (14 km vor Jackson Bay) beginnende Straße durch das Tal des Jackson River endet blind. Sie sollte einmal ins Hollyford-Tal weitergetrieben werden und Southland direkt mit der Westküste verbinden.

Weiter über den Haast Pass nach Wanaka und Queenstown: → Dunedin und Otago S. 682.

Glossar

Maori – Deutsch

Aotearoa – Neuseeland
ariki – Stammesführer
awa – Bach
haka – Tanz (Kriegstanz) der Männer
hangi – Erdofen, Essen aus dem Erdofen
hapu – Stammesteil, Unterstamm, Verwandtschaftsgruppe

Hawaiki – Urheimat der Maori in Polynesien
hongi – Gruß (Aneinanderpressen und Reiben der Nasen)
hui – Zusammenkunft im Marae
iti – klein
iwi – Stamm, menschliche Gebeine
kaumatua – Ältester (männlich)
kuia – Älteste (weiblich)

mana – Autorität, spirituelle Kraft, Führungskraft, Persönlichkeit
maori – „gewöhnliche Leute" – Neuseelands Ureinwohner (= tangata whenua)
marae – heiliger (meist umfriedeter) Boden für Versammlungen mit oder ohne Versammlungshaus
moana – große Wasserfläche, Meer, Ozean

moko – Tätowierung (ursprünglich nur Kopftätowierung)
motu – Insel
ngati – Volk von ...

papa – flach, eben
poi – Tanz der Mädchen mit Wollbällen
poupou – geschnitzte Holzpfeiler im Marae, meist rein dekorativ und ohne tragende Funktion

rowhiri – Willkommenszeremonie im Marae
rangatira – Stammesführer

rangi – Himmel
roa – lang
roto – See
tangata – Mensch, Person
tangata whenua – Maori („gewöhnliche Leute")
tangi – Totenwache
taonga – Schatz, besonders hochgeschätztes Objekt, Erbstück
tapu – heilig, tabu, innen
Te Ika a Maui – North Island, „Mauis Fisch"
tohunga – spiritueller Führer, begnadeter Künstler, Priester

tukutuku – Flechtwerk aus neuseeländischem Flachs für Wandverkleidungen vor allem im Marae
tupuna – Ahnen
wai – Wasser
wairua – Seele
waka – Kanu, Kriegskanu
wero – Teil des Begrüßungsrituals, ein ritueller Angriff auf Besucher
whakapapa – Stammbaum, Ahnenreihe
whanga – Hafen, Tal
whanua – (Groß-)Familie
whare – Haus
whare nui – Versammlungshaus, Halle
whenua – Land, Plazenta der Papatuanuku

„Kiwi Speak" – Deutsch

All Blacks – nationales Rugby-Team, das komplett in Schwarz gekleidet ist
Bach – privates Häuschen, Hütte oder sonstiges Quartier an der Küste (auf der Südinsel auch *Crib*)
Banger and mash – gegrillte Würstchen (sehr mehlig) mit Kartoffelpüree, ein Basisgericht der traditionellen Küche
Billygoat tea – Tee, den man sich auf einer Tour im mitgebrachten Alugefäß über Gas oder offenem Feuer macht, sollte schön süß sein
Black – altes Wort für Maori, abfällig und heute politisch auf unkorrektestem Niveau
Bunk – Lager in einem Backpacker-Hostel oder in einer Berghütte
Bush – Wald, Buschwald, ungenutztes Land
Captain Cooker – verwildertes Hausschwein, die ersten wurden von Captain Cook ausgesetzt
Cocky – Bauer
Dairy – wörtlich Molkerei, ursprünglich Milchladen, jetzt Tante-Emma-Laden, am Land meist auch mit Snacks und Tee, in den Städten meist von Indern oder Chinesen geführter Mini-Laden, der rund um die Uhr geöffnet hat
DOC – Abkürzung für Department of Conservation, Umwelt- und Naturschutzbehörde, auch deren Beamten und Helfer werden oft mit DOC bezeichnet („DOC gave me good advice")
Domain – öffentlicher Park in der Stadtmitte
Eftpos – eine Art Kreditkarte, die man in Läden und Restaurants einsetzen kann, neuseeländisches Konto nötig
Feijoa – grüne Tropenfrucht, die ursprünglich aus Südamerika stammt und wie eine längliche Zitrone aussieht, man halbiert sie und löffelt sie aus. Nach der Kiwifrucht als besonders neuseeländisch angesehen. Die Frucht wird März bis Juni reif (Bay of Plenty, Northland).
4WD – steht für „Fourwheeldrive". Das bullige Allradauto ist des Kiwis liebstes Kind, denn damit kann man auch über den Strand und durch den Busch fahren und muss nie aussteigen.

Fries – Neu-Kiwi (aus dem Amerikanischen) für Pommes, der übliche Ausdruck dafür ist *chips,* was aber Amerikaner für Kartoffelchips halten, die hier *crisps* heißen.

Good as gold – in Ordnung, passt so, ausgezeichnet

Handle – großes Bierglas

Luxury – Mittelklasse

Metalled Road – befestigte, aber nicht asphaltierte Straße

no fear – nein, da bin ich anderer Meinung

Pakeha – Weißer, Neuseeländer europäischer Herkunft

Pavlova – die nationale Süßspeise: Torte aus Baisermasse mit Schlagsahne und Früchten, sehr süß, sehr üppig

Pom – Engländer, Brite

Sealed Road – befestigte und mit Makadam oder Asphalt versiegelte Straße

s/c oder self contained – bedeutet, dass ein Zimmer oder eine Wohnung sowohl Bad (meist mit Dusche/WC) als auch Küchenzeile oder Küche und Waschmaschine und Trockner enthält

Slice – süßes Stückchen in Form einer dünnen, gefüllten und glasierten Schnitte

Smoko – Teepause

Spa – Sprudelbad, auf Neudeutsch (OBI-online-Katalog 2011/12) ein Whirlpool oder Außen-Whirlpool

Stubby – Bierflasche 0,33 l, gut zum Zerschmettern, wenn man ausgetrunken hat (kein Pfand!). Merke: Den Inhalt unter gar keinen Umständen aus dem Glas trinken, das verrät den Uneingeweihten.

Togs – Badekleidung

Tourist flat – einfache Unterkunft für Familien, meist in Holiday Parks, die der Ausstattung nach einer Motel Unit entspricht, aber ohne Wäsche und ohne Service angeboten wird

True left, true right – links in Fließrichtung, rechts in Fließrichtung

Literatur zur Vor- und Nachbereitung der Reise

Allgemeine Informationen über Neuseeland
McLintock, A. H. (Hrsg.): An Encyclopaedia of New Zealand; 3 Bde., Wellington 1966

Maler, Schriftsteller, Filmemacher
Barnett, Gerald: Toss Woolaston – an illustrated biography; hrsg. v. d. National Art Gallery, Wellington, 1991

Brodie, Ian: The Lord of The Rings Location Guidebook; London & Auckland (Harper Collins) 2003

Butler, Samuel: Erewhon; Amherst, New York (Prometheus) 1998 (deutsch unter diesem Titel bei Eichborn)

Frame, Janet: Ein Engel an meiner Tafel; Piper Verlag

Hulme, Keri: Unter dem Tagmond; Frankfurt/Main (Fischer) 1990

Ihimaera, Witi u. Sabine Schulte: Whalerider. Die magische Geschichte vom Mädchen, das den Wal ritt; Hamburg (Rowohlt) 2003

Mansfield: Katherine: Etwas kindliches, aber sehr natürliches. Erzählungen; Frankfurt/Main (Fischer) 1983

Marsh, Ngaio: Kriminalromane (deutsche Ausgaben bei Goldmann) – die Autorin war lange Zeit Leiterin von Theatern in Christchurch, die von ihr geschilderten Morde, die in einigen Fällen im Theatermilieu spielen, werden sehr vergnüglich von Inspektor Allan aufgeklärt

Tolkien, J.R.R.: Der Herr der Ringe; 3 Bde., Stuttgart (Klett-Cotta)

Trevelyan, Jill (Hrsg.): Toss Woolaston. A Life in Letters. Wellington 2004

Vossen, Ursula (Hrsg.): Von Neuseeland nach Mittelerde: Die Welt des Peter Jackson; Marburg 2004

Geologie, Vulkane und Vulkanismus
Tait, Peter and Jenny: White Island. New Zealand's Most Active Volcano; Auckland (Random House) 2001

Pflanzen und Tiere
Culik, Boris M. u. Rory P. Wilson: Die Welt der Pinguine; München (BLV) 1993

Salmon, J. T.: A Field Guide to the Native Trees of New Zealand; Auckland (Reed Methuen) 1988 – immer noch der beste Führer zu den Bäumen und Sträuchern Neuseelands!

Schellhorn, Mathias: BLV-Reiseführer Natur Neuseeland; 2001

St. George, Ian: The Nature Guide to New Zealand Native Orchids; Auckland (Random House) 1999 – alles über Neuseelands Orchideen, durchgehend farbig.

Geschichte und Erforschung

Campbell, Gordon: The Martin's Bay Settlement, In: New Zealand Memories 51, Dez. 2004/Jan. 2005 (www.memories.co.nz).

Frankenstein, Norbert von: „Seeteufel" Felix Graf Luckner, Wahrheit und Legende; Hamburg 1997

Hochstetter, Ferdinand (von): Neuseeland; Nachdruck der Ausgabe von 1863, (Time Life) 1984

King, Michael: The Penguin History of New Zealand; Auckland 2003

Luckner, Felix Graf von: Seeteufel; Koehlers Verlagsgesellschaft

Orange, Claudia: The Story of a Treaty; Wellington (Allen & Unwin) 1989

Reischek, Andreas: Sterbende Welt. Zwölf Jahre Forscherleben auf Neuseeland; Leipzig 1924

Maori

King, Michael: Nga Iwi O Te Motu: 1.000 Years of Maori History; Auckland (Reed) 2001

Lewis, David und Walter Forman: Die Maori. Die Erben Tanes; Orbis 1988 (engl. Original London 1982)

Mutu, Margaret: The State of Maori Rights; Wellington (Huia Publ.) 2011

Taylor, C. R. H.: A Bibliography of Publications on the New Zealand Maori; Oxford 1972

Warneck, Igor u. Björn Ubrich: Tribal Tatoo, Arun Verlag 2001

Die Entdeckung Neuseelands

Beaglehole, J. C. (Hrsg.): The Endeavour Journal of Joseph Banks; 2 Bde., Sydney 1962

Bellwood, Peter: Man's Conquest of the Pacific, The Prehistory of Southeast Asia and Oceania; Auckland & London (Collins) 1978

Captain James Cook: Entdeckungsfahrten im Pacific. Die Logbücher der Reisen von 1768 bis 1779. Hrsg. v. A. Grenfell Price, Tübingen und Basel 1971

Enzensberger, Ulrich: Georg Forster; Weltumsegler und Revolutionär, Berlin 1979

Forster, Georg: Reise um die Welt; Frankfurt am Main (Eichborn) 2007

MacLean, Alistair: Der Traum vom Südland. Die abenteuerlichen Entdeckungsfahrten des Captain James Cook; München 1973

Zimmermann, Heinrich: Reise um die Welt mit Capitain Cook; hrsg. v. Hans Bender, Tübingen (Insel) 1981

Neuseeland und Neuseeländer in der Antarktis

Fiennes, Ranulph: Captain Scott; London (Hodder & Stoughton) 2004

Lansing, Alfred: 635 Tage im Eis. Die Shackleton-Expedition; München (Goldmann) 2000

Scott, Mark: Antarctica – A New Zealand Perspective; S. 52–83 in New Zealand Geographic 9, 1991

Abruzzen • Ägypten • Algarve • Allgäu • Allgäuer Alpen MM-Wandern • Altmühltal & Fränk. Seenland • Amsterdam MM-City • Andalusien • Andalusien MM-Wandern • Apulien • Athen & Attika • Australien – der Osten • Azoren • Bali & Lombok • Baltische Länder • Bamberg MM-City • Barcelona MM-City • Bayerischer Wald • Bayerischer Wald MM-Wandern • Berlin MM-City • Berlin & Umgebung • Bodensee • Bretagne • Brüssel MM-City • Budapest MM-City • Bulgarien – Schwarzmeerküste • Chalkidiki • Cilento • Cornwall & Devon • Dresden MM-City • Dublin MM-City • Comer See • Costa Brava • Costa de la Luz • Côte d'Azur • Cuba • Dolomiten – Südtirol Ost • Dominikanische Republik • Ecuador • Elba • Elsass • Elsass MM-Wandern • England • Fehmarn • Franken • Fränkische Schweiz • Fränkische Schweiz MM-Wandern • Friaul-Julisch Venetien • Gardasee • Gardasee MM-Wandern • Genferseeregion • Golf von Neapel • Gomera • Gomera MM-Wandern • Gran Canaria • Graubünden • Griechenland • Griechische Inseln • Hamburg MM-City • Harz • Haute-Provence • Havanna MM-City • Ibiza • Irland • Island • Istanbul MM-City • Istrien • Italien • Italienische Adriaküste • Kalabrien & Basilikata • Kanada – Atlantische Provinzen • Kanada – der Westen • Karpathos • Katalonien • Kefalonia & Ithaka • Köln MM-City • Kopenhagen MM-City • Korfu • Korsika • Korsika Fernwanderwege MM-Wandern • Korsika MM-Wandern • Kos • Krakau MM-City • Kreta • Kreta MM-Wandern • Kroatische Inseln & Küstenstädte • Kykladen • Lago Maggiore • La Palma • La Palma MM-Wandern • Languedoc-Roussillon • Lanzarote • Lesbos • Ligurien – Italienische Riviera, Genua, Cinque Terre • Ligurien & Cinque Terre MM-Wandern • Liparische Inseln • Lissabon & Umgebung • Lissabon MM-City • London MM-City • Lübeck MM-City • Madeira • Madeira MM-Wandern • Madrid MM-City • Mainfranken • Mallorca • Mallorca MM-Wandern • Malta, Gozo, Comino • Marken • Mecklenburgische Seenplatte • Mecklenburg-Vorpommern • Menorca • Mittel- und Süddalmatien • Mittelitalien • Montenegro • Moskau MM-City • München MM-City • Münchner Ausflugsberge MM-Wandern • Naxos • Neuseeland • New York MM-City • Niederlande • Niltal • Nord- u. Mittelgriechenland • Nordkroatien – Zagreb & Kvarner Bucht • Nördliche Sporaden – Skiathos, Skopelos, Alonnisos, Skyros • Nordportugal • Nordspanien • Normandie • Norwegen • Nürnberg, Fürth, Erlangen • Oberbayerische Seen • Oberitalien • Oberitalienische Seen • Odenwald • Ostfriesland & Ostfriesische Inseln • Ostseeküste – Mecklenburg-Vorpommern • Ostseeküste – von Lübeck bis Kiel • Östliche Allgäuer Alpen MM-Wandern • Paris MM-City • Peloponnes • Pfalz • Pfalz MM-Wandern • Piemont & Aostatal • Piemont MM-Wandern • Polnische Ostseeküste • Portugal • Prag MM-City • Provence & Côte d'Azur • Provence MM-Wandern • Rhodos • Rom & Latium • Rom MM-City • Rügen, Stralsund, Hiddensee • Rumänien • Rund um Meran MM-Wandern • Sächsische Schweiz MM-Wandern • Salzburg & Salzkammergut • Samos • Santorini • Sardinien • Sardinien MM-Wandern • Schleswig-Holstein – Nordseeküste • Schottland • Schwarzwald Mitte/Nord MM-Wandern • Schwäbische Alb • Shanghai MM-City • Sinai & Rotes Meer • Sizilien • Sizilien MM-Wandern • Slowakei • Slowenien • Spanien • Span. Jakobsweg MM-Wandern • St. Petersburg MM-City • Südböhmen • Südengland • Südfrankreich • Südmarokko • Südnorwegen • Südschwarzwald • Südschwarzwald MM-Wandern • Südschweden • Südtirol • Südtoscana • Südwestfrankreich • Sylt • Teneriffa • Teneriffa MM-Wandern • Thassos & Samothraki • Toscana • Toscana MM-Wandern • Tschechien • Tunesien • Türkei • Türkei – Lykische Küste • Türkei – Mittelmeerküste • Türkei – Südägäis • Türkische Riviera – Kappadokien • Umbrien • Usedom • Venedig MM-City • Venetien • Wachau, Wald- u. Weinviertel • Westböhmen & Bäderdreieck • Warschau MM-City • Westliche Allgäuer Alpen und Kleinwalsertal MM-Wandern • Westungarn, Budapest, Pécs, Plattensee • Wien MM-City • Zakynthos • Zentrale Allgäuer Alpen MM-Wandern • Zypern

- ABRUZZEN
- ALENTEJO
- ALGARVE
- ANDALUSIEN
- APULIEN
- DODEKANES
- IONISCHE INSELN
- KRETA
- LISSABON & UMGEBUNG
- MARKEN
- SARDINIEN
- SIZILIEN
- TENERIFFA
- TOSKANA

CASA FERIA
Land- und Ferienhäuser

Nette Unterkünfte bei netten Leuten

CASA FERIA
die Ferienhausvermittlung
von Michael Müller

Im Programm sind ausschließlich persönlich ausgewählte Unterkünfte abseits der großen Touristenzentren.

Ideale Standorte für Wanderungen, Strandausflüge und Kulturtrips.

Einfach www.casa-feria.de anwählen, Unterkunft auswählen, Unterkunft buchen.

Casa Feria wünscht
Schöne Ferien

www.casa-feria.de

Reisenotizen

Reisenotizen

Reisenotizen

Sach- und Personenregister

A A-Mitgliedschaft 112
Adamson, Andrew 67
Albatros 655
Alkohollizenzen 94
All Blacks 103
Alpine Vegetation 33
Angeln und Fischen 98
Anreise 68
Äpfel 525
Apotheken 109
Arbeiten in Neuseeland 109
Art Deco 417, 424, 432, 435, 439, 671
Ärztliche Versorgung 109
Auckland Seelöwe 41
Austern 741
Australtölpel, Vogel 169, 440, 547
Auswandern nach Neuseeland 110
Automobilklubs 79

B ach 89
Backcountry-Huts 90
Backpackerbusse 75
Backpacker-Herbergen 88
Banken 110
Banks, Joseph 43, 410
BBH- und YHA-Pass 112
Bed & Breakfast 86
Bellbird, Vogel 38
Bergsteigen 98
Besitz (Maori) 56
Black Robin, Vogel 35
Black Stilt, Vogel 34
Blue Stone 617
Bolger, Jim 51
Botschaften 68
Brunner, Thomas 623
Bungy-Springen 99
Burns, Thomas 634, 645
Bus- und Shuttle-unternehmen 73
Busby, James 46, 195, 200
Buspässe 74, 112
Butler, John 212
Butler, Samuel 614

C afés 93
Camper 78
Campion, Jane 67, 168
Canterbury Association 576
Caples Track 722

Cargill, Captain William 634, 646
Caro, Niki 67
Catlins River Valley Track 732
Chinesen 47, 646
Circle Track 764
Clark, Helen 51
Coffee Culture 92, 97
Cole, John 585
Cook, Captain James 43, 214, 402, 409, 445, 778
Copland Track 814
Cricket 99
Croesus Track 799

D elfine 565
Deutsche 47, 162, 514, 594
Devil's Club 34
Dickschnabelpinguin 765, 815
Diplomatische Vertretungen 68
DOC (Department of Conservation) 112
Dolphin Watching 101
Donaldson, Roger 67
Douglas, Charles 623
Drachenfliegen 101
Dumont d'Urville, J.S.C. 43
Dusky Track 766

E inreiseformalitäten 68
Eisenbahn 384, 608, 647, 649
Eiszeiten 26
E-Mail und Internetzugang 118
Endeavour 43
Energie 65
Entdecker 43
Erdbeben 26, 417
Erdgas 288
Erdöl 288

F ahrrad 81
Fallschirmspringen 99
Familie (Maori) 56
Fantail ‚Vogel 38
Farmstay 86
Fastfood 94
Feiertage 110
Film 66
Fischfarmen 508
Fjorde 26
Fluganreise 70

Flugunfähige Vögel 35
Forellen 360, 384
Forster, Georg 43
Franzosen 594
Frauenwahlrecht 49
Frösche 41, 258
Fuchskusu, Possum 200, 550
Fuchskusu
Führerschein 78
Fusion 92

G ebrauchtwagenkauf 81
Gefahren (Trekking) 107
Gelbaugenpinguin 655, 657, 663, 730, 733
Geld 110
Geologie 24
Geschichte 42
Gesundheitsrisiken 111
Getränke 96
Gewerkschaft 243, 798
Geysire 344, 355, 359, 366
Giardia 108
Glühwürmchen 268, 277, 281
Godley, John Robert 576
Gold 49, 242, 546, 608, 634, 665, 670, 676, 680, 681, 747, 789, 801
Goldgräber 233, 236, 546, 666, 679, 680, 800
Goldie, Charles F. 145, 520
Goldrausch 49, 233, 241, 666, 681, 804
Golf 99
Gondwana-Gattungen 31
GPS 113
Great Walks (Weitwanderwege) 106
Greenstone Track 722
Grüne 51
Guesthouse 86

H *aast, Sir Julius von* 808, 817
Haka 62
Hamburger Museum für Völkerkunde 60
Handy 117
hangi 58
hapu 55
Hauhau 48, 333
Heaphy, Charles 623
Hectors Delfin 663, 733
Hei Tiki 62

Herkunft (Maori) 54
Herr der Ringe 52, 67, 114, 367, 378, 463, 532, 614, 614, 615
Hillary, Sir Edmund 66, 624
Hinemoa und Tutanekai 358
Hobson, Captain 46
Hochseefischen 98
Hodgkins, Frances 645
Höhlenerkundung 100
Holiday Parks 87
Homestay 86
Hone Heke 45, 48, 210, 212
Hopkins, Sir Anthony 735
Hotels 85
Hotonui 60
Hundertwasser, Friedensreich 209

Inland Pack Track 792
i-Sites 112
iwi 55

Jackson, Peter 52, 66, 67, 463
Jetboot-Touren 100
Jugendherbergen (YHA) 90

Kahikatea 32
Kajak 100
Kaka, Vogel 38, 479, 483
Kakapo, Vogel 37
Kalksinter 362
Kanu 61, 100
Karst 790
Kauri 32, 154, 167, 223, 224, 228, 239, 247, 465, 584
Kaurigummi 216
Kauriharz 224
Kauriwälder 32
Kea (Vogel) 38, 609, 624
Kereru, Vogel 38
Kiore 42
Kiwi (Frucht) 321, 332
Kiwi, Vogel 35, 275
Kleidung (Maori) 59
Klettern 98
Klima 28
Kommunikation 117
Königsbewegung (King Movement) 48, 268, 274
Konsulate 68
Konzert- und Theatertickets 113
Kowhai 162
Krankenhäuser 109
Kreditkarten 110

Kroaten 47, 165
Kultur 66
Kumara 42, 58
Kupe 55, 478
Küstentiere 41

Labour Party 50
Lahar 378
Landkarten 113
Lange, David 51
Lärm 113
Lesben 116
Lewis, C.S. 67
Lindauer, Gottfried 145, 162, 312, 520, 586, 645
Lokale 93
Luckner, Felix Graf 174
Lupine 34
Lye, Len 295

Mana 62
Mangrove 203
Mangrovenwälder 34
Mansfield, Katherine 66, 466
Manuka 435
Maori 150, 152, 315
Maori-König 268
Maorikriege 48
Maori-Kunst 61
Maori-Regenpfeifer, Vogel 247
Maorischnäpper, Vogel 626
Maoritanga 53
Marae 57, 360, 814
Marae-Protokoll 57
Marsden, Samuel 45
Matai 32
Materielle Kultur (Maori) 58
Maui 814
Mauis Fisch 54
McKenzie, James 620
Mehrwertsteuer 115
Milford Road 768
Miro 32
Missionare 45
Moa 35, 43
Moajägerkultur 43
Moko 59, 357
Moriori 45
Motels und Motor Inns 84
Motor Camps 87
Motorrad 78
Motorräder 80
Mount Cook Lily 33
Mountain daisy 33
Mountainbiken 102
Muldoon, Robert 51

Nachtleben 115
Nahrung (Maori) 59
Naked Bus 112
Narnia 67
Nash, Walter 50
National Party 50
Nationalfeiertag 69
Natur- und Umweltschutz 65
Neuseeland Pelzrobbe 39
Neuseeländische Jade 58
Neuseeländischer Flachs (Phormium) 58, 488
Neuseeländischer Stelzenläufer, Vogel 630
New Zealand Company 46, 47, 446, 514, 634
Nikau-Palme 32
noa 56
Notruf 115

Oamaru-Kalkstein 644, 658
Öffnungszeiten 94, 115
Ökologie 34
Otago Central Rail Trail 667
Otago Goldfields Heritage Highway 666
Otira Tunnel 608
Overlander 76

Pa 48, 60, 153, 435
Pacific Fusion 92
Pakeha 45
Pania of the Reefs 432
Paragleiten 101
Parlament 464
Pelzrobben 297, 469, 568, 653, 663, 813
Pests 34
Pflanzen und Tiere 30
Pflanzenwelt 30
Pinguine 40
PKW 78
Podocarpaceen 31, 314, 415, 778
Pohutukawa 32, 172
Poi 57
Polynesier 42, 55, 125, 146
Potatau I. 268
Pottwal 564, 566
Pounamu 58, 740, 778, 780, 793, 798, 803
Powhiri 57
Primärwald 31
Prohibition 94
Pubs 93
Pukeko, Vogel 37

Register

Radfahren 102
Rafting 103
Rainbow Warrior 51, 213, 214
Rakiura Track 746
rangitira 55
Rata 32
Ratana 51, 63
Ratana, Tahupotiki Wiremu 63
Rauchen 116
Raurimu Spiral 384
Rauru 60
Rees-Dart Track 724
Reisepraktisches 109
Reisezeit 28
Reiten 103
Restaurant 94
Rimu 32
Rinderzucht 64
Ringatu 49
Robin, Vogel 38
Routeburn Track 721
Rückflug 71
Rugby 103
Rutherford, Lord Ernest 66, 586

Saddleback, Vogel 38
Sandflies 548
Savage, Michael Joseph 50
Schmuck (Maori) 61
Schutzgebiete 65
Schwimmen mit Delfinen 101
Schwule 116
Scott, Captain Robert Falcon 585
Seelöwen 655
Segeln 104
Sekundärwald 31
Sheppard, Kate 66
Shipley, Jenny 51
Skinke 41
Sklaven 55
Spanish Mission 357, 418, 434
Spartipps 112
Sperrstunde 94
Sprache (Maori) 54
Strände 104
Straßenkarten 113
Stromanschlüsse 116
Südbuchen 31
Surfen 105, 168, 269
Surville, J.F.M. de 43

Takahe 37, 753
Tane Mahuta 226
tangata whenua 46, 55
Tanken 79
tapu 56
Tasman, Abel 43, 445, 513, 543, 787
Taubenpost 180
Tauchen 105
Te Arikuini Dame Te Atairangikaahu 51, 268
Te Kanawa, Dame Kiri 66
Te Kooti 48, 49, 259, 333, 369
Te Rauparaha 484, 514, 560
Te Wherowhero 48
Telefonauskunft 117
Telefonieren 117
Tiefseegraben 342
Tierwelt 35
Tohunga 358
Toiletten 118
Tolkien, J.R.R. 67
Tomtit, Vogel 38
Tor (engl. Felsgruppe) 670
Totara 32
Traditionelle spirituelle Kultur (Maori) 55
Traditionelles Recht (Maori) 56
TranzAlpine 76, 608
Trekking 105
Trinken 96
Trinkgeld 94, 118
Tsunamis 26
Tuatara Brückenechse 40
Tuheitia Paki 52
Tui, Vogel 38
tukutuku 60
Tussockgras-Steppen 33

Übernachten 83
Umwelt 64
Unterwegs in Neuseeland
 mit dem Bus 73
 mit dem Fahrrad 81
 mit dem Flugzeug 72
 mit dem Wagen, Camper, Motorrad 78
 mit der Bahn 76
 mit der Fähre 76
utu 56

Varroa Beemite 34
Vegetable sheep, (Pflanze) 33, 545
Verfassung 69
Verkehrsvorschriften 78
Versammlungshaus 60
Versicherungen 118
Vertrag von Waitangi 46
Visitor Centres 111
Vogel, Julius 49
Vorgeschichte 42
Vorwahl, internationale 117
Vulkan 26, 126, 158, 245, 257, 297, 299, 327, 339, 342, 363

Waffen (Maori) 61
Wahine-Katastrophe 459
Waitangi Tribunal 46, 288
Waitangi, Vertrag von 204
Waitara Landkauf 298
Waka 61, 265, 273, 356, 462
Wakefield, Edward Gibbon 47
Wakefield, William 446
Wale 565
Walfänger 45
Wandern 105
Wasserkraftwerke 629, 676
Watvögel 547
Wein 97
Weinbau 165, 417, 418, 474, 525, 556, 600, 665, 672, 674
Weka, Vogel 37
Wellington Parlamentsbezirk 464
Whale Rider 67
whanau 55
whare nui 60
whare puni 59
Wildwasser-Kajaken 103
Wildwasser-Sledging 108
Windsurfen 105
Wintersport 108
Wiremu Kingi 48
Wirtschaft 64
Wohlfahrtsstaat 50
Woolaston, Sir Toss 520, 524
WOW World of Wearable Art 450
Wrybill, Vogel 34

Zeit 119
Zeitungen 119
Zeltplätze 87
Zimmerbuchung 112
Zimmerbuchung im Internet 112
Zollbestimmungen 70
Zwergpinguin 653, 662

Register

Waimea Inlet 524
Waingaro Hot Springs 268
Waioru 388
Wai-O-Tapu 366
Waipapa Point 734
Waipara 600
Waipoua Forest Park 226
Waipu 191
Wairakei 375
Wairarapa 473
Wairere Boulders 223
Wairoa 414
Waitakere Ranges 167
Waitaki, Fluss 628
Waitaki-Tal 628
Waitangi 46, 200
Waitara 297
Waitawheta Valley 241
Waitemata Harbour 124
Waitomo 100, 277
 Aranui Caves 283
 Mangawhitikau Cave und Te Ana o Te Atua 283
 Piripiri Caves 284
 Ruakuri Caves 283
 Waitomo Caves 280
Waituna Lagoon 735
Waitutu Track 749
Waiwera 161
Wanaka 682, 683, 708

Wangapeka Track 532
Warkworth 163
Weinregion Hawke's Bay 418
Welcome Flat Hot Springs 814
Wellington
 Botanic Garden 467
 Civic Centre 460
 Wellington Courtenay Place 464
 Cuba Street 464
 Harbour 469
 Harbourfront 459
 Innenstadt 459
 Karori Wildlife Sanctuary 467
 Kumitoto Precinct 459
 Lambton Quay 464
 Otari Wilton's Bush 468
 Queen's Wharf 459
 Te Papa 462
 Thorndon 466
Wenderholm 161
Wentworth Valley 247
Western Ruahine Ranges, Berg 491
Westküste (Südinsel) 776
Westland 776
Westport 785

Whakapapa Village 381, 386
Whakarewarewa 358
Whakarewarewa Forest Park 360
Whakatane 333
Whale Island 337
Whangamata 246
Whangamomona 308
Whanganui 309
 National Park 314
 River Road 317
 River, Fluss 319
Whangaparoa-Halbinsel 131, 161
Whangarei 185
Whangarei Heads 190
Whangaroa Harbour 213
Whariariki Beach 546
Whataroa 807
Whatipu 168
White Island 339
Whitianga 249, 253
Wilkes Falls 731
Wilkin River, Fluss 693
Wiremu Kingi 298
WOW World of Wearable Art 521

Zealandia 467
Zentrales Vulkanplateau 341

Die in diesem Reisebuch enthaltenen Informationen wurden vom Autor nach bestem Wissen erstellt und von ihm und dem Verlag mit größtmöglicher Sorgfalt überprüft. Dennoch sind, wie wir im Sinne des Produkthaftungsrechts betonen müssen, inhaltliche Fehler nicht mit letzter Gewissheit auszuschließen. Daher erfolgen die Angaben ohne jegliche Verpflichtung oder Garantie des Autors bzw. des Verlags. Autor und Verlag übernehmen keinerlei Verantwortung bzw. Haftung für mögliche Unstimmigkeiten. Wir bitten um Verständnis und sind jederzeit für Anregungen und Verbesserungsvorschläge dankbar.

ISBN 978-3-89953-707-9

© Copyright Michael Müller Verlag GmbH, Erlangen 2007, 2009, 2012. Alle Rechte vorbehalten. Alle Angaben ohne Gewähr. Druck: Wilhelm & Adam, Heusenstamm.

Aktuelle Infos zu unseren Titeln, Hintergrundgeschichten zu unseren Reisezielen sowie brandneue Tipps erhalten Sie in unserem regelmäßig erscheinenden Newsletter, den Sie im Internet unter www.michael-mueller-verlag.de kostenlos abonnieren können.

MM-Wandern
Die innovativen Tourenbegleiter aus dem Michael Müller Verlag

GPS Tracks & Waypoints

- Allgäuer Alpen
- Östliche Allgäuer Alpen
- Westliche Allgäuer Alpen
- Zentrale Allgäuer Alpen
- Andalusien
- Elsass
- Gomera
- Korsika
- Korsika (Fernwanderwege)
- Kreta
- La Palma
- Ligurien
- Madeira
- Mallorca
- Münchner Ausflugsberge
- Piemont
- Provence
- Sardinien
- Sizilien
- Teneriffa
- Toscana

Register 835

Ortsregister

309 Road 257

Abel Tasman Coastal Track 536
Abel Tasman Drive 544
Abel Tasman National Park 515, 534
Ahipara 216
Akaroa 596
Akaroa Round the Mountain Track 599
Alexandra 672
Anaura Bay 402
Aoraki/Mount Cook
　Hooker Valley Track 626
　Mueller Hut 626
　National Park 623
　Village 621
Aorere-Tal 546
Aratiatia Rapids 376
Arrowtown 712
Arthur's Pass National Park 605
Arthur's Pass Village 609
Ashburton 615
Athenree 245
Auckland 48, 122
　City 124, 142
　Devonport 156
　Hafen 142
　International Airport 126
　Manukau City 154
　Manukau Harbour 153
　Mission Bay 151
　Mount Eden 152
　One Tree Hill 153
　Onehunga 153
　Parnell 146
　Ponsonby 153
　St Mary's Bay 153
　Südlich von Auckland 170
　Tamaki Drive 151
　Westlich von Auckland ~5
　Region 160
　~nsel 217
　585

Banks Peninsula Track 599
Banks-Halbinsel 594
Banockburn 679
Barry's Bay 595
Bay of Islands 195
Bay of Plenty 320
Baylys Beach 228
Ben Lomond, Berg 709
Bendigo 680
Blackball 798
Blenheim 554
Blue Lake/Tikitapu 362
Blue Spur Drive 804
Bluff 741
Bowentown 245
Bream Bay 191
Bridge to Nowhere 315
Broken-Hills-Bergbauzone 240
Brunner Mine 798
Buller Gorge 787
Buller River, Fluss 785
Buried Village 364

Caldera 342, 374
Cannibal Bay 730
Canterbury 568
Canterbury Plains 610
Cape
　Foulwind 787
　Kidnappers 440
　Maria van Diemen 219
　Palliser 478
　Reinga 217, 219
　Rodney 164
Cape-Brett-Halbinsel 199
Cardrona 689
Cardrona Skigebiet 709
Carterton 478
Castle Rock, Berg 257
Castlepoint 480
Cathedral Caves 732
Cathedral Cove 233, 250
Catlins 726
Cavalli Islands 214
Central Otago 665
Charleston by the Nile 789
Christchurch 568, 600
　Art Gallery 585
　Arts Centre 586
　Canterbury Museum 587
　Hagley Park 587

　Kathedrale, Kathedralplatz 584
　Umgebung 589
Clarks Beach 131
Clutha-Tal 681
Clyde 675
Coast to Coast Walkway 155
Codfish Island 37
Colac Bay 748
Collingwood 545
Cook's Cove 402
Cooks Beach 249
Copland Pass 627
Coromandel Forest Park 239
Coromandel Town 255
Coromandel Walkway 258
Coromandel-Halbinsel 230
Coromandel-Halbinsel Norden 258
Coromandel-Halbinsel Ostküste 242
Coronet Peak Skigebiet 708
Craigieburn State Forest Park 608
Craters of the Moon 375
Cromwell 676
Cromwell Gorge 676
Curio Bay 733

D'Urville Island (Rangitoto ki te Tonga) 511
Dannevirke 441
Dansey's Pass 631
Dargaville 227
Dawson Falls 303
Days Bay 470
Desert Road 388
Diamond Harbour 593
Doubtful Sound 761, 765
Doubtless Bay 214
Dunback 670
Dunedin 49
Dunstan Mountains, Berg 680
Duntroon 631
Dusky Sound 766

East Cape 390, 392, 399
East Harbour Regional Park 470
Egmont National Park 299

Register

Fairlie 616
Farewell Spit 546
Featherston 477
Fiordland National Park 725, 752
Forgotten World Highway 307
Fortrose 735
Fossil Forest 734
Fox Glacier, Ort 811
Fox Gletscher 813
Foxton 487
Franz Josef Glacier, Ort 809
Franz Josef Gletscher 810

Geothermalregion um Rotorua 361
Geraldine 616
Gibbston Valley 717
Gillespies Beach 813
Gisborne 403
Glenorchy 719
Gletscherregion 808
Goat Island 164
Gold 256
Golden Bay 496, 538
Gondwanaland 25
Gore 750
Great Barrier Island 178
Green Lake/Rotokakahi 362
Greymouth 793

Haast 816
Haast Pass 691
Haast River, Fluss 816
Hahei 250
Halfmoon Bay 745
Hamilton 260
Hamilton Umgebung 266
Hanmer Springs 601
Harihari 806
Hastings 436
Hauraki Gulf 171
Hauraki Plains 240
Havelock 508
Havelock North 439
Hawera 306
Hawke's Bay 390, 417
Hell's Gate 367
Hen and Chickens Islands 191
Henderson Weinbaugebiet 165
Hibiscus Coast 161
Hicks Bay 399
Hokianga Harbour 220
Hokitika 801

Hollyford 774
Hot Water Beach 232, 249
Houhora Harbour 219
Huka Falls 375
Hump Ridge Track 749
Huntly 266
Hutt Valley 470

Ida Valley 671
Inungahua Junction 788
Invercargill 735

Jacks Blowhole 731
Jackson Bay 817

Kahurangi National Park 530, 544, 784
Kai Iwi Lakes 226
Kaikoura 560
   Coast Track 569
   Ranges, Berg 560
   Wilderness Walk 569
Kaikoura-Halbinsel 560
Kaitaia 216
Kaiteriteri 533
Kaitiki Point 663
Kaiwhakauka Track 318
Kaka Point 730
Kapiti Coast 481
Kapiti Island 483
Karamea 781
Karamea, Fluss 781
Karangahake Gorge 240
Karekare 168
Karekare Beach 131
Karst 782
Karsthochplateau 531
Karstquelle 542
Katikati 321
Kauri Coast 220
Kawakawa 209
Kawarau Gorge 676, 717
Kawarau Gorge Mining Centre 718
Kawau Island 163
Kaweka Forest Park 376
Kawhia 272
Kenepuru Road 507
Kepler Track 760
Kerikeri 210
King Country 259, 273
Kohukohu 222
Kororareka (Russell) 45
Koutu Boulders 223
Kuaotunu 254
Kumara 399

Kumeu-Weinbaugebiet 165
Kurow 631

Lake
   Angelus 552
   Benmore 630
   Brunner 800
   Coleridge 611, 613
   District 682
   Ellesmere 595
   Ferry 478
   Hauroko 750
   Hawea 691
   Ianthe 806
   Kaniere 804
   Manapouri 65, 761
   Matheson 813
   Monowai 764
   Ohau 630
   Paringa 815
   Pukaki 621
   Rotoiti 367, 550
   Rotomahana 365
   Rotoroa 550
   Rotorua 357
   Ruapani 416
   Sumner Forest Park 604
   Tarawera 363
   Taupo 374
   Te Anau 754
   Tekapo 620
   Waikareiti 416
   Waikaremoana 416
   Waikaremoana Great Walk 416
   Wakatipu 694
   Wilkie 732

Lawrence 681
Leigh 164
Leslie-Karamea Track 532
Levin 487
Lewis Pass 600, 604
Little Akaloa 595
Long Bay 159
Lyttelton 576, 591

Macetown 712
Macraes Flat 670
Mahia-Halbinsel 414
Mahurangi-Halbinsel 163
Makarora 693
Manapouri 763
Manapouri Undergroun Station 764
Manawatu 481
Manawatu Gorge
Mangawhai Head

Manukau Harbour 124
Mapua 524
Marahau 533
Marlborough 496, 554
Marlborough Sounds 498
Marokopa 284
Martinborough 477
Maruia Springs 604
Mason Bay 747
Masterton 479
Matakana 163
Matakana Coast 161
Matakohe 227
Matamata 367
Matauri Bay 214
Matukituki-Tal 690
Maunganui Bluff 226
Mercury Bay 249
Middlemarch 670
Milford Sound 753, 767, 769
Milford Track 771
Miranda Hot Springs 170
Mitre Peak (Berg) 770
Moeraki Boulders 663
Mokau 285
Mokoia Island 357
Molesworth Farm Park 558
Morere Hot Springs 413
Motu Coach Road 397
Motueka 527
Mount
   Aspiring National Park 690
   Egmont Pouakai Circuit 302
   Egmont Round the Mountain Circuit 301
   Egmont, Berg 299
   Hikurangi, Berg 401
   Hutt, Skigebiet 611
   Karioi, Berg 271
   Luxmore (Berg) 760
   Lyford-Skigebiet 569
   Maunganui 328
   Maunganui, Berg 328
   Owen, Berg 532
   Richmond Forest Park 521
   Ruapehu, Berg 383, 388
   Somers Subalpine Walkway 614
   Somers, Berg 614
   Tarawera, Berg 363
Moutere Inlet 525
MtMount Arthur und Tablelands 531
Murchison 553
Muriwai 169
Muriwai Beach 131

Napier 424
Naseby 671
National Park Village 385
Nelson 496, 513
Nelson Lakes Lakes National Park 549
New Brighton 589
Ngarua Caves 539
Ngaruawahia 268
Nikau Cave 268
Ninety Mile Beach 218
Norsewood 441
Nydia Track 511

Oakura 304
Oamaru 658
Oban 744
Ohakune 387
Ohope 333, 376
Ohope Beach 338
Okains 595
Okarito 807
Omakau 671
Omapere 223
Omarama 630
Oparara Basin 782
Ophir 671
Opononi 223
Opotiki 394
Opoutere 247
Opunake 305
Orakei Korako 376
Orewa 161
Otago Harbour 649
Otaki 486
Otematata 630
Otorohanga 274
Owaka 730

Paihia 200
Palmerston North 488
Pancake Rocks 790
Paparoa National Park 790
Papatowai 732
Paraparaumu 484
Parengarenga Harbour 219
Patea 307
Pauanui 248
Pelorus Sound 508
Picton 499
Piha 168
Pink and White Terraces 356, 361, 363, 365
Pinnacles, Berg 240

Register

Pipiriki 318
Plimmerton 482
Poor Knights Islands 194
Porirua 481
Porpoise Bay 733
Port Chalmers 649
Port Hills 589
Port Nicholson 46
Portobello 653
Poverty Bay 403
Puhoi 162
Pukaha Mount Bruce 479
Pukeiti 297
Pukekura 806
Punakaiki 790
Pungarehu 305
Puponga Farm Park 546
Pupu Springs 542
Purakaunui Falls 731

Queen Charlotte Drive 507
Queenstown 682, 694

Rabbit Island 524
Raglan 269
Rainbow Springs 360
Rakaia Gorge 613
Rameka Track 539
Ranfurly 671
Rangitikei 389
Rangitoto Island 172
Rata 415
Raukumara Range, Berg 401
Rawene 222
Reefton 788
Remarkables Skigebiet 709
Remarkables, Berg 711
Richmond Ranges, Berg 521
Rimutaka Forest Park 471
Rimutaka Rail Trail 472
Ripiro Beach 226
Riverton 747
Rob Roy Glacier 690
Robert Ridge, Berg 552
Rock and Pillar Range, Berg 670
Ross 805
Rotorua 344
Rotorua Te Puia 359
Rotorua Whakarewarewa Thermal Village 359
Round the Island Track (Stewart Island) 747
Roxburgh 681
Roys Peak, Berg 689

Ruahine Forest Park 441
Ruahine Ranges, Berg 441
Ruatoria: 400
Russell 206

Sarau 525
Seabird Coast 170
Shantytown 800
Shotover, Fluss 710
Skippers Canyon 710
Slope Point 734
South Island edelweiss 521
Southland 725
Springs Junction 604
St. Arnaud 550
St. Bathans 671
St. James Walkway 603
Stewart Island/Rakiura 742
Stonehenge Aotearoa 478
Stratford 305
Südalpen 610
Südinsel 494
Sugarloaf Marine Reserve 297
Sumner 589
Surat Bay 731
Surf Highway 304

Taiaroa Head 653
Taieri Gorge Railway 649
Taihape 389
Tairua 248
Tairua Forest 247
Takaka 540
Takaka Hill 539
Takapuna 159
Takapuna Beach 131
Tama Lakes 381
Tararua Forest Park 472
Tararua Forst Park 480
Tararua Range, Berg 480, 486
Tasman Bay 522
Tasman Glacier 627
Taumarunui 308
Taupo 368
Taupo Volcanic Zone 342, 374
Tauranga 322
Tawharanui-Halbinsel 163
Te Ana Au Caves 758
Te Anau 754
Te Aotearoa Wanderweg 590
Te Araroa 399
Te Henga 168
Te Kaha 398

Te Kuiti 275
Te Mata Peak, Berg 441
Te Puia Hot Springs 273
Te Puia Springs 401
Te Puke 330
Te Urewera National Park 415
Te Waimate 212
Thames 236
Thomson Gorge Road 680
Three Sisters 286
Tikitiki 400
Timaru 616
Tiritiri Matangi Island 181
Tokomaru Bay 402
Tolaga Bay 402
Tongaporutu, Fluss 286

Tongariro
  Crossing 382
  National Trout Centre 384
  Nationalpark Northern Circuit 383
  Nationalpark Round The Mountain Track 383

Tongariro-Nationalpark 377
Travers-Sabine Circuit 552
Treble Cone 690
Tuatapere 748
Tuatara 740
Tuheitia Paki 268
Tuhua (Mayor Island) 327
Turangi 383
Tutukaka-Coast 192
Twizel 630

Ulva Island 745
UNESCO Weltnaturerbe-Region Te Wahipounamu 808
Upper Hutt 471
Urewera Range, Berg 415
Urupukapuka 196

Waihau Bay 398
Waiheke Island 175
Waihi 243
Waihi Beach 232, 243
Waihi Martha Hill Mine 242
Waihohonu Crossing 381
Waikato 259
Waikato, Fluss 260
Waikawa 733
Waikino 245
Waimangu Thermal Valley 365